中华人民共和国地方志·福建省

仓山区志

1990-2005

福州市仓山区地方志编纂委员会 编

方志出版社
Publishing House of Local Records

图书在版编目（CIP）数据

仓山区志：1990—2005 / 福州市仓山区地方志编纂委员会编. -- 北京：方志出版社，2017.5
ISBN 978-7-5144-2425-6

I. ①仓… II. ①福… III. ①区（城市）－地方志－福州 -1990-2005 IV. ①K295.71

中国版本图书馆 CIP 数据核字（2017）第 136953 号

仓山区志（1990—2005）

编　　者：福州市仓山区地方志编纂委员会
责任编辑：王　俊
出 版 人：冀祥德
出 版 者：方志出版社
地　址　北京市朝阳区潘家园东里 9 号（国家方志馆 4 层）
邮　编　100021
网　址　http://www.fzph.org
发　　行：方志出版社发行中心
电　话（010）67110500
经　　销：各地新华书店
印　　刷：福州雄胜彩印有限公司
开　　本：889×1194　1/16
印　　张：47
字　　数：1395 千字
版　　次：2017 年 5 月第 1 版　2017 年 5 月第 1 次印刷
印　　数：0001 ～ 1500 册
ISBN　978-7-5144-2425-6　定价：390.00 元

ISBN 978-7-5144-2425-6
9 787514 424256 >

仓山区政区图

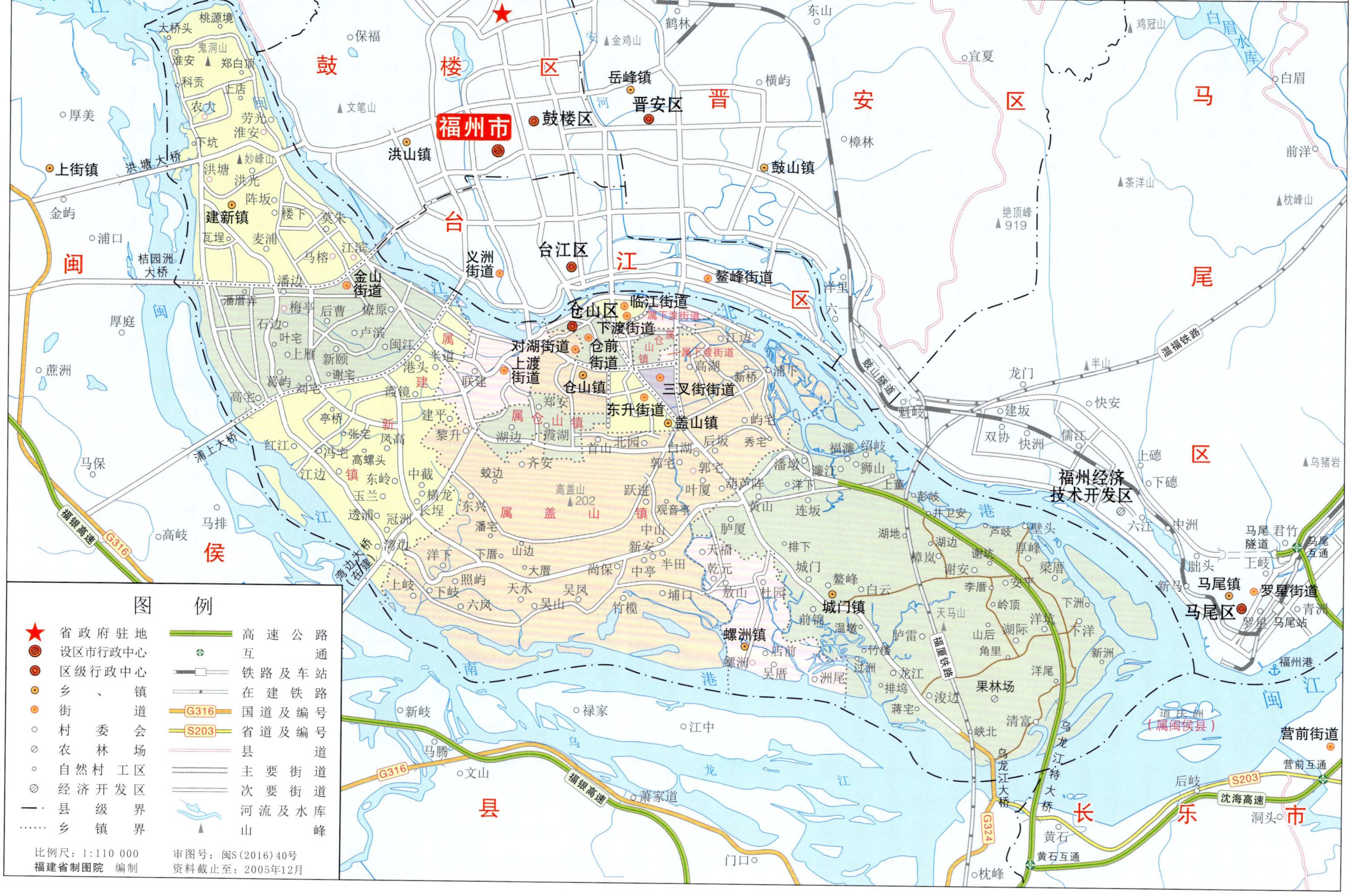
省政府
福州市
鼓楼区
晋安区
台江区
仓山区
马尾区
福州经济技术开发区
闽侯县
长乐市
闽江
乌龙江
图例
省政府驻地
设区市行政中心
区级行政中心
乡、镇
街道
村委会
农林场
自然村工区
经济开发区
县级界
乡镇界
高速公路
互通
铁路及车站
在建铁路
国道及编号
省道及编号
县道
主要街道
次要街道
河流及水库
山峰
比例尺：1:110 000
福建省制图院 编制
审图号：闽S(2016)40号
资料截止至：2005年12月

仓山区鸟览

2005 年仓山区机关大院正门

橘园洲大桥

中洲岛

林则徐广场

彩虹映别墅

仓山太平洋城

福州航母——中洲岛

金山大道

金山大桥

金山展览城 全景

三县洲大桥

水岸三环

水岸三环立体交通

尤溪洲南桥头立交桥

长龙飞架尤溪洲大桥

金山碧水广场

龙潭角

融侨水乡别墅

闽江公园（南园）夜色

闽江公园（南园）

闽江公园（南园）

闽江公园（南园）

闽江公园（南园）

金山新区

闽江水岸美宅

金山中天金海岸小区景致

金山社区会所

金山新居

仓山区工业园区

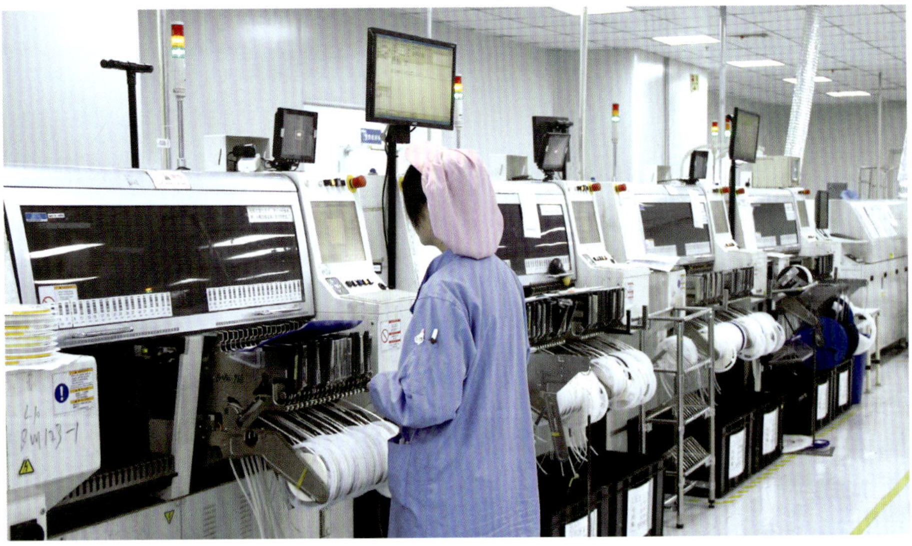
星网锐捷生产车间

德诚黄金生产车间

光源组合电线车间

德诚黄金通生产车间

光源组合电线车间

仓山镇蔬菜地

冠洲村菊花园

建新镇茉莉花园

建中百花村苗圃

建新镇农业

麦德龙仓储超市

榕城广场

拓福超市

福州三中金山分校

金山小学

金山体育场

2003 年新春游园团拜

2003 年纪念建党 82 周年

1992 年《别妻诗》获全国群星奖金奖

1996 年第五届大中专院校校园文艺演出

1998 年军警民文艺演出

踩高跷

党代会文艺演出

龙舟竞渡

舞龙灯

舞狮

甘露寺瑞气 锦绣海西进京大展最高奖

福建师大教授、烟山画院院委陈明谋画

福建师大美术系教授、烟山画院院长陈德宏画

中国字画研究院院长、烟山画院名誉院长郑乃珖 画

福州画院副院长、烟山画院副院长梁丹雯画

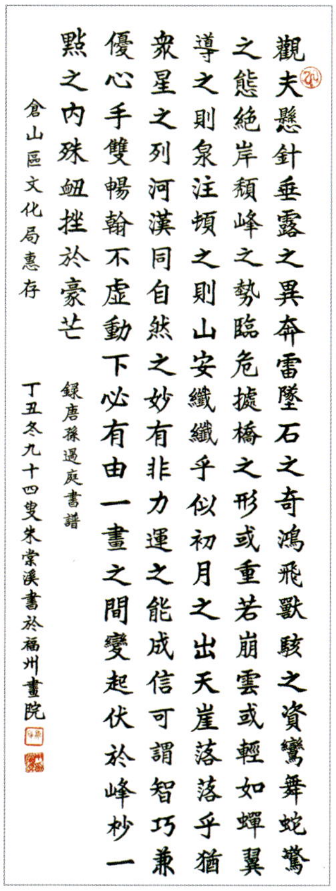

中国书法家协会会员、烟山画院顾问朱长溪写于 1997 年

烟山画院曾子敏写于 1997 年

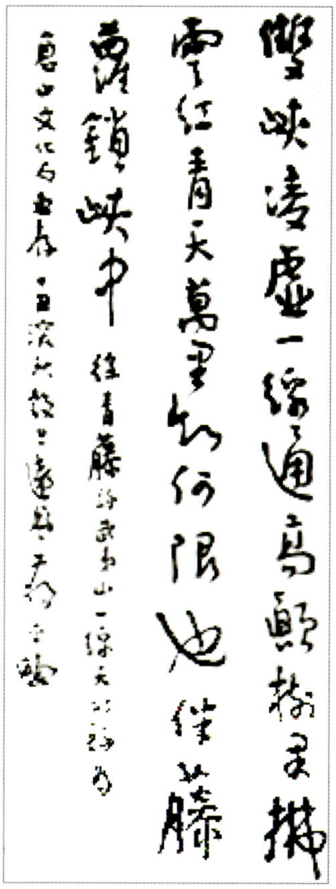

福建书法家协会副主席、烟山画院顾问蒋平畴写于 1997 年

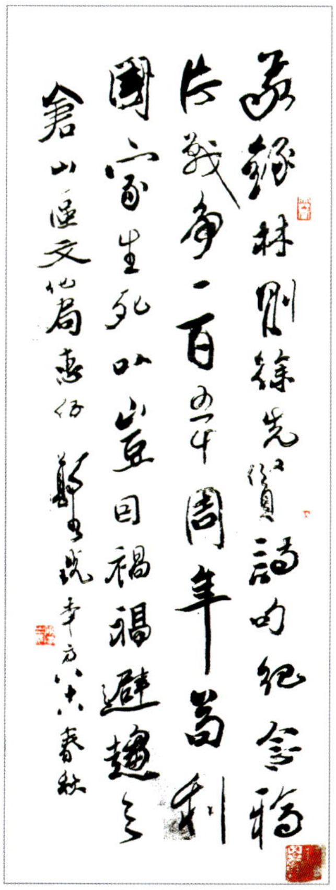

中国字画研究院院委、烟山画院名誉院长郑乃珖写于 2003 年

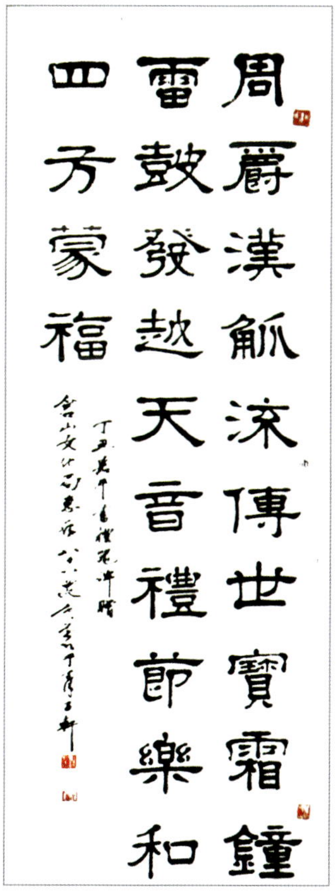

福州烟山画院刘松年写于 1997 年

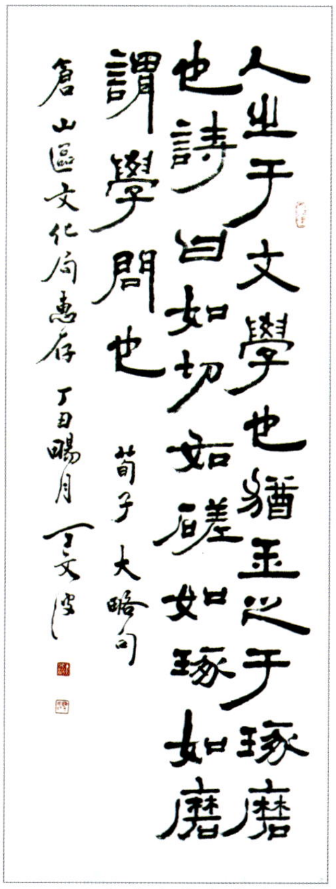

仓山书法家协会主席丁文波写于 1997 年

仓山区文化局方天祥写于 2005 年

2005年仓山区第二届地方志编纂工作领导小组名单

顾　问：陈朝明　张为民　余凤玉　林清和　吴友习　孙威光　王肇昌　关瑞祺　潘邦瑞　宋仟根　谢　侹

组　长：范美先

副组长：张　涵

成　员：陈亚威　陈登峰　王凌云　郑行瑞　邓祥云　叶勇光　张玉俤　林　建　黄仲杰　林继挺　陈　伟　陈恩健　吴智辉　陈　非　林敏建　侯治华　郭松钿　许剑明　赵旭夫　刘金奖　马德星　郑　仲　陈　飞　陈　锦　马昌霖　郑美珍　吴文华　吴瑞珍

2006年《福州市仓山区志（1990～2005年）》编纂委员会名单

主　任：范美先

副主任：张　涵

委　员：陈　甦　郭海阳　王凌云　郑行瑞　邓祥云　叶勇光　郑发庭　张玉俤　林　建　黄仲杰　林继挺　陈　伟　陈恩健　吴智辉　陈　非　林敏建　侯治华　陈亚威　周　缇　赵旭天　刘金奖　马德星　郑　仲　陈　飞　陈　锦　吴瑞珍　马昌霖　郑美珍　陈　敏

2017年《福州市仓山区志（1990–2005年）》编纂委员会名单

顾　问： 蔡福勇　阮　锋　陈　峰

主　任： 梁　栋

副主任： 王栋梁

委　员： 黄依佺　冯　青　张　敏　洪德潮　王　坚　严　武
郑　捷　陈树仁　吴建森　刘永惠　郑　伟　温美芳
孙海清　吴建雄　陈　由　陈　勇　翁　强　杨伦武
陈潇逸　黄明辉　郑伙銮　叶志坚　王代顺　韩　宁
陈少华　张平贵

2017年《福州市仓山区志（1990～2005年）》编纂委员会办公室人员名单

主　持： 吴建雄

主编／审校： 陈振声　吴建雄

编辑／校对： 张永书　陆范欣怡　梁玲莹

《福州市仓山区志（1990～2005年）》编纂委员会办公室人员名单

主　任： 陈　由

主　编： 陈振声

编　辑： 陈文忠　林国清　张永书　潘　越
林启成　陈　丽　范金玉

参与专业志编撰人员名单

陈文忠（自然环境）
王启生（境域 区划）
方福杨（仓山镇）
郑依国（城门镇）
黄新强（盖山镇）
李宏潮（建新镇）
方钦清（螺洲镇）
林舒婷、林倩倩（仓前街道）
石祥庆（临江街道）
赵可进（上渡街道）
杨　锦（下渡街道）
柯丽娟（对湖街道）
陈福官（三叉街街道）
张文锦（东升街道）
陈朝明（金山街道）
陈日坦（人口控制）
陈　文（计划生育）
方仁杰（环境保护）
高晓岚（国土资源）
陈文忠、黄秀山（城乡建设）
刘钢生（园林绿化）
张本俊、张艳辉（市容管理）
黄大春（房地产管理）
尤立强（房地产开发）

肖丽贞（工业）
邵为琳（科技园区）
郑孔发（城门投资区）
陈晓燕（盖山投资区）
王　霖（金山投资区）
陈建华（工业集中区）
方云武（南台岛建设）
郑君巍（国资公司）
林　东（农业）
刘燕熙（贸易）
范金玉（对外贸易）
叶宗坦（交通）
谢冰清（财政）
郑明清（仓山国税）
范丽程（仓山地税）
孙慧敏（中国银行）
王向东（工商银行）
林　霖（建设银行）
李启华（农业银行）
林　俊（交通银行）
薛　飞（兴业银行）
刘新斌（商业银行）
郑春霖（中国人民财产保险公司）

陈　斌（中国人寿保险公司）
何宇辉（发展与改革）
林宗辉（物价管理）
刘　平（统计管理）
林家和、刘官安（工商管理、个体协、消协）
许建儿（审计管理）
林建明（区委）
董建榕（区委组织部）
项序文（区委宣传部）
郑松波（区委统战部区政协、区关协）
王一章（区纪委）
吴家赢（区文明办）
王凌云（人大）
林国清（政府）
李声鸣（信访）
楼建芳（民革）
陈新燕（民盟）
王大光、陈瑜、林涛（民建）
林展同（民进）
柯仁怀（农工党）
蔡飞飞（致公党）
陈　朴、林忠兴（九三学社）

刘水英（总工会）
彤　恩（共青团）
朱秀娟（妇联）
陈　芬（区工商联）
蔡　敏（区科协）
江　洪（区计生协）
薛莉莉（区红十字会）
林祥珍（区卫协会）
林榕芳（区文联）
叶土盛（残疾人联合会）
李其祥（区老体协）
林　锋（区侨联）

陈日坦（公安）
陈云贵（检察）
马尼卡（法院）
赵伟华（司法）
王启生（民政）
陆文进（军事）
王福林（劳动）
真敏洁（人事）
沈碧仁（编制管理）
程功聆（老干管理）
张岩松（教育）
林宗介（科技）

林信国、潘越（文化体育、博物）
方燕菁（文化馆）
王壮志（图书馆）
翁美芳（档案）
吴林顺（广播电视）
陈玉灶（卫生）
林　娜（爱卫办）
郑行瑞（宗教）
潘　越（民间信仰、民俗）
林启成（人物）
张永书（大事记、图照）

福州市审查验收小组成员名单

高锦利　　叶　红　　吴善聘　　黄凯端

序

仓山区修志走过了漫长之路。清末至民国编修的地方志书多为个人编纂，曾出版的志书有《螺江志》《洪塘小志》和《藤山志》。“文化大革命”结束后，在改革开放大潮的推动下，仓山区的经济社会和文化教育事业获得较快发展，1988年区委、区政府把编修《仓山区志》（第一轮）摆上政府议事日程。经过5年数易其稿，成书出版。随后，境内各乡镇与部门也掀起修志热潮，先后出版有《仓山城建志》《仓山区交通志》《建新镇志》《城门乡土志》《黄山村志》《台屿志》等，为仓山区地方文化事业做出巨大的贡献。

2005年开始编修第二轮地方志。几经春秋第二轮《仓山区志（1990～2005年）》终也付梓，它的成书是仓山区社会主义精神文明建设的又一项重要成果，是全区人民政治文化生活的一大盛事，值此续篇成书付梓，谨致以衷心的祝贺。

2005年开编的《仓山区志（1990～2005年）》具有鲜明的时代特点和地方特色，它翔实系统记述自1990至2005这16年来仓山区坚持改革开放，一心一意谋发展走过的历程，充分展示仓山区政治、经济、文化、社会的新貌。它的出版发行，流芳于世，造福桑梓，是对全区人民进行爱国主义、社会主义和革命传统教育的好教材，也为研究仓山、认识仓山提供有益的借鉴。我等可以从中得到教益。

第二轮《仓山区志（1990～2005年）》编纂出版是历任区委、区政府领导、承编单位领导和全体修志人员共同努力的结晶。在编纂过程中得到省、市方志委领导、专家的具体指导，全区各承编单位也为修志工作付出辛勤努力。值此志书出版之际，谨向关心、支持第二轮《仓山区志（1990～2005年）》编纂工作的领导、专家及参加志书编纂的各单位领导、修志工作者、资料提供者致以诚挚的谢忱。

修志目的在于致用。在《仓山区志（1990～2005年）》出版之际，殷切期望社会各界重视读志、用志，深入开展区情研究，继往开来，为建设经济繁荣、社会稳定、生活富裕、文化先进、环境优美、政治民主、法制健全、文明开放的新仓山而共同努力。是以为序。

梁栋

凡　例

一、本志以马列主义、毛泽东思想、邓小平理论、“三个代表”重要思想和科学发展观为指导，运用辩证唯物主义和历史唯物主义的立场、观点、方法，翔实地记载1990-2005年仓山区自然变化和社会发展的历史与现状。重点记述改革开放取得的成就和变化，力求达到思想性、科学性和资料性的统一，以存史、资政、教化。

二、本志述、记、志、传、图、表、录等七种体裁并用，以志为主。总概述、大事记、人物不列入篇序。专志采用平列式结构，按自然、经济、政治、文化顺序排列，共设21个篇，篇下设章、节、目。上限为1990年，下限断至2005年。对首轮志书未设的自然环境、民间信仰、民俗、地方志书编纂等部分，记述时间作适当上溯。

三、本志采用语体文记述体。除概述和篇、章小序外，其余述而不论，据事直书。行文力求严谨、朴实、简明、流畅。同时兼顾文采和可读性。文字以国家正式颁布的简化字为准。

四、本志大事记以编年体为主，辅以记事本末体，按时序编排。

五、本志人物由传、表组成。人物传记坚持“生不立传”的原则，重点收录对仓山地区有重大贡献或有重要影响的已故历史人物。对1996年新划入五个镇已在《福州市郊区志》入传的历史人物，采用名录附在人物传记之后。人物表辑录市级以上劳动模范、市政府以上单位授予的先进工者、民政部门认定的革命烈士、在仓山区属单位工作获得高级职称（含客籍）的专业人员以及仓山籍或曾在仓山区学校就读的两院院士。

六、本志各类数据以仓山区统计局公布的数字为准。统计局没有公布的，选用相关业务部门统计的数据。计量数字使用方法，按照2011年国家质量监督局颁布的《出版物上数字用法的规定》书写。

七、本志各种事物称谓第一次出现时使用全称，后面使用简称用加括号注明。事物和地理名称基本使用当时称谓。

八、本志使用的“境内”，1990-1995年是指当时管辖的19平方公里，1996—2005年是指区划扩大到142平方公里发生的事。

九、本志纪年清代及其以前纪年用汉字书写，并括注公元纪年。民国时期纪年用阿拉伯数字书写，自然段首次出现时括注公元纪年。中华人民共和国建立后一律用公元纪年，使用阿拉伯数字书写。

十、本志资料主要来源于省、市、区档案馆和区直各街镇、各部门文书档案和各相关部门所提供的资料，少数取自知情人的口述资料，入志图片均由各街镇、各部门提供，不加引文注释。

目 录

总述

（一）

仓山区位于福州城区南部。1990年辖区面积9.33平方公里。1996年福州市区划调整后，仓山区域扩大至整个南台岛，陆地东至城门镇下洋洲与马尾区、长乐市隔江为界，西至淮安古渡道头，南至城门镇峡南古渡与闽侯县隔水为邻，北至淮安村与闽侯县荆溪隔江相望。陆地面积142平方公里，水域以闽江南、北港主航道中心线为界。

仓山区地貌由平原、丘陵和滩地组成，以丘陵、平原为主，属丘陵性平原。地表起伏大，丘陵分布在中、西北、东南部，以藤山（仓前山）、城门山、清凉山、高盖山为代表，其中高盖山海拔202.2米，为榕城南郊第一高峰。境内滩地长期以来由于闽江流速、流向的改变，导致泥沙落淤、堆积，沿江地带沙洲发育，河滩广阔，一些沙洲逐渐和平原连成一片，加速境内平原向北扩展，形成中洲、三县洲、橘园洲、尤溪洲、六凤洲、三兴洲、浦口洲、江边洲、浦下洲等形状各异、面积不等的沙洲滩地。最大的沙洲橘园洲即是由乌龙江泥沙冲积而成。

2005年，全区常住（户籍）人口11.5381万户，总人口40.3051万人。辖内设有仓山、盖山、城门、建新、螺洲5个镇和仓前、临江、上渡、下渡、对湖、三叉街、东升、金山8个街道，下辖69个社区居委会，108个村委会。

（二）

1990年，仓山区地域限于老城区，旧城改造工作起步较晚，境内主要交通道路有主干道14条，总长34.678公里；小街巷276条，长3.73公里；跨江大桥2座。是年开始，仓山区城区市政建设采取民办公助办法，多渠道筹措资金，把路、房、街、店统一规划，整体改造。1996年，仓山区域扩大到整个南台岛，区政府根据福州市“东扩南进”战略规划，把城市基础设施建设和创建国家卫生城市工作结合起来，启动环岛路工程及公路桥、车站、码头建设和旧城改造工作。2000年后，根据市委、市政府“疏解老城、开发南台岛、拉开框架、发展新城”的总体部署，大力推进旧城改造与新区开发，以上渡、菖蒲旧屋区作为中心城区棚屋区改造的突破口，制定各种优惠政策，及时解决棚屋区群众搬迁中遇到的各种困难，同时同步推进新区开发。全区旧城改造朝着成片化、综合配套方向发展。新区建设沿金山和闽江、乌龙江岸边向外延伸拓展，依托仓山优质教育资源的集聚辐射效应，开发滨江景观的高尚住宅区和精品宜居生活区。同时，启动环岛路工程及公路桥、车站、码头建设。境内则徐大道、福泉高速仓山段、三县洲大桥、金山大桥等一批重点项目相继建成并投入使用。全区交通路网规模扩大，路网结构改善。至2005年全区建成则徐大道等主干道34条，支路、小街巷179条，其中高级道路占91.38%，跨江大桥比1996

年翻一番，城乡路网布局日趋合理，形成以高速公路为主轴，以国道和二环线为框架的公路网，拉近与中心市区的距离，使仓山区成为福州向南连接闽南泉州、厦门和珠江三角洲地区的战略通道，城区发展的承载力进一步提高。旧城改造和新区开发齐头并进，城乡面貌显著改观。全区完成上渡、莒蒲、下藤三大片旧屋区改造，东升、尤溪洲、金山新区开发粗具规模，共建成住宅楼748幢，总建筑面积379.19万平方米，其中旧城改造253幢，77.52万平方米；新区开发495幢，310.67万平方米。沿江开发的香江红海园、三盛·巴厘岛、罗马佳洲、江南水都、泰禾红树林、东方威尼斯、融侨水乡别墅、公园道一号等众多面江亲水、配套齐全的优质高尚住宅区占商品房总量的25.46%，群众居住条件明显改善，居民生活环境质量进一步提高。

（三）

仓山区经济基础薄弱　1990年，全区仅有区属集体企业和街道集体企业101家，工业总产值6099万元；商贸服务业主要沿袭传统批发零售、住宿餐饮等低端服务行业，布局、规模、档次都处于较低层面；全年区财政总收入仅914万元，财政收支十分紧张。是年，仓山区属集体企业受到资金、技术、市场等诸多制约，生产经营举步维艰。区委、区政府针对困难情况，全面推进区属工业企业改革，先后推出20项重点改革项目，按照“抓大放小、扶优解困”的原则，组织实施股份合作、风险抵押承包、聘任制等企业综合改革，以工业小区为基地，加快工业布局和产品结构调整，全区经济实现平稳较快发展。1992年，市政府将“三资”企业审批权下放到县（区）后，仓山区简化审批手续，采取项目自定、地址自择、员工自聘、管理自主的措施，促进“三资”企业的快速发展。至1996年，全区“三资”企业总数比1989年增长2.54倍，出口交货额居全市五区八县（市）第四位。

1996年，仓山区抓住行政区划拓展的机遇，围绕推进农业和农村经济结构战略性调整、增加农民收入的中心任务，大力抓农产品结构的更新和改良，先后建成黄山高科技农业示范点和一批畜牧、蔬菜、水产、水果、花卉产业基地，引进名优特水果及观赏性花卉品种，开发花卉市场，做大花卉产业，农村经济不断发展。同时调整商贸布局，把发展大商贸纳入商贸发展规划，以聚龙路、闽江四桥和南大门建设以及客运站南移、上三路改造等基础设施建设启动为契机，适时进行功能性开发，开辟三叉街和首山学生街周边两个商贸中心带，向四周辐射开发，形成商贸发展的地段效应，形成社区配套群体，做到点上有档次、线上能贯通。1997年，区属集体工业企业因资不抵债原因逐步退出市场。区政府适时实施城区经济与乡镇经济互补，以“抓改革、立支柱，建基地、上规模，兴科技、增效益，抓招商、促引资”为导向，发挥乡镇企业的顶梁柱作用，全区工业企业所有制结构发生明显变化，当年民营企业从5家增至148家，成为全区经济发展的重要组成部分。

2000年后，福州市委、市政府“东扩南进”战略的实施，仓山区外向型经济迎来难得的发展机遇，招商引资工作以金山新区及东部新城开发为重点，不断盘活招商资源，拓宽招商领域，改进招商方式，改善投资环境，实现从“引资”到“选资”转变，引进一批外资大项目，利用外资领域和规模不断扩大。其间，伴随着南台岛大开发、大建设，市场消费需求大幅上升，规模日益扩大，仓山区把提升第三产业比重，调整商贸产业发展布局作为优化财税结构的重点。围绕老城区、金山新区以及东部新城三大区域板块进行布局调整、分块运作，重点发展以南江滨为轴心的楼宇经济和总部经济；以金山新区、东部新城为轴心的集会展经济、酒店餐饮、大型购物、休闲娱乐、旅游为一体的现代商贸服务业，精心打造和培育交通物流、商务酒店、旅游会展等新型商贸业态，进一步拓展服务业发展的空间和领域。同时继续着力引进、培育支柱产业，发展规模工业，配合福州市推进金山片区的桔园洲片、浦上片、福湾片及义序片工业园区建设，为工业发展提供新的载体，产业集群进一步壮大。逐步形成一园（仓山科技园）、三区（城门投资区、金山投资区、盖山投资区）、四片（金山工业园区桔园洲片、浦上片、福湾片、义序片）的工业集中发展格局。其间，由于金山新区的开发，大量耕地、鱼池被征用，加上由于畜牧业对环境的污染，闽江南岸村镇被划为畜禽禁养区，种植业、畜牧业、水产养殖业都受到较大影响。仓山区根据城市化建设的实际，在实施农业结构调整的同时加大农村基础设施投入，发展高优农业，提高单位产量，同时采取以“公司带农户”的方式，培植农业龙头企业，促进农业产业化，扎实推进社会主义新农村建设，改善农村生产生活条件，调动农民生产积极性，全区农村经济继续保持较快发展。至2005年，全区国内生产总值完成122.54亿元，是1996年的2.5倍，其中，工业总产值是1996年的2.9倍。企业的规模、产品质量、竞争力都上一个新台阶，涌现出亿元村42个，500万元以上企业140家，初步形成行业相对集聚的块状产业聚集区。对外开放水平进一步提高，“三资”企业比1996年增加2.37倍，利用外资达4亿多美元，出口交货总值比1996年增加1.77倍，三资企业产值达到工业经济总量的35%，成为推动经济快速发展的主要力量。农村经济在耕地面积比1990年减少5318亩情况下，农业总产值完成6.21亿元，比1990年的1.95亿元增长2.18倍。商贸业持续快速增长，商品市场规模进一步扩大，城乡消费市场活跃，居民购物环境日益改善。以国谊、融侨水乡酒店、博斯尼亚等为代表的星级酒店与仓山步行街、首山学生街、三高路—三叉街—六一南路商业街区构成的点线商贸格局粗具规模，并形成一定的带动和辐射作用。福峡路、福厦路沿线基本形成在全市有较大影响的汽车销售走廊，汽车销售业成为仓山区商贸支柱行业。全区社会消费品零售总额达61.86亿元，比1996年的6.79亿元万元增长8.11倍；区财政总收入达6.4548亿元，比1996年的1.0505亿元增长5.14倍，综合实力增强，工农业生产和商贸业都登上一个新的台阶。

（四）

仓山区文化底蕴深厚是福州市的文化区 1990年，区委、区政府坚持把科教文卫事业放在优先发展的地位，把“基本普及九年义务教育、基本扫除青壮年文盲和办好人民满意的教育”作为奋斗目标，作出《关于建设科技示范区的决定》，在全区开展创建文化先进区活动。1995年，仓山区获中、小学教育“‘两基’工作达标区”称号。翌年又被国家教委公布为实现中、小学教育“两基”目标的县（市、区）。1996年，区划扩大后，辖内大中专院校和中小学校数量大幅增加，仓山区开始调整学校布局，加强文化体育设施建设，至1997年全区基本形成首山、螺洲、建新三大学区，1999年，中、小学教育在巩固“两基”成果的基础上，推进“双高普九”（高水平、高质量普及九年义务教育），区建立素质教育督导评估机制，把实施素质教育与全面提高教学质量统一起来，全面推进素质教育，进一步推进课程改革，一批年富力强的校长充实到新建的学校。学校依法办学、规范管理的自觉性有所提高，农村中、小学依法治校的能力得到加强，全区呈现出争创实施素质教育工作先进学校和文明学校的良好局面。2002年仓山区顺利通过省级复查验收。实现义务教育“双高普九”的目标，被授予“福建省实验教学普及县”称号。至2005年，全区中、小学“两基”成果进一步巩固，素质教育扎实推进，教育质量稳步提高，各级各类教育快速发展。各类学校达302所，其中区属210所，省市属92所，在校学生18.17万人，占全区总人口的45.8%。3周岁至5周岁的幼儿入园率93%，6周岁适龄儿童入学率99.7%，小学毕业生升学率100%，初中毕业学生升学率86.7%。有10所区属中、小学校被评为福州市实施素质教育工作先进学校，14所区属中、小学校被评为福州市实施素质教育工作合格学校，1所小学被授予福建省实施素质教育工作先进学校。16年间共投资4亿多元，对学校危房进行改造，新建、改扩中、小学校舍38座，建面积81.53万平方米，构建和谐稳定的办学环境。

科学技术进步促进地方经济的发展 至2005年，全区建有科研基地9个，科研机构40家，其中区属科研机构23家，省、市属驻区科研机构17家。形成区、街道、居委会三级科普网络。在区属单位中，拥有自然科学类科技人员3620人，其中高级技术职称412人，中级技术职称771人，初级技术职称2437人。享受国务院特殊津贴突破100人，入选省级以上“百千万人才”逾80人。实施各类科技计划项目123项，承担市级以上科技计划96项，获省、市科技进步奖76项。在申报项目中，获省一等奖2项、二等奖6项、三等奖12项；市二等奖6项、三等奖7项。高新技术产业集聚效益逐步显现，科技企业的技术创新取得新成绩，出现一批产值超千万元甚至上亿元的高新技术企业或企业集团，科技进步因素对经济增长的贡献率提高。知识产权工作也取得成效，共申请专利721件，授权502件，其中发明专利74件，实用新型专利181件，外观专利247件。全区科技示范乡镇（街道）和可持续发展实验区占街镇总数的46.15%。仓山镇、盖山镇、仓前街道、临江街道、对湖街道进入省、市科技示范乡镇（街道）行列，螺洲镇被授予“福建省可持续发展实验区”，仓山区再次获2003～2004年度“全国科技工作先进区”称号。

文化事业和文化产业发展迅速 文化设施日臻完善，16年间，区政府努力探索从单纯的小文化向大文化格局转变，从政府管文化转向社会共建办文化转变，加大文化经费的投入，把民间文艺活动纳入社区群众文化活动的重要内容，广泛开展广场文化活动，举行社区民间传统文艺汇演，进一步推动仓山区群众文化活动的繁荣。共举办各种大型文艺演出近200场，自编节目80余个；选送百余个节目参加全国、省、市组织的文艺赛事，共获得各类奖项80项；创作文学艺术作品共3741件（篇、部、首），有311件作品获市级以上奖励，其中获全国奖3件，省、市级308件。至2005年“文化进社区”已成为常态性活动，文艺创作成果丰硕，艺术表演团体和艺术家之间的互访活动也日益频繁。全区拥有群众文艺团体14个，文化娱乐场所414家，民间文艺队近500队，文艺骨干近千人；校园文化、军地文化、少儿文化活动丰富多彩，每个镇均建起1个体育健身场所，仓前公园、烟台山公园、市体育中心等地还相继出现群众自发组织的健身辅导站，全区街舞、健身操、健身迪斯科、腰鼓等民间传统项目活动活跃。在文物保护和发掘、广播电视事业以及图书、档案、史志编纂工作等方面也取得较大进展，仓山区先后获得福州市、福建省和全国文化工作先进区称号。城门、盖山、建新、仓山4个镇文化站和上渡、下渡2个街道文化站被省定为标准文化站。

群众性体育运动蓬勃 16年间，共举办3届区运动会、16次中、小学生运动、6次社区运动会、8次老年人运动会、6次妇女运动会。体育竞技共获国际奖14项、全国奖39项、省、市奖139项。向省、市输送各类项目运动员147名。举重运动员李丽、蹦床运动员黄珊汕、浦下村龙舟队、高湖龙灯队在国际体育竞赛中荣获金牌，高湖龙灯队被国家体育总局命名为“国家级舞龙队”。至2005年，全区有篮球场81个（其中室内6个），游泳池11个，田径场20个，羽毛球场32个，乒乓球馆28个，门球场3个，晨练点60个，健身路径24条。全民健身网络基本建成，群众体育活跃。

医疗卫生事业发展迅速 16年间，由于城区扩大、人口增加，原有的医疗机构难以满足群众就医的需求。仓山区开展社区卫生服务建设的探索，采取医防一体化的管理模式，制定实施《仓山区社区卫生服务机构设置规划》。境内个体诊所、民营门诊部和民营医院数量得到较快的增长。同时通过整治“餐桌污染”，建设“食品放心工程”，人民身体健康，群众生活质量提升，区医药卫生事业整体水平有较大的提高，医疗机构在防治霍乱、登革热以及非典型肺炎等传染病过程中，医疗应急能力也有明显提高。至2005年，全区有各级各类医疗机构370家，其中民营医疗机构188家，企事业内设医疗机构31家，村办医疗机构93家，社区卫生服务站49家，防疫保健机构2家，区直属医疗机构9家。在区属医疗机构中有注册医师748名，其中执业医师384名，执业助理医师364名，注册护士680名。基本形成区、镇、村三级疾病防控制体系和医疗救治体系，突发公共卫生事件应急处理能力明显增强。医疗技术方面，外科可开展肝叶部分切除、乳腺癌、胃癌、肾癌、膀胱癌、卵巢癌等根治术，分子细胞学PCR检测、医学细胞遗传学检测和心、胸、肝、胆、脾、肾及颅脑减压手术等。内科曾抢救心跳呼吸骤停26分钟病人，获得复苏成功，在中医小针刀、不育症治疗方面也具有特色。城乡人民医疗保健服务水平得到改善。

（五）

仓山区在抓物质文明建设的同时把精神文明建设摆在突出位置，同步扎实推进民主法制建设工作。全区精神文明建设和民主法制建设取得新成果，人民生活水平显著提高。

精神文明成果丰硕 1990～2000年，仓山区坚持精神文明建设与物质文明建设一起抓，依托文明市民学校，对全区市民进行基本道德规范教育，倡导礼貌用语、维护环境卫生、遵守秩序等基本公共道德。在社会中继续开展职业道德、家庭美德、社会公德的教育，按照重在持续、重在提升、重在运作、重在实效的原则，在社区开展军警民共建和“走进美的小区”系列活动，在机关开展创文明行业、建满意窗口，做人民满意公仆活动。群众性精神文明创建活动进一步深化，创建领域不断拓展，推进全区精神文明建设工作扎实开展。在1995年全省文明评比中仓山区获得第一名。2001～2005年，围绕全面建设小康社会、构建社会主义和谐社会的目标，在全区党员、干部中开展“讲政治、讲学习、讲正气”和“三个代表”重要思想等系列教育，新时期思想政治工作得到加强。至2005年，仓山区先后获“1994～1995年度文明市区”“全国卫生城市先进单位””省第八届创建文明城区工作先进城区”和”福州市第十届文明城区”称号。涌现出省级文明单位9个、文明村镇1个、文明社区2个、文明学校3个；市级文明单位27个、文明村镇8个、文明社区11个、文明学校19个。

依法治区工作扎实推进，社会安定稳定 1990年，仓山区把依法行政、公正司法和维持社会安定稳定摆上重要议程，扎实推进依法治区工作。1991年提出以3年时间创建社会治安一流安全区的总体设想。此后，着力推进“平安仓山”建设，对社会治安实行综合治理。同时，开展普及法律常识教育活动，有效维护全区政治安定和社会治安的稳定，为仓山区各项工作的全面推进提供安全保障。2005年，区人大及其常委会对地方执法监督工作已形成常态。公、检、法初步建立执法责任制，逐步走上依法行政、公正司法的轨道。全区13个街、镇调解会规范率达100%。初步建立起上下联动体系，形成人民调解、行政调解、司法调解三位一体的工作机制，为化解和疏导各类社会矛盾，促进全区经济发展、社会和谐提供优质高效的法律服务和法律保障，全区社会治安状况好转，安全小区人口覆盖率达88.5%。

人民生活水平显著提高 1990～2005年仓山区坚持以人为本，把保障和改善民生作为工作的出发点和落脚点，认真实施国有企业下岗职工基本生活保障制度、失业保险制度、城市居民最低生活保障制度等“三条保障线”，广泛开展“春风行动”等送温暖活动，着力改善民生。至2005年，全区城乡人民群众享有的公共服务和社会保障水平明显提高，城市低保实现应保尽保，农村新型合作医疗试点工作扎实推进，城乡人民群众收入快速增长，城区居民人均可支配收入达8957元，比1996年增72.25%。农村居民人均可支配收入6670元，比1996年增94.46%；城乡脏、乱、差问题得到有效治理，环境绿化、美化工作全面加强，人均公共绿地面积从1990年的2.01平方米，提高到5.9平方米，居民生活环境质量进一步提高，居住条件明显改善。城区居民人均居住面积从1990年的14平方米，提高到24平方米；城市公交通车线路达59条，比1990年增4.53倍，109个村实现村村通公路，公交通车率达97%，大大方便人民群众的出行；劳动就业再就业规模持续扩大，就业渠道拓宽，下岗失业人员再就业和农村富余劳力转移工作成效显著。全区有97.5%下岗失业人员实现再就业，农村转岗劳动力也得到妥善的转移对接，城镇登记失业率保持在3%以下的较低水平。

（六）

1990～2005年，仓山区先后召开过四届党代会，四届人代会，四届政协会议。16年间，仓山区人民在中共仓山区委、区政府的领导下，认真贯彻“三个代表”重要思想和科学发展观，坚持改革开放，奋勇拼搏，群策群力谋发展，一心一意奔小康，为建设一个具有高度物质文明、精神文明和政治文明的新仓山而奋斗，各项事业都取得令人瞩目的成绩，但也还存在不少困难和不足。主要是全区经济发展不平衡，总量还不够大，产业结构还不够合理，总体水平不高，竞争力还不强，城乡区域差距依然较大，一些领域存在消极腐败现象，反腐形势依然严峻，服务业底子还比较薄弱；社会保障压力较大，因征地拆迁引发社会利益调整暴露出来的社会矛盾比较突出等。这些问题都需要在今后的工作中加以研究解决。

大事记

（1990–2005）

1990 年

年初　区委、区政府出台《仓山区集体企业实行综合改革试点的若干意见》，推行厂长负责制和职工全员劳动合同制，在条件成熟的集体企业实行综合改革试点，落实推广“工效挂钩”。

1 月 9 日　区委、区政府在仓山影院召开街居干部新春慰问大会，表彰 40 名从事居委会工作 20 年以上的居委会干部，并颁发荣誉证书。

1 月 19 日晚　省委书记陈光毅，省委常委、秘书长赵学敏，市长洪永世到对湖、仓前街道慰问烈军属和特困户。

2 月 24 日　仓山区举行第十二届妇女运动会，有 10 个代表队 4000 人参加比赛，区教育系统代表队获团体总分第一名。

3 月 5 日　区机关、学校、企事业单位和公安干警 500 多人，在全区设立 60 多个服务点，开展“学雷锋为民服务”活动。

3 月　上渡街道红星机电厂开发的调频电视广播接收机 300 欧 /25 欧平衡阻抗变换器通过省二轻厅鉴定，该产品技术指标达到国际水平。

3 月　仓山区民政局实施社区老年服务，在烟台山举办首家老人福利院，面积 330 平方米，当年入住老年人 60 人，其中女性占 40%，每人每月收费标准 200 ～ 380 元。

4 月 15 日　省第一所中医中药治疗眼科复发病及疑难病症的福州市卢镜明中医眼科医院成立。为集体所有制卫生事业单位，定编 38 人，设有床位 20 张。

4 月 17 日　全省第一个民间环境保护组织——对湖环境保护协会成立。

5 月 5 日　区委、区政府研究决定，成立仓山区保密局，为科级机构，归区政府序列。

5 月 8 日　由爱国华侨陈霖捐资兴建的“霖顺科学馆”“陈霖教学楼”“仓山区华侨文化活动中心”工程竣工。省人大常委会主任程序、省政协副主席赵修复及区委区政府领导陈大明、吴春官与陈霖先生伉俪参加剪彩典礼。

5 月 10 日　区委、区政府研究决定，成立信访局，为科级机构，归政府序列。同时撤销原区委、区政府信访办机构。

5 月 20 日　凌晨，上渡街道尤溪洲发生火灾，受灾 7 户，被烧面积 944.25 平方米，直接经济损失达 7.92 万元。区委书记陈大明、区长吴春官赴现场指挥救灾。

5 月 23 日　市委书记习近平来区调查研究指导工作。先后视察仓山医院、三叉街新村、江心公园、仓前公园、泰瑞电机有限公司、霖顺科学馆、烟山鹊桥和区党建工作展览。

5 月　仓山区国际经济合作公司成立，隶区外经贸委，为事业机构。当年开始组织劳力进入国际市场。

向南美洲国家输出劳务58名。

6月5日　仓山区在区少年宫礼堂举行第二届校园文艺会演。全区18所大中专院校、34个节目参加会演。

6月25日　仓山区着手解决人均住房面积2.3平方米以下特困户住房问题。到年底，共调整89户。调整后人均住房面积由1.77平方米提高到5.07平方米。

7月1日零时　仓山区完成第四次人口普查，全区共33070户（家庭户32486户，集体户584户），总人口129860人（家庭户110455人，集体户19405人），男性68821人，女性61039人，性别比为112.75。

7月8日凌晨　18号强台风袭击仓山区，刮倒树木2000余株、电线杆8根、刮断电线100多处，围墙倒塌12处约400米，朝阳粮库一株胸围6.6米，高23米的数百年榕树被连根拔起。全区触电死亡1人，砸伤2人，直接经济损失约45万元。

7月13日　区委在区文化大楼举办仓山区精神文明建设成果展览会，省精神文明建设办公室主任陈荫等到会参观，对仓山区精神文明建设工作给予充分肯定。

7月14日　仓山环卫所女清洁工陈依贞获建设部系统劳动模范称号。

8月20日　市委书记习近平来区视察防风抗灾准备工作，并就做好防风工作作指示。

8月　仓山区城南医院成立。院址在福峡路，为集体所有制卫生事业单位，定编38人，核定床位20张。

9月7日　仓山时贝电器厂的DJI型电子节能镇流器通过省二轻鉴定，该产品具有多重自身保护电路，能延长灯管使用寿命，节能效果显著，平均节电达30%，为国内首创。

9月25日　市委书记习近平、副书记金能筹分别走访对湖街道、下渡街道和文山、通明居委会看望街居干部及困难户，并到离退休干部、烈军属、民主党派、宗教界人士、教师家中看望。

9月　仓山区第十一届人大换届选举工作开始，至12月17日全部完成，共选举产生区人大代表179人（其中女代表54人）。

10月初　三叉街小学参加在福州市举行的1990年杭州、南昌、景德镇、上海、福州等华东友邻城市中、小学射击邀请赛，获小学组团体总分第一名。

10月7日　运动员陈思坦参加第十一届亚运会获武术比赛太极拳冠军。

10月12日　烟山画院画师林增华在福州市美术馆举办个人专题水墨竹画展，为全省首次个人专题画展。

10月　仓山区培智学校学生黄晶、林新光、王枫参加在澳门举办的第五届特殊奥林匹克运动会，获得金牌4枚、银牌2枚、铜牌3枚。

10月　仓山区开始实行集体职工养老保险，到年底全区有97个集体单位，4536名职工（占集体职工总数88%）参加养老保险。当年，福州市人民政府授予仓山区劳动局“职工养老保险先进单位”称号。

10月　技巧运动员陈云在西德举行的国际技巧对抗赛中获全能第一名。同月在匈牙利国际技巧锦标赛中获男子全能第一名。11月，在德国举行第九届世界技能锦标赛中获得男子双人全能第二名。

11月13日　区第十届人大常委会第二十三次会议审议决定，接受吴春官因工作调动辞去仓山区区长职务的请求，任命孙孟融为仓山区代理区长。

11月22日　日本‘友好之船’妇女团一行，在市妇联副主任刘桂荣、王一珠等陪同下参观仓山区妇女俱乐部。

12月7～15日　仓山区中医眼科医疗组一行6人，先后在北京人民日报社门诊部和北京联合大学中医药学院门诊部开展义诊，就诊近2000人次。人民日报12月17日以“给眼疾患者带来光明”为题进行报道。北京电视台、北京晚报也报道义诊活动情况。

12月17～21日　中共福州市仓山区第六次代表大会在区机关礼堂召开。大会选出区委委员18人，后补委员3人，陈大明为区委书记，孙孟融、赖昌贤、邹国真为副书记，选出区纪委委员11人，吴妹明为纪委书记。

12 月 27 日　区委与驻军 32525 部队、省武警总队医院联合举办迎新年、“迎双拥”军警民文艺联欢会。区五套班子领导、32525 部队、省武警总队领导与区街机关干部、驻军官兵近千人参加。

是年　严格控制报批建设用地，首次将公安机关执法机制引入土地执法，实现公安督察和土地执法相结合的土地管理新模式，及时制止和处理土地违法案件。

是年　区机关全面推广“两公开一监督”（公开办事制度、公开办事结果和依靠群众监督）。至年底，实行“两公开一监督”的部门达 30 多个，项目 62 项。

是年　仓山区中国民间故事、谚语、歌谣三集成完成编纂出版，全书 3 个分册，共 25 万字。

1991 年

1 月 1 日　中国计生协会顾问周伯萍在省、市计生协会领导陪同下，视察仓山区计生协会工作，参观区人口学校和首山学生街，看望当地计生协会负责人。

年初　区属集体企业开展第二轮经济承包。

1 月 12 日　区委书记陈大明、区长孙孟融率领慰问组到省军区第七干休所看望部分军级以上离休老首长。

1 月 14 日　卫生部副部长孙隆椿在省卫生厅、市卫生局领导陪同下，视察仓山医院。

1 月 21 日　出席全国空军群众工作会议的代表一行 30 人到麦顶小学参观军校共建工作，赞扬麦顶小学的共建工作搞得好。

1 月 24 日　政协仓山区第三届委员会第一次会议召开。选举产生新一届区政协领导班子。蔡庆良为主席，林恩全、沈惠秋、吴世振、陈德宏、王大光为副主席。

1 月 25 日　仓山区第十一届人民代表大会第一次会议召开，大会选举陈大明为区人大常委会主任，黄瑞琳、黄商端、张保森、王耀华为副主任；选举孙孟融为区长，陈朝明、陈逵逵、许聿圣、刘用炤为副区长。

1 月　解放军、武警、地方三方联合组成的艺术团体——仓山区军警民艺术团正式成立。

2 月 8 日　国家计划生育委员会主任彭佩云在省、市计生委、计生协领导陪同下，检查指导仓山区计生工作，参观全省第一个居委会计生协会——程厝居委会计生协会，并为之题词。

3 月中旬　仓山万春巷、巷下路旧屋区开始改造。动迁面积 36.59 亩。拆迁居民 779 户 2726 人。1993 年落成 20 座，动迁居民全部回迁新居。

3 月 19 日　全市第一家国防教育协会——仓前地区全民国防教育协会成立。该协会是由驻仓前街道境内的 22 个省市属大中专院校、机关、企事业单位和驻军参加，聘请军队离休老干部和区委主要领导为顾问。

3 月 25 日　观海路南侧居民旧屋区改造，东起六一南路，西至上藤路，长 340 米，拆迁居民 80 多户，300 多人，拆除房屋 2500 平方米，10 月中旬动工兴建。

3 月　区委成立社教工作领导小组。抽调 60 名机关干部组成社会主义思想教育工作队，分赴 6 个街道 24 个居委会和 5 个企业开展工作。1992 年 10 月仓山区社教工作通过市委社教领导小组验收。

4 月 16 日　区长孙孟融与 5 个街道、13 个区直单位的一把手签订“1991 年党政领导计划生育目标责任状”。

5 月 3 日　区委、区政府研究决定，成立仓山区编制委员会，与人事局合署办公；成立社会治安综合治理委员会，与区委政法委合署办公。

5 月 20 日　程埔集贸综合市场动工兴建，为 7 层框架结构，占地 2479 平方米，总建筑面积 7215.6 平方米，市场面积 3320 平方米，投资 450 万元，翌年 1 月 28 日竣工投入使用。

5月　经市委批准，成立仓山区宗教局。为科级事业单位。

6月20日　市委副书记赵守箴带领市直有关部门领导到仓山区与区领导一起现场接待群众来访，共接访228人，受理群众反映的问题226件。

6月21日　省委授予仓山无线电元件厂党支部为省先进党组织称号。临江派出所民警刘友才为省优秀共产党员称号，区委常委、纪委书记吴妹明（女）为省优秀纪检干部称号。

6月22日，仓山区举行革命火种代代传环区火炬接力活动。市、区领导、老干部、党员、团员和少先队员共320名参加火炬接力。

6月26日　区委、区政府研究决定成立福州市高科技园区仓山园领导小组。组长陈大明。

6月27日　市委、市政府领导习近平、洪永世、金能筹率市直有关部门负责人在仓山区举行现场办公会，对仓山区九十年代的发展工作提出指导性意见，作出“促进仓山区两个文明建设的若干意见”。

7月2日　位于盖山乡齐安村的齐安垃圾堆放场动工兴建。该场占地40亩，垃圾堆放总容量为8万立方米，总投资150万元。建有进场水泥道路140米，宽4.5米，场内简易道路100米。同年9月建成投入使用。

7月3日　区委、区政府发出《关于加强计划生育工作的意见》，提出实行计划生育一票否决、建好区计生协会、落实争创达标活动、层层落实责任制，把计生工作纳入依法管理的轨道。

7月19日　仓山区召开区直机关廉政建设座谈会，总结机关廉政建设工作。区委书记、区长及市纪委二室、党风室同志参加会议。区工商局、教育局、卫生局、建设局、房管局分别介绍机关廉政建设的经验。

8月20日　全区70个居民委员会正式举行换届选举，选出居委会主任70人、副主任120人、委员244人。

8月27日　六一南路从观海路交叉口至井儿弄路段，改建为彩色水泥混凝土预制块人行道。长2500米，面积5000平方米，投资13万元，是仓山区第一条彩色人行道。

8月30～31日　区委召开全委扩大会议，部署科教兴区工作。区委书记陈大明作《发挥优势，依靠科技振兴仓山》的报告。大会通过《关于建设科技示范区的决定》《关于调整充实科技顾问团成员的决定》。

8月　仓山区城市规划调整。规划范围东起盖山乡江边村、浦下村；西至福湾路、精神病院；北自闽江主航道；南至高盖山中环线及部分绿地。总面积约17平方公里。1992年4月完成。

9月2日　六一南路垃圾集装箱转运场动工兴建，建筑面积167平方米，投资35万元。11月20竣工并投入使用。该场是福州市第一个采用封闭式设备的垃圾转运场。

9月5日　市科技园区仓山园领导小组办公室正式成立，园区办内设项目、行政、招商、规划基建四个科室。

10月6日　区政协召开纪念辛亥革命80周年暨《仓山文史》（第六辑）发行会。

10月7日　福州市第一座悬索桥在龙潭角江心公园动工兴建，总造价383.9万元，1992年9月30日竣工。

10月下旬　小岭巷至工农路居民区改造，占地16.03亩，拆迁居民226户、678人、建六幢住房，336个单元。

10月31日　仓山区在霖顺科技馆举行世界福州十邑乡亲恳谈会，来自美国、新加坡、马来西亚、菲律宾、日本等国家和台湾、香港地区的乡亲50多人参加。

10月　全国21个城区政协工作联系会第四次会议在仓山区召开。省政协副主席凌青、市政协主席金能筹、市政协副主席高伯英、区委书记陈大明等领导出席开幕式。

11月20日　仓山医院更名为福州市鹤龄医院。是日，隆重举行医院更名暨“鹤龄楼”开业二周年庆典，郭鹤年、郭鹤韬偕夫人专程从海外回来参加庆典活动。

11月22日　区委、区政府研究决定成立政治体制改革办公室，与党建工作小组办公室合署办公。

11月27日　福州市高新技术产业开发区仓山园管理委员会成立，区委书记陈大明兼主任，下设办公室与市高新技术产业开发区仓山园领导小组办公室合署办公，实行一套班子，两块牌子。

11月　“福州市仓山区烟尘控制区”评为福建省城市环境综合治理优秀项目，由省建委、省环保局授匾。

12月6日　省“八五”重点市政设施工程——鳌峰大桥动工兴建，总投资1.9亿元。1993年12月竣工通车。该桥北起连江路光明港，南至白湖亭与324国道相接。工程由主桥、引桥、引道3个部分组成。主桥长500.9米，宽25.8米，工程按城市一级主干道标准设计。每昼夜可通行车辆3.6万辆次。

12月21日　晚8时50分，仓山区临江街道埔乾地区发生火灾、受灾户83户，烧毁房屋面积3254平方米，直接经济损失16万元。灾后，市政府召开现场会，决定在原地建8幢安置房，136个单元，总建筑面积7500平方米，安置受灾居民。

12月　中共仓山区委六届二次全体（扩大）会议通过《关于建设科技示范区的决定》。提出“科教兴区”的目标、任务和措施，动员全区人民团结奋进，把经济建设转移到依靠科技进步和提高劳动者素质的轨道上来，向科技示范区的目标进军。

12月　仓山区被省科委列为全省5个科技示范县区之一。

是年　区委、区政府制定《关于加强计划生育工作的意见》，把人口计划完成情况作为考核领导干部政绩的重要内容。同时开展育龄夫妇签订计生合同公证工作，把计划生育工作纳入依法管理的轨道。

是年　仓山区制订《烟尘控制区管理规定》，推行排污许可证制度，控制排放总量。对无法达标排放的企业加倍征收排污费。

是年　区文化局创作的舞蹈《别妻诗》获华东六省一市社会舞蹈调演优秀节目奖，福建省第六届音乐舞蹈节创作一等奖、演出一等奖、男女演员一等奖、二等奖。

是年　对湖街道汽车零部件厂QBS汽车用玻璃升降器新产品通过省级技术鉴定，达20世纪80年代国际先进水平，填补省内一项空白。

1992年

1月17日　区人大常委会作出《关于人民代表评议基层所、站廉政建设活动的决定》以增强人民代表参政意识。

1月23日　郭宅村马来西亚华人郭鹤年捐资100万元人民币兴建郭宅小学“钦鉴楼”。

1月24日　副市长林忠兴、温源芳召集市直有关部门在仓山区霖顺科学馆召开现场办公会议，协调解决市高科技园区仓山园有关征地、供水、道路、工商执照、税收返还等问题，并形成会议纪要。

1月　仓山区关心下一代协会，被评为全国关心下一代工作先进集体称号。

2月1日　福州市液化气站仓山换气站在牛眠山建成，并正式对外营业。

2月7日　仓山区在烟台山公园举行为期三天的“烟山之春”春节大游园活动。参加游园活动的有2万多人。

2月19日　福州鹤龄医院与台湾罗星塔月刊社签订协议，为回乡探亲和专程来闽的台胞提供优质诊疗、保健服务。

2月25日　区委、区纪委发出《关于建立党员领导干部个人重大事项报告制度的通知》，实行区科局级党员领导干部个人重大事项须向党组织报告制度。

3月5日　仓山区开展学雷锋活动，全区有30多支近千人的学雷锋宣传服务队，在六一南路沿线开展“处处有雷锋”为民、便民服务。

3月21日　国家科委批准，仓山园列入福州市科技园区“一园三区”计划。福州市科技园区仓山园的范围确定为：自福厦公路白湖亭至后坂段、浦下路以南、闽江三桥引桥以东、后坂村规划外一路以南、园东路以北。面积 0.5 平方公里。5 月 9 日举行开工典礼。省人大主任程序、省委副书记袁启彤分别为园区题词。

3 月 26 日 全市首家社会治安综合治理协会——对湖地区社会治安综合治理协会成立。该地区大中专院校、工厂企业、居委会、城乡结合部乡村等 48 个单位为协会会员。

4 月 3 日 美国华盛顿福建同乡会商务考察团一行 10 人到仓山区访问。并就可供合作的房地产、高科技开发项目进行洽谈。

4 月 12 日 市委常委、组织部部长王文贵，市人大副主任吴又成带领市直各有关部门领导同区五套班子领导在仓山第二中心小学开展群众接访日活动，当天共接访群众 132 人。

5 月 3 日 副省长陈明义来区就市高科技园区仓山园的建设进行现场办公，听取市高科技园区仓山园进展情况的汇报并前往仓山园实地视察，对仓山园的建设和发展提出指导性的意见。省政府副秘书长李子、省科委主任吴城、市政协副主席鄢茂炎等有关领导出席会议。

5 月 25 日 福厦文明路三叉街共建文明片区成立。由三叉街辖区 54 个省、市、区属企事业单位、部队、公安、乡、村领导担任理事。

5 月 仓山区获福建省文化工作先进区称号。

6 月 16 日 区委、区政府在临江街道办事处试行综合改革，实行全员聘任制，任期两年，工作需要可以续聘，受聘人员实行浮动工资制，实行财政包干。

6 月 卢镜明中医眼科医院的祖传秘方“麝珠明目散”在全国首届优生优育优教展览会上获银奖。

6 月 区政府征用东升村福峡路西侧农田 183.75 亩开发住宅小区，作为城区改造拆迁安置房。

7 月 6 ～ 8 日 特大洪水袭击仓山。解放大桥桥上水位 9.52 米，高出警戒线 3.32 米，比 1968 年历史最高水位高出 0.49 米，解放大桥桥下水位 8.16 米，比历史最高水位高出 0.69 米，桥面淹没 1 米多深，为历史所罕见。全区 6 个街道、76 个居委会中，受淹 4 个街道，36 个居委会。受淹区、街企业 45 家，受灾户数达 1.5 万户、4.7 万人，直接损失 1718.20 万元。市委书记习近平来区深入中洲岛察看灾情，慰问灾民。

7 月 12 日 中洲岛洪水淹没区拆迁工作全面铺开。16 日，市房地产开发总公司和仓山区联合召开改造中洲岛洪水淹没区新闻发布会。福建日报、福建电视台、港台信息报、福州晚报社等 11 家新闻单位应邀出席。

7 月 30 日 区举行迎“八一”军政座谈会。省军区副司令员齐献忠、省武警部队政委王荆璞等 20 多位部队领导到会。

7 月 区小学教师开始实施全员聘用制，全区有 639 名教师参与应聘。

8 月 12 日 区建设局被福州军分区授予“双拥共建”先进单位。

8 月 23 日 福州市人民政府批准成立城门投资区。1998 年，省政府批准城门投资区升格为省级投资区。

9 月 30 日 区举行江心公园悬索桥竣工剪彩典礼。该桥于 1991 年 11 月 29 日动工，历经 10 个月建设，全长 247 米，主桥跨径 150 米，桥面宽 4.5 米，桥北端塔架高 16.2 米，可通行 7 吨以下汽车。

9 月 30 日 城南家禽批发市场落成，为市首家集生产加工、卫生防疫、冷冻贮存、批发交易为一体的家禽批发市场。

9 月 30 日 龙潭角古渡遗址卧龙楼竣工，建筑面积 500 多平方米，投资 25 万元。

10 月 10 日 福州仓山区房地产开发公司与香港太丰（地产发展）有限公司、台湾华闽集团有限公司联合组建福建华太房地产有限公司，在境内解放大桥至闽江大桥沿江旧城区开发太平洋城项目。占地 128.8 亩，投资 42 亿港元，总建筑面积 80 万平方米。

10 月 27 ～ 28 日 省文明路检查验收团一行在省文明路副总指挥、省委办公厅副主任毛祥瑞、省文明路指挥部办公室副主任纪育桃的带领下，检查验收临江、下渡、三叉街路段创建文明路工作。检查验收组对仓山区的创建工作给予高度评价。

11月1日　仓山区开始执行《福州市容和环境卫生管理办法》，严禁在市区销售、燃放烟花爆竹。

11月9日　经福州市外商投资区领导小组第十次会议研究决定："城门投资区和盖山投资区为市级投资区，比照享受福兴投资区政策"。

11月11日　市委书记习近平带领市直有关部门领导视察城市建设和旧城改造项目，并主持召开会议，专题研究中洲岛开发建设有关问题。

11月22日　全省首家以物品再利用为目的的三叉街跳蚤市场正式开业，开设摊位121个，交易商品有服装、鞋帽、日用品、家用电器等500多种。当个天进场交易经营有4000多人，日成交额3.5万多元，收入场费900多元。

11月　在国际科学与和平周上 卢镜明中医眼科医院的"麝珠明目散"与"风火明目散"分别获国际科学与和平金杯奖和金牌奖，院长卢隆平获国际科学与和平特别贡献奖。

12月22日　仓山区预备役部队成立。下辖高炮团汽车营和高炮团修理所。

12月28日　仓山工业小区举行奠基典礼。该小区位于福厦路三叉街路段西侧，占地131.69亩，规划建设面积103762平方米，建造标准厂房24座、综合大楼7座、仓库2座。

是年　仓山区开始在尤溪洲、牛墩洲、新洲尾拦河吹沙，填平之间河道，将3个洲连在一起。1998年又在沿江建造钢筋混凝土防洪堤，改直闽江河道。至2001年，填出洲地面积1.032平方公里，同时在拓宽地块上兴建新区。至2005年，先后建成省生态工程学校、林产品市场和江南水都、罗马佳洲、滨江假日等商品房楼盘142幢，总建筑面积达146.67万平方米。

是年　仓山区制订《噪声达标管理暂行规定》和《关于建筑工地噪声管理暂行规定》，采取群众监督环保检查，登记申报、限制时间、发证作业等办法，加强建筑工地噪声管理。至1993年，境内6个街道相继实现区域环境噪声达标区。

是年　仓山区开始对宗教活动场所进行发证开放。获第一批发证的有泛船浦天主教堂、上渡天主教堂、基督教天安堂、上渡基督教堂、中洲基督教堂、清凉寺等6个宗教活动场所。1997年又发证开放马厂街基督教聚会点。

是年，仓山区启动劳工巷、中藤路旧屋区改造。该旧屋区占地29.37亩，动迁居民301户，1053人。2001年底，动迁居民全部回迁新居。

是年　城门自来水厂建成投入使用。城门地区受益人口占该镇总人口的85%。

1993年

1月8日　仓山区第十一届人民代表大会第三次会议召开，选举林友斌为区人大常委会主任。

2月28日　福州市城南生产资料贸易中心奠基典礼。该中心位于福厦路福州路段西侧，是融商贸、服务为一体的大型综合贸易中心。

2月　闽江大桥拓宽改建工程正式动工，工程总投资580多万元，历时300天，1994年11月19日竣工通车。改建后，大桥桥面设4条机动车道，两旁设人行道，提高桥面流量，缓解闽江两岸交通矛盾。

3月18日　区委、区政府领导到区教育局现场办公，就筹措中小学幼儿教育奖励基金、解决教师住房困难、拨补经费等问题进行研究。

3月　经国家科委批准仓山科技园正式列入市科技园区"一区三园"建设规划。同年5月奠基剪彩，为仓山区发展高科技产业和实施火炬计划的重要基地。

4月3日　市委书记习近平、副书记王文贵等领导到仓山无线电元件厂、公园居委会调查研究。习近平对仓山区街居企业工作表示满意，肯定元件厂搞股份制把集体企业与职工利益捆在一起的做法。

4月12日　仓前派出所举行"省级达标所"挂牌仪式。

5月17日　省文明城区总评调查考评组，察看军校共建先进单位——麦顶小学，肯定该校在培养学生德、智、体全面发展方面取得成效。

6月23日　市委书记习近平带领市有关部门领导在区委书记林友斌的陪同下，走访临江街道特困户，详细询问他们的生活情况和困难问题，听取他们的意见。

6月28日　仓山区医院改名为福州市鹤龄医院，加挂福州市第三医院牌子。医院设有：内科、外科、骨科、妇产科、儿科和中西医结合科，有病床165张。

6月28日　清凉寺从缅甸运来的高1.8米玉佛，于是日举行开光仪式。近700名虔诚的佛教弟子前往谒拜烧香。

7月7日　省委常委、副省长陈明义带领省创建文明城市领导小组成员，来区检查创建文明城市工作。深入仓山区德育教育基地麦顶小学听取校长汇报，参观德育教育展室，并题词："共建文明学校，培育四有新人"。

8月9日　仓山区命名麦顶小学、军警民艺术团、鹤龄医院、建设局等单位为仓山区双拥共建示范点。

8月15日　由华太房地产公司投资开发的闽江南岸"太平洋城"举行动工暨奠基典礼。该城占地约158亩，总投资42亿元。

9月18日　鹤龄医院通过中央"国家级爱婴医院"验收团正式考核验收，被正式列为符合全球标准的国家级爱婴医院。

9月20日　香港松辉国际集团公司董事长王新伟捐赠100万元人民币兴建仓山中医院门诊大楼举行赠资仪式。

9月26日　大型"红楼"艺术灯会在烟台山正式展出，为期一个月。灯会以"红楼梦"为背景，以宝黛爱情为主线，分设18组场景，为市民群众欢度中秋、国庆佳节新增活动内容。

10月17日　仓山区第十二届运动会在市人民体育场举行。历时两个多月，全区有44支代表队参加10个项目角逐。

11月20日　区召开科技工作表彰大会，对科技兴区做出突出贡献的6个先进单位、18个先进集体、28名先进个人，20项先进科技进步奖项目进行表彰、奖励。

11月26日　国务院副总理李岚清在副省长王良溥陪同下视察仓山小学，观看脑算班学生的脑算表演，并同学校师生合影留念。

11月30日～12月4日　中共仓山区第七次代表大会召开。会议选举区委常委9人，书记林友斌，副书记孙孟融、李毅强、林国和、区纪委常委5人，书记吕英。

12月12日　仓山区第十一届人大代表换届选举结束。全区115个选区、80620名选民参加投票选举，共选出区第十二届人民代表179名。

12月15日　区政府拨出专项经费60万元，抢修保护清代古建筑安澜会馆和明代古建筑蔡襄纪念馆两处文物。

12月24日　仓山区举行纪念毛泽东诞辰100周年党建研讨会。省市党建办、区委及部分高等院校、企事业单位领导以及论文作者80多人参加会议。大会收到论文30多篇，7名优秀论文作者在会上进行交流。

12月　《福州市仓山区建设志》出版发行。全书共12章14万字，记述仓山区城市规划、市政公用设施建设等发展历程。

是年　经福州市外商投资区领导小组第十次会议研究决定设立金山投资区。1998年升格为省级投资区，享受省级开发区有关政策。

是年　仓山区宗教局林孔营被评为全国基层宗教工作先进个人。

是年　美国籍华人陈霖捐赠250万元建市儿童医院承顺门诊大楼。

是年　仓山区委出台《仓山区集体所有制工业企业转换经营机制若干意见》和《仓山区关于推进股

份制企业的若干意见》。

1994 年

1月11日　仓山区政协第四届委员会第一次会议选举产生新一届政协领导班子，主席蔡庆良，副主席沈惠秋、吴世振、王大光、林之耀、苏孝祯。

1月13日　仓山区第十二届人民代表大会第一次会议选举新一届人大常委会成员，林友斌为主任，黄瑞琳、王耀华、陈祖志为副主任，选举孙孟融为区长，陈朝明、余凤玉、陈奇、王廷杰为副区长。

1月28日　下午5时55分，上渡路发生火灾。过火面积2900平方米，受灾43户，163人，没有人员伤亡。

2月24日　仓山区举办军警民庆元宵联欢晚会，原省军区副司令员李德安、高绪德、驻区海军基地官兵及仓山区公安干警和各界人士一起观看精彩的文艺演出。同日，市长金能筹，市委常委、军分区政委苏留雷，市人大副主任鄢茂炎、高翔等到仓山公安分局、市三医院慰问坚守岗位的公安干警、医护员工。

3月5日　海军福建基地通信站、对湖街道、共青团仓山区委三方签订共建对湖文明路协议。海军福建基地司令员高元法，政委黄铁须和区委书记林友斌，区长孙孟融，区委常委、宣传部部长陈梅良等领导出席。签订仪式后，300多名海军官兵、街道机关干部和青年团员参加清扫对湖路义务劳动。

3月11日　仓山区十二届人大常委会举行第二次会议，讨论通过《关于加强区人大常委会自身建设的意见》《区人大人员廉洁自律的几条规定》《关于依法任免干部的若干具体规定》《关于加强与“一府两院”工作联系的意见》《仓山区人民代表活动制度》《区人大常委会主任会议制度》等6个制度。

3月　省公安厅命名三叉街派出所、上渡派出所为省级规范化派出所。至此，仓山公安分局所属7个派出所全部被省公安厅正式命名为省级规范化派出所。

4月4日　仓山区在朝阳小学举行柯信谋夫人捐资兴建的科学楼工程封顶典礼暨奖教奖学基金会成立大会。柯伯诚、翁秀清伉俪应邀出席大会。

4月20日　冰雹袭击仓山持续7分钟，实测最大雹径43毫米，是1976年以来福州市区最强的一次降雹过程。

5月25～26日　为确保在1995年消灭“脊灰”病，仓山区设19个点为儿童喂服“脊灰”糖丸。2天内共喂服糖丸4065人，接种率达98.5%。

6月12日　仓山区首批12支青年志愿者服务队授旗仪式在中洲公园工地举行。区团员代表、驻地海军青年官兵、学生等400多名青年出席并参加公园平整土地、植树、植草皮等义务劳动。

6月18日　市、区领导联合举行群众接访日。市委书记习近平带领市直有关部门和区五套班子领导、区直各部门负责人共接待来访群众79人，受理问题70件。经过协调当场解决25件，当面疏导42件，现场办结率95.7%。

6月　中国教育学会授予仓山教育学会为全国教育学会先进单位。

7月2日　全区暑期夏令营正式开营，活动以爱我祖国、从小自学、自理、自护、自强、自律（五自）为主题紧密配合道德行为的“五心”（忠心献给祖国、爱心献给社会、关心献给他人、孝心献给父母、信心献给自己）教育，实施社会、学校、家庭齐献爱心，共办“百营”活动。

7月13日　印尼华侨、香港王丹萍基金会主席王丹萍先生伉俪来仓山访问。

7月21日　解放大桥南面2号桥墩发生松动并局部坍塌，桥面严重开裂下沉，交通暂时中断。经闽江三桥工程指挥部建设者日夜奋战，仅用30个小时就搭起简易人行便桥。8月4日，由于该桥18～23号桥墩基础严重受损桥面濒临坍塌，自是日起实行封闭式交通管理，禁止一切机动车、人力板车、三轮车通行。

8月5日　仓山区发生首例霍乱病，至30日止，共发生霍乱病19例，其中15例发病后即送市传染病院隔离，经治疗全部痊愈。

8月26日　区政府研究决定，成立残疾人劳动服务管理站。为集体事业编制，定编2人。隶属区民政局，依托区残联，实行两块牌子一套班子。

9月6日　全国人大环资委和国务院环保委执法检查团福建分团来区检查指导环保执法工作。

9月10日　仓山区召开经济案件公开处理大会。宣布逮捕5名、起诉6名案犯、暂停5人行政职务，会上通报1～8月区检察机关受理贪污贿赂等经济罪案30件，其中立案19件21人，万元以上大要案14件15人，为国家集体挽回经济损失100多万元。

9月12日　市领导习近平、金能筹、王文贵、鄢茂炎、林强、魏可富等一行，到仓山科技园视察，并召开现场办公会。市委书记习近平就加快园区建设作重要讲话。

9月　区文化局创作的大型舞蹈《凤凰涅盘》获省第七届武夷音乐舞蹈节创作一等奖，演出一等奖，舞蹈《追寻》获演出二等奖；男声四重唱《开拓者之歌》获演出一等奖；女声小组唱《闽江倒影烟山美》获演出二等奖。

10月1日　仓山区国庆45周年大型游园暨首届艺术节开幕式在江心公园举行。

10月12～14日　5省10市区县人大第五次联谊会在区霖顺科学馆举行。海南省三亚市、河南省郑州市二七区、河南省开封市南关区、黑龙江省桦川县、福建省屏南县、古田县、建阳市、仓山区人大领导共58人参加。

10月13日　区工会召开“九九”老年节座谈会。省市总工会领导莅会，向9位孤寡老人赠送礼品。区政府向80岁以上老人赠送寿糕。

10月18日　仓山区举行招商会，有68名来自日本、美国、马来西亚等国家和香港、台湾地区的客商参加投资洽谈。会上推出仓山科技园区5幅土地405亩，标准厂房1.63万平方米供客商选择。当天签约13个项目，总投资达1723万美元。

10月31日　仓山区在霖顺科学馆举行世界福州十邑乡亲恳谈会，来自美国、马来西亚、新加坡、印尼、菲律宾、日本等国家和香港、澳门、台湾地区48名乡亲参加恳谈。

11月1日　省政协委员、香港十邑同乡会名誉会长柯伯诚捐资兴建的柯信谋科学楼落成典礼仪式在朝阳小学举行。

11月9日　全国扶贫基金会会长项南和夫人汪志馨、省人大副主任袁启彤等视察仓山科技园，项南为园区题字：“仓山科技园”。

11月21日～26日　仓山区文化局和厦门市开元区文化局联合在江心公园举办全国30个城区群众文化工作研讨会，来自上海、苏州30个城区文化局、馆代表参加。

11月28日　鹤龄医院举行建院5周年庆典。郭鹤年的堂兄郭鹤韬偕夫人林联芳参加院庆活动。省市领导张家坤、卢浩然向郭鹤韬和林联芳颁发省政府授予的“兴医利民”金质奖章、奖牌。

11月28日　省社会治安综合治理委员会第六次全体会议决定授予仓山区为全省第二批“落实省综合治理‘一五’规划先进区”称号。

12月13日　原冶金部部长唐克及夫人曹维礼在原副省长王一士、市人大副主任鄢茂炎等陪同下到区参观访问。曹维礼30年代曾在毓英学校（现市十六中学）学习、生活，此次回乡看望母校和居住过的地方。

是年，时任中共福州市委书记习近平视察仓山小学，对学校的办学特色给予很高评价。

是年　仓山区接受“两基”检查，通过省政府“基本扫除青壮年文盲”的验收。

是年　国家实行分税制体制改革，建立中央和地方税收体系。境内福州市税务局第四分局撤销，分设福州市国家税务局仓山分局和福州市地方税务局仓山分局。

是年　仓山区委围绕建立社会主义市场经济体制，推出建立现代化企业制度试点。探索建立集体产权运营机制、组建企业集团、加快发展私营企业、发展批发市场与商贸网络、发展劳动力市场、推进企业法人责任制 20 项改革措施，推动区、街经济向社会主义市场经济新体制过渡。

是年　全区实行劳动工资包干制，把工资形式和奖金定级下放企业。基层商店完全成为自负盈亏、自主经营的经济实体。

1995 年

1 月 18 日　福州市农工商联合企业总公司与先锋集团共同创办的先锋集贸市场及商贸城正式开业。该集贸市场及商贸城位于仓山区三高路南侧，占地面积 6300 平方米。

1 月 20 日　省市科技验收小组一致通过临江街道科技示范街验收。

2 月 6 ～ 9 日　中央电视台在仓山江心公园现场拍摄直播 1995 年元宵晚会。

2 月 18 日　仓山区举办第十七届妇女运动会，设有乒乓球、射击等 6 个比赛项目。参加运动员有 100 余人。

2 月　仓山区文化馆被评为省十佳文化馆。

3 月 10 日　仓山区举行《仓山区志》首发式。该志是全省城区首家出版发行的区志。全书 85 万字，设自然、社会概况和经济、政治、文化风貌等共 31 章。该志编纂历经 5 年，全区担任编纂任务的有 62 个部门、近 200 人。

3 月　区文化局创作的舞蹈《别妻诗》获省政府颁发的省首届百花文艺奖第二名。

4 月 10 ～ 14 日　省“两基”（即　基本普及九年义务教育、基本扫除青壮年文盲）评估验收组到仓山区进行评估验收，仓山区获“‘两基’工作达标区”称号。

4 月 15 日下午 3 时前后，全区普降冰雹并伴有雷雨大风。

4 月 24 日　区委、区政府研究决定成立仓山区妇女儿童工作委员会。

4 月 27 日　仓山区举行招商会，有 90 多名来自日本、澳大利亚等国家和香港、台湾地区的客商参加。共签订 17 个项目，吸收外资 2568 万美元。

5 月 10 日　仓山地区大中专院校警民共建经验交流会在省金融管理干部学院召开。省金融管理干部学院副院长、共建活动领导小组组长郑文贵和省邮电学院党委书记洪爱启分别介绍警民校和警校共建经验。区和市公安局领导肯定开展警民共建活动的做法，并提出今后的工作意见。

5 月 13 日　区委召开见义勇为先进人物表彰会，表彰陈耕等 6 人见义勇为的先进事迹。

5 月 16 日　省委常委、市委书记习近平带领市领导、有关部门负责人和三城区、郊区书记对福州市城管工作进行巡视督查，习近平充分肯定仓山区城管取得的初步成效，并提出存在问题和整改意见。

6 月 3 日　区创建国家卫生城市领导小组举行仓山地区三高路城乡共建管委会成立授牌大会。该共建管委会涉及仓前、对湖、下渡、三叉街 4 个街道和原郊区的仓山镇先锋、仓山、金星、万里、高湖 5 个村。

6 月 21 日　省委常委、市委书记习近平到区检查 “创卫”和贯彻“七条禁令”工作，察看区容、区貌和区政法系统贯彻“七条禁令”展览馆、公安分局指挥中心，习近平肯定仓山区在“创卫”和贯彻“七条禁令”工作中所取得的成绩，并提出具体要求。

6 月　中国民主建国会在仓山区设立工作委员会，下辖科技、银行、文教和老会员 4 个支部，会员 50 多人，主委王大光。

7 月 21 日　市委常委、常务副市长翁福琳，市人大副主任高翔，市政协副主席姚金泰等率市直有关部门领导到仓山第二中心小学与区领导联合接访群众。当天接访 82 人，受理反映问题 75 件，当场解决 28 件，当面疏导答复 23 件，现场办结率达 68%，待调查处理 24 件，占 32%。

8 月 4 日　解放大桥实行封闭折除重建，总投资 2000 万元。1996 年 10 月 1 日竣工通车。新修建的大桥总长 565 米，净宽 12 米，其中，中洲岛以北采用五跨钢管混凝土中承式拱桥，长 324 米，是全国第一座五连跨钢管拱桥。

9月27～29日　驻榕海军、烟山画院、区文化局军民共建书画展在于山堂举办。参加展出的有福建海军基地书画作品20幅、烟山画院书画作品80余幅以及烟山画院名誉院长、著名画家郑乃光和驻闽海军少将胡庆新的书法作品。

9月30日　仓山镇先锋村被市委、市政府评为市军民共建精神文明标兵单位。蔡依娇、黄永华、郑长明、刘含怀被评为福州市文明市民标兵。

10月25日　三叉街街道村西居委会人民调解委员会、仓山镇先锋村人民调解委员会被市委、市政府评为先进人民调解委员会。

10月　九三学社福州市委在仓山区设立工作委员会，下辖造纸支社、仓山区第一支社、市二院支社，社员共38人，陈天箫为主委。

11月9日　临江街道办事处被市委、市府评为推进科技进步先进单位。

11月24日　市政府决定将原属郊区的仓山、盖山、城门、建新、螺洲5个镇和原属鼓西街道的农业大学居委会划归仓山区管辖。

11月　文化部授予仓山区开展校园集体活动先进区（县）称号，为全省唯一获此殊荣的区。

12月14日　麦顶小学、仓山小学被省委、省政府授予文明单位称号。

12月28日　仓山区成立区国防动员委员会。由区委书记、区长分任第一主任、主任。下设人民武装动员、经济动员、交通战备动员、人民防空动员4个办公室。

是年　三叉街村南小区获全国百强绿化先进村镇称号，翌年，又获国家绿化委员会授予造林绿化百佳村称号。

是年　福泉高速公路仓山段动工，该路段起于城门镇潘垱村与长乐黄石主线连接，全长11.49公里，1999年9月26日交付使用，实现福州市高速公路零的突破。

1996年

1月　福州市区划调整，仓山区域扩大为整个南台岛。调整后仓山区域范围，陆地东至城门镇下洋洲与马尾区、长乐市隔江为界，西至淮安古渡道头、南至城门镇峡南古渡，与闽侯县隔水为邻，北至淮安村与闽侯县荆溪镇隔江相望。陆地面积为142平方公里。水域以闽江南、北港主航道中心线为界。

1月23日　福州市林炳熙事迹巡回报告团来区，向机关干部作林炳熙先进事迹报告。

1月25日　仓山区国防动员委员会成立，第一主任林友斌，主任孙孟融。

2月2日　市委、市政府授予林友斌、孙孟融、陈梅良为市1995年度执行工作目标责任制先进个人。

2月7日上午　省委常委、宣传部长赵学敏，省计生委主任张学梅，在市人大、市计生委、区委有关领导陪同下，到城门镇与计生干部和部分独女户、二女结扎户和晚婚户进行亲切座谈，并致节日问候。

3月11日　建新镇和三叉街街道村南居委会分别被评为省十佳绿化镇、十佳居委会，并被推荐参加全国评选。

3月22日　区人民武装部收归军队建制交接。福州军分区司令员古长阁、政治部主任叶恩发，市政府办公厅副主任陈承国，区委、区政府领导林友斌、孙孟融、杨凡、陈朝明，区人武部部长王亚罗、政委陈保力、原政委林兆水等参加交接仪式。4月1日，区人武部收归军队建制，由副处级单位改为正团级单位，设军事、政工、后勤3个科（均为正营职建制）。

3月27日　仓山区被市政府评为1995年度城市管理先进区。区城管委和城管三中队被授予市1995年度市容管理先进集体称号。

3月　仓山区建立渔政站。联合市渔政站开展渔政执法，在闽江南北港等处巡逻，打击江面无证捕捞、电鱼、毒鱼、炸鱼和无证采捕鳗苗等违法活动。

4月3日 区委七届四次全体（扩大）会议审议通过《关于仓山区国民经济和社会发展“九五”计划和2010年远景目标的建议》。

4月17日 省委副书记习近平，省委常委、市委书记赵学敏和省、市有关部门领导到区调研。察看仓前路龙潭角路基滑坡、螺洲防洪堤建设和盖山北园、义序机场附近蔬菜基地，并作重要指示。

4月18日 国家计委副主任郝建秀来区鹤龄医院调研。省计委副主任江金和、市计委副主任杨碧英和区长孙孟融等陪同。

4月20～24日 政协福州市仓山区第四届委员会第三次会议补选政协常委5人，林祥火为区政协副主席。

4月21～25日 仓山区第十二届人民代表第三次会议接受林友斌辞去区人大主任职务的请求，选举林国和为区十二届人大主任。

5月2日 市委、市政府授予仓山区为1995年度福州市计划生育先进区称号。

5月8日 仓山区在建新镇金山投资区管委会大楼举行项目招商洽谈会。美国、日本等10个国家和地区的外宾210多人参加。签约投资项目22项，总投资5783万美元，协议外资3127万美元。同日，为20家外资企业授牌。

5月16日 区委、区政府作出《仓山区关于减轻基层负担的暂行规定》。规范接待、集资、赞助等工作的管理，减轻基层单位负担。

5月28日 聚龙路动工。该路为市政一级道路，总长6700米，总投资约1.3亿元。首期公路路面宽度为27米，投资1500万元。1996年12月底完工。

6月18日 仓山城门镇谢坑村发现宋、元两处古墓。

6月18日 市委、市政府授予仓山区为1996年中国福州国际招商月先进单位和组织服务工作先进单位。

6月30日 市政府在三叉街至白湖亭交叉路口建林则徐塑像，高12.96米。该路被命名为则徐大道。

7月1日 经市政府批准增设仓山区东升街道办事处，原三叉街街道等所辖东福、东聚、东滕、埔头、埔南5个居委会划归东升街道。

7月13日 区委、区政府发出《仓山区创建全国科技工作先进区活动的实施方案》，把创建全国科技工作先进区作为1996年的一项重要工作。

7月28日 先锋村企业集团通过农业部审批，正式成立“中国福建省先锋集团”。

8月初 基督教中洲聚会处在修建教堂拆除危墙中发现8块记载重建万寿桥（今解放大桥）的石碑，每块约为3米×0.8米×0.2米。碑上刻有清咸丰年间龙凤图案字迹。石碑的发现对考证万寿桥的变迁提供重要的历史资料。该石碑现存区博物馆。

8月12日 仓山、城门、建新、盖山、螺洲镇被市委、市府确认为1995年基本实现小康的乡（镇）。

8月18日 闽江大桥、鳌峰大桥过桥通行费征收站点撤除，合并到白湖亭征收站。

8月24日 福州市委、市政府下达《关于仓山区党政机构改革方案的通知》，仓山区实行区级党政机构改革。以转变职能，理顺关系，精兵简政，提高效率，政企分开和“小机构、大服务”的原则，进行党政机构调整。

8月 仓山区拍卖行成立，为首家有资质从事财产拍卖活动的国有企业。

8月 乡镇机构改革，改革后全区乡镇行政编制总数为210名，比原有342人减少132人，精简38.6%。

9月1日 市委研究并报省委组织部同意，孙孟融任中共仓山区委书记。

9月8日 区委书记孙孟融带队参加9·8厦门中国投资贸洽会。共签约19项，总投资4713万美元，协议外资3008万美元。中以实业有限公司等9个项目上市签约台签约。

9月15日 福州军分区党委批复，孙孟融任区人武部党委委员，第一书记。

9月19日　区人大常委会接受孙孟融辞去区长职务，任命陈瑞麒为代区长。

9月21日　全国人大驻榕代表一行10人，在市人大常委会副主任高翔带领下，先后视察马厂街文明安全小区、首山文明安全小区、先锋村等15个单位的精神文明软硬件建设，对区精神文明建设工作给予高度评价。

9月25日　仓山区与永泰县缔结友好区县。区辖盖山、建新、城门、仓山4镇分别与永泰县的长庆、霞拔、白云、塘前4乡镇结为友好乡镇。

9月　经省评估验收，麦顶小学、仓山小学、潘墩中心小学、林浦小学图书馆被评为省级达标小学图书馆。到2000年，仓山区有13所小学获省达标图书馆，居全市各区前列。

10月12日　以中将陈启智为团长的全国政协委员赴闽视察团一行16人，在省、市、区领导陪同下视察仓山镇两个文明建设。

10月14日　市委、市政府授予仓山区为福州市1994～1995年度文化先进区称号。

10月14日　坦桑尼亚廉政委员会主席威廉姆麦艾纳一行3人，在省、市纪委和区委领导陪同下，到建新镇农户参观，了解村民生活和农场情况，并与村民合影留念。

10月27～31日　全国部分城市园林绿化联谊会在仓山区举行。北京、上海、长春、昆明、威海5个城市20多位代表参加会议。

11月7日　区文化局创作的双人舞《祥谦就义》获全国第六届群星奖舞蹈大赛舞蹈金奖。

11月19日　市政府办公厅批复，同意在螺洲镇建立社会发展综合实验区。

12月6日　国家教委副主任王明达一行在市人大副主任高翔等陪同下，来区视察成人教育工作。王明达一行参观万里村电脑微机房管理，视察省供销成人中专，并挥毫题词："成教工作大有作为"。

12月27日　仓山、盖山、建新镇人民政府，燎原村委会，建新蔬菜科研场被市委、市政府评为市八五期间菜蓝子工程建设先进单位。

12月　区文化局创作的曲艺作品评话《买车票》获省首届曲艺节金奖。

12月　区人大代表换届选举结束。经过选民无记名投票，选举产生区第十三届人民代表大会代表196人。

12月　三叉街街道文化站被授予省一级文化站和省百强文化站。

是年　仓山实施城市"菜篮子"工程，大量农田改种蔬菜。蔬菜播种面积有较大增加。

是年　仓山区委先后出台《关于进一步加快全区乡镇发展的决定》《关于加强开发区、工业区（小区）的实施意见》《关于村办工业区（小区）验收办法》和《关于"新增企业集团、亿元村（居）、亿元企业及50万元纳税大户"评定办法》，鼓励创建亿元村、创办村级工业小区、发展企业集团，培育支柱产业。

是年　区委、区政府制订《仓山区创建国家卫生城市和加强城市规划、建设、管理三年规划》（1996年～1998年）。区直各部门、各镇街也相应制订三年规划。

1997年

1月9日　仓山镇被评为省社会治安综合治理先进单位。

1月10日　市委、市政府授予朝阳小区等16个小区为1996年度福州市文明安全小区。

1月16日　区委、区政府决定，撤销农林局，成立区农业局、林业局、水电局。

1月21日　仓山区通过创建全国科技工作先进县（区）验收委员会检查验收。同年7月被国家批准为全国科技工作先进区。

1月22日　经省委农村脱贫致富奔小康工作领导小组复查，1995年底仓山区已基本实现小康。

1月24～30日　仓山区政协第五届第一次会议选出新一届政协领导班子，主席蔡庆良，副主席饶福生、苏孝祯、林祥火、曾东升、陈宜安。

1月25日　仓山区第十三届人民代表大会第一次会议选举产生新一届区人大常委会，林国和为主任，沈惠秋、陈祖志、林兆水、吴世振为副主任。陈瑞麟为区长，陈朝明、余凤玉、王廷杰、陈奇、王肇昌为副区长。

1月　闽江三县洲大桥动工兴建。1999年4月建成通车。总投资6.2亿元。大桥位于市区中西部，从三县洲上架空而过，距解放大桥1公里。大桥主桥为独塔单索面斜拉大桥桥南建通式立交桥，面积1.25万平方米，桥下有2万多平方米的绿地。

1月　建新镇被省政府授予“八五”期间服务城市副食品生产先进单位。

2月24日　仓山区成立南大门建设总指挥部。孙孟融任总指挥。

2月25日　中共中央、全国人大、国务院、政协、中央军委在北京人民大会堂隆重举行邓小平同志追悼大会。全区停止娱乐活动一天。

2月　农工党福州市委在仓山区设立工作委员会，下辖区医务、市二院、肺科医院、外国语学校、退休、教育、医疗化7个支部，党员168人，尤传坤任主委。

2月，仓山镇被列为福州市实施《福建省城市社区建设实施纲要》试点镇。当年，开展村改居工作，成立三高社区、万升社区。同时，将万鸿、万安、万乐居委会整合成万里社区居委会。

3月22日　国家水利部部长纽茂生视察螺洲、城门防洪堤建设，实地了解国际水利文化城筹建情况。

3月23日　盖山镇高湖村舞龙队应欧洲龙狮联盟邀请，前往比利时布鲁塞尔参加第四届欧亚龙狮邀请赛荣获金牌。

3月31日　国家教委、国家体委授予仓山区1990～1996年推行国家体育锻炼标准施行办法先进单位称号。

3月　区委、区政府在北京市北京饭店召开在京工作的仓山籍乡亲恳谈会，原省委书记项南、原市检察院检察长冯锦文等出席。

4月29日　下午2时，仓山区遭受特大冰雹袭击，历时约25分钟。全区蔬菜受灾面积达1.12多万亩，其中绝收面积达9468.8亩。厂房、车间、民房倒塌损坏205座，禽、畜舍倒塌130座，鸡、鸭死亡1400多只，累计经济损失达1650万元左右。

5月23日　仓山区召开97福州国际招商月仓山招商专场。共签约外商投资项目27项，总投资3.2亿美元，其中合同18项，总投资2601万美元，协议外资2509万美元。

5月　区委、区政府发出《关于仓山区推行国家公务员制度的实施意见》，对全区413名政府机关工作人员进行过渡登记，对1200多名行政事业单位进行职位调整。

6月23日　福州长乐国际机场建成投入使用，境内义序机场停止客货运输，改为军用机场。

6月28日　区文化局在则徐广场隆重举行“迎回归，歌颂林则徐”大型露天文艺晚会，欢庆香港回归。市、区领导及林则徐后代凌青等与驻地海军官兵、游园群众共万人观看演出。

7月5日　国家科委授予仓山区全国科技工作先进单位。

7月　工会仓山办事处撤销。同年12月，成立仓山区总工会，为正科级机构，编制4人。下辖基层工会299个。

7月　区文化局选送20余幅香港回归24小时摄影抓拍作品，参加全国41个城市区文化馆联合举办的“华夏一日”摄影抓拍比赛，其中《林公故里庆回归》获银奖，《百米长卷表达百万心》《万人空巷庆回归》《万名老人签名喜迎香港回归》获优秀奖。

8月18日　区委、区政府出台《关于大力推行计划生育工作利益导向激励机制的若干规定》。对计划生育户从事个体、私营经济活动，申请批地建房，入学等方面给予优惠政策。

8月22日　区委决定成立区精神文明建设指导委员会。主任孙孟融，常务副主任刘嘉水，副主任陈瑞麒等8人。

8月26日　全区居委会举行换届选举，参选人数占选民总数93%，选出居委会主任93人，副主任195人、委员245人。全区108个村同时进行第六届村委会换届选举。参选的人数占选民总数的90%。选出村委会主任107人、村委会委员560人。

9月8日　区委书记孙孟融率区有关部门领导一行28人参加厦门中国投资贸易洽谈会。共签约外商投资项目18项，总投资33054万美元，协议外资90161万美元。

9月8日　区委授予章旭敏等10人为仓山区首届十佳青年。

9月24日　区委、区政府研究决定，成立区再就业工程领导小组，区长陈瑞麒任组长，余凤玉任副组长。

10月16日　区委、区政府制定《仓山区计划生育“三结合”工作三年规划》。提出区计划生育工作与发展经济相结合，与帮助群众勤劳致富奔小康相结合，与建立文明幸福家庭相结合，不断加强和完善社会制约机制、利益导向机制和社会保障机制，确保计划生育户中的困难户得到帮扶。

11月　仓山区体育代表队在市第十九届运动会中，参加田径、游泳、射击等11项比赛，夺得21枚金牌、17枚银牌、19枚铜牌，总分645分，获团体总分和金牌总数两项第三名，挤身于第一集团的行列，成为福州市体育强队。

12月31日　仓山区召开科技工作表彰大会，表彰闽融科技开发公司银行支付密码系统等192科技进步项目、仓山镇政府等5个科技工作先进单位、先锋集团公司等21个科技工作先进集体、陈金水等49人科技先进工作者。

是年　开展“环福州绿色屏障”工程，采取以果代林等措施，实施面城一重山绿化，全区绿化面积4050亩。

是年　仓山区成立闽江流域水环境综合整治领导小组，加强废水排放管理，增设44套污水处理设备，定期对饮用水源保护区进行执法检查。对影响闽江水域环境的25家造纸企业，安装污水流量计进行监控。

是年　区委、区政府出台《关于扶优扶强发展规模企业的若干规定》，对10家重点乡镇企业和10家外商投资重点企业实行挂牌保护，加速经济发展步伐。全年新增亿元企业5家，5000万元企业和3000万元企业各7家。三协精机、旺旺食品、三丰鞋业等重点企业，培育出DVD光头、旺旺牌食品、奈光牌运动鞋等12个优质品牌产品，逐步打入国内外市场。

是年　五大投资区经济总量25.5亿元，占全区经济总量近25%，千万元以上规模企业由1996年6家增加至25家，企业总产值26.7亿元，占乡镇企业工业总产值31%。

1998年

1月1日　区有线电视网并入市有线电视网络系统，由市广电局统一管理，区停止自办节目的播出，宣传报道工作由市有线台统一安排播出。

年初　区委、区政府作出《仓山区村级村务管理工作若干规定》。在全区5个镇推行村务公开、民主管理。

1月5日　市委、市政府授予孙孟融为1997年度执行工作目标责任制先进个人。

1月18日　聚龙路全线通车，举行剪彩仪式。聚龙路东西接三县洲大桥、金山大桥和洪山桥，全长6.7公里，是仓山区公路网重要干道。

1月　建新镇举办大型迎春花市，展销花卉品种达500多种。省长贺国强、副省长张家坤、王良溥等参观花市。

2月　仓山区获福建省第六届文明城区称号。是年，全区共评出9个省级文明单位，47个市级文明单位、183个区级文明单位以及3所省级文明学校。有17人被评为省、市精神文明建设积极分子，6个单位获福州市先进示范窗口称号。

3月12日　中央政法委调研室副主任徐凤元，省委政法委政治部主任吴健民等一行5人，在市委政法委常务副书记郑存寒陪同下，到区调研加强政法队伍建设工作。

3月13日　市村务公开民主管理工作现场会在仓山镇万里村召开。省、市委组织部，各县（市）区委及组织部有关领导参加会议。万里村领导作实行村务公开民主管理经验介绍。市委副书记赵守箴到会作重要讲话。

3月17日傍晚，仓山区出现雷雨大风，夹带小冰雹。

3月20日　仓山区十三届人大常委会第10次会议作出《关于建立办案超期限报告备案制度的决定》，遏制司法机关办案随意超期，侵犯当事人合法权益的现象。

4月17日　仓山工商分局再就业服务中心成立。是全市工商系统成立的第一家再就业服务中心。

4月28日　仓山区被省委、省政府评为支持农村扶贫开发与小康建设先进单位。

4月　仓山区获省文化先进区称号。6月获全国文化先进区称号。

5月10日　仓山区盖山中学初三（1）班学生王孝全在参加全国化学奥林匹克（福州赛区）竞赛中获全国一等奖。（福州赛区获全国一等奖共3名）。

5月17日　原全国人大副委员长费孝通一行在省、市、区领导陪同下到仓山镇视察调研。

5月20日　仓山区庆祝福州建城2200年暨第七届大中专院校文艺调演在福建对外贸易学校礼堂举行，共有10所院校的30个节目参演，经过评比，福建师范大学的舞蹈《找情郎》、小品《同在蓝天下》，福建外贸学校的小品《天使》获一等奖。

5月20日　金山大桥动工兴建。该桥位于市区中西部，全长1335米，宽19.5米，混合4车道，设计为标准城市1级主干线，总投资2.3亿元。1999年建成通车。

5月31日　仓山区举办福州国际招商月仓山项目招商会，签约利用外资项目21项，总投资12169.4万美元，协议外资12169.4万美元。

6月22～23日　闽江下游洪水暴涨，解放大桥桥下水位超警戒水位1.02米，是福州市百年不遇的特大洪峰。全区5镇4街受灾，有54个村34个居委会进水，受淹17020户，受灾群众达62100人，房屋倒塌123间，毁坏公路路面2公里，驳岸护坡受损18处，8座水闸受损，蔬菜受淹4600亩，绝收400亩，果树受掩2700亩，生猪死亡400头，家禽死亡近2万只，工矿企业厂房受淹导致停产或半停产达220家，围墙倒塌1200米，建华洲、五大队洲、吴山、六凤、竹榄、下洋、清富、潘墩、林浦、浦下等村大小堤防决口共28.5公里，直接经济损失1.73亿元。中共中央政治局委员、国务院副总理吴邦国在省、市领导陈明义、贺国强、林兆枢、赵学敏等陪同下察看解放大桥、中洲岛的特大洪水险情，看望坚持抗洪的仓山区干部和武警官兵及居民群众。

7月16日　区委、区政府召开全区抗击“6·23”闽江特大洪水抢险救灾先进集体、先进个人表彰大会。表彰城门镇政府等14个单位为抢险救灾先进集体，林土朋等81名为先进个人。

7月17日　仓山区创建国家卫生城市总指挥部成立。总指挥孙孟融、陈瑞麒，常务副总指挥陈朝明。

7月18日　区政府1998年为民办实事项目——城门综合市场正式开业。该市场占地1542平方米，设有149个固定摊位，26个临时摊点，主营肉食品、水产品、果蔬、干杂等农副产品。

7月　全区农村开展第二轮土地承包，承包期在第一轮承包基础上再延长30年。该项工作至1999年5月基本结束，全区共发承包证22334本，承包土地面积21407亩。

8月19日　仓山区成立政法机关不再从事经商活动工作小组，区委常委、纪委书记姚宏逵任组长，下设办公室，由区纪委监察局负责具体工作。至1999年1月止，完成区政法机关所属9家企业的脱钩手续。

8月24日　区文化局在台江客运码头离岸边70米左右的江中，发现一古炮，炮身离水面深12米左右，炮口朝东北方向，泥沙掩盖一半，炮口内径9公分，炮身长76公分，最大外径19公分，整门大炮外形保持良好，上有英国皇冠记号和出厂日期1861年字样。据分拆，古炮为船炮，估计使用于第二次鸦片战争之后。现为区博物馆收藏。

8月27日　区青年联合会成立。每届任期3年。

8月28日　区委根据党的十五大依法治国基本方略，作出《关于实行依法治区的决定》。

9月3日　市委、市政府研究同意，金山、城门、盖山投资区设立管理委员会，为区政府的派出机构，级别为正科级。

9月8日　区长陈瑞麒带领仓山代表团参加厦门中国投资贸易洽谈会。共签约“三资”项目31项，总投资3.3761亿美元，协议外来资金3.1110亿美元。至年底，“新通福”等17家“三资”企业在增资扩产方面取得新突破，新增协议外来资金3044万美元。全年共新批“三资”企业50家，新批协议外来资金8000万美元，新开工企业26家，实际利用外来资金4620万美元。

9月18日　市委研究决定，陈瑞麒任中共仓山区委书记，免去孙孟融中共仓山区委书记职务，另调他用。

10月6日　省委书记陈明义、省长贺国强到区视察防洪堤临江段建设情况。

10月7日　临江街道办事处和建新镇党委书记杨其梅分别被省政府、省军区评为闽江98.6特大洪水抗洪救灾先进集体和先进工作者。

10月9日　仓山区第十三届人大常委会第十五次会议决定，接受陈瑞麒辞去区长职务的请求，任命张森兴为仓山区副区长，代理区长。

10月16日　仓山区第十三届体育运动会开幕式在市体公园路育场举行。区直各镇、街、机关单位代表队800多名运动员进行入场式队列比赛和文体表演。省、市有关领导、区五套班子领导、各镇、街、区直各部门的领导和6000余名观众参加。

10月23日　冈萨雷斯·乌达内塔及夫人一行5人到建新镇参观两户农家，并同户主们亲切交谈合影留念。

10月30日　仓山区创建卫生城市工作通过省级检查验收，各项“创卫”工作均达到省标准。

11月8～10日　中共仓山区第八次代表大会选举产生中共仓山区第八届委员会委员25人，候补委员5人，区纪律检查委员会委员14人。11～12日，区委八届一次会议选举陈瑞麒、张森兴、林国和、林良云、王发展、姚宏逵、余凤玉、吴友习、宋仟根为常委，陈瑞麟为书记，张森兴、林国和、林良云为副书记；区纪委八届一次会议选出区纪委常委6人，姚宏逵为书记。

11月20日　区委书记陈瑞麒带领65人代表团赴北京参加世界福州十邑同乡会。23日在北京召开“仓山恳亲会”。

11月27日　市财委保卫处处长郑依清前往螺洲镇洲尾村暗查私宰生猪窝点，遭到林芳弟等围攻，被打成重伤，经抢救无效于1999年3月7日去世。

12月2日　全国妇联副主席华福周在省妇联主席王美香、市妇联主席黄平及区领导陈瑞麒、林良云陪同下，到仓山镇东升村调研五好文明家庭创建活动。

12月29日　义序中心小学、城门中心小学被省教委授予福建省农村示范小学牌匾。

12月　郭宅小学被中国教育学会书法教育专业委员会授予全国书法教育实验学校牌匾。

12月　仓山区制定全面开发南台岛建设规划。南台岛新城区的总体开发格局为：一心（即新区中心）；一环（即环岛堤路工程）；二轴（即沿江发展轴和福厦路发展轴）；四线（即六一南路至黄山，首山路，修建鳌峰大桥至南二环路，仓山大桥延长线）；五山（即烟台山、高盖山、妙峰山、城门山、清凉山）；六大功能区（即行政中心功能区、高新产业功能区、商贸中心功能区、观光旅游功能区、综合居住功能区、生态农业功能区）。

是年　新办商贸企业94家，新增商业网点面积3600平方米，城门龙峰市场，盖山郭宅农贸市场、螺洲市场、阳光小商品市场相继建成并投入使用。至年底，全区完成商贸产值13.32亿元，比去年增32.58%；完成商贸业利润7301万元，比上年增18.01%；社会消费品零售总额达11.62亿元，比去年增9.74%。

是年　运动员李丽在第十一届亚运会女子58公斤级以上举重比赛中，以抓举112公斤、挺举140.5公斤、142.5公斤和总成绩254.5公斤超世界纪录。

是年　区委出台《关于鼓励创建经济强村、创办重点企业的若干规定》，以加快乡镇企业改革步伐，引导和扶持民营经济发展。

1999年

1月10日　仓山区在于山宾馆召开南台岛发展战略规划研讨会。市领导赵学敏、翁福琳到会听取专家、学者的意见，并作重要讲话。

1月10日　区委、区政府在全区开展千家送岗、暖万家活动。举行下岗特困职工求助金发放仪式、再就业供需见面会及劳动政策法规咨询。同时组织贴心人服务队，开展一帮一，结对子，为下岗职工特困户送温暖。

1月14日　仓山国税局通过省文明城市考评团考评，获得省级文明先进单位。

1月21～25日　仓山区第十三届人大会四次会议补选张森兴为区长，王亚罗为区人大常委会副主任。。

1月　仓山区开始执行城镇居民最低生活保障制度，对完全丧失劳动力的鳏、寡、孤、残人员及家庭人均收入低于100元的发放最低生活保障金。当年，全区发放居民最低生活保障金116.3万元。

1月　市委、市政府授予仓山区为文明城区称号。

2月4日　区委、区政府研究决定，成立南台岛开发建设管理委员会和仓山区高新技术产业管理委员会。陈瑞麒任主任，张森兴任常务副主任。

2月19日　区环卫所清洁队队长陈发明被市委、市政府评为1998年度市标兵个人，东升街道东兴居民党支部和盖山镇高湖村委会被评为先进单位。

2月　区政府出台《关于加强防洪排涝设施管理方案》，确定重点堤防堤脚外延5米为管理范围，堤脚外延50米为保护范围。

3月9日　省委副书记习近平到仓山调研农业和农村工作。先后视察花卉、生猪、高科技农业生产基地和临江防洪堤建设。习近平强调，农村稳定事关全社会稳定，要加快发展现代农业，促进产业化进程，全面落实农村各项政策，抓好土地承包，减轻农民负担和农村金融风险。

3月27日　临江派出所等6个单位被市委、市政府评为福州市第二届文明窗口。

3月底　区委、区政府在驻榕海军招待所召开在外工作的仓山籍乡亲新春座谈会，百余位仓山籍乡亲参加。

4月7日　南台岛建设发展总公司成立，为区属全民企业单位。

4月22日　区委、区政府发出《关于组织实施农村宽裕型小康建设的意见》，提出力争到2005年全区农村80%以上的村，基本实现宽裕型小康目标。

5月初　城门镇黄山村发生奶牛5号病。区、镇立即采取以消毒为主、治疗为辅、加强疫区隔离封禁、派员驻点监督等措施，有效控制疫情。

5月23日　区委，区政府在温泉大饭店一楼宴会厅召开福州国际招商月仓山招商会。共签约外资项目46项，总投资42790万美元，协议外资38483万美元。

5月23日　区委、区政府先后在城门镇清富、黄山两地举行“华夏世纪园”华夏汽车城奠基典礼。北京市常务副市长张百发、香港景泰蓝大王、北京市政协副主席陈玉书以及日商佐佐木志刚等贵宾应邀参加典礼。

5月30日　区委、区政府发出《仓山区村党支部、村民委员会、村经济合作社规范建设暂行规定》，对村党支部、村民委员会、村集体经济组织的性质、工作职责、重大事务原则及决定程序、干部管理、村财管理、印章管理等作出规定。

6月11日　区委、区政府下发《关于扶持街居经济发展、搞好社区服务的若干意见》。扶持街居企业的发展。

6月18日　仓山区劳动市场成立。该市场是劳动部门面向社会提供求职登记、劳动合同鉴证、个人求职择业、单位招工用人、广告审批、外来劳工管理和办理各种劳动证件为一体的服务窗口。内设职业介绍中心、就业与职业培训中心和投诉中心。

6月24日　仓山镇党委、万里村党总支被省委评为省先进基层党组织。

6月27日　区文化局创作的女性独舞《田螺姑娘》获“福建省首届民间故事舞蹈比赛”银奖（是届不设金奖）。

6月28日　盖山镇浦下村龙舟队代表福建省赴台湾参加海峡两岸龙舟邀请赛，获冠军。

7月14日　市首批农业科技示范基地授牌。仓山区建新蔬菜科研场、建新花卉集团公司、螺洲花果种苗基地获优良种苗基地称号，建中百花场获星火示范基地称号。

7月23日　区委、区政府作出《关于进一步加快企业发展的决定》扶持企业发展规模经济，减轻企业不合理负担，为企业的发展创造宽松的环境等方面以更优惠的政策，大力扶持企业发展。

同日 区委、区政府对城门镇新农村建设方案进行研讨论证，通过集居住、商贸、文体为一体的新农村建设方案，报市委、市政府批准。

7月28日　全国爱卫会调研团徐东方副团长在市有关部门领导的陪同下，检查区爱卫组织管理和居民区卫生工作。

7月　区委、区政府邀请上海同济大学城镇规划设计院专家对仓山区（南台岛）开发建设进行全面规划，并在于山招待所召开南台岛建设规划设计方案征求意见会。省市有关部门及专家参加会议，市委书记赵学敏到会听取规划设计方案情况汇报。

7月　城门镇连坂村发生1955年以来首例登革热疫情，波及3个镇18个村，区、镇政府发动群众翻盆倒灌，清除垃圾杂草，铲除蚊蝇孳生地，消毒灭蚊，有效阻断该病的传播途径。到10月上旬疫情得到完全控制。当年全区共发生登革热病例1558例，均痊愈。

7月　螺洲防洪堤建设全面竣工并交付使用。堤长4.7公里，总投资4700万元。

8月19～20日　仓山区十三届人大常委会第二十五次会议审议区政府关于《中华人民共和国村民委员会组织法》实施情况的报告，作出《关于加强村务公开和民主管理工作的决定》。

8月　仓山区少体校射击队在福建省99青少年射击比赛中，以两金一银两铜获全省青少年乙组团体总分第一名。

9月8日　区委书记陈瑞麒、区长张森兴率仓山区招商代表团参加1999年厦门中国投资贸易洽谈会。共签约27项，总投资18377万美元。其中合同22项，总投资11047万美元。到年底，全区新批外资项目35家，增资7家合计总投资9715万美元，实际利用外资5005万美元。

9月23日　万春巷小区被市委、市府授予市“十佳”居民小区称号。

9月30日　仓山区在中洲岛举行庆祝中华人民共和国成立50周年暨第二届艺术节活动。

9月　仓山镇通过省级第三批科技示范镇验收，为1996～1998年首个通过创建省级科技示范镇工作验收的乡镇。

10月10日　区委、区政府研究决定，成立福州海峡科技城管理委员会，陈瑞麒任主任，张森兴任常务副主任。

10月13日　科技部火炬高新技术产业开发中心副主任张国成到海峡科技城视察调研。

10月13日　省人大副主任林强、科教文卫委员会主任陈奎、法制委员会主任毕振东及部分省人大代表到区科技园调研仓山科技园扩园工程及福州海峡科技城建设进展情况。

10月15日　螺洲镇被省政府授予可持续发展实验区称号。

10月21日　省委副书记、代省长习近平，省委副书记、市委书记赵学敏、副省长潘心诚带领省、市有关领导到仓山科技园检查指导工作。习近平肯定仓山科技园扩园工程及海峡科技城建设工作。

10月21日　全区镇人大开始换届举选，12月17日全部结束。全区5个镇共选出镇人大代表333名。

10月28日　仓山区通过省年度计划生育责任目标考核验收，获省级计生一类区称号。

10月　仓山区环境监测站通过省计量认证环保评审组的计量论证，为福州市首个区级环境监测站。

11月27日　零时45分，临江街道菖蒲、港洲两个居委会发生火灾，过火面积8400平方米，烧毁房屋建筑面积1.68万平方米，受灾约228户982人。区成立抗灾领导小组和指挥部，当天发放棉被400床、毛毯400床、床垫72床、秋衣裤305件给受灾民众。同日，省委统战部带领省宗教局、省天主教爱国会、市委统战部领导到菖蒲泛船浦天主教堂慰问受灾居民、教徒、并送赈灾款10万多元。

11月29日　区委发动区机关干部为“11·27”灾民捐款献爱心，在机关礼堂举行捐赠仪式。当场捐款2.71万元。驻闽海军为灾民捐赠大米12吨、棉被100床，现金万余元。30日上午区第二次组织各党委、总支、区直机关各部门干部向灾民捐款50多万元。

12月1日　区委八届二次全体（扩大）会议，审议通过《关于进一步推进科教兴区战略的决定》。

12月10日　经国家科技部批准，福州市科技园区仓山园规划面积由0.5平方公里扩大至3.5平方公里。

12月15日　仓山区14所大中专院校在对湖路海军礼堂举行迎澳门回归暨第八届文艺汇演，25个形式多样、内容丰富的文艺节目参加演出。

12月16日　市民主促进会在仓山区设立民主促进会仓山区工委。当日在福州工业学校召开成立大会。

12月24日　仓山区国税局等5个单位被省委、省政府评为福建省1998～1999年度文明单位，仓山镇万里村被评为文化村镇，潘墩中心小学等3所小学被评为文明学校，仓前街道万春小区被评为文明安全小区。

12月25日　仓山镇首山青年文化社区被授予全国青年文明社区示范点牌匾。

12月30日　仓山科技园福州海峡科技城网站（www.ssstc.com）正式开通。

12月31日　仓山区在中洲公园隆重举办“激情飞越——仓山区迎2000年文艺晚会”。

12月　根据《国土资源部关于开展1999年土地证书年检工作的通知》，区成立土地证书年检工作领导小组，开展土地证书年检。至2000年5月24日止，全区完成个人国有土地使用证1091本、集体土地使用证1233本、单位35宗。

12月　中国民主促进会福州市委在仓山区设立工作委员会，主委陈奇。

12月　仓山区实验幼儿园通过省级评估，被认定为“福建省标准幼儿园”。

是年　仓山区实施《中共中央国务院关于深化教育改革全面推进素质教育的决定》，建立素质教育督导评估机制，全面推进素质教育。

是年　浦下村龙舟队代表福建省参加台湾国际龙舟邀请赛获冠军。

是年　经福州市民投票评选，仓前街道万春小区被市委、市政府授予福州十佳居民小区称号。

是年　位于福泉高速公路福州连接线上的乌龙江特大桥竣工通车。该桥全长2156米，宽33.5米。上下行双开列，双向6车道，总投资2.6亿多元。

2000年

1月1日　仓山区开始实施《居委会主任领取退岗补贴金暂行办法》。

1月29日　区委“三讲”教育领导小组成立。组长陈瑞麒，副组长余凤玉等5人。

1月31日上午　市级文物保护单位螺洲孔庙修复工程动工暨福州民俗馆筹备处——陈宝琛故居挂牌仪式在螺洲举行。省、市文化部门及区委、人大、政府、政协领导参加仪式。

1月　农村开始执行最低生活保障制度，当年，全区农村享受低保386人，共发放最低生活保障金17.32万元。

2月12日　仓山区成立区思想政治工作领导小组及区精神文明建设社区协调小组，陈瑞麒为组长，林良云为常务副组长，姚宏逵、余凤玉、吴友习、陈奇为副组长。同日发出关于贯彻《中共中央关于加强和改进思想政治工作的若干意见》。

3月4日　是日始，区委集中2个月时间对区领导班子和处级领导干部用整风精神开展以“讲学习、讲政治、讲正气”为主要内容的党性党风教育。

3月20日　全省规模最大的汽车交易市场——华夏汽车城正式对外营业。该交易市场由省汽车销售公司独资兴建，总投资5000万元，占地112亩，集整车销售、配件供应、汽车维修、信息反馈于一体。

3月29日　区老年活动中心大楼竣工对外开放。该中心占地面积0.7亩，建筑面积2245平方米，总投资250万元。内设健身房、乒乓球室、台球室、棋牌室、多功能厅、会议室、茶艺居、老年学校，是集学习、活动、娱乐、休闲为一体的老年活动场所。

4月11日　省妇联副主席林琼到东升街道东兴妇代会调研妇女参加社会服务及创建五好文明家庭情况。

4月20日　区委、区政府决定，授予兰孝春等10位同志为十佳外来工；授予朱世生等10位同志为十佳技术创新能手；授予张瑞珍等10位同志为十佳职工之友荣誉称号。

5月8日　仓山区国有资产营运有限公司正式成立并开始运行。

5月25日　区委、区政府研究决定，成立机关效能领导小组。张森兴为组长，陈朝明等4人为副组长。同时成立区机关效能投诉中心，与区效能监察室合署办公。

5月29日　区委、区政府在福建阿尔卡特通信技术有限公司举办国家级高新技术产业开发区仓山科技园高新技术项目洽谈会。科技部高新司司长石定环为扩园后的仓山科技园授牌。

同日，在城门镇万瑞汽车城举办商贸旅游项目推介会，签约4项旅游项目。

5月30日　2000年福州国际招商月仓山招商会在汇达花园举行。共签外资项目42项，总投资3.01亿美元，协议外资2.35亿美元；签约内联项目35项，总投资3.4248亿美元。

5月　对湖街道郑家楼、望耕里、坊下路居民旧房开始拆迁改造，共动迁80户，2003年建成“学府林居”住宅小区4座住宅楼共计148个单元。

6月20日　盖山派出所民警黄振顺在三叉街友谊路市场买菜时，见歹徒正对一位妇女行窃，挺身而出，与歹徒奋勇搏斗，在被刺11刀身负重伤的情况下，依然顽强地抓住歹徒不放，直至壮烈牺牲。22日、29日，区委、市委先后决定追认黄振顺同志为中国共产党优秀党员。

6月20日　区成立区人民法院维护军人军属合法权益合议庭和区人武部维护军人军属合法权益法律咨询站。

6月28日　仓山区国家技能鉴定培训基地，在福州工业学校挂牌成立。该基地是区就业与职业技术培训中心和福州工业学校联合成立的，负责组织辖区失业人员、下岗人员、外来人员、在职人员及历届学生参加技能鉴定和职业培训。

6月30日　区委、区政府召开见义勇为表彰大会，隆重表彰在“6・20”案件中涌现出来的陈金连、陈增亮、林雪娟、严寿山、饶俊等5位见义勇为群众。

7月　开展《仓山区矿产资源总体规划（2001-2005年）》修编工作，于2001年6月5日正式颁布付诸实施，

7月27日　跨国公司上海锦江麦德龙购物中心福州商场有限公司大型仓储超市入驻仓山，是日在三高路162号开业。

7月28日　金山工业区工作小组办公室和市金山工业区开发建设有限公司在聚龙路北段举行揭牌仪式。

8月9日　对湖街道通过省级创建科技示范街道考核验收组验收，被授予“福建省第三批科技示范街道”称号，并被市政府评为“科技示范街道建设工作先进单位”。

8月25日　全区93个居委会举行新一轮换届选举，选出居委会主任93人、副主任223人、委员210人。全区村委会同时进行换届，至9月完成换届选举，选出村委会主任107人、村委会委员488人。

8月29日　全区受10号台风影响损失重大。12个镇、街受灾人口20万人，直接经济损失1800万元。

8月29日　全国绿化委正式授予仓山区为全国造林绿化百佳县（市），仓山镇被评为百佳乡（镇），东升、万里、淮安村被评为十佳村，省公安专科学校被评为400佳单位。

8月　区抽调100名区直机关干部组成“村务公开民主监督工作队”派驻25个重点村，抓村务公开、民主管理。

9月8日　区委书记陈瑞麒、区长张森兴等参加“2000年厦门中国投资贸易洽谈会”，签约“三资”项目21项，总投资11854万美元。

9月16日　仓山区体育代表队在市第二十一届运动会体操比赛中，分别获得2个团体第一，1个个人全能第一，共获3金、2银、1铜，名列单项比赛总分第一名。

9月25日　南台岛城市中心区总体规划获批准。规划北起上三路，南至规划中的南二环路，东至东升小区，西至工业学校，南北向次干道，规划总面积1935亩。

9月　仓山区在城门镇开始实施镇中心区的规划建设，采取农村居民新建和旧村改造相结合的办法，建立城门、前锦、白云、胪厦、浚边、清富6个新农村建设示范点，规划用地180亩。

10月13日　市、区劳动局、总工会联合在市贮木场举行上渡棚屋区下岗职工就业供需见面会，市人造板厂、三协精机有限公司等85家用人单位为棚屋区300多名下岗职工提供工作岗位。当日，有132人登记求职，59人达成意向，成功介绍26人再就业。

10月18日　南台岛橘园洲防洪堤工程开工。该堤位于闽江南港北岸沙洲，上游起于建新镇洪塘，下游止于湾边村，全长9151米。

10月　中望房地产开发公司投资3.3亿元的岭后、生园地区旧房改造项目建成。共拆旧房面积约8.6万平方米，兴建住宅楼26座2274单元，总建筑面积20.7万平方米、住宅面积18万平方米。小区配套建有2个地下广场、433个泊车位的地下车库、141间店面、 1个游泳池、1所面积3000平方米的幼儿园、1个面积300平方米文化活动中心、1个200平方米的社区会址、1个卫生站和3个公厕，小区绿化面积25%以上。

10月　洪塘—温墩交通战备公路动工兴建，总投资8474万元。2004年10月工程全面完工。该路自西北向东南贯穿南台岛，全长22.93公里，沿线有福湾工业区、叶厦工业区、城门工业区，是海峡西岸福州南大门的战略要道。

11月1日零时　区完成第五次人口普查，全区总户数130362户（家庭户111321户，集体户19041户），总人口482039人（家庭户367055人，集体户114984人）。男性244768人，女性237271人，性别比为103.16。

11月12日　由福建大世界集团与福州市林业局联合组建的福州林产品市场建成投入使用。市场占地33公顷，建筑面积8.8万平方米，2005年林木销售总额达2亿元。

11月15日　金山工业区用地动迁工作开始。到2001年元旦，基本完成4个自然村522多户，建筑面积12万平方米的拆迁任务。

12月25日　仓山科技园区党总支在非公有制企业中开展党建工作，当年建立12家非公有制企业党支部，被市委授予先进基层党组织称号。

12月28日　建新花艺交易市场正式开市，有2300平方米展销大棚以及几十间花艺商店。

12月　仓山镇被省委、省府授予1998～1999年度文明乡镇称号。

12月　橘园洲特大桥动工兴建，2002年12月建成通车。该桥东起仓山建新镇互通立交桥，向西跨越闽江南港（乌龙江）后接闽侯上街建平村进入福州大学城，全长2269米，桥宽32.5米，设6条机动车道和2条非机动车道，工程概算总投资4.27亿元，是联系京福国道主干线与省会福州和仓山城区的便捷快速通道。大桥建成从根本上缓解福州通往西北的交通瓶颈。

是年　建新镇被国家林业局授予“中国花木之乡”称号，缤纷园艺公司被授予“全国花卉生产示范基地”

称号。

是年　仓山区开始对排污实施年审制度，境内废水、大气污染以及随意焚烧生活、工业及农村垃圾废弃物现象得到有效控制。

2001 年

1月6日　仓山区计生工作通过“省检”，再次获省级计生一类区称号。

1月8日　区委发出《关于试行科级领导干部任前公示的通知》，对拟提拔担任科级职务（含非领导职务）的人选任前实施任前公示。

1月10日　仓山区成立“三个代表”重要思想学习教育活动领导小组，下发《关于开展“三个代表”重要思想学习教育活动的实施意见》，开始分批开展“三个代表”重要思想学习教育活动。

1月中旬　省委文明办主任朱清来区慰问英模黄振顺家属。

2月9日　菖蒲、尤溪洲旧屋区改造启动。菖蒲旧屋改造区占地面积约12公顷，涉及临江、下渡2个街道9个居委会，动迁居民3017户、8818人。尤溪洲旧屋区改造区占地面积9.2公顷，动迁1个居委会，居民749户2451人。

2月20日　著名数学家陈景润的妹妹陈景馨将陈景润笔记、手稿、藏书、中小学阶段的文凭等22件文物捐献给区政府。

2月22日　英国驻华大使高德年爵士、驻广州总领事李丰到仓山科技园视察。副区长关瑞祺向客人介绍园区情况及发展方向。

3月1日　区委组织部对陈明辉等28名干部的提拔进行任前公示。这是仓山区首次实行任前公示制度。

3月6日　仓山镇被市委、市政府授予2000年经济强镇称号。

3月15日　区委、区政府作出《关于鼓励创建经济强村、创办重点企业的若干规定》。对产值500万元以上、税收30万元以上的企业和研制成功国家级、省级新产品的企业的新增税收实行财税返还，对创名牌产品和著名商标的企业给予经济奖励。

3月28日　原市属城门中学、福州二十中学、二十一中学、二十九中学、三十中学、四十中学下放区管理。

3月30日　上渡路建成通车。该路东起三县洲大桥南引桥立交匝道口，止于聚龙路交叉口，全长1公里，宽42～44米，为城市一级主干道，总投资2500万元。

3月31日　仓山区人大常委会在福州市县、区中率先建立人大代表旁听法院庭审制度。

4月23日　麦顶小学以高分通过省级示范小学验收，成为区第一所省级示范校。

4月29日　仓山区在福建师范大学体育场举行“严打”专项整治活动，公开处理大会。依法逮捕何某某等5个作案团伙25名犯罪嫌疑人。参加大会共有6000多人。

5月5日　区委副书记林良云、副区长陈奇带领有关部门人员到浦上村向在第46届世界乒乓球锦标赛获女子单打亚军林菱的父母亲表示祝贺和亲切问候。

5月12日　仓山区委、区政府成立区国防教育委员会。区长张森兴任主任。

5月18日，南江滨大道动工。西起金山大桥与聚龙路交叉口，沿闽江北港台南岸顺流而下，到三县洲大桥西侧，接上渡路。

5月21～28日　仓山区在2001福州国际招商月中，先后在西湖宾馆举行科技、商贸旅游和综合3场招商会，共签约项目103个，总投资21.75亿元人民币。

5月23日　省长习近平、副省长黄小晶到区调研，详细了解上渡棚屋区改造工程进展情况，考察正在规划建设中的金山工业区、生活区和金山大桥。

5月　市委、市政府授予仓山区建设局“2000年度福州市计划生育工作先进集体”称号。

6月6日　仓山区召开第十届党建理论研讨会。各党委（总支）分管副书记、组织委员、宣传委员，5个镇纪委书记，区党建工作领导小组成员、论文作者以及省市有关领导等100多人参加。共收到论文70多篇，其中有32篇收入《仓山区第十届党建理论研讨年会论文汇编》。

6月6日　省国家基础课程改革实验基地在仓山实验小学正式挂牌。这是国家教育部为改革中国教育现状，培养21世纪新型人才而进行的新一轮基础教育课程改革实验。福建师范大学在该校设立工作室，负责协调和指导基地建设。

6月23日　受2号台风“飞燕”影响，全区受灾人口25万人，紧急转移4.5万人，房屋不同程度损坏1万间，其中倒塌25间，直接经济损失1200万元。

6月　仓山工商分局“12315”投诉服务台被共青团中央评为首批全国青年文明号信用建设示范单位

6月　建新镇获全国首批中国花卉之乡称号。

6月　在农村改造和新农村建设中，翁排、塘下、上塘、潘边、岩洲、后曹、首山、吴厝、楼下、先锋10个村通过市验收。

7月22日　市领导何立峰、练知轩等带领市直有关部门负责人，乘船从福建农林大学门口东侧码头出发，沿闽江下游北港、南港乌龙江进行环绕南台岛考察。随后驱车来到建新镇高宅村，沿着乡间小道，察看拟建的水上公园周边环境并提出指导意见。

7月23日　洋洽旧屋区拆迁改造工程启动，拆迁建筑面积74980平方米。

7月27日　全国政协副主席、台盟中央主席张克辉率领中央考察调研团一行21人到区考察花卉产业。先后到园艺有限公司、建新花卉市场和建新缤纷园艺有限公司实地考察花卉种植实验基地、培育室等。

7月　国家发展计划委员会授予区物价检查所为规范化物价检查所。

8月3日　全区第一个社区居委会——东升街道东兴社区居委会正式挂牌。到2003年年底，全区114个居委会整合工作基本完成，共整合成50个社区居委会。

8月14日　区劳动争议仲裁委员会被评为全国劳动和社会保障系统优秀青少年维权岗单位。

8月24日　仓山区召开中共仓山区代表会议，选举陈瑞麒等18人为出席中共福州市第八次代表大会代表。

8月28日　区委作出《中共仓山区委关于实行依法治区的决定》，进一步推进依法治区工作。同日，仓山区获评省1999～2000年计划生育工作一类先进区。

8月　建新镇冠洲土地整理项目（作为新增耕地）被国家批准为2001～2002年国家投资土地开发整理项目。

8月　全国爱卫会专家组对仓山区创建“国家卫生城市”工作进行复查，仓山区顺利通过创建“国家卫生城市”检查。

9月1日　市委、市政府“东扩南进”发展战略的基础设施标志性建筑——金山小学落成，该校占地约3.3公顷，建筑面积1.8万平方米，校舍建设及教学设施配套均达国内先进水平。

9月5日　城门投资区三丰鞋业有限公司被国家外经贸部门评为出口200强企业。

9月8日　区委、区政府领导人率仓山招商代表团参加2001年厦门中国投资贸易洽谈会。共签约三资项目28项，总投资13035万美元，协议外资13031万美元。其中合同项目22项，总投资11067万美元。到年底，全区新批外资企业49家，增资13家，合计总投资11094万美元，协议外资10156万美元，实际利用外资7575万美元。

9月9日　仓山区游泳代表队在市第十四届中小学生运动会游泳比赛中，以14金、8银、7铜的成绩，获市中小学生运动会游泳比赛冠军。

9月20日　区委、区政府和市公安局召开表彰大会，宣读省政府关于授予黄振顺革命烈士称号的批复以及公安部关于授黄振顺为全国公安系统二级英模称号的决定，并向黄振顺家属颁发证书、奖章及抚恤金20.9万元。

9月　临江街道被市评为首届福州市科普示范街道。

10月7日　龙潭角陈靖姑民俗文化遗址修复举行奠基仪式。

10月18日　上渡旧屋区改造第一期工程全面竣工，首期建成荷花、桂花、莲花等4座楼院，建筑面积15.7万平方米。至10月27日，首期拆迁户安置房选房结束，3531户、11144人住到满意的新居。

10月20日　仓山区首家社区青年服务中心在东升街道东兴社区正式挂牌。区公安、卫生、消防、园林等部门组织团员青年到东兴社区开展青少年维权、消防常识、鉴别真假商品宣传以及义诊等便民服务。

10月22日　仓山区防疫站干部陈善林与抢劫歹徒搏斗负伤。2002年9月，被评为省见义勇为先进分子。2003年评为全国见义勇为先进分子、全国百姓英雄。

11月6～8日　省计生检查组到区检查2001年度计生工作。顺利通过省检，再次获省级计生一类区称号。

11月上旬　在2001年中国国际农业博览会上，天峰茶果厂的“春伦牌”茉莉花茶、玉蝴蝶花茶和天马制衣有限公司的“葛罗耐”牌西服获名牌产品称号。

11月13日　仓山镇东升村方碧英一家被评为第三届省五好文明家庭。

11月20日　仓山镇蛤蟆山麓区国防教育训练基地落成并举行开训。该基地占地面积约20公顷。

11月27日　全区5个镇10个村595户农村改厕工程通过市验收，完成市下达的2001年为民办实事任务。

12月5日　区委发出《关于实行领导干部任前党风廉政教育谈话的制度的通知》，决定对拟提拔任职的副科（局）级以上领导干部，实行党风廉政教育岗前谈话制度。

12月7日　南江滨公园动工建设。

12月10日　尤溪洲大桥动工兴建。2003年12月31日建成通车。该桥由北引桥、主桥、南引桥三部分组成。全长1240米，桥宽30.5米，双向六车道，总投资1.5亿元，是当年全省最大规模的互通式立交桥。

12月22日　下藤旧屋区改造正式动迁。改造面积14.4公顷，实用面积10.8公顷，共拆迁2519户8259人、39家单位，拆除建筑面积21.1万平方米。2004年元月全面竣工，共建住宅57栋，总建筑面积32平方米。楼房以多层为主，少量中高层、高层，条点结合，高低错落。小区依路网划分为福圆苑、福华苑、福美苑、福锦苑、福盛苑、福藤苑、福杰苑、福伟苑8个组团，总称藤山佳园，可容纳居民3000多户、近万人。拆迁户从2003年9月起陆续回迁，至2005年年底，已回迁99.5%以上。下藤旧屋区改造工程，总费用达 9029.24万元，其中道路建设1206.4万元，安置费6765.34万元，各项补偿费1057.5万元。

12月25日　市“春风”领导小组和区联合在下藤旧屋区启动情暖旧屋区春风行动。市、区劳动局、仓山工商分局等单位组织1000个就业岗位，现场举行招聘活动，供搬迁户中的下岗职工选择。

12月28日　仓山区企业家协会成立。首批会员94人。大会选出常务理事17名、理事37名，许祥勉为会长。

是年　经国家核准，境内盖山镇郭宅村（高速公路连接口）到湾边路段经仓山镇的公墓山、蛤蟆山，盖山镇的高盖山，全长13公里，定位为以防护国防公路为目的的国家生态公益林。

3月2日　浦上大道开工动建，总投资为1.909亿元。12月31日竣工。该路段北起尤溪洲大桥南立交，南接橘园洲西三环，全长3150米，路宽70米。双向4车道，道路等级为城市快速路，是又一贯穿南台岛东西向的主干道。

是年　运动员黄珊汕在丹麦举行的第十五届世界蹦床锦标赛中，获青年组女网个人第一名。

是年　仓山镇发生固松突园蚧病虫害，造成51株马尾松枯死，区林业部门采取采伐并清理病树的措施，制止虫害蔓延。

2002 年

1 月 2 日　省委常委、市委书记何立峰在区领导陈瑞麒、张森兴陪同下，到区调研农贸市场改造为超市工作。

1 月 17 日　区委在仓山镇东升村召开村级“三个代表”重要思想学习教育活动现场会，建新镇淮安村、仓山镇东升村作典型发言。省委巡视督查组长梁祥基、市委巡视督查组长叶茂春到会并作指导性讲话。

1 月 20 日　盖山镇高湖舞龙队代表省参加第四届全国舞龙锦标赛，取得全能与自选套路第二名、规定套路第三名。

1 月　对湖街道获得全国“婚育新风进万家”活动先进街道，区计生局李娜获全国“婚育新风进万家”活动先进个人。

2 月 7 日　仓山区在三高路区劳动力市场举行特困职工发放慰问金活动。区委书记陈瑞麒、常务副区长陈朝明为 148 位失业人员和特困职工发放慰问金，给他们送去春节的问候。

同日　仓山区举行领导干部扶助特困生、五保户结对子仪式。区五套班子及副科级以上领导干部与 241 位特困生、五保户结成扶助对子，帮助他们解决就学和生活困难等问题。

2 月 20 日　建新镇福湾工业小区破土动工。

2 月　仓山区开始实施“星光计划”，由区财政拨款 20 万元，帮助镇街增添老人活动设施。至年末，在螺洲镇吴厝村建成 1 所敬老院，可容纳 180 名老人；在上渡街道飞凤社区和盖山镇浦口村改建老年活动中心，为老人提供活动场所。

3 月 4 日　区委研究决定撤销街道党委、纪委，设立街道党工委、纪工委为区委派出机构。14 日，仓山区第一个街道党工委、纪工委在东升街道挂牌成立。

3 月 19 ～ 23 日　仓山区政协五届六次会议在区机关礼堂举行。选举王发展为区政协主席，杨其梅为副主席。

3 月 20 ～ 23 日　仓山区十三届人大七次会议罢免林国和区十三届人大常委会主任的职务。选举陈瑞麒为区第十三届人大常委会主任。

3 月 28 日　仓山区举行“共筑平安家园”文艺晚会，为见义勇为基金会捐款。省、市领导和区机关、企事业单位与会人员当场奉献爱心，共捐献 25 万元为见义勇为基金。

3 月　仓山镇再次入围全省十强乡镇，名列第五，较 1998 年的第九名上升四位。

4 月 5 日　仓山区在汇达广场举行社会捐助中心成立暨全区 12 个街道、乡镇社会捐助工作站授牌仪式。与会部分企业代表及区机关干部现场捐款 13.26 万元。

4 月 25 日　省计生委表彰 2001 年全省计划生育工作先进单位，仓山区连续 3 年被评为计划生育一类先进区。

4 月 26 日　仓山区举行春风送岗进社区活动，区政府向首批 100 多名特困下岗职工每人发放一部以“春风”牌命名的自行车。25 个企业为下岗职工提供 43 个工种 56 个岗位。

4 月 27 日　省人大副主任黄贤模带领部分省人大常委到区调研侨务工作。

4 月 29 日　市委、市政府批准《仓山区党政机构改革方案》。区委设工作部门 9 个，部门管理机构 2 个，议事协调机构 1 个。区政府设工作部门 21 个，部门管理机构 4 人，议事协调机构 1 个。区、街机关行政编制 599 名，按 22% 精简后，重新核定行政编制 467。全区政法机关专项编制 149 名，按 10% 精简后，重新核定政法机关专项编制 134 名。

4 月 30 日　经外经贸部批准，仓山天天筷厂获得自营进出口权。

5 月 1 日，闽江公园（南园）开园，省委常委、市委书记何立峰授“闽江公园”牌匾。

5 月 17 日　仓山区科技园举行建园 10 周年庆典。10 年来，仓山科技园区共引进外资 1.2 亿美元，实现利税2.05亿元，出口创汇3.3亿美元，成为区域经济发展的重要增长点。省人大副主任林强，区领导张森兴、林良云等出席庆典活动。

同日　中共马榕社区总支委员会成立。为境内第一个农村社区党组织。6月12日成立马榕社区居委会，为区首家农村社区居委会。

5月20日　福州国际招商月仓山区专场招商会在仓山科技园区管委会大楼召开。市、区领导及海内外客商、嘉宾共300多人出席。计签约项目105项，其中外资项目42项，总投资2.24亿美元；内联项目63项，总投资4.15亿元。

5月30日　省军区司令部副参谋长、福州军分区司令员宋海滨带领全市基层武装部长，到区检查武装部正规化建设和民兵预备役工作。

5月31日　副省长潘心城带领省直有关部门负责人到区开展“六一”慰问活动，向儿童们送去节日的祝福。

6月7日　仓山区农村电网改造工程竣工，并通过省政府“两改一同价”验收委员会验收。

6月8日　教育部党组成员、副部长田淑英在省、市教育部门领导陪同下，到福州四十中学调研校务公开工作。

6月18日　闽江大桥互通立交桥开建，总投资1.89亿元。2003年12月31日建成交付使用。该桥北接尤溪洲闽江大桥，南接浦上路，东连二环路三期主线，占地15公顷，桥梁面积5.02万平方米。

6月26日　省委常委、市委书记何立峰，市长练知轩带领市直有关部门领导到金山新区调研，并召开专题会议研究解决金山工业区、生活区建设等问题。

6月27日　上渡旧屋区二期（尤溪洲片）拆迁户安置房竣工实施选房，750多户拆迁户搬进新居。

7月6日　区委、区政府发出《关于进一步规范对工业企业检查行为的规定》，严格控制和规范对企业的检查，实行检查报备审批和论证的检查制度，严禁干扰企业的正常生产、经营秩序，不得在被检查的企业获取利益。

7月15日　金山街道党工委、金山街道办事处（筹）在金山生活区举行挂牌仪式。

7月16日　福州非公企业党组织授牌仪式在仓山科技园综合办公室举行。仓山科技园区有4家非公企业党支部受牌。

7月27日　市领导何立峰等带领市直有关部门负责人到区调研经济工作。先后察看上渡、下藤旧屋区改造工地、仓山科技园区、华厦汽车城等。何立峰指出，仓山区具备发展汽车及零配件销售业的良好区位优势，高起点规划汽车交易市场，瞄准全省、辐射邻省，把这个市场建成全省汽车及零配件销售中心和汽车维修中心。

8月5日　区委、区政府重新核定街镇行政编制。核定7个街道行政编制70名、5镇行政编制163名，各精简22%。并对乡镇事业单位进行合并调整，事业人员编制精简20%。

8月6日　仓山区体育代表队在市第四十一届中小学生运动会游泳比赛中夺得16金、14银、3铜的佳绩，再次获团体冠军。

8月20日　仓山区抽调区、镇机关干部100名组成村务公开、民主管理工作组，派驻25个重点村抓村务公开、民主管理工作。

8月29日　金山实验小学校舍建成，开始秋季招生。

8月　盖山镇新安村党支部被评为全省农村“三个代表”重要思想学习教育活动先进集体。

8月　市劳动保障系统行风评议办公室对全市五区八县（市）劳动力市场职业介绍中心进行综合测评，仓山区劳动力市场被评为第一名。

9月8日　在2002厦门中国投资贸易洽谈会。仓山区招商代表团共签约三资项目25项，总投资15461万美元，协议外资13330万美元。其中合同项目16项，总投资11350万美元。到年底，全区新批招商投资企业45家，合同外资30188万美元，实际利用外资1.86亿美元。

9 月 12 日 区纪委出台《关于取消村（居）接待费的暂行规定》，在全区范围内推行村级零接待。

9 月 16 日 区委八届八次全体（扩大）会议深入学习贯彻省委七届三次全会和市委八届三次全会精神，讨论通过《中共福州市仓山区委关于进一步提高对外开放水平的实施意见》。

9 月 19 日 省委常委、市委书记何立峰到金山新区调研，察看金山工业区橘园洲标准厂房建设情况，了解金山生活区、工业区工作情况。20 日，又视察下藤旧屋区改造工作，对下藤旧屋区改造安置房建设进度给予充分肯定。

9 月 25 日 黑龙江省党政考察团在省市领导宋德福、朱亚衍、何立峰、曹德淦、梁建勇等陪同下，到区参观万年青运动器材制造有限公司。

9 月 28 日 市委文明办和区委宣传部联合在闽江公园南园举办“金山之夜”走进美的社区——庆国庆、迎十六大仓山文艺专场。演出节目由仓山区各社区的居民自编、自导的舞蹈、演唱和小品等。

9 月 28 日 拓福建材超市仓山店开业，占地 3 万多平方米，经营 3 万多种装饰材料。

10 月 1 日 福州国际会展中心举行汽车项目签约仪式，仓山区与奥迪、宇通、昌河、日本五十铃、广州本田 5 家专卖商签约，项目总投资达 9700 万元。

10 月 14 日 成立区政务服务中心，为国内外公民和各类法人提供政务咨询、行政审批和配套服务。

10 月 17 日 区委撤销区市容管理局，成立区城市管理执法局。区城建监察大队同时更名为区城市管理执法大队，隶区城市管理执法局，其行政处罚权扩展至市容环境卫生、内河管理、城建规划等 14 项领域。

10 月 21 日 仓山区启动金秋送岗进社区活动。12 家企事业单位为下岗失业人员提供近 4000 个工作岗位，其中适合“4050”对象的有 62 个工种 727 个岗位。区园林、环保、市场服务等部门也腾出 316 个公益性岗位供下岗人员选择。有 50 家企业在现场进行招聘活动，1000 多名下岗失业人员参加应聘。

10 月 28 日 全区 50 社区成立社区劳动保障工作站，并举行授牌仪式。

10 月 28 日 金山橘园洲标准厂房建设正式开工，工程占地 1970 亩，工业区与配套生活区建设同步实施。

10 月 29 ～ 31 日 仓山区十三届人大八次会议召开。选举产生出席市第十二届人大会代表 50 名。

11 月 2 日 团省委、省建设厅授予区城市管理执法大队为省级青年文明称号。

11 月 4 日 区委发出《关于学习贯彻省委〈关于建立和完善反腐倡廉工作“六个机制”的若干规定（试行）〉的通知》。25 日，又发出贯彻“六个机制”的实施细则。

11 月 6 日 仓山区中医院大楼落成开业。总建筑面积 3650 多平方米，是一所综合性中医院。

11 月 9 日 省军区司令部副参谋长、福州军分区司令员宋海滨到仓山区检查征兵工作。

11 月 11 日 仓山区招聘社区劳动服务站工作人员考试工作全部结束。这是福州市城区首次率先公开招聘社区劳动服务站工作人员。全区有 160 多位“4050”下岗失业人员报名，经过笔试、面试合格取得资格证书，于 2003 年 1 月 1 日正式上岗。

11 月 30 日 仓山区、镇两级人大换届选举工作完成。选出镇人大代表 331 名，区人大代表 196 名。

11 月 三叉街街道被省委组织部、省民政厅、省文明办、省综治办授予社区建设示范街道称号。

11 月 中国致公党福州市委员会在仓山区设立工作委员会，下辖仓山支部和卫生支部，共有党员 28 人，王颖为主委。

12 月 16 ～ 27 日 区在全区 26 个部门中开展千人评议机关作风活动，对各单位工作效率、服务质量、文明执法、廉洁从政等 4 个方面进行综合评议，参与评议的人员有区政协委员、民主党派、部队代表、镇（街）村（居）干部、各类企业人员、基层社区群众代表等 1300 多人。

12 月 28 日 仓山区在三高路劳动力市场开展“手牵手活动”。有 91 家企业为下岗失业人员提供 147 个工种、2590 个岗位，有 22 家用工单位为“4050”对象提供有关政策咨询。省劳动和社会保障厅厅长王克益及区领导参加活动。

12 月　金山工业园区被评为 2002 年度福州经济工作“六赛六比”优胜单位。

12 月　仓山区私营企业工会成立。

是年　仓山区义务教育“双高普九”顺利通过省级复查验收。实现义务教育“双高普九”的目标，被授予“福建省实验教学普及县”称号。

是年　建新镇和缤纷园艺公司分别被国家林业局授予“中国花木之乡”和“全国花卉生产示范基地”称号。

2003 年

1 月 7 日　市委常委、市公安局局长牛纪刚代表市委、市政府到见义年勇为青年陈善林家慰问。

1 月 13 日　省监察厅副厅长林文奇带领省、市有关部门领导到区调研村务公开、民主管理工作。林文奇对仓山区百名机关干部进村驻点抓村务公开工作的成绩表示肯定。

1 月 19 ～ 23 日　仓山区政协第六届委员会第一次会议召开，出席委员 190 人。大会选举区政协六届常务委员会委员 35 人，陈朝明为政协主席，杨其梅、王大光、苏孝祯、陈宜安为政协副主席。

1 月 20 日　省委任命张森兴为中共仓山区委书记，免去陈瑞麒的中共仓山区委书记、常委、委员职务另调他用。

1 月 21 日　仓山区完成福建省保护和发展森林资源责任状 5 年考核目标，连续 6 年获无森林火灾区称号。

1 月 21 日～ 25 日　仓山区第十四届人大一次会议选举张森兴为区十四届人大常委会主任，沈惠秋、林兆水、王亚罗、林绍彬为副主任，选举范美先为区长，王廷杰、王肇昌、关瑞祺、潘邦瑞、宋仟根、张涵为副区长。

1 月 23 日～ 2 月 16 日　建新镇举办迎春花展，展出品种有兰花类、盆花类、多肉植物类、茶花类、杜鹃类、欢叶类、年橘类、球根类、盆具类等 12 大类，数千个品种，十几万株（盆）。

1 月　区政府出台新一轮财政体制改革。对镇、街实行“划分收支、核定基础、定额缴补、比例分成”的分税制财政管理体制。并对镇、街分别实行“一定 3 年和一定 5 年”。

1 月　区计生局在大专院校开展“关注青春，共享健康”为主题的性与生殖健康教育系列服务，探索符合中国国情的青少年性健康教育内容、形式和方法。是年底，该项工作扩大到全区 42 所大、中专院校和 12 所中学。

2 月 1 日～ 3 月 28 日　由市文联、区政府等 6 家单位联合主办的首届福建省闽剧金奖大赛在中洲岛举行。

2 月 1 ～ 7 日　区政府在中洲岛举办旅游商品赶圩会，来自全国各地的雕刻工艺品、陶瓷、旅游工艺品、古玩字画以及各类旅游用品汇集中洲岛。

2 月 28 日　省军区副政委文可其在市委常委、福州军分区政委向孝民陪同下，到区检查指导民兵预备役工作。

2 月　仓山区成立集体土地所有权登记发证领导小组，开展集体土地所有权登记发证工作，至 2004 年完成 69 个村集体土地所有权地籍调查登记发证，占应发证 70 个村的 98.6%。

3 月 1 日　仓山区开展纪念“向雷锋同志学习”40 周年活动，3000 多名青年志愿者在中洲岛举行宣誓仪式。团市委和区四套班子领导到活动现场为青年志愿者服务站授牌。

3 月 5 日　仓山区文明网（www.csqwm.com）开通，网上开设“仓山视窗”“南台新貌”“文明风景线”“公德建设”“他山之石”“诚信工程”“生活热线”等栏目。

3 月 13 日　上渡尤溪洲最后一批连家船民共 47 户、167 人迁入岸上新居。

3 月 22 日　仓山区 13 个镇、街成立劳动保障事务所，企业退休人员全部进入社会管理。

3月31日　仓山科技园区福建华力科技创新有限公司成功开发研制全自动煮食电脑燃气灶新产品——希尔特电脑燃气灶。该产品2001年被列为福建省第一批科技开发项目，在诺贝尔世界发明博览会上获特别荣誉奖和民族贡献奖，在香港国际展览会上获金奖和尤里卡金奖，在日内瓦国际展览会上获国际优秀专利金奖，在英国国际展览会上获金质奖。

3月　仓山区开展创建“示范街道和示范社区居委会”活动。各街普遍订立社区管理制度，建立市民学校、老人活动室、阅览室，完善社区基础设施。是年，公园、松兴、东兴、马厂、菖蒲、村东、村西、上藤、天民、下藤10个社区居委会被市（区）评为十佳示范社区居委会。

4月4日　仓山区召开见义勇为先进分子表彰大会，龚谦云、林邦洲、蔡焕声、何梓建、卞坚文被授予见义勇为先进分子称号。大会还受省高级人民法院的委托，宣读《福建省高级人民法院关于为龚谦云记个人二等功的决定》。

4月8日　最高人民检察院副检察长张穹到区检察院调研。

4月11日　省教育厅对仓山小学、仓山实验小学进行省级示范小学复查验收，仓山小学以98分、实验小学97分被确认为省级示范小学。

4月18日　仓山区在上渡街道举行“镇、街道劳动保障事务所”“退休人员管理服务中心”和“社区退休人员活动中心”授牌仪式。完善区、街（镇）、社区三级劳动和社会保障服务体系。

4月26日，仓山区举行“春风送岗进社区”活动暨首批特困职工自行车发放仪式。区政府向首批100多名特困下岗职工每人发一部以“春风”牌命名的自行车。

4月30日　福州展览城开馆。该展览城占地22.26公顷，总投资5000万元，总建筑面积37921平方米，共有2000个展位和1万平方米的室外展场。

4月30日　乌龙江湿地公园建成并开园。该园总面积243公顷，由湿地生态恢复和重建区、湿地生物多样性科普区、芦苇荡生态旅游区、原生湿地保护区及堤内市树园5个部分组成。

4月　仓山区会计核算中心开始正式运作。首批纳入会计核算中心的有区属行政、事业单位54家。到2003年年底，区级行政、事业单位全部纳入会计核算中心，实行统一集中核算。

5月1～3日　区政府牵头在华厦汽车城举行“五一”车展。参展的有奥迪、宝骊、波罗、中华、菱帅等50多款国内外品牌轿车。

5月7日　金山工业区浦上片仓山园举行动工仪式，该园占地约27.3公顷，在建标准工业厂房56座，有33家企业入园。

5月13日　省防治非典指挥部副总指挥、省军区副司令员史新开少将，市防治非典指挥部副总指挥、军分区参谋长叶忠育大校到区人武部检查防制非典工作和组织民兵预备役支持地方防非典工作。

5月19日　金山工业区橘园洲仓山园举行开园暨13家企业授牌仪式。该园占地约19.87公顷，实际用地16.67公顷，总建筑面积20.3万平方米，其中标准厂房面积12.93万平方米，办公场所面积3.5万平方米，生活区面积3.46万平方米。

5月20日　仓山区在仓山科技园区管委会大楼举行2003年中国（福州）海峡科技成果交易暨经贸洽谈招商会。共签约外资项目53项，总投资20077万美元，协议外资18899万美元。其中合同项目41项，合同外资12969万美元；协议项目10项，协议外资4730万美元。

5月23日　仓山区货物配载中心开业。该中心是由福建华威集团有限公司物流园区的重要组成部分，是集车货信息发布与交易、停车、仓储、中转为一体的综合性物流服务场所。中心占地12公顷，内设初级车货交易与信息服务中心、驻货运公司办公场所、停车场、配套仓库及车辆维护中心。

5月27～28日　建新镇马榕小区拆迁安置户开始回迁。该小区是全省最大的农民新村，二期工程7.33万平方米，建有安置房13座，面积6.06万平方米。主要安置翁排、上塘、莫朱、岩洲村民。

5月29日　仓山区法院分别在东升街道东兴社区和临江街道太平洋社区设立巡回法庭和人民调解工作站。这是区法院法律进社区工作的开始。

5月　全区村级组织换届选举工作开始。到8月底，村民委员会换届选举工作结束。

5月　根据《省府关于福州市调整仓山区部分行政区划设立金山街道办事处的批复》，从建新镇划出卢滨、后曹、潘边、石边、新颐、上雁、葛屿、闽江、刘宅9个村，从仓山镇划出燎原村，从上渡街道划出横江居委会，设立金山街道办事处。7月1日　经市政府批准，金山街道正式成立。

5月　区环卫所在全市率先尝试将金山新区39条道路清扫保洁经营权推向市场，进行公开招标。金工物业、金山家园、中青家政、天明保洁等4家公司中标，承包期3年。

6月6日　仓山区旧屋区改造领导小组办公室正式成立，由区建设局、房管局、南台岛建设发展总公司、开发公司等4个部门派出人员组成。挂靠在区国有资产营运有限公司。

6月8～28日　在市首届社区健身运动会上，仓山区代表队在太极拳、健身三项、拨河等项目比赛中获得4个第一名、2个第二名，2个第三名，总成绩名列全市第一。

6月12日　市领导何立峰、练知轩、陈扬富、吴华瑞带领市直有关部门负责同志检查金山新区建设情况，察看金山文体中心、尤溪洲大桥南立交、金山公园、乌龙江湿地公园、金山生活区五、六期工程、浦上片标准厂房等建设工地。何立峰要求各级各有关部门一定要抢抓机遇，乘势而上，进一步全面加快金山新区建设步伐，推动金山新区尽快形成具有现代化气息的新城区。

6月22日　区委、区政府在橘园洲工业区仓山园举行农民转岗再就业送岗活动。90家用工单位提供100个工种、4200个岗位用工需求信息，30家用工单位提供100个工种、4200个岗位用工需求信息，当天上午，共有500多位农民参加应聘，378人当场签订用工合同。

6月28日进入夏季后，境内出现连续的晴热干旱天气。降雨稀少，加上出现历史罕见的高温，蒸发量大加剧旱情。7～11月平均雨量仅272.2毫米，而同期蒸发量达959.2毫米，是降雨量的3.5倍。仓山区出现历史罕见的夏、秋、冬连旱，据市气象局监测全市水库蓄水严重不足，到12月初，大中型水库蓄水仅占库容的30.8%，小型水库蓄水仅占库容的22.9%，有155座小型水库干涸。

6月　浦下龙舟队代表福建省参加第七届全国民族运动会龙舟项目比赛，获得250米、500米第二名。

6月　区政协发起建议捐资助学献爱心活动。动员区政协委员、各民主党派、工商联和人民团体积极参与活动。当场收到捐款13万多元。

7月11日　区委发出《关于迅速掀起学习贯彻“三个代表”重要思想新高潮的通知》。同日，区委宣传部组织各镇、街宣传口领导干部在省电力干校举行“三个代表”重要思想学习会，学习胡锦涛总书记在“三个代表”重要思想研讨会上的重要讲话。

7月22日　仓山区十四届人大常委会第四次会议，作出《关于加强预防职务犯罪工作的决定》，这是省内县、区级人大常委会审议通过的第一个有关预防职务犯罪工作的规范性文件。

7月24日　仓山区在城门镇敖里村召开出生人口性别比专项整治工作现场会。查看城门镇濂江、敖里、安平、谢安四个试点村开展性别比专项整治工作有关资料。市计生委副主任王赛英莅临现场指导。

8月8日　仓山区在金山新区榕城广场举行“走进美的社区”大型文艺演出。省、市领导黄贤模、雷春美等观看演出。

8月20日　仓山区拔河队代表福州市参加福建省第二届社区运动会获冠军。

8月22日　仓山区被省委、省府命名为第八届（2000～2002年度）创建文明先进城区。

8月28日　全区50个社区居委会整合后举行新一轮换届选举，参选人数占选民总数的94%，选出社区居委会主任50人、副主任236人、委员151人。同时全区101个村举行第八届换届选举，至9月底全面完成，选出村主任101人、村委会委员454人。

8月29日　仓山公安分局以“零门槛、零距离、零投诉”为目标，向社会公布服务企业、促进经济发展的12项“亲商、安商、护商”措施。

9月2日　省、市妇联分别授予建新镇妇联为福建省抗击非典“三八”红旗集体和福州市抗击非典“三八”红旗集体荣誉称号。

9月5日　南台实验小学正式落成并投入使用。总投资2000多万元，校园面积1.39万平方米，建有3座教学大楼及办公楼。具备24个班的办学规模，服务半径2公里。

9月7日　仓山区第一条商业步行街举行动工典礼。该街全长860米，宽26米。参照经典的尼柯莱德商业街线型进行布局建设，集商业、文化、休闲为一体，体现时尚韵味和仓山区的文化特色。

9月8日　仓山区招商代表团参加2003年厦门投资贸易洽谈会。共签约“三资”项目37项，总投资16280万美元，协议外来资金16254万美元，其中合同项目36项，协议外资15254万美元。至年底，全区新批外商投资企业46家，增资扩产33项，新批合同外资12343万美元，实际利用外资15930万美元。

9月19日　仓山区被市委、市政府授予市第十届文明城区称号。全区有32家单位获第十届（2000～2002年度）文明单位称号。

9月26日　省创建青年文明号活动组委会授予区城市管理执法大队为福建省第六届十佳青年文明号。

9月30日　仓山第一中心小学举行建校100周年校庆。仓山第一中心小学源于1903年的“益闻两等小学堂”，是革命党人传播革命思想的会所之一。百年来，学校先后经历11次更名。2003年学校有21个教学班，学生1100多人，教职工66人，其中高级教师12人。

9月　区纪委制发《关于村党支部村委会主干行为规范“十不准”的规定》。

10月5日　岭后旧屋区改造工程启动。该旧屋区东起师大新体育馆，西至岭后路，南起鳌头凤岭、长安山，北至上三路师大校部，占地约7.53公顷，常住户口883户2268人。

10月23日　四川省党建领导小组常务副组长沈园俊、省委组织部副部长吴靖平等一行17人，在省委组织部、市委组织部领导陪同下，到科技园区考察非公党建工作。

10月28～31日　中共福州市仓山区第九次代表大会在区机关礼堂召开，选举产生第九届区委委员25人，常委11名，张森兴为区委书记，范美先、张为民、余凤玉、林清和为副书记。选举区纪委委员15人，常委7名，张为民为纪委书记。

10月　闽江大桥原址重建，2005年2月竣工。重建后的闽江大桥采用46+75+80+46米预应力砼变截面连续箱梁结构，全长370米，宽31～36米，伸缩缝由原桥14条减少至2条，以提高行车舒适性。大桥按四车道设计，后改非机动车道为机动车道（六车道）。

11月5日　全区农村完成税费改革。税费改革后农民每年税费总负担由1536.97万元，减至140万元，人均负担由89.36元减至8.14元，人均减负81.22元。

11月10～13日　省计划生育年度检查工作小组到区进行目标责任考核验收工作，仓山区继续保持省级计生一类区的称号。

11月14日　中国科学院院士陈可冀回阔别61年的母校——福州十二中学参观，受到师生热烈欢迎。陈可冀1942年曾就学于福州第十二中学（当时为私立三山中学），曾担任首届世界中西医结合大会主席，被聘任中央保健委员会专家小组成员，2002年获何梁何利科技进步奖。

11月27日　仓山区第十四届体育运动会开幕式在市体育中心举行。此届运动会以全民健身活动为主题，设有门球、篮球、乒乓球、登山、田径、家族趣味赛等10个项目，有33个代表队、1400多名运动员参加。

11月27日　仓山区春风办和区劳动保障部门在区劳动力市场口举办“春风”送岗活动，为大龄下岗失业人员开展送岗活动，34家企业单位推出物业清洁工、物业管理人员、保险业务员、汽车美容等24个工种3589个工作岗位。

11月　全区已建成园林绿化总面积960公顷，绿化率达41.5%，绿化覆盖率49%，人均公共绿地面积达7.43平方米（非农业人口）。三项园林指标在全市均名列前茅。

12月12日　仓山区被科技部评为2001～2002年度全国科技进步先进县（市）。

12月18日　金山浦上工业区仓山工业园开园。该园占地402亩，共建56栋标准厂房，总建筑面积达30万平方米，总投资4.1亿元。入园有33家企业。

12月　仓前公园岸线整治及公园一期改造工程基本结束。总投资800多万元，历时一年。新建的防洪堤面江一侧200米长的墙体创作喷沙雕塑——“华夏治水历史画廊”。该画廊由“大禹治水”“京杭大运河”“都江堰”“红旗渠”“黄河小浪底水利枢纽”“长江三峡枢纽”6个画面组成。

是年　《仓山区土地利用总体规划（1997—2010年）》进行修编，完成金山新区三环路一期周边108.2公顷建设项目用地的土地利用总体规划的局部调整，保证南台岛建设开发顺利进行。

是年　高湖舞龙队在新加坡参加“夜光杯”舞龙赛，获冠军。

2004年

1月初　金山污水处理厂通水试运行，日处理污水5万吨，服务面积20.63平方公里。厂区占地3.79公顷，绿化率达56.8%，总投资4780.43万元。

1月　仓山区开始执行《关于对农村部分计划生育家庭实行奖励扶助制度的试行意见》，建立健全计划生育利益导向机制，对农村只生一个子女和两个女儿的家庭实行优待和照顾政策。

2月　区腰鼓代表队参加福州地区腰鼓大赛，获金奖。

3月　盖山镇黄元珠一家获省五好文明家庭称号，福建师范大学孙绍振一家获省学习型家庭称号，建新镇妇联获省抗击非典巾帼英雄、三八红旗集体称号。

3月　首山片城乡结合部程厝、长安两个社区旧屋开始拆迁改建，共动迁427户。

4月　《仓山区农村最低生活保障实施意见》出台，农村单人户最低生活保障每人每月170元，多人户每人每月150元。土地被征用的农村居民，单人户每人每月220元，多人户每人每月200元。

5月　仓山区于金山大桥桥头，采用编年史的形式，以历史演进为线，重大事件为点，文图并茂制作福州历史记事石雕艺术长廊。廊长1800米、高3.7米，文字3万余言，立体再现闽江两岸5000年的人类文明史和福州建城2200年的历史。

5月　仓山区在第六届海交会签订外资项目50项，总投资25299万美元，协议外来资金18905万美元，其中合同项目33项，合同外资10104万美元，分别占总项目数及协议外资总额的66%及53.4%；签订协议项目14项，协议外来资金2680万美元；签订意向项目3项，协议外来资金6120万美元。

6月20日　仓山区龙舟队参加第十二届槟城国际龙舟节，获1000米、500米世界冠军和10人500米世界亚军。

6月25日　仓山区龙舟队在“贵州贵阳南明国际龙舟精英赛”中获世界冠军。

6月28日　仓山区龙舟队在“重庆合川全国龙舟锦标赛”中获冠军。

7月　国家发改委正式批准仓山区利用亚洲开发银行贷款5.4亿元治理南台岛13条内河，总长45.86公里，建设8座节制水闸。

9月1日　浦上大桥开建，工程总投资4.7亿元，全长3083米，桥宽33.5米，双向6车道，建成后从福州市区到永泰、闽侯南屿可缩短6公里。

9月8日　仓山招商代表团参加2004年厦门中国投资贸易洽谈会，共签约项目37项，总投资27310万美元，比上年增76%，协议外资13665万美元，其中合同项目31项，总投资20630美元，合同外资9245万美元。

9月24日　省委、省政府命名金山街道金洲社区、三叉街街道村东社区为福建省社区建设示范社区。

9月　全区中、小学全面贯彻实施义务教育阶段“一费制”。

10月1日，仓山区青年腰鼓队和文化馆腰鼓队参加全市千人腰鼓比赛，分别获金奖和铜奖。

10月　高湖村舞龙队代表福建省参加全国农运会，获竞速舞龙金奖。

12月　全区创建9.8平方公里烟尘控制区，实现“一控双达标”目标。

12月　仓山区获“高水平高质量普及九年义务教育”称号和“福建省实验教学普及县”称号。

12月　仓山区园林绿化率达41.8%，人均公共绿地面积7.92平方米，居全市前列。

12月　仓山区被划为畜禽禁养区，生猪养殖开始向区外搬迁。

2005年

1月28日～2月5日　仓山区政府和市林业局联合在福州展览城和金山、建新花卉市场举办市第一届迎春花卉展销会，有200家花卉企业参会。销售额达3000余万元。

2月　滨园路开建，该路段起于金山大堤，止于浦上路，道路全长2440米。工程量包括道路、桥梁、交通工程、雨污水管道、照明、电力管线、绿化及景观工程。总投资4224万元。

3月3日　区劳动保障局组织有关部门在林则徐广场开展“春风行动日”活动，有9家企业参加现场招聘务工人员。当天，求职登记186人，就业成功135人。

3月　区科技园福建丰泉集团与北京二轻集团共同投资、合作承建的南宫医疗废物处理厂正式投入营运。

4月　仓山区在闽江南港北岸动建500吨泊位的螺洲吴凤陆岛客货交通码头。年设计货物吞吐量为1.5万吨，客流量2万人次。

4月　跨越闽江南港和乌龙江的湾边特大桥开工建设，桥长3.9公里，宽34.5米，双向6车道。连接线为二级公路，长3.45公里，总投资7.6亿元。

5月1日　城门镇经螺洲镇到盖山镇阳岐片的自来水实现供水。全长9.5公里共铺设DN800—DN600主管道9503米，造价1972万元，惠及4500多户，3万多农民。

5月19日　仓山区在金山剧院举行第七届海交会仓山招商专场。签订外来资金项目27项，总投资31512万美元，合同外来资金10197万美元。签订内联项目72项，总投资301746万元人民币。

5月　由中共仓山区委组织编纂的中共仓山地方史大事记，由中国文史出版社出版。全书32万字，按党史分期设基本完成社会主义改造时期、全面建设社会主义时期、“文化大革命”时期、社会主义现代化建设时期等4个部分，收录各时期发生的大事共2559条。上限起于1949年8月，下限断至2003年。

6月　区政府在仓山镇召开“创建经济强镇，规范村务公开”现场会，推广东升村和江边村加强村务公开民主管理，促进经济发展的经验。

6月　仓山区自行开发4条农村公交线路，打破市公交独家经营局面，逐步实现城乡公共客运一体化。

7月　程埔旧屋区马厂社区开始拆迁改造。拆迁面积100亩左右，居民户100户。到年底，完成拆迁95户，占应拆迁户的95%。

7月21日　暴雨，仓山镇受淹蔬菜600亩，山体滑坡3处，倒塌房屋5间，直接经济损失300万元。

8月1日　根据市政府《关于进一步加强城市管理工作的意见》，全区233名环卫人员下放到街道，实行“以块为主，条块结合”的环卫运行新机制。

9月8日　仓山招商代表团参加2005年厦门中国投资贸易洽谈会。共签约外来资金项目16项，总投资2.74亿美元，协议外资1.16亿美元。其中：合同项目9项，利用外资0.3亿美元；协议项目4项，利用外资0.37亿美元；意向项目3项，利用外资0.49亿美元。

9月28日　仓山区组织300人参加五一广场“歌唱祖国—激情福州大家唱”获比赛一等奖。

10月2日　“龙王”台风袭击福州，骤降特大暴雨，境内南北两港江面漂流禽畜尸体数日不退，仅建新镇就收拾掩埋从上游漂流而下的死猪2700头。低洼农地、路面水漫20～30厘米，农地受淹2000多亩，全区各镇街及时启动防御台风预案。

10月　仓山机电工业园项目建设正式启动，有14家内外资企业与盖山投资区签订入驻福湾片机电工业园项目用地合同。其中，外资企业7家，总投资9140万美元；内资企业7家，总投资5.97亿元。

11月　万年青健身器材被评为中国名牌产品。春伦茶叶被评为福建省名牌产品，凤美涂料的“凤美牌”

和春伦茶业的“春伦牌”被评为福建省著名商标，快科电梯、久策气体等33家企业通过ISO质量体系认证。

12月10日　颂福公司爱心超市在仓山区金山街道步行街开业。当天为残疾人困难户优惠供应食用油960桶，并为156名残病特困户免费赠送“爱心油”。

12月　仓山区获2001～2005年全国婚育新风进万家活动先进集体。

12月　福建省人事厅、省物价局授予仓山区物价局“2004～2005年度全国物价系统先进集体”称号。

12月　全区财政总收入65065万元，完成年计划的108.2%，比上年同期增长22%。其中，中央级收入31280万元，比增14.3%；地方级财政收入33785万元，比增30.1%。

是年　仓山区再次获“全国科技进步先进县（区）”称号。

是年，运动员黄珊汕在荷兰举行的世界蹦床锦标赛获女子团体第一名。

第一篇　自然环境

第一篇　自然环境

第一章　地质　地貌

第一节　地质

境内地质主要由中生代熔岩、燕山期侵入岩及第四纪沉积物构成，受到以断裂为主、褶皱为次的构造运动影响，表现在构造特征上岩层成宽缓的隆起和凹陷，褶皱构造由于受以后的岩浆侵入和喷发作用所破坏，表现不明显。而断裂构造极为发育，主要是由于位于福州山字型构造的前弧和北北西向张扭性断裂、北东东向压扭性断裂的交汇处，受上述断裂构造的控制，断裂发育、动力变质作用强烈。福州山字型构造在境内南部通过，沿乌龙江作弧形分布，控制闽江南港河流形态，并在境内南部造成岩层动力变质带。境内白鹭岭—烟台山断裂带为走向北东 60°～75° 的压扭性断裂，倾向南东，倾角 60°～75°；桐口—洪山桥—阳岐断裂带和八一水库—王庄—螺洲断裂带为北北西—南南东向张扭性断裂构造，其走向为北西 5°～10°，倾向南西，倾角为 75° 左右；境内北东东—南西西压扭性断裂构造为一走向北东 65°～70° 的压扭性断裂，与高盖山走向一致，明显地控制着境内火山岩和侵入岩的展布。

境内在中生代燕山运动十分强烈，既有大规模的火山喷发，也有岩浆的浸入。广泛分布于境内丘陵及平原以下基岩，就是在这时形成的。它们有的喷出地表冷凝而成火山凝灰岩，有的侵入地底下而冷凝成花岗岩，这些岩石奠定全区的地质基础。境内高盖山即系火山岩系地层，为中酸性喷出相，主要由侏罗统南园组构成。其上部为紫灰色凝灰熔岩、角砾熔岩、灰色薄层细沙粉砂岩，下部为深灰色晶屑凝灰熔岩、流玟斑岩夹薄层凝灰岩。在高盖山的东北部则为花岗岩构成，属燕山早期黑云母花岗岩。

境内第三纪受喜马拉雅造山运动的影响，地壳以抬升为主趋势。在上升的同时，地表以接受外力的侵蚀、剥蚀为主。因而境内缺失第三系地层，使得第四系沉积层不整合地覆盖于中生代基岩风化壳上。

境内第四纪受新构造运动继承性、差异性的影响，在福州山字型构造和北北西—南南东向、北东东—南西西向断裂构造的控制下，以差异断块升降为主。造成境内丘陵均以断块隆升为主，并接受外力侵蚀、剥蚀，因而在丘陵顶部都有侵蚀剥蚀面。而平原地区及闽江河谷则以断块下降为主，并接受外力堆积，在平原内有厚达 20～60 米不等的沉积层。境内在中生代基岩上覆盖的是 4～10 多米厚的上更新统龙海组河流相沉积，在其上覆盖 10～15 米厚的全新统长乐组海湾相沉积，再上层则覆盖 4～5 米厚的河流相冲积层。在晚更新世，境内平原因新构造运动影响而断块下降，并接受古闽江河流的堆积。

第二节　地貌

仓山南台岛是福州平原的组成部分。闽江在南台岛首尾分而又合，斜贯中部。地貌由平原、丘陵和滩地组成，并以丘陵、平原为主，属丘陵性平原。地势北陡、中高、南缓。

在距今 5000 年前“长乐海侵”时，南台岛分布的相当数量的丘陵及弧丘、残丘都是海中岛屿，随着海退和闽江泥沙的淤积，逐渐形成半岩半砂南台岛。因而在平原下有海湾相沉积层，沉积厚达 10 ～ 15 米的淤泥质海相地层。海水退出后，闽江古河道又成为平原沉积的主要动力因素。由于新构造运动的影响，闽江及其支流在境内摆荡，其携带的泥沙不断堆积，便在海相地层上又覆盖厚达 4 ～ 5 米的河相沉积。

境内地表起伏大，丘陵分布在中、西北、东南部，丘陵以藤山（仓前山）、烟台山、城门山、清凉山、高盖山为代表。高盖山位于南台岛中部，平面略呈菱形，为北东 60° 走向，呈北东—南西向展布，面积达 5 平方公里，山坡除西面较和缓外，均较陡峻，山顶呈波状起伏，海拔为 202.2 米，素为榕城南郊第一高峰。

境内闽江环绕，由于闽江流速、流向的改变，导致泥沙落淤、堆积，沿江地带沙洲发育，河滩广阔，形成形状各异、面积大小不等的沙洲滩地。境内中洲、三县洲、橘园洲、尤溪洲、六凤洲、三兴洲、浦口洲、江边洲、浦下洲等沙洲即是由闽江泥沙堆积形成的小岛或河滩地，经过人类的开发利用，使一些沙洲逐渐和平原连成一片，加速境内平原扩展。最大的沙洲橘园洲即是由乌龙江泥沙冲积而成，长 3.1 公里，宽 1.2 公里，总面积 3.72 平方公里，地面高 3.6 ～ 4.1 米，中、北部高 7.2 ～ 9 米。

第二章 气候 水文

第一节　气候

一、日照

境内日照年际变化较大，一年之内日照时数也有变化，一般以 2 ～ 3 月最少，7 ～ 8 月最多。1990 ～ 2005 年，年均日照时数为 1543.5 小时，日照百分率为 35%。1990 ～ 2005 年间，日照最少的是 1998 年，年日照时数为 1330.6 小时。日照最多的是 2004 年，年日照时数为 1968.8 小时。

二、太阳辐射

境内太阳辐射夏半年大于冬半年。每年春分以后，随着太阳高度角增大和日照时间增长，太阳辐射量也逐渐增大，7 ～ 8 月为最高值。此后太阳辐射量开始减少，12 月为最低值。2005 年太阳辐射平均值为 4921.85 兆焦耳 / 平方米。16 年太阳辐射平均值为 4469.3 兆焦耳 / 平方米。

三、气温

境内属南亚热带海洋性季风气候，温暖湿润，冬季短而无严寒，夏季长而少酷暑。一般年份是 2 月底至 4 月中旬，春风送暖，西南气流开始入侵境内，自 6 月中下旬开始天气晴热，9 月中旬后，夏季风开始减弱，秋风送爽，暑热渐消。10 ～ 11 月底，大陆冷高压建立，且日益增强南下，冷空气也逐渐盘踞全境，气温逐渐转凉，秋高气爽，绝对湿度和相对湿度明显减少。12 月至次年 2 月，冷空气势力强大，南下影响次数增多，气温降至一年中最低，天气转为阴晴相间，多晨雾，温度较小。每年 1 月份为最冷，平均气温为 10.4℃，7 月份最热，平均气温为 28.6℃。历年极端最低气温出现在 1 月份，为 -2.1℃；历年极端最高气温出现在 7 月份或 8 月份，为 39.5℃。无霜期长达 325 ～ 330 天。根据市气象局监测，1990 ～ 2005 年，境内年平均气温为 20.3℃。16 间，年平均气温最高的是 1998 年，达 21.1℃；年平均气温最低的是 1992 年，达 19.5℃。

四、降水

境内降水季节变化明显，一般年，2月底至4月中旬，常有细雨绵绵，为春雨季节。此时天气阴晴多变，有“春天孩儿脸，一天有三变”之说。4月中旬末，春雨结束，阴雨天减少，可连续出现一段时间的晴朗天气。5月中旬，雨日再次增多，因南、北两股冷暖气流常在境内上空交锋，其锋面时而南移，时而北推，造成多雨天气。因空气潮湿，物品易发霉，又称梅雨季，一般可历时40天。在这期间常有大到暴雨出现，闽江也进入汛期，水位上涨，沿江地带造成洪涝。6月中下旬，霉雨过后在湿度有利的情况下，对流云发展，午后多雷阵雨，即“哺梨雨”，并有连续3天出现雷阵雨，每次雷阵雨出现都比前一天迟一、二小时的现象。雷阵雨一般历时短促，降雨强度较大。6～9月是台风盛行季节，当台风正面袭击时，带来狂风暴雨的恶劣天气，往往拔树毁屋酿成灾害，当台风非正面袭击时，其带来的丰沛降水可在一定程度上缓解夏旱和秋旱。10～11月，在大陆冷高压建立，且日益增强南下，冷空气也逐渐盘踞全境，境内天气稳定少雨，12月至次年2月，冷空气势力强大，南下影响次数增多，境内天气转为阴晴相间，多晨雾。根据市气象局监测，1990～2005年，境内年均降雨142天，年均总雨量1403.4毫米。雨量最多的是1990年，年总雨量2074.6毫米。最少是2003年，年总雨量809.3毫米。2005年年降雨量为1705.4毫米。年平均相对湿度为79%。

五、风

境内受闽江河谷谷地地貌的影响，常年主导风向为东北风，夏季偏南风、南风频率分别为16.6%和14.5%，静风频率为26.9%；6～9月为台风季节；冬季东南风和西风频率为11.5%和10.4%，静风频率为23.1%。年平均风速为2.9米／秒，最大风速可达31.7米／秒。

仓山区常年气候变化情况表

表1-2-1

月份	气温(℃)					平均相对湿度(%)	降水量(毫米)	平均降水日数
	平均气温	平均最高气温	平均最低气温	极端最高气温	极端最低气温			
1	10.4	14.7	6.9	26.7	-2.1	77	51.4	10.2
2	11.0	14.5	7.4	29.1	-1.2	80	82.2	12.3
3	13.3	17.7	9.8	31.9	1.2	80	106.4	14.9
4	18.2	23.0	14.6	33.5	3.6	81	131.3	14.6
5	22.2	26.0	18.9	36.2	11.6	85	215.8	18.2
6	25.4	29.7	22.8	37.0	16.1	85	229.1	15.4
7	28.6	33.3	24.8	39.5	20.4	78	110.6	9.4
8	28.1	32.6	24.6	39.5	19.0	80	173.6	12.4
9	25.9	29.9	22.6	38.1	14.0	79	166.6	11.2
10	21.3	25.5	18.0	33.8	8.6	76	57.8	7.1
11	17.7	21.5	13.9	31.0	2.5	74	33.6	7.6
12	12.8	17.0	9.2	28.7	-2.3	76	37.6	9.0

第二节 水文

境内闽江河段受潮水顶托，坡降平缓，属感潮河段。流域内降水年内分配不均匀，年际间变化也很大。

在 1977 ～ 1987 年，当干流流量为 600 立方米 / 秒、1000 立方米 / 秒、2000 立方米 / 秒、3000 立方米 / 秒时，北港分流比分别为 71.7%、63.4%、54.5%、50.3%，其增量为 10.6 ～ 23.4%。1988 ～ 1993 年，北港分流比则分别为 100%、87.5%、73.5%、67%，其增量为 27.3 ～ 51.7%。洪水时，北港分流比随着分流增量的增加而相应增大。1993 年以后更有增大趋势，北港水量增大值即为南港水量减少值。当闽江流量少于 600 立方米 / 秒时，流量全部汇入北港河道，南港河道出现断流。

闽江流经南台岛淮安村分叉为南北港后会合于马尾港，南北港分流比随着闽江干流流量变化而变化。境内闽江一日两潮，每月大潮多在农历初三、十八前后，小潮多在初八、二十三前后。自春分至秋分，日潮小于夜潮；自秋分至翌年春分，则日潮大于夜潮。河流具有双向流动的特征。在涨潮时，闽江径流受潮水顶托，可上溯到河浦、港汊及大小河渠；落潮时，河浦、港汊及河渠的水流又可下泄注入闽江的南、北港。闽江北港平均潮差为 2 ～ 3 米，南港平均潮差为 3 米左右。由于北港河道大量采沙，低水位明显下降，海潮影响增大，北港文山里站原潮差一般只有 0.60 米，两者相互进退消长。1990 ～ 2005 年，闽江流域年平均径流深 957 毫米，年均径流量 584 亿立方米，枯水和丰水年份径流量变幅 290 ～ 910 亿立方米。

境内地下水分布广，埋藏浅，水质好。地下水含水岩组主要有基岩裂隙水和第四系孔隙水。位于南台岛南部螺洲半岛，温泉隐伏于第四系以下，地热异常区内沉积覆盖层厚度约为 40 ～ 80 米，呈椭圆形展布，南北长约 1000 米，东西宽约 500 米。北西向的大断裂和大面积出露的岩浆岩、火山岩体是形成热水的有利条件。水温 42℃～ 54.8℃，水质稍具咸味，无色透明。仓山镇东升村埔头下自然村最盛时每家每户都有一口井，2005 年村中尚有百多口水井。有一口宋代古井叫“瑞泉”，在《藤山志》中被列为“藤山七大古井”之一。

第三章 土壤 植被

第一节 土壤

境内属南亚热带海洋性季风气候的北缘，夏长冬短，暖热湿润，降水丰沛，且有一定的干湿季，土壤母质的风化作用强烈，土壤的富铝化过程比较彻底。地带性土壤主要为红壤，南、北港的滩地、洲地发育的主要是潮土，平原地带因长期经人类开发和耕作，发育的主要为水稻土和沙土。

境内红壤类包括红壤和红土两种亚类，主要分布于丘陵地区，土壤呈酸性，具有 A、B、C 土体结构。红壤一般集中分布在丘陵的顶部和中部，未受人类耕作，有较深厚的红色风化粘土层，多含铁、铝成分，质地粘重，有大量铁、锰胶膜沉积于心土和底土，下部土层有杂色交织的网状斑纹，水土流失比较严重。红土为经过人类开垦熟化的土壤，一般分布在丘陵周围的坡麓地带，整个剖面基本保持山地红壤的特征，主要为旱作梯地的土壤，有机质为 0.66% ～ 1.45%，质地为中壤或沙壤。

境内潮土类包括潮土和沙土两个亚类。潮土亚类为分布在河滩地及洲地上的自然土，由冲淤积母质发育而成，质地由沙到粘土的均有，土层较厚，因受潮水影响，盐分较高，是未经耕作的自然土。沙土类主要分布在平原及已围垦的滩地、洲地，为潮土经旱耕熟化后而形成的一种土壤。因地势较高或有堤坝的围护，潮水影响不到，又经长期旱作而熟化，成为主要的菜园土和柑橘园土壤。境内沙土剖面层次具 A、B、C 层，剖面常有砂粒夹层，中下层常有诱纹或铁锰结核雏形，沉积层理分明，土壤肥力较高，有机质为 0.77% ～ 3.08%，土壤呈微酸性到中性，质地为轻粘到重壤。

境内水稻土主要分布在平原区，是农业生产的主要土壤。水稻土在长期耕作条件下，进行着氧化还原的水耕熟化过程，形成特有的剖面构型。随着季节性的地表水和地下水的变动，土壤出现通气和缺气交替现象，雨季还原作用显著，旱季则氧化现象明显。土壤上层结构形成锈纹锈斑，为氧化铁与有机质的结合物，下层形成铁锰结核，为还原性物质。境内潴育性水稻土有机质为1%～3.12%，土壤呈微酸，质地从中粘到重壤都有，土壤剖面具耕作层，犁底层、斑纹层和潜育层。潴育性水稻土是境内良性型水稻土，其水、气、热能相互协调，使土体中养分的累积保存与分解释放能够和水稻的生育相适应。

第二节　植被

境内地带性植被主要属亚热带常绿阔叶林，植物种类以壳斗科栲属、石栎属为主。由于长期人类活动的影响，原始地带性植被已经无存，一些山地、丘陵随处可见的姚金娘、野牡丹、小叶赤楠、黄瑞木等草灌植物，尚能溯其地带性植被的基本特征。分布于全境的植被除草灌植物外，主要为人工次生林，以马尾松、相思树、木麻黄、刺桐、水杉、竹林为主。全区森林分布以北、南多，中部少。北部建新镇和南部城门镇林地占全区林地的69.6%。马尾松林群落结构简单，组成成份单纯，属暖性针叶林的主要群落类型。马尾松耐干旱、瘠落的酸性土壤，境内低山丘陵很适合其生长。其树干笔直，冠幅小，林桠不旺，林下植物较多，灌木主要有姚金娘、山乌株、黄瑞、细齿叶柃木、杜鹃花、乌饭等，草本以野古草、芒其、怫子草等为主。相思树境内各地均有分布，主要生长在丘陵、台地，平原地区也较为长见。其性喜光、喜暖、耐旱、耐瘠，在冲刷严重的酸性粗骨土、砂质土和粘质土均能生长。其根系发达，根深材韧，抗风力强。木麻黄同样具有喜光、耐干、耐瘠、耐盐碱、抗风功能，它们都是良好的防风固沙的树种，多作为生态公益林种植。

境内人工植被除农作植被外，还有遍布全境的果林植被，主要有柑橘、龙眼、香蕉、荔枝、无花果、李、柿、番石榴、芒果等。

第四章　自然灾害

第一节　洪涝

境内地处闽江下游，两江环抱，江面宽缓，每年5～7月大量降水，一旦中上游地区连降大雨或暴雨，河水向下汇集，河槽难以容纳，加以有海潮顶托，便很容易形成洪涝灾害。据史书记载，宋绍熙二年(1197年)五月，境内发生水灾，怀安（今仓山区西部地区）有2300多间房屋倒塌，许多人死于灾难。1961年6月，由于闽江流域连降暴雨，境内发生百年未遇的特大洪水，6月1日4时，境内江南桥水位达8.74米，超过警戒线2.54米。洪水超过市区防洪堤原设计有效高度0.3米，并冲垮洪山桥以下一段老堤，造成严重内涝，境内连续受淹4昼夜，死亡15人，伤18人，翻船4艘，墙、屋倒652处，灾民208户，损失172万元。1968年6月19日，大洪水，解放大桥上水位9.03米，桥下水位7.7米。全区26个居委会被淹，低洼处水深2米，受灾1.41万户6.15万人，房屋倒塌145处。驻军抢救灾民3008人，大米19.8万斤，保护洋治防洪堤的安全。仓山公社灾后绝收875亩，占田园总数的25%。

1990～2005年16年间，境内又发生两次特大洪水灾害。1992年7月6～8日，发生闽江自民国23年(1934年)有实测资料以来最大的洪水，这场大洪水的特点是洪峰水位高，竹岐站洪峰水位高达16.51米，超危险水位2.01米，解放大桥（上）洪水位9.52米，超危险水位3.32米；比1968年行洪时间长，闽江下游超警戒水位时间长达108小时，超危险水位持续时间达45小时；洪峰流量大，竹岐站洪峰流量高达3.03万立方米／秒，过程6天洪水总量达78.83亿立方米，10天洪水总量达92.76亿立方米，相当于闽江年均径流量（629亿立方米）的14.75%；受灾范围广，灾情重，6日晚，洪水围困中洲岛。7日，特大洪水冲决冠洲外堤，江南桥面淹没1米多深。全区有4个街道、36个居委会被淹，受灾企业45家，受灾 1.5 万户、4.7 万人，直接经济损失 1718 万元。

1998 年 6 月 22 ～ 23 日，闽江下游洪水暴涨，解放大桥下超警戒水位 1.02 米。全区 5 镇 4 街受灾，54 个村 34 个居委会进水，受淹 1.7 万户，受灾 6.21 万人，房屋倒塌 123 间，毁坏公路路面 2 公里，驳岸护坡 18 处、水闸 8 座受损，蔬菜被淹 4600 亩，绝收 400 亩，果树被淹 2700 亩，生猪死亡 400 头，家禽死亡近 2 万只，工矿企业厂房被淹导致停产、半停产 220 家，围墙倒塌 1200 米。建华洲、五大队洲、吴山、六凤、竹榄、下洋、清富、潘墩、林浦、浦下等村大小堤防共决口 28.5 公里，直接经济损失 1.73 亿元。20 世纪末，随着境内南台岛南北堤建成、完善，防洪标准提高，以及闽江上游水口水电站建成，对水流进行调节，境内洪患渐减。2000 ～ 2005 年全境无重大洪涝灾害。

第二节　台风

境内台风多发生在夏秋之间，多为较强的东北大风并伴有暴雨，酿成水灾。台风多发生在 5 月中旬至 9 月中旬，尤其 7 月中旬到 8 月中旬台风活动最为频繁。地面风力≥ 10 级，或过程雨量≥ 100 毫米的台风，会对境内造成严重影响。较早有记载的台风有：宋嘉定十七年（1224 年）秋，“飓风大作，损禾害稼”；明成化十九年（1483 年）六月十九日，“大风雨，拔木坏屋，船只漂没无算”；清乾隆五十年（1786 年），“螺洲龙卷风骤起，大雨倾盆”等。

1954 ～ 1975 年 21 年中，影响境内的大小台风共有 79 次。1961 年，境内早稻抽穗期间，发生强台风暴雨，台屿等地早稻被淹，龙眼树被风吹倒不少，早稻谷粒吹落，损失严重。当年又一次台风暴雨，造成燎原等村晚稻无收，大部分地区水稻、荔枝、龙眼减产，冠洲一带萝卜被水淹烂，7 头耕牛被大水冲走，仓库进水，种子烂掉，损失惨重。

1990 ～ 2005 年境内发生 3 次强台风袭击。1990 年 7 月 8 日凌晨，18 号强台风袭击仓山区，刮倒树木 2000 余株，朝阳粮库一株胸围 6.6 米、高 23 米的古榕树被连根拔起；刮倒电线杆 8 根，刮断电线 100 多处，触电死亡 1 人；围墙倒塌 12 处，约 400 米，被砸伤 2 人。直接经济损失 45 万元。2001 年 6 月 23 日，2 号台风“飞燕”袭击仓山，全区受灾 25 万人，紧急转移 4.5 万人，房屋不同程度损坏 1 万多间，其中倒塌 25 间，直接经济损失 1200 万元。2005 年 10 月 2 日，“龙王”台风袭击福州，骤降特大暴雨，造成福州地区伤亡百余人，境内南北两港江面漂流禽畜尸体数日不退，仅建新镇就收拾掩埋从上游漂流而下的死猪 2700 头。低洼农地、路面水漫 20 ～ 30 厘米，农地受淹 2000 多亩，全区各镇街及时启动防御台风预案。

第三节　干旱

干旱主要由降水季节分配不均或气候异常所形成，是境内主要农业气象灾害之一。境内干旱一年四季均可发生，而发生机率和危害程度以 5 ～ 10 月出现的夏秋旱为最高、最为严重，此时干旱多由少梅雨、少台风所致。历史上有记载的较为严重的大旱有：宋建中三年（782 年）六月，大旱，“井泉竭，且疫死者甚众”；元至正十四年（1354 年）夏，“大旱，大饥，人相食”；明正德十六年（1521 年）夏，“亢旱，病疫大流行，死者无数”等。中华人民共和国成立至 2005 年境内曾出现 5 次大旱。1954 年，遭受 60 年未遇的旱灾，80 多天无雨，大部分水田晒白、龟裂，近半晚稻绝收，各级政府组织抗旱救灾，使旱情有所缓解。1956 年 7 月至 8 月，境内台屿地区连续干旱 2 个月，稻田龟裂，晚稻苗发黄或枯萎。村民日夜用水车提水，仍无法缓解稻田旱情。当时池干河浦浅，村民趁河浦涨水时突击车水。9 月 2 日晚下起倾盆大雨，旱情得以缓解。村民于次日举行“冒雨游榕城”活动。1966 年、1975 年，境内又相继发生旱情，地面裂开手指宽，稻谷、甘薯减产，油菜无收。2003 年 6 月 28 日进入夏季后，境内出现连续的晴热干旱天气。降雨稀少，加上出现历史罕见的高温，蒸发量大加剧旱情。7 ～ 11 月平均雨量仅 272.2 毫米，而同期蒸发量达 959.2 毫米，是降雨量的 3.5 倍，出现历史罕见的夏、秋、冬连旱。据市气象局监测全市水库蓄水严重不足，到 12 月初，大中型水库蓄水仅占库容的 30.8%，小型水库蓄水仅占库容的 22.9%，有 155 座小型水库干涸。此后，随着水利设施的不断完善，2004 ～ 2005 年境内干旱危害渐减。

第四节　冰雹

冰雹是境内较多见的自然灾害，多发生在 3 ～ 5 月，雨中带雹。据有关史料记载，民国 23 年（1934 年），境内建新乡降冰雹大如乒乓球；1956 年，马榕村降雹大如柑橘，部分枇杷受损；1972 年，马榕村降冰雹，大者重约半斤多，9 个自然村中有 7 个村受灾严重，燎原村降雹有碗大，瓦片砸破甚多。数次冰雹，建新全乡倒塌房屋 500 间，仓库 40 座，学校礼堂 2 座，供销社房子 1 座，合作医疗站房子 2 座，损失瓦片 200 多万片，小麦绝收 40 亩，损失谷子 6135 公斤。1976 年 4 月 17 日发生全市性冰雹，市区灾情最为严重。当晚 9 时左右，顿时狂风大作，雹电交加，冰雹轰落，体积如碗大。持续 14 分钟。仓山区在这次雹灾中许多房屋仓库倒塌，全区受灾 1.86 万户，占总户数的 25.16%。境内蔬菜 60—80% 被砸烂，民房瓦片大部分被毁。

1990 ～ 2005 年仓山区又遭受 4 次冰雹袭击。其中：1994 年 4 月 20 日，仓山降雹持续 7 分钟，实测最大雹径 43 毫米，是 1976 年以来福州市区最强的一次降雹过程。1995 年　4 月 15 日下午 3 时前后，仓山区出现冰雹并伴有雷雨大风。1997 年 4 月 29 日，下午 2 时，仓山区遭受特大冰雹袭击，历时约 15 分钟。降冰雹大如乒乓球，全区蔬菜受灾面积达 1.12 多万亩，其中绝收面积达 9468.8 亩，经济损失 1500 万元；厂房、车间、民房倒塌损坏 205 座，经济损失 110 万元；禽、畜舍倒塌 130 座，鸡、鸭死亡 1400 多只，经济损失 40 万元，累计受灾经济损失达 1650 万元左右。1998 年　3 月 17 日傍晚，仓山区出现雷雨大风，夹带小冰雹。

第二篇 政区

第二篇 政 区

第一章 境域 区划

第一节 境域

1990 年，仓山区陆地东至美墩与台江区隔江相望，东南至白湖亭与盖山镇为邻，西南至上湖与仓山镇为界、西至白鹭岭、西北至建新北堤东段连建新镇，北至中洲岛经闽江大桥通台江区。陆地面积 7.92 平方公里。水域范围东南角止于原福州郊区城门镇下洋村、西至原福州郊区建新镇淮安村、北至闽江中心航道，面积 1.41 平方公里。

1996 年 1 月，福州市区划调整，仓山区域扩大为整个南台岛。调整后仓山区域范围，陆地东至城门镇下洋洲与马尾区、长乐市隔江为界，西至淮安古渡道头、南至城门镇峡南古渡，与闽侯县隔水为邻，北至淮安村与闽侯县荆溪镇隔江相望。陆地面积为 142 平方公里。水域以闽江南、北港主航道中心线为界。至 2005 年不变。

第二节 行政区划

1990 年，仓山区辖仓前、临江、上渡、下渡、对湖、三叉街 6 个街道。设有 70 个居民委员会。仓前街道有乐群、池后、巷下、程埔、麦园、仓安、劳工、利民、龙峰、梅坞、公园、亭下、塔亭、陶园 14 个居委会。临江街道有中洲、观井、上藤、前街、菜园、桥南、信平、东尤、河边、菖蒲、港洲、临江、环洲、观海、勤江、浦墘 16 个居委会。上渡街道有横江、洋洽、岭下、鹭岭、竹榄、灰炉、新成、上渡、水上、李厝山、尤溪洲、龙潭 12 个居委会。下渡街道有藤山、中藤、小岭、展进、下池、新建、港头、港墩、通明、福美、下藤、港南 12 个居委会。对湖街道有对湖、施埕、程厝、岭后、生园、长安、阳光、文山、马厂街、坊兜 10 个居委会。三叉街街道有埔头、村东、村南、埔尾、村西、 村北、中心 7 个居委会。

1991 ～ 1995 年，程埔居委会划归对湖街道，并在三叉街街道增设埔南、湖畔、金浦、东福、东聚、东藤居委会；在对湖街道增设仓顶、万安、万乐、凤岭、马前 5 个居委会；在上渡街道增设红星、飞凤居委会；在仓前街道增设复园居委会。

1996 年 1 月，福州市区划调整，新划入仓山区的有仓山、城门、盖山、建新、螺洲 5 个镇，108 个村。其中仓山镇有先锋、东升、红旗、金星、万里、郑安、下湖、湖边、先农、联建、燎原 11 个村。城门镇有城门、敖峰、胪雷、龙江、浚边、青富、洋坑、湖际、梁厝、谢坑、樟岚、狮山、濂江、绍岐、福濂、潘墩、连坂、黄山、胪厦、下洋 20 个村。盖山镇有高湖、江边、浦下、后坂、屿宅、郭宅、白湖、叶下、葫芦阵、跃进、北园、首山、齐安、东兴、黎升、浦口、竹榄、半田、中山、中亭、新安、尚保、吴山、吴凤、天水、照屿、洋下、上岐、下岐、六凤 30 个村及郭宅居委会。建新镇有淮安、劳光、洪光、麦浦、阵坂、楼下、梅亭、岩洲、上塘、塘下、莫珠、翁排、潘边、石边、上雁、卢滨、后曹、新颐、葛屿、刘宅、高宅、冯宅、红江、江边、透浦、玉兰、东岭、凤高、中截、长埕、横龙、霞镜、建平、浦上、后巷、闽江、半道、港头、湾边、冠洲40个村及洪塘居委会。螺洲镇有店前、吴厝、洲尾、杜园、天福、乾元、敖山7个村及螺洲居委会。同年，由三叉街街道划出埔头、埔南、东福、东藤、东聚等5个居委会，成立东升街道。是年全区共有居委会85个。

1997年～2001年，先后在仓前街道增设万春、振兴、星园、七星、立新5个居委会；在东升街道增设东山、东兴、联发3个居委会；在三叉街街道增设新元、绿岛、金江、城南、鑫高5个居委会；在下渡街道增设锦绣、龙津、银桥、工农、过洲5个居委会。同时将对湖街道万安、万乐2个居委会划归仓山镇。将城门镇敖峰村划分为敖里、白云、前锦3个村，将谢坑村划分为谢安、安平、厚峰、璧头4个村。

2001年8月开始对城区居委会进行整合，2002 年7月，全区100个居委会整合为51个社区居委会。其中：仓前街道10个，临江街道8个，上渡街道7个，下渡街道9个，对湖街道7个，三叉街街道7个，东升街道3个。

2002年10月，螺洲镇螺洲居委会更名为螺洲社区居委会。同年，市政府批准成立金山街道（筹备）。2003年7月，从建新镇划出卢滨、后曹、潘边、石边、新颐、上雁、葛屿、闽江、刘宅9个村；仓山镇划出燎原村；上渡街道划出横江居委会成立金山街道。下辖金河、金洲2个社区居委会。2004年，在仓山镇设立万升、三高2个社区居委会；在盖山镇设立郭宅社区居委会；在建新镇设立淮安、洪塘、金亭、马榕、江滨、农大6个社区居委会；2005年12月在仓山镇增设万升社区居委会，并将万安、万乐2个居委会整合成万里社区居委会。金山街道增设金环、金麟、金骏、鑫龙、吉龙、建中6个社区居委会。

至2005年，境内有仓山、城门、盖山、建新、螺洲5个镇及仓前、临江、上渡、下渡、对湖、三叉街、东升、金山8个街道。下辖70个社区居委会、109个村委会。其中仓山镇有先锋、先农、东升、湖边、仓山、郑安、金星、下湖、万里、联建10个村委会及万里、万升、三高3个社区居委会。城门镇有城门、樟岚、敖里、狮山、前锦、濂江、白云、连坂、胪雷、绍岐、龙江、福濂、浚边、潘墩、清富、黄山、下洋、胪厦、洋坑、安平、梁厝、厚峰、湖际、璧头、谢坑25个村委会。盖山镇有高湖、江边、浦下、后坂、仕宅、葫芦阵、郭宅、叶厦、北园、跃进、首山、齐安、黎升、东升、中山、中亭、新安、浦口、竹榄、尚保、半田、吴山、吴凤、天水、照屿、洋下、上岐、下岐、六凤、白湖30个村委会及郭宅社区居委会。建新镇有洪光、劳光、阵坂、楼下、麦浦、冯宅、高宅、红江、冠洲、透浦、玉兰、江边、东岭、凤高、中截、横龙、长埕、湾边、建平、霞镜、港头、半道22个村委会及淮安、洪塘、金亭、马榕、江滨、农大6个社区居委会。螺洲镇有洲尾、敖山、吴厝、天福、店前、乾园、杜园7个村委会及螺洲社区居委会。仓前街道有万春、星园、劳工、利民、麦园、公园、航兴、龙峰、振兴、梅坞10个社区居委会。临江街道有观井、信平、仓前山、菖蒲、太平洋、上藤、河边、下池8个社区居委会。上渡街道有飞凤、洋洽、鹭岭、红星、天民、滨洲、新成7个社区居委会。下渡街道有港墩、龙津、工农、金彩、藤山、银桥、港头、小岭、下藤9个社区居委会。对湖街道有程厝、湖岭、长安、仓顶、马厂、师大、施埕7个社区居委会。三叉街街道有村东、湖畔、村西、绿岛、村南、金浦、村北7个社区居委会。东升街道有东兴、埔头、东南3个社区居委会。金山街道有金河、金洲、金环、金麟、金骏、建中、吉龙、鑫龙8个社区居委会及闽江、刘宅、上雁、石边、新颐、卢滨、葛屿、潘边8个村委会。

2001 ~ 2005年仓山区社区居委会整合一览表

表 2-1-1

街镇名称	社区名称	成立时间	实有户数	实有人口	整 合 范 围
东升街道	东兴	2001.8	1059	3630	东兴、东福、东聚、埔南居委会整合而成
	东南	2001.11	783	2335	东藤、东山、埔南居委会整合而成
	埔头	2002.2	1983	5816	埔头、联发、埔南居委会整合而成
三叉街街道	绿岛	2001.11	1150	3567	绿岛、埔尾居委会整合而成
	村南	2001.11	1100	3788	村南、城南居委会整合而成
	村东	2001.12	1100	3900	村东、新元、埔南、中心居委会整合而成
	村北	2001.12	1050	3781	村北居委会加碧玉楼、市蜜饯厂宿舍、市机电公司宿舍、市职业病防治科宿舍等整合而成
	村西	2001.12	1250	4092	村西、中心居委会的大部分住宅楼整合而成
	湖畔	2001.12	1050	3800	湖畔、鑫高居委会整合而成
	金浦	2001.12	1000	4060	金浦、金江居委会整合而成
对湖街道	仓顶	2001.11	828	1558	撤销仓顶居委会、成立仓顶社区居委会
	马厂	2001.11	1081	2974	马厂、程埔头居委会整合而成
	长安	2002.1	1043	2280	撤销长安居委会、成立长安社区居委会
	程厝	2002.1	1032	2975	撤销程厝居委会成立程厝社区居委会
	施埕	2002.1	781	2981	撤销施埕居委会、成立施埕社区居委会
	湖岭	2002.1	1274	4008	岭后、生园、文山、对湖居委会整合而成
	师大	2002.1	1100	2900	阳光、马前居委会整合而成
仓前街道	公园	2001.11	1241	4179	公园、复园、陶园居委会部分整合而成
	龙峰	2001.11	1166	3413	亭下、龙峰居委会整合而成
	利民	2001.11	1292	3507	利民、七星居委会整合而成
	星园	2001.11	1035	3245	撤销星园居委会、成立星园社区居委会
	梅坞	2002.2	1352	3589	梅坞、池后、仓安居委会整合而成
	麦园	2002.1.	1240	4269	乐群、麦园居委会部分整合而成
	振兴	2002.1	1464	4444	振兴居委会和麦园、陶园居委会部分整合而成
	万春	2002.1	2062	5717	万春、塔亭、巷下居委会整合而成
	劳工	2002.1	1199	2581	劳工、公园居委会部分整合而成
	航兴	2002.7	420	2100	公园、劳工居委会部分和仓山村、埔顶居委会整合而成
临江街道	太平洋	2001.11	2326	7666	菜园居委会部分(观海新村、菜园山、永南里)、前街、勤工居委会(太平洋城)整合而成
	上藤	2001.11	1155	3575	菜园、信平居委会部分和上藤居委会整合而成
	观井	2002.2	1866	4079	撤销观井居委会，成立观井社区居委会
	仓前山	2002.2	1044	3263	临江、仓前居委会整合而成
	信平	2002.1	1106	3497	东尤、信平、桥南居委会整合而成
	菖蒲	2002.5	1900	5510	菖蒲、港洲、埔乾居委会整合而成
	河边	2002.1	1400	4093	河边居委会和观洲、桥南居委会部分整合而成
	朝阳	2002.5	1000	2987	观海、东尤居委会部分和朝阳居委会整合而成

续表 2-1-1

街镇名称	社区名称	成立时间	实有户数	实有人口	整 合 范 围
上渡街道	天民	2002.8	1149	4900	洋洽居委会和竹榄居委会部分整合而成
	飞凤	2002.6	1496	6000	撤销飞凤居委会、成立飞凤社区居委会
	洋洽	2002.9	3017	10000	竹榄居委会大部分、洋洽居委会部分、李厝山居委会、凤岭居委会整合而成
	尤溪洲	2002.9	1800	7000	撤销尤溪洲居委会、成立尤溪社区居委会。2005 年改滨洲社区居委会
	红星	2002.7	2500	9000	上渡居委会、红星居委会整合而成
	新成	2002.5	2100	7300	新成、龙潭居委会部分整合而成
	鹭岭	2005.	910	2735	由新成、鹭岭、洋洽、龙潭部分整合而成
下渡街道	金彩	2001.12	703	1633	撤销金彩居委会、成立金彩社区居委会
	港垱	2002.2	1642	4765	港垱、港南、居委会整合而成
	港头	2002.1	1001	3244	过洲、港头、工农部分整合而成
	小岭	2002.7	1062	3398	小岭、中藤、整合而成
	藤山	2002.6	1057	3382	展进、锦绣居委会、藤山部分整合而成
	下藤	2002.5	1537	4918	下藤、通明居委会、福美部分整合而成
	工农	2002.5	1115	3568	新建、工农、藤山居委会部分整合而成
	龙津	2002	2183	6985	龙津居委会、福美居委会和中藤、下藤、通明、展进居委会部分整合而成
	银桥	2002	2060	4000	银桥居委会整合而成
金山街道	金环	2004	1832	4230	后曹、燎原两个村改制而成
	金麟	2004	1824	5600	后曹、燎原两个村改制而成
	金骏	2005	1200	4320	至今未正式成立
	建中	2005	1230	4800	至今未正式成立
	吉龙	2005	1685	5210	新建小区组成
	鑫龙	2005	1742	5850	新建小区组成
	金洲	2003	1566	6020	新建小区组成
	金河	2003	1270	3850	新建小区组成
建新镇	淮安	2002	1320	5280	由淮安村改制成立淮安社区居委会
	洪塘	2004	1430	5125	由洪塘居委会整合而成
	金亭	2004	1720	5950	以商品房为主，梅亭、浦上村全部并入，岩洲村 2/3 并入。
	马榕	2004	1620	5600	莫朱、塘下、上塘村全部并入，翁排村大部分并入，岩洲村 1/3 并入。
	江滨	2004	2622	7865	由周边新建小区整合成立
	农大	2004	1235	3851	由农大周边村及农大居委会组成
仓山镇	三高	2004	870	2600	由三高居委会整合而成
	万升	2004	719	2380	由万升居委会整合而成
	万里	2005			由万安、万乐居委会整合而成
盖山镇	郭宅	2004.5	617	1902	由郭宅居委会整合而成
螺洲镇	螺洲	2002	501	1076	由螺洲居委会整合而成

第二章 镇街

第一节 仓山镇

仓山镇位于南台岛中部北侧城乡接合部。北接仓山区城区，西靠建新镇，东、南两面与盖山镇相连。距市区中心6.4公里，辖区总面积5.8平方公里，是福州市卫星城镇、经济强镇、农副产品基地和著名的学区。全镇有先锋、东升、仓山（原称红旗）、金星、万里、郑安、下湖、湖边、先农、联建等10个村和三高、万里、万升3个社区居委会。常住人口6006户、1.69万人。

仓山镇人民政府（2005）

1990年，仓山镇属福州市郊区，有耕地2911.06亩，其中水田164.59亩，旱田2746.47亩（含菜园2673.39亩）；工业企业239家，其中镇办企业29家、村办企业189家、“三资”企业21家。年完成国内生产总值1.64亿元，其中：农业占15.6%，工业占63.5%，第三产业占20.9%；全镇工商税收429.64万元，人均收入2198元。1996年1月该镇划归仓山区后，先后组建先锋、万里企业集团，创办镇工业园区，引进外向型企业和内联企业，促进经济快速发展。2005年，工业企业发展至1571家，其中规模企业59家，从业人员16016人，形成电子、机电、服装和鞋类4个产业集群。第三产业由百货、饮食服务等零售业，发展为拥有先锋家俱城、广隆家俱城、怡美大酒店、海角明珠大酒店等限额以上商贸业及ME时代、滨海嘉年华、“香滨风范”“中天·金海岸”等房地产业。房地产业一年可提供近3000万元税收。当年，全镇实现国内生产总值63亿元，其中农业总产值5150万元，工业总产值41.4亿元，社会消费品零售总额7.9亿元。财政总收入6597万元，其中地方财政收入3940万元。农民人均年纯收入达7560元。

2005年境内有福建师大等大中专院校32所，小学1所、幼儿园8所、文技校1所、文化站1个、图书馆13个、农民公园1个、文化广场1个、老人活动中心16个、村民文化娱乐中心27个。是年，全镇实现九年义务教育，小学入学率、升学率、巩固率均达到100%。先锋、东升、仓山幼儿园均达到省乡镇中心幼儿园的办学标准，通过省乡镇中心幼儿园评估验收。全镇有1个占地2000平方米的农民公园、1个文化广场和1个镇体育活动中心（分设篮球场、乒乓球和羽毛球馆），农民文化生活日益丰富。

1990～2005年，仓山镇先后获“全国创建文明村镇先进单位”、省“文明乡镇”、省“社会治安综合治理先进单位”、省“园林式乡镇”、省“双高普九”达标镇、市“一流经济强镇”、市“农业农村工作先进单位”、市“安全工作先进单位”、市“南进战略”先进单位等称号。

第二节 城门镇

城门镇位于福州南台岛东部。北、东、南三面为闽江、乌龙江环抱，分别与马尾区、长乐市隔江相望，西面与盖山镇相接，距市中心13公里，为福州市卫星城镇和经济强镇，是福建省首批亿元乡。辖区总面积54平方公里，下辖：城门、敖里、白云、前锦、胪雷、龙江、浚边、青富、下洋、洋坑、梁厝、湖际、谢安、安平、厚峰、壁头、樟岚、狮山、濂江、绍岐、福濂、连坂、潘墩、黄山、胪厦25个村，60个自然村。常住人口21234户，70188人。

城门镇人民政府（2005）

城门镇历史名人辈出。宋代有右丞相郑涓，明代有林瀚家族的“三代五尚书”“七科八进士”。近现代有民国海军上将陈绍宽、民国教育部长陈可忠、生物学家林传光博士、数学家陈景润院士、物理化学家梁敬魁院士、航天工程技术专家梁守磐院士等杰出人物。辖内有省级文物保护单位梁厝龙瑞古刹和历史文化名村——林浦村。市级文物保护单位有明代兵、吏二部尚书林瀚墓等8处。区级文物保护单位有22处。还有遍布全镇的民间神宫社庙，自然景观，摩崖题刻等。

城门镇是粮食生产与农副产品并重的乡镇。1990年归属福州市郊区，全乡有耕地11949亩，其中吨粮田1000亩，常年蔬菜地2342亩，水果地7000多亩，茉莉花地3086亩，池塘861亩。工业企业611家，其中乡办企业35家，村办企业576家。年完成国内生产总产值3.435亿元，其中工业总产值2.58亿元，占全镇国内生产总产值的75%。获评全国“十大百强”乡镇。1992年10月9日，经省、市人民政府批准改乡为镇。当年开始镇抓农业综合开发，发展“两高一优”农业，先后引进杂优水稻新品种、茉莉花增花剂、巨丰葡萄新品种、观赏金鱼培育、荔枝保花保果新技术、美国脐橙嫁接技术等，使优质农产品率先从上年占农业产值12%增加到58%。1996年城门镇划归仓山区。辖内农业用地随建设发展而逐年减少，农业生产开始向生态农业、观光农业发展，先后在马杭洲开发300多亩，发展生态农业观光园；在黄山农业高科技实验园开发园地50亩，引进以色列滴灌设备，建设大棚20亩，种植常年西红柿。同时在清凉山开展“以果代林”工程，种植果树1600亩，建立福州绿色屏障。其间，镇实施“科技兴镇”的发展战略，出台《城门镇关于鼓励乡镇企业大提高大发展的决定》，民营企业有较大的发展。2005年，全镇耕地面积7720亩，比1990年减少4229亩，其中粮食种植面积795亩；办有各类企业3300家，其中镇办企业28家，村办企业894家，三资企业17家，民营企业2378家，安排劳动力1.2万人。全镇完成国内生产总值107.7亿元，其中工业总产值54.2亿元，农业总产值2.48亿元。镇财政收入3393万元，农民人均纯收入5505元。当年在全省“50强乡镇”综合评估中居第17位。在经济发展的同时文化教育和医疗卫生事业也有较快发展，辖内有3所大专院校，3所中学，21所小学和37所幼儿园。镇卫生院下设林浦、胪厦2个社区服务站，23家卫生所，有医务人员55人，其中医生11人。基本形成镇村两级卫生服务网络。镇辖25个村共有36个固定演出场所，3个文化广场，12个健身场所，8个标准篮球场，2个私家游泳池，60个棋牌馆及57艘可参赛龙舟，16支中老年健身队伍。镇文化站获2000年度福州市明星文化站。

第三节　盖山镇

盖山镇位于福州南台岛中部，沿江多为洲地滩涂。东北临闽江，西南滨乌龙江，东连城门、螺州两镇，西邻建新镇，北接仓山镇、三义街、东升街道。总面积36平方公里。全镇设江边、高湖、浦下、屿宅、后坂、葫芦镇、叶厦、郭宅、白湖、跃进、北园、首山、齐安、黎升、东兴、照屿、洋下、下岐、上岐、六凤、天水、吴山、吴凤、竹榄、尚保、中亭、浦口、半田、中山、新安30个村，112个自然村和郭宅居委会。

常住人口15905户，68133人。

盖山开埠较早，历代著名人物有明朝的郑善夫（进士、吏部郎中），近代有资产阶级思想启蒙家严复，当代有华商、侨领“亚洲糖王”郭鹤年，“传奇夫人”玻利维亚国首任广州总领事黄依娇，两院院士水利和海岸工程专家严恺，中科院院士材料科学晶体学家郭可信，中国工程院院士、汽车工程专家郭孔辉，名医郑崇洛、王观滔、郑孙谋、林如高等。境内主要历史文物胜迹有宋朝的“午桥”“七星桥”，清末的“玉屏山庄”，省级文物保护单位“严复墓”，市级文物保护单位“严复故居”和中共闽浙赣区党委城市工作部的革命基点村—高湖村的“南湖郑氏祠堂”等。

盖山镇人民政府（2005）

1990年盖山镇归属郊区。农业生产以农副产品为主，全镇有耕地22755亩，其中粮食用地5982亩，蔬菜用地3931.5亩，果园面积8272.5亩，水产养殖面积2230.5亩，林地2188.5亩。有工业企业571家，其中乡办企业21家、村办企业234家、合资（合作）企业83家、外商独资企业12家、个体企业221家。职工共12647人。当年完成国内生产达总值32547万元，工农业产值构成比为83.04:16.96。人均纯收入1031元。

1996年划归仓山区后，加大农业产业结构调整，实施果改菜，同时加大民营企业的扶持力度，推行股份制改革，组建集工贸为一体的企业集团、引进大型商业企业等改革举措，实现工商农并举，多种成分并存的经济综合发展。

2005年，全镇有耕地4542亩，其中水田236亩，旱地4306亩（含水浇地370亩），从事农、林、牧、渔业人员共6585人。工业企业由1990年的571家发展为4268家，从业人员43684人。形成塑胶、机械、建筑、涂料、食品五大产业。有13家企业通过ISO900质量体系认证，拥有1个全国驰名商标——“西瓜太郎”系列文具及大世界橄榄、金日牌涂料、金风牌涂料、琴鸟牌拖鞋、忠亭牌PPR供水管、万年青牌运动器材、天天筷子等8项省市名牌产品。各种成份体制的商贸企业由1993年的400余家发展为2732家。其中较大型商贸业有盖山汽车运输有限公司、金山医药物流等物流业、“东方家园”大型建材超市、“南大门汽车加油中心”等21家，初步形成福厦路盖山段汽车销售走廊。是年全镇完成国内生产总值101.85亿元，为1990年的30倍，人均纯收入4606元，为1990年的4.5倍。再度获评“福建省百强乡镇”称号，位列全省第28位，区第2位，综合发展指数为345.7。辖内有各类学校共65所，在校学生19490人。其中幼儿园38所，152班，学生4857人，教职工358人；公立小学15所，150个教学班，在校学生6856人，教职工367人；农民工子弟学校1所，20个教学班，在校学生1225人，教职工30人；市、区属中学4所，在校学生2355人；民办学校2所，在校学生723人；省属大专院校1所，职业中专和技工学校3所，在校学生5574人。村级图书馆2家，农村书屋3家，文化宫4座，诗社1个，老年人体育辅导站2个，老人活动中心34家，老年人腰鼓队4队，文艺宣传队1队，龙舟队22队，舞龙灯队1队，太平鼓1队，十番民乐队2队，舞狮队1队。辖内还有则徐广场和28座祠堂，平时供村民开展太极剑、拳、舞及气功辅导等文体活动，逢年过节还举行文艺汇演或游园活动。

第四节 建新镇

建新镇位于南台岛西北端，夹于乌龙江和闽江（又称白龙江）之间。东起白鹭岭福湾公路与盖山镇交界，西临乌龙江，南至湾边冠洲村与闽侯县南屿镇为邻，北止淮安村与闽侯县上街镇隔江相望。东有洪山大桥、金山大桥、尤溪洲大桥与市区相连，西有洪塘大桥、橘园洲大桥与316、324国道连接，为福州中心城区对外交通的“西南大门”。辖区总面积39.6平方公里。辖22个村和6个社区居民委员会。镇、村之间设有建新、建红、建华、台屿4个管理区。常住人口17438户62969人，其中农业44290人，非农业18679人。

建新镇人民政府（2005）

建新镇经济以种植业为主。主要生产蔬菜和花果，兼养禽畜和淡水鱼。1990年建新乡隶属福州郊区。全乡有耕地面积11250.09亩，在册花卉企业有28家，工业企业829家，其中乡办企业31家，职工1.1634万人，全年完成国内生产总值1.643亿元，人均收入1011元。1992年10月建新撤乡改镇，镇政府设在洪塘。1993年，设立金山投资区，开设工业园区，加速引进工业企业。1994年开始，重点发展花卉产业。先后成立建中百花场、花卉集团公司、花果苗木公司、花卉协会及全国首家群众性花卉产业组织“上雁花卉专业委员会”，帮助花农技术攻关，走规模化经营、品牌化发展的道路，推进花卉产业进一步升级。同时在镇内举办花卉展销会、在北京日坛公园举办花卉盆景展销会。1999年，建新镇花卉集团公司、建新镇蔬菜科研场和建中百花场分别列为福州市种苗示范基地、福州市农技示范基地和福州市星火计划示范基地。2000年，福州市开始实施“东扩南进”城市化建设战略，境内耕地面积锐减，以农业为主的经济结构开始向第三产业转变，花卉基地、专业场陆续转移到闽侯上街、南屿和晋安区北峰、罗源县等地，新建面积近万公顷的花卉基地。当年全镇完成国内生产总值24.91亿元，其中工业总产值比增34.9%，花卉产值1.35亿元，人均收入达3987元。建新镇获评首批“中国花木之乡”称号。2003年，花农制作的园林小品与艺术盆景，于春节期间举办迎春花展，还多次出国展销。当年，人均收入增至4403元，比1990年增加3392元。2005年，全镇完成国内生产总值41.12亿元，比1990年的1.634亿元增长24倍。其中工业总产值22.342亿元，农业总产值完成1.6182亿元，分别占国内生产总值的54.33%和4.09%。花卉总产值1.3553亿元，占农业总产值增83.75%，成为建新的支柱产业。人均纯收入增至5045元，比1990年的1011元增长3.99倍，进入福州市“一流经济强镇”行列。当年，全镇有小学11所，私立幼儿园25所，在校学生6340人，其中小学3426人，幼儿园2914人；教师319人，其中小学教师184人，幼儿教师135人。全镇22个村、4个社区均成立老人活动中心，设有15个村级图书室，藏书5万册。境内还有福州市第二十九中学、三十中学、福州环保职业高级中学、福州三中金山校区等4所中学和福建农林大学、福建经济管理干部学院、福建理工学校、福建建材工业学校、福建物资学校、福建金山学校、福建建筑工程干部学校、福建工业学校、福建医药学校、福建农业银行干校、福州工艺美术学校、福州工艺美术职业技术学校、武警福州指挥学校13所大中专院校，在校学生共6784人。

第五节　螺洲镇

螺洲镇位于福州南台岛东南端，南临乌龙江，北、西分别与城门镇、盖山镇相连，距福州市中心12公里，辖区总面积6.4平方公里。境内有杜园山、后池山和铁头山3座相间的小山丘，其余为冲积平原，地下充足的温泉资源可待开发。螺洲镇自然风景秀丽，古有“百花仙洲”、“橘子洲”之称。气候冬暖夏凉，年平均气温20摄氏度。境内雨水充沛，日照充足，是适宜避暑、休闲的水乡名镇。古有“春潮带雨”“野渡横舟”等螺洲八景，骚人墨客多有题吟。洲上有福禾洲、新草洲、桔洲、新张洲、芳洲、南洲、外洲、里洲 8 个浮洲，多产蚬子、鱼虾等河鲜十八味。明至清代，螺洲店前村、吴厝村、洲尾村陈吴、林三姓不足千户人家，中进士者 27 人，中举人者不胜枚举。其中店前村陈姓一族中进士者 21 人、中举人者 108 人，中武举者 11 人。著名人物有：明洪武间的工部右侍郎吴复、清三部尚书陈若霖、末代帝师陈宝琛。陈氏一门父子四进士、兄弟六科甲；民国时期有国民党中将陈长捷、陈庆甲、吴石等 18 位高级将领；当代有科学院士陈彪、著名经济学泰斗陈岱荪、中国工程院院士陈一锵等。境内文物古迹众多，建于南宋末年的孔庙，是全省唯一的乡镇级孔庙；还有建于梁大同年间（公元 535 年）的灵山寺；清代“太师太傅”陈宝琛所建的“陈氏五楼”；清朝末年状元王仁堪的状元府；还有陈氏宗祠、陈若霖故居、尚书里牌坊、华严寺、天后宫、奎光阁、观澜书院、螺女庙及螺仙胜迹、曲水观澜等碑刻数十处。全镇辖店前、吴厝、洲尾、天福、乾元、敖山、杜园 7 个村和螺洲居委会。常住户口 2978 户，16217 人。

螺洲镇人民政府（2005）

1990 年农业生产以柑橘生产为主，有镇办工业企业 19 家。1996 年区划调整，螺洲镇由郊区划归仓山区。2005 年农业完成从传统果树种植的单一农业经济模式发展为集观赏、创汇、生态农业于一体的复合农业经济模式。工业从粗放型经济逐渐向集约型经济过渡，形成石材、食品加工、塑料、电器等企业集群。商业由 1990 年的 8 家发展为大小商店 200 多家，其中大型商业企业 36 家，营业额百万元以上的有 5 家，年商品零售总额达 6346 万元，当年全镇实现社会生产总值 14.0335 亿元，镇财政收入 1704 万元，农民人均纯收入 4875 元。

2005 年，境内有各类学校 8 所，其中小学 3 所，中学 1 所，中专 2 所，大专院校 2 所，在校学生 6750 人，教职工 494 人。

第六节 仓前街道

仓前街道位于仓山区中部北端，烟台山麓。东至六一南路，南接三叉街上三路，西与仓山镇金星村相接，北临闽江，与临江街道观井路衔接。面积 1.9 平方公里，常住户口 11119 户，人口 32234 人。下辖利民、劳工、航兴、麦园、梅坞、万春、振兴、星园、公园、龙峰 10 个社区居委会。近代西方教会曾在此建有天安堂和福建协和神学院，创办有福州著名的英华学校（现为福建师大附中）、三一学校（现为福州外国语学校），数学家陈景润曾就读于这 2 所学校。辖内有各类学校 20 所，科研单位 2 个。其中福州高级中学、麦顶小学、仓山小学位居省重点中、小学之列，华南女子学院、英华中学是全市最早复办的私立学校。辖内还有福州市体育中心、烟台山游泳池、烟山画院、霖顺科技馆、安澜会馆、烟台山公园、仓前公园等群众性的娱乐健身场所。

仓前街道办事处（2005）

1990 年，境内有 10 家工业企业，职工 730 人。年完成工业总产值 1463.53 万元，财政入库 57.68 万元。之后，街道与科研单位联合开发新产品，利用厂房资源向社会公开投标，同时实行经营有偿服务改革，增加经济收入，经济总量得到较大发展。至 2005 年，辖内共有工业企业 100 家，其中外资企业 9 家，职工 1.3 万人，比 1990 年的 730 人增长 17.8 倍。其中上规模、科技含量较高的企业有 10 家，街道与省微生物研究所联合开发的香港脚“止痒灵”药水和池后居委会综合厂的不湿手拖把专利产品，通过省级鉴定，并获得省二轻科技二等奖，成为省工业博览会畅销品，打入国际市场。全年完成工业总产值 3875 万元，财政入库 920 万元，安排就业与再就业 450 人，占下岗失业人数的 88%。

第七节　临江街道

临江街道位于仓山区东北部，东至港头，西至解放大桥（含中洲岛），南连下渡街道，北至南江滨大道。辖区面积约 1.28 平方公里，下辖上藤、仓前山、太平洋城、观井、河边、信平、下池、菖蒲 8 个社区居委会。常住人口 7935 户，人口 24410 人。

临江街道办事处（2005）

1992 年 6 月，临江街道列为仓山区街道综合改革试点单位。临江仓山无线电元件厂是全区实施首家股份制试点单位，与港洲居委会分别列入市科技示范企业和市科技示范居委会。街道拥有各类科技人才 43 人，与福州大学、福建师范大学、福建省电力中心检验所，福日公司、第二化工厂等单位形成协作关系。被列为科技示范街道。街道在坊兜建有 1800 平方米的工业小区、在三叉街建有 3800 平方米的工业小园区，入驻的企业有 20 家，形成电子元件、节能材料、塑料制品、低压电器、脱胎木画工艺品等门类。2005 年全街道工业企业增至 40 家职工人数达 1.2368 万人，完成工业总产值 1.1896 亿元，财政入库 1003 万元。境内有仓山区少年宫、临江中心幼儿园、朝阳小学、临江小学、福州第十二中学、福州跨洋中等职业学校、鹤龄医院 7 个区属文教卫生单位，以及省级文物保护单位泛船浦天主教堂和市级文物保护单位桥南社（独立厅）、广东会馆。

第八节　上渡街道

上渡街道位于南台岛西北部，东起龙潭角与仓前街道接壤，南至上山路与对湖街道毗邻，西至尤溪洲大桥高架桥中线与坊兜二环路中线交界，北沿闽江航道中线与台江区隔江相望，辖区总面积 2.415 平方公里。常住人口 8290 户，人口 22979 人。下辖洋洽、天民、飞凤、红星、鹭岭、新成、滨洲 7 个社区居民委员会。辖内有省、市属企事业单位 22 个，中小学 5 所，中专学校 2 所，大专院校 3 所、医院 3 所。

上渡地处蛤蟆山下，南高，北沿闽江，地势较低，每到夏季洪水季节，上渡街常被淹没，路可行舟。1990 年大部分居民居住条件较差。1992 年开始在 3 个洲之间河道拦河吹沙造地，填出洲地面积 1.032 平方公里。2000 年 9 月，开始对上渡棚屋区进行拆迁改造，涉及 11 个居委会，动迁面积 625 亩，居民 6536 户 15768 人，省、市、区街属单位 42 个。2001 年开始在填沙拓宽地块上兴建新区，并在尤溪洲上兴建红星桥、上渡桥、滨洲桥、聚龙桥连同原来尤溪洲大桥，把洋洽内河两岸的尤溪洲与上渡路大桥紧密连在一起，把尤溪洲与聚龙路连成一片，建成以龙潭角水厂至鹭岭路、三县洲大桥沿闽江西行的南江滨大道、南台新苑市场沿线商业街、尤溪洲建材市场一条街为四纵和以岭下里路、飞凤路、李厝山路、塔仔里路、路边里路、聚龙路为六横的道路网。社区内均为宽敞的水泥道路、互通连接、四通八达。截止2005年12月底，上渡新区新建的钢筋混凝土框架崭新的安置房和商品房高楼有16处138幢，总建设面积41.7505万平方米。

旧城改造和新区建成，推动街道经济工作的快速发展。主干道两侧店面林立，店容整洁。至2005年，境内有福建中能电气有限公司、福州合利机电有限公司等工业企业28家，各类商店654家，年完成工业总产值7483万元，利税1095万元，年完成商品销售总额5100万元。

上渡街道办事处（2005）

第九节　下渡街道

下渡街道地处仓山区东南，东至港垱与盖山镇交界，南沿下藤路与三叉街接壤，西、北两面与临江街道毗邻，总面积约1.7平方公里，下辖小岭、龙津、下藤、藤山、工农、港头、港垱、金彩、银桥9个社区居委会。常住人口8198户，23823人。辖内有市级文物保护单位“蔡忠惠公祠”。学校有福州第四十中学、福州市仓山区实验小学、福州市仓山区第一中心小学等。

1990年，有工业企业27家，较大商业企业12家，职工1156 人。工业总产值471.49万元，社会消费品零售总额170.42万元，财政入库18.72万。至2005年，街道工业企业增至189家，其中：内资企业154家，“三资企业”35家。职工总数共2.1万人。主要产品有塑胶、五金、家具、生物药品、工艺品、机械、装潢等。全年完成工业总产值4115万元。商业企业从1990年的16家增至95家，完成社会消费品零售总额1.5亿元，财政入库640万元。

下渡街道办事处（2005）

2005年，下渡地区设有1所市民学校，下辖9个社区分校和1个流动学校，共有学员800多人，9个社区普遍设立文化室、图书阅览室、棋牌室、老人活动室、医疗室。建有供居民健身的体育设施。街道以蔡襄纪念馆和下藤步行街文化广场为中心，以民俗文化为主题开展广场文化活动。成立有腰鼓队、剑舞队、武术表演队、闽剧业余爱好者队伍、中老年舞蹈队、现代歌舞队等群众业余文艺团体。

第十节　对湖街道

对湖街道位于仓山区的西南部，东至利民路与东升街道毗邻，西至岭后路与上渡街道相隔，北部至爱国路与仓前街道为界，南至首山路分别与仓山镇万里村、霞湖村、盖山镇首山村毗连。辖区总面积2.7平方公里，下辖：仓顶、马厂、湖岭、师大、施程、程厝、长安、万里8个社区居委会。总人口6000户，人口3.7万人。

对湖地区是福州著名的学区。境内有福建师范大学、福建公安高等专科学校、华南女子学院、福建工程学院、福建交通职业技术学院、福建金融管理学院等大、中专院校19所以及福建师范大学附属中学、施程小学、福建师范大学实验幼儿园和海军幼儿园等，在校大、中专学生近3万人。

对湖街道办事处（2005）

1990年全街工业企业共7家，主要工业产品有电子元件、船用气笛、木制算盘、按摩具、童装系列等，年工业总产值427万元，财政入库13.3万元。沿街商店有117家，年社会消费品零售总额1200万元。之后，街道通过走“厂、学、研”相结合的路子，先后成功开发瓷介电容器元件、QZJ汽车驻车手制动操纵装置、QBS汽车用玻璃升降器、KS-1型石油汽灯、FPY-2型自动摇臂喷头、QCP、QLH、QLG三项汽化炉等新产品，增强企业在市场经济中的竞争力。街道因此被纳入福建省创建第三批科技示范街道规划，嘉福电子有限公司和精微轴承厂被列为仓山区“科技兴厂”示范企业。至2005年年底，辖内街道工业企业增至15家，其中规模企业2家，职工1200人。年完成工业总产值5342万元，财政入库270万元。辖内有各类商店近400家，网点分布以施埔路（学生街）为中心，向上三路、首山路、长安路、对湖路、透湖路一带幅射，形成独特的以学生为主体的商业经济区，全街年社会消费品零售总额达近2亿元。街道科技兴街工作通过省级创建科技示范街道考核验收组的验收，以总分94.5分的成绩被省政府授予“福建省第三批科技示范街道”称号，并被市政府评为“科技示范街道建设工作先进单位”。

第十一节　三叉街街道

三叉街街道地处福州市仓山区南大门，东临连江南路与盖山镇高湖村连接，西以福峡路为界与东升街道为邻，南起林则徐公园，北至三高路。下辖村东、村南、村西、村北、绿岛、湖畔、金浦等7个社区居委会。辖区总面积1.0平方公里，常人住口7580户，23800人。

三叉街街道办事处（2005）

三叉街街道成立于20世纪80年代末，经济基础薄弱，1990年街道经济工作刚起步，有街属工业企业3家、职工215人，商业10家、职工300人。当年完成工业总产值350万元，社会消费品零售总额80万元，财政收入15万元。1991年扩大招商引资，街属工业企业增至5家，商业企业28家。同年街道作出《关于创建科技示范街道的决定》，随即在街属工业企业中开展技术改造和“星光”项目开发。采取借梯上楼，筑巢引凤办法，引进福州运盛贸易公司等10家集体企业，发展新项目6项，开发新产品3种。2000年～2004年，引进福州长荣鞋业加工厂、仓山楷宏五金工具厂、福州梦雅服饰有限公司、福州同智电子科技有限公司、福州东港纸品商行、盛榕不锈钢制品厂等66家民营企业和“好日子”城南超市“兴福兴”超市等。截至

2005年底，街辖工商企业发展到158家，其中工业企业96家，商业62家，分别比1990年增长32倍和6.2倍。职工1.2万人，主要产品有塑胶、建材、家具、五金、鞋材、服装、汽配等。全年完成工业总产值4008万元，社会消费品零售总额8700万元，财政收入达969万元。

街道在经济发展同时，注重精神文明建设。制定创建文明街道计划。各居委会建立文明市民学校，定期开展文明市民"法律、文化、卫生、环保、华侨"政策宣传教育活动。聘请区、街、派出所和辖内有关单位的领导、专家为社区文明市民学校的老师，以授课、讲座、外出参观、举办活动等形式宣传《公民道德建设实施纲要》《福州市文明礼仪手册》，倡导爱国、诚信、友善、勤俭、敬业等道德规范和"知荣辱、讲正气、促和谐"道德实践活动。社区整合后，街道加强群众文体活动基础设施的建设，设立文艺体育辅导站和中老年文艺宣传队，定期开展精神文明宣传活动。各社区普遍设立文化室、图书阅览室、棋牌室、老人活动室、医疗室。在村南、村北、绿岛社区配备五套"全民健身路径"体育设施。至2005年，辖区内共办有市民学校7个，文艺宣传队3个，文化室7个，图书阅览室7个，棋牌室7个，老人活动室7个，医疗室7个。

第十二节 东升街道

东升街道位于仓山区中部，东至则徐大道与三叉街街道接壤，南至下濂浦与盖山镇为邻，西至利民路与仓山镇毗连，北至上三路与仓前街道交界，总面积1.3平方公里，下辖东兴、东南、埔头社区居委会。常住人口3701户，9083人。

东升街道办事处（2005）

1990年，东升地区为三叉街街道管辖，境内除少量民房外，主要为盖山镇北园村和仓山镇东升村的田地和菜地。1992年，区政府开始对东升地区进行新区开发。1996年7月，区政府决定由三叉街街道划出埔头、埔南、东福、东藤、东聚等5个居委会成立东升街道。

街道成立后先后引进"福州太阳能设备制造厂"等经济实体，并继续在东园一路兴建的东升兴苑、在则徐大道兴建方圆楼、在东藤片区兴建东藤苑；开展党员服务进社区""科普教育进社区""计划生育进社区""法律综治进社区""文化活动进社区""道德规范进社区"活动，努力提升创精品社区的水平。

至2005年，东升街道下辖东兴、东南、埔头3个社区居委会，辖内共建有住宅小区22个，楼房101座，容纳居民3701户。新增小学1所，社区医疗服务站1处，居民健身场所5处，工业企业4家，其中规模以上企业3家，全年完成工业总产值6586万元，地方级财政收入40.67万元。街道被评为福州市第十一届文明单位，所辖社区居委会均被评为福州市文明安全小区。辖内有福州市医疗化工厂、福州市铅笔厂、福州市联合收割机厂等市、区属企事业单位40多家，有小学、中专院校、医院共5所。

第十三节 金山街道

金山街道位于仓山区西北部，东至闽江北港、西至闽江南港、南至浦上大道、北至金山大道，辖区面积13.09平方公里。下辖：金河、金洲、金环、金麟、金骏、建中、吉龙、鑫龙8个社区居委会和闽江、刘宅、上雁、石边、新颐、卢滨、葛屿、潘边8个村。常住人口15232户、50060人。

金山街道办事处（2005）

金山街道是2003年7月福州市实施“东扩南进”战略从建新镇划出卢滨、后曹、潘边、石边、新颐、上雁、葛屿、闽江、刘宅9个村，仓山镇划出燎原村，上渡街道划出横江居委会组成。街道成立初，主要负责组织协调新区建设。当年，共完成交地1069.5亩，共拆迁房屋建筑面积11.6万平方米。截至2005年底，共完成征地7000亩，拆迁64万平方米，动迁1548户6750人，投入建设资金23亿元，建设项目24项，其中，建成18项，建筑面积180万平方米。在此期间，街道完成对后曹、燎原两个村的改制，增设金环、金麟、鑫龙社区居委会，完成村居的调整布局。

在新区开发的同时，街道把发展经济和商贸服务业作为聚集金山人气、解决失地农民再就业的工作重点。充分利用相邻街镇工业资源，以建新镇橘园洲工业区、浦上工业区、福湾工业区为载体，大力发展飞地工业。在金山榕城广场周边有宝岛眼镜、安泰酒家、艾迪耐斯体育用品等68家商业企业签约入驻，经营面积3.16万平方米。还新建有金山集贸市场，生活区内的临时摊点也得到有效的整治。至2005年，辖内有工业企业15家，职工750人，全年完成工业总产值3.41亿元，实现税收540万元，商贸企业发展到近百家，其中大商贸企业有10家，年社会消费品零售总额达2.5亿元。辖内有福州市文化局、市文联、市文物局、市群众艺术馆、市歌舞剧院、市人才储备中心等行政事业单位；有福州第三中学金山分校、福州第四中学橘园洲分校、金山小学、福州教育学院第三附属小学、凤岗小学、小金星幼儿园、福州市第二医院金山医疗点等文教卫生单位；还有金山榕城广场、金山生活区运动村、兴福兴川正购物广场、融侨水乡酒店、新华图书城、好日子超市、民乐超市、农业银行、建设银行、商业银行等商业场所。

第三篇 人口 环境 土地

第三篇 人口 环境 土地

第一章 人口

第一节 人口状况

一、人口规模

1990年8月第四次人口普查仓山区总户数3.307万户，常住人口12.986万人，其中男6.8821万人，女6.1039万人。是年末，总户数增至4.153万户，人口13.7136万人，全区人口比第四次人口普查增加7276人。随着户籍管理制度改革，以及就业、通婚等因素影响，仓山区人口逐年增多。至1995年，全区人口总户数增至4.3454万户，14.3581万人。比1990年增加1924户、6445人，分别增长4.6%和4.7%。

1996年，仓山区域扩大至整个南台岛，全区常住人口增至9.8011万户，34.3346万人。其中户数比1990年增加5.6481万户，增长136%。常住人口34.3346万人，比1990年增加20.621万人，增长136.8%。

2005年，全区常住人口11.5381万户、40.3051万人，分别比1996年增加1.737万户，5.9705万人。比增17.72%、17.38%。

1990 ~ 2005年仓山区户数人口情况表

表3-1-1 单位：户、人

年份	总户数	总人数	其中	
			男	女
1990	41530	137136	73629	63507
1991	41754	138455	74275	64180
1992	42165	139865	74929	64936
1993	42518	141845	75849	65996
1994	43384	141714	75361	66353
1995	44338	144978	77023	67955
1996	98011	343346	173532	169814
1997	97130	341432	173442	167990
1998	99203	343822	173607	170215
1999	99827	351658	175748	175910
2000	100208	352080	175166	176914
2001	101842	368578	184203	184375
2002	103924	374567	185633	188934

续表 3-1-1

年份	总户数	总人数	其中	
			男	女
2003	107244	388610	195789	192821
2004	111060	390343	195115	195228
2005	115381	403051	201762	201289

二、人口分布

1990年，全区主城区陆地面积为7.92平方公里，人口总量13.7136万人，每平方公里人口密度为1.7315万人。人口主要集中在仓前、临江、三叉街、下渡街道地区。人口密度最高的是仓前街道，每平方公里人口密度为2.5181万人，最低的是上渡街道，每平方公里人口密度为9515人。

1996年，仓山区陆地面积扩大为148平方公里，人口总数达34.3346万人，其中从农村划入134.08平方公里，22.1601万人。是年，由于新划入的农村人口密度较低，全区每平方公里人口密度为2418人，与1990年相比，每平方公里人口密度减少1.4897万人。

2000年，全区人口总量为35.208万人，每平方公里人口密度为2479人，比1996年增加61人。由于金浦小区和高湖新村、龙院新村建成投入使用，三叉街地区人口迅速增长，是年该地区每平方公里人口密度增至1.845万人，比1990年每平方公里人口密度增1.0656万人。

2005年，全区人口总量为40.3051万人，每平方公里人口密度为2838人，比1996年增加420人。其中，城区人口密度高于各镇，人口密度最高的是三叉街街道，每平方公里人口密度为1.9893万人。最低的是建新镇，每平方公里人口密度为1246人。

仓山区若干年份各街镇人口密度情况表

表 3-1-2　　单位：人、平方公里、人/平方公里

街镇名称	年份	总人口	面　积	密　度
全区	1990	137136	7.92	17315
	1996	343346	142	2418
	2000	352080	142	2479
	2005	403051	142	2838
仓前街道	1990	24426	0.97	25181
	1996	26030	1.9	13700
	2000	24537	1.9	12914
	2005	30628	1.9	16120
临江街道	1990	24368	0.98	24865
	1996	24310	1. 89	12862
	2000	22131	1. 89	11709
	2005	23540	1. 89	12455
上渡街道	1990	17727	1.863	9515
	1996	18229	2	9115
	2000	14924	2	7462
	2005	18418	2	9209
下渡街道	1990	23068	1.01	22839
	1996	20111	1.7	11830
	2000	21000	1.7	12353
	2005	26306	1.7	15474

续表 3-1-2

街镇名称	年份	总人口	面 积	密 度
对湖街道	1990	33682	2.5	13472
	1996	28531	2.5	11412
	2000	27030	2.5	10812
	2005	40286	2.5	18114
三叉街街道	1990	13865	0.597	23224
	1996	4534	1.02	4445
	2000	10150	1.02	9951
	2005	20291	1.02	19893
东升街道	1996	4534	1.2	3778
	2000	944	1.2	787
	2005	5363	1.2	4469
金山街道	2005	32738	13.09	2501
仓山镇	1996	9837	5.8	1696
	2000	21027	5.8	3625
	2005	22125	5.8	3815
城门镇	1996	66226	55	1204
	2000	69333	55	1261
	2005	69536	55	1264
盖山镇	1996	67740	36	1882
	2000	68646	36	1907
	2005	71075	36	1974
建新镇	1996	66236	26.5	2499
	2000	58705	26.5	2215
	2005	62969	13.41	4695
螺洲镇	1996	11562	6.4	1807
	2000	13653	6.4	2133
	2005	12514	6.4	1955

若干年份仓山区各街镇人口分布情况表

表 3-1-3　　单位：人、%

街镇名称	1990 年		1995 年		2000 年		2005 年	
	总人口	占全区比例	总人口	占全区比例	总人口	占全区比例	总人口	占全区比例
全区合计	137136	100	144978	100	352080	100	403051	100
仓前街道	24426	17.8	25180	17.37	24537	6.97	30628	7.60
临江街道	24368	17.77	24426	16.85	22131	6.29	23540	5.84
上渡街道	17727	12.93	18203	12.55	14924	4.24	18418	4.57
下渡街道	23068	16.82	20844	14.38	21000	5.96	26306	6.53
对湖街道	33682	24.56	37385	25.79	27030	7.68	40286	10.00
三叉街道	13865	10.11	4307	2.97	10150	2.88	20291	5.03
东升街道			14633	10.09	944	0.27	5363	1.33
金山街道							32743	8.12

3-1-3

街镇名称	1990 年		1995 年		2000 年		2005 年	
	总人口	占全区比例	总人口	占全区比例	总人口	占全区比例	总人口	占全区比例
仓山镇					21027	5.97	22125	5.49
城门镇					69333	19.7	69536	17.25
盖山镇					68646	5.99	30226	7.5
建新镇					58705	5.99	30226	7.5
螺洲镇					13653	3.88	12514	3.10

三、人口变动

（一）自然变动

1990 年，全区出生 1580 人，出生率为 11.52‰，死亡 786 人，死亡率为 5.73‰，人口净增 794 人，自然增长率为 5.78‰。1992 年开始推行“二孩”审批制度，人口出生减少。1991 至 1994 年全区人口自然增长均维持在 3‰以下。

1995 年，全区总人口为 4.3454 万户，14.3581 万人，户均人口为 3.26 人。当年出生 1364 人，出生率为 9.40‰，死亡人数 636 人，死亡率为 4.38‰，净增 728 人，全区人口自然增长率上升为 5.02‰。

1996 年区划扩大，全区人口增至 34.3346 万人。当年加强计划生育管理，全年出生 2977 人。出生率为 8.67‰，比去年下降 2.38‰，死亡 2086 人，死亡率为 6.02‰，净增 909 人，自然增长率降为 2.64‰。

2000 年，恰逢千禧年，全区出生率上升至 15.62% 的高峰。全区人口自然增长率达 5.45‰。总人口达 35.2080 万人，与和 1996 年相比人口增加 8734 人。

2005 年，全区人口 11.5381 万户，40.3051 万人。当年出生 3222 人，出生率为 7.99‰，死亡 1157 人，死亡率为 2.87‰。人口净增 2065 人，自然增长率为 5.12‰。比 2000 年出生率下降 7.81‰，死亡率下降 7.47‰，自然增长率下降 0.33‰。

1990 ~ 2005 年仓山区人口自然变动情况表

表 3-1-4　　单位：人、‰

年份	出　生		死　亡		自然增长	
	人数	出生率	人数	死亡率	人数	自然增长率
1990	1580	11.52	786	5.73	794	5.78
1991	1127	8.13	828	5.98	299	2.15
1992	967	6.91	884	6.32	85	0.60
1993	1224	8.62	802	5.65	422	2.97
1994	1105	7.79	800	5.64	305	2.15
1995	1364	9.40	636	4.38	728	5.02
1996	2977	8.67	2068	6.02	909	2.64
1997	2953	8.64	1473	4.31	1480	4.33
1998	3012	8.76	1360	3.95	1652	4.80
1999	3747	10.62	1647	4.68	2100	5.97
2000	5563	15.80	3643	10.34	1920	5.45
2001	2506	6.79	1421	3.85	1085	2.94
2002	2610	6.96	1574	4.20	1036	2.76
2003	2980	7.66	1230	3.16	1750	4.50
2004	3094	7.92	3542	9.07	448	1.14

续表 3-1-4

年份	出 生		死 亡		自然增长	
	人数	出生率	人数	死亡率	人数	自然增长率
2005	3222	7.99	1157	2.87	2065	5.12

（二）机械变动

20 世纪 90 年代，仓山区经济工作日趋繁荣，出现城镇人口向城市流动的趋势。1990 年，迁入 1.0072 万人，迁出 8809 人，净增 1263 人。

1995 年，有大批外来人口到仓山务工和经商，移居人口变动增大。当年迁入 1.7078 万人，迁出 1.2623 万人，净增 4455 人。

1996 年，原郊区的建新、盖山、城门、螺洲、仓山 5 个镇划归仓山区。全区人口增至 34.3346 万人。是年全区迁入 1.0368 万人，迁出 6917 人，净增 3451 人。

2005 年，全区迁入 3.2849 万人，迁出 2.1733 万人，净增 1.1116 万人，创近 4 个年份的新高。是年，迁入人口最多的是对湖街道，共迁入 1.1799 万人，迁出 9704 人，净增 2095 人。迁出多于迁入的有螺洲镇，全年迁入 723 人，迁出 884 人，净减 161 人。

仓山区若干年份人口机械变动情况表

表 3-1-5　　单位：人

街镇名称	1990 年		1995 年		1996 年		2000 年		2005 年	
	迁入	迁出	迁入	迁出	迁入	迁出	迁入	迁出	迁入	迁出
全区合计	10072	8809	17078	12623	10368	6917	18606	17948	28161	17518
仓前街道	553	361	1689	1365	798	407	2119	2350	1354	1356
临江街道	543	348	1675	1300	122	96	2099	2405	660	600
上渡街道	550	370	512	417	620	585	589	467	1245	767
下渡街道	467	201	1533	757	178	118	1752	611	1608	373
对湖街道	5000	4933	8740	6244	5112	4137	8064	6551	11799	9704
三叉街街道	776	468	970	585	111	52	1078	650	739	262
东升街道			79	83	26	11	36	57	42	31
金山街道									3127	1253
仓山镇	5000	4933	8819	6244	54	39	115	104	156	143
城门镇	213	458	478	146	215	172	284	233	761	453
盖山镇	571	618	617	799	293	169	405	806	820	428
建新镇	726	227	617	882	1622	832	1183	2203	5127	1264
螺洲镇	673	825	785	927	1217	299	882	1511	723	884

四、人口构成

（一）姓氏构成

1990 年，辖内人口姓氏有林、陈、郑、王、张、江、高、马、刘、黄等姓氏 215 个，其中以林、陈、郑、王、李等姓人口所占比例较大，俗有“陈林半天下，王郑满街摆”之说。1996 年，区划扩大，人口增多，新增党、简、上官、乐、阴、柴、诸、帅、力、云、查、炘、郤、闳、文、阚、阙 17 个姓氏。至 2005 年，又先后新增：应、祖、宫、闵、索、奚、敖、靳、顿、武、元、揭 12 个姓氏。2005 年全区姓氏增至 244 个，其中林姓最多，有 69084 人。其后依次为陈姓 48552 人，郑姓 27677 人，王姓 19746 人，李姓 11752 人。

附：2005 年仓山区 244 个姓氏

林、陈、郑、王、黄、丁、刁、马、于、万、卞、范、单、唐、谭、江、曹、徐、章、廖、魏、罗、赵、姚、张、许、兰、汤、肖、潘、郭、蔡、程、铙、杨、胡、钟、连、洪、温、庄、余、龚、吴、沈、蒋、何、方、周、岳、叶、凌、朱、施、谢、任、孙、詹、伍、蒲、翁、曾、邱、祝、金、邢、卓、俞、卢、冯、陆、柯、彭、严、宁、宋、童、毛、尹、全、景、甘、蓝、史、原、过、狄、申、秦、成、向、尤、聂、莫、雷、麦、鲁、段、易、关、瞿、巫、杜、檀、封、危、龙、欧阳、沙、鄢、盛、滕、颜、戴、南、陶、华、曲、鲜、黎、康、郝、裴、韩、鲍、赖、官、占、殷、钱、仇、梁、荣、石、葛、苗、苏、但、田、齐、池、欧、念、贺、司、高、姜、祁、熊、屈、包、邓、侯、涂、倪、夏、项、邵、邹、吕、占、薛、游、柳、傅、董、袁、谬、汪、骆、刘、商、丘、喻、红、练、芦、贾、仲、管、付、符、韦、炉、萨、伊、解、樊、萧、崔、季、席、宣、宾、矍、花、白、辜、文、时、芮、修、梅、古、牛、晏、闫、常、虞、种、左、闳、晁、车、纪、覃、阮、李、党、简、上官、乐、阴、柴、诸、帅、力、云、查、炘文、阙、阚、应、祖、宫、闵、索、奚、敖、靳、顿、武、元、揭。

（二）民族构成

仓山区人口以汉族为主。据 1990 年仓山区第四次人口普查，全区汉族人口 12.951 万人，占全区总人口 99.7%。少数民族 15 个，人口 349 人，占全区总人口的 0.26%，其中回族 105 人，畲族 99 人，满族 89 人，蒙古族 16 人，壮族 10 人，苗族 8 人，布依族 5 人，藏族 2 人，朝鲜族 1 人，侗族 3 人，高山族 3 人，乌孜别克族 2 人，外国人入籍 2 人，土家族 1 人，未识别的民族 1 人。在上述少数民族中，人口最多是回族，占全区少数民族人口总数的 30%，其次是畲族，占全区少数民族人口总数的 28.3%，再次是满族，占全区少数民族人口总数的 28%。

1995 年，全区增加瑶族，减少藏、高山、乌孜别克 3 个民族。其中汉族 14.4322 万人，占总人口的 94.59%，其他民族计 656 人，占总人口的 0.45%。

2000 年第五次全国人口普查，仓山区民族有汉、回、蒙古、维吾尔、苗、彝、壮、布依、朝鲜、满、侗、土家、哈萨克、达翰尔、俄罗斯、畲、藏、瑶 18 个民族，其中汉族人口 35.0227 万人，占总人口的 99.47%，其他 17 个民族计 1853 人，占总人口的 0.53%。

2005 年，增加一个白族，仍以汉族为主。全区汉族人口 40.1119 万人，占全区总人口 99.52%，其他民族人口 1932 人，占全区总人口的 0.48%。其中回族 669 人、畲族 612 人、满族 280 人、土家族 77 人、苗族 45 人、蒙古族 38 人、侗族 31 人、布依族 22 人、彝族 14 人、瑶族 14 人、壮族 10 人、白族 10 人、朝鲜族 8 人、维吾尔族 5 人、哈萨克族 2 人、达翰尔族 2 人、俄罗斯族 2 人。少数民族人口最多是回族，占全区少数民族人口总数的 34.62%，其次是畲族，占全区少数民族人口总数的 31.67%，再次是满族，占全区少数民族人口总数的 14.49%。

仓山区若干年份民族人口情况表

表 3-1-6　　单位：人

年	汉族	回族	蒙古族	维吾尔族	苗族	彝族	壮族	布依族	朝鲜族	满族	侗族	土家族	哈萨克族	达翰尔族	俄罗斯族	畲族	藏族	白族	瑶族	高山族	乌兹别克族	外国人入籍	未识别
1990	136789	105	16		8		10	5	1	89	3	1				99	2			3	2	2	1
1995	144322	137	13	2	17	3	41	11	4	139	2	31	1	1	2	251			1				
2000	350227			13	140	129	101	35	52	180	69	72	1	3	2	642	37		1				

续表 3-1-6

年	汉族	回族	蒙古族	维吾尔族	苗族	彝族	壮族	布依族	朝鲜族	满族	侗族	土家族	哈萨克族	达斡尔族	俄罗斯族	畲族	藏族	白族	瑶族	高山族	乌兹别克族	外国人入籍	未识别
2005	401119	669	38	5	48	14	101	22	8	280	31	77	2	2	2	612		10	14				

（三）年龄性别构成

1990 年仓山区人口总数为 13.7136 万人（男 7.3629 万人，女 6.3507 万人），男女性别比（按女=100）为 1.16。其中，0～13 岁少年儿童 19293 人（男 9842 人，女 9451 人），男女性别比为 1.04；14 岁至 50 岁青壮年 8.8905 万人（男 4.9468 万人，女 3.9437 万人），男女性别比为 1.25；51 岁至 70 岁中老年 2.232 万人（男 1.1664 万人，女 1.0656 万人），男女性别比为 1.09；71 岁至 90 岁老人 6531 人（男 2635 人，女 3896 人），男女性别比为 0.68；91 岁以上老人 87 人（男 20 人，女 67 人），男女性别比为 0.3。

2000 年，全区总人口 35.2080 万人（男 17.5169 万人，女 17.6911 万人），男女性别比为 0.99。其中，0～13 岁少年儿童 4.9069 万人，占全区人口总数的 13.94%，男女性别比为 1.09；14 岁至 50 岁青壮年 23.1638 万人，占人口总数的 65.79%，男女性别比为 0.96；51 岁至 60 岁中老年 2.9787 万人，占人口总数的 8.46%，男女性别比为 1.1；61 岁至 90 岁老人 4.0983 万人，占人口总数的 11.64%，男女性别比为 0.92；91 岁以上老人 591 人，占总人口 0.17%，男女性别比 0.41；101 岁以上老人 12 人，占人口总数的 0.0034%，男女性别比为 0.09。

2005 年全区总人口 40.3051 万人（男 20.1762，女 20.1298 万人），男女性别比为 1:002。其中，0～13 岁少年儿童 3.8826 万人，占全区人口总数的 9.63%（男 2.0816 万人，女 1.801 万人），男女性别比为 1.16；14 岁至 60 岁青壮年 31.4118 万人，占人口总数的 72.74%（男 15.6972 万人，女 15.7146 万人），男女性别为 0.998。61 岁以上老年 5.0107 万人，占人口总数的 12.43%（男 2.3974 万人，女 2.6133 万人），男女性别比为 0.92。其中 100 岁以上寿星 59 人（男 9 人，女 50 人），占人口总数的 0.015%。男女性别比为 0.18。

2005 年仓山区人口年龄性别构成情况表

表 3-1-7 单位：人、%

年龄组（岁）	人口数			占总人口的比例			性别比
	合计	男	女	合计	男	女	女＝100
总计	403051	201762	201289	100	50.1	49.9	1.002
0-6	16047	8796	7251	3.98	2.18	1.80	1.21
7-13	22779	12020	10759	5.65	2.98	2.67	1.12
14-19	38684	19062	19622	9.60	4.73	4.87	0.97
20-25	72715	38328	34387	18.04	9.51	8.53	1.11
26-30	28898	14573	14325	7.17	3.62	3.55	1.02
31-35	31123	15120	16003	7.72	3.75	3.97	0.94
36-40	30326	14624	15702	7.53	3.63	3.90	0.93
41-45	31951	15469	16482	7.93	3.84	4.09	0.94
46-50	29428	14425	15003	7.30	3.58	3.72	0.96
51-55	30063	14731	15332	7.45	3.65	3.80	0.96
56-60	20930	10640	10290	6.19	3.64	2.55	1.03

续表 3-1-7

年龄组（岁）	人口数			占总人口的比例			性别比
	合计	男	女	合计	男	女	女＝100
61-70	23046	12312	10734	5.71	3.05	2.66	1.15
71-80	17920	8313	9607	4.44	2.06	2.38	0.87
81-90	7846	2978	4868	1.94	0.74	1.20	0.61
91-100	1236	362	874	0.31	0.09	0.22	0.41
101 以上	59	9	50	0.014	0.002	0.012	0.18

（四）职业构成

1990 年，辖内在业人员 8.0484 万人，占全区人口总数的 58.69%，比第三次全国人口普查的 6.6287 万人，增加 1.4197 万人，比增 17.64%。其中，农林牧渔水利业 6373 人，占在业总人数的 7.92%；工业 7456 人，占 9.26%；地质普查勘探业 1231 人，占 1.53%；建筑业 6738 人，占 8.37%；交通运输、邮电通讯业 3770 人，占 4.37%；商业 、公共饮食业、物资供销和仓储业 1.0157 万人，占 12.62%；房地产管理、公共事业、居民服务业 6789 人，占 8.44%；卫生、体育和社会福利业 2909 人，占 3.61%；教育、文化艺术和广播电视业 8080 人，占 10.04%；金融保险业 6603 人，占 8.2%；科研和综合技术服务业 1322 人，占 1.64%；电力、煤气及水、生产供应业 6103 人，占 7.58%；国家党政机关和社会团体 5048 人，占 6.27%；其他行业 7905 人，占 9.82%。在各职业中，商业、公共饮食业、物资供销和仓储业在业者最多，占在业总人数的 12.62%，其次是教育、文化艺术、广播电视业，占 10.04%，再次是工业，占 9.26%。

2000 年，全区在业人口 24.3755 万人，占总人口的 69.23%。其中农林牧渔水利业 1.7628 万人，占在业总人数的 5.01%；工业 1.3576 万人，占 3.86%；地质普查勘探业 2190 人，占 0.62%；建筑业 8368 人，占 2.38%；交通运输、邮电通信业 2.5207 万人，占 7.44%；商业、公共饮食业，物资供销和仓储业 2.2725 万人，占 6.45%；房地产管理公共事业，居民服务业 1.4888 万人，占 4.23%；卫生体育和社会福利业 5604 人，占 1.59%；教育、文化艺术和广播电视业 1.112 万人，占 3.16%；金融保险业 1.0192 万人，占 2.90%；科研综合技术服务业 3348 人，占 0.95%；电力、煤气及水、生产供应业 6596 人，占 1.87%；国家党政机关和社会团体 1.7365 万人，占 4.93%；其他行业 8.494 万 8 人，占 24.13%。

2005 年，在业人口 25.4717 万人，占总人口的 63.13%，比 2000 年增加 1.0962 万人，同比增 4.50%。其中农林牧渔水利业 1.7345 万人，占在业总人数的 6.8%；工业 1.6908 万人，占 6.64%；地质普查勘探业 1398 人，占 0.55%；建筑业 9451 人，占 3.71%；交通运输邮电通讯业 2.3414 万人，占 9.19%；商业、公共饮食业、物资供销和仓储业 2.620 万人，占 10.29%；房地产管理公共事业、居民服务业 1.6209 万人，占 6.36%；卫生体育和社会福利业 6263 人，占 2.46%；教育文化艺术广播电视业 1.2674 万人，占 4.98%；金融保险业 1.1018 万人，占 4.33%；科研和综合技术服务业 4111 人，占 1.61%；电力、煤气及水、生产供应业 6245 人，占 2.45%；国家党政机关和社会团体 1.7615 万人，占 6.92%；其他行业 8.5865 万人，占 33.7%。

（五）文化构成

1990 年仓山区第四次全国人口普查，全区小学以上学历人口 10.965 万人，占全区 6 岁以上人口总数 12.1725 万人的 90.08%，其中大学本科 1.0889 万人，占 8.95%，大学专科 0.7720 万人，占 6.34%，中专 1.0084 万人，占 8.28%，高中 2.2653 万人，占 18.61%，初中 3.0375 万人，占 24.95%，小学 2.7929 万人，占 22.94%。不识字或识字很少 1.2075 万人，占 9.92%。按 1990 年全区总人口 13.7136 万人计算，每万人拥有的文化程度：大学本科 794 人，大学专科 563 人，中专 735 人，高中 1652 人，初中 2412 人，小学 2036 人，不识字或识字很少 881 人。

2000 年，国家实行九年义务教育，全区人口文化素质进一步提高，初中以上文化人口比例增多。不识字或识字很少的人数减少。是年第五次人口普查显示：全区有博士学位 123 人，占全区 6 岁以上人口总数的 0.037%，硕士学位 601 人，占 0.18%，大学本科 1.0162 万人，占 3.08%，大学专科 2.0594 万人，占 6.3%，中专 3.3502 万人，占 10.17%，高中 5187.7 人，占 15.74%，初中 10.9425 万人，占 3.32%，小学 9.5877 万人，占 2.91%，不识字或识字很少 7329 人，占 0.22%。按当年全区总人口平均计算，每千人拥有文化程度：博士 0.35 人，硕士 1.71 人，大学本科 28.8 人，大学专科 58.4 人，中专 95.1 人，高中 147.3 人，初中 310.7 人，小学 272.3 人，不识字或识字很少 20.8 人。

2005 年，全区小学学历以上人口有 35.8703 万人，占全区 6 岁以上人口总数 38.4601 万人的 93.27%，其中博士 390 人，占 0.10%，硕士 3360 人，占 0.87%，大学本科 2.8351 万人，占 7.37%，大学专科 2.6385 万人，占 6.86%，中专 4.1748 万人，占 10.85%，高中 6.0865 万人，占 15.83%，初中 13.3666 万人，占 34.75%，小学 6.3938 万人，占 16.62%，不识字或识字很少 2.5898 万人，占 6.73%。

第二节　人口控制

一、计生宣传

1990 年，区成立人口学校，对育龄妇女进行马列主义人口理论、计划生育法规、人口与环境、严峻人口形势与现行生育政策、优生学《胎教》、婴幼儿心理、婴幼儿教育、围产期保健、避孕药具教育。同时结合“世界人口日”《中华人民共和国人口与计划生育法》实施日、《公开信》发表日和“男性健康日”等纪念日以及元旦春节等节假日，充分利用标语口号、板报、展牌、画廊、宣传车、文艺演出、电视广播网络、发放计生宣传品等形式，宣传党的基本国策、计生法律法规、避孕节育科技知识及落实国策的典型。

“9.25”公开信 30 周年宣传活动

1991 ～ 1997 年，各镇（街）、各系统相继建立人口学校，发挥各级计生工作人员的作用，深入广大育龄群众开展面对面的“零距离”宣传服务。使人们的生育观念逐步由“要我少生”向“我要少生”转变。到 1997 年底，全区共设有人口学校 156 所，培训学员 241018 人次。

1998 年，开展婚育新风进万家活动，以婚育新风“进农家，进社区，进企业，进校园，进公园，进军营”的“六进”为载体，加强新型生育文化建设，形成点上有精品、面上有内容的全方位计生宣传格局。

1999 年，以深化优质服务为工作重点，村级计生协会会长和计生中心户（协会小组长）为骨干，开展婚育新风进村活动，每月入户宣传访视，谈心十分钟。并在社区计生服务室设“悄悄话”室和计生快餐栏，配备彩电和 VCD 等计生宣传设施。

2003 年 1 月，区计生局以联合国人口基金资助的“青春健康宣传教育与服务”项目，在大学校园里开展“关注青春，共享健康”为主题的性与生殖健康教育系列服务，探索符合中国国情的青少年性健康教育内容、形式和方法。年内该项工作扩大到全区 42 所大、中专院校和 12 所中学。同时，开通青春期健康教育网络、热线电话和 5 个“悄悄话”信箱。区计生局、计生协与福建师大共同编写《生殖健康指南》《关爱健康共享青春》《艾滋病，怎不关你事》《走过青春》4 种免费读本共 2.8 万份送到学生手中。同年，福州市委、市政府在仓山区召开婚育新风进万家总结表彰现场会，推广仓山经验，推进婚育新风进万家活动的开展。到 2005 年末全区共有人口学校 262 所，共培训学员百余万人次。仓山区被中宣部等十家单位授予2005年“全国婚育新风进万家活动先进集体”。

二、计生管理

（一）目标管理

1990年，仓山区计划生育管理工作从原来的硬性制约向柔性制约转变，从单一的、强制性的管理向服务、保障、综合治理转变，从突击性、运动性的形式向程序化、制度化和规范化转变。年初区委、区政府制定责任目标要求，与镇街党政主要领导和计生综治单位签订计生工作责任状，年终兑现奖惩。1991年，区委、区政府制定《关于加强计划生育工作的意见》，把人口计划完成情况作为考核领导干部政绩的重要内容，实行计划生育“一票否决”，同时开展育龄夫妇签订计生合同公证工作，把计划生育工作纳入依法管理的轨道。1992年，执行福州市委、市政府关于党政一把手对计划生育工作亲自抓负总责的《十条标准》，全区上下形成党政一把手亲自抓计生的格局。1994年，建立完善生育计划证发放制度、计划外生育个案报告制度、孕情报告制度，把计划生育工作纳入制度化建设轨道。

计划生育工作责任书（1990）

1997年，先后出台《关于进一步提高计划生育整体工作水平的工作意见》《关于大力推行计划生育工作利益导向激励机制的若干规定》，对增加计生经费、强化机构、加强干部队伍建设、强化孕前管理、孕后跟踪、性别比例失调、扩大宣传阵地等方面都做出明确规定。当年村两委换届选举，违反计划生育政策的党员干部全部被否决，有11名村两委党员干部因此被调整撤换。

2000～2003年，区在贯彻落实《中华人民共和国人口与计划生育法》《福建省人口与计划生育条例》的同时，陆续出台《关于实施关爱女孩行动“五大工程”的若干意见》《关于严格控制人口出生性别比例的若干规定》《关于认真落实〈计划生育领导小组成员单位职责〉的通知》，全面规范计划生育管理。

2004年，执行《关于对农村部分计划生育家庭实行奖励扶助制度的试行意见》，建立健全计划生育利益导向机制，对农村只生一个子女和两个女儿的计划生育家庭实行优待和照顾政策，通过利益驱动引导群众自觉实行计划生育。至2005年，全区人口过快增长的势头得到有效遏制，计划生育水平有较大提高，计划生育工作的总体目标由控制人口数量过渡到稳定低生育水平。

（二）常住人口计生管理

1990年，对常住育龄妇女实行“二孩审批”制度，落实避孕长效节育措施，定期随访见面，组织查环查孕，及时落实补救措施。对全区15～49周岁的育龄群众的婚育状况、出生、领证、节育措施等情况进行核实。同时，在育龄妇女中推行计划生育合同公证，共签署合同公证2961份。是年，全区有育龄妇女5.1303万人，其中已婚3.8297万人。

1993年，开展5次全区性的工作达标、基础台帐等工作大检查，共检查234个单位，13.5988万人次。翌年，以全区人口变动调查为契机，夯实基础台帐，做到实际情况、簿册和报表三一致，实现对育妇的追踪、动态管理。

1997年，加强孕后跟踪管理，严禁非医学需要鉴定胎儿性别，杜绝持生育计划证孕妇未经批准私自终止妊娠，人为造成出生人口性别比例失调。翌年，在全区开展1991年以来出生漏报、节育措施拖欠、

优生优育优教咨询

计划生育外生育费征收、初婚育妇计生漏管4项大清理。

2001年，制定《统计台账管理制度》，对区、镇（街）、村（居）三级台账设置、管理办法和管理要求进行规范性规定，进一步规范计生统计台帐的管理。翌年4月，开展为期两个月的计生专项整治活动，累计“双查”（查环查孕）补到位161例，长效节育措施补到位143例。区法院对14名违反计划外生育非法抱养拒交社会抚养费对象依法强制执行。

2003年，下发《关于镇街计生日常工作考核标准的通知》，加强人口计生日常工作的管理，重点加快后进村转化，对被黄牌警告、单列管理的村（居）进行分类指导，限期整改，促进全区人口计生工作的平衡开展。

2005年，重申15天二孩审批时限，促进基层二孩办证效率的提高，全年按时限审批二孩《生育服务证》374本。

（三）流动人口计生管理

1990年，全区6个街道均成立流动人口管理站，并配备流动人口计划生育管理员。在流动人口集中的基建工地和大企业内部成立计划生育协会，加强流动人口计划生育管理。

1991年，区政府出台《关于加强流动人口计划生育管理的规定》，明确规定凡外来人口进入仓山区从事经济、劳务和其他活动，须经街道计生办审验婚育证明书。1992年起，对流动人口实行检查婚育证明、签订计生合同、组织专门机构、建立管理制度、建卡立档、巡检清理等管理。

1994年，区计生委发出《关于加强外来人口计划生育清理的通知》，全区开展3次大巡检，重点检查和审验外来人口婚育证明书和孕妇是否持有准生证，共巡检2.447万人次，审验婚育证明5839本，现场办理婚育证358本。

1995年，坚持“流入地为主，流出地配合”的双向管理原则，把住“流出、流入、居住、从业”4个关，区公安、工商、劳动、民政、城建等部门配合，全面落实“谁用工谁管理、谁地盘谁清理、谁受益谁负责”的责任制。

1996年，区政府制订《仓山区流动人口计划生育管理实施办法》，将流动人口计划生育管理纳入各镇（街）、区直各部门管理范围。1997年，由区计生局牵头，对建筑工地、新村楼院、集贸市场、私营企业、人户分离户进行重点检查，有效堵住流动人口计划外生育漏洞。

1999年，在流动人口密集的镇街，开展外来人口巡检工作，对外出育妇进行怀孕追踪服务，强化流动人口婚育、节育和查环查孕的管理。

2002年3月，以镇街为单位对流动人口计划生育管理进行清查，重点抓城乡结合部、私房出租户、基建工地等薄弱部位，从查验流入人口婚育证明入手，落实是否已将流入人口纳入管理，已婚育妇是否落实避孕节育措施，用工单位和出租户是否履行管理责任等。至4月底共检查流动

流动人口大巡查（1994）

人口18250人，用工单位317家，出租户4321户。

2004年，开展服务人口进万家活动，清查流动人口1.5万多人，与出租户签订1494份管理合同，与辖区单位签订计生管理合同4369份，审验婚育证5937本。同时建立流动人口计生台帐，对外来流动人口实行动态管理，实现流入人口验证率100%，双查率、通报率98%以上。

2005年，坚持流动人口计生属地化管理，实行同宣传、同管理、同服务、同统计、同考核的管理新机制，形成“一盘棋”的管理格局。同时，建立流动人口信息交换平台，及时与已婚育妇户籍地交换信息，防止暂住地漏管、失管现象。当年，开展流动人口计划生育拉网大清查，全区共组织巡检937次，清查流动人口5.377万人，与出租户、用工单位签定9606份管理合同，审验婚育证2.4301万本，发放限期补证通知书6518份，处罚57例，征收社会抚养费3例，处理群众举报件11件。

1990年～2005年仓山区计划生育指标完成情况表

表3-1-8　　**单位：人**

年份	出生数	出生率（‰）	自然增长率（‰）	计划生育率（‰）	晚婚率（%）	节育率（%）
1990	1245	9.59	3.69	99.59	98.67	89.69
1991	1080	8.60	2.72	99.91	98.84	89.98
1992	995	7.66	1.79	100	99.33	90.79
1993	1224	9.13	2.89	99.92	98.23	90.78
1994	968	7.10	1.13	100	98.26	91.09
1995	989	7.17	1.73	99.39	99.05	91.42
1996	2551	7.47	1.78	99.78	80.23	91.66
1997	2481	7.25	1.69	98.95	79.58	91.86
1998	2437	7.09	1.39	98.24	78.61	91.91
1999	2372	6.87	1.58	97.05	76.47	91.14
2000	2666	7.70	1.98	98.46	77.03	91.29
2001	2607	7.50	1.86	97.78	78.88	90.29
2002	2607	7.45	1.10	98.50	78.11	88.22
2003	2689	7.57	1.93	98.59	75.12	87.89
2004	3141	8.68	3.26	97.77	75.81	87.14
2005	3406	9.23	3.66	97.50	73.26	86.46

说明：1990～1995年为区划调整前的数据

三、计生服务

1990年，全区开展计生科学“六优十服务”（即优恋、优婚、优孕、优生、优育、优教，政策思想服务、手术前后服务、优生优育服务、婚前体检服务、计算机预测最佳妊娠期服务、围产期保健服务、人口与计生基础知识教育服务、法律公证服务、系列保险服务、排忧解难服务）；落实15～49岁育龄妇女见面合同制度；协助独生子女入园、入托、入学；举办独生子女绘画、书法、舞蹈、器乐竞赛，培养早慧儿童；协助办理独生子女平安保险、独生子女家长养老保险、退休保险、双方无业家庭少儿养老保险等险种，为独生子女家庭解决后顾之忧，惠及群众达5000多人。年内，组织辖区内部队医院妇、儿科为区内幼儿园的独生子女免费体检1.55万人次。1992年在6个街道配备B超机，免费为已婚育妇进行孕情监测服务。

仓山区计划生育咨询服务

1996 年区划调整后，新划入的 5 个镇均配备 B 超机，开展一年三次的“双查”服务。2000 年一次性投入 200 多万元成立区计划生育服务站。在建新洪光、仓山东升、盖山黎升三个村开展避孕方法知情选择、生殖道感染干预、出生缺陷干预。在知情选择工作试点的基础上，分批次全面推广。结合一年三轮“双查”活动，深入 13 个镇、街开展妇科常见病普查普治 10 多万人次。同时推行 TORCH 优生检测服务，全区 3900 多名生育对象接受出生缺陷一级预防服务，达到从源头上提高人口素质的目的。

2003 年，启动生殖健康宣传教育和服务，为在校大学生和广大青少年提供青春期生殖生理健康与爱滋病预防的专题教育和服务。召开“幸福工程”救助贫困母亲现场会，对 35 位贫困母亲实施小额贷款救助。区计生服务站全面开展计划生育上环取环、皮埋、人流药流、输卵管结扎等免费技术服务，年手术量达 1200 例以上。

2004 年，在汇达广场、林则徐广场、仓山学生公寓、党员林公园等地，为过往群众提供避孕节育、优生优育、生殖保健系列咨询服务和免费发放避孕药具服务，引导群众树立科学、文明、进步的新型生育观。全区统一在社区楼道口设置“计生快餐栏”，并配置避孕药具、计生宣传册，让育龄群众在自家门口就能享受到计生自助服务。

2005 年，区计生服务站配备卫生专业技术人员，增加 200 多平方米的门诊用房，业务用房面积达到 1000 平方米。投入 37 多万元添置万能手术床、九孔无影灯、台式 B 超、血尿自动分析仪等 15 种医疗器械装备，基本达到省定标准。同时，在全区主要交通要道、人群聚居地增设 69 台安全套发放机，在 81 个有条件的村、社区卫生服务站设立流动人口免费领取避孕药具窗口。同时，优化环情、孕情监测服务，购置查环查孕智能平台，为流动人口已婚育妇提供免费“双查”服务。发放常住人口已婚育妇《计划生育生殖保健服务证》。服务证内容有已婚育妇基本情况、“三查”记录、手术记录、随访记录、知情选择情况。

（四）管理机构

1990 年，区计划生育委员会（下简称区计生委）内设秘书股、计财股、宣传股、政策法规股，行政编制 9 人，实有 5 人，区计划生育流动人口管理服务站事业编制 7 人。各街道办事处设计划生育办公室，配备计划生育专职干部（主任），下设流动人口管理服务站。全区共有街道计划生育专职工作人员 18 人。

1996 年区划调整，区计划生育服务站编制增至 11 人。同年东升街道和城门、盖山、建新、仓山、螺洲 5 个镇各增加一名计生副书记。1997 年 6 月，区计生委改称区计划生育局。是年 4 月，重新核定计生服务站编制，全区有镇（街道）计划生育专职工作人员 71 人，村（社区）计生专职管理员 112 人，各村（社区）下设计划生育中心组，同年 10 月改称计划生育中心户（协会小组），按“百人一户”标准共建立计生中心户 3617 个。1998 年 6 月，区编办核定区计生局为正科级，定编 8 人。内设办公室、规划统计科、宣传教育科、法规监察科、流动人口管理科。2005 年区计生局更名为仓山区人口和计划生育局。下辖有村（社区）计生分管副主任（或计生管理员）169 人，计生中心户（协会小组长）1179 人。

至 2005 年，仓山区连续 16 年被福建省委、省政府授予“计划生育一类先进区”称号。先后被国家计生委评为“全国城市计生工作先进集体”；省人口和计划生育委员会授予“全省计划生育优质服务先进区”；中共中央宣传部、中央文明委办公室、国家人口计生委、教育部、民政部、文化部、国家广电总局、中华全国总工会、共青团中央、中华全国妇女联合会授予“全国婚育新风进万家活动先进集体”。

第三节　婚姻与家庭

一、婚姻

1990 年，全区 15 岁及以上的已婚人口 10.95 万人，登记结婚 1732 对，离婚 69 对，离婚率占已婚人口的 0.126%。2000 年全区 15 岁以上的已婚人口占 63.54%，已婚率比 1990 年上升 1.51%；未婚率比 1990 年下降 0.45 个百分点，其中有配偶人口占 58.04%（男性占 49.95%，女性占 50.05%）；丧偶人口占 4.57%（男性占 20.89%，女性占 79.11%）；离婚人口占 0.81%（男性占 60.38%，女性占 39.62%）。离婚率由 1990 年的 0.126% 上升为 0.55%，其中女性离婚人数由 1990 年的 42.27% 提高到 2000 年的 49.55%。2005 年，全区登记结婚 2980 对，离婚 578 对，离婚率占已婚人口约 0.4%。

二、家庭

1990 年，全区依然是夫妻和子女组成的两代家庭户比重最大。当年第四次人口普查，全区家庭户规模平均为 3.64 人。随着独生子女户数增多，全区家庭规模渐趋小型。1994 年，户均人口为 3.27 人。

1997 年，区委成立“五好文明家庭”创建活动协调小组，在街镇开展“五情”（即夫妻恩爱情、父母养育情、兄弟姐妹手足情、婆媳体贴情、邻里互助情）教育和评选“星级文明楼幢”“文明之家”“卫生户”“模范夫妻”“好军嫂”“好婆媳”等系列活动，弘扬家庭美德和社会新风，为创建和谐社区创造良好的社会氛围。至 2000 年，评出市级“好家长”30 户，“廉洁之家”“模范夫妻”“好婆媳”各 1 户。

2000 年第五次全国人口普查，全区家庭户占总人口的 85.39%，平均每个家庭户规模为 3.30 人，比 1990 年第四次人口普查减少 0.34 人。在家庭户中 3 人户最多，达 34079 户，占 30.61%。其后依次为 4 人户占 21.39%，2 人户占 18.52%，5 人户占 11.95%，1 人户占 10.88%，6 人户占 4.13%，7-9 人户占 2.27%，10 人及 10 人以上户占 0.25%。与 1990 年相比，2 人户、3 人户的比重升幅最大，分别上升 4.26%、11.51%。7 人户及以上户则下降 2.52%。

2005 年，每个家庭户规模平均为 3.49 人，比 1990 年减少 0.15 人。是年，区委实施《公民道德实施纲要》，继续在全区开展创建“学习型家庭”“文明楼栋”“美德在农家”等活动。截至 2005 年，全区涌现“五好文明家庭”4 万多户，占总数 51.8%，其中省、市“五好文明家庭”标兵 59 户。

第二章　国土资源管理

1990 年，仓山区主城区陆地总面积 7.92 平方公里。当年根据福州市下达的用地指标，结合实际严格控制报批建设用地。同时，首次将公安机关执法机制引入土地执法，实现公安督察和土地执法相结合的土地管理新模式，及时制止和处理土地违法案件。

1996 年，福州市行政区划调整，农村土地管理、耕地保护开发成为土地管理的重要内容。1999 年 9 月开始编制《仓山区土地利用总体规划》，规划根据土地利用现状、预期的土地需求以及耕地保护等，对全区土地利用作出合理的安排。

2002 年，福州市国土资源局第三分局投入资金建设分局局域网，实现信息化管理，全面提高工作效率和服务质量，同时成立国土资源执法监察中队，加大执法力度，严格制止新违法用地发生，土地监察逐步走上严格执法轨道。

2005年，南台岛建设加速发展，仓山区成为重大投资项目落户的集中地。土地管理以保护国土资源，保障建设发展为中心，加大土地违法案件的查处力度，保证重大基础设施项目规划用地，配合福州市国土资源局完成土地利用总体规划前期工作。当年，福州市国土资源局第三分局更名为仓山分局，下设盖山、城门、金山3个国土所。

第一节　法规宣传

1990年，仓山区土地法规的宣传重点是加强土地危机感、紧迫感和责任感的宣传教育，以提高国土观念。其间运用多种形式，加大媒体宣传力度，参与配合拍摄反映福州市土地管理电视专题片《但存方寸地》，首次将土地法规宣传搬上银幕。

1991年，围绕国务院土地管理综合试验方案提出的要求，开展土地法规宣传。是年6月25日，结合第一个全国“土地日”，在全区开展多渠道、多层次的宣传活动。同时组织相关人员参加市土地局举办的土地经济、土地登记发证、地价测算、土地监察等专题研讨班，进行学术研讨、交流，扩大宣传。1992年后，每年“6·25”土地日前后，均在全区宣传土地法规。

1996年开始，结合开展“三五”普法宣传活动，深入乡镇宣传土地国策、国法。2003年，国土仓山分局根据省国土资源厅部署，把中共中央、国务院《关于进一步加强土地管理，切实保护耕地的通知》精神和经修订的《中华人民共和国刑法》中增设的土地犯罪条款，列入土地管理系统“四五”法制宣传的重要内容。

2005年，土地法规宣传主要围绕大力推进南台岛全面开发建设中心工作，把南台岛发展定位和土地利用结构调整布局与《土地管理法》有关法规宣传相衔接，保证南台岛建设工作顺利开展。当年“6·25”土地日宣传活动，现场发放宣传单150多份，为200多人提供国土资源相关法律咨询。

第二节　地籍管理

一、地籍测量

1990年，国土仓山分局在福州市第二代城市1:500地形图基础上进行地籍图修测、补测。按照地籍测量的规范要求，采用标准图廓（50×50厘米）编制简易地籍图。至1996年，仓山区共完成仓前、上渡测区6.5平方公里的1：500半解析地籍测量；仓山六一南路至白湖亭两侧测区9.2平方公里的1：500地籍数字化测量。2000年，开展六一南路以东5.3平方公里地籍测量工作，5月31日对测量成果进行综合验收，12月底完成全面整改任务。2001年，国土仓山分局对福厦路东侧3个街坊，面积5.3平方公里进行地籍测量，并通过验收。同时完成单位宗地测量117宗，面积2170亩。2002年，地籍管理工作采用以电脑为载体分片、分组包干的组织模式，全年共完成上渡、金山测区2.15平方公里的地籍数字化测量工作。2003～2005年，完成福州会展中心、整个南台岛三、四等GPS控制测量，橘园洲、浦上工业区、金山碧水3期、306-16测区、上渡测区约53平方公里委托外包测量工作，在外包测量过程中加强管理、协调和质量初检工作。全区外包施测单位42宗，面积1402多亩，出图2093宗，晒图2.05多万张；测量规划用地3宗，面积150多亩。

二、土地利用调查

1990年，仓山区土地资源详查工作在试点的基础上全面铺开，详查包括调查准备工作、外业调绘、内业转绘、面积量算与数据统计、图件绘制、调查报告编写、资料立卷归档等，该工作于1992年完成。

1993 年全市汇总仓山区 6 个街道的居民点及工矿用地面积为 1.33 万亩。

1997 年 5 月，执行中共中央、国务院和省委、省政府关于进一步加强土地管理、切实保护耕地的有关文件精神，在全区开展大规模非农业用地清查。2000 年对全区土地利用现状进行全面调查，完成 1999 年仓山区 1：25000 现状图 1：10000 分幅图，并成为全国首批 100 个 1：10000 土地利用现状数据建设示范区之一。

2002 年是实行新土地分类后开展年度土地变更调查工作的第一年，仓山区对有关人员进行培训，还邀请农林大学国土管理专业毕业生参与工作，运用计算机软件技术，按时完成当年土地变更调查，将土地变更调查成果向新分类进行过渡。

2005 年，按照福州市土地利用更新调查实施方案，在全区全面开展土地更新调查工作。

1996 ~ 2005 年仓山区土地利用现状变更情况表

表 3-2-1　　单位：亩

	耕地	园地	林地	城镇村及工矿用地	交通用地	水域	未利用土地	合计
1996	22652.3	49373.9	8494	55511.7	6763.1	51611.8	14712.3	209119.1
1997	22330.1	48039.2	8494	56728.7	6916.7	51606.5	15003.9	209119.1
1998	21876.1	45339.2	8494	60000.7	6916.7	51488.5	15003.9	209119.1
1999	21848.8	44423.6	8494	60749.1	6916.7	51432.8	15254.1	209119.1
2000	22460.1	44532.4	8485.4	60147.7	7182.7	51341.4	14969.4	209119.1
2001	21263.6	43250	8485.4	62729.4	6464.7	52422.5	13588.2	218947.3
2002	27304.9	29912.1	12749.1	70776.1	3537.8	52910.6	11792.8	218947.3
2003	26566.9	27634	12582.8	75245.1	4392.4	51911.2	10634.2	218947.3
2004	21984.6	23643.5	11951.2	85925.3	7077.8	49394.7	10983.7	218947.3
2005	21075.9	23232.8	11950.3	87986.5	7121	49374.6	10716.4	218947.3

说明：土地变更调查工作于 1993 年开展，1996 年完成，并形成初步成果。

三、土地发证

（一）城镇建设用地登记发证

1990 年，仓山区国土分局开展地籍调查工作。当年，完成地籍调查 1157 宗，调查面积 44938.3 平方米。1991 ～ 1998 年全区共完成城镇建设用地登记发证 1.8 万本。

1999 年 12 月，执行《国土资源部关于开展 1999 年土地证书年检工作的通知》精神，国土仓山分局成立土地证书年检工作领导小组，抽调地籍科、办公室、监察科、土地所等多名业务骨干分组分片承包，开展土地证书年检。至 2000 年 5 月 24 日止，全区应年检数 1.8 万本，实年检 1.75 万本，年检率达 97%，符合规定要求。其中年检不合格证 1023 本，根据市国土局意见，处理 810 本，处理率达 79.2%。全区完成个人国有土地使用证 1091 本、集体土地使用证 1233 本、单位 35 宗。2001 年，加强土地登记发证工作，截至 11 月底办证 3119 本，其中国有土地使用证 2812 本、集体土地使用证 307 本。另有单位件 36 本，完成档案装订 7300 本。2002 年，更新作业方式，采用以电脑为载体的新模式，采取分片、分组包干的组织模式。每月发证数从革新前的 300 本猛增到 1100 本。从 4 月份实施作业方式和手段更新开始至 11 月止，共发证 7406 本（国有 7141 本、集体 265 本），其中房改房 6254 本。发证数为全年发证总数的 84.4%（其中房改房为全年房改房发证总数的 89.3%）。是年，共发证 8798 本（国有 8357 本、集体 441 本），其中房改房 7006 本。至 2005 年，仓山区共发放土地使用证 7.19 万本。

（二）农村建设用地登记发证

1996 年，仓山区开始农村建设用地登记发证工作，本着先易后难的原则，采取用地申报、土地勘丈，界址调查、权源收件、补办补遗及用地分割等同步到位的作业方法，对用地位置、时间、现状、性质、类别、用途进行认真调查，原则上以权源证件中的用地范围作为发证权属确认范围，做到不重不漏。当年发放“集体土地建设用地使用证”577 本。

2002 年，国土仓山分局利用乡镇清图对档等资料成果，全面摸清辖区内集体土地登记发证情况。6 月初，连续召开 3 场集体土地登记发证研讨会，探讨集体土地登记发证存在的问题，根据现行的政策、法规，提出相应的处理意见。是年，仓山区共发放“集体土地建设用地使用证”441 本。

2003 年 2 月，根据《福州市人民政府关于开展集体土地所有权登记发证工作的通知》精神，成立仓山区集体土地所有权登记发证领导小组，并在境内开展集体土地所有权登记发证工作。同年 11 月至 2004 年，全区完成 69 个村集体土地所有权地籍调查工作，占应发证 70 个村的 98.6%，完成 201 宗地图绘制及各类面积的量算，调查面积 4006.08 公顷。

2005 年，由于新区开发，涉及土地所有权的变化，暂停农村集体土地所有权地籍调查工作。

第三节 用地管理

一、土地利用规划

1999 年 9 月，国土仓山分局开始编制《仓山区的土地利用总体规划》，2000 年 1 月 28 日通过省市联合评审组的评审，经修改完善后于 3 月 17 日上报市政府，同年 9 月 9 日获市政府审查同意报请省政府审查。

2001 年，国土仓山分局完成仓山区土地利用总体规划图件编辑的计算机化及归档上报工作，实现土地利用规划的数据化。

2002 年，为满足仓山区金山新区建设的需要，经省政府批准，国土仓山分局组织实施《仓山区土地利用总体规划（1997 ～ 2010 年）》修编方案，按照保证重点、集约用地、保护耕地的原则，合理安排各项建设用地，调整后新增建设用地指标 770.8 公顷（占用耕地指标 304.8 公顷），涉及建新镇、盖山镇基本农田保护区 165.09 公顷，在连城县进行易地划补。是年，仓山区作为国土资源部第一批 34 个县级土地利用规划管理信息系统建设试点示范单位，制定《福州市仓山区土地利用规划管理信息系统建设工作方案》，并与杭州网新超图地理信息技术有限公司合作，建立仓山区土地利用规划数据库，开发可推广的仓山区土地利用规划管理信息系统软件，实现国土资源信息系统的互通和共享。

2003 年，国土仓山分局对《仓山区土地利用总体规划（1997 ～ 2010 年）》进行修编，完成金山新区三环路一期周边 108.2 公顷建设项目用地的土地利用总体规划的局部调整，保证南台岛建设开发顺利进行。

2005 年，全区上报 3 宗建设项目用地的规划调整与修改，调整与修改土地利用面积 47.22 公顷，牵涉耕地面积 12.27 公顷、基本农田 14.42 公顷。其中属规划指标内调整的 2 宗，调整土地利用面积 2.6 公顷，牵涉耕地面积 2.25 公顷；属增加指标调整的 1 宗（三环二期工程），调整土地利用面积 44.62 公顷，牵涉耕地面积 10.02 公顷、基本农田 41.42 公顷，完成土地利用总体规划修改 6 宗，面积 248 公顷，用地规划初审 18 宗，面积 102.44 公顷。同时，完成仓山区土地利用总体规划修编和各投资区用地清查的前期工作。

二、建设用地管理

1990 年，仓山区国家和集体建设用地一律报福州市国土局审批，城乡个人建房用地经区土地管理部门审查同意后，报区政府批准。当年审批 75 宗，面积 3219.4 平方米。

1996 年，原郊区 5 个镇划归仓山区后，村民建住宅用地面积控制在每人少于 20 平方米，6 口以上每户要少于 120 平方米。利用荒坡地的可以适当放宽，但每户不得超过 30 平方米。城郊和人多地少地区每人要少于 15 平方米，4 口以上每户要少于 60 平方米。凡申请用地在城市规划区内，应附“建设用地规划许可证”，报区人民政府批准。城镇非农业户口居民建住宅使用集体所有土地的，用地面积控制在每人要少于 15 平方米，4 口以上每户也要少于 60 平方米。当年审批 596 宗，面积 3.75 万平方米。

1998 年，开始清查补办个人建设用地，解决历史遗留问题，当年配合市国土局用地处审核上报国家建设用地 32 宗，面积 197.33 公顷。至 2000 年共审批新建个人住宅建设用地和清查补办 2496 户，面积约 14.98 万平方米。

2001 年，全区共完成福州金山新区、二环路、三环路、战备公路等国家建设用地 40 个项目和村界划定及审核上报工作。配合市局完成建设用地权属定界 12 宗，共 170.80 公顷，及时审核报批金山文体中心、浦上路、仓山科技园（扩园）等建设用地项目 38 宗，共 116.57 公顷，完成金山工业区百万平方米标准工业厂房建设用地动迁交地。同时拓展农村村民建设用地思路。开展统建农民新村试点，实行统一规划、统一设计、统一施工，当年完成审批 19 宗；上报多层配套农民新村 1 宗、108 户；审批村（居）民危房改建 17 宗。2002 年，推进旧村改造、新村建设，坚持“统一规划设计、合理利用土地、保护生态环境、实行一户一宅”的原则，引导新村建设向环境整治型、公寓型、联体建设型、少数别墅型等模式发展，鼓励拆旧建新，年内完成新村建设农用地转用报批 4 宗共 8.89 公顷，审批拆旧建新 10 宗共 0.96 公顷。2003 年，国土仓山分局配合市国土局有关处室及国土资源所，完成金山工业区浦上片 200 万平方米标准厂房建设项目动迁交地以及金山工业区福湾片、义序片、橘园洲吹沙地、金山公园、生活区（三、八、九期）、建新大道、卢滨路、洪湾路、金环路、金榕路、金洲路、飞凰河等重点建设项目的土地权属认定 22 宗共 196.67 公顷，用地种类划分及审核报批 46 宗共 1585.61 公顷。

2004 年，完成国家建设项目用地初审及出具权属证明 28 宗，涉及面积 42.79 公顷。完成分村定界工作 38 宗，合计 520.6 公顷。完成个人建房审批 5 宗。

2005 年，全面贯彻落实国务院进一步治理整顿土地市场秩序的有关精神，开展各类园区的治理整顿，核实各园区用地情况，完成辖区 5 个园区建设用地 1409.23 公顷的调查摸底及汇总上报工作。当年，有众多省市重点建设项目拟在仓山区落地，建设用地分村定界项目有 78 宗，总用地面积 992.22 公顷，共涉及 72 个村，占全区村总数的 63%，完成分村定界 78 宗，面积 992.22 公顷；征地告知项目 23 宗，办理权属证明 22 宗，完成供地及征地 23 宗，面积 93.3 公顷。

三、耕地管理

（一）耕地整理、开发

仓山区行政区划调整后第一次土地整理始于 2000 年，当年 6 月，仓山区开展省级重点耕地开发土地整理项目的前期工作，配合盖山镇政府，对该镇浦口村、竹榄村连片 2300 多亩荒废园地整理项目进行实地调查、外业调绘、可行性研究论证等工作（报省国土资源厅列为省级重点项目）。项目实施后新增有效耕地面积 1500 亩，同时建成以无公害蔬菜基地为主导的高优生态农业示范区。

2001 年，国土仓山分局完成盖山镇浦口、竹榄两村 2300 亩洲地的土地整理项目的可行性论证和报批工作，落实第一期省级土地整理补助资金 120 万元。是年，完成建新镇冠洲村 1680 亩洲地土地整理项目的前期准备工作，作为国家投资土地开发整理项目，获得国土资源部批准立项；完成城门镇五洲片 1276.5 亩洲地、北边洋片 420 亩土地整理可行性论证，分别作为省级、市级土地开发整理项目的报批工作。通过各个项目的实施，全区增加有效耕地面积 4041 亩。2002 年，按照仓山区土地开发整理专项规划，完成国家投资土地整理项目——建新镇冠洲村现代农业示范区（1680 亩）项目工程招投标，落实第一期土地整理补助资金 255.23 万元，项目工程于同年 9 月投入施工。完成省级土地整理项目——盖山镇浦口、竹榄村高优生态农业示范区（2299.9 亩）第一期项目工程招标，下拨土地整理补助资金 120 万元。市级土地整理项目——城门镇北边洋蔬菜区（420 亩）落实第一期土地整理补助资金 34.8 万元。

2003 年，建新镇冠洲村现代农业示范区按项目工程进度下拨土地整理补助资金 245 万元，至 2005 年年底完成总工程量的大部分；城门镇北边洋蔬菜区完成项目工程的验收，增加有效耕地面积 90.2 公顷。

2005 年，仓山区各项建设项目开发共占用耕地 1.050 万亩，通过耕地开发、整理以及园地改耕地后共补充耕地 9121.8 亩，基本实现耕地占补平衡。是年，全区耕地超过保有量总面积为 2.11 万亩。

（二）耕地保护

1996 年，区划调整后，新划入仓山区的基本农田数量为 6031 亩。仓山区根据国务院《基本农田保护条例》和《福建省基本农田保护条例》，开展基本农田保护的划定和管理工作。

1999 ～ 2000 年，全区开展基本农田保护核查工作。通过核查，2000 年仓山区共有基本农田 43 片、6031 亩。根据《福建省基本农田保护条例》，实行分级监控，建全基本农田后续管理制度。在城门、盖山、建新镇土地所配合下，落实保护目标责任，定期组织有关部门对完成目标情况进行检查，2001 年，国土仓山分局配合土地所对全区基本农田保护区开展巡回检查，及时修缮基本农田保护牌，使全区的基本农田得到保护。

2002 年，由于金山新区建设需要，经省政府批准，将 2476.3 亩基本农田调整为建设用地，所调整的基本农田全部实行异地划补。截至 2005 年，仓山区 3554.8 亩基本农田保护完好，没有被非法占用和改变用途。是年，制定《仓山区基本农田保护检查工作方案》，开展自查自纠活动，与镇、村、农户层层签订基本农田保护责任书，并修缮 8 面基本农田保护牌。及时整理上报占用基本农田情况 7 宗 1.57 公顷。

第四节 矿产资源管理

1996 年，螺洲、城门、盖山、仓山、建新 5 个镇划归后，矿产资源管理正式纳入仓山区土地管理领域。当年，对全区矿产资源分布进行勘察，仓山区矿产资源主要矿种有 4 种，分别是分布在城门山、清凉山、高盖山的花岗岩；分布在闽江南北港的建筑用砂；分布在清凉山、高盖山的粘土矿；分布在螺洲的温泉。为矿产资源总体规划修编，提供详细资料。

2000 年 7 月，仓山区开展《仓山区矿产资源总体规划（2001 ～ 2005 年）》修编工作，于 2001 年 6 月 5 日正式颁布付诸实施，同时，完成仓山区矿产资源“三区”（可采区、限采区、禁采区）的划定工作。经政府审批的温泉划定为可采区；闽江采砂及粘土矿划定为限采区。除可采区及限采区外，全区全部划定为禁采区。

2001 年 11 月，根据《福州市仓山区生产小矿实行关闭、淘汰、联合、改造工作方案》的精神，对全区生产小矿进行全面清查，清查治理的重点为无证开采、非法处置转让矿业权和违反“三区”规划乱采滥挖、河道采砂、风景区与公路沿线采矿活动等违法行为，把“关、淘、联、改”工作方案和“青山挂白”治理工作有机地结合起来，进一步调整矿业布局结构，加强宏观调控，及时关闭造成“青山挂白”和低水平开采的矿山。被关闭的矿山绝大部分经过种草绿化治理和岩壁进行喷沥青涂料等治理。同期，开展矿山年检工作，矿山年检率均达 90% 以上，合格率达 100%。至 2003 年年底，由于福州市区“东扩南移”，建设工地有大量的黏土可以用来制砖，同意部分机砖厂延续生产，“限采区”的采矿矿种只剩下砖厂，其余的“限采区”全部强制关闭。

2005 年，《仓山区矿产资源总体规划（2006 ～ 2010 年）》正式颁布，全区有 2 处矿点（城门镇城门村后山采石场和建新镇建平村建平山采石场）作为建筑用石料可采区。闽江建筑用砂由市级行政管理部门进行统一规划，统一安排开采，统一管理。7 月，出台《仓山区查处无证开采矿产资源工作实施方案》，当年全区共发现4宗无证非法采矿，其中2宗没收违法所得，2宗按照有关规定移送司法机关进行查处。

第五节　土地执法监察

1990年，仓山区在土地执法大检查中重点检查擅自占用土地、越权审批、未经批准进行土地买卖或非法转让，以及其他违反土地法行为。对擅自占用土地者或拆除违法建筑，对未经批准进行土地买卖或非法转让者处罚款并没收非法所得，对情节严重的当事人，给予行政处分，直至刑事查处。同时将检查中获得的有关情况与数据，上报市国土资源局备案、存档。是年，土地执法实行公安督察和土地执法相结合的新模式。1991年，仓山土地监察实行“三及时”（及时发现、及时制止、及时处理）和“三到场”（选址定点到场、丈量划界到场、竣工验收到场），并以年发案率、结案率作为考核土地监察工作主要指标。1992～1999年，土地监察工作实行目标管理。根据《福州市土地监察暂行规定》和《福州市违法占地行为处罚若干规定》，由分管区长与土地管理员签订责任状，将土地监察责任目标分解到基层。2000年，国土仓山分局在土地执法检查中，发现有土地违法行为的依法责令停工；对仍继续抢建的，及时组织力量拆除抢建部分。是年，国土仓山分局监察中队先后参与市国土局在仓山区集中组织拆除10起（不含分局自行组织的拆除），参加其他区集中组织拆除4起。全区共处理个人违法案件192件，面积1.32万平方米，其中拆除45件，面积8008平方米；罚款147件，金额61.05万元（当年罚款到位82件，金额35万元）；没收1件，面积147平方米。同时配合市国土局法规监察处、监察大队对去年新土地违法案件处罚未到位的执行工作，督促当事人交纳罚款，全区共督促违法用地户100户，缴纳罚款40余万元。

2001年，全区共处理土地违法案件381件，其中集体案件90件、个人案件291件。处理个人案件总面积5.27万平方米，其中做出拆除处罚的103宗，面积3.57万平方米。市、区法院与仓山国土分局组织4场大型拆除行动，共执行拆除违法用地户21户，面积约5000平方米；罚款164件，处罚金额100.3万元，当年到位110件，金额66.4万元。

2002年，贯彻“预防为主，事前防范和事后查处相结合”的土地监察方针，强化土地所土地监察职能，建立土地所辖内土地违法案件“发现率”量化考核制度、土地违法案件在第一时间报告制度及土地监察工作开展到哪里“便民举报、服务卡”发到哪里等制度，改变土地监察工作随机巡逻发现的模式，使土地监察工作更规范及时。是年，对盖山镇后坂村个别村民擅自在福州亨利达电子设备有限公司征地范围内建的一排8间店面等非法建筑物强制拆除。截至11月底，国土仓山分局共立案查处265宗，面积3.17万平方米，其中罚款92宗（罚款到位62宗，金额29.8万元），拆除43宗（已执行20宗，面积2000平方米，另有16宗申请法院强制执行）。

2003年，采取分片包干、责任到人的办法，加强动态巡查。对巡查中发现新的违法用地现象，立即依法责令停工；对仍继续抢建的，组织力量强行拆除。当年11月建立违法占地动态报告制度，每月定期或不定期报告发现和查处违法占地情况。遇到突发事件和成片违法占地情况的立即报告。对可能发生违章抢建的控制点加强监控，指定基层国土所长、监察科各片片长为第一责任人。对监控点情况漏报、错报或瞒报的，追究各相关人员责任；对未能及时汇总和调控的，追究监察科责任。同时实行控制点挂牌监察制度、全天候巡回检查制度。对巡查中发现的违法抢建行为，立即予以拆除制止。是年，全区共发现违法用地301起，面积3.36万平方米，其中控制制止违法占地苗头62宗，面积8500平方米。立案查处各类违法用地案件239宗，面积2.52万平方米，其中作出拆除处理69宗，面积6623平方米；直接拆除、责令停工等21宗；作出罚款处理149宗，面积1.41万平方米，罚款金额76.9万元；申请法院强制执行14宗。共组织拆除行动36起，拆除各类违法建筑87宗，面积6670平方米；参加市国土局组织的统一拆除行动4起，拆除违法建筑物3900平方米；参加区政府组织的拆除行动3起，拆除违法建筑物2600平方米。

2005年，全区共处理个人非法占地建住宅案件469宗，面积6.54万平方米。组织拆除行动83次，拆除各类违法建筑175宗，面积1.53万平方米；参加市局和市、区政府组织的拆除行动24次，拆除面积2.37

万平方米。2001～2005年，共发现违法占地1952宗，面积23.56万平方米，其中立案和查处1749宗，查处违法占地面积21.34万平方米。控制在违占初始阶段的案件有203宗，面积2.22万平方米。

第六节 机构

1990年，福州市国土资源局第三分局内设办公室、财务科、用地科、地籍科、监察科，下辖建新国土所、仓山国土所、盖山国土所、螺洲国土所、城门国土所5个国土所，共有干部职工27人。1996年，第三分局正式更名为福州市国土资源局仓山分局，下辖建新国土所更名为金山国土所，螺洲国土所与城门国土所整合为城门国土所，仓山国土所与盖山国土所整合为盖山国土所，共有干部职工55人。2005年，福州市国土资源局仓山分局，下设盖山、城门、金山3个国土所，内设办公室、财务科、人事科、用地科、地籍科、监察科及行政服务中心，共有干部职工75名。

第三章 环境保护

1990年，仓山区政府把环保工作列入政府为民办实事的内容。开展环境保护法规宣传和环境污染监督管理。是年，全区49家噪声源单位达标率达85.7%，6个街道实现烟尘排放达标。

1992年起，执行建设项目环境影响评价和环保“三同时”（防治污染设施与主体工程同时设计、同时施工、同时投产）审批制度。对新建设项目“提前介入、现场抽查、主动服务”，对违反审批意见且未经验收合格先投产的建设项目单位，以经济处罚或停产待审处理，从源头上控制新的污染源落地。

1996年，5个镇划归仓山区管辖后，针对农村地区环境污染较为严重的情况，着重开展工业污染源企业排放污染物达标工作，加强内河排污整治和城镇垃圾无害化处理，将南台岛高盖山以北的村庄垃圾统一收集、运输、填埋，取缔沿江禁养区内畜禽养殖场，减少对环境的污染。此后，区环保局加强群众化，网络化，群管群治的管理监督职能。1998年，开始强化监督管理实行烟尘控制区、环境噪声达标区年检制度，2000年开始对排污实施年审制度，使废水、大气污染以及随意焚烧生活、工业及农村垃圾废弃物现象得到有效控制。

2005年，在治理噪声、水、大气污染的同时，开展创建环保模范小区、“绿色小区”和“绿色学校”评比活动。至年末，全区工业废气、废水主要污染物排放总量达到“创建国家环保模范城市”27项考核指标的要求，8个街道继续保持烟尘达标。有34片小区获福州市环保模范小区称号、10个片社区获福州市“绿色社区（小区）”称号。福州环保职业中专学校、福州市永南中学、福州市仓山小学3所学校获福建省“绿色学校”称号，有24所学校获福州市“绿色学校”称号。

第一节 环保宣传

1990年，区创建模范宣传监督领导小组和环境报刊通联站，6个街道也相继成立环保协会，由热心环保事业的退休工程师、医生和居委会干部组成环保宣传监督小组，推行“公众参与，群管群治”。并聘请 108名义务环保宣传监督员，发给环保宣传监督员证，定期或不定期到重点污染源单位宣传监督。形成广泛的群众监督网络。当年，以“二五”普法活动为契机，结合“6·5”世界环境日、“4·22”地球日等纪念日，开展环境保护宣传活动，举办《中华人民共和国环境保护法》宣讲会、培训班，以环保工作搞得较好单位的典型事例向社会宣传环保知识。并指定专人负责环境报刊的组稿和发行工作，发动辖内企事业单位和街、居出环保宣传栏图片专刊和在道路主干道设置环保宣传标语牌，组织民间艺人上街文艺演出，播放环保系列录像带等。

1992年，配合纪念《人类环境宣言》发表20周年，组织军警民艺术团到五一广场进行环保专场演出。其间，先后举办环保讲座6场、座谈会19场，举办环保书画展，出环保专刊108期，播放环保宣传录像20场，并在梅坞开展“6•5”环保宣传一条街活动，接受环保咨询482人次。1994年，区长在区电视台围绕“6•5”世界环境日主题“一个地球、一个家庭”发表电视讲话。区委宣传部、广电局联合举办环保知识有奖征答活动，福州造纸厂举行百人环保知识讲座。同年，在麦顶小学、福建师大附中等学校试置环境保护教育课程，推行环境保护全民教育。1995年，以街道为单位，结合世界环境日主题——“各国人民联合起来，创造更加美好的世界”开展环保宣活动，提高公众参与水平。区环保局与广电局合作开播“环保之声” 电视专题节目，定期定时播放，增加环境保护宣传力度和广度。同时，对严重违反环保法规的单位和个人，进行新闻曝光，对排污单位和违法行为加强社会舆论压力和监督，弘扬先进，敦促后进。1997年6月5日，在中洲公园举办“为了地球的生命”为主题的大型游园活动，印发环境保护教育课本700册。1998年，采取各种群众喜闻乐见，寓教于乐的形式开展“98”中华环保世纪行活动。并通过简报、专刊，及时报道最新的环保动态和环保新科技应用。1999年，组织各镇、街道、社区环保监督员对辖区噪声扰民进行宣传和检查，推进环保宣传社会化。同时，由麦顶小学、仓山小学组织学生向福州市民发出控制“白色污染”的倡议书，使环保宣传更加贴近生活。2003年，开展优秀环保宣传栏，优秀环保志愿者及“6•5”优秀活动奖评选活动，共评出市级优秀环境宣传栏4个，区级优秀宣传栏5个。临江街道、对湖街道、盖山镇、城门镇被评为区“6•5”活动优秀单位。

2005年，开展环保咨询工作进社区活动，对29个“模范小区”进行复查。是年，全区共评出省级“绿色学校”1所，市级 “绿色学校”11所，“绿色社区”5个。

第二节　环境污染

一、水环境污染

（一）闽江污染状况

仓山区四面环江（闽江、乌龙江）。1990年，因城市排污管网不健全，沿江工业废水及生活污水几乎未经处理，直接排入闽江。据统计1994年，福州市污水排放量21252万吨，平均日污水排放58.2万吨，其中工业废水27.6万吨，生活污水27.6万吨。污水处理能力0.86万吨/日，处理率约1.5%。1995年，经检测闽江南台岛周边水域水质为66.7%，以有机污染为主，主要超标项目为凯氏氮、石油类、氨氮。1996年，仓山区投入122.5万元，治理46个污染项目，据市环境监测站监测至2000年，闽江水质指标平均值符合国家Ⅲ类水质标准，但检出各断面氨氮仍有超标。2001至2005年，闽江仓山段水质总体较好，各项指标年平均全部达到国家地面水环境质量Ⅲ类标准。

（二）饮用水源地污染状况

1990年，福州市5个饮用水源地，均分布在南台岛周围水域。据市环境监测站监测，1991～1994年境内各水源地氨氮、浊度、细菌总数、大肠菌群都普遍超标。1994年各水源地饮用水浊度为34，氨氮0.264mg/L，大肠菌44330个/M，细菌总数19023个/mL。1997年饮用水达标率97.2%，水质有明显改善。1998～2001年饮用水率达标率均稳定在97%～98%之间，主要超标项目为粪大肠菌群。2002～2004年饮用水源地达标率均稳定在98%以上。2005年饮用水源达标率为99.85%。

（三）内河污染状况

1990年，仓山区内河有龙津河、港头河、洋洽河、港洲河、河边河5条，1996年区划扩大后，内河增至20多条。由于城区沿河居民生活污水、垃圾粪便直接排入内河，河水受到有机物严重污染，境内龙津河、洋洽河河水均超过国家地面水环境质量五类标准。据市环境监测站监测内河主要污染项目有氨氮、溶解氧、高锰酸盐等。

1996～2000年，境内旧城改造、新区建设步伐加快，加上沿河大量的生活污水、畜禽养殖业、农业用水和企业废水以及工业垃圾、建筑垃圾等倾倒内河，致使内河严重淤积，导致河道变浅变窄，内河污水流速减慢，水体交换缓慢，往往是退潮时污水还未排空，闽江就又开始涨潮，加重内河水质的污染。2001年内河平均污染指数5.50，2005年平均污染指数达9.82。

2001～2005年仓山区内河水环境质量监测结果表

表3-3-1

河流 \ 污染指数	时间				
	2001年	2002年	2003年	2004年	2005年
龙津河	3.60	10.34	11.80	12.76	15.32
洋洽河	7.39	2.75	5.26	9.81	6.34
跃进河	/	/	14.41	13.54	17.03
胪雷河	/	/	5.15	6.37	7.62
红旗浦	/	/	/	/	3.01
平均污染指数	5.50	6.59	9.14	10.60	9.82

说明：仓山区环保监测站于1999年10月通过省级计量认证。2000年才逐步开展常规监测工作，故仅能提供2001-2005期间数据

二、大气环境污染

1990年，仓山区环境空气质量平稳。为福州市无黑烟控制区。据市环境监测站监测，当年城区大气环境总悬浮微粒为0.196毫克/立方米，二氧化硫0.081毫克/立方米，氮氧化物0.032毫克/立方米，降尘率92.3%。1994年，大气环境总悬浮微粒0.202毫克/立方米，二氧化硫0.054毫克/立方米，氮氧化物0.041毫克/立方米，降尘率34.4%。

1999年10月仓山区环境保护监测站开始在福州市第二十九中学实验楼顶设置大气手动监测亭。大气环境质量监测项目有：可吸入颗粒物（PM10）、二氧化硫（SO_2），二氧化氮（NO_2）。据监测，2001年～2005年境内空气污染指数（API）在61-66之间，各项指标均接近空气一类功能区标准，其中二氧化硫、二氧化氮浓度年日均值达到一类标准，主要污染物为可吸入颗粒物。

2001-2005年仓山区大气环境监测结果表

表3-3-2

时间	SO_2（mg/m^3）	NO_2（mg/m^3）	PM10	空气污染指数（API）
2001年	0.026	0.024	0.076	63
2002年	0.016	0.025	0.072	61
2003年	0.008	0.031	0.082	66
2004年	0.012	0.037	0.072	61
2005年	0.015	0.049	0.071	61

三、声环境污染

（一）城区环境噪声污染

1990～1999年，仓山区环境噪声情况均由市测定。1999年10月区环保监测站通过省级计量认证后，

才逐步开展常规监测工作。

2001 年环境噪声监测覆盖面积 15 平方公里（其中城区Ⅱ类区 10.33 平方公里，金山学区Ⅰ类区 4.67 平方公里）。监测结果：区域环境噪声平均等效声级（dB）城区昼间为 54.9，夜间为 48.9；金山学区昼间为 52.6 夜间为 43.6。2003 年增设师大片Ⅰ类区，监测覆盖面积 1.5 平方公里。2001 ～ 2004 年区域环境噪声值较为稳定，变化不大，二类区昼间噪声值 56 ～ 57.6dB 之间，夜间噪声值基本在 46 ～ 47dB 之间，一类区昼间噪声值为 53 ～ 54dB 之间，夜间噪声值在 42 ～ 44.8dB 之间。2005 年，全区环境噪声监测覆盖面积 16.5 平方公里（其中城区Ⅱ类区 10.33 平方公里，金山学区Ⅰ类区 4.67 平方公里，师大片Ⅰ类，1.5 平方公里）区域环境噪声平均等效声级，城区昼间为 56.1dB，夜间为 46.8dB；金山学区昼间为 53.8dB，夜间为 44.6dB，师大片昼间 53.5dB，夜间 43.4dB。

（二）交通噪声污染

1990 年境内道路交通噪声由市监测。当年境内道路交通噪声低于全市均值，5 个街道中有 2 个街道实现噪声基本达标。据市环境监测站监测，1994 年居民、文教区昼间效声级 59.2dB，夜间效声级 49.2dB；混合区昼间效声级 59.5dB，夜间效声 50.4dB；工业集中区昼间效声级 63.6dB，夜间效声 56dB。

1999 年 10 月，仓山区环境保护监测站开始对道路交通噪声进行监测，2001 ～ 2005 年间，对境内 14.55km 路段监测，在车流量不断加大的情况下，交通噪声值基本保持稳定。2001 年平均车流量 1072 辆 /h，效声级 67.1dB；2005 年平均车流量 1502 辆 /h，效声级 67.4dB。

2001-2005 年仓山区交通噪声监测结果个

表 3-3-3

年度	Leq（dB）	平均车流量（辆 /h）	路段长度 (km)
2001 年	67.1	1072	14.55
2002 年	67.2	1135	14.55
2003 年	67.6	1230	14.55
2004 年	67.8	1439	14.55
2005 年	67.4	1502	14.55

第三节　环境监测

1991 年 12 月，仓山区成立环境保护监测站，承担对境内水、气、噪声等环境要素的监测任务及承接用户委托的环境监测，业务上接受福建省、福州市环境监测站的指导。至 1999 年区环境保护监测站配有工作人员 9 人，其中站长 1 人，副站长 2 人，高级工程师 1 人、工程师 4 人、助工 1 人。下设业务办公室和监测室。同年 10 月通过福建省质量技术监测局“计量认证”后，才开始独立对境内水、气、噪声等环境要素进行监测。环境质量常规监测分大气、水、声三项，例行监测采样频率及分析方法示于下表。

仓山区环境例行监测采样频率表

表 3-3-4

采样名称	监测频率（周期）
内河水	每月监测一次
大气	每月监测 12 日，每日采样 24 小时
噪声	区域环境噪声、交通噪声一年一次（秋季）

仓山区大气监测分析方法表

表 3-3-5

监测项目	分析方法	检出限
可吸入颗粒物（PM_{10}）	重量法	0.001 mg/ m^3
二氧化硫（SO_2）	甲醛缓冲溶液吸收—盐酸副玫瑰苯胺分光光度法	0.003mg/ m^3
二氧化氮（NO_2）	Saltzman 法	0.002 mg/ m^3

一、大气环境监测

1990 ～ 1998 年境内大气环境统一由市环境监测站监测。1999 年，仓山区在福州市第二十九中学实验楼顶设置大气手动监测亭 1 座。开始对大气环境质量进行监测，至 2005 年，监测项目有：可吸入颗粒物（PM10）、二氧化硫（SO_2）、二氧化氮（NO_2）。监测频率为每月监测 12 日，每日采样 24 小时，由当日 12 时至次日 12 时；可吸入颗粒物（PM10）每月监测 12 日。

二、水环境监测

1990 ～ 1998 年境内水环境统一由市环境监测站监测。2001 年，仓山区在龙津河（油脂厂）、洋洽河（尤溪洲）设 2 个内河水监测点。采用 GB3838-2002《地表水环境质量标准》，每月对地表水环境质量进行一次监测。2003 年 10 月增设跃进河（东升小区）、胪雷河（胪雷村）2 个监测点，2005 年 5 月又增设红旗浦（翁排水闸）1 个监测点。至 2005 年全区共设有 5 个监测点。

三、城市噪声监测

1990 ～ 1999 年，仓山区环境噪声均由市测定。1999 年 10 月区环保监测站通过省级计量认证后，才逐步开展常规监测工作。2000 年，仓山区受福州市环境监测站委托设立社会区域网格噪声测点 43 个（其中有效测点为 37 个），交通网格噪声测点 20 个。至 2005 年仓山区社会区域网格噪声测点昼夜间共 440 个。每年秋季均按照“环境监测技术规范”及“城市环境综合整治定量考核”要求，开展区域环境噪声（昼间）、道路交通噪声监测。

第四节 环境综合治理

一、水污染治理

1990 年，仓山区以旧城区改造为契机，调整工业企业布局，结合企业搬迁、技改，配套建设废水治理的设施。1991 年搬迁影响南区水厂水源的垃圾转运场和公共厕所、增设倒桶点和垃圾收集点、拆除仓前路沿江居民倾倒生活废弃物的道头、搬迁江心公园渡船码头减轻水体污染。1992 年，开始全面整治龙津河，并对沿江污染源单位的废水污染进行整治，由仓山鹤龄医院投资 7.2 万元，建成 3 套处理废水 PH、大肠杆菌、COD 等医疗污水处理设施。是年，辖区废水排放总量为 7.57 万吨，废水处理量为 1.013 万吨，废水处理排放达标量为 0.177 万吨，工业重复水用量为 0.18 万吨。

1993 年，受生活污水和工农业废水排入闽江的影响，内河水源有机物氨氮、溶解氧、高猛酸盐等指数平均值超过地表水 5 类标准。区环保局对沿江污染源进行整治，在龙津河进行清淤、修砌驳岸，在上渡路建成密封式垃圾转运场，在南区水厂取水口沿岸修建隔离围墙，设置水源保护区标志牌，杜绝垃圾转运对水源的二次污染。同时，开展爱江护江活动，与沿江居民户签订“护江公约”，减少废弃物向闽江倾倒。

1995年，加强基础设施建设，先后完成对湖路1100米下水道明沟改暗沟改建工程；改造17条小街巷，新建十锦住宅小区建成处理生活污水设施；新建4座水冲式卫生公共厕所；建成20个垃圾袋收集点，基本实现生活废弃物收集袋装化，转运垃圾集装箱化。其间，还对沿江重点污染源朝阳造纸厂进行工艺改革和废水直排治理。是年，辖内废水排放总量为3.13万吨，废水处理量为9374万吨，废水处理排放达标量为9344万吨，污水集中处理厂的工业废水排放达2.79万吨。

1996年，新建的住宅小区实行配置二级污水生化处理装置。当年，建成46套污水处理设施。同时，投资960万元，整治跃进河河道；投资122.5万元整治有条件治理污染的造纸、制革、印染、化工、塑料等24家重点污染源企业；关闭福州印染厂、闽江铁红厂、城门潘墩洗染厂、城门金龙皮革制品厂、盖山镇下洲村电镀点等污染源企业。当年，全区工业废水排放总量230.9万吨，经过治理整改达标率88.53%。

1997年，成立仓山区闽江流域水环境综合整治领导小组，下设办公室，加强废水排放管理，增设44套污水处理设备，每月对饮用水源保护区进行一次执法检查。对影响闽江水域环境的25家造纸企业，限定每家纸厂只允许一个排污口，规定每吨纸废水排放量在60吨以下，并安装污水流量计进行监控。强制拆除严重污染环境的盖山镇郭宅村两家电镀点，城门镇湖际村防水涂料厂。城门塑料制品厂和城门光明沙滩拖鞋厂污染治理不力，被加重罚并进行限期治理。盖山镇浦口村个体粉干厂被责令限期治理。城门电镀厂私自开启沿江排放口，部分电镀废水未经处理直排闽江，造成水样监测超标，被处以1万元经济处罚，并责令封死沿江排放口。此外，区环保部门还敦促仓前、临江、上渡街道和盖山、城门镇政府加强沿岸的卫生管理，杜绝乱倒垃圾、污水现象，确保饮用水源达标。是年，监测采样饮用水达标率为97.2%，水质明显改善。

1998年，制订《仓山区饮用水保护区暂行规定》，重点加强南区义序、城门饮用水源保护区周边水域污水排放治理，投资250万元，为14个住宅小区配置18套埋地式无动力生活污水处理装置，日处理生活污水1460吨。辖内聚丰纸业有限公司（原市第二造纸厂）投资80多万元，采用先进技术治理废水，实现废水达标排放。是年，辖内各项水质平均值符合国家Ⅲ类水标准，达标率稳定在97.9%～98%，工业废水排放达标率为78.7%。

1999年，先锋集团先锋纸品厂投资100多万元，建成日处理7200吨的污水处理系统。是年，辖内工业废水排放总量为272.81万吨，与1998年对比工业废水排放量减少146.8万吨，削减率为50%。

2000年，制订《2000年工业污染源达标排放工作方案》，对工业污染企业进行分门别类，制定一厂一策。对城门潘墩造纸厂等8家污染排放超标企业依法执行停业治理。当年，聚丰纸业有限公司投资120万元，引进废水处理技术工艺，造纸废水经过处理后循环使用，实现零排放；下洋卫生纸厂投资10万元，改革工艺路线，处理废水回用率80%。其间，还对辖内福州市永德吉先锋石材有限公司等5家石材加工企业进行石材废水治理，建成29套污水治理设施，实现工业企业排放废水主要污染物100%达标。2001年，整治红旗浦内河，开拓河道3100米，修砌驳岸52.2万立方米，征地30.7亩、拆迁房屋面积6500平方米。

2002年，闽江沿岸水域畜禽养殖场排放的废水成为闽江水域主要污染源，严重影响饮用水源。区环保局配合有关部门对禁养区内的湖边、万里、东升、金星、洽浦、林浦等养猪场和蔬菜科研所养猪场实施关闭、搬迁；对禁养区外的畜禽养殖场限期进行废水达标排放治理。同时，对15家饮食店的油烟、废水进行治理。

2003年，对红旗浦、龙津浦、跃进支河进行清淤整治。其中红旗浦开拓河道3100米，土方量183570立方米，修砌驳岸石方量52168立方米，完成征地30.7亩，拆迁房屋面积6500平方米。2004年，国家发改委正式批准利用亚洲开发银行贷款5.4亿元，仓山区利用贷款，治理南台岛13条内河，总长45.86公里，建设8座节制水闸。是年，对胪雷河域规模化养殖场、省军区后勤部养猪场实施搬迁。对龙津河岸先锋造纸厂废水污染进行治理。

2005年，加大废水治理力度，全面展开内河整治工作，与养殖场及畜禽养殖户签订禁养区内生猪搬迁协议，对自动搬迁的予以奖励，当年共搬迁禁养区内生猪2万多头。同时。对城门水厂浚边村周边6家企业废水进行达标治理。是年，全区5个饮用水源采样监测达标率达99.85%。

二、大气污染治理

1990年，仓山区大气污染主要成因有：工业企业生产使用燃煤锅炉所排放的二氧化硫，制鞋行业使用粘结胶水中含有"三苯"（苯、甲苯、二甲苯）废气污染及机动车辆尾气排放碳氢化合物、氮氧化物、一氧化碳，由此带来环境污染，影响辖区大气质量。当年主要配合工业主管局对工业企业生产排放废气污染进行治理。与辖区内120家重点污染源单位签订环保公约，落实环保责任。1991年，辖内福州市汽车离合器厂投资5万元，治理生产过程产生的盐酸雾废气。市电器灯具厂投资5万元，治理工艺喷气中有机废气。

1993年，仓山区在烟台山建立大气监测亭。同时，利用旧城改造有利时机，开展污染窑炉整治，完成烟尘污染大户福州翻胎厂的搬迁。当年，全区94台炉窑，治理达标率为97.8%。经检测，是年，辖区内废气排放总量12665万标立方米，燃料燃烧过程中废气排放总量为15万标立方米，二氧化硫排放量为202吨。1996年，全区进行排放大气污染物申报登记，依据排污物申报登记统计，辖区内工业企业二氧化硫排放量为265吨／年。排放大气污染物申报登记后，区环保局执行依法收缴排污费，控制工业企业生产排放废气污染，当年依法征收超标排污费220万元。1998年，境内制鞋行业油漆制造业和喷漆行业等产生"三苯"废气的污染源企业快速发展，是年排出"三苯"废气达49310万标立方米。区环保局在加强跟踪监测的同时，对33家小制鞋企业发放限期治理废气通知书，要求对"三苯"废气解吸回收，集中净化处理。同时推广使用"无苯胶水"解决废气排放治理难题；责令关闭青富天福鞋厂等17家"三苯"废气严重超标排放的制鞋企业。

1999年，区政府制订《关于提高空气质量，力争空气稳定在一级水平的工作意见》，在全区推广应用清洁燃料，对49家锅窑炉进一步整改治理，先后有38台燃煤锅炉改烧轻柴油；57家企事业单位食堂和655个饮食服务行业燃烧煤灶全面用油、气、电等清洁燃料。经过治理达标27家，依法关停22家。同时继续加强污染源整治，对17个加油站实施禁售含铅汽油，机动车排放污染超标的要安装净化装置；对制漆生产超标排放的福州澳丽美制漆有限公司实行停产整治；责令关闭福州福丰鞋业有限公司等7家"三苯"废气严重超标排放的制鞋企业，减轻大气污染。当年烟尘实际排放量44.1吨，二氧化硫实际排放量139吨。

2003年，加强塑料行业的废气专项整治，对327家塑料生产企业，采用扶优汰劣的措施，引导大中型塑料生产厂家到各工业园安家，改进生产工艺，扩大再生产，完善环保治理设施和实行ISOI4000环境管理体系认证。

2005年，加强塑料行业的废气专项整治，引导塑料行业向集约化、规范化发展，淘汰家庭作坊式企业。是年，全区54台燃煤锅炉、1622眼大灶相继改烧清洁能源，清洁燃料使用率100%。境内二氧化硫实际排放量由1999年的139吨减至43.97吨。

三、烟尘污染治理

1990年，区环保局强化烟尘控制区管理，对辖内企业烟尘排放情况进行申报登记，并对62台锅炉、7台窑炉、148眼大灶等排放烟尘污染源进行复测，复测率达100%。是年，6个街道继续保持烟尘达标。

1991年，推行排污许可证制度，制订《仓山区烟尘控制区管理规定》采取用油锅炉替代煤锅炉，以控制排放总量。是年，开始每年对辖内生产企业的锅炉、窑炉逐一进行烟尘复测，不合格的限期整治，对无法达标排放的企业加倍征收排污费。

1992年，以创建福厦公路仓山区路段两旁500米烟尘达标控制区为契机，在全区62个单位集体食堂148眼大灶推广改烧型煤。投资15万元，综合整治1台60万大卡锅炉、2台4吨锅炉和1台0.3吨锅炉，提高供热效率，实现消烟除尘达标排放。翌年，加强污染源整治，搬迁烟尘重点污染源企业福州市翻胎厂，拆除17台锅炉、报停26台锅炉，炉窑治理达标率98.1%。

1996年，着重抓新划入的乡镇企业烟尘污染排放。取缔城门镇福濂村两家壳灰烧制厂，强制拆除城门铁红厂。同时，采用“烟尘黑度远距离监视系统”实现锅炉污染源跟踪监测，为烟尘排放总量控制提供科学依据。是年，对全区59台锅炉、2台窑炉、568眼大灶进行复测，全区11.33平方公里烟尘控制区内，烟达标率100%，尘达标率94.9%，窑炉烟尘达标率100%，全区大灶烟尘达标率100%。

1997年，仓山镇东升、湖边、万里、郑安、金星、下湖村划入控制区，控制区面积扩大到15.84平方公里。经监测控制区内59台锅炉复测黑度达标率100%，烟尘达标率96.61%，大灶568眼，烟气达标率100%，59台锅炉实际烟尘排放量51.01吨。

1998年，将建新镇金山学区划入烟尘控制范围，烟尘控制区覆盖面积扩大为22平方公里，控制区内，尘浓度达标率93.22%，烟尘排放量378吨。同时对城门、盖山、螺洲、仓山4个镇23个村，142家塑料制鞋行业的制鞋边角废料、塑料随意堆放福厦公路仓山路段沿线、闽江沿岸进行露天焚烧进行综合整治。

1999年，对辖内东南饲料有限公司等生产企业2蒸吨以下煤锅炉，推广改烧（用）柴油、液化气或电等清洁能源，对13家造纸企业的锅炉、窑炉烟尘排放采用水膜或水封除尘设施。翌年，对盖山镇中亭机砖厂、新安空心砖厂生产过程产生的烟尘排放污染进行治理。

2002年，会同工商、卫生部门对饮食店燃煤炉灶进行专项整治，先后组织11次检查，共检查饮食服务行业486家，检查发现仍在使用燃煤炉灶有265个，当场予以捣毁；对10家不合格的饮食店责令关停。同时，对粉尘污染进行治理，在城门镇下洋村、胪厦村、盖山镇义序村投资区建置固体废弃物焚化炉，集中焚烧处理制鞋企业边角废料、生活垃圾；仓山先锋纸品厂投资30多万元，采用花岩石水膜除尘器处理烟尘，加高锅炉烟囱达28米，改善农村环境质量。

2004年，继续对饮食服务行业燃煤炉灶进行检查，捣毁燃煤炉灶60个，取缔6家群众重复投诉油烟污染严重的饮食店。并通过塑料行业协会规范和建置垃圾焚化炉，解决工厂废料、生活垃圾露天焚烧的污染问题。

2005年，区烟尘控制区的面积扩大到34.48平方公里。是年，对福州业通家居有限公司粉尘污染进行治理，削减工业粉尘的排放量，并与镇村联手，敦促螺洲镇恢复使用焚烧炉，解决垃圾乱倒、乱焚烧问题。至年底，全区建成区内锅窑炉数由1986年的111台减至66台，清洁能源使用率为89%，烟尘排放量达到控制区标准。

四、噪声污染治理

1990年，在仓前地区开展创建噪声达标街道活动，投资30万元，对该地区噪声源严重超标单位的28种362台不同类型噪声超标机械设备进行整治。经过治理49家噪声源单位达标42家，达标率为85.7%。

1991年，结合创建噪声达标区活动，投资229万元，治理固定噪声源258家，经治理达标的有239家，达标率为92.16%，网络布点噪声测试区域噪声值为58.8dB。

1992年，制订《仓山区噪声达标管理暂行规定》和《仓山区关于建筑工地噪声管理暂行规定》，采取群众监督环保检查、登记申报、限制时间、发证作业等办法，加强建筑工地噪声管理。

1993年，全区共有固定声源258家。当年投入229万元，治理达标239家，达标率92.6%，网格布点测试区域噪声值为58.8dB。6个街道相继完成噪声达标区创建工作，实现全区区域环境噪声达标区。

1995年，与交警大队配合控制交通噪声，进行区域噪声功能区网络普测，同时，投资20万元在重点地区布监测点，对环境噪声达标区及“三资”企业、新建企业、建筑工地、娱乐业等噪声污染源进行监测监督。是年，全区固定噪声源248家，拆搬101家，复测147家，未达标9家，达标率为92.5%。网络布点测试区域噪声值为56.9dB。

1996年，限制建筑工地使用高噪声机械设备，调整高噪声施工时间，规定在午间12:00至14:00，夜间22:00至翌晨6:00禁止高噪声机械设备施工作业，需要连续施工的单位，应先由市或区环保部门批准后方可施工。是年，辖内噪声控制区面积为7.92平方公里，固定噪声源116家，监测达标111家，超标5家，达标率为95.68%。

1997年，对工业生产固定噪声源、娱乐场所、商业音响、饮食服务业、建筑施工高噪声，每周监测检查不少于3次，夜间执法检查一次。是年，全区固定噪声源89家，复测达标86家，达标率为96.63%，网络布点测试区域噪声平均值昼间57.3dB，夜间47.1dB。

1998年，环境噪声达标区面积扩大为16平方公里。对夜间建筑工地噪声超标的施工单位，强制性进行征收建筑噪声超标排污费。当年辖内固定噪声源复测达标率为93.24%，网络布点测试平均值昼间57.6dB，夜间48.4dB。

1999年，对噪声达标区内7家超标排放企业进行治理，企业自筹资金38.5万元进行整改。是年，在六一南路、上山路等主干道设置交通噪声显示屏。监测结果，交通噪声为67.4dB，全部达标。

2000年，采取突击检查与日常检查相结合办法，对娱乐及饮食服务场所，商业噪声，工业生产固定噪声，建筑工地施工噪声进行检查，及时制止噪声污染扰民现象。当年旧城区域固定噪声源75家，达标74家，达标率为98.94%，社会娱乐场所噪声10家，复测达标9家，达标率为90%。

2002年，仓山先锋纸品厂投资7万元，对2台锅炉鼓风机噪声进行封闭隔音、消音治理。2003年，环境噪声达标区，一类区面积为6.17平方公里，区域网络监测昼间53.3dB，夜间42.6dB。二类区面积为8.83平方公里，区域网络监测昼间57.1dB，夜间46.9dB。

2005年，全区噪声达标区总覆盖面积达22.74平方公里，噪声达标区覆盖率70.0%。其中一类噪声达标区7.67平方公里。（首山片1.5平方公里，金山学区4.67平方公里）首山片固定声源7家，达标率100%，区域环境噪声，昼间噪声值为53.5dB，夜间噪声值为43.4dB。金山学区固定声源13家，达标率100%，区域环境噪声，昼间噪声值为53.8dB，夜间噪声值为44.8dB。二类噪声达标区面积16.57平方公里，固定声源106家，达标率99%，区域噪声，昼间噪声值为56.1dB，夜间噪声值为46.9dB。

第五节 环境管理

一、污染源调查与监督管理

1990年，制订年终考核评比办法，分解下达环保责任书，区长与6个街道主任、部门领导签订1991年度环保工作责任书，并与辖区内单位签订环保公约。层层落实环保任务指标。同时，与120家重点污染源单位部门签订环保公约，落实环保责任。

1991年，严格控制新的污染源，建立企业污染治理设施运行故障报告制度，定期对污染源进行控制性监测和常规性监测。对医院、工厂的污水处理设施运行率进行严格管理，杜绝擅自停用和闲置；对饮食、娱乐场所、建筑工地的噪声污染进行控制性监督监测；各街道、居委会还与沿江住户签订不得将生活废弃物直接倾倒闽江“护江公约”形成区环保部门、街道办、居委会三级监督网络。其间，区举办单位司炉工及管理人员培训班，组织在建设项目跟踪调查，实施有的放矢的监督。全年，抽查5个已审批的建设项目单位，抽查结果，福建省商业干校汽车修配厂未经验收先投产，且喷漆加工未采取任何防治措施，空压机等噪声超标排放，处以暂停加工生产和罚款处罚；福州永丰五金涂塑制品有限公司和仓山新进工艺印刷厂环保审批手续未办理先投产，分别予以停产罚款处理；福州第七印刷厂铸铅字窑炉报停加封，检查发现因客观原因封条断裂，予以加强保管警告；仓山无线电元件分厂噪声严重超标，责成隔声治理。当年按环保要求审批区、街企业32家（其中合资企业3家）。

1992年，为解决多年来群众反映强烈的福州市翻胎厂污染源重点单位搬迁问题，经协调与盖山乡安置签订合同，顺利完成第一期搬迁任务。当年，共审批新、扩、改和中外合资、独资建设项目62家（其中合资18家）均严格按环保要求予以审批。

1993年，与辖区内95家单位签订环保公约，把烟尘管理摆上重要位置，重新进行普查摸底，建立烟尘控制区卡片档案，对建筑工地、舞厅、卡拉OK厅噪声污染进行监测。加强各项环境评价、审批管理，开展环境保护为经济工作服务活动，促进环境建设项目协调发展。当年，审批22家单位。

1994年，制订《仓山区关于收取建设项目环境保护 “三同时”保证金的暂行规定》，与区人民法院开展法制共建。对33家在建项目单位的建设过程实行“三同时”执行情况监督。是年5月，召开仓山区第二次环保大会，对1993年度完成环保责任书的单位进行表彰，评为先进单位7个，表彰单位6个，会上区长与6个街道主任、11个主管部门领导签订1994年度环保责任书。

1995年，制订《仓山区娱乐业环境管理暂行规定》，加强依法行政的力度，采取限期治理、关、停、并、转等措施有效地监督污染源的防治，对福州化纤厂、仓山饲料厂等20家企业违反《建设项目环保“三同时”制度》，未办理环保验收，擅自投产使用进行处罚。

1996年，城区周边5个镇，划归仓山区管辖后，针对镇企业固体废弃物（含生活、工业及农村垃圾）露天堆放和随处焚烧现象，定点设置远距离测尘仪（烟气黑度远距离监控器），实行连续监控，并在盖山镇、城门镇、仓山镇实行排放污染物申报登记，有481家单位进行申报登记。同时对划归仓山区的5个镇449家企业污染状况进行调查。调查发现：造纸、化工、制革、电镀等企业生产的废水大多未经任何处理直排入闽江；有的废水处理设施擅自停用或闲置，严重污染环境；塑料行业排放的“三合气”无处理废气的设施大量塑料边角塑料焚烧后排放有毒气体严重污染环境造成大气污染；机砖厂的环窑炉排放的烟尘和粉尘超标污染大气；机械行业和金属铸造行业的机床、冲床、空压机、自备发电机、锻造设备等设施老化和厂房简陋产生的噪声超标排放严重污染环境；有的新增建设项目选址不当，在人口稠密的居民点内新办污染型项目以及不执行环保“三同时”制度等问题。区制定以目标责任制为“龙头”的实施方案，投入资金8430.3万元，占生产总值1.7%。对严重污染环境的污染源进行治理。同时，分别与街道、镇及有关部门领导签订环保责任状，责任到人，层层落实，监督检查，严格考核。并采取鼓励群众举报监督和发放整改通知单限期整改办法，进行监督管理，发挥环保监督群众化，网络化，群管群治的监督效能，使废水、大气污染以及随意焚烧生活、工业及农村垃圾废弃物现象得到有效控制。

1998年，对烟尘控制区、环境噪声达标区实行年检制度，强化监督管理，抽调人员组成联合执法队，对福厦公路仓山区沿线、闽江沿岸的城门、盖山、螺洲、仓山4个镇23个村142家企业进行排污整治。对夜间施工的连江县马鼻建筑公司，省建友建筑有限公司建筑工地的建筑噪声严重超标，予以罚款处罚，对拒不执行处罚决定，申请区人民法院依法强制执行处罚。当年，审批新办企业81家，总投资为1.014亿元。投入环境污染治理，城市环境基础设施建设“三同时”项目资金8430.3万元，占生产总值1.7%。

1999年，落实“城市管理年”活动，部署区监测站对辖区污染源进行污染源监测、监督性监测、排污收费监测、“一控双达标”监测、内河水质监测和区域网络噪声监测，为环境管理提供科学依据，为规范监督管理，完善监督制约机制，推动环境管理工作经常化、制度化，确保各项管理措施的落实。

2000 年，对排污申报登记实施动态管理，适时变更登记，并实施年审制度，掌握排污变化情况。排污单位验收后其污染防治设施纳入环保部门的日常监督管理。

2002 年，区环保局组织 3 个工作组，对城门镇、盖山镇、螺洲镇进行塑料行业调查，依法对无工商执照，无环保审批的 30 家塑料厂予以取缔。

2003 年，加强企业生产全过程污染控制，倡导先进生产工艺，淘汰落后生产方式。同时加强跟踪管理，避免重审批，轻管理现象。全年共审批建设项目 252 项，总投资 2.3 亿元共验收检查 145 项，建立建设项目“一厂一档”基础管理。

2004 年，排污企业申报 530 家，发放排污许可证 100 家，环境质量达标监测 268 厂次，当年审批 150 家建设项目。

2005 年，全区 7 个街道、5 个镇所属的环保协会和环保监督小组，参与日常监督活动，对烟控区的烟尘排放，噪声单位的噪声污染和污染源单位废水排放情况进行群众性检查监督，每季度开一次工作例会，检查督促镇、街道与辖区内企事业单位签订的环保公约执行情况，做到“人人关心环境质量，个个参与环境保护”。同时从源头控制环境污染，在引进工业项目时，避免高能耗、高污染的生产项目，确保辖区环境质量。当年，审批建设项目 178 家，验收建设项目 100 家。

二、征收排污费

1990 年，依据“污染者付费”和“排污费高于污染治理成本”的原则，对超标排放污染物的污染源单位开征排污费。排污费实行专款专用，用于补贴城市环境综合整治。当年，征收排污费 12.65 万元，占工业总产值 0.9%。

1991 年，排污费征收执行“两公开一监督”制度，坚持以监测报告为依据，按标准征收。同时加强收费中的停、免、缓审批制度。当年，新开征及调高排污费的企业有 16 家，因故停产而免征排污费 23 家，共征收排污费 13.24 万元，其中废水 2.27 万元，废气 2.63 万元，噪声 5.15 万元，4 小项 2.67 万元。

1992 年，国家环保局对废水、噪声收费标准进行调查与测算，废水、噪声的排污收费标准大幅度提高，同时开征建筑噪声排污费。当年按新颁布收费标准收费，共征收费排污费 29.91 万元，其中噪声 13.98 万元，废气 3.19 万元，废水 10.74 万元，4 小项 2.02 万元，占排污企业工业总值的 2%。

1993 年，对全区污染源企业进行排队，收集监测材料，进行测算，为 61 家单位建立收费档案。同时到重点污染企业进行宣传排污费政策法规。当年，共征收排污费 58.6 万元。

1994 年，运用经济手段，投入环保治理补助金 46.61 万元，占排污费征收总额 71.87 万元的 65%，提高环保补助资金利用率。

1995 年，贯彻国家有关排污收费政策、法规、标准对区内企业进行重新摸底和复测，做到依法征收。当年，征收排污费 79.24 万元。

1996 年，实行排放污染物申报登记，对造纸行业发放排污许可证。着重对乡镇造纸企业、制革厂废水排放进行项目监测，提供数据，为征收排污费提供科学依据。当年，征收排污费 220 万元。

1998 年，采取经常性和突击检查相结合的方式，对污染源治理设施运行情况进行检查，查处不法排污企业，依法征收超标排污费。当年，征收排污费 270 万元。

1999 年，实行排污费“收支两条线”管理制度，足额征收排污费 250 万元，征收面达 100%。

2000 年，随着辖区内工业企业数量增加，加大排污费征收力度，增加污染源控制性和常规性监测的次数，当年，征收排污费 270 万元。

2003 年，实行排污费征收制度改革，排污费征收由人工收费逐步向银行托收过渡，当年，征收排污费 300 万元。

2004 年，规范征收排污费程序。从上门收费转化由企业自行到银行缴费。当年，征收排污费 416 万元。

2005 年，加大对违法排污企业的处罚力度，健全排污费征收环节的制约机制。当年，征收排污费 550 万元。

三、污染投诉处理

1990 年，区和 6 个街道相继成立环保协会，配置专职环保员，聘请义务环保监督员，受理群众对环保举报、投诉。当年收到环境噪声严重超标和烟尘排放投诉共 15 件，涉及单位有省、市、部队、街区等 27 个主管局。为摸清情况，采取走出机关、服务企业、协调协作的办法，结合创建工作进行污染治理。

1994 年，受理群众反映环境污染问题来信来访 16 件，其中区政府领导在群众接访日，接受反映环境问题的投诉 5 件。区环保监理所指定专人现场取证，跟踪检查，当年都得到落实处理，群众基本满意。

1996 年，仓山区监理所每周四上午为群众信访日，听取群众意见和建议。当年，处理反映环境问题的群众来信来访 35 件。

1997 年，重点抓环境污染引起纠纷的协调，受理 6 件反映烟尘污染纠纷事件。区环保局指定专人到现场取证，督促排污者更换、使用油灶，加高烟囱，修复除尘设施和责令停产整治。当年，处理群众来信来访 48 件。

1998 年，配合“110 社会联动服务” 对群众举报环境污染问题现场取证，跟踪调查，及时处理。当年，收到群众信访 65 件，人大、政协提案、议案 6 件，信访办结率 100%。

1999 年，收到反映环境问题信访件 38 件，其中烟尘超标排放污染环境的 18 件，社会噪声污染 2 件，工业噪声排放超标 5 件。在高考期间，还对建筑噪声超标排放扰民的施工工地，进行现场取证，跟踪查处。当年，受理人大、政协提案、议案 4 件，信访办结率 100%。

2000 年，共受理群众信访 71 件，其中烟尘污染的信访 11 件，噪声投诉 60 件。区环保局污管科、监理所根据群众信访派专人到污染源单位检查协调，并加强环境噪声执法检查力度，成立执法队，对违反噪声管理规定的单位认真纠正。

2002 年，完善区、镇、街信访查处网络，支持公众参与环保监督，收到群众信访和举报电话及时查处。当年，落实查处群众来信来访和上级转办 86 件，其中，查处娱乐行业噪声超标排放 15 件、工业噪声 11 件、饮食行业噪声 20 件、其他噪声污染 10 件，上级转办 30 件。同时完成人大、政协提案 5 件，处理率 100%。

2004 年，收到群众反映环境问题信访件 259 件（不含重复投诉件），查处反馈 251 件。对群众多次反映的内河污染和生活污水污染排放问题进行调查取证，调查发现有部分河段，生活污水和畜禽养殖业污水未经处理直接排入内河。采取由镇政府动员小规模养殖户改行、转行和推行规模化畜禽养殖业等措施，做到达标排放。同时，建议加快连坂污水处理厂建设，从根本上解决污水污染问题。

2005 年，建立信访件查处回访制度，对群众反映环境问题信访投诉，及时查处，及时反馈，以减少环境污染信访重复投诉。加大废塑料加工业，塑胶行业，造纸行业违反排污管理的处罚力度，维护群众环境权益。当年，受理群众反映的热点难点投诉 300 多件，做到及时处理、及时反馈。

第六节　管理机构

1990 年 10 月，从区城建局分出环境保护工作职能成立区环境保护局（简称环保局），为正科级机构，内设办公室，综合计划科，污染管理科，宣传教育办公室，行政编制 5 名。1991 年 12 月，成立环保局环境保护监测站，为全民事业编制单位，正股级，编制 15 名（实际人员 18 名），是福州市环境监测系统三级站，主要负责辖内水域和废水、废气、噪声三大类环保监测工作。经费由区财政局拨给部分事业经费，不足部分由环保补助金的 20% 经费中开支。同时，成立排污收费所，为全民事业编制单位，正股级，编制 15 名（集体编制 4 名），经费开支为差额拨款单位。负责征收仓山区废水、废气和噪声等超标排污费，监督检查污染源及环保设施运行和区企事业单位排污申报变更登记，许可证发放。1992 年 11 月，区环境保护局核定行政编制 6 名，内设办公室、污染管理科（加挂区环境综合整治办公室）和综合计划科。1997 年，排污收费所更名为环境监理所。1998 年 6 月，成立区环保局直属环境保护监察中队，为全民事业编制单位，正股级，编制 5 名，经费由排污费中列支。2002 年 6 月，政府机构改革区环境保护局为区政府职能部门，正科级，内设办公室、开发监督科和污染控制科。行政编制 6 名，至 2005 年不变。

第四篇　城乡建设

第四篇　城乡建设

第一章 市政建设

1990年，仓山城区共有干道14条、跨江大桥2座、小街巷276条。当年，仓山区市政建设，主要采取民办公助办法，共集资15.6万元，改造小街巷20条（次），修建下水道808米。1994年起，仓山区加大市政建设力度，把拓建改造观海路作为为民办实事项目，投入400多万元把原路宽6.5米的观海路，拓建为由梅坞路口至闽江大桥全长526米、宽20米的城区南端环岛干道。同时，兴建金山大桥、城门水厂等市政设施。至1999年，先后完成福峡路仓山段、则徐大道、福泉高速仓山段、上山路、仓前西路拓建改造以及鳌峰大桥、金山大桥、三县洲大桥、乌龙江特大桥建设。2000年，福州市加快实施“东扩南进”战略，全面开发南台岛。仓山区结合旧城改造和新区建设，加快城市干道和跨江公路桥建设，改善路网结构布局。同时将小街巷建设和创建国家卫生城市工作结合起来，重点加强维护管理。至2005年，全区有上渡路、三环路一期、浦上大道、闽江大道、二环路三期、金榕路、首山路、林洲路等30条城区干道，179条小街巷以及解放大桥、闽江大桥、乌龙江大桥、洪山大桥、洪塘大桥、鳌峰大桥、金山大桥、乌龙江特大桥、三县洲大桥、橘园洲大桥、尤溪洲大桥11座跨江大桥，城区路网布局日趋合理，城市发展的承载力进一步提高。

第一节　城市干道建设

一、观海路

1994年6月扩建，12月20日提前建成通车。该路段拓建改造列入市委、市政府1994年为民办实事项目，由区市政工程公司担负施工任务。该路段（长526米，宽20米）总投资400多万元。

二、福峡路仓山段

1997年4月动工扩建，年底竣工。该路段从白湖亭至黄山，长1.28公里，宽80米，双向6车道，两侧绿化分隔带各4.5米，道路外侧绿化走廊各15米，为城市一级主干道。路面为四块板结构，埋设2条雨水管，以及自来水、电信、电力电缆等管线。

三、则徐大道

1997年4月动工改建，年底竣工。该路段北起三叉街环岛，南至黄山，是福州南大门主干道，全长3.38公里，其中三叉街至白湖亭段长2.1公里，宽47米，双向4车道，中间绿化带6米；白湖亭至黄山段长1.28公里，宽80米，双向6车道，两侧绿化分隔带各4.5米，道路外侧绿化走廊各15米。该路段围绕林则徐塑像处修建7000平方米的敞开式绿化广场，称林则徐广场。道路等级为城市一级主干道，路面粘块板结构。道路埋设雨水管两条，以及自来水、电信、电力电缆等管线，总投资 9700 万元。

四、福泉高速仓山段

1998 年 3 月开建，1999 年 10 月建成通车。该路段是国内“两纵两横”公路主骨架中“沿海大通道”组成部分，贯通长乐国际机场。从 324 国道黄山至高速公路福州连接线起点秀宅的一级连接线 1.4 公里，建有秀宅高速公路收费站，沿仓山秀宅跨越乌龙江特大桥，止于长乐黄石共 8.77 公里，全段路基宽 32 米，双向 6 车道，设计行车时速为 120 公里。

五、上山路

1998 年 4 月动工改建，年底建成通车。该路段接三县洲闽江大桥南引桥，起于福建师大校部门口，止于三叉街叉路口，为规划内环线南段，全长 1800 米，道路由 8.5 米拓宽至 40 米。全线敷设雨水管道、给水管道、电信管道、液化气管道以及路灯等多种管线，工程总造价 4100 万元。

六、仓前西路

1999 年 11 月 15 日扩建，2001 年 4 月 1 日竣工通车。位于三县洲大桥和解放大桥沿江路段，属城市三级主干道，全长 506 米，宽 21 米。道路埋设雨水、污水、电力、给水、煤气、电信、有线电视等各种管线。工程总投资 297 万元。

七、上渡路

2000 年 11 月 21 日动工改建，2001 年 4 月 1 日竣工。该路东起三县洲闽江大桥南立交匝道口，西接聚龙路，属城市一级主干道，全长 1300 米，宽 42 ～ 44 米。道路埋设雨水、污水、电力、给水、煤气、电信、有线电视等各种管线，总投资 3500 万元。

八、二环路三期（南二环路）

2001 年 12 月 10 日开工建设。三期工程是连接二环路一、二期，形成二环路闭合的关键性工程，也是福州市实施“东扩南进”战略的重要工程。起于西二环路与长汀路交汇处，向南跨越闽江，与聚龙路闽江大道相交后朝东南走向，经鹭岭路、齐安村、首山村、迎宾路，止于则徐大道。工程全长 9.632 公里，其中建设特大桥 1 座（尤溪洲闽江大桥）、互通式立交桥 1 座（聚龙路立交桥）、高架桥和中小桥各 4 座，横穿该路的跨线工程 8 处。同步建设给排水管网，预埋电力、电讯地下管线，配套建设照明、绿化、交通标志、标线、公交站点等，全线按城市快速路标准建设，为一级主干道，道路标准宽度为 55 米，设计行车速度为 80 公里 / 小时。该项目工期 3 年，总投资 12.4 亿元。该期工程于 2004 年竣工，其中尤溪洲闽江大桥至双湖高架段于 2003 年 12 月 31 日竣工通车，双湖高架段至则徐大道于 2004 年 5 月 16 日建成通车。

九、三环路一期

2002 年 2 月开建，年底竣工。该路北起洪塘状元街交叉处，止于浦上路交叉口，为城市快速路。设计行车道速度为 80 公里 / 小时，设计洪水频率为“百年一遇”，桥梁设计荷载为“城 -A 级”，设计抗震烈度为7度。工程配套有桥梁、排水、给水、照明、绿化工程等，总投资1.93亿元。

十、浦上路

2002年3月2日开建，12月31日竣工。该路段北起尤溪洲大桥南立交，南接橘园洲西三环，全长3150米，宽度70米。道路等级为城市快速路，设计行车速度80公里/小时，桥梁设计荷载为“城-A级”。埋设有电信、路灯、雨水、污水、温泉、给水、煤气等管线，总投资1.909亿元。

十一、闽江大道

2002年4月30日开建，10月1日竣工。该路段西起金山大桥，东至尤溪洲大桥，全长2093米，宽度50米，为城市一级主干道。设计行车速度为50公里/小时，洪水频率为“百年一遇”，工程埋设电信、煤气、给水、雨水、路灯等管线，总投资1.113亿元。

十二、洪湾路

2003年9月开建，至2005年年底尚在施工。该路段北起洪塘西三环，沿旧洪湾路往南经金山大道、浦上路至福湾路，全长8780米。金山大道以北宽度为42米，以南为50米；西三环至金山大道长2480米，宽度为25米；金山大道至浦上路长2140米，宽度为36.5米；浦上路至福湾路长3900米，宽度为32.5米。道路沿线共有桥梁7座，配套有排水、路灯、电力、电信、燃气及绿化等设施。西三环道路为城市一级次干道，行车速度为40公里/小时；金山大道至福湾路为城市一级主干道，行车速度为50公里/小时。工程总投资9800万元。

十三、金榕路

2004年3月开建，9月竣工。该路南起金山大道，北接岩洲路，全长785米，宽度32米，配套有排水及附属设施。道路等级为城市一级次干道，设计行车速度40公里/小时，道路构筑物设计荷载为“城-B级”，总投资1200万元。

十四、首山路

2004年10月2日改建，2005年9月竣工。该路段北起上三路、南接二环路。全长1695米，宽度34米。工程分2期建设，一期工程北起上三路、南至万安路，长735米，宽34米，包括路基、路面、排水、路灯、电力、电信、给水、燃气及绿化等配套设施。道路等级为城市一级次干道，行车速度为40公里/小时，总投资1500万元。

十五、南江滨大道

2005年1月27日开建，年底尚在施工。该路段位于闽江南岸，西起解放大桥，东至规划中的前横桥，全长2838米，道路宽40～50米（解放大桥至鳌峰大桥宽40米，鳌峰大桥至前横桥宽50米）。道路设计宽度因地制宜，解放大桥至闽江大桥段不超越原有防洪而采用32米。道路按休闲、生活、交通相结合的城市一级次干道设计。行车速度为40公里/小时。道路横断面布置采用双向4车道，两侧设非机动车道和人行道，道路埋设给水、排水、电力、电信、煤气等管线，总投资8300万元。

十六、林洲路

2005年2月2日开建，10月20日竣工。该路段起于洪湾路，止于滨园路，道路长3191米，宽32米。工程量包括道路、桥梁、排水、路灯、绿化、电力及交通设施。道路等级为城市一级次干道，设计行车速度为30公里／小时，设计荷载“城-B级”，总投资5225万元。

十七、滨园路

2005年2月开建，年底尚在施工。该路段起于金山大堤，止于浦上路，道路全长2440米。工程量包括道路、桥梁、交通工程、雨污水管道、照明、电力管线、绿化及景观工程。总投资4224万元。

十八、建新大道南段

2005年10月21日开建，年底尚在施工。该工程起于金洲南路，止于二环南路，全长1630米，宽48米。工程量包括道路、桥梁、排水、路灯、绿化、电力及交通设施等附属工程。道路等级为城市一级主干道，总投资8036万元。

第二节 老城区小街巷建设

1990年，仓山城区共有小街巷276条，长3.73公里，总面积11.54万平方米，其中水泥路面占73.2%，三合土占12.6%，沥青占10.1%，石阶道路占3%，土路占1.1%，下水道246条，总长2.98万米。当年采取民办公助办法，共集资改造小街巷20条（次），总面积4556平方米；修建下水道808米，总耗资15.6万元，其中集资5万元。同时还以解决居民“排水难”为重点，先后解决因区域地形因素而造成程埔头菜市场下水道系统多年不通畅和仓前路南侧居民排水难问题。

1993年，区政府批转区建设局《关于仓山区旧城改造、新区开发中道路和下水道规划建设管理的意见》，建设部门主动上门，协助开发建设单位进行图纸设计和审核。1993～1995年区建设局介入东升小区、飞凤山庄、解困小区、工业小区、十锦小区、临江大厦、万春二区、科技园小区道路、下水道市政设施的建设和管理，区政府投入工程款810万元，使小区内道路、下水道质量进一步提高，使用功能进一步完善。

1999年，将小街巷建设和创建国家卫生城市工作结合起来，重点加强维护管理，指派专人对全区支路、街巷路况及下水道进行巡查，发现近200起问题，立即安排施工，及时整改。对其中30多条市管道路积极向市有关部门反映和协调，敦促尽早予以解决。是年，通过多种办法筹集资金共修建、改建道路、下水道127条，工程总造价1480万元。根据《城市道路管理条例》，处理各类道路违章40多起；审批破路、接沟390起；清疏下水道、检查井、进水井1.77万座次（起）；更换检查井盖、进水井盖2000多个。

2005年，小街巷因旧城改造，小区整片改造比1990年减少35%，其中上渡街道小街巷道路由1990年21条减至7条，东升街道由12条减至10条，临江街道由90条减至37条，三叉街街道由4条减至3条，仓前街道由58条减至49条，对湖街道由29条减至25条，下渡街道由62条减至48条。当年修复道路、下水道12条，总长600多米，面积4700平方米；新建长240米、宽16米的阵新路；受理破路修复、审批25起；修复井盖丢失缺损300多个；疏通下水道30多起。至年底，全区有支路、小街巷179条，长2.63公里，总面积8.3万平方米，其中高级道路占91.38%。小街巷、支路和市政主干道形成的城区路网布局日趋合理。

第三节 桥梁建设

一、解放大桥

该桥建于宋代，历史上几经修建均未对基础进行改造。1994 年桥墩坍塌，全桥实行封闭拆除重建。1996 年 9 月底竣工并于国庆节通车，总投资 2000 万元。新修桥桥轴线取直，改造利用大桥两端接线及中洲旱桥，新建桥梁全长 565 米，桥宽 12 米。中洲以南部分利用原钢梁为简支梁桥，长 100 米，中洲旱桥 141 米，中洲以北部分采用五跨钢管砼中承式拱桥，是全国第一座五连跨钢管拱桥，中跨 80 米，两侧 4 跨均为 61 米，长 324 米。大桥改造主次突出，结构轻巧，为市区生活性桥梁。

二、闽江大桥

1970年6月建成投入使用。1994年2月7日进行拓宽改建，在桥两侧各加宽5米。加宽后桥面宽27.2米，设 4 条机动车道，非机动车道和人行道各 2 条。桥梁基础采用预应力空心桩，墩身采用空心荷壁墩，上步梁体为钢砼结合梁，结构形式为双悬臂加吊梁，在加宽工程的同时，对原桥和桥北立交桥的伸缩缝、桥石、桥台、栏杆、路灯等结构进行维修改造，并增设过江管线等公用设施，工程按城市一级主干道标准设计。由于原设计标准较低，大桥承台和桩基存在较为严重的病害。市城乡建设总公司于 1999 年委托有关单位对大桥的病害进行全面的水下探摸、检测，先后多次组织国内知名的桥梁专家对桥梁的安全性进行论证和鉴定，鉴定结论为“四类坏桥”。2002 年，市委、市政府决定重建该桥。2003 年 10 月开工动建，2005 年 2 月竣工。重建后的闽江大桥采用 46+75+80+46 米预应力砼变截面连续箱梁结构，全长 370 米，宽 31-36 米，伸缩缝由原桥 14 条减少至 2 条，以提高行车舒适性。大桥按 4 车道设计，后改为 6 车道。

三、乌龙江大桥

乌龙江大桥是一座 T 型钢构桥，飞架在闽江下游乌龙江古渡口上，为 324 国道福厦公路主要桥梁。建于 1971 年 9 月，全长 552 米。桥面行车道宽 9 米，两侧人行道各宽 1.25 米，双向 2 车道，4 墩 5 孔（混凝土）钢构架，采用 8 米宽双箱断面，两侧挑出悬臂板各 1.25 米。T 构与桥台间采用 6 米长搭板连接。中部两个 T 构采用悬拼，两端 T 构采用悬浇施工。下部结构采用钢筋混凝土空心桥墩，最大水深达 26 米，潮差 5 米，并有正逆内两个流向，选用钢板桩围堰管柱基础。最大跨度是 144 米。1999 年大桥全封闭加固整修半年。2005 年，福峡路全线改造拓宽，乌龙江大桥桥面拓宽为 50 米，4 车道。桥下通航净空按一般高潮位（+5.00 米）时保持 12.3 米，桥面中心标高 19.45 米，全桥平坡，桥梁荷载汽车 26，拖车 100。

四、洪山大桥

位于福州西洪路，1981 年 10 月开工，1985 年 12 月建成投入使用。距旧洪大桥上游 150 米，桥长 363 米，桥面宽 15 米，2 车道，混凝土钢筋结构。

五、洪塘大桥

该桥位于福州金山寺上游，1987 年 3 月开建，1991 年 1 月 6 日竣工，总投资 3000 多万元，全长

1849.47 米，48 孔，最大跨径 120 米，主边孔径 2×60 米，福州岸滩 8 孔为 25 米预应力钢筋混凝土柱梁，下部结构分别为 150、180 钻孔灌注桩，桥面车道 9 米，人行道 1.5 米。该桥主孔跨为下承式预应力混凝土三角桁架“T”形钢构，其跨径为当时国内同类桥梁之最。双箱式、无粘结预应力混凝土连续梁是国内首次采用的新型预应力构造体系。1990 年被建设部评为全国施工企业技术优秀项目。

六、江心公园悬索桥

1991 年 11 月 29 日开建，1992 年 9 月 30 日竣工，总投资 383.9 万元。该桥横跨仓山龙潭角与三县洲江心公园之间，全长 247 米，主桥跨径 150 米，中心梁底标高罗零 11 米，桥面宽 4.5 米，设计荷载行人 300 公斤 / 平方米，亦可通行 7 吨以下汽车。两条悬索由 23 根 39 毫米钢丝绳成束组成。桥北端塔架高 16.2 米处设 84 平方米椭圆形观景台，供游客观赏闽江景色。1999 年三县洲闽江大桥建成后，该桥封闭，2005 年列为危桥。

七、鳌峰大桥

1991 年 12 月开建，1993 年 12 月竣工通车，总投资 2.3 亿元。该桥是“八五”计划期间省重点市政基础设施工程，起于连江路光明港，南至白湖亭与福厦公路相接．工程由主桥、南北引桥、南北引道和收费站组成，全长 4485 米，其中主桥长 500.9 米，宽 25.8 米，设 4 条机动车道和 2 条非机动车道及人行道，跨径 70 米。主桥上步结构为 8 孔、预应力砼变截面连续箱梁；北引桥长 795 米，宽 17 米，两侧引桥各长 306 米，宽 8.75 米；南引桥长 382 米，与主桥同宽；北引道接线长 522.45 米，宽 40 米，南引道接线长 2284.55 米，宽 32.4 米；大桥南段的收费站设 8 个收费车道。工程按城市一级主干道标准设计，每昼夜可通行车辆 3.6 万辆。

八、三县洲大桥

1997 年元月开建，1999 年 4 月建成，工程包括延伸道路，总投资 6.2 亿元。工程北起工业路，经大庙路跨闽江及三县洲接上山路，止于六一路三叉街，全长 4619 米，其中引道长 3420 米，宽 43 米。桥梁全长 1493 米，其中引桥长 916 米，主桥长 577 米，宽 28 米。全线按城市一级主干道设计，设计时速每小时 50 公里，设计荷载为 6 道汽车一超 20，挂车一 120 验算。设计通行能力每小时 5408 辆标准小客车，正桥纵坡不大于 2.5%。三县洲以北四级航道通航标准考虑，以南水域无等级航道通航要求，最高通航水位 6.13 米。正桥地震设施烈度为 7.8 度。主桥为独塔单索面斜拉桥，倒 Y 型塔高 105 米（桥面以上部分），塔梁固结。主塔两侧各有 29 对斜拉索，全桥 116 根索。北汊一跨过江，跨径 238 米；南汊利用地形，结合实际多跨布置，斜拉桥部分长 179 米，梁式桥长 160 米。南引桥为两层互通双喇叭立交桥，累计桥长 2594 米，面积 1.25 万平方米。三县洲桥下有 2.5 万平方米的绿地。

九、金山大桥

1998 年 5 月 20 日动工兴建，1999 年建成，总投资 2.3 亿元。该桥是连接金山新区与中心城区的重要跨江桥梁，北起工业路，沿祥板路向南跨越闽江，接金山大道，全长 1335 米，宽 19.5 米，混合 4 车道。其中桥长 790 米，单孔最大孔径 110 米，一般跨径 40-60 米，桥梁设计标值为城市一级主干道，基础采用钻孔灌注桩，设计最大单桩承载力 1.8 万 KN。

十、乌龙江特大桥

位于福泉公路福州连接线，距 324 国道乌龙江公路桥约 220 米。全长 2156 米，宽 33.5 米，上下行双幅开列，双向 6 车道。总投资 2.6 亿元，单孔径最大跨 110 米，一般跨径 40-60 米，该桥采用双线矩形空心桥台，主跨为 (80+3×144+80) 米预应力混凝土连续梁，水中桥墩 10 座，其中主桥墩 4 座，每座共有 16 根钻孔桩，直径 2.5 米，最深要打入水下 65 米，相当于 22 层楼高。1999 年通车，是当时省内最长最宽的公路桥，居全国客运专线桥梁混凝土连续梁类第一。

十一、橘园洲特大桥

该桥东起仓山建新镇互通立交桥，向西跨越闽江南港（乌龙江）后接闽侯上街建平村进入福州大学城，全长 2269 米，桥宽 32.5 米，道路等级为城市快速路，设计行车速度 80 公里 / 小时，桥梁设计荷载为“城 -A 级”。埋设有电信、路灯、雨水、污水、温泉、给水、煤气等管线，桥面设 6 条机动车道和 2 条非机动车道，工程概算总投资 4. 27 亿元。由中铁 大桥局施工，2000 年 12 月动工，2002 年底建成通车。

十二、尤溪洲大桥

2001 年 12 月 10 日开建，2003 年 12 月 31 日建成通车，总投资 1.5 亿元。该工程是二环路三期工程控制工期的关键性工程，由北引桥、主桥、南引桥 3 部分组成，桥梁长 1240 米，桥面宽 30.5 米，双向 6 车道，设计洪水频率为 1/300，抗震烈度为 7 度，四级通航标准，桥梁荷载为“城 -A 级”。该桥采用“预应力砼腹式刚架拱”结构，为国内首次应用的梁拱组合体系新型结构形式，与周边环境和谐统一，层次分明，过渡有序。

十三、闽江大桥互通立交桥

2002 年 6 月 18 日开建，2003 年 12 月 31 日与尤溪洲大桥同时交付使用，总投资 1.89 亿元。该桥北接尤溪洲闽江大桥，南接浦上路，东连二环路三期主线。立交采用三路定向直通，底层环形平面交叉方案，占地 15 公顷，桥梁面积 5.02 万平方米。二环路主线长 1098.21 米，浦上路方向长 795.42 米。立交主线道路等级为城市快速路，设计车速 80 公里 / 小时，设计荷载为“城 -A 级”，路面设计交通量为标准轴载（BZZ-100）-100 次 / 日 x 车道，设计地震烈度为 7 度。该工程组织功能完善，线型流畅、美观，是疏导尤溪洲大桥、浦上路、闽江大桥车流的枢纽工程。

十四、洪湾河桥

2005 年 10 月 8 日开建，年底尚在建设，工程总投资 750 万元。工程位于浦上路与洪湾路交叉口，跨洪湾河，桥长 16 米，宽 37.5 米，工程包括桥梁及两端拉线、跨灯、绿化等附属工程，设计荷载为“城 -A 级”。

十五、浦上大桥

2004 年 9 月 1 日开建，至 2005 年底尚未完工，工程总投资 4.7 亿元。大桥距上游橘园洲大桥和下游湾边大桥各约 4000 米，东起金山新区洪湾路，沿浦上路往西，交三环路，跨越乌龙江，西至上街（大学城）接乌龙江大道，大桥及接线工程全长 3083 米，桥宽 33.5 米，主桥长 1464 米，主孔桥型为全国首座三塔单索预应力砼斜拉桥，边跨为50米等截面预应力砼连续箱梁。金山新区（东岸）引桥长670米，上街（西岸）引桥、引道长948米。工程按城市一级主干道设计，设双向6个机动车道，2个非机动车道，2个人行道，桥梁宽33.5米，道路宽50米。工程跨越三环路采用互通立交，与上街沿江路交会时采用高架桥跨越。

十六、湾边特大桥

2005年开建，项目概算总投资7.09亿元。位于仓山区建新镇湾边村，跨越闽江南港乌龙江，为单片拱加劲刚构连续梁结构拱桥。是福州至永泰高速公路上一座新型结构体系的特大桥。主线为高速公路标准，双向6车道，长3900米（不计算引桥长度），宽34.5米。连接线为二级公路，长3450米。至2005年尚在建。

第四节 道路照明

1990年，仓山区道路照明主要为白炽灯，六一南路、仓前路等主干道开始使用新光源高压钠灯。三叉街至白湖亭原来没有路灯的路段采取民办公助的办法集资安装高压钠灯。

1996年在解放大桥改造中首次使用外形美观、更耐腐蚀的热镀锌喷塑圆锥灯杆24套，首次安装进口的24套功率为250瓦的飞利浦高压钠灯。1998年修建三县洲大桥安装6座72套高30米，功率为1000瓦的高杆灯，照明范围达5万平方米。当年起，逐步将250瓦光源增大到400瓦，路灯照明度也随之提高。

2000年，在金山大道及金山大桥安装4座高25米的高杆灯、827套轮廓灯、24套1000瓦的投光灯以及38套的航标灯、40套航道照明灯。2001年洋洽路改造首次在人行道安装3.6米高顶套式庭院灯16套，以美化路面夜间景观。

2004年，在三环一期、洪湾路、浦上路及闽江大道4条道路的路灯安装工程中，安装12.5米以上灯杆825根、中杆灯16根。灯具多采用性能好、光效高，性价比也比较好的双光源钠灯具，共安装272套功率为400瓦+250瓦的双光源高压钠灯、234套功率为250瓦+250瓦的双光源高压钠灯、功率为400瓦高压钠灯具780套、功率为250瓦钠灯具652套，并在16根中杆上安装功率为400瓦的投光灯具64套。在二环三期工程安装250瓦+250瓦的双光源钠灯具550套、250瓦钠灯具328套。在二环三期尤溪洲大桥安装1000瓦投光灯具32套、400瓦投光灯具32套、3000瓦彩色探照灯6套，安装长1.2米18瓦轮廓灯2764套，突显大桥的轮廓和梦幻景观，同时利于桥上交通和水上交通安全通行。当年在闽江互通立交桥安装30～45米高杆灯14根，安装1000瓦投光灯具108套、桥底安装埋地灯128套。

2005年在全区主干道开始大面积使用绿色节能LED新型光源，可节约能耗66%。

第五节　水厂建设

一、城门水厂建设

城门水厂位于城门镇浚边村蒋宅，占地面积约7.57公顷。1994年12月28日奠基，1996年12月30日建成通水。供水范围为城门镇、螺洲镇及盖山镇部分地区。由于引入变频器能保证电机平稳调速，出厂压力在0.30～0.47兆帕之间平稳变化，确保沿线用户水压优于国家规定标准。

该厂在日常供水中贯穿三级水质监测体系，净水车间检测、厂质管办检测、总公司水质监测站检测，三级统一标准，互为监控，有效地保证出厂水的水质。通过对源水浑浊度、铁、锰等感官性指标，总硬度、氯化物等一般化学指标，氨氮、高锰酸盐指数等有机污染类指标，氰化物、砷、汞等有毒物质等各种监测项目结果分析，水厂取水口的水质符合GB3838-88《地面水环境质量标准》II类标准。

1999～2004年，连续4次对水厂进行全面升级改造。2005年更换原杨州亚太定速潜水泵机组，安装瑞典 FLYCT（飞力）潜水泵变频机组。投入使用后，能根据清水池水位的变化及时调整进水量，确保整个公共流程处于连续生产状态降低电耗。同时安装氯气强力扩散器系统，有效去除滤池面、池壁、砂层上的藻类，达到清水池能持续杀菌的效果。

二、南区水厂改造

1990 年南区水厂日供水量 4.5 万～ 5.9 万吨。1995 年市自来水总公司投资 49 万元建两口面积为 21 平方米的虹吸式双阀滤池，采用均质滤料，建成后水厂滤池面积由 84 平方米增到 126 平方米，滤速降低，出厂水四项指标合格率由 95% 提高到 98% 以上，1996 年投入运行。1998 年 10 月，投资 17 多万元，安装自动喷射混凝剂加药系统，全封闭的闭环调节加药，采用国际先进的单因子在线检测仪，能在最短时间内迅速反映水质、水量、浓度等各项参数的综合影响，并作出反映，实现混凝剂的精确投加，使水质合格率由 57% 提高到 95%。当年为解决仓山部分区域水压偏低，群众用水困难，开始着手对高供水系统进行改造，投入资金 16 万元，在清水池内安装 1 台 250QGW-550-22-55 潜水泵，作为主机向高区供水，使高区供水量由每小时 300 吨提高到每小时 500 吨。1999 年又投资 60 万元，对高区供水设施进行改造，将厂内 300 毫米管改为 400 毫米管，安装 1 台 14sh-10a 型水泵，配置 75 千瓦电机，供水量由原来每小时 500 吨提高到 700 吨。同时将义序机场供水管网并入高区供水管网，使原来水压偏低的岭后路、福建师范大学微生物研究所、海军司令部驻地等区域的水压由原来 0.03Mpa 提高到 0.15Mpa，日供水量增加 3000 吨。

2001 年，根据国家颁布新的水质标准要求，对南区水厂平流式沉淀池进行拦截沉淀工艺改造，使沉淀池出水小于 4 度，大部分时段小于 3 度，接近 GB5749-85 饮用水出厂水 3 度的国家标准。

2003 年根据公司内部生产结构调整，以及福州金山开发区污水处理厂排放水严重污染南区水厂取水口水源的情况，在聚龙路、休闲路将西区水厂的供水管道延伸到龙潭角和仓前一带，把西区水厂的水直接供到仓山区。2004 年元月，拆除南区水厂取水口西泵房的 3 号、4 号机组，安装两台水泵，配两台 75 千瓦的变频电机，在上山路泵房安装一条直径 600 毫米钢管接到厂区清水池。当年 2 月 24 日南区水厂停产并撤销建制，保留一个日供水 8000 立方米调压站班组归西水厂管理，担负仓山地区供水。2005 年为解决仓山首山路沿线水压偏低问题，投资 240 万元，建设南区调压站 5000 吨高位水池一口；投资 20 万元在上山路铺设一条管径 400 毫米管道，由高位水池直接向首山路一带供水。

三、义序水厂改造

1990 年，义序水厂总占地约 1.29 公顷，进水口在乌龙江官缆洲江边，占地约 0.41 公顷。1995 年，因水文变化，受自然环境影响，河床增高，枯水期和干旱年份江面水位下降，影响抽水，甚至出现进水口抽不上水而造成停产的状况。一泵房设计每小时流量 1260 立方米的机泵因进水不足，遇到枯水期都要开 2 台水泵合机进行生产。合机生产能使水量成倍增加，但净水设备超负荷运行影响水质。为解决问题，泵房 2 号机组换上 1 台每小时 1800 立方米的机泵，并根据江面水位升降的变化，对水泵机组开机进行调整，使进水与出水基本保持平衡，避免因机泵超负荷运行影响水质问题。当年投资 10 万元建筑取水点拦沙坝，以控制河沙流入输水管道。

1999 年，对原有的加药系统进行改造，投入使用后，药耗从原来的 28 公斤 / 千吨降到 23 公斤 / 千吨，使该厂水质从 3 度降到 0.5 度左右，优质水合格率由原来 60% 提高到 96%。2000 年采用拦截沉淀新工艺对沉淀池进行改造，安装一种新型填料来拦截矾花除浊。运用新工艺后，沉淀池水浊度均小于 4 度，其中大部分时段小于 3 度，接近 GB5749-85 饮用水出厂水 3 度的国家标准。至 2003 年，义序水厂经过几次扩建改造后，日供水能力达到 3.5 万立方米。由于受出水管网瓶颈影响，实际日供水仅 2.5 万立方米，最高日供水为 2.83 万立方米。当年水厂总供水量达 910.48 万立方米。

第六节 金山污水处理厂建设

2002 年 4 月，福州市建设局委托福州市规划设计研究院和上海市政工程设计研究院共同编制《福州市金山污水处理厂可行性研究报告》。该报告在调研的基础上，对项目建设的必要性、工程实施的可行性进行综合论证，预测污水治理工程服务范围内污水量为每日 6.36 万立方米。污水收集率按 80% 计，污水收集量为每日 5.08 万立方米，由此确定金山污水处理厂的最终控制规模为每日 5 万立方米，污水管网布设结合连坂污水处理厂厂外管网规划，按其远期规模一次性敷设。项目建设与造价根据《福州市金山污水处理厂可行性研究报告》，工程总投资 1.508 亿元，厂区投资 7457.66 万元，管网部分投资 7626.03 万元。金山污水处理厂厂址位于仓山镇联建村，2003 年 1 月初动工建设，2004 年通水试运行，日处理污水 5 万吨，服务面积 20.63 平方公里。厂区部分占地 3.79 公顷，绿化率达 56.8%，总投资 4780.43 万元，分为 3 个标段：01 标为厂区综合楼工程，02 标为厂区构筑物工程，03 标为厂区设备安装工程，均为国内公开招投标。采用 I 型序批式生物反应器处理工艺（I 型 SBR 工艺），经过 2004 年试运行，完成工艺构筑物、设备、自控系统的调试完善工作。

2005 年进行活性污泥培养驯化。当年 9 月，进行新增技改项目的土建施工及设备安装调试。当年处理污水 426.2 万吨，日均处理污水 1.32 万吨，削减污染物 BOD197.2 吨，COD437.4 吨，吨水处理耗电量 0.123 度，实现低能耗运行出水水质在转入稳定运行后全部达标，并优于设计标准。

附：螺洲地热勘探

2005 年，福州市根据螺洲地热出露异常点结合市中心区温泉分部规律，投入资金进行勘探。该项目委托省建设工程物探试验检测中心实施“福州市南台岛温泉构造带大堤电磁测探法”物探勘察。当年 4 月 25 日至 6 月 10 日，由省建设工程物探试验检测中心派出专业技术人员，选用“大地电磁测探”物探法，在测区内布置 15 条电磁测探剖面，实测 326 个电磁测探点。野外数据采集仪器使用美国 EMI 公司生产的 EH-4 连续电导率剖面仪，经野外数据采集后，6 月 11 日至 25 日完成数据处理和反演，并结合地质、水文、物探等多方面进行解译，探明八一水库 - 王庄 - 螺洲构造带在螺洲地区的分布特点，于同年 7 月完成南台岛地区温泉构造物探勘察，提交《福州市南台岛温泉构造带大堤电磁测探法物探勘察成果报告》，并聘请水文地质、物探专家进行评审及验收。

物探结果表明：螺洲地热异常区内沉积覆盖层厚度约为 40 ～ 80 米，区内发现相似的低阻异常带，走向为北北西向（NNW 向），倾角近于直立。这个异常带出现，表明该区域的主要断裂带“八一水库 - 王庄 - 螺洲温泉构造带”的电性反应。根据水文地质资料，螺洲区内北北西向（NNW 向）的大断裂和大面积出露的岩浆岩、火山岩体是形成热水的有利条件。尤其北北西向断裂构造规模大，切割地层深，同时穿过闽江和乌龙江，具备丰富的地表水补给水源。

第二章 村镇建设

第一节 仓山镇

仓山镇地处南台岛中部，位于城乡结合部。1990 年，镇机关驻地首山路长 1.9 公里、宽 8 米，两侧周边分布有 20 多所大中专院校，只有一条公交小巴士线路通行。全镇村落多分布在城区主干道上三路、三高路、首山路、闽江大道南段附近。各村均设有村委会办公楼、老人活动中心、卫生所。村间道路大部分为泥土便道，传统民居多为砖木结构和土木结构，新建房屋大部分为二至三层砖混结构。

仓山镇“三优示范街”(1995)

1995年，仓山镇结合卫生城市创建活动，投入资金150多万元，邀请市政工程管理处进行规划设计，改建首山路。全路段的路面拓宽、路旁绿化、整修地下排水系统、装修沿街店面及市政路灯配套一步到位，使脏、乱、差、挤闻名的首山路达到“三优示范街”的标准。同时按照城区标准进行村镇建设，兴建230平方米的集装箱垃圾转运站1座、标准“三化”厕8座，改善村容村貌和卫生状况。1996年仓山镇政府被福州市委、市政府授予创建国家卫生城市“有功单位”。1992～1996年，各行政村也相继投入资金6000多万元，兴办5个村级工业小区，总建筑面积10万平方米。镇村两级同时投资2000多万元资金，用于完善水、电、路等基础设施，共铺设自来水管道4800米，通往各工业小区水泥路3400米，建设先锋、东升等村4条主干道和35条小街巷道路，总长8100米。1996年全镇农村基本用上自来水，小街巷全面实现水泥化。

1997年，实现农村“办好一所村民文化技术学校、一所幼儿园、一个老人活动中心、一个村民娱乐场所、一家图书馆、一个体育健身场所”的“六个一”工程，逐步完善农村基础设施。镇东部东升、先锋、仓山、万里、金星5个村创办农民娱乐中心，有卡拉OK舞厅、阅览室、农民夜校等文化活动场所。同时投资兴办设施完备、环境优美的村办幼儿园，东升、仓山村幼儿园分别达到省、市级乡镇中心幼儿园评估标准。当年结合“全民健身计划”，先后建成天天高尔夫球场、先锋农民健身室、东升健身娱乐中心、万里游泳池，以及先锋农民体育馆、仓山网球馆、金星羽毛球场等一批大型体育场馆。

2000～2002年，共投资1600多万元，修建南台大道（北段）、先锋堤坝路、省供销学校至外贸学校路段、市福利院至区委党校路段、郑安村至新闻学校路段等19条道路，总长3200米。同时在主次干道安装路灯200多盏。

2003年，以园林绿化工作为基础，推进“园林式乡镇”建设，在原有4.5万平方米公共绿地的基础上，再投入资金165万元，种植亚热带风景树1000株，建成街头小景、花圃15处，完成13条支路的植树绿化，实现条条道路绿化，村村有绿化小广场，各村园林绿化基本做到“五达标”。当年，全镇共建有4个小公园，绿化覆盖率达30%。仓山镇获市“十佳园林绿化先进单位”和省“园林式乡镇”称号。

2004年，闽江大道、南台大道、南江滨大道、首山路相继改扩建完工，仓山镇乡村面貌发生较大变化，房地产业也得到较快发展。翌年，将首山路拓宽改造成30米宽，配套设施较为齐全的城区主干道，有8条线路通公共班车。首山路两旁沿街的建筑大部分为7层住宅楼，住宅楼底层均作为商贸业和服务业用房。先锋农贸市场、绿岛娱乐城、怡美大酒楼、金满堂酒店、牧羊人家酒店、烟山大厦、拓福建材超市等商贸建筑相继建成。至2005年，全镇共开发建成万升小区、航兴花园、怡美嘉园、江南名居、城南名苑、正祥家园、ME时代、滨海嘉年华、香滨风范、中天·金海岸等商品房，以及金骏小区安置房项目，总建筑面积36万平方米，有700多户农民搬进新居。并先后开发6座建筑面积2.26万平方米的大学生公寓，完善高校后勤服务配套设施。同时建成首山片安置房第一期和商品房28座，建筑面积8.2万平方米。全镇基本形成东部发展商贸业、中部发展学区服务业、西部发展工业的格局。

第二节 城门镇

城门镇位于南台岛东部，1990年镇政府驻地敖里村主要街道长1公里，宽26米，水泥路面。有3、4、21、30等线路公共班车通往福州城区。敖里村通往村的道路均为泥土便道，324国道穿镇而过。沿街两侧有百货商店、农业银行、邮电报、粮店、农贸市场、抽纱站、建筑公司、物资公司、花茶总厂等。街附近有城门中学、城门影剧院、城门宾馆、城门卫生院等公共建筑。各村公共建筑主要有村委会办公楼、学校、老人活动中心、农贸市场等，总建筑面积5.73万平方米。村民多为家族聚居，全镇村庄住宅面积142.1万平方米，农民人均居住建筑面积20.3平方米。

城门镇城门村新农村示范点（2002）

当年以“水、电、路、通信”基础建设为突破口，首先对环镇泥土便道进行改造，投入368万元，铺设三角埕至下洋的三级双车道14.7公里，沟通下洋、樟岚、清富、湖际、白云、谢安、安平等村道路。

1991年2月，镇政府投入40万元修通黄山至林浦三级双车道水泥公路2.4公里，黄山、连坂、潘墩、林浦4个村1.5万村民受益。1994年4月，境内324国道开始拓宽改造，由双车道改为四车道，至1995年1月在全省率先贯通。镇政府因此被省委、省政府评为“公路先行工程建设”先进单位。当年由镇村集资3000万元，修筑1条从三角埕至湖际山后新工业区的螺城路，全长2.3公里，宽24米；集资500万元，铺设各村工业小区及村内水泥干道2万多米。同时改造全长3公里，涉及白云、下洋等7个行政村3万人口的三角埕至下洋的支前路。在此期间，相继建成电信大楼，梁厝万门程控固定电话模块局，电话总装机容量达2万门，并完成镇驻地99线路及各村95、96、97、98线路装机任务，电话开始进入全镇居民家中。镇政府同时与福州自来水公司联合在龙江村乌龙江畔兴建日产20万吨的城门自来水厂，由镇政府无偿提供220亩土地及300万美元，余额由市自来水公司承担，当年10月建成，开始通水。国家能源部同期也在谢坑村建成福州南郊变电站。龙昌公司也在樟岗村征地3公顷，投资2亿元兴建龙昌柴油发电厂，1996年龙昌发电厂又新装8条输变电线路，高压线新接13公里，安装变压器99台，发电1.119万千伏安，基本满足全镇用电需求。

1997年，商贸基础设施建设和环境建设同步并举。由龙峰贸易公司投资3000万元，在三角埕建设龙峰贸易批发市场，促进全镇商品流通。同时结合“创卫”工作，把治乱（乱倒、乱扔、乱贴、乱摆、乱占、乱建）和建设小花园、小绿地、小盆景结合起来，增加绿地9.3万平方米。全力投入建设以清凉山为中心的环福州1600亩的“以果代树”绿色屏障工程。镇政府被市委、市政府授予“花园式单位”称号。

1999年，为加快城市建设步伐，城门镇开始对新农村建设进行全面规划，重新布局。同年7月邀请上海同济大学3名城市规划专家和福州规划设计院专家，对城门新镇建设规划进行设计。7月23日，区委、区政府对城门镇新农村建设方案进行研讨论证，通过集居住、商贸、文体为一体的新农村建设方案，并报市委、市政府获得批准。2000年9月开始实施镇中心区的规划建设。采取农村居民新建和旧村改造相结合的办法，建立城门、前锦、白云、胪厦、浚边、清富6个新农村建设示范点，规划用地180亩。至2005年，建成342座新村，安置1600多户农民，改变农村住宅占地多，卫生差的状况，实现环境幽雅，设施齐全，治安稳定的文明社区。同时以整治村容村貌，改善居住环境为重点，规范农民住宅建设的规划审批，加快对25个村的排污、供水、绿化、环卫等项建设，推进新农村建设规划的实施。

2005年，城门镇生产生活用水和电力供给分别由福州南区水厂和南郊变电站全部供给。镇驻地通往各村的环镇 9.2 公里道路和 80 公里的乡村主干道全部实现水泥化，水、电、路、通讯等基础设施基本贯通各村各户。全镇有住宅面积 227.5 万平方米，农民人均居住建筑面积达 32.5 平方米。当年在已建成的城门、下洋等无害化垃圾焚烧炉及黄山村垃圾转运场的基础上，开始筹建连坂污水处理厂，各村庄的环保设施也开始逐步完善。是年，城门镇及下洋、樟岚、城门、龙江、浚边、璧头、连坂等村先后获福州市文明村，市级卫生村和仓山区文明镇（村）称号。

第三节 盖山镇

盖山镇地处南台岛中部，镇政府位于白湖亭。1990 年白湖亭依托周边影院、银行、邮局及省市、乡属企事业单位、商铺，基本形成城镇格局。白湖亭是 324 国道重要起始路段和城市公交枢纽总站之一，多条公交线路途经该地，为 1 路、8 路、17 路、813 路公交线路的始末站。境内主要交通要道为穿越境域的福厦公路和福湾路，各村均有机动车道通达，全镇水电基本畅通，电话实现程控化。葫芦阵新村已具有新农村模式。当年为改造福州南大门和创建福厦文明路，对福厦路和则徐大道进行拓宽改造（其中盖山镇投入 120 万元），并整治周边环境。同时新设置闽江二桥、三桥收费站。

盖山镇金色康城小区 (2005)

1991 年，实施科技兴镇战略，首先对配套设施进行专项整治，将全程 2.4 公里，宽 5 米的白湖亭至义序机场的沙石路面拓宽改造成宽 13 米的水泥路面，并创建“机场文明路”。1992 年该路改名迎宾路，后改盖山路。同时在连江南路东侧高湖、浦下、白湖、后坂所属的地块和福厦路东侧的后坂、屿宅、葫芦阵地块动工兴建仓山高科技园区和盖山投资区，白湖亭至浦下村道路也由沙石路面改建成水泥路。当年在连江南路与则徐大道之间兴建街心公园“林则徐广场”。同时沿迎宾路两侧进行市容改造，兴建盖山中心酒店、盖山宾馆、盖山房地产开发公司办公楼。1993 年又在迎宾路北侧投资 300 多万元，兴建 7 层的盖山科技综合大楼，同时也作为盖山镇政府新的办公楼。至 1995 年，盖山工商所、盖山派出所、农行盖山营业处等办公楼以及小商品综合市场相继建成。则徐大道南侧也建起底层为商铺，楼上为综合办公楼的楼房。盖山房地产开发公司同时在迎宾路下濂村进行旧村改造，建成 7 栋 7 层高的“迎宾苑”小区及安置房“教师楼”。在此期间，村庄道路以及其他基础设施建设也进入高峰期，村庄、小街道路主要工程为明沟改暗沟、石板路改水泥路以及安装村庄路灯。集资 350 万元改建 4 公里长的义序路等 6 条道路。建成北园垃圾填埋场和义序口垃圾密封处理场。利用鳌峰洲大桥和连江南路通车之机，高湖村在该路段投入资金建成“高湖大厦”和“高湖花园”小区以及 7 座标准厂房，沿线仓山高科技园区、盖山投资区、叶下工业小区，逐步积聚形成鞋材、机械加工一条街和横跨福厦路东西两侧的后坂—郭宅商贸一条街。民居以自建为主，各村统一规划，自成一体陆续建成的农民新村占地 150 亩，其中有以安置本村村民为主的浦下农民统建新村和占地近 30 亩的新安村。

1997 ～ 1998 年，基础设施建设以改造市场为主，以民办公助的形式，改造农村露天市场 9 座，占全镇农村菜市场 65%，斥资 90 多万元建成占地 1000 平方米，150 多个摊位的郭宅市场。盖山运输公司也投资建成占地 608 平方米的白湖亭民营客运站，客运站承担福清、长乐、莆田等县市的民营客运。同时开辟高盖山森林公园；盖山有线电视全部并入市有线电视管理。

2000 年后，抓住新区建设契机，不断推进城市化进程。至 2005 年，完成 9.37 公里的阳岐亭至葫芦阵村口连接福厦路的洪温战备路建设和义序路拓宽改造，总投资达 2700 万元，道路两侧村庄也完成路灯安装工程。洪温战备路建成与二环路市区快速道形成打通盖山镇的东西要道。包括福厦路盖山段在内的主干道路经多次改扩建后，构成盖山三纵三横的道路交通网。乡村基本实现村村通水泥路，农村电网经改造后实现同城同价。盖山镇下拨 200 万元对吴山片、义序片自来水管网进行改造，自来水扩容工程总长 7.5 公里，由城门水厂引管连接义序水厂管网至阳岐完成总管铺设。彻底改善 15 个村村民饮水问题。天水村成为盖山镇首个与自来水公司签订一户一表协议的村庄。全镇通过集体、民间、侨台港多渠道集资，建成郭宅楼顶店和江边锦江 2 座农村图书馆、4 座文化宫、34 家老人活动中心、28 座祠堂，为全镇各村庄闽剧、文艺汇演和老年人文体活动提供活动场所。镇内部分亿元村陆续出现一些内部配置齐全，外表造型风格迥异，造价几十万、上百万元的别墅式民居，半田村至浦口村沿线还出现别墅群建筑。盖山房地产开发公司参与开发“迎宾苑”“盖山镇政府机关龙院新村”“高湖花园”“盖山投资区 A 区安置房”等楼盘。随着福州市区“南进”步伐加快，康泰、中佳、绿岛等房地产公司陆续在高湖、江边、跃进、中山、白湖等村开发建设“南湖春晓”“联邦新城”“金浦小区”“江边春晓”“金色康城”“高湖秋苑”等楼盘，其中“金色康城”小区由 22 栋 6 ～ 7 层楼盘组成，可容纳 628 户。全镇 95% 村民住进新居。

第四节　建新镇

建新镇地处南台岛西北端，由郭厝里、洪塘里、馆后、园亭、瓦埕 5 个自然村组成，镇政府驻地位于洪光村。1990 年为乡建制，政府机关位于洪塘街。洪塘街为明代开始形成的古街，街长 200 米，两侧多为土木结构的住宅、商铺，路面以石板铺设，有各种商店 20 余家。镇街设有电话总机交换站，有手摇电话 68 部，自动拨号电话 2 部，乡邮局有长途电话 2 部。洪塘中心小学设在该地区。农村住宅多以“柴栏厝”为主，部分为砖混结构的“洋楼厝”。境内交通以乡村公路为主，主要公路有洋洽至洪山桥的洪洋公路，洪塘至湾边的洪湾公路，洋洽至湾边的福湾公路，洋洽至高宅的十字亭公路，阵坂至新垅口的阵新公路，郭厝里至洪塘街的洪塘公路，其余为乡间简易道路和公路相接。洪塘为通往闽侯上街、南屿等地的古渡口，1991 年 1 月洪塘大桥建成通车，该渡口原有通往南通、南屿、上街等航线的渡船停开。

建新镇淮安农民新村（2005）

1992 年，镇政府投资 1000 多万元将洪塘公路改建成长 2000 多米、宽 12 米的标准混凝土公路，东与闽江大道、西与洪湾路连接。同时在洪塘地区建设 1000 门的程控电话自动交换站。当年 8 月，福州市政府批准在建新镇成立投资区，金山投资区通过科技工业、观赏农业、别墅住宅、商贸旅游的综合开发，建成一个配套高档完整、环境品质高尚、建设水准较高的花园式新城区。投资区整个开发周期规划初定为 10 个，分期分批建设的主要基础设施有跨江新通道闽江第五大桥；新建、扩建 2 座 11 万伏变电站，建设一座 50 万吨 / 日金山水厂，一座占地 30 公顷，日处理 25 万立方米的污水处理厂，建设中学、小学、综合医院以及档次较高的电信、公交、金融、煤气、邮电以及大型绿化等一系列相配套建设。投资区主次干道总长约 60 公里。至 1995 年，共引进开发项目 70 家，开发总面积 1003.07 公顷，总投资约 8.38 亿美元。初步建成 4 个功能区：工业区、旅游开发区、别墅住宅区、农业观赏区。建成 8.8 公里的洪塘路和 2.3 公里的状元路，建成装机容量 4500 门的电信模块局和 11 万伏金山变电站，架设金山工业区专用线路，铺设直径0.5米的过江供水管，日供水达5万吨。工业区招商32家，批租土地67.4公顷，引进外资4.72亿美元。别墅开发预约土地92公顷，共引进外资2600万美元。建筑面积8.3万平方米的淮安农民新村第一期工程竣工，安排村民回迁的同时进入第二期开发。总投资1亿美元的“状元山庄”商贸别墅与状元路沿线开发，首期建成5万平方米住宅楼。

2000年，市政府实施“东扩南进”战略，在建新镇进行金山新区开发建设。陆续对各村进行大面积的征地拆迁，有11个村陆续举村拆迁，其中2001年动迁涉及后曹、卢滨、石边、塘下、翁排、岩洲6个村851亩土地，用于金山生活区一期建设；2002年动迁涉后曹、闽江、卢滨、葛屿、刘宅、新颐、浦上、后巷、港头9个村土地，用于金山生活区二期、市文体中心、浦上大道建设；动迁涉及洪光、麦浦、梅亭、潘边、刘宅、新颐、冯宅、浦上、红江9个村和蔬菜科研场99.8公顷土地，用于金山工业集中区一期建设；2003年动迁涉及刘宅、冯宅、高宅、葛屿、红江、霞镜、浦上、后巷、江边、凤高、透浦、新颐、岩洲、梅亭、麦浦15个村和台屿管理区、投资区3175亩土地，用于浦上工业园区、市级工业区二期建设；动迁涉及潘边、高宅、梅亭、岩洲、上雁、后曹、石边、麦浦、冯宅、凤高、闽江、洪光、半道、后巷、霞境、港头、建平、江边、浦上19个村和建华管理区、投资区单位的2833亩土地，用于金山生活区三、四期、浦上大道、二环路一期、洪湾路以及金港小区建设；2004～2005年动迁涉及麦浦、梅亭、中截、长埕、横龙、岩洲、建平、霞境、半道、高宅、冯宅、红江、江边、玉兰、透浦、凤高、东岭、洪光、阵坂、翁排、莫朱21个村土地，用于红旗浦、福湾工业区、建新大道、金洲南路以及市土地发展中心项目的开发建设。参加金山生活区建设的房地产公司主要有福州市住宅发展公司、融侨、融信、泰禾、名城、三钢、中庚、新榕等开发公司。至2005年，金山生活区1—4期全面完成开发建设，建成300万平方米的中高档住宅社区，入住人口5万多人。总建筑面积200多万平方米的金山工业集中区橘园洲片、浦上片相继投入使用，占地面积1700亩的福湾工业集中区开发面积达6平方公里，总投资8亿元，有368家企业入驻。金山大道、洪湾路北段、金山大桥、浦上大桥相继建成通车，金洲南路全面动工。金山污水处理厂、红旗浦、飞凤河、南江滨公园、金山公园一期、金山文体中心相继建成投入使用。金山新区建设粗具规模，工业化带动城市化的格局基本形成。

第五节 螺洲镇

螺洲帝师之乡（2005）

螺洲镇地处南台岛东南端，距福州市中心12公里。螺洲镇紧靠福厦公路，历史上行政区划多次变化，1990年全镇基础设施较为薄弱。辖区道路以村级道路为主，主要街道为螺洲街，路宽15米，水泥路面。全镇有一座小自来水厂，1所中学、4所小学以及镇卫生院、电影院各一所。镇内还有福建地质学校、省商业学校、省地质干部学校、省公路职业技工学校、市机械职业学校、省武警总医院、省地质疗养院、市职业病医院、市轴承厂、量具厂、粉末厂等省市属单位20多家。当年投入25.4万元建成总长1650米的村级道路。

1992年开始抓主干道建设，投资1000万元对杜园、敖山、乾元、天福的道路进行改造，使之与福厦路相接；新辟天福、乾元、敖山三村头至石山公路、吴厝新村水泥路；重建杜园桥；投资22万元铺设洲尾村、杜园村自来水管道210米、1110米。

1995年，投资4800万元兴建螺洲镇防洪堤工程，工程总长4.8公里，分3期建设。1996年筹集资金500万元铺设自来水管道，并与市自来水公司管网连接，为螺洲镇及杜园村、店前村、居委会、吴厝村和洲尾村提供优质水源。当年镇政府同中国电信公司协商在全镇开通程控电话，改变电话需通过邮局接转的问题。同年投资157万元完成螺排公路排下至杜园段拓宽扩建工程，长度685米。1999年6月，又对螺排公路杜园桥头至螺洲街路段进行改造，该路路基工程总量1.304公里，桥涵洞工程1.304立方米，总投资207万元，当年10月竣工。同年筹集资金500万元，兴建螺洲镇绿色度假园和学生社会实践基地，该基地集教育、农业、观光、旅游为一体，内设有别墅套房、游泳池、迷宫、烧烤、舞厅、沙滩排球场、篮球场、龙舟等设备设施。

2001年开始，重点整治全镇基础设施等投资环境，投资50万元购置2台丰泉LFW-210型一级袋式除尘垃圾焚烧炉，经检验、安装、调试，于2002年投入使用。投资500万元用于改造辖区内主干道路灯工程。动工改建螺洲卫生院和螺洲自来水工程。至2005年，完成交通、通讯、电力等基础设施与福州城区接轨。当年全镇有商业企业36家，其中营业额百万元以上的商业企业5家，有各类商店200多家。拥有石材、食品、塑料、机械、电器、鞋业、服装材料等各类工业企业95家。

第三章 市容和环境卫生管理

1990年，仓山区配合市“创建卫生城市”工作进行市容整顿，全面实施环境卫生规范管理。1992年，《福州市市容和环境卫生管理办法》颁布实施后，仓山区市容整顿力度持续增强，创建国家卫生城市步伐明显加快，城市管理队伍也在迅速成长壮大。

2005年，根据新出台的《关于进一步明确城市管理工作职责分工的通知》和《关于进一步加强市容卫生长效管理的实施意见》，建立健全责任机制、联动机制、检查机制、整改机制、激励机制、责任追究机制、经费保障机制7项工作机制，市容卫生长效管理进一步规范。是年，区城市管理执法大队获“全国级青年文明号”。

第一节 市容整顿

1990年，仓山区成立创建国家卫生城市领导小组，开展创建国家卫生城市宣传活动，组织群众性卫生大扫除。至1991年共出动人员8.2万人次，清理卫生死角300多处。疏沟3583米，粉刷墙壁3150平方米，整修小街巷道路15条，查办违章建筑78起、面积905平方米。

1993年，区委、区政府出台《关于创建国家卫生城市的实施意见》，全区开展以“清垃圾、整摊点”为主的全民卫生突击周活动，福厦文明路仓山段全线（含三优一条街）400多家店面、街道管辖的主干道商店全部签订“门前三包”协议。新建面积40亩的齐安垃圾堆放场，修建六一南垃圾转运站和10座卫生公厕，添置23部清运车辆和70个果皮箱。

1994年，成立由市容、交通、工商分局、卫生、交警三大队、公安分局组成的创卫工作联合执法队，翌年1月，迎接创建国家卫生城市检查，全区组织8830人次、车辆138台次，清理垃圾8750多吨。城管执法部门出动6000多人次，纠正无证摊点、占道摊点1.16万处，拆除旧遮阳、乱挂晒1060起，督促落实门前三包3490起，清理乱张贴6460张，查办“滴、洒、漏”车辆237部，整顿夜市摊点1300起。清理河道6510米，清除漂浮物58吨。

1996年，出台《仓山区创建国家卫生城市和加强城市规划、建设、管理三年规划（1996—1998）》。当年，城管部门实行周六、周日义务班制，对乱占道、乱摆摊、乱挂洒现象进行取缔；区爱卫办投入灭蝇笼8000个、灭蟑药2.35万份、粉剂4吨，对全区7000余条下水道、沟井进行喷药消毒；工商管理部门抓大、中市场垃圾袋装落实工作，添置灭蝇罩245个，整顿饮食业181家、修理业253家。

1997年，组织开展“专项治理”和“百万市民检查创卫”等系列活动。9月区工商部门开展“让市场干净起来”和“最干净和最不干净摊位（店）”评比活动，奖优罚劣树立典型。是年，全区新建3座垃圾集装箱转运站，23座水冲式卫生公厕；完成跃进河整治1862米和沿岸绿化2.5万平方米，龙津浦清淤2650米，土方量3.18万立方米，新砌驳岸1350米；投放灭鼠药到位率达95%、覆盖率达98%，健康教育、食卫公卫、二次供水、市政建设、园林绿化、交通管理、环境保护、路街整治、市民文明素质等方面都取得明显成效。同年，开展联合执法和福厦路沿线市容环境专项整治。先后整治朝阳路、工农路、高湖路、程埔路和白湖亭车站周边摊点的“脏、乱、差”现象，共纠正占道摊点3656起、无证流动摊点3684起并强制拆除福厦路沿线的破旧遮阳物。1998年，仓山区3年创卫工作顺利通过省爱卫会专家考核。翌年通过国家卫生检查组复检考核。至2000年，共处理和取缔各类占道经营、占道作业、店外店2.32万起，劝导纠正无证占道摊点3.76万起，拆除破旧遮阳1.41万起，整顿早夜市摊点1.91万起。

2003年，贯彻市、区两级防治“非典”紧急会议精神，组织专项整治执法队，重点整顿三叉街新村、程埔市场、大平巷市场、金山好日子超市、农大周边、工农路、展进路等摊点集中、人流量大、传染病易传播的地区；选派人员指导帮助各街镇解决城乡结合部和农村地区卫生问题，先后清理城门镇、展进路等地区卫生死角，共清运垃圾437车、计2万多吨，解决垃圾占道或围村、围镇等群众反映强烈的难点问题。随后，又在城门、螺洲、盖山镇的13个村建立垃圾清运试点，其中，城门镇胪厦村、谢坑村、樟岚村，盖山镇江边村、浦下村、仕宅村、北园村、首山村，螺洲镇乾园村9个垃圾转运点投入试运行。

2005年，组织开展清理新村屋顶违法建筑、消除违法建筑安全隐患、节日期间违法抢建和重点项目违法抢建四大专项整治行动，组织较大规模的拆除行动153次，出动执法力量1.72万多人次，拆除面积达6.6万多平方米。

第二节 环卫管理

一、垃圾处理

1990年，区环卫所根据环卫行业新标准对清扫工种实行规范管理，采取按区域路段，以班队监督检查评比的管理形式，完善道路全日制保洁制度。道路清扫实行“五定”（定员、定岗、定责、定质量、定奖惩）、“二勤”（勤普扫、勤收集）、“三清”（扫清、收清、运清）和“两普扫、三收集”（4：30～6：30清扫、收集；6：30～12：00保洁；12：00～14：00清扫收集；14：00～18：00保洁；晚上18：00～23：00为保洁时间），确保主干道全日保洁、路道干净、垃圾日清。

1991年8月开始，由区城管委每年拨给各街道城管分会经费1500元，另由区财政拨给各街道分会2000元，作为各街道城管分会的专项经费（包括新增人员费）。街道道路卫生管理从负责二级道路、小街巷卫生保洁，逐步向负责辖区所有道路清扫保洁转变。

1995年，仓山区在全市率先以4条路段（上三路、三高路、上渡路、连江南路）为管理改革试点，实行“五定三包”（定人员、定经费、定路段、定任务、定质量、包经费、包人员、包质量）的责任制管理模式。当年，全区实行全日制保洁的主干道达到25条、清扫面积117.8万平方米，并在全区推广。1997年，推行垃圾袋装，利用周末卫生日开展清理垃圾、清理乱张贴、清理杂草活动，全区各街道基本实现全日制保洁。

1998～1999年，全区设7处垃圾收集点（转运站），对城乡主干道实行两班保洁制，早班4点至12点，中午班12点至18点，由工人将路面清扫的垃圾运往垃圾收集点（转运站），再运往红庙岭垃圾处理场，日垃圾处理量约为60吨左右。2000～2002年，道路的清扫保洁工作采取以六一南路、则徐大道为中轴，东西两片管理模式。日垃圾处理量约为60-70吨。

2003年5月，区环卫所把征收城市垃圾处理费作为加强垃圾管理的重要措施之一，成立区收费中心，全年征收200万元。随着金山新区道路的不断增加， 2004年4月组建金山、建新两个环卫站。当年5月，该所在全市率先尝试将金山新区39条道路清扫保洁经营权推向市场，进行公开招标。金工物业、金山家园、中青家政、天明保洁等4家公司中标，承包期3年。

2005年8月1日，根据市政府《关于进一步加强城市管理工作的意见》，将233名环卫人员下放到街道，实行“以块为主，条块结合”的环卫运行新机制。当年，全区主次干道“门前三包”推广率已达100%，推广垃圾袋装率达95%，非燃气区袋装率达60%以上；实行全日制保洁的主干道增加到42条、清扫面积294.14万平方米；全区道路清扫面积由1990年的59.9万平方米增加至477.98万平方米；日均处理生活垃圾量由1990年的131吨增加至400余吨。

二、公厕管理

1990年，全区共有43座公厕，其中34座为卫生公厕。卫生公厕造形美观，专人管理。同时组织开展卫生公厕达标评比活动。按座承包，落实责任，实行有偿服务、入厕收费、以厕养厕、全日保洁。公厕承包根据不同地段和人流量，制订承包金额。第一档公厕最多的每座每月上缴200元，最少的10元；第二档公厕保本不上缴；第三档公厕收入少的由环卫所给予适当补贴。承包人员多数系长期从事环卫工作的退休工人或职工家属，也有少数社会人员。当年承包人员5人，承包金额共300元。

1997年改建旱厕19座，全区卫生公厕（水冲式）达到53座。所有公厕均实行承包挂牌服务，制定服务公约、卫生公约、入厕须知及设置监督电话。市、区环卫部门组织专业检查组，采取不定期、不定点、不通知的检查方法，每周至少检查每座公厕一次，并通报检查情况，保证公厕充分发挥服务功能，促进环境卫生整洁。1997～1999年3年“创卫”期间，新建、改建25座水冲式卫生公厕。2003年全区卫生公厕达到66座，为有史以来最多。2005年，由于旧城区改造，相继拆除部分公厕，当年全区卫生公厕总数降为58座。除包干经费的公厕之外，全区公厕有10名承包人员，共上缴承包费1500元。

三、环卫设备设施

1990年，全区共有垃圾收集板车60辆，铸铁果皮箱80个。

1991年9月2日，福州市第一座集装箱吊装式垃圾转运站在仓山区六一南路建成，并投入使用。至1996年仓山区划调整时，仓山区共建有六一南、三叉街新村、上渡、港头、高湖、学区路—劳光6座垃圾转运站，设计日吞吐垃圾总量为310吨，其中10吨1座、40吨2座、60吨2座、100吨1座。

1998年，新增盖山镇义序、城门镇黄山、仓山镇利民路、建新镇马榕—楼下、盖山镇塘池5座垃圾转运站，设计日吞吐垃圾总量为180吨，其中20吨1座、40吨4座。同年，全区更换208个不锈钢果皮箱；并在原有木制板车的基础上，新增不锈钢三轮垃圾收集车65部，用于道路垃圾清扫作业。1999年又新增186部。

2000年按照全市统一部署，将不锈钢果皮箱更换为玻璃钢果皮箱。翌年，撤销塘池垃圾转运站。

2002年1月，六一南路垃圾转运站开始由吊装式改造为压缩式。12月，全市第一座集装箱压缩式转运站建成投产，经过改造和使用除臭剂，转运站安全和卫生性能提高，车次运力增加，噪声及空气污染减少，基本达到无臭效果。

2005年，新建成文体中心、橘园洲、洋洽、浦上4座垃圾转运站，每座转运站投资均达200万元，设计日吞吐垃圾总量为220吨（40吨1座、60吨3座）。当年，全区实有垃圾转运站12座（三叉街新村、上渡、塘池转运站分别于1993年、1997年、2001年拆迁），日吞吐垃圾总量620吨。按照每个垃圾转运站配备2～3辆垃圾运输车的标准，逐步增加5吨或8吨的垃圾运输车，全区共有各类垃圾运输车42辆，新增各类垃圾收集车205辆，共有玻璃钢果皮箱300个。

第三节 内河管理

1991年区成立内河管理站，配备2名管理员、7名护河员，负责港头河、龙津河、洋洽河部分河段（约3000多米）的保洁。

1993年9月，《福州市城市内河管理办法》颁布实施后，仓山区开始建立河道管理制度，形成工作责任制。同时广泛开展宣传教育、治理河道违章。

1996年6月16日，仓山区河道管理站更名为仓山区河道管理所。负责跃进支河（1859.5米）、龙津河（2674米）、港头河（1610米）、洋洽河（4120米）和台屿河下游（500米）的河道管理，配备管理员6名，护河员23名。同年10月，成立区内河整治指挥部，投资668.6万元，对污水直排问题突出的跃进支河进行整治，实施条石挡墙和绿化带种植等项目工程。1997年5月，又投资708.6万元，对部分不规范岸线，河道污染严重的龙津河进行全面整治。完成改弯取直、河道挡墙、河床清淤及岸线绿化等整治工程。整治后，跃进河北园村至福州铅笔厂段河道1860米、五二电台至港头河段2150米，宽度均为12米，河床高程为3.20米，河段长1860米。

1999年10月，结合“创卫”工作，市、区联合开展河道清淤治污行动。同时，建设跃进支河、龙津浦两侧绿化带。共投资63.8万元。

2001年11月开始，参照省水利规划院《南台岛内河整治项目建设书报告》的总体要求，加强河道基础设施建设。2004年1月，由市水利局负责在建新镇洪光村、港头1号建造洪塘引水泵站；装机容量为1960千瓦，出水量达21立方米/小时，对金山生活区内河进行生态注水，以改善金山新区水循环。6月，福州市城市管理执法局、福州市工程咨询中心完成《亚洲开发银行贷款项目：福州市南台岛内河整治工程拆迁安置计划》，明确整治仓山区13条内河任务，预计投资12.84亿元。至2005年，共整治9条河道，计30805.77米，其中：洋洽河上渡段1520米、横江渡2553米、红旗浦3680米、洋洽河中至闽江大道文体中心2600米、浦上路至浦上水闸的浦上河2387.3米、浦上河东的飞凤河814.47米、洪湾河10226米、飞凤河1955米、洪塘泵站至金山公元段5270米。经过整治，全区内河卫生状况得到改善，潮位落差明显，河水自净功能增强。

第四节 管理机构

1990年，仓山区城市管理委员会为科局级单位，与区建设局合署办公，定编8人。同年各街道市容监督员收归区城管委统一管理。区城管委为仓山区创建国家卫生城市领导小组成员单位。1991年8月，各街道成立城管分会，定编3人，为集体编制，隶属街道领导，业务由区城管委指导。

1993年区城管委、建设局、环保局、园林局分离办公。成立区城管委，内设办公室、市容股、卫生股，下辖城管中队、环卫所、内河所。1994年3月，增设法制室。1996年，撤销区城管委，成立区市容管理局，机构级别不变。

1997年初，市市容管理局第一批统一按公务员标准招考城管监察队员，分配给仓山区市容管理局73名。1998年又分配4名。

1998年7月13日，区委、区政府决定，成立区创建国家卫生城市总指挥部，下设办公室，主任由区市容局局长担任。1998年12月14日，区长办公会议决定从区市容局抽调15名执法人员到区建设局专门从事规划行政执法工作，同时将执法人员下放各街镇。

1999年8月30日，区城建监察大队改隶区市容管理局，业务上接受市城市监察支队的监督、指导，机构规格为副科级。

2002年10月17日，撤销区市容管理局，成立区城市管理执法局。区城建监察大队同时更名为区城市管理执法大队，隶区城市管理执法局，其行政处罚权扩展至市容环境卫生、内河管理、城建规划等14项领域。

2005年，区城管执法局面向全国，通过网上报名、笔试、面试，招收公务员30名。当年，全局共有干部职工141人（未含环卫所），其中公务员编制117人，事业编制1人，工人23人。8月1日，区城管执法局将城管队员（40人）、环卫人员（16人）、市容协管员（30人）（连同相关的行政处罚权）一并下放到街镇，实行“以块为主、条块结合”的城管新运行机制。

1990～2005年，区城市管理执法大队先后被授予“市巾帼文明示范岗”“省级青年文明号”“省城建监察队伍达标建设优秀大队”“省巾帼文明岗”、省“十佳”青年文明号、“全国级青年文明号”等称号。

第四章　园林绿化

1990年，仓山区按照一路一特色的要求，全面开展道路绿化景观工程和创建花园式单位活动，提高全区绿化规模和档次。当年全区有4个公园，建成绿化总面积180公顷。2000年仓山区被全国绿化委员会授予“全国造林绿化百佳县（区）”。至2005年末，全区公园达11个，专用绿地226.14公顷，有68个单位、小区、街（居）、镇（村）分别获全国、省级绿化先进称号，其中9个单位获全国绿化先进称号、59个单位小区镇村获省级绿化先进称号。

第一节　公园

1990年，仓山区有烟台山、江心、仓前、中洲岛4个公园，总面积11.46公顷。

1997年，仓山区开始建设高盖山公园、林则徐广场公园，东升公园和广福山公园，至2000年公园增加到8个，面积126.33公顷。

2001年，随着福州市城市建设东扩南移，又先后建成闽江公园（南园）、金山公园、湿地公园，至2005年公园数达11个，面积增加到800.93公顷。

烟台山公园　位于仓山区梅坞（亦名藤山）顶，海拔46.15米，总占地2.11公顷。公园始建于1962年，1964年10月1日建成对外开放。“文化大革命”期间，被辟为农场，公园设施尽毁。1972年以后开始重建，先后依山势修建亭台楼阁、曲径迴廊，清池喷泉、叠石假山、石椅、石桌等园林景观及基础设施，种植榕、樟、木棉、梧桐、美洲松和南洋杉等树木3000多株。后在原来基础上又扩大公园的规模，对园中景观进行改造完善，补种各种梅树百余株及花草树木，公园绿化面积达70%以上。2005年公园内的主要景点有：古烟台遗址、卧琼桥、月宫门、假山叠景、清池喷泉、曲廊、观梅亭等。

高盖山公园　位于首山路高盖山，为1996年区委、区政府作为为民办实事的重点项目筹资兴建。公园海拔202.2米，总占地240公顷，公园建设规划面积为180公顷。古来福州民间曾有“一旗（旗山）、二鼓（鼓山）、三高（高盖山）、四虎（虎头山）”之说。据《八闽通志》记载：“高盖山为郡前第三山，相传汉代牧童徐登获修行炼丹秘诀，在此山修炼，后入永泰县高盖山升天，后人建庙纪念，也把此山称高盖山。”公园内山道曲折缠绵，沿途山峦重迭、松柏苍翠、浓荫盖地、寂寥幽清、景色宜人。山上有始建于唐代的妙峰寺及海灯法师纪念堂飞瀑流泉、花红满溪的桃花溪、千年古泉仙人井、波光粼粼的仙人湖；神奇传说的青龙池（天池）、天然观音摩崖石像及照天君祖庙、华严台摩崖题刻等历史悠久、富有文化内涵的古迹遗址。2000年后，区政府将高盖山公园建设列入年度为民办实事项目之一，结合公园的特点，在原有景观设施基础上，投入资金，结合山形、地貌、林木、植被、古迹遗址等特点，先后完善公园路网、古迹遗址、亭台楼阁等基础设施，新建3000多米登山路网直达山顶，与原有的登山道形成环状的登山路网。2005年该公园成为依托自然景观、突出寺庙文化内涵、集健身、休闲、娱乐为主的综合性山地公园。

林则徐广场公园 公园位于白湖亭，是1997年为迎接香港回归而进行扩建改造的一个街心广场公园。该广场公园总占地面积为1.36公顷，建设采取传统中轴规则阶梯渐进式的布局，由南向北分3个层次递进：第一层次为文化活动区，场内设置舞台、园灯、音响，可容纳近千名观众，既可供群众娱乐健身，又能作为大型活动和演出的场所；第二层次为休憩游览区，中间4个大花坛和小型喷水池构成休憩观赏区，34株翠柏树立两旁，两侧以大片草坪花卉和地被植物映衬，供游人休闲、观赏。第三层次为纪念瞻仰区，以12.96米高的林则徐铜像为中心，铜像平台四周环绕大型喷水池，种植22株铁树，铜像后面是3米高、10米宽的虎门硝烟大型壁雕，再现了100多年前林则徐虎门硝烟的情景。中心区北侧的广场绿地应群众活动需要于1998年扩建。

仓前公园 公园位于仓前路北侧闽江畔。公园始建于1988年，为敞开式、开放式带状公园。公园全长780米，总占地1万平方米。建设突出以绿取胜的特色，移植榕树、蒲葵、铁树、假宾郎、伊拉克蜜枣、长短穗鱼尾葵、皇后葵、南洋杉等数十种植物，并按树木种植种类划分4个分区，时被称为植物公园。由于受到闽江水流长期的冲刷，公园沿江驳岸出现大面积坍塌，园中园林景观设施受损严重。 2002年，该公园结合闽江岸线整治，对公园进行改造，并在防洪堤外建占地2800平方米大广场和体现中国水利历史文化的雕塑长廊。堤内侧对林觉民烈士广场及公园的园林绿化、灯光夜景工程进行整治改造，完善公园的旅游服务配套设施。

闽江公园（南园） 原名南江滨公园，位于闽江大道西段沿江。原是滨江的河滩杂地，2001年因地制宜，随形就势，建成全长6.5公里，总面积0.4平方公里的生态公园。公园有泽南方舟、江畔闲情、梦里田园、十里花径、荷塘月色、童趣天地、日沐椰风7个景点。是个集生态性、亲水性、游乐性为一体，融入人与自然和谐统一造园思想的生态公园。

金山公园 公园位于金山新区东部，毗近乌龙江畔，2003年7月开工建设。公园全长1.8公里，总面积31.6万平方米，其中绿地面积16万平方米、水面积达13.2万平方米，总投资8000万元，2004年元月建成开放。公园以洪湾河为依托，分“闽川田韵”“雁行芳洲”和“洪湾珑翠”三大景区，是集生态性、亲水性为一体的休闲公园。建设过程中保留原有的大树和植被，最大限度保留原始生态自然景观。

乌龙江湿地公园 公园位于三环路外侧乌龙江畔，总面积243公顷，2003年4月底建成开放。公园由湿地生态恢复与重建区、湿地生物多样性科普区、芦苇荡生态旅游区、原生湿地保护区及堤内市树园等5个部分组成。建设本着重自然，尽量减少人为干扰的原则，利用木栈道组织生物多样性生态旅游，展现乌龙江优美纯朴的自然风光及人与自然和谐共存的理想境界。

第二节 绿化

1990年，仓山区按照新建一条路、绿化美化一条街，追求一街一树种，一路一特色的要求，实施以大叶榕、高山榕、天竺桂、芒果、羊蹄甲等树种为骨干，广泛种植花灌木和地被植物和乔、灌、花、草相结合，多层次的绿化配植。是年，全区建成区面积为7.92平方公里，绿化总面积180.01公顷，其中道路绿化里程68.81公里，公用绿地覆盖面积40.17公顷，人均公共绿地面积2.01平方米。

1997年，建成区面积增至20.08平方公里，城区人口21万人，建成区绿化总面积达293.33公顷，其中公共绿地面积109.06公顷，人均公共绿地面积5.19平方米。当年重点对连江南路、上三路、三高路、六一南路、则徐大道、福峡路（白湖亭－黄山）、聚龙路、316国道（洪山桥－洪塘大桥）等主次干道绿化进行全面改造，完成辖区南大门、西大门外延道路绿化工程。南大门道路绿化起自闽江大桥（六一南路），止于高速公路黄山连接线，全长5公里多，其中三叉街至白湖亭路段2.1公里，道路中间设3～6米宽绿化分车带，道路两旁植千余株大榕树，配套建设林则徐广场绿地和三叉街绿岛，白湖亭至黄山段1.28公里设9米宽绿化分车带，种植美丽针葵、海棠、一品红、菊花、丰花月季等棕榈科植物、花灌木、榕树和常年开花植物，构成红、黄、绿相间彩带。南大门道路两侧设15米宽绿色走廊，种植香樟、白玉兰、木棉、假槟榔、蒲葵等 10 多种乔木，构成亚热带丛林植物群落，形成榕城特色的南大门绿色通道。西大门道路绿化起于洪山桥头沿 316 国道至洪塘大桥，全长 2 公里，道路两侧植榕树 457 株，在洪山桥头辟有 3500 平方米的绿地景观，沿线还建有 6 块大面积绿化景点。

2003 年开始，随着福州市城市建设“东扩南进”战略实施，建成区面积进一步扩大，到 2005 年，建成区面积达 34.75 平方公里，城区人口达 40.3 万人，建成区绿地总面积 1045.16 公顷，其中公共绿地面积 237.71 公顷，人均公共绿地面积为 5.9 平方米，绿化道路街巷 80 多条，总里程 119.04 公里，绿地总面积 42.22 公顷。

2005 年仓山区建成区主要道路绿化情况表

表 4-4-1　　**单位：米、平方米**

路 名	起始路段	长度	绿化面积	主要树种
六一南路	闽江二桥—三叉街	1583	31026	芒果
则徐大道	三叉街—白湖亭	1800	7321	榕树
连江南路	白湖亭—鳌峰大桥	2263	5286	榕树
三高路	连江南路—三叉街	90	1070	高山榕
迎宾路	白湖亭—义序机场	2590	22916	樟树、天竺桂、羊蹄甲
仓前路	解放大桥—龙潭角	900	3040	芒果、高山榕、麻炼
临江路	观海路—江边	180	180	银桦、柳叶胺
梅坞路	观井路—麦园路	250	528	小叶相思
观海路	闽江大桥—梅坞路	500	1200	羊蹄甲
上藤路	观海路—太平巷	400	958	天竺桂、重阳木、喜树
中藤路	太平巷—工农路	470	1125	重阳木、天竺桂、樟树
下藤路	工农路—大坪路	400	1926	芒果、樟树
麦园路	梅坞路—马厂后	650	1560	兰花楹
对湖路	马厂后—上三路	570	1368	兰花楹
公园路	立新路—体育场	650	1558	樟树
公园西路	立新路—进步路	140	336	天竺桂、小叶相思
南大门	白湖亭－城门黄山	1830	45224	榕树
上三路	上渡路－三叉街	2300	36966	高山榕、大叶榕
聚龙路	洋洽－洪山桥头	8000	12117	榕树、杜英、鸡冠刺桐、盆架子
万春巷	公园路—上藤路	340	817	木棉、羊蹄甲
施埔路	上三路—长安路	800	1584	银桦、榕树
首山路	上三路—盖山路	2140	5136	榕树、桉树
岭后路	上三路—盖山路	630	1258	木棉
朝阳路	六一南路—工农路	615	1476	羊蹄甲
龙潭路	龙潭角—三县洲大桥	300	750	榕树、高山榕、樟树
南台大道	六一南路—上三路	800	4800	芒果
福峡路	乌龙江大桥－城门黄山	8000	7680	榕树、蒲葵
福湾路	洋洽－湾边	5000	12000	兰华楹、木麻黄
上渡路	三县洲大桥－闽江大道	420	4770	木麻黄、黄花槐、盆架子
上下店路	洪山桥—淮安	2300	13800	麻练、天竺桂、芒果、榕树
316 国道	洪山桥—洪塘大桥	2000	6000	蒲葵、榕树

2005年仓山区主要道路街头绿地情况表

表4-4-2 单位：平方米

名称	具体地点	面积
六一南环岛四旁绿地	二桥南端环岛周边	2105
三叉街环岛四旁绿地	三高路与则徐大道交叉路口	380
三高路街头绿地	原六塑宿舍及绿岛酒店前	1000
则徐大道街头绿地	则徐大道沿线两侧	1000
朝阳路街头绿地	朝阳路沿线两侧	500
麦园路街头绿地	麦园路沿线两侧	800
对湖路街头绿地	海军大院门前交叉路口	800
中藤路街头绿地	万春小区、太平巷市场前	350
步行街绿地	原下藤路两侧及龙津河北侧沿线	2800
连江路街头绿地	富华家园、龙院门前	3030
龙潭路街头绿地	望北台沿线及公交车站旁	10050
迎宾路街头绿地	迎宾路分车带	7000
马厂街绿地	马厂街沿线两侧	300
上渡路沿线街旁绿地	上渡路人行道内侧花坛	300
工农路街旁绿地	工农路沿线两侧	500
大坪路路口街旁绿地	原二皮厂旁边	200
洪山桥头绿地	洪山桥头	3500

附：绿化生产基地

建新镇花卉苗木生产基地 建新镇是福建省种花历史悠久的花乡之一，家家栽花，户户种树，以花卉为主业的庭院经济发达，花卉生产经营最盛时有专业园圃5个，总占地64公顷，一度汇集300多种中外名优花卉，其中珍贵名花有保加利亚白玫瑰、锦边瑞香、卡特兰、素心剑兰、皇冠杜鹃、南洋杉等。1994年，建新镇花农发展室内观赏、鲜花绿地等主体型花卉约333.3公顷，有专业花场30多个。同时开发盆景树桩制作，年花卉总产值达1200万元。随着城市建设发展，庭院花卉经济风光不再，但建新务花的传统依旧，花卉销售在金山花艺城和建新花卉市场进行。2000～2005年，年经销花卉收入约300万元。

建中百花场 创办于1958年。主要收集培育奇花异草和树桩盆景，产品远销国外及全国各地。曾接待朱德、陈毅、邓颖超、彭冲、习仲勋、王任重、叶飞、项南等领导，同时还吸引日、美、英、德、意及东南亚各国贵宾来场考察，形成旅游观光胜地。1996年福州国际招商月期间，于“五一”广场举办大型花展，福建省委书记贾庆林亲自题词“第一”，1999年7月，被福州市科委授予“福州星火计划示范基地”。2005年“福州建中百花场” 被认定为省花卉基地。

缤纷园艺场 建于1986年，面积约15.3公顷，花卉品种有金琥、层云、碧云、绯牡丹和黄菠萝等650多种，年产“掌”“肉” 花卉数百万株，是集仙人掌与多肉植物的科研、生产和营销于一体的专业场，也是国内同类花卉的最大生产基地之一，云南昆明世博会福建省参展的植物均由此提供。场内的展厅里各种植物五彩缤纷，争奇斗艳，其中有一株亚洲第三大仙人球。该场独特的花艺倍受同行和客户赞誉。2005年，该场年产400多万株种苗，被评为国家级花卉生产示范基地。

牛眠山苗圃 位于仓山区牛眠山路，总占地约6.5亩，是1987年利用疏挖龙津河剩余的空地创建。

2005年该苗圃为仓山区绿化工程队苗木生产基地，主要培育道路绿化所需乔灌苗木。

烟台山公园花圃　位于烟台山公园东南角，1973年创办时占地960平方米，主要是专供公园节日摆设，最多时藏圃盆花达5000盆。由于受环境和经费的限制，2005年，花圃占地面积减至600平方米，主要生产时花作为辖区公园、会议摆花的补充。

第三节　古树名木

1990年，仓山区共有名木和百年以上古树25种、464株。稀珍树种多分布在学校、单位内部，古树则遍及全区。城门壁头村有古槐等21株，经省、市有关专家核定确认为市一级保护古树名木；建新高宅香积寺左侧10株430年树龄的细叶榕被确认为省一级保护古树名木；全区有11株古树名木列入《中国树木奇观》，辖区驻闽海军基地内7株150多年树龄的贝壳杉树被专家称为“树王”。 至2005年已挂牌建档保护的古树名木计26种共430株。比较著名的有师大生物学院古树群、古槐王、贝壳衫王、甲天下榕、泰山榕、门字榕等。

师大生物学院古树群　位于烟台山南侧的福建师大生物工程学院内。该地曾是福州“五口”通商时的德国领事馆旧址。大约在清道光二十四年（1898），主人从国外引进“国内一号”的外来树种（即国内最早引进、最具科研价值，可连续观察100多年生活周期的树种），其中有树冠、树高、引种年限均为国内之最的异叶南洋杉王，有被国内多家植物园引种的国内唯一的安波那王树种及国内少有的落羽杉、大叶南洋杉、加拿利海枣等五大树王（国内引种最早），全国还没有一个城市在这样一个小范围内拥有如此集中的古树群，该古树群被园林专家们誉为国内首屈一指的 “树王公园”的“古树群王国”。2005年院园内有37棵挂有国家一、二级保护牌的古树名木。

古槐王　位于城门镇壁头村，胸径1.8米，树高约15米，冠幅达150平方米，树体残破，主干中空，历经千年沧桑。每年六七月树叶茂盛，八九月开花结果，相传此槐是吴氏人从甘肃兰州辗转迁徙，于宋初植下的。村里有“三槐五柳七星井”之传说。沧海桑田，仅存有一棵古槐和一口井。古槐经国家绿委会古树专家李锦龄等认定，其树龄、树围等均可与甘肃金刚寺唐槐、山东崂山神槐媲美，已列入国家一级保护。因南方酷热而非槐树适生区，唐代诗人白居易曾有诗云“南方饶竹树，唯有青槐稀。十种七八死，纵活亦支离”。此树能长如此高大和长寿实属罕见。在大树树冠正投影处，还有一棵才生长几年的，约六七十厘米高的野生的小国槐，像是依偎在古槐膝下，据村民说，可能是老槐树的种籽落下后长出的。2005年，当地村民们在园林专家的指导下，把建在古槐树边的13处民房拆除，腾出200余平方米的空地，修建占地700平方米、有槐王亭、小槐绿地、古井广场等配套景观的“古槐王小游园”。

贝壳杉王　植于对湖路海军某部队操场西侧的白贝壳杉，是国内仅有记载最大的名贵珍稀树种之一。树干胸径1.15米，树高35米以上，树冠面积达120平方米。该树种原分布马来西亚、大洋洲、新西兰等地，于清朝末期从国外引进种植。驻地部队高度重视古树名木的保护工作，拆除周边建筑，投资兴建贝壳杉王小公园，2005年粗具规模。

甲天下榕　位于建新高宅香积寺左侧。树龄约430年，树围径9．35米，高度20米，冠幅直径38米，屹立在闽江边。

泰山榕　位于城门林浦村泰山庙。此地原为南宋端宗皇帝在福州即位时的行宫，明代在此修建泰山庙，庙旁种植两株榕树，以祭祀端宗。北侧一棵围径4.5米，树高14米，冠幅直径17米，南侧一棵围径3.6米，树高16米，冠幅直径19米。

门字榕　位于螺洲江边码头。围径5—6米，高20多米，枝繁叶茂。大榕树树干离地5米处，向南横伸一粗枝，巧妙地构成一个“门”字，从“门”字中向对岸望去，五虎山正落入眼帘，形成一幅以活榕树做框的“生态山水画”。

第四节 城市雕塑

一、闽江公园南园雕塑群

2003 中国福州·国际城市雕塑艺术展，共征集到 30 个国家和地区的 771 件作品，经专家团评选出优秀雕塑作品 151 件，最后又挑出 60 余件国际间不同文化的多姿多彩精品，制作成足尺雕塑，永久陈列在闽江公园南园。

二、仓前公园林觉民塑像

位于解放大桥南端仓前公园内，始建于 1997 年，旨在纪念福州籍辛亥黄花岗 72 烈士之一林觉民生前在仓山革命活动。林觉民烈士塑像原先立在花圃中，为玻璃钢质地半身像，底座铭刻林觉民生平及其 24 岁时进攻两广总督府和后来从容就义的事迹，特别提及林觉民的《与妻书》。2002 年 10 月由于公园改建被拆除，2004 年 9 月在原址重塑，新塑像为胸像，高 1.2 米（连底座高 2 米），重 1 吨，花岗岩质地。

三、福州历史记事长廊

位于南园金山大桥桥头，是 2004 年 5 月由市委、市政府倡议，市闽江公园文化艺术长廊设计指导委员会艺术指导，闽江学院艺术设计研究所设计制作的石雕艺术长廊。廊长 1800 米、高 3.7 米，文字 3 万余字，通过编年史的形式，以历史演进为线，以重大事件为点，顺流而下，次第铺展，文图并茂，详略互参，立体再现闽江两岸 5000 年的人类文明史和福州建城 2200 年的历史。

四、福州军民共建双拥模范城雕塑

位于三叉街环岛中心，1999 年驻榕部队为庆贺福州市荣膺“全国双拥模范城”三连冠捐资兴建。雕塑以弧面叠层的抽象造型，环绕、旋转、升腾而起，3 根立柱托起金色圆球，象征军民鱼水情深，共拥东南名城的腾飞。

第五章 房屋建设与管理

1990 年，仓山区房管局对全区直管公房及其租赁情况进行全面清查。同时，开展新村商品房总登记、私房产权发证工作和“春节服务良好月”活动，不断完善公房修缮服务质量。

1992 ～ 1995 年，实行产权办证“一条龙服务”（即“一个窗口受理、一套资料内部传递、一个窗口收费、一个窗口发证”），现场为群众办理产权证的便民措施，房地产管理工作得到加强。

1996 年，仓山区房地产管理工作以房地产改革为龙头，深化住房制度改革，规范公有住房使用权转让。同时探索物业管理机制。当年在全区机关、企事业单位中率先推行住房公积金制度，公积金制度开始起步运转。1999 年，全面推进现有公房改革，调整租金，开放二级市场，进一步盘活房地产市场，杜绝住房地下交易，房地产管理工作进一步规范。

2000 年，抓住福州城市建设“南进”的契机，紧紧围绕培育住房消费，推进棚屋区改造、新区开发和经济适用房建设，全区房地产市场，百姓住房消费服务体系进一步完善。

2005年，仓山区城市规模、城市空间得到较大发展。旧城改造规模不断扩大，一批配套相对完善的住宅小区相继形成，房地产经营管理工作基本实现规范化、制度化，房地产经营交易基本实现数字化。至年末，全区完成三大片棚屋区改造，拆除旧房面积139.86万平方米，建成安置房77.52万平方米。建有物业管理企业64家，从业人员4000多人，纳入物业管理的小区130个。完成产权发证2918本，清理产权办证遗留问题600户。房地产交易额总计115343万元，交易面积70.458万平方米，租鉴征2.959万户，代征契税2601万元。

第一节　旧城改造

1990年，仓山区旧屋区改造以改善群众住房条件和改善投资环境为目的，多渠道筹措资金，把路、房、街、店结合起来统一规划，整体改造。至1999年，仓山区共改造旧民居39片，总占地面积626.31亩。2000年，上渡、菖蒲旧屋区作为福州市中心城区棚屋区改造的突破口之一率先启动，市、区政府同时出台各种优惠政策，各级各部门特事特办，所有审批手续从简，及时解决棚屋区群众搬迁中遇到的各种困难。至2005年，先后完成上渡、菖蒲、下藤、南江滨四大片旧屋区改造，拆除旧房面积139.86万平方米，建成安置房77.52万平方米。

一、上渡棚屋区改造

上渡棚屋区东起岭后路口，西至洋洽路中段（聚龙路口），北从建设中的福州林产品市场向南纵深至蛤蟆山脚。规划拓宽的上渡路自东向西横穿整个棚屋区，共涉及上渡街道的上渡、灰炉、红星、竹榄、洋洽、新城、龙溪洲7个居委会和仓山镇的联建村。工程总占地面积641.3亩，居民5106户16349人，应拆除地上物建筑面积48.85万平方米，工程分3期进行。第一期（上渡片）占地365.2亩（其中上渡路拓宽占54亩），搬迁居民3531户11144人。

2000年10月5日，上渡棚屋区拆迁改造第一期搬迁工作正式启动，仓山区从区党政群机关和7个街道抽调309名干部，组成40个拆迁工作小组，由区领导成员分别担任各工作小组组长，深入上渡棚屋区做群众思想工作。同时出台按期搬迁的拆迁户给予一次性奖励、违章建筑安置面积优惠、特困户免费安置过渡房及拆迁户子女入学保障等一系列政策。10月30日，3531户和53个单位在规定的时间内完成搬迁。11月29日，第一期改造工程正式开工。到2005年，上渡棚屋区改造工程大部完成，新建安置房和商品房有洋洽小区解困房、洋洽新村、芙蓉园、玫瑰园等17处150幢，其中芙园、玫瑰园、牡丹园、水仙园、兰花园、茶花园、桂花园、梅花园、杏花园、莲花园、荷花园、紫荆园、紫竹园、紫薇园14个楼盘总建筑面积53万平方米。拆迁居民共安置新房3068套、25.02万平方米，其中洋洽片安置780套、64468平方米，尤溪洲片安置584套、48145平方米，上渡片安置1704套、13.661万平方米。

二、菖蒲旧屋区改造

菖蒲旧屋区位于仓山区东北部，北临规划中的南江滨大道，东至光明港，南至福州纸箱厂，西靠六一南路，总占地面积11.95公顷，实际用地9.65公顷。该地块建筑多为低层土本结构，破损严重，通风采光和卫生条件极差，交通拥挤，属火灾和洪灾多发地段。2001年，福州市政府将菖蒲旧屋区改造列入2001年为民办实事重点项目，并成立“福州临江棚屋区改造指挥部”负责改造工作。该项目依朝阳路划分为一区（菖蒲小区）、二区（下池小区），拆迁范围共涉及临江、下渡两个街道9个居委会，拆迁居民3017户8818人，单位17家、从业人员587人，拆除各类地上物建筑面积15.33万平方米。2002年底改造工程完成，共建房屋46座，其中菖蒲小区安置房23座，建筑面积约11万平方米，房屋1203套；下池小区单体建筑23座，建筑面积约9.5万平方米，房屋983套。2003年2月，被拆迁户全部回迁安置，人均居住面积由原来的14平方米提高到24平方米。

三、下藤旧屋区改造

下藤旧屋区东起周厝里（部分至展进里），西至六一南路，南起三叉街三高路，北沿下藤路两侧至工农路。涉及下渡街道的小岭、藤山等8个居委会及仓山镇仓山村、先锋村。旧屋区大部分房屋建于新中国成立前，区内木屋毗邻区房屋破旧，火灾安全隐患严重。2001年，福州市委、市政府把下藤旧屋区改造列为为民办实事的重点项目之一，项目改造面积14.4公顷，实用面积10.8公顷，需拆迁2519户8259人，39家单位，拆除房屋建筑面积21.1万平方米。规划总建筑面积27.9万平方米，容积率2.59，建筑密度38.7%，绿化率20%。当年12月20日正式动迁，2004年元月全面竣工，共建住宅57栋，总建筑面积32万平方米。楼房以多层为主，少量中高层、高层，条点结合，高低错落。其中14座8—9层小高层安装有电梯，为福州市旧屋区改造工程中首例。小区依路网划分为福圆苑、福华苑、福美苑、福锦苑、福盛苑、福藤苑、福杰苑、福伟苑8个组团，总称藤山佳园，可容纳居民3000多户，近万人。拆迁户从2003年9月陆续开始回迁，同时还结合下藤旧屋区改造，将拥挤的下藤路改造成集商业、文化、休闲为一体的商业步行街。该街全长614米，宽26米，参照经典的尼柯莱德商业街线型，围绕一条主街、两个休闲广场（蔡襄文化广场、百福浓荫广场）和4条纵街进行布局建设。仓山商业步行街及公园东路、下藤路及福杰路等工程项目建设总投资达7019.3万元，其中拆迁安置费用5312.9万元，道路建设等费用1706.4万元。

至2005年底，该旧屋区动迁户已回迁99.5%以上。改造工程总费用达9029.24万元，其中道路建设1206.4万元，安置费6765.34万元，各项补偿费1057.5万元。

四、南江滨沿线旧屋区改造

南江滨道路建设及沿线旧屋区改造是福州市建设的一项重大工程。该地区木屋毗连，房屋破旧，道路狭窄。2003年开始拆迁摸底，改造范围西起解放大桥，东至规划中的前横大桥，北抵闽江，南延烟台山南路，观井观海路、朝阳路、工农路、旧堤坝港头一线，总占地705亩，涉及搬迁居民5805户20192人，单位91家，需拆除地上物建筑面积约54.58万平方米。

该项目在拆迁安置中实施"阳光工程"，实行原房屋产权面积、实际丈量面积公开；拆迁户家族人口与拆迁安置情况公开；拆迁补偿安置的情况公开；拆迁搬迁顺序号，回迁安置选户号公开；拆迁补偿安置计划和方案公开；提供拆迁安置的房源数量、朝向、层次公开。通过"六公开"和审计把关、纪检监察监督，杜绝暗箱操作。同时按照拆建分开的原则，推进安置房建设，保证安置房多层建筑在24个月内，高层建筑在36个月内回迁。2004年8月14日，第一期拆迁工作开始，拆迁占地总面积约79亩，范围涉及观井、太平洋、河边3个社区375户居民和34家单位。至2005年底，南江滨动迁305户，占应拆迁户的81.3%。动迁居民集中安置"临江新天地"住宅新区，该新区共分9个组团分批分期建设。

第二节 新区开发

1990年，随着城市规模的扩大和人口的增多，居住困难问题日益突出。仓山区开始在旧城改造的同时，开始同步推进新区开发。1991年、1992年先后征用东升小区10.67公顷，飞凤小区4公顷作为新村建设基地，东升小区规划建设为仓山区三大新村之一，以建设拆迁安置房为主，为旧城改造提供安置房源。飞凤山庄位于仓山区上渡鹅头凤岭，背靠秀丽的飞凤山，是少有的依山临水建筑。主要作为安置用房，总用地面积 3.87 公顷，共建 25 幢房屋。

2000 年，金山新区作为福州中心城区“南进”的重头戏开始启动，并在建设用地上全面倾斜，2003～2005 年，在全市中心城新发展的 8.85 平方公里规划建设用地中，金山新区占 4.31 平公里。至 2005 年，金山新区的橘园洲、浦上片建设基本完成，并开始福湾片和义序片的开发建设。

一、尤溪洲新区开发

1990 年，尤溪洲土地面积 74.7 公顷，居民住房多为 2 层提脚木屋，住有居民 561 户 1764 人。尤溪洲与北面牛墩洲、东向新洲尾形成三鼎立。中间交叉，河宽港深，水流急。1992 年开始拦河吹沙，填平之间河道，将 3 个洲连在一起。1998 年又在沿江建造钢筋混凝土防洪堤，改直闽江河道。至 2001 年，填出洲地面积 1.032 平方公里，同时在拓宽地块上兴建新区。至 2005 年，先后建成省生态工程学校、林产品市场和江南水都、罗马佳洲、滨江假日等商品房楼盘 142 幢，总建筑面积达 146.67 万平方米。

二、东升新区开发

东升新区位于六一南路三叉街路段南侧，1990 年主要为盖山镇北园村和仓山镇东升村的田地和菜地，1992 年，仓山区根据旧城改造拆迁安置需要，征地 160 亩开发建设万人新村。主要作为中洲岛、金山花园、汇达花园、两桥等片区拆迁安置房。九十年代末东升新区建设初具规模，新区道路和河道走向分成东福苑、东聚苑、东藤苑、东山苑，4 个组团，共 38 幢房屋，建筑面积 10 万平方米。至 2005 年，小区已发展成集商品房、安置房为一体的商、校、办公系列等多功能新村群体。小区内配建有市场、商业服务中心、娱乐中心、居委会、托儿所、中小学等。

三、金山新区开发

2000 年市委、市政府提出在南台岛西部，北起西山，南至高盖山（盖山西路），东临闽江北港、闽江大道，西至乌龙江开发金山新区。占地面积 30 平方公里。同年 11 月 15 日，金山生活区开发建设正式动迁，新区建设正式开始，首期拆迁共涉及仓山区建新镇翁排、卢滨、岩洲、塘下、燎原、后曹等 9 个村，拆迁区域总面积 18 万平方米，总户数 958 户，第一天搬迁 122 户。随后开始金山工业集中区建设，至 2002 年，金山工业区 13 个项目转入建设阶段。翌年，完成企业厂房建筑面积 35 万平方米，入驻企业 33 家，有 12 家企业投产。

2005 年，建成的安置房有金亭小区、建中小区、闽江新苑、金霞小区、建华小区（一期）、金建小区（一期）、吉元小区等项目，总建筑面积 71.2 万平方米，1.4 万人按时回迁。金山生活区一期、二期、三期工程建成，入住 5000 多户 18 万多人；四期、七期 246 栋楼盘大部分已封项；八期、九期工程搬迁工作全面铺开。至年末，金山工业新区共开发 8592 亩（金山 1631 亩、橘园洲 2175 亩、浦上 2146 亩、福湾 2640 亩），建有专用和标准厂房 712 幢 380 万平方米、生活区配套建设约 4000 亩、道路 52 条。初步形成金山大道北片、浦上、福湾 3 片工业区，金山、洋洽一台屿两大片生活区及橘园洲、建华洲两片居住小区，配建有金山文体中心、金山行政中心和橘园洲居住中心三大公建中心。

第三节　拆迁安置

1990 年仓前路拓宽后，南侧房屋宅基因路面提高而下降，3 月底迁建工作全面展开。南侧街面拆迁由群众集资，资金自求平衡，不立计划项目，不进计划框子。仓山区房管部门制定拆迁方案。历时 4 个月，搬迁127户504人，拆迁房屋建筑面积7673平方米。1992年完成回迁安置，安排安置房50单元，回迁安置39户117人，总建筑面积2354平方米。同时开展解放大桥和闽江大桥之间“太平洋”城和共和路片、塔亭片、七印片、翻胎厂片拆迁前的摸底工作和产权审核。和市开发总公司联合拆迁中洲岛，历时3个月，搬迁居民912户2450人，单位47家，拆除旧房建筑面积4.6万平方米。1994～1995年全区拆迁房屋占地面积104.75亩。

1996年，坚持依法拆迁，坚持持证上岗制度，加大安置方案透明度，让群众得到更多实惠。同时与宗教、信访、企业、工会、房屋仲裁、法院等有关部门密切合作，采取合署办公，开现场会等方法来解决拆迁工作中遇到的疑难问题，有效地化解拆迁矛盾，加快拆迁进度。当年拆除房屋占地面积19亩，回迁安置200户。1997年督促房地产开发商按照拆迁协议书要求，按时保质保量建好安置房。先后安置“太平洋城”二期工程、“振兴花园”“三高新城”被拆迁户及上渡地区“1·19”“1·28”火灾灾民313户。同时对325户被拆迁户进行房屋产权注销、产权重新登记、分类。在承担市重点建设工程三县洲大桥南引桥及道路拆迁工程中，20天即完成全线房屋丈量、登记、造册及核定产权等工作。1998年，完成闽江北港南岸防洪堤建设拆迁98户，回迁安置十锦小区二期及下藤小区一期341户。

2000年是“东扩南进”发展战略实施的第一年，仓山区加强拆迁队伍建设，提高拆迁工作人员准确把握拆迁政策尺度意识，树立“经济效益与社会效益并重”的拆迁观念，坚持“六公开一监督”，公开补偿的各种方案，使群众能对拆迁全过程实行跟踪监督。同时慎重处理被拆迁户的来信来访，遏制矛盾激化。在处理拆迁遗留问题和信访工作时，坚持实事求是，依法拆迁和以情感人。在回迁安置中，根据实际情况实行货币安置和实物安置相结合的办法，灵活处理。

2003年，紧紧围绕“南进”战略目标，在开展旧城改造和新区开发拆迁工作的同时，完成南江滨大道及周边旧屋区观井、梅坞、临江地块19.74公顷23.8万平方米房屋拆迁模底工作，完成福厦铁路城门段、南江滨道路朝阳片的拆迁前期摸底工作。摸清福厦铁路及沿线涉及胪雷村、湖际村、樟岚村、下洋村、龙江村、洋坑村、竣边村7个行政村，需拆除地上物建筑面积50多万平方米。摸清南台岛龙津河、跃进河整治工程面积约4.5万平方米，沿线涉及下渡街道、盖山镇、仓山镇、朝阳片占地约89.41亩，建筑面积7.3万平方米。

2005年，继续加强拆迁管理，充实拆迁队伍。当年10月，占地约86.67公顷的金山生活区八期、九期开始动迁，拆除地上物建筑面积78万平方米，涉及1341户村民。至2005年，金山新区完成近3万亩征地拆迁交地任务，动迁涉及49个村，其中12个村举村搬迁，拆除面积200多万平方米。

第四节 权属登记发证

1990年，仓山区共有私房11367户，建筑面积10.11万平方米，占全区房屋总面积的28.6%。当年私房产权发证工作在全区6个街道全面铺开，全年公证审核产权86件，法院审核产权19件，建房审核69件，上报鉴证1200件。在私房登记发证工作中，对台胞、侨胞及统战对象人员在办证手续、时间等方面尽量给予优先照顾。

1992年实行产权办证“一条龙服务”，即“一个窗口受理、一套资料内部传递、一个窗口收费、一个窗口发证”。1995年又实行微机管理，在“一条龙服务”的基础上实行现场为群众办理产权证的便民措施，全年共发产权证1112本，为年任务数的222.4%。

1996年，重点抓提高服务水平和服务质量，把商品房买卖、交易、转让和房屋权属登证、变更、发证三大类19项作为首批开展社会服务承诺制项目，明确规定各项工作程序、办结时限和违背承诺应负的责任及赔偿办法。同时按照建设部《城市房屋权属登记管理办法》和福州市《房屋产权产籍管理办法》规定，进一步规范微机操作程序，对房屋登记发证实行从收证到制证、发证进行统一的微机管理。

1998年，着力规范公有住房使用权转让，逐步推动住房二、三级市场的形成和发展。同时加强房屋登记确权和房屋变更业务，根据房屋产权变化和房屋状况变动情况，对产籍资料进行适时增补、注销。

2000年，随着经济体制改革和住房制度改革不断深化，房地产交易活动越来越频繁，涉及的产权问题也明显增多。根据新形势下对房屋权属管理的要求，对房屋确权工作进一步规范，实行办证质量抽查和审核制度，加大质检面及奖惩力度。同时对房改房发证实行归口管理，集中审核、缮证，统一发证。

2003～2004年，针对房屋发证历史遗留问题，积极与有关部门协调，采取集中力量分片解决的办法，分别解决金浦小区、十锦小区、湖畔新村和三叉街南区大部分历史遗留的拆迁安置户的产权发证问题。2005年进一步完善“窗口”服务制度，简化办事程序，增强工作透明度，不断提高办事效率。当年完成产权发证2918本，清理产权办证遗留问题600户。

1990～2005年全区累计发放《房屋所有权证》30822本。

第五节　房地产经营管理

1990年，根据市、区两级房产交易管理业务分工，仓山区房地产交易所负责私人之间房产买卖，区属房地产开发公司出售商品房及私人或区级房屋租赁等业务。房产交易实行全市统一政策、统一管理、统一收费标准、统一票据。当年全区房屋交易收件72件（包括买卖、赠与、互换等），交易额36.83万元，收税费5.37万元，成交面积4417平方米，租赁鉴证52起。1991年房地产交易取得较大突破，当年交易额达265.33万元，比上年增长7.2倍，收税费11.13万元，契税1.21万元，成交面积4.73万平方米，完成房屋租赁鉴征248户，收鉴征费7183元。

1996年成立仓山区房地产监理所和福州市评估事务仓山分所，分别对房屋租赁市场私房地产评估进行管理。当年办理房地产评估32起，评估价值4047万元。

1997年，房地产交易开始成为新的经济增长点，为加强房地产市场管理力度，在辖区7个街道分别成立“房屋租赁协管站”，遏制房地产租赁地下交易。同时采取积极有效措施，敦促有关房地产开发公司及时办理新建住宅新村的房屋产权预先登记手续。当年房地产交易额达2000万元，办租赁鉴证3500户，代收契税50万元。

1999年，住房分配形式发生变化，改善住房需求开始升温。当年10月成立“仓山房屋置换中心”分站，促进二、三级市场的发展。全年房地产评估价值达3049万元，办租赁监证3552户，房地产交易额突破亿元大关，达到1.019亿元。

2000年，仓山区成为全市房地产开发的热点区域，居民住宅在商品房交易中开始占据主导地位。区房地产交易部门紧紧围绕培育住房消费，扩大有效需求，拉动经济增长这一中心，在优化交易环境，开放住房二级市场，发展住房金融，启动住房消费等方面都取得进展。至2005年，房地产经营管理工作基本实现规范化、制度化，房地产经营交易基本实现数字化。当年全区房地产交易成交额41326万元，代证契税820万元。1990～2005年，仓山区房地产交易额总计115343万元，交易面积70.458万平方米，租鉴征2.959万户，代征契税2601万元。

第六节　公房管理

一、租金管理

1990年，针对旧城改造面积与范围不断扩大，直管公房面积逐年减少，影响公房租金收入的情况，组织公房家底清查，查清全区公房面积47.25万平方米，租户7766户。年内公房租金入库和追缴历年积欠租金176.5万元。当年完成房改房面积丈量核对和公房租赁清理签约，全区共签约7100户，占全部公房户的9.5%，每平方米公有住宅月租金标准从0.18元调整为0.21元。1994年，在安置房未投入使用前，全区直管公房面积减至 31.68 万平方米，公房租金收入减至 123.69 万元。

1995 年 7 月 1 日起，福州市开始推行住房公积金制度，公有住房租金改革从 1996 年 1 月 1 日起执行，直管公房住宅租金按地段等级和房屋结构进行调整，调整后公有住宅租金标准为月均每平方米 0.43 元。1998 年又调整为月均每平方米 1.07 元；2000 年再次调整为每平方米最高 2.26 元，最低 0.84 元，平均 1.8 元。当年，租金收缴采取分阶段分任务的办法，重点突出收回租金尾欠。同时加强直管公房内部产业、产籍、租金异动管理，对棚屋区一些漏管房接管补租、更名，困难职工换房安置予以及时办理，追回租金。当年租金收缴基本做到产籍、产业清楚，家底册、征收册、电脑使用册三册管业范围相符。全年完成租金入库 361.10 万元。

2001 年，首次对区直管公房进行公房建筑面积的测量计算和共有分摊面积测算，完成评租册、电脑使用表、产业账册等家底档案电脑化管理，有效提高房产部门对产业数据异动的实时动态监控能力。

2002 年，针对大部分直管公房被拆迁或出售，全区开始启动个人住房消费，以住房货币化为突破口推进房改；并对非住宅公房实行按用途分类管理，为非住宅公房新一轮签约和住宅公房换发新租赁凭证作准备。

2005 年，在提高公有住房租金收缴率的同时，加大追缴历年租金尾欠的力度。对公房进行全面摸底，对住宅公房的使用情况、承租面积进行核对，实行微机管理，为旧屋区改造提供准确依据。1990 ～ 2005 年，全区共收缴直管公房租金 3717.14 万元。

二、公房修缮

1990 年，全区开展危房普查和修缮活动。对上渡路街面危房进行翻修改建，为部分新村修建杂物间、蓄水池、卫生间等配套设施。当年全区共修缮房屋 5236 起，计 6160 户，面积 15.9 万平方米，修缮金额 4.4 万元。

1991 年，区成立“危墙危屋调研落实小组”，对全区直管公房、公私交易房和混合房进行现场踏勘、鉴定、备案。当年修缮房屋 2920 起，计 4666 户，面积 12.5 万平方米，修缮金额 40 万元。1996 年，区房管局成立物业工程部，统一调配修缮人员，实行公房管修合一的新机制。当年修缮房屋 2794 起，计 3263 户，面积 8.5 万平方米，修缮金额 33.08 万元。

1998 年，公房修缮管理建立质量监督保证体系，即在注重“量”的基础上把好“质”的关，对各项修缮工程进行质量监督、检查、验收，保证修缮工程质量，防止修缮工程材料良莠不齐，当年修缮房屋 3281 起，计 3798 户，面积 8.69 万平方米，修缮金额 46.18 元。

2001 年，仓山区对公房住户中的五保户、烈属、劳模及有特殊贡献人员实行由管理员上门走访，本着“项目放宽、适当改善、立即派员”的原则，开展修缮“优质服务月”活动。2005 年全区修缮房屋 2091 起，计 2348 户，面积 6.81 万平方米，修缮金额 56.42 万元。1990 ～ 2005 年，全区共修缮房屋 4.99 万户，修缮面积 144.14 万平方米，修缮金额 257.2 万元。

第七节 物业管理

1990 年，住宅小区和新建新村物业要由街道、居委会、单位按其权属关系实行自管，随着旧城改造，住宅建设发展，专业物业管理也开始兴起。

1997 年《福州市城市住宅小区物业管理办法》颁布实施，物业管理的覆盖面不断扩大，全区 7 个街道同时成立物业站。2000 年，区房管局根据市政府关于市、区、街道三级管理的要求，在全区 7 个街道物业站的基础上又成立 3 个镇物业站及物业指导委员会。当年全区有住宅小区 124 个，总建筑面积 320.33 万平方米，有物业管理企业资质管理的小区 23 个，总建筑面积 48.37 万平方米，其中金彩小区、鸿城小区、锦秀花园和柏联花园4个住宅小区被评为福州市“优秀住宅小区”。

2003年，国务院《物业管理条例》颁布实施，物业管理进入规范发展时期。当年在仓山区注册的17家物业管理企业中有4家三级企业，通过IS09000国际质量管理体系标准的有1家。全区共有住宅小区158个，总建筑面积578万平方米，其中有资质物业管理小区57个，总建筑面积296万平方米。被评为福州市“优秀住宅小区”的有金彩小区、金山碧水、东升苑等9个住宅小区，其中金山碧水生活区二、三期物业管理在全市率先实行向全国物业管理企业进行招投标，推动全区物业管理工作。

2005年，随着《福州市物业管理若干规定》颁布实施，全区物业管理行业规模不断扩大，专业化水平也呈逐年上升趋势。当年全区有物业资质企业管理的小区达130个，总建筑面积达871.37万平方米，从业人员4000多人，涉及物业管理企业64家，其中一级资质企业3家，二级资质企业6家，三级资质企业55家，在仓山区注册的物业管理企业有23家，管辖小区61个，总建筑面积529.65万平方米。

第八节　机构

1990年，仓山区房地产管理局内设机构有公房股、私房股、财务股、材料股、修缮股、拆迁股、办公室及监察室。下辖临江、下渡、仓前、上渡4个驻外房管所，以及仓山区公房修建公司、仓山区房地产交易所、福州市房地产经营公司仓山分公司、仓山房屋劳动服务站4个直属基层机构，全局共有干部职工339人。

1991年，增设档案室。1993年，设立区房地产经营公司和福州市仓山区拆迁工程公司，并将临江和下渡、仓前和上渡4个房管所合并成立第一房管所和第二房管所，分别管辖临江、下渡、三叉街和仓前、上渡、对湖地区。1996年，成立仓山区房地产监理所和福州市房地产评估事务所仓山分所，分别管理房屋租赁和房地产评估。同时把材料股、修缮股合并到公房股。

1999年，成立物业管理科，并在全区7个街道建立物业管理站。

2000年，区房管局下属经营公司和房屋拆迁工程公司共同出资组建福州烟山房地产代理有限公司，主要经营房地产代理、房屋租赁中介、代办房屋产权登记、代办房产交易监证等多项业务。2003年第一房管所和第二房管所又合并为城区直管公房管理所。

2005年，仓山区房地产管理局内设机构有办公室、党总支办公室、直管公房管理科、物业管理科、产权登记与交易管理科、财务科、组织人事科、监察室、档案室9个科室，下辖福州市仓山区房屋拆迁工程公司、福州市仓山房地产经营公司、福州市仓山区祥宇物业有限公司、福州市烟山房屋中介公司4个公司及城区直管公房管理所、仓山管理所、城门管理所、盖山管理所、建新管理所、螺洲管理所6个驻外房管所，全局在编人员113人。

第六章　建筑业

第一节　建筑企业

1990年仓山区共有建筑企业9家，其中二级企业1家，三级、四级企业各4家，从业人员2147人，创产值2510万元。1997年从加强行业管理，提高建安企业管理人员整体水平入手，先后组织人员参加施工企业经理培训、施工企业项目经理考核和中级职称考试，对12家建筑施工企业进行资质年检。当年完成仓山区建筑企业协会换届改选。1999年协助仓山建筑公司等4家资质低、实力弱、竞争力差的企业进行合并、改制晋级资质申报，以提高建安企业竞争能力。当年完成19家建安企业资质年检和安全资质年检。

2000年先后4次召开全区乡镇建筑企业深化改革调研会，对乡镇企业状况进行全面调查摸底，为全区建筑业改革提供准备。

2001年，加强建筑企业资质动态管理，审批施工企业安全监察登记16家，建筑面积约40万平方米。同时对施工企业的项目经理、施工员、安全员、材料员等7大员进行年检，换证255本。根据建设部、省政府关于加快建筑业改革，建立现代企业制度的工作部署、实行建筑业企业新的资质评定标准。区建设局做好建安企业“新资质就位”工作前期准备，召开全区建安企业调研会，走访各乡镇和各建安企业，传达省市有关精神，带领企业法人外出参观学习业务和取经培训。结合实际情况，探讨区辖9家建安企业资质就位的路子，支持企业改制，按一镇一策、一企一策提出意见，提交区长办公会议研究，制定出全区建筑业产业结构调整、转型、优化的可行性方案，至2002年，共完成5家建安企业资质就位上报工作。

2005年，全区各建筑企业进行组织结构和队伍结构调整，通过企业自身的调整，使建筑产业结构不断优化。当年全区建筑企业共有15家，其中二级4家、三级5家、四级6家，从业人员7863人。

附：建筑企业简介

一、福州仓建建筑工程有限公司 1990年该公司由仓山区建筑工程公司改称组建，职工291人，其中技术人员19人，拥有固定资产原值85.36万元，流动资金60.43万元，施工机械原值45.73万元，技术资质为建筑三级。2001年公司获市政府授予的“重合同、守信用单位”和省、市“安全生产先进单位”称号。2002年7月经省建设厅审定发证确认为民建施工二级总承包企业，集施工、科研、安装、房地产开发于一体。2003年通过ISO-9001:2000质量体系认证。2005年有职工近500人，其中高级工程师10人，中初级职称195人，二级以上建造师41人，公司注册资本2418.34万元。1990～2005年先后承建26层三盛巴厘岛、11层三盛果岭二期等高层建筑项目及大跨度钢构厂房和6万平方米的埔顶群体小区。

二、福州市仓山区房地产开发公司 1990年该公司隶属区政府，是一家以房地产开发经营为主导的集工程勘察设计、建筑施工、水电安装、工程监理、技术咨询、装潢装饰、房屋拆迁安置、物业管理等多业并举的国家二级城市房地产综合开发企业。至2005年，先后开发飞凤山庄、中兴商厦、先锋商城、埔顶小区、东升小区等工程，总建筑面积达30万平方米。同时引进汇达花园、聚龙明珠、太平洋城、金山花园等外商投资项目；承担旧城改造拆迁安置任务；参与南江滨拓宽改造和东部新城建设。2005年公司下属单位11家，职工近500人，其中各类专业技术人员215人，注册资金2670.6万元，港币200万元。公司资质为二级建筑企业。

三、福州市仓山区南台岛建设发展总公司 该公司成立于1999年3月，隶属区委、区政府的国有企业，注册资本1000万元，具备房地产开发三级资质。公司成立后多次承担区政府重点工程项目的拆迁、开发工作，重点承担下藤旧屋区改造项目建设任务，先后开发建设藤山佳园、仓山商业步行街、公园东路、下渡中心小学等街区和文教设施，累计开发面积达32万平方米。还承担南江滨道路港头片旧屋区改造拆迁任务。2003年2月，公司被区委、区政府评为“实施南进战略建设新城区”先进单位，9月被市委、市政府授予“福州市实施东扩南进”战略先进单位。2005年公司有职工30人，其中具备中、初级职称的技术人员15人。

四、福州市仓山金山房地产开发公司 公司成立于1993年，属建新镇集体企业，注册资本3000万元，主项资质等级为房地产二级。2000年在金山大桥、金山大道、金山工业园区项目建设期间，共拆迁旧房面积约200万平方米，完成9个村举村搬迁6000多户、2万多人的拆迁安置任务。共建安置房40幢，建筑面积91.2万平方米。2002年初，建成香江明珠、武夷明珠、金山明珠等小区共81幢楼，总建筑面积30万平方米。公司连年获区、镇“全面工作先进单位”和区“实施‘南进’战略先进单位”称号，并获市政府授予的2001～2002年度“守合同、重信用单位”和市委、市政府授予的“2003年度纳税大户”称号。2005年，公司有员工50人，其中高级工程师3人，工程师7人，助理工程师11人，工程技术人员8人。当年公司获2005年省“质量管理先进单位”称号，名列福建第三产业300强和福建纳税300强的第92强。

2005 年仓山区区属建筑企业情况表

4–6–1　　单位：人、等级

企业名称	成立时间	主管业务	职工总数	专业人员	资质等级
仓建建筑工程有限公司	1956.2	房地产开发	500	246	2
仓山区房地产开发公司	1983	房地产开发	500	216	2
仓山区华辉装饰公司	1990 年前	建筑、装饰	27	9	2
仓山区营建公司	1988.7	建筑、施工	246	78	3
仓山区水电安装公司	1973	水电、安装	84	50	3
仓山区第三建筑工程公司	1990 年前	建筑施工	200	92	4
仓山区市政工程建设公司	1992.10	市政施工	58	32	3
仓山南台岛建设发展总公司	1999.3	房地产开发	30	15	4
金山房地产开发公司	1993	房地产开发	50	30	4
城门建筑工程公司	1990 年前	建筑施工	212	102	4
建新建筑工程公司	1990 年前	建筑施工	372	174	3
盖山建筑工程公司	1990 年前	建筑施工	206	96	4
盖山第二建筑公司	1990 年前	建筑施工	181	89	3
仓前山房地产开发有限公司	2003.7	房地产开发	50	28	4
仓山区城市建设综合开发公司	2000	房地产开发	32	17	5

第二节　建筑设计与施工

1990 年，区基建项目设计由市有关设计部门和仓山建筑设计室承担。仓山建筑设计室年完成设计面积 5 万平方米。建筑结构多采用砖混结构或混合结构；装饰工程普遍采用喷塑、涂料、面砖等材料；基础工程普遍采用预制沉管桩、预制方桩、柳杆静压桩、挖孔桩。工程技术大多使用新技术、新设备、新工艺，淘汰毛石基础、条石基础和预制板、混合结构、木架支撑，限制使用竹脚手架、葫芦吊、人工挖孔桩等旧工艺设备。同时强化钢管满堂架支撑和机件扣式钢管脚手架安全技术规范以及人货电梯、塔式起重机安全规程。

1993 年，针对现浇钢筋混凝土（预制板）屋面常见修漏问题，仓建建筑工程有限公司技术和施工部门进行多方面探讨和测试，合理采用建筑防水施工工艺与技术，逐步解决防水层渗漏防治难题。当年 8 月，万春巷住宅小区由福州市住宅设计院设计，2 幢住宅楼均为 9 层，高 27.4 米，钢筋混凝土框架结构，人工挖孔灌注桩基础，推广使用外墙整体提升活动架，大型模板体系，851 防水涂料及高强混凝土配制。工程质量获评“榕城杯”优良工程。1996 年区房地产开发公司施工的“三协”精机楼房，采用 4 层结构大跨度无粘结预应力大梁的施工技术，工程质量评为优秀。

1997 年 1 月，仓山区建工总公司转制后，仓山建筑设计院转为企业，并入福州时代设计院，设计工作转由市有关设计部门和区属建筑企业承担。2000 年通过省、市建委专业培训，区属建筑企业技术人员设计施工质量逐步提高，形成以民用建筑设计为主，集施工、科研、安装、房地产开发于一体，拥有一定的管理和技术力量，其中仓山区房地产开发公司有高级工程师 6 人，中初级职称人员 183 人，二级以上建造师 32 人。住宅设计多从方便、实用、美观出发，注重朝向、采光、通风以及住宅内部卫生间、厨房、阳台、门斗、壁橱等细节布局。区建设系统也开始注重建筑整体配套建设，注重住宅智能化，部分新建高档住宅大多安装楼宇电控探头防盗装置和远程控制式家具智能化系统、封闭式数字多重安防系统。

2003 年，福州东部新城指挥部承接浦上和福湾工业区近百项建筑设计项目，使用福州城乡规划局推行的 AUTOCAD 电子报批系统，实现总平面图、建设设计方案、施工图和计算机全程审核；使用规划局、土地局及勘测院统一的福州市城市独立出标系统数据，使设计软件达到新的水平。

随着南台岛成为福州城市建设的主要战场，许多重点建设项目相继落户仓山区，省、市建筑设计施工力量开始在建设中占主导地位。至2005年，仓山区较有特色的设计工程项目有福州新展城、福州师范大学逸夫楼、福州榕城广场、金山文体中心等。

福建师范大学邵逸夫科学楼 该楼位于长安大道福建师范大学老校区，福州市规划设计研究院设计，为地理学院教研办公楼兼学术报告及展示大厅等用途。设计用整体造型的组合和强烈的虚实对比、曲直对比，取得简洁明快的时代特征。建筑外部结合地形，形成引导性与趣味性兼具的外部环境，构筑开放、宜人的校园文化氛围。简洁大方、典雅稳重的逸夫楼成为校园重要的代表性建筑。该项目获2003年度福建省优秀勘察和建筑设计二等奖。

福州展览城 该建筑位于金山新区金山大道，福州市规划设计研究院设计，为一临时性建筑。设计由一个12米高的主展厅，5个8米高的副展厅组成。主展厅居中，副展厅沿弧形长廊展开，功能分区明确，流线组织短捷，主入口广场完整。设计以实用、经济为切入点，控制总造价不超过5500万元。馆内设有中央空调系统、智能化系统及消防系统，立面造型设计简洁，色彩运用大胆。

福州榕城广场 位于金山大道，福州市规划设计研究院设计，为商业、文化、休闲相结合的场所。广场营造全步行街空间，体现以人为本的理念。中心商业楼设有1.1万平方米单层大型地下室，中庭顶棚为将近1000万平方米的大型球形网架，中空玻璃穹顶，建筑外墙大规模采用斯米克玻化石贴挂新工艺，周边商业楼均为蓝灰镀铝锌钢板弧形屋顶。新工艺与新材料的运用赋予广场强烈的地域特征和时代特征。该项目获2003年度福建省省级优秀勘察设计（建筑设计）二等奖，中心商业楼获2003年福州市“榕城杯”优良工程奖。

福州金山文体中心 该建筑体位于福州金山新区中部，福州市规划设计研究院设计，由全民健身中心和文化建筑（市档案馆、市群艺馆、市文艺中心等）组成。总体布局由3组建筑群、1个生态公园、2条景观轴、1个文化广场构成，以城市景观营造金山文体中心，将城市绿化带引入建筑体，使城市绿色空间得以延伸，使金山文体中心融入城市大环境之中。该项目作为福州金山新区及周边地区的文化体育中心获2003年度福建省省级优秀勘察设计（城市规划）三等奖。

第三节 建筑市场管理

1990年，仓山区对转手发包、偷工减料、掺杂掺假、行贿受贿等严重干扰建筑市场秩序的工程、进行治理整顿，当年根据市政府批转市建委《关于进一步加强建设工程承担管理的意见》和省政府办公厅转发福州市建委《关于强化建设工程招投标管理的通知》精神，成立相应机构，加强对全区各在建项目跟踪管理。针对整顿中暴露出来的问题，逐步建立起一套行之有效的管理制度和办法。

2000年，培育和发展建筑市场中介机构，申报招投标代理公司工作开始启动，烟台山工程造价咨询事务所通过省建设厅资质认定。事务所在专业技术人员不足的情况下边筹建边开展业务。全年共承接建筑工程预算编审项目12项，工程总造价2500万元。同年针对全区违规工程有所抬头的现象，加大对城乡结合部“三边”（ 边设计、边报批、边施工）工程的查处力度，全年共检查违规工程23项，建筑面积3.45万平方米，有效地制止全区违规工程蔓延。

2001年，开始全面整顿和规范建筑市场秩序，成立规范和整顿建筑市场秩序领导小组，制定“关于整顿和规范建筑市场工作实施方案”。根据“突出重点、抓住难点、关注热点”的工作思路，提出工作目标、工作重点和实施步骤，召开全区整顿和规范建筑市场秩序工作会议，区直有关单位、开发区、区报建项目业主、施工单位、监理单位负责人共80多人参加。同时调整、充实建筑市场执法力量，深入现场，对区域内在建工程进行全面摸底、调查，取得全区54个工地的第一手资料。在此基础上组织人员开展执法检查，发现并查处违规工程21项，申请法院强制执行5起。2002年，重点查处城乡结合部，共检查违规工程 5 项，建筑面积约 2 万平方米。至 2003 年，全区整顿和规范建筑市场秩序工作取得阶段性成果，转入正常的建筑市场管理。

2004 年，重点加强建设工程施工招标投标活动的监督管理，遏止标底编、审环节中的暗箱操作行为，参照省、市政府有关规定，出台《转发区建设局、区监察局、区发展计划局关于仓山区小型工程招投标活动管理办法》，区小型工程招投标活动实行“四公开”，公开工程项目和招标条件，公开确定参加招标的施工企业名单，公开中标承包的施工企业。2005 年，区建设局与区纪委监察部门密切配合，严格按照《招投标法》《七部委令》《福建省人民政府第 68 号令》及市建设局关于招投标活动的有关规定对全区所有在建工程实行监管，当年监管的百万元以上项目 2 项的招投标工作在市工程交易中心进行；监管的小型工程 6 项均依照区计划局核准的招标范围、招标组织形式、招标方式在区政务管理中心进行。

第四节　建筑工程质量监督

1990 年，辖区建筑工程质量由仓山区建筑工程质量监督站负责，监督站依据有关法规和技术标准、技术规范，代表政府对建筑工程进行有效监督；核定工程质量等级；检查建设项目的设计、施工单位的资质；参与优质工程的核检、推荐工作；参与重大质量事故的调查、鉴定和处理。当年监督的重点放在对施工队伍资质的审查，施工规范和原辅材料把关上，对一些较大建筑项目采取强化监督措施，防止出现重大质量事故。

1997 年，根据省政府《关于开展全省建筑工程质量大检查的通知》精神，区建设局召集有关建设单位、各村镇分管领导进行部署，自查回访 355 个工程项目，组织人员抽查 70 个工程项目。对全区教育系统建设项目和村镇公共建筑进行重点检查，及时处理群众投诉的工程质量问题 7 起。当年协助建工总公司对 3 个建筑企业、12 个单位建设工程进行 1996 年度工程质量年检。

2001 年，随着监督模式的转变，监督方法不断改进，从原先只局限于对工程实体质量监督检查，转变到着重对参与工程建设责任主体各方面质量行为的监督和管理，严格查处违反法定建设程序和强制性标准的行为。全年共发出书面整改通知书 25 份，发出整改指令 310 条，及时纠正工程质量隐患。

2003 年，结合省、市、区三级政府及建设行政主管部门“建设质量安全生产大检查”，共发出督查表 53 份，检查项目 128 个，检查建筑面积 160 万平方米，查出质量安全隐患 83 条，发出整改通知书 17 份。区质量监督站根据《中华人民共和国建筑法》和工程建设强制标准，对参加建设的责任主体履行质量责任行为以及工程实体质量加强监督检查。针对当年监督工程量大面广，工期紧的情况，监督站在不违反原则的前提下，尽量便利工程，配合工程竣工备案工作，及时整理监督档案，写出监督报告。全年共受理监督工程 28 项，建筑面积 40 万平方米；发出监督整改通知书 65 份，整改指令 192 条；受理工程质量投诉 16 件；完成监督报告 15 份。当年所受理监督的工程中有 6 项、3 万平方米被市质量协会评为“榕城杯”优质工程。

2005 年，在日常巡查的基础上开展工程质量专项检查，同时开展混凝土试块标养，对送检测试标养的混凝土试块，现场取证检测单位后进行核对，促进施工现场按规范制作，养护试块，真实反映砼实体的强度，确保工程主体结构安全可靠。当年在建工程情况复杂，有区属报建工程，也有省、市监督站转下的工程，大多是工业厂房和安置房，区监督站在工程质量监督过程中认真审核，现场核查，认真履行工程竣工验收备案制度，整理监督档案资料。全年受理监督工程 33 项，建筑面积 56 万平方米，合格率达 100%；发出书面整改通知书 45 份，整改指令 195 条；受理有关工程质量投诉 15 件，并及时进行调查、协调处理；同时提交省、市建设行政主管部门监督报告 26 份。

1998 ～ 2005 年，区建设工程质量监督站共受理工程监督项目 128 项，总建筑面积达 34.7 万平方米，工程监督合格率均达 100%，一批监督的工程项目获得优质工程称号。

第五节 建筑工程安全监察

1990年，区属各建筑企业普遍建立安全生产制度，建筑企业设有安全员，各建筑工地配备兼职安全员，并通过施工安全监察订出安全防范措施。区建筑文明安全监察站负责对辖区内施工企业和施工现场安全生产情况进行经常监察和定期检查。当年在全区开展创建文明工地和施工工地安全活动。

1997年，根据省建设厅《建筑业企业职工安全培训教育暂行规定》，对全区建筑企业施工安全员进行培训。同时针对建筑施工事故多发环节，组织人员对全区在建项目进行安全施工监管。根据省建设厅《关于防止施工坍塌事故的紧急通知》和《关于进一步加强塔式起重机管理预防重大事故的通知》精神，出动975人次深入100多个施工现场摸清情况，发出隐患整改指令书465份共1983条，整改反馈率达99.7%。

1998年，根据省、市政府工程质量安全大检查的要求，加强全区建筑工地安全管理，督促5个乡镇、7个街道、8个部门对各类房屋和在建工程进行检查，全区共查4950项工程，建筑面积259万平方米。

2000年更新建筑施工机械工艺和设备，逐步淘汰人工挖孔桩、搭竹脚手架等危险性大的施工工艺和落后设备。加强对施工坍塌、高处坠落、塔吊倒塌等事故的专项整治，以检查促管理。2003年采取强制性措施彻底淘汰非标井架的使用，开展临时施工用电专项整治。当年区安全生产监察站加强区立项工程安全申报工作，全年共申报审批工程项目35个，安全监察监督工程约40万平方米，发出安全隐患整改指令书23份432条，责令停工整改2个工地，发出建筑质量安全普查表53份，检查项目128个，检查建筑面积160万平方米，共查出质量安全隐患83条，发出整改通知书17份。

2004年，根据“安全第一，预防为主”的工作要求，加强对施工现场的管理。全年共排查、巡查、检查区辖在建工程施工现场109次，主要检查在建工程项目安全生产责任制建立，安全事故应急救援预案制定、实施，安全员配置，安全技术交底制度落实，建筑施工现场竹脚手架、井字架、塔吊、“三宝”“四口”、安全网、用电、消防、防毒等安全生产防护措施的落实情况。共发出“事故隐患整改指令书”98份，要求整改意见607条。对市三建承建的南台新苑芙蓉苑人工挖孔桩工程进行安全生产过程跟踪检查，经过市建设局安全抽查，得到检查组好评。

2005年，结合“全国创建文明城市工作先进城市”“安全生产月”“创建平安仓山”等活动，大力开展建设工程安全专项整治工作。围绕“遵章守法、关爱生命”的安全月活动主题，组织安全监管人员深入到各建筑施工工地，免费赠送宣传教育书籍，宣传《中华人民共和国安全生产法》等建筑系统安全生产的法律法规和技术标准，并要求各在建工地挂出大幅标语，办宣传栏、黑板报、墙报，强化宣传企业安全生产责任主体意识，树立安全生产观念。当年19号“龙王”台风过后，协助、督促各施工企业组织开展施工现场的灾后安全及卫生防病工作，下发有关紧急通知和组织开展建筑工地生产安全大检查活动。当年共受理监察工程26项，建筑面积40万平方米。排查、巡查、检查辖区在建工程施工现场139次，发出“安全隐患整改通知书”99份，要求整改意见547条。

第五篇 工业

第五篇 工 业

1990年，仓山区继续贯彻“治理整顿、深化改革”的方针，在工业企业中开展“奋力爬坡、共渡难关”活动，工业生产逐步回升，当年工业产值1.08亿元，实现利润277.68万元，出口产品交货总值1976.71万元。

1993～1995年，区委、区政府先后出台集体所有制企业转换经营机制的政策性文件，推出20项重点改革项目，组织实施股份合作、风险抵押承包、聘任制等企业综合改革，同时以工业小区为基地，加快工业布局和产品结构转变。

1996年，区划调整后，仓山区开始实行城区经济与乡镇经济互补协调运作，发挥乡镇企业的顶梁柱作用，同时实施“基地、规模、名牌”战略，全区工业开始从粗放型向集约型、效益型转变。至1999年，投资区、工业集中区、工业小区建设逐步完善并出成效，共实现亿元村42个，500万元以上企业140家，年工业总产值完成92.21亿元。

2000年，开展“创建经济强村和创办重点企业”活动，在市场准入、土地使用、资金、技术等方面为民营企业创造良好的发展环境。同时大力发展工业集中区，依靠发展工业、促进贸易和增加投资三大手段，进一步增强经济综合实力，至2003年，全区基本形成电子、机械、化工、鞋类等优势产业。有9个民营企业获得自营进出口权，60家企业通过ISO9000质量认证，16家企业被评为省先进乡镇企业，20个产品获得省级名牌产品称号，3个商标获得省著名商标称号。2005年，全区完成工业总产值204.81亿元，基本形成以仓山科技园区、城门投资区、盖山投资区、金山投资区为主体，结合金山新区建设，开发金山工业集中区橘园洲片、浦上片、福湾片、义序片的“一园三区四片”的工业发展格局。

第一章 所有制

第一节 集体企业

1990年，全区共有集体企业101家，职工12878人，实现产值6099万元。其中区属集体企业有五金实验厂、运动鞋二厂、汽车配件厂、喷灌机电厂等17家，街道集体企业84家。是年，区属集体企业受到资金、技术、市场等诸多制约，企业生产经营举步维艰，企业数量、规模逐渐萎缩。1993～1995年，区属集体企业福州市仓山摩托车配件厂、福州市电器灯具厂、福州仓山电器设备有限公司、福州市运动鞋二厂、福州市电子变压器厂、福州市自行车配件二厂、福州市石棉制品厂、福州市朝阳建筑机械厂、福州市五金电器实验厂相继关闭，职工全部下岗，自谋职业。

1996年区划调整后，全区集体企业增至1317家，其中：区属集体企业仅存8家，街道集体企业89家，镇属集体企业1220家。1997年，福州市制冷设备厂、福州市汽车离合器厂、福州市仓山物资供销公司、福州市仓山钢铝门窗厂、福州市喷灌机电厂、福州市第七印刷厂、福州市仓山机电工业公司、福州市仓山车辆修配公司8家区属集体企业因资不抵债相继关闭，职工全部下岗，自谋职业。当年，共安置区直属集体企业退休职工371人，解除劳动关系411人。在此期间乡镇集体企业有较大发展。2001年，全区乡镇集体企业增至2234家，职工75845人。实现乡镇工业总产值116.44亿元，其中规模以上集体企业42家，实现工业总产值6.91亿元。

2005年，已关闭的区属喷灌机电厂、五金实验厂、自行车配件二厂、运动鞋二厂4家集体企业，面临厂房拆迁。区经济局根据4家企业的不同情况，充分征求职工意见，妥善解决企业与职工反映的问题。当年，全区街镇集体企业共2220家，职工65523人。实现工业总产值78.7亿元。

第二节　民营企业

1990年，全区共有民营企业5家，年产值1035.8万元。1996年，民营企业增至148家，其中具有代表性的私营企业主要有叶下塑革、春伦茶业、大世界橄榄、海霖机电等。

2002年起，引导和扶持民营经济逐步由分散经营向规模经济发展，由家族式经营向现代企业经营模式转变。是年，全区共有乡镇民营、私营企业（含规模以下）1418家，实现工业总产值29.82亿元。

2003年，发挥民营经济优势，重点加强规模以上企业引进工作，快速增加民营经济的总量和效益。是年，全区共有乡镇民营、私营企业（含规模以下）1751家，实现工业总产值53.51亿元。

2005年，全区有民营、私营企业（含规模以下及个体经济）13084家，其中，中小型企业3664家，工业产值占全区乡镇工业总产值的21.82%。

第三节　“三资”企业

1990年，区委把发展外向型经济工作作为经济发展的重大战略决策，协调解决煤、汽油、水泥以及玻璃等材料问题，解决企业发展的后顾之忧。当年共有“三资”企业10家，产值达1342.6万元。

1991年，外向型经济取得新的突破。在吸引外商投资、发展“三资”企业等方面有突破性进展。全年新批25家“三资”企业（当年投产13家），总投资1085.7万美元，“三资”企业总产值达5021.77万元。

1993年，外资企业从一般产业向高科技产业发展。当年，兴办高新技术企业12家，占“三资”企业的12.5%。依靠科技进步新增产值4919.6万元，占全区工业总产值的20%。全年新办“三资”企业42家，引进协议外资25744万美元，新开工“三资”企业18家，完成工业产值1.12亿元，完成出口交货额7677.09万元。

1994年，通过“走出去、请进来”的方法，使招商引资工作在层次、规模等方面取得新的突破。全年新批“三资”企业35家，总投资3312万美元，协议外资2902万美元，实际到资2500万美元。“三资”企业产值达1.6亿元，占全区工业总产值的50.24%。

1996年区划调整后，全区外资企业增至220家，其中新批“三资”企业33家，新开工26家。新引进协议外资3002万美元，实际到资4000万美元，区街以上“三资”企业完成工业总产值16.54亿元，占全区工业总产值的63.3%。

2000年，推行创意招商、以商招商、网上招商等办法，引进威士茂机电、海鹏电子、兴发木业等项目。当年，仓山科技园区、盖山投资区、城门投资区及金山投资区的“三资”企业总产值占全区工业总产值的60%以上。

2005年，仓山区共有“三资”工业企业188家，基本形成电子信息、机电五金、服装和鞋类四大产业集群，“三资”工业企业总产值占全区规模以上工业总产值的73%，工业经济主导作用日益突出。

第二章 产业结构与科技开发

第一节 工业门类

1990年，全区有电子电器、机械、化工医药、印刷包装等8类产业，123家工业企业，年产值1.08亿元。1998年，坚持走集约型、内涵式的新型工业化增长道路，重点发展高附加值、低污染和低能耗的都市型工业，不断推动产业集聚，重点扶持做大做强龙头企业，提升规模企业。至2000年，基本形成塑料制品、皮革毛皮及羽绒、电子及通信设备制造、电气机械及器材制造等支柱产业，主要企业有叶下塑革、万福企业、三丰鞋业、祥龙鞋业、三协精机、苍乐电子等亿元企业。2005年，全区共有规模以上工业企业334家，完成工业总产值160.47亿元，涉及农副食品加工业、医药制造业、家具制造业、工艺品等27个行业。通过项目带动、产业集聚，全区初步形成塑胶、电子、机械五金、鞋服四大产业集群。

一、塑胶行业

1990年，区内塑胶企业有18家，年产值1438.3万元。主要有福州市榕城塑料玩具厂、福州市仓山区塑料包装厂、福州市仓山日用塑料制品厂、福州市仓山塑料二厂、福州红星塑料厂、福州市仓山闽发塑胶厂等，产品主要以塑料桶、塑料玩具等塑料制品为主。1991年，塑胶企业增至24家，年产值1415万元。新投产的企业有中外合资兴泰塑料包装有限公司、福州庆升塑料制品有限公司、福州市仓山塑料包装制品厂等6家企业。1996年区划调整后，福州市仓山盖山叶下塑革厂、福建省三丰鞋业有限公司、福州市仓山华星鞋厂、福州市山一鞋业有限公司等规模企业划归仓山区，塑胶行业成为区经济发展主要支柱产业。2005年，全区有塑胶企业70家，年总产值30.7亿元。塑料制品业主要企业有永达鞋业、宏德盛塑胶、华宏实业等10家亿元企业。

福州叶下塑革有限公司

二、电子行业

1990年，区内有电子企业18家，年产值2435.7万元。主要有福州第三开关厂、福州市电子变压器厂、福州仓山纸品灯具厂、福州市电力器件厂等企业，主要生产低压电器产品、各种电路仪器仪表等产品。1991年，区内18家电子企业通过技改创新，使企业获得较大的发展。年产值3655.5万元。1996年，区划调整后，福州市第三电器开关厂、福州山昌电子有限公司、福州

福州星网锐捷科技园（2005）

市艺通电器有限公司先后划归仓山区。2005 年，电子企业增至 39 家，年产值 22.8 亿元。通信设备、计算机及电子设备制造业主要企业有星网锐捷、电产三协、福日电子、福顺半导体等 6 家亿元企业。

三、机械五金行业

1990 年，区内有机械五金企业 17 家，年产值 1533.7 万元，主要有福州市汽车离合器厂、福州市仓山内燃机配件厂、福州市仓山区工艺电器厂、福州市仓山区电器二厂等企业，产品主要有喷灌机、微电机、汽车离合器钢片总成、五金工具、自行车配件等。1991 年，区属机械五金行业企业增至 19 家，年产值 2609.5 万元。新投产的企业有福州朝宇标准件有限公司、福州市仓山汽化炉厂 2 家企业。1996 年区划调整后，福州市盖山金属改制厂、福州市仓山区建新广播器材厂、福州市建新企业总公司划入仓山。2005 年，机械五金企业增至 63 家，年总产值 25.8 亿元。其中汽车维修企业 45 家，船舶制造企业 3 家，完成工业总产值 5000 万元。电气机械及器材制造主要企业有苍乐电子、利莱森玛、海霖机电、东方电器等 9 家亿元企业。

福州奥特帕斯工业有限公司（2005）

四、纺织服装行业

1990 年，区内有纺织服装企业 9 家，年产值 272.5 万元。主要企业有福州市仓山服装厂、福州仓山纺织厂、福州红星服装厂、福州市仓山针织服装厂等企业，产品主要有童装、被套、各种茄克、风雪衣。1991 年，纺织服装企业增至 12 家，年产值 576.4 万元。新投产的有福林时装有限公司、福翔时装有限公司、福州市福华服装有限公司、福州市仓山百得补阶迷时装厂。1996 年，区划调整后，福州市鸿佳鞋帽厂划归仓山区。1998 年，福州天马制衣有限公司的崛起，仓山区纺织服装行业步入规模化行列。2001 年，福州谢氏时装有限公司、福州财茂服装城有限公司入驻仓山，进一步壮大纺织服装的队伍。至 2005 年，全区纺织服装行业规模企业增至 32 家，年总产值 20.13 亿元。主要企业有源盛纺织、茂盛投资、谢氏时装、福田制衣等 6 家亿元企业。

福州名师路服饰有限公司（2005）

第二节 科技开发

1990 年，仓山区进一步深化企业改革，走“一厂一校所、一厂一成果”和“小厂靠大厂、共同求发展”

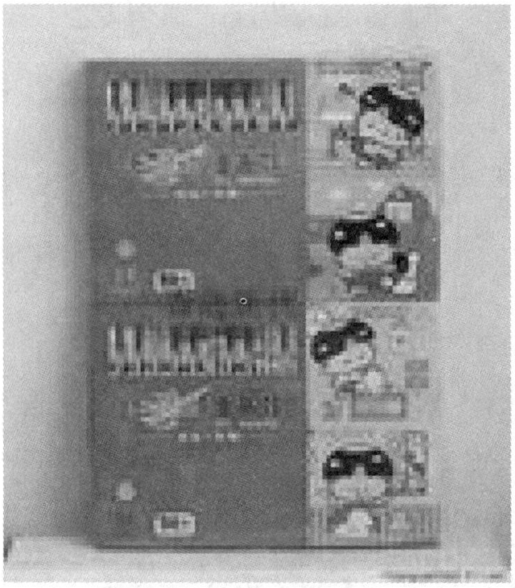

西瓜太郎牌水彩笔

的路子，结合“质量、品种、效益年”活动，抓企业技术革新、提高产品质量。全区 47 家企业与 65 个大专院校、科研单位建立协作关系，开发新产品 28 项，其中 11 项通过省级鉴定，2 项达到国际水平，1 项属国内首创。实施 11 项市、区星火计划项目，新增产值 607.12 万元。

1991 年，大力推进企业技术进步，提高企业经济效益。上渡街道红星机电厂的调频电视广播接收机、仓山时贝电器厂的 DJI 型电子节能镇流器等产品通过省二轻局鉴定，工业产品竞争力进一步提高。同时指定专人负责技改项目的落实，带动全区经济发展。全年开发新产品、新技术 17 项，增加新品种 234 种，创产值 1410.52 万元。实施“星火计划”8 项（含市级 1 项），新增产值 599.63 万元。

1993 年，开发新产品、新技术 46 项，实施“星火计划”和“火炬计划”33 项，新增产值 6352.84 万元。

1996 年，增加科技投入，实施“科教兴区”战略，全年投入区级科技发展基金 100 万元，实施“星火”项目、科研项目和推广项目 27 项，新增产值 3840 万元；开发新产品 33 项，其中 6 项通过省级鉴定和法定单位检测。

万年青健身器商标

2000 年，注重企业基础管理和产品质量管理。有 6 家企业通过 ISO9000 国际质量体系认证，培植西瓜太郎文具、万年青健身器、葛罗耐西服等名牌产品。全年完成开发新产品 26 项，技改项目 42 项。

2001 年，创建名牌产品，天马制衣、天峰茶果、新代文具、金凤涂料、大世界橄榄等产品获得省部级或市级名牌产品称号。同时鼓励企业进行技术创新和技术改造，全年完成技改项目 43 项，新增产值 2.6 亿元。

2004 年，加快发展民营企业，稳步实施名牌战略。全年新创 1 个国家驰名商标，4 个福建省著名商标，推动 21 家企业通过 ISO9000 质量体系认证。

2005 年，鼓励企业争创名牌，提升企业自主创新能力。万年青健身器材被评为中国名牌产品，实现仓山区零的突破。春伦茶叶被评为福建省名牌产品，凤美涂料的“凤美牌”和春伦茶业的“春伦牌”被评为福建省著名商标，快科电梯、久策气体等 33 家企业通过 ISO 质量体系认证。

第三章 街镇工业

第一节 街道工业

1990 年，仓山区 6 个街道，有工业企业 94 家，全年累计完成工业产值 5346 万元。1990 ～ 1996 年，街道工业对仓山区经济发展占据重要的地位。各街道依靠科技进步，走科技兴街的道路，大力发展街道经济。2005 年，仓山区共有 8 个街道，有工业企业 487 家（含规模以下企业），年产值 7.73 亿元。

一、仓前街道

1990年，街道下属有10家工业企业，完成工业总产值1179万元，主要产品有弹跳式汽车闪光器、防爆电机、鼓风机、各类垫圈、拖鞋、纸带、毛笔等15个品种。是年，新创办企业8家，其中三资企业3家。当年与福建省微生物研究所联合开发的香港脚“止痒灵”药水和池后居委会综合厂开发的不湿手拖把专利产品，通过省级鉴定并获得省二轻科技二等奖，成为省工业博览会畅销品，打入国际市场。

仓前印刷厂印刷车间

1991年，开展“质量、品种、效益年”活动，利用厂房优势向社会公开投票、招商引资。同时实行经营有偿服务改革，增加经济收入。是年，新办企业6家，街居企业增至36家，其中2家为三资企业。年总产值1746.35万元。

1993年，新办“五金配件”“自动化电器”“鸿雁通信”“现代厨具设备”等18家企业，引进“三轻仪型号砂轮机”“电感”“成套不锈钢厨具设备”等8项新产品，年总产值2657万元，出口商品交货总值704万元。

1996年，正立鞋业有限公司投入300万元，引进进口设备，仓山佳顺塑料厂的包装袋生产线上马投产，经济总量有较大发展。年总产值3850万元，比上年增长44.9%。

1999年，发挥街属企业厂房优势开展招商引资。当年引进“仓山南工机电设备厂”“日用火柴厂”“金昌木制品厂”等8家工业企业，同时扶持新发展的“金源五金制品厂”“福康鞋厂”“三环医疗卫生经营部”6家工业企业。是年，经济总量进一步扩大。年工业总产值4820.78万元，比1996年增长25.21%。

2001年，继续开展招商引资，落实“四个一批”项目（跟踪一批、储备一批、建设一批、投产一批）。是年，成功引进锦达鞋具厂、仓山威海丝钉厂、顺步发鞋带厂3家三资企业。同时引进3家内资企业，注册资金90万元，新增年产值780万元。

2002年，落实招商引资工作，新引进三资企业1家，实际利用外资10万美元，完成自营出口（海关口径）50万美元。是年，全街道上规模、科技含量较高的企业有创威文化用品商店、博鑫动力机械厂、升光工程装修有限公司、力捷生物防治有限公司、仓山第三印刷厂、福州卡皮特鞋业有限公司、福州兴鹤制衣厂、福建丰北转机有限公司、仓山玉须食品加工厂、福州佳明塑料有限公司10家。全年完成工业总产值3280万元。

2003～2004年，引进内资4980万元，外资108万美元，新落地生产的企业有福州新桥工艺品有限公司、福州台利机电有限公司、福州晶雅好贸易有限公司等12家。

2005年，新引进福州星春家俱有限公司、福州承成食品有限公司、福州跃峰中草药有限公司等14家企业。是年，辖内共有工业企业100家，比1990年增长10倍，其中三资企业9家，职工1.3万人，比1990增长17.8倍。主要产品有：家具、服装、纸品、鞋材、机械、五金、文具等，年工业总产值3875万元，比1990年增长228.6%。

二、临江街道

1990年，辖内共有工业企业25家，其中街道直属工业企业13家，主要产品有电子原件、低压电器、塑料纸品等。年工业总产值1183万元。

1991年，新办织物立体彩印、印染助剂、日用化工3家新企业。6月，在创建市科技示范街道活动中，开发照明配电箱、太平911-1灯具、自行车线闸接茹、把套等5项产品，新增产值360.8万元。是年，YCK-2船用控制柜、塑料挤出机控制柜、热敏电阻等产品通过省级鉴定；彩电中周、电感、电源线等产品获得部、省名优；CDY带杆头电源线通过UL安全认定；彩电中周在全国行评获一等奖。电机自动安全节能保护器、915印染助剂、皮件擦油器等产品获得专利。当年完成工业总产值2055万元。

临江街道无线电元件厂生产车间

1992年，街道直属工业有电子元件、节能器材、塑料制品、低压电器、铅笔机械、日用化工等。通过省级鉴定的产品有压、热敏电子陶瓷元件、多功能电机节电保护器、多功能皮件擦油器等11种。与福州大学、福建师范大学、福建省中心检验所、福日公司、第二化工厂等单位形成协作关系。当年，街道被列为科技示范街道，拥有各类科技人才43人。是年，工业总产值2380万元。

1994年，先后在坊兜兴建工业小区和在三叉街兴建工业小园区，入驻的企业有20家，形成电子元件、节能材料、塑料制品、低压电器、脱胎木画工艺品等工业体系。

2003年，引进福州博研石材有限公司和福州立丰树脂制品有限公司2家三资企业以及诺金电子厂、鑫园塑料制品厂、华福标准件有限公司、华创汽车配件有限公司、福州汽车电机有限公司、远中科学器材有限公司等工业项目，总投资3265万元。是年，工业总产值9190万元。

2005年，辖内工业企业增至40家，比1990年增60%。完成工业总产值1.19亿元，比1990年增长905.9%。

三、上渡街道

1990年，辖内有街居集体工业企业22家，年产值384万元。1996年，对居办企业采取优惠政策，龙潭、鹭岭红星居委会综合厂经济发展呈现良好势头，产值、销售均超百万元。同时坚持“科技兴街、科技兴厂”的战略，一手抓骨干企业，一手扶持居办企业。街办骨干企业红星机电厂、闽发塑胶厂的产值达400万元，出口产值占60%以上。电动工具厂生产的电动风叶、刀片外盖产品列入区星火项目。

1998年，街道以产值600万元的福州市红星机电厂为龙头，带动五金工具、五金制品、电动工具、石英钟制造等骨干企业上规模、上档次，先后开发石膏模具、化工添加剂、电感电器、柳子钻头、石英钟等新产品，出口创汇500多万元。

2000年，上渡新城区建成后，街道开始招商引资，陆续引进小规模企业。新创办聚力机械制造公司、恒星五金机械厂等4家企业。街道龙头企业红星机电厂工业总产值达1300万元，创税114万元，纯利润21万元。全年街道工业总产值

上渡街道中能电气公司

3960 万元，出口交货值 1100 万元。

2001 年，由于辖内大面积的旧屋区改造，街道采取落实责任制、抓重点企业、落实新项目、减轻企业负担等措施，引进福州圣发日用品有限公司、福州永发五金厂两家企业，开发新产品 3 项，加快企业优化升级，提高企业竞争力。年完成工业产值 2301 万元，出口交货值 800 万元。

2003 年，街道新引进 17 个项目（不含福湾片征地项目），其中内资 13 项，注册资本 885 万元，三资 4 项，注册资本 40.2 万美元。同时，签定福湾片工业项目 6 个。2004 年，福州红星机电厂改制成立民营福州合利机电有限公司。同年引进首家规模企业“福建中能电气有限公司”，主要生产电气类产品。年工业总产值 2829 万元。

2005 年，辖内工业企业有福建中能电气有限公司、福州合利机电有限公司等 28 家，工业总产值 7483 万元，比 1990 年增长 19.4 倍。街道经济工作连续 3 年被区委、区政府评为先进单位。

四、下渡街道

1990 年初，辖内有工业企业 27 家。当年先后创办榕台工艺有限公司、昌亿电脑绣花有限公司、仓山石料厂、福州柴油厂冲压分厂 4 家工业企业，主要产品有木制工艺品、电脑绣花等。是年，仓山区化工设备防腐厂与福建师大高分子研究所合作试验新型防腐蚀涂料——钛金属螯合高聚物防腐蚀涂料获得成功，产品达国内先进水平，并投入市场推广应用；电器厂试制成功的新产品——电风扇模拟器，在省发明展览会上获铜奖，在第五届全国发明展览会上获银奖。全年完成工业总产值 333 万元。

下渡塑料制品厂印刷车间

1991 年，新创办福州市仓山塑料五厂、福州市仓山新潮制衣厂、福州市仓山区制扣工艺厂、福州市仓山区宏立玩具厂、福州市仓山区柴油机配件厂、福州市仓山万利针织服装厂 6 家工业企业，并引进台资福林时装厂。全年新开发电风扇模拟器、音响设备、汽车手刹、塑料底布鞋、纸品装订复印等 8 项新产品，年新增产值 80 多万元。其中仓山区柴油机配件厂为福州柴油机总厂加工生产柴油机零配件，年产值突破百万元大关。当年引进的企业逐步投入生产，年工业总产值达 696.56 万元。

1995 年开始，街道主抓大型骨干企业上新水平，先后创办全日五金制品厂、保利鞋用材料厂两家较大企业。同时实施抓重点企业带一般企业，促进企业同步发展。至 1997 年，新创办工业企业共 21 家。

1998 ～ 1999 年，工业产品滞销，工业总产值连续两年下滑。1998 年为 2646.44 万元，比上年下降 25%。1999 年为 2350 万元，再降 12.61%。

2000 ～ 2001 年，开展“亲商、扶商、富商”活动，工业生产得到恢复发展。2 年共引进 23 家内、外资企业，至 2001 年底共完成工业总产值 3050 万元。

2005 年，街道扩大“三资”企业生产发展的规模，有 6 家“三资”企业共增资 111 万美元，并引进新的“三资”企业 1 家，利用外资 50 万美元。是年，街道工业企业增至 189 家，比 1990 年增长 6 倍多。主要产品有塑胶、五金、家具、生物药品、工艺品、机械、装潢等。年工业总产值 4115 万元，比 1990 年增长 12.3 倍多。

五、对湖街道

精微轴承厂自动磨车间

1990年，辖内工业企业共7家，主要工业产品有电子元件、船用汽笛、木制算盘、按摩具、童装系列等，年工业总产值198万元。

1991年，引进仓山汽车零部件厂、汽化炉厂、正大塑料厂等7家企业。仓山汽化炉厂成功开发QCP、QLH、QLG3项汽化炉新产品，并通过省级技术鉴定，其中QLH和QLG两项产品获得国家专利产品；仓山汽车零部件厂开发的QZJ汽车手制动操纵装置新产品通过省级技术鉴定，被列为仓山区星火项目，评为区科技进步二等奖；福宁无线电厂的瓷介电容器元件，通过国家电子机械部抽样检查评比获一等奖，名列全国同类产品的第三名。当年，街道工业总产值达734万元，比上年增长71.9%。翌年，仓山汽化炉厂又成功开发DLZ、LDS、QDZ三项新产品，并通过省级技术鉴定，QLG大型高效汽化炉专利产品在首届福建省专利工作会议上获福建省专利产品二等奖。仓山汽车零部件厂QBS汽车用玻璃升降器新产品通过省级技术鉴定，达80年代国际水平，填补省内一项空白。

1993年，街道新引进仓山排灌机械厂、纺织塑品厂、卫生制品厂等工业企业，开发成功的新产品有仓山汽化炉厂KS-1型石油汽灯、仓山排灌机械厂的FPY-2型自动摇臂喷头及福宁无线电厂开发的中压瓷介电容器。仓山汽车零部件厂的QBS轻型汽车用玻璃长降器被列为仓山区星火项目，年完成升降器2万套，创产值108万元，实现税利11万元。同年，福宁无线电厂投入技改资金45万元，建成中压瓷介电容器生产线，年新增产值100万元。

1994年，继续引进新型门窗厂、精微轴承厂、益丰皮革厂、榕岚消毒剂厂4家企业，成功开发防盗分户门、FPY-320喷头、精密微型球轴承、RJC型燃油无压热水机、CC81、CT81陶瓷电容器元件、载货升降电梯6种产品。其中汽化炉厂开发成功的RJC燃油无压热水机被福州市产品质量检验所检测为质量合格新产品；仓山电梯厂生产的载货升降梯通过省级技术鉴定，获“安全生产许可证”。是年，仓山汽车零部件厂、福宁无线电厂被列为仓山区“科技兴厂”示范企业。1995年8月，福宁无线电厂与台湾嘉耐科技股份有限公司合资，创办福州嘉福电子有限公司，引进陶瓷电容器生产线32条，低压、中压瓷介电容器元件年生产能力达10亿只。

1996年，辖内嘉福电子有限公司、仓山汽车零部件厂、精微轴承厂、仓山汽化炉厂、仓山排灌机械厂、仓山电梯厂等8家企业均配备科技副厂长。通过走“产、学、研”相结合的路子，分别与南京熊猫电子集团、台湾嘉耐电子技术研究所、福建龙马集团、八闽汽车研究所、武汉电力大学、上海长鸿轴承厂、无锡轴承厂、省冶金机械研究所、福州市质量技术监督局等单位建立技术协作，在新产品开发、技术难题攻关、技改等方面进行密切协作。是年，街道纳入福建省创建第三批科技示范街道规划，嘉福电子有限公司和精微轴承厂被列为仓山区“科技兴厂”示范企业。

1998年，精微轴承厂成功开发法兰盘轴承、不磨轴承、低碳钢轴承、带柄轴承、不锈钢轴承等新产品，其中微轴低噪音轴承被列为仓山区1998年星火项目。汽化炉厂成功开发CLHSS型常压热水炉，新产品和P<0.03MPA微压锅炉系列，CLHS型常压热水炉自0.05到0.2兆轮4种规格获省劳动厅批准为定点生产企业。鑫泰冷轧带肋钢筋厂成功开发的新产品冷轧带肋钢肋获国家建设部颁发的生产许可证，被列为1998年度仓山区星火项目。

2000 年，街道科技兴街工作通过省级创建科技示范街道考核验收组的审核验收，以总分 94.5 分的优异成绩被福建省人民政府授予“福建省第三批科技示范街道”称号，并被福州市人民政府评为“科技示范街道建设工作先进单位”。

2005 年，街道工业企业增至 15 家，其中规模企业 2 家，职工 1200 人。当年完成工业总产值 5342 万元，比 1990 年 427 万元增长 26.9 倍。

六、三叉街街道

1990 年，三叉街街道经济工作刚刚起步。当年有街居工业企业 3 家。主要产品有百洁布系列产品、无纺布、电器元件、雕刻工艺品、包装纸盒、仪表盒、运动鞋、童鞋等 10 余种。年产值 92 万元。

1994 年，新办仓山大扬鞋料厂、仓山圣光工艺厂等 10 家集体企业。是年街道工业企业增至 15 家。

2001 ～ 2005 年，先后引进仓山美术印刷厂、仓山楷宏五金工具厂、福州金朋五金有限公司、福州祥龙饲料科技有限公司、福州梦雅服饰有限公司、福州惠邦电子有限公司、福州神起起重机械有限公司、福州协力同和机械有限公司、福州金南台建筑有限公司、福州杰诚服饰有限公司、福州蓝湖食品有限公司等企业。2005 年末，全街道工业企业发展至 96 家，主要产品有塑胶、建材、家具、五金、鞋材、服装、汽配等。年工业总产值 3894 万元，比 1990 年增长 43 倍多。

福州蓝湖食品有限公司袋泡茶生产车间

七、东升街道

1997 年东升街道成立后，开始引进经济实体。是年 3 月引进第一家挂靠街道企业——福州太阳能设备制造厂，主要生产太阳能热水器，年产值 100 万元。

1999 ～ 2003 年，先后引进青峰塑料厂、华苑家具厂、制钟厂、福州恒林制衣有限公司、福州晨星药业公司 5 家企业，其间福州太阳能设备制造厂、青峰塑料厂、制钟厂相继倒闭。2004 年，华苑家具厂也因经营不善倒闭。同年 10 月，在全国经济普查过程中引进福州泉盛纸制品有限公司，当年街道工业总产值 1376 万元。

2005 年，福州市政府按属地管理原则将福州三威橡塑公司经济指标划归东升街道。至 2005 年底，街道共有企业 4 家，工业总产值 6586 万元。其中规模以上企业 3 家。

东升印刷厂车间

八、金山街道

2002年7月街道成立后，利用相邻街、镇工业资源，组织力量开展招商引资工作。以建新镇橘园洲工业区、浦上工业区、福湾工业区为载体，大力发展飞地工业。至2003年10月底，共引进工业企业3家。2004年，规模工业企业发展到13家。其中5家落在橘园洲工业区，5家落在浦上工业区。全年工业总产值2.85亿元，比上年增长20%。

2005年，内资企业福州帮利食品有限公司于5月完成从台江区变更到仓山区的移户手续，落户浦上工业区仓山园（燎原村厂房），8月起转入正常生产。是年，辖区内有工业企业15家，主要产品有食品、工艺品、光学镜片等，工业总产值3.41亿元。

福州帮利食品有限公司（2005）

第二节 镇村工业

1990年，仓山、城门、盖山、建新、螺洲5个镇共完成工业总产值8.5亿元。1992年，经福州市政府批准，先后成立金山投资区、城门投资区、盖山投资区。1996年，仓山镇先后成立先锋集团、烟山集团、万里集团；同年，城门镇出台《城门镇关于鼓励乡镇企业大提高大发展的决定》，大力发展民营企业。1997年，建新、盖山镇先后组建“建新花卉集团”和“高湖企业集团”。1998年，三大投资区升级为省级投资区，享受省级开发区相关政策。2000年，在巩固提升的基础上，新成立金山工业区，由橘园洲片、浦上片、金山片、福湾片四大片区组成，初步形成仓山区“一园三区四片”的格局。2005年，5个镇共完成工业总产值147.52亿元。

一、仓山镇

1990年，全镇有工业企业885家，其中镇办企业22家，村办企业344家，共有职工8786人。主要产品有塑料、机械、印刷、茶叶等。当年工业产值达8179.25万元，实现利润819.99万元。

1992年，抓住改革开放的第二次高潮，全镇共筹集资金2469.6万元，建设32座标准厂房，计7.42万平方米。引进7家外向型企业、4家内联企业，年增产值9000多万元。

1994年，全镇工业企业增至239家，其中镇办企业29家，村办企业189家，“三资”企业21家。是年，工业企业开始兼并，逐步向集团化方向发展。先锋村集12家公司、36家企业、1.2亿元的固定资产，创办企业集团，拥有标准厂房8.6万平方米。当年，该村工业总产值达2.03亿元，上交税

福建新翔龙鞋业有限公司

金263万元。

1996年7月28日，先锋村企业集团通过国家农业部审批，正式成立“中国福建省先锋集团”。同年10月21日、12月26日，先后成立“烟山企业集团”和“万里集团”。全镇初步形成造纸、电气开关等支柱行业，拥有服装、机电、电子、电器、机械、鞋帽、工艺等名特优新产品。1994～1996年3年共投资9000多万元，建成标准厂房54座、14万多平方米，形成12个工业小区。引进“三资”企业23家，利用外资1800万美元。

1997年，新办华仓活塞环厂等6家“三资”企业和先锋锌粉厂等120家内联企业，企业规模进一步扩大。当年全镇有年产值超千万元的企业37家，其中3000万元以上的企业8家、5000万元以上的企业4家。全年投入资金1.204亿元，完成技改26项，开发新产品22项。同年成为全省首个消灭产品质量无标管理的乡镇。

2000年，镇工业园建设全面展开。仓山镇工业园首期服装、鞋业、塑料、机械、纸业等11个项目全部摆满，并完成前期工作；橘园洲工业区仓山园征地180亩，引进怡美电子、迅达机电、瑞源工艺品等7家企业开始施工。至2002年，3年共启动项目64项，落地投产内外资企业39家，其中“三资”企业8家、规模企业8家；引进资金15亿元，其中外资2977万美元；新增厂房11500平方米。共投入资金7931万元，完成技改35项，耀升软包装厂的可降解焚烧烯烃包装材料获市2002年“金桥”工程三等奖。全镇科技在经济增长中的贡献率达60%以上，被评为福建省第三批科技示范乡镇建设先进单位。有16家企业通过ISO 9000质量体系认证。至2002年底，拥有年产值500万元以上的规模企业47家。

2003～2005年，继续推进工业载体建设，大力发展“飞地工业”。仓山园在浦上和橘园洲引进福州泓展服装织造有限公司、福州永翔纸业有限公司、山亚玩具有限公司、福州市源发纸品有限公司、下高（福州）纸品有限公司、福州市明煌鞋用加工厂、福州三工五金制造有限公司、福州华菲化纤有限公司、福州福丰玻璃有限公司、福州妮迪蔓珠宝有限公司、福州鑫航玻璃实业有限公司等40家企业；在义序机电园引进福州海霖机电有限公司、福州苍乐电子企业有限公司、福州盛和机械有限公司3家企业；在福湾片引进福州永辉食品工业基地等2家企业。至2005年，全镇共有工业企业1571家。其中规模企业59家，从业人员16016人。形成电子、机电、服装和鞋类四大产业集群。电子行业有苍乐电子、宜美电子、锦顺电子等5家龙头企业；鞋类行业有祥龙鞋业、恒毅鞋业2家龙头企业；机电行业有海霖机电、奥特帕斯、圣力重工、永顺机电、盛和机械等7家龙头企业；服装行业有隆诚制衣、天马制衣、春晖制衣、冠达服装等9家龙头企业，成为镇工业经济的支柱。是年，全镇共实现工业总产值41.4亿元，比1990年增长50.6倍。

二、城门镇

1990年，城门镇有工业企业611家。当年完成工业总产值2.58亿元，占全镇国内生产总产值的75%。

1991年，开展“科技兴镇”，投入技术改造资金300多万元，对福州第二阀门厂、福州城门纸箱厂、福州城门花茶总厂等老企业进行技术改造，引进新技术、工艺、设备，开发新产品促进企业上等级，产品上档次。当年，茶叶企业发展到196家，工业产值近5000万元。在全省乡镇企业花茶质量评比中，城门花茶总厂茉莉花茶获第一。

1992年，在乡镇企业中开展整合，组建以31家镇办企业为主的城门企业集团总公司和以胪雷

福建三丰鞋厂有限公司

茶厂为龙头的福建省九龙茶果集团。8月23日，经福州市人民政府批准成立城门投资区，当年引进三丰鞋业有限公司等外资企业，与客商签订预约用地1600亩，吸引外资7000万美元，其中三丰鞋业投资800万美元，年产耐克运动鞋400万双，年创产值4800万美元，创汇3360万美元，利润120万美元。是年末，全镇共有镇办企业27家，村办企业567家，个体、联合体企业3904家，“三资”企业15家。形成“一村一业一品一小区”的发展态势。

1994年，对镇办企业进行改革重组，31家企业通过关、停、并、转整合为24家。村办工业企业逐步向基地化、集约化、规模化、专业化发展。当年建成13个村级工业小区。全镇形成以制茶、阀门、制鞋、服装、印刷、包装、造船、眼镜、石材、运输等为代表的专业村、骨干企业、拳头产品。当年城门、龙江、胪雷3个村率先实现亿元村，村级企业年工业总产值达成协议7.75亿元，16个行政村达到省定小康村标准。

1996年，实施“立支柱、上规模、创名牌、争第一”的发展战略，作出《城门镇关于鼓励乡镇企业大提高大发展的决定》，民营企业得到较大的发展。是年，全镇工业企业增至4926家，其中镇办企业24家，村办企业572家，联户及个体企业4330家。

1998年，经省政府批准，城门投资区升格为省级投资区。当年在工业企业中开展以科技开发为动力，以龙头企业为重点，抓2个亿元企业（三丰鞋业、榕昌电厂）、2个5000万元企业（旺旺食品、长祥建材）和12个千万元的企业，带动全镇工业的发展。是年，全镇有15个行政村实现亿元村。

2001年，大力扶持村集体企业发展。当年，全镇拥有规模以上企业（年产值500万元以上）达23家，年创产值达16亿元。城门、胪厦、濂江、龙江4个村工业总产值超过10亿元，占全镇工业总产值的63%，成为经济强村。

2005年，全镇共有各类企业3300家，其中镇办企业28家，村办企业894家，“三资”企业17家，民营企业2378家。年工业总产值37.8亿元。其中规模以上企业达90家，工业总产值占全镇工业总产值的69.74%。出口创汇1.67亿美元，税收总额1.04亿元，安排劳动力1.2万人。产值超过亿元的企业有：三丰鞋业、榕昌电厂、正盛日用品3家。

三、盖山镇

1990年，盖山镇工业结构以低投资、劳动力密集型经济为主。镇内有工业企业571家，其中乡办企业21家、村办企业234家、合资（合作）企业83家、外商独资企业12家、个体企业221家，职工12647人。当年工业产值2.84亿元。1992年，经福州市人民政府批准成立盖山投资区。

1996年，通过加大民营企业的扶持力度，开辟村办工业小区，统一安排村办企业，推行股份制改革，组建集工贸为一体的企业集团。是年全镇共有镇办企业26家、“三资”企业22家、村办企业269家、联户集贸企业86家、个体企业2636家。

盖山镇福田服装集团

1998年，盖山投资区升级为省级投资区。盖山镇以投资区为龙头，加大招商引资力度。全年共引进24个项目，总投资1.12亿美元。同时加大乡镇企业机制改革力度，组建行业性且有一定规模经济效益的集团，发展“满天星”项目，山一鞋业、三协精机实现亿元及千万元企业。当年完成出口交货值8.1亿元。

2002年，实施科技兴企策略，积极扶持乡镇企业抓技术创新，帮助出口和重点企业通过质量体系认证和实施品牌战略，全年共有5家企业通过ISO质量体系认证，3家企业获省、市、部名特优产品称号。当年，创建屿宅、半田、中亭3个经济强村，创办亿利鞋材、盖山机床、通宝汽具、忠亭钢铁、忠亭管业5家重点企业，完成产值超亿元，创税370万元。

2003年，全镇主要经济支柱的外资企业和民营企业蓬勃发展，主要以塑胶、钢铁、食品加工为主，其中塑胶产业有100多个品种出口东南亚、欧美等国家，叶下塑革、天天筷厂、大世界橄榄等产品具有国际市场竞争能力。同时还创立“西瓜太郎”系列、“高科技产品DVDR光头”“琴鸟牌拖鞋”“大世界橄榄”等品牌。其中投资区引进三协精机、新祥龙鞋业、东发织造等项目，新批合同外资1820万美元，实际利用外资2018万美元，出口交货值1.29亿美元，实现工业总产值2.5亿元。

2004年，投资区签约省电建一公司、福田制衣、翔魁塑胶、兴荣机械、坦友机械、华鹰医疗等7个项目，总投资1.3亿元，实现工业总产值14.1亿元，完成出口创汇1.52亿美元。同时，引导万年青健身器材、三协精机、裕林木业等企业增资裂变，鼓励企业实施名牌战略。是年，“西瓜太郎”被评为中国驰名商标，“万年青运动器材”“琴鸟牌拖鞋”被评为福建省著名商标。

2005年，全镇工业企业有4268家，其中集体企业204家、股份有限责任公司46家、私营企业1814家、其他2177家、港澳台企业22家、外商独资企业5家，从业人员共43684人，形成塑胶、机械、建筑、涂料、食品五大产业。有13家企业通过ISO9000质量体系认证，拥有1个全国驰名商标“西瓜太郎”系列文具及大世界橄榄、金日牌涂料、金凤牌涂料、琴鸟牌拖鞋、忠亭牌PPR供水管、万年青牌运动器材、天天筷子等8项省市名牌产品。全镇年工业总产值达34.38亿元，获“福建省百强乡镇”称号，位列全省第28位。

四、建新镇

1990年，建新乡有工业企业829家，其中乡办企业31家，职工11634人，主要企业有建新机电修造厂、建新木器厂、建新化工机械厂、建新马赛克厂等。主要产品有塑料、机械、印刷、茶叶等。当年工业生产在调整中稳步发展，工业总产值达8036万元。1993年，经福州市委、市政府批准成立金山投资区，开设工业园区，加速引进工业企业。当年，引进企业39家，全镇工业企业达到1034家，其中乡办企业30家，村办企业189家，工业产值达1.73亿元。

建新镇花卉公司

1998年，金山投资区列为省级投资区，并享受省级开发区有关政策。当年引进顺祥服装、慧美贸易、美辰户外用品等企业。

2000年，全镇有工业企业1579家，其中集体企业171家，个体企业1408家，实现工业总产值17.43亿元，“三资”企业产值7.53亿元，增加值5.4亿元。

2004年，全镇有规模以上工业企业209家。其中金山工业区福湾片引进闽江机电、金飞鱼柴油机、正鸿涂料、长美家具等6家企业。金山投资区引进创点服装、利福服装、宝明电器等企业，新批合同外资1780万美元，实际利用外资5889万美元，实现出口交货总值2920万美元。2005年，建新镇有规模以上工业企业211家，工业总产值22.34亿元，进入福州市“一流经济强镇”行列。其中入驻金山投资区企业涉及电子、服装、建材、纺织等20多个行业，金山工业区集聚八大产业，其中电子、服装、机械等产业以超过50%的速度发展。入驻的企业有497家（含规模以下企业），其中市级工业企业317家，“飞地工业园”企业180家。

五、螺洲镇

1990年，螺洲镇有镇办工业企业19家，主要产品涉及茶业、鞋业、服装、纸箱、塑料等。当年引进仓山区油墨厂、福州市天宇开关厂分厂、福州绿洪食品厂等企业相继落户螺洲。1991年，在扶助原有企业的基础上，着力开展招商引资，引进福州市良性鞋业有限公司、征远鞋业有限公司、钦福制衣有限公司等8家企业，当年工业产值1.67亿元。

福日包装材料有限公司

1995年，先后创办福州市杰翔鞋业有限公司、福州市仓山天福旺达塑带厂、福州欧城乳品有限公司、福州步路佳鞋业有限公司、福州市鸿诚机械厂、福州盛亿鞋业有限公司、福州金盒子食品有限公司、福州隆腾新型建筑材料有限公司8家企业。福日包装材料有限公司、天霖石业有限公司、榕棋鞋业有限公司、螺洲店前塑料制品厂、福州市光华鞋业有限公司5家企业成为镇骨干企业。至1998年，工业总产值达4.82亿元，年销售额500万元以上的骨干企业增加到20家。1999年，全镇企业增至52家，企业类型趋于多元化。当年共有鞋类、石材、食品、包装材料、电器等产品出口世界各地，全年工业总产值达5.84亿元。

2000年，福日包装材料有限公司、福州市榕棋鞋业有限公司实行技、工、贸一体，带动一批镇骨干企业迅速发展。当年，实现千万元产值的企业达6家，500万元以上企业32家，2005年，全镇拥有石材、食品、塑料、机械、电器、鞋业、服装材料等各类工业企业95家，完成工业总产值11.6亿元。

第四章 科技园区、投资区、工业集中区

第一节 仓山科技园区

仓山科技园区位于盖山镇白湖亭（高湖、后坂等村）至叶厦村之间。1991年区政府成立福州市高新技术产业开发区仓山领导小组。1992年3月，经国家科委批准，仓山园被列入福州市科技园区的“一区三园”，为全国53个国家级高新技术产业开发区之一。仓山科技园区规划用地总面积为350公顷，第一期1992年划拨117.3公顷，其中，仓山园55公顷（首期）、盖山投资区62.3公顷（由盖山投资区开发建设）。区政府根据市科技园区管委会的批复，批准成立福州市科技园区仓山园管理办公室。该办公室与园区建设发展总公司实行一套班子两块牌子，内设行政办公室、项目招商部、工程建设部、企业管理部、社区事务部、财务管理部和投资管理部。行政级别为正科级单位，实行事业单位企业管理体制，行使经济主管局职权。园区采取“举债启动、滚动发展”的方式，边开发边招商边发展。当年 ，园区向工行发行融资债券1500万元、流动资金贷款1000万元起步，分别投向基础设施、标准厂房和综合办公大楼的建设。修筑区间道路长2.141公里、宽16米（由中路780米、J型路691米和U型路450米以及施工便道220米组成区间路网）；7000千伏安高压走廊和两座开闭所；直径为250毫米的供水系统和雨水、污水两个

排水系统；1580门的程控电话电信交换站以及宽带光线、网络终端服务等基础设施建设。同时开展招商引资工作。至1994年初步形成以微电子和电子信息技术、生物工程、环保节能、新材料等几大门类的新技术项目支柱产业。之后，省科委每年均组织人员对入园企业进行考核，先后有28家被认定为高新技术企业。1998年园区机构升格为副处级单位。

仓山科技园区（2005）

1999年12月，经国家科技部的批准和市政府同意，着手进行第二期开发建设。面积由首期的55公顷扩至350公顷，分批划拨开发建设。当年划拨31.2公顷，位于高仕路片（盖山镇仕宅村）。第三期（扩园二期）　2001年划拨46.2公顷，位于盖山镇叶厦村和城门镇胪下村。至2005年，园区征地开发投建面积达61.4万平方米，竣工面积51.56万平方米。引进企业（项目）先后投产见效益的有168家，其中有28家高新技术企业，有17家通过国家ISO900认证体系的认证，有3家企业上市；有18个项目被列入国家、省级“火炬计划”，共获得扶持资金257万元；有8个项目共获得各级科技创新基金454万元；有1项省级重点产品，有2项国家专利。园区高新辐射产业链逐步形成。拥有以福建阿尔卡特通讯技术有限公司为代表的27家信息软件设备开发业；以福建源光组合电线有限公司为主的21家机电一体化加工业；以福建金山药业股份有限公司为代表的8家生物医药制造业；以福建丰泉环保集团有限公司为代表的6家环保产业；以奥迪等12家品牌汽车的“汽车走廊”；以福州润丰实业有限公司等6家企业为骨干的塑料制造业群体以及33家其他综合类产业。2005年实现工业总产值18.36亿元，是1993年的168.6倍，实现全员劳动率38万元／人。

第二节　城门投资区

城门投资区位于福州市南台岛东南端，1992年11月正式批准设立。投资区致力于引进和开发以外向型经济和高新技术为主的各类项目。1998年升格为省级投资区。

城门投资区（2005）

1999年，投资区已落地投产项目15个，其中内资项目3个，外资项目12个，合同外资1.7亿美元，协议外资2000万美元。是年，投资区实现工业总产值11亿元，出口交货值8亿元。完成税收2823万元。

2002年，引进福建正盛日用品有限公司、福建新祥龙鞋业有限公司、福州鹏鸿服饰有限公司等项目，全年新批合同外资600万美元，实际利用外资360万美元，出口总额1.44亿美元，实现工业总产值13.2亿元，财政收入1343万元。

2003年，加大招商引资力度，引进显昌电子、久策气体、亚太汽车等项目，全年新批合同外资1500万美元，实际利用外资900万美元，实现工业总产值16.35亿元，财政收入3200万元。

2004年，进一步优化投资环境，在完善硬件建设的同时，不断提高投资服务中心的服务质量。年新批合同外资 1810 万美元，实际利用外资 1000 万美元，实现规模工业总产值 16.95 亿元。

2005 年，加强已引进的显昌电子、久策气体、亚太汽车、物流中心等 31 个项目的促建促产协调服务工作。根据总体规划，加大基础设施建设力度，做好新引进 14 个项目。当年完成规模以上工业总产值 18.8 亿元，协议外资 2151 万美元，实际利用外资 1100 万美元，出口总额 1.67 亿美元，安排就业劳力 1.2 万人，形成产值超千万元的大户 9 个，其中超亿元的大户 2 个。

第三节 盖山投资区

盖山投资区位于盖山北园路两侧，前身为盖山外商投资工业小区。1992 年 11 月 9 日经福州市外商投资区领导小组第十次会议研究决定而设立，为市级投资区，比照享受福兴投资区政策。该投资区总规划用地 100 公顷，首期开发 62.67 公顷，规划用地面积 62.27 公顷，其中商住用地 18.51 公顷，工业用地 33.6 公顷，道路用地 11.5 公顷，绿化用地 2 公顷。

盖山投资区（2005）

1993 年 5 月 1 日盖山投资区管委会正式成立。下设办公室、经济发展部、管理保障部。当年，投资区管委会以土地促开发、以项目带开发，严格按照项目需要批地，编制土地开发计划。采取边征地，边开发，边招商的措施促使投资区早上规模，上水平，出效益。

1998 年 4 月，福州盖山投资区由市级投资区升格为省级投资区，投资区管委会机构也升格为副处级单位。是年，有三协精机、山昌电子、福州缝纫机厂、福州自来水公司管线段仓山分所 4 家企业建成投产，完成工业总产值 4587 万元，其中三协精机完成工业总产值 3500 万元。加上在投资区注册在区域外设厂的福隆家具、福华服装、亿展纺织、新代文具、世扶钢铁以及山一鞋业等 6 家合资企业，当年全投资区共完成工业总产值 6.85 亿元。

2000 年，对投资区第一期余下 8.3 公顷未签约土地采取更加灵活的招商政策，招进一批属国家产业政策鼓励，技术含量高，无污染，能迅速增加经济总量的大型项目，其中有福建福顺半导体、群策纸制品、亨利达电子设备和丰泉环保 4 家企业。当年，投资区签约项目共 18 家，其中破土动工的有 7 家，其余多因没有履行合同，出现一些圈而未用，杂草丛生的地块。投资区对已签约项目实行跟踪管理，对超过一年不动工的福州汽车南站、武警总院、福州汽车修配总厂、福州液化气公司、香港绿岛（集团）企业发展公司、福州郑棣电子有限公司 6 家企业进行走访，对“圈而不动”“建而不用”的闲置地块和厂房进行资产盘活，促其转让、转型、出租，以促进已签约未批项目的升级转化。2001 年将盖山经济发展总公司的闲置厂房出租给新祥龙鞋业公司；福州缝纫机厂闲置厂房出租给永德吉照明电器有限公司、龙腾伟业公司和福顺电子有限公司，促进这些项目投产。是年共创产值 4208 万元，出口创汇 449 万美元，缴税 18.3 万元。同年，对武警总院“圈而不动”的土地实行退地重新招商。

2002 年投资区内先后又有东发织造、正盛日用品、万年青等 3 家企业建成投产。当年完成工业产值 5.16 亿元，出口创汇 6050 万美元，缴税 1072 万元。是年，又以项目申请土地报批手续，投资 1.8 亿元、扩区 500 亩成立盖山工业园。2004 年，陆续引进福建省电建一公司、仓山翔魁塑胶、兴荣机械、恒友机械、福田制衣、福州州得模具公司和华鹰医疗器械等 7 个项目。同时先后对三协精机、山昌电子、裕林木业（厂址尚保村）和在北园设厂的亿展纺织、新代文具等 5 家企业进行增资裂变。三协精机先后进行 4 次增资裂变，共增资 850 万美元。是年，完成工业总产值 10.06 亿元，出口总额 1.23 亿美元，上交企业所得税 69 万元，个人所得税 114 万元。

至 2005 年，盖山投资区 0.66 平方公里的开发建设全面完成，实际落户项目有：三协精机（租在郑棣电子有限公司内）、山昌电子、福建新祥龙鞋业有限公司、东发织造、福建万年青运动器械有限公司、福州电厂（改为福建电建二公司）、福州汽车总厂、群策纸制品（注册城门镇）、福顺半导体、福州自来水公司管线段仓山分所、正盛日用品（注册后坂村）、丰泉环保（注册仓山科技园区）13 家工业企业，及南大门加油站中心、昌河汽车销售、江铃金顺汽车销售、闽丰投资有限公司、亚飞汽车销售公司、中诺汽车销售公司、信田汽车公司、华瑞汽车销售公司和连江晓澳大酒店 9 家商贸企业。其中年产 5000 万以上的规模企业有日本电产三协（福州）有限公司、福建新祥龙鞋业有限公司、福州山昌电子有限公司和福州龙腾伟业有限公司 4 家。

1998～2005 年盖山投资区共完成工业总产值 106.34 亿元，出口创汇 38.05 亿美元，上缴各种税费 1.61 亿元。

第四节　金山投资区

金山投资区位于建新镇内。1993 年由市政府直接兴办，是市委 、市政府开发利用城市资源打造都市工业经济的试点区，园区占地 8592 亩，1998 年升格为省级投资区，享受省级开发区有关政策。2001 年，金山投资区实现引进项目的盘活转让及促建促产。全年报批项目 6 项，投产项目 2 项。当年投资区共实现产值 13 亿元，实现出口交货值 8.82 亿元。

金山投资区（2005）

2003 年，加大引资力度，先后引进福州瑞益电机有限公司等 12 家企业，全年新批合同外资 2229 万美元，实际利用外资 2501 万美元，出口交货总值 9023 万美元，实现工业总产值 18.81 亿元，财政收入 2410 万元。

2004 年全面实施项目带动战略，加大招商引资和扩园工作力度。在自建厂房招租后引进福州创点服装厂、福州利福服装有限公司、福州宝明电器有限公司等多家企业。全年新批合同外资 1780 万美元，实际利用外资 5889 万美元，出口交货总值 2920 万美元，工业总产值 26.015 亿元。

至 2005 年，投资区已开发 592.8 公顷（金山 108.74 公顷、橘园洲 145 公顷、浦上 143.07 公顷、福湾 176 公顷），建有厂房面积 380 万平方米、生活区配套建设约 266.67 公顷、道路 52 条，共引进来自美国、新加坡、马来西亚等国家和中国香港、台湾地区涉及电子、服装、建材、纺织、鞋业、家具、玻璃制品等 20 多种行业企业。全年实现工业总产值 23.72 亿元，其中规模以上工业总产值达 19.30 亿元；实际利用外资 900 万美元，协议外资 2000 万美元，出口总额 5000 万美元。

第五节　金山工业集中区

金山工业区集中区成立于 2000 年 7 月，是仓山区在巩固一园（科技园区）三区（城门投资区、盖山投资区、金山投资区）的基础上成立的。2002 年，完成金山工业区橘园洲片仓山园 20 万平方米标准厂房的招商任务，13 个项目转入建设阶段。翌年，完成企业厂房建筑面积35万平方米，入驻企业33家，有 12 家企业投产。

2004 年，金山工业集中区福湾片共引进闽江机电、福州金飞鱼柴油机有限公司、福州市正鸿涂料有限公司、福州市长美家具厂等 6 家企业。

金山工业区集中区

2005 年，金山工业集中区累计开发土地 566.67 公顷，共建专用和标准厂房 712 幢计 365 万平方米，由橘园洲片、浦上片、金山片、福湾片四大片区组成。区内集聚八大产业，其中电子、服装、机械等领军产业以超过 50% 的速度快速发展，年产值超亿元的企业有 30 家。区内企业相继成立研发中心，福建星网锐捷通讯股份有限公司，拥有专利数 13 个，开发研制的“安全可信新网络”解决方案，成功地在网络核心领域实现对国外品牌超越；欧浦登（福建）光学公司每年完成 3 ～ 4 个产品研究开发，其中 PDP 项目研发填补省内空白。至年底，入驻金山工业集中区以科技和环保定位的企业有 497 家，其中市级工业企业有 317 家，“飞地工业园”有 180 家。全年完成工业总产值 84.7 亿元，上缴税收 2.1 亿元。

第五章 管理

第一节 体制管理改革

1990 年，根据中共十三届三中全会精神，加强私营企业规范管理，严格限制其经营范围和经营方式。1991 年，全区开展第二轮经济承包。区委、区政府出台《仓山区集体企业实行综合改革试点的若干意见》，提出完善企业内部改革，着重从用工制度、分配制度方面进行改革，并推行厂长负责制和职工全员劳动合同制，在条件成熟的集体企业实行综合改革试点，落实推广“工效挂钩”。

1993 年，组织实施综合改革，全面展开劳动、人事、分配等制度改革，先后出台《集体工业企业上档次达标奖励条例》《仓山区集体所有制工业企业转换经营机制若干意见》《仓山区关于推行股份制企业的若干意见》等改革措施，实行风险抵押承包等多种形式的经营承包责任制。是年以仓山无线电元件厂为试点的股份合作制改革取得突破。

1994 年，实行劳动工资包干制，把工资形式和奖金定级下放给企业，调动干部、职工的积极性。在此基础上，改变对企业经济指标考核办法，减少对企业检查干预，确保第二轮经济承包的顺利进行。当年，仓山无线电元件厂股份合作制改造试点成功后，全区利用外资对区、街工业企业进行嫁接改造，有 6 家企业推广股份合作制。同时实施扶富扭亏措施，对税收大户企业予以重点扶持，加快发展步伐，对临江藤器厂、豆腐制品二厂 2 家亏损企业予以拍卖，在街居 21 家企业中试行风险抵押承包。

1995 年，深化 20 项改革措施，以建立现代企业为目标，在企业中分别实行买断工龄、资产租赁、抵押承包、内部合作经营等多种形式的改组、改制。同时按照“抓大放小、扶优解困”的原则，实行分类指导，培育一批重点支柱企业，增强一批活力大的新兴企业，搞活一批实行新机制集体企业，放开一批“小、穷、亏”企业。对区街老企业以扭亏为盈为着眼点，开展体制、管理、技术创新“三结合”，实行租赁经营、集体民营、风险抵押承包、切块重组、作价参股易嫁优势企业、拍卖转让等多形式改革，增强企业自我发展能力。是年，新办内联企业3家，“三资企业”9家，旧城改造拆迁企业2家。

1997年，继续完善和创新集体企业经营体制，是年，榕鞍轧钢厂、长辉轻钢、通闽电器等50家企业筹集股本金3200万元，成立有限责任公司。区属五金实验厂、第七印刷厂等近20家区街集体企业也都根据各自实际，纷纷采取合资合作、风险抵押承包、退二进三（缩小第二产业，发展第三产业）、兼并、租赁和成立有限责任公司等多种形式进行改制和重组，盘活集体企业固定资产和联社资产，使企业走出困境，恢复生机。当年，全区通过资本营运、优化重组、抓大放小，实施鼓励兼并、下岗分流、减员增效和再就业工程，使企业集团运转正常，并新组建建新花卉集团和高湖企业集团。翌年，新办股份制企业41家，9家企业集团运行逐步转向资本运营。福建建榕电缆有限公司、旺旺食品有限公司、福昌塑胶厂等12家企业成为百万元以上创税大户。山亚牌高压电器绝缘件、葛罗耐牌西服套装、金日牌水性水泥漆等3项产品获得福建省乡镇企业名牌产品称号。

1999年，加快乡镇企业的改革步伐，按股份制组建新企业14家，对区属效益不佳的老企业进行改组、改制、改造，市第七印刷厂实行股份制改造，聚丰纸业兼并市第二造纸厂，建榕电缆等企业进行股份合作制改革。

2000年，加快区属企业体制创新和改组改制步伐，采取租赁、嫁接、抵押、改制、拍卖等办法，对福州五金实验厂、福州石棉厂、运动鞋二厂等11家企业进行股份制改造，进一步盘活企业资产，增强企业的竞争力和发展后劲。

2005年，在加快区属企业体制创新和改组改制步伐的同时，继续加强工业载体项目建设，鼓励企业走品牌战略路线，整合扶持一批重点支柱产业。是年，占地78.33公顷的义序机电园全部完成招商工作，引进利莱森玛、中亿实业等15个项目；科技园区叶厦片、福湾片（一期）和城门投资区螺城片引进的49个项目陆续动工投产；盖山投资区引进的6个项目完成建设前期准备工作；金山工业集中区橘园洲片和浦上片入驻的46家企业全面建成投产，年产值达18亿元。民营企业中有快科电梯、久策气体等33家企业通过ISO质量体系认证，万年青健身器材被评为中国名牌产品，春伦茶业被评为福建省名牌产品，凤美涂料的“凤美牌”和春伦茶业的“春伦牌”被评为福建省著名商标。全区初步形成行业相对集聚的块状产业聚集区。

第二节　管理机构

1990年，仓山区工业局内设有办公室、党办、生产科、、劳工科、财务科5个科室。工作人员共31人（其中行政编制4人，事业编制27人）。1996年11月，区工业局更名为仓山区经济局，内设的办公室与党办合并，设立党政办，其他内设机构不变。2002年6月，区级机构再次改革，经济局更名为仓山区经济发展局，内设机构调整为党政办、企业管理服务部、招商部3个科室，工作人员共20人。至2005年不变。

第六篇 农业

第六篇 农 业

1990年，仓山区没有管辖农业。今区划内5个乡镇归福州市郊区管辖，有农业用地3.65万亩，林业用地6.39万亩，鱼池1.31万亩，蚬场近1万亩。从事农业劳动共35479人，占5个乡镇农村劳动力的37.4%。是年，农村实行家庭联产承包责任制，由村民与村委会签订承包合同，包产到户。全年完成农业总产值1.95亿元，其中畜牧业的产值占到农林牧渔总产值的近一半，为农业的支柱产业。之后，由于城市建设对土地需求增加，耕地面积逐年减少。到1995年，5个乡镇耕地面积共3.28万亩，比1990年减少10%。

1996年，区划调整以后，5个镇划归仓山区。区政府大力抓农产品结构的更新和改良，引进、试验、示范、推广适应本地区种养的蔬菜、花卉、水产优良品种，提高科技含量。先后建成黄山高科技农业示范点和一批畜牧、蔬菜、水产、水果、花卉产业基地；引进名优特水果及观赏性花卉品种，开发花卉市场，做大花卉产业。当年，农业总产值达5.73亿元。

1998年9月，全区农村开始第二轮承包，承包期限延长至30年。翌年8月土地发证工作全面完成。2000年春节前完成土地承包合同签订工作。其间，仓山区先后实施闽江下游防洪堤二、三期加固扩建工程和“环福州绿色屏障（环绿）”“沿海防护林体系建设”“福建省竹业三期”“绿色通道造林”“速生丰产林”五大绿化工程，有效地保护现存森林资源，提高森林覆盖面积和抵御洪涝灾害的能力。

2000年后，因地区扩建需要，区内大量耕地、鱼池被征用，种植业、水产养殖业都受到较大影响。畜牧业由于对环境的污染，发展也受到制约。2004年，仓山区被划为畜禽禁养区，生猪开始向外县搬迁。金山新区的开发，也使建新镇的花卉种植受到影响。在土地资源大量减少的情况下，仓山区根据城市化建设的实际，发展高优农业，提高单位产量；同时，鼓励建新镇和金山街道花农向区外开发花卉基地。当年农业总产值增至6.28亿元。

2003年，贯彻《中华人民共和国农村土地承包法》，允许村民进行土地流转，土地流转以乡村主导流转为主。是年，全区乡村主导流转土地497亩，农户473户；群众自发流转土地43亩，农户64户。

2005年，采取以“公司带农户”的方式，培植农业龙头企业，促进农业产业化。是年，全区有林地面积5.82万亩，森林覆盖率21.6%。耕地面积1.79万亩，其中粮食作物2992亩，占16.8%。蔬菜9680亩，占49.4%；经济作物5179亩，占29.0%。水果种植面积1.19万亩，总产1.39万吨。鱼池面积1.4万亩，总产1.64万吨；河蚬养殖面积9893亩，总产7231吨。花卉基地面积2万亩，其中“飞地”1.4万亩。完成农业总产值6.21亿元，比1990年的1.95亿元增长218.2%。其中畜牧业的产值3.49亿元，种植业2.04亿元，渔业6297万元，服务业505万元，林业9万元。

第一章 种植业

第一节 耕地

1990年，今区划内5个乡镇共有水田1.74万亩，旱地1.90万亩。1991年始，实行“退果还耕”。城门、建新、仓山3个乡镇共增加耕地面积235.83亩。同期，仓山、建新、盖山、螺洲4个乡镇因国家征地和社员建房等原因共减少耕地157.25亩。是年末5个乡镇共有耕地面积3.64万亩，其中水田1.74万亩，旱地2万亩。

1992年以后，每年均实行“退林还耕”以增加耕地，旱地面积有所增加，水田面积减少。加上国家建设项目对土地需求逐年增加，耕地面积总体呈逐年减少趋势。到1995年，境内水田8584亩，比1990年净减8006亩；旱地比1990年增加2.42万亩。

1997年，为保护生态环境，仓山镇“退耕还林”25亩。至2000年，“退耕造林”254亩；国家征地962亩，镇村集体基建占地509亩，农民个人建房199亩。到2000年，全区共有耕地面积3.09万亩，其中水田6766亩，旱地2.41万亩。2001年后，随着福州城市东扩南进战略的实施，仓山区在城乡结合部和金山全面推进旧城改造新区建设，境内耕地面积快速减少。当年，仓山和建新两镇征用耕地1566亩。

2005年，全区耕地面积17851亩，比1990年减少18604.27亩。其中，水田15044.63亩，旱地3559.64亩。

1990 ~ 2005年耕地面积情况表

表6-1-1　　单位：亩

年份	耕地面积			年份	耕地面积		
	合计	水田	旱地		合计	水田	旱地
1990	36455.27	17441.63	19013.64	1998	32022	7952	24070
1991	36585.79	16590.31	19995.48	1999	31782	6634	25148
1992	35131.17	15157.86	19973.31	2000	30898	6766	24132
1993	33484.25	12439.93	21044.32	2001	29285	5991	23294
1994	32820	—	—	2002	27960	5656	22304
1995	32805	8584	24221	2003	23657	4957	19700
1996	32371	—	—	2004	22228	2166	20062
1997	32141	8200	23943	2005	17851	2397	15454

说明：1994年数据缺失

第二节　农机具

1990年，今区划内5个乡镇属福州郊区。据福州市《郊区志》记载，当年郊区16个乡镇共有耕作机械3210台。之后，由于耕地分散经营，大中型农业耕作机械不适用而逐年减少。1994年，今区划内5个乡镇农业耕作机械有小型拖拉机2584台，大中型农业耕作机引犁16台；收获机械有电动脱粒机1091台；植保机械有手摇喷雾器17960部。

1996年，5个乡镇划归仓山区。同年3月，区成立农机监理站，核定编制6人。当年，全区有拖拉机约2000余台，水产养殖机械约5000台，植保机械约1500台，大中型农业耕作机引犁16台，排灌机械约2000余部。

1997年后，随着仓山区城市化的进程，耕地逐年减少。至2005年，大中型农业耕作机引犁被微型耕作机械所取代，退出历史舞台。当年在册拖拉机仅余约300台，均为小型拖拉机。其他农机具有微型耕作机械约150台，排灌机械约900余部，水产养殖机械约600台，植保机械约300台。

第三节　粮食作物

一、水稻

1990年，水稻种植以双季稻为主。早稻品种有佳禾、早占、威优016、威优8p、闽种早等；晚稻品种有花优 63、特优 63、珍优 1 号、D297 优 63 等。是年，播种水稻 3.10 万亩，年产量 1.20 万吨，其中早稻 1.56 万亩，年产 6440 吨；晚稻 1.54 万亩，年产 5520 吨；中稻仅仓山乡播种 31 亩，年产 7.5 吨。1995 年，水稻播种面积 1.90 万亩，年产量 7947 吨，其中早稻 9511 亩，年产 4225 吨；晚稻 9511 亩，年产 3722 吨。

1996 年，仓山区把实施“沃土工程”作为粮食增产的重要措施，先后改造中低产田 1000 亩；引进应用推广奥普尔和美国产“高乐”叶面肥，推广根外追肥面、绿肥、配方施肥、水稻生物专用肥以及旱育秧、抛秧等新技术。在种植面积减少的情况下，亩产有较大增加。1998 年全区水稻播种面积 1.47 万亩，年产量达 6403 吨，其中早稻 7553 亩，年产 3429 吨；晚稻 7153 亩，年产 2974 吨。

1999 年后，由于土地被征用，种植水稻经济效益差及农民种粮食意愿不强等原因，部分稻田改种蔬菜、花卉、水果。水稻种植面积继续下降，单产也徘徊不前。随着福州城市东扩南进，仓山区作为南进的主要区域，房地产开发力度逐年加大，金山新区建设全面启动，水稻种植面积急剧减少。2002 年，播种面积降至 9988 亩，年产 4253 吨，其中早稻 5137 亩，年产 2188 吨，亩产 425.9 公斤；晚稻 4851 亩，年产 2065 吨，亩产 425.5 公斤。2004 年，全区水稻播种面积 2856 亩，年产 1222 吨，其中早稻 1428 亩，年产 606 吨。亩产 424 公斤；晚稻 1428 亩，年产 616 吨，亩产 431 公斤。建新镇已不再种植水稻。

2005 年，全区水稻播种面积减至 200 亩，年产 55.8 吨，其中早稻 100 亩，年产 42.8 吨，亩产 428 公斤，晚稻 100 亩，年产 43 吨，亩产 430 公斤。

二、甘薯

1990 年，甘薯种植面积 2508 亩，种植品种有新薯花、福薯 2 号、金山 72 号等，甘薯除种植在大田外，主要利用山地、杂地、洲地种植以及果园下空地套种，年产量 1040 吨。1991 ～ 1994 年种植面积波动较大，多维持在 1000 到 2000 亩。1995 年种植 2766 亩，年产量 849 吨，亩产 307 公斤。1996 年，引进“金山 57”“金山 1255”，年产量 610 吨。1997 年，种植面积增至 3106 亩，年产量达 109 吨。此后，甘薯种植基本维持在 2000 亩。2000 年以后，由于土地征用，甘薯种植面积降至 1000 亩，2004 年降至 680 亩。2005 年，全区甘薯种植面积 500 亩，年产量 175 吨，亩产 350 公斤。

三、大豆

1990 年，大豆种植有春大豆和秋大豆，主要分布在城门、建新、盖山和螺洲等乡镇。除在大田种植外，还利用山地、杂地以及田埂种植。是年，大豆种植面积 830 亩，年产量 112 吨。1991 年种植面积增至 1283 亩，年产量 128 吨。1997 年，引种“台湾 292”优质大豆，推广面积 800 亩，当年全区种植大豆 2067 亩，大豆年产量达 319 吨。此后继续推广优质大豆品种，由于大豆主要产区建新镇和盖山镇大面积开发建设，土地面积减少，大豆种植面积也逐年减少。至 2005 年大豆种植面积降至最低点，当年全区仅城门镇种植有 95 亩，年产量 14 吨。

四、大小麦

1990 年，大小麦种植主要分布城门、建新、螺洲 3 个乡镇。当年种植 2089 亩，年产量 202 吨。1991 ～ 1997 年，每年种植面积都在 1000 亩左右。1998 年种植面积增至 2067 亩，年产量达 319 吨。由于效益低，1999 年起境内不再种植。

1990 ~2005 年主要粮食作物生产情况表

表 6-1-2　　单位：亩、吨

年份	早稻		中稻		晚稻		麦子		甘薯		大豆	
	面积	产量	面积	产量	面积	产量	面积	产量	面积	产量	面积	产量
1990	15565	6440	31	7.5	15407	5520	2089	202	2508	1040	830	112
1991	14963	6380	22	8	14808	5301	1657	136.2	1240	536	1283	128
1992	13817	5949	15	5	13642	5234	3056	356	1906	788	930	108
1993	10954	4715			10758	4367	120	13	2650	865	836	118
1995	9511	4225			9511	3722	1600	252	2766	849	933	146
1996	9754	4370			9754	4043	1030	166	1995	610	1540	192
1997	9268	4113			10197	4353	675	115	3106	1109	1740	256
1998	7553	3429			7153	2974	2067	319	2569	912	2067	319
1999	6671	2845			6036	2559			2400	773		
2000	5651	2413			5368	2276			2050	659	1515	237
2001	5137	2188			4851	2065			1630	534	800	125
2002	4070	1725			3300	1430			1680	555	620	95
2003	3286	1391			3200	1386			1680	556	445	72
2004	1428	606			1428	616			680	225	250	41
2005	100	42.8			100	43			500	175	95	14

说明：1994 年数据缺失。

第四节　蔬菜

一、播种面积

1990 年，蔬菜播种面积 6.30 万亩，总产量 8.71 万吨，单产 1382 公斤。此后受城市建设征地影响，耕地面积逐年减少，各乡镇采取粮改菜、果改菜（粮田、果园改菜地）的措施，蔬菜播种面积有所增加。至 1995 年全区蔬菜播种面积 6.39 万亩，总产 10.14 万吨，单产 1588 公斤。

1996 年区划调整，南台岛全岛列入城区规划，仓山区农业生产以城市“菜篮子”建设为主，大量农田改种蔬菜。除仓山镇因城市建设，蔬菜种植面积减少外，其他 4 个乡镇蔬菜播种面积均有较大增加。2000 年，全区蔬菜播种面积 7.83 万亩，总产 13.91 万吨，单产 1776 公斤，其中城门镇播种面积从 1996 年的 1.11 万亩增至 1.15 万亩，盖山镇从 2.62 万亩增至 2.85 万亩，建新镇从 1.68 万亩增至 2.43 万亩，螺洲镇从 495 亩增至 1100 亩。

2000 年，城市化建设加快，全区耕地面积急剧减少。为保障市场供应，大量农田改种蔬菜，同时，推广反季节蔬菜，提高蔬菜复种指数，年播种面积有所增加。至 2002 年，全区蔬菜播种面积达到 8.21 万亩，总产达到 13.48 万吨，单产 1642 公斤。

2003 年，金山新区建设开发速度加快，因在原建新镇辖区内成立金山街道，作为蔬菜主产区的建新镇蔬菜播种面积锐减。城门镇与盖山镇则以“粮改菜”的方式继续扩大蔬菜播种面积。到 2005 年，全区蔬菜播种面积 6.32 万亩，总产 10.52 万吨，单产 1664 公斤，其中城门镇播种 1.31 万亩，盖山镇 3.83 万亩，仓山镇 5360 亩，建新镇 3350 亩，螺洲镇 880 亩，金山街道 1010 亩，红星农场 1220 亩。

1990 ~2005 年仓山区蔬菜生产情况表

表 6–1–3 单位：年、亩、吨、公斤

年份	播种面积	总产	单产
1990	62980	87068	1382
1991	65085	85816	1319
1992	67478	91827	1361
1993	64043	95337	1489
1995	63870	101399	1588
1996	69333	120819	1743
1997	71732	128602	1793
1998	72546	131453	1812
1999	75400	140722	1866
2000	78319	139092	1776
2001	81631	137117	1680
2002	82094	134816	1642
2003	78256	126547	1617
2004	72096	120442	1671
2005	63204	105185	1664

说明：1994 年数据缺失

二、生产基地

1990 年，除仓山乡以种植蔬菜为主，不种植粮食作物外，建新、盖山、城门、螺洲 4 个乡镇共有蔬菜专业村 37 个，面积达 8000 余亩。当年，福州郊区将副食品生产比较集中的地域划分为 6 个生产基地，在辖内有建新十字亭、仓山霞湖、城门黄山 3 大片，每片菜地都在千亩以上。

1991 ～ 1995 年，随着城乡建设不断发展，菜地被征用较多，为保障蔬菜供给，建新、盖山、仓山镇将柑橘园、水稻田改为蔬菜生产基地。1996 年，全区菜地面积增至 1. 33 万亩，蔬菜基地有十字亭、湖里、台屿 3 片，其中十字亭片包括建新镇的卢滨、霞镜、浦上、港头、后巷、半道、红江、刘宅等村，面积近 2500 亩；湖里片包括盖山镇的齐安、北园、首山和仓山镇的万里、郑安、下湖、先农、湖边、燎原、联建村，面积 2000 亩；台屿片包括建新镇的台屿村和盖山镇的黎升村，面积 1600 亩。

1997 年后，由于福州城区东扩南进，城市建设步伐加快，境内每年都有菜地被征用，各镇村继续通过粮改菜，增加菜地面积。至 2000 年，红星农场全部土地改种蔬菜，建新、盖山等镇通过粮改菜，菜地比 1996 年增加 2000 余亩，全区蔬菜基地基本保持原有规模。2001 年，金山开发区成立，建新镇和盖山、仓山镇的部分村土地被大量征用，其中建新镇被征用菜地 1247 亩。2003 年兴建浦上工业区，又征用菜地 1623 亩，十字亭片基地全部被征用。

2005 年，全区有蔬菜生产基地 9680 亩，其中仓山镇 858 亩、建新镇 1113 亩、盖山镇 3538 亩、城门镇 3263 亩。规模较大的蔬菜专业村有建新镇的台屿村，盖山镇的黎升、屿宅、竹揽、浦口村和仓山镇的下湖、联建、先农村。

三、蔬菜品种

1990年，主要蔬菜品种有空心菜、白菜、莴苣、分葱、水葱、麦葱、黄瓜、韭菜、芋葫、丝瓜、冬瓜、辣椒、西红柿、四季豆、豇豆、毛豆油菜、芋头（白芋、槟榔芋）、油白菜、菠菜、鲜蒜、芥蓝、芹菜、雪里蕻、芥菜、结球甘蓝、花菜、大白菜、萝卜、包菜（卷心菜）、大头菜、茄子、豆芽菜等。其中仓山下湖村和建新台屿村的丝瓜，仓山金星村的金星包菜，盖山北园村的北园青（大白菜），首山村的七叶菜心、麦葱，齐安的韭菜，东升村的豆芽菜，城门董湖村的大头菜，建新麦浦、卢滨、闽江、浦上等村的韭黄都是福州的名牌蔬菜。当年盖山引进日本无霜大白菜，取代本地退化的大白菜品种，延长白菜的供应期。

1991～1992年，盖山镇北园良种场引进木耳菜，培育成功，1994年向全区乃至全市推广。当年，又引进韩国“春大将”和“夏阳”大白菜，陆续替换退化的日本无霜大白菜成为福州市春淡和秋淡的当家白菜品种。

1995年引进并推广台湾华美花菜。1996～1998年又陆续引进推广韩国“阳春”大白菜，替代“春大将”，同时引进广东菜心和紫茎芥蓝。1998年建新的韭黄被评为福州名牌产品。

1999年以后蔬菜品种变化不大。2005年，主要蔬菜品种有空心菜、大白菜、油白菜、小白菜、花菜、包菜、丝瓜、葫瓜、莴笋、菠菜、鹅菜、菜心、芥菜、葱、白萝卜、冬瓜、茄子、辣椒、西红柿、四季豆、豇豆、毛豆、油菜、鲜蒜、茄子、黄瓜、韭菜、木耳菜、芥蓝等。

四、栽培技术

1990年，全区基本普及塑料薄膜小拱棚覆盖地热育苗与栽培和塑料薄膜地面覆盖（地膜）栽培等技术，克服早春寒冷、阴雨天气对蔬菜生长的影响，达到早播、早栽、早上市。盖山乡北园、首山等村采用塑料薄膜小拱棚覆盖育苗与栽培技术，提早空心菜上市时间，成为福州市上市空心菜时间最早、数量最大的生产基地。同时推广人工授粉、保花保果技术，在瓜果类蔬菜（如芋葫、丝瓜、茄子等）花柄或花朵喷洒植物生长剂，起到提高授粉率，保花保瓜的效果。

1991年以后，继续推广拱棚加地热，生产四季大白菜和西红柿、黄瓜、四季豆、豇豆等反季节蔬菜；同时，通过引进新品种，改良旧品种和改长期菜为短期菜或长短期相结合的栽培模式，提高复种指数，提高蔬菜总产量，保障城市的供给。

1994年夏、秋，市政府拨款78万元在建新镇冯宅、红江两个村建立200亩水滵柱的高架平棚，种植短期绿叶菜。该项目采用遮阳覆盖栽培技术，可防高温和夏秋季台风暴雨，当年获农业部科技3等奖。1996年，又在建新镇燎原村200亩生产基地中，实施微喷节水灌溉技术，并向全区推广。

2000～2002年，省农科院在仓山镇下湖、燎原等村推广“下降蔬菜硝酸盐污染”480亩，该项目获省科技三等奖。

2005年，境内蔬菜种植普遍采用塑料薄膜小拱棚覆盖加地热育苗与栽培技术和微喷节水灌溉技术。

第五节　水果

一、柑橘

1990年，柑橘种植主要分布在建新、城门、盖山、螺洲沿江一带村庄。柑橘品种有宽皮橘类、甜橙类、柚类3大类，8大品种，20多个品系。宽皮类中以福橘品种为著，其色泽朱红鲜艳，皮薄肉嫩、酸甜适中；雪柑色橙红，香味浓郁，果皮润滑，果肉坚实多汁，酸甜可口。其优良品系有甲西一号、甲西二号、榕凤一号、榕凤二号、中山一号等。此外还有满头红、大红袍红橘、温州蜜桔、芦柑、焦柑等5个品种。甜橙类以雪柑品种为主，还有新会橙、哈姆、血橙、华盛顿脐橙、柳橙、锦橙、改良橙、茯苓橙等品种。在诸多柑橘品种中，福橘、雪柑品质最佳，远近闻名。是年，境内柑橘种植面积20117亩，总产19842吨，为历史最高。

1991年后，由于柑橘种植过多，供过于求，出现卖果难现象，部分农民开始改种其他作物，到1995年柑橘种植面积减少到13079亩，总产2.08万吨。1996年，境内柑橘发生号称柑橘“癌症”的黄龙病等病虫害，柑橘产量低、质量劣，果农种植柑橘出现亏损，影响种植积极性，生产投入减少，管理粗放以至失管。

1996年起，区农业局实施中低产果园改造，区政府每年都投入资金对劣质柑橘园进行更新改造，实行砍伐更新，高接换种，嫁接脐橙52、纽荷尔等优良品种。由于国内水果消费市场的变化，农业种植结构调整，以及台湾等地水果新品种的引进，至 2000年，柑橘种植面积降至8966亩，总产1.23万吨。

2000年后，由于城市建设发展，大量柑橘园被征用，至2002年建新镇已基本不再种植柑橘。2003年，全区柑橘种植面积5092亩，总产5683吨。2005年，全区柑橘种植面积又减至396亩，总产650吨。

二、龙眼

1990年，龙眼产区主要分布在建新、盖山、城门、仓山等乡镇。品种主要有“南圆”“红核仔”“石峡”“焦核”“脆壳烟包”“宝圆”等，其中以“红核仔”品质较优，具有壳薄、肉厚、肉脆、核小、含糖量高的特点。龙眼树龄大多都在30～50年，有的甚至百年以上，龙眼年产量达112吨。其中建新乡最多，达1018亩，年产66.25吨；城门乡82亩，年产2.91吨；盖山乡165亩，年产43吨。

1993～1995年，龙眼种植面积保持在1000亩左右。1996年，贯彻“以果代林”政策，采取“老树复壮”措施，恢复老果园，并先后营造城门镇清凉山、盖山镇高盖山洋下片等高优龙眼林；引种“青山0号”“水南1号”“青壳宝圆”等新品种，龙眼种植面积、产量有较大提高。1997年全区龙眼种植面积1064亩，年产量202吨。2002年，种植面积增至1898亩，总产643吨。2004年，金山新区开发，龙眼树大量减少。到2005年，全区龙眼种植面积减至918亩，年产484吨，其中建新镇268亩，年产97吨；城门镇277亩，年产107吨；螺洲镇327亩，年产230吨；仓山镇42亩，年产59吨。

三、荔枝

1990年，荔枝种植面积336亩，其中建新种植240亩、城门63亩、盖山18亩、仓山15亩。主要品种有“元红”“丁香”“陈紫”“金仁”等，以建新“元红”荔枝较为出名，具有颜色鲜红、果刺美观，肉厚、核小、酸甜适中，成熟期晚的特点，因此价格较高，一般为闽南荔枝价格的2～3倍。当年，荔枝出现“花而不实”现象，产量减少，年产仅19吨，平均亩产56公斤。

1995年，荔枝种植面积减少到283亩，农业部门采取保果措施，产量明显提高，当年，产量提高到82吨。

1996年开始扩大荔枝种植面积，引种“东溜1号”等新品种，荔枝面积、产量逐年增加，1998年增至320亩，总产132吨。至2002年，种植面积保持在300多亩。

2003年后，由于城乡结合部土地征用，盖山、仓山、城门等镇荔枝种植面积逐年减少。至2004年，境内荔枝种植面积减至155亩，2005年又减少到111亩，年产107吨。

四、橄榄

1990 年，橄榄种植面积 696 亩，年产 177 吨，种植地在建新、城门、盖山、螺洲等乡镇，以建新为最。其中建新有 498 亩，年产 156 吨；城门 183 亩，年产 0.1 吨（当年采摘仅 2 亩）；盖山 14 亩，年产 20.15 吨；螺洲 2 亩，年产 0.25 吨。橄榄品种有“丁香”、“檀香”“惠园”“白来园”“长梭”“檀头”“长穗”等。“丁香”果小，肉脆，堕地破裂，誉为“碧玉”。“惠园”果大，俗称“猪姆橄榄”。1993 年，由于城门镇橄榄树多数不结果，陆续改种其他农作物，橄榄种植面积减少到 185 亩，年产 118 吨。至 2000 年全区橄榄种植面积保持在 200 亩左右。2001 年，随着金山新区开发建设，全区橄榄种植面积萎缩，产量也大幅下降， 2003 年种植面积减至 22 亩，年产 22 吨。2005 年，全区橄榄种植面积仅剩 4 亩（建新、城门各 2 亩），年产 4 吨。

五、无花果

1990 年，无花果为零星种植，总计面积不到 100 亩。1996 年，仓山区立足本地资源优势，大力发展具有本地特色的水果，在盖山镇义序村推广种植无花果，种植面积 300 亩，年产 310 吨，每公斤果实零售价 16 ～ 20 元，年亩产值超万元。2000 年，种植面积扩大到 1000 亩，年产 1200 吨。义序村无花果销售量占当时福州市场的 95%。2001 年，由于义序村修建战备公路，征用部分果园，无花果种植面积减少到 900 亩。2004 年，盖山镇开发义序机电园，征用 400 多亩无花果园，义序村无花果园只剩下 400 亩左右。当年，全区无花果种植面积共 1562 亩，年产 2763 吨。2005 年，全区无花果种植面积增至 1860 亩，同时从省农科院引进 110、132、134 三个新品种。由于受两次强台风和 7 ～ 8 月雨日较多的影响，年产减少到 2505 吨。

六、西瓜

1990 年，西瓜种植主要在城门和建新两个乡镇，螺洲镇也有零星种植。是年，西瓜种植面积共 266 亩，年产 545 吨。1991 ～ 1994 年，西瓜种植面积保持在 200 亩左右。1995 年开始扩大种植面积，当年种植面积 498 亩，年产 602 吨。1998 年又增到 935 亩，年产达 1545 吨。此后，由于建设征地，西瓜种植面积逐年减少。2005 年，全区仅剩城门镇种植有 50 亩西瓜，年产 70 吨。

七、台湾系列水果

1996 年，台湾农民洪辉在盖山镇盘屿村承包耕地 500 多亩，创办仓山区第一家台资农业企业“红辉园艺有限公司”，率先引种台湾水果。1997 年，盖山镇盘屿村村民林伟强承包耕地 200 亩，成立“伟强亚热带果树生产有限公司”，引种台湾系列果树。1996 ～ 2000 年，两家台资企业先后引进台湾系列水果有印度青枣、1 ～ 6 号系列番木瓜、四季杨桃、软枝甜杨桃、四季芒果、四季番石榴（芭乐）、台湾翠桃、无核黄皮果、牛心黄皮果、红肉火龙果等。

2000 年，伟强亚热带果树示范场开始繁育良种苗木，被区农业局定为引进试种新品种示范场。当年，境内台湾水果种植面积 929 亩，产量 757 吨。2001 年 2 月福州市仓山区经济作物试验场开始引种台湾甜油桃，2002 年，扩大种植达 825 亩，亩产 2640 公斤。2002 年，境内新植台湾软枝甜杨桃 132 亩，台农 5 号番木瓜 255 亩，台湾甜油桃 84 亩，台湾水果种植面积近 2000 多亩，产量 4000 多吨。

2003 年后，海峡两岸农业合作步伐加快，台湾本地生产的系列水果大量销售到大陆，境内生产的台湾系列水果，因气候和栽培技术远不如台湾本土，品质也不如台湾生产的水果而出现滞销，种植规模逐步萎缩。到 2005 年全区引种台湾水果面积只剩 500 多亩，年产量 900 多吨。

1990 ~ 2005 年主要水果生产情况表

表 6-1-4　　　　　　　　　　　　　　　　　　　　　　　　　　单位：亩、吨

年份	柑橘		香蕉		荔枝		龙眼		枇杷		橄榄	
	面积	总产	面积	总产	面积	总产	面积	总产	面积	总产	面积	总产
1990	20117	19842			336	19	1339	112	21	0.3	696	177
1991	19749	21860	56	66	282	14	1351	72	21	0.5	746	93
1992	18798	21287	56	67	288	17	1435	80	1	0.5	743	98
1993	15707	22157	11	11	268	20	1056	76	3	3	185	118
1995	13079	20779	13	13	282	82	977	76	3	2	222	100
1996	12211	19551	22	33	246	41	1017	69	—	—	118	116
1997	11641	18112	9	12	284	97	1064	202	—	—	203	130
1998	9862	16552	9	16	320	132	1043	139	—	—	410	145
1999	9399	13825	9	16	317	167	1064	370	—	—	410	124
2000	8966	12294	9	12	322	150	1065	463	23	25	400	135
2001	8144	12047	20	38	348	238	1573	769	13	8	168	89
2002	6418	9042	11	18	308	186	1898	643	13	20	49	15
2003	5092	5683	57	35	370	285	1732	622	62	39	22	22
2004	4836	5211	5	4	155	121	662	432	55	17	2	3
2005	396	650	10	7	111	107	918	494	65	35	4	8

说明：1994 年数据缺失

续表

年份	芒果		番石榴		桃		葡萄		梨		西瓜	
	面积	总产	面积	总产	面积	总产	面积	总产	面积	总产	面积	总产
1990	—	—	—	—	370	57	—	—	—	—	266	545
1991	—	—	—	—	341	22	107	54	95	5	199	268
1992	—	—	—	—	155	23	96	74	9	10	246	184.
1993	—	—	—	—	141	12	61	62	34	4	150	190
1995	—	—	—	—	35	17	68	87	—	—	498	602
1996	—	—	—	—	70	34	47	54	20	12	500	642
1997	—	—	—	—	63	18	27	30	19	13	416	728
1998	—	—	—	—	50	11	61	63	15	4	935	1545
1999	—	—	—	—	47	8	56	56	10	3	105	210
2000	—	—	—	—	53	34	56	45	—	—	90	180
2001	193	39	62	84	20	13	43	56	—	—	140	230
2002	225	107	457	519	44	19	32	71	—	—	235	365
2003	275	156	391	580	12	8	26	29	—	—	170	240
2004	195	143	94	141	12	14	28	30	—	—	150	200
2005	198	152	140	262	12	14	5	6	—	—	50	70

说明：1994 年数据缺失

第六节 其他作物

一、花生

1990 年，仅城门和建新两乡镇种植有花生 47 亩，产量较低，年亩产在 150 公斤左右。1991 年，建新乡不再种植花生，仅城门乡种有 5 亩，年产 0.5 吨。1995 年，城门镇扩大花生种植面积，当年种植面

积达到 90 亩，年产 14 吨。此后，花生种植面积继续增加，1997 年达到 330 亩，年产 53 吨。

1998 年开始，由于城市建设征地，以及花生产量低，种植面积逐年下降，1999 年花生种植面积减至 60 亩，年产 10 吨。2003 年，仅余 40 亩，年产 6 吨。2004 年后不再种植花生。

二、油菜

1990 年，油菜主要是利用冬闲田种植。由于农田面积减少，油菜种植面积从“文化大革命”期间的上万亩降至 668 亩，年产 26.5 吨。此后，由于油菜种植效益低及稻田面积继续减少，油菜种植面积持续下降，1993 年种植面积仅 473 亩，总产 23 吨。1994 年起，不再种植油菜。

三、茉莉花

1990 年，茉莉花种植面积 4063 亩，年产 2013 吨，其中城门乡有 3267 亩，年产 1675 吨；建新乡 603 亩，年产 393 吨；盖山乡 192 亩，年产 45 吨。1993 年茉莉花种植面积达到 4750 亩，年产 2203 吨。1997 年，盖山镇和仓山镇因土地征用等原因，不再有茉莉花地。当年全区茉莉花种植面积 4675 亩，其中城门镇 4399 亩。 1998 年以后，随着新区开发，建新镇茉莉花地多被征用，茉莉花种植面积逐年减少。2002 年，建新镇因花地多被征用，不再种植茉莉花。全区仅城门镇种植有茉莉花 3841 亩，年产 1694 吨。2005 年，全区茉莉花种植面积共 3830 亩，年产 1697 吨。

四、荸荠

1990 年，盖山、城门、建新、螺洲等乡镇共种植有 34 亩荸荠，年产 42 吨。1993 年种植面积最大，为 211 亩，年产 228 吨。1998 年，由于城市开发建设，水田减少，境内不再种植荸荠。

五、甘蔗

1990 年，甘蔗主要为果蔗，为农户零星种植，当年种植 34 亩，年产 117 吨。1995 年种植面积增至 300 亩，年产 600 吨。2001 年开始，由于土地征用等原因，境内不再种植甘蔗。

六、席草

1990 年，席草种植集中于城门乡，主要为洲草。当年种植面积 1167 亩，年产 362 吨。1996 年种植 1500 亩，总产 645 吨。1997 年开始不再种植席草。

1990 ~2005 年经济作物生产情况表

表 6-1-5　　单位：亩、吨

	花生		油菜籽		甘蔗		席草		荸荠		茉莉花	
	面积	总产	面积	总产	面积	总产	面积	总产	面积	总产	面积	总产
1990	47	6.4	668	26.5	34	117	1167	362	34	42	4062	2013
1991	5	0.5	482	21.8	57	151	1168	502	75	84	4154	1913
1992	6	1	213	8.41	41	85	1168	502.	80	106.05	4184	1854.
1993	10	2	473	23	60	110			211	228	4750	2203

续表 6-1-5

	花生		油菜籽		甘蔗		席草		荸荠		茉莉花	
	面积	总产	面积	总产	面积	总产	面积	总产	面积	总产	面积	总产
1995	90	14	／	／	300	600	1502	432	210	311	4334	1903
1996	90	14	／	／	350	650	1500	645	200	291	4648	2008
1997	330	53	／	／	120	160	／	／	25	25	4600	2006
1998	170	27	／	／	80	80	／	／	／	／	4293	2889
1999	60	10	／	／	50	50	／	／	／	／	4067	1794
2000	60	10	／	／	50	50	／	／	／	／	3951	1740
2001	42	7	／	／	／	／	／	／	／	／	3921	1701
2002	40	6	／	／	／	／	／	／	／	／	3830	1697
2003	40	6	／	／	／	／	／	／	／	／	3841	1695
2004											3841	1690
2005											3830	1697

第七节 花卉

一、品种面积

1990 年，花卉种植主要集中在建新、盖山、仓山等乡。建新乡为福建省三大花乡之一。花卉品种主要有建兰、白玉兰、珠兰、茉莉、玳玳及梅花、碧桃、瑞香、腊梅、山茶花、含笑、桂花、海棠、丁香、紫荆、紫薇、珊丹、木笔、辛夷、月季、罗汉松、菊花、金盏菊、小苍兰等。当年，花卉种植面积 346 亩，产值 460.6 万元（不含茉莉花下同），其中建新乡就达 392.5 万元。

1992 年，香港缤纷控股有限公司在建新镇创办“缤纷园艺有限公司”，引进澳大利亚南洋杉（异叶南洋杉），开发绿化景观树、提根盆景、附石盆景、袋装苗等名优花木系列产品。至 1995 年，花卉产值达 2012 万元。

1996 年，仓山区把花卉产业定位为稳定发展农村经济、促进农民增收的支柱产业。花卉种植面积逐年增加，至 2000 年，全区花卉种植面积增至 6000 余亩，产值超亿元。

2001 年，花卉生产经营方式从以个体专业户为主的庭院经济向联合体、股份制、合资等各种形式共存发展。是年，成立仓山花卉盆景协会和建新花卉集团公司，协会有会员 600 多人，其中农民高级农艺师 19 人，中级农艺师 163 人。建新花卉集团公司成为龙头企业，该企业利用多年生油茶实验推广山茶花优良品种嫁接繁育。到 2003 年，共采用国内 100 余种山茶花优良品种，无土栽培大苗茶花 7 亩 2000 多株，多品种芽苗小苗 5 亩 3 万余株，山茶花嫁接大苗 10 亩，培育 1500 株。

2005 年，引进的名优花木有发财树、巴西铁、君子兰、兰花（300 多个品种）、多头柳杉、异叶南洋杉、仙人掌、大花惠兰、百合花、康乃馨、满天星、非洲菊、比利时杜鹃、红白掌、丽格海棠等。是年，全区花卉种植面积 2 万亩，其中南台岛外飞地 1.4 万亩。

二、花卉基地

1990 年，花卉基地有建中百花场、正春园艺公司。1992 年，香港缤纷控股有限公司在建新镇创办建新缤纷园艺有限公司，占地 36 亩，为最早的外资花卉企业。1998 年，该公司投入 1000 多万元建立花卉组培科研所，专业化生产各种室内花卉组培苗，成功开发 100 多个系列品种和多项规模组培生产技术，成为仓山区花卉生产示范基地。1996 年，福州绿榕花卉有限公司、大道园艺公司等花卉企业落户仓山区。

全区花卉基地增至5个。2000年，建新镇被国家林业局授予“中国花木之乡”称号，缤纷园艺公司被授予“全国花卉生产示范基地”称号。

2001年，建新镇创办新苑花卉场，组织花农向南屿、上街等乡镇开发花卉基地3000亩。至2002年，全区有花卉基地9500亩，其中岛外基地占4000亩。当年，福州缤纷园艺有限公司投入1000多万元建立花卉组培科研所，专业化生产各种室内花卉组培苗，成功研发100多个花卉系列品种和多项规模组培苗生产技术，年产组培苗400万株。省千树园林公司投资300万元，建基地300亩，开发新品种南洋杉盆景和“象脚丝兰”。建新花卉集团投入资金创办200多亩科研育苗基地，形成高层次的科研基地。是年，建新花卉集团公司、大道园艺有限公司被评为省级农业龙头企业。建新镇和缤纷园艺公司分别被国家林业局授予“中国花木之乡”和“全国花卉生产示范基地”称号。全区形成市场牵龙头，龙头带基地，基地联农户的大产业格局，带动花农8000多户。

2003年，岛外花卉基地除闽侯县外，还向长乐市、晋安区北峰山区寿山乡等地开发基地，是年，岛外基地发展到5000亩。2004年5月，福州建新花卉集团、福建省绿化景观工程有限公司、福州行福装修绿化工程有限公司、建新花卉集团、福建省绿化景观工程有限公司、福州行福装修绿化工程有限公司、福州建中百花场被认定为省花卉基地。

2005年，全区花卉生产面积2万亩，其中岛外飞地1.4万亩，分布在晋安区寿山乡2000亩，闽侯县南屿镇4700亩、上街镇2300亩、大湖乡雪峰寺2500亩，马尾区亭江镇1000亩、琅岐镇1500亩。花卉生产基地有：正春园艺公司、新苑花卉场、建新缤纷园绿榕花卉有限公司、大道园艺公司建新花卉集团、福建省绿化景观工程有限公司、福州行福装修绿化工程有限公司、福州建中百花场7个。其中，缤纷园艺公司为全国花卉生产示范基地；福州建新花卉集团新苑花卉场、福建省绿化景观工程有限公司、福州行福装修绿化工程有限公司、福州建中百花场为省花卉基地。

附：主要花卉基地

建新缤纷园艺有限公司　坐落于金山工业区，占地面积36亩。1992年成立，系香港缤纷控股有限公司在国内创办的独资企业。1998年，投入1000多万元建立花卉组培科研所，专业化生产各种室内花卉组培苗，成功开发100多个系列品种和多项卓有成效的规模组培生产技术。2000年被授予“全国花卉生产示范基地”。2005年，该公司拥有温室面积1.5万平方米，下设专业盆栽市场和种苗生产场——缤纷良种园，盆栽市场营业面积45平方米，全年供应各种室内观叶、观花盆栽植物100多万盆；良种园年产400多万株种苗，成功开发100多个系列品种。每年还为地方及中非友好国家从事园艺人员提供学习培训服务。

新苑花卉场　2001年创办，为建新镇发展花卉产业的支柱企业，主要品种为茶花系列、杜鹃系列、兰花、仙人掌及小盆花。该场投资100万元，利用多年生油茶实验山茶花优良品种嫁接繁育，总规模25亩，其中无土栽培大苗茶花7亩2000多株、多品种芽苗小苗5亩3万余株，山茶花嫁接大苗10亩，培育1500株。2003年因金山开发区征用，该场在闽侯县南屿镇新建100亩基地。2004年1月建成比利时杜鹃栽培示范基地。

三、花卉市场

1990年，境内花卉生产以自产自销为主，部分村成立有花卉经销公司，帮助村民销售。当年全区花卉产值460.6万元。此后，由于鲜花和盆景的需求量增加，刺激花卉生产发展，至1995年，全区花卉总产值达到2012万元。1996年以后，仓山区把花卉作为支柱产业，大力发展，当年花卉产值2300万元。至2000年，全区花卉产值超亿元。2001年，组织花农参加为期7天的福州元旦春节迎春花展和漳州迎春花展，扩大仓山区花卉知名度，打开花卉销售市场。当年花卉产值达到1.5亿元（含城市绿化工程）。

2002年，由花农集资投入200余万元，兴建“花卉一条街”（洪塘花街）和占地100亩的“福州建新花卉市场”，并在北京、上海、哈尔滨、大连等10个大城市建立销售网络，形成“十城百店”营销网络，个别产品运销东南亚各地区。同年，“省千树园林绿化景观工程公司”等5家省二级资质园林绿化公司，以城市园林绿化工程为发展方向，开拓市场。当年全区花卉产业总产值1.8亿元（含城市绿化工程，下同），其中城市绿化工程产值超亿元。全年上市鲜切花855万枝；盆栽观赏植物480万盆，其中盆景240盆，其他花卉75万株。

2004年，为适应花卉产业发展的需要，投入250万元在福州展览城旁建成占地100亩的金山花卉市场。当年，全区共有建新花卉园艺交易市场、建新花卉市场和洪塘花街3个大型花卉交易市场，每月成交额百万元。其间区政府组织花卉企业参加由国台办、国家林业局、福建省政府共同主办的第六届海峡两岸（福建漳州）花卉博览会，进一步扩大仓山区花卉在海峡两岸的影响。

2005年元月28日至2月5日，仓山区政府、福州市林业局联合在福州展览城和金山、建新花卉市场举办福州市第一届迎春花卉展销会，有200家花卉企业参会。主会场设在金山展览城B厅（面积3000平方米），分会场设在金山花市（面积4万平方米），建新花市（面积6万平方米）。销售额达3000余万元。当年，全区上市鲜切花559万枝，其中百合花8万枝，康乃馨16万枝，满天星84万枝，玫瑰90万枝，菊花（含非洲菊）89万枝，其他鲜切花272万枝。培育盆栽观赏植物94.5万盆，其中盆景32.48盆，其他时尚小盆花200万株。花卉产值达2.6亿元。

第二章 林业

1990年，全区共有林地6.4万亩，占总面积的27.5%，森林分布北、南多，中部少。北部建新乡和南部城门乡林地占69.6%，中部的盖山、螺洲、仓山3个乡镇林地占30.4%。由于开发早，原生植被已经无存，现存森林都是人工林，以生态林为主。当年，主要以集体造林和义务植树的方式造林育林，并对盖山、仓山等乡镇的重点林地实行封山育林。

1997～2003年，仓山区先后实施 “环福州绿色屏障（环绿）”“沿海防护林体系建设”“福建省竹业三期”“绿色通道造林”“速生丰产林”五大绿化工程，采取以果代林、种竹、建造防护林等措施，扩大有林地面积，增加经济林、用材林、防护林等林种。同时，区农林局加强林政管理，执行年度限额采伐计划，开展林地清理清查工作，执行使用林地许可证制度，对征、占用林地进行严格审核，打击乱占山林的违法案件，结合福州市“青山挂白”治理工作，整顿采石、取土坛口；并对关闭的坛口，采取植草种树的方式恢复植被，在全区城市化建设逐步推进的情况下，有效地保护现存森林资源，提高森林覆盖面积。

至2005年，全区林地面积从1990年的4.49万亩提高到5.82万亩。其中沿海防护林带4950亩，国家生态公益林4500亩。同时对4块湿地实施保护。

第一节 面积蓄积量

一、森林面积

1990年，森林面积4.49万亩，主要树种有马尾松、湿地松、白玉兰、相思树、榕树、樟树、建柏等。珍贵树种有贝壳衫、银杏等。森林覆盖率19.3%。1991～1995年，林业用地面积基本保持不变。

1996年，全区林业用地面积增至6.39万亩，占全区土地面积的28%，其中有林地4.50万亩，疏林地1377亩，未成林造林地1483亩，苗圃7696亩，无林地8374亩。在有林地中，生态林占1.13万亩，其中，防护林9321亩，占82.2%；特用林2018亩，占17.8%。按优势树种分，马尾松6496亩，占生态林面积的57.3%；阔叶树4843亩，占生态林面积42.7%。按龄组分，幼龄林4598亩（马尾松2503亩，阔叶树2095亩），占40.6%；中龄林6411亩（马尾松3978亩，阔叶树2433亩），占56.5%；近熟林189亩（全为阔叶林），占1.7%；成过熟林141亩（马尾松15亩，阔叶树126亩），占1.2%。

1997年，先后开展“环福州市绿色屏障工程”“竹业工程”“沿海防护林体系工程”“福建省绿色通道工程”“省速生产林工程”等造林活动，种植林木以国防林、环境保护林、风景林等特殊用途林和沿海防护林为主，同时发展生态、经济两用的芒果林、龙眼林、竹林、麻黄林、刺桐、水杉等绿化美化树种，为典型的城郊型林业。至1999年，全区林地面积达6.40万亩，森林覆盖率增至20.4%。

2000年，林业用地面积基本保持在6.4万亩左右。之后加快绿化保护带建设，发展生态功能区，有林地面积逐年增加。至2002年，有林地面积增至5.26万亩，森林覆盖率由2000年的21.1%增至22.6%。

2005年，全区林地面积6.39万亩，其中有林地5.03万亩、疏林地1231亩，苗圃地7696亩，无林地4687亩。森林覆盖率达25%。

二、蓄积量

1990年，森林总蓄积量4.20万立方米，其中有林地蓄积量3.70万立方米，占88.1%；疏林0.20万立方米，占4.7%；散生木0.02万立方米，占0.56%；四旁树（即村庄、道路、房屋、河道旁边的树）0.28万立方米，占6.6%。在有林地蓄积量中，按用途分：防护林3.22万立方米，占87.1%；特用林0.48万立方米，占12.9%。按优势树种分：马尾松1.94万立方米，占生态林蓄积量的52.3%；阔叶树1.76万立方米，占生态林蓄积量47.7%。按龄组分：幼龄林0.91万立方米（马尾松0.40万立方米，阔叶树0.51万立方米），占24.7%；中龄林2.65万立方米（马尾松1.51万立方米，阔叶树1.13万立方米），占71.7%；近熟林0.07万立方米（全为阔叶林），占2.0%；成过熟林0.06万立方米（马尾松0.01万立方米，阔叶树0.05万立方米），占1.6%。此后，继续加强植树造林，不断扩大封山育林面积，森林蓄积量稳中有升，到2002年全区森林总蓄积量4.21万立方米，其中有林地蓄积量3.7万立方米，占87.86%；疏林0.2017万立方米，占4.78%；散生木0.0241万立方米，占0.57%；四旁树0.28万立方米，占6.58%。

2005年全区森林总蓄积量4.32万立方米，其中有林地蓄积量3.71万立方米，占85.87%；疏林0.21万立方米，占4.86%；散生木0.02万立方米，占0.55%；四旁树0.38万立方米，占8.7%。

第二节　造林育林

1990年，造林主要为集体造林和义务植树。当年共造林566亩，其中城门乡344亩，盖山乡232亩，建新乡90亩，螺洲镇40亩，还有零星植树3.1万株。1991～1994年，每年造林都在200～400亩左右。1995年，在盖山镇、仓山镇和城门镇封山1.9万亩开展育林。1996年，扩大封山育林范围，在3个镇封山育林3万亩，营造水土保持林900亩。同时，在城门清凉山结合水土保持，实施以果代林，建立高优水果生产基地，种植果树300亩，其中荔枝100亩，龙眼150亩，年芒果50亩。

1997年，开始实施“环福州绿色屏障”工程，采取以果代林等措施，实施面城一重山绿化，当年全区绿化面积4050亩。1997～1999年共完成“环福州市绿色屏障”工程造林面积9500亩，经验收，保存率达86%，占4年造林总数（1.28万亩）的58.0%，全部为生态、经济两用林，其中增加果林面积6500亩。

2000年，省林业厅把沿海防护林体系建设工程列入省定重点工程，仓山区列入省沿海防护林体系重点县区，开始实施“福建省竹业三期”开发工程，把种竹纳入“环福州绿色屏障”工程。当年实现沿海防护林体系建设1800亩，“环绿”工程造林种竹1000亩，共造林4500亩。其中用材林400亩，经济林2300亩，防护林1800亩。

2001年，实施“竹业工程”，实际造竹2500亩，树种为绿竹，每亩80株。其中城门镇（清富村马杭州）1700亩，成活率92%；螺洲镇（杜园村）300亩，成活率85%；盖山镇（浦口村）500亩。成活率90%。至年末．全区共造林3635亩，其中防护林2225亩，经济林1410亩。

2002年，仓山区对疏林地实行封山育林，封山育林涵盖全区所有适封林地面积达4.25万亩。同年，利用森林植被恢复费造林，在城门山濂江片种植刺桐、榕树、芒果、龙眼等288亩。当年共造林2500亩，其中沿海防护林体系建设工程造林1500亩，经济林1000亩。

2003年，为改善福泉高速公路两旁山体的生态环境和绿色景观，省政府发起“绿色通道造林”工程，仓山区在福泉高速公路仓山段两旁的狮头山、城门山至清凉山一线山头实施造林绿化、美化工程。种植树种主要有刺桐、榕树、羊蹄夹、三角梅等，种植面积663亩。同时，实施福建省速生丰产林工程造林170亩，“环绿工程造林”282亩。3项共造林1115亩。2004年造林面积603亩，其中城门镇413亩，盖山镇98亩，建新镇92亩。

2005年，全区封山育林面积4.35万亩，造林800亩，封山育林的林地树木生长茂盛，均达到有林地标准。

附：国家生态公益林

2001年，经国家核准，境内盖山镇郭宅村（高速公路连接口）到湾边路段经过仓山镇的公墓山、蛤蟆山，盖山镇的高盖山，定位为以防护国防公路为目的的国家生态公益林。全长13公里，防护林面积4265亩，分布10个村，53个小班。其中，仓山镇816亩，分布4个村，20个小班；盖山镇3449亩，分布6个村，33个小班（包含设在高盖山的军用义序机场）。2002年，各村配置护林员。省级财政每年下达0.41万元作为生态公益林专项补助资金，主要用于护林员工资补助。2005年，全区共有生态公益林4500亩。

1990～2005年仓山区造林情况表

表6-2-1 单位：亩、万株

年份	造林面积				零星植树	幼林抚育
	用材林	经济林	防护林	合计		
1990		90	476	566	3.10	
1991	257			257	5.90	
1992		150		150	21.20	
1993				4547	30.2	500
1997				4050		5000
1998	28	804	1168	2000	18	4000
1999		1220	980	2200	3	4180
2000	400	2300	1800	4500	3	6000
2001		1410	2225	3635	6	
2002		1000	1500	2500	6	7500
2004				603		
2005				800		

说明：1994～1996年数据缺失

第三节 森林保护

一、森林防火

1990 年，5 个乡镇森林防火由福州郊区负责，郊区设有森林防火委员会和军警民联防扑灭森林火灾指挥部，制定防火公约，严格控制火种上山。至 1995 年未发生重大森林火灾。

1996 年元月，仓山区成立森林防火指挥部，下设办公室，挂靠区林业局，区辖各镇相应调整充实森林防火指挥部及其办公室。3 月，成立仓山区军警民森林防火联合指挥部，强化森林防火工作。同时，建立区、镇森林防火值班制度及领导带班制度，配备护林员 77 人。在春节、清明、五一、国庆重大节日前，区、镇政府都召开森林防火工作会议，部署森林防火工作，重点防范高盖山、建新妙峰山等林区森林火灾。是年起，区政府每年春季都与各镇签订《森林防火责任状》，明确各方职责，并规定对实现年度无森林火灾的镇政府给予奖励。

1998 年，各镇成立以民兵预备役、机关干部为骨干的 363 人护林防火应急小分队；在各涉林村成立 1130 人的森林防火联防队。配备柴刀、灭火器、干粉灭火弹、铁铲、锄头等灭火工具。

2000 年起，每年秋季区政府均发布《野外用火戒严令》，规定每年 10 月至翌年 5 月为山林火险期，禁止野外用火，《野外用火戒严令》在各涉林村及主要山头出入口立牌公告。

2001 年 12 月，全区抚育防火林带 25 公里，其中盖山镇高盖山上山路和高盖山公园 20 公里，城门镇清凉山等地 5 公里，新开生物林带 10 公里。同时进一步落实护林员及巡山制度，对护林员和扑火防员进行定期培训。当年添置防火服装 102 套及风力灭火机、手提锯等防火器具。

2003 年，省开展森林防火责任状 5 年中期考核检查，仓山区森林防火工作实现达标。当年省电视台专题报道仓山区清明节加强森林防火工作事迹。2004 年，区政府制定《仓山区扑救森林火灾应急处理预案》，各镇设立固定防火宣传牌，配备专业护林员在春节、清明、中秋、国庆等节日上山宣传、巡逻和检查，制止火源上山。

2005 年，区、镇森林防火指挥部均配置灭火工具贮备仓库，配备柴刀、铧铲、2 号工具、灭火弹、灭火器等灭火工具。同时开辟防火道，其中红星农场开辟防火林道 20 公里；盖山镇清除公路两旁杂草丛灌，利用 1.5 公里上山公路构造防火隔离带。年内全区完成生物防火林带抚育 13 公里。

1996 ～ 2005 年全区无发生森林火灾，每年均被福州市人民政府评为无森林火灾区。

二、病虫害防治

1990 年，森林病虫害主要有松毛虫、落叶株、湿地松褐斑病、突园蚧、松材线虫病等。各乡镇配有 1 名专职测报员，定期观测和预报森林病虫情的发生和发展情况，制订预防和防治方案。至 1996 年森林病虫害均无成灾。

1997 年以后，森林病虫害防治对象主要为松毛虫、突园蚧、松材线虫病。区林业部门与市森林病虫害防治检疫站合作，于清明前后使用航空公司“运五”飞机对全区松林喷洒白僵菌粉剂进行松毛虫预防性防治。同时，由区林业主管部门购买白僵菌粉炮，于清明前后分发各镇，由各镇林业站组织人员上山在松林中燃放，进行地面防治。

1998 年开始，外运的苗木、花卉、木材及其制品，均需经区林业主管部门森林植物检疫合格后，发给森林植物检疫证书，方可放行。是年，经检疫合格发给森林植物检疫证书的有木材及其制品 82 立方米，花卉、苗木 16.71 万株。1999 年经省考核，仓山区通过省政府森林病虫害防治责任目标。

2000 年，开展植物检疫大检查，组织人员深入木材加工厂、堆场、有关公司的仓库、门市部及使用松材的单位，核对每批木材及其制品、包装材料有无植物检疫证书，是否来自疫区。先后检查森茂木材经营部、盖山浦下木材加工厂、兴盛装饰板材经营部等多家企业，未发现违反检疫法规现象和可疑木材制品。同年，采取飞机治虫和地面防治相结合防治病虫害，年防治面积均达 1.5 万亩，

2001 年，加强森林病虫害监测网和防治网建设，采取飞机和地面结合防治森林病虫害 2 万亩，同时组织实施国际一类森林病虫害突园蚧和松材线虫的防治工作。当年，仓山镇发生固松突园蚧，造成 51 株马尾松枯死，区林业部门采取采伐并清理病树的措施，制止虫害蔓延。2002 年松材线虫病重点防治区面积达到 1.86 万亩。

2003 年以后，因民航机场迁往长乐，运作成本大增而放弃飞机防治作业，当年组织地面防治病虫害 2 万亩。

2004 年 9 月和 2005 年 5 月，采取点面结合方法两次开展林业有害生物普查。调查面积函盖全区有林地 4.50 万亩、疏林地 0.14 万亩、未成林造林地 0.14 万亩、苗圃地 0.77 万亩；重点抽样踏查 9014 亩。调查树种有马尾松、相思树、桉树、榕树、木麻黄等。两次调查均只发现松毛虫病虫害 1 种，常年为害面积 50 亩左右（属低虫口）。

2005 年，成立病虫害防治检疫站，加强森林病虫害监测和预防工作，年监测病虫害面积累计 5 万亩，生物防治面积 1 万亩。同年木材检疫量随上渡林产品市场木材及其制品的交易量上升，年木材检疫量达 5.04 万立方米。

1998 ~2005 年森林植物检疫证书年度办证情况表

6-2-2 单位：万株、立方米

年 度	检疫花卉、苗木量	检疫木材及其制品量
1988	16.71	82
1999	12	50
2000	35	6000
2001	11	6000
2002	0.015	21300
2003	0.02	32000
2004	0.01	36000
2005	0.005	50448
合计	74.76	115880

三、野生动物保护

仓山区于 1996 年开展鸟类普查，1997 年，采取样带调查与走访目击者相结合的方法，开展两栖爬行类动物普查。查明全区共有野生动物 26 种，其中鸟类 12 种，爬行类 8 种，两栖类 6 种。鸟类有麻雀、燕子、八哥、猴面鹰、喜雀、白鹭等；两栖爬行类动物种类有银环蛇、眼镜蛇、水律蛇、鳖、蜥蜴、虎纹蛙、蟾蜍等，

1998 年春，区林业局接群众报告，在城门镇黄山村救助成年苏门羚一头，当日由市森林公安护送到鼓岭放生。1999 年夏，区林业局接群众报告，在盖山镇江边村救助成年巨蜥一只，当日送往市动物园救助。2000 年处理保护动物案件 4 起。2001 年检查市场和餐馆，处理国家一级保护动物（巨蜥）案件一起，国家二级保护动物 3 起。2002 年春节后，区农林水局接群众报告，在盖山镇高湖村救助成年猴面鹰 2 只，次日在高盖山放生。被救助的野生动物除猴面鹰在高盖山有自然分布外，其余均来源不详。

2003 年，仓山区闽江沿岸湿地被征用建设，其中马杭洲湿地和洲地间水体全部被“华夏世纪园”征用，并经省计委和水利部批准，划入闽江岸线以内。下门洲湿地由单块洲地组成，面积 977 亩，被征用后经省计委和水利部批准，划入闽江岸线以内。浦下——林浦洲湿地由 5 块洲地组成，湿地面积 2500 亩，其

中洲地面积 1004 亩，蚬埕面积 1496 亩，被征用。浦口洲湿地面积 3257 亩，经省计委和水利部批准，划入闽江岸线以内，国土资源部批准为土地整理项目，已开工建设。是年，仓山区加强现有湿地保护工作，积极配合乌龙江湿地公园建设，进行实地现状调查，在义序洲和螺洲种绿竹 3 万株，为湿地野生鸟类提供栖息环境。该湿地状况到 2005 年保持不变。

第四节　林政管理

一、采伐管理

1990 年，林木采伐实行年度限额采伐计划，国家和省级珍稀树种采伐由福州郊区林业部门初审，上级林业部门审批。采伐指标集中于人工林更新，没有发生超标采伐和乱砍滥伐现象。仅查处城门、盖山等镇无证经营、超范围经营等个体木材店 10 余家，按章收购违规木材。

1996 年，仓山区延续郊区林业部门管理制度，采伐指标仍集中于人工林更新采伐。至 1999 年全区无接到单位和个人的采伐申请，未发生无证采伐现象。

2000 年，继续执行年度限额采伐计划，首次批准采伐 5.12 立方米，至 2003 年共批准采伐 597.36 立方米，其中 2001 年批准采伐 4.18 立方米，2002 年批准采伐 521.9 立方米，2003 年批准采伐 66.16 立方米。4 年共处理无证采伐 6 起。

2004 年 1 月 5 日晚上，城门黄山牧犬场边山上香樟树被盗砍 11 株并转移，伐桩 10 ～ 26 厘米，经调查，为牧犬场员工所为。2005 年，办理采伐证 150 份，批准采伐 131.54 立方米。

二、林地管理

1990 年，林地由郊区管理，林地使用执行许可证制度。1996 年，境内林地划归仓山区林业局管理。凡使用林地单位必须征得区林业主管部门同意，并按 2 元 / 平方米缴纳森林植被恢复费后，方可办理征地手续。当年经过审核，先农吴厝顶，盖山光桥山、洋下山，城门廉江山、福廉山、狮山、清富山，建新怀安、库贡山及飞山长乐金刚腿等 16 处批准为开山取土坛口。

1997 年，林地管理主要配合城市建设，对征占林业用地进行审核，同时配合全市开展的“青山挂白”（即开山采矿、炸石、取土或工程建设所造成的山体裸露）治理工作，对境内开山采石、取土的坛口进行整顿、治理，取缔无证开采，对造成的山体裸露，采取垒石、填土、种草皮、草丛、种黄豆、植树等办法恢复山体植被。当年种植苗木 7000 株，治理山体 20 亩。

1998 年，新《中华人民共和国森林法》颁布后，继续执行使用林地许可证制度。明确规定使用林地的单位，必须先由林业部门审核同意，取得林地审核同意书后方可办理征地手续。办理林地审核同意书，按 15 元 / 平方米收取森林植被恢复费。至 2000 年，共核发金山大桥、江滨大道拆迁安置及清凉山林地审核同意书 400 亩。

2001 年，境内 4500 亩林地列入国家生态公益林。涉及防护林面积 4265 亩，仓山镇和盖山镇的 10 个村各设 1 名护林员，加强林地管理。区农林部门执行年度限额采伐计划，打击乱占山林的违法案件。对妙峰山未经许可占用林地建陵园案进行调查，根据森林法规移交公安局处理；建新镇玉兰村飞凤山林地采石超面积超范围开采，区林业部门停止其使用飞凤山林地采石，收回“征占用林地申请表”。当年，共处理征占林地案件 39 起，按规定收取森林植被恢复费；取消 21 家未经林地占用审批的采石场，收回林地 278 亩；办理征占用林地 27 亩。2002 ～ 2004 年，配合公安机关制止乱占山林开山炸石事件，打击 5 起乱占林地的违法案件，关闭开山采石取土场 16 处，收回林地 200 余亩；治理坛口 5 个，面积 274 亩；扣留运土翻斗车 4 台，留置 4 名无证驾驶员，同时，办理征占用林地 243 亩。

2005年，对城门镇濂江、连坂采石坛口，盖山镇高盖山2、3号坛口，建新镇洪塘桥头、篦梳山、农大工地主要坛口，采取垒石、填土、种草皮、草丛、种黄豆、植树等办法进行治理。共垒石填土1600立方米，种植草丛、草皮8000平方，植树8000多株。办理征占用林地90亩。

三、林产品管理

1990年，林产品加工、运输由郊区林业局管理。对木材加工企业《木材经营加工批准书》进行审查批准与年审；木材运输需提供木材合法来源证明（采伐证、木材运输证和入境关单），森林植物检疫证书和企业营业执照方可经营。1996年，林产品加工、运输管理由郊区划归仓山区管理。1996～2000年，每年办理木材运输证在1万立方米左右。

2000年，区在上渡新建木材交易市场。当年，对木材加工企业进行整顿，并组织30家木材加工企业迁入木材交易市场。到2001年，进入市场的木材加工销售企业达102家。

2001年，会同公安部门继续清理整顿木材市场，规范经营户进入木材市场经营。同时，扶持非公林业企业发展，重新核准非公有制木材加工企业37家，新发展20家。同时加强木材运输管理，检疫各类苗、木78件，办理各类木材运输证2万立方米。

至2005年，共办理木材运输证7万立方米、木材检疫外运1万多立方米、审批《木材运输许可证》2400份，审批运输木材3.6万立方米、批准年审木材经营加工企业70家。

第三章 水产

1990年，闽江沿岸从事淡水养殖和闽江或内河、近海捕捞的渔民各有千人左右。当年，淡水养殖面积有2.30万亩，其中鱼池1.31万亩（含少量河浦）。渔船400多艘，年捕淡水鱼1526吨，海洋鱼71吨。1991～1998年，随着淡水养殖业迅速发展，捕捞业逐渐退居次要地位，有的内河船民上岸定居，不再从事捕捞业。

1999年，境内开始较大规模开发建设，仓山区针对大量鱼池被征用的实际，采取鱼、畜、菜相结合办法，实施高密度立体养殖。同时对老化池塘进行改造，新围垦造池，创办高优水产鱼种场，为全区提供优质鱼苗。至2002年，全区淡水养殖面积减至2.283万亩，产量1.70万吨。渔船保持在435艘、捕捞量3000吨。

2005年，全区淡水养殖面积1.457万亩，比1990年减36.75%，淡水品产量1.399万吨，比1990年上升8.59%，其中鱼类3853吨、虾蟹类5吨、贝壳类1.01万吨、甲鱼15吨。捕捞渔船435艘，总功率1500千瓦，总吨位为840吨。全年捕捞水产品2348吨，其中海洋捕捞230吨，淡水捕捞2118吨。

第一节 淡水养殖

一、鱼类

1990年，淡水鱼养殖主要利用天然池塘、河浦或挖土烧砖留下的凹地来养殖。养殖主要品种有青鱼、草鱼、鲢鱼、鳙鱼“四大家鱼”及鲥鱼、刺鲃、鳡、鲤鱼、鲫鱼、黄颡鱼等。当年，淡水鱼养殖面积1.31万亩，产量6257吨，亩产478公斤。

1991年，由于有些河浦淤塞及部分池塘被征用，不再利用河浦养殖，养殖面积逐渐减少。此后，大力发展渔业基地，先后建成十字亭副食品综合场、建新翁排村水产畜牧综合场、城门下洋村水产场、城门镇魁岐洲副食品基地，以及建新镇透浦生态农业试验场和5个养鳗场。引进美国斑点回鱼、江西高背鲫、彭泽鲫、长江鲫、大阪鲫、银鲫和鲻鱼、彩云鲷等高优品种。至1997年，改造低产鱼塘1030亩，引进闽江水改善鱼场水质，同时在城门下洋新建一个67亩的高优水产鱼种场，为本地及周边地区提供优质鱼苗。当年，淡水鱼养殖面积1.36万亩，产量7539多吨，亩产554公斤。

1998年，继续改造老化鱼池，利用低洼地与杂地新挖鱼池，围垦造池，增加鱼池面积百亩以上。1999年，建新镇透浦生态农业试验场引进美国红鱼，鱼池由原来300亩扩大至400亩。当年，全区淡水鱼养殖面积1.41万亩，淡水鱼产量8822吨。2000年，在仓山镇下洋村创办仓山区鱼种场，占地75亩，建有20口培育池共60亩；建新镇新颐村开发50亩有较高科技含量的淡水养殖基地，围垦造池300亩。在新城区建设鱼池不断被征用的情况下，境内鱼池数量基本保持稳定。2001年，针对大量鱼池被征用情况，淡水鱼生产以高密度立体养殖为主，以提高产量量，同时对老化池塘进行改造，改善池塘养殖条件，年改造面积千亩以上。2002年，全区淡水鱼养殖面积1.29万亩，淡水鱼产量达9585吨。

2003年，引进湘云鲫、闽香鳢、香鲤等新品种，实行混养。同年，区鱼种场“团头鲂”人工繁殖成功，获得水花50万尾，培育夏花30万尾，培育冬片5万尾。2004年，因建设需要，高产池塘被征用2000余亩。当年，改造1000亩高标准鱼种培育池和水产养殖池；在建新、城门、盖山等镇开发600多亩新鱼塘。

2005年，全区淡水鱼养殖面积5137亩，比1990年下降60.74%；淡水鱼产量3853吨，比1990年下降38.42%；亩产750公斤，比1990年上升56.9%。

二、河蚬

1990年，江边滩涂、沙洲冲积地养殖蚬子面积约1万亩，分别由当地村委会或老人会包给村民养殖，产生的效益在年终按股份分红。盖山镇吴山村附近养殖场有天然生成的优质蚬子苗，供应周边其他地方蚬子场养殖。当年，共产河蚬6170吨，亩产610公斤。

1996年，由于河蚬价格较好，各养殖场进行低产蚬埕改造，提高单位产量。至1999年，共改造低产蚬埕2000亩，河蚬平均亩产从1990年的610公斤提高到730公斤。各养殖场不断扩大养殖面积提高单位产量。至2002年，河蚬养殖面积增至9893亩，年产河蚬7420吨，平均亩产达750公斤。

2003年以后，由于城市建设，河蚬养殖面积有所减少。2005年，河蚬养殖面积减为8506亩，比1990年减少14.74%；年产河蚬6550吨，比1990年上升6.15%；平均亩产770公斤，比1990年上升26.22%。

第二节　捕捞

一、淡水捕捞

1990年，从事内河淡水捕捞的多是闽江沿岸的渔民，长期以船为家，常年在江河湖泊漂泊，以捕捞鱼虾为生计，以家庭为单位，驾驶机动木质渔船在闽江口以内闽江流域从事捕捞作业。是年，共有内河捕捞渔船300艘，渔业劳力600人，主机功率2400千瓦，船舶吨位450吨，年捕捞量1526吨。

1991～1997年，淡水捕捞渔船数量变化不大，均在300艘上下，但捕捞数量起伏不定。为保护江河水产资源，政府经常向闽江投放鱼苗，1997年向乌龙江投放鳗鱼苗28公斤，计17万尾。1998年全区共有捕捞渔船290艘，年捕捞量3240吨。2002年，捕捞渔船增至310艘，年捕捞量3058吨。2005年，全区有捕捞渔船300艘，年捕捞量2118吨。

二、海洋捕捞

1990年，出海捕捞作业渔船多为吨位重、马力大，能抗击7～8级风力的渔船，大部分是以家庭为单位在省内沿海近岸捕捞。捕捞鱼类有带鱼、马胶鱼、鲳鱼、鲐鱼、鳀鱼、海鳗、鳓鱼等。当年，共有外海渔船120艘，渔业劳动力300多人，主机功率为2500千瓦，总吨位1000多吨，年捕捞量为71吨。城门乡下洋村有15艘小围缯，可以进行围网作业，还有几艘桁杆虾拖作业渔船，专门用来捕捞虾类。临江街道菖蒲社区部分居民以捕鱼为生，他们自发成立"仓山渔业大队"，共有30艘渔船，福州市海洋渔业局给予资金扶持，盖有渔民新村，挂靠临江街道管理。

1998年，全区共有外海渔船130艘，渔业劳动力350人，主机功率为2500千瓦，总吨位在1100多吨，年捕捞总量有245吨。1999～2001年，捕捞量多在200吨上下徘徊。2002年捕捞总量提高至236吨。2005年，全区共有外海渔船125艘，渔业劳动力360人，主机功率为2500千瓦，总吨位在1200吨，年捕捞总量为230吨。出海捕捞作业类型与内河大致一样，多以流刺网、撒网、定置张网、钓具作业等。

第三节 渔政管理

1990年，渔政由原郊区管理。对捕捞许可证进行年审，办理新证，渔政人员深入各个渔村、渔船，宣传渔业法规。当年核发海洋捕捞许可证80本，核发内陆捕捞许可证132本。1996年3月，仓山区建立渔政站。渔政人员到各个渔村、渔船，宣传渔业法规。同时，联合市渔政站出动渔政执法船，在闽江南北港等处巡逻，打击江面无证捕捞、电鱼、毒鱼、炸鱼和无证采捕鳗苗等违法活动。当年，共核发海洋捕捞许可证85本，征收渔业资源增殖保护费1.8万元；核发内陆捕捞许可证130本，征收渔业资源增殖保护费2.2万元。对毛蟹、鳗苗等经济价值高的捕捞品种，发放特许（专项）捕捞许可证81本，其中毛蟹捕捞许可证25本，鳗苗采捕许可证56本。此后，每年均对捕捞许可证进行年审，并办理新证。每年发证总数在300本左右，征收资源保护费在2万元左右。由于区渔政部门没有专用渔政船，只能租船巡航，每年出动巡航30次左右。2003年开始，依法征收渔业资源费，全区年征收2万元左右。

2004年，根据农业部《关于加强水产养殖用药管理工作的通知》和福州市水产品药物残留专项整治工作实施方案精神，在全区开展宣传教育和培训，组织人员到养殖场和养殖户，对生产过程中的用药进行具体指导和监督，督促养殖户按照水产养殖安全用药的有关规定标准用药。同时，重点清理整顿鳗场渔用锅炉等压力容器，加强安全工作。2005年，实行在办理捕捞许可证年审之前，要先到渔监部门办理船舶检验证书，经检验合格，再换发年审渔业捕捞许可证，把"三证不齐"的渔船全部纳入正常管理，从源头上杜绝隐患发生。同时，在海洋捕捞船上配备90系列渔用安全对讲机，确保岸、船之间通讯畅通。当年在"龙王"强台风过后，水产技术人员及时下乡到户，进行技术咨询指导，帮助解决修复被洪水冲毁的池塘和各种设施，进行池塘清池消毒，防止灾后鱼病暴发，疫情传播，同时调运鱼苗入池养殖，把损失降到最低。全年，共年审海洋捕捞证65本，内陆捕捞证95本，征收渔业资源费2万元。

1990~2005年仓山区水产生产情况表

表6-3-1 **单位：吨、亩**

年份	产量合计	海捕产量	淡捕产量	淡养产量	淡养面积
1990	14430	71	1526	12833	23038
1991	14643	78	1578	12987	22961
1992	14907	80	1655	13172	23108
1993	15668	100	2135	13433	22119

续表 6-3-1

年份	产量合计	海捕产量	淡捕产量	淡养产量	淡养面积
1995	15972	245	2167	13560	
1996	16542	245	2240	14057	22570
1997	17244	245	3240	14759	23614
1998	18430	245	3637	14548	22880
1999	19052	235	2875	15942	23895
2000	19796	216	3172	16408	23865
2001	20217	236	3142	16839	23805
2002	20299	236	3058	17005	22830
2003	9517	230	2917	16370	21000
2004	14979	180	2239	12560	21010
2005	16288	180	2118	13990	14570

说明：1994 年数据缺失

第四章　畜牧业

1990 年，家畜猪、牛、羊以零星养殖为主；家禽饲养以鸡、鸭、鹅为主，鸡鸭基本实现规模化养殖，鹅仍以家庭放牧为主，此外还有零星肉鸽家庭养殖。当年，家畜出栏 11.2968 万头，其中猪 11.2291 万头、牛 408 头、羊 186 头、兔 83 头；家禽出栏 66.2676 万只，其中鸡 52.6 万只、鸭 126.3 万只、鹅 9581 只、肉鸽 795 只。年末，家畜存栏 3.9562 万头，其中猪 3.555 万头、牛 3528 头、羊（山羊）267 头、兔 208 头；家禽存栏 88.3153 万只，其中鸡 19.6 万只、鸭 68.4 万只、鹅 2753 只、肉鸽 400 只。

1995 年，由于经济结构的调整，家庭养殖业逐渐萎缩，鹅与肉鸽的养殖被淘汰，基本不再养殖；而鸡、鸭的养殖则继续向规模化养殖发展。1996 年，境内有饲养万只以上的养殖场 14 个，其中盖山镇赵公武养殖场规模最大，当年蛋鸡存栏 6 万只，母鸭存栏 1 万只。1996 年，由于畜牧业不占用耕地，在城市化进程中，基本仍处于稳步发展态势。但因境内农田减少和农业机械的使用，作为耕田的水牛数量逐年减少，到 20 世纪 90 年代后期，水牛年存栏数量已不足百头。至 2000 年，全区产肉 2.42 万吨，牛奶 1.77 万吨。畜牧业总产值 4.06 亿元，仍占全区农业总产值的 54.8%。

2001 年，福州城市“东扩南进”，南台岛开始全面治理禽畜饲养对环境的污染，仓山区畜牧业逐年萎缩，畜牧产值也有所下降。而家禽生产继续快速增长，当年鸡鸭出栏 330.3 万只，其中鸡 142.0 万只，鸭 188.3 万只；年末存栏 78.7 万只，其中鸡 32.8 万只、鸭 45.9 万只；产蛋 1.17 万吨。

2004 年，全球爆发家禽高致病性禽流感，家禽养殖受到严重影响，区卫生防疫部门开展禽流感免疫和牲畜口蹄疫免疫注射，全区没有出现禽流感和其他禽畜疫情。当年，市政府将仓山区划为畜禽禁养区，区内的生猪开始搬迁。

2005 年，开始全面外迁猪场。是年末，全区家畜出栏 22.6517 万头，（猪 22.2938 万头、牛 614 头、羊 2965 头）；存栏 6.1669 万头（猪 22.2938 万头，牛 614 头、羊 2965 头）。家禽出栏 251.3 万只，其中鸡 128.6 万只、鸭 122.7 万只；年末存栏 55.3 万只，其中鸡 27.60 万只、鸭 27.70 万只，产蛋 9790 吨。

第一节 家畜

一、猪

1990年，猪的饲养以长白猪和苏白猪为主，还有法国引进的瘦肉型猪。当年5个乡镇共出栏猪11.2291万头，存栏3.555万头。此后，每年猪出栏数均保持在1.2万～1.3万头，存栏数在4万头左右，呈逐年上升趋势。猪的饲养以畜牧场和专业户饲养为主，约占饲养量的95%。1994年，加强基地建设，主要生猪养殖基地有城门镇林浦洲副食品综合基地（含增坤猪场、建志猪场、林举猪场、福生猪场、金宝猪场、其兴猪场）、浚边瘦肉型猪场、洋下畜牧场、建新镇十字亭畜牧水产综合场基地建设、狮山钦泉副食品基地等，年出栏生猪都在万头以上。1995年，境内生猪出栏达到19.8177万头，年末存栏6.07万头。

1996年，仓山区推广以PIC（美国猪育种公司培育的良种猪）瘦肉型母猪。城门下洋畜牧场建立瘦肉型母猪基地。当年出栏20.12万头，存栏6.18万头。1999年全区能繁殖的母猪共5287头，其中瘦肉型母猪4000头，自繁自养率达到62%。2000年，全区生猪出栏27.18万头，年末存栏6.57万头。城门下洋畜牧场年出栏生猪2万头，瘦肉型母猪600头，形成自繁、自育、防疫灭病为一体的生产体系。2003年该场更名为“福州市金源达食品开发有限公司”。是年，全区生猪出栏25.295万头（其中大中型猪场出栏14 万头），年末存栏5.41万头。

2004年，生猪养殖对周边环境卫生影响较大，群众反映强烈，区环保局牵头对城门严可冰猪场、其兴猪场、金宝猪场、林举猪场、盛平猪场、盖山镇鸿榕猪场、学升猪场等8家大型养猪场进行进行沼气沼液治理，基本达到环保要求。 当年，全区生猪出栏25.077万头，年末存栏5.2357万头。

2005年，市政府将仓山区划为畜禽禁养区，仓山区设立“闽江流域水污染整治办”，对全区禁养区内的生猪进行搬迁。至年末，全区搬迁达60%左右。当年生猪出栏22.29万头，年末存栏5.868万头。

二、奶牛

1990年，全区奶牛存栏3194头，年产牛奶8827吨，占福州市区的一半，其中城门镇养殖1608头，产奶3755吨。城门镇胪厦村奶牛专业户郑传龙拥有牛舍560平方米，养奶牛103头，年产奶400多吨。

1996年，为解决奶农卖奶难问题，拓宽牛奶销路，仓山区农业部门引导奶牛专业大户与乳品公司签订售奶合同，城门胪厦欧城乳品有限公司按“公司 + 农户”的经营模式，帮助专业户销售牛奶3000吨。是年，全区饲养奶牛3134头，产奶1.25万吨。

1997年，仓山区以奶牛欧城乳品有限公司为依托，继续实行 “公司 + 农户”的经营模式，至1998年，奶牛养殖年均保持在3200～3400头，产奶量保持在1.3万吨～1.5万吨。1999年，盖山镇王金先奶牛场、王金和奶牛场、黄依先奶牛场、城门镇郑学灼奶牛场、谢锦春奶牛场、林世发奶牛场、林志坚奶牛场等主要养殖基地和零星养殖户数量增加，当年全区养殖数量增至3510头，产奶1.46万吨。2003年奶牛养殖3140头，产奶15720吨，为1990年后产奶量最多的一年。随后由于城市建设，奶牛养殖量逐年减少。2005年养殖2888头，比1990年下降8.28%；产奶1.40万吨，比1990年上升58.53%。

三、羊

1990年，主要在城门、盖山、建新等乡镇养殖山羊，村民多利用山地零星散养。是年，存栏267头，出栏186头。20世纪90年代后期，城门镇出现少量养羊专业户，而盖山、建新镇则因城市建设而弃养。

2000 年，全区仅城门镇山羊存栏 612 头，年出栏 1007 头；2005 年，存栏 1545 头，出栏 2965 头。

1990 ~ 2005 年家畜生产情况表

表 6-4-1　　单位：头、吨

年份	黄牛		乳牛		水牛		猪		羊		兔		牛奶
	出栏	存栏	出栏	存栏	出栏	存栏	出栏	存栏	出栏	存栏	出栏	存栏	
1990	0	2	362	3194	46	332	112291	35550	186	267	83	208	8827
1991	0	95	598	3309	28	304	114549	37826	76	263	160	346	8367
1992	3		393	3353	29	246	125452	42096	45	267	60	306	9574
1993			167	3593		194	136718	43825	14	51	160	357	10363
1995			533	3707	17	125	198177	60703	265	160	150	135	12258
1996		11		3134		94	201204	61799	345	149	380	56	12488
1997		3	251	3132	9	82	217073	69630	58	346	390	115	12742
1998	1	12	520	3278	13	74	253021	72189	989	484	65	115	13523
1999	2	10	433	3510	9	76	274694	74795	951	379			14572
2000		10	384	3463	3	69	271834	65699	1007	612			14765
2001		20	586	3414	6	60	286446	65781	2800	1545			15512
2002		21	588	3324	14	74	263332	67493	2930	1500			15561
2003		7	672	3140	10	81	252952	54128	2950	1600			15720
2004			660	2919	8	93	250775	52357	1610	1800			15540
2005			599	2888	15	95	222938	58686	2965	1545			13994

说明：1994 年数据缺失

第二节　家禽

一、鸡

1990 年，鸡的饲养已形成规模化生产，主要品种有上海浦东鸡、法国红波罗、安康红等肉用鸡和佳黄等肉、蛋兼用鸡。由于采用配合饲料和规格化养殖，肉鸡 3 ～ 4 个月即可出栏，当年出栏 52.6 万只，年末存栏 19.6 万只，产蛋 324 吨。至 1996 年，境内较大的养鸡场建新镇的石孔忠鸡场存栏 3 万只，城门镇的潘宝春鸡场鸡存栏 4 万只，盖山镇赵公武养鸡场规模蛋鸡存栏达到 6 万只。2003 年，先后引进海兰、罗曼蛋鸡。当年全区鸡出栏 138.9 万只，年末存栏 31.0 万只，产蛋 3749 吨。2004 年，受禽流感影响禽、蛋产量下降，2005 年，出栏减少到 128.6 万只，存栏 27.6 万只，产蛋 3352 吨。分别比 2003 年下降 7.45%、10.96%、10.58%。

二、鸭

1990 年，菜鸭有半番鸭、白番鸭，蛋鸭有金定鸭、莆田黑鸭等品种。主要由专业户选择靠近河沟、池塘等地方建棚，集中圈养，一人可养千只以上。其中盖山镇齐上榕养禽专业户，年养鸭 1 万只。当年，境内鸭出栏 126.8 万只，存栏 68.4 万只，其中母鸭 34.8 万只，产蛋 3891 吨。此后，鸭养殖继续向集约化、规模化、商品化发展，鸭出栏和鸭蛋数量持续上升。20 世纪 90 年代中期，位于建新镇的福州市种鸭场建有孵化室，用电气机械孵化器育苗，年育鸭苗 30 余万羽，产鸭蛋 60 万个（约 40 吨）。2003 年，全区鸭出栏 176.3 万只，年末存栏 42.6 万只，产蛋 7146 吨。由于禽流感影响，2005 年鸭出栏减少到 122.7 万只，年末存栏减少到 27.7 万只，产蛋减少到 6438 只。

1990 ~ 2005 年家禽（蜜蜂）生产情况表

表 6-4-2 单位：万只、吨、箱

年份	出栏				年末存栏				禽蛋		蜜蜂	蜂蜜
	鸡	鸭	鹅	肉鸽	鸡	鸭	鹅	肉鸽	鸡	鸭		
1990	52.6	126.3	9581	795	19.6	68.4	2753	400	324	3891	795	34.8
1991	53.2	128.6	12179	377	25.4	74.0	2430	100	364	4293	377	15.2
1992	64.0	140.5	9967	391	24.2	64.6	6041	150	578	4581	391	9.8
1993			338	82.5			5534	338	6			
1995	231.9			35.2			6800					
1996	235.8			72.8			7074					
1997	263.0			73.0			8304					
1998	290.5			75.3			9590					
1999	314.6			72.8			10389					
2000	316.4			75.1			10910					
2001	142.0	188.3			32.8	45.9			11736			
2002	133.6	172.8			30.6	53.0			11201			
2003	123.9	176.3			28.8	37.3			3749	7146		
2004	138.9	167.5			31.0	42.6			3749	7012		
2005	128.6	122.7			27.6	27.7			3352	6438		

说明：1994 年数据缺失

第三节 禽畜疫病防治

1990 年，主要防治牲畜“五号病”、猪蓝耳病、猪瘟、牲畜口蹄疫等疫病，主要采取猪瘟疫苗、猪丹毒苗、“五号病”疫苗、鸡新城疫苗、亚瘟疫苗等注射，防治禽畜疫病，当年未发生重大禽畜疫病。

1996 年 5 月，仓山镇下湖村张康书养猪专业户饲养的 105 头商品猪中有 35 头发生“五号病”。区农业、工商、公安、财办等部门采取措施，对 35 头病猪立即宰杀深埋，并对辖区内所有猪场进行一次全面检查、消毒、打预防针。

1997 年 6 月，成立仓山区畜牧兽医站，负责全区禽畜疫病防治工作。当年注射猪瘟疫苗 23 万头次、猪丹毒 6 万头次，“五号病”疫苗 3 万头，家禽防疫 47 万头次；检查屠宰场 5 个、商品猪场 43 个、猪苗点 2 个；商品猪场定期消毒检查率达 88%。

1998 年，执行《中华人民共和国动物防疫法》。区农业局开展“无规定畜禽疾病区建设”，加强面上检疫，年检疫率达到 80% 以上，重点抓猪瘟、鸡新城疫、牲畜“五号病”防疫。当年全市生猪实行集中屠宰，区组织兽医对农村市场进行私宰肉检查和检疫。

1999 年 5 月初，城门镇黄山村发生奶牛“五号病”，区、镇立即采取以消毒为主、治疗为辅、加强疫区隔离封禁、派员驻点监督等措施，有效控制疫情。同年，组建仓山区畜牧兽医防疫中心，进一步加强禽畜防疫灭病工作，对猪场进行普查 83 次，受查猪场 48 个、猪苗点 4 个，共查生猪 3.6 万头，普查面达存栏活畜三分之二以上；同时对兽医经营店进行检查，查处伪劣兽药、疫苗。此后，对全区所有奶牛进行预防注射，加强饲草消毒，强化兽药管理、整顿兽药市场。2001 年 3 月 23、24 日突击检查城门、盖山梁振 4 个兽药经营店，共查处过期硫酸黄连素注射液 24 盒、水汁性红霉素粉 6 包、牛口蹄疫 0 型疫苗传支 25 瓶、副伤寒 20 瓶、肺疫 2 瓶、安得 1 号 8 瓶、全力达 1 瓶、杜球 10 包、灭败灵 5 瓶、肾肿解毒 4 包。

2004 年，全球爆发禽流感，禽畜疫病防控重点转移至防范禽流感。全区进行禽流感免疫 134.38 万只（羽）次，牲畜口蹄疫免疫 10.8 万头次，高致病性猪蓝耳病免疫 10.2 万头次，猪瘟免疫 10.2 万头次，牲畜“五号病”免疫 7.59 万头份，给已注射国家规定需强制免疫疫苗的牲畜挂免疫耳标，禽类挂免疫脚环，共挂猪免疫耳标 1.8 万头，禽类免疫脚环 1.2 万只。是年，全区没有出现禽流感和其他禽畜疫情。

2005 年，全球禽流感疫情严竣，仓山区加大防控力度，全区禽流感免疫 151.21 万只（羽）次，牲畜口蹄疫 11.2 万头次，高致病性猪蓝耳病 11.2 万头次，猪瘟免疫 11.2 万头次，注射“五号病”疫苗 8 万 ml。同年 10 月 1 日 ，受“龙王”台风袭击，部分畜禽养殖场被山洪冲毁，闽江江面上漂浮着大量死亡牲畜。区、镇畜牧干部历时 3 夜，收集漂浮在江面上的 2500 头死亡牲畜进行无害化处理，同时全面铺开防疫注射，到 11 月 25 日，全区免疫率达 100%，确保灾后未发生禽畜疫病流行。

第五章 水利

1990 年，今区划内城门防洪堤（分南北堤）、盖山防洪堤（分南北堤）、建新防洪堤（分南北堤）、仓山防洪堤，总长 38 公里。另有镇村修建的小型土堤 4500 米，有排涝站 14 座、排涝水闸 37 座。由于历史原因，这些工程防御标准低，设施落后，难以抵御大洪水的袭击。是年，福州市政府开始筹资修建南台岛的防洪体系，1991 ～ 1994 年，先后实施闽江下游防洪堤二、三期加固扩建工程，每年冬春都组织水利建设，采取群众投资投劳力的方式对堤坝、水闸进行加固、维修，境内水利设施渐趋完善，抵御洪涝灾害的能力提高。

1998 年“6.23”洪灾以后，相继建成仓山、螺洲、浚边防洪堤。2000 年后，又对南港橘园洲和北港南岸防洪堤二期工程进行加固扩建，提高堤防等级，结束螺洲镇、下渡街道、临江街道无防洪堤防护的历史，全区基本形成四面合围的防洪体系。区政府每年都制定防洪、防台风、抗旱 3 个工作预案，组建 6000 余人的抗洪抢险队伍，并添置救生艇、玻璃钢冲锋舟等抢险器材，有效抵御 2003 年大旱和 2005 年洪灾、暴雨、台风的连续袭击，做到“不死人，少损失”。

2005 年，境内防洪堤总长 89.58 公里（其中能抵御 100 年一遇洪灾的 37.88 公里、50 年一遇的 6.6 公里，20 年一遇的 45.1 公里）排涝站 14 座，总装机容量达 3100 千瓦；排涝水闸 42 座。

第一节　水利工程

一、堤防工程

1990 年，闽江下游防洪堤有城门防洪堤南堤 6015 米（土堤 4615 米，石堤 1400 米），北堤 2180 米（土堤），盖山防洪堤南堤 6030 米（全部为土堤）北堤 4670 米（石堤 1700 米、土堤 2970 米），建新防洪堤南堤 9300 米，北堤 6500 米（两堤全部为土堤），仓山防洪堤 3523 米。另有镇村修建的小型土堤 4500 米。是年 11 月，闽江下游防洪堤二期加固工程开工建设，1994 年 10 月竣工。该工程等级为中型三等，总投资 3481.5 万元。工程包括闽侯县荆溪和境内建新南、北防洪堤，盖山南、北防洪堤计 5 个堤段，总长 39.45 公里，新建水闸 2 座、涵闸 30 座。5 个堤段防洪标准由 24 年一遇提高到 100 年一遇。同年 10 月，闽江下游防洪堤三期加固扩建工程动工，工程等级为三等，总投资 1.29 亿元，工程包括仓山镇、螺洲镇、城门镇防洪堤。仓山镇堤段长 3523 米，螺洲、城门堤段长 7537 米，螺洲镇部分堤段，下渡街道、临江街道堤段为新建堤；新建水闸涵洞 10 座。仓山镇堤段防洪标准为 100 年一遇，螺洲、城门堤段防洪标准为50年一遇。

1996年起，仓山区每年冬都采取群众投资投劳的方式对堤坝、水闸进行加固、维修。1998年“6.23”洪灾致多处堤坝损毁，到1999年5月共修复建新镇建华洲、城门镇下洋洲、盖山镇五大队洲、盖山镇、城门镇千亩小围堤5处决口，加固加高建新镇冠洲堤、盖山镇义序堤及其他小围堤共9处5公里，修复温墩、绍岐、梁厝、潘墩、下洋水闸5座。

2000年10月，南港橘园洲防洪堤动工，2001年12月竣工。该工程在建新南堤的基础上将建新南堤外移1公里左右，增加土地约1万亩。工程等级为二等，工程总投资1.68亿元。工程位于闽江下游南港左岸沙洲，全长8.98公里，防洪标准为100年一遇。

2002年，仓山区境内防洪堤总长71.9公里，其中主要防洪堤有市管堤42.5公里（ 建新南北堤15.8公里，盖山南北堤10.7公里，仓山防洪堤3.5公里，新建华洲防洪堤3.5公里，橘园洲防洪堤9.0公里）区管防洪堤14.3公里（城门南北堤8.2公里，新浚边防洪堤1.1公里，螺洲防洪堤5.0公里）；市、区管堤防56.8公里中，砂质土堤和砂堤长49.1公里，砼堤长7.6公里；镇、村管堤主要为千亩片以上堤防3处，长15.1公里（下洋6.4公里，义序洲6.7公里，冠洲2公里）。部分是群众在学大寨运动中自行兴建的小围堤、小洲堤。全部防洪堤中达到旧部颁100年一遇防洪标准的长37.8公里（建新南北堤15.8公里，桔园洲防洪堤9.0公里，新建华洲堤3.5公里，盖山南堤6公里，仓山堤3.5公里）；达到50年一遇防洪标准的长5.9公里（城门北堤、浚边堤为2.5公里，螺洲砼堤3.4公里）；达不到50年一遇标准的有螺洲砂堤1.6公里、城门北堤6.0公里、盖山北堤江边至秀宅2公里以及千亩片堤防15.1公里，共计24.7公里。

2005年9月北港南岸建新防洪堤二期工程竣工，工程等级为二等，总投资5627万元，全长6.96公里，防洪标准为100年一遇，工程位于建新镇，东起三县洲大桥下游的龙潭路，西至洪山桥下，新建2座排涝站。工程除新开发滩地外，对南台岛防洪排涝起到重要作用。2005年末，仓山区境内防洪堤总长89.58公里，其中100年一遇37.88公里，50年一遇6.6公里，20年一遇45.1公里。

2005年仓山区防洪堤情况表

表6-5-1　　　　　　　　　　　　　　　　　　　　　　　　**单位：公里**

堤名称段	防洪堤	总长	起止	附注
准安头	100年一遇		5.2	
桔园洲	100年一遇	9		路堤结合段4.5km
建新北堤	100年一遇	7.5	洪山桥—上渡	路堤结合段5km
盖山南堤	100年一遇	6.03	先锋—秀宅	
盖山北堤	100年一遇	4.67	阳岐—敖山	
仓山堤	100年一遇	3.3	解放大桥—江边	路堤结合在建
城门北堤	100年一遇	2.18	潘墩—绍岐	
城门南堤	50年一遇	2.3	龙江—峡北	
螺洲堤	50年一遇	4.3	岐后—龙江	
义序洲	20年一遇及以下	5.5		
下洋堤	20年一遇及以下	8.7	壁头—青富	
樟岚堤	20年一遇及以下	2	上董—彭岐	
冠洲堤	20年一遇及以下	2		
其他	20年一遇及以下	26.9		
合计		89.58		

二、排水工程

电灌站 1990 年，电灌站有 200 多座，灌溉面积 3 万亩。较大的有洪塘电灌站，位于建新洪塘渡口，装机容量 60 千瓦，配备 30 千瓦 JOB 电动机 2 台，带动 2 台抽水机，扬程 8.1 米，灌溉面积 3623 亩。1991 年后，随着农村土地被征用，灌区缩小。1998 年，全区有电灌站 160 座，机械 704 台，装机容量 7362 千瓦，灌溉面积 2.63 万亩。2000 年，福州市城市化建设速度加快，境内农田面积急剧减少，到 2005 年，境内仅有 83 处电灌站，装机容量 1149 千瓦，灌溉面积 1.48 万亩，其中建新镇洪塘电灌站装机容量 60 千瓦，其余多为仅 1 台水泵的小型电灌站。

排涝站和排涝水闸 1990 年，有排涝站 14 座，其中单机容量在 100 千瓦以上的有先锋、翁排、洋洽、劳光、阵坂 5 座，其余均为小型排涝站，还有排涝水闸 37 座。1998 年“6.23”洪灾以后，加强防洪排涝设施建设，对年久失修的先锋、翁排等排涝站进行清淤、维修。对洪灾中受损的水闸进行灌浆防渗漏、更换闸门、护坡修砌等加固除险、改扩建，新建菖蒲、胜利、龙江、天福、岐后等 5 座排涝水闸。2000 年，全区有机电排涝站 14 处，机械 32 台、1827 千瓦，机电排涝面积 0.99 万亩，其中主要排涝站 5 处，机械 14 台，装机容量 1178 千瓦。排涝水闸 39 座，其中南港北岸 15 座，北港南岸 24 座。至 2005 年，仓山区境内共有排涝站 14 座，总装机容量 3100 千瓦，排涝水闸 42 座。

三、饮水工程

1990 年，仓山、盖山、建新 3 个乡镇由福州自来水公司所属西区（供应建新镇）、南区（供应盖山镇和仓山镇）、义序（供应义序机场及周边地区）3 个自来水厂供给饮用水。螺洲镇由螺洲自来水厂供水，日供水 4000 吨，全镇 1 万余人受益；城门镇林浦、下洋、浚边等村建有自来水厂，洋下、下洲、青富等村建有自来水站，受益近万人。农村供水受益 12.2 万人，占农村人口的 70.2%。

1992 年，市自来水公司建成城门自来水厂，城门镇大多数村由该厂供水。境内农村供水受益人口占总人口的 85%。此后，采取集中供水延伸模式，由村委会对供水进行管理，逐步扩大供水范围，到 2000 年，境内 90% 以上农村人口由市自来水公司供水。

2004 年，福建省实施“千万农民饮水工程”建设，当年，仓山区完成 2 个村的供水工程。2005 年，全区 95.8% 农村人口由市自来水公司供水，农村供水规模达到 25080 吨 / 日，供水受益人口 16.89 万人。

第二节 防汛抗旱

1990 年，开展闽江下游防洪堤二、三期加固扩建工程、南港橘园洲防洪堤工程、北港南岸建新防洪堤二期工程建设，境内防洪能力有很大加强，但一些镇、村堤防防御能力仍较低，是年 8 月 12 号、18 号台风相继来袭，城门防洪堤多处险情，驻地官兵和当地群众共同抢险，未造成重大损失。1992 年 7 月 7 日，闽江特大洪水袭击，城门、盖山 10 余处低标准堤坝损坏，因及时组织抢险，未造成大灾。

1996 年，采取加高、加固防洪堤，修复水毁水利工程，维护排涝水闸（灌浆防渗漏，更换闸门，护坡修砌等），疏浚整治内河等措施，提高防洪能力。同时，根据各级气象、水文等部门的预报，及时掌握雨情和闽江水情，在洪水、台风、暴雨到来之时，区领导分赴重点区域，组织护堤、抢险，加固堤防，动员军警民投入抢险救灾。

1998 年 6 月 23 日，闽江发生百年一遇特大洪水，由于境内防洪工程体系尚未完全建成，仓山防洪堤、螺洲防洪堤等在建工程尚未完工，造成螺洲镇、下渡街道、临江街道、上渡街道等部分地区受淹，建新镇建华洲，城门镇下洋洲，盖山镇五大队洲，盖山镇、城门镇千亩小围堤多处堤坝决口。区委、区政府及时组织干部、民兵和驻地解放军 4515 人投入抗洪救灾。灾后，区委、区政府加快“四大工程”（仓山防洪堤临江下渡段、螺洲防洪堤、下洋千亩堤防加固、闽江北港南岸上渡防洪堤）建设步伐，扩大设防面积，重点抓低标准堤坝特别是千亩和千亩以下的小型堤防的维修加高加固，采取群众投资投劳方式抢修堤坝，到 1999 年 5 月，5 个决口全部修复，共完成 7.8 万土方；修复水毁倒塌的潘墩水闸闸台，加固加高温墩、绍岐、梁厝、潘墩、下洋 5 座水闸和 9 处 5 公里防洪堤。

2000 年，区防汛抗旱指挥部重新修订防洪、防台风、抗旱 3 个工作预案，编制防汛通讯录和防汛指挥部成员工作职责等，完成新防汛手册的修订整编工作，并与市水利局配合，完成螺洲水位站警戒、危险水位的重新核定工作。6 月 12 日，解放大桥上水位 7.3 米（超新警戒水位 1.0 米 ），解放大桥下水位 6.9 米（超新警戒 0.9 米），螺洲水位 6.3 米（超警戒 1.0 米），由于部署及时、防御得当、洪峰安全过境，除局部内涝外，未造成重大损失。同年，区防汛中心完成大楼内的电脑联网、卫星云图、多媒体电视等防汛办公用具投入使用，配备救生艇 2 艘、玻璃钢冲锋舟 1 艘，以及救生衣、抢险照明灯、头盔等救生抢险器材。是年，仓山区获评全省 8 个防汛基础设施重点示范县（区）之一。

2001 年，区防汛抗旱指挥部组织抢险队伍 14 支（其中区直机关 1 支、镇 5 支、街道 7 支和民兵预备队 1 支）共 6000 余人随时待命。是年，第 2 号（ 飞燕 ）台风来袭，全区 12 个镇、街不同程度受灾，受灾人口 25 万人，损坏房屋 1 万余间，面积 5 万平方米，倒塌房屋及厂房 25 间，500 平方米，紧急转移人口 4.5 万人。建新镇红江、湾边翻船 10 只（无人员死亡）。农作物受灾面积 1270 公顷（主要为果蔬、花卉），工矿企业停产 35 个，其中乡镇企业 24 个。全区经济损失达 1200 万元。

2003 年夏季，境内遭遇历史罕见的大旱，区防汛办根据市防汛抗旱指挥部的部署，采取利用闽江一天两次潮水关闸蓄水，确保农业用水；发动群众对河道、间渠道进行清淤，保证输水畅通；紧急购置 15 台套抽水机，解决重点旱片的抽水抗旱等措施，取得抗旱胜利。

2005 年，境内连续遭受“6.17”闽江大洪水、“7.21”暴雨、23 号台风（泰利）、15 号台风（海棠）、19 号台风（龙王）袭击。6 月 17 日，水口水库入库最大洪峰 3.23 万立方米 / 秒，为 1934 年有记录以来第二大洪水，义序洲、冠洲、下洋、青富及螺洲等防洪堤频频告急，区各级防洪指挥部紧急部署，组织抢险队伍奋力抢险，做到不决一堤，不跨一坝，安全渡汛。10 月 1 日，19 号龙王台风（龙王）导致市区一小时降雨量 118 毫米，3 小时降雨量 276 毫米，频率均超百年一遇，六一南路、上三路、福厦路等部分主干道进水，大多数镇街发生不同程度的内涝，蔬菜基地内涝较重。全区倒塌房屋 21 间，农作物受灾 870 公顷，绝收面积 200 公顷，受灾人口 10.4 万人，损坏输电线路 58 公里，损坏堤防 2 处 280 米、水闸 3 座，总经济损失 3500 万元。同时义序军事机场也受到严重威胁。区镇领导迅速组织抢险救灾力量，妥善转移低洼地带，危房居民，做到渔船进港不漏一艘，人员转移不留一人。全区共转移低洼地带、危房、工棚的人员近 1300 人，65 艘船只全部回港避风，做到“不死人，少损失”。灾后，区政府即部署灾后防疫免疫工作，区爱卫、卫生部门及各镇街紧急行动，妥善安置受灾群众，确保灾民有饭吃、有水喝、有衣穿、有房住。

第三节 水利管理

1990 年，水利设施实行分级管理。建新、仓山、盖山等地的防洪堤、排涝站、水闸分别由福州市水利局闽江下游管理处下属建新、仓山、盖山防洪堤管理所管理。城门、螺洲两地的防洪堤、排涝站、水闸分别由原福州郊区农林水局所属城门乡、螺洲镇防洪堤管理所管理。镇、村自建的防洪堤、水闸，由所在村自行管理。管理范围包括防洪堤、水闸、排涝站的运行、维护、维修和日常巡查以及洪水期间抢险渡汛的安全。

1996 年，仓山区对堤防管理实行“四禁止”（即禁止在堤上、堤脚违章搭盖；禁止在堤旁放牧；禁止在堤脚种植树木和栽种瓜果；禁止在堤上堆放石料等各种杂物）；“四不准”（即不准在堤脚挖坑取土；不准私自开关闸门；不准耕牛通过堤防往返田间；不准在堤上行驶硬轮车辆）；“三包”（即由所在村包管理、包整修、包养护）以保证堤身的巩固和安全。区水利部门制定适应管理制度，加强水闸养护修理，随时掌握工程状态，消除工程缺陷。

1999月2日，区政府出台《关于加强防洪排涝设施管理方案》，确定重点堤防堤脚外延5米为管理范围，堤脚外延50米为保护范围。在规定范围内的建筑活动都必须先报区水电局审批后，再报其他部门审批。至2003年，制止螺洲防洪堤、城门防洪堤占堤违章建筑13处。

2003年8月，福州市水利局将闽江下游南港（准安头至马尾南北港交汇处）河沙开采审批权下放仓山区。是年，区委、区政府成立采矿权招标、拍卖、挂牌出让工作领导小组，面向社会公开竞标（拍卖）年度河道砂石开采权，并于2004年顺利拍出。为防止河道采砂中标业主超范围采砂，破坏闽江下游南港防洪工程安全，区制定《闽江下游南港河道采砂规划》，将洪塘到闽江下游南北港交汇处划定为禁采区、限采区、可采区3个区；配合市水政执法支队人员租船下江检查采砂船，取缔、制止无证采砂和非法采砂；每周组织人员在岸上巡查2-3次，对超范围有证采砂船提出警告，以确保南港采砂有序进行。至2005年累计执法32次，发现中标业主私自增加采砂船数量3起，对中标业主私自增加采砂船数量，按开采合同约定予以扣除部分保证金的处罚。全年制止无证喷砂和侵占河道、堤防设施，违章搭盖等违法行为10起。

第六章 管理

第一节 机构

1990年，今区划内农村5个乡镇归福州郊区管辖，仓山区不设农业管理机构。1996年，城门、仓山、盖山、建新、螺洲5个乡镇从原郊区划归仓山。仓山区于1996年4月成立中共仓山区委农村工作小组负责管理农村工作。

1997年1月，仓山区政府成立农业局、林业局、水利电力局。农业局内设有办公室、畜牧科、水产科、农机管理科；林业局设有林业站和城门、盖山、建新、螺洲、仓山5个镇林业站；水利电力局内设有办公室、水利电力科。

2002年6月，机构改革，撤销农业局、林业局、水利电力局，成立仓山区农林水局。内设办公室、农业科（设农业股、畜牧股、水产股、经管站、减负办）、水利科（设水利股、防汛办、水土办）、林业科（设林业股、防火办）、农林水综合执法大队，至2005年不变。

第二节 农业执法

1990～1995年，境内农业执法由原郊区农业局配合工商局进行，主要打击假冒伪劣种子、农药、化肥坑农害农等不法行为。1996～2001年，区农业局配合执法局、工商局对农资市场进行执法检查，打击假冒伪劣种子、农药、化肥坑农害农的不法行为，检查范围遍及5个乡镇。至2001年共检查6个农资经营点，15种农资产品，封存过期农药80包，对有问题的经营点给予面对面说服教育，限期整改。

2002年，围绕开展治理“餐桌污染”工作，在全区范围内推广高效、优质、耐病的农作物、畜禽、水产品种，优化生化栽培、养殖模式，开展剧毒杀鼠剂和高毒农药治理，专项治理的重点产品为国家明令禁业使用的六六六、敌敌畏、毒杀芬、狄氏剂、汞制剂、砷、铅类、敌枯双、氟乙酸胺、甘氟、毒鼠强、氟乙酰钠、毒鼠硅等高毒农药。治理对象为农资销售相对集中的城区批发部、农村集贸市场、生产加工窝点、墟场；重点区域为农药生产企业、生产加工窝点、农药集散地。当年，全区对农资经营场所进行18次检查，发现3处经营点在未办理“鼠药经营许可证”的情况下继续销售鼠药，给予暂扣鼠药处理，共暂扣鼠药

80多包。

2003～2004年，共举办“科学使用农药”“高产优质畜禽品种养殖”等培训班13期，参培人数达600人。开展打击私宰生猪行动，对进出境的畜禽及其产品实行“准调证”和场地检疫制度，共检测生猪6万头，家禽11万头，开出“准调证”近百份。其间，区农林水执法大队组织农业执法人员深入农资经营场所对5个镇农贸市场进行30次突击检查，共检出私宰肉1400公斤。端掉建新镇一个私宰病死猪肉窝点，移送公安部门立案处理。

2005年，继续深入辖区内各农资经营场所检查剧毒、高毒农药、瘦肉精及超量使用抗生素等违法行为。共出动38次，1200人次，检出私宰肉1.2万公斤、没收伪劣农药200包、兽药250盒、封存过期化肥30包。对农资销售点未执行最高限价的，当场责令整改。减轻农民负担和挽回经济损失达80万元。同时对15户大型畜牧场进行“瘦肉精”检测，全部取得合格证，开出畜禽及其产品“准调证”61份。

第七篇 贸易

第七篇 贸 易

第一章 国内贸易

1990年，全区有个体商户927家，从业人员1260人，年社会消费品零售总额1256万元。是年开始，区委、区政府把振兴仓山商贸业摆上政府工作的重要议事日程，引进资金投入重点商贸项目建设，至1994年，全区商户增至2684家。其中批发商业267家，零售商业2317家。集贸市场也从单一的小商品零售，发展到批发集市等多行业、多门类。当年实现社会消费品零售总额9783万元。

1996年，仓山区抓住行政区划拓展到整个南台岛的机遇，调整商贸工作布局，把发展大商贸纳入商贸发展规划，开辟三叉街和南大门周边两个商贸中心带，辐射四周开发，形成社区配套群体。至2000年，商贸业从方便市民生活的“小商贸、小服务”向现代装璜业、保健美容业、婚纱摄影业、高尚餐饮娱乐业、信息咨询业、社会服务业等服务交易产业延伸。当年完成社会消费品零售总额16.22亿元，集市贸易成交额达4.99亿元。

2000年后，伴随着南台岛大开发、大建设，在金山新区板块，整合金山榕城广场周边商贸资源，发展集会展经济、酒店餐饮、大型购物、休闲娱乐、旅游为一体的现代商贸服务业。在东部新城板块，结合海峡国际会展中心、火车南站等省市重点项目开发建设，精心打造和培育交通物流、商务酒店、旅游会展等新型商贸业态。至2005年，仓山区以国谊、融侨水乡、博斯尼亚等为代表的星级酒店与仓山步行街、首山学生街、三高路—三叉街—六一南路商业街区构成的点线商贸格局已粗具规模，并形成一定的带动和辐射作用。麦德龙福州商场、永辉、兴福兴、好日子连锁（量贩）超市、国美、苏宁电器商店、拓福、东方家园家居建材广场等成为全区消费品市场亮点。福峡路、福厦路沿线基本形成在全市有较大影响的汽车销售走廊，汽车销售业成为仓山区商贸支柱行业。当年全区完成社会消费品零售总额59亿元，其中批发零售业完成54.71亿元。

第一节 商贸经营体制改革

1990年，仓山区商品市场日趋繁荣，个体私营商业在经历改革开放初期恢复阶段后，开始进入持续、稳定、健康发展阶段，个体私营、股份制商业逐步成为商品流通的主体。当年区集体商业企业实行兼并重组，组建饮食总店、服务总店、副食品百货总店。同时在企业中实行公开招标，企业经营实行全员风险抵押承包，核定基数，确保上缴。经营与分配基本实行自主，职工合理流动，下岗分流，离岗租赁，择优上岗。

1994年，区属集体商业企业实行劳动工资包干制，把工资形式和奖金定级下放给企业。基层商店成为自负盈亏、自主经营的经济实体。区属各商业总店、站调整人员自办或并入其他经济实体，职能由单纯行政管理向经营管理转变。区、街、居、基层商店均实行各种形式的租赁经营，2家商业企业实行股份制，2家倒闭企业实行拍卖。区商业局机关分离行业行政管理职能，分流人员创建仓山区商业总公司。至1997年，106家区属小型商店均实行风险抵押、租赁经营。光华药店、桃花山药店实行股份合作制，仓山菜馆实行

“抽回资本、分流职工、对外租赁”改革，6家亏损商店实行转向经营。同时结合旧城改造和新区建设，努力拓展全区商贸网络，推广连锁经营、代理制经营等现代流通方式，区商业局与华榕公司联办便民超市，进行规范化连锁经营尝试。采取集体、个体、外资等多种经营形式一齐上的方式，多渠道发展区街商业，为商品市场开辟新的发展途径。

2000年后，各项经营体制改革向市场经济转型，个体私营商业不断发展，区属集体商业日趋萎缩。仓山区抓住旧城改造的契机，调整、整合辖区商业网点，推出招商，盘活资产存量，充分利用地理位置较好的连片商业网优势，向外延伸窗口，通过多渠道、多层次、多形式的外引内联、以资本或经营分工的形式，实行强强联合，组建商贸企业集团或联合体，建立大跨度经销网络。实行连锁经营，把商品市场和商业网点建设纳入仓山区社会发展，把“商贸兴区”作为重要战略和总体规划，吸引国内外贸易企业到辖区投资兴办商业。

2005年，推进新型“商贸旺区”策略以促进商贸旺镇和福厦路沿线商贸批发走廊及其他各具特色商贸繁荣带开发建设，采取鼓励合建、企业自建等办法筹资建市场，发动各种经济成份投资市场建设。实行“谁投资谁受益”的办法，不断开拓招商引资渠道，引进项目、整合商业网点，形成多种经济成份、多种流通渠道、多种经营方式共同发展的商贸体制。

第二节　网点布局

1990年，仓山区商业网点多分布在主干道上，由龙潭角至鹭岭沿线有40多间小百货、日用杂货、烟酒、服装、家用电器、小吃等商店以及街道办的百货经营部、百货门市部。施埔路一带为以学生消费为主的商业区，主要经营适合学生消费的服装、鞋类、箱包、日用品、小饮食店、理发店以及录像厅、卡拉OK厅、舞厅等各类商店及商业娱乐场所40多家。梅坞路街面经过改造后，成为仓山区主要商业街区。当年全区共有商业网点1087家，其中集体商业160家，个体商户927家，社会消费品零售总额8060万元。

1993年，重点发展“两线、两圈、三个商贸中心、三个批发市场”，即以闽江南岸和六一南路沿线为主轴，建立六一南环岛、中藤路口和三叉街大型商贸中心，培育家禽、生产资料和日用品类批发市场，带动六一南路、观海路、上藤路、中藤路和观海路、工农路、下藤路构成的“两圈”的成片繁荣。至1994年，商业结构调整初见成效，全区商业由以小型饮服业、副食品、百货零售为主体发展到具有中小型规模饮服业、商业批发零售、文化娱乐业。当年，全区有商业网点2684家，其中批发商业267家，零售商业1685家，实现商业产值9783万元。集贸市场也从单一的小商品零售，发展到小商品、家禽、装璜、生产资料、批发集市等多行业、多门类发展。

1996年，仓山区依托境内商业发展总公司及仓山采购站、百货采购站、麦达公司等批发企业，背靠厂商，面向市场，建立国内东南沿海一带“名、特、优”日用工业品、针纺织品、食品跨区域经销网络，逐步拓展东北、华东、西南一带及东南亚经济圈经销网络，形成大跨度经营，实现规模效益。同时结合旧城区改造，改造老网点，开发新网点，加大招商引资力度，吸引多方投资兴业，促进全区商贸基地形成。当年全区共有批发零售业、餐饮业网点5000个，从业人员1.8万人，社会消费品零售总额6.79亿元，利润4907万元。

1998年，重点促进麦德龙超市、华夏汽车贸易中心、建筑装饰材料市场、化工原料市场、林产品交易市场、科技信息市场、民俗用品市场、花卉交易市场、茶叶批发市场、太平巷农贸市场“十大市场”建设。发展盖山德亚渔村、城门龙江渔村、三高路餐饮娱乐一条街、施埔路风味小吃一条街、湾边河鲜一条街“五大餐饮业集市”；促进城门旅游城、螺洲旅游城、福建特产城、南台购物城涉商“四大城”建设；培植聚龙明珠、汇达花园、昌龙大厦、烟山大厦、旺江大厦“五大厦”入驻商店，形成新一批名铺旺店。至2000年，相继开业的有国家级上渡林产品市场、跨国公司麦德龙仓储超市、全省最大的汽贸城、全省最大的化工产品市场、拓福建材仓储超市、建新花卉市场。当年，新推出的旧车交易市场、纺织品原料市场、图书批发市场、汽配市场也分别进入筹建、签约、洽谈阶段。这些各类专业市场从业态、布局、功能、规模上均形成有别于福州市其他区的不同特色。

2002～2005年，结合下藤旧屋区改造，建设仓山商贸步行街；结合汽车走廊项目，建设迎宾路汽车配套及商贸一条街；结合首山片旧屋区改造，建设学生休闲购物一条街；结合三高路整治，建设休闲美食一条街；结合金山新区建设，开发生活区商业步行街。同时以商贸5条街建设为契机，继续开发太平洋城、中洲旅游购物岛、聚龙明珠、汇达广场、上渡、菖蒲等10个地段高档次、多功能的商贸网点，连点成线形成各具特色的商贸繁荣带。

至2005年底，全区有商业网点6948家，其中限额以上批发零售贸易业、住宿餐饮业46家，星级住宿业和限额以上餐饮业5家，限额以上批发、零售业商品购销总额61.86亿元。全区共引进商贸新项目16项，总投资额7.2亿元，其中汽车4项，物流1项，酒店2项，超市5项，批发市场2项。列入全区商贸重点项目有42项，其中在当年"9·8"贸洽会期间引进的商贸重点项目有兴福兴城南超市、水岸绿洲（螺洲）渡假村（酒店）、永辉滨江丽景店、好百年仓山大型家俱店、好又多仓山店、沃尔沃汽车4S店、宝马汽车4S店，总投资额4.61亿元。

附：福州林产品综合装饰材料交易市场

福州林产品市场是福州市政府重点扶持项目之一，由福建大世界集团与福州市林业局联合组建。市场地处闽江下游三县洲大桥旁，东接闽江四桥，西临闽江五桥，南连324国道，北依闽江畔，交通便利。市场以类别齐全的木地板、板材、木门等林产品为主导，兼营家装陶瓷、整体橱柜、石材、油漆、五金等装饰材料。市场一期占地50亩，建筑面积2万平方米，于1999年10月竣工并全部招商完毕。二期工程占地250亩，建筑面积5万平方米，于2000年11月12日基本建成投入使用。市场面向全国招商，其业务立足福州，辐射华东地区直至全国，系集林产品及其他装饰、装修配套材料储存、贸易于一体的华东最大的林木交易市场。2005年，市场占地面积495亩，建筑面积8.8万平方米，其中店面800多间6.3万平方米，仓库2.5万平方米，办公、生活综合服务建筑面积1万平方米，林木销售总额达2亿元。

第三节 菜篮子工程

1990年初，全区有12个集贸（菜篮子）市场由区工商局直管，其中，太平巷农贸市场是全区最大的集贸市场。是年，区工商局投入市场建设资金1137万元，建成粗具规模的小商品、家禽、蛋品批发4个专业市场。至年底，全区共有集贸市场16个，全年集市商品成交额5550.48万元，成交量1.75万吨，其中蔬菜类2567吨。集市价格总水平为98.56%。至1992年，3年间全区共投入菜篮子市场建设资金805万元，集贸市场从16个发展到22个，成交额达9099万元，成交量达2268吨，分别比1990年增长63.95%、26.96%。

1996年，区划调整后，仓山区由单纯的城区变为城乡结合型的行政区，农村工作份量加重。服务市场、保障供应成为"菜篮子工程"主要内容。仓山区在巩固近1.2万亩常年菜基地（其中短叶类菜基地占全市50%）的基础上，投入大量资金改善生产条件，推广大拱棚、微喷灌等生产设备，提高蔬菜产量和质量。全年完成蔬菜年复播6.93万亩，新改菜地250亩，长期菜改短期菜300亩，设施栽培445亩，年产12.04万吨，上市量9.93万吨，基本做到上市量足、品种多、价格稳。

1997年，为确保提供占城市总供应量近一半的叶类蔬菜产量，贯彻"建基地、抓生产、保供应、上水平"方针，全面落实区长、镇长、村长"三长"负责制，大力加强"菜篮子工程"完善配套建设。先后投入资金60多万元，完成改造菜地300亩，新改菜地290亩，使常年菜地面积稳定在1.1万亩以上。同时努力打好"春淡、六月缺、秋淡、九月乌"和"两节"蔬菜生产与供应五大战役，连续4次战胜冰雹、台风、洪涝等自然灾害，确保蔬菜生产供应，做到面积稳、数量足、品质优。全年共播种各类蔬菜65346亩，上市量达 12.08 万吨，基本达到“淡季不淡、旺季不烂、总量增长、收入增加”的总体要求。在此基础上，全面开展“净菜”上市工作，严禁使用剧毒、有污染农药。

1998 年，重点抓引进新品种、开发新肥料为中心的“科技兴菜”项目，适时引进意大利生菜，早、中、晚熟芥兰苔，春种大白菜，菜心以及蛇瓜等蔬菜品种。大力推广使用无公害生产的有机肥料。发挥建新、后坂、中亭、北园蔬菜科研场的作用，冬春季节培育“名、优、特、新”蔬菜壮苗 1200 万株。

2000 年，根据福州市“东菜西移”的布局调整和仓山区城市化的发展趋势，有计划地将蔬菜基地逐步调整到水质洁净、土壤肥沃的盖山义序、吴山、六凤，建新湾边、冠洲，城门潘墩，螺洲天福一带，逐步实现基地适度集中、集约经营，以适应蔬菜产业化发展。当年根据布局调整需要，在竹榄洲、台屿、透浦、五兰一带新改菜地 1500 亩，通过省、市论证，在浦口洲开发无公害基地 2300 亩。同时加大仓山蔬菜技术推广站、服务站、北园蔬菜科技场、屿宅蔬菜科技场、中亭蔬菜科研场、义序蔬菜中试基地、城门青春保健菜种苗基地的建设，适时包装推出“建新韭黄”“义序菠菜”“台屿丝瓜”等“名菜”；引进五指山野菜、叶用甘薯、紫背天葵、板栗南瓜、香椿等“特菜”；实施无土栽培，培植出意大利生菜、青春保健菜等绿色蔬菜，丰富蔬菜品种，满足不同层次消费需求。同时协调有关部门，畅通运菜渠道。各镇、村、专业户探索成立“产、供、销”联合体，扩大销售渠道，促进蔬菜产销衔接。当年蔬菜产销率达 83% 以上，短期叶类菜的供应量占全市市场的 40% 以上。同年还陆续引进、试种、推广大白菜、青花菜、包菜等 30 个新品种的常规蔬菜和超甜玉米、龙角豆、芦荟等 35 种“新、奇、特”保健食用蔬菜。

2002 年，结合洲地开发，逐步建立竹榄洲、冠洲、六凤洲无公害蔬菜生产基地 3000 亩，适度发展设施栽培，全面实施“无公害蔬菜生产技术规范”，确保净菜上市。同时以市场为导向，培育品牌蔬菜，开展与大型超市对接工作，全区蔬菜大量进入麦德龙、永辉、好又多等大型超市和绿升港头、好日子等农贸超市。当年全区蔬菜产量 13.48 万吨。

2005 年，加强蔬菜农药执法检查、蔬菜农残检测，实施蔬菜市场准入制，确保蔬菜质量安全。全年抽检上市蔬菜 9 批次，抽检品种 68 个，检测农药残留超标品种 6 个，检测率 10.34%。各超市、市场、蔬菜基地自行检测 250 批次，检测品种累计 6810 个，检测农药残留超标品种 29 个，检测超标率 0.43%，销毁农药残留量超标蔬菜 1711 公斤。至年末，全区蔬菜播种面积 6.32 万亩（城门镇播种 1.31 万亩，盖山镇 3.83 万亩，仓山镇 5360 亩，建新镇 3350 亩，螺洲镇 880 亩，金山街道 1010 亩，红星农场 1220 亩）。蔬菜生产基地短期叶类菜基地面积 6760 亩。分为七大片区，其中下湖首山片 1162 亩，高湖、屿宅片 600 亩，城门、螺洲片 656 亩，义序片 1850 亩，林浦洲片 564 亩，台屿、黎升片 1538 亩，冠洲片 290 亩。当年在遭受 3 次强台风的影响下，仍实现蔬菜总产量 6.88 万吨，总上市量 5.88 万吨。

第四节　汽车交易走廊建设

2000 年仓山区在福厦路仓山段，北起闽江大桥、鳌峰大桥，南至乌龙江大桥路段筹建福州汽车专业交易市场走廊，全线长约 13 公里。至 2001 年有福建省汽车销售公司、福建天达投资有限公司、福建中升汽车销售有限公司、福建友福贸易公司、福州闽丰投资有限公司等多家实力雄厚的公司企业相继投资入驻。

2002 年，经福州市委、市政府批准，汽车交易走廊面积为 2000 亩，其中可利用单体地块达 100 亩以上，进深拓展 200 米，白湖亭以北和迎宾路主要突出培育经济型轿车、汽车维修、配件、装饰、美容，提供购车按揭贷款及其他汽车相关服务项目市场；白湖亭以南和高速路连接线主要突出培育以品牌车专卖和综合性汽车专业市场。迎宾路沿线 596.65 亩为汽车维修、配件、装饰、美容等配套服务一条街，以供招商的地块。汽车交易走廊建设正式启动时，汽车交易市场已有大中型专业市场 29 家（包括已开业和在建在谈项目），分布在福厦线仓山段主营汽车的商家有 26 家。当年开业和在建的有华厦汽贸城、旧车交易市场、丰田专卖场、吉诺汽车企业、亚太汽车城等 16 家。即将动建或在谈的有奔驰、宝马、奥迪、日本五十铃、广州本田、昌河、吉利、宇通等品牌车专卖项目。还有福州驾训中心和汽车维修、配件、美容等服务项目16个及中石化、中石油等10家加油站。仅福厦段沿线与汽贸相关的项目总占地面积突破1000亩，企业年销售额近20亿元，约占全省汽车销售额的15%，其中桑塔纳车有25%的销售是从福厦路沿线汽车集市配销。

2003～2004年，福厦路沿线含迎宾路共整合出地块35幅，近600亩，引进汽车城、4S专卖店、经销店共42家，其中开业30家，在建2家，筹建10家，总投资达6.925亿人民币、800万美元。当年又有5家汽车项目开业或即将开业。全年汽车销售业实现销售额30亿元，其中零售额17亿元，占全区社会商品零售总额的38%，拉动全区零售增长的12%。

2005年，福厦路仓山段沿线汽车销售走廊，有华夏汽车城、宾联、中升、中宝、丰田、宝马等限额以上品牌汽车销售企业26家，实现销售额31亿元，汽车销售业已成为仓山区商贸支柱行业。

附：福州海峡旧机动车交易市场

旧机动车交易市场位于福州汽车交易市场走廊内，2001年福州小商品批发公司所属旧车交易市场按市政府部署迁入，当年12月建成投入运行。一期工程占地面积2万平方米，有室内交易大厅、展示大厅1000平方米和两座设施齐全的经纪人交易厅各1000平方米，停车场6000平方米。二期工程设立汽车修理厂和大型旧车信息电子屏幕墙。市场集聚具有从事旧车业的各类专业人才，其中国家级旧车鉴定评估师9名。市场拥有一套规范的交易程序和管理制度，为客户提供信息、咨询、评估、过户、收购、销售、代购、代销、寄售、租赁、拍卖、拓模、检测、维修、汽车美容，以及委托代理上牌、保险等一条龙服务。至2003年，过户交易额约14.9亿元。2004年，交易二手车2.39万辆，交易额6.91亿元。2005年交易旧机动车2.34万辆，其中汽车1.47万辆，成交金额6.98亿元；摩托车8769辆，成交金额2616万元。

第五节 机构

1990年，仓山区设有商业局。内设人秘股、管理股、财务股、业务股，工作人员共11人，其中行政编制4人。

1997年1月，撤销仓山区商业局，成立仓山区财政贸易办公室。内设综合科、商贸科、蔬菜科，工作人员共15人，其中行政编制6人。

2002年，撤销仓山区财政贸易办公室，成立仓山区贸易发展局。内设商贸发展科、市场管理科、蔬菜办，工作人员共16人，其中行政编制4人。至2005年不变。

第二章 对外贸易与经济技术合作

1990年，按照市带县（区）外经贸行政管理体制，仓山区招商引资立项均需经市外经贸委审批。是年，仓山区实施“加快发展外向型经济战略”，发展外商、台港澳商投资企业，经市外经贸委审批，设立“三资”企业14家，利用外来资金272万美元，当年“三资”企业商品出口总值达247万美元，比上年增长55.23%。1992年，市政府将“三资”企业审批权下放到县（区），仓山区简化审批手续，允许外商带资金、带技术、带设备、带原料、带市场和项目自定、地址自择、员工自聘、管理自主的措施，促进“三资”企业的快速发展。1993年，全区新批合同金额、实际到资和出口总值分别为2.57亿美元、2.38亿美元和925万美元，均创历年新高。1996年，仓山区行政区域扩大，当年出口交货额居全市五区八县（市）第四位。1998～1999年，受金融危机影响，招商引资难度较大，仓山区积极开拓招商渠道，招商引资有新的突破。2005 年，仓山区实现从“引资”到“选资”转变，引进一批外资与内资大项目。是年，全区共有“三资”企业 206 家，出口交货总值达 6.77 亿美元。

第一节　出口贸易

1990 年，仓山区主要出口商品有 14 种，其中有螺丝刀 128.80 万套、旋具 2.40 万套、汽车闪光灯 0.30 万只、自行车挂篮 39.52 万支、中草药 24.77 万吨、运动鞋 39.29 万双、日用电器配套件 43.18 万只、玩具 233.78 万只、离合器片 4.46 万片、算盘 0.60 万架、按摩具 2.70 万只、螺丝枇 40 吨、三叉螺丝刀 3.72 万支。出口交货总额 247 万美元，比 1989 年增长 55.23%。出口交货总额占区工业总产值的比例从 1989 年的 10.4% 上升为 18%，出口企业从上年 5 家增至 13 家，主要出口企业有福州佳兴塑料五金工具有限公司、福建福成玩具有限公司、福州市汽车离合器厂、福州泰瑞电机有限公司、福州永丰涂塑制品有限公司、跃峰中草药有限公司、运动鞋厂等。产品主要出口日本、东南亚等国家和香港、台湾、澳门地区。

1996 年，出口交货额 2.44 亿美元，其中“三资”企业出口交货值 16.54 亿元人民币，内资企业出口交货值 3.75 亿元人民币。开发一批高技术含量、高附加值、高市场占有率、高竞争力的“四高”新产品，主要有耐克牌运动鞋、葛罗耐牌西服、春伦牌茉莉花茶、旺旺牌食品、DVD 光头（三协精机）、白鸽牌拖鞋、奉牌卫生纸、山亚牌高压配件、东新牌鸭饲料、闽江牌阀门等 16 大品牌优质产品。出口产品生产企业有 109 家，其中港台澳资企业 94 家，外资企业 15 家（日本 7 家，危地马拉 2 家，美国、加拿大、澳大利亚、马来西亚、新加坡、泰国各 1 家）。产品主要出口日本、欧美、澳洲、南非、东南亚和港台澳等近 60 个国家和地区。

1997 ～ 2000 年，仓山区出口交货值年均递增 19.2%，至 2000 年达 29853 万美元，同比增长 20.96%；2003 年达 48550 万美元，同比增长 28.71%。

2005 年，出口贸易呈现良好发展趋势。全年出口交货总额达 6.77 亿美元，是 1990 年全区出口交货额 247 万美元的 274 倍。出口产品生产企业共有 180 多家。产品主要出口欧洲、美洲、非洲、东南亚、中东和港台澳等近 70 个国家和地区。

1990 ～ 2005 年仓山区出口商品交货值情况表

表 7-2-1　　**单位：万美元、%**

年份	出口交货值	比增	年份	出口交货值	比增
1990	247	55.23	1998	38305	16.26
1991	429	73.68	1999	45227	18.07
1992	917	113.75	2000	29853	-33.99
1993	925	0.87	2001	34462	15.43
1994	1304	40.97	2002	37017	7.41
1995	1782	36.65	2003	48550	31.15
1996	24447	37.31	2004	56092	15.53
1997	32946	34.76	2005	67720	20.73

第二节　利用外资

1990 年，仓山区坚持“优质、免费、一条龙服务”，大力发展外商、台港澳商投资企业。当年，新签约投资项目 14 项，协议合同金额 857 万美元，实际利用外来资金 272 万美元。

1991 年，采取“巩固老朋友、发展新朋友”和“以侨引侨、以港引港”的措施。当年，签约合同项目 25 项，合同金额1086万美元，实际利用外来资金1086万美元。

1993年，外向型经济从小型分散向规模化发展。是年，新批合同项目42项，合同金额25744万美元，实际利用外资23809万美元，合同金额和实际到资均创历年新高。其中有投资6000万美元开发闽江南岸两桥之间的“太平洋城”项目和投资1.5亿美元开发梅坞路段的“聚龙明珠”项目。 1994年，又新批项目35项，总投资2902万美元，实际利用外资2600万元。

1996年，采取“盯住大项目，发展满天星”办法招商，当年新批项目33项，合同外资3002万美元，实际利用外资4000万美元。全年“三资”企业工业总产值完成5021.77万美元，占全区工业总产值的35%，外向型经济成为仓山区工业生产的重要支柱。至1997年末，全区共有“三资”企业376家（含1996年6月从晋安区引进的三资企业193家），累计引进外来资金26630万美元。投资行业从单一行业向多行业发展。在第一产业中有从事花卉盆景和果树食用菌种植栽培；在第二产业中有从事机械、电子、陶瓷、汽配、鞋业、纺织、木制品、五金、化工、电机、房地产等30多个行业；在第三产业中有从事经营旅游、休闲娱乐项目。投资层次从劳动密集型向技术密集型转化，包括发展电子通信技术、通信设备、计算机部件、微型电机、新型材料等高科技项目。是年，全区三资企业完成工业产值27亿元，占全区工业产值的27.6%；三资企业自营出口额32530万美元，占全区出口产品交货额的98.7%。

1998～1999年，受东南亚金融风暴冲击，招商引资难度较大。一些已批外资企业，提出减资申请，全区共减资600万美元。其间，通过5.18市招商月和“9•8”厦门贸洽会，加大宣传力度，推出“以台引台、以港引港、以外引外”综合措施，拓宽招商渠道，同时组织项目班子，跟踪落实，招商引资有新的突破。2年共新批项目86项，合同金额19381万美元。至1999年末全区历年累计批准外资企业446家，合计协议外资额73600万美元，实际利用外来资金26300万美元。“三资”企业产值40亿元，占全区工业经济总量的35%，出口总值4.0034亿美元，占全区交货值的88.5%。除投资期满及搬迁的企业外，在业企业有150多家，在建企业有60多家。

2000～2004年，主要通过5.18福州市招商月和“9•8”厦门贸洽会进行招商引资。在每年5.18福州市招商月期间，区都召开招商专场，全区各镇、街、各部门开展全员招商；“9•8”厦门贸洽会都由区领导率领招商团赴厦门招商。5年全区共新批合同项目230项，合同金额6.89亿美元，实际利用外来资金6.01亿美元。

2005年，坚持项目带动发展，并实现从“引资”向“选资”转变。是年5月19日，在金山文体中心举办仓山区招商专场。全区共签订外商投资项目27项，其中合同项目报批落地14项，合同外资10197万美元。“9•8”厦门贸洽会期间，又签约外商投资项目28项，总投资31512万美元，协议外资13748万美元，合同项目报批落地16项，合同外资3256万美元。全年共引进外来资金项目87项，总投资额4亿多美元，其中报批落地（含增资）项目69项，投资500万美元以上的有住友电装、利莱森玛等13项。外资主要投向机械、电子、房地产等领域，其中港、台资占投资总额的34.9%。同时，引进内资项目171项，总投资30.8亿元，实际到资21亿元。投资500万元以上的有稀而特实业、永辉食品、中天房地产等69项。至2005年末，全区共有“三资”企业206家，注册资本48719.7万美元，利润总额24448.2万美元，实际税金及附加费14114.3万美元。

1990～2005年仓山区三资企业投资情况表

表7-2-2 **单位：项、万美元**

年份	新批项目	合同金额	实际利用外资
1990	14	857	272
1991	25	1086	1086
1992	37	1750	1750
1993	42	25744	23809

续表 7-2-2

年份	新批项目	合同金额	实际利用外资
1994	35	2902	2600
1995	22	2637	2833
1996	33	3002	4000
1997	37	3718	4391.94
1998	51	10272	4620
1999	35	9109	26300
2000	30	7920	5047.7
2001	49	10156	7575.34
2002	43	23500	18600
2003	46	12343.3	15930.45
2004	62	15032	12981
2005	87	40000	40000

附：主要“三资”企业

福建苍乐电子企业有限公司 成立于1988年，位于福州市仓山区东升工业小区，占地面积60亩，建筑面积30340 平方米，总投资2434万元，为国内节能照明产品的主要制造商之一。2005年有员工1520 人。有两个产品线：节能灯和LED应用产品。年生产能力为8000万盏节能灯和400万盏LED应用产品。产品获UL、FCCC、EROHS和美国能源之星认证。产品主要出口美国、加拿大、澳大利亚、欧洲和南美。当年，产值17327万元，出口创汇2360万美元，缴纳各项税费 150万元。

福建源光电装有限公司 成立于1993年6月，位于仓山科技园内，占地16000平方米。由福建源光亚明电器有限公司与马来西亚源光组合电线有限公司和日本住友电装合资创办。注册资本560万美元，其中中方出资55%，马方出资25%，日本住友电装出资20%。公司引进住友电装株式会社的先进技术与设备，生产为日产自动车株式会社轿车配套的组合电线系列产品，产品质量达到国际先进水平，产品100% 出口供应给日本第二大汽车制造商——日产自动车株式会社公司，是日本住友电装公司和日产汽车的定点海外配套生产厂。1994年7月投产，1995年产值430万元人民币，出口创汇53万美元，缴纳各项税费12万元。2003年8月通过ISO9002质量体系的认证。2005年，产值42987万元人民币，出口创汇5400 万美元，缴纳各项税费476万元，员工1300多人。

三协精机（福州）有限公司 成立于1995年，位于福州市仓山区盖山乡投资区32米规划路东南侧，占地面积58000平米，建筑面积11201平米，总投资4150万美元。主要生产DVD用光头、CD—ROM用光头、定时器、磁头、磁卡读数组件及编码器、电子音乐元件、调速器等产品、零部件及相关设备的生产，产品主要出口国家为韩国与日本。1996～2005年，共获区以上各项奖牌39面。2005年，产值12.1亿元，出口创汇9105万美元，缴纳各项税费1888万元人民币，员工2900多人。

欧浦登（福建）光学有限公司 成立于1995年，坐落于福州金山工业园区内，占地面积43亩，建筑面积约3万平方米。注册资金2.6亿日元，是一家集开发、生产、销售于一体的光学玻璃生产厂家，2000年通过质量管理国际标准ISO9002的认证。2004年被福州市政府评为高新科技型企业。2005年有员工近千名，年销售额近3亿元，缴纳各项税费313万元。

福建正盛日用品有限公司 成立于1996年7月，是由美国东发有限公司投资的产品出口生产企业，投资总额1430万美元，注册资金1010万美元。公司总部设在福州市仓山区盖山投资区内，占地面积45亩，建筑面积14500平方米。公司外设城门分厂、霞湖分厂、布件分厂3个工厂，占地总面积约8.3公顷，建筑面积7.1万平方米，公司以开发生产休闲旅游折叠椅、桌、帐篷以及箱包类用品为主，产品年生产能力达800万件（套），是世界上规模最大的管式折叠椅类国内生产基地。产品主要出口，其中与国际著名的零售业巨头沃尔玛、山姆、麦德龙、家乐福等大公司建立贸易伙伴关系，产品在欧美同类市场中居主导地位。2005年出口总额5564万美元，1996至2005年累计实现出口总值3997万美元，缴纳各项税费计6821万元。

福州恒鑫轻工制品有限公司 创立于2001年9月，位于福州金山工业集中区好事达工业园，占地约15公顷。主要从事室内家具及办公家具的开发、生产和销售。建立厨卫家具、书房家具、视听家具、卧房家具、收纳家具、壁炉、儿童家具等产品线，产品被评为福建省名牌产品及福建省出口名牌产品。有60多项产品向国家知识产权局申请发明、外观专利和实用新型专利。2003年通过ISO9001质量管理体系认证；2005年通过ISO14001环境管理体系认证、 FSC森林环保体系认证，是福州市商检“绿色通道”资格企业。工厂在雇员权利、品质、6S、环保方面每年接受美国进出口商会、欧洲联合商会的严格检查；公司硬件、软件方面均符合欧美标准，是中国轻工工艺品进出口商会会员及福建省进出口商会会员。国外市场主要销售对象为欧美大型连锁超市等全球知名采购商。公司在北京、上海、深圳、广州、成都、武汉、沈阳、福州、青岛、广州、大连、西安等主要城市设立分支机构和物流仓库。2005年，产值16653万元，出口创汇2035万美元，缴纳各项税费136万元。当年公司股份资本为6750万元，总资产3亿元，员工3015人。

福州业通家居制造有限公司 成立于2003年，位于福州金山工业区内，厂区占地近100亩，厂房面积近20万平方米，注册资本4087万元。2005年有员工2000多人。主要生产木器类、铁器类、合金类家居装饰用品，产品100%出口美国、法国、英国、日本、韩国、南非等50多个国家和地区。出口金额每年以超过20%的速度持续增长。当年产值24848万元，缴纳各项税费254万元。

第三节 经济技术合作

一、劳务输出

1990年，仓山区派出劳务人员54人次，劳务收入5.4万美元。1991年输出劳务人员增至256人次，管理费分成收入31万元。1993年，拓展新加坡外派劳务业务，派出劳务人员373人次，管理费分成收入42.44万元，创历年最高水平。1995年，劳务输出减少，原计划输出175人次，管理费分成收入35万元，实际输出128人次，管理分成收入26.5万元，分别占年计划的73.1%和75.7%。1996年，输出劳务人员又减至50人次，管理费分成收入15万元。1997年，劳务输出业务开始回升，全年输出140人次，管理费分成收入14.5万元。1998年，外派劳务人员108人次，管理费分成收入10.8万元。1990～2005年，区中福公司累计组织劳务输出1200多人次。公派劳务人员主要输往日本、韩国、以色列、新加坡、巴布亚新几内亚、多米尼加、俄罗斯、澳大利亚等国家和香港、澳门地区，其中输往日本、韩国50多人次、以色列150多人次、新加坡800多人次、香港、澳门180多人次。输往日本、韩国的以研修为主，输往其他国家和地区的多从事房地产建设、机械、电子、化工、制造、农场生产以及餐饮服务业。

二、来料加工

1990年，仓山区来料加工业务新签加工合同17项，合同金额110万港元，执行10项，交货18批，实收工缴费2.54万美元。加工产品有服装、青金石、牛骨雕刻、铸铜仿古工艺品等，来料客商来自香港等地区。加工企业有2家。

1991年起，国家给外商投资办企业更多优惠政策，来料客商逐步转向投资办企业，加工客源减少。区来料加工装配公司努力开拓产品周期短、批量小、劳力需求量大和传统工艺行业的加工项目，来料加工业务呈上升趋势。当年加工产品有工艺品等，实收工缴费 2.8 万美元。1992 年和 1993 年，实收工缴费分别为 3 万美元和 3.6 万美元。1995 年和 1996 年，实收工缴费分别为 4.5 万美元和 4.86 万美元。加工企业增至 3 家。

1999 年起，来料加工的客商纷纷转向自办企业，仓山区来料加工业务减少。2000 年，仓山区停止承接来料加工项目。

第四节　机构

1990 年，区设有对外经济委员会，下辖华福公司、中福公司、来料加工公司，共有工作人员 8 人，其中行政编制 3 人，事业编制 5 人。1996 年区级党政机构改革，对外经济贸易委员会更名为对外经济贸易局。1998 年，对外经济贸易局内设办公室、外资科、企管科。2002 年，对外经济贸易局更名为对外贸易经济合作局，与经济发展局合署，内设办公室、招商部、外经贸管理科，下辖华福公司、中福公司、来料加工公司。工作人员共 9 人，其中行政编制 4 人，事业编制 5 人。至 2005 年不变。

第八篇 交 通

第八篇　交　通

1990年，仓山区地域限于老城区，主要交通线路有主干道14条，跨江大桥2座，道路总长34.678公里。1994年，随着海峡局势缓和，境内开始设立海运公司，海运事业得到恢复和发展。

交通局办公大楼

1996年，仓山区域扩大到整个南台岛。是年，仓山区集中精力抓交通基础设施建设，采取民办公助多渠道集资等方式，扩大交通路网规模，改善路网结构。2000年起，根据福州市“东扩南进”战略规划，启动环岛路工程及公路桥、车站、码头建设。至2005年底，全区公路总里程达142.28公里，拥有跨江大桥13座。建成吴凤陆岛500吨泊位交通码头，区内108个村实现村村通公路，通车率达97%。初步形成“三环”（一环、二环、三环路）“四辐射”（高速路、国道、省道、县道）的交通新格局。全区货运汽车增至2178辆、4537吨位。汽车货运量完成217万吨，周转量6727万吨公里。内河航运船舶，从1990年86艘、15057吨位，增至115艘、2.73万吨位。内河货运量达642万吨，周转量10847万吨公里，海运船舶9艘、6787吨位，年货运量达8万吨、周转量1.08万吨公里。全区共有4家汽车客运企业，拥有客车654辆，年客运量达1229万人，客周转量1.11亿人公里，汽车客运全面取代三轮摩托车和人力三四轮车。

第一章　交通道路

第一节　公路

1990年，境内有公路2条，全长3.767公里。其中，国道324线1条长2.537公里，县道1条长1.23公里。1996年，区划调整扩大后，公路总长达4238.53公里。其中国道21.744公里，县级公路60.69公里，乡村公路53.45公里。是年，区、镇对村道全面拓宽改造，提高村道等级，加大乡道建设的投入，采取“民办公助”多渠道集资方式修建公路，至1999年共投资4753万元，其中，省补助850万元，福州市拨款320万元，区镇村投资2300万元，群众投工以及其他形式筹资1283万元，新（扩）建乡道29条。同年，福泉高速公路仓山区段交付使用。2000年葫黄线（葫芦阵—清富）按高速公路等级标准改建后列入福厦高速公路路段。至2005年，仓山区公路总里程达142.28公里（包括主干线），其中高速公路8.78公里，占公路总里程的6.16%，为全市高速公路150.96公里的5.81%；国道21.74公里，占公路总里程的 15.28%；县道 44.18 公里，占公路总里程的 31.05%；乡道 32.21 公里，占公路总里程的 22.64%；村道 35.37 公里，占公路总里程的 24.86%。初步形成以干线为骨架，以区乡道为脉络的交通网。 全区公路密度平均每百平方公里拥有公路 94.02 公里，位居全市第一位，平均每万人拥有公路 3.43 公里。5 个乡镇和 8 个街道通路率、通车率均达 100%。

一、高速公路

福(州)泉(州)高速公路(仓山区段)　该路段是黑龙江同江至海南三亚沿海国道主干线的组成部分。1995 年福州仓山区高速路段动工，按重丘区高速公路双向六车道标准设计施工，路基宽 32 米。1999 年 9 月 26 日工程竣工并交付使用。2000 年建设单位又在葫芦阵村至清富村之间建设 1.45 公里高速公路市内连接线。2005 年，该高速公路仓山区段全长 8.77 公里，起于仓山区城门镇潘垱村，至城门镇广福山下与长乐黄石主线相接。

二、 国道

324 国道(福州——昆明线仓山区段)　1990 年，该线在仓山境内白湖亭至黄山长 1.28 公里。1996 年区划调整后，从原郊区划入 15.08 公里，全长延至 17.08 公里。至 2005 年，该国道福峡北段由福州南门兜至城门镇黄山村全线长 9.3 公里，路基、路面均宽 40 米，为一级公路水泥混凝土结构。福峡路南段接黄山村至浚边村（峡北）全线长 8.32 公里，路基宽 28 米，路面宽 15 米，双向四车道，为二级公路，水泥混凝土结构。

316 国道(福州—兰州线仓山区段)　该线从仓山区建新镇淮安村（洪山桥）至洪光村（洪塘大桥）入闽侯县境。1990 年，投资 4900 多万元建成洪塘大桥及接线工程，形成由洪山桥经洪塘大桥往闽清的走向。1993 年改建拓宽为二级公路，双向两车道，路基宽 12 米，路面宽 9 米，水泥混凝土结构。1996 年又拓宽成 34 米宽的水泥路，并在洪山桥西后背至洪塘明洞口路段铺砌水泥路面。2005 年，该线在仓山区洪山桥至闽清古田交接口全长 73 .5 公里为二级公路，是福州通往西北部的主要通道。

三、县道

洪温线(洪塘—温墩)　为交通战备公路，全长 22.93 公里，总投资 8474 万元，分 3 期建设。2000 年动建第一期跃进至盘屿路段 6.06 公里。 2004 年，工程全面完工。其中，北段洪塘至福湾路 9.39 公里列入福州市三环路建设；中段从建新镇透浦村至城门镇胪厦村全长 9.27 公里，路基、路面均宽 12 米，水泥路面，公路等级为二级，平原微丘。南段从城门镇胪厦村至敖里村（温墩）4.27 公里。该路全线自西北向东南贯穿南台岛，是福州南大门的战略要道。

仓建线(仓前—湾边)　该线路处于南台岛中部，是连接二、三环南北间的重要轴线。1990 年，全线 7.42 公里。其中，北段由仓前至上渡 1.23 公里，路基宽 22 米，路面宽 15 米，为二级公路，水泥混凝土结构；南段上渡至湾边 6.19 公里，路基宽 11.2 米，路面宽 6.3 米，为三级公路，水泥混凝土结构。1996～1999 年，随着三县洲大桥和二环路开通，该线从上渡至二环路扩建拓宽为Ⅰ 级主干道，宽 40 米，双向 6 车道。2001 年，仓山交通局投资 300 万元，从公墓至湾边 3.27 公里实施公路硬化改造。至 2005 年末，全线拓宽改建为一级主干道。

洪洋线　(洪山桥—洋洽)　建于 1986 年 8 月。该线路北从洪山桥头（郭厝里）经过陈板村至建新镇莫朱村；南经翁排、燎原村接建新镇联建村（洋洽街）。2005 年，全长 6.77 公里，路基宽 23 米，路面宽 21 米，水泥混凝土结构，为三级公路。

白义竹揽附线（跃进—竹揽村） 该线路北起跃进村，途经中山村、半田村、中亭村，南至竹揽村。2005年，该线全长2.98公里，路基宽12米，路面宽11米，水泥混凝土结构，为四级公路。

排螺线（福厦路排下—螺洲居委会） 建于1954年。该线路北起福厦线排下站，向西南途经杜园村、店前村直达螺洲镇。2005年，该线路全长2.38公里，路基宽18米，路面宽15米，水泥混凝土结构，为四级公路。

炮司线（三角埕—谢安） 该线路建于1965年，为军民联谊路，起于福厦路三角埕，途经白云村、谢安村，到达原福建省炮兵司令部。2005年，该线路全长2.43公里，路基宽7.5米，路面宽6米，水泥混凝土结构，为四级公路。

斗盘线（斗池—盘屿） 建于1959年。该线路从斗池村始，经东兴村、红星农场，直达盘屿村。2005年，该线路全长3.54公里，路基宽8米，路面宽6米，水泥混凝土结构，为四级公路。

四、乡道

黄下线（黄山—下洋） 该路为城门镇的主干道，1999年建成通车。2005年，该线路全长8.964公里，路基宽6米，路面宽4.5米，水泥混凝土结构，为四级公路。

浚下线（福厦路—下洋） 该路东起南台岛最东端下洋村，穿福泉高速公路，过洋坑村、艳莲村、湖际村和学院路，西接浚边福厦路，2003年建成通车。2005年，该线路全长3.178公里，路基宽4米，路面宽5米，水泥混凝土结构，为四级公路。

下乌线（下洋—清富村出点） 该路北起下洋村，沿南台岛东南角，穿福泉高速路，直达清富村乌龙江边。1998年建成通车。2005年，该线路全长4.85公里，路基宽5米，路面宽4米，水泥混凝土结构，为四级公路。

郭洪线（郭厝里—洪塘堤） 该路东接闽江大道穿过洪湾路，西连（二环）洪塘堤，1997年建成通车。2005年，该线路全长1.74公里，路基宽12米，路面宽12米，水泥混凝土结构，为四级公路。

坊飞线（坊兜—凤高村） 该路西起凤高村，向东穿越浦上村、霞境村和建平村，直达坊兜，东接西二环。1995年建成通车。2005年，该线路全长1.959公里，路基、路面均宽4.5米，水泥混泥土结构为四级公路。

上燎线（上雁—胪滨村） 该线起于建新镇上雁村，穿越新颐村（即原胪滨路），东连浦上大道，穿过金洲中路、建新中路和洪湾中路，西接西三环路，1997年建成通车。2005年，该线路全长1.449公里，路基宽6.5米，路面宽6米，水泥混凝土结构，为四级公路。

洪淮线（洪山桥头—淮安） 该路东起洪山桥头、空军医院沿闽江而上，环绕农林大学，西至淮安出入点，至福建行政学院，1997年建成通车。2005年，该线路全长2.21公里，路基宽4.5米，路面宽3.5米，水泥混凝土结构，为四级公路。

金洪线（金山塔寺—洪光村） 建于1988年。该线东起洪光村，沿妙峰山，西至金山寺著名景点，接316国道。2005年，该线路全长0.617公里，路基宽4.5米，路面宽3.5米，水泥混凝土结构，为四级公路。

十高线（十字亭—高宅村） 该线东起浦上大道十字亭，穿建新南路，西至高宅接洪湾南路。1996年建成通车。2005年，该线路全长0.674公里，路基宽4.5米，路面宽3.5米，水泥混凝土结构，为等外公路。

义阳线（半田—下岐） 该线东起半田村，沿途经中亭村、尚保村、吴凤村、吴山村、天水村、盘屿村向西直达下岐村接福湾公路，是盖山镇连接盖山投资区和金山工业区的主干道。1996年建成通车。2005年，该线路全长2.674公里，路基宽5米，路面宽4.5米，水泥混凝土结构，为四级公路。

湖北线（湖边村—北园村） 该路从盖山北园起向西沿南二环途经霞湖村、先农村、齐安村、上湖村直达湖边村。1998年建成通车。2005年，该线路全长3.898公里。先农以西路基、路面均宽4.5米，为四级公路，水泥混凝土结构；先农以东霞湖、北园，路基、路面均宽 9 米，水泥混凝土结构，为三级公路。

五、村道

池鳖线（池墘—壁头小学）　该线起于闽江北港鳌头村，沿下洋村、后坂村、梁厝村至池乾村，南接下乌路，是城门镇环岛东路组成部分。2005 年，该线路全长 1.905 公里，路基宽 4.5 米，路面宽 4 米，水泥混凝土结构，为四级公路。

李下线（李厝—下洋）　该线北起李厝村，南穿湖际村、洋坑村、池乾村，直达下洋村。1998 年建成通车。2005 年，该线路全长 3.19 公里，路基宽 4.5 米，路面宽 4.5 米，水泥混凝土结构，为四级公路。

福胪线（福厦路—胪雷村）　该线西起福峡路，东至胪雷村。1995 年建成通车。2005 年，该线路全长 1.468 公里，路基宽、路面均宽 4.5 米，水泥混凝土结构，为四级公路。

福龙线（福峡路—龙江村）　该线西起福峡路，东至龙江村，2002 年建成通车。2005 年，该线路全长 0.519 公里，路基宽 4.5 米，路面宽 4 米，水泥混凝土结构，为四级公路。

杜乾线（杜园村入点—乾元村）　该线途经杜园村、敖山村到乾元村，1997 年建成通车。2005 年，该线路全长 1.122 公里。路基宽、路面均宽 5 米，水泥混凝土结构，为四级公路。

螺尾线（螺洲社区—洲尾村）　该线自西向东贯穿螺洲岛，1995 年建成通车。2005 年，该线路全长 0.865 公里，路基、路面均宽 6 米，水泥混凝土结构，为四级公路。

福鳌线（福厦路—鳌山村）　该线起于福峡路西侧，向西直达鳌山村，2000 年建成通车。2005 年，该线路全长 1.008 公里，路基、路面均宽 6 米，水泥混凝土结构，为四级公路。

义吴线（吴凤村入点—吴凤村）　该线北接交通战备路吴凤村入点，直达吴凤村，往南可达南三环。1999 年建成通车。2005 年，该线路全长 0.843 公里，路基、路面均宽 5 米，水泥混凝土结构，为四级公路。

义山线（吴山村入点—吴山村）　该线北起交战路吴山村入点，直达吴山村。1998 年建成通车。2005 年，该线路全长 0.634 公里，路基、路面均宽 5 米，水泥混凝土结构，为四级公路。

义天线（天水村入点—天水村）　该线从天水村入点达天水村，1998 年建成通车。2005 年，该线路全长 0.7 公里，路基、路面均宽 5 米，水泥混凝土结构，为四级公路。

阳六线（阳岐村—六凤村）　该线西起阳岐桥，经下岐村到达六凤村，1998 年建成通车。2005 年，该线路全长 1.141 公里，路基、路面均宽 4 米，水泥混凝土结构，为四级公路。

高江线（连江路—江边）　该线紧靠南江滨路，西起连江南路，向东沿雁头浦直达江边村，1997 年建成通车。2005 年，该线路全长 0.958 公里，路基、路面均宽 5 米，水泥混凝土结构，为四级公路。

杨郭线（后坂杨村—后坂村出点）　该线处于盖山投资区正北，西起后坂村南二环与则徐大道交叉点，向东直达后坂村出点。1996 年建成通车。2005 年，该线路全长 0.734 公里，路基宽 6 米，路面宽 6 米，水泥混凝土结构，为四级公路。

郭叶线（郭宅村—叶下村）　该线北起则徐大道郭宅，笔直南下叶下村。1997 年建成通车。2005 年，该线路全长 1.432 公里，路基宽 5 米路面宽 5 米，水泥混凝土结构，为四级公路。是村办企业的主通道。

高首线（高盖山—交院北区）　该线北起郑安村福建交通职业学院（北区），向南直穿学院（南区），穿过二环三期直达高盖山，1997 年建成通车。2005 年，该线路全长 1.31 公里，路基宽 7 米，路面宽 6 米，水泥混凝土结构，为四级公路。

白浦线（白湖亭—浦下村）　该线西起白湖亭，东至浦下，是通向仓山科技园区的主干道。1998 年建成通车。2005 年，该线路全长 1.484 公里，路基、路面均宽 5 米，水泥混凝土结构，为四级公路。

公湖线（公墓口—湖边）　该线处于南二环西南角以内，1995 年建成通车。2005 年，该线路全长 0.407 公里，路基、路面均宽 5 米，水泥混凝土结构，为四级公路。

肺东线（肺科医院—黎升）　该线位于南二环线西南角以外，东起福湾路肺科医院，西接坊飞路，

1993年建成通车。2005年，该线路全长0.46公里，路基宽4.5米，路面宽3.5米，水泥混凝土结构，为四级公路。

机浦线（义序机场—浦口村） 该线位于浦口村，北起交战路洪温线的义序，向东南延伸直达南三环浦口乌龙江边，1998年建成通车。2005年，该线路全长1.956公里，路基、路面均宽3.5米，水泥混凝土结构，为等外公路。

螺城线（福厦路—梁厝村） 该线是城门镇东西横贯直通道，穿越福泉高速公路，2001年建成通车。2005年，该线路全长2.27公里，路基宽14米，路面宽12米，水泥混凝土结构，为四级公路。

下樟线（下董—樟岚村） 该线是城门镇环岛公路的一部分。北起下董村，途经胪岐、湖地、湖边，穿越福泉高速公路，直达樟岚村，2000年建成通车。2005年，该线路全长1.411公里，路基宽6米，路面宽5米，水泥混凝土结构，为四级公路。

樟壁线（樟岚村—壁头小学） 该线西起樟岚村东至壁头小学，2004年建成通车。2005年，该线路全长0.98公里，路基宽6米，路面宽5米，水泥混凝土结构，为四级公路。

郑下线（郑安村入点—下湖村） 该线从郑安村入点，环绕福建工程学院、福建交通职业学院学区达下湖村，1996年建成通车。2005年，该线路全长0.95公里，路基宽4.5米，路面宽4.5米，水泥混凝土结构，为四级公路。

福连线（连坂村—福连村） 该线起于连坂村，沿途经过连坂村、潘墩村、 福濂村、林桥村，达濂江工业区达福连村。1999年建成通车。2005年，该线路全长1.841公里，路基宽5米，路面宽4米，水泥混凝土结构，为四级公路。

濂绍线（濂江—绍岐） 该线北起濂江村、南至绍岐村。1998年建成通车。2005年，该线全长1.043公里，路基宽4米，路面宽3.5米，水泥混凝土结构，为等外公路。

胪黄线（胪厦村—黄山） 该线位于胪下、黄山东西两村之间，与福峡路呈十字交叉，是城门镇主干道。1998年建成通车。2005年，该线路全长1.304公里，路基宽6米，路面宽5米，混凝土结构，为四级公路。

跃半线（跃进—半田） 该线北起跃进村，途经中山村南至半田村。2005年，该线路全长1.367公里（重复线），路基、路面均宽12米，水泥混凝土结构，为四级公路。

三前线（三角埕—前锦） 该线东起福厦线三角埕往西至前锦村，直达乌龙江边。1997年建成通车。2005年，该线路全长2.06公里（重复线），实为1.33公里，路基宽4.5米，路面宽4米，水泥混凝土结构，为四级公路。

第二节 城区干路

六一南路

六一南路是仓山区南北走向的主干道，北起闽江大桥南端，南至三叉街，全长1396米，宽40米，其中：中间快车道宽14米，两侧慢车道各宽6.5米，快慢车道之间为2米宽的绿化分隔带，两边人行道各宽4.5米，为三块板形式沥青混凝土路面，路下铺设雨水、污水、供水管道和电信、路灯等管线。1970年6月建成。1985年2月进行拓建，是市区通往闽南的交通干线。

上藤路、中藤路、下藤路

上藤、中藤、下藤路南北相连，因处藤山山脉而得名，北起观井路、临江路、观海路交接处，南至三叉街，长1695米，原为仓山最古石板道的一部分。六一南路未建前，全路为市区通往南郊的唯一主干道，六一南路建成后仍为市区公交汽车的上行单车道。

观井路

观井路原是仓山区主要商业街。东起观海路、上藤路和临江路交接处，西连仓前路、解放大桥，中迈梅坞路。长 417 米，路宽 9 米，其中车行道宽 7 米，两侧人行道各宽 1 米。

梅坞路

梅坞路位于烟台山麓，北起观井路，南至麦园路和塔亭路交接处，路长 240 米。原为约 3 米的石板路。民国 10 年拓建成 4 米宽的土路。民国 20 年再次拓为 5 米宽的三合土路。1959 年改建拓宽至 9 米，铺上沥青混凝土面层。

麦园路

麦园路原是山间道路。1953 年改建为三合土路面，宽 7.8 米。1963 年铺上沥青面层，东起梅坞路和塔亭路交接处，西至进步路、对湖路。路长 380 米。

对湖路

对湖路东接麦园路，西连楼后街，路长 470 米。原是弯度大、大小不均、约宽 3 米的土路。1952 年改建成为三合土路，1965 年取直拓宽至 7 米，1967 年铺上沥青面层。

观海路

观海路位于观井路、上藤路、临江路的交接处。全长 335 米，宽 6.5 米。1994 年 6 月扩建，12 月 20 日提前建成通车。拓建后由梅坞路口至闽江大桥南端环岛全长 526 米，宽 20 米，道路埋设雨水、污水、电力、给水、煤气、电信、有线电视等各种管线。是连接解放大桥和闽江大桥的通道。

朝阳路

朝阳路是工农路一带通往六一南路的主干道，西起六一南路，东至工农路。全长 609.5 米。1965 ～ 1989 年，经过 4 次拓宽改建，拆除沿路不规则房屋，拓宽改建为混凝土路面，混合车道宽 13 米，两边人行道各宽 1 至 3.5 米，路下埋设给、排水管道、电信管线。

则徐大道

该路北起三叉街环岛，南至黄山，是福州南大门主干道。全长 3.38 公里，其中三叉街至白湖亭段长 2.1 公里，宽 47 米，4 车道，中间绿化带 6 米；白湖亭至黄山段长 1.28 公里，宽 80 米，6 车道，两侧绿化分隔带各 4.5 米，道路外侧绿化走廊各 15 米。1997 年底建成投入使入。道路等级为城市 1 级主干道，

上山路

该路西起上渡路口，东至三叉街，是境内南部东走向的主干道。建于 1951 年，1998 年 4 月改建，年

底建成通车。改建后该路段接三县洲闽江大桥南引桥，起于福建师大校部门口，止于三叉街叉路口，为规划内环线南段，全长 1800 米，道路由 8.5 米拓宽至 40 米。

仓前西路

位于三县洲大桥和解放大桥沿江路段，属城市三级主干道，始建于民国时期，1998 年为防洪水路基垫高 1 米。1999 年 11 月 15 日扩建， 2001 年 4 月 1 日竣工通车。扩建后，全长 506 米，宽 21 米。道路埋设雨水、污水、电力、给水、煤气、电信、有线电视等各种管线。

上渡路

该路建于民国时期，原为上渡、洋沿、鹭岭三路东西相连，2000 年 11 月 21 日随同上渡片旧城改造动工改建，2001 年 4 月 1 日竣工。改建后，上渡路东起三县洲闽江大桥南立交匝道口，西接聚龙路，全长 1300 米，宽 42 ～ 44 米。道路埋设雨水、污水、电力、给水、煤气、电信、有线电视等各种管线。为城市一级主干道。

二环路三期

该路段起于西二环路与长汀路交汇处，向南跨越闽江，与聚龙路闽江大道相交后朝东南走向，经鹭岭路、齐安村、首山村、迎宾路，止于则徐大道。全线按城市快速路标准建设，为一级主干道，道路标准宽度为 55 米，设计行车速度为 80 公里 / 小时。该项目工期 3 年，总投资 12.4 亿元。该期工程于 2004 年竣工投入使用。

三环路一期

该路北起洪塘状元街交叉处，止于浦上路交叉口，为城市快速路。2002 年 2 月开建，年底竣工。

浦上路

该路北起尤溪洲大桥南立交，南接橘园洲西三环，为城市快速路。全长 3150 米，宽度 70 米。2002 年 3 月 2 日开建，12 月 31 日竣工。

闽江大道

该路西起金山大桥，东至尤溪洲大桥。全长 2093 米，宽度 50 米，为城市一级主干道。2002 年 4 月 30 日开建，10 月 1 日竣工。

洪湾路

该路北起洪塘西三环，沿旧洪湾路往南经金山大道、浦上路至福湾路，全长 8780 米。2003 年 9 月开建，至 2005 年底尚在施工。

金榕路

该路南起金山大道，北接岩洲路，2004 年 3 月开建，9 月竣工。全长 785 米，宽度 32 米，为城市一级次干道。

首山路

首山路是仓山区西南部的交通要道，建于 1955 年。该路北接上山路，南抵高盖山麓，沿途有 10 多所大中专学校。1987 年改建为水泥混凝土路面。2004 年 10 月改建，2005 年 9 月竣工。改建后，该路段北起上三路、南接二环路。全长 1695 米，宽度 34 米。道路等级为城市一级次干道，行车速度为 40 公里 / 小时。

南江滨大道

该路位于闽江南岸，西起解放大桥，东至规划中的前横桥，全长 2838 米。2005 年 1 月 27 日开建，年底尚在施工。

林洲路

该路起于洪湾路，止于滨园路，2005 年 2 月 2 日开建，10 月 20 日竣工。道路长 3191 米，宽 32 米。道路等级为城市一级次干道。

滨园路

该路起于金山大堤，止于浦上路。道路全长 2440 米。2005 年 2 月开建，年底尚在施工。

建新大道南段

该工程起于金洲南路，止于二环南路，全长 1630 米，宽 48 米。2005 年 10 月 21 日开建，年底尚在施工。道路等级为城市一级主干道。

第三节　航道

一、闽江航道

境内闽江下游至怀安分为南北两港，南港为乌龙江，北港为白龙江又称台江，两江环绕着南台岛。南港起于淮安，入口处较宽（厚美河谷宽达 2 千米以上），是闽江天然泄洪排砂水道。全长 40.4 公里，航道宽而浅，河道宽一般 2 ～ 3 千米，枯水期水深 0.5 米。北港怀安至湾边航道设置三等内河航标，为季节通航。南港从湾边至马尾，穿越湾边特大桥、乌龙江大桥和乌龙江特大桥，长 24.4 公里，江面宽一般为 2 ～ 3 千米，最宽处达 4 千米，在乌龙江峡兜最窄处仅 0.5 千米，枯水期一般浅槽水深 1.5 米。南港湾边至马尾没置内河二等航标，常年乘潮可通航 300 吨级轮船。北港为闽江主航道，起于淮安，全长 29.1 公里，其中淮安至洪山桥长 4.5 公里，洪山桥入口是一条深窄河段，宽 250 米。从洪山穿越金山大桥、尤溪洲大桥、三县洲大桥至解放大桥长 8 公里，江面宽 600 ～ 1000 米，维护航道水深 1.5 ～ 1.7 米，乘潮可通航 300 ～ 400 吨级轮船、驳船。台江至马尾长 16.4 公里，江面宽 1000 ～ 2000 米，江中有 6 个浅滩，水深不足 3 米的浅滩长约 5 公里。自西向东流经闽江大桥，鳌峰大桥，然后逶迤南下至魁岐流入马江。该段常年乘潮可通航 500 吨级沿海轮船。

二、内河航道

1990 年，境内有港头、洋洽、龙津 3 条内河，可通航的只有港头、洋洽 2 条。1996 年区划扩大后，内河增至 7 条。 2005 年全区可通航的内河有洋洽河、港头河、浦下河、林浦河、胪雷河和阳岐河共 6 条，合计 7.6 公里，占河道总长 51.6 公里的 15%，航道等级为 7 级，可通航 5 ～ 25 吨船舶。

胪雷河 又称龙江河，系闽江南港即乌龙江峡北支流。从峡北流经原龙舟蚬场、敖里蚬场、温墩造船厂至红桥亭桥，与福厦公路交叉。后又分叉三支流：一流向城门山顶村；二流向湖际、谢坑村；三流向陈绍宽故居所在地胪雷，其中可通航的仅峡北至红桥亭 2 公里。该段河床宽 10 ～ 20 米，浅槽水深 1 米左右，主航道等级为 7，水深 5 ～ 6 米，可通 100 吨船舶。该河段江边有 4 家船厂，营造 150 吨水产船，可下水通航。沿江两岸还有 4 个堆场，可停靠 5 ～ 20 吨机动船，日进出船只 30 ～ 60 艘，2005 年吞吐量约 12 万吨。

林浦河 又名濂浦河，起于闽江下游魁岐对岸城门镇绍岐村，向西流经福连村，分叉为 2 支流，到潘墩村又汇合一处，流入濂浦水闸，潘墩一闸和二闸，然后向南过胪厦、葫芦阵、乾元、浦口，抵螺洲通南港。古有“葫芦阵水两头潮”之说，其中从绍岐至潘墩 2 闸一段可以通航，全长约 1 公里。河口宽 20 米，浅槽水深 1 米，涨潮水深达 8 米，河床宽 18 ～ 20 米，可通航 100 吨大船，濂浦河入口处有个绍岐坛，这里还保留有百年古渡口，即绍岐—魁岐过江渡。2005 年，过渡乘客达 7.2 万人次，集散河沙、石丸、砖等建材 8 万吨。潘垱以南由于建设福厦公路逐渐淤塞。

浦下河 位于盖山镇浦下村，濒临南台岛北侧。从浦口至港头全长 0.5 公里，河口宽 20 米，浅槽水深 2 米，潮水深达 8 米，日进出机动船 30 艘。2005 年吞吐量 4.5 万吨。浦下至后坂段 2.9 公里，不能通航。

阳岐河 位于盖山镇阳岐村，起自闽江南港湾边角，过莲花坛，穿六凤洲，向东延伸，经过阳岐水闸，过午桥和水泥桥直至下岐。全长约 1 公里，河道宽 8 米，浅槽水深 1 米，潮水深 3 米，日进出机动船平均 20 艘。2005 年吞吐量达 2.4 万吨。沿河岸旁有近代启蒙思想家严复的故里、宋末抗元名将陈文龙的尚书庙、明代监察御史严恒坟等古迹。

洋洽河 又名上渡河，位于仓山上渡，东北起自上渡尤溪洲接闽江，西南穿洪洋路洋洽桥，西连半道村与浦新河相通，全长 6.9 公里，其中可以通航的有 1.3 公里，平均宽 30 米，枯水期航道水深 1.8 米，可通航 25 吨船只。

港头河 该河西由闽江入港头桥，经人纤厂桥、美墩东流入闽江。全长 1.3 公里，全程通航。枯水期航道水深 1.8 米，宽 25 米，可通航 25 吨级船舶。

龙津河 位于仓山区中北部，在港头接闽江北港，过走马山与乌龙江相通，全长 5.7 公里。该河从港头河至走马山为人工开凿的内河——龙津浦。由于河道淤塞，排泄流量减少，不能通航，主要功能是接纳雨污水。

第二章 交通设施

第一节 车站

1997 年，境内白湖亭汽车客运站建成投入使用，规模为 4 级客运站，面积 1627 平方米，紧靠 324 国道。

有 10 个车道通往闽侯、闽南各地。每日发往长乐中巴客车 113 辆、福清 84 辆、平潭 26 辆、闽侯 123 辆。当年客运量 18 万人次。2000 年客流量增至 102.6 万人次。

2004 年，福州市人民政府决定，在境内连江南路与则徐大道交汇处建福州汽车客运南站，为福州市南大门交通枢纽的 1 级客运站，占地面积 7740 平方米，地上 4 层，地下一层，总高度 18.3 米。翌年，根据福州火车南站综合交通枢纽功能的要求，福州市政府决定，福州汽车客运南站址迁城门镇，连江南路与则徐大道交汇处的福州汽车客运南站停建。至 2005 年底，全区建成投入使用的车站只有白湖亭汽车客运站 1 个，年客运量 276 万人次。

第二节　码头 渡口

1990 年，境内有海关埕、龙潭角、储木场 3 个 50 吨泊位的货运小码头和海关埕、龙潭角、横江渡 3 个渡口。其中横江至帮洲渡口有 8 条渡船摆渡；龙潭角至苍霞洲有 6 条渡船；龙潭角至江心公园有 2 条渡船，年客运量 7.9 万人，客周转量 186.64 万人公里。

1996 年，随区划调整，划入鳌头、绍岐、螺洲和湾边 4 个码头和鳌头、下洋、绍岐、螺洲、湾边、冠洲、竹榄、冯塘 8 个渡口。同年，因南台岛建设跨江大桥，境内码头及渡口的位置和功能大都发生位移变迁，是年，龙潭角至江心公园和横江渡相继取消。

1998 年，市、区两级政府为改善渡口设施拨出更新改造经费 150 万元，更新改造绍岐、下洋、湾边、冠洲和螺洲 5 个渡口，淘汰水泥客渡船，渡口渡运条件得以改善，安全系数明显提高。

2005 年 4 月，在闽江南港北岸动建螺洲吴凤陆岛交通码头。客货码头泊位 500 吨，年设计吞吐量为货 1.5 万吨，客流量 2 万人次。码头位置在大王庙前，平台长 40 米，宽 9 米，陆域形成面积 415 平方米，其中综合楼 40 平方米，堆场 100 平方米，仓库 90 平方米，工程总投资 443.42 万元，两年完成码头的主体工程。由于地理位置优越，建成后可满足周边岛屿居民日益增长的陆岛间货客运输的需求，促进陆岛经济的繁荣与发展。当年，境内有海关埕、龙潭角、 鳌头、绍岐、螺州、湾边、吴凤陆岛交通码头 7 个码头（其中在建 1 个）及鳌头、绍岐、下洋、冠洲、冯塘、湾边、螺州、竹榄 8 个渡口，其中绍岐、下洋、冠洲渡口和冯塘渡口有 4 艘渡船，年客运量 2.49 万人，客周转量 125.40 万人公里。其余鳌头、螺洲、湾边、竹榄 4 个渡口只为对岸闽侯县、晋安区渡船提供停靠。

鳌头渡口　位于南台岛东北顶端，形似鳌头伸向闽江。码头长 31 米，水深 5 米，1 个泊位 50 吨，是省闽江航运公司下游客轮上下行常年停靠点，也是城门镇鳌头村等沿江一带村民出行主要关口。至 2005 年底，有渡船 1 艘，年客运量 3.02 万人次，客运周转量 7.56 万人公里。

螺洲渡口（螺洲—闽侯江中村）　位于螺洲镇，与闽侯县江中村隔江相望，相距约 1000 米，是闽侯江中村民通往福州市区必经之路口。有 2 艘渡船对开，渡客上岸，可乘公交 3 路车直达市中心。

湾边渡口（湾边—闽侯江口）　湾边渡口与闽侯南屿、南通隔江相望。是闽江南港重要渡口，为全省四大渡口之一。该渡口江面广阔，两渡口相距约 5000 米，水流平稳。此处曾是湾边—江口轮渡码头，拖带方舟渡运。2005 年，保留航线有：陈厝、新厝、新岐、苏岐、江口、文山、古城、马峰、尧沙、南屿、六十份、方庄、盛汉和冠洲等地，日客运量达 6000 多人次，节假日达 1 万人次以上。

竹榄渡口(盖山竹揽—闽侯禄家)　位于闽江南港盖山镇竹揽村，与闽侯禄家隔江相望，相距约 1000 米。有渡船 1 艘，每日往返十几次，方便对岸闽侯龙祥岛村民出行。

绍岐渡口（仓山绍岐—晋安魁岐）　创建于 1884 年，为百年义渡（不收费），与闽江北港对岸魁岐渡口相距 1000 米。渡口备有渡船 1 艘，为绍岐村民通往对岸魁岐种田农作服务。1990 年渡口经市、区交通部门投资改造，码头长十几米，泊位 50 吨，渡船 1 艘 30 座位，每日往返 20 趟。2005 年客运量 9 万人次，客运周转量 23.04 万人公里。

下洋渡口（仓山下洋—马尾镇）　建于 1863 年，位于南台岛最东端下洋村，与马尾镇隔江相望，滩涂地带，水域浅而宽阔。渡口根据水潮设有上下2个停靠点，相距约2000米，分别距离马尾客运码头2800米和3500米。渡船往返城门下洋一鳌头一马尾，一般乘潮开航，每天10趟。1994年，因三桥开通，原有2艘对开渡船减为1艘。2005年有渡船1艘15座位17.66千瓦，客运量3.024万人次，客周转量7.56万人公里。

冠洲渡口（仓山冠洲—湾边） 位于闽江南港湾边对岸，1997年6月冠洲—南屿晓岐3.5公里公路竣工，冠洲渡口同时建成，村民可过渡对岸湾边，乘公交6路直达市区。渡口备有渡船1艘30座位，2005年客运量1.825万人次，客周转量1.28万公里，7.3万人公里。

金山塔寺古渡

洪塘渡口（金山塔寺—洪塘堤） 即金山塔寺渡口，位于闽江南港建新镇洪塘村堤边，距离著名的金山塔寺只有50米之遥。渡口为阶梯式台阶，高约5米，渡口备有小机挂桨渡船1艘，常年往返洪塘至江心的金山塔寺，专为观光金山塔寺景点旅客提供免费渡运，每趟10人，随叫随到。

第三节 公路桥

1990年，境内有公路桥11座，其中跨江大桥2座。1996年，区划调整后，境内公路桥增至15座，其中跨江大桥6座。1998年后，跨江大桥建设加速至2005年，共动建7座跨越闽江的大桥。是年，全区有大、中、小型公路桥梁23座。其中，跨江大桥11座，北港有解放大桥、闽江大桥、鳌峰洲大桥、三县洲大桥、尤溪洲大桥、金山大桥、洪山大桥；南港有洪塘大桥、橘园洲大桥、乌龙江大桥和乌龙江特大桥。其中，乌龙江大桥、洪塘大桥、三县洲大桥和湾边特大桥，都以其造型优美、构造新颖、工艺独特载入国家的桥梁史册。

福州解放大桥 该桥建于宋代，由万寿桥和江南桥组成。是南台岛通往市中心的主要通道。1994年7月，大桥南面2号桥墩坍塌，8月全桥实行封闭式原地重建；1996年10月1日正式开放通行。2005年，该大桥北靠八一七南路，南穿中洲岛，接仓前、南江滨路。桥梁长565米，桥面宽12米，双向两车道，其中，中洲岛以北采用五跨钢管混凝土中承式拱桥，是历史上福州横跨闽江的第一桥。

闽江大桥 位于解放大桥下游，北靠六一中路，南跨南江滨路，紧接六一南路。1970年6月建成，2003年10月原址重建，2005年2月竣工。该桥桥梁长度370米，桥面宽31米，双向6车道，结构为连续箱梁。

乌龙江大桥 北起城门镇峡北村的清凉山，南接闽江乡峡南村的金牛山，是福厦公路的重要桥梁之一。建于1971年9月，全长552.22米，桥面行车道宽9米，两侧人行道各宽1.25米，双向二车道，4墩5孔（混凝土）钢构架，最大跨度是144米。1999年大桥全封闭加固整修半年。2005年，福峡路全线改造拓宽，乌龙江大桥桥面拓宽为50米，4车道。

洪山大桥 位于福州西洪路，距旧洪山桥上游150米处，是福州西大门跨越闽江北港，连接316国道的重要桥梁。新洪山大桥工程于1981年10月10日开工，1985年12月建成。2005年，该桥桥长363米，桥面宽15米，2车道，宽度是旧洪山桥的3倍，结构为混凝土钢构。

洪塘大桥 位于闽江下游，横跨闽江南港，距乌龙江大桥上游约30公里，紧靠洪塘金山寺。1987年3月动建，1991年1月6日竣工。2005年，该桥桥长1849.47米，桥面宽12米，双向两车道，结构为T

型钢构，是 316 国道（福州～兰州）的一条重要桥梁，也是福建省当年跨径最长的公路桥。

鳌峰大桥　位于闽江大桥下游，北靠连江中路，南接连江南路，沟通市区南北，连接 324 国道福厦路段。1991 年 12 月开建，1993 年 12 月落成，主桥长 500.9 米，宽 25.8 米，双向 6 车道，连续箱梁结构，8 孔。2005 年，该桥是由二环路进出福州最繁忙的公路桥。

三县洲大桥　建于 1999 年 4 月，该桥北接白马南路，穿越江滨大道和江心公园，南接上渡路、上三路、龙潭路，桥梁长 1493 米，桥面宽 28 米，景观秀丽独特，为福州市首座斜拉桥。

金山大桥　1998 年 5 月 20 日动工兴建，1999 年建成。该桥是连接金山新区与中心城区的重要跨江桥梁，全长 1335 米，其中桥长 790 米，桥面宽 19.5 米，混凝土钢构。2005 年，该桥北靠上浦路，南接金山大道，直通橘园洲大桥。

乌龙江特大桥　是福泉高速公路第一特大桥。位于福（州）泉（州）高速公路福州连接线，距 324 国道乌龙江公路桥约 220 米。起于仓山城门广福山下、乌龙江畔，终点长乐营前黄石村西侧坡下。1998 年建，全长 2156 米，桥面宽 33.5 米，为分离式 6 车道 T 型钢结构，通航等级为 4 级，总造价 2.6 亿元。它的建成缩短了福州市通往泉、漳、厦和长乐国际机场的距离。

橘园洲大桥　该桥东起仓山建新镇互通立交桥，向西跨越闽江南港（乌龙江）后接闽侯上街建平村进入福州大学城，2000 年 12 月动工，2002 年 12 月建成通车。全长 2269 米，桥宽 32. 5 米，设 6 条机动车道和 2 条非机动车道。橘园洲大桥东端通过建新互通立交桥连接福州三环路及金山工业区，大桥西端通过迎宾大道可达福州大学城。是联系京福国道主干线与省会福州城区的便捷快速通道。大桥建成从根本上缓解福州通往西北的交通瓶颈。

尤溪洲大桥　2001 年动工兴建。2003 年 12 月 31 日建成通车。该桥北靠西二环南路，跨越闽江大道，南接浦上大道，直通浦上大桥，形成闭合二环线交通。桥梁长 1240 米，桥面宽 30.5 米，双向 6 车道，结构为梁拱组合。该桥连接金山工业区，是福州对外辐射的西向交通走廊。

浦上大桥　起于金山新区洪湾路，接浦上大道往西，交三环路，跨越乌龙江至上街（大学城新区），接乌龙江大道，全长 3083 米，桥宽 33.5 米，6 个机动车道，为全国首座三塔单索斜拉桥，总投资 4.73 亿元。是福州西南大门对外辐射的交通走廊，也是金山浦上工业区西通道向外疏散的重要走廊。2004 年 9 月 1 日动建，至 2005 年底尚未完工，建成后从福州市区到永泰、闽侯南屿可缩短 6 公里。

湾边特大桥　起于仓山建新镇湾边村，迄于南屿，与三福高速公路通接。大桥全长 3900 米，全线路按高速公路标准建设，双向 6 车道，路基宽 34.5 米，主桥为单片拱 V 型撑钢构连续梁桥，2005 年开建，工期 3 年。湾边大桥项目通过湾边互通及南屿枢纽互通，连接三环路与高速公路网，能够快速集散城市交通，为福州提供快速便捷的西南出入口通道，并使建新镇和南屿镇连成一体，加快福州市跨江发展步伐。

2005 年仓山区桥梁情况表

表 8-2-1

桥梁名称	所在线路	桥梁长度（米）	结构与式样	孔数（个）	桥面宽（米）	修建时间
解放大桥	八一七路	565	拱桥		12	1995 年重建
闽江大桥	六一路	370	连续箱梁	8	31	2004 年重建
乌龙江大桥	福厦路	552	混凝土钢构		12	1970 年
洪山大桥	西洪路	363	混凝土钢构		15	1983 年
洪塘大桥	316 国道	1849	T 型钢构		12	1990 年
鳌峰洲大桥	连江路	500.9	连续箱梁	8	25.8	1994 年
三县洲大桥	环城路	1493	斜拉桥		28	1996 年

续表 8-2-1

桥梁名称	所在线路	桥梁长度（米）	结构与式样	孔数（个）	桥面宽（米）	修建时间
金山大桥	上浦路	790	混凝土钢构		19.5	1999 年
乌龙江特大桥	福泉高速	868	T 型钢构		24	1998 年
橘园洲大桥	京福线	2269	连续箱梁		32.5	2003
尤溪洲大桥	二环路	1240	梁拱组合		30.5	2001 年
浦上大桥	洪湾路	3083.42	三塔单索斜拉式		33.5	2005.4
湾边特大桥	316、324 线	3900	连续箱梁、梁桥		32.5	2005.4 ～ 2007.8
叶下桥	洪温线	13	梁板式	1	12	2000 年
盘屿桥	洪温线	5	梁板式	1	12	2002 年
天水桥	洪温线	5	梁板式	1	12	2001 年
半田桥	洪温线	26.04	梁板式	2	12	
潘墩桥	黄下线	5	梁板式	1	6	
下里桥	黄下线	6	梁板式	1	7	
红桥	黄下线	4	梁板式	1	6	
阳岐桥	义阳线	26	梁板式	3	5.5	
卢峰 1 号	福卢线	12	梁板式	2	5	
卢峰 3 号	福卢线	5.6	梁板式	1	5	

第四节 机场

1990 年，境内有义序机场，为军民合用机场。1996 年，机场对外航线增至 40 条，每周 250 多航班，客流量突破 200 万人次。1997 年 6 月 23 日长乐国际机场建成投入使用，义序机场改为军用。

1995 ～ 1997 年义序机场客货运输情况表

表 8-2-2 单位：万人、吨

年份	旅客吞吐量			货邮吞吐量		
	始发	到达	合计	始发	到达	合计
1995	97.1	96.2	193.3	15500	12750	28250
1996	103.4	102.2	205.6	14500	17750	31250
1997	99.9	100.1	200.0	15030	15770	30800

第三章 运输

1990 年，境内客运有公共交通汽车线路 13 条，人力三、四轮车 425 辆，陆路货运小企业有 8 家，汽车 87 辆，年货运量 17.82 万吨。1996 年区划调整后，随着福州市东扩南进，仓山地区公路网络逐渐形成，陆路客货运输发展较快，出现多种经济成分并存竞争发展的局面。2005 年，全区客、货企业分别比 1990 年增加 6 家和 11 家（客车 654 辆、货车 2178 辆）。客、货运量比 1990 年分别增长 10.3 倍和 12 倍。

第一节 陆路运输

一、汽车客运

1990年，仓山区汽车客运有市公交公司13条公共交通汽车线路，从事市内短途客运。其中，从区始发的线路有10条，途经仓山区有3条，年客运量11.9万人次。

1996年区划调整，从郊区划入3家客货运输企业，共有客车581辆、3233座位，汽车客运线路除市内短途客运外，开辟有闽清、闽侯、长乐和福清等县的区间线路。年客运量33.85万人次，客周转量2368.5万人公里。

1997年，仓山运输公司改组成立出租车公司，有的士车345辆，从事市内客运。至2000年，市内客运除市公交班车外，有中巴17部、的士610部，年客运量68万人次。

2001年12月，成立华威城乡客运公司，主要经营县际、城乡客运。有中型客车15辆、250座位，开辟福州至平潭、闽清、闽侯、南通等班线，年均客运量40万人次，客周转量1000万人公里。同时开通福州白湖亭至肺科医院区间班车。打破公交与农村客运二元分割局面，初步形成城乡连接、四通八达的客运网络。

2005年，又先后成立“万福”和“城洋”客运公司。至年末，全区有客运企业6家，客车43辆、698座位，的士611辆，跨县区班线3条、城乡区间班线7条，客运线路从7公里延伸至87.2公里，涵盖71个村，年客运量1229万人次，客周转量1.11亿人公里。

附：主要汽车客运公司

仓山区出租车公司 是仓山区出租车客运骨干企业，前身是仓山运输公司。1997年4月20日改组成立，为二级资质的区属集体企业。职工70人，其中管理人员19人。拥有出租车345辆，其中公司40辆、一车队98辆（挂靠）、二车队207辆（挂靠）。注册资金31万元，资产407万元。主要经营出租客运、人力车运输、起重吊装、搬运装卸、普通货物运输、货物配载，兼营非机动车维修、仓储代办运费票证结算。2005年客运量55.2万人次，客周转量441.6万人公里，营运收入374万元。

福州华威城乡客运有限公司 前身是福州南台岛汽车运输有限公司，2001年12月成立。是福州华威汽车运输集团有限公司控股的子公司。主要经营县际、城乡客运。2005年拥有中型客车15辆250座位，运行福州至平潭、闽清、南通班线及福州白湖亭至肺科医院区间班线。年均客运量40万人次，客周转量1000万人公里。

福州万福客运有限公司 2005年9月成立。职工25人，总投资241万元，有16座太湖中巴车10辆，开通湖际经福州英华学院（浚边）至金山公交总站（芦滨村），沿途有20几个村，基本满足当地村民和外来工出行的需要。

福州城洋客运有限公司 2005年12月成立。坐落于城门下洋村。职工26人，注册资金50万元，有新金龙16座中巴18辆，开通桥南至下洋，胪雷至市二医院，下洋至霞湖（师大）3条线路，每趟20分钟双向对开，途经白云、樟岚、谢安、安平、梁厝、厚峰、别头、湖际、洋坑、下洋等10个村。取代农村柴三机、摩的非法营运，消除交通安全隐患。

二、汽车货运

1990年，全区有货运企业8家，汽车87辆，主要担负福州五区八县的短途货运。是年开始货物运输不再按计划调配，改由货运市场按合同自由交易。全年货运量17.82万吨。1996年区划调整后，货运个体专业户发展至355户。个体运输专业户增加造成市场集中度低，呈现小、散、乱局面。是年，仓山货运较大企业有5家，货车1918辆，年货运量164.79万吨，货运周转量1067万吨公里。2000年，以资产为纽带，走并购、联合、参股道路，通过资质评定整合，加快改变单一运力结构，一些个体业户也自组联合车队、有限公司，实现投资主体多元化，经营方式集约化、网络化。同时，还建成仓山货运配载中心，初步形成大宗货物、仓储理货及运输服务业为一体的现代化物流业。是年全区货运量224万吨，货周转量8966万吨公里。2005年，仓山有货运企业12家，其中区属货运企业3家，乡镇货运企业3家和专业联户6家，从业人员1984人。货运汽车2178辆4537吨位，年货运量217万吨，货运周转量6727万吨公里，分别比1996年增长1.3倍和6.3倍。

附：主要汽车货运公司

城门运输公司 前身是城门运输社，1986年正式改名为城门运输公司。从业人员278人，管理人员23名，为货运三级资质，“AAA”级企业，固定资产2000万元。主要经营长途运输中转、装卸、代办保险等业务。1992年，评为“省级先进乡镇企业”，被授予“纳税大户”称号。2005年，有货车485辆、2275吨位，年货运量44万吨，货周转量4049万吨公里，营运收入2000万元。

仓山区联运公司 1990年10月成立。址设仓山区六一南路。注册资金10万元，职工8人。1996年，主要经营水陆货物联运，货运量2.6万吨。2005年，有货车100辆，货运量2.4万吨，周转量288万吨公里。

福州市仓山起重运输公司 1994年4月成立，为区属五类货运资质企业。主要经营起重吊装、汽车货运、修理装卸等代办运输服务及票证结算。2005年，有职工37人，管理人员9人，拥有货车20辆29吨位，年货运量0.6万吨，周转量1116万吨公里，营业收入136万元。

福州市华威货运配载有限公司 1999年成立。隶属于福建华威汽车运输集团，为四级资质的货运企业。址设仓山三高路和连江南路交汇处，占地1.7万平方米，总建筑面积6000平方米，拥有1万平方米大型社会停车场。下辖福州市仓山货运配载中心、福州市安达危险品运输有限公司和4家货物运输分公司，拥有各类货物运输车辆295辆、370吨位。2005年，有职工550人，货运量29.94万吨，周转量4491.2万吨公里。下辖的福州市仓山货运配载中心是福州市区最大的货物运输市场，是集配载、仓储现货、机修、信息为一体的综合性货运配载中心。固定资产1000万元，为福州市货运配载的骨干企业。

仓顺运输有限公司 2003年成立。是由盖山运输公司和仓山出租车公司组合而成的股份责任公司，有货车98辆、75吨位。2005年，货运量4.53万吨，周转量232万吨公里，营运收入321万元。

鹏辉运输有限公司 2004年11月9日成立。址设仓山区城门镇敖峰村敖里，注册资金50万元。2005年，有职工12人，车辆87辆、316吨位。年货运量3.6万吨，周转量180万吨公里，营运收入108万元。

盛意运输有限公司 2005年8月17日成立。址设仓山区金山街道新村，注册资金50万元，职工16人。主要经营货物运输、代理区内货物托运业务。2005年，有货车84辆（自有4辆）、86吨位。年货运量3.87万吨，货周转量174.15万吨公里，营业收入14.4万元。

1990～2005年仓山区汽车运输情况表

表8-3-1

年	运输汽车保有量			年客运量（万人）	年客周转量（万人公里）	年货运量（万吨）	年货运周转量（万吨公里）
	货车	客车	合计				
1990	135	191	323	7.90	186.64	17.43	674.44
1991	194	288	482	38.03	907.37	53.67	1358.63
1992	268	241	509	62.12	1180.4	73.03	1617.58

续表 8-3-1

年	运输汽车保有量			年客运量（万人）	年客周转量（万人公里）	年货运量（万吨）	年货运周转量（万吨公里）
	货车	客车	合计				
1993	425	356	791	281	2530	207.86	3234.93
1994	549	397	946	330	2970	265.68	4903.21
1995	388	321	709	524．4	4162．6	275.9	5625.2
1996	1910	611	2511	1182.03	1153.78	164.79	13183.2
1997	2005	619	2624	1190.01	12396.78	159.01	7155.45
1998	2506	616	3122	1178.94	10724.28	199.44	7977.6
1999	2589	616	3205	1177.92	10524.48	201.53	7053.55
2000	2476	627	3103	1196	17560	224.15	8966
2001	2658	613	3271	1172.23	10153	229.55	6886.50
2002	2573	618	3191	1197	10140	217	6510
2003	2218	626	2844	1197	10140	189	5670
2004	1964	626	2590	1228	11001	169	5070
2005	2178	654	2832	1229	11145	217	6227

第二节 城市公交

1990 年初，境内有公交营运线路 13 条，其中从区内始发 10 条，营运里程 91.3 公里，境内设有中途停靠站 27 个，从市区始发途经仓山的 3 条，境内设停靠站 12 个。1996 年区划调整后，5 个乡镇 108 个村（居）已通公交车辆的有 73 个村（居），尚未开通公交客运有 35 个村（居）。为解决农村群众乘车难问题，2005 年仓山区自行开发 4 条农村公交线路，打破市公交独家经营，逐步实现城乡公共客运一体化。当年末，境内公交线路达 59 条，其中从仓山区始发 52 条，营运里程 740.3 公里，境内设中途停靠站 897 个；从市区始发途经仓山的 8 条，境内设停靠站 206 个，比 1990 年增加 42 条。农村公路尚未通公交班车的有：城门镇的前锦、龙江、浚边、清富、胪厦、壁头、厚峰、绍岐、潘墩；盖山镇的江边、齐安、东兴、浦口、照屿、洋下、上岐、下岐、六凤；建新镇的麦浦、潘边、石边、上雁、葛屿、刘宅、新颐、霞境、凤高、东岭、江边、玉兰、冠洲；螺洲镇的天福、敖山、洲宅、乾元等，共 35 个村。

附：2005 年途经仓山区的市区公交线路

大公交线路有 1 路、2 路、3 路、4 路、5 支、6 路、8 路、13 路、14 路、14 支、17 路、18 路、18 支、20 路、21 路、22 路、25 路、26 路、28 路、30 路、31 路、39 路、702 路、702 支、722 路、723 路、725 路、726 路、727 路、801 路、803 路、805 路、810 路、811 路、813 路、815 路、818 路、821 路，共 38 条。

小公交线路有 905 路、908 路、917 路、925 路、925 支、942 路、943 路、946 路、947 路、950 路、953 路、965 路、967 路、969 路、970 路、978 路、979 路，共 17 条。

农村公交线路有：胪雷至市二医院、下洋至桥南、下洋至霞湖、湖际至金山，共 4 条。

2005 年仓山区公共汽车线路情况表

表 8-3-2　　单位：公里、个

线路	起讫站	单程	中途停靠站	区停靠站
1	西门 -- 白湖亭	11.1	40	10
5 支	火车站 -- 省新区	19.8	66	4
14	台江 -- 空军门诊部	11.8	40	24

续表 8-3-2

线路	起讫站	单程	中途停靠站	区停靠站
14 支	仓山步行街 -- 西客站	11.3	42	8
17	火车站 -- 白湖亭	10.4	34	12
26	火车站 -- 金山住宅区	14.5	68	10
28	白湖亭 -- 新店	13.9	50	10
801	白湖亭 -- 左海公园	15.9	44	10
803	南门 -- 峡北	18.8	52	34
810	火车站 -- 金山工业区	13	54	12
811	高尔夫球场 -- 金山住宅区	16.8	78	20
813	白湖亭 -- 西客站	12.2	52	14
815	师大 -- 下院	13.5	46	12
818	东站 -- 三中金山校区	15.9	70	14
821	火车站 -- 金山住宅区	18.5	68	22
2	火车站 -- 省交通学院	14.5	50	8
20	火车站 -- 师大	13.6	50	14
30	台江 -- 尚干	20.2	50	40
31	台江 -- 青口	23.6	58	40
39	台江 -- 上街	18.6	60	8
8	白湖亭 -- 软件园	17.5	56	12
22	火车站 -- 农林大学	12.1	48	10
805	软件园 -- 十二中	13	58	9
702	金鸡山公园 -- 省交通学院	13.5	46	12
702 支	金鸡山公园 -- 金山住宅区	15.8	46	8
3	元洪城 -- 螺州	11.6	56	40
4	省跳水馆 -- 丰泉环保集团	17.4	50	24
6	茶亭公园 -- 湾边	11.7	38	24
727	茶亭公园 -- 公交大修厂	13.6	39	24
13	远中 -- 橘园洲服务中心	17.6	70	18
18	火车站 -- 肺科医院	14.4	60	14
18 支	浦上协盛 -- 省跳水馆	16.4	54	15
21	白湖亭 -- 下洋	11	38	38
25	三叉街 -- 吴山村	8	44	44
722	警官学院 -- 橘园洲服务中心	17.8	64	28
723	工程学院新区 -- 福大东门	12.8	32	12
725	东站 -- 浦上协盛	16.4	60	18
726	警官学院 -- 肺科医院	14.7	52	12
905	火车站 -- 农林大学	14.2	60	14
908	屏西小区 -- 东升小区	15.1	52	12
917	火车站 -- 白湖亭	13.5	45	10
925	台江 -- 吴山村	10.7	34	32
942	台江 -- 江口	26.7	62	8
943	茶亭公园 -- 胪雷村	15	60	46
947	省建专 -- 森林公园	17.5	66	12
946	总院分院 -- 金融学院	16	64	12

续表 8-3-2

线路	起讫站	单程	中途停靠站	区停靠站
950	王庄新村 -- 湾边	12.3	44	26
953	南门 -- 展览城	18.1	70	30
965	白湖亭 -- 农林大学	16.2	66	66
967	仓山科技园 -- 行政学院	18.8	70	30
969	台江 -- 濂江村	11.6	31	20
979	白湖亭 -- 下洋	11.5	40	40
970	台江 -- 下洋	15.4	50	46
978	白湖亭 -- 师大新区	17.7	54	54
925 支	台江 -- 盘屿	13.9	49	49

2005 年仓山区农村公交线路情况表

表 8-3-3　单位：公里、个、辆

线路	道路等级	营运里程	途经乡、村	车辆数	开通时间
胪雷一市二医院	2	14	16	10	2005.10
下洋一桥南	2、4	16	15	8	2005.10
下洋一霞湖	2、3、4	25	36	15	2005.12
湖际一金山	2、3	18	23	15	2005.12

说明：各线路营运车辆均为中型普通客车

第三节　海上运输

1994 年，随着海峡局势缓和，海上运输开始恢复和发展。当年仓山区成立福州龙江航运公司，为从事海运的村办集体企业，址设仓山区城门镇龙江村。注册资金 202 万元，职工 99 人，其中持证船长 9 人，大副 3 人，二副 5 人，三副 10 人，轮机长 9 人，大管轮 4 人，二管轮 7 人，三管轮 7 人，一般船员 45 人。主要经营福建至华南沿海及长江中、下游各港间货物运输。成立时，有 500 吨位轮船 5 艘，年货运量 4.8 万吨。2005 年，拥有海运船舶 9 艘，载重量 6787 吨，动力 2011 千瓦，年货运量 8.0018 万吨，营运收 145.1 万元。

第四节　闽江航运

1990 年，境内闽江岸线长 73 公里，有竹木运输公司经营水口至福州木排拖运，年排拖运量 4 万立方米，营运收入 42 万元。1997 年，增加航运企业 1 家，有运输船 46 艘，500 船吨，主要从事内河沙石运输。是年，水口启动船闸，木排完全断航。2000 年起，建筑市场迅猛发展，沙石需求量猛增，境内先后成立仓鸿、龙希运输公司，投入 150 万元，装备百吨以上船舶 44 艘投入营运。主要经营：南平至闽江下游沿线货物运输（大量为黄沙、河石）。2001 年，几十吨的小型运输船舶从过去占船舶总数 75% 降至 25%，百吨至 500 吨的运输船舶增加至 50%。2002 ～ 2005 年，又先后成立仓宇等 5 家运输公司，航运船舶吨位质量在整合中稳步发展提高。至 2005 年底，境内有航运企业 7 家，职工 539 人，拥有船舶 112 艘、29203 船吨，动力 28992 千瓦，年货运量 465.393 吨，周转量 465.39 万吨公里。

附：航运企业简介

福州龙希沙石运输有限公司 2001年成立。注册资金100万元。主要经营南平至闽江下游沿线沙石运输，实行挖、运、卸一条龙服务。2005年，有职工85人，管理人员7人，拥有船舶9艘，载重量3680吨，动力3529千瓦。年货运量161万吨，年周转量2330.35万吨公里，营运收入329.4万元。

福州仓鸿水路运输有限公司 2001年12月成立。注册资金50万元，资产1561万元。主要经营南平至闽江下游沿线货物运输（以黄沙、河石为主）。2005年，有职工162人，管理人员7人。拥有运输船舶35艘，载重量7232吨，动力7075.1千瓦。年货运量136.8吨，周转量3742万吨公里，营运收入814.24万元。

福州仓宇船舶运输有限公司 2002年3月成立。注册资金50万元，资产452.3万元。主要经营南平至闽江下游沿线货物运输。2005年，有职工29人，管理人员9人，拥有运输船舶4艘，载重量1670吨，动力1344.6千瓦。年货运量50.1万吨，货运周转量2705.4万吨公里，营运收入400万元。

福州航丰运输有限公司 2003年7月成立。注册资金50万元。主要经营水口至潭琯沿线沙石运输。2005年，有职工88人，管理人员6人，拥有运输船舶25艘，载重量8120吨，动力7175.4千瓦。年货运量5.813万吨，年周转量116.3万吨公里，营运收入82.85万元。

福州仓盛船舶运输有限公司 2004年1月成立。注册资金50万元，主要经营水口至闽江下游沿线货物运输。2005年，有职工32人，管理人员4人，运输船舶3艘，载重量1945吨，动力3520千瓦。年货运量46.68万吨，周转量1867万吨公里，营运收入373.44万元。

福州元华船务有限公司 2004年成立。注册资金50万元。主要经营闽江水口坝下至琯头沿线沙石货运。2005年，有职工34人，管理人员5人。船舶5艘，载重量2280吨，动力2050.6千瓦。年货运量24万吨，周转量360万吨，营运收入172.86万元。

福州仓新船务运输有限公司 2005年成立。注册资金50万元，总资产1132万元。主要经营水口至潭琯沿线货物运输。有职工67人，管理人员4人。船舶31艘，载重量4276吨，动力4297.30千瓦。年货运量41万吨，周转量615万吨公里，营运收入271万元。

福州市仓山竹木运输公司 1962年10月成立。隶属仓山交通科（民管站）。主要经营水口至福州木排拖运。1990年，因水口电站建设，年排运量从8万立方米降至4万立方米。1997年11月水口启动船闸，木排完全断航，竹木停运。1999年，又因上渡路拓宽改造，竹木公司被拆迁，公司全面停业。

第四章 交通管理

第一节 管理机构

1990年，仓山区设有交通局和交通运输管理所（简称运管所），实行一套班子，两块牌子，负责境内交通运输管理。内设企业管理股、三叉街和水上交通管理站。1996年区划调整后，原郊区排下、白湖亭、洪山桥和湾边4个交通管理站（简称交管站）划归仓山。是年，交通局行政事业编制从原10名，增至31名。1998年，撤消排下、洪山桥交管站，业务收归区运管所直接管理。2003年5月14日，仓山区运管所单列，加挂“福建省福州市仓山区地方海事处”，为内河交通安全监督执法的专职机构，行政隶属区交通局，业务上接受地方海事局的指导。2004年7月1日根据国务院《中华人民共和国道路运输条例》，区运管所行政执法主体由原区交通主管部门委托核发客货运输、驾培场站、维修业等行政许可证，改为实施道路运输管理执法单位，负责全区交通运输监督检查和行政处罚。翌年，仓山运管所升格为副科级单位。2005年，交通局内设有办公室、运管科、财务科、运管所（仓山地方海事处）。下辖白湖亭、水上2个运管站和城门镇、盖山镇、建新镇、螺洲镇、临江街道、上渡街道6个船管站。配备有“闽海巡—110”艇1艘。

第二节　运政管理

一　运输管理

1990年，全区纳入运输管理的企业共9家，其中公路运输企业8家，水上运输企业1家。当年，运输市场打破统一计划、统一调度的做法，对市内流通物资，包括车站港口的集散物资、抢险救灾物资、军用物资和重点物资，全部取消指令性计划，允许运输企业自行承包，允许货主择优托运。客货运价格仍执行省、市物价部门核定的统一价格，汽车货运计费等级为3等（散装、包装、笨重）。整车运输在25公里以上为长途，25公里以下为短途，以3等货运价为基价，每吨公里0.17～0.20元，普通客车票价0.025元/人公里。搬运装卸普货基价每吨0.80～0.84元。客运摩托每人每站0.08元，每点0.04元。三、四轮车每位0.13元，每点0.06元。轮船运价0.28元/吨公里。沿海货轮运价分10个等级货运价，每吨运费30～90元。水运客运票价0.20元/人公里，渡口客运票价0.10元/人。1992年运价调高50%。市区短途汽车运输范围以行政区域为准，8县以城关5公里范围为准，超过规定的，一律以省定汽车运价计费。

1996年，区划调整后，辖内运力倍增。是年，重新修订《客运车辆服务规范》，在排下、白湖亭、洪山桥和湾边设立4个交管站，对交通客货运输车船进行监督检查，严把车船准入关和营运年查，换证工作。同时，落实渡口渡船“五定”（定渡口、定渡船、定渡工、定载额、定航线）工作，签定水上安全责任制，开展船舶年审，全年共核发车船运输证2570本。车船年查换证率达100%，车船维修完好率达85%。

2005年，客货运输价格除出租车外，一律实行随行就市。区运管所主要加强运输组织和市场调控，改善运输结构，更新车船运力。是年，区交通管理部门执行营运车船资质审验，通过核发运输许可证、车船营运证、驾驶员上岗证等，保护合法经营，取缔非法营运。同时，加强出租车管理，实行“车归点、人进站”，对营运司机进行全体岗位培训和技能考核鉴定，实行职业资格证书制度。到年底，全区纳入运输行业管理的企业增至24家，其中公路运输企业16家，水上运输企业8家，共核发运输许可证2996本，驾驶员上岗证2570本。

二、运政稽查

1990年，仓山区运政稽查主要通过基层水陆2个交管站联合仓山劳动服务队对横江渡、龙潭角渡和江心公园3个渡口实行安全检查，严禁乘客抢渡、强渡、超载，确保渡运安全。同时，购置边三轮，加强辖区路面稽查，在三叉街、师大门口、洋洽和仓前检查营运车辆，取缔非法营运，维护运输秩序。全年共检查各种车辆3000次，查处违章车辆120辆。1996年区划调整，排下、白湖亭、洪山桥和湾边交管站划归仓山，负责辖内道路客、货运输监督检查。同时，对出租车和小公共车行业进行整顿，取缔非法的客运站点、售票点和配货点。全年共检查各种车辆1.4万辆次，查处违章车1800辆，发放整改通知书25份，清理挂靠车300多辆。

1998年，区组建稽查队，变五级（乡镇）为四级（县区）运政管理。稽查队实行轮班日夜检查（每周安排3夜路面稽查）。重点打击二轮摩托，机关牌小轿车；无证无牌三轮车和残疾人代步车非法营运。全年查处非法营运的二轮摩托512辆，机关牌小轿车124辆，无牌无证的人力三轮车475辆，残疾人代步车14辆，违章客车1442辆，处罚金额达179万元。2002年根据市政府转变职能，理顺关系，精兵简政，提高效率的原则，将“三车”（摩托车、残疾人代步车、人力三轮车）非法营运的行政处罚权转移给区城市管理执法局。至2005年，全区设有3个稽查队，配备15人、3辆稽查专用车。10年中，共查处客货无营运证、二轮摩托和机关牌非法营运及“假公交”“假套牌”“大吨小标”“超限超载”等违章案件2万起，处罚金额达2868万元。依照《行政复议条例》受理听证641起。

三、驾校管理

1990年，汽车驾校统一由市交警支队管理。至2004年6月，全区有机动车驾驶员2300人、拖拉机手1210多人（轮式拖拉机手300人，手扶拖拉机手900人，农用车手10多人）。

2004年7月1日，根据国务院《中华人民共和国道路运输条例》，仓山交通局正式介入汽车驾校管理。依据《机动车驾驶员培训管理规定》，通过检查审核驾校的培训车辆、训练场地、设施、教练员、教学时制等，加强驾校管理。

2005年，在驾校推行学时制和驾驶模拟教学，同时建立和完善驾校和教练员信誉管理，规范培训收费标准和提高收费透明度，推动机动车驾驶培训机构专业化、规模化。是年，共培训学员13438人（小车驾驶员12942人，城市公交车驾驶员48人，大货车驾驶员16人，摩托车驾驶员432人），结业13228人，结业率达98.43%。全区发放机动车驾驶员证34450本（其中：汽车1.8万本，摩托车1.6万本，其他450本）。当年全区有福建省吉诺交通职业培训学校、福州兴凯汽车驾驶员培训有限公司、福州交安机动车驾驶员培训学校、福建公安高等专科学校汽车驾驶培训中心、福州华威驾驶员培训有限公司、福州仓龙汽车驾驶员培训有限公司、福州城门汽车驾驶员培训所、福建海峡汽车驾驶员培训有限公司、福州市城南机动车驾驶员教练有限公司、福州晓峰汽车驾驶员培训有限公司、福州市仓山永丰汽车培训中心、福建世昌交通技术培训中心、福州诚发汽车驾驶员培训服务有限公司、福建农林大学汽车驾驶员培训中心14家驾校。其中达标二级驾校2家，三级驾校12家，核定教学车辆440辆（公交15辆，大货车6辆，客车399辆，摩托车20辆），汽车教练员452人（理论教员29人，实际操作423人）。福建省吉诺交通职业培训学校占地5.5万平方米，有大小教练车80台，教练员90人，是省首批资质认证综合类二级驾校，也是福州市规模最大的驾校、福州市“十佳”驾校。

第三节 路政管理

1990年，仓山区路政由福州市统一管理。1996年区划调整后，仓山区按照“政府主导，专业指导，上下联动，运转有效”的原则，由区交通局负责境内公路管理和专业养护任务。是年，福州市政府出台《福州市道路交通管理暂行规定》，公路养路费仍由市公路局负责征收，仓山区负责代征拖拉机和二轮摩托养路费，手扶拖拉机每月50元，方向盘拖拉机按马力每月70—110元；二轮摩托每月4元。养路费全部上缴市公路局。每年养路费用由市公路局拨给，本着“专项专用”原则，首先保证已列养的乡村道路，其次安排代征单位经费补贴以及弥补群众性养护、公路秩序和安全教育经费。是年，全区公路干线计30.521公里，分别由专业和地方两级进行养护。高速、国道实行专业养护，每年由省公路局下达专项经费，由公路段道班进行公路日常小修保养和修复水毁等专项工程；县道和乡村等级公路共有99.515公里，由所在乡、镇组织实施，由区道班负责养护。全区设有城门镇、盖山镇和建新镇3个道班共计50名养路工，道班行政上受区交通局和所在地政府双重领导，区交通局负责技术、业务管理，养路费除依靠当地镇政府自筹外，国家按公路等级补助经费。未经批准列养的等外公路计3.47公里由所在镇、村临时组织力量进行季节性养护。厂（场）部队的专养公路不纳入国家和地方养护范围，由使用单位自行养护。同时根据交通部《公路标志及路面标线标准》和《道路交通标志和标线》的国家标准，在全区等级公路的路口、弯道、陡坡等路段分别设置警告、指示、禁令、指路、导向等标志28面。此后又在新开6条农村客运班线，增设交通标志 20 面。

2005 年，全区设有 3 个公路养护班，养护工 50 人，养护公路 102.985 公里，专业养护的公路占全区已列养公路总长的77%。全年共清理公路堆积物50立方米，拆除路障500平方米，拆除公路违章建筑50处，路面、路基、路线导向标志基本达到规范要求。

第四节　航政管理

1990 年，闽江主航道和内河航道分别由省、市航道管理局直接管理。福州港务监督根据交通部《船舶登记章程》对进出港的各种船舶（除军事，公安船舰外）全面进行登记，船舶经登记取得证书后，方有权悬挂国旗航行。内河运输和港航安全，由市交通局委托区交通局（区运管所）管理。是年，区交通局根据省政府《关于加强乡村船舶安全管理的通知》，对不符合安全航行规定的船舶均不准开航；并对沿河两岸 15 米以内地段挖土、建筑、架设等工程实行监督。是年，境内内河运输和港航安全均未出现重大事故。

1996 年，水域管理面积扩大至南台岛南北港，船舶申请丈量、检验，核定船舶吨位载重定额，仍由市航务处审查，发给船舶合格证书和航行簿方准航行。仓山区根据交通部门意见，成立湾边港航管理站，配备检查艇一艘，兼任辖区内河运输和港航安全管理。同时开始实行内河船员适任证书制度，对无船员证书者，不准在船执行职务。是年，境内（下洋、绍岐、湾边和洪塘等 8 个渡口）除湾边直属省港监站监督外，其余各渡口由城门、盖山、建新 3 个乡村所在地管理。1999 年，区港航站出动安全航行检查 180 航次，检出码头、渡口违章船舶 90 艘，发放违章通知书 12 份。

2003 年开始，境内船舶的验船、发证、变更、注销登记等事项移归区地方海事处管辖。同时建立“五定”（定渡口、定渡船、定渡工、定载额、定航线）管理制度。每逢节假日、台风、洪水季节加强安全检查，确保全区渡口、渡船安全。当年，经仓山区地方海事处登记的有海船 9 艘，内河船舶 103 艘。

闽海巡——110 艇

2005 年，仓山区地方海事处举办“轮机人员培训班”、指导辖区 6 个船管站，落实客渡船“三长”（区长、镇长和村长）安全责任制。全年共出动检查艇 150 艘次，安全检查人员 640 人次，检查船舶 462 艘次，发现纠正违章 71 艘次，培训各类船员 600 人。

第九篇　财税　金融

第九篇　财税 金融

第一章　财政

第一节　财政体制

1990 年，仓山区继续执行 1989 年一级财政管理体制，市区实行分税制，税收返还基数按固定比例分成。1992 年起，区对街道预算内资金实行“划分收支、核定基数、收支挂钩、定额上缴、超收分成”的管理体制。1996 年区划扩大后，区政府对镇实行“划分收支、核定基数、定额缴补、增收分成、短收扣支、一定两年”的财政管理体制。1998、2002、2003、2005 年，区财政管理体制历经 4 次改革、调整和完善，不断适应经济发展的需要。

一、市对区财政管理体制

1990 年，福州市对仓山区实行 “划分收支、核定基数、定额缴补、增收多留、分类包干、自求平衡”的财政预算管理体制。税收返还基数按固定比例分成；增收按区 60%，上缴省 40% 分成。1994 年，市对区财政管理体制在原定基础上进行补充，即区财政收入中农业特产税调为 20%。该体制一定三年。

1998 年，市调整对区财政管理体制，从 1999 年 1 月 1 日起，市对区财政收入分成办法进行调整。调整原则是总体不动，部分调整，保基数，保既得财力；与中央、省实行“分税制”财政收入分成办法相衔接，以调动市、区两级政府共同培养财源、增产增收积极性。调整后区财政按区国税局、地税局征收入库的增值税、营业税、个人所得税分成 70%；区经贸委登记注册的区及区以下外商投资企业、独资企业的所得税、增值税、营业税、个人所得税分成 70%；集体企业和私营企业所得税分成 75%；委托街道、居委会代征的私人出租房产税分成 60%。区财政收入基数以 1997 年区国税局、地税局税收入库数为基础，按照区财政收入范围进行计算核定；财政支出基数以 1997 年区财政决算收入数，扣除按原财政办法规定的上缴数，加上 1997 年税收返还基数，计算出区既得财力，作为支出基数。收入基数大于支出基数的，免于上缴；支出基数大于收入基数的，给予定额补助。定额补助就高不就低，新办法定额补助数高于原办法补助数的，按新办法确定的定额补助数给予补助；新办法定额补助数低于原办法补助数的，按原补助数给予补助。

1998 年税收的增量分配，按工商税收中留市级财力的增长情况，增加区财政支出基数和定额补助数。市对区实行的体制中规定的增收分成办法，按区经济发展状况和实际情况给予照顾。2002 年，所得税改革，所得税从地方固定收入调为中央与地方共享收入，分享比例 5:5，市财政相应调增区定额补助 2309 万元。此管理体制至 2005 年不变。

二、区对街道财政管理体制

1990 年，区对街道财政延续使用上年“统收统支”的管理体制，收入归区，支出由区财政预算拨给。

1992 年起，区对街道预算内资金实行“划分收支、核定基数、收支挂钩、定额上缴、超收分成”的管理体制。各街道建立财政所，其预算内资金管理实行“划分收支，核定基数，收支挂钩，定额上缴，超收分成”的原则。收入含街道企业的产品税、增值税、营业税、集体所有制企业税收、街道合资企业工商统一税及中外合资企业税收、街道所辖个体户税收等。超收部分市、区、街按 4:3:3 比例分成，欠收不补，两年一定；预算内支出含街道机关人员行政管理费、城市维护、计划生育及上级财政安排的专项支出等，以 1991 年实际支出数进行适当调整后确定；街道自有资金管理，由财政所划分资金来源渠道，统一设立账户，统一管理，统一核算。

1995 年，区政府进一步完善街道财政所体制。预算内实行“划分收支、核定基数、收支挂钩、定额上缴、增收分成、超支自补、节余自用、自求平衡”的管理体制。以 1994 年街道实际收、支为基数，基数内收入全部上缴。增收部分，三叉街街道按区实际所得财力，区、街按 3:7 分成，其他 5 个街道按 4:6 分成。增收分成留用资金用于补充预算内人员经费、补充预算内公用经费、发展生产基金、提取作奖金和福利基金（应报区财政批准）。支出基数按 1994 年实际支出数作适当调整后，确定为财政所支出基数，基数内由区定额补助，基数外增支由街道创收自补。街道预算外各项资金由财政所划分资金渠道，统一设立账户、统一管理、统一核算。1996 年起，将计划生育支出划为区级支出，适当调整财政所收支基数。

2003 年，区政府按照财权与事权、经济利益和经济责任相统一的原则，对街道实行“划分收支、核定基数、定额缴补、比例分成、一定五年”的财政管理体制。街道财政收支实行统一管理，分别核算，市核定给区的收入范围均作为街道收入范围，街道引进在橘园洲、埔上洲等“飞地”的企业各项税收的 50% 也计入街道收入。街道引进的税收属仓山区拍卖地建设项目，企业所得税归街道收入，其他税收归区级收入。财政收入基数以 2002 年财政收入实际数（不含房产税），按 2003 年收入口径调整后，作为 2003 年收入基数。支出基数按 2003 年 1 月 1 日各街道实际财政供养人员及原居委会数拨给居委会经费。财政收入共享比例，按地方级收入中工商税收分成比例为 30%，行政性收费收入和其他收入 100%，罚没收入 80%，房产税按实征数的 60% 返还。定额缴补数确定后，定额缴补数加街道按分成比例分得的财力即为街道可动用财力。街道财政据此编制年度收支预算，并保证年终财政收支平衡。街道完成当年区政府下达主要经济任务的奖励 5 万元，上半年实现“双过半”的按全年奖励金 50% 另行嘉奖，各项经济指标奖金分配比例按区政府文件执行。同时收入实行分段奖励，超任务部分工商税收按 40% 分成，超力争数部分工商税收按 505 分成。

2005 年，区政府通过并实行金山街道财政管理体制。新体制为“划分收支、核定基数、定额缴补、比例分成、自求平衡、一年一定”。街道财政收支实行统一管理，分别核算。以 2004 年收入完成数 511 万元的 85%，即 434.3 万元作为收入基数。以 2004 年 12 月 31 日测算支出基数，按街道实际财政供养人员确定在职和离退休人员支出。地方级收入工商税收分成比例为 100%，罚没收入 80%；房产税按实征数的 60% 返还。根据收入基数按共享比例计算街道财力，与支出基数相减，确定区对街道的补助数。收大于支，定额上缴；支大于收，定额补助；区级以上确定的增人相应调整支出基数和定额缴补数，大范围的增资由区财政负担 25%，街道负担 75%。街道其他增支项目由街道在增收的财力中解决；农村低保街道配套资金由街道承担；基金预算和预算外收支不确定基数，但要求自求平衡。完成当年区政府下达主要经济任务，奖励 5 万元；上半年实现的“时间过半，任务过半”的，按全年奖励金 50% 另行奖励；各项经济指标奖金分配比例按区政府文件执行。同时收入实行分段奖励，超任务部分工商税收按 40% 分成，超力争数部分工商税收按 50% 分成。当年增收分成总额在 30 万以内由街道自行掌握；超出 30 万的作为事业发展专项基金，需报批才能使用。

三、区对镇财政管理体制

1990 年，仓山区所辖范围没有乡、镇建制。1996 年，福州市实行区划调整，仓山区始有镇建制。当年，原郊区的城门镇、螺洲镇、盖山镇、建新镇、仓山镇划归仓山区管辖。区政府对镇实行“划分收支、核定基数、定额缴补、增收分成、短收扣支、一定两年”的财政管理体制。镇财政收入范围含区级工商税收中农村税收及镇级以下的集体企业所得税（增值税25%、营业税、个人所得税、集体企业所得税）、农业税、特产税、行政性收费收入、其他收入等。支出范围包括镇级的行政管理费、农林水部门事业机构经费和补助费、文教事业费中文化站、广播站和农村教育经费、计划生育经费、卫生事业费中的财政事业费、农业税征收管理工作经费及上级财政安排的专项支出和乡镇其他支出。收入划分及分成办法按市级财政核定仓山区收入范围，各镇增值税、营业税收入在基数内不参与分成，超基数增收部分螺洲镇分成30%，其余各镇分成20%；农业税不参与分成，农业特产税各镇基数内分成20%、超基数部分镇分成50%。各镇收入任务没有完成的差额部分镇负担20%，从区财政分成款中扣回。

1997年，区对镇财政实行“划分收支、核定基数、财力挂钩、增收分成、短收扣支、自求平衡、一定三年”的原则。工商税收和企业所得税收入基数的确定及分成办法，以1996年决算报表中体现的实际完成数加各镇“三资”企业税收作为财政收入基数。同时根据现行省对市、区财政体制（增值税25%部分60%财力，其余工商各税70%财力）测算后核定财力基数。各镇每年的财政收入所实现的实得财力，基数内不分成，超基数部分螺洲镇分成20%，其余各镇分成15%。农业税不核定基数，也不参与分成。农业特产税以1996年实际完成数作为收入基数，基数内各镇分成20%，超基数部分镇分成50%。行政性收费收入和其他收入不核定基数，按实际完成数专项拨给列支。一般预算支出基数以1996年支出基数加1997年上半年调资因素核定；基金预算不确定收支基数，不参与分成。除农村教育费附加按规定集中一部分全区统筹使用外，全部下拨各镇使用，自求平衡。区对未能完成收入任务的镇，按影响区实得财力部分的15%在该镇支出中扣收。收支基数确定后，在实施过程中，除重大经济改革外，一般不再作调整。如遇政策性大面积增支，镇教育系统的增支由区财政负担，其余部分增支经费由各乡镇增收分成款中自行解决。

1998年，区政府决定对镇财政税收返还数进行重新核定，实行“划分收支范围、核定共享比例和支出基数、各级自求平衡”的分税制财政体制。地方税费收入归区级收入（根据完成情况按比例相应安排专项支出）。镇财政一般预算收入中增值税（25%部分）分享比例为省40%、区48%、镇12%。营业税、个人所得税、企业所得税、外商企业所得税分享比例为省30%、区59%、镇11%（螺洲镇分享比例为省30%、区56%、镇14%）。农业税镇不参与分成，农业特产税分享比例为区50%、镇50%；行政性收费收入和其他收入分享比例为镇100%；基金预算收入分享比例为区5%、镇95%。税收返还数和支出基数以1996年为基数年，根据1996年镇一般预算收入实际完成数按分享比例测算财力，与镇支出基数相减，确定税收返还数；以1997年支出基数加1998年镇教育系统增资数和原先预留在区的卫生系统经费15%部分为1998年支出基数。各镇按实现的财力向区财政调拨资金，并保证年底财政收支平衡。如遇政策性调资，除镇教育系统增支部分由区财政负担外，其余部分各镇需靠财政增收自行解决。

2000年，区政府调整对镇财政管理体制。规定地方级收入数扣减市财政上划部分后均作为镇级财政收入。镇级工商税收入的分成比例为15%（螺洲镇分成18%）。农业税不参与分成。农林特产税镇分成比例为50%。行政性收费收入和其他收入镇分成比例为100%，罚没收入镇分成比例为80%。基金预算收入中农村教育费附加镇分成比例为90%。凡超额完成区政府当年下达工商税收任务的镇，其工商税收超任务部分按40%分成。根据新的财政体制，区财政在各镇1999年财政收支实现数的基础上，重新核定各镇税收返还数（定额补助数）。

2003年，区政府对镇实行“划分收支、核定基数、定额缴补、比例分成、一定三年”的分税制财政管理体制。财政收支基数按 当年收入口径调整后作为一般预算财政收入基数。基金预算不定基数。各镇财政供养人员经费和公用经费作为镇财政一般预算支出基数。地方级收入中工商税收镇分成比例为30%，农业税、行政性收费收入和其他收入分成比例为100%，罚没收入为80%。区财政以当年镇收入基数与支出基数相减，确定区对镇的补助数。基金预算中农村教育费附加收入分成比例为90%，另10%集中作为全区镇小学统筹使用，地方税费附加收入的分成比例为100%。区对镇的补助数加镇分成比例分得的财力即为镇当年可动用的一般预算财力。镇财政据此编制年度收支预算，保证年终财政收支平衡。实施新体制后，遇政策性调资所增加的支出，教育系统由区财政负担，其余各种原因的增支由镇在财政体制分成中自行安排。基金预算和预算外收支自求平衡。区对镇实行增收奖励，对完成当年区政府下达主要经济任务的镇，奖励5万元；上半年实现经济任务“双过半”的，按全年奖励金50%另行嘉奖；各项经济指标奖金分配比例按区政府文件执行分段分成，超任务部分按40%分成、力争数增收部分按50%分成。该财政体制至2005年不变。

第二节 财政收入

1990年，仓山区财政收入主要有工商税收入、国营企业收入、专款收入、其他收入及上级补助收入4项。当年，财政总收入914.6万元。其中工商税收入683.6万元、国营企业收入1.9万元、专款收入12.1万元、其他收入217万元。

1991～1994年，随着经济发展，区财政收入逐年增长，至1994年区财政总收入达2468万元。其中工商税收入1036万元、国营企业收入239万元、专款收入75万元、其他收入1118万元。

1995年，国家实行分税制体制改革后，区财政总收入，分为地方财政收入和上划中央收入两部分。当年，区财政总收入5191万元，其中一般预算收入3967万元，上划中央收入1224万元。

1996年，福州市区划调整，城门、螺洲、盖山、仓山、建新5个镇划入仓山区。是年财政总收入增至10505万元，其中一般预算收入6205万元，上划中央收入4300万元。

1997年，全区财政总收入14393 万元，其中一般预算收入8240万元，上划中央收入5358万元。是年，财政收入中增加基金预算收入项目。当年基金预算收入795万元。

1999年，市政府调整市对区财政分成，采取区财政收入与区国税局、地税局税收比例分成办法，当年区财政总收入19921万元，其中一般预算收入10948万元，上划中央收入8013万元，基金预算收入960万元。随着仓山区经济不断发展，区财政收入逐年增长，2000年财政总收入突破2亿元，2002年突破3亿元，2003年突破4亿元，2004突破5亿元。

2005年，财政总收入6.4548亿元，其中一般预算收入3.3251亿元，上划中央收入3.865亿元，基金预算收入432万元。

1990～2005年仓山区财政收入情况表

表9-1-1 单位：万元

年份	财政总收入	其中		
		一般预算收入	上划中央收入	基金预算收入
1990	914.6	914	—	—
1991	1151	1151	—	—
1992	1451	1451	—	—
1993	2062	2062	—	—
1994	2468	2468	—	—
1995	3967	3967	1224	
1996	10505	6205	4300	
1997	14393	8240	5358	795
1998	17821	9750	6519	1552
1999	19921	10948	8013	960
2000	21825	12118	8547	1160
2001	26787	14788	11073	926

续表 9-1-1

年份	财政总收入	其 中		
		一般预算收入	上划中央收入	基金预算收入
2002	36103	15338	20132	633
2003	43857	19803	23304	750
2004	52270	24789	26956	525
2005	64548	33251	30865	432

第三节 财政支出

1990年，财政支出主要用于基本建设、科技三项费用、工交部门事业费、城市维护费、文教卫生事业、科学事业、扶植社会福利事业、民兵事业、行政管理、城镇青年就业、公检法等方面。全年财政总支出1132万元。1994年，由于执行工资改革，工资支出增加及罚没办案费用、市场建设费支出增加，财政支出刚性增长，当年财政总支出3094万元。1995年又增为3256万元。

1996年，仓山区行政区划扩大，当年财政总支出增至4739万元，主要用于基本建设、科技三项费用类、支援农村生产支出类、农林水利气象等部门的事业类、工业交通等部门的事业类、城市维护费类、文教事业类、科学事业费类、其他部门事业费类、抚恤和社会救济费类、国防支出类、行政管理费类、公检法支出类、价格补助支出类、支援不发达地区支出类、其他支出类、专项支出类、农业综合开发支出类、卫生经营类、行政事业离退休经费类。其中，文教事业费2101万元，行政管理费1119万元，城市维护费678万元，卫生经费841万元。1997年，增加工业交通部门基金、商贸部门基金、文教部门基金、农业部门基金、其他部门基金、地方财政税费附加等支出。当年，财政总支出9631万元，其中一般预算支出8647万元、基金预算支出984万元。1998年起，仓山区各项事业投入随着经济社会的发展逐年增加，当财政总支出突破1亿元，2002年突破2亿元。至2005年，全区财政总支出31475万元、其中一般预算支出29183万元、基金预算支出2292万元。

1990～2005年仓山区财政支出情况表

表 9-1-2 单位：万元

年份	财政总支出	其中	
		一般预算支出	基金预算支出
1990	1132	—	—
1991	1151	—	—
1992	1451	—	—
1993	1930	1930	—
1994	3094	3094	—
1995	3256	3256	—
1996	4739	4739	—
1997	9631	8647	984
1998	11508	10483	1025
1999	12897	12149	748
2000	14870	13611	1259
2001	21294	17730	3564
2002	20351	19502	849
2003	22351	21480	871

续表 9-1-2

年份	财政总支出	其中	
		一般预算支出	基金预算支出
2004	26114	25219	895
2005	31475	29183	2292

第四节　财政管理

一、预决算管理

1990 年，仓山区财政预决算由区财政局于每年初编制预算草案，由区政府审查，提交区人民代表大会审议后执行。年终由区财政局编制决算，经区政府审查后，报区人民代表大会审议批准。是年，仓山区对行政单位实行全额预算，对事业单位分别实行全额、差额、自收自支预算管理。全额按 100% 拨付，差额按相应比例拨付。人员经费以人事局核定的基金簿安排，公用经费实行定额管理，业务经费按工作量切块管理。

1991 年 1 月，福州市把公费医疗经费划归区管理。8 月，区公费医疗领导小组和区财政局先后制定《仓山区公费医疗管理办法》和《关于行政事业单位预算外资金实行财政专户储存实施办法》，对行政、事业单位预算外奖金实行财政专户储存管理，财政部门设立预算外资金管理专户实行“专户储存、计划管理、财政审批、银行监督”的管理办法。

1992 年，加强街道预算管理。至 1995 年，先后成立临江、仓前等 6 个街道财政所，为街道办事处一级预算单位。1996 年区划调整后，新划归仓山区的 5 个镇财政所业务相应归属区财政局管辖。是年，行政性收费纳入预算管理，财政周转金实行“五统一”（即统一计划、统计管理、统一制度、统一开户、统一核算）管理。1997 年 2 月起，农村教育事业费附加列入财政预算管理，实行镇收、区管、镇用的管理办法。

2003 年，实行农村税费改革，取消镇统筹费；取消农村教育集资等行政事业性收费和政府性基金、集资；取消屠宰税和统一规定的劳动积累工和义务工费；改革村提留征收使用办法后，区财政加强预决算管理，连续加大调整支出结构力度，加强税收征管，确保收入稳定增长和收支平衡，确保人员经费和重点支出的需要。2005 年，预算管理继续坚持“保吃饭，保法定支出，保安定稳定”的原则，集中财政预算内外财力，构筑公共财政框架，实现财政收支平衡。

二、财务管理

（一）预算外资金管理

1990 ～ 1991 年，对区辖行政事业单位账户进行清理、整顿，统一使用行政事业性收款收据，由专人保管、核销，定期进行检查。1993 ～ 1995 年，组织开展乱收费专项治理。共查出违反国家社会集团购买力 3.45 万元，偷、漏、拖欠税款 3.27 万元、私设小金库 0.41 万元、占用企业财产 21.68 万元。

1996 年，规范行政事业性收费和预算外资金管理，实行收支两条线的管理办法，对尚未纳入行政性预算管理的收费，实行预算外资金管理，全部纳入财政专户储存。民兵预备役经费实行社会统筹，区统筹经费由财政部门收缴，经审计部门审计后划拨区人武部管理使用。同年 12 月，区开展清理整顿区直单位预算外资金银行账户工作，各单位一般只允许开设一个收入账户和一个支出账户。

1999 年，加大对部门预算外资金“收支两条线”管理力度，清理“小金库”及对部门预算内外资金账户进行专项清查，撤销 65 个预算外资金账户，查出违规违纪金额 85 万元。新增 13 个财政专户存储单位，完善各单位银行账户的管理。

2001 年，全区行政事业单位预算外收入全部实行收支两条线管理，同时开展预算外资金专项检查、镇街银行账户清理情况检查、水利专项资金检查和行政事业性收费票款分离的检查，共收回专项资金 12 万元，清理账户 53 户。

2002 年，执行中央《关于深化收支两条线，进一步加强财政管理的意见》，进一步加强政府采购工作，重新修订采购目录和有关规定。2003 年采购金额达 1000 多万元，资金节约率达 7%。

2004 ～ 2005 年，针对财政管理中存在“重分配、轻监督”的突出矛盾和挤占、挪用等主要问题，有计划、有步骤地开展预算外资金专项检查，发现有的乡（镇）预算外资金没有实行专款专用，于弥补行政经费；有些区直部门对预算外资金不执行“收支两条线”，未缴入财政专户，存在坐支现象。经查处得到及时纠正。2005 年政府采购金额达 712 万元，节约资金近 38 万元。

（二）行政事业单位财务管理

1990 年，区行政事业单位继续实行财政部 1988 年颁发的《事业行政预算单位预算会计制度》进行财务管理。1996 年加强行政事业单位财务监督力度，出台《关于加强行政事业单位汽车管理的通知》。对区直单位汽车实行定额包干管理。区财政局连续组织全区各行政事业单位、社会团体开展财务大检查，规范行政事业单位会计管理。1998 年起行政单位适用《行政单位会计制度》，事业单位适用《事业单位会计制度》。

2000 ～ 2002 年，全区行政、全民事业单位实行国库统一支付工资，规范工资发放标准，确保工资按时、足额发放，改变单位编制与经费脱钩的现象，减少不合理的财政支出，增强财政资金使用效率。

2003 年，为缓解财政资金压力、盘活各单位沉淀资金、规范会计核算、严肃财政纪律，区成立“仓山区会计核算中心”，全区 62 家行政事业单位纳入会计核算中心实行统一核算。2005 年，扩大行政性收费纳入预算管理范围，行政性收费一律使用省统一制发的行政事业性收费专用发票。收费票据的发放、稽查和核销由区财政局管理。当年纳入管理有 150 家。

二、会计管理

1990 年，仓山区共有会计人员 38 人，11 月，开始对会计专业技术人员实行考核，考核的结果作为晋职、晋级、聘用、奖惩的主要依据。1991 年，成立“仓山区会计专业技术初级职务评审委员会”，开展会计专业初级职务资格评定。是年全区新评出助理会计师 3 人，会计员 1 人。1992 年，区承办会计人员专业技术资格乙种考试报名工作，当年报名 171 人，考试取得职称 30 人。

1997 年 7 月，执行会计人员持会计证上岗的管理新办法，全区发放会计证 800 本。同年，开始每年对会计人员进行继续教育，实行每 2 年一检的管理方式。当年举办会计人员培训班，参加培训 800 人。1999 年 4 月，开展 1998 ～ 1999 年度会计人员继续教育年检，对每年接受继续教育累计时间达 72 学时，其中接受培训时间达 24 学时、自学时间达 48 学时者共 1277 人，颁发给《会计人员继续教育手册》。

2002 ～ 2004 年，先后成立“仓山区会计核算中心”和“仓山区教育会计核算分中心”，负责对区直行政事业单位的财务会计核算。各相关单位的会计、出纳两个岗位相应调整为报账员岗位，承担出纳及向会计核算中心报账职责。

2005 年，依托区会计核算中心和区教育会计核算分中心对全区财会人员实行规范管理，培训会计人员 1500 人。是年，全区具有会计专业技术职称的会计人员共 157 人。其中高级 5 人，中级 36 人，初级 116 人。

三、财政监督

1990 年，设立区税收、财务、物价大检查办公室。至 1996 年，检查 59 个部门、单位，对其中 26 个单位进行重点检查，发现违纪单位 3 个，违规金额 59.84 万元，违规支出 56.16 万元。

1997 年，继续控制社会集团购买力，开展各项专项费用清理，加强罚没收入、行政性收费收入管理，及时解缴入库。1999 年，加大对部门预算外资金“收支两条线”管理力度，清理“小金库”及对部门预算内外资金账户进行专项清查，撤销 65 个预算外资金账户，查出违规违纪金额 85 万元。

2001 年，开展对预算外资金、镇街银行账户清理和水利专项资金、行政性收费票款分离的检查，共收回专项资金 12 万元，清理账户 53 户。

2003 ～ 2005 年，落实“阳光工程”建设，对全区行政事业单位银行账户进行清理整顿，对行政事业性收费、罚没收入及单位代收代办费和各类社团单位往来结算凭证统一使用由财政厅印制的收费收款票据。同时进一步加强政府采购工作，重新修订采购目录和有关规定。至 2005 年政府采购金额达 2012 万元，节约资金 128 万元。

第五节 机构

区财政局

1990 年，区财政局内部未设置具体科室，只按总预算及总会计、行政事业、企财及预算外资金管理和办公室 4 项工作进行分工，在岗 9 人，其中在编 1 人。

1996 年，原郊区财政局 8 人调入仓山区财政局。是年，区财政局编制增至 9 人，内设办公室、预算、综合、企财、农财农税、行政事业 6 个职能科室。

2002 年 6 月，重新核定财政局职能配置、划入政府采购办公室职能。是年，区财政局内设办公室、预算科、农财科、行政事业社保科、综合计划科（仓山区社会集团购买力办公室）、企财科 6 个职能科（室），行政编制 7 名。2005 年，区财政局内设职能科室不变。

下辖机构

仓山国有资产营运有限公司 1999 年 12 月成立，为全民企业单位，隶属区财政局。核定编制 3 人，实配 3 人。公司设有董事会，成员 7 人。内设“2 办 3 部”即办公室、重点项目协作办、国有资产管理部、旧屋区改造策划部和财务部。直至 2005 年不变。

仓山区会计核算中心 2003 年成立，核定编制 8 人，为全民事业单位，隶属区财政局。至 2005 年不变。

仓山区教育会计核算分中心 2003 年成立，核定编制 5 人，为全民事业单位，隶属区教育局。至 2005 年不变。

第二章 税务

1990 年，仓山区税务机构设置、人员编制、干部任免及税种的开停征、税目的增减、税率的调整均由市税务局垂直管理。仓山区设有福州市税务局第四分局，负责税收征管。当年开征税目有增值税、消费税营业税、个人所得税、土地增值税、城市维护建设税、车船使用税、房产税、屠宰税、资源税、城镇土地使用税、固定资产投资方向调节税、印花税等 17 种，共征收税款 1275 万元，其中工商各税 1036 万元，所得税 239 万元。

1994 年，国家实行分税制体制改革，建立中央和地方税收体系。福州市税务局第四分局撤销，分设福州市国家税务局仓山分局和福州市地方税务局仓山分局。国税系统实行国家税务局垂直领导，负责征收中央税和中央地方共享税。地税系统实行省政府和国家税务局双重领导，以省政府为主，机构设置、人员编制、干部管理、经费开支等实行省税务局垂直领导，全部收入为地方财政收入，纳入地方金库。国、地税分设后，仓山设有国税分局和地税分局，开始以组织收入为中心，逐步建立“以纳税申报和优化服务为基础，计算机网络为依托，集中征收，重点稽查”的税收征管新模式，使税收收入呈逐年上升。1995 年，全区共征收税款 5711 万元，其中国税 3685 万元，地税 2026 万元。1996 年，各项税款征收首破亿元大关，1999 年突破 2 亿元，2003 年突破 4 亿元，2004 年突破 5 亿元。2005 年，各项税款征收达到 7.0005 亿元，其中国税征收 3.6443 亿元，地税征收 3.3562 亿元，均完成或超额完成年税收征管任务。

第一节 税务机构

一、福州市国家税务局直属四局

1994 年 8 月，国家税务体制改革，成立福州市国家税务局直属四局（以下简称国税）。内设办公室、人事教育股、监察室、计划会计股、征收管理股、税政股、税务检察室、稽查分局、管理一股、管理二股、管理三股。干部职工共 54 人。

1996 年，福州市区划调整，将原属郊区国税局的盖山税务所、城门税务所、螺洲税务所、建新税务所、仓前山税务所以及原直属一局的仓山税务所划归市国税直属四局。内设办公室、人事教育股、监察室、计划会计股、征收管理股、税政股、税务检察室、稽查分局、管理一股、管理二股、管理三股、城门税务所、盖山税务所、建新税务所、螺洲税务所、仓前山税务所、仓山税务所。干部职工共 95 人。

1997 年 4 月，福州市国家税务局直属四局，改名为福州市仓山区国家税务局。局内股（室）更名为科（室），税务所更名为税务分局，统一升格为副科级机构。调整后局内设办公室、人事教育科、监察室、税收征管科、计算机信息中心、稽查局、征收分局、计划财务科、检查一科、检查二科、检查三科、城门分局、盖山分局、建新分局。当年有干部职工 107 人。

2001 年 9 月，福州市国税局将市区各征、管、查全能局调整为仅有管理职能的专业局。仓山区国家税务局征收分局、稽查局建制分别划归福州市国家税务局计划征收局和福州市国家税务局稽查局。是年福州市仓山区国家税务局更名为福州市国家税务局仓山管理局，为正科级单位、内设办公室、税政征管科、人事监察科、管理一科、管理二科、管理三科，城门分局、建新分局。信息中心（事业单位）。以上科室和分局均为副科级，干部职工共 92 人。2002 年 4 月，福州市国家税务局仓山管理局更名为福建省福州市仓山区国家税务局，内设机构规格不变。2005 年 7 月，再次调整内设机构，内设办公室、人事教育科、监察室、综合业务科、征收管理科、计划征收科；直属机构为稽查局；信息中心为事业单位；派驻机构有三叉街税务分局、盖山税务分局、城门税务分局、临江税务分局、对湖税务分局、金山税务分局。以上内设机构和直属机构规格仍为副科级。是年，干部职工共 119 人。

二、福州市地方税务局仓山分局

1994 年 8 月，福州市地方税务局仓山分局（以下简称地税）内设办公室、人监股、计征股、税管股、稽征股、管理一股、管理二股。全局共有干部职工 39 人。

1995 年 2 月，稽征股更名为稽查征管分局，并升格为副科级机构，内设综合股、稽查股、审理股；人监股分为人事教育股和监察股；计征股更名为计划财务股。是年 9 月成立管理三股；监察股更名为监察室；征管股从稽查征管分局中分离出来，成为独立股室；稽查征管分局更名为稽查分局。

1996年，福州市地方税务局仓山分局更名为福州市仓山区地方税务局。是年区划调整，原属郊区地方税务局的螺洲、盖山、城门、建新、仓前山税务所划入仓山局管辖。辖区各税收征管单位按调整后的行政区分别更名为福州市仓山区地方税务局城门分局、盖山分局、螺洲税务所、仓前山税务所、建新税务所。其中城门分局和盖山分局为副科级机构。同年仓山区地方税务局内设的“股、室”和所辖的副科级分局内设的“股、室”改称为“科、室”，规格仍为正股级。是年5月成立管理四科。

1997年11月进行机构改革，仓山地税局内设办公室、人事教育科、监察室、税政法制科、计划财务科、征收管理科、稽查管理科，规格为正股级。同时成立仓山区地方税务局管理分局、仓山区地方税务局稽查分局，机构规格为副科级。管理分局下设管理一科、管理二科；稽查分局下设综合审理科、稽查一科、稽查二科、稽查三科；所辖分局、所机构不变。2000年7月成立信息技术科，稽查管理科归并稽查分局。

2001年7月，仓山区地方税务局螺洲税务所、仓前山税务所、建新税务所更名为仓山区地方税务局螺洲分局、仓前山分局、建新分局，机构规格为副科级。管理分局分设为对湖管理分局、临江管理分局和三叉街管理分局，机构规格副科级。11月机构改革全面到位后，仓山区地方税务局内设：办公室、税政科（社保科）、征管法规科、计划财务科、信息技术科、人事教育科、监察室、稽查局、征收分局、城门分局（内设征收科、管理科）、盖山分局（内设征收科、管理科）、仓前山分局（内设征收科、管理科）、建新分局（内设征收科、管理科）、螺洲分局、对湖管理分局、临江管理分局、三叉街管理分局。

2005年7月，建新分局更名为金山分局。当年局内设机构不变，共有干部职工135人。

第二节　税种税率

一、国税

增值税　1994年，基本税率为17%，低税率为13%和零税率。当年实行凭增值税发票扣税制度，入库增值税3362万元。1997年入库增值税1.0076亿元，首破亿元大关。2004年入库增值税2.3706亿元，突破2亿元。2005年征收增值税企业6470户（其中一般纳税人1544户，小规模纳税人4926户），共入库增值税3.192亿元，突破3亿元大关。

消费税　1994年对11类特种消费品开征。采取比例税率和从量定额税率（即固定税率）征收。比例税率由3%～45%，共10档：从量定额单位税额由0.1～240元不等，共4档税额，11个税目。当年实征消费税91万元。1995～2002年消费税征收一般在10万元之下，较高年份是1997～1998年，分别为24万元、21万元。2003年起有所增长，达到35万元。2005年征收消费税企业39户，入库消费税47万元。

营业税　1998年1月1日起，营业税仅对金融保险业征收，税率为3%，收入全部归中央。金融保险业实行汇总缴纳。1994～2005年境内未设立金融保险业总机构，没有营业税收入。

企业所得税　1990年，企业所得税由国有企业所得税、集体企业所得税和私营企业所得税组成。1994年税制改革后，中央企业所得税由国税征收，其它企业所得税由地税征收。当年征收所得税税款101万元。2002年7月起新办企业所得税改由国税征收，企业所得税实行统一的33%税率。是年企业所得税采取季度预缴，年终结算的征收办法，年终因汇算退库，导致所得税税款为负数。全年入库所得税为-11万元。2005年征收企业所得税户1691户，共征收入库企业所得税3455万元。

1994 ~ 2005 年仓山国税征收入库情况表

表 9-2-1 单位：万元

年份	全年收入	增值税	消费税	企业所得税	涉外所得税	个人所得税	收入合计	免抵调库
1994	2874	2783	91		—	—	—	—
1995	3685	3568	1	116	—	—	—	—
1996	8197	8055	1	141	—	—	—	—
1997	10117	9939	24	154	—	—	—	—
1998	11342	11112	21	209	—	—	—	—
1999	11863	11448	3	412	—	—	—	—
2000	10015	10186	4	-175	—	—	—	—
2001	13831	13200	8	623	—	—	—	—
2002	15730	15729	12	-11	—	—	—	—
2003	19306	18596	35	664	11	—	—	—
2004	25764	23706	36	1796	36	190	24023	1741
2005	36443	31920	47	3455	822	199	32638	3805
合计	169167	160242	283	7384	869	389	56661	5546

二、地税

营业税 1995 年，按规定对全区提供劳务、转让无形资产和销售不动产的单位和个人取得的营业收入征收营业税。营业税按行业分类，按不同税率征收。其中交通运输业、建筑业、邮电通信业、文化体育业等税率为 3%；金融保险业税率为 5%；娱乐业税率为 5% ～ 20%；服务业、转让无形资产、销售不动产物资等税率为 5%。当年，全区营业税入库 1085 万元。1996 ～ 1998 年，每年营业税入库在 3300 万元上下。1999 ～ 2000 年营业税入库增至 4100 万～ 4500 万元。2001 年后，由于市委市政府“东扩南进战略”的全面启动，仓山区房地产业发展迅速，营业税增幅显著，是年入库营业税 5057 万元。2003 年首次突破亿元大关，入库 10489 万元。2005 年入库营业税 15784 万元。1995 ～ 2005 年入库营业税共 68734 万元。

企业所得税 1994 年 1 月《中华人民共和国企业所得税暂行条例》开始实施，仓山区于 1995 年开始实行企业所得税汇算清缴制度改革，对辖内企业和其他取得收入组织的销售货物所得、提供劳务所得、转让财产所得、股息红利等权益性投资所得、利息所得、租金所得、特许权使用费所得、接受捐赠所得和其他所得征收所得税。企业所得税实行 25% 的比例税率。当年，仓山地税局入库企业所得税 376 万元。2000 年，随着仓山区经济的持续增长以及地税部门的严征细管，企业所得税入库数有较大幅度提升，当年入库 1961 万元。2004 年入库 5444 万元，创下历史新高。2005 年，由于部分重点房地产企业项目结束，税源减少。当年企业所得税减至 4500 万元。1995 ～ 2005 年共入库企业所得税 27835 万元。

个人所得税 1994 年 1 月 1 日实施新的《中华人民共和国个人所得税法》，个人所得税税前扣除费用标准为 800 元，年底经省政府批准，调整个人所得税税前扣除费用标准按 950 元执行。仓山地税局开展个人所得税专项检查，全面建立代扣代缴网络，应用微机管理建立个人收入档案，个人所得税管征逐步走入规范。1995 年，按规定对个人（自然人）各项收入所得征收个人所得税。征收范围：工资、薪金；个体户的生产、经营所得；个人承包、承租企事业单位经营所得；劳务报酬所得；特许权使用费所得；稿酬所得；利息、股息、红利所得；财产租赁所得；财产转让所得；偶然所得共 11 项。工资、薪金适用 5% ～ 45% 九级超额累进税率；个体工商户的生产、经营所得和承包、承租企事业单位经营所得适用 5% ～ 35%

五级超额累进税率，其余适用 20% 的比例税率。当年，全区个人所得税入库 66 万元。1996 年起，加强对各重点行业、企业及高校、政府部门的个人所得税政策的宣传以及管征力度。1997 年，加强对大中专院校及机关事业单位个人所得税的管征，规范代扣代缴制度，当年入库个人所得税 780 万元，比上年同期增收 378 万元，增幅 94%。1998 年 4 月，经省政府批准再次调整个人所得税税前扣除费用标准，对按规定发给不属于纳税人工资薪金所得项目的各类补贴津贴，每人每月定额扣除 300 元，使个人所得税税前扣除费用标准达到月 1100 元。是年，个人所得税入库数突破千万元大关，达到 1048 万元，成为仓山区增长幅度最快的税种之一。2001 年个人所得税入库 2269 万元。2002 年，在规范高校及机关事业单位的个人所得税代扣代缴的基础上，结合仓山区特点，确定电力部门、汽车城销售行业、房地产行业、建安企业 4 个行业为高收入人群，建立征管档案，实行跟踪管理。同时开展个人所得税专项稽查，全年入库税款 2775 万元，比上年同期增收 855 万元，增幅 45%。

2005 年，开展对工薪阶层个人所得税的代扣代缴的全员明细申报试点，全区有 50 家企业进行“个人所得税网上申报”。当年 10 月，新《个人所得税法》《个人所得税法实施细则》出台，个人所得税税前扣除基数标准提高到 1600 元。是年全区个人所得税入库 5963 万元。1995 ～ 2005 年个人所得税共入库 24515 万元。

房产税　1995 年，以房屋为对象，按照房屋的计税余值或出租房的租金收入征收房产税。房产税税率依照房产余值和房产租金收入计算的，税率均为 1.2%。当年入库房产税 170 万元，2002 年入库房产税 1084 万元，2005 年入库 2172 万元，1995 ～ 2005 年房产税入库共 10075 万元。

印花税　1995 年，按规定对经济活动和交易中的文字凭证或申领各类证书征收印花税。主要有各种合同、书据、账簿、权利证照等。印花税税率分为比例税率和定额税率两种，其中购销合同、建筑安装承包合同、技术合同等按合同金额 0.03% 贴花；加工承揽合同、建筑工程勘察设计合同、货物运输合同、产权转移书据、资金账簿等按合同金额 0.05% 贴花；财产租赁合同、仓储保管合同、财产保险合同等按合同金额 1 ‰贴花；借款合同按借款金额 0.005% 贴花；政府部门发给的房产证、工商营业执照、商标注册证、专利证、土地使用证等一律按每件 5 元贴花。当年仓山地税局入库印花税 16 万元，2003 年，入库印花税 783 万元，创历史新高。2005 年入库印花税 472 万元。1995 ～ 2005 年共入库印花税 2686 万元。

土地使用税　1995 年，按规定对使用土地的单位和个人征收土地使用税。征收办法按其实际占用的土地面积依照规定税额征收。福州城区分为五级地段，一级土地每平方米税额 25 元，二级土地每平方米 18 元，三级土地每平方米 12 元，四级土地每平方米 8 元，五级土地每平方米 3 元。当年入库土地使用税 60 万元，1997 年入库 236 万元。至 2003 年连续 7 年土地使用税入库数年均在 200 多万元。2004 ～ 2005 年入库数分别增至 363 万元、584 万元。1995 ～ 2005 年土地使用税共入库 2884 万元。

土地增值税　1995 年，按规定对转让国有土地使用权、地上建筑物及其附着物（简称转让房地产）所取得的增值额征收土地增值税。土地增值税实行 30% 至 60% 的 4 级超率累进税率。1997 年入库 2 万元。随着房地产行业的兴起，土地增值税猛增。2003 年入库增至 71 万元，2004 年又增至 149 万元，2005 年，根据《福建省地方税务局关于重新明确我省土地增值税预征范围和预征率的通知》，对住宅、车库、店面等全面使用预征率征收土地增值税，使该项税款出现大幅增长，当年入库 1435 万元。

城市建设维护税　1995 年，按规定对缴纳增值税、消费税、营业税的单位和个人附加征收城市建设维护税。城市建设维护税与增值税、消费税、营业税同时征收，纳税人所在地在市区的税率为 7%，县城、镇为 5%，城镇以下的为 1%。当年仓山地税入库城市建设维护税 253 万元。随着房地产行业和建安行业营业税的增加，城市建设维护税入库数逐年攀升，1997 年入库 625 万元，2000 年入库 892 万元，2003 年入库 1173 万元，2005 年入库增至 2915 万元。1995 ～ 2005 年共入库 12423 万元。

1995～2005年仓山区地税征收各税种入库情况表

表 9-2-2 单位：万元

	1995	1996	1997	1998	1999	2000	2001	2002	2003	2004	2005
营业税	1085	3068	3147	3381.34	4177.99	4499.73	5056.58	5457.74	10489.34	12587.93	15783.6
企业所得税	376	1750	1641	1749.88	1676.39	1961.12	2268.94	2731.81	4103.72	5443.51	4500.24
个人所得税	66	479	554	1047.65	1237.1	1523.87	1919.35	2774.69	3720.63	4879.43	5962.83
房产税	170	390	510	584.48	665.34	787.39	948.25	1084.21	1122.75	1641.83	2171.51
印花税	16	55	70	60.19	60.5	101.16	207.37	504.93	782.6	356.23	472.4
土地使用税	60	180	236	233.17	224.02	257.14	212.43	291.51	243.01	363.41	583.69
土地增值税	—	—	2	7.09	6.37	16.4	11.98	0.01	71.05	149.37	1172.12
城建税	253	654	625	748.55	840.61	891.63	970.99	963.92	1172.61	2385.93	2914.64
调节税	—	—	—	33.36	246.57	16.59	1.18	3.45	—	—	—
屠宰税	—	—	—	8.46	32.81	—	—	—	—	—	—
资源税	—	—	—	—	—	—	—	—	3	—	—
车船税	—	—	—	0.02	0.03	0.02	0.02	0.03	17.19	0.02	—

第三节 税费征收

一、国税征收

1994年8月，税制改革后，全区国税征管户数为1328户（国营企业125户、集体企业269、私营企业和个体工商户934户）。当年共组织税款入库2874万元，提前21天完成年度收入任务。

1995年，召开所管辖单位财务主管和办税员参加的千人动员大会，采取企业自查与重点检查相结合，开展税收大检查。参与自查户1096户，自查面100%，自查补税11.9万元。重点检查83户，查补罚款600余万。全年税款入库3685万元。

1996年，原属郊区国税局的盖山税务所、城门税务所、螺洲税务所、建新税务所、仓山税务所随区划调整划归仓山国税局，征管户数增加到2060户。是年，征收入库税款8197万元。

1997年，深化税收征管改革，初步形成以“纳税申报和优化服务为基础、计算机网络为依托，集中征收、重点稽查”的税收征管模式，7月起正式运转。全年组织税款入库1.0117亿元，首破亿元大关。

1999年，东南亚金融危机引发经济滑坡，税收减少，区国税局重新核定调整定额，重点对建材、家具、加油站、修理修配行业的抽样检查，确保税款均衡如库。全年税款入库达1.1863亿元。

2000年，全面推行“中国税收征管信息系统”（CTAIS），建立科学严密的征管体系，构建高效、顺畅的征管运行机制，实现税收征管业务全面自动化，2001年，开通金税工程，一般纳税人逐步纳入金税工程监控范围，以减少税款流失。是年全区税款入库1.3831亿元。

2003年，加强信息采集质量与运行管理工作。购进43台P4电脑充实一线，基本实现人手一机，办公自动化系统全面运行，推行多元化申报，双定户2432户全部委托银行代扣代缴。同时，提升CTAIS应用水平，加强税收征管信息的使用管理，强化从税务登记、纳税申报、税款征收、入库上缴及欠税、发票管理、税务稽查到违章处理全过程的监控管理工作。当年组织税款入库1.93亿元。

2004年全面推进金税工程建设，全区增值税一般纳税人1195户，有1133户纳入增值税防伪税控开票子系统管理。一般纳税人信息采集率、抄报税率、认证率达到100%。同时按照“五个精细化”要求加强税源管理，有效解决“疏于管理、淡化责任”问题，征管质量有明显的提高。是年，完成税收收入2.5764

亿元，突破2亿元关口。

2005年，商品房价格继续上涨，产品热销，房地产收入快速增长，企业所得税税款大幅增加。全年组织税款入库36443万元，突破3亿元大关。与上年相比增加税款1个多亿，是近十几年来增幅最大的一年。

二、地税征收

1994年8月，区地税局与国税核清征管底册，确认全区地税管征户数2125户。当年12月，累计入库工商各税1740万元。

1995年，加强对零散税源的管征，纳入管征的个体户增加195户，税款增加44.32万元。同时组织企业办税员考试，当年为应试的1216户纳税户发放办税员合格证书。

1997年，加强培植税源和纳税辅导，落实优惠政策，全面开展促产增收工作，全年共促产17个项目，新增产值3146万元，新增税款57万元。

1998年，实施征管改革，取消专管员制度，按街道划分各管理科的片管区域，实行管事不管户。加强城乡交接部的税收管征，把城门镇作为试点，建立仓山地税局协税护税网络。当年共建立47个网络点。

1999年，城门镇暴发“登革热”烈性传染病，疫区扩大至盖山、螺州等地，严重影响税源。区地税局加强征管力度，开展税源分析，纳税辅导，落实优惠政策，完善协税护税网络等具体措施。当年网络点增加至110个，共征收工商各税9167.74万元，提前20天在全市率先完成年税收任务。

2000年，结合贯彻新出台的《印花税核定征收管理办法》，扩大核定征收范围，开展在建项目清结算，补征税款105万元。同时及时开展 “三项调查”（即对1999年各税种收入比例、各行业收入结构的调查和对企业自行申报的主动收入与税务机关通过检查的被动收入调查、对2000年收入增长点的调查），加强对村、镇家庭作坊式及零星散户的管征。是年，全区管征户数达2715户，共建立110个网络代征点。同时成立社保工作小组，开展社保费征收前期筹备工作，查出全区应征社保费企业有1286户。当年全区工商各税首次突破亿元大关，达到10055万元，比上年增收888万元，同比增长9.68%。

2001年，在社保费征收筹备工作的基础上，科学合理地为参保的企业核定缴费基数，做好扩面工作，将个体户社保征缴面扩大到辖区内的所有乡镇。同时开展民主评税工作，全面落实福州市地税局首次推出的饮食娱乐服务业有奖定额发票的使用，开展发票检查“20点行动”。是年，全区实行民主评税的定额户共1605户，调增营业额709万元。入库养老保险费3752万元，入库失业保险费648万元。

2002年，对全区管征户数进行摸底排查，核实正常管征户共5000户，分别由各管理分局对全区管征户数、征收方式重新认定，重点抓定额定率核定工作。同时建立健全征管底册，逐步建立各自的征管资料档案室。是年，遵循“公开、公平、公正”的原则，在上渡林产品市场开展“民主评税、公开税负”工作，对199户企业进行民主评税，月增税款6.1万元。

2003年，加强以高校为龙头的个人所得税的管征，在原有协税护税网络的基础上将“两私一车”（即私房出租、私房装修及自行车管征）和文化市场的税收管征委托街道与区文化局代征。当年，共落实“两私一车”及文化市场管征户1989户，管征自行车40841辆，入库税收259万元。至年底，共组织各项税收收入21722.89万元，比上年同期增长57.27%；征收养老保险费4226.34万元，比上年同期增长8.9%；增收失业保险费877.83万元，比上年同期增长5.76%。全年地税收入突破2亿大关，提前112天完成年税收任务。

2004年，通过对辖区的饮食娱乐行业发票使用量与定额的比对，调整6家饮食娱乐企业的定额63万元。当年，开展纳税人信誉登记评定工作，有44户纳税人被评定为福州市2002～2003年度纳税信用A级荣誉。同时推行税管员制度，实施“一包三自”（包片管理和自拟计划、自行监控、自负其责）精细化管理，有108名干部取得税管员资格。

2005年，对税源实行分级分类管理，将纳税人分为重点税源户、一般查账户、定率户、定额户和零星税源户5大类，对建安、房地产业、货物运输业等重点行业、重点企业以及个人所得税等重点税源实行区局、分局 “一体两翼”的税源监控体系，有效地监控税源。同时，落实省税务局“税收管理规范化建设年”活动，对税收管理规范化建设任务进行分解，推行社会综合治税，发挥政府部门和社会机构的力量，进一步加强文化市场和私房出租等零星税源的管征。清理核实全区有养老保险3258户，参保54213人、失业保险492户，参保55219人，分别比上年增加493户、19389人和488户、6863人。同年4月1日起，增加代征残疾人就业保障金项目，至年底，共征收残疾人就业保障金362万元，社保两费结算补缴税款42.7万元，私房出租入库税款245万元，养老保险费5708万元，失业保险费1870万元。当年全区地税收入突破3亿元大关，达3.35亿元，比上年增长20%。

第四节 税务管理

一、国税征收管理

（一）税务登记管理

1994年8月，辖区企业重新核发国税税务登记证，并定期进行年审。当年核发1328户，其中国营企业125户，集体企业269，私营企业和个体工商户934户。

1995年12月，市国税直属四局的征管范围调整为：生产经营地点在仓山区区域内的国有企业、集体企业、股份制企业、联营企业，含上述成份的有限责任公司及在仓山区域内缴纳能源交通重点建设基金和预算外调节基金的行政事业单位（包括社会团体、部队、地方财政部门）。1996年，福州市区划调整后，实行分类和属地管理相结合的原则，将原属郊区国税局的盖山税务所、城门税务所、螺洲税务所、建新税务所、仓前山税务所以及原直属一局的仓山税务所所管征的纳税户划归市国税直属四局管征，全区纳税户增加至2060户。

2001年6月，“两税”纳税户改按属地原则进行划分。新移入“两税”纳税户59户。2002年2月，省、市局又将省直属局、市外税局管征的35户企业划归仓山国税局。

2005年，仓山国税局管征的户数达7536户，其中国营企业225户，集体企业1318户，股份制企业311户，联营企业2340户，个体工商户3342户。

（二）征管模式

1994年，取消税收专管员制度，推行纳税人自行申报纳税。当年实现申报率90%以上。1995年，全面推行企业办税员制度，建立以纳税人自核自缴为基础的纳税申报制度。翌年，建立办税服务大厅，开设纳税申报、税务登记、发票销售、税法咨询等服务窗口。建立纳税人自行计算并填写申报表上门申报办法，税务人员电脑开单，由纳税人自行到银行缴纳税款的银税一体化模式。同时对575户个体户进行宣传辅导，组织力量上门办卡发卡，基本实现银行划转缴税。同时为加强增值税专用发票管理和安全，实行电脑控管，一般纳税人申报纳税和购领增值税专用发票，均集中到办税服务大厅办理，变分散上门申报纳税为集中上门申报纳税。发挥计算机在征收管理中的作用和效能，是年全区一般纳税人有1300多户。

1997年，建立纳税人自行申报纳税制度及税务机关和社会中介组织相结合的服务体系、以计算机为依托的税收监控体系、人机结合的稽查体系和以征管功能设置机构划分职责的组织体系。积极推行分类管理，根据纳税人的纳税意识、纳税记录、财务管理水平、生产经营状况以及现金流量等综合情况，将企业进行分类，在申报纳税、发票管理、征收方式、税务稽查等方面采取相应的管理办法，实行集中征收和上门申报。是年共查补税款374.2万元。纳税申报率由上年的85%提高到98%。稽查选案的科学性，准确率高达80%以上。

1998年，大力推进优化纳税服务，建立统一规范的办税服务大厅，为纳税人上门申报提供方便快捷的服务。是年，征收分局被国家税务总局授予“全国最佳办税服务厅”，成为全省国税系统唯一获此殊荣的单位。

1999年，出台《仓山国税局规范定额管理办法》，综合考虑租金、费用、行业毛利率、经营面积等多种因素，当年调幅达34%，调整面达96%，增加税款300多万。同时加大稽查力度，科学选案，对辖内700多户企业进行日常检查，查补税款1000多万元。

2002年，开展“阳光工程、全程服务”，对办税程序的咨询；纳税人资料齐全办理税务登记；税务复业和变更登记（涉及登记注册类型变更、主管国税局变更除外）；税种和税务登记验证、换证；普通发票票种票量核定及恢复供应发票；外出经营活动管理证明；金银首饰购货（加工）证明单开具；向纳税人和有关部门及第三人提供纳税（欠税）证明；进货退出及索取折让证明单开具共9项办税服务实行即到即办。同时，推广民主评税，公开评定个体工商户的营业额和应纳税额。加大税收日常检查和重点稽查，广泛开展稽核评税工作，进一步深入整顿集贸市场、各类展销会、“农改超”、加油站等薄弱环节。当年，清理陈欠300多万元，查补各类税款900多万元，保障税收收入及时足额上缴入库。2003年，试行网上申报，推行“一窗式”纳税申报管理模式。

2005年，全面推行5个精细化管理，即管理对象精细化、管理内容精细化、管理方法精细化、管理手段精细化、考核评价精细化；做到责任到人、管理到户、控管到点、监督到位。同时实行税源管理员制度，推行使用《税源管理员工作平台》，实现管理员工作任务生成、绩效考核等各个环节的自动化，以提高工作效率和征管质量。是年，申报率达到99.30%，通过税收专项、专案检查和交叉稽查，共入库查补税款130多万元。

（三）发票管理

1994年，全面使用增值税专用发票，实行凭增值税专用发票扣税制度，建立以票管税的管理办法。当年结合税收大检查对专用发票进行稽查，并开展打击“假票”行为的专项斗争，共立案查处3起，挽回经济损失4.5万元，追补税款和罚款1.4万元。1995年6月起，启用“四联单”版式收购业务专用发票，原“三联单”收购业务专用发票同时废止。1996年，发票库房配置电视监控，并与公安110报警台联网，实现发票管理规范化。同时落实各项安全管理制度，定期组织发票盘点；加强电脑软件的开发运用，改手工开票为电脑开票。1997年5月，对暂认定一般纳税人企业和税负畸低的企业实行计算机电脑监管，启用由省国税局统一刻制并加防伪标志的发票专用章。1999年1月起，启用粮食统一发票，机动车销售统一发票。2000年启用新版专用发票。

2003年7月，一般纳税人全部纳入防伪税控管理，不再使用手工版增值税专用发票。12月启用有奖零售普通发票，停止普通发票抽奖办法。2005年，为小规模纳税人代开增值税专用发票纳入防伪税控系统开具管理。

（四）流转税管理

1994年起，增值税（价内）、产品税和商品流通领域营业税统一改为现行增值税（价外）。企业以1993年12月31日零点，将已征税款从存货成本中分离出来，单独记账。是年，抓企业期初存货已征税款的核实工作，重点检查315户企业，共核减期初存货651万元，追回企业动用期初存货已征税款83万元。

1995年，实行增值税一般纳税人期初存货已征税款5年内按比例分期抵扣办法，每年抵扣比例为期初存货已征税款的20%。

1996年，全面实行新办企业一般纳税人暂认定制度，对暂认定一般纳税人企业只能领购1本万元版以下专用发票。同时针对商业企业税负率偏低的情况，采取相应措施，实行分类管理。1997年，对一般纳税人采取税款预储办法。商贸企业预储率为1.2%，其他行业为4.5%。1998年起，对二、三类一般纳税人一律实行“进项税额限额抵扣办法”，年销售额在50万元以下的商业企业一律取消。7月起，申报抵扣的运输发票进项税额的抵扣率从10%下降为7%。1999年，将所有开具10万元版以上专用发票的企业纳入防伪税控系统管理。2000年，取消市局制定的三类企业《税收平衡关系表》税款定率和一般纳税人限额抵扣的办法。改变税款预储办法，转入预储账户。

2001年，开展增值税一般纳税人年审工作。对具有一般纳税资格的纳税人进行年审，核实应税销售额是否达到一般纳税人标准；会计人员配备、会计账簿设置和会计核算方法是否符合规定要求；是否有偷税行为或有虚开增值税发票行为；是否有不按规定保管增值税专用发票造成严重后果；是否有经税务机关日常稽核连续3个月被列入《未申报纳税人清单》或连续6个月被列入《申报异常纳税人清单》；是否无固定经营场所。当年共审核715户，合格684户，不合格31户，查补入库税款8.7万元。2002年1月，对已纳入防伪税控系统企业开具的所有增值税专用发票，一律通过防伪税控系统填开。对于新认定的一般纳税人一律纳入防伪税控系统管理。2003年，取消商业企业取得防伪税控系统开具的增值税专用发票付款抵扣政策。于当年12月实行全国联网的稽核办法。2004年，对暂认定期满税负率未达4%的企业取消一般纳税人资格，并按4%的征收率补征入库。至2005年不变。

（五）免、抵、退税管理

1994年，经资格认定为民政福利企业，缴纳增值税税款由税务机关采取先征后返办法，每年进行资料年审，实行按月预退80%，年终结算。对校办企业均按规定依法缴纳增值税，由税务机关采取先征后返的办法，按月预退80%，年终结算。当年有43户民政福利企业和32户校办企业享受该优惠政策。1995年1月，对从事废旧物质经营的增值税一般纳税人，实行增值税先征后返。由企业提供纳税凭证，按已入库增值税税额的70%返还企业，年终结算。当年有7家废旧物质企业实行先征后返。1997年对具有进出口经营权生产企业自营出口或委托出口的自产货物，除另有规定外，一律实行“免、抵、退”税收管理办法。1999年10月起，增值税一般纳税人销售自行开发生产计算机软件产品，按法定17%的税率征收后，对实际税负超过6%部分实行即征即退。

2000年6月起，经资格认定的饲料生产企业和经销单位（或个体经营者），于税务机关审批认定免税资料次月起享受免征增值税。6月24日起，对增值税一般纳税人销售自行开发生产的软件产品按17%的法定税率征收增值税，其增值税税负超过3%部分实行即征即退。2001年1月起，对经资格认定为民政福利企业免征增值税。2001年5月起，对废旧物资回收经营单位销售其收购的废旧物资免征增值税。

2002年1月起，对6户有自营出口权和委托代理出口的企业全部实行免、抵、退税管理办法，共审核免、抵、退税额1329万元，其中免、抵额901万元，退税额428万元。同时加强出口退税管理，严格把关，防止骗税案件发生，保证“免、抵、退”税政策的贯彻执行。对上年度自营出口的72户企业进行年度清算，共审核“免、抵、退”税额659.14万元（其中“免、抵”税额273.45万元，退税额385.69万元），先征后退税款12.5万元。2004年起，按《福州市国家税务局关于印发民政福利企业增值税先征后返工作规程的通知》，审核36户民政福利企业的退税申请，当年1～10月审批返还增值税款178.32万元。同时按照文件规定与民政部门、地税局联合对40户民政福利企业年检。同年，国家对出口退税制进行改革，确定出口退税中央和地方的分成比例，由中央和地方共同负担。从每年税收增量中优先用于支付出口退税款，并调低出口退税率，确定“新账不欠、旧账分批还”的原则。至2005年，所欠企业出口退税款全部退还到位。

二、地税征收管理

（一）税务登记管理

1994年8月，仓山地税局重新审查核发纳税人的税务登记证件。截止1995年6月，完成全区地税机构纳税人的税务登记证验换证工作，共登记验换证2062户纳税人。

1996年1月，仓山区新成立的各类经济类型、各种行业纳税户的地方税务代码均由市地税局办理。市地税局根据市辖区基层局征管范围划分编制统一税务代码，发出“立户通知单”。纳税人根据通知单到仓山地税局办理登记手续。2001年8月，仓山区个体工商户的登记、变更、注销手续改由仓山地税局办理，不再向市地税局申请立户。2002年，地税局日常收取的税务登记工本费50元和发票工本费比照税款管理，在纳税人办理税务登记时直接打印税收缴款书，缴款入库，税务机关不再收取现金。下半年推行直接打印税务登记证制度，纳税人申请登记当场即可打印领回地税登记证，期限缩短30天。当年9月，建立组织机构代码、工商登记与税务登记数据交换制度。仓山国税局、仓山地税局、仓山工商局、市代码办每月定期开展登记信息交换。

2004年9月，福州市国税局和地税局在市国税局大楼一层设立联合办证中心，对所有企业类纳税人实行联合办证，打印统一的税务登记证，个体类纳税人仍须分别进行国税、地税注册登记。当年12月，仓山地税局对未办理工商登记的经营户打印临时地税登记证，并纳入管征，证件有效期一年；对已办理工商登记的纳税人正式予以税务登记。至2005年，全区办理税务登记证共3103户，其中个体778户。

（二）减免税管理

1994年1月，按照《财政部国家税务总局关于企业所得税若干优惠政策的通知》，开始执行企业所得税优惠政策。1998年7月31日，开始实行下岗职工再就业税收优惠政策。2000年，在税法规定的权限范围内归集7大类税收优惠政策，形成《仓山区建设十大市场税收优惠政策指南》。

2003年，贯彻中央精神，对仓山区受“非典”疫情影响的饮食业、娱乐业、旅店业、服务业等行业，5至6月份的税收定额下调20%～30%。同时积极落实各项税收优惠政策，当年享受各项减免优惠政策的企业186家，减免税款13.2万元。享受减免优惠政策的个体59户，减免税款7.58万元。

2004年，落实涉农税收减免政策，为涉及农产品销售的专业市场中符合减免税条件的纳税户办理减免税申请，减免比例10%至100%不等。同年8月，国家税务总局有关部门到仓山地税建新分局对税收优惠政策执行情况进行检查。

2005年，贯彻房地产市场税收新政策，对个人住房转让，住房销售时间确认以及办理营业税减免手续的有关事项严格把关，同时全面落实民政福利企业以及下岗再就业优惠政策，对民政福利企业采取内查外调的方法，严格审核审批；对下岗职工申请的涉税减免事项，在办税服务中心开设“绿色通道”，优先审核优先审批。全年享受各项优惠政策的企业50家，减免税款1.19亿元，享受优惠政策的个体户151人，减免税款29.33万元。

（三）信息化管理

1994年，仓山地税局成立后即实现全局电脑联网。1995年市地税局开发的统一软件在市区各单位及各县（市）开始联网调试。1996年，设立多功能办税服务厅，实现“税务登记—政策通告—购买发票—电脑开票—缴款入库—电话催报—税务查询”一体化服务。同时拓展“即报即缴”范围，实现“税银一体化”，纳税人在办税服务厅即能完成从申报到税款入库。1997～1998年，仓山区地税局又先后推广应用“服务业定额发票管理”和“涉税受理”程序。

1999年，仓山地税局承担全省征管信息系统软件测试工作，为全省征管信息系统软件投入运作提供依据。当年技术人员对电脑进行“2000年问题”检测，避免“千年虫”对税收工作的影响。2000年11月起正式对外运行省地税局统一征管软件，运行公文处理系统，并逐步开设仓山地税局内部网站。

2003年，向个体纳税人推出“银税一体划缴税款”业务，共有900多户纳税人可直接从银行划缴税款申报。2004年应用“涉税服务直通车”软件，可对行政许可受理、审查决定、流转的全过程实行监控。

2005年5月，“个人所得税纳税信息管理系统”投入使用。6月，仓山地税局与11家银行联网，运行“税、库、行”横向联网划缴税款系统，共有3259户纳税户纳入电子缴税系统，征收税款从税务局到银行，并直接划转入国库。同年推广应用市局开发的“税源监管系统（TSC）”，实现日常管征行为由手工操作到信息化的全面转变。

（四）税务稽查

1995年，成立仓山地税税务检察室，处理偷抗税案件，当年查处福州仓山科技园某夜总会李某某抗税案，追回税款5万元。同时通过税检室的配合，对抗税钉子户陈某进行清查处理，补回税款450元，罚款900元。

1997年，开展集贸市场专项整治，对仓山区太平巷市场、程铺市场、洋洽市场和竹揽市场进行突击检查，查补税费7000元。全年清理漏征漏管户124户，受理举报案件10起，查补税费442万元，罚款134万元。其中查出福州某饲料有限公司偷税行为，查补税费240万元。同时在协税共建单位—武警消防中队配合下查处偷税案10件。

1998年，改革稽查考核办法，实行“一项指标、双向考核”，把检查户数与查补税款入库数挂钩，当年查补入库税款578万元，创仓山地税局建局以来之最。

2001年9月，在饮食、娱乐业、服务业和冲洗相业推行有奖发票。区地税局开展饮食服务有奖定额发票“20点行动”，对有奖发票使用情况进行检查，查处发票违法行为，对建新湾边使用假发票的酒店及时移送司法部门处理。

2002年，对上一年遗留的38户案件进行补充稽查，安排专项检查47户，查补税费691万元，并对1993～2001年欠税数额进行全面清理、催缴，当年清回欠税317万元。

2003年，执行“纳税人无过错推定”制度，在对企业稽查前，一律推行查前告知制度，共有10户企业通过查前告知自动到申报窗口进行纳税申报。同年开展建安发票交叉稽核工作，累计出动110人，执法220次，检查建安发票118份。

2004年，开展涉农税收优惠大检查，当场退还仓山太平巷市场10个自产农产品摊位被征收的200元税款。

2005年，实行统一步骤、统一方法、统一口径“三统一”规范清欠工作，严格履行催报催缴法定程序，全年清回欠税1488万元，创历年之最。1994～2005年，共清回欠税近5000万元。在举报案件查处、重点检查、专项检查等各项税务检查中，共查补税费、罚款近6000万元。

第三章 金融

第一节 银行

1990年，境内有中国银行福州分行仓山支行，工商银行福州分行仓山办事处，建设银行福州分行仓山支行，农业银行福州分行仓山营业部，交通银行福州分行仓山分理处及仓联城市信用社6家金融机构。设有4个支行、1个办事处、4个分理处、1个营业部、3个营业厅、1个信用社、22个储蓄所。工作人员共337人。主要开展人民币存款、贷款，外汇存取及经人民银行批准的其他业务。

1991～1999年，随着金融业务的发展，境内银行机构数量增加，规格提高，工商银行福州分行仓山办事处、农业银行福州分行仓山营业部、交通银行福州分行仓山分理处、先后升格为仓山支行，福州市城市合作银行、兴业银行也在境内增设有仓山支行。

2000～2005年，由于旧城改造和新区建设的发展，境内银行机构设置和业务网点布局几经调整，网点增加规模扩大。至2005年末，境内有中国银行、工商银行、建设银行、农业银行、交通银行、兴业银行、商业银行7家银行。设有22个支行、2营业部、17个分理处、20个储蓄所，员工共878人。

一、中国银行

（一）机构设置

1990年，中国银行福州分行仓山办事处升格为中国银行福州分行仓山支行，址设仓山区六一南路17号，下设金星储蓄所，员工共42人。1991～1995年，先后在仓山区麦园路41号设立乐群储蓄所、观海路4号设立观海储蓄所、后坂杨前8号设立科技园储蓄所、三高路设立三叉街储蓄所、连江路设立龙院储蓄所。1997年根据中行业务发展的需要，增设仓山支行营业部和浦顶支行。2001年4月，三叉街储蓄所撤销。2005年龙院储蓄所升格为师大支行，科技园储蓄所升格为金山支行，观海储蓄所升格为观海路支行。是年，中国银行福州分行在仓山区设有仓山、浦顶、观海路、金山、师大5个支行，1个仓山支行营业部和金星、乐群2个储蓄所，员工共130人。

（二）银行业务

1990年，中国银行仓山办事处及各业务网点，主要办理人民币存款、贷款、储蓄、结算、代理等业务。当年至1997年现金收支、回笼和存款贷款情况，因档案缺失无考。1998年人民币存款21745万元，人民币贷款9399.7万元，外币存款2141.1万美元，外币贷款360.25万美元。2005年中国银行仓山支行现金收入433213万元，现金支出433219万元，人民币存款余额106665万元，人民币贷款余额50818万元。外币存款3879万美元，外币贷款206万美元。

1998～2005年中国银行仓山支行业务情况表

表9-3-1　　单位：万元、万美元

年份	现金收支和回笼		人民币存款贷款		外币存款贷款	
	现金收入	现金支出	存款余额	贷款余额	存款	贷款
1998	—	—	21745	9399.7	2141.1	360.25
1999	—	—	24415	8476	3330	360
2000	—	—	26648	9848	4110	360
2001	—	—	48936	3877	4946	330
2002	324331	314392	58839	9938	5736	330
2003	—	—	72034	23654	5004	310
2004	381785	381741	84309	48239	4322	250
2005	433213	433119	106665	50818	3879	206

二、工商银行

（一）机构设置

1990年中国工商银行福州分行在境内设有仓山办事处，址在观井路39号。下辖上渡分理处和仓前、对湖、麦园、下渡、三高、朝阳、红星、迎宾、三叉街、白湖亭、阳光11个储蓄所，工作人员共97人。1992年10月工商银行福州分行仓山办事处升格为仓山支行。此后，随着银行业务发展的需要，业务网点几经调整，至2005年工商银行福州分行在境内设有仓山支行，下辖上渡、城门、观海3个分理处，仓前、麦园、对湖、下渡、三高、朝阳、红星、迎宾、三叉街、白湖亭、阳光、龙津、东升、万里14个储蓄所，工作人员共218人。

（二）银行业务

1990年，工商银行仓山办事处及各业务网点，主要办理人民币存款、贷款、储蓄、结算、代理等业务。当年至1999年业务情况，因档案缺失无考。2000年人民币存款余额166520万元，人民币贷款余额37880万元，外币存款余额24401万元，现金净投放1535万元。此后，随着经济发展人民生活提高，金融业务有较大发展。2005年人民币存款余额达250822万元，人民币贷款余额36243万元，外币存款余额8979万元，外币贷款余额684万元。

2000 ~ 2005 年中国工商银行仓山支行业务情况表

表 9-3-2 单位：万元

年份	现金净投放	人民币存款贷款		外币存款贷款	
		存款	贷款	存款	贷款
2000	1535	166520	37880	24401	—
2001	-5240	196278	47094	23044	—
2002	-2157	217361	53475	—	—
2003	—	217424	50105	16489	1104
2004	-4736	228087	43464	14783	797
2005	913	250822	36243	8979	684

三、建设银行

（一）机构设置

1990年，中国建设银行福州分行在仓山区观井路10号设有中国建设银行仓山支行，下设仓山、桃花山、江南、三叉街新村、下藤和新建6个储蓄所，员工共54人。1991年，境内工农路新建储蓄所、三叉街新村储蓄所和仓山储蓄所升格为仓山分理处。1999年，境内建行的分理处、储蓄所均划归建行福州城南支行，建行仓山支行不再管辖分理处和储蓄所。2005年，因旧城改造，观井储蓄所、下藤储蓄所撤销；当年，建设银行福州分行在境内共设有仓山、师大2个支行，仓山、三叉街、新建、农大4个分理处，江南、十锦2个储蓄所，员工总共83人。

（二）银行业务

1990年，建行仓山办事处及各业务网点，主要办理人民币存款、贷款、储蓄、结算、代理等业务。当年现金收支、回笼和存款贷款情况，因档案缺失无考。2001年存款余额为3.2312亿元，贷款余额1.5349亿元。2005年建行仓山支行人民币存款余额10.6665亿元，人民币贷款余额5.0818亿元。

2001 ~ 2005 年建设银行仓山支行人民币存贷情况表

表 9-3-3 单位：万元

年份	人民币存款贷款	
	存款余额	贷款余额
2001	32312	15349
2002	44281	19603
2003	55037	30694
2004	43288	31596
2005	50469	33564

说明：1990 ~ 2000 年人民币存贷数据缺失

四、中国农业银行

（一）机构设置

1990年，中国农业银行福州分行在仓山区设有“中国农业银行仓山营业部”。下设营业厅、桥南营业所、三叉街营业所、三叉街储蓄所、三叉街新村储蓄所、仓山储蓄所、工农储蓄所，员工总共90人。主要负责办理人民币、外币存款、贷款、储蓄、结算及代理等业务。境内对湖街道首山路7号设有师大支行。

1991～1992年增设师大储蓄所、港头储蓄所。

1993年中国农业银行仓山营业部升格为中国农业银行仓山支行。

1995年，先后在城门镇设立三角埕营业所、在仓山连江南路238号设立三桥营业所。

1996年根据福州市政府调整市辖区的决定，农业银行城区营业机构调整。调整后，中国农业银行仓山支行设有支行营业厅、仓前营业所、桥南营业所、三桥营业所、三叉街营业所、盖山营业所、农学院营业所、义序储蓄所、盘序储蓄所、螺洲营业所、城门营业所、三角埕营业所、建新营业所、城门街储蓄所、农学院储蓄所、三叉街储蓄所、工农储蓄所、金山储蓄所、师大储蓄所、港头储蓄所20个。

1997～2002年，根据新区发展需要，先后增设上渡分理处和胪下储蓄所。

2003年，在金山新区傲梅苑增设金山新区支行。同年，三叉街营业所、仓前营业所、建新营业所、盖山营业所、金山储蓄所、螺洲营业所、城门营业所、三角埕营业所、农学院营业所均改为分理处。

2005年，先后在则徐大道1号设立三高路分理处、城门镇城门街设立城门支行、仓山迎宾路农行综合楼设立盖山支行、闽江大道21号状元山庄设立农学院支行、则徐路248号设立三叉街支行、义序中亭设立义序分理处。

至2005年底，中国农业银行在仓山区境内设有中国农业银行仓山支行、支行营业厅、三叉街支行、盖山支行、城门支行、金山新区支行、农学院支行、师大支行、仓前分理处、建新分理处、上渡分理处、港头分理处、金山分理处、师大分理处、三高路分理处、螺洲分理处、三桥分理处、三角埕分理处、义序分理处、胪下储蓄所、农学院储蓄所、师大储蓄所22个营业机构。业务范围不变，员工共310人。

（二）银行业务

1990年，中国农业银行仓山支行及各业务网点，主要办理人民币存款、贷款、储蓄、结算、代理等业务。当年现金收入7909万元，现金支出12116万元，净投放2179万元。人民币存款余额4802万元，人民币贷款余额987万元。1998年起增加外币存款贷款业务，当年外币存款191万美元，外币贷款16万美元。2005年现金收入1554718万元，现金支出1593034万元，净投放38316万元。人民币存款余额268850万元，人民币贷款余额103762万元。外币存款390万美元，外币贷款16万美元。

1990～2005年中国农业银行仓山支行业务情况表

表9-3-4　　单位：万元、万美元

	现金收支和回笼			人民币存款贷款		外币存款贷款	
	现金收入	现金支出	净投放	存款余额	贷款余额	存款	贷款
1990	7909	12116	2179	4802	987	—	—
1991	12067	14783	2716	6553	1487	—	—
1992	18614	20974	2360	9619	5184	—	—
1993	41291	44579	3288	13741	7118	—	—
1994	45261	48649	3388	16828	9818	—	—
1995	67240	72629	5389	22890	12763	—	—
1996	189140	221623	32484	54235	26428	—	—
1997	371792	388940	17148	70468	48201	—	—
1998	354173	383206	29033	79202	56496	191	16
1999	439430	465733	26303	90927	60559	236	16
2000	562611	585080	22469	109343	64133	331	16
2001	764646	796884	32238	216288	63496	314	16
2002	780287	855119	74832	154947	76072	432	16
2003	913506	967721	54215	190728	89679	507	16
2004	1363379	1403389	40010	221330	98373	419	16
2005	1554718	1593304	38316	268850	103762	390	16

五、中国交通银行

（一）机构设置

1990年交通银行福州分行在仓山区设立仓山分理处，址设仓山信平路1号，员工共16人，主要业务范围是办理人民币存款、贷款、代理票证买卖及人民银行批准的其他业务。1994年，由于业务发展的需要，交通银行福州分行在仓山首山路80号增设江滨支行首山分理处，配备员工6人。2003年交通银行实施扁平化管理，仓山分理处和首山分理处均升格为支行。2005年，交通银行在仓山区设有2个支行，员工共40人。

（二）银行业务

1990年至2004年该行在仓山境内人民币存取、外汇存取、贷款、现金收支和回笼、代理业务等主要业务开展情况因资料散失无考。2005年现金收入14.27亿元，现金支出10.92亿元，净投放3.35亿元。人民币存款余额1.89亿元，人民币贷款余额1.56亿元。外币存款0.86万美元。

六、福州兴业银行仓山支行

福州市兴业银行仓山支行成立于1994年，址设八一七南路38号，隶属于兴业银行福州分行。下辖观井分理处、城门分理处，员工共20人。业务范围是办理人民币存款、贷款、储蓄、结算及代理等。当年现金收入1620万元，现金支出3011万元，净投放1391万元。人民币存款余额5500万元，人民币贷款余额1060万元。此后，随着经济发展和人民生活的提高，人民币存、贷款逐年稳定上升，2000年，观井、城门分理处撤销，当年兴业银行仓山支行现金收入和存款余额都突破亿元大关。2005年，兴业银行仓山支行在仓山区设有福州市兴业银行仓山支行，员工共30人。当年，现金收入11932万元，现金支出9919万元，净投放 -2013万元。人民币存款余额20000万元，人民币贷款余额11900万元。

1990 ~ 2005年兴业银行仓山支行业务情况表

表9-3-5 单位：万元

年份	现金收支和回笼			人民币存款贷款	
	现金收入	现金支出	净投放	存款余额	贷款余额
1994	1620	3011	139	5500	1060
1995	2103	3599	1496	7800	1250
1996	4120	5745	1643	8300	2500
1997	5918	7545	1627	8900	3000
1998	7425	8112	687	90000	4500
1999	9100	9218	118	9850	5500
2000	10799	9985	814	10340	6700
2001	10982	9710	-1172	11450	8000
2002	11034	9611	-1423	13200	9700
2003	11185	9625	-1560	14100	11890
2004	11874	9517	-2330	18030	11200
2005	11932	9919	-2013	20000	11900

七、福州市商业银行

（一）机构设置

1990年，境内设有仓联城市信用社，职工18人，址设仓山区麦园路50号。1996年12月，仓联城市信用社与福州市原 14 家城市信用社和城市信用联社合并成立福州城市合作银行。在仓山境内设有福州城市合作银行仓山支行。1998 年 5 月，福州城市合作银行更名为福州市商业银行股份有限公司（简称福州市商业银行），在仓山境内设有福州市商业银行仓山支行，址设仓山区白湖亭 6 号。2000 年市商业银行又先后在境内麦园路 3 号设立麦园支行，职工 10 人；六一南路 80 号设立平安支行，职工 22 人；金山开发区榕城广场 1 号楼 05-06 号设立金山科技支行，职工 15 人。2005 年福州市商业银行在仓山境内设有 4 个支行，职工共 67 人。

（二）银行业务

1990 年，仓联城市信用社主要办理人民币存款、贷款、储蓄、结算、代理等业务。当年现金收支、回笼和存款贷款情况，因档案缺失无考。1996 年 12 月城市合作银行机构撤并后，商业银行仓山支行的业务范围不变。1998 年市商业银行仓山支行存款余额为 8159.3 万元，贷款余额 3180.2 万元。2000 年市商业银行在境内业务布局调整后，存贷款业务迅速增长，是年人民币存款达 18322.42 万元，贷款 5520.8 万元。2005 年境内市商业银行 4 个支行现金收入 473406.3 万元，现金支出 518522 万元，存款余额 108109 万元，贷款余额 59748.9 万元。其中仓山支行现金收入 312110.7 万元，现金支出 341628.9 万元，存款余额 23815.5 万元，贷款余额 19302.8 万元；麦园支行现金收入 3395.6 万元，现金支出 5267.3 万元，存款余额 12715.1 万元，贷款余额 2330.9 万元；平安支行现金收入 154395.4 万元，现金支出 166223.6 万元，存款余额 50516.4 万元，贷款余额 27254.2 万元；金山科技支行现金收入 3504.6 万元，现金支出 5402.2 万元，存款余额 21062 万元，贷款余额 10861 万元。

1998 ~ 2005 年福州市商业银行仓山支行业务情况表

表 9-3-6　　单位：万元

年 份	现金收支和回笼			人民币存款贷款	
	现金收入	现金支出	净投放	存款余额	贷款余额
1998	—	—	—	8159.3	3180.2
1999	—	—	—	4926	3425.3
2000	—	—	—	5647.3	5128.5
2001	—	—	—	7021.6	5467.4
2002	—	—	—	10487.4	9410.4
2003	—	—	—	16389.8	13337.4
2004	313877.3	341413.6	27536.3	24374.6	14453.65
2005	312110.7	341628.9	29518.2	23815.5	19302.8

2000 ~ 2005 年福州市商业银行麦园支行业务情况表

表 9-3-7　　单位：万元

年 份	现金收支和回笼			人民币存款贷款	
	现金收入	现金支出	净投放	存款余额	贷款余额
2000	—	—	—	8662.6	0
2001	—	—	—	8235.6	261
2002	—	—	—	8810.5	2464
2003	—	—	—	13467.8	2103.6
2004	—	—	—	18603.5	3847.9
2005	3395.6	5267.3	1871.7	12715.1	2330.9

2000 ~ 2005 年福州市商业银行平安支行业务情况表

表 9-3-8 单位：万元

年 份	现金收支和回笼			人民币存款贷款	
	现金收入	现金支出	净投放	存款余额	贷款余额
2000	—	—	—	2025.22	124.0
2001	—	—	—	4001.59	482.49
2002	—	—	—	15864.25	8111.81
2003	—	—	—	35464.94	17361.55
2004	—	—	—	40895.05	22888.7
2005	154395.4	166223.6	11828.2	50516.4	27254.2

2000 ~ 2005 年福州市商业银行金山科技支行业务情况表

表 9-3-9 单位：万元

年 份	现金收支和回笼			人民币存款贷款	
	现金收入	现金支出	净投放	存款余额	贷款余额
2000	—	—	—	1987.3	268.3
2001	—	—	—	3668.8	899.1
2002	—	—	—	5991.6	1289.3
2003	—	—	—	7698.8	1792.5
2004	—	—	—	13732.2	8965.4
2005	3504.6	5402.2	1897.6	21062	10861

第二节 保险

一、机构设置

1990 年，中国人民保险公司福州分公司在境内设有中国人民保险公司仓山办事处，经营财产保险和人身保险业务，配有工作人员 13 人。1992 年 8 月人民保险公司仓山办事处升格为仓山支公司，工作人员增至 15 人。1996 年，人民保险公司改组成立中保集团，人寿与财产保险实行分业经营，分别在境内设立中国财产保险有限公司福州分公司仓山支公司和人寿保险公司福州分公司仓山支公司。

1998 年，中国平安财产保险股份有限公司在仓山区设立仓山支公司。2000 年 6 月，中国财产保险福州分公司与省财产保险公司营业部合并，中国财产保险有限公司福州分公司仓山支公司改隶“中国人民保险公司福建省分公司营业管理部”。2002 年 3 月中国太平洋人寿保险股份有限公司在仓山区设立营销服务部，同年 8 月中国平安人寿保险股份有限公司福建分公司在仓山城门设立营销服务部。2003 年 7 月 19 日，中国人民保险公司重组改制为中国人保控股公司，仓山支公司改隶中国人民财产保险股份有限公司福州分公司，中国财产保险有限公司福州分公司仓山支公司配有工作人员 20 人，人寿保险公司福州分公司仓山支公司配有工作人员 18 人。同年中国平安财产保险股份有限公司仓山支公司撤销。2004 年，大众保险股份有限公司福州分公司在境内设立黄山营销服务部。翌年，中华联合财产保险公司和太平保险有限公司也分别在境内设立黄山营销服务部。至 2005 年末，境内共有 2 家保险支公司、5 家保险营销服务部，职工共 150 人。其中中国财产保险有限公司福州分公司仓山支公司 20 人，人寿保险公司福州分公司仓山支公司 125 人（含外勤 110 人），中国平安人寿保险公司福建分公司城门营销服务部、大众保险股份有限公司福州分公司黄山营销服务部、中华联合财产保险公司黄山营销服务部各 1 人。

2005 年境内保险机构设置情况表

表 9-3-10

单位名称	设立时间	办公地点	职工人数	附注
中国人民财产保险公司福州市分公司仓山支公司	1996 年	仓山区浦顶 16 号	20 人	中国人民保险公司福州市分公司改组成立
中国人寿保险公司福州分公司仓山支公司	1996 年	仓山区进步路 16 号	125 人	中国人民保险公司福州市分公司改组成立
中国平安财产保险股份有限公司	1998 年			2003 年撤销
中国太平洋人寿保险股份有限公司仓山营销服务部	2002.3		1	
中国平安人寿保险公司福建分公司城门营销服务部	2002.8	仓山区城门	1	
大众保险股份有限公司福州分公司黄山营销服务部	2004 年	仓山区黄山	1	
中华联合财产保险公司黄山营销服务部	2005 年	仓山区黄山	1	
太平保险有限公司黄山营销服务部	2005 年	仓山区黄山	1	

二、保险业务

1990 年，中国人民保险公司福州分公司仓山办事处主要承办社会各界人士人寿保险及企事业单位财产保险、家庭财产保险、机动车辆保险、货物运输保险、工程保险、船舶保险及各种责任意外保险。当年财产保费收入 392 万元，赔款支出 13 万元。1995 年，随着中国经济体制改革开放的深入发展，境内财产险业务在市场财产保险、运输工具险及货物运输保险三大险种共同拉动下，呈现迅猛发展的态势，家庭财产保险也逐步从城市向农村发展，保险责任有单项向综合责任发展。当年保费收入 1254 万元，赔款支出 665 万元。

1996 年，人寿与财产保险实行分业经营，当年人寿保费收入 280 万元，赔款支出 20 万元；财产保险实施《财产保险基本险条款》及《财产保险综合险条款》新条款，同时开展机动车业务质量检查，推动适销对路的附加险业务发展。1997 年，财产保险先后推出家庭财产险、商店定额保险、公路货运定额保险、储金式定额家财险及分期付款购车保证保险、银行抵押贷款保证综合保险、安全防盗系统产品责任险。当年财产保险的保费收入增至 1692 万元。

1998 年，财产保险仓山支公司设立营销部扩大住房改革配套综合保险、家庭财产险、公众责任险。翌年，又开发住房抵押保险、分期付款购车保险、游客意外伤害责任保险、国内（国际）邮包保险、国内航空行李保险等业务。淘汰不良业务，停办赔付率居高不下的雇主责任险附加医疗险、自行车及手机、传呼机保险，财产险资产得到进一步优化。是年保费收入 1890 万元。

2000 年，财产保险公司坚持发展与效益并重的经营指导思想，在境内实行机动车集中核保，集中报案、市区集中查勘、集中定损，各险种业务稳步增长，赔付率也大幅度下降。2001 年，加强业务基础管理，全区企财、家财等 27 个险种实行集中核保；同时加强财务系统建设和风险控制能力。当年财产保险保费收入 2202 万元，突破 2000 万元大关。

2003 年，财产保险围绕深化改革，采取增加财产保险的险种，加强承保项目的后期跟踪服务工作，提高承保质量等措施，财产保险业务扩大。至 2005 年，人民财产保险福州分公司仓山支公司的保险业务涵盖机动车辆保险、企业财产保险、家庭财产保险、货物运输保险、船舶保险、建筑安装工程保险、意外伤害保险、短期健康保险和各类责任、保证、信用等保险，构筑含有 200 多个险种的保险体系。当年，保费收入 2288.8 万元，赔款支出 1950.9 万元；人寿保险保费收入 3000 万元，赔款支出 125 万元。

2005 年保险保费收支情况表

表 9-3-11 单位：万元

单位	保费收入	赔款支出
中国人民财产保险公司福州市分公司仓山支公司	2289	1951
中国人寿保险公司福州分公司仓山支公司	3000	125

1990 ~ 2005 年中国财产保险有限公司福州市分公司仓山支公司保费收支情况表

表 9-3-12 单位：年、万元

年份	财产保险		年份	财产保险	
	保费收入	赔款支出		保费收入	赔款支出
1990	392	13	1998	1831	881
1991	270	133	1999	1890	928
1992	289	276	2000	1926	968
1993	635	177	2001	2202	925
1994	941	519	2002	2500	1194
1995	1254	665	2003	2351	1386
1996	1303	589	2004	2258	1567
1997	1697	690	2005	2289	1951

第十篇　经济管理

第十篇　经济管理

第一章　发展计划管理

1990年，仓山区在压缩一般性项目，保证重点项目建设的基础上，对集体和个体投资指标实行切块划分，控制新开工项目。

1991年始，根据不同投资性质，市计委将集体和个体投资指标下达给区。是年，编制仓山区“八五”计划，计划编制的着眼点是逐步实现产业结构的调整，并加强对投资规模和结构的管理。至1995年，全区实现社会总产值6.92亿元，出口交货总额1.48亿元，财政总收入3967万元，全面实现国民经济增长和社会事业的进步。

1996年，物资由指令性分配转由市场调节，区计划部门职能主要是为企业和农村经济发展协调各种关系，向省、市争取项目、资金投入金山新区开发。计划工作重点放在合理确定全区国民经济和社会发展的战略、宏观调节目标和产业政策、规划重大经济结构、产业结构、科技进步、抓重点项目建设、改善投资环境，形成比较完善的计划管理体系。1996～2000年“九五”期间，全区生产总值年均增长16.58%；第一、第二、第三产业结构比为7:62.1:30.9，城镇居民人均可支配收入年均增长6%。

2001年，开始实施“十五”计划，以发展省会中心区的经济、建设省会中心城市为目标，确定全区经济、社会发展的战略方针、目标，调整重大比例关系，确定关系全区国民经济发展的重点建设项目，做好各项协调服务。区计划部门同时转变职能，简政放权，推行以首问责任制为主的承诺制度，提高办事效率。2001～2005年“十五”期间，全区地区生产总值122.54亿元；财政总收入、固定资产投资、工业总产值年均分别递增23.96%、63.67%、14.44%。

2005年，对投资项目实行审批制、核准制和备案制。全年引进外资项目87项，协议外资26596万美元；引进内资项目171项，内资投资实际到资21亿元；完成固定资产投资67.39亿元。

第一节　计划编制与执行

一、“七五”计划

1990年是仓山区“七五”计划执行最后一年，全区社会总产值1.55亿元，其中工业产值1.08亿元；实现利润487.29万元；财政收入914.82万元；出口交货总额1976.71万元；外商投资企业产值3395.52万元，占全区工业总产值的31.33%。全区开发科技新产品28项，其中有11项通过省级鉴定。仓前街道被评为全省10个建设科技示范乡镇先进单位之一。市容市貌有新的改观，全区共修建道路20条，长1713.8米，面积4556平方米；新增公共绿地20.7亩，专用绿地52.4亩；改建后的梅坞路为仓山区的主要商业街，设立的三叉街街道为仓山区第三个噪声基本达标街道。全区普及九年义务教育，学龄儿童入学率、巩固率、普及率均达100%。体育达标率95%，居全省第一，连续5年获省体育达标先进区称号。

卫生工作方面加强预防保健，全区计划免疫率、四苗全程接种率均达 100%，各类传染病发病率比上年下降 13.6‰。

二、“八五”计划编制与执行

（一）编制

“八五”（1991～1995年）计划的编制是在深入调查研究和广泛征求意见的基础上，经历准备工作、确立总体设想、编制计划文本，最后形成计划草案，1993年1月，经区十一届人大三次会议审议通过后执行。计划到 1995 年，社会总产值 58307.69 万元，年均递增 29.6%，其中工业产值达到 34900 万元，年均递增 25.45%；第三产业总产值 20407.68 万元，年均递增 46.87%，占社会总产值 35%。社会总利润 1529.26 万元，年均递增 25.7%，其中工业利润 489.37 万元，年均递增 12%；工业销售 29414.15 万元，年均递增 26.4%；社会商品零售额 50436.48 万元，年均递增 36.9%；出口交货总额 8640 万元，年均递增 34.31%；利用外资 3321 万美元，年均递增 44.35%；财政收入 2050 万元，年均递增 20.4%；人口出生率控制在 8.57‰，自然增长率控制在 3.09‰。继续巩固烟尘控制区和降低噪声区的成果，着力根治水源污染，全区绿化率 25%。

（二）执行

“八五”计划执行期间，仓山区国民经济持续、快速增长，社会事业全面进步。1995 年全区实现社会总产值 6.92 亿元，其中，工业总产值 5.17 亿元。外商投资规模不断扩大，并向高层次、宽领域、纵深化方向发展，实现出口交货总额 14.71 亿元，财政总收入 3200 万元。高科技园区、工业小区和投资区成为经济发展新的增长点，初步形成福厦公路和机场路工业走廊，出现以镇村企业集团为龙头带动村级个体经济联合发展的态势，培育并建立一批有特色的主要产业、骨干企业和拳头产品，涌现一批省级“明星镇”“百强乡镇”和“十佳亿元村”“省级明星村”。市场机制在经济和社会生活的各个方面发挥积极作用，基础设施建设取得一定成效。对外开放步伐加快，初步形成以外向型经济为主体的经济发展新格局。

三、“九五”计划编制与执行

（一）编制

“九五”(1996～2000年)计划是在区划调整后制定的第一个经济社会发展规划，1994年8月开始编制，按照福州市“3820”工程要求，从仓山实际出发，以建设社会主义市场经济为目标，主要强化农业基础，加强“菜篮子”工程建设，优化第二产业，发展第三产业，扩大对外开放，推进城市化进程，促进城乡经济持续、快速、健康发展和社会进步。加强基础设施建设，调整经济结构，加快高科技园区和工业小区建设，扩大经济总量，第一、第二、第三产业结构比为 10:55:35，人均主要经济指标达到国内先进城市的平均水平，初步建立社会主义市场经济体制，基本完成 21 世纪头 10 年实现经济起飞的经济和社会构架。

1996 年 4 月，区十二届人大三次会议审议通过《仓山区国民经济和社会发展“九五”计划和 2010 年远景目标纲要》。“九五”时期国民经济和社会发展的主要奋斗目标是到2000年，全区人口预计达36万人，自然增长率控制在 5.6‰。实现国民生产总值和人均国民生产总值比 1980 年翻 4 番。社会总产值 147.5 亿元，年均增长 18%；工农业产值达到 54.4 亿元（其中工业总产值 49.2 亿元，农业总产值 5.2 亿元），年均增长 17.9%；社会总利润 4.4 亿元，年均递增 11.6%；乡镇企业总收入 131.7 亿元，年均递增 20%；出口交货总额 33.6 亿元，年均增长 18%；财政收入 1.66 亿元，年均增长 15%；农民人均纯收入 6450 元，年均增长 15%；城市居民收入 1 万元，年增长 16.8%。

（二）执行

“九五”期间，仓山区社会主义市场经济新体制初步建立，农村、计划、流通、物价、财税、投资、土地、城建、城管等体制改革顺利进行，各类生产要素市场健康发展，市场对资源配置的基础性作用逐步增强，多渠道筹集教育经费1.5亿元，新建、扩建校舍面积3.65万平方米，新建盘屿中学、实验小学，城山小学及麦顶小学、尚保小学、城门中心小学、三十九中学的主教学楼。区计生服务站、螺洲学生社会实践基地一期工程、区老年活动中心等一批社会事业设施建成并投入使用。开播仓山新闻，发展有线电视用户25414户，文化和科技工作取得成效，获“全国文化工作先进区”“全国科技工作先进县（区）”称号。城乡居民生活水平与质量稳步提高。

2000年，全区总人口控制在34.75万人以内，人口自然增长率连续多年控制在8‰以内。国内生产总值达64.64亿元，“九五”时期累计达252亿元，年均增长16.58%；财政收入达2.17亿元，“九五”时期累计达8.4亿元，年均增长15.6%。两项主要经济指标增幅分别比福州市增幅（16.5%、13.8%）高0.08个百分点和1.8个百分点。第一、第二、第三产业结构比为7:62.1:30.9。农村经济全面、持续、稳定发展，蔬菜总产量13.9万吨，上市量13万吨，牛奶产量1.48万吨，蛋品产量1.09万吨，肉类总产量2.45万吨，水产品产量2.28万吨，农业总产值达3. 88亿元（不变价），“九五”累计达33.46亿元（现价）。工业经济不断壮大，工业总产值147亿元（不变价），累计达590亿元，年均增长20.4%。“九五”期间实现亿元村19个，新建企业集团4个，500万元以上的企业136家。全区商贸零售网点5634个，经营总面积12.38万平方米，社会消费品零售总额达17.14亿元，累计达63.3亿元，年均增长17.3%。出口总值2.6亿美元，实际利用外资0.5亿美元。“九五”累计批准“三资”企业186家，实际利用外资2.31亿美元，一些国际著名的大公司、大财团相继落户仓山，麦德龙、新通福、三协精机、三丰鞋业等大项目建成投产。仓山科技园区、城门投资区、盖山投资区、金山投资区和工业小区相继创建。实施“火炬计划”项目21项，“星火计划”项目56项，建成3个科技示范乡镇及一批科技示范企业。城镇居民人均可支配收入达6550元，年均增长6%。农民人均纯收入达4630元，年均增长7.8%。

四、“十五”计划编制与执行

（一）编制

“十五”（2001～2005年）于2000年计划开始编制，按照“全面开发南台岛、建设福州新城区”的总要求，强化城市功能，加快仓山区城市化进程；加快农业产业化步伐，发展现代化都市农业；着力调整经济结构，大力发展高新技术产业，加快发展第三产业，提高利用外资水平，实施科教兴区和可持续发展战略，努力把仓山区建成具有先进的工业区、一流的科教区、新型的商贸区、高尚的住宅区、新兴的旅游休闲区为一体的福州新城区。2001年1月，区十三届人大六次会议审议通过《福州市仓山区国民经济和社会发展“十五”纲要》。“十五”时期国民经济和社会发展的主要战略目标是：至2005年，全区综合经济实力雄厚，产业结构合理，高新技术产业发达，区域经济竞争力显著增强，基础设施完善，第三产业繁荣，科学教育文化先进，人民生活比较富裕，社会安定稳定，生态环境优美，社会文明程度显著提高，率先基本实现现代化。国民经济和社会发展的主要预期目标是：国内生产总值年均增长13%，第一、第二、第三产业结构比为6:52:42；财政收入年均力争增长15%；自营出口总值年均增长10%；实际利用外资累计2.65亿美元；固定资产投资年均增长8%；社会消费品零售总额年均增长18%；科技进步对经济增长的贡献率达60%以上；人口自然增长率控制在5.5‰以内；城镇居民人均可支配收入年均增长6%，农民人均纯收入年均增长5%；2005年三废（废气、废水、固体废弃物）处理率达85%，城市绿化率达到38%，人均公共绿地面积达9.5平方米以上。

（二）执行

“十五”计划执行期间，“全面开发南台岛、建设福州新城区”战略不断推进，综合经济实力再上新台阶。2005 年全区财政总收入达 6.51 亿元，年均递增 23.96%，其中地方财政收入达到 3.38 亿元，年均递增 24.97%；固定资产投资（区口径）完成 67.39 亿元，年均递增 63.67%；全部工业总产值 204.81 亿元，年均递增 14.44%，其中规模以上工业总产值 160.29 亿元，年均递增 21.78%；出口总值（海关口径）6.77 亿美元，年均递增 16.2%；新批合同外资 1.52 亿美元，年均递增 32.37%；实际利用外资（验资口径）6567 万美元，年均递增 25.82%；社会消费品零售总额 59 亿元，年均递增 28.5%。名牌战略稳步实施，全区拥有 1 个中国名牌产品（万年青健身器材）、1 个中国驰名商标（西瓜太郎）、8 个福建省名牌产品，推动 117 家企业通过 IS09000 质量体系认证。三次产业结构比由 2000 年的 6.90:63.03:30:07 调整为 2005 年的 2.76:59.06:38.18。产业基地成片崛起，集聚效应和规模效应明显增强，初步形成电子信息、机电五金、鞋服和轻工产品四大产业集群，其中规模以上工业企业共 221 家，全年产值达 112 亿元，占全区工业总产值的 73% 以上；“十五”末期，年产值亿元以上的工业龙头企业达 29 家。引进华隆鞋服、誉信达物流等 6 个项目，总投资近 6 亿元；拓福、永辉、国美等国内外大型超市卖场先后入驻；东方家园建材超市、四星级国谊大酒店竣工开业；福厦汽车展销走廊有奔驰、沃尔沃、广州本田等 53 家汽车 4S 专卖店，全年汽车销售额突破 25 亿元；金山榕城广场签约入驻知名企业 150 多家；下藤商业步行街、三高路餐饮娱乐街、首山学生购物街等特色商贸街日渐繁荣。5 年间贯彻落实“南进”战略，大规模进行旧屋区改造，基本完成上渡、莒蒲、下藤、尤溪洲、洋岱五大片旧屋区改造，建成 160 幢 60 多万平方米安置房，1 万多户 3 万多人入住新居；全面推进金山新区建设，完成近 3 万亩征地拆迁交地任务，动迁涉及 49 个村，其中 12 个村举村搬迁，拆除旧房面积 200 多万平方米，形成占地面积 26 平方公里的规模。香江红海园、融信第一城、罗马佳洲等楼盘持续旺销，带动全区房地产业发展。基础设施建设日臻完善，全区有道路 181 条和大桥 11 座，基本形成四通八达、方便快捷的交通网络。期间连续 3 次通过“全国科技进步区”考核，并获“全国科技进步先进区”称号；通过省政府“双高普九”验收。创作舞蹈《金山春雨》、歌舞《烟山之恋》等一批歌颂仓山巨变、催人奋进的文艺作品；龙舟、舞龙、蹦床等体育项目获多项全国冠军；陈靖姑文化民间信仰顺利通过省级非物质文化遗产评选。同时通过“全国社区卫生服务示范区”和“创建有中医药特色的全国社区卫生服务示范区”国家考评组的复核验收。人口出生率控制在 10‰以下，连续 6 年保持省级计生一类先进区水平，获“全国婚育新风进万家先进区”称号。城镇居民人均可支配收入、农民人均纯收入年均增长分别为 6.46% 和 6.2%，实现由温饱向基本小康的跨越。

1990 ~ 2005 年仓山区国民经济主要指标完成情况表

表 10-1-1　　单位：万元

年份	总产值		农业总产值（当年价）	工业总产值（当年价）	固定资产投资	社会消费品零售总额	出口指标		实际利用外资（万美元）	财政总收入	地方财政收入（不含基金）
	社会总产值	地区生产总值					出口交货额（万元）	出口总值（万美元）			
1990	15528	—	—	10838	—	8061	1977	—	—	914	914
1991	20032	—	—	14326	—	11561	3032	—	—	1151	1151
1992	27212	—	—	19975	—	8053	6479	—	—	1451	1451
1993	36017	—	—	25214	—	10530	7677	—	—	2062	2062
1994	49580	—	—	33650	—	19001	10819	—	—	2468	2468
1995	69194	—	—	51741	—	20949	14789	—	—	3967	3967
1996	—	350000	57318	718603	—	90496	202908	—	4000	10505	6205
1997	—	420088	63394	981188	—	105966	273453	—	4392	14393	8240
1998	—	508000	67932	1213580	33728	125063	317932	—	4620	17821	9750
1999	—	594026	72076	1456060	47819	139999	375382	—	5006	19921	10948
2000	—	648527	74048	1534194	52555	171362	—	31969	5048	21825	12118

续表 10-1-1

年份	总产值		农业总产值（当年价）	工业总产值（当年价）	固定资产投资	社会消费品零售总额	出口指标		实际利用外资（万美元）	财政总收入	地方财政收入（不含基金）
	社会总产值	地区生产总值					出口交货额（万元）	出口总值（万美元）			
2001		734256	77040	1706806	78023	202201		34462	7575	26787	14788
2002		833435	70880	1875591	176828	235155		37017	18600	36103	15338
2003		1001665	74172	2019075	321946	361839		48550	15930	43857	19803
2004		1087496	62775	2320047	484315	480801		53400	12981	52271	24789
2005		1225442	62084	2048102	673888	590022		67720	6567	64549	33251

第二节　固定资产投资管理

1990 年，仓山区继续贯彻治理整顿、深化改革的方针，压缩一般项目，保证重点项目建设，根据市计委集体和个体投资指标切块划分，严格控制新开工项目。对生产性项目投资在 100 万元以下，非生产性项目投资在 50 万元以下的，在切块指标中安排，超出范围的项目上报市计委或由市计委转报省计委审批。当年，全区安排房地产开发资金 286.35 万元，总建筑面积 4.8 万平方米。

1992 年，市计委将基本建设审批权限下放，按照责、权统一原则，凡属国家产业政策鼓励发展、符合全市统一规划的项目，建设资金能自筹解决，生产、流通及外部配套条件能自行平衡的，投资总额在 2000 万元以下的区属全民基建和非工交技改的项目建议书、可行性研究报告、年度投资计划，均委托区计委审批，报市计委备案；区属集体所有制和个体投资项目，不受规模限制。凡经批准有资质的房地产开发公司，计划开发的商品房，按城镇总体规划的要求，由区计委审批，报市计委备案。1993 年，加快旧城改造和新区开发步伐，当年完成商品房和安置房施工面积 31.84 万平方米。

1994 ～ 1995 年，加快科技园区、工业小区建设，共审批和转报科技项目 15 项，总建筑面积 14.86 万平方米，总投资 1.4 亿元。接转、审批和转报项目 227 项，总建筑面积 122.08 万平方米，总投资 8.87 亿元。商品房和安置房竣工面积 12.24 万平方米，投资 9339 万元。同时，对全区基建项目进行清理、审核和检查，控制规模建设，促进工程进度。

1996 ～ 1997 年，进一步推行行政审批制度改革，固定资产投资项目适度从紧，结构得到改善，对新一轮创业的重点项目和“满天星”项目逐个落实。共新批和转报项目 134 项，建筑面积 254.88 万平方米，总投资 21.2 亿元。

1999 年，加大对固定资产投资管理力度，完成投资 4.7 亿元，其中基础设施 3 项，投资 8000 万元；工业项目 7 项，投资 7.58 亿元；房地产项目 3 项，投资 6.11 亿元；旅游业项目 5 项，投资 20.69 亿元；商业项目 16 项，投资 6.64 亿元；社会项目 7 项，投资 3.22 亿元。新批和报市计委审批项目 105 项，建筑面积 86.79 万平方米，总投资 18.41 亿元。

2000 年，取消固定投资方向调节税，进一步改善投资环境。完成固定资产投资 5.26 亿元，其中房地产投资 2.06 亿元，基本建设投资 8663 万元，技术改造投资 7643 万元，农村集体固定资产投资 8300 万元，城镇工矿区私人建房投资 850 万元，其他固定资产投资 6473 万元。新批、转报市计委审批项目 34 项，总投资 4.94 亿元。全区安排重点项目 29 项，总投资 58.14 亿元。

2001 年，加大固定资产投资，完成固定资产投资 7.8 亿元。新批和转报市计委审批项目 139 项，总投资 15.42 亿元。全区安排重点项目 37 项，总投资 60.49 亿元；其中基础设施 3 项，投资 1.65 亿元；重点支柱产业项目 28 项，投资 55.55 亿元；社会事业项目 6 项，投资 3.3 亿元。

2002 年，推行首问责任制、限时办结制、服务承诺制等工作制度。基建项目审批时限从 7 个工作日改为 3 个工作日，并力争缩短为 1 个工作日。公开向社会承诺：“只要条件具备，随到随办，立等可取”。

同时全面实行“两单”收件登记制度。当年完成固定资产投资 17.68 亿元。新批和转报市计委审批项目 143 项，总投资 25.22 亿元。全区安排重点建设项目 20 项，总投资 29.65 亿元。

2004 年，继续加快固定资产投资，全年完成固定资产投资 48.43 亿元。全区重点项目包括市级项目有 135 项，总投资 215.12 亿元，涵盖农业、工业、商贸、房地产、社会事业、基础设施等。已建成投产的项目 39 项，总投资 49.60 亿元；动工在建项目 54 项，总投资 110.99 亿元；筹建项目 42 项，总投资 54.53 亿元。

2005 年 1 月起，对基建项目实行审批制、核准制和备案制，全年累计完成全社会固定资产投资 67.41 亿元。其中，房地产开发完成 44.42 亿元，基本建设投资 17.89 亿元，农村投资 5.1 亿元。

第三节 重点项目管理

1996 年，重点项目开始列入区级重点投资项目管理。当年福州承展纺织有限公司投资 3500 万美元，闽台行有限公司投资 1500 万美元。

1998 ～ 2003 年，共安排重点建设项目 207 项，总投资 283.87 亿元，其中主要重点项目有新通福光电缆制造有限公司、原光亚明电器、强伦精机有限公司、EDI（福建）有限公司、麦德龙仓储超市、化工原料批发市场、华夏汽车城、建新花卉交易市场、高仕路、太平洋城商品房、洪塘至温墩的战备公路、下藤和菖蒲旧屋区改造、拓福建材超市、金山工业区橘园洲仓山园、浦上片仓山园、鲜信光电、晶阵半导体、正盛日用品、北京现代汽车及福建丰泉环保项目联合车间和科研楼项目等。

2004 年，辖区内的重点建设项目（包含市级）有 135 项，总投资 215.12 亿元。建成或投产的项目 39 项，投资 49.60 亿元，其中建新大道南段、二环路三期、金洲南路、洪塘路等一大批市政道路竣工，万年青健身器材二期、锦顺电子等项目建成开业。当年动工在建的项目有福顺集成电路、亚太汽车城、吉元小区安置房等 54 项，投资 110.99 亿元；正在筹建的项目有福田制衣、显昌电子、鞋服物流中心等 42 项，投资 54.53 亿元。

2005 年，实施项目带动战略，引进骨干项目有：福湾（一期）工业园引进日本住友项目，建成后将成为日产汽车线束制造基地；义序机电园引进法国利莱森玛项目；城门投资区和盖山投资区分别引进福顺 6 英寸芯片生产线和芯片分装厂。同时重点推进岭后、首山、程浦、南江滨片旧屋区拆迁和交地改造。金山新区建设辐射带动城门、盖山等地的开发。推进省、市重点项目的征地，拆迁交地总面积 680 公顷，涉及 66 个村、8000 余户、3 万余人。

第四节 协调服务

1990 年，仓山区计划管理的重点是缩小指令性计划分配比重，扩大指导性计划范围，搞活流通，有领导有组织地建立生产资料市场。通过协调由市计委安排一批钢材、水泥、煤炭、焦炭、烧碱、纯碱、汽车等生产紧缺物质。

1991 年，由于经济的发展，用煤量大增，市计委分配的煤炭计划指标不足，加以煤质低，导致用煤紧张，区计委协调有关部门，组织计划外煤炭补充不足。同时为保证重点建设项目的需要，全年协调组织供应钢材 844 吨、铝材 11.4 吨、石油 111.5 万吨、煤炭 1104 吨、化工产品 44 吨、有色金属 53.3 吨、水泥 1000 吨。

1993 ～ 1995 年，计划部门逐步转变职能，发挥计划管理在宏观调节和综合协调中的地位和作用。除水泥属计划分配外，钢材等 10 种统配物资不再实行计划分配，价格全部放开，由市场供需调节。同时通过市计委协调解决生产煤炭 1596 吨，为春节、元旦协调石油 7000 公斤、煤炭 1011 吨，并协助解决企业实际困难，促成一批新产品的开发和科技园区建设。

1996～1998年，由于行政区划调整，由原来单纯的城区变为城乡结合型的行政区，加大农村工作分量。计划部门主动协助推进“菜篮子”工程建设，对农业生产资料产、供、销进行协调，使常年菜地面积稳定在1.1万亩以上。同时从资金、人力、物力上积极协调支持科技园区、工业小区、金山投资区、盖山投资区及城门投资区，带动村级工业小区连续开发，使村级工业形成一定规模。

1999年，组织干部到企业开展调研，帮助乡镇企业实施技改项目61项，创产值3.54亿元。同时分别向省、市计委从地方补助款中争取30万元，协调建设计生服务大楼、仓山区中医院门诊综合楼，扩建螺洲卫生院门诊综合楼。

2000～2003年，协助各投资单位办理各项报批手续，并向省、市有关部门争取科技城项目、河道整治及防护林建设资金72万元。

2005年，实施阳光工程和政务公开，并邀请省、市有关部门到区调研，为基层牵线搭桥，面对面协调，帮助项目建设单位争取前期费用和项目补助款，促使项目如期动工投产。为福建金山生物制药股份有限公司等4家企业的项目成果申请6·18项目成果转化扶持资金110万元；为6·17特大暴雨及4次台风灾害恢复重建工程申请补助款80万元，保障灾民的生产、生活不受影响。

第五节 机构

1990年，计划委员会有工作人员3人。1996年，区级党政机构调整，区计划委员会更名为仓山区计划局。定编3人，实有3人。2002年5月，区级党政机构再次改革，区计划局更名为仓山区发展计划局。定编2人，实有6人，2005年12月，根据区委、区政府《关于仓山区区级党政机构改革的实施意见》，区发展计划局更名为仓山区发展和改革局。定编2人，实有2人。

第二章 统计管理

1990年，仓山区统计指标体系有综合、工业、商业、投资和建筑业、劳动工资、外经、人口、旅游统计。1991年，增加科技统计，贸易业统计和个体商业抽样调查。1995年，工业统计增加规模以下工业企业调查，同时完善工业增加值统计。1996年，增建农村统计，并完成年报“七加一”（即7个专业统计年报加固定资产投资年报）一套表制度改革，统计数据从手工处理改用微机汇总。1997年，增建服务业统计。至2005年，仓山区统计机构实现局域网与省、市统计局计算机通信联网。

第一节 专业统计

一、综合平衡统计

1990年起，区统计局结合计划执行情况和社会经济发展特色编写统计报告和进度分析，以发布《仓山统计资料》、“专题报告”“国民经济和社会发展统计公报”等形式提高统计优质服务层次。每年定时搜集财政、税收、金融、保险、教育、卫生、邮政、电信等各部门的统计资料，充实国民经济各行业统计资料，并编印成《仓山统计年鉴》（《仓山经济年鉴》）。2002年后，参与全区经济工作“六赛六比”活动（即财政、工业、贸易、外经、投资和内资6部分经济指标分地区评比），负责活动的统计汇总工作。2005年，开始逐月编印折叠式《仓山经济动态》卡片，及时对外提供统计信息。

二、农业统计

1996 年区划调整后，仓山区开始建立农业统计报表制度，根据农业生产不同季节，适时布置镇、村进行填报。农业统计范围除乡镇企业以外，包括其他单位附营的农、林、牧、渔生产单位。统计资料的搜集整理和汇总采取条块结合和多种调查方式，除农业生产中的营林、水产、农机、水利、水电、气象及自然灾害等方面资料由同级主管部门取得外，其他资料多采取抽样调查、重点调查的方法，利用部门资料及住户调查资料加以推算。农业年报表有《农村基层组织情况》等 19 种，指标 1426 项。1999 年，农业统计年报表增加主要水产品生产情况和农业企业生产情况 2 种报表。2001 年，农业统计年报表增加农林牧渔业中间消耗和蔬菜及花卉生产情况 2 种报表。

2003 年，根据国家统计局《关于布置新的农业发展速度计算方法试行工作的通知》要求，采用价格指数缩减法计算农业发展速度。为满足新的国民经济行业分类标准的要求，仓山区自当年第 3 季度起，“季度农林牧渔业总产值计算”按新的计算方法进行，同时重新修订农林牧渔业产值计算表产品目录。由年报改为年定报。增加对农业龙头企业的调查报表“农业产业化经营组织经营情况年报综合表”1 种，将“林业生产情况”根据不同的统计渠道分别设置“营林及木竹材采伐生产情况”（数据从林业部门取得）和“主要林产品生产情况”（由政府统计部门调查填报）两种表。2004 年，增加对农村基层村民委员会的调查报表“村基本情况”年报表 1 种。2005 年仓山区农业统计表共有 23 种，指标 1593 项。

三、工业统计

1990 年，仓山区根据工业企业隶属关系的不同，对乡及乡以上工业企业进行调查，按照国家统计局制定的第 5 种不变价格（“1990 年全国工业产品不变价格”）计算工业总产值。1992 年，建立一套包括产品销售、利润、税金、固定资产、职工人数、工资总额、总产值、净产值等 28 项主要经济指标的月报表制度，并将工业产品销售率、资金利税率、成本利润率、全员劳动生产率、流动资金周转次数及净产值率 6 项，按全国统一规定的标准值加权平均计算综合经济效益指标。

1993 年工业统计年报和 1994 年工业定期统计报表开始实施新的国家统计报表制度，实行“七加一”一套表。将“工业企业基本情况表”归并入《统计调查单位统计报表制度》内，将“工业产品生产、销售、库存表”中的实物量指标分解出来，形成价值量与实物量两张表，精简“工业企业财务状况表”，恢复工业年报中的现价销售产值和出口交货值，取消工业统计中的净产值和不变价销售产值；完善增加值统计，精简产品实物量年报中的产品目录 63%，仅保留 387 种。

1998 年，工业统计调查对象由乡及乡以上工业企业改为全部国有工业及年销售收入 500 万元以上非国有工业企业填报，当年调查对象为 137 家。

2000 年，工业统计年报表有《法人单位基本情况》《工业企业财务状况》《工业企业能源购进、消费及库存》和《工业产销总值及主要产品产量》4 种，填报范围为规模以上工业企业。当年全区规模以上工业企业为 119 家。对规模以下工业企业工业总产值及主要工业产品产量，采用抽样调查方法进行推算和评估取得。2003 年，工业统计年报增加中间投入情况调查表 1 种。

2004 年，仓山区根据国务院决定进行第一次经济普查。工业统计年报基层表改为《法人单位基本情况》等 14 种，指标 327 项。

2005 年，工业统计年报基层表有《法人单位基本情况》《工业产销总值及主要产品产量》《工业企业财务状况》和《工业企业能源购进、消费及库存》4 种，指标 128 项，填报范围为规模以上工业企业。当年全区规模以上工业企业为 357 家。

四、投资和建筑业统计

1990年，仓山区按照国家统计局标准重新制定投资和建筑业统计年报基层表的标准表式，并实行统一的指标代码。标准表内容有基本情况、投资完成情况和新增固定资产、财务拨款与支出、建设规模与新增生产能力、房屋建筑面积及价值、投资效益等139个指标，形成较为完整的一套固定资产投资调查表。

1992年，根据省、市统计局的部署，仓山区开展农村集体所有制单位固定资产投资情况普查，将其列入年报内容。

1993年，固定资产投资统计范围扩大为全民基建、更新改造、商品房（包含外商）、城镇集体、农村集体、城镇私人建房、农村私人建房、全民其他投资、投资区（不含商品房）等统计。1994年，增加对国有建筑业生产情况和主要财务指标完成情况季度调查，增加对集体建筑业生产情况半年度调查。商品房建设统计改为房地产开发统计。1998年，固定资产投资统计增加对重点项目完成情况统计报表1种。

2001年开始，仓山区不断减少固定资产投资统计专业调查表种，至2005年，固定资产投资统计年报基层表有《固定资产投资统计基层标准表》《城镇和工矿区私人建房情况》《法人单位基本情况》《产业活动单位基本情况》《房地产开发投资完成情况》和《房地产开发企业（单位）财务状况》6种，指标345项，其中固定资产投资统计报表2种，指标132项；房地产开发统计报表4种，指标283项。

五、商业统计

1990年，仓山区增加建立社会商品零售总额、全民所有制商业和供销社商品购销存总额的分月统计表。当年，全区集体所有制商业、饮食业、服务业机构为160家，年末职工1251人。1991年，商品流转统计报表增加总购、总销、进出口、批发零售等指标，商业统计难度加大。当年，商业统计增加个体商业抽样调查，全区个体有证商业、饮食业、服务业机构为1021家，年末从业人员1492人。

1993年，仓山区合并国内商业、对外贸易业、物资供销业3个专业，形成批发零售贸易业的统计总体。当年商业统计年报综合表有9种，全区集体所有制商业、饮食业、服务业独立核算企业为170家，职工2299人。1994年，社会消费品零售总额报表中行业不再分为5类，而将“农民对非农业居民零售额”并于其他行业中，作为其他行业的其中数。

1995年，实行统一规范化的基层一套表制度，其中年报表12种，定期报表4种。1997年，商业统计增加“社会消费品零售总额分月表”“中型批发零售贸易业商品购进、销售、库存总额”“中小型批发零售贸易业商品销售、库存类值”“小型和个体批发零售贸易业商品购进、销售、库存总额”的统计以及餐饮业、服务业财务状况的统计。

1999年，将商业、饮食业统称为批发零售贸易餐饮业，并将批发零售贸易餐饮业企业按照销售收入大小划分为限额以上批发零售贸易餐饮业企业和限额以下批发零售贸易餐饮业企业，统计部门对限额以上批发零售贸易餐饮业企业发表调查，其年报表有6种，全区限额以上批发零售贸易餐饮业企业为12家，从业人数为278人。商业专业统计不再负责服务业统计工作。

2001年，商业统计新增调查限额以下批发零售贸易业、餐饮业商品销售情况，调查年度仅1年，当年全区共发表调查限额以下批发零售贸易业、餐饮业131家。2002年，商业统计年报表增加“批发零售贸易餐饮业法人单位基本情况表”和“产业活动单位基本情况”2张报表。

2004年，商业统计按国民经济行业分类标准，将批发零售贸易餐饮业分为批发零售业、住宿和餐饮业。是年，仓山区根据国务院决定进行第一次全区经济普查，商业统计年报基层表调整为《法人单位基本情况》等9种，指标539项，全区共发表调查限额以上企业30家。2005年，全区限额以上企业为46家，其他不变。

六、对外经济统计

1990年，外经统计报表有“三资企业经营情况统计”和“出口商品交货总值统计”2种。1992年，仓山区“三资”企业统计报表报送渠道由各主管部门为主布置，逐渐过渡到以统计局为主布置。当年，外经统计年报综合表有“外向型经济主要指标”等4种，全区发表调查的“三资”企业为46家。

1998年，外经统计年报综合表调整为3种，主要围绕“利用外资情况”“外商投资企业基本情况”和“外商投资企业生产经营情况”开展调查。当年，全区发表调查的“三资”企业为176家。

1999年，外经统计将年报表合并为“外国和港澳台地区在华投资企业生产经营情况年报表”1种，该表由基本情况、投资表、生产经营情况表和其他4个部分构成，有53个指标。至2005年，外经统计指标基本不变，全区发表调查的“三资”企业为206家。

七、劳动工资统计

1990年，区统计局牵头与区人事局、劳动局配合，对每个单位的劳动工资统计年报进行审核。1993年，为适应全国实施新国民经济核算体系的要求，对劳动工资统计年报表与指标体系进行全面改革，采取企业、事业、行政单位“一套表”的做法，由专业统计改为行业统计、由集中布置改为分散布置、由专业出表改为归行业汇总。劳动工资统计报表有“从业人员和劳动报酬”“工业、建筑业企业职工人数和工资”“职工人数变动情况”。1994年，劳动工资统计定期报表由月报改为季报。

1997年，劳动工资统计年报综合表增加对计时和计件标准工资、奖金和计件超额工资、津贴和补贴的统计。1998年，劳动工资统计年报综合表重新定为“单位从业人员和劳动报酬情况”“城镇集体单位从业人员和劳动报酬情况”“其他单位从业人员和劳动报酬情况”3种。

1999年，始于1990年的劳动工资统计年报联合审核工作结束。当年有劳动工资统计年报表1种，即“劳动情况（年报）”，主要指标有57项，全区发表调查基层单位550家，单位从业人员年末在岗职工人数为20501人。

2004年，“劳动情况（年报）”主要指标在原来基础上取消在岗职工中按用工期限分组的“临时职工”统计，增加单位从业人员参保情况等10项指标统计。2005年仓山区劳动工资统计年报发表调查基层单位356家，单位在岗职工人数为40270人。

八、人口统计

1990年7月，全国进行第四次人口普查，普查内容有21个项目，其中除与第三次人口普查内容相同外，增加户口性质、迁移状况及原因等内容。这次人口普查以统计部门为主，其他有关部门配合来完成普查工作，并注重普查资料的开发利用。

1994年，人口统计年报内容有人口基本情况的总户数、总人口数和其中的男性、女性、持证人口、非农业人口；人口自然变动的出生、死亡人数；人口机械变动的迁入、迁出人数。根据国家、省、市统计局的部署，仓山区分别在1990年、1993年、1995年、1996年、1997年进行5次人口变动抽样调查，其中1995年、1996年为1%人口抽样调查，调查工作由区统计局负责。

2000年，全国进行第五次人口普查，普查内容有64项，其中按人填报的有26项；按户填报的有23项。家庭户还要填报本户住户间数、住房建筑面积、住房用途、住房建成时间、建筑层数、住房内是否有厨房、是否有饮用自来水、是否有洗澡设施、住房来源、购建住房费用等15项内容。

2002年，人口统计改“非农业人口”为“城镇人口”统计。2002～2005年人口统计年报内容有人口基本情况的总户数、总人口数、其中的男性、女性、持证人员、城镇人口、城镇人口占总人口比重；

人口自然变动的出生、死亡人数、自然增长率；人口机械变动的迁入、迁出人数、机械增长率。4 年间，每年都由区统计局根据省、市统计局的部署进行一次人口变动抽样调查，其中 2005 年为 1% 人口抽样调查。

九、科技统计

1991 年，仓山区开始建立科技统计，执行国家统计局制定的统计报表制度。是年，仓山区开展乡及乡以上独立核算工业企业技术开发活动调查，调查内容包括单位基本情况、从事科技活动人员、经费和项目 4 个方面。

1995 年，全区第三次工业普查中，分甲、乙表对工业企业科技活动情况进行调查。甲表限大中型企业填报，有 39 项指标；乙表限国有小型企业填报，有 12 项指标。2001 年，科技统计年报表调整为 5 种，162 项指标。

2002 年 7 月，开展高新技术产业调查，调查内容有从业人员年平均人数等 24 项，并分 2000 年、2001 年、2002 年上半年、2002 年预计数进行填报。

2003 年，科技统计年报表有 4 种，即“工业企业科技活动情况”“工业企业科技项目一览表”“工业企业办科技机构一览表”“福建省高新技术产品情况调查表”。前 3 种报表主要指标与前 2 年相同。“福建省高新技术产品情况调查表”主要指标有高新技术产品产值等 8 项。

2004 年，仓山区根据国务院决定进行第一次经济普查，对规模以上工业企业科技活动情况进行调查。科技统计年报基层表有 2 种共 57 个指标。

2005 年，科技统计年报基层表比 2004 年增加“高新技术产品调查表”1 种，主要指标有企业生产的高新技术产品名称等 10 项。在“规模以上工业企业科技活动情况”表中增加“全部科技项目数”“其中新产品开发项目数”“研究与试验发展（R&D）项目数”“全部科技项目经费内部支出合计”“其中研究与试验发展（R&D）项目经费支出”5 项统计。

十、服务业统计

1990 年，服务业统计依托综合专业统计开展工作。1997 年，为准确核算第三产业增加值，仓山区服务业统计工作从综合专业统计中剥离，开始建立年报。主要报表有《法人单位调查表》《产业活动单位调查表》《财务状况表》（服务业企业和实行企业化管理的事业单位填报）《事业单位财务状况表》（差额、自收自支单位填报）和《事业、行政单位财务状况表》（全额单位填报）5 种，指标 105 项。1998 年起，因连续开展第一次全国基本单位普查、第二次全国基本单位普查和第一次全国经济普查，2005 年，服务业统计年度报表停报。

十一、旅游统计

1990 年，旅游统计依托商业统计开展工作，对旅游行政管理机构、旅行社、旅游饭店、旅游车船公司、旅游服务公司等企事业单位开展统计调查，建立职工人数、固定资产、经营收入、利润、税金、旅游接待人数等为主的统计年报。1997 ～ 2005 年，旅游调查对象增加景区单位。

第二节 专项调查

一、人口普查

第四次人口普查 1990 年，根据全国第四次人口普查工作的要求，成立仓山区第四次人口普查领导小组，下设办公室，办公室内设调查组、宣传组、编码组和后勤组 4 个组，普查人员 1000 多名。普查标准时间为 1990 年 7 月 1 日零时，普查项目共有 21 个项目。从 1989 年 9 月开始至 1992 年 6 月，历时 2 年 9 个月，经过制订方案、抽调力量、户口整顿、普查试点、业务培训、宣传发动、摸底、登记、抽查验收等阶段。1990 年 6 月底，全区各调查小组按划分的普查区入户询问登记，7 月下旬开始转入手工汇总和专项编码工作，并进行审核，于 8 月完成普查登记表移送市普查办计算机汇总。普查结果：仓山区总户数 33070 户（家庭户 32486 户、集体户 584 户），总人口 129860 人（家庭户 110455 人、集体户 19405 人），家庭户平均每户人口为 3.4 人。全区男性 68821 人、女性 61039 人，性别比为 112.75。汉族人口占总人口 99.72%。普查后编印《福建省福州市仓山区 1990 年人口普查资料》。1991 年 3 月下旬起进入人口普查资料开发利用阶段。

第五次人口普查　1999 年 2 月，根据全国第五次人口普查工作的要求，仓山区成立第五次人口普查领导小组，下设办公室，办公室设综合组、业务组、宣传组和后勤组 4 个组。办公室工作人员由统计、公安、计生、教育、卫生、广电等部门抽调 11 人组成。全区 12 个乡镇街道于 2000 年 8 月前后相继成立第五次人口普查领导小组及办公室，开展第五次人口普查。普查标准时间为 2000 年 11 月 1 日零时，普查登记项目有户记录 23 项、人记录 26 项，全区 1090 名普查指导员和 2460 名普查员参加人口普查入户登记工作。整个普查历时 2 年 10 个月，经过成立机构、制定实施方案和工作流程及工作计划，宣传发动，户口整顿、普查试点、业务培训、摸底登记、抽查验收等阶段。普查结果：仓山区总户数 130362 户（家庭户 111321 户、集体户 19041 户），总人口 482039 人（家庭户 367055 人、集体户 114984 人），家庭户平均每户人口为 3.3 人。全区男性 244768 人、女性 237271 人，性别比为 103.16 。汉族人口占总人口 99.55%。普查后编印《仓山区 2000 年人口普查资料》。

二、第三产业普查

1993 年 9 月，仓山区根据全国第一次第三产业普查工作要求，成立第三产业普查领导小组。普查年度为 1991 年和 1992 年。普查的主要内容是：第三产业单位数、从业人员、生产经营单位经营活动情况（营业收入、营业成本费用、销售税金、营业利润）；党政机关、事业单位、社会团体、基层群众自治组织的经费收支、业务（事业）收支、预算外收支和专项资金收支情况；第三产业单位实物资产情况（固定资产原值和净值、库存总值）。普查正式登记前向各普查对象发放近 1 万份普查宣传材料《致调查户的一封信》，同时采取条块结合方式开展摸底调查。1993 年 11 月开始，全区普查员和普查指导员开始全面普查登记。12 月中旬，普查登记结束后，开展典型调查和专项调查，推算“居民自有住房”、“居民储蓄利息”和“其他支出中劳动者报酬所占比重”等，为计算第三产业增加值提供资料。

三、工业普查

1995 年 5 月，仓山区按照全国第三次工业普查工作的要求，成立仓山区第三次工业普查领导小组，下设办公室，工作人员由统计局、工业局、劳动局等部门抽调人员组成。普查年度为 1995 年。普查目的是查清工业资产底数、主要工业产品产量、生产能力分布和能力利用状况、主要生产设备拥有量、工艺装备的技术状况、主要工业产品生产成本、价格及盈利状况。普查表分为甲、乙、丙表 3 类。甲表由大中型工业企业普查填报，乙表由乡及乡以上小型工业企业和附营工业单位普查填报，丙表为年产品销售收入在 100 万元以上的村办工业、私营工业、合作经营工业、个体工业和生产单位、村及村以下、外商合资企业普查填报。1996 年 1 月 1 日起，全区普查员和普查指导员深入工业企业实施普查登记。1997 年 3 月后，工业普查转入数据公报和普查资料的分析、开发利用阶段。普查结果：1995 年末，仓山区工业企业和生产单位有 2701 个，从业人员 69557 人，实收资本总额达 96909 万元，全部工业总产出 433557

万元，乡以上工业产品销售收入324123万元，全部工业上交税金10963万元，实现工业增加值31510万元 。普查后编印《福州市仓山区第三次全国工业普查资料》。1996年，仓山区被全国第三次工业普查领导小组办公室、国家统计局评为省级先进集体。

四、农业普查

1995年12月，仓山区政府根据国务院《关于开展第一次全国农业普查的通知》精神，印发《贯彻国务院关于开展第一次全国农业普查的通知》，成立仓山区第一次农业普查领导小组及其办公室，办公室工作人员由统计局、农业局、水利局、经济局等部门抽调人员组成。各乡镇在1996年8月底前相继成立普查领导小组及办公室。普查年度为1996年。普查的目的是为准确掌握农业生产的规模与结构，进一步查清农村劳力的使用、转移以及乡镇企业和农村小城镇的基本情况，以便为各级党委和政府制定农村中、长期发展战略，指导农村经济工作，提供最主要的基本数据，并为建立新的农村经济体系奠定基础。普查内容包括农业生产经营单位的数量、规模和结构；农业用地在各生产经营单位的分布和使用情况；农业生产性固定资产的数量、结构和性能；农村劳动力的数量、素质，从事的行业和流动的情况；乡镇企业和镇建制的基本情况等。1996年底前准备工作基本就绪，完成成立机构、抽调力量、业务培训、试点和摸底等工作。1997年1月1日开始，全区普查员和普查指导员入户登记，接着进行抽查验收、数据录入及有关数据的手工汇总上报和数据分析评估，按时完成农村住户、非农村住户类农业生产经营单位和非农业乡镇企业审核和手工汇总。普查结果：1996年末，仓山区农村住户40970户，家庭人口168122人，其中：纯农户20279人，农业兼业户14694人，非农兼业户40419人，非农业户92730人；农村住户从业人员91558人，其中：农业从业人员25719人，非农业从业人员65839人；耕地面积18632.5亩，其中：水田1065.9亩；茶桑果园面积14835.3亩，其中：果园14688.8亩；有林地面积646.3亩，其中：经济林550亩；渔业养殖面积2638.1亩；农作物种植面积46547.5亩，其中：粮食3619.5亩；牛存栏2385头，其中：奶牛2284头；山羊存栏608只，出栏199只；猪存栏82008头，出栏171860头；家禽存栏458068只，出栏470972只。

五、税源普查

1998年4月21日，仓山区政府根据省政府《关于开展税源普查的通知》精神，印发仓山区《关于开展全区税源普查工作的通知》，成立税源普查领导小组及办公室，由统计、财政、国税、地税等部门抽调人员组成税源普查办公室，各乡镇也相应成立普查领导小组及办公室。普查的调查年度为1996年和1997年，普查标准时间为1997年12月31日。普查目的是了解税源总量及其在各地区、各行业的分布状况，掌握总体税负及各种税种的税负情况，分析财政发展及其趋势，为制定财政发展规划、财税政策，推进税收征管改革提供依据。普查内容主要是：纳税单位的基本信息，纳税单位的基本经济活动，纳税单位的纳税情况，属于农业特产税征收范围的农产品产量和纳税情况，农村耕地占用税、房地产契税等基本情况和纳税情况。普查按属地原则普查。基本表为一套表，包括“单位基本情况表”和甲、乙表两种，“甲表”为增值税一般纳税人填报，“乙表”为非增值税一般纳税人填报。另设“农业特产税表”“耕地占用税表”“契税表”等3张报表。

六、基本单位普查

第一次基本单位普查 1998年7月，仓山区根据全国第一次基本单位普查工作的要求，成立第一次基本单位普查领导小组及其办公室，各乡镇街道也相应成立第一次基本单位普查领导小组和办公室。普查的标准时间为 1998 年 12 月 31 日。普查的对象和范围除农户和个体经济以外所有法人单位（填甲表）和产业活动单位（填乙表）。普查内容：单位基本情况（指单位代码、名称、法定代表人等），单位主要属性（指行业、经济类型、隶属关系、企业事业机关等），单位基本经济活动（指营业状态、从业人员数、企业实收资本、生产经营固定资产、营业收入等）。普查工作经报表布置、培训、搜集、审核、汇总、数据处理工作后，于 1999 年底基本结束。

第二次基本单位普查　2001 年 7 月，仓山区根据全国第二次基本单位普查工作的要求，成立第二次基本单位普查领导小组及办公室，各乡镇街道也相应成立普查领导小组和办公室。普查的标准时间为 2001 年 12 月 31 日。普查内容与第一次基本单位普查基本相同。普查表分《法人单位基本情况表》（甲表）《产业活动单位基本情况表》（乙表）。普查工作经报表布置、培训、搜集、审核、汇总、数据处理工作后，于 2002 年上半年基本结束。

七、经济普查

2004 年 7 月，仓山区人民政府发出印发关部门也于 2004 年 9 月底前相应成立经济普查领导小组或办公室。经济普查的对象是仓山区境内从事第二产业和第三产业的全部法人单位、产业活动单位和个体工商户。普查的主要内容包括单位标志、从业人员、财务收支、资产状况，以及企业的主要生产经营活动和生产能力，主要原材料和能源消耗及科技开发的投入状况等。普查基层表共有 44 张（其中省增加补充 2 张），2300 多个项目。2004 年 10 月中旬开始进入普查清查摸底工作。11 月开始集中审核编码和清查摸底微机录入汇总，至 2004 年底基本完成经济普查前期各项准备工作。2005 年 1 月 1 日起，全区普查员和普查指导员根据划分的普查区和调查小区进行入户调查登记，接着进行抽查验收、数据录入汇总上报和数据分析评估。整个普查历时 2 年。普查结果：2004 年末，仓山区从事第二、三产业的法人单位 2653 个，其中，企业法人单位 1937 个，机关、事业法人单位 276 个，社会团体法人单位 69 个，其他法人单位 371 个。产业活动单位 3061 个，其中，第二产业 1487 个，第三产业 1574 个。全区第二、三产业活动单位就业人员 136006 人。其中，第二产业 92927 人，第三产业 43079 人。普查后编印《仓山区第一次全国经济普查资料》。

第三节　统计监督

1991 年 1 月，仓山区统计局对全区全民所有制行政机关、各类企事业单位的职工人数、工资总额和职工变动情况进行审核，以保证全区劳动工资统计数字质量。是年开始至 1997 年，每年 8 月、9 月，区统计局都会同区人大法制委、监察局、司法局等有关部门开展全区《中华人民共和国统计法》执行情况大检查，坚决查处统计违法行为，共处理 7 起统计违法案件，整改 14 起统计迟报行为。

1998 年，执行中共中央办公厅、国务院办公厅《关于坚决反对和制止在统计上弄虚作假的通知》，仓山区开展制止在统计上弄虚作假大检查，整改 5 起统计虚报瞒报行为。1992 ～ 1999 年，每年都进行劳动工资年报联审工作，共联审各类机关企事业单位 480 家次。2000 年后，区统计局重点抓统计执法队伍建设，把统计监督检查工作经常化、规范化，至 2005 年，共查处 10 起统计违法案件。

第四节　机构

1990 年，仓山区设统计局行政编制 4 人，下辖 7 个街道统计站。1995 年 8 月，成立仓山区城市经济调查队（简称“城调队”），为副科级全民事业单位，人员编制 5 人，开展城镇居民住户调查等各项业务（2002 年 1 月开始增加工业品出厂价格调查业务）。

1996年8月，成立仓山区农村社会经济调查队（简称“农调队”），副科级全民事业单位，人员编制2人，开展农村住户调查、农产量调查等各项业务。是年区划调整后，新增5个乡镇统计站。1999年8月，成立仓山区企业调查联络站，开展规模以下工业企业调查业务。联络站为股级单位，挂靠区统计局，全民事业编制1人。

2005年，区统计局（含城调队、农调队、企业调查联络站）有工作人员14人，其中行政3人，事业11人。下辖5个乡镇、7个街道统计站。

第三章 物价管理

1990年，国家价格改革进入第四阶段，全市价格结构性调整，出现物价总水平上涨较大的局面。仓山区按照省、市物价调整的政策和部署，建立健全价格调控机制，实行行政首长控价目标责任制，以抑制通货膨胀为中心， 对国家出台的调价项目和商品价格进行市场监管，多次组织市场物价监督检查，制止通货膨胀。1997年，抓住“清费、治乱、减负”中心，对行政事业性收费进行清理整顿，取消不合理的收费项目和标准，规范市场秩序。2003年，加强物价宏观管理和市场商品价格的监督检查，推进价格监督进社区。2005年，围绕社会关注的价格热点、难点问题，加大价格监督检查和收费管理力度。是年，仓山区物价局获“全省物价系统先进集体”称号。

第一节 检查监督

一、执法检查

1990年，仓山区政府针对群众反映强烈的价格热点问题，抽调15人分3组开展行业收费专项检查。8～9月检查区属24个部门41个收费单位76个收费项目；9～12月检查区属重点工商企业、医院、小学和托儿所。同时接受省物价检查所委托，对辖区内12家省属企业进行检查。先后查出各类违价案件和违价行为318 起，违价金额46.86万元。

1991年1～10月，检查省、市属电信、机械、汽车、铁路、医院、学校等8家单位以及区内4家电影院，查出违价金额13.11万元，入库12.52万元，退还消费者0.59万元。期间，对区直13个部门、28个收费点的196个收费项目进行复查，查出区直非法收费单位5个、25项，收费金额14.38万元，其中，自立项目收费12项9.18万元，超标准收费11项1.41万元，扩大收费范围2项3.77万元。翌年，配合省、市对16家行政事业性收费单位开展联合大检查，查出有违价行为的12家，违价金额 15.35万元，入库10.35万元。在开展大检查的同时，开展日常性市场价格监督检查，重点对与人民生活息息相关的“菜蓝子”市场价格进行监督检查，1991～1992两年共出动13233人次，检查36560户（次），查出违价行为370户（次），处罚款0.68万元。

1993年，重点抓日常与节假日市场监督检查，共出动4510人次，检查商店17275户次、商品32625笔，违价罚没0.76万元。同时对53个单位的收费和物价执行情况进行重点抽查，抽查率64%，查出违价18家，15个项目，违价金额13.76万元，其中：超标准收费6项1.77万元，自立重复收费8项11.82万元，提前执行收费1项0.17万元，共清退给消费者13.76万元。

1994年，以检查明码标价和行业价格（收费）为重点，先后组织4次规模较大的明码标价执行情况大检查。对193家不按规定执行明码标价的单位，处罚款1.31万元。当年，境内国营商店明码标价普及率达100%，集体和个体商户明码标价普及率均达95%以上，受到福州市物价委员会表扬。同时，按上级纠正不正之风的要求，从区物委与区纪委、监察局抽调人员组成4个检查小组，开展“三清一刹”（清理乱收费、清理公费出国出境旅游、清理党政机关及其工作人员无偿占用企业财物，狠刹部门和行业不正之风）活动，对全区32个部门309个收费单位进行检查，在重点抽查的63家单位中，查出有乱收费3家，违价金额1.23万元。

1996年开始，依法对行政事业性收费进行清理整顿，规范市场秩序。重点整顿农业生产资料市场的流通秩序和农村电价，继续对群众关注的教育、医疗卫生收费、劳动系统收费、物业收费、农资及种子价格等进行执法检查。区物委与计划局、供电所等有关部门配合，制订出一套农村用电线改计划，协调减少中间环节加价、加大检查与处理力度，督促整改，促进全区农村电价明显下降。至1999年底，共查出各类违价案件241起，查出违价总额96.46万元，其中退款63.57万元，罚没入库32.89万元。

2000年，配合价格与收费体制改革，开展创建规范物价检查所物价系统社会公开承诺制活动。采取日常检查与专项检查相结合，查处各类违价案件。2001年开始，大力推行依法治价，开展药品价格、农民建房收费、中小学收费、外来务工人员收费和下岗再就业过程中收费、工商系统和集贸市场收费等专项检查，进一步巩固创建国家级规范物价检查所的成果。当年7月，仓山区物价检查所被国家计划委员会命名为“规范化物价检查所”。2000～2002年，3年共查处各类违价案件139起，违价总金额160.29万元，其中退还群众140.92万元，罚没入库19.37万元。

2003年，重点对“非典”药品及相关商品价格进行监管，派员深入街居、镇村督导“爱卫防病”工作，检查制止哄抬物价的违法行为，保证“非典”期间全区相关药品和商品价格的稳定。2005年，相继在全区部署教育收费、医疗服务收费、司法系统收费、物业收费及农业生产资料价格、汽车市场与汽车配件价格、成品油价格等专项检查和整顿，对拒不执行行政处罚的福州市中小学生社会实践基地，提请仓山区人民法院强制执行。

1990～2005年，全区共查处违价案件96起，违价总金额249.58万元，经济制裁总额249.58万元，其中罚没入库39.34万元，退还群众210.24万元。

1990～2005年仓山区物价执法检查情况表

表10-3-1　　单位：年、件、万元

年份	件数	经济制裁总额	退款	罚没款
1990	318	46.86	—	46.86
1991	235	13.53	0.6	12.93
1992	159	15.35	4.73	10.62
1993	115	14.52	13.76	0.76
1994	196	2.54	—	2.54
1995	100	2.76	—	2.76
1996	59	10	5.36	4.64
1997	81	16.34	7.76	8.58
1998	65	28.76	16.96	11.8
1999	36	41.36	33.49	7.87
2000	24	55.02	47.5	7.52
2001	57	33.8	25.3	8.5
2002	58	71.47	68.12	3.35
2003	62	123.15	116.95	6.2
2004	21	62.75	46.8	15.95
2005	13	63.68	46.49	17.19

二、价格举报、投诉

1990年，群众价格举报、投诉以信访为主。1995年开始设立窗口，受理群众举报、投诉，至1998年，共受理群众举报、投诉77件。1999年，区物价局开始设立投诉电话，当年收到接诉举报26件，主要反映无明码标价、物业管理费、教育乱收费等问题。2001年，全省开通“12358”价格举报电话后，区安排专人值班，受理举报投诉，是年受理投诉举报达57件。2002年，成立区价格举报中心，健全价格举报制度。2003年，创建区“12358”价格举报网络，正式加入福州市“12358”举报网络，至2005年，全区共受理群众价格投诉和省、市物价局转办件318件，主要反映无明码标价、物业管理费、教育乱收费、药品价格、春运票价等问题，办结率100%。

1995 ~ 2005年仓山区群众价格投诉举报受理情况表

表10-3-2 单位：年、件、%

年份	受理件数	办结率	年份	受理件数	办结率
1995	5	100	2001	57	100
1996	13	100	2002	26	100
1997	28	100	2003	43	100
1998	31	100	2004	36	100
1999	26	100	2005	29	100
2000	24	100			

三、“物价、计量信得过”活动

1990年，在全区开展“物价、计量信得过”活动（简称“双信”活动）。1991年开始对“双信”活动开展定期考评。1992年初，全区40家“双信”参赛单位首次进行全面检查评比，评出1991年区“双信”单位10家，区物价、计量工作先进单位7家。同时在原有基础上调整吸收5家单位加入“双信”竞赛活动，同年12月全区45家“双信”参赛单位再次进行全面检查评比，于1993年初评出1992年区“双信”单位10家；区物价计量工作先进单位7家。1994年全区“双信”参赛单位增至48家，是年评出1994年度区“双信”单位5家，“双信”工作先进单位3家。1995年定期组织人员深入基层宣传、指导，12月对全区36家“双信”单位进行全面考核评比。1997年，对原36家“双信”单位进行全面考核、筛选，对其中31家参赛积极性不高，软硬件条件不具备的单位予以清退。当年组织专人深入现场对剩下5家参赛单位进行指导，多次召集5家主管人员进行以会代训，改善物价部门与企业的关系。2005年，因参赛单位参与性不高和软硬件条件不具备，该活动停止。

四、职工监督

1991年开始，区物价部门依托区总工会设立职工物价监督站，站长由区总工会主席兼任，人员由区总工会与区物价检查所人员组成，下设6个街道物价监督站和两个职工物价监督站，每个监督站配义务物价监督员4名。是年全区组成一支32人的群众义务物价监督队伍，并进行业务培训，不定期协助物价部门对节假日市场和早夜市场的商品价格进行监督，督促商店、商贩贯彻执行政府最高限价和明码标价规定。1995年，执行国家计委和全国总工会联合下发的《关于进一步加强职工物价监督工作的通知》，对职工物价监督站进行调整，指定一名在职干部负责职工站工作。2003年12月，执行《行政许可法》取消街道物价监督站和职工物价监督站处罚权，同年因经费不足，职工物价监督站和街道物价监督站暂停。

第二节　物价信息服务

1990年，区物价委员会参与全国“信息网”交流，开展对市场定点采价工作，定期编写《仓山价格信息》（月刊）。1992年，成立福建省价格事务所仓山分所，通过面向基层、服务企事业单位为宗旨开展价格信息咨询工作，派出专业人员担任63家企业常年价格顾问，提供价格咨询、指导行政事业性收费单位和企业、商业用活用足现行的物价政策，帮助他们建立健全各项价格管理制度、强化内部制约机制、规范价格和收费行为，解答价格和收费的疑难问题，帮助了解市场行情和进行成本核算，解决价格纠纷问题。为企业发展提供信息咨询。

1994年，价格事务所开始接受公、检、法委托对案件赃物核价的评估，至2002年，共承接评估业务1101起，评估总金额1871万元，有效地为公检法提供量刑和解决经济纠纷的价格依据。

1998年，5月1日《中华人民共和国价格法》实施以后，结合日常监督检查，宣传《价格法》及《关于商品和服务实行明码标价的规定》《禁止价格欺诈行为的规定》等法律法规。2003年，福州市人大批准出台《福州市物业管理若干规定》，仓山区在社区开展宣传活动，接受社区群众举报投诉和物业服务收费咨询，配合三高路“诚信一条街活动”，对沿街店面分发宣传材料，开展物价咨询和价格事务服务。2005年，结合“3·15国际消费者权益日”和“12358”价格宣传服务周活动，开展宣传、咨询、发放宣传资料等活动；并指定专人收集报送物价信息，全年共报送信息26条，其中省采用1条，市采用7条，区采用6条。

1990～2005年编写《仓山价格信息》24期，发放8950份宣传资料，接待371名群众咨询。

第三节　收费管理

一、行政事业性收费管理

1990年，仓山区行政事业性收费单位共有25个部门54个单位。当年主要通过向各收费单位传达国家出台的收费政策规定，审定收费项目和标准，及时办理收费项目和标准的变更手续，发放《行政事业性收费许可证》，实行亮证收费和年度审验等进行管理。当年发放行政事业性收费许可证54本。1991年采取上门审验与行政事业性收费检查相结合的方法对全区25个部门的54个收费单位进行年度审验和换证。1992年，收费单位增至75个。是年，取消或停止20项不合理或变相收费项目；翌年又取消6个收费单位11项收费项目，纠正8项收费标准，暂停5个收费项目。

1994年采取分片包干、责任到组，包年审、包征收管理费，先易后难、先大后小的方法，对76个收费单位进行年度收费审验，年检率100%，审验金额5726万元；对一些单位收费项目、计价标准等内容填写不完整或不规范等问题，及时指出并要求改正。1996年，仓山行政事业性收费单位增至123家，当年评出合格单位93家，基本合格单位29家，不合格单位1家。对个别单位出现不亮证收费、收费票据填写不规范等现象都予以纠正，同时全部完成原郊区37家收费单位的换证工作，发放新证20本。1997年，配合省市物委对辖区内各行政事业性收费单位实行明码标价公布栏制度，设置公布栏145个。

2004年，全省实行义务教育阶段“一费制”收费制度。是年8月18日仓山区首次举行教育收费听证会，在省定“一费制”收费最高限额标准范围内制订辖区教育收费标准的具体方案，对教育收费予以有效规范。

2005年，区成立物价、财政联合收费年审小组，采取提前预约和上门审验的方法，对行政事业性收费单位开展年审和换证。当年，完成158家收费单位年审，换证率达90%。其中合格的有152家，占收费单位总数的96.2%；依法取消20家收费单位的收费许可证。

二、公共事业性收费管理

1996年，仓山区对区内公用电话、停车场、公园、物业等服务性收费进行检查。主要对收费单位进行年度审验，并核准新的收费项目，收费标准。1998年为规范居委会和乡镇收费行为，对7家有代表性的居委会和1个镇进行调查，撰写仓山区镇、居收费的调查报告，上报市物委。1999年，对交通系统经营性收费许可证进行审核发证。全区有12家运输公司和1家停车场通过审核，发给经营性收费许可证。

2003年，执行福州市人大出台《福州市物业管理若干规定》，区物价局对全区11家物业公司的物业收费情况进行年审。针对物业收费中存在的收取装修押金、水电周转金、装修垃圾代运费、停车费、公共水电分摊费等物业公司与业主纠纷较多的问题责令退还多收费款。同时在全区全面推行物业收费公示制度，在物业费标准审核中，坚持实地查看分别情况予以审定。

2005年，全区公共事业性收费单位共有52家，其中物业公司36家、停车场7家、公用电话7家、公园2家。当年对52家公共事业性收费单位进行审核，各项公共事业性收费基本达到规范。

1990～2005年仓山区行政事业性收费单位年审情况表

表10-3-3　　　　单位：年、家、万元、%

年份	年审单位	年审金额	年审率%	合格	合格率
1990	54	—	—	—	—
1991	54	—	—	—	—
1992	75	113	100	—	—
1993	79	—	100	—	—
1994	76	573	100	—	—
1995	82	—	100	—	—
1996	123	—	100	93	75.61
1997	159	—	100	135	84.9
1998	166	—	100	156	94
1999	165	—	100	143	86.7
2000	150	—	100	127	83.5
2001	170	—	100	143	84
2002	255	5015.57	100	240	94.12
2003	246	5778.61	100	236	95.93
2004	228	5332.62	100	222	97.37
2005	158	6108	100	152	96.2

三、副食品价格调节基金征收

1997年，全区开始征收城市副食品价格调节基金。征收标准：餐饮业、发廊（含美发美容厅）、桑拿等服务行业，按营业额的3%征收；录像厅、卡拉OK厅、舞厅、电子游戏机、保龄球馆等娱乐性企业，按营业额的3%征收，已向地税局缴纳文化事业建设费的，按营业额的1%征收；旅馆业按每人每天住宿费100元（含100元）以上征收8元，50～100元（含50元）的征收5元，50元以下的征收2元。当年共向271家单位征收副食品价格调节基金10.9万元。

1999年，执行《福建省人民政府关于适当降低城市副食品价格调节基金征收标准的通知》和福州市人民政府有关会议精神，当年10月1日起，旅馆业住宿部分基金暂停征收，餐饮业、娱乐业、发廊等行业按其营业额的1.5%征收。1997～2005年，全区共征收副食品价格调节基金100.4万元。

1997 ~ 2005 年仓山区副食品价格调节基金征收情况表

表 10-3-4　单位：年、万元

年　份	征收额
1997	10.90
1998	32.90
1999	27.60
2000	9.30
2001	8.10
2002	3.20
2003	2.80
2004	2.80
2005	2.80

第四节　机构

1990 年，仓山区物价委员会内设办公室、价格检查所、收费科，行政编制 6 人，事业编制 11 人，为正科级单位。1992 年经省价格事务所同意，成立福建省价格事务所仓山分所，业务归省价格事务所领导，行政由区物价委员会领导。1996 年，仓山物价委员会更名仓山区物价局，下设福建省价格事务所仓山分所。1997 年撤销福建省价格事务所仓山分所，成立仓山区价格事务所和市副食品价格调节基金仓山代征点。1998 年 5 月 1 日《中华人民共和国价格法》颁布实施，物价检查所由原先的独立行使行政处罚权，改为以区物价局名义对外行使行政执法，事业编制转行政编制 2 人。2002 年第二轮机构改革，区物价局降为副科级；2003 年 5 月经区委机构编制委员会批准，仓山区价格事务所更名为仓山区价格认证中心。2004 年区物价局行政编制缩编为 4 人，收费科与综合科合并成立物价局办公室。2005 年区物价局内设办公室、价格检查所，行政编制 4 人，事业编制 7 人。

第四章　审计管理

1990 年起，仓山区审计局加强审计调查和对行政事业单位的审计。同时，对社会审计工作进行管理指导和检查监督。当年主要审计行政事业单位财务收支、企业审计及专项审计调查。1991 年至 1994 年，继续坚持抓重点和审计监督经常化、制度化的方向，在巩固中提高和发展，为治理整顿、深化改革和仓山区经济建设服务。

1995 年至 2000 年，围绕区经济建设中心，突出抓好同级财政预算执行和其他财政收支审计，开展专项资金审计和审计调查。同时，探索开展领导干部经济责任审计。2001 年，开展审计质量年活动，区审计局制定审计执法责任制度和审计执法过错追究制度，严格实行审计组长、分管副局长、局长三级负责制。同时完善复核制度，重大问题经局务会议集体讨论决定。2002 年出台《仓山区审计局内部审计工作意见》，部分单位先后建立内部审计机构，就本部门的财务收支、经济效益情况进行内部审计监督。当年 4 月 1 日起开展审计公示制，采取以点带面、抓典型、全面铺开的方法。

2005 年，开始对审计项目全面实施审计质量控制体系，实行审计项目公告制，把群众关注度大的金山街道做为公告制试点单位。当年，出具审计决定 16 份，审计意见书 25 份。同时，对内审工作加大指导力度，全年内审 9 个单位，整改 37 条。

1990 ～ 2005 年，共审计项目和审计调查 306 项，受理委托 956 项，指导 16 个单位进行内部审计，累计查出违规资金 34242.34 万元，上交财政 451.74 万元。至 2005 年，区审计局先后 6 次被评为福州市审计工作先进单位。

第一节 政府审计

一、预算执行情况审计

1995 年，区审计局开始对本级预算进行预算执行审计，即“同级审”。当年，先后审计区财政局、地税仓山分局、教育局、卫生局、建设局、环保局、园林局、城管委、广播局、法院、科委、文化局等 12 个部门，审计总金额 2729.7 万元，查出有 24 万元的财政信用周转金逾期未收回、0.9 万元年度排污费未上交财政。建议区财政部门采取必要措施，组织财政收入，督促有上缴任务的部门和单位及时上交应缴款项，以防截留、占用、挪用或拖欠现象发生。

1996 年，区审计局先后对 11 个部门和单位进行审计，发现有的部门将市财政局调度款 300 万元、借款 233 万元记入财政局机关“其他暂存”和“其他暂付”科目，挪用环保治理资金 21.5 万元，未办控购手续购车 8 万元，虚列支出 14.9 万元等问题。建议将调度款、借款纳入总会计核算归还原资金渠道，将区财政总会计核算与机关本部财务收支核算分开，做到资金渠道分明、账目清楚、结算准确，并加强管理和监督。

1997 年，先后审计 13 个部门和单位，发现有的部门和单位预算内资金 44.4 万元未下拨，借给企业预算内资金 327 万元未及时收回，补贴收入 69 万元没有纳入预算内管理，支农生产资金 89.33 万元在预算外暂存，将市财政局调度款 400 万元、还款 9.5 万元放在财政局机关“其他暂存”核算，以及大额资产 1730 万元无专人负责管理。建议按财政周转金规定及时收回，加速资金周转，提高效益；将补贴收入纳入财政预算，支农资金纳入总预算会计统一管理；将调度款和还款归还原资金渠道，分清账目；对固定资产建立严格把关、定期检查制度，以堵塞漏洞。

1998 年审计 14 个部门和单位，发现违规金额 17.24 万元，其中少征预算收入 5.58 万元、挪用预算资金 11.66 万元。审计要求依法征收入库、加强征管，并下达审计意见书按规定予以处理。

1999 年，先后对 11 个单位进行审计和延伸审计调查。发现长期挂账的暂付款 3165 万元、暂存款 1652 万元和借款 1583 万元未及时清理，补贴收入 41.3 万元未及时上交，财政周转金 1122 万元未收回。建议协同有关部门处理暂付款和借款，以免长期挂账；对暂存款进行核算冲销，将补贴款全部上交国库，纳入区财政预算收入，继续清理回收周转金。

2000 年，先后审计和延伸审计调查 11 个部门和单位，发现市财政拨入修路及农征经费 52.1 万元未纳入财政总账核算；借出财政周转金 1221 万元未及时收回和暂付款 156.36 万元长期挂账未及时清理，建议分门别类进行清理。

2001 年，对重点部门单位进行审计，着重揭露预算资金多的部门单位在预算执行过程中存在不真实、不合法、不规范的问题。当年先后审计和延伸审计调查 16 个单位，发现有的单位把 512 万元一般预算支出转挂“暂付款”、周转金违规放款 503 万元、预算外资金 206.29 万元未及时纳入专户管理。建议预算支出由“暂付款”调整为“一般预算支出”，将周转金违规放款转出，及时足额把预算外资金上交财政专户，实行收支两条线管理。2002 年，区审计局先后对 6 个部门进行审计和延伸审计调查，发现隐瞒转移挤占预算收入 211.25 万元、公路基建结余款 76.79 万元被纳入“预算外收入”，摩托车拍卖款 95.5 万元被挂预算外暂存款等问题。建议自纠管理不规范资金，把基建结余款纳入预算管理，将应当上交的预算收入上交国库。

2003 年，重点审计区财政局、地税局、交通局、建设局、民政局、农林水局、法院的预算收入管理入库情况。发现有 11369 万元收入未申报纳税，有 314.42 万元收入和 18.57 万元就业人员保障金均被纳入财政预算外专户管理。建议税务部门强化税收征管，确保税收及时入库，将收入纳入预算管理，避免国家财政资金流失。

2004 年，共审计 45 个单位，查出被截留挤占挪用预算资金 188.5 万元，管理不规范资金 5183.6 万元。审计建议归还原渠道资金 188.5 万元，自行纠正金额 5183.6 万元，并对未上交财政预算外专户资金的单位处以 1 万～ 3 万元罚款。

2005 年，审计重点为 2004 年度区本级预算资金分配、管理和使用、税收征收管理使用、会议费接待费开支情况、失业保险基金管理使用情况。当年区审计局主要审计区财政局、地税局、建设局、计生局、宗教局、文明办、老干局、妇联、档案局、工会、民政局、环保局、国有资产营运公司。查出管理不规范资金 636 万元，其中：资金滞留闲置 101 万元，其他 535 万元。对审计中存在的问题，要求被审计单位及时整改。至 2005 年底，共审计单位 159 个，查出违规资金 14966 万元、管理不规范资金 7319 万元，应予以纠正金额 7829 万元，罚款 2 万元，上交财政 4 万元。

二、经济责任审计

1999 年，仓山区开始对经济责任展开审计。当年对建新镇和盖山镇主要领导任期经济责任进行审计，延伸审计 17 个单位。查出预算外资金未全部纳入财政专户，未办控购手续购买专控商品，超范围、超标准使用现金、报销手续不健全等问题。审计提出镇政府应将预算资金管理工作列入重要议事日程，及时解决管理中出现的问题。做好专控商品补办手续，严格按照国务院《现金管理暂行条例》执行等 10 条建议。

2000 年，对城门镇、螺洲镇、民政局、市容局、上渡街道、农业局、仓前街道、教育局、计生局、东升街道、三叉街街道、园林局、对湖街道、临江街道、人事局、仓山镇、计划局、科技局主要领导进行任期经济责任审计，延伸审计并抽查 45 个单位。查出的主要问题是：预算外资金未全部纳入镇财政专户统一管理、代垫税款、未办控购审批手续购买控购商品、个别费用开支报销不合法或不合规、接待费偏大、报销凭证不合理、发放奖金与补贴无依据、超额使用现金、房租等收入未交税、坐支现金等。

2001 年，区审计局实行审计单位目标责任制，把应审对象落实到每个审计人员和分管领导，同时公开每个审计小组进点时间、撤点时间、出审计报告时间。至 10 月底全部完成离任审计任务。当年对下渡街道、鹤龄医院、对湖街道、南建总、广电局、台办等 6 个单位主要负责人进行任期经济责任审计。审计查出出租金收入未全额交纳税款、多提工会会费、接待开支未附审批单、报销手续不完备、财务管理不完善等问题。

2002 年，对科技局、上渡街道、接待办、司法局、仓前街道、下渡街道、爱卫办、对湖街道、螺洲镇、临江街道、民政局共 11 个部门和单位主要负责人进行任期经济责任审计，查出挪用专项资金 11.45 万元、会议报销不符规定、固定资产账实不符、为职工缴纳养老保险金 8.12 万元全部由单位缴纳、收入未上交财政专户、汽车修理费用超支等问题。

2003 年对广电局、信访局、老龄委、交通局、科技局、环保局、卫生局、林业局、下渡街道、建新镇、侨办、东升街道、劳动和社保局、经济局、三叉街街道、水电局共 15 个部门和单位进行任期经济责任审计，查出办公经费列支工会经费 24.4 万元、预算外收入未上交专户 134.98 万元、发放补贴无依据、管理不规范资金 4295.32 万元等问题。

2004 年对区委组织部、宣传部、盖山镇、城门镇、仓山镇、执法局、教育局、建设局、临江街道共 9 个部门和单位主要领导进行经济责任审计，查出拖欠电费 146.3 万元、少计少缴税金 117.43 万元、管理不规范资金 38.81 万元以及财务管理不规范等问题。

2005 年，对城门镇、统战部、科技局、广电局、下渡街道、贸发局、区团委、文体局、临江街道、房管局、计生局、机关事务管理中心、外经局共 13 个部门和单位的领导进行经济责任审计，查出违规金额 450.82 万元，管理不规范金额 3206.96 万元，应上交财政 3.08 万元，应自行纠正金额 3189.62 万元，罚款 7.5 万元上交区财政。

三、行政事业审计

1990年，区审计局对区工商局、人防办、体委、民政局、社会福利办、三叉街工业办、仓前街道、商业局、下渡街道、司法局、计生委、物价所、检察院、三叉街街道、劳动服务公司、工业局、来料加工装配公司、城建局、华福公司、物资站、文化局、文化馆、教育局、统计局共24个部门和单位进行审计。审计发现一些部门和单位财务制度不规范、管理不到位，存在着擅自将预算内外资金用于发放岗位责任制奖金、违规资金转工会用于福利开支、现金收入不入账、坐支现金、挪用经费、违规购买控购物品、罚没收入未如数上缴等违纪问题，查出违纪资金21.26万元，其中应上交财政3.66万元。

1991～1996年共对69个部门和单位进行审计，共查出违纪金额261万元。

1997年，先后对15个部门和单位进行审计。查出私设“小金库”金额4.1万元，做出全额上交的审计决定；查出未办理控购审批手续，在旧车市场购旧小轿车一部，金额8万元，决定给予0.8万元的罚款；查出发放各种奖金57.45万元，虽有深化改革方案作依据，但未获区政府有关领导审批，不能执行；查出现金坐支132.23万元，作出罚款6.5万元的审计决定；查出违规资金39万元，给予罚款3.9万元的处分；查出违规购买专控商品以及挪用专款、大额使用现金分别作出罚款0.15万元、0.45万元和0.1万元的审计决定。总共查出违规资金71万元，罚款10万元上交区财政。

1998年，对7个部门和单位进行审计，查出2个单位违反现金管理规定金额分别为121.68万元和20.64万元，并存在违规购买专控商品问题，分别作出罚款6.08万元和1.67万元的决定。全年共查出违规资金1980.07万元、应予以纠正资金1406.29万元，共罚款10万元上交区财政。

1999年共审计7个单位，查出隐瞒转移财政收入359万元、挪用财政专项资金21万元、支付会议招待费91.65万元报销凭证为收款收据，审计提出9条整改建议。查出预算外收入未缴专户7549万元，审计要求予以纠正。查出违规使用现金46.78万元、白条抵库14.88万元以及报销凭证只有审批人一人签字金额10.57万元，审计作出罚款2.46万元的决定。查出违规金额23万元，审计提出2点建议，全年共查出违规资金7823万元。

2000年，对5个部门和单位进行审计，查出有5次超范围、超限额使用现金用于支付餐费以及空调修理费计2.42万元，应收款732万元未收回，多付工会经费4.5万元。审计分门别类提出整改建议。

2001年对老年活动中心工程建设和市容局财务收支进行审计，查出预付跃进、龙津两河道改造整治工程款1025万元在工程完工两年多后仍挂账，上交的管理费27万元直接计入工会账户全部列支。审计提出3条建议要求予以纠正。

2003年，对建新镇、公安分局、统计局共3个单位进行审计，查出无控购审批手续购买小轿车两辆金额42.53万元、收费收入2.12万元未上交上级专户、收费收入41.3万元未开具收据等问题。

2004年，主要对工商局、城门镇、盖山镇、仓山镇、贸发局共5个部门和单位进行审计，查出违规金额2671.07万元、管理不规范资金12758.21万元、应自行纠正金额12285.11万元。审计罚款32.22万元，移交纪检监察部门案件1件。

2005年，区审计局对人事局、交通局、福州第十二中学、福州喷灌机电厂、金山街道、劳动局、鹤龄医院共7个部门和单位进行审计。查出收取征地款、赞助费、培训费、手续费147.86万元未上交财政专户，发现违规资金247.77万元、管理不规范金额8万元，审计罚款18.62万元上交财政。

1990～2005年共审计行政事业单位、部门147个。

四、其他审计项目

1990年，根据党政办交办，对司法局进行财务收支审计，发现律师多领奖金2.2万元，领款手续不符。基金开支有签名无金额，不符合财务报销手续，提请有关部门有待进一步查证。是年，区审计局还审核自筹资金基建项目 9 项。

1991 年，根据区政府领导交办，会同税务局、建工局组成审计小组，对中宙卫星设备厂进行审计调查，发现该厂已欠外债 85.30 万元，审计提出压缩生产成本、完备管理制度、遵守财经纪律的建议。是年还对新建小学教学楼等 5 个开工前项目、湖畔新村安置房等 10 个自筹项目进行资金来源审计，未发现问题。

1993 年，对 10 项自筹基建项目、7 项建设项目开工进行资金来源审计。审计均未发现重大问题。1994 年审计 11 项自筹基建项目的资金来源，发现只有 3 项按国家要求在建行开设资金专户，其他 8 个项目投资额存在工商银行或兴业银行。是年，对工业局所属集体企业进行审计，发现财务基础工作差、财务核算未按会计制度规定执行。

1997 年，根据区领导交办，对物资公司经济状况进行审计，查出该公司资产 114.75 万元、流动负债 97.25 万元、所有者权益 17.5 万元，在承包期间利润亏损 35.37 万元。其存在的问题是：售出货款 41.93 万元无法收回，应收款 27 笔，金额 92.62 万元。是年，对石岩路竣工决算和 6 个自筹基建资金项目、4 个开工前基建项目进行审计，未发现重大问题。1998 年，根据区领导交办，对上渡卫生院资产负债情况进行审计，发现药品实际库存与盘点数相差很大，该院未提供有关数字。是年，还审计 8 个自筹基建项目，未发现问题。1999 年，根据区领导交办，对九如坊指挥部财务收支和黄山科技示范实验农场资金投入使用情况进行审计。审计查出私设小金库 7.35 万元，已支出 7.31 万元，财务管理混乱，1 人报销 3 部移动电话费，建议追究责任进行处理。是年还审计 13 项自筹基建资金来源，未发现问题。

2000 年，对南台汽车队举报信进行审计查证，因账簿凭证丢失，无法提供依据，只将审计资料移交区纪委监察部门处理。是年还对拆迁指挥部、区政府修缮工程、自筹资金来源 13 项进行审计，查出个别项目使用自制收款收据，类似“小金库”等问题，分别作出审计处理。

2003 年，对橘园洲指挥部财务收支、三桥指挥部债权债务、防非典专项资金进行审计调查，查出管理不规范资金 320.5 万元，代垫费用 62.6 万元，拖欠工程款 804.5 万元，部分工程未开展招投标等问题。

2004 年，对欧城乳品有限公司财政资金进行效益审计，对世行贷款结核病控制项目进行审计，未发现问题。

2005 年，对南台岛建设发展公司财务收支及其他情况进行审计，查出违规金额 58.58 万元，管理不规范金额 6.28 万元，自行纠正金额 6.28 万元，罚款上交财政 3.4 万元。当年对世行贷款结核病控制项目再次进行审计，查出管理不规范金额 23.97 万元，应自行纠正。

五、专项资金审计

仓山区于 1996 年开始对专项资金展开审计。当年，区审计局对劳动局、麦顶小学、第 39 中学、民政局、教育局、三叉街街道、计生委、建设局、统计局等 9 个部门和单位开展养老保险基金、待业保险基金、普教经费、救灾款物等专项资金审计，审计发现有 1.9 万元救灾款被挪用代交税费以及挪用专项资金等问题。审计对挪用救灾款等其他专项资金问题提出 7 条建议，要求拨款单位加强监督，确保专款专用，避免挤占、挪用等现象发生。

1998 年，对排污费征收管理和使用情况、救灾款物、水利专项资金收入进行审计，查出有 17 万元资金被挪用于会议和购车开支；收到的 9.1 万元救灾款未及时上交市抗灾救灾协会；有 6.49 万元专项资金被挪用于弥补经费不足等问题。建议归还原资金渠道。

2001 年，对教育经费、科技经费、普教经费进行专项资金审计，查出超范围、超限额使用现金 16.21 万元、直接收取赞助费 105.32 万元等问题。2002 年对上渡、菖蒲旧屋区改造项目，救灾资金，金山新区拆迁安置资金和金山房地产公司拆迁资金的使用情况进行专项审计，查出旧料收入 120.1 万元未存入资金专户、挪用建设资金 1018.32 万元、发放加班费 10.86 万元报销手续不完备等问题。2003 年对居民最低生活保障资金收支、部门经费收支、教育费附加使用情况进行专项审计，查出低保生活保障金少核销 54.07 万元、环卫收入资金 9.74 万元未入账、教育费附加 16.94 万元未如数上交财政、管理不规范资金 205.85 万元、应自行纠正金额 31.66 万元。

2005 年，对金山鑫源物业公司、城门卫生服务中心、失业保险基金进行专项审计，查出管理费 20.8 万元未纳税、管理不规范金额 18.55 万元应自行纠正。

六、审计调查

1990 年，开展对区“四联一会”、百洁布厂 2 个单位经济效益审计调查，发现财务管理混乱，收取集资款、赞助费未使用正规收款收据，会计存根与会计入账相差 8.8 万元，利润亏损 0.37 万元。审计提出要总结经验教训，充实领导班子，加强领导，在发展生产、筹集流动资金时，要认真进行可行性效益研究，增强投入、产出意识，避免造成新的损失等 4 点建议。

1991 年，审计调查养老经费开支情况，发现全区有 13 个单位 148 人未按国务院有关规定擅自开支养老费用，违纪金额达 7.24 万元；审计调查财政周转金，发现周转金贷款手续不够健全，管理不够完善，未订立借款契约书和还款时间，有 17.3 万元利息未收回。审计提出 5 点整改建议。

1992 年，审计查明开关厂亏损的主要原因是原材料提价、调增工资、退休和编外人员多，以及资金紧张、管理不善等。同时对企业宏观调控、亏损企业现状与对策所作的调查，发现工厂产品因质量问题被退货压库 6 万多元，应收款 137.16 万元长期收不回来。审计建议企业建立内审机构，开展审计监督，严格财经纪律。

1993 年，对全区外资投资企业基本情况进行审计调查，发现有 29 家亏损，总额达 541.07 万元；7 家盈利，其中福州金利源刚厂工具有限公司盈利 25.16 万元。

1994 年，分别对中外合资企业到资率及资质构成和区属工业企业“应收账款”进行审计调查，发现在 30 家中外合营企业中有 12 家资金分文未到、11 家区属工业企业应收款总额为 1051.85 万元。审计建议进行全面清理并健全制度，避免流失。

1995 年，对行政事业单位消费资金增长情况和教育局完工建设项目进行审计调查，调查发现在个人消费方面，奖金发放范围和标准没有文件依据、补贴名目繁多超标准；在集团消费方面，会议费与招待费开支较大。教育系统已完工的 11 个建设项目中未发现重大问题。

1996 年，审计调查财政局预算外资金，发现该局把部门上缴的预算外资金 6.86 万元存入自筹基建待批专户，收取专项集中款和绿化费计 77.5 万元无文件依据；审计调查 5 个部门和单位企事业消费基金增长情况，查明工资性消费基金增幅分别为 6.67%、25.6%，各项补贴开支增长过快，普遍高于财务制度规定的补贴标准。

1997 年，审计调查 220 家集体工业企业中的 25 家亏损企业，查明亏损额共 203 万元，主要原因是产品销路缩小、业务人员和技术人员流失、“三角债”增多、管理水平低等。

1998 年，对 10 个村级财务状况进行审计调查，发现村级财务人员素质参差不齐，总体水平偏低，支出大量使用现金，财务管理混乱、制度不严，不按规定办事，年度招待费支出计 89.6 万元。1999 年，先后对城南生产资料贸易中心、科技园物资、财政决算真实性、兴业银行信贷资产质量进行审计调查，发现漏征税款 5.58 万元、到期未归还财政局周转金 1378 万元。同时查出违规购买固定资产 220 万元，有 600 万元贷款逾期未收回或被挪为他用。

2000 年，审计调查政府负债情况和土地有偿转让、财政决算真实性、行政事业收费等情况，发现乡镇截留土地转让收入 314.22 万元用于行政经费支出，未归还财政周转金 1122 万元，造成政府负债大。

2001 年，对中小学校舍建设、教学设施现状、代征代扣手续费、征地补偿费收支情况进行审计调查，发现设备设施配备悬殊大，代征代扣手续费 108.13 万元被用于经费支出达 76.84 万元，应付未付农民征地款 43.24 万元。

2004 年，对公务用车费用支出、起重机厂职工来信反映问题、三县洲大桥拆迁补偿款、部分单位行政性收支、建新镇征地补偿款收支、则徐广场公园管理所财务收支进行审计调查。查出 36 个单位公务车费用支出问题金额达 21.09 万元，行政性收支问题金额达 314.73 万元，外借款 1472 万元未收回。

2005 年，对行政机关会议费、接待费开支、水利专项资金预算执行情况进行审计调查，发现问题金额 129.42 万元。查出会议事先没有编制《会议费预算表》，会议费报销时未附会议通知书，没有参加人员签到的金额 23.76 万元。公务接待未注明来宾对象的金额 65.19 万元。会议费、接待费报销时普遍存在只附餐费发票，没能附结算清单。在水利专项资金调查中发现自然灾害救助资金 3 万元，未将资金及时下达受拨单位，其中已被用于本单位事业支出及公用支出 1.97 万元。审计提出 5 点整改建议。

第二节 内部审计

2002 年，区政府批转《仓山区审计局内部审计工作意见》，开始对区内有关部门单位内部审计工作进行指导和监督。

2003 年，以区交通局财务审计科、建新镇财政所内审科作为联系点。通过联系点与内部审计机构建立经常性联系，发现、培育典型和总结、推广典型经验。

2004 年，区成立内审工作领导小组，下设有 16 个内审机构，配有内审人员 16 名。当年，指导财务收支审计 5 项、经济责任审计 3 项、专项资金审计 2 项、其他审计 3 项，提出建议意见 35 条均被采纳。

2005 年，增加内审机构 8 个，专职人员 8 名，指导财务收支审计 5 项、经济责任审计 7 项、基本建设审计 1 项、专项基金审计 5 项、其他审计 5 项，查出损失浪费 210 万元，促进增收节支 32 万元，提出建议意见被采纳 25 条。

第三节 社会审计

1990 年，区审计局社会审计由福州华昌审计事务所负责，对外开展财务收支、查证、经济案件鉴定、注册资金验证以及咨询服务等业务。当年，开展审计查证、财务审计 2 项、验资年检 19 项、部门委托审计 1 项，发现购固定资产未办理资产账手续、折旧计算错误。审计收入 2.53 万元。

1991 ～ 1992 年，审计验资年检 141 项，咨询服务 1 项，部门委托 1 项，发现专项工程未冲转基金账户、借款利息偏大、专用基金出现红字、部分开支使用白条、管理不善、开支不按规定执行。审计收入 3.19 万元。

1993 年，福州华昌审计事务所更名为福州华昌审计师事务所，属集体所有制事业单位，为省区联管的社审组织。该所承办的业务，从原来的财务收支查账、验核资产、厂长任期经济责任审计、催收账 4 项拓展到验资、审计会计顾问、承包经济效益审计、清理账目及债权债务、经济案件查证鉴定、基建预算、决算验证、资产评估、经济管理咨询、代理记账编制报表等 14 项。当年，完成财务审计、承包离任审计 10 项、验资年检 110 项、经济案件鉴定 1 项。同时开始开展工程竣工决算审计 1 项，发现高息借款、固定资产不实等问题。审计收入 5.11 万元。

1994 ～ 1995 年，财务审计、承包离任审计 18 项、验资年检 243 项、经济案件鉴定 11 项、审计收入 16.47 万元。

1996 ～ 1999 年，审计查证、财务审计等 762 项、验资年检 253 项、工程竣工决算审计 70 项。审计发现资金运用不合理、挪用专项资金、固定资产账实不符、村干部招待费开支较大等问题。4 年审计收入 102.35 万元。

1999 年底，根据省财政厅【1999】420 号文件关于对挂靠或办在区审计局的事务所进行脱钩改制的精神，该所自行终止，不再从事注册会计师相关业务。之后，区审计局不再承担社会审计职能，原福州市华昌审计师事务所解散。

第四节 机构

1990 年，区审计局共有工作人员 8 名，其中局长 1 名、副局长 2 名，干部 5 名。1997 年 11 月，区机关机构调整，区审计局内设立办公室、综合科和审计科，工作人员 8 名，其中局长 1 名、副局长 2 名、科室领导 3 名、干部 2 名。2002 年区机关机构再次调整，综合科和审计科合并，工作人员由原 8 人缩减为 6 人，其中局长 1 名、副局长 2 名、科室领导 2 名、干部 1 名。2005 年区审计局内设办公室、综合科，共有工作人员 6 名。

第五章 工商行政管理

1990 年起，仓山区工商行政管理以打击投机倒把和走私贩私活动为重点，全面查处制售假冒伪劣商品，维护社会经济秩序。同时，拓建城区集贸市场，改善交易环境，将 11 个棚屋式市场改建成商场式、超市式的经营场所。

1996 年，区工商局按照市场办管分离的原则与所办市场脱钩，只履行市场监督管理职能，重点转入支持企业转换经营机制，鼓励小型国有企业实行不同形式的承包、租赁或转让给集体、个人经营，鼓励私营企业发展上规模、上档次，引导个体私营经济走健康发展的道路。同时强化服务，在注册登记时，放宽政策，简化程序，减少手续，开设服务窗口，实行“一条龙”服务。

2000 年，市场监管推行巡查制，把日常监管基本点放在基层工商所，区工商局所属系统由坐场管理转为面上巡查监管。同时，充分运用登记、年检、巡查等监管手段，清理假集体、挂靠、“三无”企业，取缔无照经营，促进地方经济走上规范、有序、健康发展的轨道。

2003 年，放宽市场主体经营资格的审查，在法律允许范围内，进一步放宽核准手续，简化准入程序，实行快速准入，加速推动个私经济的发展。区工商局侧重支持区政府有关部门引进企业、大型商业企业落户仓山；是年新注册的个体工商户、从业人员，呈现稳步增长的态势。

2005 年，规范执法办案行为，行政执法办案由办、审、定 3 分离，向立、办、审、定 4 分离转变。同时加大知识产权的保护，建立承印核查、档案备查、出入库台账、废标销毁、责任奖惩等制度，使商标印制监管制度化，规范化。是年，“12315”消费者申诉举报服务台、检查大队和消费者协会有机整合为查询、消费安全警示、广告监测、经济户口和案件管理等多功能综合执法网络，把事后受理投诉与事前介入监管结合起来，维护消费者的合法权益。

第一节 市场监管

1990 ～ 1994 年，全区有 12 个集贸市场由区工商局直管。区工商局在抓市场建设的同时，加强市场监督管理，对上市商品质量、卫生和衡器计量等进行监督，查处市场哄抬物价，短斤少两，掺杂掺假等各种违章违法行为，定期组织衡器计量局到各市场检查衡器标定，对不符合要求的杆秤予以没收。全年共查处违章违法行为 829 起，没收不合格秤 138 把，处罚人民币 1.4 万元。

1995 年，区工商局直接培育并参与监管仓山小商品市场和全市首家大规模先锋蛋品批发市场。主要抓各类商品明码标价，零售副食品限价和商品批零差率管理，同时加强国营商品价格监管，发挥其平抑物价主渠道作用。是年，在市场监管中，共查处集市违章违法案件 902 起，罚款 3.06 万元。1996 年，区工商局按照市场办管分离的原则，成立仓山市场服务站，实行财务独立核算，职责分离。将全区工商部门自办的集贸市场统一划归市场服务站管理，工商行政管理部门只履行市场监督管理职能，取缔非法交易保护合法竞争和组织开展警民共建，校场挂钩，争创“四好”文明集贸市场活动。是年，共查处集市违章违法案件 1522 起，教育经营者 518 人，罚款处理 1044 起，处罚人民币 7.86 万元。有 6 个市场被评为“市级文明市场”。

1999 年，围绕粮食体制改革，清理整顿各类粮食加工企业和粮食经营单位，督促企业建立台账制度，辖内 43 家粮食加工企业，均建立较为规范销售加工台账。同时查处违法收购，贩运粮食的行为，全年共查处各类违法违章案件 905 起，处罚 1.42 万元。

工商执法人员对市场监督管理

2000 年，推行市场巡查制，把日常监管基本点放在基层工商所，市场的管理由驻场制改为巡查制，由静态管理向动态管理转化。是年，查处集市各类违章违法案件 468 起，经济处罚 12.3 万元。

2001 年 6 月，区工商局市场办管脱钩工作完成。共移交 11 个市场，总建筑面积 11324.27 平方米，总资产 644.29 万元，区工商局所属系统与所办市场彻底脱钩。同年，加强文化市场监管，重点对电子游戏和网吧娱乐场所进行清理整顿。取缔无证照电子游戏机 9 户，查出超核准登记范围经营 7 户，取缔有奖钱物的有奖电子游戏机 11 户，处以罚款 8500 元，净化文化市场。

2002 年，开展集贸市场专项整治，以上渡林产品交易市场等 16 个市场作为切入点，强化市场动态巡查。全年共出动人员 2337 人次，车辆 572 辆次（含摩托车），检查各类市场 163 场次，各类经营主体 3827 个，端掉制假售假窝点 23 个。拆除各类不规范广告牌、幅 105 处，取缔无照网吧 12 家，促进地方经济走上规范、有序、健康发展的轨道。同时，加强以“经济户口”为基础的监管机制，场内经营者建立规范的经营台账，自觉遵守诚实守信的商业道德，遵守国家“三包”规定，实施较为完善的售后服务。是年，全区集贸市场基本实现“两化”（市场主体合法化，市场经营者资格合法化）“四有”（有市场公示栏、有经营户公示牌，有文明经营守则、有消费者投诉点）“三规范”（场内经营商品划行归市规范，明码标价规范，治理假冒伪劣和“三无”产品规范），场内经营者持照率和亮照率均达 100%。

2003 年，开展“红盾”专项执法行动，区成立专项执法行动指挥部，由区工商局一把手任总指挥，全年共出动执法人员 1869 人次、车辆 318 辆次，检查各类市场主体 2378 户次，总立案 251 起（其中结案 174 起，总案值 120 万元，罚没入库 25 万元），取缔无照经营户 357 家，捣毁地下黑窝点 31 个，曝光典型案件 35 个，规范市场主体 475 家，受理各类投诉 73 件，案值 5.15 万元，为消费者挽回经济损失 3.18 万元。

2004 年，把流通领域商品安全监管列入工商行政管理的重要职能。区工商局相继出台《流通领域食品安全专项整治暨长效监管实施方案》和《仓山区工商局贯彻实施食品安全监管“十条措施”意见》。重点抓儿童食品、夏秋季节食品、水果以及与百姓日常生活密切相关、涉及身体健康的各类食品市场的监管，及时转发国家工商局公布的 32 种不合格奶粉名单和省、市工商局加强奶粉专项整治的有关文件，对 184 户店面及城乡接合部的水果超市、门店、加工点进行暗访和拉网式检查，在食品整规行动中，共出动人员 1866 人次、车辆 622 台次，检查市场 183 个次，各类经营单位 1667 户次，抽查食品 82 批次，取缔无照经营 168 户，捣毁制假窝点 13 个，查处案件 225 起（案值在 15 万元以下），罚款 5.2 万元。并与 310 家经营主体签订诚实守信经营承诺书和责任状，全区食品经营秩序趋向良好。

2005 年，继续以“红盾”系列行动为重点，开展专项整治。重点加强城乡接合部，校园周边制假、售假多发部位的整治，采取事前规范，事中监督，及事后惩罚“三段式”的监管方式，对全区 44 家农资经营企业进行全面规范治理。同时，采用定期、定向和专项检查相结合的方式进行巡查，督促农资经营者建立健全索票索证等经营承诺制度，对销售假冒伪劣商品及其他不规范经营行为进行严厉处罚。全年共出动执法人员467人次、车辆102车次，走访街道、社区、村镇94个，检查各类经营企业495家，取缔无照经营91家，捣毁地下生产窝点36个，案值37.23万元。收缴校园周边132家商店非法出版物10万余册，盗版、淫秽、音像制品2256件，查处违法违规案件50起，案值120多万元，罚款4.04万元。在此期间，将太平巷工商所定为“入市商品网上监管系统”试点单位，把麦德龙、永辉超市电脑信息化引入日常监管工作之中。当年，共录入乳制品、烟酒、食用油、儿童调味品等食品信息1321条，检测各类食品1800多个次，检出问题食品47个品种，对330个商品做出下架退市处理，探索出信息化手段服务监管执法的新路子，形成现代化政务办公和监管执法体系。

第二节 企业登记管理

1990年，区工商行政管理部门设立登记窗口，减少办照的中间环节，鼓励支持企业多种经营，支持内贸企业向外贸企业发展。当年，登记注册的内资企业332户，其中，市属企业144户、省属企业13户。

1992年，福州市对企业管理工作进行新的改革，放宽企业申请登记、变更和经营范围的限制。是年，把企业注册登记的管理与企业的年检、回访工作联为一体，建立与企业联络制度，支持企业按照国家产业政策及时调整产品结构，扩大经营范围。同年7月，国务院《全民所有制工业企业转换经营机制条例》颁布后，区工商局抓住企业转换经营机制这个关键时期，先后召开6场现场办公会议，为企业办理变更登记138家。

1993年，执行省、市工商局“简化、规范、制约”的规定，清理许可证和审批项目，除国家法律、法规和上级工商部门规定外，其他部门制定的许可证和审批项目不列为登记注册的前置条件。同时拓宽企业注册登记范围，本着“简化、规范、制约”的原则，做到政策允许的迅速办，无政策规定的试着办，对企业变更名称、住所、经营范围、经营方式、注册资金等事项可不需要主管部门批准，由区工商局直接办理，加快办照的速度。当年，按时对810余户企业办理年检手续，年检率达96%。并为594家企业办理变更登记。至年底，全区登记注册的各类工商企业达1199户，其中新发展335户，比去年同期增长48%，其发展速度和规模均创历史最高水平。

1994年，以《中华人民共和国公司法》的颁布实施为契机、全面推行企业登记注册制度改革，在不违反国家政策的前提下，允许企业根据市场的需要和自身条件，扩大经营自主权，允许其交叉多层次经营，支持集团公司，股份公司以及有限公司和连锁企业的发展，支持小型国有企业实行不同形式的承包、租赁或转让给集体和个人经营。同时配合区清理整顿党政机关经商办企业问题，运用行政手段，加快党政机关办经济实体脱钩进程，全区12家党政机关办的企业均在规定的期限内完成脱钩手续。当年办理各类工商企业年检1140户，办理变更登记95家，注销企业28家。

1995年，规范和完善企业登记管理制度，进一步深化企业登记管理制度的改革，支持企业转换经营机制，协同主管部门分期分批上门为各类企业办理年检。并以年度年检为依托，清理注销“无资金、无场所、无机构”的“三无”企业156户。同时坚持和完善“一条龙”服务制度，是年，全区各类工商企业注册登记达1402户，其中法人企业825户、非法人577户，注册资金达1.81亿元。清理注销“无资金、无场所、无机构”的“三无”企业156户。

1996年，仓山区划扩大至整个南台岛，全区内资企业增至2908户，注册资金达111.596亿元。是年，国家加强宏观调控力度，全区新增内资企业165户，关闭注销企业达188户，内资企业呈现负增长趋势。在内资企业中法人企业达2296户，比上年同期增长178.3%，占企业总数的79.9%。第二产业户数1481户，占全区企业总数51.22%，比上年增长323.14%，并首次超过第三产业户数。区工商局在办照大厅推行工作超前、疑难导向、特情特殊、现场办公4项服务和办照时间承诺制、首问责任制、段长责任制、企业服务重点保障制4项制度，建立仓山企业登记数据库，使企业打印执照、统计、年检、日常监督、名称核准和查询联成一体，为企业注册登记和日常监督管理带来方便。同时，设立专人负责档案管理，为社会利用企业档案提供规范服务。

1997年，推进“工商形象年”活动，在办照服务大厅推行“首问责任制”和“办照时间承诺制”。在基层工商所开展“访百家企业、送千家温暖”服务活动，每个工商所挂钩帮扶5家困难企业。在登记注册过程中，将企业登记从经营行为登记转到对经营主体资格认定，抵制企业注册登记工作说情风气，对那些不具备设立条件的企业不予注册登记，逐步建立适应现代企业注册登记管理制度。同时，加大清理“三无”企业力度，清除假集体，查处虚假出资、抽逃资本、不按规定办理变更手续等不法行为。全年依法注销“三无”企业778家，为企业办理变更登记事项347家。

1999年，促进企业实行股份合作制改革，对原由区政府及有关部门批准办理改制，实行兼并、转让、租赁、承包的企业优先办理开业或变更登记。当年全区登记注册各类企业2407户，注册资本达14.17亿元，其注册资本数创区历史最高水平。

2000年起，福州城区内资企业的登记注册权限收归市工商局，原区工商局登记注册的企业档案同时移送市工商局管理。区工商分局仍肩负着对内资企业的日常监管任务。当年区工商局将企业日常监督管理职能落实到各工商所，实行辖区企业分片管理。2001年，定期对新办企业和部分老企业进行走访。全年共走访42家企业，召开通报会8场，帮助企业依照登记事项，搞好生产经营活动。2002年，区工商局与区环保等部门配合，重点对盖山、城门、螺洲地区的塑料行业进行整治，共取缔污染突出等环保问题的塑料厂28家，责令整改10家。当年，全区共有集体企业1026家、市工商局登记管辖的属地企业1090家（其中外资企业173家、市属企业279家、各类有限责任公司638家）。年检集体企业1009家，完成CA数字证书268家。

2003年，执行国务院颁布《无照经营查处取缔办法》（以下简称《办法》），区工商局在查处无照经营的工作中，坚持对无照经营的主体依据不同性质分别做出动员办照、劝其变更或转行登记或予以取缔的处理。全年共检查各类经营主体3973户次，发出责令整改和停业整顿通知书1682份，立案查处无照经营727户，罚款67.65万元。

2004年，试行注册员制度，推进注册制度改革。从7月起，在区属城南工商所实行注册员制度试点，将原属区登记注册的权限委托基层工商所办理登记发照。同时实施服务项目带动战略，对辖内重点项目、重点企业实行无偿代理服务制，做到项目、时限、责任三落实。是年，为102家企业实行无偿代理服务，其中代办营业执照37家、代理年检65家。区工商局结合辖区的实际情况，制定《仓山区工商局企业信用分类管理实施方案（试行）》，在福州上渡林产品市场进行试点，按照企业的经营状况，将企业分为4个等级，实行分类监管。同时加强企业信用信息的收集和录入工作，实施“远距离、近距离、零距离”3种类别的管理方式，增强巡查管理的力度，促进企业信用度的提高。

2005年，对T类企业实施重点监管，巡查省、市、区三级工商局登记的属地企业共5595家，巡查率达99.2%。并受市工商局委托，为属地内资企业办理年检手续1111户，委托工商所对外资企业年检进行初审308户，年检率和初审率分别为69.48%和93.6%。至年底，全区登记在册的各类经济主体11880户。其中，区工商局登记的个体工商户6262户、私营企业686户，市工商局属地企业4673户，省工商局属地企业259户。

第三节 个体私营经济管理

1990年，个体私营经济管理主要通过监督检查、清理违法违章，推进个体私营经济管理规范化。先后39次对辖区无照经营户进行专项检查，出动人员151人次，检查饮食业店面12次，188户；摩托车、自行车修理店及其他行业店9次，165户；服务业、手工业6次，51户；商店12次，347户。共取缔占道摆摊27户、无照开业15户，吊销营业执照11家，予以警告78家，处罚47家，行业整顿32家，没收非法所得的物品 4 家。其间，区工商局还会同文化、公安、广播、城管、卫生、交通、物价等部门先后对辖内书店、桌球、电子游戏、录像厅、电影院、舞厅等文化场所及占道经营、店外店、销售霉烂变质食物等违法违章行为进行联合检查，全年查处文化场所 26 家，其中取缔 2 家，处理违法违章案件 48 起，有效促进全区两个文明建设。至年底，全区有登记注册的个体工商户 1073 户，从业人员 1571 人，注册资金达 89.1 万元，尚无私营企业登记注册。

1991 ～ 1992 年，区设立窗口式登记场所，简化手续，减少办照的中间环节，实行“一条龙”式服务，针对历年发放临时执照较多的情况，加快个体工商户临时执照换发固定营业执照的进程。截至 1992 年底，共转换固定执照 236 户。

1993 ～ 1995 年，贯彻落实省政府颁布的《关于加快个体私营经济发展的暂行规定》，对个体私营经济实行放宽政策，放手发展，简化办照手续，巩固和完善“一条龙”办公制度和推行试营业办法。截止 1995 年底，全区个体工商户发展到 2026 户、私营企业 88 家，比 1990 年增加近 1 倍。

1996 年，开展“公平交易执法年”和“工商形象建设年”活动，引导和扶持个体工商户和私营企业发展。是年，原郊区城门、盖山、螺洲、建新、仓山 5 个乡镇有 1336 户个体工商户划归仓山区，区工商局及时为企业办理换照手续。到年底，全区有个体工商户 4248 户（其中新发照 758 户），从业人员 7600 人，注册资金达 2045 万元；私营企业 236 家（其中新发照 76 家），从业人员 2294 人，注册资金达 4727 万元。

1997 年，执行《城乡个体工商户管理暂行条例》和《私营企业管理暂行条例》，加强个体私营经济的监管，取缔查处无照经营户。全区共组织 6 次大规模取缔无照经营户行动，查处无照经营和违章经营户 1126 户。是年，全区新发个体工商户证照 1151 户、私营企业证照 56 家，发照率明显提高。

1999 年，贯彻市委、市政府《关于进一步加快个体私营企业经济发展的若干意见》，继续鼓励引导非公有制经济再发展，配合城门经济开发区扶持、引导个体私营经济向科技型、外向型、集约化方向发展。当年，全区新增个体工商户 787 户，私营企业 31 家。

2000 年，按照中央提出的国有企业脱困三年目标，仓山区工商分局把个体私营科和企业登记科合并成立注册管理科，引导个私企业向规模化发展，鼓励有条件的个体私营经济在国有经济逐步退出的领域中，调整产业结构；鼓励私营企业承包、租赁、兼并购买国有中小企业；鼓励下岗职工和有条件的个体工商户成立个体企业。同时更新观念，转变思想，把服务寓于管理之中，实行办照登记“一条龙”服务，提高办照效率。当年，全区新发展个体工商户 919 户，私营企业 45 家。

2001 年，规范注册，把好市场主体的准入关，严格登记管理权限的登记程序，确保市场主体的“优生”，促进全区个体私营企业各项指标稳步增长。当年，全区新登记个体工商户 470 户，私营企业 81 户。

2002 年，按照个体私营经济“两个规范”的要求，加强对个体私营经济的经营主体资格审查与日常企业经营行为的检查监督。把朝阳路、工农路、上三路、三高路、则徐大道两侧经营户以及建新、金山开发区新的商业网点和城门、螺洲、盖山地区 19 家塑料加工场所列入重点范围，开展查处无照经营，取缔无照经营户 163 户，立案查处 145 起。对符合办照条件的 168 经营户核准登记注册，核发个体营业执照。

2003 年，进一步开展查处取缔无照经营工作，建立健全“经济户口”网络，强化对市场主体经营资格的审查和日常经营行为的检查监督。是年 6 月，对历年来未年检和歇业的个体工商户和私营企业进行清理，共注销个体营业执照 5094 户、私营企业执照 201 份。

2004 年执行省工商局“关于促进和服务企业发展若干意见”，在法律允许范围内，进一步放宽核准手续，简化准入程序，实行快速准入，加速推动个体私营经济的发展。全年新注册个体工商户 1581 户，增加从业人员 2979 人，私营企业新增 238 户，从业人员 1642 人，呈现稳步增长的良好态势。

2005 年，个体私营经济管理坚持以服务为重点，以企业、群众服务为中心，营造上级服务下级、机关服务基层、窗口一线服务企业、群众，全部工作服务发展的氛围。当年全区登记个体工商户共 6262 户，从业人员 12595 人，注册资金 50096 万元，分别比 1996 年增长 47.41%、65.72% 和 23. 49%。私营企业 686 户，从业人员有 5488 人，注册资金 12766 万元，分别比 1996 年增长 190.67%、139.23% 和 202.01%。

1990 ~ 2005 年仓山区个体私营经济基本情况表

表 10-5-1　单位：年、户、人、万元

年份	个体户数	从业人数	注册资金	私营企业	从业人数	注册资金
1990	1073	1571	89．1	—	—	—
1991	1254	1366	210	—	—	—
1992	1510	2758	330	1	39	10
1993	1680	3336	254	27	232	285
1994	1863	4215	376	94	752	805
1995	2026	4443	546	82	691	1
1996	4248	7600	2045	236	2294	4727
1997	4288	8839	2572	213	2428	5836
1998	4741	9922	2820	200	2242	5432
1999	5755	11324	2993	245	3001	5656
2000	6720	13186	3590	291	3457	6284
2001	7252	14492	4235	374	4214	7676
2002	8646	17424	100339	446	4220	8768
2003	6564	15597	32820	418	3293	8975
2004	6317	11504	48551	585	4237	11623
2005	6262	12595	50096	686	5488	12766

第四节　经济合同管理

1990 年，仓山区经济合同管理主要围绕健全制度、咨询鉴证、调解纠纷等进行。是年，推行经济合同示范文本制度，规范各类经济合同的填写，防止和减少合同纠纷。并健全企业经济合同管理体系，建立企业联系点，上门指导企业订立与管理经济合同，变事后监督为事前指导，先后举办区、街企业《中华人民共和国经济合同法》短期培训班 4 期，共培训区、街企业主要管理人员 312 人。当年 6 月，福州第三袜厂黄某带着一份与成都某单位签订货值 36 万元的购销合同前来咨询，区工商局合同管理部门经发函查明对方无此单位，立即通知福州第三袜厂终止合同，避免上当受骗。8 月中旬福州第三袜厂与河南省济源市红旗商场订立 1 份价值 4.8 万元的童袜购销合同，发货后对方无理拒付货款，该厂即向区工商局请求帮助。区工商局迅即派员配合该厂前往济源市，及时为三袜厂追回全部货物。当年，共受理经济合同纠纷案件 43 起，办结 43 起，其中调解 36 起，裁决 1 起，确认无效 5 起，撤诉 1 起。为 42 家企业调解欠款 34 份，讨回合同欠款 56.2 万元。

调解合同纠纷

1992 年，开展《中华人民共和国经济合同法》颁布实施 10 周年纪念活动，为企业提供经济合同咨询 179 人次，现场办公受理经济合同鉴证 400 份，鉴证金额达 272 万元。其中福州仓山钢铝门窗厂咨询与郊区建新乡建平村签订联营生产合同，经审查，其合同条款脱离“联营生产”特定要件，违反《中华人民共和国土地管理法》有关规定，确认该《联营生产协议》不能成立，通知该厂及

时停止履行协议，避免270万元的盲目投资。是年全区121家企业经济合同管理工作基本达到“四化”，即签约合法化、管理专业化、档案规范化、制度条理化。

1994年春，配合有关部门开展清理“三角债”工作，福州钢铝门窗工业公司被福清县江镜华侨建筑工程公司拖欠货款，发生合同纠纷，区工商分局派人陪同该公司负责人三下福清县，在当地工商部门配合下经过充分协商，促成对方订立归还5.2万元货款的补充协议。同年夏，区工商分局派干部与福州鞍三钢窗厂当事人二上邵武市，讨回被拖欠5年的6.1万元货款。至1997年，先后为42家企业催讨被欠货款达56.21万元，全区涌现出“重合同、守信用”企业13家，其中福州天马制衣厂等10家企业获市级“重合同、守信用”单位。

1998年，开展对经纪人资格认定年审工作，对辖内27家中介资格重新进行审查认定，对9家企业证照齐全，5家基本具备条件的给予办理经纪资格证； 8家已不从事中介服务的企业动员变更登记手续；对3家不具备条件的企业给予注销； 2家无证照中介组织给予取缔。

1999年，区工商局深入拍卖企业抽检12份拍卖档案资料，发现在拍卖经营中存在拍卖物品无委托拍卖合同、无发布公告、拍卖成员无确认书等“三无”问题，提出拍卖企业必须严格按照《福建省拍卖行管理办法》规范拍卖行为的要求。

2001年3月，配合区人大常委会，对仓山区部分房地产企业执行《福建省房屋消费者权益保护条例》的情况展开调研，听取福州盖山房地产开发公司、仓山区房地产公司、福州新力源房地产有限公司对条例执行情况及遇到的问题汇报，详细了解开发商在维护消费者权益、新旧合同示范文本使用的衔接问题以及提供物业服务等方面采取的举措，并到部分开发现场实地察看。市工商局通知各县、区合同监管部门参照仓山区的做法，加强对房地产监管工作。同年，学生街发生小商品商场业主擅自中止合同，造成29家经营户的租赁合同纠纷案件，区工商局分局接诉后，经过半个多月的调查，依照合同法，召集双方当事人协商达成谅解协议，29户经营者恢复正常经营活动，避免再次出现集体上访。

2003年初，区工商局派员进驻建新花卉市场，帮助46家经营户运用经济合同做活生意，指导订立大宗购销合同72份，涉及金额700万元。同年，受理中外合资企业福清金利制衣有限公司服装加工合同纠纷投诉，通过审查，发现订货方存在合同诈骗行为，帮助金利制衣有限公司纠正合同条款挽回经济损失50多万元。

2005年，开展“做诚信经营户、创诚信市场”宣传活动，订立共建规范市场协议，现场开展销售合同签订工作，实行驻场管理。获悉海峡旧车交易市场销售合同文本不规范，区工商局即派员进场设立窗口，现场开展销售合同签订工作，并帮其健全合同管理机制，经半年多的时间，指导帮助该市场订立和办理旧车交易合同备案4800份，合同涉及金额14400万元。

1990～2005年，全区受理各类经济合同鉴证4764份，合同金额达8543万元。有204家企业被仓山区人民政府评为为“重合同，守信用”单位。其中有66家企业被福州市人民政府评为“重合同，守信用”单位。

第五节 商标管理

1990年，仓山区商标的注册、转让、变更、补证、注销等业务由市工商局核转，区重点围绕保护商标专用权，开展注册商标使用状况检查，促进营销，维护消费者权益。是年，发现并查处假冒福州“罗星塔”味精，假冒“雷宝”、“彪马”运动鞋，假冒“五粮液”等标识。全年注册商标共26件。

1994年，对辖内67家企业使用的81件注册商标开展验证，发现福州中药制药厂的“周公”牌、福州市时代服装厂的“玉女峰”、福州第二电器厂的“虎山”牌3件商标注册证丢失，责成其限期申请补办，通过验证，获准依法使用的51件，需补办规范的29件，停止使用并报请国家局撤销注册的1件。

1995年，对印刷行业指定的21家商标印刷单位和12家一般印刷企业进行全面检查。在检查中发现，医用彩印厂对商标印刷管理意识淡薄，存在先生产后办手续现象。该厂印制的“报喜”牌种子袋，生产十几天还未向厂家索要商标注册证；仓山塑料彩印厂印刷的“白鸽”牌塑料拖鞋包装袋，无委托书和商标注册证生产包装袋70多万条，责令停产办理相关手续，有效制止非法印刷商标行为。区工商局同时组织人员对辖内商场进行突击检查，查获假毛丹、马蹄爽、蓝带啤酒等食品、饮料596瓶（听），以及假酒“五粮液”100箱、“剑南春”91箱、茅台7箱、人头马3箱，总计212箱5240瓶。

1996年起，对商标印刷、生产、流通领域进行全方位监管，加强商标定点印刷单位检查，治理非法印刷商标。先后举办3期有省、市、区、街以及乡镇企业法人代表参加的《中华人民共和国商标法》《中华人民共和国广告法》（以下简称《商标法》《广告法》）等法律法规培训班，培训118人。是年，检查辖区内21家商标指定印刷单位，换证16家。至1997年，全区指定印刷商标单位达64家，居全市之首。共组织检查人员935人次，检查2097家，其中，国营单位20家、集体单位165家、私营个体工商户1912家。查出制假窝点25处，出售假冒伪劣商品74家。查获假冒商标标识37.55万个，印有商标标识包装物3.45万个，案值40.55万元，立案查处12起，入库罚款9.46万元。

1998年，福州市首次将商标注册验证工作纳入企业年检，区工商分局在广泛宣传《商标法》基础上，结合年检动员指导辖区企业办理商标注册，全年有8家企业申请商标注册。同时实施名牌战略，推荐辖内老字号著名商标参加“福州市著名商标”评选活动。福州市第一脱胎漆器厂“飞马”商标被评为福州市著名商标。

1999年，区工商局在神龙集团福州幸运股份有限公司配合下，拉开“九九”打假保名优活动序幕。在长乐二刘村铲除3个假酒窝点，同时在该村个体食杂批发店内查获120多箱假冒“鼓山牌”福建老酒、四半酒、红糟酒和假冒商标标识7万套。

2001年，区工商分局根据《商标法》及《商标印制管理办法》等有关法规，组建由6人组成的商标专管员，对商标使用单位和商标定点印刷单位进行《商标法》及商标印刷管理条例等有关法律、法规宣传教育，帮助企业利用商标开拓市场。当年在全区范围开展“商标印刷单位证书”年检换证工作，共发出验证通知书63份，完成证书换证53户。有8家企业获得产品商标注册。当年，区工商分局出动630人次、车辆92辆次，检查1985家，查处假冒伪劣商品，商标侵权等案件35起，其中立案34起，移交司法机关1起，总案值852.61万元。

2002年，开展使用保护绿色食品证明商标的宣传执法活动，加大商标专用权保护和商标监管力度，抓住流通领域的进货销售和商标标识印制环节，加强执法检查，打击商标侵权违章违法行为，为企业创造公平的市场竞争环境。当年，查获盖山镇高湖村福建省福发蓄电池有限公司将武汉祥龙电业股份有限公司隔板厂生产的“葛化”牌PVC隔板翻装成该公司的“闽江”牌PVC隔板一案，涉案金额达20万元，区工商局依法没收其商标侵权商品PVC隔板566箱，并处罚款1.7万元。同时，对全区251户商场、超市、食杂店等15类标有绿色食品证明商标标志的食品进行检查。对六一南路“久佳超市301店”、高湖路“华榕（便利）超市”不正当使用绿色食品证明商标的商品责令下架停止销售。

2004年，实施名牌战略，开展驰、著名商标品牌培育工作，帮助企业提升市场竞争力，做大做强地方经济。同时，将防范商标违法的关口前移，出动执法人员210人次，车辆50台次，对50多家印刷企业进行专项巡查。8月，工商执法人员查获侵犯“胜桀”牌注册商标案，案值130万元。全年共计受理商标注册7件，商标注册咨询16件，商标转让咨询3件，商标变更咨询1件，境外商标注册咨询2件。

2005年，区工商局以保护注册商标专用权为突破口，进一步加大知识产权的保护力度，针对辖内商标印刷集中的特点，研发“商标印刷行业网络监督系统软件”，以“经济户口”管理为基础；在商标印刷单位内部建立承印核查、档案备查、出入库台账、废标销毁、责任奖惩5项制度，使商标印制监管制度化，规范化，堵住侵犯商标专用权的源头。同时，在工商监管执法中，实施信用监管、在线提醒、信息分析、信息公示、部门联动5项制度，健全部门协调机制，提升商标印制单位监管水平。当年，成立商标印刷行业协会，实行自我管理、自我教育、自我服务，推动行业规范发展。此举受到省保护知识产权督查组充分肯定，并在全省工商行政管理系统中推广。是年，盖山镇春源养蜂场“春源”品牌顺利通过卫生和质检部门的抽检，“春源”蜂蜜远销美国、印尼、日本等国家。至2005年底，全区注册商标数共有1474件。

第六节 广告管理

1990年，仓山区工商局执行《广告管理暂行条例》，配合公安、城管等有关部门重点突击检查地下医疗点，没收尚未张贴的虚假广告，责令清洗，并处罚款，维护市容整洁。

1994～1995年，配合全国卫生城市大检查，对城区100余面户外广告、霓虹灯、灯箱路牌、企业广告进行检查，治理43面不合规范的广告牌匾，拆除17家破损严重的广告牌。同时，督促省广告公司和市美术广告公司修复36面大型灯箱广告。同时协同市局商广科、有关部门、企业、广告公司在观海路段，六一南路段设置“冠建地产”“聚龙明珠”“麦当劳”“雪津啤酒”“兴榕花园”“华福证券”等大型霓虹灯广告牌，建成广告群体。至1995年底共检查修复灯箱、广告、霓虹灯、路牌100多面。

1996年，开展《广告法》的宣传教育和培训，举办3期辖区企业法人、商广专管员《广告法》培训班，受训人员达113人。

1997年，开始实施《规范户外张贴广告管理的实施方案》，户外广告栏委托广告公司代理，凡需在公共广告栏内张贴的单位或个体企业，持合法有效证明材料，委托广告公司办理手续，指定户外张贴地点，并向工商管理部门备案。区工商局负责户外广告的全面规划和监督。是年，区工商分局先后出动人员317人次，雇请工程队67人次，出动车辆56辆，修理辖内霓虹灯广告13面，面积达396平方米，拆除旧店牌，广告牌378面，面积1075平方米，新制户外店牌69面，面积192平方米，清除乱贴广告1279张，洗刷店面112家，太阳遮23面，新制公共广告栏5个，促进广告经营管理规范化。

1998年，广告管理实行管理和建设并重，重点加强六一南路等7个主要沿街路段店招及户外广告的建设与管理。共出动人员1218人次、车辆176辆次，修理霓虹灯广告13面，拆除不合规定广告牌88面，拆除破旧店牌、店招广告36面，清除乱张贴广告14536张，新制作公共广告6个。并在全区主次干道发放纠正文字规范通知单500多份，清理陈旧、有碍市容观瞻和不规范用字192处，清除各类违章布幅广告84条。

1999年，执行《店堂广告管理暂行办法》，工商所深入所辖地段，集中整治虚假违法医疗、药品、保健、食品广告，印制广告发行审批办法1500份，对有禁不止，屡教不改的经营者予以处罚。当年，对百货商场、医药柜台、公共场所广告和54家印刷行业进行2次拉网式检查，对64家药品商店和医疗门诊部进行3次大检查，责令6家乱贴广告店主限期整改。同时没收未经批准准备散发的医疗药品、保健食品的印刷品广告5000多张，清除未审批随意张贴的广告1.25万张，拆除未经审批的店堂医药医疗布幅广告30条。

2001年，根据市工商局关于加强布幅广告监督管理的通知，区工商分局把布幅广告纳入市场整顿范围，对销售医疗、医疗器具、药品以及群众生活密切相关的招生、招聘、食品、烟酒、房地产等广告进行专项整治。同时，加强灯箱广告、店牌、店招建设和管理，对灯箱招牌。商业广告进行四次拉网式检查，全年共出动人员2128人次、车辆308台次，清除陈旧、有碍市容观瞻的各类商业性布幅广告217条，新制公共广告栏11个，查处1起房地产商宣传虚假广告案，被处罚款2000元。经连续整治，辖区内乱贴乱挂各类广告牌现象渐趋减少，城区主次干道街容街貌得到改善。

2002年，制订仓山区店牌店招管理制度及有关审批程序和设置制作标准，当年审核批准规范的店牌店招申请85份。同时，对背街小巷店牌、灯箱、店堂内广告进行专项整治，出动569人次，检查1977户经营单位，拆除陈旧、破损、有碍观瞻以及擅自设立的各类店牌、灯箱广告112面，清理店门、门柱、店壁广告178处，纠正不规范广告用字283处，收缴乱张贴印刷品广告9790张。查处违法广告行为13起，罚没金额0.79万元。翌年，开展语言文字达标工作大检查，出动236人次、车辆40车次，对辖内各重要路段的店牌店招和650多处户外广告进行拉网式检查，逐户进行清理检查，针对存在擅自发布广告、具有不良文化、不良文字的店牌店招提出整改意见。拆除违法违章店牌店招52面，对未登记擅自发布的

50 多面户外广告，责令补办手续。

2004 年，对辖区内的印刷厂进行不定期检查，加强行业自律，净化广告市场。全年出动人员 236 人次、车辆 40 辆次，对 650 多处户外广告进行检查，对“黄岐海鲜楼”“华威停车场”等 50 多面未经登记擅自发布的户外广告责令补办手续，在上三路、连江南路、六一南路、金山生活区等处拆除违法违章店牌店招 52 面。

2005 年，采用高起点的电子政务，加强对户外广告和店牌店招的监测，将市场巡查得到的户外广告、店牌店招动态监管情况及相片资料录入电脑。当年，通过 OA 网发布巡查监测通报 52 次，重点通报 98 件户外广告主要违法表现，在公共场所，重点部位共清理乱张贴的医疗、办证、搬家、疏通等纸片广告 595 张，清除各种乱涂画 302 处，立案查处 13 起，罚没款 2.01 万元。

第七节　经济监督

1990 年，仓山区经济检查主要由工商部门配合公安、商业、卫生、防疫、物价、粮食等部门，不间断地开展查处走私贩私和打击投机倒把等不法行为，维护社会经济秩序。是年，工商部门配合公安等部门，先后查获中国旅游服务公司某某购物中心和某某旅游有限公司非法销售免税进口商品、香港何某某倒卖黄金、台湾陈某某等人倒卖美元及走私香烟等案件，查获走私“良友”“万宝路”等牌号香烟 5 批，共 654 箱，计 32724 条，黄金 3814.8 克等，全年共查处各类投机倒把、走私案件 1779 起，罚没金额 748.6 万元。1991 年，在打击走私和投机倒把活动中，注重培养案件“耳目”工作，拓展案源，扩大战果。7 月初，得到“倒卖录像机”的举报线索后，立即兵分 4 路，赶赴福州城区数条街巷和福清等地调查摸底，查明投机倒把分子将 93 台非法录像机转移匿藏的位置，并将其悉数缉获。全年共查处大小投机倒把、走私案件 1779 起，罚没金额 427.3 万元。

1992 年，开展整治制造、销售假冒伪劣商品的专项行动。全区工商、公安、商业、卫生、防疫、物价、粮食等部门密切配合，举行 6 次大规模打击假冒商品检查活动，采取打击源头、切断流通渠道，逐街逐巷、逐个市场商店大检查的“围歼”办法，形成高压态势，使假冒伪劣商品不敢“露头”。全年查处经济违法违章案件 2482 起，罚没金额 320 万元。其中，走私贩私案件 6 起，投机倒把案件 157 起，一般违法违章案件 2346 起，案值万元以上大案 20 起（1 万～ 10 万元 17 起、10 万～ 30 万元 1 起、30 万～ 100 万元 2 起）。翌年，开展以“打私、打假、打骗（骗汇）”为重点的经济检查监督工作，增“耳目”、寻线索、挖案源，主动出击，全年共查处经济违法违章案件 228 起，罚没金额 150 万元。

1994 ～ 1995 年，贯彻《反不当竞争法》和《消费者权益保护法》，以“打私、打假、打骗”和查处大要案为重点，加强经济监督检查，打击各类经济违法行为，创造公平有序的市场环境。至 1995 年底，2 年共查处经济违法违章案件 108 起，罚没金额 1063 万元，案值万元以上大要案件 35 起，其中 1 万～ 10 万元 17 起、10 万～ 30 万元 11 起、30 万～ 100 万元 4 起、100 万元以上 3 起。

整治制造、销售伪劣商品专项行动

1996 年，强化“陆上查、市场管”的力度，突出查办黄金、外币、汽车、摩托车、卷烟等走私贩私案件和利用广告作虚假宣传的不正当竞争行为。全年共查处经济违法违章案件 25 起，其中万元以上大要案 11 起（1 万～ 10 万元 7 起、10 万～ 30 万元 3 起、30 万～ 100 万元 1 起），罚没金额 89.2 万元。

1997 年，继续深化公平交易执法和市场监管行政执法力度。至 1998 年 3 年共查处经济违法违章案件 29 起，罚没金额 180 万元。其中违反《反不正当竞争法》案件 2 起，投机倒把案件 4 起，走私贩私案件 4 起，一般违法违章案件 19 起。查处的主要物资有小轿车 2 辆、黄金 493.6 克、卷烟 57150 件、相纸 52 筒、胶卷 19500 卷。

1999 年，加强对食用油、成品油、纺织原料、化工原料、摩托车、汽车及卷烟等主要商品的检查，重点清理取缔私货市场，堵住贩私源头。同时，取缔非法传销活动。区工商分局根据举报，经在调查取证后，于 11 月 1 日组织力量，对华良集团的 3 处传销活动窝点同时进行冲击，当场查获大量传销活动的网络台账、记录簿、培训宣传文稿以及购物单优惠卡、贵宾卡等书证材料，扣留案值 6 万余元的海豹油等传销品及办公用具，解救大批受骗者。福建工商报、海峡都市报及省、市电视台对该案进行专题报道。全年共查处经济违法违章案件 73 起，罚没金额 94 万元，其中，违反《反不正当竞争法》案件 21 起，走私贩私案件 6 起，投机倒把案件 18 起，一般违法违章案件 12 起。是年，执行福建省工商局“关于全省工商行政管理系统罚没收入罚缴分离有关规定通知”，当事人被罚没的款额在规定的期限内自行到指定的银行、账户缴纳。

2000 年，加大打击制假售假、走私贩私、商业欺诈和不正当竞争等违法行为的工作力度。以城乡接合部、租用部队空闲营房等制假案件多发地作为监控打击重点。先后查获假冒“太阳”牌电缆电线近千捆、聚脂漆 963 桶、伪造厂名拖鞋 3.24 万余双、被套 1329 床、冒牌味精 4305 包、散装味精 1275 公斤，盗版 VCD4457 片、CD2466 片、冒充 “同路” 商标汽车制动液 4.65 万瓶、假冒“红梅”“七匹狼”牌香烟 1311 条及“苹果园”“赣叶”等 13 个品牌香烟 530 余箱、“红塔山”牌香烟包装纸 20 万张、冒牌服装及无厂名、无厂址女式夹克衣共 5.06 万件、假冒商标标识 12 万个等大批假冒商品。到年底，共查处经济违法违章案件 103 起，万元以上大要案 10 起，其中 1 万～10 万元 8 起、10 万～30 万元 1 起、30 万～100 万元 1 起。

2001 年，针对辖内有的地区建筑材料造假情况，区工商、公安部门密切配合对全区的小钢铁企业进行巡查。先后查获位于盖山镇盘屿地界的“福州某某轧钢厂”以及“福州仓山某某金属制品厂”等 7 家小钢铁企业，利用国家明令淘汰并禁止销售的“地条钢坯”生产角钢等钢材和螺州某某轧钢厂违反规定利用劣质“地条钢坯”，生产制造仿冒他人商标标识的螺纹钢筋 3600 余吨，总案值约 720 余万元。嗣后，在辖区内城门镇浚边村的乌龙江沿岸，查获简易搭盖的 3 家无证无照小型造船厂，用简陋的设备，承接加工制造数十吨位的铁壳打渔驳船，总案值约 200 余万元。全年共查处经济违法违章案件 96 起，罚没金额 49.2 万元。翌年，通过打源头、堵渠道、查销售等行动，继续整治企图偷运过境销售伪劣钢材的违法行为。区工商局于 3 月至 6 月间，先后 4 次查获从闽东的福安、拓荣、寿宁等地运送劣质“地条钢坯”的汽车 18 台次，共查扣没收“地条钢坯”487 吨，案值逾 50 万元。经过近 3 年连续整治，全区钢材市场秩序趋向良好发展的势头。在此期间，继续开展打击走私、贩私行为，取缔非法经营活动。区工商局根据举报，先后在辖区内城门镇潘墩村的某某资源再生利用有限公司报废汽车拆解中心查获非法拆解 108 辆报废摩托车拼装为整车倒卖案及盖山镇白湖亭某某运输公司、建新镇金山桥头以及晋安区福新东路分别查获标有日本、韩国、台湾等地名的化纤布料、各类化妆品、电动缝纫机以及诺基亚、爱日信、摩托罗拉牌号的手机等物品案，案值达 8.7 万余元，罚款 5 万元。

2003 年，把查处案件与教育经营者守法经营、清理整顿和完善规范管理结合起来。当年，先后查获假冒“闽东”牌电机 13 台，假冒“民天”牌酱油、鱼露、醋等调味品 81 桶 2050 公斤及软包装 7260 包。在此期间，继续查处非法拆解、拼装报废汽车行为，整治汽车销售市场秩序。先后在辖内尾垱某某公司再生资源经营部的报废汽车拆解场，查获销售报废汽车“五大总成”案。现场查封尚未销售的变速箱 6 个、差速器 34 个及尚未售出的变速箱和差速器等，并处以罚款 5 万元，没收非法所得 1.6 万元。同时，开展查缉“黑心棉”专项行动，在辖区内盖山镇后坂村查获地下“黑心棉”加工窝点，当场查扣成品棉絮 3 吨、废旧原料 5 吨以及用于加工的开棉机、粉碎机、打包机、磅秤等设备。全年共查处经济违法违章案件 863

起，案值超过500万元，罚没金额达130万元。

2004年，以关系人民生产、生活、安全、健康的商品为重点，密切与名优企业联手开展打假维权行动。先后联合青岛啤酒（福州）有限公司在建新某某食杂批发部查获120箱，侵犯青岛啤酒公司注册商标专用权的“青岛岛城”啤酒；联合福建绿得生物股份有限公司对辖区内农贸市场和酒类批发点进行全面清查，查获假冒“鼓山”牌福建老酒、四半酒等47箱；在盖山镇江边村查获1家制售冒牌劣质白水泥窝点，查获2000多包标有“长城”和“义风”注册商标的白水泥。

2005年，《全面推进依法行政实施纲要》建立案件立案提前监控、暂扣罚没物品处理监督、重大疑难案件集体会审、无照案件委托核审、“强制措施”核销监督、行政执法办案责任追究等6项机制，实现行政执法办案从办、审、定3分离，向立、办、审、定4分离转变。提高执法的透明度，减少执法的随意性，规范执法办案行为。是年6月，在建新镇霞镜村中国木材公司福州供应站仓库查获不合格板材的窝点，查扣各种规格甲醛超标的三聚氰氨贴面板（俗称刨花板）7000多片，案值40多万元，案件移送公安部门办理。白湖工商所在盖山中学旁查处1无照经营非法出版物，非法刻录光盘和销售侵犯“安利”、“雅姿”注册商标专用权案件，查扣非法出版物13.9万多册，刻录盗版光盘6420张、刻录机4台和侵犯“安利”“雅姿”注册商标专用权的各种外包装盒2.36万余个以及“安利”牌名片夹3000个。同时，强化红盾护农工作，查处城门镇前锦村董某某无照经营农药、化肥、种子等农资、盖山供销社农资经营部销售不合格农资产品等案件。全年共查处经济违法违章案件521起，罚没金额87.5万元。

第八节　消费者权益保护

1990年，元旦、春节仓山区消费者委员会（以下简称“区消委会”）深入城区太平巷、程埔等五大农贸市场，开展市场大检查，重点督查价格欺诈、短斤少两、掺杂使假等坑害消费者的不法行为。同时，会同卫生防疫站、物价所等部门在梅坞街开设消费咨询服务站，向群众宣传《福建省保护消费者合法权益条例》，邀请修理业、服务业的5家个体经营者到场参加宣传活动，在现场展示假冒伪劣商品实物样品，倾听消费者对经营者的反映。当年，共受理投诉34件，其中邮购投诉占32件。共查获售假肥皂、死猪肉、泥毛蚶、水产品浸水等违法行为15起。

1991年，区消委会配合区工商局对辖区上渡洋洽路边29号一地下加工场进行查处，当场查获无食品卫生质量标准的塑料软包装管儿童饮料1500支、塑料软管2500根，避免不合格商品流向市场。同时，受理安徽宣城地区煤炭局陈某来信投诉，汇款350元向仓山烟山软件技术服务部购买游戏机卡，该邮包至芜湖市邮电局时遗失，区消委会4次发函帮助调查、调解，烟山软件部同意退还陈某货款350元，芜湖邮局赔偿邮费36元，消费者满意。同年，河北驻军某部张某来函投诉，购买福州市第二运输公司三洋商店出售的“东芝”牌彩电发现质量问题。区消委会先后5次与三洋商店调解、4次发函与张某联系，取得双方谅解，三洋店同意承当更换零件及维修费的全部费用，保护消费者合法权益。

1995年1月，辽宁省锦州市古塔区的消费者贾某致信福州市人民政府，反映仓山电器厂游乐玩具部所售儿童玩具轿车质量问题。区消委会立即向厂家调查。经查儿童玩具轿车系火车托运过程中损伤。经消委会、厂家与贾某之间先后六七次信函沟通，历时两个多月，厂家终于愿意承当儿童轿车外观损伤的维修费用并另发送一辆新儿童轿车至锦州补偿给消费者。

1996年6月，市、区单位30多名职工反映，建新液化汽站无理收取换证工本费问题。区消委会当即与建新分会联合着手调查，并请建新镇政府牵头，邀请市、区有关部门召开协调会，引起市建委重视，责令建新液化汽站退还已收取的工本费，平息广大液化汽用户的诉讼风波。

1997年8月4日，成立“福州市工商行政管理局仓山分局95315消费者投诉服务台”（以下简称315台），与区工商局经济检查科合署办公。设专人值班受理消费者投诉案件，当年，受理消费者投诉58起，办结55起，办结率94.8%，为消费者挽回经济损失1.83万元。

1998年，开始构建投诉网络，基层工商所相继设立消费者投诉服务站，延伸受理投诉窗口。当年，共受理消费者投诉472起，办结率99%，为消费者挽回经济损失18.9万元。

1999年9月，推行“首问责任制”，凡是第一个接到投诉举报案件的工作人员，必须把案件负责接办到底，防止遗漏或推卸责任现象发生。

2000年，着重探索综合执法的监管模式，由单项监管向综合性监管转变，探索统一力量、统一执法的路子，建立高效能、权威性的综合执法系统。并将四级网络建设向村、街、镇延伸拓展，开展为农村消费者维权工作和送法下乡、送法进校、送法进军营活动。是年，“315台”被仓山区委、区政府评为“仓山区第九届文明单位”，被共青团中央授予国家级“青年文明号”。

2001年，举办“青年文明号建设统一行动日”活动，向群众宣传“青年文明号信用建设”，介绍识别假冒伪劣商品的常识，并现场解答消费者咨询，受理群众投诉。在示范月期间，深入基层实施台、户结对为下岗特困职工解决工作和生活中存在的困难。同时，开展“青年文明号”无障碍交流助残活动，为残疾人提供力所能及的帮助。全年共受理消费者投诉377起，办结368起，办结率达97.6%，为消费者挽回经济损失38.65万元。

2002年，3月15日，在麦德龙福州商场门口、盖山电影院广场以及金山开发区分别设立会场，开展纪念“3·15”国际消费者权益日宣传咨询服务活动。以“科学消费年”为主题，向群众宣传维护消费者合法权益的法律法规，介绍识别假冒伪劣商品的常识，现场解答消费者咨询，受理投诉案件。同时与福建师范大学管理系师生联合举办“让科学消费走进校园”活动，增强广大教职工自觉维权的意识。

2003年，重新对辖内大型商场、超市和专业市场进行调查摸底，筛选出经营状况良好、诚信度高、积极配合工商部门管理的超市和专业市场作为315台投诉联系点。“3·15国际消费者权益日”，在麦德龙福州商场门口以及城门镇、福建农林大学、上渡林产品交易市场、福建师范大学等处设立宣传活动会场。通过分发宣传材料、现场解答消费咨询等方式，向广大消费者宣传科学、理性、环保的消费观念，提高维权意识。现场共接待投诉、咨询的群众和院校师生超过3000人次。全年共受理消费者投诉286起，全部办结，为消费者挽回经济损失46.5万元。解答各类消费咨询9356起。

2004年，开展12315进社会、进乡镇、进学校活动，先后在福建农林大学、福建师范大学和较大的行政村、超市、厂场内设立12315联络点22个，聘请专职联络员22名。同时开展“弘扬时代精神、争做文明先锋”为主题的“青年文明号信用建设示范月”活动。全年共受理消费者投诉338起，办结338起，办结率100%，为消费者挽回经济损失14.3万元，解答各类消费咨询5063起。

2005年，区工商12315台、检查大队和消费者协会整合成“三位一体”。由12315台负责受理、分流、汇总、分析、监督；消委会负责调解、咨询；检查大队负责处理办案。做到受理迅速、分流及时、处理得当、督办到位；实现12315消费者查询、消费安全警示、广告监测、经济户口和案件管理等多功能综合执法网络。当年，共受理消费者投诉355起，全部办结，为消费者挽回经济损失40.5万元，解答各类消费咨询5962起。先后有5篇《消费警示》和《消费预警》在海峡都市报、福州日报、福州晚报等新闻媒体发布。

1997～2005年共受理消费者投诉2811起，办结2786起，办结率98.7%，为消费者挽回经济损失206.37万元，解答各类消费咨询5962起。

1997 ~ 2005 年 12315 台受理投诉情况表

表 10-5-2　单位：年、起、%、万元

年份	受理	办结	办结率	为消费者挽回经济损失
1997	58	55	94.8	1.83
1998	472	470	99.6	18.9
1999	338	331	98	9.3
2000	285	283	99	9.59
2001	377	368	97.6	38.65
2002	302	300	99.3	26.8
2003	286	286	100	46.5
2004	338	338	100	14.3
2005	355	355	100	40.5
合计	2811	2786	98.7	206.37

第九节　管理机构

1990 年，仓山区工商行政管理局（以下简称“区工商局”）隶属仓山区政府编制序列，为区政府经济管理的职能部门，正科级单位。局机关办公地点在区政府机关大院内。是年，区工商局内设人事秘书股、企业登记管理股、个体经济管理股、经济合同管理股、商标广告管理股、经济检查股和市场管理股，下辖 3 个工商所。第一工商所（管辖临江、仓前街道所辖地域）、第二工商所（管辖对湖、上渡街道所辖地域）、第三工商所（管辖三叉街、下渡街道所辖地域），全局有干部 40 人，职工 16 人。

1993 年 2 月，第一工商所更名为太平巷工商所、第二工商所更名为程埔工商所、第三工商所更名为三叉街工商所。

1994 年 11 月，根据国家工商行政管理总局关于城区工商行政管理体制调整的规定，区工商局改隶福州市工商行政管理局，更名为福州市工商行政管理局仓山分局为福州市工商局的派出机构，人事、财政归市工商局管理。

1995 年 10 月，原设的 7 个业务股，统一更名为“科”，体制仍为股级。

1996 年 1 月，福州市行政区划调整，原郊区分局所属盖山、城门、螺洲、建新 4 个工商所归并区工商分局，并随调原郊区工商分局副局长以下干部 19 名。同年成立财务统计科、“福州市仓山市场服务站”和 太平巷、程埔、三叉街、盖山 4 个基层市场服务分站。是年底局机关内设 8 个科，下辖 7 个工商所，干部 61 人，职工 13 人。

1997 年 4 月，区局机关增设监察室。8 月，设立“福州市工商局仓山分局 95315 消费者投诉服务台”，依托经检科。同年 10 月统一变更为“96315”。

1998 年，企业登记管理科和个体经济管理科合并，成立注册管理科。人事秘书科一分为二，设立办公室和人事教育科。2000 年，分局党总支升格为党委，下增设党委办公室和法制科。

2001 年 6 月，仓山工商分局与市场办管脱钩，11 个自办市场及仓山市场服务站移交福州市市场服务中心管辖。

2002 年 2 月，福州市工商行政管理局仓山分局变更为福州市仓山区工商行政管理局，体制仍归省、市工商局垂直领导。3 月，成立仓山区工商局机关党总支。5 月，区工商局机构进行改革，将机关中内设 11 个科室撤并整合为办公室、人事教育科、法制科、注册管理科、行政执法科。取消经济检查科，成立检查大队，与“12315 消费者投诉服务台”合署办公，实行二块牌子一班人员，接受行政执法科的业务指导。

同时，将基层原设的太平巷、程埔、三叉街、盖山、城门、螺洲、建新共7个工商所撤并整合成4个基层工商分局和1个工商所。保留消费者委员会、个体劳动者协会、私营企业协会3个群众团体组织。

2004年4月，省工商局通知，工商所按副科级进行设置调整，工商所长实行聘任制。6月，区工商局所属的太平巷、城南、白湖、建新4个分局取消“分局”，统一恢复“工商所”名称。同时，原螺洲工商所更名为城门工商所，其办公位置及管辖范围、级别不变。7月，区局机关原监察室从人事教育科中分离，重新设立。

2005年8月，根据国家工商总局的部署，“12315消费者投诉服务台”重新定名为“福州市仓山区工商行政管理局12315消费者申诉举报服务台”。10月，区局机关增设信息技术管理科。

至2005年底，仓山区工商行政管理局内设办公室、监察室、人事教育科、注册管理科、行政执法科、法制科、信息技术管理科以及12315消费者申诉举报服务台。下辖太平巷、城南、白湖、城门和建新5个工商所和检查大队。

全局共有干部101人，职工4人。挂靠的群众团体有区消费者委员会、区个体劳动者协会和区私营企业协会。

第十一篇　中共仓山区组织

第十一篇　中共仓山区组织

1990年，中国共产党福州市委员会在仓山区继续设有中国共产党福州市仓山区委员会（下简称区委）。是年，区委继续坚持改革开放方针，以经济建设为中心，围绕建立社会主义市场经济体制，推出建立现代企业制度试点和推进企业法人责任制等改革措施。探索建立集体产权运营机制，组建企业集团，加快发展私营企业，带领全区人民团结奋进，把经济建设转移到依靠科技进步和提高劳动者素质的轨道上来。推动区街经济向社会主义市场经济新体制过渡。至1995年，区内集体企业经营状况普遍好转，工业产值和工业利润分别比1990年增长118%、17.04%。1996年1月，福州市行政区划调整，原郊区的5个镇划入仓山区。区委适时把全区工作重点从城市转到城乡并重，以农村为重点，着力稳定基本农田保护区，确保耕地总量平衡，实现城乡经济和社会各项事业的协调发展。2000年后，抓住福州城市“南移东进”的机遇，制定南台岛开发的战略规划，实施工业立区和“大商贸、大市场、大流通”发展战略。推进仓山科技园区、金山投资区、盖山投资区、城门投资区和金山工业区工业基地建设，精心打造和培育交通物流、商务酒店、旅游会展等新型商贸业态，进一步拓展服务业发展的空间和领域。到2005年，全区国内生产总值比1996年增长2.5倍，企业的规模、产品质量、竞争力都上一个新台阶。社会消费品零售总额比1996年增长8.11倍；区财政总收入比1996年增长5.14倍。

在抓经济工作的同时，区委坚持抓党的建设，加强和改善党的领导，扎实推进民主法制建设工作。在全区党员、干部中开展“讲政治、讲学习、讲正气”和“三个代表”重要思想等系列教育，加强党风廉政建设，认真查处党内腐败分子，严肃党纪，基层组织战斗堡垒作用和共产党员先锋模范作用得到进一步发挥。至2005年，全区建立有党委18个、党总支46个，党支部468个，党员总数达13195人。仓山区先后获“1994～1995年度文明市区”“全国卫生城市先进单位”“省第八届创建文明城区工作先进城区”和”福州市第十届文明城区”称号。

第一章　组织机构

第一节　中国共产党福州市仓山区委员会

一、领导机构

1990年，中共仓山区第六届委员会由第一次全体会议选举产生。任期3年。陈大明为区委书记，孙孟融、赖昌贤、邹国真为副书记，常委8人。1991年4月，增补王亚罗为区委常委。1992年6月，区委书记陈大明工作调动，由中共福州市委任命林友斌为区委书记。1992年12月～1993年10月，区委副书记邹国真、常委陈立允工作调动，不再担任常委职务。是届末，区委领导班子有书记1人，副书记2人，常委8人。

1993年11月，第七次代表大会起，根据上级党委规定，届期改为5年。第七届区委常委会由第七届委员会第一次全体会议选举产生。林友斌为区委书记，孙孟融、李毅强、林国和为副书记。常委9人。

1997年4月，区委书记林友斌工作调动，由中共福州市委任命孙孟融为仓山区委书记。1998年9月孙孟融工作调动，由中共福州市委委派陈瑞麒为区委副书记，主持区委工作。增补余凤玉为区委副书记。

1998年11月，区委举行换届。第八届区委常委由第八届委员会第一次全体会议选举产生。陈瑞麒为书记，张森兴、林国和、林良云为副书记。常委9人。2000年6月，常委宋仟根工作调动，不再担任区委常委职务。2002年1月，市委免除林国和副书记职务。任命林清和为区委副书记。同年，区委常委周耀龙工作调动，不再担任区委常委职务。增补孙威光为区委常委。2003年1月陈瑞麒工作调动，不再担任区委书记职务。由张森兴接任区委书记。是届末，区委领导班子有书记1人，副书记2人，常委5人。

2003年10月，区委再次举行换届。是届区委由第九届委员会第一次全体会议选举产生。张森兴为区委书记，范美先、张为民、余凤玉、林清和为区委副书记，常委10人。届中，常委王廷杰工作调动，区委常委减为8人，委员24人。至2005年不变。

1990～2005年仓山区委主要领导更迭表

表11-1-1

书记	副书记	常委	任职时间
陈大明			1990～1992.6
	孙孟融		1990.11～1996.8
	赖昌贤		1990.1～1993.8
	邹国真		1990.1～1992.12
		黄瑞琳	1990.1～1990.12
		陈立允	1990.1～1993.10
		陈梅良	1990.1～1998.5
		吴妹明	1990.12～1993.12
		王发展	1990.12～2002.3
		余洪北	1991.11～1993.10（挂职）
		王亚罗	1991.4～1998.10
林友斌			1992.6～1996.4
	李毅强		1992.12～1994.9
	林国和		1993.6～2002.1
		杨　凡	1993.12～1998.9
		姚宏逵	1995.11～2002.4
孙孟融			1996.9～1998.9
	陈瑞麒		1996.9～1998.8
陈瑞麒			1998.9～2003.1
	张森兴		1998.9～2003.1
	林良云		1998.9～2003.1
		余凤玉	1998.9～2003.3
		吴友习	1998.10～2005.12
		宋仟根	1998.10～2000.6
		周耀龙	2000.6～2002.10
		林清和	2002.4～2003.7
		白树森	2002.5（挂职时间半年）
		孙威光	2002.10～2005.12
张森兴			2003.1～2006.6
	范美先		2003.1～2005.12
	张为民		2002.4～2005.12
	余凤玉		2003.3～2005.12

续表 11-1-1

书记	副书记	常委	任职时间
	林清和		2003.7 ～ 2005.12
		王廷杰	2003.1 ～ 2004.11
		王肇昌	2003.10 ～ 2005.12
		钱庭勋	2003.10 ～ 2005.12
		赵　坚	2003.10 ～ 2005.12

二、工作机构

1990 年，区委内设有办公室、组织部、宣传部、统战部、党史办、对台工作办公室、政法委、精神文明建设领导小组办公室、老干部局（与区政府人事局合署办公）、机关党委及团委、妇联等 11 个工作机构。1991 年，成立编制委员会办公室（与区政府人事局合署办公）、社会治安综合治理委员会办公室（与区委政法委合署办公）。

1996 年 8 月，区委开始改革调整工作机构，1997 年底基本完成。调整后，区委内设工作机构有办公室（加挂政策研究室、保密局、机要局牌子）、组织部、宣传部、统战部、政法委（加挂社会治安综合治理委员会办公室）、农村工作办公室、区直机关党委（1999 年 6 月改为区直机关工作委员会）、编办等 12 个；部门管理机构有老干局、对台工作办公室（与办公室合署）、精神文明建设办公室（与宣传部合署）3 个；区委直属事业单位有党史研究室、区档案局（馆）2 个。

2002 年 4 月，区委再次调整机构。撤销台湾工作办公室，成立台侨工作办公室（2004 年 11 月改为台湾工作办公室）、区机关效能建设领导小组办公室（区机关效能投诉中心，挂靠区纪律检查委员会）。区委、区政府接待办公室改为区机关事务管理服务中心（为事业单位）。

2005 年，区委内设机构共 24 个，其中，工作部门 8 个（办公室、组织部、宣传部、统战部、政法委、台办、编办、机关党工委），管理机构 2 个（老干部局、精神文明办），议事协调办事机构 2 个（社区办、农办），挂靠机构 1 个（效能办）。群团部门 9 个（总工会、共青团、妇联、科协、计生协、文联、侨联、残联、红十字会）。区委直属事业单位有党史研究室、档案局（馆）、机关事务管理服务中心 3 个。

三、派出机构

1999 年，区委开始设立派出机构。是年 6 月，区委决定，撤销区直机关党委，成立中共仓山区委区直机关工作委员会，为区委派出机构。2002 年，仓前、临江、上渡、下渡、对湖、三叉街、东升 7 个街道党委，改为党工委，为区委派出机构。2003 年，增设金山街道党工委。2005 年，区委调整中共福州市仓山区城门、盖山、金山投资区委员会为中共福州市仓山区委城门、盖山、金山投资区工作委员会，中共福州市科技园区仓山园总支部委员会为中共仓山区委福州市科技园区仓山园工作委员会。截至 2005 年末，区委派出机构有区委区直机关工作委员会，仓前、临江、上渡、下渡、对湖、三叉街、东升、金山 8 个街道党工委，中共福州市仓山区委城门、盖山、金山投资区工作委员会，中共仓山区委福州市科技园区仓山园工作委员会共 13 个。

第二节　中国共产党仓山区纪律检查委员会

一、领导机构

1990 年 12 月，中共仓山区第六届纪律检查委员会（下简称区纪委）由中共仓山区第六届委员会第一次全体会议选举产生，陈妹明为区纪委书记，常委5人，任期3年。是届末，区纪委领导班子有书记1人，常委5人。

1993年12月第七次代表大会起，根据上级党委规定，区纪委届期改为5年。第七届区纪律检查委员会由第七届委员会第一次全体会议选举产生区纪委常委5人。吕英为区纪委书记。1995年吕英工作调动，不再担任区纪委书记，增补姚宏逵为区纪委书记。

1998年11月，区纪委举行换届。第八届区纪律检查委员会由中共仓山区第八届委员会第一次全体会议选举产生区纪委常委6人。姚宏逵为区纪委书记。2002年姚宏逵工作调动，不再担任区纪委书记，增补张为民为区纪委书记。

2013年10月，区纪委再次举行换届。第九届区纪律检查委员会由中共仓山区第九届委员会第一次全体会议选举产生区纪委常委7人。张为民为区纪委书记。

1990～2005年仓山区纪委主要领导更迭表

表11-1-2

书记	任职时间	书记	任职时间
吴妹明	1990.12～1993.12	姚宏逵	1995.11～2002.4
吕　英	1993.12～1995.11	张为民	2002.4～2005.12

二、工作机构

1990年，区纪委内不设机构，工作人员共 5人（行政编制）。1993年，区纪委与区监察局合署办公，内设办公室、纪检监察室、案件审理室、信访室（举报中心）、宣传教育室、党风廉政建设室，工作人员共13人（行政编制）。

1997年，区机关机构改革，区纪委内设机构调整为办公室、纪检监察室、案件审理室、信访室（举报中心）、执法监察室、宣传教育室、党风廉政建设室（挂区政府纠正行业不正之风办公室牌子），工作人员共13人（行政编制）。

2002年，再次调整机构，区纪委内设机构调整为办公室（监察局办公室）、纪检监察室、案件审理室、信访室（监察局举报中心）、执法监察室、宣传教育室、党风廉政建设室（挂区政府纠正行业不正之风办公室牌子），工作人员共14人（行政编制）。至2005年不变。

第二章　重要会议

第一节　党的代表大会

一、中共仓山区委第六次代表大会

1990年12月17～22日在区机关礼堂举行。出席大会正式代表144名，列席代表45人。大会听取和审议区委书记陈大明代表区委作《继往开来、团结奋进，为建设安定繁荣具有文化区特色的文明区而努力奋斗》的工作报告和吴妹明代表区纪委向大会作纪律检查工作报告。大会确定今后3年，要坚定不移地贯彻执行党的基本路线，加强党的领导，抓好党的建设，坚持社会主义物质文明和精神文明建设一起抓，团结和依靠全区人民，以经济建设为中心，进一步搞好治理整顿、深化改革、扩大开放，不断增强全区经济发展的实力和后劲，巩固和发展安定团结的政治局面，促进国民经济持续、稳定、协调发展，努力把仓山区建设成为安定繁荣，具有文化区特色的文明区。大会以差额、无记名投票选举产生区委委员18名、候补委员3名，组成区委第六届委员会；选举产生区纪委委员11人。在区委六届一次全体委员会议上选出区委常委8名，陈大明为区委书记，孙孟融、赖昌贤、邹国真为副书记。在六届纪委第一次全体委员会议上选出吴妹明为区纪委书记。

二、中共仓山区委第七次代表大会

1993年11月30日～12月4日在区机关礼堂召开，出席大会正式代表144人。大会听取和审议区委书记林友斌作《抓住机遇，加快发展，为建设社会主义现代化新型城区而奋斗》的工作报告和区纪委副书记陈文铭代表区纪委向大会作的工作报告。大会传达党的十四届三中全会和省委五届八次会议精神，提出贯彻落实党的十四届三中全会精神的意见。大会肯定第六届区委3年来富有成效的工作。确定今后5年要认真学习和实践邓小平建设有中国特色的社会主义理论，深入贯彻党的十四大和十四届三中全会精神，实施仓山区20年经济和社会发展战略，坚持两手抓，两手硬，大力加强党的建设和社会主义精神文明建设，锐意改革，艰苦创业，努力把仓山区建设成为经济实力雄厚、第三产业兴旺、科教文卫发达、社会安定稳定、环境舒适优美，具有文化旅游区特色的社会主义现代化新型城区。大会以无记名投票直接差额选举，选出区委第七届委员会委员22名，候补委员3名；选举产生区纪委委员14人。在区委七届委员会第一次全体会议上选出区委常委9名，选举林友斌为区委书记，孙孟融、李毅强、林国和为副书记。在区七届纪委第一次全体委员会议上选出吴善泗为区纪委书记。

三、中共仓山区委第八次代表大会

1998年11月8～10日召开，出席代表288名，占应出席代表293名的98.3%。大会听取和审议区委书记陈瑞麒代表第七届区委所作《抓住历史机遇、凝集全区力量，谱写南台岛全面开发、全面振兴的崭新篇章》的工作报告和姚宏逵代表区纪委所作的工作报告。大会充分肯定第七届区委5年来富有成效的工作。确定今后5年工作的指导思想是高举邓小平理论伟大旗帜，坚持党的十五大和十五届三中全会精神，正确处理改革、发展和稳定的关系，坚持以经济建设为中心，积极推进经济体制和经济增长方式的转变，促进国民经济持续、快速、健康发展。大力加强党的建设、社会主义精神文明和民主法制建设，团结和带领全区人民，抓住福州市“东扩南进”的新机遇，全面开发南台岛，把仓山区建设成为以商贸旅游业和高新技术产业为主，科教文卫发达，具有良好城市生态环境的现代化新型城区。大会以无记名投票直接差额选举，选出区委第八届委员会委员25名，候补委员5名；选举产生区纪委员14人。在区委八届一次全体委员会议上选出区委常委9名，陈瑞麒为书记，张森兴、林国和、林良云为副书记。在区八届纪委第一次全体委员会议上选出姚宏逵为区纪委书记。

四、中共仓山区委第九次代表大会

2003年10月28～31日在区机关礼堂召开，出席代表296名，列席代表61名。大会听取和审议张森兴代表第八届区委所作的《贯彻“三个代表”重要思想，加快城市化建设步伐，为提前实现小康社会宏伟目标而努力奋斗》的报告和张为民代表区纪委所作的工作报告。大会总结仓山区第八次党代会以来5年工作，对八届区委工作予以充分肯定。大会确定今后5年工作总的指导思想是高举邓小平理论伟大旗帜，以“三个代表”重要思想为指导，全面贯彻落实党的十六大和十六届三中全会精神，以加快发展为主题，以城市化建设为重点，以改革开放和科技进步为动力，以提高人民生活水平为根本出发点，实现经济持续、快速、健康、协调发展。把仓山区建设成为经济繁荣、科教进步、社会稳定、环境优美、生活宽裕的新型城区。大会采取无记名投票方式进行差额预选，产生正式候选人，然后再行等额选举。选出区委第九届委员会委员25名，候补委员5名；选举产生区纪委委员15名。在区委九届一次全体委员会议上选出区委常委11名，张森兴为区委书记，范美先、张为民、余凤玉、林清和为区委副书记。在区九届纪委员第一次全体会议上选出张为民为区纪委书记。

第二节 区委全委（扩大）会议

一、第五届区委全委（扩大）会议

1990年1～12月第五届区委共召开7次全体委员（扩大）会议。出席会议除全体区委委员、候补委员外，还扩大至区纪委委员、各党组、党委书记和区委、区政府有关部门负责人。会议先后传达贯彻党的十三届六中全会、省委四届十三次全体会议、市委五届十三次全体（扩大）会议、中共福建省第五次代表大会及中共福州市第六次代表大会精神。选举陈大明等12人为出席中共福州市第六次代表大会候选人预备人选。决定中共福州市仓山区第六次代表大会举行的日期、主要议程、代表名额及产生办法。并通过中共仓山区第五届委员会的工作报告，决定提交中共仓山区第六次代表大会代表审议。

二、第六届区委全委（扩大）会议

1991年8月至1993年11月第六届区委共召开6次全体委员（扩大）会议，出席会议人员同上届。会议先后传达贯彻省委五届三次和市委六届三次全会精神和党的十四大和省委五届七次、市委六届六次全会精神，研究制订仓山区20年经济社会发展战略设想。在区委六届二次全体委员（扩大）上明确提出“科教兴区”的目标、任务和措施，动员全区人民团结奋进，把经济建设转移到依靠科技进步和提高劳动者素质的轨道上来，向科技示范区的目标进军。强调以十四大精神为动力，进一步解放思想，实事求是，抓住时机，努力实现超常规、跳跃式的发展，推进仓山区经济更快更好地迈上新台阶。会议先后表决通过党的十四大代表候选人初步人选名单和省、市党代会代表候选人推荐名单，选出习近平等9人为党的十四大代表候选人初步人选，推荐陈大明为省党代会代表候选人，孙孟融等5人为出席市党代会代表候选人；选出孙孟融等4人为区出席市党代会代表；讨论通过关于召开中共福州市仓山区第七次代表大会的决定；讨论通过六届区委工作报告、区纪委工作报告及第七次党代会有关事项的安排。

三、第七届区委全委（扩大）会

1994年10月至1998年11月第七届区委共召开10次全体委员（扩大）会议，出席会议人员同上届。会议先后传达党的十四届四中全会和省、市委全委扩大会议精神；学习贯彻江泽民在纪念中国共产党成立70周年座谈会的重要讲话精神；传达省委六届二次和市委七届三次全体（扩大）会议精神；传达学习党的十四届六中全会和省、市委全委会议精神；传达贯彻党的十五大、省委六届七次全体（扩大）会议和市委七届八次全会精神等。在区委七届第一次全体会议上，讨论通过《加快建立社会主义市场经济体制的决议》和《关于加强区委自身建设的决议》。在区委七届二次全体委员（扩大）会议上作出《关于加强党的建设几个重大问题的决定》，通过《中共仓山区委关于贯彻落实党的十四届四中全会〈决定〉和省、市委全会精神的意见》。在七届第四次全体委员（扩大）会议上，审议通过《关于仓山区国民经济和社会发展“九五”计划和2010年远景目标的建议》。在七届第五次全体委员（扩大）会议上，审议通过区委贯彻《中共福州市委加强党的建设五年（1996～2000年）规划》，提出《开展创建党的建设工作先进区活动的实施意见》，为建设新仓山提供政治保证。在七届第六次全体委员会议上，审议通过《仓山区“九五”期间社会主义精神文明建设规划》。在七届第九次全体委员（扩大）会议上，讨论通过《关于学习贯彻党的十五大精神的决议》，提出全面贯彻落实党的十五大精神，扎实有效推进仓山新一轮创业。其间，先后表决通过林友斌、陈梅慧为出席省第六次党代会代表候选人；吕英等11人为出席市第七次党代会代表候选人；选举通过仓山区推荐出席党的十五大代表候选人初步人选；推荐孙孟融为出席省党代表会议代表候选人初步人选；通过孙孟融等5人为仓山区出席市党代表会议候选人预备人选等。还作出《关于召开中国共产党仓山区第八届代表会议的决议》。

四、第八届区委全委（扩大）会

1998年11月至2003年12月第八届区委共召开12次全体委员（扩大）会议，出席会议人员同上届。会议先后传达贯彻第三次全国教育工作会议、全国技术创新大会和省委六届十次全体（扩大）会议及市委七届十一次全体（扩大）会议精神，总结科教兴区工作经验，研究部署加快实施科教兴区战略的有关工作；学习贯彻党的十五届五中全会和省、市委全体（扩大）会议精神，研究部署加快发展和从严治党的办法和措施；通报区委常委会2001年以来执行《中国共产党地方委员会工作条例（试行）》的情况；学习中共中央《关于在全党掀起学习贯彻“三个代表”重要思想新高潮》的通知和胡锦涛在“三个代表”重要思想理论研讨会上的重要讲话精神；听取传达省委七届五次全会和市委八届五次全会精神等。在区委八届二次全体委员（扩大）会议上，总结科教兴区工作经验，研究部署加快实施科教兴区战略的有关工作，审议通过《关于进一步推进科教兴区战略的决定》。在区委八届三次全体委员（扩大）会议上，审议通过《中共仓山区委关于制定仓山区国民经济和社会发展第十个五年计划的建议》和《中共仓山区委关于从严治党若干问题的决定》。在区委八届八次全体委员（扩大）会议上，通过《中共仓山区委关于进一步提高对外开放水平的实施意见》。在区委八届九次全体委员（扩大）会议上，审议通过《仓山区全面建设小康社会的主要指标》。先后表决通过陈瑞麒等22人为仓山区出席中共福州市第八次代表大会候选人预备人选；表决通过宋德福等12人为仓山区推荐的党的十六大代表候选人初步人选；表决通过推荐陈瑞麒、章旭敏等2人为出席福建省党代表会议代表候选人初步人选；审议通过《关于召开中共福州市仓山区第九次代表大会的决议》。

五、第九届区委全委（扩大）会议

2003年12月至2005年11月第九届区委共召开8次全体委员（扩大）会议，出席会议人员同上届。会议先后传达省委七届六次全体（扩大）会议和市委八届六次全体（扩大）会议及省市经济工作会议精神，总结2003年区委工作，研究部署2004年各项工作；传达省委七届七次全体（扩大）会议、市委八届七次全体（扩大）会议精神；听取和讨论区委常委会九届二次全会以来的工作情况报告；学习贯彻党的十六届四中全会、省委七届八次、市委八届八次全会精神及省、市经济工作会议精神。在区委九届二次全体委员（扩大）会议上审议通过《中共仓山区委关于贯彻落实党的十六届三中全会精神，进一步完善社会主义市场经济体制的意见》。在九届四次全体委员（扩大）会议上，提出树立科学发展观，为贯彻落实建设海峡西岸经济区，做大做强省会中心城市而努力奋斗，原则通过《关于贯彻中共福州市委〈建设海峡西岸经济区，做大做强省会中心城市纲要〉的实施意见》和《仓山区委全体委员集体廉政承诺》。在区委九届九次全体委员会议上研究制定并通过《福州市仓山区国民经济和社会发展第十一个五年规划的建议》。先后票决通过部分镇、街领导班子党政正职拟任人选和推荐人选；通报保持共产党员先进性教育专题活动和民主生活会相关工作。

第三节　区委工作会议

一、第六届区委工作会议

1991 年 3 月至 1993 年 9 月第六届区委共召开 5 次工作会议。先后传达贯彻党的十三届七中全会、中央和省市委工作会议、省委对外开放工作会议、党的十四大和省、市委工作会议精神。出席会议的有区委委员、候补委员、区纪委委员，副科级以上领导干部，副处级以上离退休领导干部，区人大、政协常委，各街道工业办、商业办主任、劳动站站长、居委会主任，街道重点企业领导，区属企业党支部书记、厂长（经理），区教育系统各中小学支部书记、校长，区卫生系统各医院、卫生院（含防疫站）支部书记、院长（站长），各派出所所长、指导员，各工商所所长、各房管站站长，区环卫所、园林所、市政工程队、城管中队、区文化馆、图书馆、广播站等负责人。六届一次工作会议主要内容是：传达市委工作会议精神，结合仓山区实际，对 1991 年工作进行再动员，提出鼓足干劲，狠抓落实，夺取各项工作的新胜利，确保 1991 年各项任务的全面完成；表彰 1990 年度区先进单位和先进工作者。会上，区委书记与区委常委、街道党委书记签订 1991 年工作目标责任书。六届二次工作会议传达中央和省市委工作会议精神，着重研究办好区街企业，扎扎实实做好经济工作，促进全区经济健康、稳步地发展，同时并表彰 1991 年度区先进集体和先进工作者及经济工作先进集体和个人。六届三、四次工作会议主要是总结上一年工作，全面部署新一年各项任务，表彰先进单位和先进个人。在六届五次工作会议上提出：进一步解放思想，抓住机遇，加快发展，继续坚持以经济建设为中心，进一步加强党的组织建设和精神文明建设，把反腐败斗争作为一项重要任务，在年内取得阶段性成果。在六届五次工作会议上提出：继续坚持以经济建设为中心，进一步加强党的组织建设和精神文明建设，把反腐败斗争作为一项重要任务，在年内取得阶段性成果。

二、第七届区委工作会议

1994 年 2 月至 1998 年 8 月共召开 7 次工作会议。出席会议人员同上届。会议先后传达贯彻党的十四大、十四届三中全会、党的十五大、中央经济工作会议、中央和省市委工作会议、省组工会议精神。在七届一次工作会议上，号召深化改革、促进发展，为开创仓山区工作新局面而努力奋斗；会上表彰 1993 年度区先进单位和先进工作者。七届二次工作会议主要是总结 1994 年工作，全面部署 1995 年任务，表彰年度区先进单位和先进工作者。七届三次工作会议对仓山区国民经济与社会发展“九五”计划和 2010 年远景目标的建议（草案）作说明，提出把握机遇，团结奋进，加快建设富裕文明的新仓山而奋斗；会上表彰 1995 年度先进单位和先进工作者。七届四次工作会议提出学习苏南经验，增强抢抓机遇意识，发挥区域优势，迅速掀起新一轮创业热潮。七届第五次工作会议上提出要振奋精神，进一步发展新一轮创业的良好势头；突出重点，带动全面，促进经济和社会各项事业协调发展；以创建“党建先进区”为目标，加强领导班子和干部队伍建设，为新一轮创业提供坚强保证。会上表彰 1997 年度区先进单位和先进个人。七届六次工作会议总结“6·23”抗洪救灾工作，对经济工作、建设高素质干部队伍作总结和部署，表彰抗洪救灾先进单位和先进个人。七届七次工作会议提出把邓小平理论学习不断引向深入，加快发展区域经济，推进依法治区进程，促进社会安定稳定。

三、第八届区委工作会议

1999 年 2 月至 2003 年 1 月第八届区委共召开 10 次工作会议。出席会议人员同上届。会议先后传达贯彻党的十五届五中全会和省、市委全会、市第八次党代会以及中央、省、市经济工作会议精神。八届一次工作会议主要是全面贯彻区第八次党代会提出的“全面开发南台岛，建设福州新城区”和区人代会确定的各项工作任务。会上表彰1998年度区先进单位、先进个人。八届第二次工作会议总结区1999年上半年工作，对下半年各项任务进行再动员、再部署、再落实。提出再接再励，乘势而上，扎实工作，巩固成果，加快南台岛开发建设步伐，把仓山区经济建设和社会各项事业提高到一个新水平。会议部署做好党建工作和搞好社会治安综合治理，维护社会安定稳定工作。八届第三次工作会议主要是进一步深入贯彻党的十五大以来的一系列战略部署，认真落实中央经济工作会议和农村工作会议精神，动员和组织全区人民齐心协力做好各项工作，全面完成“九五”计划，为实现仓山区新世纪的宏伟目标开好局，起好步。会上表彰1999年度区先进单位和先进工作者。八届第四次工作会议主要是贯彻落实中央和省、市经济工作会议精神，部署安排2001年工作。八届第五次工作会议主要是回顾总结2000年工作，部署2001年任务，表彰2000年区先进单位和先进工作者。八届第六次、七次工作会议主要是传达贯彻省委六届十三次全会和市第八次党代会精神，总结部署工作，动员全区人民进一步解放思想，振奋精神，狠抓各项工作落实，确保全面完成2001年工作任务。八届第八次工作会议主要是总结2001年区经济工作，全面部署2002年经济工作任务。提出2002年经济工作十大重点工程建设计划，努力实现经济工作和各项事业的新跨越。会议表彰2001年度区先进单位、先进个人。八届第九次工作会议主要是深入学习江泽民总书记“5·31”重要讲话精神，贯彻落实“福州市畅通三条战略通道，进一步扩大开放、加快发展务虚会”精神。会议动员全区上下进一步解放思想，与时俱进，扩大开放，加快发展。会上，5个镇、3个街道结合实际，提出加快发展的措施。八届十次工作会议主要是总结回顾区2002年度工作，部署2003年度工作任务。会议提出坚定不移地实施“工业立区”“商贸旺区”战略，办好投资区、科技园区和工业区，下大力气抓好招商引资工作，努力提升第三产业比重，加快新区建设步伐，全力推进城市化进程。

四、第九届区委工作会议

2004年2月至2005年2月，第九届区委共召开2次工作会议，出席会议人员同上届。两次会议分别回顾总结上一年工作，部署新一年的工作任务。

第三章 重大决策

第一节 经济建设工作决策

1990年，区委根据仓山区经济发展状况，确定在发展工业的同时大力发展第三产业，把市场建设作为工作重点，投入建设资金805.4万元，建立家禽批发市场和集市贸易市场。1991年，区委六届二次全体（扩大）会议提出发挥优势，依靠科技，振兴仓山的战略思想，通过《关于建设科技示范区的决定》，制订区国民经济和社会发展“八五”计划和十年规划；提出经过5至10年努力，把仓山区建设成为经济繁荣、科技先进、社会安定、环境优美、各项事业发展、具有文化区特色的新型文明城区和繁荣、美丽、开放、文明的福州市南大门。是年，区委、区政府以建设仓山科技园区为主体，加快发展高新技术产业，成立仓山科技园区领导小组和管委会及办公室，组建福州市高新技术开发区仓山发展总公司。同时，在全区坚持科教并举，坚定不移走“一厂一校所、一厂一成果”的“科技兴区”的路子，有53家企业与省内外71所大专院校、科研部门建立技术协作关系，开发成功44项科技新产品，达到国际水平10项，国内首创13项，国内先进水平16项，获部、省、市优质产品称号19项。

1992年，区委提出以开发闽江南岸、六一南路两线为重点，走以房地产开发为龙头、以工业为基础的具有鲜明地方特色的发展经济路子。是年，全区旧城改造进入大规模成片开发，从单纯依靠自身力量开发转入引进外资、多方集资共同开发，并与外资签订合同联合开发闽江大桥与解放大桥之间的旧城区、新开发飞凤山庄、东升小区、三叉街湖畔小区。

1993 年，区委制定《加快发展第三产业的实施意见》，把第三产业发展纳入经济运行的重要环节。积极培育市场体系，多渠道发展区街，集体、个体、外资商业，形成农贸市场、专业市场、跳蚤市场多元化发展，当年全区商业网点个体私营经济保持强劲发展势头，个体、私营业者比 1990 年增加 67%。

1994 年，区委制定《仓山科技园区项目招商奖励试行办法》，重奖招商引资有功人员，动员全社会力量参与园区的开发建设。是年，仓山科技园区有 5 家企业入园开始基建，从郊区征地 142 亩的仓山工业小区开始破土动工。同时，以建设仓山科技园区、工业小区为龙头，转换企业经营机制，对全区所有老企业进行改制，有 106 家商店实行租赁经营，21 家企业实行风险抵押承包，3 家企业实行股份合作制，2 家企业拍卖经营，推动区街经济向社会主义市场经济新体制过渡。

1996 年 1 月，福州市行政区划调整，郊区的 5 个镇划入仓山区。区委分别成立城市工作领导小组和农村工作领导小组，适时把全区工作重点从城市转到城乡并重，以农村为重点上来，着力稳定基本农田保护区，确保耕地总量平衡。先后出台《关于进一步加快乡镇企业发展的决定》《关于加强开发投资区、工业区的意见》和《招商引资奖励试行办法》等，实行简政放权，扶持企业发展，促进投资区、工业区发展壮大，实现农业生产稳定增长，城乡经济和社会各项事业的协调发展。

1997 年，区委提出抢抓机遇，敢于争先，掀起新一轮创业高潮，着力提高经济总量和经济质量，以发展工业经济为龙头，推进经济规模发展。先后制定《关于扶优扶强发展乡镇企业规模经济的若干意见》《关于鼓励外商投资发展规模企业的若干规定》，对 10 家重点乡镇企业和 10 家外商投资重点企业实行挂牌保护，强化激励机制，促进企业做大做强，提高企业竞争力；全面实施“三大战略”（基地战略、规模战略和名牌战略），加快经济发展步伐。在基地战略上，抓好以仓山科技园区为龙头的 5 大投资区（科技园区、工业小区、金山投资区、城门投资区、盖山投资区）和村级工业小区建设；在规模战略上，以规模生产、规模经营为主攻方向，积极组建大集团、大公司，培育一批上规模、高效益的主导产业和企业集团；在名牌战略上，引导企业加大科技投入和资本投入，进一步培育拳头产品和名牌产品，提高企业整体竞争力。商贸业以南大门、聚龙路、闽江四桥等基础设施建设为契机，带动沿线周边的商贸开发，不断扩大商贸繁荣区。是年，5 大投资区经济总量占全区经济总量近四分之一，3000 万元以上规模企业由 1996 年的 6 家增加到 25 家，企业总产值占乡镇企业工业总产值 31%。

1998 年，抓住福州城市“南移东进”的机遇，制定全岛开发的战略规划，实施“大商贸、大市场、大流通”发展战略。先后出台加快乡镇企业发展和街居经济发展的政策性措施。提出建设十大工业项目，实施“五个十”工程，促进重点企业上规模；抓好十大市场，加快“十大基础设施”项目建设步伐。至 1999 年，麦德龙超市、华夏汽车城、化工产品市场相继开工；林产品交易市场、科技信息中介市场建成开业；太平洋一期、聚龙二期、汇达二期、南台大道一期、上渡路一期等相继开始建设。是年底全区共实现亿元村 42 个，500 万元以上的乡镇企业 130 家，10 家企业产值达到 2000 万元以上。

2000 年，区委把加快新区建设、加快旧城改造作为“全面开发南台岛，建设新城区”的两大支撑点。按照市委、市政府建设金山新区的决策，成立领导小组，抽调干部组成工作班子，深入基层想方设法解决农民生产、生活出路，做好金山新区的征地、交地、拆迁安置工作，保证金山市级工业区和生活区建设顺利启动。2001 年后又相继推进菖蒲、尤溪洲、洋洽、下藤、岭后、首山、程埔等旧屋区改造。

2003 ～ 2005 年，实施工业立区战略，推进“一园三区四片”工业基地建设（一园：仓山科技园区；三区：金山投资区、盖山投资区、城门投资区；四片：金山工业区橘园洲片、浦上片、福湾片、义序片），大力引进工业项目，培育支柱产业，发展规模工业，加快工业经济发展。到 2005 年，基本形成“一园三区四片”的工业发展格局和电子信息、机电五金、服装和鞋类等四大产业集群。

第二节 体制改革决策

1990年，区委提出完善企业内部改革，大力推进企业技术进步，制定《仓山区集体所有制企业实行综合改革试点的若干意见》，着重从用工制度等方面进行改革。在企业中实行厂长负责制，职工全面推行全员劳动合同制；在分配制度方面实行各种形式的承包，把企业经济效益与职工收入挂钩。翌年，区委在区、街工业企业中开展第二轮经济承包，同时在企业内部实行各种形式的承包，把企业经济效益与职工收入挂钩，促进区、街经济的快速发展。

1993年，区委在贯彻国务院颁发的《城镇集体所有制企业条例》的基础上，制定《仓山区集体所有制工业企业转换经营机制若干意见》《仓山区关于推行股份制企业的若干意见》等改革措施，引进“三资”企业和乡镇企业先进管理机制，在劳动用工、分配制度、人事制度等方面进行改革，实行风险抵押承包等多种形式的经营承包责任制，带动全区经济发展。当年先后在仓山无线电元件厂进行股份合作制试点工作，利用外资对区、街工业企业进行嫁接改造，拍卖临江藤器厂等2家亏损企业，并在街居企业中普遍推行风险抵押承包。实施扶富扭亏措施，对税利大户的企业，予以重点扶持，加快发展步伐，对部分亏损企业关、停、并、转。到年底，全区亏损企业从1990年的8家减为3家。

1994年，区委围绕建立社会主义市场经济体制，先后推出：建立现代企业制度试点，探索建立集体产权运营机制，组建企业集团，加快发展私营企业，发展批发市场、商品市场和商贸网络，发展劳动力市场，推进企业法人责任制等20项改革措施。在区、街企业中推行买断工龄、资产租赁、抵押承包、内部合作经营、劳动工资包干制等多种形式的改组、改制；把工资形式和奖金定级下放给企业，有效地调动干部、职工的积极性。同时，改变对企业经济指标考核办法，减少对企业检查干预，采用“四管、四不管”，即主管局只任命厂长，由厂长自行组阁；只控制工资总额，企业内部分配自主；只把握企业经营方向问题，企业自主决定经营项目；只为企业创造好外部环境，企业内部管理方式自主选择的管理新体制，确保第二轮承包的顺利进行。至1995年，全区有5家企业推行股份合作制。106家基层商店实行风险抵押、个人（合伙）租赁经营。全区个体、私营业者比1993年增长25.9%，形成个体、集体、国营商业共同发展的格局。

1996年，区委制定《关于进一步加快乡镇企业发展的决定》，鼓励创建亿元村活动，抓投资区、工业小区开发建设，鼓励创办村级工业小区，发展企业集团，培育支柱产业。随后又出台《关于加强开发区、工业区（小区）的实施意见》《关于村办工业区（小区）验收办法》和《关于”新增企业集团、亿元村（居）、亿元企业及50万元纳税大户”评定办法》。翌年，区委又制定《关于进一步加快乡镇企业发展的补充规定》《关于简政放权有关规定》，继续深化企业改革。通过资本营运，优化重组，抓大放小，实施兼并、联合、承包、收购等多种形式，全面开拓乡镇企业改革的新局面。是年，全区组建9家企业集团和50家股份制企业，对20家区街企业进行改制重组，盖山建筑工程公司、盖山第二建筑工程公司在区划调整后，率先改组为规范化股份合作制企业。

1997年，创新集体企业经营体制，促使企业甩掉包袱，走出困境。乡镇股份合作制企业不断增加，榕鞍轧钢厂、长辉轻钢、通闽电器等50家股份合作制企业相继成立，吸收股本金3200万元，成立有限责任公司。五金实验厂、第七印刷厂等近20家的区街集体企业也都根据各自实际，纷纷采取合资合作、风险抵押承包、退二进三、兼并、租赁和成立有限公司责任公司等多种形式进行改制和重组，盘活集体企业固定资产和联社资产，使企业走出困境，恢复生机。当年，仓山区通过资本营运、优化重组、抓大放小，实施鼓励兼并、下岗分流、减员增效和再就业工程，使原有7家企业集团运转正常，同时新组建建新花卉集团和高湖企业集团。

2000年，仓山区抓住福州市“南移东进”的机遇，围绕“全面开发南台岛，建设福州新城区”的总目标，出台《关于鼓励创建经济强村、创办重点企业的若干规定》，大力培植重点村和规模企业。继续对老企业和效益不佳的企业进行改组、改制、改造。加快乡镇企业的改革步伐，引导和扶持民营经济发展。至2005年，全区完成聚丰纸业等14家企业股份制改革，新办股份制企业41家，9家企业集团运行逐步转向资本运营。共实现亿元村42个，500万元以上企业140家。福建建榕电缆有限公司、旺旺食品有限公司、福昌塑胶厂等12家企业成为百万元以上创税大户。山亚牌高压电器绝缘件、葛罗耐牌西服套装、金日牌水性水泥漆等3项产品获得福建省乡镇企业名牌产品称号。

第三节　党的建设工作决策

1990年，区委把加强党的建设工作排上重要议事日程，把党员目标管理作为党建工作的一件大事来抓，通过抓深化和完善党员目标管理，增强基层党组织的战斗力。充分发挥基层党组织的政治核心、战斗堡垒作用和党员在各项工作中的先锋模范作用。1991年，区委制定《关于1991年至1993年党的“堡垒工程”建设纲要，提出三年内把区委和基层党委、总支建设成政治坚定，思想统一，作风过硬，勤政廉洁，团结进取的坚强战斗指挥部的“堡垒工程”目标。当年推行目标管理与民主评议相结合的党员管理制度。在党员中开展“坚定信念，牢记宗旨，党员形象在仓山”“仓山区党史展览”“三基知识竞赛”“党员奉献周”“革命传统教育报告团、公仆报告团”“区机关思想政治工作研讨会”“区党建年会”和“七一”环区火炬接力赛等系列活动。同时，强化党的建设目标管理，在全区各级党组织中建立年度工作目标责任制，开展党建目标大检查，当年完成17个党委、总支的换届选举。

1992年，建立党政领导干部个人重大项目报告制度，除正常工资、资金收入之外，其他渠道的重大收入（含个人营造和出租私房）；子女、配偶出境定居、自费留学和劳务出口；接受外商、华侨和港、澳、台同胞馈赠贵重物品、金钱等重大项目实行报告制度。对副科级以上领导干部执行“七不准”情况进行检查。同时，加强党的基层组织建设。至1993年全区76个居委会全部实现“一居一支”。

1994年，区委出台《中共仓山区委关于区委常委廉洁自律的十一条规定》，加强领导班子思想作风建设和党风廉政建设。制定《关于领导干部占用公物清退工作的处理意见》等四个规定，规范领导干部的行为。区委与各党委、总支签订《规范化党支部三年纲要》实施责任书。至1995年末，经过验收，全区有89个基层党支部实现规范化，有4家外商投资企业建立党支部，42家外资企业建立工会组织。

1996年，区委决定开展创建党的建设工作先进区活动，制订《1996～2000年仓山区干部教育培训规划》，把干部培训放在突出的位置来抓。当年全区党员参学率达100%，参训率达96.3%，提前一年完成省委提出的“三年两学习”任务。

1998年，区委作出《关于争创党的建设工作先进区的决议》，先后制定《关于仓山区1997～2000年居民党支部“核心工程”建设意见》和《1997～2000年仓山区农村基层组织建设纲要》，并作出加强指导、分步实施、梯次上升、全面提高的决策，从“三个层面”（富裕型小康村典型、宽裕型小康村典型、快速型小康村典型）、“四种类型”（双文明亿元村典型、“学美岭、创五好”典型、实行村务管理典型、建小康新村典型），选择建立10个区级基层党建工作联系点，同时推广仓山镇做法，开展“六好”乡镇党委和“五好”街道党委活动；推动全区创建工作的深入开展。当年，区委还出台《仓山区村党支部、村委会、村经济合作社规范化建设暂行办法》，进一步理顺村级三大组织管理，使村务管理工作走在省、市前列。

2000年，根据中央和省、市委部署，先后在区级领导班子中开展以“讲学习、讲政治、讲正气”（简称“三讲”）为主要内容的党性党风教育，同时开展创建“五好”党支部、“六好”乡镇党委和党建工作先进区活动，进一步增强党组织的凝聚力和战斗力。区委坚持把学习教育活动与推动实际工作结合起来，抓住改革、发展、稳定和群众反映最强烈的问题，加大整改力度，及时清理区党政机关、事业单位公款购买、集资购买、受赠、占用基层或相关单位资金购买的二轮摩托车215部（含轻骑）进行公开拍卖，收回资金100.6万元，出台公务车辆使用管理办法，加强对公务用车管理。开展制止滥发红贴、严禁公车私用、清查领导干部公款旅游，配备住宅电脑和支付上网费用等工作，严格执行领导干部个人操办酒席申报、审批制度。其间，区委在八届三次全体（扩大）会议上作出《中共仓山区委关于从严治党若干问题的决定》，把从严治党落实于党的思想、政治、作风、纪律和组织、制度建设的各方面工作中。

2002年，开展“三级联创”活动，推进“六好乡镇党委”和“五好党支部”创建活动。派出百名干部进驻26个重点村，抓好村务公开和基层组织整顿提高工作。落实《社区建设纲要》，加强社区党建工作，建立社区党建联席制度。是年，仓山区获“全省社区建设示范区”称号。2003年，举办2期全区领导干部学习贯彻“三个代表”重要思想专题研讨班，对全区400多名副科级干部轮训。

2005年，开展保持共产党员先进性教育活动。第一批先进性教育活动，参加的有46个单位，122个党支部，2017名党员。第二批先进性教育活动，参加的有215个党支部，5200多名党员。在教育活动过程中，区委全面贯彻党中央决策部署，牢牢抓住“取得实效”和“成为群众满意工程”这个关键，把开展先进性教育活动与推进海峡西岸经济区建设、做大做强省会中心城市有机结合起来，大力推进发展、执政为民和提高执政能力。镇街基层党组织多方筹措150多万元，为民办实事1202件。

第四节 法制和平安仓山建设决策

1990年，仓山区成立预防和处置突发事件领导小组，修订处置突发事件方案，对社会治安实行综合治理。

1991年，区委提出以创建社会治安一流安全区为目标，成立区社会治安综合治理办公室，6个街道成立“社会治安综合治理协会”开展社会治安综合治理。强化安全防范体系和帮教工作责任制，落实“谁主管、谁负责”和群防群治，开展各种专项斗争，严厉打击各种刑事犯罪活动，社会治安明显。至1992年末，全区发案率占总人口的万分之一点二二，低于万分之二点五的社会治安一流安全区的标准。

1993年，全面推进社会治安综合治理，健全三级巡逻网络，在内部单位开展“一优二共三安全”活动，与大中专院校开展警校共建活动。是年，全区路面刑事案件比去年下降36.8%，新村刑事案件比1992年减少83%，月均发案率占全区总人口的万分之一点三五，为全市发案率最少的一个区，如期实现一流安全区的目标。仓山公安分局荣膺“全国优秀城市公安分局”。1994年，继续深入开展社会治安综合治理和“严打”的统一行动，当年仓山区获得全市反盗窃机动车、摩托车斗争第一名；在省综治“一五”规划达标考核验收中，获得116.6分好成绩，名列全省前茅。

1995～1997年，区委实施社会治安综合治理工作一票否决制度。落实领导责任制，推行社会治安“谁主管、谁负责”和属地管理原则。凡被一票否决的单位和个人，在被否决当年不能评综合类先进或授予荣誉称号，也不能评授与精神文明建设相关的单项先进和荣誉称号。同时，做好大中专院校和宗教方面的安定稳定工作，召开境内28所大专院校参加的警民校共建现场会，签订《警民校共建公约》，及时处理有关事件，维护校园内外治安秩序。

1998年，根据“全面覆盖、居村为主、与公安勤务制度改革相结合”的原则，将创建文明安全小区的十条标准进行量化、细化，深入开展社会治安综合治理，做到一居（村）一小区，一居一段一警一支部，进一步落实创建责任制。是年，全区安全小区达193个，安全小区人口覆盖率达88.5%，形成齐抓共管的局面。

2000年，区委制定《中共仓山区委关于实行依法治区的决定》，成立以区委书记为组长的依法治区领导小组。组织全区机关干部开展学法活动。当年，围绕依法治区”主线，把抓好各级领导干部的法制教育作为重点，全年共举办5场副科级以上领导干部法制讲座，发放《福州市依法治村工作标准》，确定临江街道为省社区依法治理试点单位，总结经验在全省社区依法治理现场会上作书面介绍。

2001年，贯彻中央决策部署，全面开展社会矛盾纠纷排查，深入开展基层安全创建工作，开展“严打”

整治斗争，根据全区治安特点，重点打击团伙犯罪、入室盗窃、路面两抢、涉枪案件。以城门村、高湖村为试点，开展为期两个月的以“保护投资环境，打击地方流氓势力”为主要内容的治安专项整治斗争，摧毁 2 个流氓黑恶团伙。同时在全区加强刑释解教人员管理，对 1998 年以来回归社会的刑释解教人员进行全面的集中排查，加强教育管理，有效遏制重新犯罪。

2002 年，以创建安全社区（小区）活动为载体，构建基层安全防范新机制，把文明安全小区“治安技防工程”和“亮灯工程”建设作为为民办实事的项目。是年，全区已整合的社区全部建成警务室。

2003 年，区委出台《关于进一步规范矛盾纠纷排查调处日常工作制度的通知》，构建大调处格局，把社会矛盾纠纷调处职能延伸到基层，实现人民调解、行政调解、司法调解三位一体。

2004 年，出台《关于建设平安仓山的实施意见》，提出建设平安仓山的总体目标，坚持打防结合，预防为主，建立健全以落实责任制为核心，以狠抓基层为着力点的“保平安”的长效工作机制，全面落实社会治安综合治理措施。

2005 年，在全区开展严打整治行动，集中力量打好“严打”、化解矛盾纠纷、基础防范重点整治——三大战役，取得明显成效，全区刑事案件总量保持平稳，群体性事件、交通事故死亡人数及经济损失下降和社会治安满意率、刑事破案率、抓获率上升的“一稳两降三升”，公众安全感满意率达 88.9%。

第四章　纪检监察

第一节　党风党纪教育

1990 年起，中共仓山区委把党风党纪教育放在首位。通过各种会议、党校培训、刊物宣传以及观看影片、话剧等形式，在全区各级党组织中持续对党员进行严格遵守党的纪律和四项基本原则教育。

1991 年，在全区党员中开展学习《中纪委关于党纪处分的七个规定》，先后召开专题会议 3 次，举办干部宣讲课 7 场次，受教育 500 多人次；举办培训班 1 期，培训干部 80 多人；组织 3000 人次参观“全国反贪污贿赂展览”和“福州市党风廉政建设展览”，并组织 1267 名党员进行党风党纪知识测试等，保证党员思想与党中央保持一致。

1992 年，以邓小平南方巡视重要讲话和中共十四大精神为指导，举办党纪知识竞赛。全区参赛的基层党委、总支及驻军共有 21 支代表队，并从中选派代表队参加全市竞赛。当年还在基层党组织中开展党纪知识有奖征答活动，发出试卷 471 份，收回 305 份，其中 20 人获奖。

1994～1995 年，区纪委成立宣教工作领导小组，把党的纲领、宗旨、理想和法制纪律教育与学习《邓小平文选》第三卷结合起来，在全区开展“反腐倡廉宣传教育月”活动。先后召开 200 余场廉洁自律座谈会，放映《反腐兴廉——反腐败斗争纪实》等 4 部录像片 200 场次。同时结合开展学习林炳熙做党的忠诚卫士和典型案例教育。期间，区纪委与区委宣传部共同完成《扶正祛邪、廉钟长鸣——仓山区反腐倡廉宣传教育巡视》专题片的拍摄剪辑工作。

1996 年，在全区范围内组织党员进行党纪条规知识学习与测试。是年，有 23 名处级以上领导干部、450 名科（局）级领导干部和 5000 名一般党员干部参加测试，参测面达 97%。

1997～2002 年，在全区共产党员中开展以“讲学习、讲政治、讲正气”为主要内容的党性党风党纪教育。重点学习《中国共产党党员领导干部廉洁从政若干准则（试行）》《中国共产党纪律处分条例（试行）》《行政监察法》以及《关于实行党风廉政建设责任制的规定》等。全区 24 个党委（总支）轮流举办《若干准则》电视辅导讲座，组织观看《条例》系列片 91 场，受教育党员干部 2500 人次。组织近 1500 名机关干部及家属观看影片《生死抉择》，近 2000 名党员干部观看《胡长清案件警示录》和《1998 湛江特大走私受贿案透视》等电教片，使党员干部受到直观的教育。区纪委同时编印《党风廉政建设文件汇编》，分发给全区副科级以上干部和村（居）主干及基层支部书记。并组织全区副科级以上领导干部和区、镇两级机关干部、基层所站及村（居）主要领导参加《行政监察法》知识竞赛，由区纪委领导授课13场，参加知识竞赛共4210人，其中处级干部28人，科级干部407人，一般干部及工作人员3775人。

2003年，围绕《关于实行党风廉政建设责任制的规定》和《中国共产党纪律处分条例（试行）》等党纪条规，开展党纪条规专题授课4场，受教育党员干部600多人次。并选取10件发生在仓山区的违法违纪典型案例汇编成《警示录》，分发给副科级以上干部和村（居）主干及基层支部书记。

2004年，开展以“过好权力关”为主题的党风廉政教育月。举办《中国共产党党内监督条例（试行）》和《中国共产党纪律处分条例》专题知识讲座。全区副科级以上党员干部700多人次参加学习。

2005年，以翁某某、许某某、陈某某共同贪污案件为反面教材，通过案件通报会向全区副科级以上领导干部通报案件情况、组织部分镇（街）和区直机关领导干部、区人大代表等旁听庭审等方式进行警示教育。

第二节　廉政建设

一、清理乱收费、乱罚款、乱摊派

1990年，在全区行政主管部门中开展清理乱收费、乱罚款、乱摊派（下称“三乱”）工作，对30个主管部门、70个收费单位进行复查，发现越权审批收费42项，擅自立项收费7项，超标准收费9项。翌年，对上述发现的问题采取相应的措施，对于违反规定的予以制止；手续不完备的按有关规定补办审批手续；违反规定的超标准部分没收入国库。当年共没收上缴国库0.46万元。

1993年，在79个行政事业性收费单位开展自查的基础上，对15个部门42个单位进行重点检查，共查出乱收费12项，计6.42万元。翌年对收费情况进行复查，没有发现“回潮”现象。

1995年，对外商投资企业税外收费开展清查，查出未经审批机关批准的收费项目4项，涉及执收部门3个。

1996年，两次组织人员重点检查12所中小学，清理清退违规收费12.88万元。

1999年，检查发现区卫生协会未经审批立项收取卫生发展调节基金和盖山镇计生办向外资企业收取计生担保金等行为。区纪委责令上述单位违规收取的金额上缴区财政，并对区卫生工作者协会负责人予以行政警告处分，盖山计生办主任予以党内警告处分。

2000年，制定《关于进一步规范中小学收费行为的办法》，对中小学收费项目、标准、收费管理、票据使用和收费公示制度作出具体规定。是年区教育系统进行自查自纠，整改清退择校生54人，借读费81万元。至2003年，共清退中小学不合理收费4.2万元，对违反规定的两个区属学校校长进行通报批评，以巩固治理中小学乱收费工作成果。是年，区监察局、经济局、财政局、物价局、审计局组成检查组，深入区直12个职能部门开展执行收费公示制度专项检查，查清各职能部门收费均掌握在物委部门核发的收费许可证核定范围内，对明令取消的企业收费项目，能在规定时间内予以取消。

2005年，继续规范中小学收费行为，落实“一费制”和“两免一补”政策，全年减轻学生家长经济负担20万元。同年，开展治理公路“乱设卡、乱罚款、乱收费”工作，逐级签订2005年仓山区治理公路“三乱”工作目标管理责任书，做到一级一抓，一级对一级负责，并聘请5名治理公路“三乱”监督员。当年全区没有发现公路“三乱”现象。

二、清理干部违规建房及配备使用车辆、通讯工具

1990年，区成立清房工作领导小组和办公室，对干部违规建房进行清查。召开全区清房动员大会，

由营建私房的干部自报登记，区清房办进行调查核实，分 3 批张榜公布。全区营建私房的干部共有 18 人，其中超审批占地面积的 6 人，超面积 142.42 平方米。按政策规定，收回公房 15 户，补罚款 7510.87 元。该工作于 1991 年全面完成。

1994 年，区纪委执行区委、区政府《关于购置、使用小汽车、手提电话、摩托车、BP 机、对讲机的管理暂行定》和《关于用公款为私宅安装电话使用管理的暂行规定》，并发出《关于领导干部占用公物清退工作暂行规定》，当年全区实施住宅电话费限额报销制度，年节约开支近 3 万元，并收回已调出辖区的 6 名领导干部带走的摩托车 6 部。

1997 ～ 1998 年，继续在区党政机关、事业单位和区属企业中开展清理通讯工具工作，共清理出用公款购置的移动电话 255 部，其中 241 部不符合规定配置进行折价处理，170 部违控的予以罚款，共回收罚金 30.38 万元。清理出公款安装的住宅电话 201 部，其中不合规定 72 部予以纠正，共补交费用 5.76 万元。对符合规定配备的移动电话和住宅电话，实行“话机个人自配、费用总量控制、规定限额报销、特岗限量配备”的管理办法。期间，按照省、市清房工作部署，在干部中重新填报个人住房情况，经查有 59 名科级干部和基层站所负责人违规，其中 56 名干部租住公房因结构差超面积 596.74 平方米，补交租金 2284.71 元；有 2 名干部退出违规住房 116 平方米，有一名副处级干部住房超面积 31.3 平方米，主动按商品房价格补交 4.695 万元。

2000 年 4 月，对全区党政机关，事业单位用公款购买、集资购买、受赠或占用基层或相关单位资金购买的 215 部二轮摩托车（含轻骑）进行公开拍卖，收回资金 100.6 万元。同时出台公务车辆使用管理办法，保证交通工具的有效管理。

2005 年，把清理领导干部住房、建房、购房等违规问题作为反腐败和党风廉政建设的一项重要任务。全区共有 556 名科级以上干部填写《领导干部家庭房产情况登记表》，共填报有 684 套住房，房产面积为 5.96 万平方米。

三、农村收费监管

1996 年，区划调整后仓山区增加农村 5 个镇。当年，由区纪委、人大、区委办、监察局、纠风办、财政局、审计局、物委、工业局等单位抽调 10 人组成联合调查组，就区划调整后基层负担情况进行专题调查，并发出《关于减轻基层负担的规定》《关于严禁乱收费、乱摊派的规定》《关于严格控制各种检查的规定》等 3 个规范性文件。召开全区减轻基层负担大会，查纠清退个别单位加重基层农民负担的乱摊派费用 94.4 万元。

1997 年，成立减轻农民负担工作领导小组，针对当时农村中存在的隐性负担问题，拟定《仓山区关于减轻农民负担工作的实施意见》，由减轻农民负担工作领导小组负办牵头，相继开展清理预算外资金，整顿村级财务管理、固定资产登记等专项执法检查工作，并在各镇建立减轻农民负担工作监督点 50 个。

1998 ～ 1999 年，重点查处减轻农民负担和违规征收乡镇教育附加费问题，实行党政一把手负责制，先后召开 3 次专题工作会议，举办一期减轻农民负担政策培训班，60 人参加培训。发放农民负担监督卡 5 万份。对城门镇谢坑村委会在小学注册期间进校向每个学生收取 20 元教育附加费问题，责令城门镇党委、政府作书面检查，并进行自查自纠。同时转发市纪委《关于连江县东湖镇教育附加费问题的通报》。

2001 年，落实农民负担预决算、监督卡和专项审计 3 项制度，全面推行涉农收费公示制度，开展涉农收费检查，纠正盖山镇民政办利用结婚登记搭车收费的行为。督促配合供电部门对 93 个行政村进行农村电网改造，到 2002 年，共有 105 个行政村完成电网改造，每年可减轻农民负担 300 多万元。同年推行村级零接待，制定《取消村（居）接待费的规定》，严禁党政机关工作人员到基层进行公务活动时用公款在社会上经营性饭店用餐。

2004年，落实农村税费改革、减轻农民负担“四项制度”“一事一议”、专项资金转移支付和村级零接待等制度。严格土地征用补偿款的发放、管理和使用，出台《仓山区征地补偿暨管理工作实施意见》，由区监察局牵头，财政局、审计局、农林水局、国土资源第三分局等单位抽调人员，组织开展农村征地补偿款发放、管理和使用情况的专项检查工作。同时在全区范围内全面推行农村会计委托代理服务。先后发出《关于全面推行农村会计委托代理工作的意见》《仓山区农村会计委托代理工作实施方案》《关于规范农村会计委托代理中心管理的有关规定》和《关于规范村务监督小组（监事会）工作的暂行规定》。按照“集体资产所有权、集体资金使用权、集体财务审批权和民主监督权”四权不变的原则，分别在各镇和金山街道成立农村会计委托代理服务中心，对各村进行会计委托代理服务。会计人员从原有的113人减少到36人，并全部由区、镇两级财政负担，每年减少村干部工资负担150多万元。

2005年，对农村土地补偿款发放和使用情况进行审计，涉及89个村2.8万多亩，金额近14亿元。

四、办事公开

1990年，在全区机关中全面推广“两公开一监督”（公开办事制度、公开办事结果和依靠群众监督）。区纪委在上年房管局、工商局、计委3个单位“两公开一监督”的试点的基础上，选择在城建、卫生、教育等部门和临江街道推行。至年底，全区实行“两公开一监督”的部门达30多个，项目62项。翌年，“两公开”的内容由公开办事人、办事条件和办事结果，扩大到公开办事程序、办事时限，以及对办事人的要求等。

1998年开始，在农村推行村务公开、民主管理工作，作出《仓山区村级村务管理工作若干规定》。在全区5个镇的农村推行村务公开、民主管理工作。1999年，区纪委、区委组织部、审计局、财政局、农业局等单位成立区村务公开民主管理工作领导小组及其办公室，对全区11个村落实村务公开民主管理工作情况进行检查，发现9个村存在班子不团结、两套财务人员、财务管理混乱等问题。提出公开批评，并限期整改。

2001年起，区政府、镇街及区直各部门均设立政务公开栏，加强对《关于加强村财公开、民主监督的暂行规定》执行情况的监督检查。

2005年，推行办事公开制度，开展“抓本级”活动，成立专项检查工作领导小组，对全区办事公开工作情况进行明查暗访，对存在办事公开的时间不及时、公开内容不全面、办事公开栏设置的位置不显眼的单位，及时提出限期整改到位。

五、对干部监督

1990年，区委、区政府聘请20名离退休老干部为廉政监督员，区委统战部同时聘请各民主党派人士13名组成“仓山区民主党派监督站”，并不定期召开监督员会议，通报全区的廉政情况并听取监督员的意见。各部门、各单位也相应聘请廉政监督员共计300余名。1992年，根据省纪委提出领导干部廉政的要求，开展自查自纠。全区199名副科级以上党员干部参加自查自纠，其中有26名处级干部，参检率为100%。自查结果，没有发现有违反“七个不准”的要求。年底，仓山区委下发《关于对领导机关和领导干部实行〈党内监督书〉制度的决定》，实行区级机关副（局）科级以上党员领导干部个人重大事项报告制度和对领导机关、党员领导干部实行“党内监督通知书”制度。

1994年，为堵住公费出国出境旅游，建立纪委监察局超前审核制度，规范因公出国出境审批程序。是年，全区出国出境10批16人，没有发现公费旅游或变相出国出境旅游的问题。

1995年，开始实行党风廉政建设监督员制度。聘请第一届党风廉政建设监督员11人，组织参与专项检查和调研，对党政机关及工作人员党风廉政情况进行监督。并形成每两年聘用一届制度。

1997 年，《中共中央、国务院关于党政机关节约、制止奢侈浪费行为的若干规定》发出后，全区 76 个单位根据规定制定财务管理制度，进一步完善财务接待标准。上半年，全区接待费用比 1996 年同期下降 60.7%，节省开支 11.72 万元。

1998 年，加强行风建设，严格控制各类会议。至 2001 年全区有 63 个单位建立会议审批制度，57 个单位实行会议预算包干制。全区压缩和取消各类会议 91 场，比上年同期节约经费 27.01 万元。同时加强行风建设，对城建监察、电力和电信 3 行业作风开展民主评议，对现场监察发现，上班不在岗，或未尽职尽责，或着装不齐、证件不全的 11 人均责成在大会检讨，并扣发当月工资，1 人被调离岗位。

2002 年，进一步加强对领导干部监督管理，实行因私护照和港澳台通行证进行集中统一管理。建立领导干部家属子女操办婚丧喜庆事先审批、礼品礼金（红包）登记上缴报告、节日期间公车使用登记和公务接待报批等制度。同时，对公安、教育、卫生、建设、市容执法、房管 6 个重点单位发放行风评议问卷调查表 5000 份，征集意见、建议 90 余条，受理行风投诉 80 余件。对群众提出的意见和建议，逐条逐项督促，全部整改到位。

2004 年，建立领导干部廉洁从政 3 项谈话制度，即区委、区纪委主要领导同镇（街）及区直单位主要负责人的廉政勤政谈话、领导干部任前廉政谈话、领导干部廉洁从政诫勉谈话。至 2005 年，有 157 名领导干部接受谈话。

第三节 违纪案件查处

1990 年，重点抓机关领导干部和重点部门违纪案件的查处，突破一批大案要案，当年查出区领导干部违纪案件 2 人件，给予开除党籍的处分。

1993 年，查处区卫生防疫站原站长、副站长任职期间违法违纪案件。

1995 年在抓“三机关一部门”重点案件的同时，向企业、事业单位延伸，严肃惩处利用改革之机违反财经纪律、贪污受贿的违法违纪行为。至 1996 年，共查处党员违纪案件 19 人件，其中机关重点部门案件占全年案件数的 50%，经济案件占案件数的 80%。

1998 年，采取区镇两级纪检监察干部联手办案，并由区纪委 1 名副书记具体分管案件查处工作，实行区纪委常委分工包案责任制。当年查处党员违纪案件 16 人件。

2001 年采取健全办案工作制度，成立查办案件工作协调组、建立纪检与审计机关联系制度，加强信访举报件跟踪排查等措施，全年共查处党员违纪案件 23 人。

2005 年，成立“一案一整改”工作领导小组，开展“一案一整改”工作。当年共查处党员违纪案件 31 人件，其中查处领导干部在征地拆迁中共同贪污犯罪的案件 1 起。

1990 ～ 2005 年，全区共查处违纪党员 215 人，其中开除党籍 87 人、留党察看 24 人、撤销党内职务 11 人、党内严重警告 40 人、党内警告 49 人、撤销预备党员资格 4 人。

1990 ~ 2005 年仓山区党纪处分情况表

表 11-4-1 **单位：人件**

年份	开除党籍	留党察看	撤销党内职务	党内严重警告	党内警告	其它处理方式	合计
1990	2	—	—	—	—	—	2
1991	—	—	—	—	1	—	1
1992	2	1	—	1	0	—	4
1993	3	—	—	—	1	—	4
1994	4	1	—	—	1	—	6
1995	—	—	—	—	—	3	3

续表 11-4-1

年份	开除党籍	留党察看	撤销党内职务	党内严重警告	党内警告	其它处理方式	合计
1996	7	—	2	—	1	3	13
1997	6	1	—	3	—	1	11
1998	5	5	1	4	3	1	19
1999	6	—	—	2	4	—	12
2000	2	3	—	5	4	2	16
2001	12	1	2	4	1	3	23
2002	5			5	12		22
2003	4	4	3	8	7		26
2004	11	4	2	4	6		27
2005	16	2	1	4	7	1	31

说明：1、表中数据不含政纪处分

2、1995 年对 1992 年开除党籍处分的 2 人中的 1 人经复查改为严重警告处分

3、1998 年对 1997 年开除党籍处分的 6 人中的 1 人经复查予以恢复党籍

第四节　行政执法监察和效能监督

1990 年，区纪委开始参与各项招生考试和招聘录用工作的现场监督。当年在考场现场设立举报箱，并派员到考试现场巡视，同时邀请廉政监督员参与监督，未发现违规现象。此后，每年均派员参与监督。

1994 年区纪委联合区财政部门对全区 26 个单位进行财务大检查，查出违纪金额 8.43 万元。同年，对统计法规执行情况进行检查，抽查 8 家单位，发现违纪行为 23 起，提出整改意见 5 条。

1996 年，在全区开展清理预算外资金大检查，经过“发动部署、填表摸底、自查抽查，整改验收”4 个阶段对工程进行核查，共清理出预算外资金 80.64 万元。同年，派员参与计生人口考核和资金使用执法监察，会同区计生局联合发出《关于计划生育工作中违反政策人员的若干处理意见》，对 5 镇 26 村 1 居委会和 1 个农贸市场的计生人口现状进行抽查。经核对整改，补报 1991 ～ 1995 年漏报出生 349 人。

1998 年，制订《仓山区开展建设工程项目执法监察实施方案》，对闽江下游防洪堤三期工程、螺洲乾元小学扩建工程招投标进行全程监督。经审核两项工程累计降低造价 11.9 万元。是年参与 957 户的回迁安置执法监察，未发现群众集体上访。

2000 年，区成立机关效能建设领导小组办公室和投诉中心，对全区预算外资金使用情况进行专项检查，发现区园林局 2 次违规组织干部职工公款旅游行为，责令相关责任人作出书面检查，追缴违规资金 10100 元，并通报全区。

2001 年，改革行政审批制度，开展清理地方性法规、规章及规范性文件工作。全区共清理涉及审批、审核、收费、许可等内容的相关文件 257 件，其中，废止 185 件，保留 69 件，修订 3 件。同年，分别对区少年活动中心、科技园区办公楼、上渡旧屋区改造工程和区武装部办公楼等 12 个项目推行公开招投标，并对对湖街道学生街 3 间店面招租的公开竞标进行监督。

2003 年，区政府制定下发《仓山区公有固定资产管理暂行规定》《仓山区工程建设十必须》等规范性文件及《仓山区机关工作人员绩效考评暂行办法》和《关于建立和完善小工程建筑市场的通知》。区纪委对国有或集体资金，投资 100 万以下，10 万元（含）以上的小型建设工程实行“集体研究决策和阳光作业”情况进行监督。是年，区效能投诉中心延伸到镇（街）及部分单位，全区共成立有 18 个投诉分中心，聘请机关效能监督员 20 名。

2004 年，区成立机关效能建设领导小组办公室和投诉中心，配备专职主任和工作人员。同时，在 20 家服务企业建立效能监督联系点和小型工程招投标服务中心。出台《关于仓山区小型工程招投标活动管

理办法》。

2005 年，按照《行政许可法》全区清理行政许可规定 10 件，废止 3 件，修改 2 件，保留 5 件，审核文件 257 件，修订 188 件，保留的 88 项行政许可全部由行政机关直接实施。同年，建立第三批 15 家企业效能监察联系点，并实行联系点企业党委包干挂点联系制度。

1990 ～ 2005 年，区政务服务中心受理企业和群众办件 78852 件，受理社会各届咨询 31153 人次。区效能投诉中心共受理社会各界投诉 43 件，解决问题 12 件，澄清问题 15 件，纠正违规行为 2 件，处理违规人员 2 人，效能告诫 10 人，其中副科级以上干部 9 人。

第五章 组织建设

第一节　党员

一、党员队伍

1990 年，按照中共中央组织部《发展党员工作细则》，发展新党员 33 名。至年底，全区共有党员 1740 名，其中女党员 584 名，占党员总数的 33.56%；高中文化以上 885 名，占党员总数的 50.86%；35 岁以下 276 名，占党员总数的 15.86%。

1992 年，坚持组织员谈话制度，把发展党员工作重点放在生产、工作第一线。是年，发展党员 75 名，其中第一线党员 11 人，占新党员的 14.7%。翌年，全区又发展党员 101 名，其中高中文化以上 81 名，占 80%；45 岁以下 83 名，占 82%；女党员 49 名，占 49%。党员队伍分布和年龄结构得到改善。

1994 年，实施区委制订的《发展党员工作三年规划》，至 1996 年 3 年累计发展党员 679 人，超过原计划 400 人的 70%。其中基层第一线的 49 人，占总数的 7%；年龄在 45 岁以下的 598 人，占 88%；高中文化以上 498 人，占 73%；妇女 270 人，占 40%。

1997 年，把工作重点放在努力改善党员队伍结构，坚持发展党员的“十六字”（坚持标准、保证质量、改善结构、慎重发展）方针上，同时，充分发挥共青团组织的助手作用，加快“推优”步伐，全区入党积极分子保持在 600 名以上。

1999 年，对全区 1996 ～ 1998 年 3 年发展的 1105 名新党员进行全面自查和互查，对照《发展党员工作细则》和标准，全面梳理存在问题，编印《发展党员工作培训提纲》，组织全区党务工作者进行专项业务培训。是年，该项工作通过市委组织部的复查。

2000 年，加大发展党员工作力度，注重在生产一线发展青年党员，全年发展新党员 219 名，其中 35 岁以下的 138 名，占 63%；高中文化以上 179 名，占 81.7%；女党员 97 名，占 44.3%。党员队伍结构进一步改善。

2001 年，以规范发展党员工作程序为重点，健全发展党员工作预审制，按照《中国共产党章程》和《发展党员工作细则》的要求，把培养和发展优秀妇女入党作为加强基层党建工作的一项重要任务。是年，全区共发展妇女党员 105 名，占发展总数的 37.6%，其中，工作在基层第一线的妇女占发展总数的 15.7%，年龄在 35 岁以下的占 65.2%，高中文化以上的占 78.9%，女党员所占的比例从 1990 年底的 33.56%，提至 44.3%。

2002 年起，继续把发展党员工作的重点放在基层生产、工作第一线和非公有制经济组织。到 2004 年 3 年共发展新党员 898 人。2005 年，全区共有党员 13195 人，其中女党员 3141 人，占 37.3%；35 岁以下的 2433 名，占 18.4%；高中文化以上的 7117 名，占 53.9%。

1990 ~ 2005 年仓山区党员基本情况表

表 11-5-1

项目 / 年份	总计			文化程度				年龄结构						行业分布				
	合计	其中 女党员	其中 少数民族	大专以上	中专	高中	初中以下	25岁以下	26至35岁	36至45岁	46至55岁	56至60岁	61岁以上	职工	乡镇劳动者	新社会阶层	农牧渔民	其他
1990	1740	584	8	240	265	380	855	41	235	403	321	301	439	—	—	—	—	—
1991	1803	609	5	261	276	366	900	28	200	418	373	287	497	—	—	—	—	—
1992	1910	666	4	294	293	418	905	34	193	466	373	287	557	—	—	—	—	—
1993	2011	715	4	314	326	446	925	42	228	506	381	294	560	—	—	—	—	—
1994	2131	790	6	382	351	496	902	47	278	512	405	297	592	—	—	—	—	—
1995	2238	844	7	428	366	549	895	68	306	514	463	227	660	—	—	—	—	—
1996	7960	1700	8	690	657	1803	4810	293	1011	2236	1594	712	2114	—	—	—	—	—
1997	8354	1890	8	831	706	1876	4941	328	1159	2193	1701	754	2219	—	—	—	—	—
1998	8777	2016	16	1038	775	1880	5084	376	1111	2021	2136	541	2592	2731	458	—	3420	2168
1999	9162	2125	16	1128	843	2035	5156	423	1120	1966	2369	589	2695	2881	465	—	3626	2190
2000	9557	2274	8	1288	908	2148	5213	430	1234	1891	2553	652	2797	2799	490	—	3639	2629
2001	10448	2492	17	1745	991	2321	5391	488	1383	1900	2625	860	3192	2896	596	—	3756	3200
2002	10890	2692	50	1950	1030	2456	5454	500	1543	1959	2716	922	3250	3168	572	—	3737	3413
2003	11463	2783	17	2211	1050	2652	5550	2203		1914	2874	1096	3376	3649	—	119	3787	3908
2004	12535	3028	17	2442	1197	2922	5974	2372		1961	2885	1290	4027	3913	—	190	3676	4756
2005	13195	3141	15	2775	1256	3086	6078	2433		2192	2871	1473	4226	4039	—	198	4065	4893

二、党员教育

1990 年，全区党委（总支）设有 17 个基层党校，组织党员开展“勤政爱民、无私奉献”教育，举办各类培训班 52 期，培训党员 3000 多人次，受教育面达 95% 以上。各支部建立 77 个“党员活动室”、17 个电教工作站和 54 个电教播放点，每月按时播放电教片，全年共播放电教片 70 余部，受教育面达 85% 以上。1991 年，区委党校举办读书班 4 期、联校办班 3 期，共培训基层党员领导干部 593 人次。

1992 ～ 1994 年，在全区范围开展“牢记宗旨讲党性，振兴仓山做奉献”的迎十四大系列活动。以“党员形象在仓山”为主题，开展“迎七一、办实事、做奉献”活动，组织广大党员学习《邓小平文选》第三卷，举办培训班 24 期，受训 2856 人次；召开全区领导干部学习《邓小平文选》第三卷心得交流会；播放建设有中国特色社会主义理论专题电教片 317 场次，受教育党员 3.27 万人次。

1995 年，按“一精”（精通马列主义和建设有中国特色社会主义理论）、“二懂”（懂现代科学知识、懂市场经济理论）、“三会”（会外语、会操作电脑、会驾驶）的要求，举办各类培训班 19 期，培训党员、干部 2162 人次，其中副科级以上干部 243 人。

1996 年，全区重点开展和深化学习邓小平建设有中国特色社会主义理论，组织学习宣讲团，巡回宣讲 33 场，听讲人数达 3000 多人次。区委党校共举办理论培训班 14 期，培训人数达 953 人次。基层党校举办各类培训班 49 期，培训人数达 3768 人次，全区党员干部普遍进行一次基本理论的再教育。

1997 年，开展“双学（学先模，学身边闪光点）”“三讲”教育，先后举办“三讲”系列报告会、组织全区党员干部开展市场经济条件下党员先锋模范作用大讨论，和“双学”“当公仆，办实事”活动。区委党校举办领导干部、后备干部、基层党支部书记等培训班 12 期，培训党员干部 915 名；基层党校轮训党员 4300 人。

1998年，组织全区党员干部学习十五大精神和邓小平理论，全区348名科级干部、99名一般党员干部参加区委党校举办的“学习邓小平理论培训班”，并选送2名科级干部到市委党校中青班学习。同时，在农村开展大规模党员培训，对农村党员干部普遍轮训7天，村党支部书记、村委会主任岗位培训5天。7～8月分9期对1995年后发展的1058名新党员进行为期一周的集中学习，针对党员对改革开放20年来议论较多的热点、难点、疑点进行分析、讲解、释疑。开办6期建党积极分子培训班，培训建党积极分子581人。

1999年，全区各级党委均建立中心组学习制度，区委中心组率先带头学习，带动全区党性党风教育深入开展。当年全区三级教育阵地共组织48名科级干部、98名普通党员参加“学习邓小平理论培训班”，组织村居支书、村居主任岗位培训班10期，选送18名科级干部到省市培训。

2000年，在处级以上党政领导干部中，以整风精神开展以“三讲”为主要内容的党性党风教育。区五套班子与5个部门共65名领导干部集中学习，按4个阶段，7个课题进行教育，组织学习会43场，征求意见和建议180余条，经评议群众对领导班子总满意度达98.35%，领导成员总满意度达97.37%。同年还组织180名干部参加省市区党校培训，其中县处级6人、科级140人。

2001年，按照省市委统一部署，在全区5镇67个部门开展第一批“三个代表”重要思想学教活动。分46个学习小组，参加学习共2025人，并由区委派出20个指导组进行指导、督促、检查。先后举办“三个代表重要思想”学习讲座20多场、骨干培训班1期、科级以下党员培训班2期、编发“三个代表重要思想”教育简报55期。同时加强各级干部的理论学习，制定下发《仓山区关于实行党员电化教育工作目标管理的意见》，培植18个区级标准化建设电教示范点，举办不同类型培训班52期。新添195台电教设备，党员电教工作进一步加强。

2002年，在农村开展“三个代表”学习教育活动，把“让干部受教育、使农民得实惠”作为学教活动的着眼点和落脚点。抓建党积极分子和发展对象的培训工作，举办4期培训班，参加培训人员达到879名。同时，组织7个街道社区的220多名干部参加社区骨干培训班，加强社区干部队伍的培养和教育。

2003年，结合“七一”建党活动，先后举办建党积极分子培训班2期、发展对象培训班2期、科级干部轮训班1期、中青后备干部培训班1期，受训的共1000人。同年，组织33人参加市委党校县处级干部进修班、13名科级领导干部分别参加市委党校举办的科（局）长、乡镇领导干部、组织人事干部、党外和中青干部培训班。选送3名分管农业的领导干部参加省农业干校培训。

2004年，制定出台《开展党员教育管理服务网络建设的试点工作方案》《流动党员管理细则》《党员教育管理服务网络建设工作细则》，规范三级服务网络建设。当年完成5镇、8街道、1园3区以及26个试点社区（村）的首期网络建设，先后举办党员教育管理服务网络工作骨干培训班1期、科级干部进修培训班2期75名、干部专题研讨培训班2期386人、入党积极分子培训班2期268人。组织4名处级干部、17名科级干部参加省市党校调训，并制作拍摄电教片《真诚“王真”》选送参加福州市第五届党员电化教育观摩评比，获一等奖。

2005年，在66个单位中分两批开展保持共产党员先进性教育活动，参加先进性教育的党支部共333个、党员7177人，参学率100%。同时加强干部教育培训，组织21名科级以上领导干部参加省市委党校领导干部培训班（进修班），举办一期科级干部轮训班，培训40人，举办一期中青班，培训中青后备干部38名。

第二节 基层党组织

1990年，全区有党组5个，基层党委10个，党总支7个，党支部133个。当年新组建城建、商业和房管3个党总支。至1991年，全区共建有基层党委11个，党总支6个，党支部138个。

1992年，开始在居委会中组建党支部，是年全区基层党支部增至160个，翌年，又在刚组建或因拆迁难度较大的居委会中成立3个党支部，是年末，全区“一居一支部”覆盖面达87.5%。

1994年，在全区基层党支部开展评选“两优一先”和支部“达标升级”活动。至1995年全区一类支部上升 25%，二类支部上升 18%。

1996年，以创建规范化党支部活动为载体，在全区深入开展党员学理论、学党章活动和“学美岭、创五好”活动。当年，城区共创建规范化党支部 181 个，占城区党支部总数的 89.9%，农村一类支部达 90.3%，后进支部转化率达 100%。涌现出先锋村、东升村、龙江村、江边村、阵坂村、濂江村等一批“学创”典型村党支部。

1997 年，各街道、系统党委（总支）和村、居党支部进行换届，领导班子结构进一步优化。换届后村党支部班子成员平均年龄由 45 岁下降到 41.9 岁，高中文化程度以上由 31.9% 提高到 44.7%；居委会党支部班子平均年龄由 53.8 岁下降到 43.9 岁，高中文化程度以上由 35.7% 提高到 53%。是年，通过学美岭、创五好、三讲两学习等活动，农村一类支部达 90%。市级规范居委会党支部达 63 个，占 75%。

1998 年，城区居委会党支部实施“核心工程”建设，当年，“一居一支”率达 99%，市级规范化党支部增至 78 个，占城区居委会党支部总数的 87.6%。

1999 年，进一步加强经济领域的党建工作，先后在金山、盖山、城门投资区组建党总支（副处级），是年 3 个投资区党总支建有 12 个党支部，其中企业党支部 9 个。

2000 年，加强在非公有制经济组织中建立党的组织。当年建立 12 家非公有制企业党支部。翌年，在农村、社区和非公经济组织中推广科技园区党建工作协调委员会和仓山镇先锋村党委选派“党建工作指导员”等经验，新组建 5 家企业党支部。

2002 年，各街道党工委结合社区整合，完成 35 个社区居委会党支部的组建工作。率先在全市成立第一个社区党总支（港墩社区党总支）和第一个社区党委（港头社区党委）。是年，全区 7 个党工委共建有基层党组织 93 个，其中基层党委 1 个、党总支 1 个、党支部 91 个。

2003 年，结合村级党组织换届，深入开展农村基层组织整顿，在全区农村党支部中，调整 8 个相对后进村的党支部书记，新进村党支部班子成员 64 人，占班子成员总数的 17.3%；调整后班子成员平均年龄为 43.1 岁，比换届前下降 1.7 岁；高中文化程度以上的达 277 人，占 75.1%；女性 44 人，占 11.9%，比换届前增加 47.9%。

2004 ～ 2005 年，继续在街道和非公经济企业中建立党组织，先后在拓福建材超市、上渡林产品交易市场、福建科技职业技术学院、叶下塑革厂、金宇电器有限公司、东升印刷纸箱厂等非公经济企业组建党支部；仓前街道在全省率先成立军转党员支部。2005 年，全区有党组 5 个，基层党委 18 个，党总支 46 个，党支部 468 个。

第六章 宣传工作

第一节 中心任务宣传

1990 年，区委重点围绕贯彻党的十三届七中全会精神和“八五”计划第二步战略目标，派出 60 名干部深入 6 个街道、24 个居委会和 5 个企业开展社教宣讲工作，举办报告会 30 多场，受教育职工群众达 8 万多人次。同时召开政治思想年会，介绍和宣传全国劳模——福州第六塑厂厂长张廷恩《在逆境中奋进》和全国优秀企业家——福州第二阀门厂厂长黄开惠 30 年办厂经验。结合进行反腐败、反渗透、反和平演变教育，召开中层干部学习讨论会 10 多场和基层宣讲报告会 20 多场。

1992 年，宣传中共十四大精神和《邓小平视察南方的重要讲话》，组建 300 多名由区机关中层以上领导和党员宣传理论干部参加的宣讲团，深入基层，召开宣讲会 700 多场次。同时，配合迎接全国卫生城市检查，开展“创优迎双拥”系列宣传活动。组织宣讲团到 13 个镇街采用入户宣传、实地检查、督促整改等形式，开展创建全国卫生城市宣传工作，是年，仓山区被授予创建全国卫生城市先进单位的称号。

1993～1995年，围绕邓小平“南方谈话”和江泽民“精神文明建设”等内容组织全区副科级以上领导干部下基层宣讲。同时，配合迎接“创建国家卫生城市”和省文明城区检查在各街镇开展宣传工作。1995年，仓山区宣传软件材料达到省定标准，顺利通过省级考核。

1996～1998年，重点宣传《邓小平文选》《中共十四届六中全会决议》、全国八届人大四次会议精神，同时配合迎香港回归在海军礼堂举行“迎香港回归”文艺汇演。

1999年，以迎接中华人民共和国成立50周年和澳门回归为契机，在全区干部群众中开展以爱国主义为核心的思想教育。同年5月8日，以美国为首的北约集团野蛮轰炸中国驻南斯拉夫使馆事件后，组织干部、群众，学习宣传中共中央有关通知和中国政府的严正声明以及江泽民总书记在欢迎驻南斯拉夫使馆工作人员大会上的讲话，弘扬爱国精神。同时，针对李登辉鼓吹“两国论”，召开专题报告会，向群众宣传台湾形势和台海两岸关系问题。

2000～2002年，配合全面推进仓山区新城区开发建设、棚屋区改造等中心工作开展宣传。区委成立思想政治工作领导小组，并印发《关于贯彻〈中共中央关于加强和改进思想政治工作的若干意见〉的通知》，抽调30名机关干部参与动迁工，深入上渡棚屋区动迁第一线，开展思想动员和宣传报道。区五套班子领导和300多名干部在国庆休假日，到上渡棚屋区做群众释疑解惑工作。区委还配合省、市新闻媒体先后刊发（播出）30多条新闻，福州日报在头版头条以《万人搬迁静悄悄》为题报道上渡棚屋区动迁的新闻，为上渡棚改项目的顺利动迁营造良好的舆论氛围。由于思想工作到位、政策兑现，工作进行顺利，无出现上访现象。福州广播电视中心以“心系棚屋区，情暖拆迁户”为主题，举办仓山区上渡棚屋区改造慰问演出。同时配合创建国家卫生城市迎检工作，发放宣传资料3.7万份，《健康教育知识200答》3000册，组织区、街、机关干部和辖区单位健康教育测试18场。

2003年，围绕“抗击非典”爱国卫生运动，巩固“除四害”成果，运用广播、报纸、电视等各种宣传媒体开展宣传。区委宣传部向各镇、街发放《致全区村（居）民的一封公开信》《反思“非典”肆虐，革除十大陋习》《中国要擦掉吐痰大国污点》共8种宣传材料近35万份，发放防治“非典”VCD宣传片140多片。同年8月，仓山区被省委、省政府命名为第八届2000～2002年度创建文明城区工作先进区。9月，市委、市政府授仓山区为文明城区称号。

2004年，组织开展纪念邓小平诞辰100周年宣传活动。由新华书店赠送百套有关反映邓小平生前光辉历史的书籍，并在干部、群众中发起看百套书活动，同时在机关礼堂举办反映邓小平业绩的图片展。召开镇、街领导干部座谈会、缅怀伟人的丰功伟绩等纪念活动。

2005年，加强区宣传报道队伍建设，全区近80个部门均抽选出一名信息联络员，充实宣传报道力量，配合省、市新闻媒体，突出宣传创建文明社区、创建文明村镇、创建文明行业以及“5·19”海交会招商引资、金山新区重点工程建设等情况。编辑出版《仓山宣传》共计24期。同时举办保持共产党员先进性教育活动动员大会、庆“八一”驻军歌咏比赛和福州市“企业文化风采”仓山专场暨迎新文艺晚会等宣传活动。

第二节　理论教育

1990年，区委贯彻省委《关于进一步加强全省干部马克思主义理论学习的决定》，把认真组织各级干部学好哲学作为加强党的建设和干部队伍建设的一项重要内容，区委中心组率先学习《马克思主义哲学纲要》《社会主义若干问题学习纲要》，带动全区各级干部学理论、学哲学，认真掌握马克思主义基本原理，指导全区工作。至1991年底，先后组织全区各级干部学习中共十三届六中、七中全会公报，举办宣传干部、副科级以上领导干部、区机关干部和退休干部社会主义教育理论读书班等10期。

1992年3月，组织干部学习《邓小平视察南方的重要讲话》。同年10月，开展中共十四大文件的学习，区委五套班子成员分片深入基层开展宣传活动。

1993年，在全区范围组织学习《邓小平文选》第三卷，使邓小平理论的学习不断推向深入。当年，在全区开展学习、宣传“中国特色社会主义理论”、中共党史、党建理论、社会主义市场经济知识、新党章和《邓小平文选》第三卷等，举办各种学习班52期，受教育达4000人次。

1994年，在区机关组织干部学习《邓小平文选》，先后举办科级干部《邓小平文选》学习班和区机关干部《邓小平文选》学习班，系统学习领会邓小平理论的实质，增强建设有中国特色社会主义的自觉性。

1996年，在文化系统举办《邓小平理论》学习班。

1998年，在街（镇）机关党员干部和新党员中开展学习《邓小平理论》工作，举办《邓小平理论》专题讲座11场，参加学习近2000人。区委中心学习组举办4场学习《邓小平理论》扩大会，还选送3名干部参加党校中青班学习。

1999年，区委中心学习组被市委宣传部、组织部评为1997～1998年度学习先进集体。

2000年，组织学习江泽民有关宣传思想工作和精神文明建设的指示、胡锦涛在全国宣传部长会议的重要讲话和省、市宣传思想工作会议精神。3月，区五套班子领导干部集中开展“三讲”（讲学习、讲政治、讲正气）为主要内容的党性党风教育，系统地学习党的三代领导人的著作和论述。区领导每人平均写3万字的读书笔记、4篇以上的学习心得，带动科级干部的理论学习。9月，在省电力干校和对湖街道举办3场学习“三个代表”（代表中国先进的社会生产力的发展要求，代表中国先进文化的前进方向，代表中国最广大人民的根本利益）重要思想报告会，到年底，全区共举办学习扩大会10场，专题学习报告会20多场。

2001年，区委下发《关于开展“三个代表”重要思想学习教育活动的实施意见》。组织科级以下党员和骨干300多人学习“三个代表”重要思想。各基层党校和党支部同时组织学习，举办专题讲座30多场。区委中心学习组采取扩大会的形式，举办专题学习会，邀请省委党校和市团校的专家、教授分别作辅导报告。区委宣传部制作一部电化教育录像片，全面反映全区“三个代表”重要思想教育的成果。同年，区委按照上级部署，下发《关于认真组织学习江总书记“七一”讲话精神的安排意见》，全体党员干部按通读、精读、总结交流3个阶段，深入开展学习活动，先后邀请省委宣讲团成员、省社科院杨华基教授、省委党校游龙波副教授、省委团校王章煌教授作专题辅导报告。到年底，有12篇学习心得体会在全区学习“七一”讲话座谈会上交流，其中5篇选送市委宣传部。

2002年～2003年，继续组织区领导班子成员和机关干部学习“三个代表”重要思想和江泽民“5.13”重要讲话、《党政干部选拔任用条例》《合同法》等。先后组织区教育、卫生系统和各街（镇）、居干部，通过学习会、报告会等形式把学习“三个代表”重要思想推向深入。

2004年，区委下发《仓山区理论学习的安排意见》，配合邓小平同志诞辰100周年活动，举办邓小平理论报告会。

2005年，在全区党员中分两批开展保持共产党员先进性教育活动，主要学习《中共中央在全党以实践“三个代表”重要思想为主要内容的保持共产党员先进性教育活动的意见》和党的十六届三中、四中、五中全会的精神，《中国共产党章程》《江泽民论加强和改进执政党的建设（专题摘编）》《胡锦涛同志在新时期保持共产党员先进性专题报告会上的讲话》以及《保持共产党员先进性教育学习材料》等。要求每个党员认真写好读书笔记，并联系实际写出3～5篇读书心得，进一步提高全区党员素质和实践“三个代表”重要思想的自觉性、坚定性。

第三节 对外宣传

1990～1996年，对外宣传工作主要通过每年一度的全市招商月活动，配合省、市新闻媒体宣传仓山区投资环境，为招商引资服务。

1997年起，区委、区政府对外宣传开始注重宣传时效，提高宣传质量，体现区域特色，扩大对外影响，先后制作《升腾的明珠——仓山》《仓山是个好地方》的VCD片，具体、生动、形象地反映仓山区的区情区貌，并在招商专场播出。同时，还印制《美在仓山》《共同的仓山》《升腾的明珠——仓山》《迈向新世纪的仓山》对外宣传画册3万多册，编印《福州市仓山科技园》及《招商指南》等资料，在招商专场上分发。区委宣传部先后与区文化局共同筹划并制作《南台乡音》报、编印《美在仓山》大型画册；与区广电局共同拍摄《琼花玉岛仓山美》电视专题片；与区文化局共同制作“9・8”福州招商会展仓山分场版面；在香港《大公报》刊发仓山专版。建国50周年，迎澳门回归期间，区文联与烟山画院联合主办“福州烟山画院成立三十六周年书画展”，共展出80多位书画家的作品80多幅。同时举行《烟山画院扇面精品集》首发式。区委宣传部还编辑《历代诗人咏仓山》专集。扩大仓山的对外影响，受到外商的好评。

2003年，区委加大对外宣传报道招商力度以及金山新区等重点工程建设的情况。同年3月5日，开通仓山区共享文明网（www.csqwm.com），至2005年，网上开设有“仓山视窗”“南台新貌”“文明风景线”“公德建设”“仓山之石”“诚信工程”“生活热线”等窗口。通过网络在第一时间传播新信息，传达新精神，倡导新风尚，为推进仓山发展提供良好的网络平台。

第七章 统战工作

第一节　落实历史遗留问题

1990年，区委统战部继续落实去台人员、海外华人华侨、宗教活动场所等房屋产权等历史遗留问题。当年，区委统战部对去台人员陈丽华坐落在仓山下藤路猴弄3号面积334平米的祖屋产权被仓山区房管局代管并借给下渡派出所使用问题，区委统战部组织区房管局、侨办、台办进行专题协调。把该屋的产权归还给陈丽华。1992年，区委统战部配合区宗教局对历史遗留的望北台道教真武庙、马厂街基督教聚会所产权和“神学院房屋租金”“区公安局使用教会房屋拆迁的补偿费”等问题进行协调落实。上渡街道和对湖街道先后在望北台和马厂街迁出上渡漆筷厂、对湖红星服装厂，把产权、使用权退返教会。1995年还落实国民党起义将领陈盘庚祖屋的拆迁补偿问题。到2005年，全区共落实归还教会的产权及使用权2处；新辟基督教上渡和马厂街2个宗教活动聚会点；神学院房屋租金和区公安局使用教会房屋拆迁的补偿费”等问题也都得到妥善解决。

第二节　党外爱国人士工作

1990年，区委统战部继续贯彻“长期共存，互相监督，肝胆相照，荣辱与共”的方针，重点团结党外爱国人士参政议政，推荐有影响的党外爱国人士到区人大常委会、区政府、区政协任职。当年1月推荐仓山致公党支部主任叶存熙，无党派人士福建师大美术系教授陈德宏，无党派人士、福州医疗化工厂技术科长吴世振当选为仓山区政协副主席。1991年1月推荐无党派人士福建师大美术系教授陈德宏，区民建工委主委、福建省电力试验研究所副主任王大光当选为区政协第三届委员会副主席。1994年1月推荐区农工党党员、福州医疗化工厂技术科科长吴世振，区民建工委主委、福建省电力试验研究所副主任王大光，无党派人士、福建师大美术系副教授林之耀当选为区政协第四届委员会副主席。1997年1月推荐农工党党员、福州医疗化工厂技术科科长吴世振，九三学社仓山区工委主委、市二医院副院长林绍彬当选为区十二届人大常委会副主任。1997年1月推荐民建区工委主委、省电力试验研究所工程师王大光，无党派人士，建新卫生院副院长林祥火，省台盟成员、福建师大成人教育学院院长陈宜安当选为区政协第五届委员会副主席。同年，推荐民进仓山区工委主委陈奇当选仓山区政府副区长。

2002年，推荐农工党党员吴世振、九三学社仓山区工委主委林绍彬连任十三届人大常委会副主任。王大光、陈宜安连任五届政协副主席。2003年推荐党外人士王大光、陈宜安连任仓山区政协六届委员会副主席。

1990至2005年，党外爱国人士被推选为区人大常委会副主任的有4人次，区政府副区长的1人，区政协副主席的有15人次，区政协常委60人次，委员386人次，市人大代表8人次，市政协委员16人次。

第三节 非公经济人士工作

1990年，民盟仓山工委和农工党仓山支部组织人员对教育卫生工作进行视察。民盟仓山区工委主委陈培涛、农工党仓山支部主任周璋等人提出加大教育事业投入和引进医务人才的建议，被区委、区政府采纳，拨出专款50多万修建程埔小学和螺洲中心小学校舍，并研究区中心医院引进医疗人才方案。

1991年区委、区政府邀请各民主党派负责人参加仓山区“十年规划”和“八五计划”征求意见座谈会，民主党派人士提出加强科技园区建设、加快新产品的研发、改善投资环境引进人才，发挥“三胞”优势，发展外向型经济等意见和建议，被采纳写进区规划和计划草案。同年11月，区教育局聘任6名民盟、民革、致公党成员为教育督导员，每半年进行一次教学质量、学生素质教育等方面的检查督导。1994年8月，仓山地区发现“02”病例（流行性霍乱），致公党、农工党、民革组织20多名医务人员对《食品法》贯彻情况开展视察，提出防止传染病传播蔓延的5条建议。区防疫站和区爱卫办，加强对中小餐馆食品卫生监督检查，并组织街道、居委会开展环境卫生大扫除，在源头上消灭传染病滋生地。

1995年，区委统战部组织区宗教界政协委员视察天主教、基督教、佛教、道教等9个活动场所，撰写《仓山宗教活动场所视察报告》等调研报告，提出对少儿教理班整改的意见，得到区委区政府的采纳，发出通知停止少儿教理班。同年，区政协组织各民主党派负责人参加“三五”普法教育视察工作。民革仓山区工委主委张其俊、民建仓山区工委主委王大光等提出严厉打击抢劫、盗窃等严重刑事犯罪活动，保障人民生命财产安全，促进创建“平安仓山”的建议。区公安分局采纳建议，加强路面巡逻，建立社区联防制度，促进仓山地区社会治安的好转。

2000年11月中旬，中共仓山区委邀请民革、民进、民盟、农公党等民主党派负责人召开座谈会，征求《中共福州市仓山区委关于制定国民经济和社会发展第十个五年建设规划（草案）》和《中共仓山区委关于从严治党若干问题的决定（草案）》的意见。与会人员提出重视城市基础建设，加大力度发展第三产业和旅游业，建立公开、公正竞争的用人机制等意见和建议。会后，民建仓山区工委和省民建师大工委联合开展《仓山旅游资源的开发和利用》专题调研，为发展仓山旅游业建言献策。

2001年6月上旬，各民主党派负责人参加区政协第五届常委会第23次会议，民进仓山区工委主委林展同、农工党仓山区工委主委陈玲珑等人提出“严厉打击农村黑社会势力，保一方平安，加强城市管理、进一步治理脏乱差”等建议得到采纳。

2003年6月，医务卫生界的民主党派人士参加防治“非典”工作，对防治“非典”工作提出建议，被区政府采纳，指定鹤龄医院（市三医院）作为“非典”检疫防治点，增添防治设备，加强防治措施。

2004年12月2日，区委召开政协工作会议，民主党派负责人和各界人士代表近百人参加，在广泛听取民主党派意见建议后，区委制定《中共仓山区委关于进一步加强人民政协工作的意见》。

2004年3月，农工党仓山区工委、民革仓山区工委等联合提出“开展特困人员援助活动”的议案得到采纳，6月，区政府制定《仓山区特困人员暨被征地农民特困户医疗援助实施办法（暂行）》，全区6000多户特困群众领到“爱心医疗援助卡”。

2005年宗教界人士向政府建议修建高盖山盘山道路得到采纳，即拨款修建。1990～2005年，共组织民主人士视察、专题调研1015场，提出意见建议1845条，其中被采纳的有1330条。

第四节 联谊活动

1990年，区委统战部采用请进来走出去的办法，邀请世界各国和地区的朋友乡亲，到仓山探亲访友，观光投资和举办社会公益事业，并组团带领海联会成员出访，开展联谊活动。1991 年 10 月 31 日在仓山霖顺科技馆举行世界福州十邑乡亲恳谈会，有来自美国、新加坡、马来西亚、菲律宾、日本等国家和台湾、香港地区的乡亲 50 多人参加。1992 年接待美国、日本、加拿大、新加坡、印尼、马来西亚、菲律宾、澳大利亚、香港、澳门、台湾等 15 个国家和地区的乡亲朋友 113 批 1480 多人次开展恳亲活动。

1993 年，区委统战部两次组织 33 名海外联谊会会员先后访问美国、日本、新加坡、马来西亚等国家和香港、台湾地区，开展以医会友、以艺会友，其中会员陈忠森“微雕”作品和陈德宏国画作品在美国、香港展出，会员严明森在台港、马来西亚举行义诊并讲学，会员方彬率领小伙伴艺术团在香港演出均获得成功。

1994 ～ 1996 年先后接待出席第三届世界福州十邑同乡大会的美中工商联合会经济访问团、美国科技经贸考察团、美东福建同乡会代表团、福州旅港十邑同乡会代表团等福州同乡 11 个社团。同年 9 月 25 日，仓山区长、海联会顾问孙孟融率团赴美国、加拿大，考察访问温哥华、旧金山、华盛顿、纽约、洛杉矶等城市的 12 家企业、帮会及 5 个同乡社团。美国纽约《侨报》、《星岛日报》作题为《仓山区经济考察团访问纽约受到热烈欢迎》的报道。

1997 年 10 月仓山区委派统战部部长、区海联会会长林恩全参加香港举办的庆祝香港回归祖国暨福州十邑旅港同乡会成立 60 周年庆典活动。

1999 年 8 月，由仓山区政协副主席带队 5 名海外联谊会会员出访新加坡、马来西亚、香港、澳门等地，走访新加坡福州会馆、仓山区海联会香港联络组、香港福州十邑同乡会等 7 个社团和 80 多位朋友。

2001 年，区委统战部部长苏孝祯随市访问团到马来西亚，参加马来西亚诗巫新福州城建城 30 周年庆典活动。

2003 年区委统战部部长苏孝祯率团赴澳门参加三山同乡会成立 30 周年庆典活动。

至 2005 年，仓山区海外联谊会与美国、新加坡、印尼、日本、马来西亚等 6 个国家和香港、台湾地区 15 个同乡社团建立关系，开展联谊活动，接待海外乡亲朋友 21 个团队，430 多人次。引荐美国、加拿大、日本、印尼、新加坡、澳大利亚等 10 多个国家和香港、台湾地区经济界朋友 680 多人次，引进“三资”企业项目 57 个，协议外投资金额达 3830 多万美元。

第八章　精神文明创建活动

第一节　创建文明城区

1990 年，区委在全区开展职业道德、家庭美德、社会公德教育和创建“三优街”、文明新村、文明街道、文明窗口、文明区域联片及完善街道文明市民业余学校等创建文明城区活动。是年，六一南路实现“方便、满意、美化”的示范路段，并辐射全区。至 1993 年，麦顶小学等 7 个单位被评为省级文明先进单位、对湖派出所等 27 个单位被评为市级文明先进单位、仓前街道办事处等 91 个单位被评为区级文明先进单位。全区五好家庭户数达全区总户数的 55%。

1994 ～ 1995 年，在全区实施文明市民教育工程，倡导礼貌用语、维护环境卫生、遵守秩序等基本公共道德，并依托文明市民学校，对全区人民开展创建国家卫生城市、福厦文明路仓山示范路段和国家卫生城市一条街等宣传活动；全区各级先后召开创建国家卫生城市动员会 230 场次；随后有 4 个驻军部队，28 所大中专院校、132 个文明单位共出动 4.3 万多人次，对各主干道沿街店面、外墙进行统一油漆或粉刷；增设江心公园艺术造型灯光，形成“繁星灿烂江心岛”“闽江倒影一条街”和“流光溢彩南大门”的景观。是年，麦顶小学等 8 个单位被评为省级文明先进单位，仓山区在全省文明评比中获得第一名，并获“1994 ～ 1995 年度文明市区”和全国卫生城市先进单位称号。

1997年，依托文明市民学校，围绕《福州市市民文明公约》《福州市城区市容和环境卫生管理处罚暂行规定》《福州市市民“十不”行为规范》及“创卫”（创建国家卫生城市）等内容，共开班285班次，培训居民近2万人次。印发以“十不”行为规范和“五项基本功”为主要内容的文明市民读本9000册。将首山小区、六一路、临江街道、福建师大附中、仓山供电局等列为创建文明行业活动示范单位。组织居委会的卫生劝导队、青年志愿者队伍、离退休共产党员督导队、环卫督导队等百支“讲文明、树新风” 督导队和千名青年志愿者上街劝导不文明行为，推进全区“创卫”工作扎实开展。是年全区有8个单位被评为省级精神文明先进单位，39个单位被评为市级精神文明先进单位，14人被评为市精神文明建设先进工作者。

1998年，开展创文明行业、建满意窗口、创“三优一满意”机关，做人民满意公仆等活动。组织副科级以上领导干部100多人下基层宣讲党的十五大精神。在开展争创文明窗口活动中，仓山区国税局结合深化税收征管改革设立23个窗口，形成多功能、全方位一条龙服务，在国税战线树立起一面旗帜，荣获全国“最佳办税服务厅”荣誉称号。区文明办结合“创卫”活动，开办多层次健康教育培训班，印发10万份《致全区人民一封信》和3万份健康教育试卷，对机关干部、居民群众进行健康行为知晓的测试。是年，在全市组织抽查中，仓山区知晓率达100%。

1999年，组织文明市民学校骨干参加市委文明办组织的培训班，并在文明市民学校实行“三德”（社会公德、家庭美德、职业道德）教育。从4月起，增加文明市民学校教学次数，各校除每月1次正常开班学习外，增加3个课时，把健康教育作为授课重点，以提高市民健康知识的知晓率和健康行为率。当年，各乡镇建成广播电视站（室）41个，图书馆（室、书库）51个，文化站（室、大院）41个，影视院61个，体育场所111个。年终评比中，仓山镇荣获全国文明村镇称号。建新镇和东升村、万里村、仓山村、金星村、齐安村、吴厝村被评为市级文明村镇。

2000年，全区以“共建美好家园”为主题，开展一系列形式多样“走进美的小区”系列活动。1～6月重点开展科普宣传、道德教育、倡导文明健康生活方式、活跃文化生活等活动。7～8月，开展群众性文娱、体育和科普宣传活动，组织1000多名干部群众参观大型图片展览，宣扬崇尚科学文明、反对迷信愚昧；9～10月，重点开展家庭和睦、尊老敬老、邻里互助教育活动。11～12月，重点开展美化环境、优质服务和社区文体活动。至年底，全区评出福州市第九届（1998～1999年度）文明单位19个，文明村镇10个，文明学校14所，精神文明建设先进工作者14名。区委、区政府决定授予金江、小岭、仓安、新安、凤高、长埕、横龙等7个小区为2000年度区“文明安全小区”称号；建发、利民、立新、新建、过洲、中山等6个小区为“安全小区”称号。2003年，仓山区又先后获省第八届创建文明城区工作先进城区和福州市第十届文明城区称号。

2004年，将全区52个社区按旧式新村、新建新村和棚屋区3种类型，开展“八评八比”（即评社区党建比居民认同感；评经济发展比社区繁荣感；评社区服务比生活方便感；评市民教育比积极向上感；评文体活动比居民参与感；评综合治理比社区安全感；评环境建设比生活舒适感；评计生工作比服务优质感）活动。年终，金洲、马厂、村东3个社区被区委、区政府授予社区建设工作先进单位称号。

2005年，全区涌现省级文明单位9个、市级文明单位27个、区级文明单位28个；省级文明村镇1个、市级文明村镇8个、区级文明村镇19个；省级文明社区2个、市级文明社区11个、区级文明社区16个；省级文明学校 3个、市级文明学校19个、区级文明学校21个；省级先进个人2名、市级先进个人8名、区级先进个人50名。

第二节 文明共建

1990年，区委文明办组织区机关、企事业单位与驻军开展军警民共建文明单位活动。3月，区机关、企事业单位的党员、团员、干部、工人、民兵、学校师生、公安干警500多人，在全区大街小巷设立60多个服务点，开展“学雷锋为民服务”共建活动。同年，又在省军区第七干休所、武警总队医院、空军福州场站、海军福建基地设36个共建点，开展“知我榕城、共建福州”的军地校为模式的共建活动。

1993年，在大中专院校中开展“知我榕城、共建福州”群众性的自我教育活动，在驻军、大中专院校中开展美化榕城活动，通过报告会、参观学习、现场会等形式，掀起“学习先进，团结奉献，热爱福州，建设仓山”的热潮，军地校模式的共建活动得到进一步深化。是年，在省军区第七干休所、武警总队医院、空军福州场站、海军福建基地都设有共建点，全区双拥共建点由36个增加到52个。同年区委、区政府决定，命名麦顶小学、军警民艺术团、鹤龄医院、建设局4个军（警）民共建点为仓山双拥共建示范点。

1994年3月，海军福建基地通信站、对湖街道、团区委三方签定共建对湖文明路协议，300多名海军官兵、街道机关干部和青年团员参加清扫对湖路义务劳动。6月12日，青年志愿者服务队与区团员代表、驻地海军青年官兵、学生等400多名青年一起参加中洲公园平整土地、植树、植草皮等劳动。是年，全区为部队办实事，做好事近千件，其中安排驻军家属就业十余人，安排驻军子女入学近百人。驻军也出动官兵千余人次，车辆数百辆次帮助共建单位清理卫生死角。到年底，有4个共建点被市委、市政府授予“双拥共建先进单位”。麦顶小学被市委、市政府授予“双拥共建标兵单位”称号。

1995年，先后组织6次辖区大、中专师生、省市区文明单位、驻地部队3万多人次参加六一南路、仓前路、对湖路、上渡路、下渡路、三高路、上三路卫生整治，与海军驻闽部队签定《共建对湖文明协议书》，军地携手整治卫生。师大等大中专院校还组织大学生志愿者卫生秩序劝导队。在上三路20路汽车终点站及校门口开展卫生劝导活动，学生街周边交通秩序和卫生状况得到明显改善。驻区部队还与麦小、仓小、仓二小等多所小学联办10余期暑期夏令营。1996年3月团区委、区城建团总支与海军325073部队共200多名团员青年在中洲公园举行“军地共建绿化工程”授牌仪式。仪式结束后，全体团员青年联手种下第一批“共青林”。

1997年，共建活动列入福州市精神文明建设先进评比内容。是年，仓山镇东升村和武警福建省总队第一支队，仓山区文化局和37503部队宣传处，建新镇和武警福州指挥学校，区工商分局太平巷工商所和市公安消防支队第三中队，对湖街道马厂街居委会和37503部队60分队，盖山镇高湖村和87074部队72分队，麦顶小学和86203部队7对共建单位被评为市级文明先进单位。

2001年，辖内海军基地、福建师大、公安专科学校等单位，在万乐小区举办“日破云涛万里红”社区文艺专场演出。整场晚会以突出宣传“共产党好、社会主义好、改革开放好”的主旋律，以歌舞、小品、老年舞、青年健身操、大合唱等丰富多彩节目，展示新时期各单位精诚协作、奋发向上的精神风貌和社区居民文明健康的生活方式。至2005年，全区有8个单位被福州市命名为第八届军警民共建先进单位。

第三节　公共道德建设

1990年起，区委组织全区广大群众，深入开展“知我榕城，共建福州”群众性系列活动。结合学雷锋活动月，通过先进人物事迹采访，报道各行各业先进人物的先进事迹，引导广大群众学先进、赶先进，提高市民公民道德意识，激发全区人民热爱党、热爱祖国、热爱社会主义、热爱本职工作的热情。同时在全区党员、干部中开展刹“三风”（ 吃请、发请贴、收红包）活动。是年，区委召开全区党员、干部动员会，提出党员、干部在刹“三风”中起表率作用，做到不吃请、不发请贴、不收红包，规定党员干部不准参与赌博，并实行“谁主管、谁负责”的原则，落实责任制。期间，各党委、总支和各部门都以刹“三风”有关规定过1次组织生活会或行政民主生活会。各街道、居委会向辖区内省市属单位和4万多户居民群众发放移风易俗刹“三风”的倡议书，召开各种宣传教育会570多场，出墙报、专栏230多期。区广播电视局开辟 “移风易俗新人新事新风赞”专题节目，区文化部门组织丰富多彩、文明健康的文体活动，促进全社会建立文明健康，积极向上的新思想、新风尚。

1994～1995年，在全区实施文明市民教育工程，从使用礼貌用语、维护环境卫生、遵守秩序等基本公共道德规范入手，对全区广大群众进行公民道德教育。先后组织学习宣传中共中央《爱国主义教育实施纲要》《福建省贯彻〈爱国主义教育实施纲要〉总体规划》和《福州市市民文明公约》并通过有线电视台举办“文明公约”专题讲座、市民业余文明学校授课等，组织广大干部群众学习文明市民公约，共举办《福州市市民文明公约》讲座、学习班及各类学习会百余场，印发宣传品数万张。同时开展文明市民标兵评选活动。在广大青少年中开展读好书、看好电影、唱国歌、升国旗系列爱国主义教育活动，结合学雷锋活动月，开展“学雷锋一条街”“窗口行业学雷锋现场会”“学雷锋青年志愿者行动日”等活动，提高市民的文明意识，激发全区人民热爱党、热爱祖国、热爱社会主义、热爱本职工作的热情。

1996年，实施“九五”精神文明建设规划，组织全区干部、职工、居民学习《邓小平文选》第三卷、中共中央十四届六中全会《决议》及江泽民总书记讲话。运用大众传媒、艺术表演和课堂教育，以及升国旗、唱国歌、成人宣誓等形式，大力弘扬爱国主义精神。同时在全区开展“增强省会意识，争创一流工作业绩”的大讨论，树立“团结、务实、开拓、奉献”的仓山精神。

1999～2001年，举办“走进美的小区”系列活动。先后组织一千多名干部群众到省科技馆参观“崇尚科学文明、反对迷信愚昧”大型图片展览；组织600多名干部群众到福州市科技馆参观“反对邪教、崇尚文明”大型图片展。仓山镇团委联合辖内数十所大专院校团委和区属各单位团委，组织2000多名青年志愿者走上街头，通过发放宣传单、签名活动、文艺汇演、反对邪教科普图片展览、法律咨询等形式，倡导“让邪教远离校园，校园拒绝邪教”，让健康、文明的文化活动充实社区群众的业余生活。区文明办、区科协等单位在辖内82个市、区级文明安全小区内开展“科普进社区，共建美好家园”活动；区科协举办“我们只有一个地球，保护绿色家园，让全世界携手”图片展；区团委、文联联合组织谜会和春联书画进万家活动，组织“三下乡”小分队深入农村，开展以科普、卫生、文化、法律宣传等服务活动。

2002年，《公民道德建设实施纲要》颁布后，出台《仓山区关于贯彻〈公民道德建设实施纲要〉的意见》，并充分利用社区文化长廊、社区公德长廊、宣传栏、阅报栏、电子屏幕、公益广告栏等宣传阵地，举办讲座、座谈会、培训班、理论研讨会、知识竞赛等，开展各种形式的宣传贯彻活动。在三协精机（福州）有限公司举办福州市外来工“争当文明市民、共树文明新风”专场活动中，全国十佳外来务工青年丁长钦发出“争当文明市民、共树文明新风”的倡议，有上千名外来务工人员签名参加。

2003年，区开通《仓山区共享文明网》，开设“仓山视窗”“南台新貌”“文明风景线”“军民共建”“公德建设”“诚信工程”“生活热线”等栏目及“精神文明成就展”专题，通过网络报道仓山区精神文明建设领域的新动态，集中反映文明社区、文明窗口、文明村镇等各项创建活动的新面貌。是年，市、区文明办联合在上渡街道洋洽社区举行“公民道德宣传日”，志愿者代表宣读《遵守公民道德、争当文明市民》倡议书，区直各部门、辖区单位、医院、学校以及社区志愿者，还为居民群众开展政策法规咨询、免费发放计生药品和进行健康体检等，辖内预备役民兵、社区志愿者以及各部门、各街道的干部职工500多人为社区义务消毒、健康体检、免费发放消毒水和卫生大扫除。社区居民学校举办《怎样增强抗“非典”免疫力》专题讲座。发放《防治非典型肺炎须知》教材500册、《防治“非典型肺炎”》农村宣传活页和《切实做好农村非典防治工作》宣传材料1万多份。同时在全区开展创建“无毒害社区”活动，各社区成立创建工作领导小组，建立完善街道、社区、派出所和家庭“四位一体”的戒毒帮教机制；由小组成员分片包干，对社区所有的吸贩毒人员强化社会帮教，定期或不定期地对涉嫌吸毒人员进行尿检，强制戒毒。是年，全区强制戒毒达100%，初次吸毒人员年增长率不超过常住人口万分之四，全区共创建“无毒害社区”25个，占全区社区总数的60%。

2004年，根据中共中央、国务院《关于进一步加强和改进未成年人思想道德建设的若干意见》，建立“党委统一领导、党政群齐抓共管、文明委组织协调、有关部门各负其责、全社会积极参与”的领导体制和工作机制。广泛开展未成年人道德实践活动，推进未成年人思想道德建设。把加强未成年人思想道德建设与创建文明城区、文明单位、文明学校、文明社区相结合，探索建立学校、家庭、社会“三位一体”的未成年人教育机制。

2005年，围绕纪念红军长征70周年、中国人民抗日战争暨世界反法西斯战争胜利60周年，精心组织开展公共场所道德、市民交通意识、公共设施维护等教育，实现道德宣传教育经常化、大众化。同时，落实《中小学弘扬和培育民族精神教育实施纲要》，开展以“做有道德的小公民”为主题的道德实践活动。

第十二篇　人大　政府　政协

第十二篇 人大 政府 政协

第一章 人大

1990年，仓山区第十届人民代表大会及其常务委员会认真履行宪法和法律赋予的各项任务，通过召集区人民代表大会及人大常委会议，审议区人民政府、区人民法院、区人民检察院的工作报告，审查和批准区国民经济和社会发展计划和财政预决算，检查法律法规的实施情况以及组织代表开展视察活动等，依法对区政府、法院、检察院实行监督并对干部任免和重大事项作出决定。至2005年末，区人大常委会历经4次换届，共举行18次区人民代表大会及159次人大常委会会议，选举产生4届区政府正副区长、法院院长和检察长，任免干部550人次，作出重大事项决定132项。

第一节 仓山区人民代表大会代表

一、代表产生

仓山区各届人民代表是根据《中华人民共和国全国人民代表大会及地方各级人民代表大会选举法》由选民直接选举产生。第十届人民代表179人是由1987年11月换届选举时产生，延续至1990年6月。

1990年7月进行第十一届人大代表换届选举，代表名额按全区人口比例确定为179人，代表选举以选区为单位进行。经过选民无记名投票，选举产生区第十一届人民代表大会代表179人。

1993年9月进行区第十二届人大代表换届选举，经过选区无记名投票，选举产生区第十二届人民代表大会代表179人。

1996年区划扩大人口增加，区第十三届人大代表名额增至196人。是年10月，进行第十三届人大代表换届选举，经过选民无记名投票，选举产生区第十三届人民代表大会代表196人。

2002年10月进行第十四届人大代表换届选举，经过选区无记名投票，选举产生区第十四届人民代表大会代表196人。

1990～2005年历届仓山区人民代表大会代表选举情况表

表12-2-1　　单位：人、%、个

届别	选举时间	总人口数	选民数	参选数	参选率%	无法行使选举权数	暂停选举权数	剥夺选举权数	选区数
十一届	1990年7月	129857	82024	78605	96.00	207	13	/	120
十二届	1993年9月	137356	84146	80620	95.81	100	9	3	115
十三届	1996年10月	342000	269846	263099	97.50	96	13	12	135
十四届	2002年10月	434169	304063	289368	95.17	—	—	—	114

二、代表构成

1990年，仓山区第十一届人大代表共179名，由工人、干部、知识界、民主爱国人士和“三胞组成。其中工人和其他劳动人民代表79人，占44.13%；干部代表36人，占20.1%；知识界代表53人，占29.61%；民主党派、爱国人士和“三胞” 代表11人，占6.15%。在179人代表中，男代表125人，占69.8%，女代表54人，占30.2%；中共党员代表104人占58%，非共产党员代表75人，占42%。代表的平均年龄49.5岁，其中35岁以下21人，占11.7%，36～55岁86人，占48.05%，56岁以上72人，占40.22%；代表的文化程度比上届有较大提高，其中大专以上78人占43.58%，中专（高中）54人占30.17%，初中43人占24.02%，小学4人占2.23%。

1993年第十二届代表179人，按届别划分，其中工人和其他劳动人民代表84人，占46.93%；干部代表37人，占20.67%；知识界代表31人，占17.32%；民主党派、爱国人士和“三胞” 代表27人，占15.08%。代表中男代表占68.16%，` 女代表57人，占31.84%；中共党员代表135人，占60.89%，非共产党员代表占39.11%。代表的平均年龄48岁，比上届下降1.5岁，其中35岁以下21人，占11.73%，36～55岁115人，占64.25%，56岁以上43人，占24.02.%。代表的文化程度比上届有明显提高，大专以上84人，占46.93%，中专（高中）58人，占32.4%，初中34人占18.99%，小学3人占1.68%。

1996年，原郊区仓山、城门、盖山、建新、螺洲5个镇划归仓山区，第十三届区人大代表中增加农民代表，代表总额增加到196名。在196名代表中，男代表144名，占43.47%，妇女代表52名，占26.5%；中共党员代表占68.88%。代表的年龄结构：35岁以下的代表10名，占5.1%，36～55岁代表154名，占78.57%，56岁以上的代表32名，占16.3%。代表的文化程度全部达到初中以上，其中，大专以上87人，占44.39%，中专（高中）66人，占33.7%，初中43人，占21.94%。

2002年第十四届人大代表196名中增加宗教界代表，减少居民和民主人士代表。代表中，妇女61人，占31.1%；中共党员148人，占75.5%。代表的年龄结构：35岁以下20人，占 10.2%，36～55岁155人，占79.1%，56岁以上21人，占10.7%。代表的文化程度提高，大专以上代表104人，占53.1%，中专（高中）代表60人，占30.6%，初中代表32人，占16.3%。

第二节 历届人民代表大会

一、第十届人民代表大会

十届人大四次会议于 1990年2月26日至3月1日在区机关礼堂举行。出席代表151名、列席78名，符合法定会议人数。会议听取和审议区人民政府工作报告、区人大常委会工作报告、区人民法院工作报告、区人民检察院工作报告、区1989年财政预算执行情况和1990年财政预算草案的报告。会议批准上述报告，并作出相应决议。会议收到代表提出的议案2件，建议、批评、意见123件。

二、第十一届人民代表大会

十一届人大一次会议于1991年1月24日至30日在区机关礼堂举行。应到代表179人，出席代表179名、列席47名，符合法定会议人数。会议听取和审议区长孙孟融作的区人民政府工作报告、人大常委会副主任黄商端作的区人大常委会工作报告、区人民法院院长郑叔藩作的区人民法院工作报告、区人民检察院检察长欧仁惠作的区人民检察院工作报告、副区长刘用炤作的区1991年国民经济和社会发展计划执行情况及1992年国民经济和社会发展计划草案报告、区财政局领导作的区1990年财政预算执行情况和1991

续表 12-1-1

年财政预算草案报告。会议批准上述报告，并作出相应决议。会议选举区十一届人大常委会主任、副主任、人大常委会委员 17 人，陈大明为主任，黄瑞琳、黄商端、张保森、王耀华为副主任；选举孙孟融为区人民政府区长，陈朝明、陈逵逵、许聿圣、刘用炤为副区长；选举林忠夫为区人民法院院长、黄贤光为区人民检察院检察长。会议收到代表提出的议案 3 件和建议、批评、意见 193 件。

十一届人大二次会议于 1992 年 2 月 19 日至 2 月 22 日在区机关礼堂举行。出席代表 174 名、列席 79 名，符合法定会议人数。会议听取和审议区人民政府工作报告、区人大常委会工作报告、区人民法院工作报告、区人民检察院工作报告、区 1991 年国民经济和社会发展计划执行情况及 1992 年国民经济和社会发展计划草案的报告、区 1991 年财政预算执行情况和 1992 财政预算草案的报告。会议批准上述报告，并作出相应决议。会议收到代表提出的建议、批评、意见 122 件。

十一届人大三次会议于 1993 年 1 月 8 日至 13 日在区机关礼堂举行。出席代表 170 名、列席 83 名，符合法定会议人数。会议听取和审议区人民政府工作报告、区人大常委会工作报告、区人民法院工作报告、区人民检察院工作报告、区 1992 年国民经济和社会发展计划执行情况及 1993 年国民经济和社会发展计划草案的报告、区 1992 年财政预算执行情况和 1993 财政预算草案的报告。会议批准上述报告，并作出相应决议。选举出席福州市第十届人民代表大会代表 30 名，补选林友斌为区人大常委会主任。会议收到代表提出的建议、批评、意见 981 件。

附出席福州市第十届人民代表大会代表名单（按得票多少为序）：

方庆云 兰宝金 孙惠存 孙孟融 李义榕 李健生 吴又成 吴孝球
张其俊 张 鹭 陈 奇 陈向先 陈汤禄 陈初发 陈学廉 陈祖舟
陈清海 林 轰 林大华 林友斌 林光庭 林依秋 林祥慎 罗维武
郑新榕 祝其延 徐子晖 龚 雄 蒋利人 廖世荣

三、第十二届人民代表大会

十二届人大一次会议于1994年1月13日至18日在区机关礼堂举行。应到代表179人，出席代表179名、列席 81 名，符合法定会议人数。会议听取和审议区长孙孟融作的区人民政府工作报告、人大常委会副主任黄瑞琳作的区人大常委会工作报告、区人民法院院长王明辉作的区人民法院工作报告、区人民检察院检察长陈天灯作的区人民检察院工作报告、区计委领导作的区 1993 年国民经济和社会发展计划执行情况及 1994 年国民经济和社会发展计划草案报告和区财政局领导作的 1993 年财政预算执行情况和 1994 年财政预算草案报告。会议批准上述报告，并作出相应决议。选举区十二届人大常委会主任、副主任、人大常委会委员 18 人，林友斌为区人大常委会主任，黄瑞琳、王耀华、陈祖志为区人大常委会副主任；选举孙孟融为区人民政府区长，陈朝明、余凤玉、陈奇、王廷杰为区人民政府副区长；选举王明辉为区人民法院院长、陈天灯为区人民检察院检察长。会议收到代表提出的议案 1 件，建议、批评、意见 189 件。

十二届人大二次会议于 1995 年 1 月 18 日至 21 日在区机关礼堂举行。出席代表 173 名、列席 80 名，符合法定会议人数。会议听取和审议区人民政府工作报告、区人大常委会工作报告、区人民法院工作报告、区人民检察院工作报告、区 1994 年国民经济和社会发展计划执行情况及 1995 年国民经济和社会发展计划草案的报告、区 1994 年财政预算执行和 1995 年财政预算草案的报告。会议批准上述报告，并作出相应决议。会议收到代表提出的建议、批评、意见 151 件。

十二届人大三次会议于 1996 年 4 月 21 日至 25 日在区机关礼堂举行。出席代表 163 名、列席 201 名，符合法定会议人数。会议听取和审议区人民政府工作报告、区 1995 年国民经济和社会发展计划执行情况及 1996 年国民经济和社会发展计划草案的报告、区 1995 年财政预算执行和 1996 年财政预算草案的报告、区人大常委会工作报告、区人民法院工作报告、区人民检察院工作报告。会议批准上述报告，并作出相应决议。审查批准仓山区国民经济和社会发展“九五”计划和2010年远景目标纲要的报告。补选林国和为区人大常委会主任，林兆水、饶福生为区人大常委会副主任，吴钟夏为区人民检察院检察长。会议收到代表提出的议案1件和建议、批评、意见228件。

四、第十三届人民代表大会

十三届人大一次会议于1997年1月25日至31日在区机关礼堂举行。应到代表196人，出席代表196名、列席109名，符合法定会议人数。会议听取和审议代区长陈瑞麒作的区人民政府工作报告、人大常委会副主任黄瑞琳作的区人大常委会工作报告、区人民法院院长王明辉作的区人民法院工作报告、区人民检察院检察长吴钟夏作的区人民检察院工作报告，区计划局领导作的1996年国民经济和社会发展计划执行情况及1997年国民经济和社会发展计划草案报告，区政局领导作的区1996年财政预算执行情况和1997年财政预算草案的报告。会议批准上述报告，并作出相应决议。选举区十三届人大常委会主任、副主任、人大常委会委员18人。林国和为区人大常委会主任，沈惠秋、陈祖志、林兆水、吴世振为区人大常委会副主任；选举陈瑞麒为区人民政府区长，陈朝明、余凤玉、陈奇、王廷杰、王肇昌为区人民政府副区长；选举王明辉为区人民法院院长、吴钟夏为区人民检察院检察长；补选福州市第十届人民代表大会代表1人。会议收到代表提出的建议、批评、意见245件。

十三届人大二次会议于1997年11月2日至4日在区机关礼堂举行，出席代表196名，符合法定会议人数。会议选举出席福州市第十一届人民代表大会代表58名。

附出席福州市第十一届人民代表大会代表名单：

陈瑞麟	赵守箴	史宗振	李义椿	林国和	毛玉良	孙孟融	张胜年	赵义亮	黄耀梅
许祖金	李子焜	陈志昇	林新国	林森铨	郑存寒	徐子晖	陈汤禄	陈镜溪	陈亚威
林以其	王丽东	孙存惠	张其俊	高亮生	蔡水官	刘友榕	郑文明	翁续祥	林敦文
林瑞平	郑义光	陈德兴	黄鹤飞	曾令扬	倪碧珠	章旭敏	陈锦谷	萨支铀	黄秉正
廖世荣	于宁克	林善梓	郑信锋	黄　薇	郑子平	潘润成	赵伯群	沈惠秋	陈心平
陈聪奇	黄开惠	陈　虹	唐旭升	林　敏	施佑平	黄陈平	吴圣宝		

十三届人大三次会议于1998年2月23日至27日在区机关礼堂举行。出席代表196名、列席92名，符合法定会议人数。会议听取和审议区人民政府工作报告、区1997年国民经济和社会发展计划执行情况及1998年国民经济和社会发展计划草案的报告、区1997年财政预算执行和1998年财政预算草案的报告、区人大常委会工作报告、区人民法院工作报告、区人民检察院工作报告。会议批准上述报告，并作出相应决议。会议收到代表提出的议案1件和建议、批评、意见224件。

十三届人大四次会议于1999年1月21日至25日在福建海军基地礼堂举行。出席代表183名、列席94名，符合法定会议人数。会议听取和审议区人民政府工作报告、区1998年国民经济和社会发展计划执行情况及1999年国民经济和社会发展计划草案的报告、区1998年财政预算执行和1999年财政预算草案的报告、区人大常委会工作报告、区人民法院工作报告、区人民检察院工作报告。会议批准上述报告，并作出相应决议。会议补选张森兴为区人民政府区长、王亚罗为区人大常委会副主任、林志雄为区人民法院院长及区人大常委会委员1人。会议收到代表提出的建议、批评、意见139件。

十三届人大五次会议于2000年1月25日至28日在福建海军基地礼堂举行。出席代表185名、列席111名，符合法定会议人数。会议听取和审议区人民政府工作报告、区1999年国民经济和社会发展计划执行情况及2000年国民经济和社会发展计划草案的报告、区1999年财政预算执行和2000年财政预算草案的报告、区人大常委会工作报告、区人民法院工作报告、区人民检察院工作报告。会议批准上述报告，并作出相应决议。会议收到代表提出的建议、批评、意见113件。

十三届人大六次会议于2001年2月1日至4日在福建海军基地礼堂举行。出席代表172名、列席121名，符合法定会议人数。会议听取和审议区人民政府工作报告、区2000年国民经济和社会发展计划执行情况及2001年国民经济和社会发展计划草案的报告、区2000年财政预算执行和2001年财政预算草案的报告、区人大常委会工作报告、区人民法院工作报告、区人民检察院工作报告。会议批准上述报告，并作出相应决议。审查和批准区国民经济和社会发展第十个五年计划纲要。会议收到代表提出的建议、批评、意见84件。

十三届人大七次会议于2002年3月20日至23日在福建海军基地礼堂举行。出席代表176名、列席119名，符合法定会议人数。会议听取和审议区人民政府工作报告、区2001年国民经济和社会发展计划执行情况及2002年国民经济和社会发展计划草案的报告、区2001年财政预算执行和2002年财政预算草案的报告、区人大常委会工作报告、区人民法院工作报告、区人民检察院工作报告。会议批准上述报告，并作出相应决议。会议依法罢免林国和的区第十三届人大常委会主任职务；补选陈瑞麒为区第十三届人大常委会主任、高扬捷为区人民检察院检察长。会议收到代表提出的建议、批评、意见75件。

十三届人大八次会议于2002年10月29日至31日在区机关礼堂举行。出席代表174名，符合法定会议人数。会议选举产生出席福州市第十二届人民代表大会代表56名。

附出席福州市第十二届人民代表大会代表名单如下（按得票多少为序）：

陈　伦	王　玲	赵守箴	余凤玉	沈惠秋	陈瑞麒	史宗振	张胜年	徐子晖	黄开惠
刘福生	陈维政	林　辉	林以其	李　仲	肖贤荣	方　山	严鹏飞	程必康	刘登祥
许祥勉	李　娜	张绍雨	陈亚威	林启金	李敏华	林　云	林汉水	郑信锋	郑清发
陈镜溪	赵瑞红	王惠锋	刘严雄	李良荣	吴和木	郑淑贞	胡锦标	施佑平	高洪光
吴露蓉	赖舜婷	薛美芳	万百源	江叶钦	孙存惠	林　勇	郑英俤	陈　勇	林淑芳
林　端	程兴赠	张其俊	潘超然	赵白彤	蔡　瑛				

五、第十四届人民代表大会

十四届人大第一次会议于2003年1月21日至25日在区机关礼堂举行应到代表196人，出席代表196名、列席93名，符合法定会议人数。会议听取和审议区长张森兴作的区人民政府工作报告、人大常委会副主任沈惠秋作的区人大常委会工作报告、区人民法院院长林志雄作的区人民法院工作报告、区人民检察院检察长高扬捷作的区人民检察院工作报告及区计划局领导作的区2002年国民经济和社会发展计划执行情况及2003年国民经济和社会发展计划草案的报告和区财政局领导作的区2002年财政预算执行情况和2003年财政预算草案的报告。会议批准上述报告，并作出相应决议。会议选举区十四届人大常委会主任、副主任、人大常委会委员21人，张森兴为区人大常委会主任，沈惠秋、林兆水、王亚罗、林绍彬为区人大常委会副主任；选举范美先为区人民政府区长，王廷杰、王肇昌、关瑞祺、潘邦瑞、宋仟根、张涵为区人民政府副区长；选举林志雄为区人民法院院长、高扬捷为区人民检察院检察长。会议收到代表提出的建议、批评、意见126件。

十四届人大第二次会议于2004年1月3日至6日在区机关礼堂举行。出席代表193名、列席99名，符合法定会议人数。会议听取和审议区人民政府工作报告、区2003年国民经济和社会发展计划执行情况及2004年国民经济和社会发展计划草案的报告、区2003年财政预算执行和2004年财政预算草案的报告、区人大常委会工作报告、区人民法院工作报告、区人民检察院工作报告。会议批准上述报告，并作出相应决议。会议补选林勇为区人民法院院长、福州市第十二届人民代表大会代表1人。会议收到代表提出的议案2件和建议、批评、意见139件。

十四届人大第三次会议于2005年1月26日至29日在区机关礼堂举行。出席代表188名、列席106名，符合法定会议人数。会议听取和审议区人民政府工作报告、区2004年国民经济和社会发展计划执行情况及2005年国民经济和社会发展计划草案的报告、区2004年财政预算执行和2005年财政预算草案的报告、区人大常委会工作报告、区人民法院工作报告、区人民检察院工作报告。会议批准上述报告，并作出相应决议。会议补选区十四届人大常委会委员1人。会议收到代表提出的建议、批评、意见126件。

第三节 区人大常委会主要工作

一、重大事项决定

第十届人大常委会 1990年2月至1991年1月共召开10次研究重大事项的会议，先后作出7项决定。第17次会议上作出《关于区1990年国民经济计划指标调整的决定》和《关于调整区1989年财政决算和1990年财政预算的决定》。第20次会议作出《关于部分调整1990年工业产值和利润计划指标的决定》。第21次会议作出《关于批准设置仓山区人民检察院仓前街道检察室的决定》和《关于仓山区第十届人大四次会议一号议案“新建仓山区游泳学校和室内游泳馆”暂缓办理的决议》。第22次会议作出《关于表彰仓山区第十届人民代表大会代表活动积极分子、先进代表小组的决定》和《关于建立历届区人大常委会组成人员联系制度的决定》。

区第十一届人大常委会 从1991年2月至1994年1月共召开31次会议，先后作出25项决定。第1次会议作出《关于区人大常委会设立五个工作委员会的决定》《仓山区人大代表活动制度》《关于依法任免干部的若干具体决定》《仓山区人大常委会主任会议制度》《关于人大代表持证检查视察的几点意见》《关于加强与“一府两院”工作联系的意见》《关于加强区人大常委会自身建设的几条措施》和《关于设立财经、城建城管、法制、科教文卫、华侨五个委员会的决定》的决议。第3次会议作出《关于更改1991年全区社会生产总值和工业产值的决定》。第4次会议上作出《关于在全区公民中开展第二个五年法制宣传教育的决议》《关于加强与区政府、法院、检察院工作联系的意见》《关于批准〈仓山区人民政府依法治区实施意见〉的决议》。第5次会议上作出《关于追加今年财政预算支出计划的决定》。第7次会议上作出《关于表彰仓山区第十一届人民代表大会1991年度先进代表小组、代表活动积极分子的决定》。第10次会议作出《关于设立代表资格审查委员会的决定》。第11次会议作出《关于开展人大代表评议基层所站廉政建设活动的决定》。第13次会议作出《关于统一人大代表活动日的决定》。第14次会议作出《关于区人大常委会设立代表联络工作委员会的决定》《关于认真学习贯彻中共中央政治局全体委员会会议和邓小平同志重要谈话精神的决定》《关于区人大常委会财经工委增加委员的决定》。第18次会议作出《关于批准调整仓山区1992年财政决算的决定》《关于表彰仓山区第十一届人民代表大会1992年度先进代表小组、代表活动积极分子的决定》。第21次会议作出《关于批准调整1993年全区社会生产总值、工业销售和财政入库计划的决定》《关于批准仓山区1992年财政决算报告的决议》《关于批准调整1993年财政预算收入计划的决定》。

区第十二届人大常委会 从1994年3月至1997年1月共召开29次会议，先后作出31项决定。第2次会议上作出《关于仓山区人大常委会主任会议制度》《关于加强区人大常委会自身建设的意见》《关于仓山区人大常委会组成人员廉洁自律的几条规定》《关于依法任免干部的若干具体规定》《关于加强与“一府两院”工作联系的意见》《关于仓山区人大代表活动制度》。第3次会议作出《关于批准仓山区1993年财政决算的决议》。第6次会议作出《关于批准调整1994年区国民经济和社会生产计划的决定》。第9次会议作出《关于认真贯彻落实区委人大工作会议精神的决议》和《关于批准调整仓山区1994年财政收支预算的决定》。第12次会议作出《关于批准调整区1995年国民经济和社会发展计划的决定》。第13次会议作出《关于批准仓山区1994年财政决算的决议》。第15次会议作出《关于恢复陈棣章执行人大代表职务的决定》。第19次会议作出《关于表彰1994～1995年区人大先进代表小组、代表活动积极分子的决定》《关于批准仓山区人民政府关于调整各街道行政区划问题的报告的决议》《关于批准调整仓山区 1995 年财政支出预算的决定》《关于原福州市郊区建新、仓山、盖山、螺洲、城门 5 个镇人民代表大会主席团改为福州市仓山区建新、仓山、盖山、螺洲、城门 5 个镇人民代表大会主席团的决定》《关于原福州市郊区建新、仓山、盖山、螺洲、城门 5 个镇人民代表大会改为福州市仓山区建新、仓山、盖山、螺洲、城门 5 个镇人民代表大会的决定》《关于原福州市郊区建新、仓山、盖山、螺洲、城门 5 个镇人民政府改为福州市仓山区建新、仓山、盖山、螺洲、城门 5 个镇人民政府的决定》。第 21 次会议作出《关于原郊区建新、仓山、盖山、螺洲、城门 5 个镇的原郊区七届人大代表和原鼓楼区鼓西街道农学院选区的原鼓楼区十二届人大代表列席仓山区十二届人大三次会议的决定》。第 24 次会议作出《关于设立福州市仓山区选举委员会的决定》《关于批准设置仓山区人民检察院盖山镇检察室的决定》《关于批准仓山区科学技术发展“九五”计划和 2010 年规划纲要的决议》。第 25 次会议作出《关于继续深入开展法制宣传教育的决议》《关于 1996 年区、镇人大换届选举工作的意见》《关于 1996 年区、镇人民代表大会换届选举时间的决定》《关于各镇人民代表大会代表名额的决定》。第 26 次会议作出《关于设立各镇选举委员会的决定和选举委员会组成人员名单》。第 28 次会议作出《关于批准调整 1996 年区本级财政支出预算的决议》《关于调整 1996 年区国民经济指标中社会商品零售总额更改社会商业营业的决定》。

区第十三届人大常委会 从 1997 年 3 月至 2003 年 1 月共召开 60 次会议，先后作出 49 项决定。第 1 次会议作出《仓山区人大代表活动制度》《仓山区人大常委会主任会议制度》《关于加强区人大常委会自身建设的意见》《关于依法任免干部的若干具体规定》《关于加强与人民政府、人民法院、人民检察院工作联系的意见》《关于区人大常委会各工作委员会工作职责和委员名单》。第 2 次会议作出《关于批准 1996 年区本级财政决算的决议》。第 5 次会议作出《关于设立代表资格审查委员会的决定》。第 8 次会议作出《关于批准调整 1997 年区本级财政支出预算的决议》。第 10 次会议作出《关于建立办案超期限报告备案制度的决定》。第 11 次会议作出《关于批准 1997 年区本级财政决算的决议》《关于区人大代表联系原选区和人民群众工作制度》。第 12 次会议作出《关于在我区部分单位实行执法责任制试点工作的决议》《仓山区实行执法责任制试点工作方案》。第 14 次会议作出《区人大常委会关于依法治区的决议》。第 17 次会议作出《关于批准区人民法院实施依法治区决议方案的决议》《关于批准区人民检察院实施依法治区决议方案的决议》。第 18 次会议作出《关于批准区人民政府关于依法行政实施规划的决议》。第 20 次会议作出《关于许可对区人大代表刘某莺采取强制措施的决定》。第 21 次会议作出《关于在全区干部群众中继续深入开展学习法律活动的决议》《关于批准 1998 年区本级财政决算的决议》。第 23 次会议作出《关于许可对区人大代表刘某莺实行逮捕的决定》。第 24 次会议作出《关于许可对区人大代表林某明实行结束刑事审判的决定》。第 25 次会议作出《关于加强村务公开和民主管理工作的决定》《关于许可对区人大代表杨某胆采取强制措施的决定》。第 27 次会议作出《关于批准调整 1999 年区本级财政支出预算的决议》《关于表彰 1997—1999 年区人大代表活动积极分子和代表活动先进小组的决定》《关于许可对区人大代表何某彬采取强制措施的决定》。第 31 次会议作出《关于许可对区人大代表刘某莺变更强制措施的决定》《关于许可对区人大代表黄某忠实行治安拘留的决定》《关于许可对区人大代表张某采取强制措施的决定》。第 32 次会议作出《关于授予福州市公安交警支队仓山大队为 1999 年人民满意交警队荣誉称号的决定》。第 34 次会议作出《关于授予福州市公安交警支队高速公路大队为 1999 年人民满意交警队荣誉称号的决定》。第 35 次会议作出《关于批准 1999 年区本级财政决算的决议》《关于常委会审议“一府两院”报告实行“二审制”的决定》。第 37 次会议作出《关于许可对区人大代表林某坤实行刑事拘留并暂时停止其执行代表职务的决定》。第 40 次会议作出《关于批准调整 2000 年区本级财政支出预算的决议》。第 45 次会议作出《关于批准 2000 年区本级财政决算的决议》《关于“开展代表联系选民月”活动的决定》。第 46 次会议作出《关于推迟区十三届人大换届选举的决定》。第 48 次会议作出《关于批准〈福州市南台岛环境规划〉的决议》《关于进一步开展法制宣传教育的决议》《关于批准〈福州市仓山区科技发展“十五”计划和 2010 年规划纲要〉的决议》。第 49 次会议作出《关于许可对区人大代表林某和采取强制措施并暂时停止其执行代表职务的决定》。第 50 次会议作出《关于批准调整2001年区本级财政支出预算的决议》。第53次会议作出《关于批准2001年区本级财政决算的决议》。第55次会议作出《关于批准调整仓山区部分行政区划及成立金山街道办事处的决定》。第58次会议作出《关于2002年区、镇人大换届选举工作的意见》。第59次会议作出《关于批准调整2002年区财政收支预算的决议》

区第十四届人大常委会 从2003年2月至2005年12月共召开29次会议，先后作出20项决定。第1次会议作出《关于设立仓山区人大常委会妇女儿童工作组的决定》。第3次会议作出《关于人大代表密切联系人民群众的决议》。第4次会议作出《关于批准调整2002年区本级财政决算的决议》《关于加强预防职务犯罪工作的决定》《关于组织部分区人大代表抽查评议区人民法院执行案件的决定》《关于组织部分区人大代表抽查评议区人民法院执行案件的工作方案》。第7次会议作出《关于批准调整2003年区本级财政支出预算的决议》。第10次会议作出《关于开展创建学习型社会活动的决定》。第11次会议作出《关于批准2003年区本级财政决算的决议》。第12次会议作出《关于许可对区人大代表刘某山采取刑事强制措施并暂时停止其执行代表职务的决定》。第16次会议作出《关于授予福州市仓山区公安消防大队为2004年“人民满意消防大队”荣誉称号的决定》《关于许可对区人大代表翁某明采取强制措施并暂时停止其执行代表职务的决定》。第17次会议作出《关于批准调整区本级2004年区本级财政支出预算的决议》。第18次会议作出《关于表彰2003～2004年度区第十四届人民代表大会代表活动先进集体、代表活动积极分子的决定》。第21次会议作出《关于2004～2008年依法治区的决议》。第22次会议作出《关于许可对区人大代表陈某星、许某明采取强制措施并暂时停止其执行代表职务的决定》。第23次会议作出《关于区人大代表履行职责的暂行规定》《关于批准2004年区本级财政决算的决议》。第27次会议作出《关于许可对区人大代表罗某海采取强制措施并暂时停止其执行代表职务的决定》。第28次会议作出《关于批准调整2005年区本级财政收支预算的决议》。

二、议案、建议督办

1990年，区人大十届四次会议收到代表提出的《关于新建仓山区游泳学校和室内游泳馆》和《要求更新环卫多功能垃圾斗》等议案2件，其中《关于新建仓山区游泳学校和室内游泳馆》列入第1号议案。同时收到建议、批评意见等123件。人代会闭会后，区人大常委会办公室将议案和建议转“一府两院”和有关单位办理，并开展催办督办在法定时间内办理及函复，做到件件有着落，事事有交代。

1991～1993年，仓山区十一届人大一至三次会议期间，共收到代表议案2件，批评和意见568件。在人代会闭会后，区人大常委会办公室将议案和建议转“一府两院”和有关单位办理，并组织部分委员和代表对承办单位进行视察、检查。同时，授权办公室督办，协助承办单位协调解决涉及各部门的问题，做到一件一件抓落实。代表提出的《关于建设仓山区液化气供应站》《建设程埔集贸综合楼》《解决50户住房特困户》《要求更换破损电线》《增设消防栓》《修复和安装路灯》等建议都得到妥善解决。

1994～1996年，十二届人大一至三次会议期间收到代表议案1件，批评意见413件。区人大常委会把办理代表议案、建议工作作为为民办实事、办好事的民心工程，及时召开代表建议交办会，狠抓落实。是届区政府收到代表提出的《建立仓山区青少年德育基地》议案及《尽快开通豆芽巷消防安全通道》《尽快开放走马山厕所》等建议、批评、意见后，即拨出专款8万元，作为“建立仓山区青少年德育基地”的启动经费；先后修建完善排下革命烈士陵园、林则徐铜像等两个基地和新建蔡襄纪念馆新基地；区工业局、公安分局消防科和下渡街道协调，打开玩具厂后门，使豆芽巷 6号防火通道保持畅通；区建设局及时开放走马山厕所，代表所提的议案、建议都得到较好解决。

1997～2002年，仓山区人大十三届一至七次会议收到代表议案1件，建议和意见884件。区人大常委会办公室及时交办督办。对一些影响面宽、办理难度大的，由专人负责落实，加强跟踪监督。其中十三届人大第三次会议提出《关于筹建仓山区老年活动中心》议案，由区政府投入280多万元，经过3

年努力，建成2245平方米设施齐全的老年活动中心。是届代表提出的《要求整治师大学生街脏乱差现象》《关于加快仓山区中医院门诊大楼建设问题的建议》《关于要求规划配足仓山区消防栓的建议》《关于要求增加居委会主任工资的建议》《开辟一日游，繁荣仓山旅游业的建议》《关于上渡旧屋区改造，新区形成后要合理给居委会配套公共设施的建议》《关于解决先农村村民吃水难问题的建议》等也都得到较好的解决。

2003～2005年，仓山区人大十四届一至四次会议期间，收到代表议案2件，建议和意见486件。区人大常委会办公室及时转“一府两院”和有关单位办理。《关于适当提高社区干部工资待遇的建议》《关于解决下岗、失业人员再就业问题的建议》《关于要切实解决失地农民生产生活问题的建议》《加强对仓山区现有山地森林保护》《要求做好浚边自来水厂周边环境保护工作，确保水源卫生》《解决社区居委会主任社保问题》《改善退休居委会副主任生活待遇》《要求切实解决失地农民生产生活问题》《修建龙津河护栏》《增加文物保护专项经费》《修建塔仔里小街巷水泥路》等建议、批评意见都得到较好的落实。

三、法律监督和工作监督

1990年，第十届区人大常委会本着抓大事、议大事的原则，年初通过召开区人大会对区政府工作、区人民法院工作、区检察院工作以及全区重大事项实行法律监督和工作监督外，日常主要紧扣“改革、发展、稳定”的主题和人民群众普遍关注的热点、难点问题，组织各类专题视察和调查研究，实行监督。当年共组织检查视察12次，对“一府两院”贯彻执行中华人民共和国《行政诉讼法》《食品卫生法》《经济合同法》《环境保护法》和《福建省计划生育条例》等法律法规情况进行视察检查，并听取执行情况汇报。同时重点对教育局、公检法机构的工作进行检查和审议。此外还对13家“合资”企业进行调查。

1991～1993年，第十一届区人大常委会主要围绕改革、发展、稳定问题，先后组织代表对区属工业企业深化改革工作、旧城改造、社会治安综合治理、统计法的贯彻执行、开辟城南家禽市场、开发中洲岛和加速高科技园区建设等问题，进行专题视察和调查。其中1992年区人大常委会组织人民代表对区属工业企业深化改革工作开展调研。在听取区政府《关于加快改革开放步伐》的汇报后，深入福州自行车二厂视察调研，提出有针对性的意见、建议，督促区政府和自行车二厂加快改革开放的步伐。同年，组织代表对《食品卫生法》实施情况进行专题检查，特别对冷饮行业、糕点行业及中小餐馆、学校单位食堂和学校周边、城乡结合部、工业集中区、食品生产加工企业和农贸市场等进行突击检查，督促区政府及有关部门从抓食品卫生源头和薄弱环节入手，开展专项整治，加大对食品行业的监管，推进餐饮业量化分级管理，加强长效管理，保障人民群众饮食安全卫生。1993年连续3次组织人民代表听取区政府《关于工业小区建设进展情况的专题报告》，先后专题检查、视察“旧城改造”“社会治安综合治理”“统计法的贯彻执行”“开辟城南家禽市场”“开发中洲岛和加速高科技园区建设”等问题，提出有针对性的意见、建议，督促区政府及其职能部门认真解决。

1994～1996年，第十二届区人大常委会围绕人民群众普遍关注的热点、难点问题，先后组织57次专题视察和调查。1994年8月，深入区属中、小学校对实施义务教育法情况进行检查视察，对9所学校整合和31所学校新建、扩建进行监督。同时审议中、小学的收费问题。9月，区人大常委会为维护节日市场秩序，在中秋、国庆节前组织人民代表深入各市场视察检查，督促政府及物价部门加强市场管理，组织好节日物资供应，保证两节的正常供应。12月，组织视察组对区教育局贯彻执行《中华人民共和国教师法》和文化娱乐场所的管理工作进行专题检查，并提出有针对性的意见、建议，督促政府职能部门认真解决。区教育局按《教师法》的要求，加强教师队伍的建设和保障教师的合法权益。区物委和区财政局根据区人大常委会的视察意见，联合制定《加强各种培训班收费管理的规定》。1995年6月8日，为促进城市长效管理，区人大常委会组织部分人民代表开展《福建省城市建设监察条例》视察检查，发现占道摆摊、非法营运、乱倒垃圾、违章抢建等问题，及时督促区政府及职能部门加强执法队伍建设，进一步提高城市管理水平。1996年，区人大常委会根据《省计生条例》，组织部分人民代表检查辖内流动人口管理工作，提出进一步加强流动人口管理的办法，巩固计生工作的成果。同年组织视察组对“二五”普法教育情况和社会治安综合治理工作进行视察检查。分别听取“二五” 普法教育情况和社会治安综合治理工作的汇报，提出加强普法教育和社会治安综合治理工作建议。区公安分局采取打、防、管、建、教、改等多管齐下的办法，巩固“治安安全区”的成果。

1997～2002年，第十三届区人大常委会把加强法律法规贯彻执行情况监督检查放在重要位置，围绕中华人民共和国《环境保护法》《防洪法》《产品质量法》《矿产资源法》《村民组织法》和《福州市城市房屋产权产籍管理办法》《省归侨、侨眷权益保护法》等法律法规执行情况，组织195次专题视察监督检查，在监督检查中把落实整改工作作为执法检查的关键来抓，力求促进依法解决问题。

1997年，组织部分人大代表对《环境保护法》实施情况进行检查，深入盖山镇叶下造纸厂等20家小造纸厂对废气污染情况进行视察，发现问题及时提出限期整治，先后建成废弃物集中处理焚化装置，改善周边环境。同年5月，区人大常委会在组织视察检查中，发现后坂村非法生产“地沟油”的窝点，立即督促相关的执法部门进行《产品质量法》的大检查，对区内包括生产“地沟油”在内的10个没有工商营业执照、没有卫生许可证、没有标准生产设备的生产企业进行曝光，责令停产。7月，组织代表对《防洪法》执行情况进行检查视察，发现盖山镇“五大队”堤防破损、河道堵塞现象，提出整改建议后，盖山镇及有关村即投资8.7万元，抢在翌年2月份前完成修复堤防 200多米，贴护坡80米，堤面扩大至2.5米，并拆除河流的障碍物，疏通河道。

1998年，组织部分区人大代表对《产品质量法》实施情况进行检查，针对存在的问题，提出意见建议，督促整改，取得良好的成效。同年，区人大常委会收到仓山公安分局对在社会招摇撞骗的民警处理过轻和区法院拒收交通肇事案件举报后，即分别发出监督意见书，开展个案跟踪监督。督促法院正确理解和运用法律。仓山公安分局接受监督，辞退刘某，并向区人大常委会反馈处理意见。区人大常委会还对受害人刘某被刀刺成重伤久立不决案件进行跟踪监督，公安最终抓获逃犯。

1999年3月，区人大组织部分代表对《矿产资源法》执行情况进行检查，发现盖山镇洋下山非法开山采石。区人大常委会领导即督促区矿管办和区公安分局治安科三上洋下山场突击检查。查封采石场的生产设备，没收12盒雷管、12箱炸药。

2000年，区人大常委会组织部分人民代表对公检法机关执法情况进行检查、调查，提出意见、建议，并对整改落实情况进行“二审”监督。同年，组织省、市、区、镇4级人大代表和人民群众530人参加对12个基层派出所工作的评议和监督。组织召开 69场座谈会、发放1605张测评表，收集到意见118条，促进派出所队伍建设，实现社会治安“发案少、秩序好、社会稳定、群众满意”。其间，还对《省归侨、侨眷权益保护法》和《村民组织法》执行情况进行检查，规范侨资企业管理，推行农村基层民主政治建设。

2001年审议区十三届人大五次会议代表意见、建议办理情况，听取仓山公安分局关于人大代表评议基层派出所意见整改情况的报告，审议关于终止刘某莺区人大代表资格的决定，审议仓山公安分局关于“打黑除恶”专项工作情况的报告。审议通过对区十三届人大代表林某和采取强制措施并暂时停止其执行代表职务等38次。

2002年，听取和审议通过有关事项30次，主要有审议区政府关于实施中华人民共和国《义务教育法》《食品卫生法》《人口与计划生育法》和《福州市流动人口与计划生育管理办法》等。审查批准2001年区财政决算、听取区政府关于劳动就业和社会保障工作情况的报告，审议《环境保护法》执行情况，审议区政府关于调整仓山区部分行政区划及成立金山街道办事处的报告，检查区检察院查办职务犯罪案件情况等。

2003～2005年是第十四届区人大的前3年，常委会围绕《福州市城市房屋产权产籍管理办法》中华人民共和国《水污染防治法》和《义务教育法》《人口与计划生育法》《福州市城市古树名木保护管理办法》

等法律法规执行情况，组织116次专题视察检查。在执法检查中，坚持实事求是、突出重点、讲求实效的原则，提出有针对性的意见和建议，督促政府及其职能部门认真解决。2003年，组织21名区人大代表连续3个月，对区人民法院2002年至2003年上半年立案而未执结的344件案件中的50件进行分析评议，提出严格审限制度和办案跟踪制度的意见和建议。

2004年常委会开展《福州市城市房屋产权产籍管理办法》执法检查，针对拆迁安置房产权无法如期登记、产权证迟迟领不到的问题，提出要加大城市拆迁安置房办证力度、规范城市房屋产权产籍管理、加强队伍建设等意见。区政府根据人大常委会监督意见，成立“两权办”（ 房屋所有权、土地使用权），逐步解决群众期盼已久的产权证的问题，当年落实办理508户1991年以来未办理的房屋产权证。

2005年区人大常委会执法检查防控“禽流感”问题，对内河管理实施《水污染防治法》，提出监督意见，督促区财政补助13万元解决城门龙江村养牛场的搬迁问题。同时监督49家工业企业开展环保治理。同年组织部分人大代表对农民征地问题进行专题视察，并提出有针对性的意见和建议，区政府根据人大常委会监督意见，制订有关规定，实现农村富余劳动力转移对接5090人，并规范低保申报制度和保障金发放工作，全区纳入农村低保的有1449户、3746人。同时督促区法院认真受理拖欠农民工工资案件，开通“绿色通道”，尽快立案，审结执行。对经济困难的当事人，给予司法援助，保护农民工合法权益。其间还组织部分人大代表对城市古树名木保护管理办法、义务教育法、人口与计生法等法律法规执行情况进行专题视察，提出整改意见。督促区园林局筹资2万元，抢救保护仓山影剧院附近两棵濒危、稀有的华棕树。

四、人事任免

1990年，十届人大常委会规范任命干部程序，当年任命干部10人次：其中区政府副区长、代理区长2人次、区政府组成部门负责人3人；区法院副院长1 人，法院工作人员2人、检察院副检察长1人；区人大常务会办公室负责人1人；免去职务（接受辞职）4人。

1991～1993年，十一届人大第一次会议作出《关于依法任免干部的若干具体规定》，各级干部提请、任命按规范程序：区人大常委会委、办（正）副主任的任免由常委会主任提请。区政府副区长的个别任免和政府委、办、局主任、局长的任免由区政府区长提请。法院副院长、庭长、副庭长、审判委员会委员、审判员和检察院副院长、检察委员会委员、检察院的任免分别由法院院长和检察院检察长提请。副区长任命由区人大常委会主任召开政府委、办、局主任、局长会议宣布；区政府委、办、局主任、局长和“两院”干部任命由区人大常委会副主任召开被任命干部所在单位的全体人员会议宣布，并发给任命书。被任命的干部在接受任命书后，要向本部门本单位全体人员表态，接受群众监督。是届共任命干部66人次：其中区政府副区长3人、政府组成部门负责31人、区法院副院长1人；副检察长、代理检察长2人次，两院工作人员20人次；区人大常委会各委、办负责人9人。免去职务（接受辞职）19人。

1994～1996年区十二届人大共任命干部93人次：其中区政府副区长或代理区长5人次、政府组成部门负责44人、区法院副院长2人；副检察长或代理检察长4人次，两院工作人员28人次；区人大常委会各委、办负责人10人。免去职务（接受辞职）5人。

1997～2002年，第十三届人大第一次会议又作出《关于依法任免干部的若干规定》，要求提请任命的干部在常委会会议上述职，并接受有关法律知识和业务知识提问，当场作答。经评议、个人表态，以无记名投票方式进行表决，过半数的始得当选，召开颁发任命书大会，以增强任职干部责任感和使命感，自觉接受人大和群众的监督。是届共任命干部155人次：其中区政府副区长或代理区长4人次、政府组成部门负责54人、区法院副院长或代理院长3人次；副检察长4人次，两院工作人员34人次、法院陪审员37人；区人大常委会各委、办负责人19人次。免去职务（接受辞职）52人次，撤销职务3人。

2003～2005年，第十四届人大对拟任干部进行任前法律知识考试，把干部的法律素质作为任职的重要条件之一，强化任命述职审议，是届共任命干部111人次：其中区政府副区长1人、政府组成部门负责29人、区法院副院长或代理院长4人次；副检察长5人次，两院工作人员21人次、法院陪审员48人次；区人大常委会各委、办负责人3人次。免去职务（接受辞职）30人次，撤销职务2人。

1990～2005年区第十届四次至第十四届人民代表大会常务委员会共任命国家机关工作人员435人次；免去国家机关工作人员110人次，其中免去职务90人次，批准辞职请求的区国家机关工作人员20人次，撤职5人次。

五、代表联络工作

1990年，区人大常委会按街道设立代表联络点组织代表开展活动。当年，连续13次组织人大代表开展持证检查视察。协调解决选民来信62件。

1992年3月，区十一届人大常委会十三次会议作出《关于统一人大代表活动日的决定》，规定每月25日为全区人大代表活动日，非特殊情况，全区一般不安排其他会议和活动，以保证代表集中精力参加代表活动。当年，全区按街道设立47个代表小组，并以街道为单位组成6个代表联络点，每月组织代表举行1次联络选民活动。全年共组织代表活动12次，收到选民反映“拖欠工程款”“ 拖欠农民工工资”“农民转岗就业”“房屋产权证”“落实侨房政策”“社区干部退休待遇”等意见75件。

1997年1月，区十三届人民代表大会决定设立东升街道、对湖街道代表联络点，代表活动扩大到5个镇人大主席团和7个街道代表联络点。同年通过《仓山区人大代表活动制度》，以保证人大代表充分行使代表职能。当年开展“四个一”活动（即提一条好建议、做一件好事、联系3～5名选民、争当一名好代表）。同时对49家工业企业提出环保达标整治意见。

1998年5月，区十三届人大常委会十一会议次通过《关于区人大代表联系原选区选民和人民群众工作制度》，组织代表深入选区联系选民，开展调研和扶困济贫、关爱弱势群体，为民排忧解难，维护群众合法权益。当年，收集到群众对区市容卫生、社会治安、教育医疗、食品安全、劳动就业、安全生产、道路交通、拆迁安置、社区物业管理等经济社会事业发展等各方面工作意见、建议 1000多条，得到代表所在镇、街、区政府有关部门认真及时办理，为区安定稳定和经济社会发展发挥积极的作用。对此，受到省人大常委会充分肯定、省广播电台均作专题报导。

2000年6月，区十三届人大常委会作出《关于建立人大代表在基层轮流接待群众来访制度的意见》，各镇、街道每月安排一次代表接待选民，当年接待群众来访630多批次，受理群众意见480多件，做到件件有登记、有办理、有反馈。

2001年5月，区十三届人大常委会第四十五次会议作出《关于开展“代表联系选民月”活动的决定》，把每年4月份定为“代表联系选民月”。各镇、街道组织代表深入选区，深入群众，听取群众呼声，反映群众意见，帮助群众排忧解难。当年，人大代表向原选区选民述职300场，有400名代表向选民报告履职工作情况，并接受选民的评议，收集的群众意见建议700条都得到认真落实。同时，开展代表旁听区法院庭审活动，共组织200场、1000名代表参加旁听区法院庭审，提出意见、建议250条，法院认真整改。此举得到上级人大和广大群众的肯定。是年，福州电视台还报道盖山镇、城门镇的先进做法。

2003年5月，区十四届人大常委会建立完善政情通报会制度，在召开区人民代表大会前，组织代表检查视察，为代表了解全区经济社会发展情况创造条件。同年，十四届人大三次会议又作出《关于人大代表密切联系人民群众的决议》，把代表密切联系人民群众作为代表工作的主题。区人大常委会召开全区人大代表密切联系人民群众工作座谈会，把“代表履职进选区”作为联系人民群众、履行代表职责的平台，在镇、街开展“一面牌子明职责，一张卡片解民忧”活动：全区各选区均设置人大代表公示牌，将人大代表的职责、姓名、工作单位和联系电话向选区选民和社会公布，密切代表与人民群众的联系。同时，实行“承办卡”制度，代表以“承办卡”的形式收集群众的意见、建议。当年收到群众意见建议299条，经代表和有关部门认真办理，有225件得到办理。

2005 年，继续深入开展“代表履职进选区”活动，组织代表到选区，了解民情民意，以“承办卡”形式收集群众意见，并开展扶困济贫、关爱弱势群体活动，至 2005 年共收集代表、群众对辖区市容卫生、社会治安、教育医疗、食品安全、劳动就业、安全生产、道路交通、拆迁安置、社区物业管理等经济社会事业发展各方面工作意见、建议 1000 条，由代表所在镇、街、区政府有关部门及时办理。

第四节 组织机构

一、仓山区人大常委会

1990 年，区十届人大常委会设主任 1 人，副主任 4 人，委员 12 人。内设办公室、财经工作委员会、城建城管工作委员会、法制工作委员会、教科文卫工作委员会、华侨工作委员会（台胞工作委员会）等 6 个科室，编制 11 人，实有 13 人。1992 年增设代表联络工作委员会。1996 年区划扩大后，区十二届人大常委会副主任增为 5 人。

2005 年，区十四届人大常委会设有主任 1 人，副主任 4 人，委员 17 人。内设办公室、法制工作委员会、财政经济工作委员会（农经工作委员会）、教科文卫工作委员会、城建环境工作委员会、侨台工作委员会和代表联络工作委员会。工作人员 15 人，其中，行政编制 13 名，工勤事业编制 2 名。

1990 ~ 2005 年仓山区人大常委会领导成员任职情况表

表 12-1-2

届别	职务	姓名	出生年月	任职时间
十届	主　任	刘学苏	1930 年 1 月	1990. 1—1991. 1
	副主任	刘依细	1931 年 10 月	1990. 1—1991. 1
	副主任	施常明（女兼）	1938 年 6 月	1990. 1—1991. 1
	副主任	黄商端	1933 年 12 月	1990. 1—1991. 1
	副主任	郑达炘（兼）	1933 年 12 月	1990. 11—1991. 1
十一届	主　任	陈大明（兼）	1948 年 7 月	1991. 1—1992. 12
	主　任	林友斌（兼）	1942 年 12 月	1993. 1—1994. 1
	副主任	黄瑞琳	1936 年 10 月	1991. 1—1994. 1
	副主任	黄商端	1933 年 12 月	1991. 1—1994. 1
	副主任	张保森	1940 年 5 月	1991. 1—1994. 1
	副主任	王耀华（兼）	1942 年 3 月	1991. 1—1994. 1
十二届	主　任	林友斌（兼）	1942 年 12 月	1993. 1—1996. 4
	主　任	林国和（兼）	1950 年 1 月	1996. 4—1997. 1
	副主任	黄瑞琳	1936 年 10 月	1994. 1—1997. 1
	副主任	王耀华（兼）	1942 年 3 月	1994. 1—1997. 1
	副主任	陈祖志	1944 年 2 月	1994. 1—1997. 1
	副主任	林兆水	1950 年 9 月	1996. 4—1997. 1
	副主任	饶福生	1941 年 7 月	1996. 4—1997. 1

续表 12-1-2

届别	职务	姓名	出生年月	任职时间
十三届	主　任	林国和（兼）	1950 年 1 月	1997.1—2002.3
	主　任	陈瑞麒（兼）	1948 年 10 月	2002.3—2003.1
	副主任	沈惠秋（女）	1948 年 8 月	1997.1—2003.1
	副主任	陈祖志	1944 年 2 月	1997.1—2003.1
	副主任	林兆水	1950 年 9 月	1997.1—2003.1
	副主任	吴世振（兼）	1939 年 3 月	1997.1—2003.1
	副主任	王亚罗	1949 年 10 月	1999.1—2003.1
十四届	主　任	张森兴（兼）	1954 年 4 月	2003.1—2005.12
	副主任	沈惠秋（女）	1948 年 8 月	2003.1—2005.12
	副主任	林兆水	1950 年 9 月	2003.1—2005.12
	副主任	王亚罗	1949 年 10 月	2003.1—2005.12
	副主任	林绍彬（兼）	1957 年 3 月	2003.1—2005.12

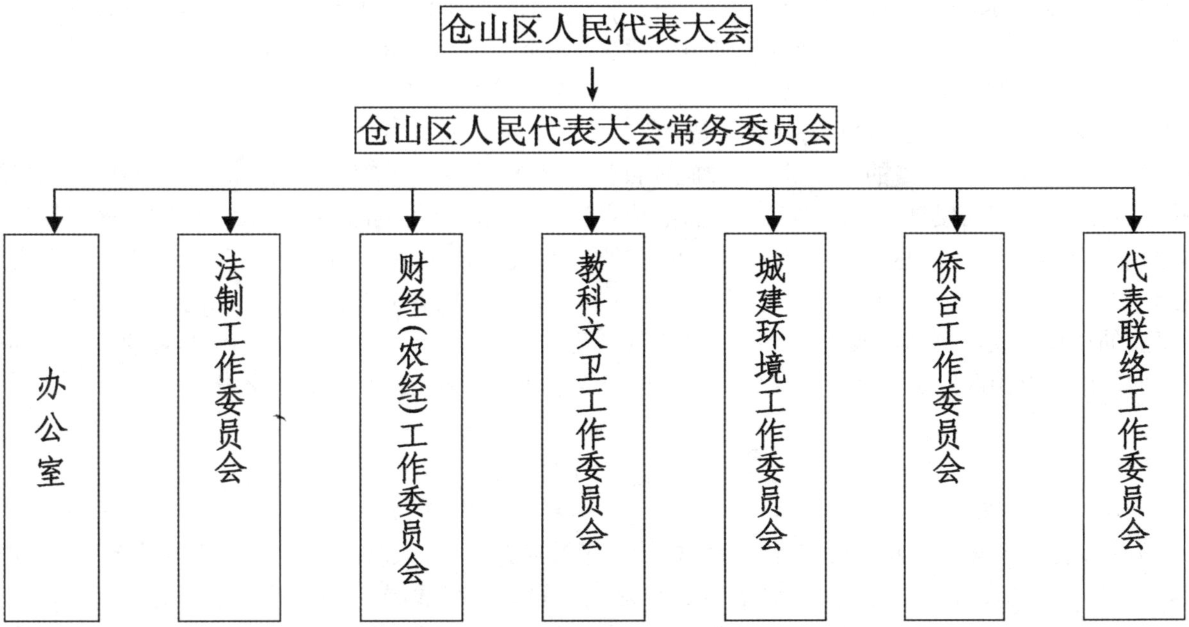

2005 年仓山区人大常委会组织机构示意图

二、镇人大主席团

1996 年，福州市行政区划调整，原福州郊区的建新、仓山、盖山、螺洲、城门 5 个镇划归仓山区。5 个镇人大均设镇人大主席团。当年进行镇人大代表换届选举，其中盖山、建新、仓山、城门 4 个镇人大主席团各配有专职主席 1 人；螺洲镇人大主席团配兼职主席 1 人（镇党委书记兼）。

1997 年至 2000 年，各镇人大换届，仓山、建新、螺洲 3 个镇人大主席团各配有专职主席 1 人；城门、盖山 2 个镇人大主席团各配有兼职主席 1 人（镇党委副书记兼）、专职副主席 1 人。

2000 年至 2003 年，仓山镇人大主席团配有兼职主席 1 人（镇党委副书记兼）、专职副主席 1 人；城门镇人大主席团配有兼职主席 1 人（镇党委书记兼）、专职副主席 1 人。盖山镇人大主席团配有专职主席 1 人；

建新镇人大主席团配有专职主席1人、专职副主席1人；螺洲镇人大主席团兼职主席1人（镇党委书记兼）、专职副主席1人。

2003年至2005年，仓山镇人大主席团配有兼职主席1人（镇党委副书记兼）、专职副主席1人；城门镇人大主席团配有兼职主席1人（镇党委书记兼）、专职副主席1人；盖山镇人大主席团配有兼职主席1人（镇党委书记兼）、专职副主席1人；建新镇人大主席团配有兼职主席1人（镇党委副书记兼）和专职副主席1人；螺洲镇人大主席团配有兼职主席1人（镇党委书记兼）、专职副主席1人。

第二章 政府

1990年，仓山区政府继续贯彻治理整顿、深化改革的方针，坚持以经济建设为中心，定期深入街道和重点单位调查研究，实地现场办公，倾听基层意见，探索区属集体企业经济发展的新途径，研究解决新形势下出现的新问题。至1995年，属集体企业在实行综合改革推行股份合作制中增强实力，走出新路。1996年，区划调整后，开展“创建经济强村和创办重点企业”活动，在技术、信贷、生产建设等方面扶持乡镇企业的发展，对重点企业实行挂牌重点保护，引导组建企业集团。改革政府机构，调整内设机构、压缩机关工作人员编制、减少行政审批程序，进一步强化服务职能，使政府职能从管理型逐步向服务型转变。同时，设立机关效能投诉中心，对机关工作人员办事效能实行监督，在区、镇（街）政府推行政务公开，建立人事任前公示制度、领导接待日和信访督办制度，区领导轮流定期接待上访群众，现场研究协调解决群众反映的重点、难点问题。通过为群众办实事，进一步密切政府和人民群众的关系。2003年起，围绕“全面开发南台岛，建设福州新城区”的奋斗目标。实施项目带动战略，统筹城乡经济和社会、人与自然的和谐发展，促使经济持续快速健康发展。在经济工作方面继续实施“工业兴区”的战略，加快“一园三区四片”工业载体建设，至2005年，全区国内生产总值完成122.54亿元，比1996年增2.5倍，社会消费品零售总额59亿元，比1996年增12.82倍；地方财政总收入6.51亿元，比1996年增5.14倍，经济的发展推进全区各项事业的协调发展，在旧城改造、金山新区建设以及文教、卫生、计划生育、环保等各项事业上都有长足的发展，成为仓山区历史上经济发展最快、各项社会事业协调发展的最好时期之一。

第一节 机构设置

1990年，仓山区第九届人民政府内设工作机构有区政府办公室、人防办、侨办、信访局、统计局、体改委、计委、人事局、民政局、监察局、外经贸委、交通局、科委、财政局、审计局、计生委、商业局、教育局、文化局、体委、地方志办公室、卫生局、爱卫办（与卫生局合署）、广播电视局、劳动局、城管委、建设局、物委、工业局、工商局、房管局、环境保护局、司法局、宗教事务局共34个。派出工作机构有：仓前、临江、上渡、下渡、三叉街、对湖6个街道办事处。此后，由于工作需要先后成立保密局、园林局、资源管理委员会以及东升街道办事处。

1996年8月24日，福州市委、市政府下达《关于仓山区党政机构改革方案的通知》，区政府工作机构作相应调整，分设工作机构、派出机构和基层机构。其中工作机构设区政府办公室、侨务办公室（与政府办合署）、计划局、统计局（与计划局合署）、经济局、教育局、科技局、监察局（与区纪委合署）、民政局、司法局、财政局、人事局、编委办（与人事局合署）、劳动局、建设局、市容局、交通局、农业局、林业局、水利局、外经局、文化局、体育局、卫生局、计生局、审计局、房产局、环保局、信防局（管理机构）、物价局（管理机构）矿产局、接待办（同时为区委接待办）共32个。派出机构有仓前、临江、上渡、下渡、对湖、三叉街、东升共7个街道办事处。基层机构有城门、仓山、盖山、建新、螺洲、等5

个镇政府。

2002 年 4 月，再次调整仓山区行政工作机构。调整后区政府序列有区政府办公室、教育局、科学技术局、监察局（与区纪委机关合署）、民政局、司法局、财政局、人事局、建设局、交通局、卫生局、计划生育局、审计局、环境保护局、房地产管理局、发展计划局、统计局（与区发展计划局合署）、经济发展局、对外贸易经济合作局、文化体育局、民族与宗教事务局（与区委统战部合署）、劳动和社会保障局、城市管理执法局、爱国卫生运动委员会办公室（并入区政府办公室，保留牌子）、信访局（亦为区委信访局，由区政府办公室管理）、物价局（由区发展计划局管理）、贸易发展局（由区经济发展局管理）、安全生产监督管理局（由区经济发展局管理）、人民防空办公室（为区国防动员委员会的常设机构，同时又是区政府人民防空工作的主管部门）、旅游事业局、农林水局共 31 个。派出机构和基层机构不变。

2003 年后，陆续对行政机构进行微调，至 2005 年末，政府工作部门有区政府办公室、发展和改革局、经济发展局、教育局、科技局、民族与宗教事务局、民政局（含老龄委办）、司法局、财政局、人事局、劳动和社会保障局、建设局、城市管理执法局、交通局、农林水局、外经贸局、文化体育局、卫生局、人口和计生局、审计局、统计局、环保局、房地产管理局共 20 个。管理机构有信防局、物价局、安全生产监督管理局、贸易发展局等 4 个，议事协调办事机构有人防办 1 个。派出机构有仓前、临江、上渡、下渡、对湖、三叉街、东升、金山 8 个街道办事处。基层乡镇行政机构有城门、仓山、盖山、建新、螺洲 5 个镇政府。

1990 ~ 2005 年福州仓山区人民政府主要领导任职情况表

表 12-2-1

	职务	姓名	任职时间	附注
第十届 1990.1 ～ 1991.1	区长	吴春官	1990.1 ～ 1990.11	
	副区长	陈逵逵	1990.1 ～ 1991.1	
	副区长	张保森	1990.1 ～ 1991.1	
	副区长	许聿圣	1990.1 ～ 1991.1	
	副区长	刘用炤	1990.1 ～ 1991.1	
	副区长	孙孟融	1990.11 ～ 1991.1	代理区长
第十一届 1991.1 ～ 1994.1	区长	孙孟融	1991.1 ～ 1994.1	
	副区长	陈朝明	1991.1 ～ 1994.1	
	副区长	张知	1991.11 ～ 1994.1	
	副区长	余凤玉（女）	1992.9 ～ 1994.1	
	副区长	张保森	1991.1 ～ 1993.10	
	副区长	陈奇	1993.10 ～ 1994.1	
第十二届 1994.1 ～ 1997.1	区长	孙孟融	1994.1 ～ 1996.9	
	副区长	陈朝明	1994.1 ～ 1997.1	
	副区长	余凤玉（女）	1994.1 ～ 1997.1	
	副区长	陈奇	1994.1 ～ 1997.1	
	副区长	王廷杰	1994.1 ～ 1997.1	
	副区长	张知	1994.3 ～ 1995.3	
	副区长	王国忠	1995.3 ～ 1995.7	
	副区长	王肇昌	1995.12 ～ 1997.1	
	副区长	陈瑞麒	1996.9 ～ 1997.1	代理区长

续表 12-2-1

	职务	姓名	任职时间	附注
第十三届 1997.1～2003.1	区长	陈瑞麒	1997.1～1998.10	
	区长	张森兴	1999.1～2003.1	
	副区长	陈朝明	1997.1～2003.1	
	副区长	余凤玉（女）	1997.1～1998.10	
	副区长	王廷杰	1997.1～2003.1	
	副区长	陈奇	1997.1～2002.3	
	副区长	王肇昌	1997.1～2003.1	
	副区长	关瑞祺	1997.7～2003.1	
	副区长	潘邦瑞	1998.10～2003.1	
	副区长	张森兴	1998.10～1999.1	代理区长
第十四届 2003.1～2008.1	区长	范美先	2003.1～	
	副区长	王廷杰	2003.1～	
	副区长	关瑞祺	2003.1～	
	副区长	潘邦瑞	2003.1～	
	副区长	宋仟根	2003.1～	
	副区长	张涵（女）	2003.1～	
	副区长	谢侹	2003.11～	

第二节 政务纪要

一、第十届区人民政府（1987.11 ～ 1991.1）

1990 年是区第十届人民政府施政的最后一年。区政府继续贯彻治理整顿、深化改革方针，出台《仓山区集体企业实行综合改革试点的若干意见》，推行厂长负责制和职工全员劳动合同制，在条件成熟的集体企业实行综合改革试点，落实推广“工效挂钩”；完善各种形式的承包责任制，提高经济效益；以科技兴区作为要务，实施星火计划和引进“三资”企业活动，当年实施市、区星火计划项目 11 项，开发新产品 28 项，其中有 11 项通过省级鉴定，有 2 项达到国际水平；新批准“三资”企业 14 家，引进外资 271.95 万美元。至年底，全区完成国内生产总值 1.55 亿元，比增 10.19%；财政入库比增 23.49%。是年仓山区获福州市“星火管理”奖和福建省“组织实施科学技术示范乡镇建设工作”先进单位称号。在抓经济工作的同时，加强城市基础设施建设和科教文卫工作。全年新修道路 20 条、长 1713.8 米，新修下水道 13 条、长 808 米。新增公共绿地、专用绿地，绿化覆盖率达 20.64%。投入教育经费 655.76 万元，新建教师进修校大楼和天安小学、麦顶小学等 8 座教学楼。全区儿童入学率、巩固率、普及率、小学生毕业会考及格率均达 100%。有 85% 家庭户被评为“卫生之家”。计划生育连续保持省市计划生育“红旗单位”称号。仓山区被评为全国计划生育协会工作模范区，获国际计划生育联合会亚太理事会的荣誉奖。

二、第十一届区人民政府（1991.1 ～ 1994.1）

1991 年第十一届区政府作出《建设科技示范区的决定》，调整区科技顾问团，制定《关于进一步加快科技园区和投资区发展的实施意见》《关于加速科学技术进步的实施意见》及《科技园区项目招商的奖励办法》。组建科技园区、仓山工业小区，吸引 25 家“三资”企业和大批科技含量高、规模大的企业落户仓山。同时，在工业企业中落实第二轮经济承包工作，抓改革，促扭亏，开展“质量、品种、效益”年和“科技进步宣传月”活动，实施8项“星火计划”（含市级1项），开发17项新产品、新技术（其中11项通过省级鉴定），增加234个新品种。当年全区国内生产总值首次突破两亿元大关。其中“三资”企业工业总产值比增68.60%，为历史最高记录。1993年，先后制定《集体工业企业上档次达标奖励条例》《集体所有制工业企业转换经营机制实施办法》《推行股份合作制企业的若干意见》《集体工业上档次达标奖励条例》《集体所有制工业企业转换经营机制实施办法》《推行股份合作制企业的若干意见》等政策性文件，组织实施企业综合改革，投入技术开发基金1569万元，开发新产品、新技术46项，增加新花色品种640种；实施“星火计划”和“火炬计划”33项，区内集体企业经营状况普遍好转，工业产值和工业利润分别比1990年增长118%、17.04%。区政府同时制定《加快发展第三产业的实施意见》，完善商业布局，投入1184万元，新建改建11个市场，面积14325平方米。商业网点从1990年1252家，增至2190家。其中城南家禽批发市场，日交易额超5.1万元。是届区政府还集中力量进行城区建设。以观海路和万春巷、小岭为重点，进行“两线三圈四区”的旧城改造。先后拆迁改造仓前路南侧、观海路南侧、万春小区、十锦小区、中洲岛等13个地块，建设商住房26.17万平方米；筹资1500万元，安排市政工程、市场和文教体卫基础设施建设，新建或改建道路34条、公厕26座及5个垃圾集装箱转运场和堆放场；新增绿地193.87亩，绿化覆盖率由1990年的22.72%提高到23.57%。是届政府共为群众办实事26件68项，其中兴建少儿游泳馆、娃娃培训中心，改建中心幼儿园，扩建新建小学、三叉街小学，安排社会劳动就业5967人，解决287户特困户的住房问题，安置驻军家属随迁28人，接纳218名随军子女入学。区政府在抓为民办实事工作的同时，整顿机关工作作风，制定《工作规则》，开展“勤政为民，无私奉献”活动，保持同群众密切联系，逐步把政府的管理职能向服务职能转变。

三、第十二届区人民政府（1994.1 ~ 1997.1）

区第十二届人民政府于1994年1月组成，新一届政府围绕建立社会主义市场经济体系总目标，执行开创城乡一体、两个文明建设协调发展平稳过度的政策，定期召开经济分析会、生产调度会、街居现场会等，组织开展税制改革影响与对策的调研活动，实行“一厂一居一策”分类指导，对外招商引资，对内抓科技进步。出台《仓山科技园项目招商奖励试行办法》，在仓山科技园推出综合用地21.17亩，工业用地63.79亩对外招商，把引进“三资”企业作为重点，通过“福州国际招商月”“9·8厦门投资洽谈会”，促进企业入驻园区。全年新批“三资”企业35家，有3个项目列入国家“火炬计划”、9个项目列入省“火炬计划”。全区高新技术企业占“三资”企业的16%；科技进步新增产值1.05亿元，占工业总产值的25%；“三资”企业的工业总产值占全区工业总产值的50.24%。同时在区街企业中开展“星火计划”和“火炬计划”，做大做强仓山经济。1996年，区划调整后辖内新增5个镇，区政府适时从以城市工作为中心转到城乡并重，把“菜篮子”工程列入议事日程，投入221万元兴修小水利，改善农业生产条件，推广大拱棚、微喷灌等技术，提高蔬菜的产量和质量。出台《关于进一步加快我区乡镇企业发展的决定》及其《补充决定》，推动各镇、村经济稳定增长。当年5个镇建立有2个企业集团，55家合作制企业，实现亿元企业2家、千万元企业42家、“亿元村”11个。全区乡镇企业总产值完成76亿元，比增41.66%，农民人均纯收入达3430元，经过省、市验收，108个村全部实现农村温饱型的小康目标。同年，制定《仓山区科技发展“九五”计划和2010年规划纲要》，提出“加速科技进步的实施意见”，投入科技发展基金100万元，实施27个“星火项目”和科研推广项目，其中列入国家和省级“火炬计划”的15项。仓山科技园入园企业达22家，开发新产品33项（其中6项通过省级鉴定或法定单位鉴定），新增产值3840万元，税利790万元；科技进步贡献率达57.71%。其间，投资60多万元，新建城门茶叶批发市场，改建5个农贸市场，新办89家商业企业，新增商业网点和集市面积3530平方米，集市贸易成交额42723万元，比增64%，全区城市居民人均收入5200元。在抓经济工作的同时，区政府继续加强城市建设和文化教育工作，出台《关于进一步加强环境保护工作的意见》，投资365万元，完成迎宾路绿化隔离带建设，改善仓前公园、中洲公园和林则徐广场等绿化配套设施，新增专用绿地306亩、公共绿地306亩。投资8338万元实施公路、城门自来水工程、高宅电信模块工程、闽江南岸防洪堤工程、垃圾场转运站、水冲式卫生公厕、防栓安装等建设。全区旧城改造和新区开发开工面积14.2万平方米，峻工面积14.8万平方米。建成金山花园、东升小区31幢、7万平方米住宅。在施工还有飞凤山庄、金浦小区、太平洋城、聚龙明珠、汇达花园等。新增校舍面积9665万平方米，创建3个青少年德育基地和8所文明学校。三叉街文化站被评为全国标准文化站，并进入全省百强文化站行列。仓山区获福州市文化工作先进区称号。

四、第十三届区人民政府（1997.1 ~ 2003.1）

1997年，新一届政府继续坚持以经济建设为中心，开展“创建经济强村和创办重点企业”活动，出台《关于扶优扶强发展乡镇规模经济的若干意见》和《关于鼓励外资发展规模企业的若干规定》，组成以仓山高科技园区、仓山工业小区、金山投资区、盖山投资区、城门投资区（以下简称一园三区）为主体，24个村级工业小区相配套的工业投资区网点。是年投资区工业产值完成45亿元，占全区工业总产值近一半；带动全区经济向规模化方向发展，出现“亿元村”20个、5亿元村1个、3亿元村2个、2亿元村8个。

1998年，亚洲金融危机和福州“6·23”的特大洪灾，区政府迎难而上，扎实推进新一轮的创业。在经济工作中，继续加强“一园三区”和24个工业小区的建设，组织实施星火项目、成果推广项目、应用研究项目、技术开发项目的研究与开发，引进三资企业51家，新办商贸企业94家，新增商业网点面积3600平方米。在农业和农村工作中，开展第二轮土地承包，在抓“菜篮子工程”的同时，在黄山建立高科技农业示范农场；在建新飞凤山、城门清凉山、高盖山兴建杂果、龙眼、芒果等6大果园区，更新造林面积2000亩，初步形成“环福州绿色屏障工程”。

1999年，经国家科技部批准，仓山科技园从0.5平方公里扩大为3.5平方公里后，区政府制定《关于进一步推进科教兴区战略的决定》，建立福州海峡科技城，在螺洲建立社会综合实验区。翌年，实施“科教兴区”“商贸旺区”和“外向拉动”的战略，出台《福州市仓山区国民经济和社会发展第十个五年计划纲要（草案）》，推行创意招商、以商招商、网上招商等新办法，先后引进威士茂机电、海鹏电子、兴发木业、中科院物构所晶体、丰泉环保、福尔特流体、金山药业等大型项目在仓山落户。并在企业中开展“火炬计划”“星火计划”活动，实施“火炬计划”21项、“星火计划”56项，建成3个科技示范乡镇和一批科技示范企业。

2001～2002年区政府坚持政府工作与群众反映的问题结合、与重点工程项目落实结合、与投资软环境结合，出台《关于鼓励创建经济强村、创办重点企业的若干规定》，至2002年届末，全区共引进外资84项，实际利用外资7575.34万美元，创经济强村20个、重点企业43家，建成林产品交易市场、华夏汽车城等5个市场。有6家企业获得自营进出口权，民营工业企业总产值达122.97亿元，占全区总量的72%；27家企业通过ISO9000产品质量认证，全区国内生产总值完成83.343亿元，是1996年35亿元的138.12%；财政总收入年均增长22.76%，城区居民人均年可支配收入6845元，比1996年增31.63%；农民人均年纯收入4839元，比1996年增41.07%。区政府在抓经济工作同时，加大城乡建设力度，先后对上渡、菖蒲、下藤等3大片旧屋区进行改造，新建住宅区15.8万平方米，新增公共绿地835亩、专用绿地234亩，新辟花卉基地3000多亩。有39个单位和住宅小区被市政府授于“花园式单位”和“绿化达标先进单位”。有26个小区被市政府命名为“文明小区”9个单位被评为省级文明单位、19个单位列入省、市“文明示范点”。同时新建上渡路、南台大道一期、战备公路一期、洋洽路等7条重点路段；拓宽公墓至湾边的公路，完成橘园洲围堤工程9.15公里，建成10条小街巷和区镇公路8.3公里。配合省市有关部门完成福泉高速公路仓山段的扫尾工程和京福高速公路福州连接线建新段征地拆迁任务。同时区政府开通“公仆电话”，开展“聚民心”活动，解决东升小区等道路建设、小区绿化、水电增容、路灯安装、废土垃圾处理等395件热点、难点问题。投入1800万元修建三十九中综合教学楼等校舍近2万平方米。

五、第十四届区人民政府（2003～2005年）

第十四届人民政府紧紧抓住福州城市建设“东扩南进”的战略机遇，围绕“全面开发南台岛，建设福州新城区”的奋斗目标，实施项目带动战略，统筹城乡经济和社会、人与自然的和谐发展，促使经济持续快速健康发展。在经济工作方面继续实施“工业兴区”的战略，加快“一园三区四片”工业载体建设，新增工业用地1800亩，采取“引凤筑巢”方法，投入4.1亿元建设各类厂房56幢100多万平方米，在福州科技园区仓山园、城门投资区、金山工业集中区共引进外资92项（含增资）、内资220项，总投资31.1亿元，实际到资17.4亿元，总投资在1000万元以上的有三钢房地产、闽科饲料等40项。同时实施商贸旺区计划，通过“海交会”和“9·8”贸洽会平台，引进商贸项目258个，其中外资项目有利莱森玛等87个，总投资4亿多美元；内资项目有永辉食品等 171个，总投资30.8亿元。境内金山榕城广场、下藤商业步行街、三高路餐饮娱乐街、首山学生购物街等逐渐形成。别克、雪佛兰、宝马等4家汽车销售店建成开业；并创办5家连锁“爱心超市”。商贸的税收对全区财政增长的贡献率达20%以上。在旧屋区改造和城区建设方面，批准落地建设的房地产项目面积有1.5万亩，总建筑面积1500万平方米，总投资220亿元。金山新区建设同步开展，江南水都、北京金山、融信第一城、滨江丽景等沿江项目相继开工，兰庭新天地、罗马佳洲、三盛巴厘岛、大唐世家、兴隆盛世等新型住宅区及金山生活区一至三期、建中小区、金亭小区、闽江新苑、金霞小区工程建成并投入使用。同时配合福州市投入10亿元，建成建新大道、洪湾路北段、金洲南路、凤山路等，总长约30公里。完善金山大道、金洲北路、龙洲路、浦上路、闽江大道、二环三期、三环一期、建新大道、洪湾路北段、金洲南路、凤山路、尤溪洲大桥、盖山西路、岐山路等路网设施，建成南江滨公园、湿地公园、金山公园、金山文体中心等配套设施，推进仓山宜居城区建设。其间，区政府还推进医疗卫生体制改革，全区有8667名“低保”、特困人员享受医疗优惠政策，累计减免医疗费用20多万元；在2003年“非典”期间，建立应急机制和预防控制体制，动员全区力量开展爱国卫生运动，层层落实防控责任制，防止“非典”疫情的传播；多渠道集资.1.71亿元，扩新建东升小学、仓小施程校区等4所小学，改建和扩建高湖小学、二十一中等5所中小学，进一步优化教育资源配置；为32个社区配备健身器材，组织开展多项文体活动；筹资2700万元，举办南江滨踩街游园、贺新春团拜文艺专场、鼓情激昂腰鼓赛、走进美的小区、万人健步行等大型文体活动；成功举办区第十四届体育运动会并组队参加省二届运动会。至2005年末，全区国内生产总值完成122.544亿元，比2002年增47.04%，社会消费品零售总额59亿元，比2002年增130.95%；财政总收入6.51亿元，比2002年增31%，城镇居民人均可支配收入8957元，农民人均纯收入6670元，分别比2002年增30.85%和37.83%。仓山区获“省创建文明城区先进区”“全国社区卫生服务示范区”“创建有中医药特色全国社区卫生服务示范区”等称号，有24所学校被评为市级实施素质教育先进学校。陈靖姑民间信仰文化被列入省“非物质文化遗产”。

附：为民办实事

1990～2005年，仓山区委、区人民政府把民生工作列为第一要务，每年在深入调查广泛征求群众意见的基础上，根据本地实际情况，研究确定为群众兴办一批急需解决的实事，为群众排忧解难，改善和提高人民物质和生活水平。区委、区政府对提出的每一项实事都落实到承办单位，落实好每一项实事的分管领导和承办单位负责人，限定完成的时间，并由区政府督察室负责监督落实。各承办部门本着对人民高度负责的精神，制定办理具体方案，做到任务、进度、资金、措施、责任五个落实，确保如期完成。至2005年末，全区共完成与人民生活密切相关的实事169件。

1990 ~ 2005 年为群众兴办实事项目

1990 年 10 件：1、完成六一南路两侧、仓前路南侧、梅坞路西侧街景整治。2、增设亭下农贸市场。3、扩建烟台山福利院、新建老人体育活动室。4、建立仓山博物馆（蔡襄纪念馆）。5、创建青少年游泳学校。6、组建仓山有线电视台，开播“仓山新闻”，扩大用户到 3000 户。7、建立百万工业周转金、10 个科技项目通过省级鉴定、5 个外商投资企业开工投产。8、建立社会救济金，解决人均月收入 35 元以下困难户的生活和人均 3 平米以下特困户住房问题。9、新创三叉街街道噪声基本达标街道和六一南路“三优”一条街。10 建立各街道义务消防队，添置消防器材。

1991 年 17 件：1、建立仓山区煤化供应站。2、扩建程埔经贸综合楼。3、扩建三叉街农贸市场。4、扩建仓山城南医院。5、拓宽观海路。6、整建小街巷 7 条、公厕 3 座、倒桶点 2 个。7、整建幼儿园 1 ～ 2 所。8、开辟牛墩洲公园。9、改建区党校。10、拆除危房 10000 平方米，解决 50 户住房特困户的住房问题。11、继续整建六一南路南段街面。12、创建仓山区游泳学校。13、建成新建小学教学楼。14、筹建三叉街中学（福州 40 中）。15、加强烟台山公园和江心公园基础设施建设。16、建成对湖街道办事处办公大楼。17、安排新增社会劳动就业 950 名。

1992 年 10 件：1、新建江心公园悬索桥及配套设施。2、观海路初步形成街景；万春巷一区、小岭十锦祠小区和湖畔新村建成新房 6 万平方米，回迁安置 250 户。3、建成湖畔新村幼儿园，改善福州 39 中办学条件。4、创建区文化艺术交流中心和下渡、三叉街示范文化站。5、改建三叉街和敦睦里市场和建成花鸟专业市场。6、建立 10 个消防栓和筹建仓前垃圾堆放场。7、改建 10 条小街巷，新增绿地 30 亩，创建上渡噪声基本达标街道。8、完善城南医院医疗设备和区广播电视楼配套。9、继续多渠道解决住房特困户住房问题。10、广开就业渠道，安排新增社会劳动就业 1000 人。

1993 年 8 件：1、完成福州城南生产资料批发市场第一期工程，形成年销售额 3 千万元以上生资批发市场；筹建三叉街商贸中心，完成总体规划和分期建设方案”并落实第一期工程建设资金和动迁任务；扩建城南家禽批发市场，完善市场配备设施；建成首山学区市场。2、加强市政建设，改建 10 条小街巷及下水道，新建 1 ～ 2 个垃圾集装箱转运场，设立 10 个消防栓。3、做好文物保护工作，维修安澜会馆和开放区博物馆。4、筹建东升小学。5、调整医疗布局，筹建仓山中医院。6、多渠道筹集资金，两年内解决 100 户科技、教育、卫生系统部分特困干部职工和户住房问题。7、筹建上渡、水上派出所，仓山交警中队和下渡法庭办公楼。8、做好区集体所有制事业单位 80% 职工养老保险及企业单位 90% 职工待业保险工作。

1994 年 9 件：1 建设区培智学校和职业学校教学大楼，年底前竣工。2 续建仓山特警大楼。3 解决住房特困户 50 户。4 新建临江小商品市场、城南农贸市场、城南小商品市场，筹建三叉街农贸市场。5 续建观海路，修建 10 条小街巷水泥路面，新增绿地 20 亩。6 安装 10 个消防栓。7 整治龙津浦河道，净化、绿化、美化环境。8 创建对湖环境绿化模范小区。9 结合“太平洋城”建设，分步实施两桥之间 700 米防洪堤建设。

1995 年 10 件：1、筹建东升农贸市场和金彩小商品市场。2、配合市水利部门续建闽江南岸防洪堤仓山段。3、新建、改建 10 条道路小街巷和 4 座水冲式公厕，兴建 1 个垃圾转运场和 20 个垃圾袋装堆放收集点。4、充实、完善中洲公园和江心公园的旅游、娱乐服务设施，新增绿地 50 亩，全区绿化覆盖率达 25%。5、创建对湖环境保护模范小区，并扩大至岭后、生园两个居委会。6、筹建区职业学校。7、扩大区有线电视覆盖面，建设东升小区、万里小区有线电视网络，发展有线电视新用户 2500 户。8、筹建解困楼 50 套，解决 50 户教育和卫生职工住房特困户。9、新增 30 个消防栓，力争新村技防率达到 70%。10、推广计划生育系列保险 1000 例，力争区属集体企业和“三资”企业保险投保率分别达到 60% 和 70%。

1996 年 10 件：1、加快高速公路仓山段拆迁安置和修建聚龙路、螺城路，争取两年内完成闽江下游螺洲、城门段防洪堤三期加固工程。2、加强“菜篮子工程”建设，栽培蔬菜 445 亩，新改菜地 200 亩，长改短 260 亩，稳定全年蔬菜复种面积 61160 亩，保证总上市量 178 万担。3、加强市政基础设施建设，完成梁厝、高宅电信模块局总装机容量8500门、投建城门水厂供接水配套工程和金山投资区自来水管延伸工程、改建10条小街巷、5座水冲式卫生公厕和5座村镇三化厕、新建2座垃圾集装箱转运场。4、兴建跃进市场和城门农贸综合市场，完成金彩商品市场主体工程。5、完成50套解困楼，交付使用。6、新增绿地 4公顷，创建机场迎宾路绿化、美化一条街。7、发展有线新用户2000户，完善乡镇有线电视网络。8、丰富群众文体生活，加快江心公园休闲岛、先锋农民综合体育馆、盖山老干部活动中心建设。9、新增15个消防栓，新村技防率达到75%。10、完善社会保障制度，区属集体企业和“三资”企业失业保险投保率分别达到80%和70%。

1997年10件：1、结合南大门建设，续建聚龙路，拓宽三叉街至白湖亭段、白湖亭至高速公路连接线。2、在螺洲镇建立500亩高优花果苗木基地。3、建设环卫基地，新建2座集装箱垃圾转运场，新改建10座公厕、10条小街巷、5条人行道和2条规范化支路。4、加强水利基础设施建设，搞好南北堤除险加固工程和整治龙津河、半洋河。5、完成高盖山公园一期建设项目，改建江心公园。新增专用绿地90亩、公共绿地215亩，绿地覆盖率达25%。6、筹建教育系统职工住宅楼。7、新建盘屿中学，扩建第39中学。8、结合旧城改造做好区中医院建设前期工作和拆建城南医院。9、搞好文化艺术中心的选址工作，建成省级先进图书馆，创建2～3个省一级文化站。10、筹建1～2个上档次的商贸中心；建成螺洲综合农贸大楼。

1998年10件：1、启动六一南路龙津段西侧550米地段的组团式开发项目。2、加快园林建设，新扩建妙峰山公园、林则徐广场，完成高盖山公园三期工程。3、建设黄山高科技示范实验农场。4、改建水冲式卫生公厕10座，新建坊兜、连江南路2座集装箱垃圾转运场。5、完成港头河、盖山浦整治工作。6、修建2条规范化支路和10条小街巷，改、扩建乡村公路10公里。7、筹建卫生系统职工住宅楼。8、多渠道安排住房特困户80户。9、扩大再就业服务机构网络，创办15家劳服企业，安置下岗职工。10、改造太平巷、港头、亭下、城门4个农贸市场。

1999年13件：1、开通白湖亭至下洋村69路、三角埕至下洋村70路、六一南路至阳岐亭311公交线路。2、教育、卫生职工住宅楼开工建设。3、以高盖山公园为重点，全面完成7200平方米的桃花溪、梅溪、千年古井等公园二期续建项目。4、积极推进省沿海防护林体系和省二期竹业开发工程建设，植树造林3000亩。5、实施社区经济发展计划。培植一批工业产值 100万元以上的社区居委会，创建10个特色社区。6、加快仓山科技园区胪厦片656亩、城门投资区螺城路2365亩、盖山投资区494亩、福湾片400亩工业区的开发建设步伐。7、在10月前完成程埔、望旺、港头、上渡等4个市场改建任务。8、实施螺排路二期拓宽改造工程。9、启动刀石山投资区道路建设。10、建设螺洲农贸市场。11、全面启动螺洲古迹陈氏五楼和孔庙的修复工作。12、建设螺洲垃圾转运场。13、修建螺洲卫生院。

2000年9件：1、改造上渡棚屋区。2、完善住宅区、工业小区间的路网结构。3、建设上渡垃圾转运场。4、加快干部培训基地、老人福利院、少年儿童活动中心、万人游泳场的建设。5、区中医院建成投入使用。6、建设义序、浦下、金山新区等农贸市场。7、保证社会保障线经费支出。8、实施“再就业工程”，为3000人提供技术培训，为2500人提供再就业岗位。9、深化“春风行动”，为下岗职工、困难户、拆迁户等解决实际困难。

2001年12件：1、投资3亿元实施上渡棚屋区改造一期工程（在9月1日前建成第一批安置房8万平方米，第二批7.5平方米）。2、投资2亿元实施菖蒲棚屋区改造工程。3、投资1亿元推进马榕小区一期安置房建设。4、投资2500万元修建洪塘至温墩战备公路一期（盖山段），总长8公里。5、投资600万元修建福湾路，总长4.3公里。6、投资700万元建设金浦小区市场。7、投资500万元建设义序中心市场。8、投资1900万元修建管道燃气东升气源厂及输配管网工程一期。9、投资400万元修建区干部培训基地。10、投资300万元修建区少年活动中心。11、安排下岗职工就业2000人。12、投资50万元创建文明安全小区 20个。

2002年13件：1、兴建螺洲卫生院门诊综合大楼。2、兴建南台中心小学教学楼。3、兴建马榕小学教学楼。4、启动东升小学教学楼建设。5、继续加快下藤旧屋区改造安置房建设。6、建设马榕小区安置房二期工程。7、改造上渡旧屋区，动建洋洽片安置房。8、完成先锋、下湖、郑安、先农、楼下、阵坂、长埕旧村改造工程。9、建设金浦小区道路。10、建设螺洲固体废弃物处理场。11、完成万春小区、进步路、居安里、聚和路、公园西路小巷、复园路、福峡路、利民路等亮灯工程建设。12、完成竹园里小区、万升小区技防工程建设。13、完成上渡、望旺、程埔农贸市场超市化改造工程。

2003年10件：1、继续实施新村建设、旧城改造，对首山片旧屋区、程埔旧屋进行改造。2、建设橘园洲金山工业区仓山园公寓配套工程。3、建设盖山、城门、建新、螺洲4镇自来水供水工程。4、为下岗职工提供2300个再就业岗位。5、完成城南望旺农贸市场超市化改造任务，建设上渡超市。6、建设环保垃圾焚烧炉、垃圾转运场，整治内河。7、建设仓山环卫公寓。8、完成仓前公园改造、及上渡河尤溪洲驳岸整治。9、新建、扩建6所小学、幼儿园，并解决区防疫站、妇幼站、螺洲镇卫生院办公场所问题。10、修建首山路、龙江路、仓山商业步行街、公园东路。

2004年10件：1、建设农村垃圾综合处理场以及镇、街转运场。2、继续完善高盖山公园。3、实施旧屋区改造工程。4、帮助农民转岗再就业。5、实施新村建设、旧村改造项目。6、设立社区卫生服务站。7、建设2所小学、改造螺洲卫生院。8、续建城门、螺洲、盖山自来水工程。9、建设城乡道路。10、兴建经济适用房，解决部分中低收入者住房问题。

2005年8件：1、建设高盖山公园二期路网设施。2、兴建文体中心、卢滨路垃圾转运站。3、建设盖山、螺洲自来水二期管网供水工程。4、建设阵新路、首山西路。5、完善学校布局和设施，在施埔设立仓山小学施埕分校；兴建福州二十一中教学楼和首山幼儿园，扩建实验小学教学楼。6、建设金骏小区二期和金建小区安置房。7、实施岭后旧屋区改造。8、推进治理“餐桌污染”，建设“食品放心工程”。

第四节 信访工作

1990年，区信访局建立信访制度，指定专人负责，做到所有的来访来信百分之百登记，百分之百接访拆阅，百分之百交办，百分之百回音。是年，区委、区政府在牛墩洲和江心公园现场办公，接受群众来访集中解决两个公园的设施方案，全年共受理人民群众来信62件，接待群众来访400人次。

1991年，信访工作坚持“分级负责、归口管理，谁主管、谁负责，及时、就地、依法解决与思想疏导教育相结合”的工作原则，建立区、街道两级领导接访日制度，区党政领导每年到各个街道接访2次；街道和区直机关部门领导每季度参加接访1次。当年6月区举办领导接访日，共接访群众228人。群众来访反映主要问题有生活环境、企业职工下岗安置、干部作风、民事纠纷和非法集资等问题。所反映的问题基本上做到及时、有效地在萌芽阶段得到解决，越级上访、集体上访事件较少。

1992年，接访时间改为每月15日，由区委常委、区人大常委会正副主任、区人民政府正副区长、区政协正副主席轮流接访，并通知责任部门领导参加，同时设置书记、区长信箱。当年共收群众信件23件。其中，由书记、区长签转其他有关领导阅处的10件，签转区直有关单位办理的12件，转镇街查办的1件，全部按期办理答复，未出现重复来信反映诉求。

1993年，信访工作，实行“分别受理、综合分析、统一交办、定期反馈、严格监督”。区信访局制定信访受理、督办等制度。1991至1993年共受理人民群众来信664件，接待群众来访964人次。

1994年，市、区领导联合举行接访日活动。市委书记习近平带领市直有关部门领导与区五套班子领导、区直各部门负责人一道，共接待来访群众79人，受理问题70件。群众反映的主要问题有：要求解决危房、治理交通秩序混乱、制止游戏机赌博、房屋拆迁安置纠纷、厕所下水道堵塞民事纠纷等。这一阶段由于旧城改造、房屋拆迁的信访件大量增加，在收到联建村陈某与蔡某房屋纠纷和信平路蔡某拆迁安置信访后，区政府办公室多次召集建工局、城建开发总公司、拆迁办协调，提出安置方案，有关方面都表示满意。1995年8月，区信访部门对群众反映的热点、难点问题，提前介入了解情况，主动提出解决问题的意见、建议，为领导决策提供参考。当年，区铁合金厂电炉车间青年工人40多名集中来访要求解决待遇问题，区信访局即以《信访呈阅件》向区政府报告，在政府分管领导人和有关部门的重视下，问题迅速得到解决。1994 至 1996 年 3 年全区共受理人民群众来信 287 件，接待群众来访 993 人次。

1997 年，随着辖区面积扩大和人口数量激增及城市化进程加速推进，群众的各种诉求逐渐多样，信访数量增多，群众来信来访反映的主要问题是落实政策、违法建设等问题。是年，区加强镇（街道）、村（居委会）信访工作，在区直机关以及各个镇（街道）、村（居委会）配备专职或兼职信访工作人员和 1122 名民事信访调解员，由单位主要负责人分管或兼任信访领导小组工作，各级信访领导小组每季度报告信访动态和工作开展的情况；区信访领导小组每季度召开 1 次联席会议，听取汇报，研究解决信访中反映的疑难问题。形成区、镇（街道）、村（居委会）三级信访工作网络。

1999 年，开始建立约访制度，并实行每一季度一排查；发现苗头性、倾向性问题做到早分析、早报告，对查出的重点信访问题，实行“一包四定”（即明确包案领导、定责任单位、定经办责任人、定办结时间、定督办单位）。当年，区领导接访时获知全区有 1100 个农户，因使用多菌灵可湿性粉剂 (P)（超微）导致花菇受损的情况后，立即组织技术人员深入调查，及时研究制定相应的补救措施，筹措资金 60 多万元，把各项补救措施和资金落实到户，将损失降到最低限度。

2002 年，区信访局对群众来信反映的问题，及时摘录登记、转办，并定期催办、督办，直至承办单位回报处理结果并函告来信人。6 月，接访时城门镇樟岚村上董自然村群众反映程某某站用耕地建厂房造成污染问题。市国土资源局第三分局即派员调查，根据《中华人民共和国土地管理法》的有关规定，对程某某作出行政处罚决定，责令其自行拆除违法建筑，恢复土地原状。

2003 年起，随着金山新区开发、旧屋棚屋区改造和东部新城建设，群众信访的主要内容转移到征地补偿、拆迁安置、农村社保医保和环境污染等问题上。区政府根据《信访条例》，采取“属地管理分责制和依法、及时、就地解决问题与疏导教育相结合”的原则，建立联席会议、排查调处、信访督查工作制度。至 2005 年，3 年共受理人民群众来信 1532 件，接待群众来访 1050 人次。

1990 至 2005 年，全区共受理人民群众来信 4306 件，接待群众来访 5757 人次。区信访部门自办查处 468 件，向各级负责人提供各类有效信访信息 210 条，提出解决重点信访问题的意见、建议 83 条，查报上级机关交办件 132 件，办结率 100%。区委、区政府领导人参加接访活动 360 人次，开展接访活动 152 次，共接访群众 986 批 2895 人次，受理群众来访反映问题 975 件，办结 911 件，办结率为 93.4%。

1990 ~ 2005 年仓山区来信来访情况表

表 12-1-2　　**单位：件**

年份	总数	来信	来访	年份	总数	来信	来访
1990	462	62	400	1998	714	266	448
1991	756	301	455	1999	699	242	457
1992	500	216	284	2000	732	358	374
1993	372	147	225	2001	681	317	364
1994	391	76	315	2002	629	281	348
1995	357	118	239	2003	748	483	265
1996	532	93	439	2004	804	506	298
1997	656	297	359	2005	1030	543	487

第五节　议案和提案办理

1990 年，第十届政府收到区人大代表提出的议案和意见 125 件，区政协委员提案 35 件。区政府对符合政策，区财力又许可的问题都能在区人大、政协规定期限内办理完毕，并书面直接答复代表；对一些暂时不能解决的或者确实难以解决的，也都能说明原因，取得代表谅解。当年由区政府办理解决的 124 件，其中人大交办的98件，占79.03%。政协交办的26件，占20.96%。代表、委员提出：仓前路195号居民住宅下水道堵塞，污水横流问题，区城管、房管部门联合到实地勘测，增加2个进水井与1个检查井。关于小街巷维修问题，区政府拨专项经费3万元给街道，专款专用。九中校门口摆摊有碍交通问题，区工商局决定将市场向北移位，同时加强对早市市场的管理和监督。关于建立老干部活动基金问题，决定由财政拨款1万元为老干部活动基金。其他如为菖蒲地区更换变压器、为吉祥街等地更换电线、建设三叉街永久性开放式车亭等均予办理。

1991～1993年，第十一届政府收到人大代表的议案和建议共650件，其中人大605件，政协45件。经区政府办理解决的共574件，其中人大518件，政协29件。区政府对人大代表、政协委员提出《关于建设仓山区离退休干部活动中心，开展形式多样的活动》提案，列入区政府1992年为民办实事项目。《关于扩建娃娃培育中心》提案被区政府采纳，拨出专款扩建，满足三叉街一带群众子女入托的需求。“修复路灯”“ 改造小街巷”“增加居委会正副主任补贴费建议”等提案即邀请市有关领导和22个承办部门协调，新增17个消防栓，修复路灯，更换破旧电线，成片改造梅坞等10条街巷弄居民户的接线。并每月给居委会正副主任增加50元补贴费。

1994～1996年，第十二届政府收到人大代表、政协委员的议案和建议共643件。其中人大380件，政协263件。经区政府办理解决的共124件，其中人大345件，政协181件。区政府对人大代表、政协委员提出的意见、建议都逐一认真办理。对人大代表、政协委员提出“防火通道的畅通”“建立仓山区青少年德育基地”等意见，区政府协调区工业局、公安分局消防科和下渡街道，打开玩具厂后门，保持防火通道的畅通。并拨款8万元作为“建立仓山区青少年德育基地”的启动经费；同时完善排下革命烈士陵园、林则徐铜像等两个基地和新建蔡襄纪念馆基地。关于代表、委员提出 《关于建议仓山区鹤龄医院更名为福州第三医院》《归还上渡望北台真武庙房产权》《乡镇教育经费要专款专用》《关于重视本区人才资源的开发和利用》《建设建新花卉生产基地》等提案、建议，均得到区委、区政府领导和有关部门的重视和采纳。

1997～2002年，第十三届政府收到人大代表、政协委员的议案和建议共746件，其中人大643件，政协103件。办理解决的共725件，其中人大342件，政协383件。1997年代表提出建议中有22件有关供电的问题。区政府协调仓山供电所经过多方努力，完成河边、通明、菖蒲等10个居委会电线入户和电线大修工作。更换破损电线14.3公里。同时投资174.4万元，改造三十九中的变压器，解决该校电压偏低的问题。1998年代表提出《筹建仓山区老人活动中心》，被列为1号议案。区政府召开区长办公会议，抽调人员组成专门工作班子，筹款280多万元建成“活动中心”。其间，区政府还集资1000多万元，改建49条支路，街、巷道路及下水道，拨款12万元，改造“怡园食品厂”的烟囱，代表表示满意。2000年，代表提出“配足仓山区的消防栓”“整治校园周边非法食品摊点” “提高居委会正副主任工资”等建议。区政府召开区长办公会议，决定从是年6月起，提高居委会正副主任各项津贴。区长还亲自与市自来水公司、消防部门协调，配设消防栓27座；责成区市容局、区城管监察大队对麦园路、对湖路、公园路、六一南路、下藤路等中小学校周边的流动摊点进行整治。2001年，代表提出：“开辟一日游”“给新居委会配套公共设施”“加快中医门诊大楼建设问题”等意见建议，区政府办公会议作出决定：由财政局拨款5万元作为启动资金开通“相约南台岛一日游”；由旧屋改造指挥部无偿提供65平方米给新居委会配套公共设施；由区财政安排100万元兴建中医门诊大楼。2002年，代表提出“解决先农村民吃水难问题”，仓山镇列入当年为民办实事的项目。与市计委、市自来水公司协调，筹集资金100多万元，解决村民喝水难问题。

2003～2005年，第十四届政府收到人大代表、政协委员的议案和建议共785件，其中人大393件，政协392件。办理解决的共528件，其中人大310件，政协218件。区政府对代表提出“扩大农村低保人数”“解决金山失地农民生产生活”的意见和建议，制定《关于农村最低生活保障标准的暂行办法》，将农村年人均收入低于福州市农村最低生活保障标准，以及土地被完全征用，家庭人均收入低于福州市城市最低生活保障标准的均纳入保障。同时启动浦上“一层皮”改造、浦上生活区配套和建中建材市场等项目，解决红江、高宅等10多村集体资产投资、增值以及失地农民的生活问题。对代表提出“三叉街新村湖畔31～38座产权问题”“桃花山新村6座下水道堵塞”“金浦小区11座旁违章搭盖赌场”等提案，为三叉街新村319户业主办理产权证。重新修建一条下水道，解决“桃花山新村6座下水道堵塞”问题。组织公安分局、执法局、三叉街街道及金浦社区等近百人联合执法，对违章搭盖赌场强行拆除。对代表提出“改善退休居委会主任生活待遇”和“解决社区居委会主任社保”等问题，区政府决定：从2005年起社区居委会干部每月的退休生活补贴费从原来的正主任300元、副主任260元，调整为正主任350元，副主任300元。社区居委会干部的养老保险参照事业单位按照个人工资总额的26%的标准缴纳，其中区财政负担18%，个人负担8%。对于“增加文物保护经费”问题，区政府安排64万资金，作为专项使用。对“塔仔里小街巷修水泥路”问题，区政府投入3万元铺设一条长80米、宽2.2米的水泥路。

第三章　政协

1990年，区政协继续贯彻执行中共基本路线和统一战线的各项方针政策，围绕中心，服务大局，团结各界人士，努力发挥政协的团结、参谋、监督、统战作用。通过组织委员开展学习、视察、调研、提案、为民办实事等活动，履行政治协商、民主监督和参政议政职能。至2005年，区政协历经4次换届；共召开15次全体委员会议、83次常委会议和99次主席会议，举办学习会、报告会、讲座163场次，参加学习委员达21350多人次。组织委员参加视察、调研751场次，提出意见建议1111条，推进仓山的社会主义物质文明和精神文明建设。

第一节　政协委员

1990年至2005年，区政协历经4次换届。历届区政协委员是由民主党派、各人民团体协商推荐，经区政协常委会讨论通过产生的。

1990年，区政协第二届委员会有委员88人，其中：中共党员32人，民主党派17人、无党派39人。委员中，妇女委员31人，占委员人数35.2%；大专以上文化程度40人，占委员人数45.5%。委员平均年龄49.4岁。

1991～1993年，政协第三届委员会有委员103人，其中中共党员42人，占委员数的40.7%；非中共党员人士61人，占委员数59.3%；妇女委员34人，占委员人数33%；大专以上文化程度56人，占委员人数54.4%。委员平均年龄49.4岁。

1994～1996年，区政协第四届委员会一次会议有委员108名，届中因区划调整，增补仓山、城门、建新、盖山、螺洲5个镇的政协委员48人。四届三次会议委员增至156人。其中中共党员60人，占委员数的38.5%；非中共党员人士96人，占委员数61.5%；妇女委员44人，占委员人数28.2%；大专以上文化程度73人，占委员人数46.8%。委员平均年龄48.7岁。

1997～2002年，区政协第五届委员会第一次会议有委员170人。五届二次会议增补委员6人，五届三次会议增补委员10人；五届四次会议因工作变动，不再担任委员3人，增补委员12人；五届六次会议有2名委员调外区工作，不再担任委员；增补5名新委员。至届末共有委员198人。其中：中共党88员人，占委员数的44.6%；民主党派和无党派人士109人，占委员数55.4%；妇女委员51人，占委员人数25.8%；大专以上文化程度91人，占委员人数46.2%；高级知识分子15人，占委员数7.6%。委员平均年龄48.2岁。

2003～2005年，区政协第六届委员会第一次会议有委员195人。六届二次会议因工作变动，不再担任委员 4 人，增补委员 13 人，六届三次会议增补委员 9 人。是届末共有委员 213 人。其中中共党员 86 人，占委员数的 40.4%；民主党派和无党派人士 127 人，占委员数 59.6%；妇女委员 60 人，占委员人数 28.2%；大专以上文化程度 129 人，占委员人数 60.6%；高级知识分子 17 人，占委员数 7.9%。委员平均年龄 47.3 岁。

1990 ~ 2005 年区政协历届委员构成情况表

12–3–1　　单位：人

届别	时间（年）	委员数	其中				平均年龄（岁）	文化程度	
			中共党员	民主党派	无党派	妇女委员		大专以上	高级职称
二届三次	1990	88	32	17	39	31	49.4	40	
三届	1991-1993	103	42	27	34	34	49.4	56	11
四届	1994-1996	156	60	37	59	44	48.7	91	14
五届	1997-2002	198	88	59	51	51	48.2	91	15
六届 1-3 次	2003-2005	213	86	65	62	60	47.3	129	17

第二节　全体委员会议

一、政协仓山区第二届全体委员会（1987 年 11 月 ~ 1991 年 1 月）

区政协第二届四次会议于 1990 年 2 月 12 ～ 15 日在区机关礼堂召开。出席会议委员 81 名，因事因病请假 7 名。会议听取并审议区政协副主席吴世振作《政协仓山区第二届委员会常务委员会工作报告》和副主席叶存熙作《仓山区政协二届三次会议提案办理情况报告》。大会审议通过《政协仓山区第二届委员会第四次会议政治决议》和《仓山区政协第二届委员会第四次会议提案审查情况报告》。会议期间，全体委员还列席区人大十二届四次会议，听取并讨论政府工作以及其他有关报告。

二、政协仓山区第三届全体委员会（1991 年 1 月 ~ 1993 年 1 月）

区政协第三届一次会议于 1991 年 1 月 24 ～ 27 日在区机关礼堂召开。出席会议委员 95 名，请假 8 名。会议听取并审议区政协副主席林恩全作《仓山区政协第二届常委会工作报告》和副主席叶存熙《仓山区政协二届四次会议提案工作情况报告》。选举产生区政协第三届委员会常务委员 11 名。蔡庆良为主席，林恩全、沈惠秋、吴世振、陈德宏，王大光为副主席。会议通过《政协福州市仓山区第三届委员会第一次会议政治决议》和《关于区政协三届一次会议提案审查情况报告》。会议期间，全体委员还列席区人大第十一届一次会议，听取并讨论政府工作报告和其他报告。

区政协第三届二次会议于 1992 年 2 月 10 ～ 13 日在区机关礼堂召开。出席会议委员 92 名，因事因病请假 11 名。会议听取并审议区政协主席蔡庆良《仓山区政协常委会工作报告》和副主席沈惠秋《仓山区政协三届一次会议提案工作报告》。会议通过《政协仓山区第三届委员会第二次会议政治决议》和《仓山区政协三届二次会议提案审查情况报告》。会议表彰 3 个先进工作组（委）和 11 名先进个人。会议期间，全体委员还列席区人大十一届二次会议，听取并讨论政府工作报告和其他报告。

区政协第三届三次会议于 1993 年 1 月 7 ～ 10 日在区机关礼堂召开。出席会议委员 92 名，请假 11 名，会议听取并审议区政协副主席吴世振《仓山区政协常委会工作报告》和副主席沈惠秋《仓山区政协三届二次会议提案工作报告》。会议通过《政协仓山区第三届委员会第三次会议政治决议》和《仓山区政协三届三次会议提案审查情况报告》。会议表彰5个先进工作组（委）和16名先进个人。会议期间，全体委员还列席区人大十一届三次会议，听取并讨论政府工作报告和其他报告。

三、政协仓山区第四届全体委员会（1994年1月～1996年1月）

区政协第四届一次会议于1994年1月11～16日区机关礼堂召开。出席会议委员102名，因事因病请假6名。会议听取并审议区政协副主席沈惠秋《政协福州市仓山区第三届委员会常务委员会工作报告》和副主席王大光《政协福州市仓山区第三届委员会提案工作情况报告》。会议通过《政协仓山区第四届委员会第一次会议政治决议》和《政协福州市仓山区第四届第一次会议提案审查情况报告》。会议选举产生区政协第四届委员会常务委员11名。蔡庆良为主席，沈惠秋、吴世振、王大光、林之耀、苏孝祯为副主席。会议表彰3个先进工作组（委）和11名先进个人。会议期间，委员还列席区人大第十二届一次会议，听取并讨论政府工作报告和其他有关报告。

区政协第四届二次会议于1995年1月15～18日在区机关礼堂召开。出席会议委员96名，请假12名。会议听取并审议区政协副主席沈惠秋《仓山区政协常委会工作报告》和副主席王大光《区政协四届一次会议提案工作报告》。会议审议通过《政协福州市仓山区第四届第二次会议政治决议》和《区政协四届二次会议提案审查情况报告》，表彰先进专委会4个、先进个人12名和提案办理先进单位1个、提案办理先进个人2名。会议期间，全体委员还列席区人大十二届二次会议，听取并讨论政府工作报告和其他有关报告。

区政协第四届三次会议于1996年4月19～22日在区机关礼堂召开。此次会议因区划调整，增补仓山、城门、建新、盖山、螺洲5个镇的政协委员48名，委员总数增至156名。出席会议委员151名，因事因病请假5名。会议听取并审议区政协副主席沈惠秋《仓山区政协常委会工作报告》和副主席王大光《区政协四届二次会议提案工作报告》。审议通过《政协福州市仓山区第四届第三次会议政治决议》和《区政协四届三次会议提案审查情况报告》。会议表彰4个先进专委会、3个提案办理先进单位、3件优秀提案和17名政协工作积极分子。会议期间，全体委员还列席区人大第十二届三次会议，听取和讨论政府工作报告和其他报告。

四、政协仓山区第五届全体委员会（1997年1月～1999年1月）

区政协第五届一次会议于1997年1月25～29日区机关礼堂召开。经各方面的推荐协商，区政协常委会审议通过，五届委员会由170名委员组成。出席会议委员161名，因事因病请假9名。会议听取并审议区政协主席蔡庆良《政协福州市仓山区第四届委员会常务委员会工作报告》和副主席王大光《政协福州市仓山区第四届委员会提案工作情况报告》。会议选举产生第五届区政协常委20名。蔡庆良为区政协第五届委员会主席，饶福生、王大光、苏孝祯、林祥火、曾东升、陈宜安为副主席。会议通过《政协福州市仓山区第五届第一次会议政治决议》和《仓山区五届一次会议提案审查情况报告》。会议表彰5个先进专委会和17名先进个人。会议期间，全体委员还列席区人大第十三届一次会议，听取并讨论政府工作报告和其他报告。

区政协第五届二次会议于1998年2月22～26日在区机关礼堂召开。出席会议委员163名，请假13名。会议听取并审议区政协副主席饶福生《仓山区政协常委会工作报告》和副主席王大光《区政协五届一次会议提案工作报告》。会议审议通过《政协福州市仓山区第五届第二次会议政治决议》和《区政协五届二次会议提案审查情况报告》，表彰6个先进专委会和21名先进个人会议期间，全体委员还列席区人大十三届二次会议，听取并讨论政府工作报告和其他报告。

区政协第五届三次会议于1999年1月20～23日在区机关礼堂召开。出席委员178名，请假8名。会议听取并审议区政协副主席饶福生《仓山区政协常委会工作报告》和副主席王大光《仓山区政协五届三次会议提案工作情况报告》。会议选举增补2名五届政协常务委员，表彰5个先进专委会和18名先进个人。审议通过《政协福州市仓山区第五届第三次会议政治决议》以及《区政协五届三次会议提案审查情况报告》。会议期间，全体委员还列席区人大第十三届三次会议，听取和讨论政府工作报告和其他报告。

区政协第五届四次会议于2000年1月24 ～27日在区机关礼堂召开。出席会议委员183名，因事因病请假3名。会议听取并审议区政协副主席饶福生《仓山区政协常委会工作报告》和副主席王大光《区政协五届四次会议提案审查情况报告》。会议选举增补3名五届常务委员，审议通过《政协福州市仓山区第五届第四次会议政治决议》以及《区政协五届三次会议提案审查情况报告》。会议期间，全体委员还列席区人大第十三届四次会议，听取和讨论政府工作报告和其他报告。

区政协第五届五次会议于2001年2月1～5日在区机关礼堂召开。出席会议委员182名，请假4名。会议听取并审议区政协副主席饶福生《仓山区政协常委会工作报告》和副主席王大光《仓山区政协五届四次会议提案工作情况报告》。审议通过《政协福州市仓山区第五届第五次会议政治决议》和《区政协五届四次会议提案审查情况报告》。会议期间，全体委员还列席区人大第十三届五次会议，听取和讨论政府工作报告和其他报告。

区政协第五届六次会议于2002年3月19～22日在区机关礼堂召开。出席委员185名，因事因病请假5名。会议听取并审议区政协副主席饶福生《仓山区政协常委会工作报告》和副主席王大光《区政协五届五次会议提案审查情况报告》。由于主席蔡庆良、副主席饶福生、曾东升、林祥火退休。会议选举王发展为区政协五届主席，杨其梅为副主席。会议审议通过《政协福州市仓山区第五届第六次会议政治决议》和《区政协五届六次会议提案审查情况报告》。会议期间，全体委员还列席区人大第十三届六次会议，听取和讨论政府工作报告和其他报告。

五、政协仓山区第六届全体委员会（2003年1月～2005年1月）

区政协第六届一次会议于2003年1月19～23日在区机关礼堂召开。出席会议委员190名，因事请假5名。会议听取并审议五届政协主席王发展《仓山区政协常委会工作报告》和副主席王大光《仓山区政协五届常委会提案工作情况报告》。会议选举产生仓山区政协第六届委员会常务委员30名，陈朝明为主席，杨其梅、王大光、苏孝祯、陈宜安为副主席。会议审议通过《政协福州市仓山区第六届第一次会议政治决议》和《仓山区政协六届一次会议提案审查情况报告》。会议期间，全体委员还列席区人大第十四届一次会议，听取和讨论政府工作报告和其他报告。

区政协第六届二次会议于2004年1月2～5日在区机关礼堂召开。出席会议委员197名，因事因病请假6名。会议听取和审议区政协主席陈朝明《贯彻“三个代表”重要思想把政协工作提高到新的水平》的第六届常委会工作报告和副主席王大光《仓山区政协六届一次会议提案情况报告》。会议表彰6个先进专委会、24名优秀政协委员、2个捐资助学先进单位和18名捐资助学先进个人。区各民主党派、工商联、有关人民团体及委员代表6人就仓山区改革开放和现代化建设问题在大会上发表意见和建议。会议审议通过《政协仓山区第六届委员会第二次会议政治决议》和《仓山区政协第六届委员会第二次会议提案工作报告》。会议期间，全体委员还列席区人大第十四届二次会议，听取并讨论政府工作报告和其他报告。

区政协第六届三次会议于2005年1月25～28日在区机关礼堂召开。出席会议委员186名，因事因病请假27名。会议听取并审议区政协主席陈朝明《求真务实开拓创新谋求发展推动新时期人民政协工作上新水平》的第六届政协常委会工作报告和副主席王大光《仓山区政协关于六届二次会议提案工作情况报告》。会议选举增补2名第六届政协常务委员，表彰6个先进专委会、26名优秀政协委员、4件优秀提案和4个提案承办先进单位。大会审议通过《政协仓山区第六届委员会第三次会议的政治决议》和《仓山区政协六届三次会议提案审查工作报告》。会议期间，全体委员还列席区人大第十四届三次会议，听取和讨论政府工作报告和其他报告。

第三节　主要活动

一、组织学习

1990年，坚持每月1次主席学习会和每季度1次常委会学习会制度。各专门委员会（工作组）结合每季度调研视察活动，采取分散自学、集中讨论、定期交流等方式，组织和推动委员学习。学习内容有中共十三大和十三届三中、四中、五中全会精神，传达学习福州市政协工作会议精神，开展“生产力标准问题”和“以中共十三大精神推动政协工作”的专题讨论。

1991～1993年，区政协三届期间，主要学习中共十四大、十四届三中全会精神。1991年苏联“8.19”事件后，组织委员听取关于国际形势和苏联和平演变的录音报告。1992年重点学习《邓小平视察南方的重要讲话》和中共中央《关于建立社会主义市场经济问题的决定》，传达全国、省、市政协工作会议精神，学习《政协章程》，举办政协理论讲座。

1994～1997年区政协四届期间，常委会议决定把《邓小平文选》和《邓小平同志建设有中国特色社会主义理论学习纲要》作为学习的主要内容。1995年学习中共十四届四中、五中全会精神，以及江泽民《为促进祖国统一大业而继续奋斗》和视察经济特区时的重要讲话精神。1996年主要学习邓小平关于精神文明建设和社会主义市场经济论述，举办学习会和专题讲座。

1997～2003年区政协五届期间，重点学习中共十五大精神。1997年7月1日香港回归，区政协举办“一国两制”与“香港基本法”专题报告会，举办“迎回归诗歌吟唱会”、书画展等活动。1998年学习中共十五届三中全会精神以及纪念十一届三中全会20周年和江泽民对台八项主张讲话发表3周年，学习贯彻仓山区第八次党代会精神。1999年学习江泽民在纪念中国共产党成立78周年座谈会上讲话和中共仓山区委、区政府《关于推进科教兴区战略的决定》。2000年组织委员重点学习“三个代表”重要思想，8月29日举办“三个代表”重要思想学习报告会，邀请区委宣传部领导作报告，有50多位政协常委、民主党派、各界人士参加。

2001年3月8日区政协机关全体党员干部参加全区第一批“三个代表”重要思想学习教育活动，为期2个月。2002年11月29日区政协召开常委会传达学习中共仓山区委八届九次全体（扩大）会议精神，通过《仓山区政协关于认真学习贯彻中共十六大精神、落实区委八届九次全体（扩大）会议精神的决议》。

2003～2005年区政协六届一次至三次会议期间，学习的主要内容是“三个代表”重要思想和新时期人民政协理论。2003年3月12日区政协在仓山区老干部活动中心举办新委员政协理论学习培训班，邀请省政协领导作报告，参加培训的有区政协新委员150多名。同年11月18日召开区政协常委学习会，审议通过《仓山区政协关于学习贯彻中共十六届三中全会精神和仓山区第九次党代会精神的决议》。2004年2月20日区政协制定《关于创建学习型政协组织的意见》和《关于创建学习型组织计划安排》文件，推动全区政协委员开展学习活动。

2005年学习《中共中央关于加强党的执政能力建设的决定》和胡锦涛关于构建社会主义和谐社会的重要论述。召开常委会专题学习会，各民主党派、专委会在会上交流学习体会。2005年上半年，区政协机关参加全区的共产党员先进性教育活动，完成“三个阶段”的学习任务，进一步改进机关作风。

此外，1990年至2005年，常委会共举办学习会、报告会、讲座163场次，参加学习委员达21350多人次。

二、协商监督

1990年1月至1994年1月，区政协二届四次至三届三次会议期间，共召开21次常委会、23次主席会议、

12次专题座谈会，听取和讨论区政府及有关部门就区街经济发展、蔬菜供应、实施《食品卫生法》和《义务教育法》、文化市场和商业网点建设、民族宗教政策落实情况的通报，提出意见建议136条。多被区委、区政府采纳；其中促进望北台真武庙、上渡基督教堂等宗教场所的产权得到落实。

1994年1月至1997年1月，区政协四届期间，共召开常委会16次、主席会议21次，先后听取区政府及有关部门关于中外合资企业发展、环境保护、"三胞"捐资举办公益事业等工作通报，提出意见建议182条。区经贸委、台侨办等多家单位采纳建议，与区政协联合开展投资环境的检查，促进合资企业的发展。

1997年1月至2003年1月，区政协五届期间，共召开31次常委会、36次主席会议，围绕区委、区政府中心工作和重要事项参政议政，先后就仓山区"十五"规划纲要的制定、"创卫"工作、社会治安综合治理、党风廉政工作参政议政，提出意见建议385条。在抗击"非典"中，常委会组织卫生界委员到基层卫生院、社区、农村视察检查，督促防"非典"工作的落实，并在三叉街社区建立防"非典"咨询站，为群众服务。

2003年1月至2005年12月，区政协六届一次至三次会议期间，召开15次常委会、19次主席会议，围绕经济建设中心和群众普遍关心的热点难点问题参政议政。先后就仓山区"十一五"规划纲要、构建和谐社会、旧城改造和新区建设、文物保护和利用、抢修危堤确保汛期安全、加强严打推进"和谐仓山""平安仓山"建设等问题建言献策，提出意见和建议486条，其中，关于加强农村卫生建设、促进教育事业发展等建议被采纳，写进"仓山区十一五"规划。

三、提案征集办理

（一）第二届政协四次会议提案

1990年1月至1991年1月，区政协二届四次会议期间，收到提案39件、立案35件。被有关部门采纳、解决和基本解决26件，占提案总数的74.3%。其中《三叉街新村系万人居住的配套小区，要相应成立医疗机构，解决群众看病难的问题》提案被区政府采纳，经过筹备于1992年国庆前建立城南医院，解决群众看病难问题。

（二）第三届政协提案

1991年至1994年1月区政协3次全会期间收到提案80件、立案45件。至届末被有关部门采纳，解决或基本解决29件，占提案总数64.4%。其中《关于建设仓山区离退休干部活动中心，开展形式多样的活动》提案，列入区政府1992年为民办实事项目；《关于扩建娃娃培育中心》提案被区政府和区教育局采纳，拨出专款扩建，满足三叉街一带群众子女入托的需求。

（三）第四届政协提案

1994年1月至1997年1月区政协1-3次会议期间收到提案277件、立案263件；其中《关于建议仓山区鹤龄医院更名为福州第三医院，促进我区卫生医疗事业发展》《建设区机关干部宿舍楼，解决干部住房难的问题》《落实党的宗教政策，归还上渡望北台真武庙房产权》《乡镇教育经费要专款专用，促进农村教育事业的发展》《关于重视本区人才资源的开发和利用建议》《建设建新花卉生产基地，发展花卉产业，壮大建新镇经济》等提案受到区委、区政府领导和有关部门的重视和采纳。到届末，解决和基本解决181件，占提案总数68.8%。有关部门列入计划解决63件，占提案总数23.9%。在区政协四届三次会议期间，制定《仓山区政协提案工作暂行条例》，促进提案工作规范化、制度化建设。

（四）第五届政协提案

1997年1月至2003年1月，区政协1～6次会议期间共收到提案618件，其中立案564件，作为意见转有关部门参考54件。立案564件中，被区政府和有关部门采纳，已解决和基本解决的383件，占提案总数67.9%。民盟、民革、民建、九三学社等党派在区政协五届一次会议上联合提出《关于在区财政预算上适当增加民主党派活动经费的建议》受到区政府领导重视和采纳，列入当年财政预算。政协委员在五届六次会议上提出《关于尽快修复螺洲“陈氏五楼”》被区政府采纳，财政拨款200万元于2005年修复竣工。

（五）第六届政协提案

2003年1月至2005年12月，区政协1～3次会议期间，共收到提案449件，立案392件。其中民主党派、人民团体委员提出《关于加快观井片旧屋区改造的建议》《关于在我区开展为特困人员医疗援助》《仓山区城区特困人员和被征地低保户开展医疗援助》等21件提案被区政府及有关部门采纳。其中《关于加快观井片旧屋区改造的建议》被列入南江滨改造建设的总体规划。区政府制订出台《仓山区城区特困人员和被征地低保户开展医疗援助实施办法（暂行）》，有6000多特困人员领到《爱心医疗援助证》。全国政协《人民政协报》于2004年8月2日发表《福州仓山政协一份提案6000群众受益》的专题报道。2005年区政协开展“提案质量年”活动，向区委、区政府报送2件常委会建议案和6件重点提案得到办理。其中《创建具有中医药特色的全国社区卫生服务示范区》提案，经过全区卫生系统努力，仓山区跨入全国示范区的行列。是届区政协提案立案392件中，已解决和基本解决247件，占立案总数63.01%，列入计划解决145件，占立案总数36.98%。

四、视察调研

1990年二届四次会议期间，常委会组织专门委员会和工作组共视察调研62场，参加930人次，提出意见建议136条。组织委员视察仓前路、六一南路、梅坞路改建情况，调研落实侨务政策问题，开展“我为仓山经济献计”活动。撰写《关于进一步落实仓山区教会房屋政策问题的意见》等3篇调研报告。组织专家学者对仓前路公园建设进行考察，提出公园建设方案意见报送区委、区政府及有关部门参考。

1991年1月至1994年1月区政协三届期间，常委会组织专门委员会和工作组到辖内街道和中小餐馆，围绕预防甲肝、夏季食品卫生、实现无噪音控制区等开展视察调研166场，参加2656人次，提出意见建议285条，形成《关于加强食品卫生的检查监督保证人民群众饮食安全的建议》等12篇调研报告。邀请区委、区政府及有关方面的领导通报情况，提出意见和建议，促进食品卫生和实现无噪音控制区工作。

1994年1月至1997年1月区政协四届期间，常委会组织委员到台资企业、基层卫生院、中小学共视察调研157场，参加2860人次，提出意见建议180多条。“三胞”委员会对全区72家“三资”企业作专题调研，撰写《台资企业的经营管理经验与几点建议》调研报告。1995年5月区政协开展“调研落实月”活动，有7个专委会和政协办公室撰写8篇调研报告，涉及经济、商业、教育、侨务、卫生、宗教等方面。1996年秋季因区划调整，城门、义序等镇村小学毕业生爆满，1000多名学生无法升入中学，区政协教育专委会调查情况后，及时向区委、区政府和教育部门通报。在市教委、外国语学校支持下，进行增班扩招，解决小学生升学难问题。

1997年1月至2003年1月区政协五届期间，区政协组织委员先后对“菜篮子”工程、花卉生产、乡镇企业、商贸经济、食品卫生、计划生育、环境保护、防汛备汛、医药市场、文化教育、宗教场所管理等进行视察调研。参加视察调研的委员共5850多人次，提出意见建议225条。撰写《农村初中生流失问题的调查与思考》《关于我区侨捐工程质量安全检查的情况》等12篇调研报告。

2003年1月至2005年12月区政协六届一次会议至三次会议期间，区政协常委会主要围绕防“非典”工作；公、检、法干警队伍建设和“十一五”规划执行情况，组织委员开展视察调研。政协委员30多人对民营企业生产发展中存在企业用地、税收政策、投资环境建设等10个方面问题提出意见建议。区委主要领导主持召开民营企业、生产协调会，区10多个部门领导参加，协调解决企业用地、用工、融资贷款、企业周边治安等问题。至2005年末共组织委员视察调研183场，参加3290多人次，提出意见建议285条。

五、“三胞”联谊

1990 年 9 月区政协二届三次会议期间，经过区政协副主席林恩全和委员许铿官的联系，华侨陈霖先生向霖顺科学馆捐赠价值 8 万元人民币的 10 台 PC-286 电脑。1990 年底，“三胞”捐资兴办公益事业 12 项，折合人民币 1500 万元，其中有仓山区医院鹤龄楼、区华侨文化活动中心、霖顺科学馆、天安小学陈霖教学楼、英华学校、华南女子学院等项目。

政协第三届期间，1992 年 11 月，区政协委员、区侨联副主席郑文明在赴日探亲时牵线搭桥，由日本侨领林同春先生向福州市残联会捐赠衣服 2 万多件，价值 200 多万人民币。1992 年底，区政协常委、侨联主席叶存熙和委员孙存惠分别引进香港广昌置业公司资金 1500 万人民币和香港资金 1300 多万人民币，开发改造福州翻胎厂和龙津浦旧城区。

区政协第四届期间，1994 年 11 月，华侨柯伯诚先生捐资兴建的柯信谋夫人科学楼竣工，柯信谋夫人奖学基金会正式成立。1995 年 5 月，区政协“三胞”委员会联络引荐美国、加拿大、印尼、台湾等国家和地区的朋友 39 批 150 多人参加“95 仓山区招商项目洽谈会”。

区政协第五届期间，1997 年 3 月港澳委员、高盖山妙峰寺住持释济平法师为修高盖山公园盘山公路捐款人民币 10 万元。1997 年 7 月 1 日，香港回归，区政协举办“一国两制”与“香港基本法”两场专题报告会，360 多名三胞委员和各界人士参加。1998 年 9 月，区政协组织开展纪念江泽民同志对台工作八项主张发表 3 周年，同年 11 月中旬，第五届世界十邑同乡大会在北京召开，区政协副主席饶福生、苏孝祯率团参加。1998 年 12 月，区政协举办“迎澳门回归”报告会，并与区文化局联合举办“迎千禧年，庆澳门回归”诗歌吟唱会、书法展，刊印诗集 500 本。1999 年 7 月港澳委员、高盖山妙峰寺释济平法师再次捐资人民币 10 万元，修建高盖山旅游景点。

区政协第六届一次会议至三次会议期间，2003 年 2 月 23 日区政协在福州绿岛大酒店举行五届政协常委慰问会，“三胞”常委、委员 20 多人参加。2004 年 2 月 5 日，区政协召开仓山区民主党派、“三胞”委员新春茶话会，区委领导与民主党派人士、“三胞”委员亲切交流。2004 年 6 月 13 日，区政协隆重举行纪念仓山区人民政协成立 20 周年大会，全体委员、各界人士 400 多人参加，并进行《同舟共济二十载》文艺专场演出。

第四节 机构

1990 年，仓山区第二届政协委员会设主席 1 人、副主席 5 人、常务委员 10 人。下设学习、文史、提案和“三胞”4 个专门委员会和经济科技、城建、文体、教育、卫生、妇女、宗教、法制 8 个工作组。委员会配备正、副主任，工作组配备正、副组长各 1 人。政协机关编制 7 人，其中：驻会主席 1 人，驻会常委 2 人，办公室正、副主任各 1 人，干事 2 人。

1991 ～ 1996 年第三、四届政协委员会设有主席 1 人、副主席 5 人、常务委员 11 人。1994 年 2 月，撤销原来的专门委员会和工作组，成立学习、文史资料、科技经济、“三胞”、教育、卫生、宗教、法制、城建城管、妇女儿童、提案、文体 12 个专门委员会，各配备委员会主任 1 人、副主任 1 ～ 2 人。1996 年 4 月根据区划调整的需要，经第四届常委会研究设立仓山、城门、盖山、建新、螺洲等 5 个镇政协联络小组。

1997 ～ 2002 年区划扩大后，第五届区政协委员会设有主席 1 人、副主席 6 人、常务委员 20 人。1997 年 1 月，撤销法制专门委员会和城建城管专门委员会，设立城建法制专门委员会；撤销教育专门委员会与文体专门委员会，设立教育文化专门委员会。原来的 12 个专门委员会合并为学习、文史资料、提案、科技经济、“三胞”、教育文化、卫生、宗教、城建法制、妇女儿童 10 个委员会。镇政协联络小组更名为联络委员会。（即仓山、城门、盖山、建新、螺洲镇政协联络委员会），各配主任 1 名、副主任 1 ～ 3 名，以加强服务和协调工作。政协机关设“一办两委”，即办公室和经济法制工作委员会、科教文卫工作委员会，各配备1名主任。2002年6月第五届区政协委员会领导班子调整，副主席减为4人、常务委员增为25人。

2003年第六届政协委员会设有设主席1人、副主席4人、常务委员30人。是年1月，对10个专门委员会进行调整，撤销城建法制专门委员会，成立城建和社会法制专门委员会，学习专门委员会改为学习宣传专门委员会，宗教专门委员会改为民族宗教专门委员会，教育文化专门委员会改为教育专门委员会，“三胞”专门委员会改为台港澳侨专门委员会各配备主任1人、副主任1～4人。

2005年，区政协内设办公室、经济法制工作委员会、科教文卫工作委员会，有工作人员10人。其中驻会正、副主席各1人，调研员（处级）2人，“一办两委”主任各1人，主任科员2人，干事1人。下辖学习宣传、文史资料、提案、科技经济、社会法制、台港澳侨、教育、卫生、城建、民族宗教等10个专门委员会和仓山、城门、盖山、建新、螺洲5个镇政协联络委员会。

1990～2005年区政协主要领导更迭表

表12-3-2

届别	职务	姓名	党派	专兼职	任职时间
第二届第四次会议	主席	陈大明	中共	兼职	1990.1-1991.1
	副主席	张素盛	中共	专职	1990.1-1991.1
	副主席	林恩全	中共	兼职	1990.1-1991.1
	副主席	叶存熙	致公党	兼职	1990.1-1991.1
	副主席	陈德宏	无党派	兼职	1990.1-1991.1
	副主席	吴世振	无党派	兼职	1990.1-1991.1
第三届	主　席	蔡庆良	中共	专职	1991.1-1994.1
	副主席	沈惠秋（女）	中共	专职	1991.1-1994.1
	副主席	林恩全	中共	兼职	1991.1-1994.1
	副主席	吴世振	无党派	兼职	1990.1-1991.1
	副主席	陈德宏	无党派	兼职	1991.1-1994.1
	副主席	王大光	民建	兼职	1991.1-1994.1
第四届	主　席	蔡庆良	中共	专职	1994.1-1997.1
	副主席	沈惠秋（女）	中共	专职	1994.1-1997.1
	副主席	吴世振	农工党	兼职	1994.1-1997.1
	副主席	王大光	民建	兼职	1994.1-1997.1
	副主席	林之耀	无党派	兼职	1994.1-1997.1
	副主席	苏孝祯	中共	兼职	1994.1-1997.1
第五届	主　席	蔡庆良	中共	专职	1997.1-2002.3
	副主席	饶福生	中共	专职	1997.1-2002.3
	副主席	王大光	民建	兼职	1997.1-2002.3
	副主席	苏孝祯	中共	兼职	1997.1-2002.3
	副主席	林祥火	无党派	兼职	1997.1-2002.3
	副主席	曾东升	中共	兼职	1997.1-2002.3
	副主席	陈宜安（女）	台盟	兼职	1997.1-2002.3
第五届第六次会议	主　席	王发展	中共	专职	2002.3-2003.1
	副主席	杨其梅	中共	专职	2002.3-2003.1
	副主席	苏孝祯	中共	兼职	2002.3-2003.1
	副主席	王大光	民建	兼职	2002.3-2003.1
	副主席	陈宜安（女）	台盟	兼职	2002.3-2003.1

续表 12-3-2

届别	职务	姓名	党派	专兼职	任职时间
第六届	主　席	陈朝明	中共	专职	2003.1-2005.12
	副主席	杨其梅	中共	专职	2003.1-2005.12
	副主席	苏孝祯	中共	兼职	2003.1-2005.12
	副主席	王大光	民建	兼职	2003.1-2005.12
	副主席	陈宜安（女）	台盟	兼职	2003.1-2005.12

第十三篇　民主党派　社会团体

第十三篇 民主党派 社会团体

第一章 民主党派

1990年，中国国民党革命委员会和中国民主同盟在仓山区设有工作委员会，中国农工民主党、中国致公党和中国九三学社在仓山区设有7个直属支部。1995～2002年，中国民主建国会、中国九三学社、中国农工民主党、中国民主促进会、中国致公党也相继在仓山区设立工作委员会。各民主党派坚持中国共产党领导的多党合作制，贯彻“长期共存，互相监督，肝胆相照，荣辱与共”的基本方针，在参政议政、建设新仓山、创建和谐社会等方面发挥积极作用。至2005年，辖内有7个民主党派工作委员会、35个基层支部。

第一节 中国国民党革命委员会福州市仓山区工作委员会

一、组织机构

1990年，中国国民党革命委员会福州市委在仓山区设工作委员会（简称民革区工委）设主委1人，副主委3人，下辖10个支部，党员55人。当年7月，民革区工委调整，严子祺任主委。1996年10月，张其俊接任区工委主委。2005年，民革区工委设主委1人（张其俊），副主委3人，委员6人。下辖10个支部，党员90人。其中，民革区工委党员中被推荐担任省人大代表1人、市人大代表1人、区人大代表2人（其中常委1人）、区政协委员15人（其中常委2人）。被聘任各种监督员5人。

二、主要活动

1990～1996年，民革区工委围绕中共各个时期中心工作，组织全体党员学习邓小平理论和中共中央文件，组织全体党员积极参政议政，立足本职岗位做贡献。1997年，围绕香港回归，发动党员学习香港基本法，举办迎回归报告会1场、迎回归主题会3场。1998年，长江、松花江地区发生特大洪灾，区工委组织党员赈灾捐款3万多元。同时发动党员关注民生向区人大、政协两会提交议（提）案。1999年民革区工委成员关于《亟需解决仓山区公共卫生经费的意见》的提案得到区政府采纳并拨出专款增添防疫检验等设备。2002年区工委主委张其俊在区政协五届六次会议上提出《完善金浦小区生活设施，提高群众生活质量》的提案，得到区政府采纳，区建设局加强小区绿化、拓宽小区道路、增添居民健身器材，改善小区生活设施。2003年1月，民革区工委在区政协六届一次会议上作《进一步发挥民主党派在参政议政中的作用》发言，提出的建议被区委采纳，制定加强与民主党派对口联系的相关制度。同年，组织医务界20多名党员参加抗击“非典”工作，深入社区乡村宣传卫生防疫知识5场；组织学习胡锦涛总书记讲话和福建省提出的建设海峡西岸经济区，做大做强省会中心城市等战略决策，并开展3次讨论和交流。

2004～2005年，民革区工委组织医务界党员赴边远乡村、社区为150多户困难群众义诊送医送药。

至2005年，民革区工委主委张其俊、成员陈寿菲被评为福州市卫生系统先进工作者、楼建芳被评为全国基层单位普查先进个人。

第二节　中国民主同盟福州市仓山区工作委员会

一、组织机构

1990年，中国民主同盟福州市委员会在仓山区设工作委员会（下简称民盟区工委），下辖福九中、仓山小教、社会3个支部，盟员41人。陈培涛任主委。1996年11月，增设仓南教育支部，盟员增至80人。1997年4月，任命林资治为主委。翌年，林资治辞去主委职务，由刘一球接任主委。盟员达100人。2001年4月增设福州十六中学民盟支部。2005年，民盟区工委设主委1人（刘一球），副主委2人，委员3人，辖有5个支部，盟员150人。

二、主要活动

1990年，民盟区工委把组织学习，参政议政放在首位。先后组织全体党员学习邓小平理论和中共十四大、十四届三中、四中全会精神。同时，围绕教育改革、环境保护等方面积极参政议政。1995年，民盟区工委提出《关于加大教育改革力度，推进中小学素质教育工作》的提案，得到区政府采纳。1997年，组织盟员视察环保工作，提出《加强环境保护治理噪声污染的建议》被区政府采纳，区环保局派出执法队对仓山辖区内歌舞厅、施工工地进行检查，督促整改。1998年，民盟仓山区工委在组织盟员学习和参政议政的同时，还根据自身特点发动盟员为社会安定稳定做贡献。当年长江、松花江发生特大洪灾，民盟仓山区工委组织盟员捐款捐物共2万多元。2002～2005年，组织盟员深入农村学校宣传卫生防疫知识；组织盟员参加“春风行动”，捐款3万元，资助特困户6户、特困学生10多人。

至2005年，民盟区工委共向市、区政协报送提案、建议材料80多件，其中，关于教育改革、环境治理、治安管理等方面的提案被区政协列为重点提案。有12名盟员被推荐担任区政协委员，其中1人为区政协常委。民盟仓山区工委主委刘一球、盟员林启成被评为福建省优秀盟员。小教支部、仓南教育支部被评为民盟市先进支部。

第三节　中国农工民主党福州市仓山区工作委员会

一、组织机构

1990年，中国农工民主党福州市委员会在仓山区设有区医务、市二医院、市结核病防治医院、医疗化、教育5个支部。成员78人。

1997年2月，农工党福州市委在仓山区设工作委员会（简称农工党区工委），下辖区医务、市二院、肺科医院、外国语学校、退休、教育、医疗化工7个支部，党员168人。尤传坤任主委。2003年11月，农工党福州市委任命陈玲珑为区工委主委。2005年，农工党区工委设主委1人（陈玲珑），副主委2人，委员11人，辖有7个支部，党员222人。

二、主要活动

1997年农工党区工委成立后，组织党员学习中共十五大文件，围绕迎香港回归，举办香港回归报告会

1场，迎回归主题会2场．学习会2场，参加者达780人次。1998年5月，组织市二医院、市肺科医院专家、主任医生赴连江黄岐、永泰霍口、闽侯青口、闽清下祝等地义诊。2003年，组织医务界党员投入抗击“非典”工作，在三叉街街道举办防治“非典”知识讲座。当年党员董芳被农工党中央评为抗击“非典”优秀党员，获福州市政府授予“抗击非典三八红旗手”称号。2004年，区工委组织调研活动，提出《关于为社会特困人员实施医疗援助活动》和《关于创建具有中医药特色的全国社区卫生服务示范区》2件提案，得到中共仓山区委、区政府领导和有关部门的采纳。区政府把解决特困人员看病难、看病贵问题列入为民办实事工程之一。是年有6000多特困群众领到“爱心医疗救助卡”，仓山区实现全省首家具有中医药特色的全国社区卫生服务示范区。2003～2005年，区工委还发挥医药卫生专业人员多的优势，组织医务界党员在建新、城门、螺洲等镇卫生院开展义诊活动，为当地贫困户送医送药。同时举办培训班、讲座，提高乡镇医务人员医疗技术水平。期间，组织编写科研学术论文12篇，分获省、市科技进步一、二、三等奖。

至2005年，农工党区工委成员中有1人被推荐担任市政协委员，22人被推荐担任区政协委员（其中常委2人），5人被聘为各种监督员。农工党区工委成员吴世振被选为仓山区政协第四届委员会副主席、区人大第十二届常委会副主任。

第四节　中国民主建国会福州市仓山区工作委员会

一、组织机构

1995年6月，中国民主建国会开始在仓山区设立工作委员会（下简称民建区工委），下辖科技、银行、文教、老会员4个支部，会员50多人，主委王大光。2002年，银行支部合并到鼓楼区，保留科技、文教、老会员3个支部。2005年，民建仓山区工委设主委1人（王大光）副主委3人，委员6人。下辖3个支部，会员共76人。

二、主要活动

1995年，民建仓山区工委成立后，发扬自我教育优良传统，组织开展学习活动。每年都召开一次全体会员会议，学习时事，研究、部署各个支部的组织、思想建设，开展参政议政等项活动。当年组织会员参加区政协、区委统战部举办的国内外政治形势、全球经济发展、WTO等方面知识讲座和报告会3场，参加者130多人次。1999年，组织会员参加仓山科技园区和区经济局等部门座谈会，提出《关于提高仓山科技园区企业科技水平的几点建议》，被区政府和经济管理部门采纳。2000年11月，与省民建师大工委、区园林局、文化局、广电局部门联合开展《仓山区旅游资源的开发与利用》专题调研活动。提出的意见和建议被区政府和旅游部门采纳，推出仓山一日游路线。2003年提出《仓山区民营企业现状和持续发展的若干建议》调研报告被中共福州市委内部刊物刊登并得到区领导的采纳，区委依此制定支持民营企业发展的有关文件。2005年，主委王大光《关于提请关注福建电力供应安全建议》列为省政协重点提案，被省政府采纳。至2005年，民建区工委成员中有7名会员被推荐担任区政协第六届委员，主委王大光连续担任区政协第四届、五届、六届副主席。

第五节　中国致公党福州市仓山区工作委员会

一、组织机构

1990年，中国致公党福州市委员会在仓山区设有1个支部，成员24人。2001年4月增设福州卫生二支部。2002 年 11 月，在仓山区设立工作委员会（简称致公党区工委），王颖为主委。下辖仓山支部和卫生支部，共有党员 28 人。2005 年，致公党区工委设主委 1 人（王颖），副主委 3 人，委员 8 人．辖有 2 个支部，党员 35 人。

二、主要活动

1990 ～ 1994 年，致公党仓山支部每年都根据致公党福州市委部署，举办学习会、报告会并组织党员参加家乡建设。至 1995 年，先后引进香港广昌置业公司资金 1500 万元人民币，与区房地产开发公司合作对福州市翻胎厂进行开发改造，兴建振兴花园；动员海外亲戚在福州、上海等地开发房地产，每年投入资金 2000 多万元人民币；引进橡胶项目在马尾、厦门、上海、天津等地投产，年成交额 1 亿元人民币。

1995 年，致公党仓山支部负责人参加中共仓山区委、区政府举办的党外人士座谈会、民主协商会、征求意见会，就仓山区各项方针、重大决策进行协商，至 2002 年共提出提案 40 多件。2003 年，致公党区工委向区两会提交的《关于创建文明卫生城市，加大力度整治学生街》和《关于下岗职工再就业的几点建议》的提案受到区政府的重视，区政府派出执法人员配合对湖街道对学生街进行专项整治改变脏乱差现象。2004 年，成员徐小玲提出《关于福州大学城配套设施建设及安全保障的建议》和《高校心理健康教育工作仍有待进一步加强和改进》的提案被致公党福建省委采用。在此期间，工委还组织成员参加“春风行动”，至 2005 年共为贫困山区学生、抗洪救灾捐款累计 3 万多元。是年，工委成员被推荐担任市、区政协委员有 6 人。叶存熙当选为第二届、第三届区政协副主席。工委主委王颖当选为市政协十一届常委、区政协六、七届常委。

第六节 中国九三学社福州市仓山区工作委员会

一、组织机构

1990 年 5 月，中国九三学社在仓山区设立福州造纸厂支社，社员 9 人。1994 年 9 月，增设仓山第一支社、福州市二院支社。1995 年 10 月，九三学社福州市委在仓山区设立工作委员会（简称九三学社区工委），陈天箫为主委，下辖造纸支社、仓山区第一支社、市二院支社，社员共 38 人。1998 年 12 月增设仓山区第四支社。同年 12 月九三学社福州市委任命林绍彬为区工委主委。下辖造纸支社、仓山第一支社、市二院支社、仓山第四支社，社员 50 人。2005 年，九三学社区工委设主委 1 人（林绍彬），副主委 5 人，委员 13 人。下辖 4 个支社，社员共 57 人。社员中被推荐担任省人大代表 1 人、市人大代表 2 人、市政协委员 2 人、区政协委员 10 人，其中区政协常委 2 人。

二、主要活动

1995 年九三学社区工委成立后，组织社员学习和开展参政议政活动。先后组织社员参加仓山区政协、区委统战部举办的区情通报会、形势报告会，同时举办暑期读书班、社会主义骨干培训班 5 期，参加 130 人。区工委负责人还参加中共仓山区委、区政府、区委统战部召开的党外人士座谈会、情况通报会、民主协商会、征求意见会，就仓山区的各项重大决策进行协商，提出意见和建议。

2002 年九三学社社员提出的《农村电价居高不下，公平用电亟待解决》和 2003 年提出的《关于建立健全医保监管制度的建议》提案，分别被省、市政协采纳，评为优秀提案。其间，九三学社区工委还组织 40 多人次深入社区、农村开展 3 场防治“非典”宣传活动，发放宣传材料 200 多份。2005 年，九三学社区工委在省、市、区“两会”上提出提案和建议 80 多件。成员高亮生提出《关于保护失地农民利益的建议》提案，受到省九三学社重视，报送到九三学社中央委员会，得到国务院领导的批示。同年，九三学社福州市二院支社被九三学社中央评为先进基层组织。

第七节 中国民主促进会福州市仓山区工作委员会

一、组织机构

1994年3月，中国民主促进会福州市委员会在仓山区设立支部，会员11人。1999年12月，中国民主促进会福州市委员会仓山区工委成立（简称民进仓山区工委）。第一届主委由陈奇（时任仓山区副区长）担任。2002年6月民主促进会福州市委任命林展同为区工委主委。2005年民进仓山区工委设主委1人（林展同），副主委3人，委员12人。下设小学、中学、中专和卫生4个支部，会员63人。

二、主要活动

1994年3月，民主促进会仓山区支部成立后，组织会员深入第一线调查研究，为市、区政府施政建言献策。当年撰写《减轻中小学生课业负担，提高教育质量》调研报告。1995年又撰写《实施素质教育，培养跨世纪人才》调研报告，均被民主促进会福州市委采纳，分别在福州市政协第八届第三次、第四次会议上发言。1999年民促仓山区工委完成《加强市民的素质教育，为发展省会经济服务》的调研报告。2002年又组织调研，完成《应对WTO我市职业教育要有大举措》的调研报告，得到市政协领导的重视和市政府的采纳。2003年10月，组织工委成员视察金山实验小学，针对学校缺乏资金，学生操场无法建成的问题，提出《关于筹集资金解决金山实验小学操场建设问题》呈阅件。区长批示由区教育局筹集20多万经费，3个月后操场建成投入使用。2005年提出《关于开放福州市人民体育场的建议》和《应立即搬迁金山庙宇一条街》的信息得到市政协领导的批示，被市政协评为信息三等奖。至2005年，共向市、区政协递交提案21件、调研文章5篇。会员郑惠如被评为省人口抽样调查先进工作者和市计划生育先进工作者；主委林展同被评为福建省社会主义两个文明建设服务先进个人；会员王婵芳获福建省优秀教师和福州市第三届“十佳”教师称号；会员张若谷当选市政协第九届常委；主委林展同连续担任区政协第五届、六届常委。

第二章 主要社会团体

1990年，仓山区有各类社团82家。1996年区委决定，区计划生育协会列入区委管理的群众团体，区红十字会列入全民所有制事业单位。同年区划扩大后，农业系统社团发展加快，先后向区民政局登记的有建新花卉协会、畜牧兽医协会、水利水电协会等。此后，全区社会团体几经整顿，有的团体由于各种原因没有向区民政局登记而自行消失。2005年，全区有各类社会团体87家，其中，列入区委管理的人民团体8家、部门管理的社会团体3家、由民政登记管理的各类社会团体76家。各社会团体团结带领所联系的群众，关心国家大事，行使民主权利，维护自身权益，为促进仓山区两个文明建设，发挥积极作用。

第一节 仓山区总工会

一、组织机构

1990年，仓山区设福州市总工会仓山办事处，为福州市总工会派出机构，配有工作人员2人，下辖基层工会53个。其中生产性基层工会38个，非生产性基层工会15个，工会会员共5366人。1997年7月工会仓山办事处撤销。同年12月，成立仓山区总工会（简称区工会）为正科级机构，编制4人。下辖基层工会299个。1998年起，随着非公有制企业发展，建会力度不断加大，至2005年末，区总工会编制6人，下辖基层工会1167个，会员43051人。

二、代表会议

1997年12月25日召开福州市仓山区总工会第一届代表大会，出席代表128人，特邀代表9人。会议听取仓山工会办事处代表作工会工作报告和经费审查工作汇报。会议以无记名投票方式，选出仓山区总工会第一届委员会委员25人，经费审查委员会委员5人，女职工委员会委员11人。同日，举行第一届一次全体委员会议，选出区总工会主席1人，副主席1人，常务委员7人。

2003年4月23日召开仓山区总工会第二届代表大会，出席会议代表112人，特邀代表7人。会议听取上一届委员会代表作题为《与时俱进，锐意进取，在实施“南进战略”中开创工会工作新局面》的报告和区工会第一届经费审查委员会代表作第一届工会委员会经费审查工作汇报。大会以无记名投票方式，选出仓山区总工会第二届工会委员会委员23人，经费审查委员会委员5人，女职工委员会委员9人。同日，举行第二届一次全体委员会议，选出区总工会主席1人，常务委员7人。

三、主要活动

（一）维护职工权益

1990年，职工维权工作开始摆上区工会组织的议事日程。1993年，对制冷设备厂、第三开关厂、红星机电厂、运输公司、第七印刷厂、灯具厂等11家企业的设备转让、厂房仓库出租、车间承包等重大问题，是否经过企业召开职代会通过进行检查。通过调看会议原始记录，召开部分职工座谈会，发现有些企业变卖设备没有经过职工代表大会讨论、库房出租租金不透明、消防安全管理不到位等损害职工利益的问题。区工会立即联手企业主管局，要求个别企业认真落实职代会制度，并在全区推广无线电元件厂等9家实行厂务公开制度的试点经验，全面推广厂务公开工作。1997～1999年，区总工会连续3年会同劳动、监察等部门，先后对企业职工生活区、职工劳保及《中华人民共和国工会法》《中华人民共和国劳动法》《中华人民共和国妇女权益保障法》等落实情况进行专项检查。在检查三丰鞋业有限公司、山一鞋业有限公司、莒乐电子有限公司的职工食堂、宿舍、澡堂、医疗室、托儿所中，发现部分企业食堂炊事人员无体检、托儿所保育员无上岗证、职工宿舍防火设施不到位等涉及职工身心健康的问题，现场提出限期整改。在对18家企业职工防暑降温设施、劳保用品发放、职业病职工按时疗养等问题进行检查，发现有的单位车间电风扇破旧，有的不按规范发放劳保用品，把职工正常福利当作防暑降温物品发放等问题，均提出意见限期整改。同时，督促企业及时为3名从事有毒工种职工安排疗养。在对三丰鞋业等15家非公有制企业，进行《工会法》《劳动法》《妇女权益保障法》等专项检查中，发现部分用人单位招工时向职工收缴“保证金”，不按规定发放加班费，拖欠职工工资，把进厂体检当作每二年一次的妇检，不培训上岗及接受18岁以下的童工等侵犯职工合法权益问题。工会立即通过举办非公有企业专场学习培训班3期，督促企业认真落实《工会法》等法律法规限期整改。同时分批分期深入企业，为职工讲解相关法律法规，帮助职工学法、用法、依法维权。区某合资企业3名外来务工人员因工资、劳动时间等与企业经营者发生纠纷，区工会引导职工根据《工会法》有关条文进行维权，补发少得的工资，使矛盾化解在基层。

2003年，区工会根据企业的实际情况，进行分类指导、逐家落实。是年底，全区有23家企业在平等协商的基础上，与职工签订工资协议。

2005年，区工会深入基层工会调研，撰出《我区部分离异女职工离异原因，离异后心态及其出路》《女职工特殊劳动权益现状及前瞻》等论文，为部分闹离婚的职工家庭调解工作提供第一手材料；并引起企业管理者对女职工特殊保护工作的重视，大部分企业开始重视定期对女职工进行妇检。

至2005年末，全区共开展安全生产及生活福利专项检查1100多次，查出事故隐患和侵犯职工合法权益的问题7300条。发出工会劳动法律监督意见书和建议书700多份，整改率达91%。同时为13名职工工资、工伤待遇，5名外来务工人员追讨欠薪，4名被除名外来务工人员复工进行劳动仲裁，维护职工的合法权益。

（二）发展队伍

1990年初，全区有基层工会53个，会员5366人。当年，区工会配合各主管局，按照《中华人民共和国工会法》及时组建基层工会组织，但成效甚微，全区新增非公有制企业建会率不到30%。1996年，区工会按任务分片包干，工会工作人员深入到每一家企业宣传《工会法》，指导筹备建会事宜。到1997年全区非公有制企业建会率提高到45%。1998年，区工会按照“那里有职工，那里就必须建立工会组织”的原则，改变原来“成熟一家，发展一家”的旧思路，提出“边组建、边规范、边发挥作用”的新办法，简化建会程序、简便入会手续，工会组织得到较大发展，1999年，辖区内的三丰鞋业有限公司、山一鞋业有限公司、昌乐电子有限公司等较大型的企业职工入会率达98.6%。2000年，第一家进驻福建的跨国零售麦得龙公司刚刚落户仓山，区工会就提前介入指导建会事宜，使该公司在开业3个月就完成组建工会。是年，仓山区被推荐在全省非公有制企业组建工会工作会议上作典型经验介绍。

2001年，区委成立“非公有制企业工会组建工作领导小组”，下发《关于加强非公有制企业工会组建工作意见》，提出阶段性工作目标，区工会选择仓山科技园区作为非公有制企业工会规范化建设的联系点，到2002年底，全区新组建基层工会752家，新增会员2.1万人。2005年，全区基层工会发展到1167家，会员43051人。所有镇、街都成立基层工会，社区居委会组建率达100%，村工会组建率达90%以上，基本达到有班子、有牌子、有制度、有场所、有队伍、有经费的“六个有”标准。在公有制企业工会中，100%建立经济审查委员会和女职工委员会；非公有制企业工会中，经费审查委员会和女职工委员会建立率达98%左右。是年，仓山区获得福州市工会重点工作综合评比二等奖。

1990～2005年仓山区工会会员情况表

表13-2-1

年份	基层工会（个）	会员（人）
1990	53	5366
1991	62	5718
1992	80	6186
1993	101	6753
1994	123	7369
1995	156	7506
1996	180	7706
1997	232	8278
1998	267	8628
1999	290	8881
2000	330	9300
2001	361	10868
2002	752	21000
2003	867	25220
2004	974	33117
2005	1167	43051

（三）组织劳动竞赛

1990年，结合“红五月”活动，开展大型职工岗位练兵、技能对口赛、技术比武等各种形式的劳动竞赛。

1991 年，仓山煎包店职工开展包点制作工艺、服务员服务规范、瓜果雕花等项目技能比赛活动，其中包点制作工艺被推荐参加全市职工技能比赛并获得优秀奖。1993 年，组织福州无线电元件厂、福州灯具厂、福州运动鞋厂、福州第三开关厂、福州红星机电厂等 15 家企业职工 412 人次参加全区职工岗位练兵、技术技能表演现场会，38 名职工分别获得一、二、三等奖，无线电元件厂等 3 家工会获优秀组织奖。1995 年，仓山建筑公司职工举行现场垒砖砌墙技能对口赛、技术表演赛，得到现场观摩的上级工会领导和技术人员的一致好评，夺得 1995 年度全区职工技能表演赛一等奖。到 1997 年，全区共举行大型岗位练兵、技术技能表演、岗位对口赛等 21 场次，参加职工达 5600 多人次。

2000 年，全区开展“新一轮创功立业”“经济技术创新”活动，非公有制企业嘉福电子有限公司职工坚持参加各种技术业务学习培训成果显著，其中镀锡铜线拉细技改项目，年可节约资金 250 万元，被中央电视台“当代工人”栏目拍摄成《职工是企业的最大财富》专题片，向全国播映。2002 年，全区各基层工会抽选 1800 多名职工参加计算机运用知识测试，经过层层筛选，推荐 10 名职工参加省、市计算机运用技能比赛。2003 年全区有 80% 以上企业参加“当好主力军，海西建设立新功”和创建“工人先锋号”竞赛活动，举办车工、钳工、焊工、铣工技能大比赛，评出 118 名技术能手。至 2005 年，全区共有 291 家基层单位 53651 人次参加各种形式劳动竞赛活动，共提合理化建议 24492 条，被采纳 4483 条，创经济效益 3088 万元，评出 81 名先进模范人物和 1 个先进集体单位。其中，获全国“五一”奖章 1 人，省部级劳动模范 13 人，省“五一”奖章 14 人，市劳动模范 49 人，市五一奖章 4 人，省五一奖状单位 1 个；获评各类能工巧匠、生产标兵、创新能手、十佳外来工等称号 2100 多人次。

（四）开展职工教育

1990 年，区工会组织全区基层工会干部，举办《中华人民共和国工会法》和《工会职代会制度》学习培训班 3 期，参加学习培训的工会干部达 360 人次。1992、1993 年，区工会先后派员深入各企业举办工会小组长、安全生产员业务培训班，分期分批对辖区内 79% 企业的工会小组长、生产安全员进行轮训。从 1994 年开始，采取走出去请进来的方式，在全区各企业组织职工学习中华人民共和国《妇女权益保障法》《劳动法》《劳动合同法》《婚姻法》《工会法》和《公民道德建设》等法律法规。至 1997 年全区 92% 的基层企业和 100% 的街镇均举办法律法规学习培训班。

1998 年，成立并依托“职工周末学校”，结合各阶段政治形势和工会工作任务，组织职工学政治、学文化、学科学、学技术、学管理、学法律，并把各类学习培训和“建文明班组”“创文明岗位”“做文明职工”“公民道德建设”等群众性精神文明创建活动有机地结合起来。是年，开展送法到基层和走上街头、摆摊设点，开展法律咨询宣传活动，把《工会法》《劳动法》《女职工劳动保护规定》《职工代表大会制度》等法律法规印成小册子，送到企业每一个职工手中。2001 年，举办《工会法》《劳动法》知识测试，90% 企业和 100% 街镇的职工参加测试。经市总工会考核，仓山区以全市最高分获“学习宣传贯彻《工会法》工作评比”第一名。

2000 年，区各基层工会召开 103 场座谈会，围绕“认清形势、勇挑重担”为题进行座谈，参加职工 1500 多人次。2001 年，组织仓山环卫所陈依贞等 9 名劳模分成 3 组，深入 54 家重点企业举办“让劳模精神在岗位闪光”巡回报告会。2003 年，举办“紧跟时代步伐，争当改革开放排头兵”演讲比赛，有 6 名职工分别获一、二、三等奖。2005 年，组织鼓励职工积极参加读书自学活动，举办“工人阶级心向党”征文比赛，当年收到征文 180 多篇。至 2005 年，全区通过读书自学取得大专以上文凭的职工有 374 名，评上技术职称的职工有 512 名。

（五）为困难职工排忧解难

1990 年，区工会举办 3 期下岗职工技能技术培训班，参加学习培训 108 人，其中 52 名职工结业后持证再就业，11 名职工学会理发、烹调等技艺，走上自主择业路。

1991 年“两节”（元旦、春节）伊始，区工会就收集 200 个左右岗位为下岗职工提供再就业信息，为 67 名困难职工每人发放 100 元慰问金和价值 100 元的年货。

1993 年，全区组织 16 支“贴心人服务队”，深入困难职工家中，帮助修膳房屋，修理电器，裁缝衣、被，修鞋，理发等，至1994年，16支“贴心人服务队”共上门服务1920多次，开展服务项目达25项。

1995年，区工会女职工委员会免费举办“家政服务”培训班4期，轮训200多名下岗女职工，为她们介绍家政服务达700多次。

1997年，开展“我为下岗职工做什么”“下岗再就业，路在脚下”等大讨论，鼓励下岗职工转变就业观念。有的女职工下岗后主动到居委会应聘，有的下岗职工自办电机维修厂，有的开设水泥门市店，他们艰苦创业，几经打拼，创出新路。

1998年，区工会组织5名再就业明星在全区各单位作巡回报告，介绍再就业经验，展示“下岗不落志，路在脚下”的开拓与自信的精神风貌，为下岗职工转变择业观念，树立榜样。1998年，区工会成立下岗职工再就业中心。常年负责下岗转岗职工的培训，招聘等工作。

1999年，区工会撰写《我区下岗职工再就业培训状况及其对策》调研论文，并向有关部门提出结合市场岗位需求，设置再就业培训课程建议，使培训有的放矢，当年培训结业的下岗职工82人，61%持证者实现再就业。

2000年，开展“春风送岗”“百企万岗”进社区活动，收集一万多个岗位，提供再就业渠道。

2002年，开展“千家送岗暖万家”“送温暖工程”“千百万行动”“春风助学”等系列活动，为21户困难职工子女上学提供资助1万元。

2003年，建立区、街道、社区三级“春风行动”网络，各级工会认真当好职工群众的第一知情人、第一报告人、第一帮助人。区工会配备联络员，公示“春风行动”专用电话，开展“牵手”单亲母亲活动，为单亲家庭提供3个就业岗位和2000多元应急补助。

2004年，区“困难职工帮扶中心”成立，开展“三个一”（发放一部自行车，提供一个岗位，提供一套廉租房）活动。首场自行车发放仪式发放自行车314辆，被中央电视台作为福州市“春风行动”的一个实例向全国播映。

2005年末，区工会共举办300多场次免费招聘洽谈、再就业现场会，为近3000名失地农民提供免费职业介绍。发放“再就业优惠证”900多本，安置下岗失业人员再就业近万人次，其中，为“4050”人员提供家政服务岗位490多人次（实现再就业1089人次），免费举办150多期各类培训班，参加各项技能培训的职工达5400多人次，帮助23户“双特困”职工申请入住金山新区廉租房，向困难职工发放慰问金、慰问品1900多人次。

（六）开展职工文体活动

1990年，职工文体活动主要是利用节假日组织职工开展歌咏、球类、舞蹈、登山、拔河等比赛，活跃职工业余生活。至1999年，先后组织职工门球比赛、乒乓球比赛、厂歌演唱比赛、拔河比赛、象棋、跳绳、职工游园活动、登鼓山活动、卡拉OK比赛各1场，参加活动职工达4000多人。2001年，举办“我为企业作奉献”演讲比赛，有18名职工上台讲演。2002～2004年，先后又组织21支420名女职工健美操表演赛和举办职工书法、摄影展，共展出50幅书法、80件摄影作品。至2005年，全区职工参加各项文体活动近2万人次，盖山镇职工在拔河比赛中保持10年冠军的记录。

第二节　共青团福州市仓山区委员会

一、组织机构

1990年，共青团福州市仓山区委员会（下称团区委）机构设置承袭1989年，核定编制1人，配副书记1人。下辖基层团委8个、团总支10个、团支部123个，共青团员1922人。1994年，团区委编制增为2人，配书记1人，副书记1人。1996年区划调整后，基层团委增至16个、团总支16个、团支部219个，共青团员3597人。1997年，团区委编制增为3人，配书记1人，副书记2人。 2005年。团区委配有工作人员 3 人，其中书记 1 人，副书记 1 人。下辖基层团委 29 个、团总支 10 个、团支部 259 个。共青团员共 5620 人，占青年总数的 25%。

1990 ~ 2005 年仓山区共青团组织情况表

表 13-2-2

年份	编制人数	书记	副书记	团委	团总支	团支部	共青团人数
1990	1		1	8	10	123	1922
1994	2	1	1				
1996	2	1	1	16	16	219	3597
1997	3	1	2				
2005	3	1	1	29	10	259	5620

二、 代表会议

1990 年 1 月 26 日召开共青团福州市仓山区第六次代表大会。出席代表 152 名，列席代表 35 名。会议听取、审议并通过共青团仓山区第五届委员会所作《高举团旗跟党走　艰苦奋斗建功业　为建设安定繁荣具有文化区特色的文明区贡献青春》的工作报告。大会通过无记名投票选举产生共青团福州市仓山区第六届委员会副书记 1 名、常务委员 6 名、委员 17 名。

1994 年 1 月 10 日召开共青团福州市仓山区第七次代表大会。出席代表 150 名，列席代表 38 名。会议听取、审议并通过共青团仓山区第七届委员会所作《把握机遇，锐意进取，为加快仓山区改革开放和现代化建设贡献青春》的工作报告，大会通过无记名投票选举产生第七届团区委书记 1 名、副书记 1 名、常务委员 7 名，委员 17 名。

1997 年 1 月 7 日召开共青团福州市仓山区第八次代表大会。出席代表 162 名，列席代表 40 名。会议听取、审议并通过共青团仓山区第七届委员会所作《燃青春之火，塑青春形象，创一流业绩，为实现仓山区跨世纪宏伟目标建功立业》的工作报告。大会通过无记名投票选举产第八届团区委书记 1 名、副书记 2 名、常务委员 7 名、委员 23 名。

2001 年 4 月 17 日召开共青团福州市仓山区第九次代表大会。出席代表 151 名，列席代表 38 名。会议听取并审议通过共青团仓山区第八届委员会所作《解放思想　服务大局　求真务实　开拓创新　在新世纪的创业实践中再创我区共青团工作新辉煌》的工作报告，大会通过无记名投票选举产生第九届团区委书记 1 名、副书记 1 名、常务委员 7 名、委员 25 名。

2004 年 10 月 21 日召开共青团福州市仓山区第十次代表大会。出席代表 175 名，列席代表 45 名。会议听取、审议并通过共青团仓山区第九届委员会代表所作《与时俱进、奋发向上，全面开创仓山区共青团事业新局面》的工作报告。大会通过无记名投票选举产生第十届团区委书记 1 名、常务委员 7 名、委员 25 名。

三、团组织建设

1990 年，团区委针对新时期共青团工作任务，加强基层新老团干的培训。是年，举办基层团干部培训班，通过老团干与新团干授课的方式，组织学习共青团工作方针、政策及基层团工作经验，参加培训共 40 名。3 月，在全区范围开展团工作综合达标竞赛活动。把团干培训、团费收缴、团籍注册等纳入团工作综合达标竞赛。至年底，共评出优胜单位和达标单位 15 个。

1991 ～ 1992 年，团区委与区党校联合举办 2 期团干培训班，学习十四大精神和江泽民‘七一’讲话及共青团组织的基层整体化建设知识。参加学习的有基层团委（总支）、区直团支部书记、副书记、机关团委委员等共45名。1993年9月，团区委采取以会代训的办法举办为期4天的基层团委（总支）书记培训班，全区35名团干参加培训。是年，团区委、教育局团委被团市委授予“学雷锋”先进集体，仓山区城建机关团支部、团区委被团市委授予“优胜组织奖”。

1995年9月，举办为期4天团干培训班。组织学习邓小平建设有中国特色的社会主义理论和团的业务知识及团干部领导艺术，研讨新时期团工作理论和实践，促进团干部的交流与合作。参加培训的有街道和系统团委、直属基层团支部书记、委员共32人。同年，全区各基层团组织推荐125名优秀共青团员参加中共组织，被批准入党的有59名。并选送4名团干参加“区委第三期中、青年干部培训班”受训。

1997～1999年，先后举办2期团干部培训班，主要学习基层团干工作经验和工作方法，提升一线团干的工作能力，还邀请省团校老师讲授“国内形势评述”等课程。参加受训的有基层团委、总支、直属团支部的书记、委员共151人。

1999年10月，团区委下发《关于加强非公有制经济组织团建工作的意见》，对团队伍建设和扩大团组织覆盖面等问题提出具体意见。

2000年，全区选送基层团干20多人参加团中央、团省、市委的培训，推荐3名团干参加区中青班学习。全年共发展团员1259人，推优215人。同时还在 6家非公有制经济和民办学校中发展团组织。

2001年起，在全区范围开展以创建“团建先进区、五四红旗团委和五四红旗团（总）支部”为内容的“三级联创”活动，以非公党建为契机，以嘉福电子团委为品牌，推广嘉福经验，加大非公企业团建力度。是年，新成立麦德龙购物中心福州商场团支部等3家非公团组织。同年，团区委举办团干培训班，邀请团省委吴建铭作《当前国内外形势评述》《共青团干部的领导艺术和工作方法》《共青团工作前瞻》专题讲课，参加培训的有基层团支部书记、少先队辅导员、部分青年文明号负责人共65人。2002年还选送基层团委（总支）、直属团支部的书记、委员及学区少先队辅导员80人参加中共福州市委党校理论、业务培训。

2003年9月，基层团组织换届完成后，团区委在螺洲镇度假园举办新团干、队干培训班，学习“三个代表重要思想”、团十五大精神、共青团工作实务和团干部成功法则等课程。参加培训的有基层团委（总支）、支部书记、副书记、委员，学区少先队辅导员，青年文明号单位负责人等95人。2005年9月，再次在螺洲绿色度假村举办团干队干培训班，对共青团、少先队队伍建设及共青团、少先队业务进行培训，受训92人。至2005年，全区有217人被评为优秀团干，345人被评为优秀团员。

四、思想政治教育

1990年，团区委在团员青年中开展“缅怀先烈遗志、继承革命传统”“党在我心中”等系列教育活动。组织基层团员、青年代表100余人瞻仰林祥谦烈士陵园，祭扫烈士墓。

1991年暑假期间，团区委与宣传部联合组成暑期工作领导小组，在镇街举办“返乡大中专学生”高科技知识讲座2场，“献爱心，捐好书”850多册，并到省二少所开展帮教等活动。

1993年，在团员青年中开展学雷锋、爱祖国教育。当年团区委与师大历史系团委联合举办“爱国主义历史知识竞赛”，100多名团员青年参加笔试和演讲。

1995年1月，组织全区各行业100多名团员青年到共建单位海军基地开展“走进军营学英模”活动，听取海军学雷锋先进事迹报告。

1997年8月，团区委与区工会、妇联联合召开为“8·12”事故受难者家庭捐款动员会，向全区团员青年宣传抢救遇难者的动人事迹，并为受伤教师献爱心。

1999年，结合纪念“五四”运动80周年，组织开展“爱心献功臣”统一行动。组织全区100余名团员青年宣传功臣们的模范事迹等。

2001年 3月，在全区团员青年中开展“反对邪教、破除迷信、崇尚科学、传播文明”活动，通过图片展、宣传小册子引导青少年认识邪教的危害。期间，团区委还带领部分文明社区负责人参加福州市青年文明社区经验交流会；参加团市委组织的福州市青少年纪念建党 80 周年“红色之旅寻访团”活动。

2003 年 9 月，在青少年中开展“青春潮涌南台岛”为主题的教育活动，组织青少年深入贫困学生和下岗青工家里进行爱心慰问，结对帮扶 10 个贫困学生和 15 个下岗青工。

2005 年，开展“爱我福建，创业海峡西岸”主题团日活动。各基层团组织开展“重温入团誓词”“学习《团章》”和“唱团歌”等形式丰富的团日活动。同时组织 100 余名青少年开展以“不说谎、不作弊、不攀比、不昧金”为主要内容的“廉洁教育”，引导青少年从点滴做起，养成诚实守信、自律自强等良好道德品质和行为习惯。

五、青年志愿者活动

1990 年，团区委结合“创建卫生城”和“文明安全小区”建设，在团员青年中组建百人青年志愿者服务队，开展以“热血献社会、真情暖人心”为主题的青年志愿者活动，有 100 余名志愿者深入烟山老人院和仓山各棚屋区献温暖。翌年，又参加“绿化仓山”的义务劳动和上街清除牛皮癣，文明交通劝导等“学雷锋”志愿者活动。

1994 年 9 月，开展“让青春闪光，我为城市增光”统一行动，有 150 多名团员青年志愿者上街打扫卫生，整顿市容。

1995 年 1 月，开展“95 新春献爱心统一行动”，组织 2 支青年志愿者队伍共 20 人组成禁燃烟花爆竹突击队，深入大街小巷、居民院落进行防火、禁燃烟花爆竹的检查和宣传。同时还组织区医疗卫生志愿者 10 余人到福利院，为老人体检、义诊、打扫卫生，组织基层团干部慰问老红军、老干部、特困户、下岗青工 50 多名。

1996 年 3 月，各基层团委 300 多名军、地、校青年志愿者上街开展“学雷锋、学先进、树新风” 活动，为群众义务修理家电 100 余件，帮助鉴定假冒伪劣产品 50 余件，接受法律咨询 50 人次。同年 10 月，组织机关团委和卫生局团委青年志愿者 30 人为烟山福利院老人打扫卫生，送慰问品；翌年，又组织 400 多名青年志愿者，上街开展“学雷锋统一行动”，提供义务体检、理发、修车、咨询等服务 2000 多人次。

1998 ～ 1999 年，开展创建“青少年绿色文明园” 争创青年文明单位活动。有 300 多名青年志愿者参加环境整治、维护交通秩序、植树护林等“讲文明，树新风”活动，发放“青年文明号服务卡助万家”。有 80 余人青年志愿者参加“走进美的小区”行动， 在东升小区设立便民利民服务点，义务为小区和过往行人提供法律咨询、修理电器等社区服务。

2000 年，全区近 100 名青年志愿者组成“送温暖、献爱心”义务搬家服务队，走街入巷为上渡棚屋区困难户提供搬家服务，有 15 个单位与 20 个救助对象结对进行慰问。同年，还结合纪念“五四”运动 81 周年和纪念中共中央《关于控制我国人口增长问题致全体共产党员的公开信》发表 20 周年开展“送法上门”和组织计生宣传“三下乡”服务队，深入到盖山镇黎升村开展“计划生育、优质服务、知情选择”活动。

2001 年，开展“春风送暖服务日”活动，3 支志愿者服务队共 30 人参加“仓山区春风吹进棚屋区”活动。其间，团区委还联合福州市 110 联动指挥中心，鼓山地区检查院等青年文明号单位前往贫困学生家中进行春节慰问，送年货及慰问金。

2003 年～ 2005 年，组织 100 余名青年志愿者参加青春夕阳红助老服务和春风助学青年文明号真情助困进万家活动。共帮扶结对孤寡老人 10 余名，捐助贫困学生 8 名，送慰问金共计 5000 元。2005 年，全区共有 12 支青年志愿者服务队，成员约 200 人。

第三节　仓山区妇女联合会

一、 组织机构

1990 年，仓山区妇女联合会（下称区妇联）有专职干部 3 人，其中主席 1 人，副主席 1 人，一般干部 1 人。

下辖街道妇联6个，区直系统妇委会63个，居委会妇代会72个。有居委会妇代会正、副主任及委员 221人。1996年，增辖5个镇妇联。1997年成立东升街道妇联。 2002年，72个居委会妇代会整合为50个社区居委会妇联。2003年成立金山街道妇联。至2005年，区妇联机构设置不变，配有专职干部 3 人。下辖街道妇联8个，镇妇联5个，区直系统妇委会63个，社区居委会妇联50个，村（居）妇代会116个。镇、街妇联有正、副主席 15 人，社区妇联和村妇代会有正、副主席（主任）共200 人。

二、代表会议

1994年10月25日召开仓山区妇女第十次代表大会。出席正式代表194人，列席代表36人，特邀代表10人。大会审议并通过区妇联第九届执行委员会（简称执委会）作的《抓住机遇，乘势而上，开创我区妇女工作新局面》的工作报告；选出区妇联第十届执委25人；26日召开十届一次执委会，选出常委7人，主席1人。1996年1月，召开第二次执委会，增补副主席1人。

2000年5月18日召开仓山区妇女第十一次代表大会。出席正式代表125人，特邀代表60人。大会审议并通过区妇联第十届执委会的工作报告。选出区妇联第十一届执委27人；19日召开十一届一次执委会，选出常委7人，主席1人，副主席1人。

三、主要活动

（一）维护妇女合法权益 1990年，区妇联在维护妇女合法权益活动中，先后举办妇女法规培训班21期，受训1600多人，接受法律咨询210人次，接待来访305人，处理来信140件，办结率100%。

1992年，《中华人民共和国妇女权益保障法》（简称《妇女权益保障法》）实施后，区妇联先后举办中华人民共和国《婚姻法》《未成年人保护法》《妇女权益保障法》和《计划生育条例》等法规学习班、讲座、知识竞赛等，组织妇女参加市妇联组织的宣传月活动。至1994年，共举办法律咨询会74场，培训班、讲座37场，知识竞赛11场，出法制宣传刊170期，处理来信200余件，接待来访1000余人。1995年，区妇联与区工会女工委配合，在“三资”企业中举办女职工劳动保护条例培训班15期，参培人数达4000多人次。

1999年，区妇联成立维权分中心，各街、镇妇联和各村居、社区妇代会相继成立维权站和维权小组。每个街道、镇都配备1名妇女陪审员，全区妇女维权工作形成社会化、网络化、联动化的格局。同年5月，城门镇绍歧村群众举报，该村一名三明来的女工失踪，镇妇联立即与市妇联维权中心、市公安局和闽侯县妇联配合，出动23人，通过暗访，在闽侯县廷坪乡广坪村将这名女工解救出来。2005年，通过宣传版面、宣传栏等形式，加大男女平等的宣传力度，同时邀请市妇联主席黄平到区委党校为中青班学员讲授男女平等法律讲座。8月，区妇联《经济可持续发展与妇女劳动权益保护》论文参加市妇联纪念“北京十10”论坛。同时与有关部门联合举办2期下岗失业妇女培训班，参加培训共60多人，并为建新镇红江村39名失地妇女安排就业。至2005年，各级妇联共组织帮助1212个下岗失业妇女就业，其中“4050”人员1111人。

（二）“巾帼建功”活动 1990年，区妇联在全区妇女中开展“四有（有理想、有道德、有文化、有纪律）四自（自尊、自信、自立、自强）”教育活动。是年，区工业、交通、建工等系统妇委会举办文化技术培训班，组织女职工学文化、学技术。全区举办各类培训班230期，有90%以上的女职工参加各类文化技术培训。6个街道妇联都举办妇女扫盲班。区直各企业妇代会还组织女职工开展岗位练兵活动，全区有39个基层企业妇代会，2054名妇女参加岗位练兵。至年底，有5名女职工获区级操作能手，212名妇女分别获一、二、三等奖，700多名妇女获纪念奖。

1992年，在区直企业中开展“效益杯”，教育系统中开展“育才杯”，居民妇女中开展“文明杯”，离、退休女干部、女职工中开展“余热杯”等竞赛活动。至1994年，全区有10人获省“巾帼建功”先进个人，

200多人获女能人、女能手、女标兵称号，有4名杰出妇女获省、市劳动模范称号，39名优秀妇女获全国、省、市“三八”红旗手称号，2个单位获市“三八”红旗集体称号。

1995年，在城镇开展争当女能手等“巾帼建功”系列活动，区妇联与区工会女工委员会配合，在全区中小型企业中组织29场“学比创”竞赛，参赛人员1472人次，提出合理化建议2214条，创经济效益183.42万元。同时组织部分下岗女职工进行再就业培训，举办各类培训班58期，受训达3016人次。

1996年，区、镇妇联发动农村妇女开展学文化、学技术、比成绩、比贡献竞赛活动（简称“双学双比”活动），全区农村妇女参加学习培训的有1.6万名，其中参加科技培训近1.5万名，参加“农业函授大学”、“农业广播学校”学习的有1000多名。是年，区妇联还在农村开展“结对子”和手拉手 “巾帼扶贫行动”，派1名干部驻建新镇闽江村包点互助，筹集资金3000元，创办该村第一所幼儿园。各镇妇联还与贫困村挂钩互助。在双学双比活动中，仓山镇燎原村妇代会主任江月英带领妇女，将30亩柑橘园改造为蔬菜基地，村民收入明显提高。建新镇妇联引导妇女在花卉生产中向一户一业、一村一品格局发展，收入大增，其中葛屿花卉专业村年为城市绿化美化提供苗木产值达270多万元。各乡镇涌现出一批妇女科技致富典型和女能手、女企业家。城门镇龙江村龙峰茶厂厂长刘秀珍被市政府授予福州市第二届乡、镇企业家称号，出席福建省第八次妇女代表大会，为福州市唯一的女企业家代表。

1997年，继续在城乡基层妇联中开展巾帼建功为中心的学比创活动，举办各种培训班100多期，受训6000人次；提合理化建议4500多条，创经济效益240多万元。其间，全区组建130支“巾帼卫生督导队”。帮助120名下岗女工再就业。

2001～2005年，区妇联围绕“生产发展、生活富裕、生态良好”的持续发展主题，实施“巾帼科技致富工程”，与有关部门联合举办农业实用技术培训班115期，受训妇女达7745多人。与区劳动社会保障局联合举办农民转岗再就业培训班10期，有853名失地妇女参加培训。为农民转岗再就业提供就业岗位1243个，安排失地农民妇女就业365人。期间，城区工业企业创建“巾帼文明示范岗”活动逐步向教育系统、街道拓展，各行各业女职工全面开展岗位练兵、岗位建功活动，激励广大妇女爱岗敬业、锐意进取、服务人民、奉献社会、发展自身。区妇联同时组织“巾帼志愿者”开展春风助困、春风送岗活动。在全区旧屋区改造中，组织“巾帼志愿者”1200人次，为53户特困妇女、残疾人义务搬家。资助22户特困妇女，资助金额达1万多元。

1990～2005年，全区涌现1个省级“巾帼文明示范岗”，9个市级“巾帼文明示范岗”，9个区级“巾帼文明示范岗”。太平洋社区郑淑贞被授予全国巾帼建功标兵荣誉称号。18人被评为省、市“三八红旗手”，1人被评为省妇联系统先进工作者，5人被评为市妇女儿童工作先进个人，6人被评为市抗击十九号台风先进个人。

（三）创建“五好家庭” 1990年，在各街道普遍开展创建“五好家庭”“好家长”活动，当年全区评出“五好家庭”11260户，占全区总户数的37.5%。仓前街道的刘含怀家被评为省“五好家庭”，对湖街道苏振芳被评为省“好家长”。

1991年，区妇联、区文明办对6个街道“五好家庭”创建活动进行检查验收，评出 “五好家庭”16513户，占全区总户数的53%，区“五好家庭”标兵户109户、市“五好家庭”标兵户7户。

1992年，开展“家家学”“家家新”“家家美”“家家乐”为内容的家庭文化建设，先后举办“家庭运动会”“集体婚礼”“家庭文艺活动”“夫妻卡拉OK赛”和“三优”（优生、优育、优教）知识竞赛，同时还在妇女中成立82支千人妇女禁赌劝导队。是年，市妇联在仓山区召开家庭文化建设现场会。至1994年，全区共评出“美好家庭”17104户，占总户数的55.6%，其中“全国美好家庭”1户，省“美好家庭”2户，市“美好家庭”12户。区妇联被评为区“文明单位”。

1997年，区委成立“五好文明家庭”创建活动协调小组，采取创建“五好文明家庭”与创建“文明安全小区”相结合、与创建卫生城市活动相结合、与家庭文化活动相结合的方法，在街镇开展“五情”（即夫妻恩爱情、父母养育情、兄弟姐妹手足情、婆媳体贴情、邻里互助情）教育和评选“星级文明楼幢”“文明之家”“卫生户”“模范夫妻”“好军嫂”“好婆媳”等系列活动，先后开展妇女烹调比赛、家庭文艺演出、家庭健身活动、家居布置、插花艺术表演等，推动“文明安全小区”建设。全区成立130支“巾帼卫生督导队”，开展“家庭文化、楼院绿化净化、小区文明化”活动。至2000年，评出市级“好家长”30户、“廉洁之家”1户、“模范夫妻”1户、“好婆媳”1户。

2005年，继续实施《公民道德实施纲要》，以争当“文明市民、共树文明新风”活动为载体，开展创建“学习型家庭”“文明楼栋”“美德在农家”活动。区妇联提出“学习知识，改变生活”的口号，依托家长学校、妇女之家、社区文化站等场所，组织开展读书活动。全区参加读书活动的妇女达1万多人。同时在社区设立公德长廊、文明走廊、光荣榜等宣传栏，三叉街社区在公园路口建起20多米的宣传长廊，弘扬家庭美德和社会新风，用图文展示社区“五好文明家庭”的先进事迹，为创建和谐社区创造良好的社会氛围。12月，区妇联与区纪委联合开展“家庭助廉教育”，向全区科级以上领导干部家属寄上一封家庭助廉教育活动的公开信，赠送《家庭助廉教育读本》；向全区女干部、“三八”红旗手、“五好文明家庭”发出家庭助廉教育倡议书；举办1场四套班子领导配偶家庭助廉教育座谈会。至2005年末，全区共评出“五好文明家庭”4万多户，占总户数51.8%，其中省、市“五好文明家庭”标兵59户。

（四）关心少儿成长 1990年，区各级妇联举办家长学校。完成“家庭教育重要性”“如何加强幼儿的德育教育”“科学喂养和卫生保健”“九年教育义务法”“儿童保护法”等5个课目教材的编写，并协同区关心下一代协会、教育局、司法局、卫生局选派教员，到6个街道家长学校巡回讲课。是年“六一”儿童节，召开“好家长”经验交流座谈会，有4名“好家长”在会上作典型发言。同时举办“为国教学”“美好家庭”征文竞赛，区妇联撰写的《孩子心目中的父母形象》调查报告，获市妇联系统调查报告一等奖，区教育局撰写的《家庭‘关注’刍议》《家庭教育和家长素质》两篇论文参加市第三届家教理论研讨会交流。

1991年，区委成立仓山区少儿工作委员会，由1名区委副书记、1名常委任正、副主任；制定《仓山区1991～1995儿童少年事业发展规划》《九十年代仓山区儿童事业发展规划纲要》。是年六一儿童节，区妇联与区体委联合举办仓山区第十届幼儿运动会，全区31个幼儿园、480多名幼儿参加。同年7月，组织600多人参加“三优”知识竞赛和“当好家长”知识竞赛，选送8篇论文参加省、市妇联联合举办的“幸福家庭”“为国教育”征文比赛，其中《当代母亲的思索》《幼儿生日活动调查》2篇获市二等奖。

1993年，仓山区娃娃培训中心在三叉街新村建成，全区加强保、教育员职业道德教育，在48所幼儿园中开展“热爱孩子赛妈妈”“理想在园所”活动。1994年，区妇联组织妇女为边远山区小朋友捐书3000多册，捐玩具1000多件。

1995年，按照《九十年代仓山区儿童发展规划纲要》，全区举办幼儿运动会、儿童书画展等50多项活动，开展“三优”知识、《未成年人保护法》咨询活动30场。是年，经市妇女儿童工作委员会验收，仓山区被评为市儿童少年工作先进单位。仓山小学、麦顶小学等5所家长学校被评为福州市先进家长学校，有5名家长被评为市“好家长”。

1996年，全区家长学校增至166所，占学校总数的70%。是年，区妇联开展读书活动，购置“年轻妈妈读本”1500册，分送家长，并选送两名年轻妈妈参加市妇联演讲竞赛。区教育妇委会还组织撰写30多篇家教论文选送市妇联，其中《家庭与幼儿园教育联合初探》等3篇，入选市第七届教育理论研讨会。其间，区妇联还与教育局联合举办少儿乐器比赛，区第三届少儿卡拉OK表演赛以及“中华少年”征文竞赛等活动。

1998年，区少儿工作委员会在全区建立街道、系统、学校未成年人保护（简称未保）三级保护网络，分发1.4万多张“未保卡”至每个学生手中。同时制定《仓山区儿童发展十年规划》，完成《儿童纲要》的监测评估工作。

2000年，全区各类家长学校增至190所。是年，制订“九五”家教计划，聘请有关专家编写家教教材，开展各类家教培训和“年轻妈妈”评选活动，发放《妇女与环境知识100问》《家庭格言》手册3000册，有90%的儿童家长不同程度地掌握儿童保育知识教育。全区有6所学校连续5年获市先进家长学校，30

名家长被评为市“好家长”，有15位年轻妈妈被评为“全国读书活动积极分子”。当年仓山区获省儿童工作先进集体。

2005年，深入实施《小公民道德实施纲要》，区妇联与教育局联合开展优秀家教论文征文活动，选送11篇论文参加市家教论文研讨会，并与区关工委等部门联合开展家教讲座10场。全区为儿童办好事、实事1300多件。7岁以下的儿童体检率达93.21%，儿童系统的保健覆盖率达85%，儿童计划免疫接种率达98%。5岁以下儿童死亡率为7.6‰，婴儿死亡率为6.85‰，接近发达国家平均水平。

第四节　仓山区工商业联合会

一、组织机构

1990年仓山区工商业联合会（下称区工商联）设执委会，有会长1人，副会长2人。下辖五金机电同业公会和商务公会，有会员企业35家，会员82人。1992年，区工商联换届选出第六届执行委员16人，主任委员1人，副主任委员5人，聘任名誉理事长3人。

1996年，新划入5个镇会员企业35家，会员41人。是年，经过反复协商，区工商联增补名誉会长1人，副会长4人，委员22人。之后，又在全区城乡发展会员。2005年，区工商联执委会有会长1人，常务副会长1人，副会长16人，常务委员49人，执委81人。下辖 城门镇商会。全区入会企业共70家，会员307人。

二、代表会议

1992年6月29日召开区工商联第六届会员代表大会，出席113人，福州市委统战部、市工商联、仓山区委、区政府、仓山区各民主党派、人民团体领导及福州市四城区工商联领导列席会议。会议听取工商联第五届执委会工作报告，大会采用无记名投票方式，选举产区工商联第六届执行委员16人，选出主任委员1人，副主任委员5人，聘任名誉理事长3人。

1997年9月8日召开区工商联第七届会员代表大会，出席198人，福州市委统战部副部长，市工商联副会长，仓山区委副书记，区政协主席，区人大副主任，区委统战部长列席会议。会议传达中共十五大精神，经过民主协商，并通过无记名投票，选举产生仓山区工商联第七届执行委员83人，选出会长 1人，副会长9人，常委38人，聘任名誉会长12人，顾问5人。

2002年5月18日召开区工商联第八届会员代表大会，出席307人，省、市工商联领导和福州市四城区工商联领导列席会议。会议听取区工商联第七届执委会工作报告。大会采用无记名投票方式，选举产生区工商联执行委员81人，随即召开第八届第一次执委会，选出会长1人，常务副会长1人，副会长16人，常务委员49人，聘任名誉会长2人，顾问11人。

三、主要活动

（一）组织学习　1990年，区工商联定期在全体会员，特别是在区工商联领导成员中开展“爱国、敬业、守法”的教育。结合党的中心任务，通过举办报告会、小组讨论会、座谈会等形式，组织全体会员学习党的历次重大会议精神，同时举办企业管理培训班，对新时期工商联工作性质、地位、作用、任务进行深入学习。至1996年，共召开学习会2场，受教育达150人次。1997年中共十五大闭幕后，采用大会传达，小组讨论，专题座谈等方式引导会员深入领会十五大精神，共召开大小会3场，受教育面达85%，从而激发会员创业热情，增强办好企业，促进市场经济发展的信心。

2003年，组织民营企业开展“富而思源，富而思进”和“发展才是硬道理”的大学习大讨论。先后举办“社会主义法治”“WTO 基本知识”和“民营企业家再创业”讲座，组织民营企业代表与市、区有关部门领导面对面沟通。

2004 年，不定期为会员举办税务、工商法律金融讲座和现代企业管理创新讲座，提高民营企业家管理素质和水平。至 2005 年，有 30 名民营企业家参加市党校举办的非公有经济理论研究班。

（二）参政议政 1990 年，区工商联主要通过推荐会员出任各级人大代表、政协委员以及组织会员参与调研向区政府反映情况提出建议等方式开展参政议政活动。是年，全区非公有制经济人士担任区以上人民代表 5 人，区政协委员 7 人，1991 年、1994 年、1997 年区人大、政协两会期间，区工商界人大代表、政协委员在会上建言献策，共提出意见和建议 100 条，提案 10 件，其中工商界人大代表陈国荣提出《健全仓山商业网和筹办百货大楼》等提案被大会采纳。

1999 年，区工商联 12 位区人大代表，5 位区政协委员被邀参加区召开的“建设南台岛和发展远景规划”协商会，为建设南台岛积极建言献策，提出要在资金上支持民营企业发展；搞好中洲岛、江心公园、牛垱洲建设等建议。同年，区工商联组织会员代表围绕仓山区民营经济发展情况和现状展开调研，撰写《民营企业发展及对策》调查报告供领导决策参考。

2002 ～ 2003 年，区工商联推荐 5 名会员企业家受聘为工商税务和区机关效能廉政监督员。经济界的政协委员在区政协第六届代表大会上提出经济工作、机关效能、道路交通、旧城改造、改善投资环境、扶持民营企业等提案 41 件，均得到大会采纳和有关部门办理。

2005 年，全区工商界非公有经济人士被推荐担任省人大代表 1 人，市人大代表 8 人，区人大常委 1 人，市政协委员 6 人，区政协委员 18 人，被聘请担任工商税务和区机关效能廉政监督员 5 人。

（三）春风行动 1990 年，区工商联鼓励引导非公有经济人士开展社会公益活动，春节前夕组织会员开展“春风送暖，扶贫济困”活动，当年捐出爱心款 15.1 万元，慰问贫困户 200 多人。

1999 ～ 2001 年，区工商联领导带头并发动会员为临江地区火灾捐款 2.6 万元慰问受灾群众。三叉街福美食杂店经营遇到困难，区工商联出面帮助协调，给以免交全年管理费，帮助企业度过难关。其间，发动会员开展海西捐资助学活动，共捐爱心款 1 万元，受资助学生 2 人。同时为上渡棚屋区改造特困户、孤寡老人捐款、捐物计 2000 元。

2002 年，配合市工商联在中亭街举办金秋送岗活动，叶下塑革等 6 家会员企业，为下岗职工提供 78 个就业岗位。2003 年，非典流行期间，区工商联发动会员向北京捐助抗非典药物近 200 万元，是年，区工商联被评为省工商联系统先进单位。

2005 年，区工商联深入盖山投资区、金山工业区调查研究，发放“企业发展遇到困难与问题调查表”汇总后向区委区政府反映，帮助企业解决困难。同年，台风“龙王”袭击福州，许多会员企业蒙受重大损失，区工商联配合区委统战部将企业受灾损失情况专题向区政府报告，得到区政府的支持。当年共筹集善款 250 多万元，慰问贫困户 250 多人，助学 100 多人，为下岗职工提供 100 多个就业岗位。

（四）组织交流 1990 年，区工商联组织会员加强与外界联系，开展经济技术交流。至 1993 年，6 次组织会员 60 多人到泰国、马来西亚、新加坡和中国香港、澳门、青岛、海南及福建省内闽南闽北闽西等地，与当地商会建立联系，交流经验。1996 年，组织会员企业“城门企业集团总公司”参加南京市物质交流会，商品成交额达 270 多万元。1998 ～ 1999 年先后组织会员 30 多人到厦门学习取经，并组织 7 批 15 人出国考察洽谈业务。2000 年，组织具有地方名优特色的旺旺食品、茉莉花茶、塑料制品、工艺品、钟表等会员企业到江西参加福州名优特产品（南昌）大篷车流动展销会，签订商品销售合同 4423 万元，商品零售额 5.5 万元。2001 年，组织会员企业参加山东嘉祥、银川、周宁、宁德招商会，在山东签订供销合同。2003 年，区工商联先后与厦门、泉州、漳州商会缔结友好商会，

1990 ～ 2005 年，共接待兄弟地区商会代表到访 10 多场次，完成招商 21 项，引进资金 3.85 亿元。其中，在橘园州工业园和浦上工业区征地 198 亩，建厂房 11.9 万平方米，落户 7 个项目，占当时两园区项目总数的三分之一。

第五节　仓山区科学技术协会

一、组织机构

1990年，仓山区科学技术协会（下称区科协）设主席1人、副主席4人、常委12人、委员35人，工作人员编制2人。下辖6个街道科协和土木工程技术协会、中医学会、教育学会、工程技术学会、青少年科技辅导员协会6个专业学会，会员600人。1996年，增辖5个镇科协，并先后成立建新花卉协会、农学会、畜牧兽医学会。1997年，成立东升街道科协和水利、水电协会；会员增至近千人。2001年，除街、镇科协外，其他社团均未向民政部门办理登记手续，自行解除。2003年，成立金山街道科协。2005年，仓山区科协机构设置不变，编制2名，实有工作人员3名，下辖8个街道科协和5个镇科协，会员110人。

二、代表会议

1994年6月召开福州市仓山区科协第二届代表大会，出席会议代表90人。会议通过《关于福州市仓山区科学技术协会章程的决议》。选举产生第二届委员会主席1人、副主席4人、常委12人、委员35人。

2000年5月召开福州市仓山区科协第三届代表大会，出席会议代表98人。会议通过《关于修改福州市仓山区科学技术协会章程的决议》。选举产生第三届委员会主席1人、副主席4人、常委15人、委员47人。

2005年11月召开福州市仓山区科协第四届代表大会，出席会议代表99人。会议通过《关于修改福州市仓山区科学技术协会章程的决议》。选举产生第四届委员会主席1人、副主席4人、常委15人、委员50人。

三、主要活动

（一）科普宣传　1990年，仓山区开始组建科普站、科普小组和增设科普宣传栏。至1994年全区建有5个科普站，20个科普小组和24个科普宣传栏，并在观井路建立“科普一条街”，在桃花山新村建立大型科普宣传画栏。1994年仓山区被市科协授予1990～1993年度科普画栏先进单位称号。

1995年，区科协举办“爱科学、用科学”和“科学在身边”科普宣传活动，实施“金桥工程”和“产学研”联合工程。当年举办8场学术讲座和报告会，撰写论文601篇。

1997年，编印“仓山科普”3000份。开办农业函授大学首期“农村经营专业班”，学员37名。2002年，加大科普宣传栏建设投入，在临江街道、太平洋社区各建10米标准画栏1个，在三叉街街道“党员林公园”建100米科普画栏1个。至2005年，全区有科普站13个、科普小组40个科普宣传栏50个。

（二）科普活动　1990年，仓山区组织青少年参加各级举办的青少年科技竞赛活动。至1998年，先后组织开展小学生航模、舰模等竞赛，“三小”作品竞赛，计算机竞赛等活动。1994～1998年，仓山区连续5年获市级县（区）团体第一名。

1999年，开展仓山区建筑物地震灾害预测普查工作，全区共普查675座楼房。2001年，开展创建市级科普示范街道工作。是年，临江街道被评为首届福州市科普示范街道。

2003～2005年，先后开展“依靠科学、战胜非典”为主题的科技活动周宣传、“人人讲科学、爱科学”科技活动周宣传和“预防高致病性禽流感”科普日宣传活动。至2005年，全区共组织青少年2100人参加中、小学生航模、舰模等竞赛活动，共获全国前6名6人次，省级前6名75人次，市级前6名203人次。参加“三小”作品竞赛，共获省级前3名7人次，市级前3名106人次。参加计算机竞赛，共获省级前三等奖3人次，市级416人次。

（三）职称评定　1997年，成立“福州市仓山区农民技术人员职称评定工作领导小组”，开始对农民技术人员进行职称评定。当年评出初级人员36名，中级人员47名。至2005年末，全区共受理170名职称评定申请，评出农师118名，助理农业技师和农业技术员52名。

第六节 仓山区计划生育协会

一、组织机构

1990年，仓山区计划生育协会（简称区计生协）有工作人员1人。下辖有87个基层计生协，其中街道6个，居委会69个，区直系统14个，会员8875人。各基层计生协均聘请离退休干部或辖区内省、市属单位领导为会长。1992年，区计生协被列入区委管理的群众团体。1996年，东升街道成立计生协，同时新增城门、盖山、仓山、建新、螺洲5个镇计生协。是年，全区共有镇、街级计生协12个，村、居委会计生协132个，中心户（组）998个，会员共36136人。

1997年，计划生育中心户按“百人一户”标准建立协会小组，全区建立协会小组3617个，配备协会小组（中心户）长。1998年，区计生协定编4名，实配3名。2003年7月，成立金山街道计生协。2004年，区计生协重新核定编制为3名。2005年，区计生协配有工作人员2人，下辖基层计生协198个，其中：镇、街计生协13个，村、居委会计生协173个，区直系统计生协12个，中心户1136个，会员共36172人。

二、代表会议

1993年6月召开区计生协第二届会员代表大会，出席会议代表共179人，会议听取、讨论并通过第一届理事会工作和第二届理事会工作意见的报告，选举产生第二届理事会会长、副会长36人、常务理事54人。会议选举区委副书记李毅强为区计生协理事会会长。

1997年9月召开区计生协第三届会员代表大会，出席会议代表共213人。会议听取、讨论并通过第二届理事会工作和第三届理事会工作意见的报告，选举产生会长1人、专职副会长1人、常务理事52人。聘请区委书记、区长为第三届理事会名誉会长，并聘请顾问7人。

2000年3月召开区计生协第四届会员代表大会，出席会议代表共217人。会议听取、讨论并通过第三届理事会工作和第四届理事会工作意见报告，选举产生会长1人，专职副会长1人、副会长9人、常务理事49人，会议聘请区委书记、区长为名誉会长，并聘请首席顾问、顾问6人。

2003年6月召开区计生协第五届会员代表大会，出席会议代表193人，会议听取、讨论第四届理事会工作报告和第五届理事会工作意见，选举产生第五届理事会会长1人，专职副会长1人、副会长12人、常务理事57人，会议聘请区委书记、区长为名誉会长并聘请首席顾问、顾问8人。

三、主要活动

1990年，区计生协会在街道、居委会和辖区企业单位中组建人口教育学校和会员之家，全区建有人口学校156所，开设马克思主义人口理论、中国国情与人口计生政策、生殖健康知识、优生优育知识等课程，共授课308课时，受教育人数达24.1万人次；举办各种培训班46期，受训人员达1.88万人次。其间，各街道计生协会创办“计划生育之窗”墙报专栏，绘制宣传图片150多幅，利用有线广播进行宣传教育。还上街设点开展宣传、咨询，为独生子女体检1万多人次。同年，区卫生、工商和建设等部门计生协联合各街道计生协会组建流动人口计生督导队，动员外来育妇限期回户口所在地开具婚育证明书，发现计划外怀孕，就地落实补救措施。当年配合拆迁安置部门与外来育妇签订合同公证1.87万份。

1993年，各工地、市场计生协建立会员联系制度，对育妇实行月见面、季妇检，双向跟踪管理。全区为育龄群众提供计生政策咨询、婚检、独生子女保险、避孕节育、就业致富等10项送温暖服务。编印计生工作宣传小册入户宣传，投入46万元为独生子女办理“两全”（少儿平安保险和少儿养老保险）办实事、好事1500多件。

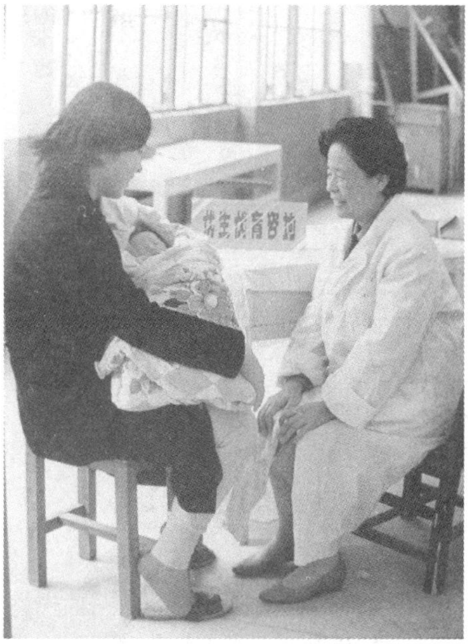
优生优育咨询

1994年，全区共建立50个孕情举报中心和200多个孕情信息站，在协会理事、会员、民主党派人士中聘请计生巡视员100名，计生宣传员和信息员1078名。同年，建立“三结合”（计划生育工作与发展经济相结合、与帮助群众劳动致富相结合、与建设文明幸福家庭相结合）目标责任制，为育龄群众的生产、生育、生活提供系列服务，介绍1837名下岗工人就业和再就业。帮助1000多名流动人口计生户子女就近入学，为1.078万名独生子女办理“两全保险”手续，投保金额达78万多元。

1998年，区设立计生服务站（点），8926名会员在服务站为育龄群众开展服务。有1023对夫妇接受新婚教育，1513名育妇接受优生监护、孕情监测、母乳喂养、母婴保健知识教育，1038名育龄群众接受疾病诊治。同时，各计生协会加强对人口与计生统计、生育指标审批、计划外怀孕和流动人口计生的管理，落实计生优惠措施；并对计划外生育费征、管、用及居（村）委会干部执行情况进行监督，全面纠正不文明行为。

2000年，依托各镇、街计生服务中心为育龄群众开展“一条龙”全程优质服务；免费开展新婚教育，送《生育证》、优生优育优教知识、《独生子女父母光荣证》。同年，纪念《关于控制我国人口增长致全体共产党员、共青团员的公开信》发表19周年，召开座谈会；编印《婚育新风进万家知识手册》等宣传品10万份，“知情选择”、法律法规小册6万份，免费发放到育龄群众手中。

2001年，在各村（社区）开展创建合格居（村）计生协会和争创一流居（村）计生协会的“双创”活动，区、镇（街）计生协会制定“双创”五年规划，当年评出一流社区（村）计生协会13个，合格社区（村）92个，占总数48.8%。

2002年，学习宣传中共中央、国务院《关于稳定低生育水平，提高出生人口素质的决定》和计生法律法规；培训街道和社区计生协会秘书长、专职干部共60人次；组织区计生协会顾问对“双创”试点单位进行调研和督查，同时推广东升街道东兴社区创一流计生协会做法。当年评出一流村（社区）计生协会30个，合格村（社区）126个，占总数82.53%。同年，开展“婚育新风进万家”宣传访视。在“母亲节”举办为贫困母亲捐献一日工资募捐活动，募集捐款2.64万元。

2003年，开展创建省级计划生育优质服务先进区活动。全区共捐款1.16万元为贫困母亲献爱心，用于实施“幸福工程”项目，惠及36户。同时介绍就业再就业320人次。是年，全区评出一流社区计生协会（村）42个，合格社区（村）计生协会118个，占总数的87.9%。

2004年，举办街道、社区及辖区单位计生协会专职人员培训班3期，培训180多人次。同时在全体理事、会员中开展普及、预防艾滋病知识宣传，并向流动人口及健康人群拓展，计生协会会员和群众预防艾滋病知识的接受率分别达85%和75%以上。当年，全区继续实施“幸福工程”项目3户，募集善款0.76万多元。

2005年，继续开展创建合格居（村）计生协会和争创一流居（村）计生协会活动。先后举办讲座10场，受教育达600多人次；街头宣传接受咨询200多场次；问卷调查5000多份。同时在全区各企业中组建企业计生协会85个，流动人口协会小组65个。当年全区实施幸福工程项目帮扶38户，评出合格村（社区）计生协会72个，占村（社区）总数的96.7%。

第七节 仓山区关心下一代工作委员会

一、组织机构

全国关心下一代工作先进集体锦旗（1991）

1990年，区关心下一代协会（下简称区关协）内设青少年心理咨询中心、报告团、宣传教育组、校外辅导组、帮教组、幼儿教育组、卫生保健组、调研组、科技组、婚恋指导组10个小组，有工作人员125人。下辖仓前、临江、上渡、下渡、对湖、三叉街6个街道和区教育、建设系统8个关协。1994年12月，区关协更名为仓山区关心下一代工作委员会（下简称区关工委），1996年区关工委基层组织增至93个。2005年，区关工委内设机构有：办公室、青少年心理咨询中心、报告团、宣教委员会、帮教委员会、科技委员会。下辖基层关工委181个。

二、主要活动

（一）开展教育活动

1990年，区关协贯彻《关于改进和加强中小学生教育的通知》《关于爱国主义教育实施纲要》《公民道德建设实施纲要》，结合重要的节日和纪念日，开展理想信念教育和思想道德教育活动。当年，组织区关协报告团和帮教委员会老干部深入学校、社区宣传《道德与法律》《未成年人保护法》《预防未成年人犯罪法》等法律知识，并组织举办禁毒夏令营，有8000多名学生观看禁毒图片展、禁毒录像。

1991年区关协成立报告团，以老红军、老党员、老干部、老教师、老劳模（下简称“五老”）为主体，有成员150人。由省军区刘功为名誉团长，原区委书记刘学苏兼团长。报告团成立后，老干部围绕党在各个时期的中心任务和爱国主义、革命传统、民族精神、公民道德、法制教育和禁毒宣传等主题，先后编写《没有共产党就没有新中国》《牢记历史振兴中华》《迎香港回归让东方明珠更绚丽多彩》《预防未成年人犯罪》《公民道德格言》等15篇讲稿，深入街道、社区和中小学校为青少年作报告。同年9月，组织16名有悔改表现的服刑人员，先后在师大附中、福州高级中学、福九中、十六中等20所学校举办39场“告别昨天、走向新岸”的大型现身说法报告会，参加学生达6.8万多人。

1996～1998年，在福州第十六中学等学校举办“模拟法庭”，对中学生进行法制教育。举办报告会、故事会、少年队主题队会165场，受教育青少年达3.36万人次。1999年7月，开展揭批邪教组织的宣传教育，举办“崇尚科学、反对迷信”万人长卷签名活动。

仓山小学爱国主义教育

2000年4月26日，区关工委召开仓山区禁毒工作研讨会，有170人参加，收到论文12篇。有香港、广东和其他省份检察院检察官等5名专家在会上发言。翌年，“6·26”国际禁毒日，分别在福建师大和则徐公园举办“拒绝毒品、珍爱生命”的誓师大会和签名活动，参加活动的共有1.2万人。同年7月，在全区中、小学生中，开展征文、演讲、朗诵、歌咏等比赛活动共52场，参加学生1.8万人，征集纪念中国共产党成立80周年的文章330多篇。

2005年8月，开展纪念中国抗战胜利暨反法西斯战争胜利60周年活动，组织1.7万多名中小学生观看爱国影片、录像、图片展。至2005年，区关工委报告团成员发展到1540人，共编写印发宣传材料3.9万份，报告5435场。先后在螺洲店前村原中共福建省委螺洲联络站、螺洲绿色度假村、城门下洋村原帝君祠、排下烈士陵园、麦顶小学乡土教育室、军民共建室、青少年教育基地等地，对青少年进行爱国主义和革命传统教育2630多场，受教育青少年32.1万人次。

（二）帮教失足青少年

1990年，区关工委共组织265个帮教教员对685名失足青少年开展帮教，通过举办失足青少年恳谈会、结对子帮助、安排工作等举措，感化挽救一批青少年，平均改好率在95%以上。1991年区关工委、团区委、区妇联代表区政府分别与省第二少管所（后改福州监狱）、省女子监狱签订帮教工作协议。区关工委每年1至2次组织街镇关工委、团区委、区妇联、区司法局等部门干部到监狱看望仓山籍服刑人员。1995年、1998年和2001年区关工委3次召开帮教工作经验交流会，分别由城门镇下洋村、下渡街道下藤社区等关工委介绍帮教工作经验。2005年春节、五四青年节前夕，组织30多人前往福州监狱看望65名仓山籍犯人。至2005年全区共帮教失足青少年1354人。

开展青少年帮教活动

（三）为青少年办实事

1990年，仓山区台屿、义序、胪雷等基层关工委设立旅台宗亲教育基金会等11个教育基金会，共筹集基金400多万元，对家乡优秀学子和贫困学生开展奖学助学活动。建新镇台屿村关工委联络和发动海外侨胞陈德善、陈乾晃、林增英、陈伯仲等捐资1000多万元人民币修建台屿小学教学楼、文体馆教师宿舍楼（取名凤贞楼）。

1992年1月，区关协和福州市心理学会联合创办仓山青少年心理咨询中心（简称“咨询中心”），聘请福建师大、闽江学院、福州医学心理咨询中心、福州市精神病防治院等部门的15位教授专家为青少年开展咨询、治疗服务。“咨询中心”还与福州晚报、福州电信广告信息公司联合开通8条“168心理咨询热线”，开展青少年网瘾问题的研究，完成《上网成瘾诊断标准和治疗方案》论文。

同年，区关协联合工、青、妇组织发动社会开展捐书活动，至1993年6月向全区16所小学赠书4.46万册，其中13所小学生人均8册，3所小学生人均15册。1996年城门镇敖峰村台胞郑恒旺先生捐资500万元人民币建城门小学教学楼建筑面积4000多平方米。

2002年11月区关工委举行“咨询中心”成立10周年暨168心理咨询热线开通6周年纪念活动，编印《心理咨询安全》《家庭教育》《热线电话传真情》等专著。

2005年6月“咨询中心”在临江街道太平洋城社区和仓山小学，为青少年和学生家长举办心理健康讲座，把心理咨询服务工作向社区延伸。至2005年末，共接待省内外青少年学生咨询3125万人；共资助贫困生1745人次，奖励优秀教师1110人、三好生4526人；为灾区人民、特

书法家教孩子们学书法

困户子女、下岗职工子女、残疾儿童送温暖献爱心捐款 28 万元，衣物 1.5 万件。著名“月老”刘含怀先后在机关、部队、学校作 30 多场报告，为青年牵线搭桥 2708 人次，成功率达 10% 左右。

第八节 仓山区红十字会

一、组织机构

1990 年初，仓山区红十字会设理事会，由会长 1 人、副会长 1 人、委员 7 人组成。下辖有 38 个基层红十字会，96 个红十字会卫生站，有会员 8200 人（包括青少年会员）。当年区红十字会对所属各基层红十字会组织和会员进行全面整顿，年底完成整顿，全区有基层红十字会 7 个，红十字会卫生站 5 个，会员 3124 人。1993 年《中华人民共和国红十字会法》和 1994 年《中国红十字会章程》颁布实施后，区红十字会对所属基层红十字组织及会员进行摸底登记。经过核实，1994 年底全区有基层红十字组织 7 个，红十字卫生站 5 个，会员 3124 人。1996 年，区红十字会被确认为全民事业单位，定编 3 人，挂靠区卫生局。1997 年，全区红十字基层组织增至 12 个、会员 3021 人（包括青少年会员），之后经调整注销一些档案会员。2000 年 9 月 15 日召开仓山区红十字会第二次会员代表大会，选举产生由 39 名理事组成的新一届理事会，区政府副区长陈奇当选为第二届理事会会长。至 2005 年，区红十字会理事会设会长 1 人、副会长 1 人、理事 39 人，下辖区鹤龄医院、卢镜明中医眼科医院、区中医院、区疾病预防控制中心、区妇幼保健所、区城南医院、城门镇卫生院、建新镇卫生院、盖山镇卫生院、螺洲镇卫生院、对湖街道 11 个基层红十字会，会员 609 人（不含青少年会员）。

二、主要活动

1990 年， 区红十字会围绕《中华人民共和国红十字会法》颁布实施，通过广播电视、民间文艺、宣传专刊、标语等形式，组织红十字会员、志愿工作者走上街头、深入村居广泛开展宣传活动。至 1994 年共出专刊 356 期、标语 67 条、图片展览 15 场次、民间文艺演出 75 场次、宣传小组 25 个、发放宣传材料 5000 多份，普及达 1.5 万人次。

1994 年 11 月，区红十字与红星月国际联合会驻亚太地区代表到对湖街道实地考察，台胞代表陈履平先生当场捐助 2000 元人民币及两台电视机，以表示对仓山区红十字会工作的肯定与支持。

1998 年，长江流域遭受历罕见的洪涝灾害，区红十字会开展“支援长江 情系灾区”活动，共募集善款 9 万余元，药品价值 1.55 万元；“7·21”台湾大地震，区红十字会配合区政府开展募捐活动，共募集善款 25 万元。同年 10 月区红十字会先后组织辖内鹤龄医院、肺科医院、神经精神病防治院、师大医院、对湖街道及十六中学等 80 多名红十字会员在梅坞路开展以“实行无偿献血 确保临床用血安全”为主题的一条街宣传活动，共为群众义诊咨询 500 人次、免费检测血型 70 人次、发放宣传材料 1000 份，并与福建师大团委联合开展无偿献血活动，现场有 33 名师生献血。同年 9 月 29 日，仓山区召开无偿献血工作会议，成立区公民献血办公室（挂靠区卫生局）。至 12 月 30 日，全区共有 1029 人次献血。2000 年，区卫生系统医护人员组建应急献血队伍，即“志愿者应急流动血库”，随时准备捐血救人，当年参加献血的医护人员达 60 人次。

2000 年，根据《中华人民共和国红十字标志使用方法》，区红十字会与区卫生局联合开展执法行动，对医疗机构中误用、滥用红十字标志的现象进行整顿。当年，纠正误用、滥用红十字标志行为的医疗机构 105 家。2001 年 9 月，制订下发《仓山区清理整顿误用、滥用红十字标志名称的实施方案》，利用卫生系统院站长工作会议、卫协例会、“5·8”宣传等形式，广泛开展宣传活动。同时对辖区内误用、滥用红十字标志行为进行执法检查，发出整改通知书 24 份。

2002 年 6、7 月，福州连降暴雨，严重影响街头无偿献血工作的正常开展，临床用血呈不足状态。区红十字会启动 “流动血库”，在区领导的带头下，共有 278 名机关干部、公安干警、教职员工、医务人员、村居干部参与献血。同年 11 月 29 日，区红十字会、区疾病控制中心、区计生局联合开展预防艾滋病宣传活动，义诊咨询 170 余人次，发放避孕套 500 余只、宣传资料 700 份，并在世界艾滋病日前后举办预防艾滋病培训班 3 期，全区各级各类各医疗机构 800 余名医务工作者参加培训。

2003 年“非典”期间，街头无偿献血者剧减，血库库存不足，福建师范大学在暑期专门成立大学生暑期献血者俱乐部，多次组织广大师生献血。在 12 月 1 日世界艾滋病日期间举办预防艾滋病培训班 3 期，对全区各医疗单位 1300 余名医务工作者进行全员培训。

2004 年，区红十字会在元旦、春节“两节”期间，开展“红十字博爱送万家”活动，为城乡贫困家庭送大米、香菇、食用油等慰问品，价值 5000 元。同年“5·8”世界红十字日，先后组织红十字会员在学生街开展义诊咨询活动，防病咨询 130 人次；组织医务工作者免费为 150 多名育龄妇女进行健康体检；聘请专家在对湖街道马厂社区开展健康知识讲座；在对湖街道师大社区开展为贫困群众送医送药送温暖等活动，共送出价值 1 万元的物资及药品。

2005 年，在印度洋地震海啸灾害中，区红十字会开展募捐活动。向社会各界人士发出呼吁书，公布仓山区红十字会捐款账号，在汇达广场、福建师大校门口、仓山步行街等地设置募捐点，共募集到善款 22 万元人民币。区红十字会同时组建“仓山区红十字志愿者义诊服务队”，深入村居开展义诊活动，对农民朋友和城市居民开展救护、卫生保健、居家护理、家庭安全等知识技能培训。

第九节　仓山区卫生工作者协会

一、组织机构

1990 年，区卫生工作者协会（简称卫协会）设理事会，由会长 1 人、副会长 1 人、理事 15 人组成，会员 217 人。1996 年区划调整后，增加 5 个乡镇卫协分会，会员增至 742 人。2005 年，区卫协会设会长 1 人、副会长 1 人、理事 28 人，工作人员 7 人，其中事业编制 1 人，下辖城门、盖山、仓山、建新、螺洲等 5 个镇卫协分会，有会员 925 人。

二、代表会议

1997 年 6 月 26 日召开仓山区卫协会第十届代表大会，会议听取并通过上一届区卫协会作的《与时俱进，积级进取，努力开拓卫协工作新局面》工作报告和《仓山区卫生工作者协会章程》。会议以无记名投票方式，选举产生由 23 名理事组成的新一届理事会，选出新一届的会长、副会长各 1 人。

2004 年 11 月 27 日召开山区卫协会第十届二次代表大会。出席会议代表 814 人，会议听取审议并通过《仓山区卫生工作协会会员费及会费管理办法》，同时增补 5 名新理事。

三、主要活动

1990 年，按照福州市卫生局下达的卫协会目标责任标准，建立村级卫生人员、个体开业医的档案；加强对村级卫生人员、个体开业医的培训和监管工作。至 1996 年每年都举办 1 期乡村医生系统化培训，聘请福州市卫生学校等专职老师授课，以确保培训质量。

1997 年，落实省委省政府、市委市政府提出的到 2000 年在岗乡村医生中专水平率达到 80% 的要求，区卫协会在仓山区设乡村医生系统化教育面授点，由福州市卫生学校专职老师授课。至 2000 年先后举办 46 岁以上小学文化程度乡村医生一年制补课班 2 期，45 岁以下在岗乡村医生三年制专业证书班 1 期，参加面授培训共 131 人（补课班 64 人、证书班 67 人）。通过系统培训、考试，有 94% 的在岗乡村医生达到中专水平。2001年，卫协会发挥团结友爱帮助会员解决实际困难，先后从会员费互助金中拨出救助金4.41万元，为6·23 特大洪水受灾户、脑瘤手术、急性病住院、车祸等会员提供困难救助72次。与此同时，区卫协会围绕省政府关于60%以上的卫生所要达到初级卫生保健甲级的规定，协助区卫生局指导卫生所创建甲级所。至2002年，全区有48家卫生所被授予甲级卫生所。

2003年区卫生协会组织辖区医务人员进行防非典工作培训，播放卫生部制作的防治非典VCD片22场次，参加培训2860人次，下发防治非典常识宣传挂图2500多份。

2004年根据卫生部颁布的《乡村医生从业管理条例》有关规定，协助区卫生局对全区乡村医生进行资格认定，并通过网络向省卫生厅输入乡村医生个人档案和数据，为符合条件的131名乡村医生进行执业注册。

2005年区卫协会向从事农村公共卫生工作的乡村医生，代发由省政府批拨的每人每月20元的津贴补助，全区共有156名乡村医生获得补助。同年11月，区卫协会组织派送153名乡村医生到福清市卫生学校进行脱产免费培训。

第十节 仓山区文学艺术界联合会

一、组织机构

区文联第四次代表大会（2002）

1990年，仓山区文学艺术界联合会（简称区文联）为副科级事业单位，定编1人，与区文化局合署办公，由区文化局分管文物保护工作的干部兼管文联工作。下辖有区作家协会（简称作协）、音乐工作者协会（简称音协）、摄影家协会（简称摄协）、舞蹈工作者协会（简称舞协）、美术家协会（简称美协）、戏曲协会和烟山画院等7个协会，共有会员 315人，其中参加国家级协会的会员13人，参加省级协会的会员32人，参加市级协会的会员58人。1991年，区政府收回仓山邮电局借用的“鲁贻图书馆”，交区文联使用。1992年区文联升格为正科级事业单位。1997年6月，区文联核定事业编制2人，其中领导职数1名，科员1名。2004年11月，区文联业务工作归属区委宣传部。

2005年，区文联设常务理事会，配有主席1名、副主席2名、兼职副主席1名、常务委员13人。下辖有作协（含大中专文学联社）、音协、摄协、舞协、美协、书协（书法工作者协会）、戏曲协会、烟山画院8个协会，共有会员907人，其中参加国家级协会的会员33人，参加省级协会的会员87人，参加市级协会的会员303人。

二、代表会议

1991年4月20日，区文联召开第三次代表大会，出席代表63人。会议听取区文联第二届委员会工作报告，通过区文联《章程》。选举产生第三届文联委员会，选出委员34名，主席、兼职副主席各1名。区第三届文联委员会届内共召开4次全委会。

1992年5月21日，召开第一次全委会，参加会议13人，协商产生常务委员13人，增补委员1人。1994年9月10日，召开第二次全委会，选举副主席1名。同年11月19日，召开常务理事会，选举兼职副主席 1 名。1997 年 11 月 25 日，召开第三次全委会，改选副主席 1 名。 2002 年 11 月 1 日，召开第四次全委会，改选主席 1 名。

三、主要活动

（一）创作活动　1990 年，区文联采取依托辖区内大中专院校、各文艺协会的形式，联络、协调和组织会员开展文艺创作活动。至 1991 年，共创作文学、艺术作品 1858 件。其中，作家协会创作作品有《文学创作论》等论著和诗集、诗歌、散文、小说、文学评论、杂文等共 301 件。曲艺协会创作作品有广播剧《丈母娘看女婿》、小戏《好高弟卜下》《好高伯拍毛声》、闽剧《掷瓦记》、闽剧小戏《珠妹卖橘》，福州评话序头、短篇评话、伬唱等共 120 余本。美术、书法协会创作作品有美术电视系列片《中国绘画长廊》和 20 集《工笔花鸟教学系列片》，创作出版画册、论著 34 部，撰写学术论文 90 多篇。音乐协会创作有民乐五重唱《节日的榕城》、男声四重唱《烟山鹊桥》、女声独唱《烟山的早晨》以及器乐演奏曲等 7 件。舞蹈协会创作作品有舞蹈《梅坞春早》、少儿舞蹈《仓山小子》等 4 件。摄影协会创作的作品有《渔歌唱晚》《共享》等。

1992 ～ 1997 年，区作家协会共创作作品 60 多篇，出版诗歌、散文、文学评论、报告文学 6 本。其中有会员孙绍振出版的随笔集《孙绍振如是说》、散文集《面对陌生人》。王光明出版的文学评论集《艰难的指向》。陈巍发表的论文《论毛泽东的文艺思想体系》。林登豪发表的报告文学《漾起绿色的涟漪》、组诗《李商隐三题》《老猎户》、报告文学《一种青春元素的飞翔》等。

1999 年，区文联电视创作部组织拍摄《阳光•清泉》《五四路口的一颗璀灿的明珠》专题片和《腾飞——仓山》画册的拍摄。

2001 年，区美术、书法协会朱以撒撰写有《朱以撒书唐诗小楷》《书法初学规范》《书法创作论》等书法论文 20 余万字，在《文艺研究》等学术杂志和大学学报上发表。同时出版画册、论著 34 部，撰写学术论文 90 多篇。编辑出版《陈明谋画集》《陈启涛画集》《杨挺印谱》《陈思奋书画册》。2004 年，檀东铿创作有《为有源头活水来》《映日荷花别样红》《小园冬日》及个人专著《花卉集锦》《名家白描》《檀东铿画集》等。

2005 年，音乐舞蹈协会创作有舞蹈《佛跳墙》。区音协创作有男声四重唱《开拓者之歌》《新鲜的舞蹈世界，新鲜的你》，独唱作品《仓山彩浪》、大合唱歌曲《南台岛之春》、电视专题片《闽江第一漂》主题歌《明朝激浪更风流》、专题片《天演之路——严复故乡行》、主题歌《东方明珠更明亮》等共 8 首。

1990 ～ 2005 年，全区共创作各类作品 3654 件，其中，作家协会创作作品 1160 件，曲艺协会创作作品 120 件，区美术、书法协会 1055 件，摄影协会 1300 件，音乐舞蹈协会 19 件。有 1055 件作品在各级报刊上发表，其中 275 幅少儿美术作品获省市级以上奖励。烟山画院院长陈德宏创作的美术作品被国家军事博物馆、八大山人纪念馆、李可染旧居陈列馆、菲律宾中国艺术中心收藏。

（二）作品展览　1990 年，区文联依托辖内大中专院校、各文艺协会举办各种艺术作品展。至 1999 年，先后举办烟山画院精品展、校园艺术摄影展、毛泽东同志诞辰一百周年书画展和扇面展、烟山画院书画联展、第五届扇面作品展、陈德宏个人画展等，共展出 80 多名书画、摄影家 238 幅书画、50 余幅摄影作品。

2000 年，区委宣传部、区文联、区计生局、区计生协联合举办书法、摄影展；烟山画院举办“第七届扇面、小品书画展”，共展出作品 100 多幅。

2001 年，区文联、烟山画院先后举办建党 80 周年图片展、机关干部书法作品展、“第八届扇面、小品书画展”，共展出作品 180 多幅。

2002 ～ 2003 年，在福州画院举办《烟山画院书画精品展》和 “第十届扇面、小品书画展”参展作品有 100 多幅。

2004 ～ 2005 年，先后又举办纪念建党 83 周年书画展、仓山新老城区变化图片展、美在仓山——榕城之春摄影艺术展、纪念邓小平诞辰 100 周年摄影展、仓山区干部职工书法摄影展、“祖国万岁”画展、“金山巨变”摄影展、军地校书画摄影联展”等。至 2005 年共举办 21 场大型书画作品展。

（三）文艺活动　1990 ～ 1993 年，区文联主要组织各文艺协会会员参加辖区和各级文艺部门举办的文艺活动，共组织 26 场文艺专场。其中 1992 年，区文联与省艺术研究会联合举办“92 现代都市艺术大赛”、“都市盆景艺术展”和“都市美艺术征文”活动。1993 年，区文联与省六建、港务局、区建工联合举办《建设者之歌》《时代潮》《榕城开发新风采》《仓山风采》和《亨得利杯》征文活动，共征文 420 余篇。

1994 ～ 1998 年，仓山区首届艺术节期间，烟山诗社举办《仓山区“歌颂林则徐，迎香港回归”百人诗歌吟唱大会》和“百人诗书画展”，创作折枝诗 303 首，展出作品 220 余幅；区文联还与福州市工商银行、福建经济报、港台信息报联办“牡丹卡”杯迎接 97 香港回归文化系列活动，征集楹联 7000 多幅；区作协开展《“高湖杯”我爱南台》征文活动。

1999 ～ 2003 年，区文联又先后与省、市文联、省人民警察学校、区直机关党工委等联合举办仓山区大中专院校冰心作品朗诵会、东风吹绿南台春征文活动、仓山区纪念建党 80 周年诗歌吟唱会和《爱我仓山》的摄影、书画、散文、诗歌朗诵、演讲、歌咏比赛”，共创作诗歌 420 首，汇集出版《中流砥柱》诗集。

2004 ～ 2005 年，区文联与区委宣传部联办《诚信仓山暨仓山商业步行街招商》大型文艺晚会；先后举办《纪念中国共产党建党 83 周年》摄影、书法、卡拉 OK 等比赛、“走进金山”诗歌朗诵会、“高歌南进”演讲、诗歌朗诵大赛，并与市文联联办“金山颂”大型音乐诗歌朗诵会等。

仓山区文联书画艺术进社区

至 2005 年，在参加全国、省、市文艺演出活动中，有 39 个项目获奖，其中：区音协会员参加省第三届手风琴比赛和“中华杯”全国手风琴比赛，获二等奖和优秀奖，参加市第二届文艺百花奖演出获一等奖；区舞协《橘红时节》在市第二届文艺百花奖演出中获一等奖，《田螺姑娘》在市第八届文艺百花奖舞蹈比赛获金奖；区音协的女声小组唱获声乐比赛银奖；区教师合唱团获铜奖。

（四）文化交流　1990 年，区美协组织会员作品外出参展，进行文化交流。至 1991 年，会员陈德宏作品参加中国花鸟画邀请展赴香港、台湾、新加坡、日本、美国、加拿大等地展出，其作品被福建电视台拍成专题片。烟山画院微雕艺术家陈忠森应邀至美国、日本、香港讲学，其作品在日本、新加坡、菲律宾、加拿大、美国、香港、台湾、泰国等地展出，部分作品被日本东京博物馆、美国克里夫兰博物馆、美国夏威夷博物馆、菲律宾马尼拉博物馆和韩国博物馆收藏。檀东铿作品《装点春光图中》参加中国驻日使馆主办的《中国名家书画展》。区书协会员蒋平畴书法学术论文入选《全国第三届书学研究讲座会》。烟山画院陈启涛、赖智通、万年青书画学会陈振东、许建民、邹宗松等书画作品分别在台湾、香港、新加坡、日本展出。檀东铿作品《馨香》、《藤花》参加全国一、二届工笔画大展，《和熙春光》参加全国第七届美展。蒋平畴篆刻作品参加第四届全国中青年书法家篆刻家作品展。

1992 年 1 月，玻利维亚月光谷旅游公司总经理受台湾柯蔡宗亲会委托，至福州蔡襄纪念馆考察。5 月，省文联组织部分地市县文联代表至仓山区对文联工作和作品创作进行交流。是年区小伙伴艺术团代表福州市赴港参加粤、榕、港学生舞蹈汇演。

1993 ～ 1999 年，区美协、书协、摄影协组织会员参加全国各地文化考察与交流。先后有朱以撒作品参加全国文汇书法竞赛和全国青年长安金牌大赛；区美协组织画家到武夷山、平潭县办画展；区美协、书协、摄影协参加福州仓山区、广州海珠区、深圳福田区《迎香港回归三地书画摄影巡回展》；区文联发起福建省“闽江第一漂”文化考察与交流，并组织烟山画院至霞浦县杨家溪采风，举办《扇面书画精品展》等。

2001～2005年，区影协、美协对外文化交流主要有：区影协林国栋、徐吉本、林永辉摄影作品参加省经济报、左海公园、自贡市联办的摄影比赛；江爱舫摄影作品参加全国第五届摄影艺术节比赛；区美协陈德宏应邀到三明市举办个人画展；陈思奋到霞浦举办《重在空海路，加深中日情》美术作品义卖展，将卖出的21件作品计201万日元，捐予中日空海研究会；檀东铿作品《小园冬日》参加文化部赴俄罗斯申奥中国书画大展等。

五、人才培养

1994年仓山区成立大中专院校文学联社。加入文学作品研讨活动的文学社团成员50多人。研讨活动由孙绍振、王光明、黄文山、楚楚等福建文学名人讲课。之后，区文联依托文学联社，每年都举办文学作品研讨活动，培养文学人才。1998年，区文联创办文学内部交流刊物《南台文化》，请郭风、孙绍振、王光明为总顾问，吸引社会文学爱好者投稿，成为文学人才培养基地。同年区文联设中国音乐学院校外考级站，先后有100多名考生通过钢琴、电子琴、手风琴、古筝、琵琶、少儿声乐基础知识考试，获得中国音乐学院等级证书。2005年，加入文学联社的文学社团达17个，成员增加至500多名，比1994年增10倍。

1990～2005年仓山区文学艺术工作者主要获奖情况表

表13-2-3

类别	获奖名称	获奖者	获奖情况	获奖时间
美术协会	原野欢歌	梁丹雯	榕城之春美术作品大赛银奖	1996年
	灯下少女	林宜耕	全国第四届工笔画铜奖	1998年
	任重道远	梁丹雯	国庆50周年全国诗书画作品大展优秀奖	
	金秋	梁丹雯	毛泽东诗词创意画优秀奖	
	入世才女灿若花	梁丹雯	福建省女性摄影书画大赛二等奖	1999年
	榕荫唱晚	梁丹雯	全国第五届工笔画展	2001年
	芳池曲径惬诗怀	杨　挺	第十届全国美展优秀奖	2004年
	晨光微明	杨　挺	第五届当代中国山水画银奖	2005年
	嫩晴	杨　挺	第二届中国美协会员中国画精品展优秀作品奖	
舞蹈协会	青青橄榄	叶　敏	福州市第三届“温暖榕城”文艺百花奖大赛一等奖	1991年
	战台风	叶　敏	福州市第三届“温暖榕城”文艺百花奖大赛二等奖	
	北风吹	叶　敏	毛泽东同志《在延安文艺座谈会上的讲话》发表五十周年文艺系列活动演出奖	1992年
	荔枝熟了	叶　敏	毛泽东同志《在延安文艺座谈会上的讲话》发表五十周年文艺系列活动演出奖	
	九七多美好	叶　敏	全国少年儿童舞蹈汇演铜奖	1996年
	童心	叶　敏	省第八届音乐舞蹈节创作奖、银奖	1997年
舞蹈协会	佛跳墙	叶　敏	福建省首届民间故事舞蹈大奖赛少儿组银奖	1999年
	佛跳墙	叶　敏	中国第二届少年儿童舞蹈汇演比赛表演奖	2000年
	我和我的娃	叶　敏	第九届福建省音乐舞蹈节创作奖、演出银奖	
	走进金山	叶　敏	福建省首届社区文化艺术节比赛银奖	2003年
作家协会	一种青春元素的飞翔	林登豪	华东地区地、市报好作品一等奖	1995年
	成长心路	林登豪	中国新闻学会文学创作二等奖	1996年

第十一节 仓山区个体劳动者协会

一、组织机构

1990 年，仓山区个体劳动者协会（下简称区个协），设会长、副会长、秘书长各 1 人，理事 11 人。下辖有仓前、上渡、下渡、临江、交通运输和太平巷、程埔、三叉街 8 个基层分会。1996 年，原郊区城门、盖山、螺洲、建新 4 个个体劳动者分会划归区个体协管辖。同年，撤销仓山区交通运输分会。

1997 年 10 月，全区 11 个分会调整合并为太平巷、程埔、三叉街、盖山、城门、螺洲、建新以及家禽批发市场 8 个分会，并实行“一所一分会”，所长兼任分会会长。1998 年 10 月，撤销仓山区家禽批发市场，该市场个体分会也随之撤销。

2002 年 6 月，撤消程埔分会、螺洲分会。三叉街分会更名为城南分会，盖山分会更名为白湖分会。2005 年区个协设会长、副会长、秘书长各 1 人，理事 21 人。下辖有太平巷、城南、白湖、城门、建新 5 个基层分会。

二、代表会议

1991 年 3 月 26 日召开区个协第三届代表大会，出席代表 55 人。经全体代表选举产生区个协第三届理事会理事 13 名。在第三届理事会第一次全体会议上选出会长、副会长、秘书长各 1 人。

1995 年 12 月 18 日区个协第四届代表大会召开，出席代表 50 人。大会以民主选举形式选出理事 14 名。经第一次全体理事会议选出会长、副会长、秘书长各 1 人。

2002 年 3 月 23 日区个协第五届代表大会召开，出席代表共 65 人。大会选出理事 21 名。经第一次全体理事会议选出会长、副会长、秘书长各 1 人。

三、主要活动

1990 年，区个协以“自我教育、自我管理、自我服务”为宗旨，针对个体工商户埋头经营，不重视法律知识的情况，采取大会宣传、小会学习、点面结合的方法，组织会员学习《税法》《合同法》《个体工商户暂行管理条例》《行政诉讼法》等法律、法规 32 场，印发普法宣传材料 3000 多份，受教育会员 2518 人次。1991 年，区个协创办政治学校，把各项教育活动纳入政治学校统筹安排，对全区个体工商户的职业道德规范教育普遍进行轮训。

1992 年，区个协组织会员参加社会公益事业活动，组织 17 人服务队，在省军区第七干休所，为离退休干部义务修理生活日用品、家用电器、钟表、补鞋、衣裤锁边等 366 件。同时先后为长乐国际机场建设捐款 14870 元、防洪堤工程捐款 9605 元、仓山埔乾地区火灾救灾捐款 2519 元；并为筹建残疾人活动中心大楼、女子学院基金、“六一”儿童活动中心、希望工程等共捐资 30794 元。

1993 年，在会员中开展职业道德和法律法规教育，举办辅导班、骨干培训、座谈会等 48 场，其中骨干培训 28 场，会员教育会 20 场，受教育的会员共 10049 人次。同年 3 月，纪念毛泽东“向雷锋同志学习”题词发表 30 周年，区个协组织 10 人服务队到六一南路垃圾转运站为环卫工人理发、裁剪衣服、修理自行车、配锁、补搪瓷日用器具，受到工人们的赞扬。翌年 1 月 29 日，组织辖区个体工商户会员 20 人前往仓山盲人纸袋厂为残疾人送温暖、献爱心服务活动，免费为残疾人修理钟表、家用电器、五金修配、修车补鞋、理发等服务 284 件，免费总额达 3215 元。

1996 年，在城区旧城改造中，部分个体户的店面因拆迁经营受影响，区个协多次与有关方面协调，争取到 36 间总面积 388 平方米的经营场所，解决 27 户会员无处经营的困境。1998 年，开展实施“聚民心”

工程，区个协组织各基层分会的会员开展结对子帮困扶贫、献爱心活动。对辖区内3个孤寡老人、3个孤儿、2户特困户实行结对帮困，责任包干，每人每月资助生活费200元，为他（她）们排忧解难。当年孤儿学生李某考入福州旅游学校，区个协筹资6000元，帮助李某解决入学的实际问题。2000年，会员企业仓山天天筷厂生产的3卡车竹制漆筷（价值40多万元）运往上海港出口日本，因未办妥林产品“准运证”，途中被浙江省揭阳县林业检查站查扣，当事人向区个协反映要求给予帮助，区个协立即会同区工商局共同派员到市林业等部门协调帮助该厂办理林产品准运相关手续，使这批筷子出口的问题得到妥善解决。

2000～2005年，区个协先后5次分别在辖区三高路、尤溪洲以及市五一广场、市文化宫、市保温瓶厂等地举行春风送岗接纳下岗职工再就业服务活动，共帮助安排下岗职工500多人。为300多名下岗职工提供市场摊位。并为境内洪灾、火灾、永泰及贫困村捐资10.28万元。

至2005年，区个协完成区总工会下达组建179家企业基层工会的任务，入会会员达2029人。

第十二节　仓山区消费者委员会

一、组织机构

1990年，仓山区消费者委员会（简称“区消委会”）机构沿属1989年设会长1名、副会长2名、正副秘书长4名，委员34名，其中常委18名。另聘有名誉会长3名、顾问3名。址设区工商局内。

1992年3月，在三叉街、下渡、临江、仓前、上渡、对湖成立6个消费者分会，在太平巷、程埔、三叉街三大集贸市场设立监督站，1996年原郊区5个镇的消费者分会划归仓山，10月更名为仓山区＊＊镇消费者分会。

2005年，仓山区消费者委员会机构设置不变，行政编制2人。下辖街镇分会12个，投诉站24个。其中，居民委员会投诉站8个，村民委员会投诉站6个，超市和商场投诉站5个，企业联络站5个。

二、代表会议

1992年3月召开区消委会第二届全体委员会议，出席会议共65人。会议听区第一届消委会工作报告；宣读区消委会分会章程（草案）及区消委会第二届委员候选人名单；通过建立三叉街、下渡、临江、仓前、上渡、对湖6个街道分会以及太平巷、程埔、三叉街3个市场监督站组成人员名单。大会以全体委员举手表决方式选举产生区消委会第二届委员19人。其中常委9人，选出会长、副会长、秘书长各1人。聘请名誉会长4人、顾问2人。

1997年3月11日召开区消委会第三届全体委员会议，出席会议40人。会议听取第二届消委会工作报告，布置开展“3·15”活动月计划，介绍消委会第三届委员组成情况，宣读区消委会章程（修正草案）和区消委会分会章程（修正草案）。大会以举手表决方式选举产生区消委会第三届会委员36人，常务委员9人，会长、副会长各1人，聘请名誉会长4名。

2001年12月23日召开区消委会第四届全体委员会议，出席会议共56人。会议听取上届消委会工作情况及第四届全体委员会议提前召开原因的报告，并介绍新一届委员候选人的情况。会议以举手表决的方式选举产生第四届委员会委员46人，常务委员6人，其中会长、副会长、秘书长各1人。

三、主要活动

（一）咨询服务

1990年，区消委会主要围绕消费者权益保护法，提高消费者自我保护意识进行宣传。是年3月，区消委会会同区工商局，邀请区卫生防疫站、物价所等部门共27人，在梅坞街开设消费咨询服务站，开展纪念"3·15国际消费者权益日"活动。向过往群众宣传《福建省保护消费者合法权益条例》，现场展示假冒伪劣商品实物样品，介绍甄别食品、衣物、首饰及其他日常生活用品的真假、优劣的常识，播放因商品质量问题造成命案的《湘妃命案》录像片。同时，邀请修理业、服务业的5家个体经营者到场参加宣传活动，倾听消费者对经营者的反映，免费为群众修理钟表、自行车、家用电器、理发等服务36件次。10月，区消委会在信平居委会邀请8名消费者参加座谈会，听取对贯彻省保护消费者合法权益条例的意见，并将所反映的市场缺少公平秤、短斤少两等问题及时反馈给区工商局办理。

1993年3月，区消委会组织仓前、临江等基层6个街道分会以及太平巷等3个市场监督站的负责人，会同区工商局、商业局、物委、卫生防疫站、区个协等单位共21人，在观井大街设立宣传活动点，开展纪念"3·15国际消费者权益日和学雷锋为民办实事"活动。开辟甄别商品真伪知识专栏，现场分发宣传材料200多份，接待群众咨询55人次，受理投诉15件，免费为群众修理自行车、缝补衣物鞋类40多件次。

2001年3月中旬，区消委会在麦德龙福州商场门口开展以"绿色消费"为主题的"3·15国际消费者权益日"大型宣传咨询活动，区人大、区政府、区文明办、环保局、建设局、卫生防疫站、农业局以及区工商分局12315投诉台、法制科、注册科、合同科等十几家单位、部门参加，当天共接待来访群众1000多人次，受理咨询89起，分发宣传资料5000多张，受理投诉案件16起。

2005年，区消委会开展纪念"3·15国际消费者权益日"宣传咨询活动，在仓山麦德龙商场门口广场开设主会场，设立宣传栏、横幅标语、真假商品识别台等。通过分发宣传材料、现场解答消费者咨询投诉，向消费者宣传科学、理性、环保的消费观念，提高维权意识。福建电视台《热线》栏目组还与区消委会联合在现场设立展位，开展"新闻3·15联动"宣传活动。区消委会同时还在城门镇和福建农林大学设立两个分会场开展宣传咨询活动。

（二）受理投诉

1990年消费者的投诉案件大部分是通过有关部门信件收转，当年受理投诉34件。至1992年，由省、市消委会，市、区政府以及福建日报社、福州晚报社等单位转来各地消费者投诉函件128件，占投诉案件数的70%，其中反映邮购问题投诉占90%以上。区消委会收到投诉信函后，均登记在册，认真调查，逐一回复处理结果。

1996年，福州市行政区划调整后，增加农村地区的投诉范围。

1997年8月，区工商局成立12315消费者投诉服务台。当年受理投诉58起，办结55起，办结率94.8%，为消费者挽回经济损失1.83万元。翌年，受理城乡广大消费者投诉案件472起，受理投诉的起数同比上升8倍多，其中办结470起，办结率99.6%，为消费者挽回经济损失18.9万元。

2002年起，消费者投诉除日常的家用电器、食品、日用品、服装、化妆品小额投诉外，增加建筑装修材料、汽车、房子等大宗消费品质量以及酒店等服务业的纠纷案件。是年2月，盖山镇叶下村消费者郑某花27万元在城门黄山华夏汽车城购买1辆由美国通用汽车公司生产的"欧宝威特"牌轿车，行驶不到半年，陆续发生多种质量问题，数次向经销商反映，协商未果。区消委会接到投诉后，会同12315台，历时一个多月，4次到华夏汽车城调查了解，认定确系质量问题后，约请通用上海公司代表、天津欧宝汽车进口商、通用汽车售后服务中心经理等来榕协商解决，依照《消费者权益保护法》和《产品质量法》，经耐心细致的调解，双方达成协议，由上海通用汽车公司负责人向消费者郑某当面致歉，并一次性赔偿经济损失3万元，车子召回厂方全面检修并延长保修期至2年（4万公里）。由于大宗消费品投诉案件增多，至2005年的4年间，为消费者挽回的经济损失总额达181.79万元，年平均达45万元以上。

（三）检查监督

1990年，区消委会参与区工商、物价、卫生等部门联合开展元旦、春节市场大检查行动，深入城区太平巷、程埔等五大农贸市场，重点督查价格欺诈、短斤少两、掺杂使假等坑害消费者的不法行为，共查获售假肥皂、死猪肉、泥毛蚶、水产品浸水等违法行为15起。下半年，区消委会配合区商业局、街道商业办和食品卫检所联合组成的工作组，从场店环境、商品质量、从业人员健康状况、设施配备等方面，对辖区内菜馆、食堂、食杂商店的食品卫生及服务质量等方面进行检查监督，共检查18个单位，其中5家达到良好标准，12家及格，1家脏乱差的责令停业整顿。

1991年1月，根据举报，区消委会配合区工商局对辖区上渡洋洽路边29号一地下加工场进行检查，当场查获无食品卫生质量标准的塑料软包装管儿童饮料1500支和2500根塑料软管及加工工具等，避免这类不合格商品流向市场。

1992～1996年，为保持重大节日市场消费秩序的稳定，区消委会引导所属各分会，在春节、中秋、国庆期间主动与工商行政等执法部门配合，参加市场检查监督36场次、出动人员156人次，检查各类经营单位380多个，协助查处案件126起、扣留假冒商品总额134万元。

1997年，区消委会会同区工商行政管理局12315消费者投诉服务台，通过投诉回访、现场指导、组织培训等方法，加强对经营者的法制教育和职业道德教育，引导经营者走诚实信用的道路，规范经营行为。

2000年7月麦德龙福州商场在仓山开业，初期出现消费者投诉量随其销售额递增的不正常现象。区消委会及时同12315台派人进行投诉回访，查明原因，依照《消费者权益保护法》指导该商场重新修订适合中国国情的《售后服务承诺制度》，并分3批为其培训售后服务工作人员，端正经营理念，改善服务态度，使该商场逐步走上适应广大消费者需求的经营轨道，98%的消费争议均在商场内售后服务部得到妥善处理。

2002～2003年，区消委会及所属分会帮助上渡林产品市场、拓福建材市场、汇达永辉超市等5家大型商业企业建立售后服务机构，健全售后服务承诺制度，改善商场消费环境。至2005年，全区共受理各类消费纠纷1658起，均在协商、调解的过程中得到解决，未发生走向法庭诉讼的投诉案件。

第十三节　仓山区残疾人联合会

一、组织机构

1990年，仓山区残疾人联合会设有理事会，工作人员2人。1月3日至5日，召开仓山区第一届残疾人代表大会。选举产生区残联理事会理事 5人，理事长1人，并选举产生出席市残疾代表大会的代表和主席团委员会侯选人推荐人选。1996年，区划调整后，各街道均设立残疾人联合会，各村、居委会均设立残疾人协会。2005年，区残联理事会机构设置不变，有工作人员4人，隶属区民政局。全区有街道残联会13个，村和居委会残疾人协会224个，残疾人31250人。

二、主要活动

1990年，元旦、春节和5月14～16日助残日期间，区残联在组织开展助残扶残活动中，逐户走访慰问残疾人，发放“爱心油”“爱心卡”。至1998年，区残联配合医疗卫生部门共完成白内障复明手术450例，特殊人群补用碘油丸800多人次，低视力矫治3例，儿麻肢体康复7例，聋儿语训4例。

1999年5月，区残联在建新镇举办残疾人种植花卉特艺培训班，邀请农林大学专家授课，接受培训63人。同年6月23～25日在螺洲镇举办镇、街残联干部培训班，邀请市民政局领导专家授课，21人参加培训。

2002年，整顿盲人按摩业的市场秩序，对辖区内的23家盲人按摩店状况进行调查摸底，其中5家资质合格，及时上报审批，颁发相关证照；对不合格者，协调有关部门予以停业整顿，规范盲人按摩场所，确保盲人合法就业权利，使盲人按摩业朝着健康方向发展。

2005年，对置换残疾车主家庭情况进行逐户核实，为已纳入低保范畴的原残疾车主及家庭成员中的残疾人员发放每月100元的生活补助费，保障他们的基本生活。区残联同时配合地税部门完成年度保障金的征收。积极扶持残疾人参加文体活动，选送残疾人周振峰参加福建省第四届残疾运动会，在男子S8级50米自由泳表演赛中破省三届残运会记录，并获100米自由泳第二名。

至2005年，区残联共走访慰问残疾人438人，分发慰问品4.92万元。发放残疾人法律援助证363本。

慰问残疾人发放爱心油、爱心卡（1990）

第十四节 仓山区老年人体育协会

一、组织机构

1990年，仓山区老年人体育协会（下简称老体协）设主席1人、常务副主席5人、副主席13人、正副秘书长各1人，聘请7名老干部为顾问。下辖基层老体协97个，其中区及区直系统4个、街道6个、居委会87个。有50%以上的基层老体协都建立老年人健身辅导站。1996年，由郊区划入建新、仓山、盖山、螺洲、城门5个镇老体协和101个村老体协。1997～2003年，先后增设东升街道老体协和金山街道老体协。2005年，老体协设主席1人，常务副主席9人，副主席8人，秘书长1人，副秘书长1人。顾问11人；下辖基层老体协187个（区直系统4个，街道8个，镇5个，社区居委会50个，村101个）。老年人健身辅导站199个，其中区总站1个，街、镇中心辅导站13个，系统及村居基层辅导站185个，配有站长及辅导人员300多人。全区老年体育人口达2万多人，占全区老年人口的52.46%。

二、代表会议

1994年3月19日召开区老体协第三届会员代表会议。出席代表100余人。会议听取和审议上一届老体协工作报告。选举产生新一届老体协委员42人，名誉主席1人，主席1人，副主席18人，秘书长1人，副秘书长2人，聘请贺超等4名老干部为顾问。

1999年3月19日召开区老体协第四届会员代表会议。出席代表120多人。会议听取和审议上一届老体协工作报告。选举产生新一届的老体协委员40人，主席1人、常务副主席5人、副主席13人、秘书长1人、副秘书长1人、聘请贺超等7名老干部为顾问。

2004年4月7日召开区老体协第五届会员代表会议。出席代表130人。会议听取和审议上一届老体协工作报告，讨论通过修改协会章程，表彰10个老体协工作先进集体，10个先进辅导站，10名老体协工作先进个人，30名优秀辅导员。会议经过无记名投票选举产生新一届老体协委员44人主席1人，常务副主席9人，副主席8人，秘书长1人，副秘书长1人。聘请张钧等11名老干部为顾问。

三、主要活动

1990年，区老体协坚持组织老年人开展就地、小型、多样活动，每天组织老年人晨练。区老体协同时结合各种会议，通过举办各种项目的培训班，发动老年人加入老体协组织，并在会员中开展“一带一”活动，发动会员带领周围老人参加健身活动。当年，举办科学健身讲座5场，邀请心血管、骨科和消化系统的专家主讲；举办健身活动和余热生辉汇报会2场，有7名健康老人和病患康复者介绍健身经验。至1994年，共举办气功自控疗法、真气运行法、气功太极十八式、24式太极拳、五禽戏操、门球等培训班151期，培训5836人次。同时应各单位要求，区老体协派出5个辅导员到省邮电局、省妇联、市航管局、南平市老干局等18个单位办班21期，培训1166人。

1995～1999年，区老体协老人学校举办歌咏、舞蹈、书法、绘画4个班。先后举办农村辅导员42式太极拳、木兰系列、北京健身操、迪斯科、腰鼓、门球等培训班93期，培训2700人次。举办健身讲座8场，组织2次“千人环区走”活动。其间，区老体协组织“健身效益宣讲团”，由4名癌症康复者现身说法。同时编写《全民健身计划纲要》宣传提纲印发到基层，营造全民健身氛围。

2001年，区老体协举办心理健康讲座2场，印发国家保健领导小组副组长洪昭光教授《让健康伴随着您》和福建师大教授林取用、史健生的科研论文2000余册发给基层老体协。

2003年，非典期间，区老体协及时向基层协会和辅导站发出《积极投入抗非典斗争，做好自身防范》的通知，并举办讲座，分发抗非典宣传材料。则徐公园辅导站还以方言形式编写抗“非典”宣传材料，印发抗非典小册子；区老体协编印《居民心理健康十条准则》分发到基层老体协。

2004年，组织会员通过举办座谈会学习中共十六届五中全会精神，同时结合弘扬中华民族敬老、爱老美德教育，开展评选健康老人活动。建新镇103岁的李健旺被评为省健康老人，得到省领导接见。城门镇87岁的严木林评为市健康老人。至2005年，全区共举办讲座、报告会等共20场，受教育会员达3500人次，健身展示演出40场次，上场人员6000多人次，受教育会员和老年群众万人次。

第十五节 仓山区归国华侨联合会

一、组织机构

1990年，仓山区归国华侨联合会（下称区侨联）设主席1人，副主席3人。下辖仓前、临江、上渡、下渡、对湖、三叉街6个街道“三胞”联谊会，有会员2850人。1996年，增补副主席1人。1998年，相继在盖山、城门、仓山、螺洲、建新5个镇设立侨联分会，会员增至6230人。2000年8月区侨联定为正科级事业编制，定编1人。2005年，区侨联设主席1人、副主席3人、常委19人、委员41人，配有临时工作人员5人。下辖仓前、临江、上渡、下渡、对湖、三叉街、东升、金山8个街道“三胞”联谊会和盖山、城门、仓山、螺洲、建新5个镇侨联分会，共有会员6589人。

二、代表会议

1995年5月召开仓山区第六次归侨侨眷代表大会。出席会议代表62人，会议听取仓山区归国华侨联合会工作报告，选出区侨联第六届委员会主席1人、副主席3人、常委15人、委员34人。

2002年8月16日召开仓山区第七次归侨侨眷代表大会。出席会议代表90人，会议听取仓山区归国华侨联合会工作报告，选举新一届侨联领导。选出主席1人、副主席7人、常委19人、委员41人。

三、主要活动

（一）组织学习

1990年，区侨联组织侨联成员学习中共十五大文件，邀请区委统战部作形势报告和区情通报。1997年，围绕香港回归，组织学习《香港基本法》，举办迎回归报告会 1 场，参加学习的有 320 多人。1999 年 7 月，区侨联组织归侨侨眷学习人民日报《一个中国的原则是和平统一的基础》，批判李登辉分裂祖国的“两国论”。2002 年在归侨、侨眷中开展爱国主义、社会主义、集体主义教育活动，开展向海外亲友写一封信、打一个电话、引一个项目活动。2004 年 7 月，组织学习《中华人民共和国归侨侨眷权益保护法实施办法》，配合省、市侨联在五一广场举办侨务法规宣传咨询活动，接待咨询者 300 多人次。2005 年，组织归侨侨眷 50 多人到中国船政文化博物馆、省革命博物馆参观学习，听取省军区原司令员卢祥将军作纪念抗战胜利 60 周年报告。

（二）开展联谊

1992 年 11 月，区侨联组团赴日本访问，拜会日本侨界，侨领林同春先生向福州市残联捐赠 2 万件衣服，价值人民币 200 多万元。

1997～2003 年，区侨联先后组团 18 批 170 多人赴新加坡、马来西亚、泰国、香港、美国、日本和香港、澳门地区考察访问。在此期间，区侨联领导先后出席在北京、马来西亚召开的世界福州十邑同乡会第五、六次恳亲大会；参加马来西亚诗巫“新福州城”开埠 100 周年庆典和香港福州十邑同乡会庆典活动；组团参加第 41 届旅日福建同乡恳亲会厦门大会。并协同区委统战部及侨务部门共接待来自美国、法国、日本、新加坡、印尼等 25 个国家和中国港、澳、台地区的“三胞”回乡探亲、商务考察、观光旅游共 155 批 1626 人次。每年圣诞节、春节均向海内外社团和海外“三胞”的知名人士邮寄“贺年卡”和慰问信。至 2005 年，仓山区侨联与美国、新加坡、印尼、日本、马来西亚等国家和中国香港、台湾地区 15 个同乡社团建立联系，开展联谊活动共接待海外乡亲朋友 126 批 2520 多人次。

（三）服务侨胞

1990 年，区侨联把服务海外侨胞作为一项重要工作，节日期间对贫难侨进行慰问，并发给生活补助金，同时注意倾听侨胞意见，及时帮助解决困难问题。至 2002 年，先后帮助归侨陈玉英确认其父日本华侨身份；为归侨黄世祯落实侨房政策；帮助解决华侨投资环境中存在的征地违章搭盖等问题。2003 年，在首山片旧屋区拆迁开发中，有 31 户侨房拆迁户遇到补偿问题，区侨联配合有关部门帮助协调，使其得到合理的补偿，维护侨胞的合法权益。至 2005 年，受理来信来访 720 余件，为 30 户贫难侨送温暖。共接到海外“三胞”来信 728 件，接待海外“三胞”和归侨侨眷来访共 1794 人次。区侨联对来信来访都积极协同有关部门给予妥善协调解决，做到件件有着落，事事有回音。

（四）牵线引资

1990 年，区侨联广泛联络海外乡亲为家乡创办公益事业和投资办企业。1995 年，区侨联常委孙存惠引进香港奔达星有限公司资金 1300 万元与区建工局合作，开发改造下渡龙津浦旧城区。2003 年，又在对湖创办侨联餐厅、侨联双语新幼儿园，年收入 9 万元作为侨联活动经费。至 2005 年，区侨联引荐美国、加拿大、日本、印尼、新加坡、澳大利亚等 10 多个国家及中国香港、台湾地区经济界朋友 680 多人次洽谈在仓山区投资事宜，并与区政府有关部门配合共引进外来资金 28 项，总投资 1.28 亿美元、7390 万元人民币。

第十四篇 政 法

第十四篇 政 法

第一章 公安

1990 年，市公安局仓山分局从户政管理着手，对流动人口进行登记和管理，成立预防和处置突发事件领导小组，修订处置闹事和突发事件方案，开展严打整治。1991 年，执行全国人大常委会《关于加强社会治安综合治理的决定》，区公安分局提出以 3 年时间创建社会治安一流安全区的总体设想。进一步建立健全治保会、联防队、帮教小组、外来人口管理登记站等基层组织，充实信息员、义务消防员、协管员等队伍。1998 年，深化派出所勤务制度改革，建立“户证办理中心”，利用计算机网络，开展一条龙服务。同时推行巡警中队领导聘任制和 GPS 巡逻车工作制，并实行勤务机制改革，落实以巡警为骨干，多警种协同作战的全方位快速反应机制，提高防爆巡警队伍的生机和活力。是年，全区安全小区人口覆盖率达 88.5%。2000 年，提出探索推广流动人口实行“衔接式”管理新模式，全区出租户办证率达到 100%，外口办证率达到 98% 以上。2001 年，加大经济犯罪侦查工作的力度，成立经济犯罪侦查大队，配备干警 11 人，联合工商、税务等部门在金融、财税和商贸领域，开展打击经济犯罪专项行动，规范市场经济秩序。同时，继续开展全国严打整治第二阶段战役，以打黑除恶为龙头，打击一批隐藏较深，群众反映强烈的黑恶势力。当年，全区刑事立案比上年增加 43.3%、破案率比上年提高 13.8 个百分点。2005 年，着力推进“平安仓山”建设，继续严打影响仓山区投资环境的各类经济犯罪活动，先后开展打击假冒注册商标、侵犯知识权和其它各类刑事犯罪活动，查处一批大要案，为仓山区营造一个和谐、安定的社会环境。

第一节 户政管理

1990 年，境内常住人口由各派出所配备一名户籍内勤和段警负责日常户政业务管理。非农业人口婚嫁、投靠直系亲属的人员迁移变动，由福州市按市区非农业人口的 1.8‰比例下达，由派出所户籍内勤、户口段警负责受理申请、审核，对符合规定条件的报市职能部门审批后迁入。流动人口管理按照暂住人口办法进行登记管理。当年，全区由“农转非”迁入的户口共 77 户 198 人。外来人口按照暂住人口办法进行登记的共 29253 人。

1991 年，加强流动人口管理，全区共设立 7 个外口管理站，106 个登记点，配备协管员 298 人。同时对协管员进行业务训练，提高外来人口管理水平。是年，全区办理外来人口登记 31126 人，其中男 17281 人、女 13845 人。1993 年，增设 2 个外口管理站，101 个登记点，协管员增至 290 人。当年，登记外来人口 36084 人，出租户 1614 户，安全许可证发证率达 100%；发暂居证 18952 人，发证率达 52.6%。在外来人口管理中破获刑事案件 47 起，治安案件 26 起，抓获犯罪分子 65 人，其中逮捕 12 人，收审 16 人，治安拘留 32 人，罚款 5 人。缴获人民币 7080 元，金手链一条，手表一块，传呼机一部，总价值约 1.6 万元。

1995 年，执行《福建省暂住人口管理办法》，重点抓私房出租户合同书检查验收、整改工作，统一建立牌、表、册、档等。是年，全区外来人口 40232 人，比 1990 年增长 3.66%。

1998 年，开始对户籍管理工作进行改革，开办户政中心，负责户口的迁移。2000 年，推出外口“衔接式”的管理新模式，由出租户与承租人衔接，落实租赁经营主和用工单位责任制。当年，完成 69188 名外来人口和 4539 户出租户的登记办证。出租户办证率达到 100%，外来人口办证率达到 98% 以上。2001 年，采用流程卡制度，对户籍变动审批，实行阳光作业。是年，共办理户籍变动 43825 人次，其中为持证未落户的 15 户 18 人和无证户 11 户 13 人办理户籍变动。

2002 年，执行市政府关于实施户籍管理制度改革的若干意见，城乡户口管理按照实际居住地登记户口原则，取消农业户口、非农业户口、自理口粮户口及其他户口的划分，实行户口登记一体化。同时，在全区范围开展系统数据转换工作。采用计算机网上受理户口审批办法。是年，为辖区居民办理户口迁移 51496 人次。2003 年，撤销户政中心，户籍管理由“一区一窗”变为“一所一窗”对外办公，户政新工作整合后，成立社区警务大队，共配备社区民警 71 人，各所配户籍内勤 2 名，基础工作 1 名，具体负责接待辖区群众户口申请身份证换发及外来人口、重点人口、信息报表等项工作。是年，窗口日均人流量 450 人次左右，户政工作被市妇联授予“巾帼文明示范岗”荣誉称号。

2005 年，全区流动人口管理工作以“管好出租户、提高登记率”为目标，开展“一访、二查、三清、四见面”（走访群众，查登记、查办证，登清出租房屋、登清外来人口底数、登清动态，跟出租房东见面、跟外来人口见面、跟用工单位见面、跟外管人员见面）专项整治，健全完善管理机制。全年登记外来人口 8111 户 96965 人。

第二节　治安管理

一、禁赌

1990 年，区公安分局结合日常治安管理开展查禁各种形式的违法赌博活动。当年，打击赌博活动 93 起，抓获参赌人员 631 人，缴获赌资 28.86 万元。

1991 年，结合社会治安综合治理，以除“六害”（ 赌博、卖淫嫖娼、吸贩毒品、传播制作贩卖淫秽物品、介绍容留妇女卖淫、淫乱流氓）为导向，通过经常性的管理和突击性检查，落实“三严”（严格管理、严格检查、严格查处违法案件）措施，打击违法赌博活动。当年破获赌博案件 170 起，缴获赌资 34.86 万元。1992 至 1996 年全区赌博案件有所下降，5 年共破获赌博案件 222 起，缴获赌资 13.06 万元。

1997 年，全区赌博案件回升，区公安分局通过深入调查摸底，广泛宣传发动，开展禁赌专项行动。重点对城镇结合部、田野地域聚众赌博活动猖獗的场所开展全面查赌。在专项行动中，盖山派出所在浦口村柑橘园内抓获特大赌窝，当场抓获参赌人员 106 名，缴获赌资 30 多万元。至 1998 年，2 年共破获赌博案件 252 起，抓获参赌人员 2227 人，缴获赌资 52.56 万元。2000 ～ 2001 年赌博案件明显下降，年发案均在 40 起左右。

2002 年，继续对城镇结合部赌博活动猖獗的区域和场所开展全面的查赌，先后在琅岐国元大酒店、仓山镇先锋村抓获聚众赌博和全区首例“六合彩”赌博案。翌年，仓山公安分局又在螺洲吴厝和建新石边村查处 2 起利用“六合彩”赌博案。至 2005 年，4 年共查处赌博案件 420 起，抓获参赌人员 1731 人，收缴赌资 68.1 万元。

1990 ～ 2005 年，全区共查处赌博案 1422 起，抓获涉案人员 7135 人，缴获赌资 213.23 万元。

1990 ~ 2005 年仓山区查获赌博案件情况表

表 14-1-1　　**单位：起、人、万元**

年份	起数	人数	赌资	年份	起数	人数	赌资
1990	93	631	28.86	1998	167	1097	22.56

续表 14-1-1

年份	起数	人数	赌资	年份	起数	人数	赌资
1991	170	706	34.86	1999	84	574	3.51
1992	31	83	2.11	2000	41	147	8.05
1993	73	348	4.57	2001	40	195	3.93
1994	23	79	1.91	2002	101	410	39.61
1995	25	75	1.83	2003	50	195	5.99
1996	70	339	2.64	2004	53	230	5.04
1997	185	1130	22.19	2005	216	896	17.46

二、打击卖淫嫖娼

1990年，仓山区公安机关继续采取截流堵源的措施，组织干警和社会力量在全区开展打击卖淫嫖娼“小会战”，共抓获卖淫嫖娼44起，挖出卖淫团伙8个，取缔卖淫窝点26个，抓获卖淫嫖娼违法人员189人，其中，失足妇女46人，嫖客66人，介绍、容留妇女卖淫的24人，淫乱及其他流氓分子53人。1991～1993年实施专项打击行动，其中1991年连续3次配合全国和“闽、粤、琼”三省集中开展打击卖淫嫖娼专项斗争；1992年组织4次专项行动大会战；1993年组织安排3次集中统一行动。3年共打击取缔卖淫嫖娼167起，抓获卖淫嫖娼违法人员632人。此后，卖淫嫖娼案件有较大下降，1994～1995年共发案31起，抓获卖淫嫖娼违法人员30人，分别比前4年下降82.3%和97%。

1996年，境内卖淫嫖娼、流氓色情活动又开始抬头，仓山区采取集中整治和日常管理相结合的办法，以城乡结合地区为重点，打击取缔卖淫嫖娼活动。当年查处涉黄案件48起119人，其中卖淫妇女74人，嫖娼人员38人，其他7人。取缔卖淫窝点14个，卖淫团伙15个73人。1997～1999年，在加强日常管理的同时，连续开展扫黄禁娼的活动，3年共打击取缔卖淫嫖娼133起，抓获卖淫嫖娼违法人员394人。经过连续4年打击取缔，境内卖淫嫖娼案件明显减少，2000～2002年3年共发案71起，抓获卖淫嫖娼违法人员89人。

2003年，社会黄丑现象又有所回潮，区公安分局集中4个月打击行动，破获卖淫嫖娼案件39起，抓获卖淫嫖娼违法人员71人，逮捕8人，刑拘2人，收教46人，罚款15人。2004～2005年发案63起，抓获卖淫嫖娼违法人员99人。

1990～2005年，全区共打击取缔卖淫嫖娼案件597起，抓获卖淫嫖娼违法人员1623人。

1990 ~ 2005年仓山区打击卖淫嫖娼情况表

表 14-1-2 单位：件、人

年份	查获件数	卖淫嫖娼人数	年份	查获件数	卖淫嫖娼人数	年份	查获件数	卖淫嫖娼人数	年份	查获件数	卖淫嫖娼人数
1990	44	189	1994	16	12	1998	25	68	2002	20	43
1991	69	267	1995	15	18	1999	43	114	2003	39	71
1992	68	262	1996	48	119	2000	27	21	2004	21	19
1993	30	103	1997	66	212	2001	24	25	2005	42	80

三、禁毒

1990年，禁毒工作采取群众监督和专项整治相结合的办法，全区设立4个监督站，聘请36名监督员，区公安分局与256个单位订立创建无毒害安全社区责任状。连续5次在娱乐场所开展专项整治。至1993年，共查获吸贩毒品132件，缴获毒品76.4克，抓获吸贩毒人员143人，其中给予治安处罚109人、强制戒毒15人、劳动改造19人。

1994年，采取“严管、严查、严处”措施，遏制社会丑恶现象蔓延。是年，区公安分局组织力量在全区开展查处黄、赌、毒行动。上渡派出所在行动中挖出1个台湾籍人员结伙制贩“安非他命”毒品窝点，缴获毒品2公斤，摧毁1个专门用麻醉药迷昏妇女后实施抢劫轮奸犯罪团伙，净化社会环境。

1996年，区公安分局协同文化、房管等有关部门，以块为主，条块结合开展禁毒专项斗争。全区共查处吸毒案件22起，其中大案18起，抓获吸贩毒人员24名，缴获海洛因364.5克。

1997年，区公安分局根据市局统一部署，结合辖区治安情况，全面开展吸毒人员情况摸底排查。全年共摸排吸毒人员101人，送戒吸毒人员70人；侦破吸贩毒案件34起，抓获吸贩毒人员22人，破获贩毒团伙2个9人，缴获各类毒品213克。1999年，开展“百日毒情调查”和重点犯罪嫌疑人员调查。破获吸毒案件23起，抓获毒贩21人，缴获毒品137克，送强制戒毒141人。

2002年，贯彻国家禁毒委全国禁毒严打专项斗争电视、电话会议精神，加强禁毒工作领导，由区政府办公室、宣传部、法院、司法、文化、工商、卫生等部门组成仓山区禁毒严打整治专项斗争工作领导小组。制定下发《关于开展2002年仓山区禁毒严打整治专项斗争的通知》，仓山公安分局也发出《关于2002年仓山区禁毒严打整治专项斗争工作要求的通知》并组织禁毒整治专项行动，加大对涉毒案件的打击力度。在“5·29”特大贩毒团伙案件中成功抓获沈某、陈某弟等20名贩毒团伙成员，缴获海洛因1412.2克、摇头丸5672粒、冰毒386.09克，以及K粉、大麻、大麻烟等大量毒品，同时还缴获1批手榴弹、仿五四式手枪、来福枪等枪支弹药，摧毁1个特大贩毒犯罪团伙，受到省公安厅的通报表彰。与此同时，各街、镇也广泛开展宣传教育，发动群众营造浓厚的禁毒斗争氛围，收到举报吸、贩毒案件线索12条，有4名家长主动送有吸毒行为的子女或亲属到公安部门接受强制戒毒。至年末，全区共破获涉毒案件47起，吸毒治安案件208起，抓获吸贩毒违法犯罪人员255人，其中刑事处罚50人，强制戒毒148人，实行劳动教养53人，行政处罚4名，缴获海洛因1632.26克、冰毒394.19克、K粉1226.35克、大麻1154.35克、鸦片1000克、摇头丸5742粒等毒品。

2003年，区公安分局依据市公安分局《关于组织开展扫毒专项行动的通知》，坚持“全面禁毒、截流堵源、严格执法、标本兼治”的禁毒方针，重点紧抓截流堵源，综合治理，宣传教育3个环节。将城门下洋村和盖山后坂村列为重点整治区，组织力量开展排查，抓获吸贩毒人员22名，其中逮捕2名，劳教8名，强制戒毒12名。随后，在全区开展打击吸贩毒专项斗争。是年，共抓获各类吸贩毒人员51名，其中，强制戒毒17名，复吸人员劳教28名，逮捕6名。

2005年，推进“平安仓山”建设，继续在娱乐场所开展专项整治活动。至年末共破获各类毒品案件69起，逮捕犯罪嫌疑人29名，送劳教166名，强制戒毒288名，缴获各类毒品107.51克。成功破获市局高度关注的市强制戒毒所自愿戒毒区“3·10”贩毒案，打击犯罪分子的嚣张气焰。

1990～2005年，共破获各类毒品案件489起，逮捕犯罪嫌疑人225名，其中实行劳动教养283名，强制戒毒 691名，缴获各类毒品7305.56克。

四、危险物品管理

1990年，危险物品管理坚持“严打、严管、严防、严治”原则，结合“破命案、缉枪毒、查危爆”专项行动，查获各种凶器147件，未发现有非法的枪支和子弹。翌年，开展收缴管制刀具、凶器等突击活动，全区收缴管制刀具凶器计6851件，炸药1.5公斤。

1992年，以健全社会防范机制、提高治安防控能力为主体，开展3次收缴枪支、凶器、管制刀具突击活动。翌年，结合案件侦破加强对枪支弹药、爆炸物品和管制刀具的安全管理，精心组织，制定方案，清查源头，组织3次收缴流散在社会的枪支弹药和危险品行动。至1994年，3年共端掉两个制贩砂枪窝点，收缴非法枪支 28 支，子弹 226 发，凶器管制刀具 813 件，抓获涉案人员 17 人。

1995 年，根据市公安局统一部署，区公安分局深化社会治安综合治理，全区层层落实责任制，签订 6 万多份责任状，成立 14 个收枪登记站。先后开展 4 次缉枪治爆行动，检查涉枪涉爆单位、特种行业、娱乐公共场所共 200 多家。至 1997 年，3 年共收缴非法枪支 696 支、子弹 6187 发、凶器管制刀具 187 件，炸药 3700 公斤。

1998年，重点检查治安案件多发的城乡结合部，全年共检查整改隐患531条，整顿取缔无证经营129家。同时强化枪支弹药、爆炸物品管理，收缴非法枪支 69 支、子弹 489 发、凶器 96 件、炸药 314 公斤。

1999 年，区公安分局刑警大队成立专业打枪队，加强涉枪案件和在逃犯的侦破和追捕，在盖山、城门等重点区域组织集中整治，先后破获 6 起重大涉枪案件，取缔 8 个非法储存点。至 2000 年，共收缴各种非法枪支 24 支、子弹 9536 发，凶器 56 件，炸药 257 公斤。

2001 年，贯彻省、市治安工作会议精神，加强治安管理力度，依靠和发动群众，充分运用报纸、电视专栏，大力宣传《治爆缉枪通告》和典型案例。查处违反枪、弹和爆炸物品管理行为，消除各种安全隐患。至 2002 年共收缴非法枪支 115 支、子弹 185 发、凶器 74 件、炸药 269 公斤。

2003 年，按照市公安局、区委、区政府紧急通知和工作部署，在全区范围开展安全大宣传、大检查、大整改，收缴流散在社会的非法枪支弹药、爆炸物品。至 2005 年，共出动警力 4136 人次，检查单位、场所 4683 个，查处涉爆案件 22 起 22 人，收缴非法枪支 152 支、步枪子弹 351 发、炸药 110 公斤、凶器管制刀具 104 件，发出收缴危险品《通告》1.3 万份，整改通知书 323 份。

1990 ～ 2005 年，全区共收缴非法枪支 1084 支、子弹 16974 发、凶器 8351 件、炸药 4651.5 公斤、雷管 735 枚、导火线 500 米。

1990 ~ 2005 年仓山公安分局收缴危险品情况表

表 14-1-3 单位：支、发、件、公斤

年份	枪支	子弹	凶器	炸药	年份	枪支	子弹	凶器	炸药
1990			147		1998	69	489	69	314
1991			6851	1.5	1999	17	9508	31	256
1992	14		673		2000	7	28	25	1
1993	5		169		2001	86	94	40	159
1994	9	226	21		2002	29	91	34	110
1995	120	162	130		2003	127	341	35	110
1996	328	600	33	3700	2004		5	39	
1997	248	5425	24		2005	25	5	30	

五、特种行业管理

1990 年，全区共有特种行业单位 125 家，其中修理行业 30 家、旅店业 12 家、印刷业 43 家、废品收购业 40 家。区公安分局对特种行业管理坚持查、防、管、建并举的方针，开展“创安”活动，从“三严”（严格管理、严格检查、严格查处违法案件）入手，开展创建“三无”（ 即无治安灾害事故、无丑恶现象，无重大刑事案件）和“四员”（从业人员、安全员、信息员、消防员）活动，与 125 家特种行业企业签订安全责任状，落实安全工作责任制。是年，12 家旅馆业单位全部达到“三无”要求。

1992 年，区公安分局与全区特种行业单位全面签订责任状。同时，对旅店业等进行全面清查，先后实施 4 次专项行动，遏制丑、毒、赌的事件发生。并对业主和从业人员进行安全业务培训，提高预防犯罪能力。是年，特种行业安全率达 100%。

1993 年，开始对特种行业单位进行发证管理，是年全区特种行业发证列管的单位有 113 家。1996 年，全区特种行业全部完成登记和发换证照工作。2000 年又审核办理特种行业许可证 78 本。

2001 年，区公安分局对废旧物品收购业开展专项整治，打击取缔不法经营。至 2002 年，责令停业整顿 12 家，取缔不法经营 4 家，重新登记发证 41 家。

2005 年，强化对特种行业管理，重点督促指导旅馆业推行《旅馆业治安管理信息系统》的正常运行和身份证识别仪使用工作，当年抓获逃犯 8 人。是年底，全区发证列管的特种行业共 203 家，其中修理行业 71 家、旅店业 20 家、印刷业 43 家，废品收购业 69 家。

六、公共场所管理

1990 年，全区共有公共娱乐场所 267 家。是年，区公安分局在公共娱乐场所单位中开展创“三无”（即无治安灾害事故、无丑恶现象，无重大刑事案件）活动，分别与每家公共娱乐场所单位签订安全责任状。

1992 年，执行福建省公共场所治安管理办法的规定，与全区公共场所单位签订责任状。同时对发廊、卡拉 OK、旅店业等公共场所进行全面清查，先后实施 4 次“打淫除害”专项行动，并对业主和从业人员进行安全业务培训，提高预防犯罪能力。是年，公共娱乐场所安全率达 100%。

1993 年，对公共娱乐行业实行发证管理。同时集中力量对发廊、美容厅进行清理整顿，对 178 家不合格发廊发出整改通知书，责令限期配齐消防设备和夜间照明设备，建立健全发廊、美容厅治安管理制度。翌年，又依法取缔不达标或违法经营的发廊、录像厅、播映点等公共场所 19 家。

1995 年，仓山公安分局组织力量对歌舞厅、录像厅、播映点、发廊等娱乐场所进行大检查，发现有 9 家违法经营，当即给予取缔。1996 年，全区公共场所增至 507 家。当年 11 月全部完成登记和发换证照工作。

1998 年，加强对公共娱乐场所整顿管理，对 346 名法人责任人进行安全培训。重点监管容易滋生黄丑现象的公共娱乐服务场所，全年共检查整改隐患 531 条，取缔无证经营者 129 家。同时对公共娱乐业单位重新进行年审，对符合经营规定的 217 家给办理行业许可证，合格率达 93% 以上。

1999 年，实行严格从业人员管理和经常性的检查相结合，组织打击违法活动，对电子游戏行业、机动车修理业开展专项治理，重点打击利用电子游戏机进行赌博的违法活动，销毁违禁游戏机 32 台。

2000 年，开展公共场所大清查，整顿压缩公共娱乐场所。经过整顿，全区电子游戏机店由 208 家压缩至 92 家。同时对公共娱乐行业重新进行登记，共发证 222 家，培训从业人员 1378 人。

2001 年，开展电子游戏厅、机动车修理业的专项整治，打击取缔不法经营。先后 2 次在游戏机赌博严重的盖山吴山村和上湖村集中销毁违规电子游戏机 135 台。是年，全区电子游戏机场所总量从 612 家压缩至 274 家。2002 年，对电子游戏机店发放整改通知书 15 份，查处 39 家无证经营点，取缔师大、农大学校周边的电子游戏机店 28 家，净化学校周边的社会风气。2005 年，对辖区内公共场所、迪吧、网吧、游戏机室加强治安检查和整治力度。当年，全区登记在册的公共娱乐场所单位共 201 家。

第三节　刑事侦查

1990 年，刑警大队坚持从“查、破、抓、挖、滚”入手，开展打击各类危害社会治安稳定的刑事（经济）犯罪。全区设立岗哨、报警点 16 处，采取治安巡逻、检查、跟车等措施，打击路面“犯罪”。当年刑事侦查大队集中力量开展刑事侦查，破获刑事案件 408 起，其中车匪路霸案件 6 起、凶杀案 2 起、特大盗窃案以及蛤蟆山诓赌抢劫案 5 起，摧毁各类犯罪团伙 42 个，抓获各类违法分子 1173 人。其中逮捕 68 人、劳动教养 79 人、少教 1 人、刑拘和治安处罚 1025 人。

1991 年，在重点路段和主干道，采取“点、线、面”相结合防范措施，确定仓前的三角地带、上渡洋浛至横江、下渡工农路、临江观井路、三叉街高湖路、对湖施埔路为安全一条街的辐射路段，增强路面技术防范能力和硬件设施；在原有8个治安岗的基础上，增设下湖先农、湖边、桃花山、立新治安岗，建成下渡“十户联保”技术防控体系及仓前地区报警技术网络，提高快速反应能力，有效地打击和抓获现行犯罪。至1993年，共破获刑事案件1300起，摧毁各类团伙93伙，先后破获“91.11.26”和“92.6.16”伤害致死案件，抓获案犯黄某某、杨某某，受到市局的通报表扬。

1994～1996年，实施“打现行、追逃犯、抓流窜、除六害、查安全”为主要内容的治安清查统一行动，开展全国性严打三个战役及华东地区追打流串统一行动，端掉王某某为首的流氓恶势力犯罪团伙、林某某盗窃摩托车犯罪团伙和盗窃轿车团伙，当场击毙2名持枪拒捕，负隅顽抗的涉枪流氓罪犯。至1996年，全区共破获各类刑事案件（绝对数）3380起，年均破案1126.6起，查获违法犯罪分子2790人，摧毁团伙62伙218人，缴获机动车67辆，以及电视机、音响设备、手提电话、传呼机、金银首饰等大量赃款赃物总价值353.9万元。

1997年，区公安分局先后实施冬季行动、春季严打整治、夏季治安攻势、百日大会战4个战役，共开展26次治安大清查行动。同时，健全“110”报警服务台，快速反应机制，强化路面安全防范体系，建立以区公安分局、派出所、队联防三级巡逻，的全方位防范体系，打击现行。是年，全区共接警2394件，受理各类案件2126起，破获各类刑事案件1453起。其中省挂督办大案2起、市挂督办大案8起。摧毁刑事犯罪团伙75伙，抓获各类犯罪分子602人，缴获现金145.9万元，机动车37辆，金器905克等赃款赃物总价值384.8元。

1998年，对“110”机制进行改革，推行中队领导聘任制和GPS巡逻车工作制，落实以巡警为骨干，多警种协同作战的全方位快速反应机制，提高防暴巡警队伍的生机和活力。是年，全区组织开展18次集中统一行动，由区综治委牵头，实行镇街一把手包点挂帅，紧扣涉枪、团伙犯罪、学区敏感部位等重点开展整治行动。全年共破获各类刑事案件1571起，其中有“2.15持枪抢劫巨款案”“7.18持枪绑架勒索案”“8.19持枪伤害”等大案778起，抓获犯罪嫌疑人692人（省厅和市局挂牌在逃犯7名），摧毁犯罪团伙73伙282人，收缴来福枪、砂枪69支，缴获毒品246克，现金98.9万元，机动车79辆人，黄金制品576.6克，总价值552.6万元。

1999年，继续抓现行大要案的侦破，采取领导挂帅，专案督办等措施，先后开展“反走私”“反盗抢机动车”“打击车匪路霸”“追逃犯禁枪毒蓝剑行动”以及“年终破案大会战“5个专项斗争，组织17次集中统一行动，共破获刑事案件1659起，抓获抢劫团伙26个78人，盗窃团伙28个81人，摧毁“郑某某持枪绑架团伙”“陈某某绑架勒索团伙”“夏某某拦路抢劫团伙”等农村地方流氓恶势力和外口犯罪团伙。处理各类违法犯罪人员515名，其中逮捕240名、劳教91名、治安拘留76人、直诉2名，其他106人。

2000年，以城门镇城门村、盖山镇高湖村为整治重点，开展反盗、反路面“两抢”、扫黑除恶创平安大道，打击农村流氓恶势力犯罪。把90%以上警力投放到路面，采取车巡与步巡，公开巡与秘密巡，全日巡与随机巡“三结合”，实行中队长跟班作业，确保城区5分钟处警率达100%。当年全区“110”共接警10947起，出动警力24519人次，破获各类刑事案件1283起；其中，大案949起，抓获犯罪嫌疑人632人，在逃犯29名，摧毁团伙76个225人，挽回经济损失327万多元。

2001～2004年，继续开展全国严打整治第二阶段战役，集中力量打击治理“两抢”犯罪。先后开展“利剑行动春季攻势”“夏季百日大会战”，区公安分局抽调力量组成“打黑队”“打抢队”“专案组”“追捕组”和由12名办案经验丰富的民警组成的“打暴行动队”，重点打击涉枪和路面“两抢”犯罪。同时，强化110网络建设，实行打防并举。先后破获公安部挂牌督办涉黑逃犯陈某某、省厅挂牌的陈某、许某某恶势力团伙案以及“2001.4.3师大周边系列抢劫案”“2001.5.17伤害致死案”“2001.11.1持刀抢劫案”“2002.5.27特大制毒案”“2002.5.29特大吸毒案”“2002.11.14则徐公园特大系列抢劫案”“2002.12.31下湖村张某某黑社会性质组织”“2003.3.7抢劫杀害武警警官案”“2003.9.18故意杀人案”“2003.11.6的士杀人案”和“2004.1.16盖山滑冰场一死一伤案”等一批大要案。至2004年，全区共破获刑事案件6413起，破获率达100%。

2005年，以建设平安仓山为主线，继续严打各类刑事犯罪活动。先后成功破获省厅挂牌督办的“5.28盗窃汽车系列案件”，摧毁以陈某为首的特大盗车团伙和“红摩飞贼”飞车系列案件以及12起现行命案。全年共侦破刑事案件2876起，抓获各类嫌疑人893名，打掉犯罪团伙57个197人，抓获在逃犯203人。

1990～2005年仓山区刑事案件侦破情况表

表14-1-4　单位：年、起

年份	破获案件数	年份	破获案件数
1990	408	1998	1571
1991	502	1999	1659
1992	378	2000	1283
1993	420	2001	1833
1994	635	2002	1571
1995	1005	2003	1270
1996	1740	2004	1739
1997	1453	2005	2876

1990～2005年仓山区抓获在逃犯情况表

表14-1-5　单位：年、人

年份	抓获逃犯数	年份	抓获逃犯数
1990	31	1998	7
1991	23	1999	108
1992	22	2000	29
1993		2001	111
1994	17	2002	90
1995	2	2003	68
1996	51	2004	125
1997	15	2005	203

注：1993年数据缺失。

附：重大案件选介

一、破获刘某某为首黑社会犯罪团伙

1994年以刘某为首，陈某、潘某、杨某等10人为成员的特大持枪杀人、绑架勒索团伙，以盖山、城门为据点，采取暴力，绑架勒索和垄断各工地建材供应和运输业务，大肆进行犯罪活动。1995年11月21日开始，历经7个多月的侦破工作，与该团伙分子斗智斗勇，先后击毙该团伙成员3人，抓获团伙头目及其成员4名，从中破获“4.14持枪杀人案”“1.18、10.21、11.17持枪伤害致残案”等各类重、特大刑事案件24起，收缴来福枪5支、子弹30余发。此案的侦破受到公安部的通令嘉奖，被省公安厅记集体二等功。

二、破获省厅挂牌督办“1996.9.27”持械抢劫大案

1996年9月27日凌晨，一伙歹徒持刀窜入城门永南鞋厂抢劫作案，捆绑厂长、撬开保险柜抢走现金

1.9万元、首饰及手提电话2部等共价值3.5万元。同时在城门、盖山、螺洲一带结伙盗窃作案5起（均为重特大案件），盗窃生产原材料等价值3万多元。在当年“冬季行动”和春节严打整治行动中被省公安厅列为挂牌督办大案。区公安分局即组织办案人员对受害群众深入走访调查，获悉四川渠县外来人口有重大作案嫌疑，即赴宁化监狱和福州水头看守所调阅案卷材料，提审重要犯人，分组对在押案犯进行预审攻坚。4月10日晚，朱某等3名犯罪嫌疑人对 “9.27持械抢劫”犯罪事实供认不讳，案情取得重大突破。办案人员即赴四川，在渠县三板乡分水岭村附近抓获正想外逃的朱某某两兄弟，并从其家中追回录相机、传呼机、手表等一批赃物。

三、破获省厅挂牌督办“1997.2.16”两死一伤枪杀大案

1997年2月8日，盖山镇后坂村地方流氓恶势力团伙主要成员林某被刘某强（系另一流氓团伙为主成员）等人抢走传呼机、皮衣及海洛因等，怀恨在心。2月16日林某策划召集林某庆等4人伺机枪杀报复。以吃请为名将刘某强等4人骗到自已住处。而后，由林某庆等4名歹徒持4支来福枪朝刘某强等人开枪。造成2死1重伤。案发后，仓山公安分局刑警大队及盖山派出所干警联合成立专案组进行全力攻坚。经过42天侦查，获取重要线索。3月31日晚9时，专案组在金榕娱乐城卡拉OK厅一举抓获林某庆和林某2名重大嫌疑案犯。4月1日凌晨5时又在长乐航城镇上湖村抓获主犯林某，缴获来福枪2支。

四、获破“2000.02.29”抢劫杀人案件

2000年2月29日晚19时，福厦公路城门福峡加油站南100米路段发现一具男尸，根据现场勘查及法医鉴定结果，认定是一起特大的抢劫杀人案件。仓山公安分局西片刑警中队根据在押嫌疑人提供的线索展开布控。3月1日晚，分别在盖山白湖亭供销社溜冰场和王庄录像厅抓获7名四川籍犯罪嫌疑人，当场缴获带有新鲜血迹的作案刀具8把、传呼机7台。经审查，7名犯罪嫌疑人供认于2月29日晚结伙在城门福峡加油站附近持刀抢劫一过往行人现金200多元，并连捅3刀致其死亡的作案经过，同时交代自2000年1月份以来结伙在台江、鼓楼、晋安、仓山等地持刀抢劫作案30起，盗窃1起的犯罪事实及赃物去向。办案刑警一鼓作气于2日晚10时在仓山林则徐广场抓获销赃犯王某从其家中搜出传呼机、手机等赃物34部，其中包括“2.29抢劫杀人案件”中被害人的手机和传呼机。

五、破获“2004.5.29”故意杀人案

2004年5月29日10点40分，市殡仪馆车队队长刘某生驾驶长安铃木轿车途经仓山上渡聚龙路时，被一部桑塔纳轿车拦截，并被捅死。作案后3名凶手驾车逃走。仓山刑侦大队与市局刑侦支队等部门配合，经过2个星期的连续奋战，于6月12日成功破获，抓获9名犯罪嫌疑人。经查明，陈某云、齐某远、林某栋等人合股开设的冰棺联谊会（俗称“一条龙”公司），因丧葬业务与被害人刘某生在派遣市殡仪车辆问题上产生矛盾，找人伺机报复。经多次踩点，摸清刘某生行踪，事先策划，于5月29日雇请林某飞的桑塔纳轿车，在殡仪馆附近守候，发现刘某生驾车驶离殡仪馆随即跟上，在聚龙路赶上拦截。刘某等人持砍刀、镀锌管朝刘某生身上猛砸猛砍。刘某持刀朝刘某生胸部猛刺一刀，致刘某生当场死亡。

六、侦破仓山永辉（汇达）仓储超市爆炸案

2004年7月26日11时，仓山永辉（汇达）仓储超市门口寄存柜发生爆炸，经勘查，歹徒采用简易爆炸装置定时引爆。此案发生后，在群众中引起恐慌，严重影响仓山区的社会治安稳定。专案组迅速掌握放置炸弹犯罪嫌疑人的情况，并提取作案的录像资料。由于录像资料质量不高，作案的动机、目的、因果关系等不明，专案组又反复研究案情，确定在仓前、下渡、三叉街、盖山、城门等地为犯罪嫌疑人居住的重点地区广泛进行摸排，锁定盖山的后坂、高湖、屿宅等村，撒开侦查大网，通过预伏守候和设卡盘查；发动基层干部和治安积极分子观看录像资料，进行辩认；对多名可疑人员进行初步审查等，犯罪嫌疑人开始露出水面。7月29日，犯罪嫌疑人两次打电话勒索永辉超市负责人50万元人民币，扬言不拿到钱决不善罢甘休，并声称要增加炸药量制造炸弹，再次安放定时炸弹，制造更大的破坏和恐慌。7月31日，专案组掌握涉案的3名犯罪嫌疑人较为可靠的情况，认为收网时机成熟；当天上午，分成3个抓捕行动队，化装预伏守候。下午 5 点左右，在盖山高湖桥南新村抓获犯罪嫌疑人张某强（男，1979 年 8 月 28 日出生，河南省许昌市襄城县王洛乡郭庄十组人），陈某平（1980 年 1 月 28 日出生，四川省蓬安县银汉镇缩山村 8 组人），随后又在高湖江边村附近抓获犯罪嫌疑人龙某忠（男，1975 年 10 月 26 日出生，江西省吉安地区永新县才丰乡联合大队圳上村人）。经过审查，犯罪嫌疑人交代犯罪事实。查明：7 月中旬，张某强用闹钟、钨丝、电池、茶叶罐以及通过从清流县人罗某伟手中购买的 100 克硝胺炸药制成定时爆炸装置，由陈某平在 7 月 25 日 3 次到永辉（汇达）仓储超市门口寄存柜放置，但都因技术原因没有爆炸；7 月 26 日上午 10 时，陈建平再次到永辉（汇达）仓储超市门口将改进后的爆炸装置放在 20 号寄存柜内，10 时 57 分 18 秒爆炸。7 月 29 日，3 人打电话到永辉（汇达）仓储超市敲诈 50 万元现金，要求超市将钱汇入户名为陈某利的农行活期储蓄账号中，否则要再对超市放置更大威力的炸弹。由于永辉超市没有将钱汇入，3 名犯罪嫌疑人已经着手准备再次实施爆炸犯罪。根据张某强等 3 名犯罪嫌疑人的交代，专案组乘胜追击，于 8 月 1 日在三明清流县顺利抓获提供炸药的犯罪人罗某伟（男，1972 年 1 月 17 日出生，清流县古坑村 122 号人），全案告破。

第四节　经济侦查

1990 年，仓山区经济侦查工作由区刑警大队负责，实行刑事、经济合一的管理体制。经济侦查工作主要结合打击刑事犯罪侦查工作统一进行。至 2000 年，共破获经济案件 54 起，抓获犯罪人员 158 人，其中：走私团伙 14 个，成员 78 人。分别逮捕 24 人，劳动教养 25 人，治安拘留 30 人，训戒 7 人，罚款 22 人，其他处理 40 人。缴获赃款赃物达 299.45 万元。

2001 年，仓山区针对经济犯罪的实际，成立经济犯罪侦查大队，配备干警 11 人。当年，联合工商、税务部门开展打击金融、财税和商贸等领域经济犯罪的专项行动，规范市场经济秩序。全年共办结各类经济案件 56 起，涉案总价值 2700 多万元，为国家挽回损失 544 万元。

2002 年，先后开展集中整治假冒伪劣商品、打击伪造金融票证伪劣商品、打击伪造金融票证进行诈骗和偷税，虚开增值专用发票等犯罪专项行动。同年 10 月，区公安分局经侦大队与市、区纪委联合，通过内查外调，预审深挖，成功摧毁以卢某春、卢某坦为首的特大合同诈骗犯罪团伙，破获合同诈骗、行贿受贿案件 19 起，抓获涉案人员 7 名，追回赃款赃物 84 万元，确保国家重点项目金山开发区的顺利进行。是年，全区共受理各类经济案件 124 起，立案 73 起，破获 66 起，涉案总金额 7423 万元，打击处理犯罪嫌疑人 104 名，其中，逮捕 27 名，刑拘 4 名，取保 41 名，直诉 2 名，教育释放 30 名。

2003 年，经侦大队根据上级公安机关的统一部署，继续开展严厉打击各类经济犯罪活动。重点抓侦破群众反映强烈、危害严重、案值巨大的大要案。当年，2 月 11 日侦破涉案金额 100 万元的林某茂偷税案；5 月 26 日侦破陈某生虚报注册资本 600 万元案；9 月 18 日侦破福建省华力科技创新有限公司虚报注册资本 500 万元案；12 月侦破福建丽景天下大酒店董事长周某贤非法吸收公众存款 182 万元案以及福建经济学校高利贷涉案金额 800 万元等案件。至 2004 年末，全区共受理各类经济犯罪案件 180 起，经过初查立案 80 起，破获 75 起，涉案金额 5797 万元，抓获各类经济违法犯罪人员 110 名，刑拘 47 人（其中逮捕 27 人）取保 27 人，留置释放 23 人。挽回各类经济损失人民币 1200 万元，没收入国库 148 万元。

2005 年，着力推进“平安仓山”建设，继续严打影响仓山区投资环境的各类经济犯罪活动，营造良好的投资环境。先后在全区开展“山鹰打击假冒注册商标”和“打击侵犯知识权”等专项行动。侦破陈某群、赖某海两起涉嫌职务侵占案；曾某英、林某仁等人利用伪造建筑许可证骗取福州市天吸拆迁处的拆迁费 50 余万元团伙案；破获吴某通、陈某英两嫌犯从广东汕头购买假人民币 35 余万元的假币等一批大要案。全年共受理经济案件 75 起，涉案总金额 1930.51 万元，其中立案 44 起，破案 31 起，破案率达 70.5%。抓获各类经济违法犯罪人员 57 人，刑拘 24 人、逮捕 15 人、取保 18 人，挽回经济损失 853 万元，没收入国库 15 万元。

第五节 社会治安综合治理

1990年，仓山区成立预防和处置突发事件领导小组，修订处置闹事和突发事件方案，对社会治安实行综合治理。全区设有治保会153个，治保干部482人。同时加强重点人口管理和情报信息工作，先后6次对重点人口进行盘查整顿。三叉街派出所还在师大学生公寓内抓获煽动学生制造事端的南靖县船厂三场水电站合同工李某，及时化解由各种原因引起的闹事、集体上访事件，防止矛盾激化和事态扩大。当年，全区收集反馈信息动态836条，被省、市公安机关采用233条。全年，化解15起由各种原因引起的闹事、集体上访事件，有278名重点管理对象明显改好，改好率达到95.6%。

1991年3月，区公安分局提出用3年时间创建社会治安一流安全区。进一步加强基层治保会、联防队建设，收集各种情报信息动态，在542座新村楼院开展多种形式的自防、联防活动，其中131座新村实行“公寓式”管理；105个单位内部单位开展“创安”活动，有204个内部单位健全各种保卫工作责任制，有11个村开展护村、护院活动。是年末，全区治保会增至82个，成员489人；联防队8个，队员145人；帮教小组73个，成员184人；信息员657人；义务消防员87人；外口管理、登记站86个，协管员362人；护村队11个，队员104人。共收集各种情报信息动态884条，查破4起隐蔽政治案件，制止17起上访事件和11起地下非法传教活动，缓解5起因矛盾激化可能引起的事端。

1992年，强化闽江水域安全防范，落实治安巡逻。自筹资金再添置价值6万多元的摩托艇投入水域防范，对水上船只实行微机电脑管理。同时在新村楼院推行以“公寓式”管理为主、技术及其他管理形式为辅的安全防范措施。是年，辖内闽江水域发生3起刑事案件，比上年下降79%。全区公寓式管理的新村面达36%，有21座新村实行技术防范，全区有615座新村全面加强防范措施。在此期间，对治保会组织和联防队伍进行调整充实，加强业务培训，当年治保干部提供各类案件线索172条，从中查破案件43起，联防队协助公安机关抓获各类违法犯罪人员438名。

1994年，加快新村技防步伐，在自然村和城乡结合部开展技术防范，并在对湖、三叉街地区建立全区农村护村队建设试点，以点带面，推动全区城乡结合部防范工作的开展。同时开展调查研究和外来人口管理活动月活动，把住外口申报、登记、落实关。推行治保组织和出租户签订责任状制度，开展一天一检查，三天一抽查，一周一研究和不定期进行清查行动，减少外口犯罪。是年，全区有303座新村实现技术防范，技防率达57.3%，共破获案件277起，抓获外口违法罪犯351名。翌年，推出报警服务流动站新举措，树立“六一”南路文明路段，带动全区26条主要路段安全防范的落实，同时在路面新建4个治安岗，64个岗、哨、报警点。是年全区有411座新村实现技防，有27个单位开展警民校共建活动。至1996年，全区702座新村已建技防143座，技防率为58.8%，安全小区覆盖面达居民常住户总数的13.3%。

1998年，全区安全小区达193个，安全小区人口覆盖率达88.5%，全年审理各类刑事案件214起350人，报捕164件283人，逮捕159件238人，直诉7人。审结156件231人，审结率达72.89%，准确率、合格率均达100%。

1999年，重点防范和妥善处理群体性事件，举办2场大型领导信访接待日活动。妥善处置因城市扩建拆迁、土地征用赔偿等原因引发的各类群体性上访和群体性事件。5月3日凌晨和11月30日晚，辖内先后发生70多部出租车和20多部出租车聚集堵塞白湖亭收费站、四桥引桥路段和六一南路埔顶路段交通等2起重大群体事件，分局出动警力化解矛盾，制止事态的扩大，迅速恢复道路畅通。全年接待群众来信来访642件912人，有效预防和妥善处置群体性事件14起1200多人次，接处警10815起，出动警力21997人次，抓获犯罪人员370名，破获刑事案件205起，救助群众737人次。

2002年，开展流动人口整治月活动。全区共出动宣传车31辆次，印发《福建省流动人口治安管理条例》、《福州市租赁房屋治安管理暂行规定》各1.5万份，发公开信1.2万份，出专刊55期、进行有线广播6次，召开各种会议288场，受教育2.59万人次。同时抓租赁房屋许可证的治安管理，全区设置12个巡逻队，组织20次清查清理行动，出动力量2.75万人次，检查外口3.2万人次。是年底，新审批租赁房许可证1200户，取缔12户、责令补办手续195户、教育罚款660户，遣送盲流624人，清理街头滞留人员369人。

2005年，组织开展校园周边治安专项整治。对湖派出所与对湖街道联合组建学生街社区保安服务队，对流动人口身份证进行扫描登记录入，共扫描登记录入83220人，扫描率达90.76%。从中抓获网上在逃犯22名，提供案线123条，破获刑事案件378起。查处治安案件307起，抓获违法犯罪人员558人。同时根据市局党委提出的“管好出租户，提高登记率”的要求，坚持委托制和代办制相结合管理模式，在全市率先成立法人机构仓山房屋租赁服务管理处，对全区8111户出租户中的6613户实行有偿委托管理，委托率达81.5%，全区共登记流动人口9.17万人。

第六节　消防管理

1990年，仓山区有1个专业消防中队和4个市属工厂专职消防队，辖内50人以上的企业和6个街道也成立近40支义务消防队、队员300余人。是年，区安委会组织力量对区管26个消防重点单位进行检查验收，根据安全管理工作要求，细化重点单位防火职责，进一步加强民用建筑项目消防审批工作，当年办理建筑送审项目63个。同时，配合重大节日和重要活动先后7次组织防火安全大宣传、大检查、大整改活动，发现不安全因素1642条，及时整改1509条。

1994年成立仓山区第一支农村义务消防队——胪厦村义务消防队。加强农村工业区企业火灾的扑救力量。同时强化民警消防业务职能，通过培训，加强对镇、街、村办企业的消防工作指导，明确职责，促使全区各部门将消防工作作为本单位工作重中之重来抓。当年火灾经济损失仅为上年的18.5%。

1996～1997年，贯彻执行《福建省消防条例》，一手抓社会宣传，一手抓严管严查，同时开展119宣传活动和“三合一”场所消防专项整治。2年共检查整改不安全隐患2108处，发出整改通知书210份，查封工厂16家，并责令957个单位、企业和个人进行整改，消除一批火险隐患。1997年火灾起数比上年下降22.2%，经济损失下降43%，死亡人数减少1人。1998年，受理审核居（村）民建房265项、4.7万余平方米，查处违法违章24件。辖内重点单位、重大节日和重要活动期间没有发生重特大火灾事故。全年火灾比上年下降15.4%，直接经济损失下降19.3%。

1999年，加强消防队伍建设，在城门镇成立仓山消防第二中队，各街道、镇和主管局都调整充实防火安全领导小组，组建义务消防队。同时继续抓《消防法》的宣传教育，开展119宣传活动和法人代表消防业务培训，开展专项整治，整改火险隐患2207条，查处违反消防法规的案件28起，取缔、罚款21家单位和个人。

2000年4月，仓山消防科改为消防大队，下辖一、二中队。同时落实防火监督和灭火工作责任制，对全区单位进行调查摸底，重新调整消防分级管理范围。同时贯彻公安部“4.2”紧急电话会议精神，对全区火险重点场所进行全面整治，当年查处违法违章案件40起。

2001年，加强重点单位管理，加大执法力度，开展公众聚集场所、木屋毗连区等消防安全专项治理，组织重点单位开展62次消防演练，向社会开放消防站。当年共责令停业整治15家，传唤法人代表12人，整改不安全隐患1462处，查处违反消防法规案件19起，火灾起数比上年下降20%。

2002～2003年，对全区234家重点单位所在的670幢建筑进行建筑消防执法摸底，发现隐患1528处，发出各类法律文书32份，责令停业整改19家，整改不安全隐患762处。查处违反消防法规案件12起，当场整改火灾隐患122处，传唤有关人员10名。2003年全区发生火灾16起，受灾29户，与上年相比下降12%，全区无重特大火灾发生、无人员伤亡。

2005年，成立仓山区消防第三中队。配有消防车11部，人员93人。各社区工作人员、小区保安、巡逻段警也列入义务消防员队伍。各社区义务消防队达到70个580人。各工业企业也成立1000支专职消防队，人员近万人。全年社区消防、农村消防、企业消防、公安消防一齐出力整改火灾隐患192处，整改率74.7%。是年，全区共发生火灾事故208起，比上年下降8.8%，经济损失141万元，比上年降7.5%，无人员伤亡。

附：历年重大火灾

1.1998年6月22日，螺洲彩众油墨有限公司因洪水倾覆甲苯引起重大火灾，造成5人死亡、4人受伤，经济损失73.4万元。

2.1999年11月12日，临江菖蒲街因电线短路引起重大火灾，烧毁民房10多家，经济损失76万元。

第七节 交通管理

1990年，仓山区实施《福州市道路交通管理规则》、《福州市道路交通违章处罚暂行办法》，依据历史地域形成的道路状况，在大岭顶、上渡、仓前、三叉街、梅坞口设5个岗亭和流动执勤，查处机动车闯红灯、摩托车不戴头盔、自行车带人、不按道行驶等交通违章行为，维护道路畅通和安全。市交警三中队还在白湖亭、洪山桥、上三路等入城处设立交管站，对外地进城的机动车进行检查，制止违章车辆进入市区。是年，共查纠违章3076人次，其中自行车带人1392人次，摩托车闯红灯、不戴头盔854人次，无牌套牌359人次，人力三轮车违反交通法规471人次。

1991年，交警三中队在仓前、上渡、临江、三叉街路段设3支巡逻队，对交通违章行为进行检查。全年共检查纠正制止违反交通法规的违章事件3542人次，其中摩托车无牌套牌的1463人次，自行车带人违规的1486人次，人力三轮车违规593人次。

1992年，开展警民警校共建交通宣传活动，区组织干警进居、村、校传授出行、驾驶车行安全知识，提高民众自觉遵守交通法规意识。同时健全民警巡逻制度，加强道路交通安全源头管理，预防和减少交通违章和事故的发生，交通违章行为得到改善。至1993年，共发生违章行驶的各类车辆6997人次，比1991年下降5.73%，其中摩托车2524人次，下降5.7%；自行车2258人次，下降21.5%；人力三轮车2071人次，下降94.6%；其他机动车144人次。

1994年，开展创文明路活动，采取专业与居委会互助教育管理相结合、经常性管理与突击检查的办法增强道路防控能力，遏制事故的发生。至1996年，3年中共查违规事件15728人次，比前两年（1992～1993）增多8731人次，上升124.8%，其中摩托车违规6687人次，上升165%；汽车超载超速2754人次，上升1812.5%；自行车3074人次，上升36.1%；人力三轮车3213人次，上升55.1%。

1997年，境内路面机动车大量增加，交通违章行为增多，尤其是二轮摩托车交通违章行为飙升。仓山区采取路巡警、岗亭警、黄山段检查警、梅坞坡段设卡警协同作战，统一部署，同步严控，遏制事故频发，维护全区交通稳定。是年，共发生交通事故438起，死亡人数54人、受伤人数235人、经济损失达158.39万元；查处违摩托车无证驾驶、套假牌等3529人次，人力、残疾车2624人次，自行车3486人次，货运汽车超载超速5269起。

1999年，在国道324线开展创建“平安大道”活动，组织5名民警小分队，在福厦路、六一南路、上三路、三县洲大桥等地段，常年不间断地整治交通违章行为。是年，由于摩托车报牌放开，套牌问题得到缓解，此类车辆违法减少。全年查处闯红灯、不戴头盔、不按道行驶等交通违章行为共2853人次，比上年下降19.2%，人力三轮车违章2013人次，下降17.3%，自行车载人违反交通规定2963人次，下降9.5%。

2000年，为保护车辆行驶和通行人员安全，营造“平安仓山”，将国道324福峡路段，列为交通事故预防重点，严查严处人货混装、超速、超载，人力三轮加装动力装置等严重影响通行安全的交通违法行为。是年，对车辆年检进行改革，变机动车号尾数分组年检为按登记月份年检；参加年检的车辆进行检测和二级维护保养，保持技术性能完好、安全设备齐全可靠。车辆年检不合格，一律不予签证，不准行驶。

并严禁拖拉机上路，有效地调剂交通流量，减少道路堵塞现象。当年，发生交通事故648起，下降6.5%，死亡人数57人，上升26.7%，受伤人数433人，上升3.3%，经济损失232.77万元，下降8.7%，摩托车违章的2761人次，与上年比下降3.22%，人力三轮车违规1842人次，下降8.5%，自行车违规2685人次，下降18.4%。

2001年，六一南路、上三路、则徐大道列为严管街，严格交通防控力度。根据福厦路黄山至高速路口的交通特点，增加民警带协勤人员组成小分队巡逻力度，带动全区交通管理。同年交警三中队与仓山公安分局联合，办理核发分合式自行车牌照45030辆，查缴“三无”（即无证、无牌、无发票）自行车2835辆。

2003年11月，福州交警“三中队”与“巡警队”合并成立“仓山区交巡警大队”，实现交巡合一。是年，在建新、金山新区路面开展110巡逻和保安巡逻，发现自行车无挂牌照的现象突出。区交巡警大队开展进社区、进农村、进企业、进家庭、进高校宣传活动，出动宣传车68辆次，深入50个社区、32个村居，发宣传资料2.2万份，播放光盘32场，展出图板16场次，事故图片展览16场次，受教育人数12万多人。同时开展夏季、冬季自行车、摩托车违法专项治理。至2004年，共出动警力1495人次，纠正各类交通违章86476起、暂扣机动车3223辆，治安拘留145人，吊扣驾证5064本、罚款67.85万元。

2005年，仓山区成立“平安畅通县区工作领导小组”，加强交通安全工作领导，区交巡警大队”在辖内开展交通整治活动，依照《福州市公安局关于定点停放机动车辆的通告》，加强各种机动车辆管理，在“鳌峰大桥头”“洋浛”“公墓”“六一南站”和“洪山桥头”设6个停车场。并在主、次干道分别设立“出租车停靠点”和“临时停放点”，对不按规定乱停放的车辆，采取定期、不定期集中整治办法，维护交通秩序。对外来的车辆一律限行三环，货车进二环，客车进内环。区设立“三合一”（110、120、122）平台，快速出警。印发交通安全宣传画1万册，普及“交通安全法”，有效遏制、预防重特大事故。全年重大交通死亡事故比上年同期下降20%。共查处交通违章行为90141起，扣留机动车1939部、假牌、套牌机动车等非法车辆386部、行政拘留无证驾驶人员38人、罚没款145.65万元。是年，仓山交巡警大队荣获市“优胜科技队”“百日竞赛优胜单位”。

第八节　机构队伍

1990年，仓山公安分局内设办公室、政治处、纪委、监察室、法制科、行政科、政保科、保卫科、治安科、户政科、消防科、预审科。下辖仓前、上渡、对湖、水上、临江、下渡、三叉街7个派出所和刑警队。1991年12月，成立福州市公安局特警支队仓山大队。翌年6月特警支队仓山大队改名为福州市防暴支队仓山大队。1993年11月成立指挥中心。1995年7月，防暴支队仓山大队划归福州市公安局防暴巡警支队管辖。

1996年1月，区划调整，增设东升、盖山、建新、螺洲、城门5个派出所。至此，仓山公安分局下设有12个派出所。同年12月，市防暴巡警大队又划归仓山公安分局管辖。1997年6月，公安机关实行“侦审合一”，撤销预审科。同年9月设立警务督察队。12月，防暴巡警大队改称巡警防暴大队。1998年10月25日成立办证中心。2000年3月，增设经济犯罪侦查队。

2002年3月，市公安系统机关“三定”后，仓山公安分局内设办公室、政治处、纪检监察室、法制科、装备财务科、信息通信科、网络安全监察科、刑事侦查大队、巡警防爆大队、国内安全保卫大队、经济犯罪侦查大队、治安大队、禁毒大队、户政科等13个科（室、大队）。2003年11月，户政科更名为社区警务大队。巡警防爆大队与交警大队合并成立交通巡警警察大队。2004年3月，成立金山派出所。2005年4月，东升派出所警务工作归并三叉街派出所（保留东升建制，其编制及警务管理职能划转三叉街派出所，人员由区公安分局统筹安排）。

至2005年末区公安分局内设办公室、政治处、纪检监察室、法制科、装备财务科、信息通信科、网络安全监察科、刑事侦查大队、国内安全保卫大队、经济犯罪侦查大队、治安大队、交通巡逻警察大队、社区警务大队13个科（室、处、大队）。下辖下渡、临江、水上、仓前、三叉街、对湖、金山、建新、盖山、螺洲、城门、上渡12个派出所和防暴大队，民警共345人。同时按照“三警合一、综合警务”和“巡区对应中队、社区对应警组”要求，将交巡警、社区民警、治安民警统一整合，在派出所设立若干警务中队和综合股。

第二章 检察

1990年，仓山区检察工作以反贪污贿赂和严厉打击严重刑事犯罪为重点，依靠和发动群众，广辟案源，惩治腐败，推进廉政建设发展。

1992年，打破一味追求办案数量的观点，把主要力量放在查处有影响的大案要案上。1994年查处大案要案工作有较大突破，当年共受理大案9件9人，占立案数45%，比上年上升50%。立案县处级干部犯罪要案2件2人，实现查处要案工作零的突破。1995年把查处司法和行政执法人员的徇私舞弊、贪赃枉法作为反腐败查办大要案工作的重中之重，大胆走出去及时掌握有关信息，扩大案源。

1998年，仓山区检察机关全面开展以遏制司法腐败和纠正行业不正之风为主要内容的队伍教育整顿，通过找问题、建制度、定目标等一系列有效措施，促进检察队伍素质和专业水平有较大提高。1999年率先在全市检察系统开展人事制度改革，实行中层干部竞争上岗和一般干警双向选择，使全院人才资源得到合理配置。

2001年，全力开展检务督察试点，在全省率先成立检委会咨询小组，开展执法活动内部监督制约工作。打破旧的内部监督框架和运行模式，切实发挥检务监督制度的四项功能。重点着眼于有利于防止检察权的滥用，有利于提高检委会工作质量和效率，有利于增强督察办工作人员责任感。同时还根据上级检察院的精神，开展自侦案件人民监督员试点工作，把犯罪嫌疑人不服逮捕决定、不起诉和撤案之类案件列入人民监督员监督范围，以拓宽监督渠道。当年仓山区检察院被省检察院确定为全省检察机关检务督察试点单位。

2005年，注重发挥检察机关在促进社会和谐中的特殊作用，把打击优势、监督优势内化为服务优势；把维护稳定摆在检察工作首位，深入推进建设“平安仓山”活动。同时加强与侦查机关、审判机关的沟通协调，提高监督配合的聚合力，将查办和预防职务犯罪纳入地方反腐倡廉的大格局中，以优化仓山区在发展改革中的法制环境。

第一节　刑事检察

一、侦查监督与审查批捕

1990年，区检察机关加强与公安机关密切合作，对公安机关报捕前的刑事犯罪案件，尤其是重大案件均提前介入阅卷，了解案情，提出意见，为快审快捕提供可靠的材料依据。当年共受理公安机关提请逮捕的人犯68人（其中重大案件25人），批准逮捕62人，不批准逮6人，批捕率达91.2%。

1993年，对杀人、强奸、抢劫、重伤、爆炸、重大盗窃等严重刑事犯罪案件实行快捕快诉，对郑某等11人抢劫团伙案件提前介入，主动引导调查取证，在三天内及时对到案的7名犯罪嫌疑人作出批捕决定。当年对公安机关提请批捕的案件中主要犯罪事实不清、证据不足或情节轻微不构成犯罪的，作出不予逮捕2件2人，退回补充侦查8件32人，建议公安机关追捕1人。翌年检察机关根据从重从快打击严重刑事犯罪的精神，提前介入林某、郭某等为首的6名非法买卖枪支、弹药、贩运伪造国家货币的团伙案件，以最快速度依法审查批捕6名犯罪嫌疑人。1993～1996年，4年共受理公安机关提请逮捕的各类刑事犯罪案件266件479人，批准逮捕250件429人；对不构成犯罪的15件41人不批准捕；因事实不清，证据不足退回补充侦查21人；发现漏捕漏诉提出追捕5人、追诉5人。

2001年，根据全国社会治安工作会议精神，区检察院与公安、法院等部门密切配合，全力投入“严打”整治斗争。至2002年底，共批准逮捕各类刑事案件犯罪嫌疑人741人，提起公诉581人。在“严打”活动中，检察机关把打击锋芒对准黑恶势力、严重暴力犯罪和盗窃、抢夺等多发性犯罪3类重点案件上，根据仓山区治安形势，把侵犯公民人身权、财产权和破坏市场经济公平交易法则的犯罪作为重中之重，给予严厉的打击。共批捕故意杀人、故意伤害、抢劫、绑架等侵犯公民人身权利的犯罪嫌疑人218人，批捕盗窃、抢夺、诈骗、敲诈勒索等侵犯公民财产权利的犯罪嫌疑人152人，批捕制售假冒伪劣商品、走私贩私、偷税骗税、金融诈骗、强迫交易等破坏市场秩序的犯罪嫌疑人51人。

2005年，全面推进侦查监督工作，建立以侦查监督部门为龙头，各业务科室共同参与的立案监督、侦查监督网络。对重大刑事案件、社会关注的案件，适时提前介入，引导侦查取证，规范侦查活动，形成与侦查机关既配合又制约的工作新格局。对应立案侦查而没有立案的，督促侦查机关立案3件，纠正侦查机关不应当立案而立案的案件1件。对提请逮捕和移送审查起诉的案件提出补侦意见340份，追捕19人，追诉17人。当年共批准逮捕各类刑事犯罪嫌疑人599人，不捕14人。

二、审查起诉与出庭公诉

1990年在“严打”和除“六害”斗争中，对全区社会治安影响面大的案件采取先安排审查起诉。当年共受理公安机关移送审查起诉案件43件81人，其中抢劫5件11人，贩毒2件9人。经审查向法院提起公诉30件57人，区检察机关出庭公诉30场。

1991年，深入开展反盗窃专项斗争。当年受理公安机关提请起诉严重刑事犯罪案件46件，其中盗窃案件33件58人。1992年受理公安机关和检察院自侦部门移送起诉、免诉案件43件57人，经审查决定起诉31件44人，免诉11件12人，出庭公诉24场。

1994年，在批捕起诉环节坚持“五查”（即查团伙共犯、查犯罪事实控漏罪、查证据辨真伪、查团伙控彼案彼罪、查适用政策法律区分罪与非罪），同时通过严格出庭公诉、文书制作规范、检察长带头出庭支持公诉重特大案件等方式，提高公诉水平。当年对一起交通肇事罪进行控辩式庭审尝试，对适应庭审方式改变和出庭公诉工作的顺利接轨起到推动作用。至1996年共受理移送起诉249件467人，决定提起公诉225件432人，免于起诉11件14人。共出庭支持250场。其中，分管检察长出庭支持公诉重特大案件3场。

1997年，仓山区检察机关改进和加强审查起诉和出庭公诉工作，全面实行个人承办、集体研究、科长把关、检察长决定的办案责任制，对所有作出不起诉处理的案件都经检委会讨论决定，并报上级院批准。同时完善出庭工作制度，提高案件公诉质量。至2000年，移送审查起诉532件824人，决定起诉383件600人，其中重特大犯罪案件232人，不起诉11件13人。

2003年，在打击危害市场经济秩序的不法行为的同时，积极维护市场的正常运行秩序，保障和促进市场经济的健康发展。当年在审查起诉辖区内7家公司虚报注册资本案时，考虑到公司的经营状况，做出不起诉决定。2004年开始，对重点案件实行督办和落实责任人的办法，并与公安、法院相互配合，在诉讼监督上形成良性互动。2005年以“平安仓山”建设为目标，注重维护犯罪嫌疑人和被告人的合法权益，突出打击重点，严惩严重暴力犯罪，多发性侵财犯罪和毒品犯罪。对轻微犯罪、未成年犯，初犯、偶犯和过失犯等边缘性群体加大教育挽救力度。当年提起公诉626人，不起诉12人。2003～2005年共提起公诉1477人。

三、审判监督和执行监督

1990年，根据市检察院进一步完善审判监督制度的要求，注意审查法院判决、裁定定性是否正确，量刑是否适当，至1996年无抗诉案件发生。1997年，审判监督和刑罚执行监督以纠正错误判决、裁定、违法减刑、假释保外就医为重点，对重罪轻判、有罪判无罪等案件，以及法庭违反诉讼程序的其他违法行为及时予以纠正。当年对区法院一起量刑偏轻案件依法提请抗诉。1998年集中力量审查一批公安机关先行劳教处理的案件，发现其中4起案件的5名嫌疑人的行为涉嫌犯罪，遂向公安机关发出《要求说明不立案理由通知书》，对4起案件进行立案监督。当年提出抗诉案件5件，改判2件。在依法审查区法院判决的被告人林某伤害一案时，发现区法院适用法律不当，即依法向市中级人民法院提出抗诉，市中院审理后采纳抗诉理由并依法改判。至2002年6年间共对已生效的刑事案件提出抗诉11件，法院审结改判6件，立案审查民事行政申诉案件45件，对认为确有错误的民事行政判决、裁定依法提请抗诉33件，依法纠正违法收押、不及时交付执行、违法减刑、假释、暂予监外执行等33人次。

2003年，贯彻最高人民检察院部署开展清理纠正和预防超期羁押专项行动，区检察机关建立超期羁押责任追究机制。针对超期羁押、超审限办案等侵犯人权行为，提出纠正意见157次，总天数达6000多天，超期羁押数同比例下降91%。依法纠正不及时交付执行、违法减刑、假释、暂予监外执行等5人次。同时在诉讼监督中注重查办司法不公背后隐藏的司法人员职务犯罪案件，共立案侦查司法人员涉嫌犯罪案件7件7人。

2005年，对重大、疑难复杂的案件，加强与审判机关进行庭前、庭后的协商沟通，努力在案件定性和法律适用等方面的形成共识，做到不枉不纵，罪当其罚。在充分尊重审判机关依法独立行使审判权的前提下，依法审慎行使抗诉权，当年提出抗诉2件2人均作改判。同时根据上级业务部门通知，监督纠正超期羁押25件58人，监督纠正3名监管场所呈报的不适合减刑人员，审查纠正2起刑期计算错误的案件，向监管场所提出检察建议50条，对辖区内29名监外机构执行罪犯进行回访考察，发现漏管8人，并及时要求建立档案资料，纠正脱管、漏管、失控现象。

第二节 经济检察

1990年，区检察机关根据经济犯罪的主要特点，重点打击以贪污贿赂犯罪为主的经济犯罪案件。当年受理经济犯罪29件31人，立案5件7人，其中贪污、贿赂3件3人；侦结后做出免诉3件3人，撤销2件4人，挽回经济损失15万多元。

1991年，区检察院根据仓山区实际情况，把反贪污贿赂斗争作为检察工作的首要任务，采取主动出击、重点突破、深挖串案、带动全面的做法，从群众反应强烈的房管局、开发公司、文化局3个系统的犯罪线索进行分析、调查，挖出一批贪污贿赂人员。当年受理各类经济案件线索47件，立案侦查19件22人，是区检察院成立以来立案人数最高的一年，共挽回经济损失40余万元。1992年重点打击破坏改革开放和经济建设的犯罪分子，深入群众举报多年、反应强烈的福州市化工机械修造厂，挖出该厂贪污贿赂案件。

1993～1995年，集中力量把查办党政机关、司法机关、行政执法机关和经济管理部门的案件作为反贪污贿赂的重中之重。3年中，共立案侦查贪污贿赂案件10件10人、涉税案件15件15人、侵占犯罪6件6人。

1996年，区划调整后，将重点放在农村群众反应强烈的基层农村干部经济犯罪的问题上，侦破一起农村干部在土地征用过程中利用职权收受贿赂的特大窝串案。挖出收受贿赂罪犯6人，犯罪金额14万余元。

1997年，成立仓山区人民检察院反贪污贿赂局。把主要侦查力量放在办窝案、串案上，通过对福州市商业银行仓山支行挪用公款案和福州市建筑工程质量监督站涉嫌贪污贿赂案立案侦查，侦破重大贪污案件。至2002年共立案侦查贪污贿赂及渎职、侵权犯罪案件125件137人，为国家挽回经济损失4547万元。其中立案侦查贪污受贿5万元、挪用公款10万元以上大案49件58人；处级以上职务犯罪要案3件3人、科级以上职务犯罪案件39件39人；立案查办发生在国有企业、金融行业和建筑业领域的侵吞、转移国有资产等职务犯罪案件43件48人。

2003年，仓山区经济犯罪呈现上升趋势，区检察机关整合优势，全力出击，每个办案组配置预审、查账和侦查能手，避免在办案中重复取证和无效取证。当年立案查办经济犯罪案件29件31人，同比增长38%，为国家挽回经济损失300多万元。

2004年，经济检察突出打击重点部位和群众反应强烈的热点问题上力争主动。至2005年，突出打击10万元以上的大案10件，查处科级以上干部7人。在重点查处窝串案中，共深挖细查窝串案13件18人，占立案数62%。在重点查处建设行业、教育系统、农村基层组织等行业性犯罪中，共立案侦查16件21人，占立案数的76%。当年共立案查办经济犯罪案件21件28人，立案侦查侵权、渎职职务犯罪案件3件3人，为国家挽回经济损失600多万元。

第三节 法纪检察

1990年，法纪检察以保护公民民主权利和人身自由权利为重点。当年共受理各类法纪案件线索11件，其中非法拘禁6件，诬告和报复陷害各1件，重大责任事故2件，玩忽职守1件，经初查后决定立案1件1人。

1991年法纪检察重点查处侵权和渎职案件，特别对刑讯逼供案，扣押人质型的非法拘禁案，后果严重的责任事故案加强侦破，快审快结。当年共受理各类法纪案件线索12件，决定立案2件2人。

1994年，根据省市检察院的部署，把查处司法和行政执法人员徇私舞弊、贪赃枉法犯罪案件作为反腐败查办大要案工作的重中之重，法纪部门改变等案上门和关门办案的做法，大胆走出去及时掌握有关信息，扩大案源。当年共立案查处徇私舞弊案件3件3人，查办非法拘禁案和渎职案7件7人。较突出的案件有仓山区交警大队民警蒋某某包庇盗窃犯罪分子泄露案情的徇私舞弊案，原仓山区防暴大队黄某某滥用职权无故拘禁并殴打他人的非法拘禁案。1994～1996年3年中共立徇私舞弊案件3件3人，立案侦查非法拘禁、报复陷害、重大责任事故等侵权、渎职案件25件32人。

1997～2002年，在严肃查办国家机关工作人员渎职侵权犯罪案件的基础上，还根据区域特点集中查办群众反映强烈、比较典型的发生在农村和院校的职务犯罪案件。注意从群众的举报和当事人、被害人的申诉和一些违反程序的现象中，发现司法人员亵渎职守、徇私舞弊等犯罪线索，把查办司法不公背后隐藏的司法人员职务犯罪案件作为强化诉讼监督的重要手段。6年中共立案查办国家机关工作人员玩忽职守、滥用职权系列案件15件15人，立案侦查司法人员犯罪案件13件13人，立案查办农村基层组织人员职务犯罪案件21件26人，立案查办高等院校、中小学校人员职务犯罪案件12件13人。2003年立案侦查侵权、渎职等职务犯罪案件4件，立案查办各类职务犯罪案件33件，是新《中华人民共和国刑法》实施以来仓山区检察机关办案数最高的一年。

2005年，建立司法人员和行政执法人员渎职行为监督机制，严查国家工作人员利用人事权、司法权、审批权进行权钱交易的犯罪案件，当年立案侦查侵权、渎职职务犯罪案件3件3人。

第四节 控告申诉检察

1990年，控告申诉检察重点放在群众来信来访，为群众排忧解难。当年共受理公民信访94件（次），首次信访59件（次），其中来信27件，来访32次。重复信访35件，占总信访数的37%。申诉检察受理1件，经复查后作撤销免予起诉处理。同时实行每月1次检察长接待日制度，深入工厂、街道、居委会开展咨询活动。

1992 年重点开展举报和复查申诉案件，复查前 2 年申诉案件处理情况。同时坚持检察长批阅重要信访及接待群众来访制度。设置专门接待室，开展文明接待群众来访活动。当年共受理来信 69 件，来访 9 人次，其中举报各类经济犯罪 37 件，在初查 31 件中，决定立案 2 件。

1993 年，深入街道和区属企事业单位开展法律咨询和发动群众举报活动，公布举报电话，并通过群众举报发现犯罪线索。当年受理群众举报和控告申诉信件 152 件，从中立案查处经济犯罪案件 8 件。1994 年，检察长在接待一起民事案件当事人中，发现仓山区钢窗厂郑某某的经济犯罪问题，并以此为突破口，一举挖出 7 起受贿串案、要案，打开全区反腐败斗争的新局面。当年共受理群众来信来访 22 件次，其中举报经济犯罪线索 39 件，申诉信访 1 件。

1996 年，加强“严打”期间信访工作，采取多种形式深入开展举报宣传活动。当年受理群众举报犯罪线索 255 件，其中经济犯罪 184 件，受理群众来信来访 296 件，为公安机关提供违法犯罪线索 44 条。

1997 ～ 2004 年，在坚持每月 2 次检察长接待日活动的基础上，建立群众来访首接责任制和重要来访检察长预约制。通过受理控告、申诉和举报，化解人民内部矛盾，把上访群众解决问题的思路引导到运用法律手段保护自身合法权益的轨道上来。8 年共办理群众来信、来访 2248 件，妥善处理告急访 180 件、集体访 30 多批 200 多人次。

2005 年，重点开展矛盾纠纷调处排查和息访息诉工作，着力查处群众反应强烈的村官腐败问题。当年对群众反应强烈的盖山镇部分村干部贪污、挪用、侵占征地款问题，主动牵头会同有关部门联合查处，立案侦查 4 件 7 人。

第五节 民事行政检察

1990 年 10 月《行政诉讼法》开始实施，区检察机关开始受理行政诉讼法施行后的抗诉案件。至 1992 年，共受理民事申诉案件 7 件，行政申诉案件 1 件。

1993 年，民事行政检察工作采取“五个主动”（即主动学习、主动办案、主动服务、主动化解、主动拓展案源）办案方法，依法办理各类不服法院终审判决的申诉案件。当年共受理各类不服法院终审判决的申诉案件 7 件，立案 2 件。在受理陈某某不服法院终审判决的房屋买卖纠纷案中，通过对有关当事人、证人的调查，发现二审判决证据不足而导致适用法律有误，区检察机关依法提出再审检察建议。1994 ～ 1995 年 2 年受理不服法院终审判决的申诉案 21 件，经初查，依法立案审查 2 件，审查提请抗诉 1 件，建议提请抗诉 1 件。

1996 年，针对民事行政检察工作起步晚、内容新等特点，加强有关法律宣传，积极寻找案源，逐步提高民事行政检察工作的透明度。当年共受理不服法院判决的申诉案 17 件，立案审查 4 件，审查提请抗诉 2 件，建议提请抗诉 1 件，立案终结 1 件，息诉 13 件，是开展该项工作以来成绩最好的一年。其中一起房产权申诉案向市检察院提请抗诉，均被省、市检察院采纳，成为区检察院成立以来第一例向省高级人民法院提出抗诉的案件。同时把查办审判人员职务犯罪案件作为重中之重，全年受理审判人员犯罪线索 3 件 3 人，从中立案 1 件 1 人，实现查办诉讼参与人员犯罪案件零的突破。

1997 年，重点开展对民事和行政裁定、判决明显不公案件的抗诉，突出查办因审判人员徇私舞弊、索贿受贿而导致错误判决、裁定的案件，深入基层乡镇村居，了解群众对民事、行政案件判决的反应。至 1998 年，共受理民事、行政申诉案件 32 件，立案 10 件，建议市检察院向省检察院提请抗诉 11 件，向市检察院提请抗诉 2 件，向区法院发出检察建议 1 条。

1999 ～ 2004 年共受理民事、行政申诉案件 60 件，立案 20 件，向市检察院提请抗诉 7 件。

2005 年，把严查司法不公背后的职务犯罪作为强化诉讼监督的重要手段，进一步增强民事审判和行政诉讼活动监督的透明度，实行立案公开、审查公开、结论公开。当年受理市检察院交办的民事、经济申诉案件 6 件，向市检察院提请抗诉 2 件、立案侦查司法人员涉嫌犯罪案件 3 件 3 人。

第六节　预防职务犯罪

1990 年，预防职务犯罪主要针对一些企业制度不健全现象，及时提出检察建议，帮助企业建章立制，堵塞漏洞。1992 年在查处省外贸部门仓库贪污案中及时通报其主管部门更换有关人员、保证企业正常运转。

1993 年，针对发案单位在经营管理方面存在的漏洞，区检察机关在提出检察建议的同时，实行一案二卷制度。并定期跟踪检查落实整改情况。同时与福州市第三开关厂和市第二医院建立预防犯罪共建点，及时提供法律咨询和帮助，开展预防经济犯罪的调研工作，摸索宏观控制经济犯罪的新路子。

1994 ～ 1996 年，针对办案中揭露出来的问题，分析犯罪原因、特点和规律，相继与有关单位建立廉政共建点。对涉案单位及有关部门提出《检察建议》15 份，提出防范措施和整改意见 45 条。

1998 年，围绕“打防并举、标本兼治、重在治本”的工作方针，将预防犯罪工作当作系统工程来抓，制定“点、线、面”相结合的预防工作思路。先后成立以区委书记为组长的预防犯罪工作领导小组、以检察长为主任的预防犯罪工作领导小组办公室及盖山镇预防犯罪工作试点办公室。并在盖山镇 31 个村聘请预防职务犯罪联络员。1999 年与仓山、城门、盖山、建新、螺洲 5 个乡镇签订预防职务犯罪协议书。

2002 年，会同仓山区农业局联合制定《仓山区农村预防职务犯罪工作计划》，深入开展农村预防职务犯罪工作。同时从预防农村基层组织工作人员犯罪入手，逐步向金融、证券、工商、税务、建筑、医药、企业、学校等部门全面辐射。与区内国有企业、金融系统、税务、工商等 10 多家单位召开研讨会，共同研究分析开展预防工作的方法。出台《关于共同在金山新区工程建设中开展预防职务犯罪工作的实施意见》和《关于充分发挥检察职能服务金山新区建设的决定》，并在金山新区设立 3 个指挥部，制定《关于开展预防职务犯罪工作实施意见》，帮助完善监督管理机制，形成覆盖全区的预防网络。

2003 年，适逢村级换届年，针对村级干部举报件多的实际情况，派员到村级换届培训班和重点乡镇举办预防职务犯罪宣传讲座，并制作两期职务犯罪典型案例专题节目在《法眼》栏目播出。当年配合区人大常委会制定出台的《关于加强预防职务犯罪工作的决定》成为全省第一个县区级权利机关就预防职务犯罪作出的带有地方立法性质的决定。

2004 年，配合开展预防职务犯罪宣传教育月活动，会同区纪委设立警示教育基地，在区委党校建立预防教育基地，为党校轮训班、中青班定期开设预防职务犯罪专题课。当年到行政执法单位和经济主管部门开设预防职务犯罪专题讲座 18 场次。结合办案为某高校提出一份开展清理整顿“小金库”的检察建议，挽回经济损失达 240 多万元。

2005 年，全区预防职务犯罪重点放在重点工程项目的预防、拆迁安置实施过程的预防和征地补偿款项管理的预防。针对拆迁安置工作中职务犯罪频发的现象，区检察机关向区委、区政府提出《关于拆迁工程中职务犯罪多发原因、特点及对策建议》，批准相关部门制定和完善规章制度。区检察机关同时编撰《职务犯罪警示条》发放各相关部门和单位。

第七节　机构队伍

1990 年，仓山区人民检察院内设办公室、刑事检察科、经济检察科和法纪检察科，编制 31 人，实有 29 人。10 月在仓前街道设立检察室。至 1990 年底，仓山区检察院外派机构有工商、税务、仓前街道 3 个检察室，配备 7 名兼职助理检察员。

1994 年，区人民检察院内设机构增至 7 个，即办公室、刑事检察一科、刑事检察二科、经济检察科、法纪检察科、控申检察科、民事行政检察科。共有干警 29 人。1995 年成立刑事赔偿办公室、政工科。1997 年，成立仓山区人民检察院反贪污贿赂局。

2005年，仓山区检察院内设机构有14个，即政治处、办公室、侦查监督科、公诉科、反贪污贿赂局、渎职侵权检察科、监所科、民行科、控申科、刑装科、职务犯罪预防科、研究室、监察科、法警大队。共有干警57人。外派机构有驻第二看守所检察室。

第三章 法院

1990年，仓山区法院负责仓山地区的刑事、民事、经济、行政审判及申诉复查。审判由上级法院和区人大进行监督，同时实行院长接待日制度，接受群众监督。1993年，对民事审判方式试行改革，把“纠问式”庭审方式改为“陈述式”，并将民事审判活动的13项内容张榜公布，实行“错案追究制度”。1994年，实行“直接开庭”，引导当事人举证、质证及法官论证，规范开庭程序。1996年，区域扩大后，各类刑事案件增多，区法院充分运用修改后的《刑法》和《刑事诉讼法》，重点办理抢劫、杀人、强奸、黄赌毒等严重危害社会治安的刑事案件，当年受理审结各类刑事案件超过上两年之和。2000年，境内涉农案件上升，区法院坚持调解原则，成立青年志愿者法律服务小组，登门入户提供法律服务。制止矛盾激化和群体性上访，维护社会安定稳定。翌年，行政诉讼案件开始执行被告举证原则，以监督、支持和保障行政机关依法行使职权，保护公民、法人和其他组织的合法权益。

2002年，区法院执行裁定权、调查权、实施权和异议审查权四权分离制度的同时，实行重大事项合议制、听证审查制、执行人员错案追究责任制、推行发放债权凭证和执行登记备案制度等新举措，保护当事人的合法权益。

2004～2005年开展“规范司法行为，促进执行司法公正”专项整改活动，保证审判的公正，自觉接受区人大和群众的监督。1990～2005年，16年全区共审理各类案件26094件。

第一节 刑事审判

1990年，仓山区法院同公安、检察部门配合，召开12场各类宣判会，审判33件68名犯罪分子。其中有抢夺、抢劫、盗窃、故意伤害等案件，判处10年以上15年以下徒刑2人，5年以上10年以下徒刑8人，5年以下的58人。

1991～1992年，共受理各类刑事案件86件127人，其中判处5年以上10年以下有期徒刑11人，10年以上有期徒刑7人，占判决已发生法律效力犯罪总数的37.5%，追回经济损失10多万元。

1993年，未成年人犯罪率和暴力案件上升，区法院贯彻“两手抓，两手都要硬”的方针，快审快判。在审理陈某、林某鹤结伙抢劫案，从起诉到审结公判，只用20天。是年，受理刑事案件30件36人（自诉2件3人），全部审结。其中：判处10年以上有期徒刑5人，5年以上10年以下有期徒刑12人，5年以下有期徒刑19人。

1994～1995年，重点受理抢劫、绑架勒索、盗窃等严重危害社会治安团伙犯罪的案件。2年共受理各类刑事案件153件283人，全部办结。其中判处10年以上15年以下有期徒刑的7人，5年以上10年以下有期徒刑的74人，5年以下202人，其中缓刑21人。追缴一批赃款赃物，为国家、集体挽回经济损失13.77万元。

1996年，区域扩大后，各类刑事案件增多，区法院慎重审理每一起案件，确保办案质量。当年受理各类刑事案件167件，全部审结，是建院以来受理刑事案件最多的一年。2000年在城门镇召开1500人公判大会，对抢劫、故意伤害、绑架勒索、贩毒等7个严重刑事犯罪16人进行宣判。1997～2000年4年共受理各类刑事案件564件923人，年均141件，全部审结。其中判处10年以上有期徒刑的97人，5年以上 10 年以下有期徒刑的 129 人，5 年以下有期徒刑的 465 人，拘役 61 人，缓刑 123 人。

2001 年，境内刑事案件剧增，比上一年增长 44.9%。为配合“严打”整治工作，先后召开 3 场宣判大会。翌年，又对高某阳、王某 2 人连续 4 次抢劫出租车司机刑事案件依法从重判决 13 年有期徒刑。2001 ～ 2002 年，2 年共审结各类刑事案件 483 件，被判处 10 年以上有期徒刑的 37 人，5 ～ 10 年的 73 人，5 年以下的 495 人，缓刑 109 人，拘役 22 人。

2003 ～ 2004 年，2 年共受理刑事案件 556 件 876 人。其中判处 10 年以上 18 人，5 ～ 10 年 110 人，5 年以下 534 人，缓刑 129 人，拘役 30 人。2005 年，重点打击张某强、陈某平、龙某忠永辉超市爆炸案；张某弟放火案；傅某互联网盗用 149 个账户资金盗窃案等一批严重犯罪案件。共受理各类刑事案件 409 件，633 人。比上一年增长 55.5%。同时根据上级法院的指定，审理念某平、林某恩、吴某琴等人组织他人偷越国境案等一批偷私渡案。

1990 ～ 2005 年，16 年间共受理各类刑事案件 2481 件 2925 人，其中判处 10 年以上有期徒刑的 254 人，5 ～ 10 年的 564 人，5 年以下的 2147 人，缓刑 525 人，拘役 210 人。

1990 ～ 2005 年仓山区人民法院刑事案件审理情况表

表 14-3-1　　**单位：件**

年份	抢劫	抢夺	绑架	盗窃	强奸	奸淫幼女	诈骗	放火	组织贩卖淫秽物品	交通肇事	故意伤害	拐卖妇女儿童	走私贩卖运输制造毒品	妨害公务	引诱容留介绍卖淫	贪污挪用	行贿受贿	其他	合计
1990	4			24	1		1				1		1					1	33
1991	3	1		28	3	1				1	5					6		1	49
1992	4	1		20			1			1	3					5	2		37
1993	9	1		13	1					1	3								30
1994	18	2		24	3		2				8	1				1	6	2	67
1995	12		1	40			1			1	6					6	7	12	86
1996	29	2	4	64	5	1	7		1	4	11	2	1			5	10	21	167
1997	35		1	37	2		3			2	8		3		1	4	1	14	111
1998	35	2	4	35	4		7		1	2	17		15			13	1	15	151
1999	31	3	1	36	3	1	5		1	3	12		15	2	2	9		22	146
2000	31	5	3	36	4		4		2	6	30	1	8		1	7	2	16	156
2001	45	11	4	55	4		7			8	31	2	6	2	2	13	7	29	226
2002	49	10	4	41	1		4			9	40	1	10	4	1	10	1	72	257
2003	46	9		44	6		8			30	37	1	10	3	8	9	9	73	293
2004	45	6	1	71	2		7			20	35	1	5	3	2	8	4	53	263
2005	79	14	4	84	9		15	1	4	42	47	2	12	11		10	9	66	409

第二节　民事审判

1990 年，民事案件以家庭纠纷、房屋纠纷、债务纠纷居多，其次为继承、赔偿等。当年受理民事案件 204 件，审理中经调解结案的 122 件，占 60%，其中经二审审结退回维持原判的占 84%，退回改判或部分改判的占 16%。

1991 年，出现“四涉”（涉外、涉台、涉港、涉澳）、土地承包、拆迁补偿、联营、合伙、储户诉银行赔偿纠纷案等新类型案件。当年共受理民事案件 268 件，审结 267 件，审结率 99.62%。翌年，受理民事案件296件，审结292件，审结率98.64%。在已结案件中，调解139件，调解率达47.6%。制止5起矛盾易于激化和转化的案件，其中防止自杀1件、凶杀1件、斗殴3件。

1994年，全面推行“直接开庭”的审判方式，强调当事人的举证责任，提高办案质量和效率，其中采取直接开庭的有262件，占办理民事案件总数的92%。

1995～1997年，民事案件的收案中婚姻家庭纠纷案件占较大比重，区法院实行“优先立案，优先审理，优先执行”的“三优先”原则，依法维护公民婚姻的自由权，依法保护妇女、儿童和老人及港、澳、侨、台胞的合法权益。加强婚姻道德的教育，妥善处理子女的抚养等问题，同时依法制裁违法的借贷行为。3年共审理民事案件1526件，其中婚姻家庭纠纷案件占民事案件总数的54.65%。

1998年，配合市重点工程“三县洲大桥”建设，专门成立 “三县洲大桥拆迁纠纷案件巡回法庭”，采取教育疏导与强制措施相结合的方法，促使多户“钉子户”按期搬迁，确保大桥工程的如期进展。翌年围绕“审判质量年”活动，实行授权主审法官制度，明确主审法官的职责和奖惩，推进审判方式改革。

2000年，境内涉农案件呈上升趋势，区法院强化对土地、山林、果树承包纠纷案件的审理，维护农民的合法权益和农村生产秩序。同时正确调处民事纠纷，对劳动争议、房地产买卖、拆迁等涉及群众生产、生活和国家重大改革等案件，坚持调解原则。成功调处445名下岗职工劳动争议集体诉讼案，并成立青年志愿者法律服务小组，登门入户提供法律服务；制止矛盾激化和群体性上访，维护社会安定稳定。

2001年，在三县洲大桥建设和棚屋区改造项目实施中，拆迁和房地产纠纷案件增多。区法院加强调解力度，在受理54件纠纷案件中，有51件以调解方式结案，促使当事人双方达成和解，化解矛盾。

2003～2004年，重点加强婚姻家庭纠纷调处和拖欠农民工工资案件的清理力度。在审理婚姻家庭纠纷中，法院对曾某提出10万元离婚精神损害赔偿的请求和周某提出变更抚养权的请求依法予以支持；福州某光学眼镜有限公司拖欠200多名农民工工资案、福州某工艺品有限公司拖欠农民工刘某某工资案、福州某鞋业有限公司拖欠贵州籍7名农民工工资案等都得到妥善解决。

2005年，区法院受理各类民事案件中，继续坚持深入第一线调查研究。在审理莫某与军人陈某离婚纠纷案件中，经办法官多次前往部队了解情况及征询部队领导意见，宣判后，双方均服判没有上诉。法院同时注重抓案件判决的执行，在审结的58件拖欠农民工工资700多万元案后，均及时落实兑现案款，维护社会的安定和稳定。是年，受理各类民事案件804件，审结794件，审结率98.75%。

1990～2005年仓山区法院民事案件收案情况表

表14-3-2 单位：件

年份	受理件数	审结件数	离婚	抚养	扶养	赡养	继承	债务	房屋	赔偿	其他
1990	204	201	91	4	1	6	4	18	63	4	13
1991	268	267	121	2			6	33	89	3	14
1992	296	292	125	2	1	5	1	32	104	9	17
1993	320	320	146	3	1	2	2	30	111	7	18
1994	288	285	106	1		1	3	26	113	9	29
1995	266	261	138		1	2		31	58	8	28
1996	518	512	284	7	3	3		140	45	25	11
1997	742	719	380	8	1	5	2	231	60	45	10
1998	886	869	401	12	2	3	3	276	74	50	65
1999	1037	997	457	26		2	5	364	81	37	65
2000	1382	1343	680	24	1	4	9	406	130	70	58

续表 14-3-2

年份	受理件数	审结件数	离婚	抚养	扶养	赡养	继承	债务	房屋	赔偿	其他
2001	1442	1409	613	28	3	9	5	430	184	74	96
2002	1541	1508	458	22	7	6	13	386	210	103	336
2003	1443	1359	461	29	13	20	7	447	221	96	149
2004	891	876	274	35	3	2	8	62	224	12	271
2005	804	794	297	12	3	5	10	117	82	28	250

第三节 经济审判

1990 年，区法院受理并审结经济案件 45 件，其中购销买卖合同案 17 件，建设工程承包合同案 3 件，加工承揽合同案 5 件，借款合同纠纷案 3 件，联营合同纠纷案 1 件，其他经济合同纠纷案 16 件。在审理案件中，区经济审判庭依据《中华人民共和国合同法》解决各种劳资纠纷和经济纠纷，保护企事业单位的合法权益，维护经济秩序。

1992 年，根据境内挂靠企业“三角债”问题而引发纠纷案较多的特点，区法院组建由 50 人组成的司法联络员队伍，协助企业清理债务，理顺各种经济法律问题和经济纠纷调处、代理诉讼等。当年，审理涉及中小企业的经济纠纷 36 件，清理欠款 35 万元，审理收贷案件 3 件，收回欠款 120 万元。翌年，受理各类经济纠纷案 55 件中，调解 40 件，调解率为 72%，为金融部门回笼资金 144 万元，收回贷款 80 万元。1994 ～ 1995 年，受理各类经济纠纷案件中以购销合同纠纷较多，2 年共受理各类经济纠纷案件 122 件，诉讼标的 1963 万元。

1998 年，随着经济流通领域进一步扩大，城乡之间横向经济往来活跃，境内经济纠纷逐年增多，收案数量大幅上升。当年受理各类经济纠纷案件 138 件，1999 年增至 188 件，2000 ～ 2003 年受理经济纠纷案件在 213 ～ 272 件之间。期间，建新镇麦浦村 442 个村民与麦浦村经济合作社承包合同纠纷诉讼一案，开庭时有 100 多名村民聚集法庭，情绪激动，经办法官耐心细致，讲法律、讲道理，判决驳回起诉后，村民服判息诉。3 年间审理涉及国企案件 72 件，审结金融纠纷案件 24 件，涉案标的 1789 余万元。

2003 年，针对企业重组、联营、兼并、承包、合伙、租赁过程中发生的纠纷增多的实际，区法院加强对企业债权债务、金融借贷、建筑施工、加工定做、买卖购销、产品质量等合同纠纷的调处和农村土地、山林、果园等承包纠纷案件的审理。当年受理经济案件 221 件，解决讼争标的 1260 万元。

2005 年，随着旧城改造和新区开发建设的推进，建设工程施工合同纠纷案件呈现较大的上升趋势。法院从保护安全生产、确保工程质量、维护诚实履约和建筑工人劳动权益等方面出发，严格审查建设工程施工合同督促兑现，维护建筑工程领域的正常秩序。

1990 ～ 2005 年，全区共受理经济纠纷案 2771 件。

1990 ~ 2005 年福州市仓山区人民法院审理经济纠纷案件情况表

表 14-3-3 单位：件

年份	购销买卖合同	建设工程承包合同	加工承揽合同	供用电气水热合同	仓储保管合同	财产租赁合同	借款合同	技术合同	农村承包合同	企业租赁经营合同	联营合同	经济权属赔偿纠纷	其他经济合同纠纷
1990	17	3	5				3				1		16
1991	26	1	3			1	1				5		22
1992	26	1	5			1	11	1		4	3		4
1993	31	1	4			2	14				3		

续表 14-3-3

年份	购销买卖合同	建设工程承包合同	加工承揽合同	供用电气水热合同	仓储保管合同	财产租赁合同	借款合同	技术合同	农村承包合同	企业租赁经营合同	联营合同	经济权属赔偿纠纷	其他经济合同纠纷
1994	34	1	4		1	2	12			6	4		3
1995	19	2	6		1		10			5	3		9
1996	32	5	5			4	19	1	1		6		21
1997	50	5	7			1	24				2	1	7
1998	61	6	11		1	3	29	1			3	1	22
1999	111	5	12				36			1			23
2000	113	11	23			11	31		2	1	5		16
2001	138	14	21	2	1	3	52		1	16	3	2	19
2002	89	16	11	1		27	41		1	4	4	3	70
2003	102	25	11	3	1	6	17	1	1	7	2	2	43
2004	146	26	25	1	1	32	180		28	4	2	3	19
2005	141	43	26		3	30	111		41	16		10	56

第四节 行政审判

1990 年，根据中共十三大提出“一切政府机关都必须依法行政”的决定，区法院开始受理行政诉讼。当年，审理行政案件 5 件，审结 4 件。1992 年审理首例请求撤销公证机关公证的案件。经审理核查，公证符合法律程序，事实清楚，公证有效，维持公证机关的合法公证。1994 年，行政审判实行“立、审、执”一条龙的措施，增强行政审判工作的力度。当年受理行政诉讼案件 4 件，全部审结，其中撤销 1 件，驳回起诉 1 件，撤诉 2 件。1995 年又审理 4 件，全部审结。其中维持行政机关决定的 2 件，其他处理的 2 件。同年还受理行政机关申请执行非讼行政执行案件 14 件。

1996 ～ 1998 年，区法院行政庭在受理行政诉讼案件的同时，结合办案向行政机关宣传《行政处罚法》，提高行政执法人员依法行政的自觉性。至 1998 年末，共受理行政诉讼案 13 件，非诉行政执行案件 4 件，全部审结并执行完毕。其中维持具体行政行为的 6 件，撤销具体行政行为的 4 件，其他处理 3 件。

1999 年，严格审查具体行政行为的合法性，对被告无故不应诉、不出庭、不举证的，依法裁判。当年受理行政诉讼案件 22 件，非诉行政执行案件 39 件，审结 22 件。2000 年初，区法院召开区公安、建设、环保、工商、文化、计生等行政执法部门领导会议，就执行“行政诉讼法”的有关问题进行解释。是年，受理行政诉讼案件 31 件，审结 26 件（其中维持 5 件，撤销 7 件，驳回起诉 1 件，撤诉 11 件，其他 2 件）。

2001 年起，受理行政诉讼案件开始执行被告举证原则。在受理案件 10 天内召开审前会议，要求被告行政机关提交有关证据，并认真审查。同时对原告要求赔偿而提出的相关证据，也给予严格的审查把关。当年原告李某某诉仓山区市容局非法扣押财产、限制人身自由造成伤害要求行政赔偿案，审判人员经过认真调查取证，走访多家医院，查阅处方存根，在掌握大量的证据基础上，依法驳回原告的部分诉讼请求，既依法维护行政机关的形象，又切实保护原告的合法权益。至 2004 年，审结行政诉讼案件中，维持 23.46%，撤销 10.2%，驳回起诉 3.92%，撤诉 40.81%，其他 1.02%。

2005 年，行政审判以监督、支持和保障行政机关依法行使职权，保护公民、法人和其他组织的合法权益为立案宗旨。当年审结行政诉讼案件 98 件，其中维持 43 件，撤销 10 件，驳回起诉 4 件，撤诉 40 件，其他 1 件。

第五节　审判监督

1990年，审判由上级法院和区人大进行监督。当年接受“人大”监督14件，同时实行院长接待日制度，接待群众来访，接受群众监督。

1991年，区法院制定《关于自觉接受人大监督，加强与区人大常委会工作联系的规定》。之后每年都接受区人大执法检查。至1996年，共接受区人大组织的5次执法检查，检查中发现的问题即进行整改。

1997年，根据区人大审判监督提出的3条建议案及10件督办件和2件议案，区法院通过督促、审判监督程序审理支付令，再审案件63件，审结57件。1999年，法院制定《关于接受人大常委会及人大代表监督的具体意见》，聘请人大、政协、纪检监察等部门廉政监督员17人。

2000年起，实施错案责任追究。区法院制定《案件的法定审理期限流程跟踪管理制度》《排期管理制度》《案件的法定审理期限通报制度》，把案件从立案到结案的全过程进行系列性的管理和监督。每周向人大常委会报送《一周庭审安排表》，邀请人大代表旁听开庭审理。至2002年，共对12件10人错案进行责任追究。2003年，通过“院长接待日”，法官违法违纪投诉中心，开通社会群众的监督渠道。在全院开展案件质量评查，发现审判质量有问题的有6件，对有关责任人陆续召开听证会，并按最高院“两个办法”（即：《人民法院审判人员违法审判责任追究办法（试行）》和《人民法院审判纪律处分办法（试行）》）追究责任。2004年5月成立审判监督庭，承担再审和重审案件，纠正冤假错案，保证审判的公正。

2005年，成立人大代表联络室，聘请13人为廉政监督员，通过定期汇报、专题汇报等形式，向人大及其常委会报告法院重要工作事项。同时，实行领导负责制，重点办理、专项督查，及时办理人大代表和政协委员的批办件。是年，办理各类批办件98件，人大代表旁听庭审188人次。

第六节　案件执行

1990年，案件执行工作由1名副院长主管。当年共执行案件102件。1991年收执行案件100件，执结95件，结案率达95%。解决讼争屋62间，总执行标的101万元。

1992年，对个别拒不履行判决的开展“执行会战”强制执行。在执行中，特别注重经济效益和社会效果的有机结合，对有些负债经营的企业，酌情采取分期分批执行或中止执行等办法，给予必要的扶持，使之走出困境，重现生机。其中福州某塑料厂和邵武乡镇企业诉仓山某综合厂欠款4.2万元，该厂一时还清有困难。法院同意分期还款，并帮助该厂清理三角债，追回外债8200元，减轻还款的压力。当年共收执行案件158件，执结152件。依法调处讼争屋47间，执行总标的313.7万元。

1993年，在办理本地的执行案件的同时，积极办理异地执行案件。当年山西运城某大厦拒不返还福州某算盘厂货款执行一案，在山西法院协助执行无果的情况下，区法院派员前往山西扣押物品金额达36万回榕抵债。1994～1995年组织到外地执行52人次，受理执行案件274件，收回讼争屋141间，查封、扣押财产10件，执行标的605.72万元，维护法律的严肃性。

1996年，区法院在执行中注重执行的经济效益和社会效益。对负债经营、符合优化产业结构政策、扭亏为盈有望或有利安定稳定的企业，酌情采取分期执行、暂缓执行或中止执行的办法给予扶持。在执行福州市某工业公司、福州市计算机公司偿还交通银行贷款一案中，由于该公司濒临破产，公司尚有200余名职工的生活费无着落，除支付部分贷款外，已无力偿还其余贷款。为安定稳定，保障职工的生活出路，对该案执行采取扶持办法，暂时中止执行。当年共收执行案件167件，执结157件，其中采取强制措施45件，自觉履行54件，和解49件。1997～1998年，各执行小组分别召开被执行人座谈会15场，对100多名未主动履行义务的当事人进行法制教育，有91件被执行人主动履行，占执行案件的20%。对不执行者，法院采取冻结、划拨存款121万元，拍卖、变卖以物抵债120万元，查封、扣押财产、物品400余万，拘留 33 人，收回房屋 43 间等强制措施。共收执行案件 459 件，执结 410 件，执结率 89.32%，执行标的额达 1360.19 万元。

1999 年，根据中央 11 号文件，号召全党重视和解决法院执行难问题的精神。开展“执行年”活动，成立执行领导小组，由院长组织，召开执行工作会议，对历年来未执结的案件进行梳理，提出“分案执行与集中执行相结合，常规执行与突击执行相结合，小组执行与集体会战执行相结合”的措施，交由分管副院长具体抓落实。并主动与公安、检察、银行、工商、税务、海关、房管、土地等部门加强联系，召开座谈会，协调会，征求意见、理顺关系，取得支持。排除执行障碍，提高执行效率。对故意撕毁公告、封条、哄闹、冲击执行现场妨碍执行人员执法，及有履行能力而拒不履行的坚决采取罚款、拘留等强制措施。在对被执行人福建某纸业有限公司 130 万元货款执行一案中，经调查，其有履行能力但拒不履行，便立即对其采取查封、划拨等强制措施，并在 1 个月内即执结该案。是年受理各类执行案件 492 件，执结 469 件，先后拘留 64 人。

2000 年，制订“执行工作细则”，规范执行工作，开展清理积案小会战。法院在执行工作中，强调申请人的举证责任。每个执行案件都发给申请人举证被执行人财产的表格，以便及时掌握被执行人的财产下落，使一批长期难以执行的案件得以执行。在“执行”专项活动中，共查封房屋 6 座、扣押车辆 3 辆、大型机器 7 台、冻结存款 15 万元，拘留 97 人，执行标的 671 万元。是年，共受理各类执行案件 787 件，执结 722 件。2001 年，执结影响较大的违法侵占耕地建造私宅的非诉执行案件及违章建筑的“钉子户”28 户，保证重点工程建设的顺利进行。当年共收各类执行案件 781 件，执结 726 件，执结率达 92.96%。在执行过程中，先后依法拘留 219 人，执行标的 7280 万元。

2002 年，区法院在实行执行裁定权、调查权、实施权和异议审查权四权分离制度的同时，采取执行重大事项合议制、听证审查制、执行人员错案追究责任制、推行发放债权凭证、实行执行登记备案制度等新举措，以保护当事人的合法权益。对于刘某某等 7 人的非法侵占耕地 2 万平方米建造私宅拒不执行拆除问题，法院依据土地部门关于强制执行的申请，予以强制拆除。严某人拒不执行法院生效判决，被判处有期徒刑 9 个月。同时对 3 件有履行能力而拒不执行法院生效判决及裁定的 3 起案件移送公安机关侦查。

2003 年，法院拨专款为执行干警人身安全投保，制定“2003 年执行工作计划”，签订目标责任状，把执行任务分解细化、落实到人。当年共执结执行案件 737 件，执行标的 6444 万元。对妨碍执行公务的坚决采取强制措施，有 6 件 6 人移送公安机关，其中批捕的有 1 件 1 人。

2004 年，以执结积案、难案为工作重点，集中开展清理未结执行案件、未发还执行款物、未归档执行案卷的“三清理”活动。在清理中，中国农业银行仓山支行诉福州某化工工贸公司借款合同案，法院为仓山支行兑现 185 万元的债权。是年，共执结执行案件 467 件，执行标的 3220 万元。

2005 年，开展“规范执行行为，促进执行公正”专项整改活动。区法院每周召开执行工作例会，研究部署执行对策，促进执行工作的有序性和有效性。同时健全执行案件信息管理系统，与全省网络对接，并与银行、工商部门实行信息共享，形成执行线索的联动收集机制和敏锐反应机制，促进生效判决的履行和兑现。是年，依法对被执行人的财产采取搜查、查封、冻结、扣押、划拨、拍卖、变卖等强制措施 493 次，对有履行能力而拒不执行的 22 人采取拘留措施。全年共执结执行案件 477 件，执行标的 5600 万元。

第七节 申诉复查

1990 年，接收申诉案件 14 件，由于大部分是已经解决的老案，申诉复查主要是对申诉的对象做耐心过细的工作，当年申诉件全部审结。翌年，受理各类申诉案件 5 件，再审 5 件。

1993 年起，坚持实事求是、有错必纠的原则。实行审立分离，建立由申诉庭统一立案制度，杜绝不结不立、以结代立的现象。至 1996 年，共审理申诉案件 11 件，改判 2 件，审结支付令案件 37 件，诉前保全 9 件，共解决诉讼标的 800 万元。

1997 ～ 2000 年，依照《中华人民共和国民事诉讼法》审理申诉支付令，审理再审案件 184 件，诉前财产保全 32 件，申诉复查 22 件，其中裁定不予受理 4 件，简易调解 5 件。解决讼争标的 114 万元。

2001 年，实施立案工作《一次性告示制度》和《受理起诉补充证据材料通知》，当年受理申诉支付令、诉前保全等 124 件，办结 123 件。

2002 ～ 2005 年，审理再审案件 25 件和办理申诉支付令等案件 45 件。

第八节　机构队伍

1990 年，仓山区法院内设办公室、政工科、刑事审判庭、民事审判庭、经济审判庭、行政审判庭、申诉庭、执行庭共 8 个庭（室）和上渡、下渡 2 个派出法庭，配有审判员、执行员、书记员、法警共 43 人。

1996 年，区划扩大后成立城门法庭、盖山法庭和法警大队。1998 年成立建新法庭。1999 年，成立监察室，民事审判庭更名为民事审判第一庭，经济审判庭更名为民事审判第二庭，告诉申诉庭更名为立案庭，执行庭更名为执行局，撤销上渡法庭和下渡法庭。2000 年政工科更名为政治处。2003 年成立少年审判庭。2004 年成立司法行政装备管理科、审判监督庭。2005 年建新法庭更名为金山法庭。

至 2005 年，区法院内设有办公室、政治处、监察室、司法行政装备管理科、刑事审判庭、民事审判第一庭、民事审判第二庭、少年审判庭、行政审判庭、审判监督庭、立案庭、执行局共 12 个庭（室）及城门、盖山、金山 3 个派出法庭和直属法警大队。配有审判员、执行员、书记员、法警共 63 人。

第四章　司法行政

1990 年，　仓山区司法行政工作以普法教育为重点，在全区开展普及法律常识教育活动。同时，加强基层调解队伍建设和提供律师、公证等法律服务。1991 年，区司法局开展整顿基层调解委员会（下称调解会），同时开展调解会达标活动。至 1996 年，全区基层调解员增至 5000 人，经市检查验收，基层调解会全部达标，其中，规范化的调解会达 120 个，占调解会总数的 52%。

1999 年，仓山区制定《关于保证公证质量的几项暂行规定》，实行简化手续、快件快批、合法收费、上门办证、微笑服务、热情接待等公证服务承诺和便民措施。同时成立法律援助协调指挥中心，向社会开通“148”法律服务专线电话，实行法律援助。当年，受托办理各类法律事务 251 件，提供法律援助 10 件，解决各类纠纷 25 件，避免和挽回经济损失 256.35 万元。至 2005 年，全区 13 个街、镇调解会规范率达 100%。初步建立起上下联动体系，形成人民调解、行政调解、司法调解三位一体的工作机制；为化解和疏导各类社会矛盾，促进全区经济发展、社会和谐提供优质高效的法律服务和法律保障。

第一节　机构

1990 年，仓山区司法局内设办公室、宣教科、基层科以及公证处、律师事务所（即福州市第六律师事务所），工作人员 7 人。6 个街道办事处各设有司法科和法律服务所，配备专（兼）职人员 1 ～ 2 人。1992 年，各街道司法科、法律服务所配有 1 名法律大专以上文化程度的工作人员。

1996 年区划调整，增加城门、盖山、螺洲、仓山、建新 5 个镇基层司法办。接收原郊区司法局分流人员 9 人，区司法局工作人员增至 16 人。1997 年，撤销各街道办事处司法科，其工作职能并入社会治安综合治理办公室，法律事务所改为服务实体。1999年，各镇、街道法律服务所与镇街道司法科实行科所分离。2001年，镇、街基层法律服务机构和基层法律工作者，通过全国基层法律服务执业资格统一考试取得执业资格，领取执照。

2002年全区行政机构方案确定，司法局内设办公室、宣教科、基层科、仓山区公证处、法律援助中心。2004年依据仓山区机构编制委员会《关于组建街道司法所和配备司法助理员的通知》，成立基层司法所。

2005年，区成立依法治区办公室，依托在司法局。是年，区司法局内设机构不变，有工作人员19人（含公证处4人、法律援助律师3人）。13个镇、街均设有基层司法所，共有工作人员16人。

第二节 普法教育

一、“二五”普法教育

1990年， 是“一五” 普法教育的最后一年，区司法局继续在全区进行“九法一例”的教育。1992年开始在全区范围开展以《中华人民共和国宪法》为核心，专业法为重点；领导干部、行政执法人员、青少年为主要对象的普及法律常识第二个五年教育（简称“二五”普法教育）。区司法局制订《仓山区法制宣传教育第二个五年规划》，组织全区干部、群众学习宪法讲话、社会主义法制建设若干问题讲话。是年，先后举办2期副科级以上干部、各单位负责人培训班和专业执法队伍法律法规培训班，参加培训500人。

区司法局人员现场帮助群众解答法律问题

同时，在各中、小学定期开展法制教育，举办《宪法》《中华人民共和国国旗法》《中华人民共和国国徽法》知识竞赛和青少年法律知识竞赛。

1992年，采取上街宣传、设立法制宣传栏、分发宣传单等形式开展《宪法》和专业法宣传教育。组织全区群众学习中华人民共和国《宪法》经济合同法》《税收征管法》《城市规划法》《未成年人保护法》《行政诉讼法》和《城市房屋拆迁管理条例》《福建省计划生育条例》。组织企业职工学习中华人民共和国《企业法》《全民所有制工业企业转换经营机制条例》《职工奖惩条例》。同时，举办中、小学生法制夏令营，并针对社会上热点、难点问题，开展法律法规宣传咨询活动，制作普法宣传展板50面，印发法制宣传材料12000份，接受咨询100人次。1995年，在全区范围内开展中华人民共和国《税法》《环境保护法》《药品法》《社会治安综合治理条例》《消防条例》宣传教育，印发法制宣传材料1.2万份，上街定点开展法律咨询5次，受教育人数达3000多人。7月，区人大常委会组织有关人员检查临江街道、省公路二公司、市医疗化总公司开展“二五”普法工作情况。10月，省、市普法教育考核验收组对全区各街、镇、部门和辖区77个单位的“二五”普法教育进行检查验收，全部通过。

二、“三五”普法教育

1996年，区第十二届人大常委会通过《仓山区开展法制宣传教育第三个五年规划》，开始在全区范围开展“三五”普法教育。举办社会主义市场经济与法制、国家赔偿法讲座，参加听讲的副科级以上干部共753人。同时与福州高级中学联合举办1场法制讲座；三叉街街道在“党员林”公园以法律咨询、文艺、录像、法制图片等形式，开展法制宣传一条街活动，展出法制宣传图片25张，接待群众200多人，提供法律咨询150多人次，现场解决问题67件。1998年，区委制定《中共仓山区委关于实行依法治区的决定》，成立以区委书记为组长的依法治区领导小组，组织全区机关干部开展学法活动。2000年，围绕“夯实普法基础、逐步推进依法治区”主线，把抓好各级领导干部的法制教育作为重点，全年共举办5场副科级以上领导干部法制讲座，发放《福州市依法治村工作标准》，确定临江街道为省社区依法治理试点单位，总结经验在全省社区依法治理现场会上作书面介绍。

三、“四五”普法教育

2001年，区委、区政府批转区委宣传部、区司法局《关于开展法制宣传教育第四个五年规划》。区司法局、区综治办、区公安分局、区计生局联合制订《福州市仓山区外来流动人员普法教育的实施意见》。10月23日，区委、区政府召开全区“三五”普法总结表彰和“四五”普法动员部署大会，随即在全区范围继续开展中华人民共和国《宪法》《刑法》《组织法》《国家安全法》《环境保护法》《行政监察法》《审计法》《预防未成年人犯罪法》《妇女权益保障法》《消费者权益保障法》和《加强社会治安综合治理的决定》《福建省社会治安综合治理条例》等法律法规宣传教育活动，举办法律知识培训班4期，共培训2050人。12月4日，结合全国首次法制宣传日，组织有关部门和街道在城门镇三角埕，上渡永辉超市门口、三叉街“党员林”开展法制宣传一条街活动，印发各种法律法规宣传材料1.5万份，提供法律咨询500多人次。

法律进社区文艺汇演

2002年，在辖区中、小学召开“法律进校园、进课堂”现场会。同时，在个体工商企业中开展学法用法活动，定期开办个体工商经营人员法制培训班，并与工商局联合编印《工商法规汇编》等学习材料。5月，在35个社区开展“法律进社区”活动，先后在东兴、万里、乐群等社区开展法律咨询服务，发挥“148”法律服务功能。11月，落实福州市“30万外来人口学法”工程，向全区流动人口发放《福州市流动人口服务手册》4032本，流动人口普法教育试卷和普法登记证各38200张。

2003年，区委、区政府制定仓山区领导干部法制讲座制度、仓山区各级党组织理论学习中心组法律学习制度和仓山区领导干部法律知识培训制度。举办全区副科级以上干部，包括4套班子领导参加的环境保护法专题法制讲座，组织全区干部进行法律知识统一考试；在中、小学校通过聘请综治副校长等举措，对学生进行法制教育，建立校园、家庭、社会“三位一体”的中、小学法制教育网络；在城乡居民中开展中华人民共和国《宪法》《婚姻法》《人口与计划生育法》《劳动法》《审计法》《消费者权益保障法》《安全生产法》等法律法规宣传活动，编写发放“外来流动人口宣传提纲”3000张。同时，针对群众普遍关心的热点、难点问题，开展“诚信经营、文明管理”“规范整顿一条街”和 文化市场专项整治等系列活动，规范市场经济秩序，实现公平竞争的市场经营秩序，促进全区经济文明健康发展。8月，仓山区召开企业经营管理者学法用法现场会。

2004年，区司法局与区委宣传部联合下发《仓山区关于切实加强宪法学习宣传活动计划》，在全区开展“宪法宣传月”活动，各街镇共悬挂横幅标语37条，举办宪法宣传咨询活动13场。期间，组织辖区高校法律系百名学生深入35个社区（村），为基层制定村规民约和议事规程，进行普法宣传和法律服务；在下渡步行街开展“法律咨询一条街”宣传。共印发《信访工作有关问题宣传提纲》1万张，组织律师10人开展涉农法制宣传接访，现场回答农民群众咨询。

2005 年，区委中心组建立领导干部学法用法考核登记制度和领导干部学法培训制度。在区委党校开办依法行政轮训班，对全区国家公务员进行脱产轮训。区政府、区委宣传部、区司法局、区人事局联合组织全区公务员参加法学知识考试，全区有 576 名公务员参加考试 。同时，选派有关人员参加省司法厅和市司法局举办的《行政诉讼法》培训学习。各镇街、各部门还普遍建立执法人员法律培训制度，采取自学、领导宣讲、观看法制录像、专业人员授课等形式进行专业法的学习和培训。开展“法律进社区、进农村”活动，对社会闲散青少年和失足青少年进行法制教育。区依法治区领导小组办公室组织编印仓山区《社区居民学法手册》《妇女学法手册》《青少年学法手册》《公务员学法手册》普法丛书 4 万册，发至社区居民、青少年、妇女、公务员手中。

第三节 人民调解

1990 年初，仓山区有基层人民调解委员会 89 个，人民调解员 516 人。其中居民调解委员会 70 个，人民调解员 516 人；企业调解委员会 19 个，人民调解员 174 人。当年，调解各类民间纠纷 350 件。

1991 年，加强基层调解队伍建设，采取“巩固一类会、提高二类会、整顿三类会”的办法，对全区基层调解委员会进行整顿。经过整顿，全区 76 个基层调解委员会中，一类调委会由原来的 58 个增加到 72 个，4 个三类会全部上升为二类会。全区有 85% 的调解会加入三级调解网。下渡、仓前司法办在市司法局组织的“一室两站”达标验收中被评为二类司法办。至年底，全区共调解各类民间纠纷 394 件，调解成功 394 件，成功率 100%，避免矛盾激化 15 起。

1992 年，全区基层调委会实行“五簿二册”（民间纠纷登记簿、法制宣传登记簿、例会学习登记簿、纠纷排查登记簿、评案登记簿，人民调解委员会三级网络花名册、刑释解教人员帮教工作登记册）规范管理。各街道设立“十户调解员”队伍，全区共有“十户调解员”1672 名，初步形成调解会包面、调解小组包片、调解员包户的三级调解网络。是年，全区调解民间各类纠纷案件 335 件，调解成功 330 件，成功率 98. 5%；防止民事转刑事案件 19 起。

1993 年，区召开企业调解工作会议，6 个企业调解会获得区级调解先进集体荣誉，107 名调解员评为区先进调解工作者。是年，全区 34 家企业调委会共调解案件 377 起；7 个街道调处纠纷 273 起，防止民事转刑事案件 10 起。

1996 年 1 月，区划调整后，辖内增加 5 个镇调解会，调解员增加 300 人。是年，全区加强基层调解会建设，采取以会代训等形式，提高调解骨干的业务能力。同时充实基层调解员队伍，至年底，全区基层调解员增至 5000 人，经市检查验收，基层调解会全部达标。其中，规范化的调解会 120 个，占调解会总数的 52％，超过省年度达标的要求。

1998 年，重点抓基层司法行政队伍业务的培训工作，举办二期调解主任业务培训班。当年，共调处民间各类纠纷 185 件，调解率 100%。防止民事转刑事案件 5 件 65 人次；防止群众性上访 6 件 730 人。

2002 年 11 月 20 日，在建新镇召开规范化建设现场会，全面推广建新司法所创建经验。是年，调解纠纷 690 起，调解率 100%，调解成功率 98%。防止民事转刑事 10 起 35 人次，制止民间纠纷激化 3 起 21 人次，防止群体性上访 15 件 920 人。

2003 年，区司法局与区法院制定《关于进一步加强新时期人民调解工作的实施意见》，开始对 13 个街、镇、35 个社区和 3 个企事业单位人民调解委员会进行调整。调整后，人民调解员队伍平均年龄降至 42 岁，高中文化以上程度达 60%。全区 13 个街、镇调解会规范率达 100%，初步建立上下联动体系，形成人民调解、行政调解、司法调解三位一体的工作机制。期间，区司法局对全区街、镇司法助理员和社区、村调解会主任及调解员进行调解案卷规范化制作等专业培训，经考核取得《人民调解证》后上岗。同时由区司法局出资万元，与各街道协调统一制作调解会印章、人民调解员标示牌、调解庭座牌及调解会规章制度、当事人双方权利义务的公示牌等。是年，全区共组织调解纠纷 223 件，调解成功率 96%。防止民事转刑事纠纷 8 起 15 人次，防止群体性上访 4 件 36 人，防止群众性械斗事件 2 起涉及 12 人。

2005 年，调解工作实行调防结合，“抓早、抓小、抓苗头、防激化”。全年调解各类民间纠纷 224 件，调解成功 223 件，调解成功率 99%。防止群体性械斗 6 起 32 人，制止群体性上访 36 件 1945 人，防止民间纠纷引起自杀 2 件 17 人。

第四节 律师事务

1990 年，仓山区设福州市第六律师事务所，有专职律师 3 人，兼职律师 2 人。依法受理当事人的委托，代理诉讼、参与案件的辩护及法律咨询等业务。当年，区律师事务所律师受聘担任区政府等 10 家机关、企事业单位的常年法律顾问。全年共承办各类案件 73 件，其中刑事案件 28 件、民事代理 27 件、经济代理 18 件。

事务所律师为企业讲解工商法律法规

1991 年，区律师事务所建立收案、办案、结案、评案、归档等 8 项工作制度，当年，区律师事务所与街道法律服务所协同办理经济案件及非诉讼案件 159 件，避免和挽回经济损失 12 万元。

1993 年，区律师事务所打破常规，实行专、兼职（特邀）律师混合分组，做到“组有任务，人有指标”，全年共受理各类案件 256 件，办理非诉讼业务 200 件，分别比上年增加 76.95 和 75 个百分点。

1994 年，区司法局加强区律师事务所的宏观管理，制定《关于律师事务所实行体制改革若干问题的决定》，实行效益工资，使律师收入与其办理法律事务数量、质量、职业道德、社会效益、经济创收直接挂钩。同时开展对律师职业道德、执业纪律评查和评选先进律师事务所活动，进一步调动律师办案积极性。当年，办理各类案件 395 件，其中刑事案件 23 件、民事代理 95 件、经济代理 18 件、行政诉讼案件 1 件、非诉讼业务 258 件。

1996 年，福州市第六律师事务所更名为福州杰诚律师事务所，在内部成立企业法律事务部，实行“一所二制”即一部分律师实行《律师事务所目标责任制合同》；一部分律师实行《律师事务所企业部自收自支合同》。是年，全区办理各类案件 139 件。

1997 ～ 1999 年，贯彻执行国家司法部出台的《关于严格执行〈律师法〉进一步加强律师队伍建设的决定》和省、市出台的《律师会见犯罪嫌疑人阅卷若干问题规定》《福州市律师办案杂费收支暂行规定》等法规，加强律师事务管理。先后制定《加强律师所管理的暂行规定》《关于律师事务在编律师和工作人员签到制度的暂行规定》，强化律师职业道德建设。在律师事务所中开展“比质量、比信誉、比形象”活动，实行职业评查，提高依法办案水平。3 年共办理各类案件 1084 件。

2000 年，区律师事务所组织从业律师学习江泽民的《论三观》《论严格执法热情服务》和《论做新时期的新人》，开展执业纪律思想大讨论。在区属律师所开展行风评议，向当事人寄出《对律师工作情况反馈卡》，收到反馈信 32 封，反馈率达 53%。同时，运用法律手段，帮助国营企业根据市场经济原则和有关法律办事；依法维护下岗职工的合法权益，化解和疏导各类社会矛盾；做好刑事辩护，配合司法机关打击违法犯罪，维护社会安定稳定。当年办理各类案件 283 件。

2001 年 6 月，福州杰诚律师事务所更名为福建杰诚律师事务所，成立律师刑事辩护工作指导小组，加强对受理的刑事辩护案件的督导，对重大疑难案件进行集体讨论。是年，承办的 42 件刑事辩护案件均做到坚持原则、办案规范。

2002年，在律师队伍中开展职业道德和执业纪律教育，组织律师进行职业道德、执业纪律考试，并建立、完善诚信公示和委托代理制度以及律师执业保险、赔偿等制度。是年，律师事务所律师分别与社区挂钩，担任社区居委会法律顾问，每月到社区为居民提供法律服务；参与创建“福州市诚信示范律师事务所”。同年11月，福建杰诚律师事务所与政府脱钩，改制为社会中介组织，有专职律师6人。2003～2005年，担任法律顾问单位15家，承办各类案件247件。

1990～2005年全区共承办各类案件2685件，其中刑事案件469件、民事代理700件、经济代理402件、行政诉讼31件、法律事务1083件。

1990～2005年仓山区律师办案情况表

表14-4-1

年份	担任法律顾问单位数（家）					承办各类案件（件）						代写法律文书（份）	解答法律咨询（人次）	涉外经济标的（万元）	挽回经济损失（万元）	收费（万元）
	合计	政府	国营企业	“三资”企业	其他单位	合计	刑事案件	民事代理	经济代理	行政诉讼	法律事务					
1990	28	1		2	25	86	28	27	18		13	45	1500		15	4
1991	30	1		2	27	172	61	80	18		13	50	1600		12	6
1992	27	2	2	1	22	197	20	15	10	2	150	56	1420		58	19.8
1993	24	1	1	1	21	256	20	20	15	1	200	79	1501		60	21.01
1994	28	3	2	1	24	395	23	95	18	1	258	88	1670	2535	59	26.06
1995	30	3	3	12	12	349	37	87	49	4	175	48	776	772.33	138	44.29
1996	28	2	3	1	22	139	50	37	35	3	14	6	740	698	385	23.38
1997	28	2	6	6	14	442	61	59	56	1	265	18	675	600	490.5	34.95
1998	30	3	3	12	12	352	37	87	49	4	175	48	776	772.33	138	44.29
1999	30	2	3	14	11	290	37	55	35	3	160	10	648	784.93	515	26.74
2000	30		2	14	12	283	32	55	16	3	177	8	730	1945	1663	41.83
2001	31	2	2	11	15	272	42	42	42	5	141					19.13
2002	27	4	1	10	12	288	41	41	41	4	161					10.5
2003	13	3	2	1	7	272	42	42	42	5	141					19.13
2004	22	4	1	10	8	287	40	41	41	4	161					9.5
2005	15	2	2	5	6	274	44	42	42	5	141					16

第五节　公证事务

1990年，仓山区公证处，配有公证员4人，主要受理承包、租赁、劳务、技术、计划生育等公证业务。当年办理各类公证485件。

1991年，公证管理采取“一监督、二公开”（即自觉接受群众和有关部门监督和办证制度公开、收费标准公开）和“三不办证”（违反法律政策的不办、事实不清证据不足的不办、当事人不自愿的不办）的措施，实行亮牌规范服务。当年，受理各类公证885件。

1993年，公证业务拓展到与民事权利和义务相关的房产继承和分析（割）遗嘱、拆迁补偿安置协议、配合企业转制富余职工安置协议、停薪留职协议、聘用协议、个体户联营协议、移民、计划生育以及经济合同等公证。区公证处及时敦促合约双方按期履约保证合同的执行。

1995年3月1日，区正式获准开办涉外公证业务。全年办理涉外公证288件，涉及美国、澳大利亚、新西兰、新加坡、日本、荷兰等国家和地区。

1996 年区划调整后，公证业务拓展到辖内 5 个镇。是年，区公证业务增加旧城改造、拆迁安置，为全区中心工作和维护社会安定稳定提供公证法律服务。1998 年，全区开展公证情况自查，经省、市公证管理的执法检查和质量检查，全区公证差错率为零。

1999 年，仓山区制定《关于保证公证质量的几项暂行规定》，实行简化手续、快件快批、合法收费、上门办证、微笑服务、热情接待等 6 项公证服务承诺和便民措施。凡材料齐全者 1 周内出证，最长不超过 30 天。在办证全程实行公证档案归档；组织质量检查，发现问题及时纠正，保证公证的质量。是年，全区共办理各类公证 3334 件 。

2000 年，围绕“全面开发南台岛、建设福州新城区”的总目标，树立大服务思想，积极开拓新证源。先后开展有奖汽车销售活动公证、福利彩票销售现场公证、棚屋区改造拆迁选房顺序号抽签公证等，为仓山经济建设提供法律服务。是年，仓山区公证处获全省司法行政系统先进集体荣誉称号。

2002 年，开展公证员职业道德执业纪律专题活动，积极配合区旧屋改造和金山开发区建设，在人员和时间上给予保证，提供选房顺序号公证、动迁房屋的继承分析公证等法律服务。

2004 年，继续为首山等地段旧屋改造工程办理现场证据保全、顺序号、选房抽签、回迁安置等公证服务，提供公证咨询 15120 人次，为 92 户因产权不明、面积有争议的拆迁户提供现场证据保全。

2005 年，仓山区公证处有公证员 4 人。全年办理各类公证 4891 件，其中国内民事 2150 件、涉外 502 件、涉台 149 件。

1990 ~ 2005 年仓山区公证事务办理情况表

表 14-4-2　　**单位：件、万元**

年份	办理各类公证				
	国内经济公证数	国内民事公证数	涉外民事公证数	涉台公证数	收费
1990	90	395			4.5
1991	101	784			5
1992	120	1205			11.26
1993	137	1325			19.98
1994	316	1447	36		20.02
1995	86	1973	288	90	26.04
1996	304	1589	192	22	22.73
1997	590	1402	218	100	25.1
1998	86	1973	288	96	26.01
1999	1484	1377	350	123	30.15
2000	121	1953	593	120	30.8
2001	72	2804	950	44	33
2002	72	2800	1050	35	132
2003	86	1973	288	96	150
2004	1985	1985	459	156	165.21
2005	2150	2090	502	149	170

第六节　法律援助

1999 年 3 月 25 日，仓山区成立法律援助协调指挥中心，向社会开通“148”法律服务专线，开展法律援助。4 月，各街、镇法律服务所开通“148”内部联动电话。2000 年 7 月，法律服务专线延伸到辖内 13 个镇、街，实行电话联网。开通“148”微机平台，进一步加强内部联运机制。8月，“148”协调指挥中心与公、检、法、税务、工商、民政等部门建立外部联动工作机制。是年，“148”法律服务专线共接电话咨询2639人次，调解纠纷135起，解答法律咨询356件，受托办理各类法律事务251件，提供法律援助10件，解决各类纠纷25件，避免和挽回经济损失256.35万元。

区法律援助中心开展法律咨询活动

2001年，“148”法律服务专线电话受理咨询2252人次，其中电话咨询1698人次，接待来访356人次，上门服务13件，受托办理各类法律事务185件，避免和挽回经济损失134万元。

2002年，法律援助中心公开招聘 3名具有法律大专以上学历，且有9年以上从事律师工作的专职人员。是年，区法律援助中心与区妇联、共青团、工会等部门配合，开通“148”网上法律服务，各社区均聘请法律援助联络员，主动上门为村居群众、流动人口、下岗职工、老弱妇幼、残疾人员等提供法律援助。同时，受理来电来访1256人次，其中电话咨询1022人次、接待来访234人次。上门服务6件，受托办理各类法律服务78件，调解各类纠纷215件，避免或挽回经济损失132万元。

2003年，区“148”协调指挥中心进驻区“政务超市”（即仓山区市民服务中心），对来电来访中热点难点问题进行重点跟踪，兑现“148”的“四必”（有问必答、有纠必解、有诉必帮、有困必助）承诺，实现网络互动、联动。是年，区法律援助中心共受理咨询2454人次，其中电话咨询1309人次、接待来访1145人次。上门服务24件、受托办理各类法律事务369件，避免或挽回经济损失191.2万元。

2005年，区法律援助中心有专职人员3人，共办理法律援助案件98件，其中民事代理25件、刑事辩护35件、公证38件，另外接待群众咨询952人次。区、街（镇）两级法律援助站共受理咨询664人次，其中电话咨询522人次，接待来访104人次。转公证处承办34件，转法律援助中心承办4件，避免或挽回经济损失36万元。

第十五篇　民政　军事

第十五篇 民政 军事

第一章 民政

1990 年，区民政大力开展拥军优属、优抚安置、社会救助、社会福利以及婚姻登记、社团登记、地名、殡葬等工作。重大节日均组织慰问团走访慰问驻区部队烈军属、残废军人、复员退伍军人、特困户。每遇自然灾害，区委、区政府领导均带领有关人员赶赴第一线抢险救灾，帮助灾民渡过难关。区民政局对无生活来源的老、弱、孤、残、寡和老地下党员、老游击队员、老交通员、老接头户、老苏区干部实行定期补助。1999 年对社会救助进行改革，先后在城镇和农村推行最低生活保障制度，并建立抚恤补助标准自然增长机制，实行抚恤、救助、优待供养与社会帮扶相结合的多重保障体系。2000 年，对复员退伍军人安置工作进行改革，试行有偿转移安置，鼓励退伍士兵自主择业。

2001 年开始对城区居委会进行整合，在镇村开展“城中村”改制并实施社区老年服务“星光计划”，做好老人福利服务工作。2003年，在居委会整合的基础上，开展创建“社区建设示范街道和示范社区居委会”活动。2005 年，全区有优抚对象 326 人、五保户补助 486 人、享受低保 8416 人，年发放优待金、生活补助费、最低生活保障金共 1146.26 万元，做到应保尽保。全区婚姻登记、社团登记、地名、殡葬等民政工作实现规范化管理。

第一节 拥军 优抚 安置

一、拥军优属

1990 年，元旦前夕，区委与驻军 32525 部队、省武警医院联合举办迎新年军警民文艺联欢会，区五套班子领导、省武警部队领导及区街干部、驻军官兵近千人参加联欢会。春节期间，各街道、居委会均成立拥军优属小组对辖内的烈军属、残废军人、复员退伍军人进行走访慰问，分送年画、春联及慰问金、慰问品等。八一建军节，区委、区政府召开军政座谈会，邀请福建海军基地、福州警备区、武警边防支队、武警指挥学校、武警消防大队、省军区教导大队、区人武部、仓山消防一中队等 14 个驻区部队共度节日。

1991 年 1 月 12 日，区领导率领慰问组到省军区第七干休所看望部分军级以上离休老首长。1992 年 7 月 2 日，区举行迎“八一”军政座谈会，省军区副司令员齐献忠、省武警部队政委王荆璞等 20 多位部队领导到会。1993 年 7 月 24 日，区委书记率领仓山区拥军慰问团赴宁德三都澳飞銮海军基地慰问海军官兵。慰问小分队登上军舰，为基地指战员进行慰问演出。2005 年建军节，区民政局向福建海军基地等 14 个驻军部队发放慰问金共 8.82 万元。

1990 ～ 2005 年，全区（不含街镇）共召开拥军座谈会 16 场、军民联欢会 10 场、组织慰问团到部队、干休所慰问演出 8 场次。

二、优抚

1990年，全区有军属200人、烈属47人、革命伤残军人53人、复退伍军人10人。是年，对37名烈军属和46名复退军人革命伤残军人，发放定期优抚金9.86万元。

1995年，提高抚恤金和补助金标准，烈军属和复退军人每人每月分别由1990年的128元、121元、115元提高到155元、150元。同时提高现役军人奖励金标准，凡在部队立一、二、三等功者，奖励金分别由每人每月300元、200元、100元提高到500元、400元、300元。是年，全区定期补助烈军属、复退伍军人45人，抚恤革命残疾军人56人，共发放优抚金12.9万元。1996年元旦、春节期间，各街镇对辖区优抚对象全面进行走访慰问，区民政局还配合街、镇对176户重点优抚对象进行慰问，发放慰问金5.2万元。

1997年1月，调整抚恤金标准，复退军人定补标准每人每月增加30元。同年7月，再次提高优抚对象和抚恤金标准，平均每人增加35元。是年，全区烈军属、复退伍军人享受定期补助的有253人，革命残疾军人抚恤103人，共发放优抚金27.62万元。

1999年，两次提高优抚、抚恤定补标准。元月起，孤老烈属每人每月补助245元，因公牺牲军属每人每月补助245元，病故军属每人每月补助240元，回乡复退军人每人每月补助235元。7月份起，烈属和因公牺牲军属每人每月补助275元，病故军属每人每月补助270元，在乡复员军人每人每月补助256元，带病退伍军人每人每月补助235元。是年，全区享受烈军属、退伍军人定期补助248人，革命残废抚恤金107人，共发放优抚金32.9万元。

2001～2003年，优抚金标准按自然增长机制连续进行4次调整。至2003年烈军属优抚金标准调整为482元/月人，病故军属为439/月人。是年，全区共优抚328人，发放优抚金40.67万元。

2005年，全区优抚对象共有326人，其中烈军属、复退军人207人，革命残疾军人119人。是年，除对烈军属和残疾军人进行定期补助外，还拨出专款由各街、镇对所在地的烈军属、复退军人和在乡伤残军人进行慰问，共慰问265人，发放慰问金2.65万元。

1990年～2005年仓山区发放优抚金情况表

表15-1-1　　单位：户、人、万元

年份	优抚金总额	烈军属、退伍军人定期补助			革命残疾军人抚恤金	
		户数	人数	金额	人数	金额
1990	9.86	37	37	0.55	46	9.31
1991	10.41	39	39	0.61	47	9.80
1992	10.99	41	41	0.68	48	10.31
1993	11.62	43	43	0.76	49	10.86
1994	12.24	44	44	0.81	51	11.43
1995	12.90	45	45	0.87	56	12.03
1996	26.27	255	255	4.79	101	21.48
1997	27.62	253	253	5.01	103	22.61
1998	29.08	250	250	5.20	105	23.88
1999	32.90	248	248	5.43	107	27.47
2000	35.73	235	235	5.71	111	31.02
2002	38.52	229	229	5.86	113	32.66
2003	40.67	223	223	6.02	115	34.66
2004	42.89	214	214	6.09	116	36.80
2005	45.86	207	207	6.14	119	39.72

三、安置

1990年，仓山区的退伍军人区政府只负责接收，安置工作由福州市民政局负责。至1998年，全区共接收688人。

1999年冬，福州市规定复退伍军人安置改由系统包干安置，对父母无单位或父母在区属单位工作的退伍兵由区安置办安置。是年，全区接收退伍军人185人，其中父母在区属单位工作的6名退伍兵，由区安置办安排到区属单位工作。

2000年，复退安置工作在原有系统包干安置基础上，试行有偿转移安置。当年，全区接收退伍兵169人，发放待分配期间生活补助费14.2万元。

2002年，落实省政府《福建省退役士兵安置政策意见》，鼓励退伍兵自谋职业。当年，全区为150名冬季退伍兵发放生活补助费11.9万元，为85名退役士兵发放一次性就业补偿金17.5万元。

2003～2004年，接收退伍兵378人，共发放复退军人生活补助费31.7万元、退伍转业士官一次性补助费216.5万元。

2005年，接收退伍军人158人，发放生活补助费19.30万元，为93名退伍转业士官发放一次性补偿金208万元。1990～2005年，共接收安置退伍军人1884人。

1990～2005年仓山区退伍军人情况汇总表

表15-1-2 单位：人

年份	人数	年份	人数
1990	81	1998	89
1991	58	1999	185
1992	72	2000	169
1993	64	2001	156
1994	55	2002	150
1995	51	2003	244
1996	97	2004	134
1997	121	2005	158

第二节 救济 救助

一、“五老”人员补助

1990年，仓山区有中共老地下党员、老游击队员、老交通员、老接头户、老苏区干部（以下简称“五老”）共109人。按省民政厅规定，对其中家庭生活困难的47人每人每月定期补助50元，全年共发放“五老”定期补助费2.82万元。

1995年，全市调整“五老”补助标准，仓山区“五老”定期补助标准从原来的每人每月50元，提高到每人每月80元。是年，全区享受定期补助的“五老”人员共45人，发放定期补助费4.32万元。

1999年，“五老”人员定期补助标准细化为无依无靠、有依无靠、有依有靠三类，无依无靠者每人每月补助140元，有依无靠者每人每月补助80元，有依有靠者每人每月补助50元。当年定期补助范围扩大至全部“五老”人员。全区享受定期补助的“五老”人员增至101人，共发放补助费10.8万元。同年，“五老”的丧葬费标准从原来的500元提高到1200元。

2002年、2003年、2005年3次调整提高“五老”人员的补助标准。至2005年，无依无靠的“五老”

人员每人每月调整为251元，有依无靠的每人每月调整为160元，有依无靠的每人每月调整为105元。2005年，全区享受定期补助的“五老”人员有94人，共发放定期补助费19.32万元。

1990～2005年仓山区革命“五老”人员定期补助情况表

表15-1-3 单位：人、元、万元

年份	人数	补助标准			定补人数	金额
		无依无靠	有依无靠	有依有靠		
1990	109	50			47	2.82
1991	109	50			47	2.82
1992	109	50			47	2.82
1993	105	50			46	2.76
1994	105	50			46	2.76
1995	102	80			45	4.32
1996	102	80			43	4.08
1997	102	80			42	3.96
1998	102	80			40	4.8
1999	101	140	80	50	101	10.8
2000	99	140	80	50	99	10.68
2001	98	171	100	60	98	12.84
2002	96	201	125	80	96	15.48
2003	95	221	140	85	95	16.92
2004	95	221	140	85	95	16.92
2005	94	251	160	105	94	19.32

二、“五保户”供养

1990年，仓山区对生活无来源的鳏、寡、孤、残人员实行五保（保吃、保穿、保住、保医、保葬）。由区民政部门每月发给生活补助费。是年，经区、街、居评议，全区享受五保补助的有237人，每人每月发给生活补助费45.6元，全区共发放补助款12.96万元。1991年起，五保户的生活补助标准逐年提高，至1994年，五保户的生活补助上调至每人每月80元。4年间提高75.43%。

1996年区划调整后，全区五保户人数增至293人，每人每月生活补助费调高到170元。1997～2000年，先后3次调高生活补助标准。至2000年，每人月补助标准调到220元。是年9月，区民政局发放金源集团提供的扶助孤寡老人专项捐赠款，全区有71名民政补助对象受益（每人每月补助80元）。

2005年全区享受五保户补助的有486人，每人每月发放生活补助费240元，全年发放生活补助费128.3万元。

1990～2005年仓山区“五保户”供养情况表

表15-1-4 单位：人、万元

年份	五保户	供养金额	年份	五保户	供养金额
1990	237	12.96	1998	337	68.74
1991	221	14.47	1999	362	73.84
1992	231	15.13	2000	372	98.2
1993	240	20.16	2001	250	66

续表 15-1-4

年份	五保户	供养金额	年份	五保户	供养金额
1994	247	23.71	2002	295	77.8
1995	337	32.35	2003	280	73.92
1996	293	35.25	2004	440	116.16
1997	302	61.6	2005	486	128.3

三、城乡最低生活保障

1999年1月起，仓山区开始执行城镇居民最低生活保障制度，区民政局对城镇低保对象进行调查摸底，确认全区完全丧失劳动力的鳏、寡、孤、残人员及家庭人均收入低于100元的有479户、930人。按规定单人户每月发最低生活保障金150元，多人户每月每人发最低生活保障金130元。是年，全区发放居民最低生活保障金116.3万元。

2000年1月起，农村开始执行最低生活保障制度，发放标准是：单人户每月发最低生活保障金100元，多人户每月每人发最低生活保障金80元。是年，全区农村享受低保386人，共发放最低生活保障金17.32万元。

2004年起，福州市提高最低生活保障标准，城区单人户从每月150元提高到220元，多人户从每月每人130元提高200元。农村单人户从每月100元提高到170元，多人户从每月每人80元提高到150元。是年，全区发放最低生活保障金699.81万元。

2005年，再次提高最低生活保障标准，城区单人户每月提高到248元，多人户每月每人提高到228元;农村单人户每月每人提高到175元，多人户每月每人提高到155元。是年，全区享受低保共8416人，其中城区4661人，农村3755人。共发放最低生活保障金972.13万元。

1999 ~ 2005年仓山区城镇发放低保情况表

表 15-1-5 单位：年、户、人、万元

年份	城镇低保			农村低保	
	户数	人 数	金 额	人数	金 额
1999	479	930	116.3		
2000	624	1332	142.5	386	17.32
2001	786	2202	165.5	386	
2002	1524	3809	287.4	386	17.32
2003	1618	4017	352.9	386	17.32
2004	1753	4376	413	2685	286.89
2005	1871	4661	499.2	3755	472.93

2005年仓山区低保汇总表

15-1-6 单位：人、%

街镇名称	农村享受低保	城镇享受低保	低保覆盖率
合 计	3755	4661	100
仓前街道		557	100
临江街道		657	100
上渡街道		768	100
下渡街道		721	100

续表 15-1-6

街镇名称	农村享受低保	城镇享受低保	低保覆盖率
对湖街道		436	100
三叉街街道		356	100
东升街道		185	100
金山街道	542	192	100
仓山镇	135	9	100
城门镇	1025	94	100
盖山镇	875	335	100
建新镇	1009	318	100
螺洲镇	169	23	100

四、赈灾

1990年5月20日，仓山区上渡街道尤溪洲发生火灾，受灾7户，被烧面积944.25平方米，直接经济损失7.92万元。区民政局对民众受灾造成的损失及时给予救助，发放救灾款5万元。翌年12月21日，临江街道埔垴地区发生火灾，受灾33户88人，烧毁房屋面积3254平方米，烧死1人，直接经济损失16.33万元。区民政局发放救灾款10万元。1994～2000年，全区共发生2次风灾，1次水灾，1次冰雹和2场火灾，烧毁房屋面积4500平方米。区民政局共发放救灾款48万元。

2003年春季，仓山区农村内涝成灾，区民政局下拨自然灾害补助款7万元帮助农民恢复生产。翌年，农村出现春荒，区民政局用市民政局下拨的春荒救助款及自筹资金1万元，购买大米57吨，分发给盖山镇14吨、螺洲镇5吨、城门镇15吨、仓山镇5吨、建新镇12吨、金山街道6吨。2005年7月下旬至10月，“海棠”“泰利”“龙王”台风袭击仓山区，全区转移危房群众130人，对受灾损失重大的23户灾民，发放救济款8万元。

1990～2005年，仓山区发生火灾、水灾、风灾、冰雹等灾害共13次，共发放救灾款79万元。

五、临时救助

1990年，区民政局对下岗职工特困家庭进行临时救助，全区共救助1657人，发放救济款9.71万元。1996年，福州市区划调整，仓山区域扩大，全区临时救助人数增至2051人，共发放救济款55.9万元。

2001年冬，为解决城乡困难群体御寒问题，区民政局向各街、镇发放棉胎和被套各160床。翌年冬，又发放棉胎和被套各650床、棉衣140件、内衣裤285套，帮助困难群众平安过冬。同年12月，向148名失业人员和特困职工发放慰问金4.4万元。

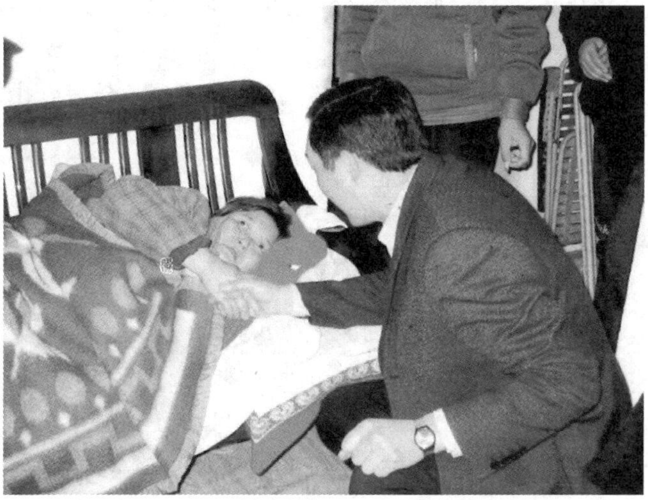

2005年春节市领导慰问特困户

2003年4月26日，区举行“春风送岗进社区”活动暨首批特困职工自行车发放仪式，区政府向首批100多名特困下岗职工每人发一部以“春风”牌命名的自行车。是年冬季，区民政局向福州米厂购买大米2.3万斤，分发盖山镇6000斤、建新镇6000斤、仓山镇2000斤、城门镇6000斤、螺洲镇3000斤。同年12月，区民政局拨款3000元，帮助上渡街道特困户朱某一家3口安排住房。

2005年元旦、春节期间，区领导带领民政局干部，走访全区各类特困户183户，共发放慰问金8.25万元。向8个街道5个镇1700户低保家庭，每户发放100元过节费，全区共发放17万元。区民政局同时还请莆田大顺食用油公司向全区特困户免费发放爱心油1380瓶。

2005年春节区领导慰问特困户

第三节 社会福利

一、福利企业

1990年，全区福利企业有仓山工艺美术漆筷厂、仓山工艺美术厂、仓山木画厂、仓山民政塑料吸塑厂、仓山金针制衣厂、仓山民政塑胶厂、仓山福民茶叶加工厂、仓山纸品包装厂、仓山榕港纸箱厂、仓山三福制材厂、仓山益民纸箱厂、仓山丰达塑胶吸塑厂、仓山振兴工艺美术厂13家，职工总数297人，其中安置残疾人132人。全年完成工业总产值572.32万元，利润28.16万元。1991年9月，新办“福州市医用塑料制品厂”，安置残疾人25人。是年，全区福利企业增至14家，安置残疾人157人。

1992年，仓山民政塑料吸塑厂和仓山福民茶叶加工厂作为工资分配改革试点，实行计件工资，并根据残疾职工不同生理缺陷，安排适当工种，与正常职工同工同酬。是年，全区福利企业共安置残疾人157人。

1993年，仓山工艺漆筷厂、仓山工艺美术厂、仓山木画厂、仓山金针制衣厂4家企业倒闭。全区福利企业减至10家，安置残疾人116人。

1994年，新办福州仓山民政塑料制品厂和仓山福丰鞋材鞋宣塑根厂，招收职工52人，安置残疾人21人。是年，全区福利企业12家，职工总人数299人，其中安置残疾人141人。1996～1997年，新办仓山通业塑胶制品厂、仓山金属钢窗厂、仓山红旗造纸机械设备厂、仓山屿宅城祥纸箱厂、仓山益民纸箱厂、仓山红旗纸品厂、仓山美术彩印厂7家福利企业，招收工人209人，其中残疾人89人。

2000～2004年，先后创办仓山龙安文具塑料厂，福州仓山鑫香茉莉茶厂、仓山惠超塑料包装厂、仓山潮威纸箱厂、仓山顺利纸品厂、仓山天鑫鞋革制品厂6家福利企业，招收工人122名，其中安置残疾人44人。至2005年，全区共有福利企业25家，职工610人，其中残疾人258人。当年完成工业总产值15394.93万元，利润1100.96万元。

1990～2005年度仓山区社会福利企业情况表

表15-1-7 **单位：个、人、万元**

年份	企业数	职工数	总产值	工业利润	安置残疾人数
1990	13	297	572.32	28.16	132
1991	14	356	618.43	34.23	157
1992	14	356	698.25	41.36	157
1993	10	258	620.49	39.79	116
1994	12	299	740.36	84.38	141
1995	12	299	764.82	91.20	141
1996	17	483	1248.92	153.47	218
1997	19	508	1892.47	201.93	230
1998	19	507	2324.59	299.47	242

续表 15-1-7

年份	企业数	职工数	总产值	工业利润	安置残疾人数
1999	19	509	3899.43	403.67	242
2000	21	539	5678.64	612.34	255
2001	21	542	8967.35	769.39	255
2002	21	591	9003.24	770.48	255
2003	25	599	11690.57	815.54	259
2004	25	611	14418.69	959.59	260
2005	25	610	15394.93	1100.96	258

二、福利事业

1990 年，仓山区在烟台山办有“烟台山福利院”，面积 330 平方米，入住 60 人，其中女性占 40%，收费标准每人每月 200 ～ 380 元。

1996 年后，民办福利企业事业发展较快。至 2001 年，共创办民营老年公寓 5 家，其中由鹭岭联建村投资 15 万元在霞镜村创办的老年公寓，有 120 平方米老人活动场所，收费标准每人每月 230 ～ 380 元，入住 70 人；盖山首山村投资 30 万元成立的首山老年公寓，入住 52 人，收费标准每人每月 300 ～ 380 元；由社会集资 20 万元设立的民办巷下老年公寓，入住 48 人，每人每月收费 300 ～ 400 元；由盖山高湖村投资创办的高湖老年公寓，入住 44 人，每人每月收费 300 ～ 400 元；由仓前街道投资 18 万元设立的仓前民营托老所，入住 45 人，每人每月收费 300 ～ 400 元。

2002 年，国家民政部决定在全国实施社区老年服务“星光计划”，将发行福利彩票筹集的福利金 80% 投入建设老人福利服务活动场所。当年，省、市下拨福利基金 70 万元，仓山区财政拨款 20 万元，开始实施“星光计划”。拨款 5 万元，在螺洲镇吴厝村建 1 所敬老院，为 180 名老人提供活动场所；拨款 2 万元给上渡街道飞凤社区，增添老人活动中心设施；拨款 2 万元给盖山镇浦口村老年活动中心，改建活动场所，增加活动室 3 间 60 平方米。2003 年 6 月，区民政局又先后拨款 3 万元给城门镇梁厝村老年活动中心，用于增加活动场所和基础设施，增加活动室 4 间 72 平方米；拨款 2 万元给建新镇横龙村老年活动中心，用于增加 60 张床位；拨款 3 万元给临江街道太平洋托老所，用于增加 25 张床位，增设小型餐厅、理发室，小卖部等服务设施；拨款 5 万元给建新镇台屿管理区老人活动中心，用于改造老人活动中心场所和添置健身器材；拨款 2 万元给盖山镇高湖村老人活动中心，扩大活动场所 70 平方米，增添 15 张床位。2004 年 1 月，区民政局先后拨款 2 万元给盖山镇高湖老年活动中心，用于增加 70 张床位；拨款 3 万元给盖山镇首山村老年活动中心，用于扩大老年活动中心（新建 3 间活动室，面积 72 平方米）；拨款 3 万元给东升村老年活动中心，用于扩大老年人活动场所 60 平方米，增加床位 40 张。2005 年 1 月，区民政局拨款 5 万元给城门镇安平延寿老年活动中心，用于扩建活动室 3 间 75 平方米，为 150 位老年人提供活动场所；拨出一套全民运动健身器材八大件（木马、单杠、双杠、吊环、平行木、千秋板、网球网、旋转车）价值 6 万元，安装在淮安社区公共绿地，供居民日常健身使用。同年，还先后拨款 23 万元给三叉街村东社区居委会等 7 个社区，完成 8 个“星光计划”建设项目。至 2005 年，全区共投入 78 万元，共完成 20 项“星光计划”建设项目。共设有老人公寓 7 所，老人福利院 2 所，入住老人 435 人。

三、福利彩票

1995 年，福建省民政厅、福州市民政局下达发行福利彩票的任务。当年，在中洲岛发行福利彩票 15 万张，发行金额 30 万元，采取现金奖励，最高奖人民币 5 万元，末奖 2 元，筹得 6 万元福利金。

1996 年 10 月，在三叉街绿岛酒店发行福利彩票 160 万张，发行金额 320 万元，采取现金奖励，最高奖人民币 20 万元，末奖 2 元，筹得 64 万元福利金。

2000 年 5 月，在三叉街绿岛酒店发行福利彩票 1125 万张，发行金额 2250 万元。采取高额奖励办法，最高奖 30 万元，末奖 2 元，筹得 450 万元福利金。

2001 年 12 月，在三叉街绿岛酒店发行福利彩票 50 万张，发行金额 100 万元，最高额奖励 5 万元，末奖 2 元，筹得 20 万元福利金。至 2005 年，全区共发行 4 次福利彩票，销售金额 2700 万元，筹集福利金 540 万元，全部用于社会福利事业。

第四节　基层自治组织建设

一、居（村）委会换届选举

1991 年居（村）委员会选举工作业务培训

1990 年辖内有 70 个居民委员会。1991 年 8 月，全区 70 个居民委员会开始换届选举。经过宣传发动、培训骨干、侯选人提名等工作，于 8 月 20 日正式举行选举。选举采取差额、无记名投票方式进行，参加选举的人数占选民总数的 90%，选举出居委会主任 70 人、副主任 120 人、委员 244 人。新选出的居委会正副主任平均年龄为 46.2 岁。其中男性 14 人占 7.3%、女性 176 人占 92.6%；大专以上文化的有 5 人，高中 70 人，初中 108 人，小学 7 人。1994 年 9 月 10 日，又举行新一轮换届选举，参加选举的人数占选民总数的 92%。选出居委会主任 70 人、副主任 110 人、委员 238 人。新选出的正副主任平均年龄为 45.8 岁。其中男性 17 人占 9.4%、女性 163 人占 90.5%；党员 81 人，大专以上文化程度的有 9 人，高中 140 人，初中 31 人。

1997 年 8 月，再次举行换届选举。这一届居、村委会换届是在区划调整后举行的，参加换届的居委会有 93 个，比上届增加 23 个。8 月 26 日为全区居委会换届选举日，参选人数占选民总数 93%，选出居委会主任 93 人、副主任 195 人、委员 245 人。当选的正副主任平均年龄为 49.5 岁。其中男性 23 人占 8%，女性 265 人占 92%。正副主任的党员人数比上届提高 50%，大专以上文化程度的有 29 人，高中 230 人，初中 29 人。8～9 月，全区 108 个村同时进行第六届村委会换届选举。选举采取差额无记名投票方式进行，全区参选的人数占选民总数的 90%，选出村委会主任 107 人、村委会委员 560 人。村委会主任平均为年龄 49 岁。其中男性占 95.32%、女性占 4.67%，党员 75 人，大专文化程度的 10 人，占 9.34%，高中 52 人占 48.5%，初中 43 人占 40.18%，小学 2 人占 1.86%。

2000 年 8 月，举行新一轮换届选举，开展换届选举的有 93 个居委会。8 月 25 日全区举行选举，参加选举人数达选民总数的 93%，依法选出居委会主任 93 人、副主任 223 人、委员 210 人。新当选的正副主任全部为女性，平均年龄 36.7 岁，党员占 51%，大专以上文化程度的 32 人，高中 259 人，初中 25 人。8～9 月，全区村委会同时进行第七届换届选举，参选人数占选民总数的 93%，选出村委会主任 107 人、村委会委员 488 人。村主任平均年龄 45 岁，其中男性 104 人、女性 3 人；党员 62 人，大专以上文化程度的 11 人，高中 55 人，初中 43 人，小学 1 人。

2003 年 8 月，举行新一轮换届选举，这一届居委会换届是在全区居委会整合后举行的。开展换届选举的有 50 个社区居委会。8 月 28 日为全区社区居委会换届选举日，参选人数占选民总数的 94%，选出社区居委会主任 50 人、副主任 236 人、委员 151 人。正副主任平均年龄为 39.4 岁。其中女性占 98.25，党员占52%，大专以上文化程度的10人，高中270人，初中6人。8～9月，全区村委会同时进行第八届换届选举，参选人数占选民总数的95%，选出村主任101人、村委会委员454人。当选的村主任平均年龄为41岁，比前届年轻4岁。其中男性96人占95.04%、女性5人占4.95%；党员占80.19%，大专以上文化程度的有14人占13.86%，高中60人占59.4%，初中26人占25.74%，小学1人占0.99%。

二、居、村事务

（一）居委会（社区）事务

1990年，在各街居中开展创建文明街居活动，全区6个街道均建立市民文明学校，聘请辖区内有关单位领导、专家为市民文明学校的老师，以办培训、开讲座、外出参观等方式宣传福州市文明礼仪手册、公民道德实施纲要、福州市市民文明公约、福州市‘十不’行为规范等，倡导爱国、友善、诚信、敬业、道德规范。以文明市民学校为阵地，组织党员、干部、群众开展以“学雷锋、学焦裕禄、学谷文昌、当好人民公仆”“为民办实事，为党添光辉”“勤政为民、无私奉献”“岗位学雷锋、行业树新风”“反腐倡廉”“社会主义教育”为主题的教育活动。

1991年，以创建国家卫生城市为中心，开展“三抓”（即抓创卫、抓基础设施建设、抓环卫体制改革）“八创”（即创优美环境、优良秩序、优质服务、优秀公民、文明单位、卫生之家、五好家庭、无鼠地区）活动。当年组织2次“创卫”迎检大会战，印发各类卫生宣传材料，各居委会按季出宣传栏、黑板报。并与辖区居民住户签订“门前三包、门内达标”协议书。

1992～1993年，福厦文明路第一个文明片区——三叉街共建文明片区成立。由三叉街街道牵头，辖区省、市属企事业单位组成创建文明片区协会，组织动员辖区干部、职工、居民开展创建文明片区活动。全面落实“门前三包”、“门前达标”责任制。

1994～1996年，在街居中开展市民“十不”行为规范和“五项基本功”，分发《市民须知》和《市容环境卫生宣传教育通知单》。以下池居委会为试点，六一南路和工农路两条街为重点，大力推广垃圾袋装。下渡街道集资3.5万元，治理曾多次被福建电视台曝光、历时11年无法解决的“玉皇阁池塘卫生死角”，把昔日蚊蝇密布的臭水塘变成可供人们休闲活动的好场所。

1997年，开展创建文明安全小区活动。至1999年全区共评出文明安全小区38个，其中市文明安全小区11个，区文明安全小区27个，分别占小区总数的35.44%和 90%以上。

2001年，按地域、民情和便于管理的原则制定居委会整合总体规划。当年8月，在东升街道试点，将东兴、东福、东聚、埔南4个居委会整合为东兴社区居委会。随后在全区铺开。2002年6月，全区101个居委会整合为50个社区居委会。

2003年，开展创建“社区建设示范街道和示范社区居委会”活动。各街、镇普遍订立社区管理制度，先后建立市民学校、老人活动室、阅览室，完善社区基础设施。当年，公园、松兴、东兴、马厂、菖蒲、村东、村西、上藤、天民、下藤10个社区居委会被市（区）评为十佳示范社区居委会。

2005年，开展“精品社区”建设，在全区社区居委会中，按地缘型、小区型、商住型、旧城型开展评比，到年底全区实现达标的社区居委会达41个，占社区居委会总数的69.49%。区委、区政府对评比中获前三名的社区居委会发给奖牌、

2005年和谐社区试点工作总结部署

奖金。第一名金洲社区居委会获奖金 2.3 万元，第二名村东社区居委会获奖金 1.2 万元，第三名马厂社区居委会获奖 0.6 万元。当年，省、市组织文明社区检查验收，全区共评出省文明单位 1 个（马厂社区居委会），省文明社区 1 个（东兴社区居委会），市文明社区 5 个（万春、金彩、太平洋、村东、洋洽社区居委会）。

（二）村委会事务

1996 年区划调整后，仓山区根据《福建省乡镇工作纲要》的要求，通过培训村干部、组织考核、定期评议、民主监督，加强村级自治组织的建设和管理。1997 年，仓山镇被列为福州市实施《福建省城市社区建设实施纲要》试点镇。当年，开展村改居工作，成立三高社区、万升社区。同时，将万鸿、万安、万乐居委会整合成万里社区居委会。

1999 年，开始在各村开展创建文明户活动，并对新农村建设进行全面规划，重新布局，邀请上海同济大学 3 名城市规划专家组和市规划设计院对城门新镇建设规划进行设计。7 月 23 日，仓山区委、区政府对城门镇新农村建设方案进行研讨论证，通过集居住、商贸、文体为一体的新农村建设方案，报市委、市政府批准。是年，仓山、建新 2 个镇和东升、万里、仓山、金星、齐安、吴厝等 6 个村被评为市级文明村镇。

2000 年 9 月，开始实施镇中心区规划建设，建立城门、前锦、白云、胪厦、浚边、清富 6 个新农村建设示范点，规划用地 180 亩。2002 年开始，开展“城中村”改制工作。6 月，将建新镇的上塘、塘下、莫朱、翁排、岩洲、麦浦 6 个村划出 834 户 3893 人成立马榕社区居委会；将淮安村 602 户 1784 人改制成立淮安社区居委会。8 月，区抽调 100 名区直机关干部组成“村务公开民主监督工作队”派驻 25 个重点村，抓村务公开、民主管理。先后举办 2 期村干部和议事监督成员业务培训班，共培训 60 人。此后每年均举办 2 ～ 3 期培训班。

2003 年，通过调查摸底、民主评议、经济审计，对村级干部进行考核，发现村级班子存在问题，随即进行整顿，撤职 3 人，移送司法机关审理 1 人。

2005 年，区政府在仓山镇召开“创建经济强镇，规范村务公开”现场会，推广东升村和江边村加强村务公开民主管理、促进经济发展的经验。1996 ～ 2005 年底，全区被评为省级文明村镇 1 个（仓山镇），省级文明社区 2 个，市级文明村镇 8 个。

2001 ～ 2002 年仓山区社区居委会整合情况表

表 15-1-8 **单位：户、人**

所在街道	社区名称	成立时间	户数	人口数	整合范围
仓前	公园	2001.1	1241	4179	公园、复园、陶园居委会部分整合而成
	龙峰	2001.11	1166	3413	撤销龙峰居委会、成立龙峰社区居委会
	利民	2001.11	1292	3507	利民、七星居委会整合而成
	星园	2001.11	1035	3245	撤销星园居委会、成立星园社区居委会
	麦园	2002.1.	1240	4269	乐群、麦园居委会部分整合而成
	振兴	2002.1	1464	4444	振兴居委会和麦园、陶园居委会部分整合而成
	万春	2002.1	2062	5717	万春、塔亭、巷下居委会整合而成
	劳工	2002.1	2581	1199	劳工、公园居委会部分整合而成
	梅坞	2002.2	3589	1352	梅坞、池后、仓安居委会整合而成
	航兴	2002.7	420	2100	公园、劳工居委会部分和仓山村、埔顶居委会整合而成

续表 15-1-8

所在街道	社区名称	成立时间	户数	人口数	整 合 范 围
临江	太平洋	2001.11	2326	7666	菜园居委会部分（观海新村、菜园山、永南里）、前街、勤工居委会（太平洋城）整合而成
	上藤	2001.11	1155	3575	菜园、信平居委会部分和上藤居委会整合而成
	信平	2002.1	1106	3497	东尤、信平、桥南居委会整合而成
	河边	2002.1	1400	4093	河边居委会和观洲、桥南居委会部分整合而成
	观井	2002.2	1866	4079	撤销观井居委会，成立观井社区居委会
	仓前山	2002.2	1044	3263	临江、仓前居委会整合而成
	朝阳	2002.5	1000	2987	观海、东尤居委会部分和朝阳居委会整合而成
	菖蒲	2002.5	1900	5510	菖蒲、港洲、埔乾居委会整合而成
上渡	新成	2002.5	2100	7300	新成、龙潭居委会部分整合而成
	飞凤	2002.6	1496	6000	撤销飞凤居委会、成立飞凤社区居委会
	红星	2002.7	2500	9000	上渡居委会、红星居委会整合而成
	天民	2002.8	1149	4900	洋洽居委会和竹榄居委会部分整合而成
	尤溪洲	2002.9	1800	7000	撤销尤溪洲居委会、成立尤溪社区居委会。2005 年改滨洲社区居委会
	洋洽	2002.9	3017	10000	竹榄居委会大部分、洋洽居委会部分、李厝山居委会、凤岭居委会整合而成
下渡	港头	2002.1	1001	3244	过洲、港头、工农部分整合而成
	港垱	2002.2	1642	4765	港垱、港南、居委会整合而成
	下藤	2002.5	1537	4918	下藤、通明居委会、福美部分整合而成
	工农	2002.5	1115	3568	新建、工农、藤山居委会部分整合而成
	藤山	2002.6	1057	3382	展进、锦绣居委会、藤山部分整合而成
	龙津	2002.6	2183	6985	龙津居委会、福美居委会和中藤、下藤、通明、展进居委会部分整合而成
	银桥	2002.6	2060	4000	银桥居委会整合而成
	小岭	2002.7	1062	3398	小岭、中藤、整合而成
	金彩	2001.12	1703	1633	撤销金彩居委会、成立金彩社区居委会
对湖	仓顶	2001.11	828	1558	撤销仓顶居委会、成立仓顶社区居委会
	马厂	2001.11	1081	2974	马厂、程埔头居委会整合而成
	长安	2002.1	1043	2280	撤销长安居委会、成立长安社区居委会
	程厝	2002.1	1032	2975	撤销程厝居委会成立程厝社区居委会
	施埕	2002.1	1781	2981	撤销施埕居委会、成立施埕社区居委会
	湖岭	2002.1	1274	4008	岭后、生园、文山、对湖居委会整合而成
	师大	2002.1	1100	2900	阳光、马前居委会整合而成
三叉街	绿岛	2001.11	1150	3567	绿岛、埔尾居委会整合而成
	村南	2001.11	1100	3788	村南、城南居委会整合而成
	村东	2001.12	1100	3900	村东、新元、埔南、中心居委会整合而成
	村北	2001.12	1050	3781	村北居委会加碧玉楼、市蜜饯厂宿舍、市机电公司宿舍、市职业病防治科宿舍等整合而成
	村西	2001.12	1250	4092	村西、中心居委会的大部分住宅楼整合而成
	湖畔	2001.12	1050	3800	湖畔、鑫高居委会整合而成
	金浦	2001.12	1000	4060	金浦、金江居委会整合而成

续表 15-1-8

所在街道	社区名称	成立时间	户数	人口数	整 合 范 围
东升	东兴	2001.8	1059	3630	东兴、东福、东聚、埔南居委会整合而成
	东南	2001.11	783	2335	东藤、东山、埔南居委会整合而成
	埔头	2002.2	1983	5816	埔头、联发、埔南居委会整合而成

第五节 其他民政事务

一、婚姻登记

1990 年，执行福州市《关于婚姻登记工作实行分级管理的通知》，国内公民之间婚姻登记，由街道办事处负责对婚姻当事人进行婚姻登记，出具婚姻关系证明；涉港澳人士婚姻，由区民政局登记，档案送市民政局存档。当年，办理结婚登记 7448 对，离婚 69 对，其中港澳人士婚姻登记 21 对，复婚登记 2 对。1991 ～ 1995 年，办理结婚登记 1732 对，离婚 257 对，其中港澳人士婚姻登记 55 对，复婚登记 23 对。

1996 年，在婚姻登记窗口开展创建文明窗口竞赛活动，实施办事程序公开、收费标准公开、接受群众监督。当年全区办理结婚登记 2340 对、离婚登记 96 对、涉外婚姻登记 20 对、复婚登记 12 对。

1997 ～ 2001 年，开展以计划生育和生殖保健知识为主要内容的“婚育新风进万家”活动，在婚姻登记中宣传科学文明进步的婚育观念，严禁早婚和近亲结婚。5 年共办理结婚登记 11191 对，离婚登记 920 对，涉外婚姻登记 155 对，出具夫妻关系证明 43 份。

2002 年，婚姻登记收归区民政部门统一办理。是年，在市民服务中心设婚姻登记处，统一办理全区婚姻登记工作，并对婚姻登记的工作人员进行业务培训，实行持证上岗。至 2004 年，共办理结婚登记 7301 对，离婚登记 912 对，涉外婚姻登记 241 对，出具夫妻关系证明书 293 份。

2005 年，婚姻登记实行网络化管理，采用电脑发证、查证、检索资料等，婚姻证件为新式证件。当年，办理结婚登记 2980 对，离婚登记 578 对，补办结婚证 236 对，补领离婚证 11 对。

1990 ~ 2005 年仓山区婚姻登记情况统计表

表 15-1-9　　单位：对、份

类别 年份	结婚登记	离婚登记	复婚	出具夫妻关系证明书	解除夫妻关系证明书	涉外结婚登记	补领结婚证	补领离婚证
1990	1732	69	2	0	0	21	0	0
1991	2007	51	0	0	0	9	0	0
1992	1766	84	0	0	0	11	0	0
1993	1724	79	12	48	0	8	0	0
1994	1802	72	6	33	1	10	0	0
1995	1879	98	5	0	2	17	19	0
1996	2340	96	12	0	2	20	33	0
1997	2315	27	0	39	4	50	0	0
1998	2210	207	0	43	7	16	0	0
1999	2379	194	15	80	4	18	0	0
2000	2241	215	6	98	6	24	0	0
2001	2046	277	0	91	6	47	0	0
2002	2106	97	0	293	0	241	0	0
2003	2016	293	0	0	0	0	151	14

续表 15-1-9

类别 年份	结婚登记	离婚登记	复婚	出具夫妻关系证明书	解除夫妻关系证明书	涉外结婚登记	补领结婚证	补领离婚证
2004	3179	522	0	0	0	0	242	10
2005	2980	578	0	0	0	0	236	11
合计	34722	2959	58	725	32	492	681	35

二、地名管理

1990 年，仓山区民政局组织力量对境内新辟街巷、新建住宅进行调查摸底，为街巷编制门牌进行前期准备。至 1991 年，完成地名普查，更新资料 232 份，对不规范地名进行标准化处理，共更名 73 条路、巷，完成门牌编号 698 个。

1992 年，对新旧门牌表进行核对，完成地名补充和门牌表更新 335 条，并开展地名资料建档工作。1994 年，为住户补制门牌 296 面、更新门牌 16 面。

1999 年，依据民政部、交通部、公安部、建设部《关于国道两侧设置地名标志的通知》。对国道两侧的城门镇、黄山村、胪厦村、城门村、敖峰村、浚边村、龙江村、胪厦村、螺洲镇 9 个村镇设置全省统一式样的地名标志。

2002 年，区民政局到金山新区调查研究，召开 2 场座谈会，完成金山新区金洲路、金塘路、金华路、金林路、金浦路、金阵路、金祥路、金建路、聚龙路、金上路 10 条新路命名。

2003 ～ 2005 年，开展乡（镇）行政区域界线勘定工作。完成 5 个镇界线勘定工作。

三、民间组织登记管理

1990 年，仓山区登记在册的民间组织有仓山区个体劳动者协会、仓山区税务学会、仓山区消费者协会、私立东方幼儿园等共 72 家。1991 年，对 72 家社团组织进行清理整顿。经审核，准予登记发证的有 69 家，手续不合格撤销登记的有 3 家。同年，又新批准登记仓山区海外联谊会、仓山区烟山画院、仓山区建筑企业家协会。全区准予登记的社团仍为 72 家。

1998 年，在社团组织中开展评先创优活动。是年，仓山区教育学会、仓山区计划生育协会、仓山区中医药学会、仓山区海外联谊会、仓山区个体劳动者协会、仓山区地区环境保护委员 6 个组织评为仓山区先进社团组织。

2000 年，对 72 家社团开展年检，其中检查合格准予登记发证的 66 家，年检不合格、撤销登记的有 6 家。新批准登记的有仓山区在台人员亲属联谊会、仓山区建筑企业家协会等 2 家。2003 年，新批准登记仓山区文化行业经营者协会 1 家。全区准予登记的社团组织共 69 家。

2005 年，区民政局进一步加强对民间组织监督管理，促进健康发展。当年，新批准成立仓山区童星幼儿园 1 家。全区对 70 家社团开展年检，全部获得通过。其中登记在册社团组织有 24 家，民办非企业单位 46 家。

2005 年仓山区登记在册民间组织情况表

表 15-1-10

社团名称	登记日期	协会性质	所在地址
仓山区个体劳动者协会	1999.10.25	联合性	三高路 158 号
仓山区私营企业协会	1999.10.25	联合性	三高路 158 号

续表 15-1-10

社团名称	登记日期	协会性质	所在地址
仓山区消费者协会	1999.10.25	联合性	三高路 158 号
仓山区个体交通运输协会	1999.10.25	联合性	展进路 35 号
仓山区税务学会	1999.10.25	学术性	上三路 178 号
仓山区建筑企业协会	1999.10.25	行业性	梅坞路 24 号
仓山区海外联谊会	1999.10.25	联合性	麦园路 52 号区委统战部内
仓山区在台人员亲属联谊会	1999.10.25	联合性	麦园路 52 号台办内
仓山区烟山画院	1999.10.25	专业性	麦园路 13 号
仓山区卫生工作者协会	1999.10.25	联合性	塔亭路 53 号
仓山区五老战友联谊会	1999.10.25	联合性	仓前路 65 号新村 503
仓山区出租车行业管理协会	2000.4.27	专业性	展进路 35 号
仓山区园林花卉协会	2000.10.31	联合性	梅坞路 14 号
仓山区信鸽协会	2001.1.3	联合性	龙津花园 12 号楼 2.3 间
仓山区老年人体育协会	2001.1.3	联合性	乐群路 3 号二楼
仓山区花卉盆景协会	2001.4.30	联合性	南台大道政务服务中心六楼
仓山区企业家协会	2001.8.17	联合性	六一南路 209 号四楼
仓山区青少年心理咨询中心	2001.12.13	专业性	麦园路 18 号
仓山区上渡地区社会治安综合治理协会	2002.6.6	联合性	南台新苑茶花 2-4 号楼二层
仓山区首山地区老年人协会	2002.7.29	联合性	盖山镇首山村委大楼四楼
仓山区文化行业经营者协会	2003.5.20	联合性	仓山区万春巷 24 号
仓山区塑料鞋业经营者协会	2004.2.25	联合性	三高路 158 号
仓山区建筑装饰材料经营者协会	2004.2.25	联合性	三高路 158 号五楼
仓山区印刷行业协会	2005.9.12	行业性	三高路 158 号五楼

附：登记在册民办非企业单位名册

私立开心幼儿园、新爱乐艺术培训中心、远达高级职业认证中心、跨世纪电脑培训班、口吃康复教育培训中心、新青云外语培训中心、新空间美术培训学校、跨世纪电脑培训班、金话筒小主持人培训中心、烟山艺术团、私立颈鹿幼儿园、麦顶学园、私立东方幼儿园、金铭培训中心、私立城南幼儿园、私立金康幼儿园、私立雅博语培训班、爱加倍语言培训班、私立慈爱幼儿园、私立小花朵幼儿园、私立绿茵幼儿园、私立亲亲幼儿园、闽师考试辅导中心、私立金典幼儿园、私立大埕幼儿园、私立雅园幼儿园、福州三山文武学校、新艺小主持人艺术培训班、福州金山小金星幼儿园、私立宝宝乐幼儿园、露恩幼儿园、南方新势力培训中心、私立兴兴幼儿园、红博智能全纳江南水都幼儿园、春晖幼儿园、智源培训学校、世纪精英应试课程助学辅导中心、童星幼儿园、佳源电脑培训班、香江明珠小金星幼儿园、金帆艺术培训中心、则通美术培训部、炫之一族轮滑俱乐部、青年科技培训学校、私立桥南幼儿园、私立童乐幼儿园。

四、殡葬管理

1990年，各街道均建立移风易俗领导小组，聘请专职殡改员，居委会设红白理事会，建立“四簿一册”（70岁以上老人、挂口挂户人员、重疾老人、吃素人员登记簿，死亡人员花名册），全区形成殡葬改革三级网络。当年火化 780 人，火化率达 100%。1991 ～ 1996 年，共死亡 5852 人，全部进行火化。

1997 年清明节，市民政局与市委文明办联合首次在闽江入海口举行骨灰撒海活动。仓山区有 14 名丧属参加先人骨灰撒海活动。1999 年、2000 年，区民政局又先后两次组织先人骨灰撒入大海活动，全区有 24 名丧属带先人骨灰撒入闽江入海口。

2002 年 8 月，仓山区执行市政府关于专项治理乱建坟墓的决定，以城门镇为突破口，对福泉高速公路沿线 100 多座违规坟墓进行迁移。

2004 年，福州市民政局开展“把鲜花的爱献给先人”为主题的“骨灰撒大海、情怀留人间”的骨灰撒海活动。仓山区有 4 家丧属将先人骨灰葬于三山陵园花丛之中，8 位先人骨灰撒入闽江入海口处。

2005 年，仓山区配合福州盖山镇公墓山殡仪馆改扩建工程，搬迁坟墓 1700 余座。对 11 具无名尸体全部进行火化处理。当年死亡 2057 人，全部进行火化。1990 ～ 2005 年共死亡 24503 人，火化率达 100%。

五、收容救助

1990 年，仓山区对街头弃婴、社会流浪乞讨人员按不同情况及时给予救助。当年，处理街头病重垂危人员 9 人，送医院抢救 5 人，将 4 名精神病患者和痴呆者分别送到精神病院和福州市福利二院监护看护。

1991 ～ 1998 年，采取经常与突击结合的办法开展收容救助工作，至 1998 年共收容街头弃婴 86 人，其中女婴 81 人，男婴 5 人，全部送福州市儿童福利院。

1999 年起，收容工作移归公安部门管理。至 2005 年，区民政部门共护送 5 名乞讨人员到福州市救助管理站，资助 1 名江西籍乞讨人员返乡。

第六节　机构

1990 年，区设有民政局，为政府序列正科级机构，行政编制 6 人，内设办公室、优抚复退科、救济科、财务科、生产福利科。2002 年，区政府机构改革，区民政局行政编制减为 5 人，内设机构调整为办公室、基层政权和社区建设科、社会事务保障科。是年，区老龄工作委员会办公室挂靠民政局，配有事业编制工作人员 2 人。

2004 年 5 月，经仓山区编委批准，成立仓山区民政局低保工作站，为民政局下属全民事业单位，配备工作人员 2 人。2005 年，仓山区民政局配有工作人员 7 人，其中行政编制 5 人，事业编制 2 人，内设办公室、社会事务保障科、基层政权和社区建设科及低保工作站。挂靠单位有区老龄工作委员会办公室，配有事业编制工作人员 2 人。

第二章　军事

1990 年，仓山区民兵、预备役部队建设进入全面发展的新阶段，区人民武装部根据新形势的要求，不断优化民兵队伍和预备役部队的整体结构，做好民兵预备役、征集兵员、组织民兵训练、国防动员和人民防空等工作。同时，在民兵中深入开展爱国主义、革命传统、国防意识、民兵观念等教育，强化民兵军事专业技术训练，提高民兵在新形势下参战能力。之后，每年都在辖区动员适龄青年参军，并实行预备役人员的登记和训练。1995 年，建成国防教育基地，正式组建民兵应急分队，配合公安机关维护社会治安，组织民兵参加经济和精神文明建设。1997 年，实施国防动员，对辖区内的人、财、物力进行全面调查登记，建立平时能应战的战时机制。2004 年，实施《中华人民共和国人民防空法》，完成《福州市仓山区防空袭预案》，同时保持人民防空警报设施和防空工事保养完好。截至 2005 年，全区实现连续 27 年无责任退兵，国防后备力量建设继续稳步发展，民兵预备役人员继承和发扬劳武结合的光荣传统，在经济建设中当骨干、打先锋，在发展生产、抢险救灾、扶贫帮困、维护社会治安发挥重要作用。

第一节 军事机构

一、人民武装部

仓山区人民武装部 1990年，仓山区人民武装部为副处级单位。内设军事科、政工科、办公室（均为正科级单位），编制17人，其中军官15人、职工2人。1991年，区人武部被市委、市政府、军分区评为正规化建设“达标”单位。1996年4月1日区人武部收归军队建制，由副处级单位改为正团级单位，设军事、政工、后勤3个科（均为正营职建制）。2004年3月，区人民武装部编制体制改革，撤消副部长编制，干部编制精简为8人，内设军事科、政工科、后勤科。2005年恢复副部长编制，副部长分别兼任军事科长、政工科长、后勤科长，编制12人，其中现役干部8人，职工6人。受军队和地方的双重领导。

镇(街)武装部 1990年，仓山区设临江、对湖、三叉街、上渡、下渡、仓前6个街道武装部。1996年1月，区划调整，增加建新、仓山、盖山、螺洲、城门5个镇武装部。同年7月，增设东升街道人民武装部。2003年，增设金山街道人民武装部。是年，全区13个镇（街）武装部行政单列，接受同级地方党委、人民政府和上级军事机关的双重领导。至2005年，全区有镇（街）人民武装部13个，配专职人武干部19人。

部门武装部 1990年，仓山区有福建师范大学武装部和福建农林大学武装部2个院校武装部。1991年增设福州市红星农场武装部。1992年起又先后成立市第二医院武装部、仓山科技园区武装部、盖山投资区武装部、城门投资区武装部、金山投资区武装部、仓山区中医院武装部。至2005年，全区有企事业人民武装部9个，专职人武干部17人。

二、预备役部队

1990年，仓山区有陆军预备役步兵师高炮团汽车营编制28人，实有33人，隶属于福建陆军预备役高射炮兵师第一团。1991年汽车营编制扩充为171人，实有186人。1992年高炮团增设修理所，编制53人，实有57人。当年12月22日区召开预备役部队成立大会，下辖高炮团汽车营和高炮团修理所，编制共268人。1993年高炮团又增设卫生所，编制18人，实有20人。1994～2000年，高炮团下设有汽车营、修理所、卫生所等单位，编制242人，实有272人。2001年，陆军预备役步兵师高炮团升级为高炮师，下设第一直属队队部、工化连、汽车连、修理所、卫生队、保管班、警调排，编制为228人。其中，队部8人，工化连71人，汽车连63人，修理所58人，卫生队20人，保管班8人。至2005年，预备役高炮师下设机构和编制不变。

第二节 兵役动员

一、兵役登记

1990年，仓山区对年满18～22周岁的男性公民进行摸底调查，发出兵役登记通知书，并在街道进行兵役登记。当年经登记的有1200人。经过目测、政审，最后确定预征、缓征、免征兵役，发给兵役登记证书。1996年，各街、镇设兵役登记站对适龄青年进行综合衡量，确定可征、缓征、免征和不得服兵役人员，筛选出预征对象，为当年征兵任务打下良好基础。2000年，全区适龄青年有4658人，可征4033人，确定预征883人。2001年，对辖区4958个适龄青年进行综合衡量，确定可征1630人，缓征3338人，免征845人，不得服兵役56人，筛选出预征对象874名，占适龄青年的9.5%，其中大专以上27人，高中581人，占预征对象95.9%；青工78人，占预征对象12.8%。2002～2004年，通过兵役登记，筛选出预征对象占适龄青年的6.4～8.6%。2005年，全区适龄青年共5910人，确定可征1582人，缓征3453人，免征926人，不得服兵役103人，筛选出预征对象543人。

二、兵员征集

1990年，仓山区设征兵办公室具体负责新兵员征集工作，办公室设体检组、政审组、宣传组和后勤组。各街道设兵役登记站、咨询点。区征兵办与各街道征兵办签订征兵目标责任书，同时，还与体检组、政审组制定目标管理和评定方法，明确责任和奖惩措施。当年，春季征集新兵46名，冬季征集新兵40名。1991年，冬季征集新兵，除在各街道征集外，推出由学校推荐优秀毕业生的办法征集兵源，当年征集50名新兵中，由学校推荐的优秀毕业生占9名。1992年，征集新兵34名，文化程度均为高中，其中团员17人，独生子女18人。是年，仓前街道办事处和三叉街道办事处获1992年冬季征兵工作先进单位。1993年冬季开始征集女兵，当年征集女兵1名。翌年冬季又征集女兵1名。

1996年，区划扩大后，各镇也设有兵役登记站、咨询点。是年，开始在大中专学校中征集新兵，在征集的174名新兵中，大中专文化有9名，占新兵总数的19.33%。此后每年均在大中专学校中征集新兵。

2000年，福建省教育厅、民政厅、福建省军区司令部、政治部联合发出《关于做好从全日制高等学校学生中征集新兵试点工作的通知》。在福建师范大学在校生中开展征集新兵的试点工作。当年征集新兵12人。2003年，根据部队士官队伍建设需要，按照公安部、民政部、财政部、劳动和社会保障部、总参谋部、总政治部、总后勤部《关于从非军事部门具有专业技能的公民中招收士官试点工作的通知》，开始在非军事部门直接招收士官。当年，分别在福建建材工业学校和福建交通职业技术学院的应届毕业生中开展招收士官试点工作。至2005年，共招收在校应届毕业生78人。

1990～2005年，全区共征集兵员1994人。无跑兵和责任性退兵，确保兵员质量，受到军地有关部门表彰。区征兵办公室先后被福建省征兵办、福州市征兵办授予征兵工作先进单位、征兵宣传报道工作先进单位。

第三节　民兵

一、组织建设

1990年初，根据民兵建设工作的需要，对全区民兵组织进行大规模的调整，扩大专业技术兵的比重，在1000人以上的工厂中设立“人民武装部”，全区2/3的普通兵种基干民兵组织改组为专业技术的基干民兵，并在民兵组织中建立完善的规章制度。通过调整，全区在福建师大、福建农林大学和临江、对湖、三叉街、上渡、下渡、仓前街道共编成3个基干民兵营，18个基干民兵连，23个基干民兵排，人员共3697人。1995年，区组建以653名民兵骨干组成的应急分队。1996年1月，区划调整，增加建新、仓山、盖山、螺洲、城门5个镇民兵组建单位。同年7月，又增加东升街道1个民兵组建单位。是年，全区有15个民兵组建单位，共有民兵1.32万人，其中基干民兵3700人，普通民兵9500人，编成113个民兵营和16个专业民兵连，18个专业民兵排。

1998年，区人武部加强基层武装部的规范化建设，制订和下发《加强基层武装部规范化建设实施意见》。翌年，对少数规范化建设不力的单位，区人武部党政主官分别到有关部门进行协商，采取举办集训班以会代训的形式进行培训，受训达70 多人（次）。2000～2004年，先后增加仓山科技园区、盖山投资区、城门投资区、金山投资区和金山街道5个民兵组建单位。

2005年，按照“区域防空、重点掩护、梯次配置、联合作战、弹炮结合、打防一体”的要求，从历年的转业军人和退伍士兵中择优选拔人才，编实民兵防空分队。当年，全区共有21个民兵组建单位，民兵10786人，其中基干民兵 3100人，普通民兵7686人，编成108个村民兵营和5个基干民兵营。基干民兵营中有19个连、27个独立排、6个独立班，和120人的民兵应急分队。同时还组建有民兵高炮团、迫击炮连、高机连、有线电连、无线电连和汽车运输、汽车修理、医疗救护、工程抢修、邮电通信、电子对抗、防化救护、军械修理、交通保障、网络侦察、伪装防护等依托地方装备的11种专业分队。

二、政治教育

1990年，仓山区民兵政治教育以中央军委新颁发的《民兵工作条例》为基本教材，结合民兵建设的新规章制度，在民兵中进行国防意识、民兵观念教育。当年，区、街两级以福州警备区印发的有关国防教育知识为基础教材，编写《民兵政治课本》，每月组织基干民兵上一堂政治课。全年共举办国防教育培训班3期，培训骨干75人，有1.76万名干部、群众和1.753万名初高中生，接受不同形式的教育。

1992年，区人武部组织民兵开展“坚定走中国特色的社会主义道路”和“社会主义市场经济理论”的教育，鼓励民兵坚定理想信念，正确认识并积极投身于社会主义现代化建设的伟大实践。同年，贯彻落实《福州市国防教育条例》和市委宣传部等个部门联合下发的《关于学习宣传贯彻〈福州市国防教育条例〉的通知》精神，开展以《福州市国防宣传条例》精神为主要内容的宣传周，举办国防教育报告会和兵役法规国防知识竞赛，进行国防教育经验交流活动。至1993年全区干部、群众受到国防教育达10余万人次。

1994年，组织民兵系统地学习《邓小平文选》1～3卷和党的十四大以来历次中央全会的精神，引导民兵在思想上、政治上、行动上与党中央保持高度一致。至1996年，全区建成2个国防教育基地，并在区党校开展“军事日”活动，有8532名初、高中学生和1000多名中青年后备干部、500多名基层党支部书记、企业法人代表接受国防教育。

1997年，结合香港回归祖国、建军70周年等重大节日，在基干民兵、民兵应急分队中，开展革命传统和爱国主义教育。通过请领导授课、举办图片展览等多种形式，组织3场《国防法》讲座，受教育1500多人次，组织近万人参加全国国防知识竞赛活动。依托区党校、学校、青年民兵之家、广电局、军属家庭5个阵地，将国防教育纳入党校干部培训、民兵教育、广电宣传，拥军优属活动之中。各单位根据实际，普遍采用刊授、函授、演讲会、报告会、知识竞赛、有奖征文、收看影视、文艺演出、学生军训、体育比赛、军事比武、瞻仰革命烈士陵园等一些群众喜闻乐见的形式，进行国防知识和民兵基本常识教育。

1999年，在全区民兵中进行“讲政治、讲学习、讲团结”的教育。区委宣传部举办中层干部培训班及中青年干部培训班都把民兵教育列入培训内容，邀请区人武部部长、政委到场授课，并采取教室上课、军营参观、靶场实弹射击等形式，使各部门领导和中青年干部受到生动的国防教育。

2000年，民兵政治教育侧重台海形势，进行以反台独军事斗争为重点的战备教育，以电教为主要手段，组织15场次的讲演，引导民兵牢固树立增强国防观念。2001年9月15日，第一个“全国国防动员日”，区人武部在仓山步行街组织大型国防教育咨询活动，接待130多人次的国防教育咨询。

2002年，以“三个代表”重要思想为主线，继续以做好对台军事斗争准备、抓好根本职能教育为重点开展政治教育，解决真打思想不足、打赢信心不足和奉献精神不足的问题，将政治教育成果落实于实际军事工作中。

2003年，在区人武部机关干部中开展学习党的第三代领导核心关于党风廉政建设的重要论述，学习胡锦涛总书记在西柏坡革命圣地学习考察时所作的关于艰苦奋斗的重要讲话，学习《中国共产党纪律处分条例》《中国共产党党内监督条例》和军队内部的相关条例，开展警示教育。当年，人武部党委、纪委、各科和团以上干部签定勤政廉政责任书，自觉接受领导和群众的监督。

2005年，继续开展《中华人民共和国国防教育法》《福州市国防教育条例》的教育，结合中国抗日战争胜利60周年和世界反法西斯战争胜利60周年，全区各基层人民武装部都组织民兵干部、基干民兵开展爱国主义教育。全区在各中小学、社区、城市主干道设立国防教育宣传牌600余面，印发宣传手册、宣传单7万多册（张），受教育人数达30万多人次。

三、战备训练

1990年，区人武部组织基干民兵120人，在区人武部民兵训练基地进行战备等级转换、动员收拢、机动集结、临战训练、防空袭、反空（机）降、防卫作战和进攻作战等科目训练。同年，组织民兵应急分队结合战备考核进行综合性演练，主要内容有：应急机动、紧急占领阵地、战备等级转换、围捕罪犯（逃犯）、防敌空袭（反空降）以及防暴等。翌年，在省军区通信站组织40名民兵通信分队战士进行通信课目训练。

1992年，区人武部组织基干民兵在训练基地进行战术课目、轻武器射击、防化课目和战时保障课目等训练。至1994年，参加训练的有步兵连100人，防化分队60人，人防专业分队80人，共240人次。

1995年，组织民兵应急分队100人参加军分区组织的手榴弹投掷和轻武器射击应急考核训练。翌年又组织基干民兵连（排）长50人在民办训练基地进行业务和组织指挥的训练。1997年，结合当地的实际，组织应急救援分队80人在区民兵训练基地进行抢险救灾行动、应对突发事件的训练。

1998～2001年，每年进行1次炮手动作、瞄准、轻武器射击和民兵干部业务训练。至2001年，4年共培训315人，其中双37高炮连100人、民兵应急连125人、新任职民兵营（连）长30人。

2002年，区人武部组织民兵警戒分队、专武干部、民兵水上抢险分队参加民兵警戒执勤、冲锋舟驾驶和水上打捞救护训练。2004年在闽侯大漳溪组织1期48人20天的水上抢险人员训练，完成机械理论、水上操作、救护打捞等8个重难点课目的训练。3年共受训235人。

2005年，组织民兵骨干、水上抢险分队、应急分队、防空分队等开展实地演练。先后组织水上抢险分队，6条冲锋舟参加福州市警民水上冲锋舟联合抢险集训和水上演练；依托边防教导大队组织218人民兵应急连，完成轻武器实弹射击、手榴弹投掷、爆破与反爆破、班（组）战斗勤务、反恐维稳行动、实兵实装拉动演练；组织预备役团直属队参加高炮团实兵演练；组织民兵防空分队21人到闽侯县上街镇参加福建省“天网”信息动员和通信保障实兵演练，同时派出防空高炮骨干24人赴郑州院校、重庆生产厂家、晋安训练基地集训；组织双25高炮连78人长距离机动到福清、石狮等地野外驻训并参加省军区组织的训练和实弹射击演习等。参加各项训练的共541人。

第四节 国防动员

1990年，仓山区成立国防教育委员会，各街道及辖内大型企业均成立国防教育领导小组开展国防动员。是年，全区有10余万干部和群众接受国防动员教育。

1995年12月28日，根据国务院、中央军委《关于成立国防动员委员会》的文件精神，仓山区成立区国防动员委员会。由区委书记、区长分任第一主任、主任。下设人民武装动员、经济动员、交通战备动员、人民防空动员4个办公室。当年，建成2个国防教育基地，并在区党校开展“军事日”活动。

1997年，仓山区国防动员委员会与中共仓山区人民武装委员会实行“一个机构，两块牌子”。设第一主任1人，由区委书记担任，主任1人由区长担任，常务副主任1人由区人武装部长担任，副主任3人由区纪委书记、区政府副区长、区人武部政委担任，委员24人由区委办公室、区政府办公室等有关部门负责人担任。下设综合、人民武装动员、政治动员、经济动员、人民防空、交通战备、支前、科技动员、信息动员等9个办公室。研究制定当国家采取紧急措施由平时转入战时状态时，统一调动全区人力、物力、财力为战争提供服务，制定兵员动员计划、落实预编人员、建立预备役专业分队，制定对高科技人才和设备的动员、征用方案。至2005年，全区设有国防教育基地4个，动员并预编各类专业人员1687人，预编战时征用各种车辆342辆。

附：国防教育基地

武警福州指挥学院 中国人民武装警察部队福州指挥学院是福建省唯一的一所军事院校，也是全国武警部队唯一的兵种指挥院校。1985年6月经国务院、中央军委批准成立，是武警部队首批创办的院校之一。学校原址在莆田市涵江区，1987年迁入福州市仓山区洪塘状元街，占地1100多亩。1996年列为福州市首批国防教育基地，1998年列为福州市第三批青少年德育基地。2005年拥有教授、副教授15人，讲师、助教100多人，学校师资雄厚，教学科研能力强，各种设备设施健全，可同时容纳1500人的培训和生活。

福建省军区教导大队 福建省军区教导大队组建于1959年秋，位于盖山镇与建新镇相交的乌龙江畔阳岐山上，占地约14公顷。大队是福建省军区唯一的一所正团级教导机构，素有省军区"国防大学"之称。1992年被团中央、国家教委、全国双拥办联合命名为"优秀少年军校"；1998年被列为福州市第二批国防教育基地和第三批青少年德育基地；2004年被省国防教育基地委员会命名为福建省国防教育基地。至2005年，教导大队已为福州地区高等院校、高级中学军训学生17万人次，为地方党委政府和企业事业单位军训人员3万余人次。

福州市仓山区国防教育训练基地 位于福州市仓山区仓山镇的蛤蟆山，是福建省第一家由地方政府筹建、军地共建、带有浓厚军营特色的一所从事国防教育、军事训练、健身休闲的军事教育基地。2002年被列为福州市第三批国防教育基地。基地占地20公顷，分为军事训练、后勤保障、健身休闲三大区域，设彩弹射击区、实弹射击区等训练场地。2005年基地设施包括：标准的400米障碍场和10个射击位可进行手枪、步枪、机枪等步兵武器射击和训练的标准100米射击场。自建立以来，共有民兵、中小学生、地方村级干部6万人左右参加训练。

武警边防总队教导大队 武警福建省边防总队教导大队始建于1980年，坐落于南台岛中部仓山镇跃进村，是兼容警地综合人才教育培养的国防教育基地之一。自2002年开始开展国防教育。2003年被列为福州市第四批国防教育基地。占地近20公顷。2004年，教导大队成功承办公安部边防局教练员实战训练培训班和福建省公安厅大练兵警棍盾牌操方块等教学保障任务，有多名官兵通过层层选拔参加公安部举行的大练兵汇报演练。至2005年共承接近70期1.6万人的国防教育任务。

第五节 人民防空

一、人防工程

1990年，继续完成1989年人防工程扫尾工作。1996年区划调整后，接收原郊区移交的人防工程1230平方米。1997年1月1日《中华人民共和国人民防空法》和1999年10月22日《福建省人民防空条例》颁布实施后，区人防办在涉及人防工程的基建单位开展持证检查，对经人防部门审批同意拆除的人防工程，按规定收取人防工程易地建设费；对未经人防部门审批，擅自拆除人防工程的基建单位，进行人防法宣传教育，并责成建设单位重新办理审批手续，补交人防工程易地建设费。

2000年，区人防办加大人防工程维护管理力度，按照上级部门拨一点、使用单位出一点、平战收入挤一点的办法，投入维护经费60万元，用于人防工程维护。主要维护工程项目有：修复桃花山工事塌方、太平巷地道、李厝山 2 号洞看护房 65 平方米。2001 ～ 2005 年，修复建设损毁工程有：上渡旧屋区改造、下藤旧屋区改造、太平洋城改造、太平巷市场改造、聚龙明珠改造、程埔小学。其间，区人防办先后运用环保测试手段责令华能电厂万春宿舍区排除化粪池泄露人防工程问题；强制太平巷市场开发商铺设人防地下排水管道，并收取损毁工程补偿款 60 万元；收回李厝山两户居民长期占用的 50 平方米人防通道和上渡山居民占用的 3 个人防洞口；拆除福州英才中学违章在人防工程上部修建的语音室，责令补交损毁工程补偿款 23 万元，排除塌方险情；责令武警学院清理堵塞灰炉口工程口部建筑垃圾，疏通通道 200 米；督促师大附中加固塌方人防工程 50 平方米；责令区房管局“芙蓉园”工程改变桩基位置，避免印染厂人防工事受损；追回市二医院损毁人防工程补偿款 12 万元；督促市建设局重点办修复战时地下医院；责成福州外国语学校补偿损毁工程 100 平方米，经市政府协调确定补交补偿款 10 万元。至 2005 年，全区共收取易地建设费 95 万元。

二、人防地下室审批

1990 年，仓山区各类民用建筑防空地下室项目由福州市人防办负责审批。1995 年，审批辖区内聚龙明珠项目首次建设防空地下室。2000 年，太平洋城项目建设防空地下室 1.2 万平方米。2000 年 9 月，福州市人防办将各县、区计划立项，投资金额在 2 亿元以下的各类民用建筑防空地下室项目，委托县、区人防办审批。到 2002 年 11 月，区人防办共审批建设项目 28 个，收缴人防易地建设费 130.2 万元。结建防空地下室 2 万多平方米。同年，市人防办收回委托区人防办审批防空地下室建设审批权。2005 年，全区人防地下室面积共 9.8 万平方米。

三、人防工程利用

1990 年，全区人防工程开发利用坚持平战结合（即立足战备，着眼平时），实现人防“三个”效益（战备、社会、经济）。当年，开发利用人防工程有 16 个，使用面积 1.7 万平方米。其中市人防办平管处开发利用的有烟台山“不夜城”项目，使用面积 4000 多平方米，主要用于舞厅、卡拉 OK、溜冰场等。由区人防办开发利用的有：南口、万春巷、汽水厂、上渡山、塔亭路等防空洞及口部配套房 1.3 万平方米，主要用于加工香蕉和生产豆芽菜。至 1999 年，平战结合年收入 5 万元。

2000 年，区人防办进行资源整合，因洞制宜，分片经营，建立近城区（仓前、临江）香蕉加工中心；较远的（上渡、李厝山）食用菌菇生产中心、建材仓库；社区服务中心经营裁缝、理发、餐饮等。

2001 ～ 2004 年，连续 3 次以竞标招租形式出租人防工事，把人防工事推向市场，大幅度提高经济效益。至 2005 年 12 月平战结合收入达到 20 万元。

四、防空警报与空袭预案

1990 年，人民防空警报设施由市人防办统一安装和管理，当年全区共有 4 台警报设施（烟台山、师大附中、储木场、火柴厂）。2000 年新安装警报设施 20 台，同年 12 月 22 日 9 时 30 分，全区的警报设施参与市人防办组织的改革开放以来第一次全市防空警报试鸣。2004 年 2 月底完成《福州市仓山区防空袭预案》拟制工作，内容包括《仓山区防空袭疏散保障计划》《仓山区就地就近疏散隐蔽计划》《仓山区重点目标周围疏散保障计划》以及 13 个保障案和《仓山区疏散安置计划表》。于 2005 年 3 月区长办公会议正式通过，分别上报省军区和市人民政府。2005 年，全区共有警报设施 24 台，城区警报覆盖率达 95% 以上。

五、人防机构

1990年，区人民防空办公室行政编制2人，设主任、科员各1人。1997年4月机构改革，经区机构改革领导小组办公室、区机构编制委员会办公室审核，区政府批准确定，仓山区人民防空办公室改为议事协调机构。主要职能是在区政府和同级军事部门领导下，负责全区人民防空战备工作。行政编制2名（主任1名，科员1名）。2002年，区机构改革，保留福州市仓山区人民防空办公室。2005年区人民防空办公室为区国防动员委员会的内设机构，又是区政府人民防空主管部门，为正科级单位，行政编制2名，设主任1名，科员1名。

第十六篇　劳动　人事

第十六篇 劳动 人事

第一章 劳动

1990 年，仓山区劳动部门依照 1982 年国务院《企业职工奖惩条例》，对劳动力实施管理和服务。1991 年，开始改革用工管理体制，运用市场经济手段，通过劳动力市场和互联网、现场供需招聘会等形式发布用工信息促进就业。1995 年，根据新颁布的《中华人民共和国劳动法》，对社会劳力资源配置和社会劳动力管理实行统一登记管理，对新增的劳动力进行转业转岗培训、创业培训和就业指导。1997 年，随着企业改革不断推进，下岗职工增多。区政府开始实施再就业工程，成立“福州市仓山区劳动局再就业服务中心”，将帮困解困与再就业紧密结合，引导企业走“减员增效、下岗分流、规范破产、鼓励兼并”的路子。区劳动部门贯彻、实施《劳动法》，维护企业和劳动者的合法权益。同时开展城镇人员、下岗职工和外来农民工的岗前培训和在岗员工的培训，提高劳动者操作技能。2000 年，随着经济建设的发展、企业用工增多，区劳动部门不断加大劳动监察力度，及时处理企业与员工的劳资纠纷，将用工矛盾解决在萌芽状态。同时，建立国有企业下岗职工基本生活保障制度、失业保险制度、城市居民最低生活保障制度等“三条保障线”。2005 年，区劳动和社会保障局下设有 1 个劳动服务公司，13 个劳动保障事务所，69 个社区劳动保障工作站，对全区社会劳力实行三级保障服务管理。

第一节　劳动就业

1990 年，全区社会劳力总资源有 6966 人，登记 4457 人，未登记 2509 人。是年，国营企业招用工人实行劳动合同制，取代固定工，并取消退休补员做法。1991 年，开始改革用工管理体制，运用市场经济手段调节劳动用工，通过互联网发布劳动用工信息和利用中介、供需见面等形式，开拓就业新路，确保工厂企业的用工需求。同时加强城镇人员、被征地农民和外来农民工转移就业管理。当年，全区有待业人员 2258 人，安置 2010 人，净安置新增待业人员 1111 人，其中全民所有制招收合同制工人 405 人，县以上集体所有制招工补员 99 人，各类集体安置 232 人，个体经营 318 人，临时工 956 人。核发外来工务工许可证 7378 本。

仓山区与闽清县农村富余劳动力对接现场招聘会

1993 年，开办仓山劳务市场，与市劳务中心电脑联网，实行求职、求聘登记和职业介绍、信息服务、培训导向以及办理招工、招聘、合同鉴证、社会保险、寄存档案、钟点服务等一条龙服务。同时，加强对社会兴办职业介绍所的审批、检查工作。当年全区安置待业人员 800 人。

1994 年，集体企业内部取消工人和干部身份界线，实行自由流动。针对国有企业实施改革出现下岗职工，社会待业人员增多的情况，仓山区及时开展“送岗位、送温暖”活动。当年求职人员 1503 人，介绍就业 1324 人，成功率 86.5%，净安置待业人员 855 人，核发外来工务工许可证 9235 本。

1995 年，按照《中华人民共和国劳动法》新的就业岗位实行统一登记管理制度。对社会劳力进行登记造册，并开展新增劳动力转业转岗培训、创业培训和就业指导。当年，举办转岗、创业培训班 1 期，受训 30 人。同时开展“千家送岗暖万家”等“春风行动”，把就业服务网络延伸到社区。是年，全区待业人员 1300 人，安置 1100 人；核发外来工务工许可证 5000 本。

1996 年，区政府加强农村和外来人员劳动就业管理，制定《关于加强农村和外来人员劳动就业管理的实施意见》，以城门镇为中心新办综合性、多功能、规范化劳务市场 3 家。

1997 年，区属集体企业也出现职工下岗。仓山区开始实施再就业工程，成立“再就业工程”领导小组和“职业介绍中心”引导企业走“减员增效、下岗分流、规范破产、鼓励兼并”的路子，各镇街也相继成立“职业介绍所”，为城镇待业人员和外来工就业提供服务。是年，全区下岗职工 5000 多人（不含隐性失业人数），安置 478 人。1998 年，成立“福州市仓山区劳动局再就业服务中心”，实施“再就业工程”，将帮困解困与再就业紧密结合起来。是年，区属企业下岗职工近 2500 人，至年底安置再就业 893 人。1999 年，在“劳动力市场”设“再就业服务窗口”，分流安置下岗职工。全区职业介绍所增至 11 家，共安置劳动力 1537 人（其中新增劳动力 1502 人），外来人员就业办证 20129 本，为 49 家特困企业 1241 名困难职工发放解困救济金 25.5 万元。

2000 年，建立国有企业下岗职工基本生活保障制度、失业保险制度、城市居民最低生活保障制度等“三条保障线”。下岗职工持“下岗证”（后改为“再就业优惠证”）享受劳动部门提供的就业指导、求职登记、职业介绍等免费服务。是年，共安置下岗职工 1018 人，再就业率 80.8%，为 5200 名失业职工提供档案寄存管理服务。

2001 年，分流安置下岗职工和失业人员 4520 人。同时投资 200 多万元配备成套的电脑设备，实现从求职登记、就业培训、办理劳动证件、推荐介绍工作、档案寄存、失业保险等各项就业服务工作实行微机管理；并与市劳动服务公司及辖内 3 个劳务市场的信息联网，共向社会提供就业岗位 1.5 万个，求职登记 8266 人，推荐成功 7248 人，成功率达 87.6%。

2002～2003 年，共提供用工信息 2488 条，就业岗位 3.51 万个，办理求职登记 4.28 万人，推荐成功 3.81 万人，为 2.88 万个外来劳动力办理求职证。

2004 年，全面启动劳动 99 软件系统，并与市劳务中心市场联网，把城镇登记失业人员和用工信息全部纳入信息资源数据库管理。同时，区劳动保障部门对全区被征地农民进行调查摸底，发出转岗通知书 3035 份，成功安置转岗就业 491 人，自谋职业 2211 人。当年，全区发布招聘岗位信息 2.86 万个，求职登记 1.89 万人，推荐成功 1.72 万人，办理失业证 1331 本。

2005 年，举办下岗失业人员再就业培训班，受训人员 1865 名，培训后就业 947 人。共安置下岗失业人员再就业 1723 人，占下岗失业人员总数的 97.5%，其中“4050”（女 40 岁男 50 岁）下岗失业人员 1119 名。当年，全区完成用工信息登记 2.68 万人次，农村劳动力转移对接 5090 人，办理求职登记 2.26 万人次，推荐介绍成功 1.63 万人次，灵活就业 7380 人，劳务派遣 2055 人。

第二节　劳动管理

1990 年，仓山区依照国务院《企业职工奖惩条例》，要求企业招用工人实行劳动合同制，区劳动部门通过建立待业人员登记卡、登记表、花名册进行管理。企业招用临时工需持有所在地街道劳动站开具的介绍信方可招用。

1991年，改革社会劳动力管理工作，简化调配手续，改过去“多卡册”为“一册一卡”（劳动力花名册和调配卡），城镇社会劳力和农村富余劳力进城务工，只需向区劳动服务公司申领务工许可证，并向公安部门申报户口暂住证即可。当年发放务工许可证8303本。

仓山区劳动和社会保障局招聘部队随军家属现场

1992年起，企业劳动用工实行自主决定。劳动管理职能向协调、监督、服务转变。1996年起，外来劳动就业实行证、卡合一，企业招用的外来劳动力应持有就业证方可招用。

1998年，区劳动局成立“就业服务中心”，加强社会劳动力管理服务。翌年，劳动力市场内设职业介绍中心、就业与职业技术培训中心和劳动投诉中心，开展审批单位招工用人广告、管理外来劳动力和办理各种劳动证件。并面向社会提供求职登记、劳动合同鉴证、个人求职择业等服务。

2000年，区劳动局在城门镇设立职业介绍服务中心，负责城门、螺洲2镇劳动用工凭证发放和就业服务等劳务工作。同时成立仓山区职业技能培训中心城门分中心，负责该地区劳动力的职业技术技能培训和鉴定工作。6月，区劳动局培训中心和福州工业学校联合在福州工业学校成立福州仓山区国家技能鉴定培训基地，负责辖区失业人员、下岗人员、外来人员，在职人员及历届学生技能鉴定和职业培训。12月28日，由劳动服务公司与建新镇人民政府共同投资，在建新金山工业区设立金山职业介绍服务中心和金山职业培训中心。覆盖全区、城乡统一、布局合理的劳动力市场网络基本形成。全年共为11152名外来人员办理就业证，对4082人进行就业前培训，推荐介绍4645人再就业。

2002年10月28日，在全区已整合的50个社区成立社区劳动保障工作站。同年区劳动保障局举办社区劳动服务站工作人员资格认证培训班，取得资格证书的有98名。新招聘的社区劳动服务站工作人员于翌年元月正式上岗。

2003年4 月，全区各街、镇均成立“劳动保障事务所”“退休人员管理服务中心”及“社区退休人员活动中心”。至2005年，区劳动服务公司下设有13个街镇劳动保障事务所，69个社区劳动保障工作站，全区社会劳力基本实行三级保障服务管理。

第三节 劳动保障

一、职工养老保险

1990年，区属集体企业职工养老保险执行《福州市集体所有制企业职工待业保险暂行规定》，实行国家、企业、职工个人三方负担费用的方式，由企业组织职工向人民保险公司投保。至1992年，参加养老保险的企业有76户3132人。

劳动法律法规及促进就业扶持政策咨询活动

1993年，对养老保险制度进行重大改革，推行社会统筹与个人账户相结合的职工基本养老制度。是年，区劳动局把区属企业在人民保险公司投保的76户（在职2954人，退休178人）转移到市社保公司。1995年，区劳动局发出《关于全面实行养老保险的通知》，是年，全区有46家企业，580名职工参保，收缴保险费30万元。1997年，全国规范职工基本养老保险制度，统一和规范企业及个人缴费的比例。仓山区执行企业缴费为工资总额的20%，个人缴费比例为本人工资的8%。是年，全区参保企业有178家，职工共1134人

1998年1月起，按照《福建省城镇企业职工基本养老保险条例》，职工养老保险归市级统筹。至2005年，全区参加养老保险的企业有2187家，参保职工45821人，占职工总数的87 %。

二、失业（待业）保险

1993年，根据国务院颁布的《国有企业待业保险规定》，区劳动局制定《仓山区企业职工待业保险暂行规定》，开始实行待业保险制度。当年有9个企业698名职工参加待业保险，上缴待业保险金2.8445万元。1994年后参保企业和参保人数逐年增加，至1996年参保人数达2000多人。1997年10月25日《福建省企业职工失业保险条例》颁布实施。失业保险金由福州市劳动服务公司征收、发放。当年仓山区参保企业有143家2656人，占区属企业总数的60%，收缴失业基金21万元。1998年7月1日起，失业保险金单位缴纳比例由原来1%提高到2%，职工个人比例由0.5%提高到1%。当年参保企业增至178家，职工3060人，其中新增35家404人，收缴失业基金26万元。

2001年，失业保险金改由地税部门统一征收，失业金委托区劳动服务公司发放，全年办理审核失业职工享受失业金268人，接收市转区级管理的失业职工5000多人。当年发放失业保险金5万多元。

2002年，划入仓山区管理的市属企业失业职工3000人，发放失业保险金688万元。区属企事业参保单位1708家，职工2.27万人，收缴失业保险金500万元，发放失业保险金7.2万元。2003～2004年共发放失业保险金242人，31.36万元。

2005年，全区参保企业有210家，职工11629人，全年收缴失业保险金243.91万元，失业职工196人，发放失业保险金32万元。

三、农民社会养老保险

1996年区划调整后，原属福州郊区5个乡镇的农村社会养老保险关系移交仓山区民政局管理。是年，全区参加农民社会养老保险共96人，投保5.41万元。1997～2000年，由于没有专职管理机构和人员，全区参加农民社会养老保险人数逐年下降，至2000年，4年仅有27人投保7.48万元。

2001年5月，农民社会保险归区劳动部门管理。区政府批转区劳动局《关于建立仓山区农村社会养老保险制度的意见》，成立农村社会养老保险机构，虽有核定编制，但无在编人员，也无下拨经费，工作人员均由区劳服公司在编人员和临时人员担任。是年，全区农民参加社会保险的有213人。

2002年3月，在仓山镇万里村、建新镇劳光村、上塘村开展农民社会养老保险工作试点，养老保险以个人缴纳为主，集体补助为辅，集体补助不超过50%，按年龄段分为20～30周岁、31～40周岁、41～50周岁、51～60周岁等4个段，由村财确定补助比例。

2005年全区参加农民社会养老保险的有217人。是年，确定仓山镇先锋村、盖山镇首山村、建新镇劳光村、金山街道石边、卢滨、燎原村为被征地农民农保试点村。被征地的农民农村基本养老保险费由政府、集体、个人三方合理负担。缴费比例为：政府从土地出让金收入中列支补贴25%；村集体从土地补偿费中列支补贴25%；其余的由农民从征地安置补助费中抵缴部分，按月或按年缴纳。

第四节　工资管理

1990年，区属集体企业职工工资由区劳动局核定，对完成经济指标的企业实行部分职工固定升级，

由区劳动局下达升级指标。是年核定区属集体企业职工12878人，工资总200.3万元。

1991年，开始对集体所有制企业试行“工效”挂钩，实行“工效”挂钩的有3家，职工97人，调资额582元。

1993年起，按照国务院转换机制条例，进行劳动工资基金管理。翌年，省政府公布《福建省最低工资及适用范围》，仓山区执行最低工资标准为225元/月。是年，全区进行劳动工资改革，实行包干制，把工资形式奖金的定级权下放企业，由企业自主制定，做到增人不增资、减人不减资，在保证企业经济效益提高的前提下，企业工资总额上不封顶、下保最低工资线。对全区经济效益好的企业实行百元产值工资含量，共核定12家。

仓山区整治非法用工打击违法犯罪专项行动

1995年～1997年连续3年调整最低工资标准，从225元/月调为260元/月，核发工资基金册800多本。1997年起，允许确有困难的企业暂不执行最低工资标准，以达到“保障最低收入，保护合法收入，调节过高收入，取缔非法收入”的目的。是年，核发工资基金册500多本，没有暂不执行最低工资标准的企业。

1998年，区属企业工资基金手册换册430本。1999年～2003年又4次调整最低工资标准，2003年最低工资标准调整为400元/月。

2005年，仓山区最低工资标准为470元/月。企业职工工资仍实行包干制，由企业自主制定，工资总额上不封顶、下保最低工资线。当年核定工资基金手册245本。

第五节 劳动监察

1990，企业安全生产工作由区劳动局负责监察。当年，区劳动局会同区总工会和区直企业主管局到福州无线电元件厂，对职工安全生产情况进行检查。至1994年，先后检查9家企业，发现设备未及时维修等不安全隐患共15条，提出限期整改。

1995年2月，成立劳动监察室（后改名为劳动安全监察科），配备3名劳动（安全）监察员，坚持“一手抓宣传，一手抓执法”，对企业贯彻实施《劳动法》情况开展监察和宣传活动。当年监察企业90次，发出劳动监察指令书30份，提出整改意见211条，复查整改率达90%。

1997年10月，区劳动监察大队成立后，先后会同区工会、监察等部门到36家企业，对《劳动法》《妇女权益保障法》等进行专项检查，发现有的企业拖欠职工工资、有的不按规定发放加班费、有的雇用童工等问题。举办3期学法培训班，组织有关企业学习《劳动法》《妇女权益保障法》，按期整改。

2001年，全区推行集体合同制度，至2003年，全区100%的公有制企业和87%的非公有制企业实行集体合同制度。翌年，通过日常监察和专项监

“全国优秀青少年维权岗”奖牌（2001）

察工作，预防和及时纠正企业违反劳动法律、法规行为，指导帮助用人单位规范用工并规范企业空岗报备制度，严禁企业在厂门口私招滥雇现象，督促企业招用外来劳动力实行就业证、卡合一制度，促进劳动力的有序流动。

1990～2005年，全区共纠正不安全生产隐患企业817家；受理“企业拖欠工资”“不参加社会保险”“劳动合同争议”“工伤补偿”等方面的投诉案件164起，涉及502人，涉案金额63.8158万元，至2005年全部办结，办结率100%。其间，还督促用人单位与劳动者签定劳动合同17181份。

第六节　劳动争议仲裁

1990年，仓山区劳动争议仲裁委员会下设劳动争议调解委员会。当年，受理案件2起，召开劳动合同鉴定会议3场，鉴证劳动合同441份。

1991年，主要受理区属企业解除、辞退、除名、开除职工方面的劳动争议，至1995年区劳动关系基本保持平稳，4年共受理劳动争议案件36起（其中仲裁结案10起，协议解决24起，未结案2起），鉴证劳动合同1360份。其间，还对781名被企业解除、辞退、除名、开除的职工进行登记、建卡、建档。

1996年，全区各街、镇和53家企业相继成立劳动关系协调委员会，由区劳动争议仲裁委员会加强业务指导。是年，全区受理案件35起，结案32起，办理劳动合同鉴证2905人。

1999年，区劳动争议案件增多，全年受理各类案件114件。区劳动局开展“青少年维权岗”活动，为职工追回工资、押金等20.87万元。是年，区劳动争议仲裁委员会被团省委和省劳动厅命名为全省劳动系统首批“优秀青少年维权岗”。

2001年，立案受理案件237件，结转3件，共240件，涉及740人。审结237件，为当事人索回被欠工资、押金、抚恤费、经济补偿金等合计人民币392.3万元。是年，区劳动争议仲裁委员会被团中央、劳动和社会保障部命名为“全国优秀青少年维权岗”。

2004年，全区劳动争议案件升至331件，比1996年至1999年案件的总和还多。2005年，仓山区劳动争议仲裁委员会对仓山区400多家企业厂长、经理进行劳动保障法律、法规培训。是年，受理劳动争议案件下降至228件，涉及职工人数388人，共为当事人索回抚恤费、工资等计人民币385.43万元。

1990～2005年，全区鉴证劳动合同达93431份，每年平均纠正用人单位不当的规章制度条款达60条以上。

第七节　机构

1990年，仓山区设有劳动局（正科级），内设办公室和职业培训中心，行政编制5人，负责全区社会劳动力的管理和服务，下辖劳动服务公司和6个街道劳动服务站，管理人员共46人。

1991年，区机构改革，区劳动局和劳动服务公司合署，实行两个牌子，一套班子。1994年，区劳动局成立劳动监察办公室和劳动监察中队。1996年，区划调整，原郊区建新等5个镇劳动服务公司划归区劳动局管辖。同年，镇劳动服务公司和街道劳动服务站更名为劳动服务管理站。2000年1月起，局（公司）所属企业移交街道劳动服务管理站。2002年，根据仓山区党政机构改革实施意见，区劳动局更名为劳动和社会保障局。

2005年，区劳动和社会保障局内设办公室、法规科、社会保险管理科、劳动力管理与职业培训科。行政编制5名；下辖区劳动服务公司，13个街镇劳动服务管理站。

第二章 人事管理

1990年，列入行政管理的机构有67个（另有3个行政机构由市直部门管理）392人，事业管理的机构有201个（未含教育系统）189人。1991年，仓山区编制管理委员会成立后，开展公务员、专业技术人员人事管理体制改革，推行事业单位、选调人员公示制度。1993年10月，实施《国家公务员暂行条例》，建立公务员录用、上岗、任用、晋升的竞争机制，对在职干部德、能、勤、绩进行年终考核。在“三定”（定内设机构、定职能配置、定人员编制）的基础上完成公务员制度性过渡和清理自聘、借用的临时工作人员，使公务员职位分类单项法规的建立和推行纳入法治轨道。

1996～2000年，区编委以转变职能为重点，及时跟进切入职位调查，理顺关系，调整机构，合理设置职位，确定区、镇政府机关和街道办事处职位分类，分流单位超编人员和非领导职务设置。改革后，区、街、镇党政机构行政编制比原有减少174人，精简31.99%。

2003年，加强专业技术人员队伍建设，以专业技术培训和继续教育为依托，着重提高专业技术人员的整体素质。在完善专业技术人员聘任制过程中，实行专业技术职务任职资格评审与技术岗位设置数额分开的评聘办法，符合专业技术职务任职条件的不受岗位职务数额限制，均可申报评审。

2004～2005年，建立开放式的人才市场体系，按照学用一致、专业对口、因事设岗、按岗聘用、公开竞争、合同管理的办法，以市场经济需求为宗旨，实行网上招聘，通过人才供需双方双向选择，促进人才合理流动，使人事干部管理从传统模式调整到人才资源整体开发上来。

第一节 编制管理

一、机构编制管理

（一）行政机构

1990年，仓山区行政机构编制由区人事局负责管理，市直管机构的编制则由有关市主管单位管理。当年核批区行政机构有区委办公室、组织部、宣传部、文明办、纪委、机关党委、政法委、老干局、统战部、对台办、团委、妇联、区政府办公室、人防办、侨办、保密局、信访局、统计局、计委、人事局、民政局、监察局、经贸委、科委、财政局、审计局、计生委、商业局、教育局、文化局、体委、卫生局、广播电视局、劳动局、城管委、建设局、物委、工业局、工商局、环境保护局、体制改革委员会、宗教事务局、区人大、区政协、上渡街道、下渡街道、临江街道、仓前街道、三叉街街道、对湖街道、人武部、法院、检察院、司法局54个机构。市直管的有仓山公安分局、仓山土地分局、福州总工会仓山办事处3个机构。

1991年，仓山区成立编委办，负责全区机构设置和人员编制的管理。是年，除市直管的公安分局、土地分局、工会办事处外，区房管局、交通局、科协3个事业机构改为行政机构。全区行政机构编制共增为74个，其中区委工作部门设办公室、政研室（与办公室合署）、组织部、宣传部、文明办（与宣传部合署）、统战部、对台办（与统战部合署）、人武部、政法委、老干局、社会治安综合治理委员会办公室、党建工作小组办公室、机关党委13个；区纪委部门设有纪委1个；政府工作部门设：办公室、保密局、信访局、人防办（与办公室合署）、人事局、编委办（与人事局合署）、体改委、监察局、民政局、司法局、计委、物委、统计局、劳动局、建设局、环保局、房管局、城管委、交通局、科委、工业局、外经委、侨务办（与统战部合署）、商业局、审计局、财政局、工商局、文化局、教育局、卫生局、爱卫会（与卫生局合署）、体委、计生委、广播电视局、宗教事务局35个机构。区人大工作部门设有办公室、华侨工作委员会、城建城管工作委员会、教科文卫工作委员会、财经工作委员会、法制工作委员会6个机构；区政协工作部门设有办公室、经济建设委、科教文卫委3个。区经济实体部门设有：统建办。政法部门设有区人民法院、区人民检察院、司法局3个机构。区人民团体部门设有共青团、妇联、科协、老龄办、残疾人联合会、卫生工作者协会6个机构。派出工作机构有上渡街道、下渡街道、临江街道、仓前街道、对湖街道、三叉街街道6个机构。

1996年，仓山区实行区级党政机构改革。以转变职能，理顺关系，精兵简政，提高效率，政企分开和“小机构、大服务”的原则，进行党政机构调整。改革后，区委纪律检查委员会与监察局合署办公；社会治安综合治理委员会办公室与政法委合署办公；政策研究室和保密局并入区委办公室，保留政策研究室和保密局的牌子；区委办公室加挂机要局的牌子；撤销党建工作办公室，职能由区委办公室承担；台湾工作办公室与区委办公室合署；精神文明建设领导小组办公室更名为精神文明建设办公室与宣传部合署办公；档案馆与档案局一个机构两块牌子为区委直属事业单位；撤销商业局，职能交财贸办公室承担；计划委员会更名为计划局，统计局与计划局合署；工业局更名为经济局；科学技术委员会更名为科学技术局；城市管理委员会更名为市容管理局；对外经济贸易委员会更名为对外经济贸易局；计划生育委员会局更名为计划生育局；经济体制改革委员会并入区政府办公室；侨务办公室与区政府办公室合署；编制委员会办公室更名为机构编制委员会办公室与人事局合署；体育运动委员会更名为体育局与文化局合设，一个机构两块牌子；物价委员会更名为物价局；广播电视局更名为广播电事业视局，改为事业单位级别不变；园林局改为事业单位级别不变；设立农业局、林业局、水利局。

1998年，区编委对行政机关单位实行核编管理。编制单位统一使用《机构调整、事业单位申请使用编制审批表》，报区编委审核后发出《人员增减编制审核通知单》《机构编制核编证》，作为单位向有关部门申请核拨经费、办理人员增减手续的依据。

2002年4月，区编制委再次调整仓山区行政工作机构。调整后区委设工作部门9个，部门管理机构2个，议事协调办事机构1个。其中，不再保留区委台湾事务办公室、区政府侨务办公室，组建区委台侨工作办公室；区委办公室保留保密委员会办公室（区国家保密局）和机要局牌子；设立区委农村工作领导小组办公室，为区委农村工作领导小组办事机构；区委、区政府接待办公室改为区机关事务管理服务中心，为事业单位。政府设工作部门21个，部门管理机构4个，议事协调办事机构1个，其中计划局更名为发展计划局，保留统计局与区发展计划局合署；经济局更名为经济发展局；不再保留文化局（体育局），组建文化体育局；不再保留宗教事务局，组建民族与宗教事务局；不再保留劳动局，组建劳动和社会保障局；不再保留市容管理局，组建城市管理执法局；不再保留农业局、林业局、水利局，组建农林水局；不再保留财贸办公室，设立贸易发展局，为副科级，由经济发展局管理；设立安全生产监督管理局，为副科级，由区经济发展局管理。

2003年后，仓山区编制委员会陆续对行政机构进行微调，至2005年，全区行政机构共75个。其中，区委工作部门9个（办公室、组织部、宣传部、统战部、纪委、政法委、台办、编办、机关党工委），管理机构2个（老干部局、精神文明办），议事协调办事机构2个（社区办、农办），挂靠机构1个（效能办）。群团部门9个（总工会、共青团、妇联、科协、计生协、文联、侨联、残联、红十字会）。政府工作部门23个（办公室、发展和改革局、经济发展局、教育局、科技局、民族与宗教事务局、民政局、司法局、财政局、人事局、劳动和社会保障局、建设局、城市管理执法局、交通局、农林水局、外经贸局、文化体育局、卫生局、人口和计生局、审计局、统计局、环保局、房地产管理局）。管理机构4个（信访局、物价局、安全生产监督管理局、贸易发展局），议事协调办事机构1个（人防办）。派出机构8个（上渡街道、下渡街道、临江街道、仓前街道、对湖街道、东升街道、三叉街街道、金山街道）。乡镇行政机构5个（仓山镇、盖山镇、城门镇、螺洲镇、建新镇）。政法部门2个（检察院、法院）。人大工作部门6个（办公室、华侨工作委员会、城建城管工作委员会、教科文卫工作委员会、财经工作委员会、法制工作委员会）。政协工作部门3个（办公室、经济建设委员会、科教文卫委员会）。

2005 年仓山区行政机构编制一览表

表 16-2-1 单位：人

机构系统	单位	编制人数	实有人数
区委工作部门	办公室	18	14
	组织部	10	9
	宣传部	7	5
	统战部	3	4
	纪委	14	14
	政法委	6	5
	台办	2	3
	编办	4	2
	机关党工委	3	3
区委管理机构	老干部局	2	4
	精神文明办	3	2
议事协调机构	社区办	0	0
	农办	1	1
挂靠机构	效能办	1	2
群团部门	工会	2	2
	共青团	3	1
	妇联	3	3
	科协	2	2
	计生协	3	3
	文联	2	2
	侨联	1	
	残联	3	2
	红十字会	3	1
政府工作部门	办公室	31	22
	发展和改革局	2	2
	经济发展局	4	7
	教育局	4	5
	科技局	2	1
	民族与宗教事务局	2	3
	民政局	5	7
	司法局	34	14
	财政局	7	11
	人事局	4	5
	劳动和社会保障局	5	5
	建设局	4	4
	城市管理执法局	5	8
	交通局	3	4
	农林水局	7	9
	外经贸局	4	4
	文化体育局	5	8
	卫生局	4	5
	人口和计生局	6	3
	审计局	6	8
	统计局	3	3
	环保局	4	2
	房地产管理局	4	2

续表 16-2-1

机构系统	单位	编制人数	实有人数
管理机构	信访局	2	3
	物价局	2	2
	安全生产监督管理局	1	2
	贸易发展局	4	5
议事协调办事机构	人防办	2	2
派出机构	仓前街道	10	9
	临江街道	10	9
	上渡街道	10	9
	下渡街道	10	11
	对湖街道	10	9
	三叉街街道	10	10
	东升街道	10	9
	金山街道	12	8
乡镇行政机构	仓山镇	35	28
	盖山镇	35	28
	城门镇	35	26
	建新镇	35	26
	螺洲镇	23	12
政法部门	检察院	61	52
	法院	69	60
人大工作部门	办公室	3	6
	华侨工作委员会	2	2
	城建城管工作委员会	2	2
	教科文卫工作委员会	2	2
	财经工作委员会	2	2
	法制工作委员会	2	2
政协工作部门	办公室	3	5
	经济建设委员会	2	2
	科教文卫委员会	2	2

（二）事业机构

1990 年，仓山区事业机构编制由区人事局根据 1988 年福州市编制委员会下达的仓山区行政事业机构编制核定数进行管理。区机关下属的事业机构则由区政府核批后交区人事局管理，并上报福州市编委备案。当年，经区政府核批仓山区房地产交易所由原来的集体所有制企业单位改为集体所有制事业单位。是年，全区核定事业编制机构共有 201 个，其中区机关事业机构 8 个（区党史办、区委党校、区地方志办、交通局、房管局、档案局、科协、建筑工程总公司）；区机关部门属事业编制机构 15 个（文化馆、图书馆、少体校、爱卫办、卫协会、防疫站、建筑工程质量监督站、质量安全监督站、劳动站、物价所、教师进修学校、房地产交易所、档案馆、旅游公司、国际经济技术合作公司）；社会群团事业机构 1 个（残疾人基金会）；基层事业编制机构有 117 个。

1991 年，事业机构编制的增减改由区主管部门提出申请，经区编制委员会或区委、区政府讨论决定，交编制办办理核定编制手续。

1998 年，开始对机关事业机构实行核编制度，发给机构编制核编证，并实行年检。是年，区编制办根据市编办核批，区广播电视事业局、园林局、民用统建办由行政机构改为事业机构。新核批基层事业编制机构有：园区办、霖顺科技馆、残疾人劳动服务管理站、仓山区机关文印管理站、仓山区职工再就业服务站、妇幼保健站、鹤龄医院、成人学校、建筑文明监察站、渔政监察大队、区科技情报服务中心、区运输管理所、区信息服务中心、外商投资服务管理中心（集体）、机关后勤管理站、科技培训中心、文化艺术交流中心、农村社会经济调查队、森林公安分局 19 个。

1999 ～ 2004 年，区编委办又先后核定设立区企业调查联络站、区新闻中心、仓山区娃娃培育中心、机关事务管理服务中心、仓山区住宅建设管理服务中心 5 个区级事业单位，同时核定区运管所加挂“仓山区地方海事处”的牌子。

2005 年，实施事业单位网上登记，当年新增登记的有仓山区数字化领导小组办公室、仓山区普查中心、仓山区集体工业联社、仓山区科技情报服务中心 4 个事业机构；恢复登记的有区地方志办公室；撤销的有文化艺术交流中心、机关文印站、成人学校、霖顺科学馆、建筑文明监督站、渔政监察大队 6 个事业机构。是年，仓山区共有事业机构 222 个。其中：机关事业编制管理机构有党史办、区委党校、档案馆、地方志办公室、旅游局、园林局、广播电视局、机关事务管理服务中心、南台岛建设办公室、科技园区办公室、新闻中心、政务中心 12 个；区机关部门直属事业机构有外商投资服务中心、科技情报服务中心、区低保工作站、区残管所、区社会福利生产办公室、区公证处、区法律援助中心、区人才市场、区财政农税、区会计核算中心、区数字化领导小组办公室、区机关后勤管理站、区蔬菜技术推广站、区就业与职业技术培训中心、区劳动服务公司、区计划生育服务站、区街道计生服务站、区街道计划生育协会、区环保监察中队、区环保监测站、区价格认证中心、区住宅建设服务中心、区招待所、区农村社会经济调查队、区企业调查联络站、区城市经济调查队、区普查中心、区残疾人劳动服务管理站、区再就业服务站、区娃娃培训中心、区市政工程队、区街道规划建设管理站、区建设工程质量监督站、区排污收费监理所、区水政监察大队、林则徐广场、区绿化工程队、区园林所、烟台山公园、高盖山公园、江心公园、仓前公园 42 个；区文化系统事业机构有区新闻中心、区广播站、区文物管理站、区图书馆、区文化馆、区少体校、区博物馆、区文化市场管理站 8 个；区卫生系统的事业机构有区卫生服务中心、区疾病控制中心、区环境卫生管理所、区卫生工作者协会、鹤龄医院、城南卫生院、卢镜明中医眼科医院、区妇幼保健院、区中医院、区计生专干、城门镇卫生院、仓山镇卫生院、螺洲镇卫生院、盖山镇卫生院、建新镇卫生院等 15 个；教育系统事业机构有区督导室、区教仪站、区生产站、区教育会计核算中心、区教师进修学校、区少年宫、区教育服务中心、十二中、二十一中、二十九中、三十中、三十九中、四十中、红山中学、盘屿中学、永南中学、盖山中学、螺洲中学、城门中学、仓山小学、麦顶小学、临江中心小学、下渡中心小学、朝阳小学、实验小学、施程小学、东升小学、上渡中心小学、金山小学、培智小学、潘墩中心小学、螺洲中心小学、冯宅中心小学、洪塘中心小学、城门中心小学、红霞中心小学、义序中心小学、郭宅中心小学、北园小学、岚湖小学、蒋宅小学、高湖小学、塘池小学、林浦小学、台屿小学、阳岐小学、谢坑小学、跃进小学、齐安小学、透浦小学、淮安小学、吴山小学、龙江小学、黄山小学、江南水都小学、杜园小学、湖际小学、凤岗小学、梁厝小学、下洋小学、建华小学、江边小学、首山小学、胪厦小学、浦下小学、浚边小学、敖峰小学、胪雷小学、半田小学、别头小学、吴凤小学、麦浦小学、后坂小学、盘屿小学、东方小学、乾元小学、尚保小学、小伙伴艺术幼儿园、区第一幼儿园、区实验幼儿园 80 个；街镇系统事业机构有区街道文化站、仓前财政所、仓前文化站、仓前中心幼儿园、临江中心幼儿园、临江文化站、下渡财政所、下渡劳动保障事务所、下渡文化站、上渡财政所、上渡劳动保障事务所、上渡文化站、东升财政所、东升文化站、对湖财政所、对湖劳动保障事务所、对湖文化站、三叉街文化站、三叉街财政所、金山财政所、金山计生服务所、金山计生协会、金山经济发展中心、金山劳动保障事务所、盖山镇广播站、盖山镇计生服务中心、盖山镇农村社保所、盖山镇农业服务中心、盖山镇企业服务中心、盖山镇文化服务中心、盖山镇村规划服务中心、盖山镇计生协会、建新镇广播站、建新镇计生服务中心、建新镇计生协会、建新镇农村社保站、建新镇农业服务中心、建新镇企业服务中心、建新镇文化服务中心、建新镇村划规服务中心、仓山镇广播站、仓山镇计生协会、仓山镇农业服务中心、仓山镇企业服务中心、仓山镇社保站、仓山镇文化服务中心、仓山镇村规划服务中心、仓山镇计生服务中心、城门镇广播站、城门镇计生协会、城门镇计生服务中心、城门镇农村社会保险管理所站、城门镇农业服务中心、城门镇企业服务中心、城门镇文化服务中心、城门镇村规划服务中心、螺洲镇广播站、螺洲镇计生服务中心、螺洲镇计生协会、螺洲镇农村社保所、螺洲镇农业服务中心、螺洲镇企业服务中心、螺洲镇文化服务中心、螺洲镇村规划服务中心 64 个。

2005 年仓山区事业机构编制一览表

表 16–2–2 **单位：人**

机构系统	单 位	编制人数	实有人数
机关事业编制管理机构 12 个	党史办	2	1
	区委党校	8	10
	档案馆	5	3
	地方志办公室	2	0
	旅游局	4	2
	园林局	6	4
	广播电视局	5	0
	机关事务管理服务中心	2	0
	南台岛建设办公室	10	5
	科技园区办公室	17	15
	新闻中心	2	0
	政务中心	3	2
机关部门直属事业机构 42 个	外商投资服务中心	3	3
	科技情报服务中心	8	8
	区低保工作站	2	2
	区殡管所	2	0
	区社会福利生产办公室	3	1
	区公证处	4	4
	区法律援助中心	3	3
	区人才市场	2	2
	区财政农税	7	6
	区会计核算中心	8	7
	区数字化领导小组办公室	2	1
	区机关后勤管理站	30	27
	区蔬菜技术推广站	5	7
	区就业与职业技术培训中心	6	11
	区劳动服务公司	17	27
	区计划生育服务站	17	17
	区街道计生服务站	7	5
	区街道计划生育协会	8	5
	区环保监察中队	5	5
	区环保监测站	15	18
	区价格认证中心	2	0

续表 16-2-2

机构系统	单位	编制人数	实有人数
机关部门直属事业机构	区住宅建设服务中心	3	3
	区招待所	18	7
	区农村社会经济调查队	2	2
	区企业调查联络站	1	1
	区城市经济调查队	5	4
	区普查中心	2	0
	区残疾人劳动服务管理站	2	5
	区再就业服务站	3	3
	区娃娃培训中心	10	17
	区市政工程队	0	21
	区街道规划建设管理站	5	10
	区建设工程质量监督站	5	7
	区排污收费监理所	5	10
	区水政监察大队	5	0
	林则徐广场	3	3
	区绿化工程队	0	14
	区园林所	6	7
	烟台山公园	0	11
	高盖山公园	7	7
	江心公园	0	13
	仓前公园	23	11
区文化系统事业机构 8个	区新闻中心	2	0
	区广播站	15	21
	区文物管理站	3	1
	区图书馆	3	6
	区文化馆	2	16
	区少体校	5	5
	区博物馆	2	2
	区文化市场管理站	5	4
区卫生系统的事业机构 15个	区卫生服务中心	11	0
	区疾病控制中心	38	29
	区环境卫生管理所	228	190
	区卫生工作者协会	1	2
	鹤龄医院	252	195
	城南卫生院	38	28
	卢镜明中医眼科医院	38	14
	区妇幼保健院	7	6
	区中医院	78	41
	区计生专干	7	4
	城门镇卫生院	70	45
	仓山镇卫生院	22	12
	螺洲镇卫生院	22	13
	盖山镇卫生院	70	50
	建新镇卫生院	70	46

续表 16-2-2

机构系统	单 位	编制人数	实有人数
教育系统事业机构 80个	区督导室	9	0
	区教仪站	3	0
	区生产站	2	0
	区教育会计核算中心	5	0
	教师进修学校	41	39
	区少年宫	15	13
	区教育服务中心	26	3
	十二中	152	137
	二十一中	56	66
	二十九中	171	134
	三十中	43	52
	三十九中	30	56
	四十中	179	171
	红山中学	40	67
	盘屿中学	31	49
	永南中学	67	78
	盖山中学	34	42
	螺洲中学	23	32
	城门中学	141	152
	仓山小学	132	118
	麦顶小学	127	114
	临江中心小学	54	56
	下渡中心小学	73	65
	朝阳小学	30	42
	实验小学	96	76
	施程小学	20	22
	东升小学	29	20
	上渡中心小学	57	51
	金山小学	42	35
	培智小学	16	16
	潘墩中心小学	46	43
	螺洲中心小学	25	23
	冯宅中心小学	37	31
	洪塘中心小学	41	35
	城门中心小学	67	60
	红霞中心小学	28	29
	义序中心小学	45	46
	郭宅中心小学	75	73
	北园小学	19	13
	岚湖小学	13	15
	蒋宅小学	7	12
	高湖小学	48	39
	塘池小学	13	8
	林浦小学	20	17

续表 16-2-2

机构系统	单　位	编制人数	实有人数
教育系统事业机构	台屿小学	16	10
	阳岐小学	14	11
	谢坑小学	11	9
	跃进小学	13	10
	齐安小学	17	8
	透浦小学	6	7
	淮安小学	11	10
	吴山小学	13	14
	龙江小学	18	17
	黄山小学	14	11
	江南水都小学	14	9
	杜园小学	11	9
	湖际小学	20	21
	凤岗小学	33	16
	梁厝小学	6	7
	下洋小学	24	27
	建华小学	30	24
	江边小学	27	17
	首山小学	9	9
	胪厦小学	28	19
	浦下小学	30	17
	浚边小学	8	9
	敖峰小学	25	22
	胪雷小学	24	23
	半田小学	14	9
	别头小学	6	8
	吴凤小学	3	7
	麦浦小学	35	15
	后坂小学	30	27
	盘屿小学	22	20
	东方小学	11	12
	乾元小学	10	9
	尚保小学	9	8
	小伙伴艺术幼儿园	10	19
	区第一幼儿园	16	14
	区实验幼儿园	41	31
	仓前财政所	3	3
	仓前文化站	1	1
	仓前中心幼儿园	24	11
	临江中心幼儿园	19	13
	临江文化站	1	0
	下渡财政所	3	3
	下渡劳动保障事务所		
	下渡文化站	1	1

续表 16-2-2

机构系统	单 位	编制人数	实有人数
教育系统事业机构	上渡财政所	3	2
	上渡劳动保障事务所		
	上渡文化站	1	1
	东升财政所	3	3
	东升文化站	1	0
	对湖财政所	3	3
	对湖劳动保障事务所		
	对湖文化站	1	1
	三叉街文化站	1	1
	三叉街财政所	3	3
	金山财政所	3	3
	金山计生服务所	4	2
	金山计生协会	1	0
	金山经济发展中心	5	4
	金山劳动保障事务所	3	4
	盖山镇广播站	3	2
	盖山镇计生服务中心	4	3
	盖山镇农村社保所	1	0
	盖山镇农业服务中心	20	26
	盖山镇企业服务中心	4	6
	盖山镇文化服务中心	1	2
	盖山镇村规划服务中心	2	5
	盖山镇计生协会	1	0
	建新镇广播站	2	4
	建新镇计生服务中心	4	1
街镇系统事业机构 64 个	建新镇计生协会	1	0
	建新镇农村社保所	1	1
	建新镇农业服务中心	20	18
	建新镇企业服务中心	3	3
	建新镇文化服务中心	1	0
	建新镇村划规服务中心	2	2
	仓山镇广播站	13	14
	仓山镇计生协会	1	0
	仓山镇农业服务中心	13	15
	仓山镇企业服务中心	3	5
	仓山镇社保站	1	0
	仓山镇文化服务中心	1	2
	仓山镇村规划服务中心	1	3
	仓山镇计生服务中心	2	2
	城门镇广播站	3	3
	城门镇计生协会	1	0
	城门镇计生服务中心	5	3
	城门镇农村社会保险管理站	1	2
	城门镇农业服务中心	20	14

续表 16-2-2

机构系统	单 位	编制人数	实有人数
街镇系统事业机构	城门镇企业服务中心	5	5
	城门镇文化服务中心	1	1
	城门镇村规划服务中心	2	5
	螺洲镇广播站	2	3
	螺洲镇计生服务中心	2	1
	螺洲镇计生协会	1	1
	螺洲镇农村社保所	1	0
	螺洲镇农业服务中心	9	12
	螺洲镇企业服务中心	1	3
	螺洲镇文化服务中心	1	1
	螺洲镇村规划服务中心	1	1

二、人员编制管理

（一）行政人员编制

1990年，仓山区行政人员编制由福州市编制委员会统一下达指标，经区委、区政府研究后交区人事局分解给区属各行政部门。是年，全区核定行政编制392人，实有428人。其中区委定编54人，实有55人；人大定编11人，实有13人；政协定编6人，实有6人；政府定编127人，实有148人；群团定编7人，实有6人；街道机关定编64人，实有68人；政法部门定编100人，实有111人；人武部定编22人，实有21人；机动1人。

1991年1月，仓山区编制委员会对区党政机构的行政人员编制进行全面清理，已超编单位不再增加人员；编满单位，需要调整的，采取先出后进，出一进一，进出平衡的办法；缺编单位人员补充，原则上从超编单位（部门）调剂解决，一般不从企业单位调入。清理过程由区编委与人事、财政等有关部门配合，按编制核定工资基金；同时实行超编单位每人每年上缴人才市场2000元，缺编单位每人每年奖给600元节编奖励。是年，全区核定行政编制449名，其中党委工作部门68人；政府工作部门185人；区人大、政协、纪委、政法、共青团、妇联、机关党委、科协、老龄办等部门110人；街道64人；人武部22人。

1995年底，原郊区（今晋安区）所辖的城门、盖山、建新、螺洲、仓山5个镇划归仓山区管辖，划入行政编制342名。是年全区行政编制增至791人。1996年8月，党政机构改革，精简人员编制。改革后，区、街、镇党政机构行政编制617人，减少174人，精简31.99%。

2002年4月，仓山区再次对全区党政机构进行改革。全区核定行政编制643人，其中区直机关定编234人；街镇机关定编233人（7个街道行政编制70人， 5个镇行政编制163人）。政法部门定编164人；人民团体定编8人。2003年5月，设立金山街道办事处，核定行政编制12名。

至2005年，全区核定行政编制655人，实有554人，其中区直机关定编234人，实有242人；街镇机关定编245人，实有193人（其中8个街道行政编制82人，实有73人；5个镇行政编制163人，实有120人）；政法部门定编164人，实有135人；人民团体定编8人，实有6人。

（二）事业人员编制

1990年，仓山区各单位事业人员编制由各主管局根据实际需要提出申请，经区委、区政府集体讨论批准，区人事局核定编制，分配给各事业单位。当年全区事业（不含教育系统）人员编制共有213人，其中区委系统1人；区政府系统204人；街道系统8人。人大、政协、群团部门没有事业人员编制。

1991年，区编制委员会成立后，事业人员编制由区政府核定指数，工资分别实行区财政全额拨款、差额拨款和自筹资金3种管理。区编委按不同类别核定事业编制人数，由区财政局核拨相应的工资。当年，核定区霖顺科学馆、区科技情报服务中心全民事业人员编制各5人；集体事业人员编制562人（不含教育系统），其中区财政全额拨款事业人员 415 人，差额拨款事业人员 2 人，自筹资金事业人员 145 人。

1993 ～ 1997 年，区编委根据区委、区政府核定的事业编制指数，先后核定区信息中心全民事业编制 8 人，区外商投资服务管理中心全民事业编制 1 人，区残疾人劳动服务管理站集体事业编制 2 人，区机关后勤管理站全民事业编制 10 人，区文化艺术交流中心集体事业编制 3 人，区城调队全民事业编制 5 人，区农村社会经济调查队全民事业编制 2 人，区运管所事业编制 5 人。

1998 年，区编委对区属中小学教师队伍的编制实行逐校核编，对已超编的学校安排教师向缺编学校流动，已满编的学校不再聘用代课教师，对长期被借用和被占用的教师编制进行清理，外单位借用已达 3 个月以上的教师一律返回原学校，不愿回校又无法调动的予以除名。被擅自挪用、占用的教师编制一律收回，不收回或无法收回的一律由编制、财政部门核减编制和经费。至 2001 年，全区中小学校教职员工编制共有 2951 人。其中，中学 1209 人，城区小学 522 人，幼儿园 67 人，镇小学 982 人，镇幼儿园 26 人，其他教育单位（进修校、少年宫、成人校、培智小学）145 人。当年，区编委还核定新成立的区机关文印管理服务站全民事业编制 2 人、区职工再就业服务站 3 人、区运管所 8 人。同时根据市委组织部意见，区档案局事业人员参照公务员管理。1999 ～ 2000 年，又核定新成立的区企业调查联络站全民事业编制 1 人，由区内调整区新闻中心全民事业编制 3 人，同时撤销区文化交流中心及其编制。

2004 年，对区群团组织中事业人员编制进行调整。核定区科协机关事业编制 2 名（主席 1 名），区文联机关事业编制 2 名（主席 1 名），区计生协办公室机关事业编制 2 名（领导职数 1 名），区侨联机关事业编制 2 名（主席 1 名），区残联机关事业编制 3 名（理事长 1 名）。翌年，对区直单位事业编制人员编制进行调整，对妇幼所、劳服公司等 15 个事业单位人员编制从 124 名核减至 79 名。同时核定增加档案馆全民事业编制 1 人、数字化领导小组办公室全民事业编制 2 人、区科技情报服务中心全民事业编制 8 人、地方志办公室全民事业编制 2 人。恢复区集体工业联社为全民事业法人单位，成立区普查中心，不定编制，所需人员从下属事业单位中调剂使用。

至 2005 年，全区事业单位人员编制 4018 人，实有 3561 人，其中党委系统 14 人，实有 14 人；政府系统 126 人，实有 131 人；群众团体系统 15 人，实额 25 人；镇系统 151 人，实有 165 人；街道系统 94 人，实有 57 人；教育系统 2883 人，实有 2682 人；卫生系统 722 人，实有 481 人；政法系统 15 人，实有 6 人。

第二节　干部管理

一、干部录用

1990 年，区机关、事业单位干部录用按市、区编制委员会下达的行政编制指标，由人事局统一向社会公开招考选用。行政机关干部录用执行“公开、平等、竞争、择优”原则。当年公开考试录用大中专毕业生 60 人，安置军转干部 1 人。同时经考试录用 9 名机关在岗的“以工代干”人员到自收自支的企事业单位。

1992 年，仓山区组建人才招聘领导小组，公开招考企事业干部，经考试录用 18 名（全民或集体合同制工人），分配到区城管办、计生协会、文化站工作；同时向社会公开招录文秘专业 2 名、外经贸专业 1 名、企管专业 2 名、法律专业 1 名、计算机专业 1 名；安置军转干部 1 名、随军家属 1 名、复退军人 7 名充实企事业单位。区工业局同时选聘录用 7 名干部、8 名大专毕业生、13 名中专毕业生到基层锻炼。

1995 年，对机关聘用和在岗编外“以工代干”人员进行资格审查，当年核转入编 23 人，其中在岗副科级全民所有制“以工代干”人员转为正式干部 4 人，聘用转正 3 人，转为机关集体所有制干部 16 人。同年，根据专业对口、面向基层企事业原则，从大中专毕业生中录用 43 人，安置军转干部 1 人、复退军人 1 人。1996 年，又录用大专以上学历毕业生 28 人，中专毕业生 42 人，职校学生 27 人。

1997 年，国家公务员录用制度改革，按照“凡进必考”的原则，对新录用的公务员实行公开招考。当年共审批录用公务员 5 人。区教育系统同时录用非师范类大专以上毕业生 23 人；卫生系统录用医疗专业毕业生 23 人，分别充实到乡镇边远学校或乡镇卫生院工作。全区还录用军转干部、复退军人 18 人，到农林、经贸、劳动系统工作。

1998 年，对全区行政事业单位 1200 多人进行职位调查。并对区政府机关 413 人进行公务员过渡登记，有 34 个行政和参照公务员管理的事业单位初步完成职位分类和公务员过渡登记。有 8 名区机关“以工代干”人员分流到事业单位。同年，全区录用三峡库区和历届大中专毕业生 9 人，安置选调生 20 人，军转干部 6 人，考试录用市城管监察工作人员 78 人。

1999 年，区级机关进行新一轮机构改革，除指令性政策外，区机关原则上不再招收干部。是年，安置军转干部 12 人，其中安置区机关工作 5 人，镇政府工作 7 人。2000 年，安置录用军转干部 4 人、进藏复退军人 2 人。经过考试，录用 3 名村干部到镇政府机关工作，录用选调生 7 人、师范类毕业生 69 人到区属中小学校任教。

2001 ～ 2003 年，新录用国家公务员按录用时明确报考职位任命职务，根据学历、资历条件确定级别，对录用时未明确报考职位的新录用国家公务员，按规定任命职务。高中和中专毕业生任命为办事员，定为十五级；大专毕业，任命为科员，定为十四级；本科毕业任命为科员，定为十三级。3 年共录用普通大中专毕业生 76 人，师范类毕业生 144 人，选调毕业生 8 人，安置军转干部 5 人。同时公开招考录用乡镇计生服务站工作人员 2 人、区公证处和法律援助中心工作人员各 2 人。

2004 年，在仓山区公证处和鹤龄医院试点开展事业单位人事制度和聘用制度改革。区公证处在改制时采取在区内公开招聘，从报考的 15 人中择优录用 4 人。鹤龄医院在设置的 35 个科室 239 个岗位中，实行双向选择、竞争上岗，通过考核办法，逐级审批，共有 223 名工作人员分别安置到临床、医技、行政管理和工勤岗位工作。

2005 年，实施军转干部接收录用改革，由原所在地人事部门计划安置，改为公开岗位考试、竞争上岗。当年，择优接收录用 10 名军转干部。9 月，向社会公开招考区执法局工作人员，经过笔试、面试、体检、政审，录用 30 名。

二、干部调配

1990 年，区行政机关、事业单位人事调配在行政编制控制指标数内，主要是充实基层单位，补充事业、企业单位的人员空缺，以缓解基层单位对专业人才的急需。至 1991 年，2 年共调配干部 41 名到基层事业单位。

1992 年，干部调配需经区委书记办公会议研究决定。至 1996 年 5 年间共调配干部 204 名（调出 44 人，调进 119 人，区内调配 41 人），安置公安系统清退出的人员 4 名。

1997 年，区机关各单位在核定的编制内，确需补充人员的，首先在机关内部调整。是年办理各类干部调动 60 人（调出 41 人，调进 4 人，区内调配 15 人），其中，在机关内部调整 13 名干部，事业单位调剂 17 名专业人员到急需人才的基层单位工作。同时根据基层经济部门工作需求，从区内企业单位调剂 1 名干部到事业单位工作。

2000 年起，执行公务员制度，按照机构改革“三定”方案（定内设机构、定职能配置、定人员编制），行政机关和事业单位原则上不进人，个别单位急需人员也控制在编制范围内调整，事业单位急需人员本着从严从高原则引入竞争机制。至 2005 年共调配各类干部 136 人，其中机关干部 41 人、事业单位 95 人。

1990 ～ 2005 年，全区共调配各类干部 341 人，其中机关干部 135 人、事业单位 206 人。

三、干部培训

1990 年，按照《福建省专业技术人员继续教育条例》，区人事局举办 4 期各类业务培训班，有 281

名干部和专业技术人员参加培训更新知识。同年，区人事局与区科技委员会、司法局共同组织543名干部参加《专利法》《技术合同法》等法律、法规文件学习培训。

1992年，举办国家行政机关工作人员公共必修课教学班，开设《行政管理学概论》《法学基础与行政法》《社会调查研究方法》《公务员应用文写作》《公务员行为规范》5门课程。根据短期、业余学习的原则，采取自学与面授辅导相结合，单科学习，逐科结业方式进行培训，有96名干部参加学习培训，完成5门课程结业的有37名，完成1～4门课程的有59名。同年，全区为127名专业技术人员发放继续教育证书。

1996年，推行公务员制度的衔接，举办7期公务员培训班，进行过渡培训、初任培训和任职培训。参加培训的干部有638人。

1997年，企事业单位实行继续教育证书制度。全区有1500名专业技术人员参加继续教育，并将接受教育情况记入继续教育证书，作为聘任、续聘和晋升专业技术职务的必备条件。

1998年，组织专业技术人员学习省人大《专业技术人员继续教育条例》，举办各类业务培训班28期，为专业技术人员完成继续教育提供办班信息，参加培训的专业技术人员达3000人次。是年，福州市人大组织执行继续教育情况抽查评比，仓山区以91.3分居受检8个单位前列。

1999年，举办干部统计电脑信息管理、网络电脑培训班，区机关、事业单位人事干部100人参加培训。同年举办3期专业技术人员公共必修课程和卫生系统中级考评学习培训班，各部门同时举办24期学习培训班。参加学习培训共2976人。同时还组织军转干部、新录用公务员及区外调入干部78名进行岗位培训和过渡培训。2000～2003年，先后举办“电脑因特网”“创造力开发”“计算机应用能力”“知识经济教程”和“依法行政”等公共必修课程培训班，参加学习培训共2700名。

2004年，全区575名机关行政干部进行《行政许可法》学习培训，并通过全市统一考试。举办2期计算机应用学习培训，有1836名专业技术人员参加培训和应用能力考试。

2005年，对全区各单位人事干部进行统一业务培训，举办人事干部培训班，聘请业务专家现场授课指导。同时有349名行政干部参加《公务员法》学习培训和统一考试。

四、干部任免

1990年，行政机关干部任免实行分级管理制度。正科级干部经区委审定后，由区长提请区人大代表大会或区人大常委会任免；副科级干部和街道办事处副主任经区委审定后，由政府任免；股级干部由区各主管局任免，报区委组织部和区人事局备案。干部人事任免实行干部任职试用制度，对新提拔的干部经半年试用期，考核转正后正式任命。至1998年，由区人大任命副处级干部2名、正科级干部66名，由区政府任命副科级干部158名。1998年开始，政府机关正股级干部改由区委组织部任命，人事局负责行政机关科员及新录用公务员定级工作。

2000年，对干部任免程序、范围、职数审批等管理权限作出明确规定，科级以上领导职位及非领导职位，采用人员定岗，竞争上岗，任命需经民主推荐、考察、酝酿、讨论、任前公示等环节。至2005年共任命正副科级干部57名，罢免23名。

1990～2005年，全区共任命副处级干部2名、科级干部281名，调整免去科级干部89名。

五、干部考核

1990年，干部考核推行干部职责和岗位责任制，以工作实绩和廉洁情况作为机关工作人员重点考核内容，由本人述职、民主测评、推荐等方式，并经考核组写出考评材料后归档。1995年，按照《国家公务员考核暂行规定》《事业单位工作人员考核暂行规定》，对在职干部进行年度考核，参加考核人员填写考核表、汇总表、考核简明登记表。是年，有187名副科级以上干部参加考核，评出优秀27人，称职

160人；有464名机关、事业单位干部参加考核，评为优秀39人，称职266人，合格159人；有994名专业技术干部参加考核，评为优秀131人、称职832人、合格30人、基本称职1人。1996年，有1659名干部职工进行自下而上的民主评议、组织评定，有225人评为优秀、1371人评为称职，不称职4人。

1997～1999年，连续3年对机关事业单位、街道办事处、乡镇政府的4315名工作人员进行考核，评出优秀508人，称职278人，合格3514人，不称职1人，不合格13人，告诫1人。

2000年，建立干部考核目标责任制，单位考核千分制和个人考核百分制的年度干部考核管理，增设“基本称职”等次。当年考核评为优秀505人，称职3635人，不称职1人，黄牌警告1人。对57个未参加考核人员作相应行政处理。

2001年，把竞争激励机制与考核相结合，根据签订目标责任制完成情况确定考核等级，考核结果与年度奖金发放、职务升降、奖惩、辞退等相结合，对考核评为称职以上等次的发放第13个月奖金工资。当年考核评为优秀524人，称职3426人，基本称职3人，不称职1人。2002～2003年考核评为优秀665人，称职4116人，基本称职4人，不称职6人，不合格1人。

2005年，全区考核评出优秀942人、称职3919人。

六、干部奖惩

1990年起，区行政机关、事业单位工作人员经年终考核，对连续3年评为优秀和连续5年评为称职等级的工作人员晋升1档职别工资。对基本称职、不称职、不合格的不发给年终一次性奖金。干部行政纪律处分由区纪委、监察局进行监督管理。

1995年，对连续3年评为优秀，改为连续2年评为称职以上的工作人员晋升1档职别工资。当年，执行《国家公务员辞职、辞退暂行规定》，改变机关能进不能退的弊端，对不符合公务员条件的工作人员可依法予以辞退。至1997年，对被评为不称职的6名工作人员作行政处理，4人予以辞退，2人开除行政公职。同时对鹤龄医院和教育部门28名长期旷工的工作人员作辞退处理。翌年，又对教育、卫生系统5名长期不在工作岗位的工作人员予以辞退行政处理。1999年，通过民主推选，区委评定推荐仓山区市容局魏喜生为仓山区“十佳公仆”候选人，为全区干部树立榜样。同年，对长期擅自离开工作岗位的19名工作人员予以辞退行政处理。2000年，对考核评为称职以上等次的发放第13个月奖金工资。至2005年，对未参加考核的46名工作人员分别作出处理决定，其中，责成继续上班的17人，办理提前退休手续的12人，作病假处理的11人，予以辞退处理的2人，予以辞职行政处理的4人。

七、工资福利

1990年，机关、事业单位分别实行职务等级工资制和以职务工资为主的结构工资制。结构工资由基础工资、职务工资、工龄工资、奖励工资4个部分组成。干部工资与职务、职称挂钩。年度考核评比奖金按人均全年168元在本单位内以不均等分配原则发放。当年行政机关、事业单位人年均工资为2058元。

1991年，提高年度考核奖金幅度，每人月增21元奖励工资。1992年，机关、事业单位全民所有制职工按人均全年168元增加工龄津贴工资和粮价补贴，工资总金额共增加35549.3元。

1993年，区行政单位工作人员实行职务岗位工资制，按不同职能分为职务工资、级别工资、基础工资和工龄工资4个部分。事业单位与国家机关工资制度脱钩，实行专业技术职务等级和专业技术职务岗位工资制度。全区有行政机关465人，事业单位1158人参加工资改革。当年行政机关、事业单位人均年工资增为3197元。

1995年，在年度考核的基础上有29人晋升职务级别，月人增资696元，有70人因工作年限或职务晋升而调整津贴，月人均增资560元。1996年，机关实行职务级别工资制，事业单位实行分类管理的工资制度，并逐步走向经常化，制度化。是年区人事局组成调资工作小组，对连续2年考核评为称职（合格）以上的工作人员晋升一级职别工资，全区月增工资总金额151511元；其中行政机关人员18950元、事业单位专业技术人员132561元。

1997年7月，调整行政机关、事业单位工作人员工资标准。机关工作人员基础工资标准由90元提高到110元，事业单位职务工资各档次均增加14元。当年行政机关、事业单位人平均工资增为8105元。

1998年，为4123名连续2年考核评为称职（合格）以上等次的人员各晋升一级职务工资。有98人因级别滚动、227人职务变动、7人级别晋升、243人转正定级、147人军转及新招收公务员重新套改而正常增资。同年，为在职干部人均月增加150元岗位津贴。

1999年7月，全区机关、事业单位在职干部的基础工资标准由110元提高到180元。事业单位有203人提高教龄、护龄津贴。2000年，对区直机关、事业单位在职工作人员职务岗位津贴、福州市补贴、考勤奖进行归并。同年为1998年、1999年度考核合格的在职干部晋升工资，全区共晋升5124人。

2001年，调整区行政机关、事业单位工作人员工资标准，从是年起，给机关、事业单位工作人员发放一次性年终奖金。2002年，机关、事业单位工作人员连续两年考核评为称职或合格以上等次的5022人正常晋升工资，在职干部和离退休干部共7514人提高房租补贴。2004年7月，对全区在职的机关、事业单位工作人员和退休人员工资进行调整，并为在职干部发放第14个月工资。当年，全区行政机关年均工资22170元／人，事业单位年均工资18410元／人。

2005年，在2004年7月提高的福州市补贴增幅基础上再次增加福州市补贴，并对全区各单位津贴、补贴进行全面清理摸底，汇总全区工资水平。是年，全区行政机关年均工资33385元／人，事业单位年均工资25316元／人。

八、离退休干部管理

（一）退休干部管理

1990年，全区退休干部共246人，由区政府人事部门负责管理。7个街道办事处和区房管局、建设局、工业局、卫生局、教育局等主管部门，成立退管办或退休协会，配套68名专、兼职工作人员，形成退休干部社会化管理网络。干部达退休年龄，除按规定可以留任外，均按时给予办理退休手续。退休干部享受基本退休费、生活补贴费和地区补贴及住房、医疗、安家补助、高龄补贴等福利待遇。退休干部管理采用条块结合模式，有计划、有组织地开展登山、游园、外出参观旅游和健康体检等活动。1995年，经区委批准成立两个退休干部党支部。党支部坚持每月十五日上午集中学习，还组织形式多样的报告会、讲座、座谈会。同时先后调整提高机关、事业单位退休干部活动管理费标准。1996年，为退休干部增加一档工资，月增工资总金额5.02万元。同时增加生活补助费和一次性抚恤金基数，对机关、事业单位年满70周岁以上的退休干部每人每月发给50元高龄补贴或护理费，鳏寡孤独老干部每人每月发给100元特殊生活补贴，生活完全不能自理的老同志每人每月发给120元护理费。1999年，退休干部按退休时职务增加退休费。2001～2002年，连续2年为2492名退休人员增加退休费。至2005年，有退休干部1122人，共发放困难补助394人次，办理死亡抚恤475人，异地安置退休干部806人。

（二）离休干部管理

1990年，全区共有离休干部28人，实行原单位和老干局双重管理。离休干部政治上享有参加原单位的重要会议、听取重要报告、阅读文件等待遇；生活上除与在职干部享受同等福利待遇外，还享受交通费、高龄费、护理费、住房补贴、健康休养以及医疗就诊略为从优的待遇。区财政每年按规定核拨离休干部250元／人的特需费和600元／人的公务费，由区委老干部局统筹慰问离休干部、组织学习、开展活动。

1991年，区委成立由区委副书记任组长，区委常委、组织部长和1名副区长任副组长的老干部工作领导小组，加强对离休干部工作的领导。同年，成立“老年学校”和“离退休干部活动中心”，区老干局以这两个阵地为依托，组织离休干部开展学习、娱乐、健身及关心教育下一代等活动。

1996年1月，福州市区划调整后，区老干局接收盖山、建新、城门镇5名离休干部和原郊区老干局管理的11名易地安置的离休干部。同年，根据省组会议精神，区委组织部落实1949年10月1日至1950年5月12日入伍，享受供给制待遇的老干部政策（简称“5·12”），全区29名“5·12”退休干部归口老干局参照离休干部生活待遇管理。1999年，区委决定将原副处级以上的退休干部，比照“5·12”干部的生活待遇，移交老干局管理。

2000年，区委、区政府筹资268万元在原离退休干部活动中心重建“仓山区老年活动中心”。活动中心5层，建筑面积2244平方米，由老干局管理使用。

2005年，全区共有离休干部45人，“5·12”退休干部29人，处级退休干部15人。年发放生活补贴费、交通费、健康休养费、电话费、节日慰问费等共11.9万元。

九、专业技术人员职称评聘

1990年，专业技术职称评定制度改革，专业技术职务实行评聘制。根据各系列申报、评议，对被推荐的专业技术人员的任职资格进行考核，评审合格后全部由申报单位予以聘任。聘任后主要通过个人年度总结、群众民主评议、单位领导考核，对其思想表现、工作业绩、业务能力、学术水平进行考评。评定优秀、称职、基本称职、不称职等作为晋升、续聘、解聘的依据。

1991年，区行政机关、事业单位和社团组织开始对专业技术人员的职务进行任职考评、职数核定、职务资格评定报批。1992年，组建区工程系列、经济系列、政工系列专业技术职称评审委员会，按审批、呈报程序召开12次职改工作会议，共评审12名中级专业技术职称，68名初级专业技术职称；确定95名大中专毕业生任职资格，评审合格全部由单位予以聘任。1995年，区工程、卫生、教育系列专业技术评审委员会共评审64名初级专业技术职务任职资格；为148名大中专毕业生确认初级职务任职资格；为79名专业技术人员晋升专业职务职称进行资格审查，并为15名专业技术人员呈报委托上一级评审。1996年，有352名通过初级职务任职资格评审，同时结合聘任给予办理职务变动；有42名高级、中级专业技术人员呈报委托上一级评审。

1997年，重新组建教育、卫生职改领导小组和初级专业技术职称评审委员会。是年，评审通过40名工程系列、13名卫生系列初级职务任职资格，确认305名大中专毕业生初级技术职务任职资格，并呈报委托上一级评审通过38名晋升高、中级专业技术职务任职资格。1998年，对全区专业技术人员岗位状况进行调查，调整岗位设置，重新拟定技术职务职数分配方案。当年，区教育、卫生系列评审委员会分别评审通过50名非师范类毕业生初级职务任职资格和 6名卫生人员初级职务任职资格，为9名乡镇专业技术人员呈报委托评审。1999年，召开2次各专业系列评审委员会评审会议，评审通过67名工程系列、51名卫生系列、212名教育系列专业技术人员初级职务任职资格；推荐69名各专业技术人员晋升高、中级职务任职资格评审。为缓解基层企事业单位专业技术职务岗位数额指标偏紧，上报获准增加10名高级职称、90名中级职称职务数额指标。

2000年，实行专业技术人员与用人单位订立聘约合同，与其工资待遇、晋级、考核等挂钩。重新组建教育系列、卫生系列、农业系列职务初级评审委员会，组建区小学高级教师评审委员会。是年，评审通过114名工程、农业、卫生、教育系列初级专业职务任职资格，21名教育、工程、农业系列中级专业职务任职资格。

2001年，实行专业技术职务岗位按结构比例设置，以编制数75%为基数，根据专业设置，重新核定高、中级职务岗位。是年，有99名大中专毕业生、59名工程、卫生、教育系列人员确认为初级职务任职资格；74名专业技术高、中级职务通过上一级任职资格评审。2002年，按专业技术岗位结构比例，全区行政机关、企事业单位共设置高级专业职务岗位160个，中级专业职务岗位1068个。是年，有72名大中专毕业生确认初级专业技术职务任职资格；26名中级专业技术人员通过高级职务资格评审；32名初级专业技术人员通过中级职务资格评审；7名专业技术人员和43名工程系列专业技术人员通过初级职务任职评审；85名乡镇专业技术人员推荐参加各系列高、中、初级职务任职资格评审。2003年，通过评审，获得高级职务任职资格49名、中级职务任职资格19名、初级职务任职资格95名。

2004年，有41名中级职称的专业技术人员通过高级职务任职资格评审；81名初级职称的专业技术人员参加中级职务任职资格评审；15名中级职称专业技术人员参加高级职务任职资格评审；138名教育系列专业技术人员通过初级职务任职资格评审。

2005年，推行职称制度改革，建立“个人自由申请、社会公正评价、单位自主聘任、政府宏观调控”的人才评价、使用机制。是年，有43名中级职称专业技术人员通过高级职务任职资格评审；有39名中级职称专业技术人员参加高级职务任职资格评审；560名初级职称专业技术人员参加中级职务任职资格评审；83名教育系列专业技术人员通过初级职务任职资格评审。是年，全区有专业技术人员3268人，其中，高级职称135人，中级职称 698人，初级职称 2435人。

第三节　人才市场

1991年，区人事局成立仓山区人才市场，负责区内人才交流、人才咨询、洽谈，招考干部，推荐大中专毕业生双向选择和闲散人才就业。1993年，对大中专毕业生统包统配的就业形式进行改革，逐步引导毕业生与用人单位“供需见面、双向选择”，把毕业生就业引入人才市场。1996年，区人事局成立人才市场工作部，定期到基层了解各部门对人才需求，建立人才供求信息，开展为基层引智牵线搭桥、人才交流、推荐、咨询等服务。全年接待求职3300多人次，为大中专毕业生进行就业咨询指导800多人次，推荐2400多人次。1997年，收集企事业单位对人才需求的信息，建立人才市场需求网络，推荐急需人才，引导毕业生到企事业单位就业，进一步把大中专毕业生就业推向人才市场。至1999年，3年共举办2场人才交流会，有200多名毕业生参加双向选择，为区经济部门和乡镇企业推荐23名专业人才，为13名大中专毕业生寄存人事档案，为2人委托办理调动业务。2000年，区人才市场与福建师范大学、福建交通学校、福建农林大学、福建商学院、粮食学校、福建公安专科学校6所大中专院校建立合作伙伴关系，为企事业单位对所需各类专业人才筹建人才储备中心。至2001年，有100多名大中专毕业生进入区人才市场进行双向选择，有13名被区房地产开发公司聘用。2002年，区人事局与区劳动局联合成立仓山区人才劳动力市场，增加人才储备工作职能，建立人才市场集体户和人才劳动力市场信息软件等，实现优势互补。同时召开企业与大中专院校代表座谈会，举办2场人才集市。2005年，建立健全人才市场体系，与省海峡人才市场联网，实现资源共享的功能。以市场经济需求为宗旨，深入企业调研，了解人才需求，先后组织15家企业跟随市人事局前往太原、成都招聘各类专业人才73名，还推荐53名毕业生到三资、民营和私营企业。通过完善人才劳动力市场软硬件设施，建立门类齐全、需求层次不同的人才库，做到信息对称、需求对接，并推行网上招聘，实施人才网络的经营性开发，把人才市场推向产业化。

第四节　管理机构

一、仓山区编制委员会

1991年5月，仓山区成立编制委员会，内设办公室，为正科级机构，行政编制3名，实有2人，与人事局合署办公。1996年8月，更名为仓山区机构编制委员会，行政编制4名，实有2人，仍与人事局合署办公。2002年4月，区机构编制委员会更名为中共仓山区委机构编制委员会，加挂仓山区政府机构编制委员会办公室牌子，列入区委机构序列，为区委机构编制委员会的常设工作机构，又是区政府的工作部门。至2005年机构设置不变。

二、仓山区人事局

1990年，区人事局为政府序列正科级机构，配有行政干部5名，内设工资福利科、调配科、专业技术职称改革办公室、退休干部管理办公室。1991年5月，为加强政府机构编制管理，由人事局划出职能，成立仓山区编制委员会办公室，与人事局合署办公。同年，组建仓山区人才市场，为人事局主管的事业单位。2002年，区政府机构改革，人事局为主管人事人才工作和推行人事制度改革的政府工作部门，正科级机构，行政编制4名，实有4人；退休干部服务工作人员单列编制2名，实有2人。内设工资福利与退休科、公务员和专业技术人员管理科、流动调配科。下设人事争议仲裁委员会办公室，挂靠流动调配科，并合署办公。同年退休干部管理办公室机构撤销，退休干部服务管理职能由工资福利与退休科负责。至2005年机构设置不变。

三、仓山区老干局

1990年，为区委序列正科级机构，行政编制4人，实有4人。2002年6月，区委机构改革，老干局“三定”为区委主管老干部工作的正科级机构，归区委组织部管理，编制4人，实有4人。其中行政2名，离休干部服务工作人员2名。下设仓山区关心下一代工作委员会，配有机关事业1名。至2005年机构设置不变。

第十七篇　侨务和港澳台事务

第十七篇 侨务和港澳台事务

1990年全区有华侨华人16512人，归侨497人，侨眷16418人。1996年区域扩大，华侨华人人数增至32326人，比1990年增加15812人。是年起，仓山区政府继续全面落实各项侨务政策，鼓励海外乡亲支持家乡建设事业，至2005年华人华侨捐资家乡公益事业达75项、295人次，捐资总额达7000多万元，其中祖籍郭宅村郭鹤年、仓前街道陈霖、台屿村陈德善等海外乡亲先后得到国家以及省、市、区政府的表彰，被福州市政府授予“福州市荣誉市民”。有的华侨华人在所在国的政治、经济、文化、教育、科学等诸方面都有突出的贡献，其中郭鹤年是著名的“亚洲糖王”、刘登凯为美国知名的航天专家等。2005年，全区有华侨华人33728人，分布在42个国家，其中祖籍盖山镇有9096人，占全区华侨华人总数近1/3。

第一章 华人华侨

第一节 华人华侨分布

1990年，仓山区共有华人华侨3180户、16512人，分布在美国、澳大利亚、新加坡、日本、印度尼西亚、英国、马来西亚、加拿大、荷兰、葡萄牙、新西兰、巴西、缅甸、罗马尼亚、玻利维亚、南非、泰国、阿根廷、德国、丹麦、菲律宾、瑞典、秘鲁、法国、芬兰、意大利、西班牙、越南、澳地利等29个国家，其中在新加坡的最多，有4452人，占全区华人华侨总数的26.96%。其次是美国、印度尼西亚、马来西亚，分别有4218人、2508人、2194人。最少的是分布在罗马尼亚、南非、德国、瑞典、芬兰、意大利、西班牙和奥地利等8个国家，各有2人。

1996年福州市区划调整，仓山区域扩大，根据新区域统计，仓山区共有华人华侨32326人，分布在美国、澳大利亚、新加坡等40个国家，比1990年新增比利时、瑞士、希腊、印度、阿联酋、柬埔寨、洪都拉斯、阿尔巴尼亚、挪威、牙买加、捷克11个国家。辖内华人华侨最多的是盖山镇，有7778人，其后依次是：临江街道4480人、建新镇3961人、城门镇3382人、下渡街道2744人、仓前街道2597人、上渡街道2133人、三叉街街道1689人、对湖街道1637人、螺洲镇783人、仓山镇689人、东升街道556人。

2005年第二次侨情普查，仓山区共有华侨华人33728人。比1996年新增1402人 。分别分布在美国、澳大利亚、新加坡等42个国家，华人华侨最多的盖山镇有9096人，占全区华侨华人总数的26.93%。其后依次为临江街道4845人、城门镇3950人、建新镇3778人、仓前街道3006人、下渡街道3002人、上渡街道2407人、对湖街道2075人、三叉街街道1874人、仓山镇1335人、螺洲镇1034人、东升街道700人、金山街道376人。

2005年仓山区华人华侨分布国家情况表

表17-1-1　　单位：人

国家	人数	国家	人数
美国	11516	玻利维亚	60

续表 17-1-1

国家	人数	国家	人数
巴西	72	西班牙	201
日本	915	菲律宾	550
荷兰	304	意大利	49
德国	43	瑞士	5
马来西亚	2986	葡萄牙	5
法国	34	韩国	2
缅甸	700	泰国	277
罗马尼亚	19	希腊	3
澳大利亚	1371	瑞典	12
加拿大	1719	印度	21
新加坡	6364	阿联酋	4
印度尼西亚	5191	柬埔寨	45
南非	22	洪都拉斯	1
新西兰	171	爱尔兰	2
英国	497	阿尔巴尼亚	2
越南	178	秘鲁	13
丹麦	55	挪威	3
阿根廷	242	奥地利	9
芬兰	42	牙买加	4
比利时	14	捷克	5
合计			33728

附：主要华人出国简史

一、林浦村林僖迁居日本琉球久米村

明洪武二十五年（1392 年），城门镇林浦村林僖以船户的资格，受命护送琉球国进贡使回琉球（今属日本国），后定居在日本冲绳县那霸市唐营九米村的林家山，今繁衍成华裔巨族。

二、郭宅村郭鹤年家族在马来西亚发展史

清光绪三十年（1904 年）郭宅村郭钦荣应马来西亚柔佛坡首领的征召，赴新加坡经商谋生。宣统元年（1909 年），郭钦荣的哥哥郭钦端、弟弟郭钦鉴也相继出国到新加坡，帮助郭钦荣料理商务。郭钦荣有 6 个兄弟，长钦铮、次钦煖、三钦端、四钦荣、五钦宝、六钦鉴，组织有郭氏兄弟集团公司。其中郭钦鉴最有商业的经营才能。民国 20 年（1931 年）郭钦鉴娶妻郑格如，生鹤举、鹤龄、鹤年 3 人，长成后皆帮助父亲经商。郑格如原城门镇下洋村人，福建华南女子学院毕业。民国 10 年赴马亚西亚，匡夫教子。1949 年，经她努力，组织郭氏兄弟集团有限公司。因为长子鹤举从政，鹤龄已殁，便以鹤年为董事会主席，团结在马来西亚的郭氏宗亲，经营蔗糖、面粉等，商务蒸蒸日上，资产达 100 亿美元左右，列入世界巨富榜。同郭鹤年一起经营“郭氏兄弟公司”的郭氏宗亲，还有郭鹤韬等人。

郭鹤年经营原产品交易、蔗糖、面粉、饲料制造及黄豆油、棕油提炼、锡矿开采、机械工程、航务、保险、房地产、酒店餐饮业等多元化的项目。郭氏集团属下各公司常年营业总额超过 20 亿美元。郭鹤年的资产估计超过 100 亿美元，屡次被列入世界富豪榜，被称为“亚洲糖王”。1986 年，马华公会创办的马化控股公司集团陷入财政危机，郭鹤年加入“马化”，出任董事会主席，在一年又 4 个月的任期内，“马化”反亏为盈，起死为生。1989 年他被马来西亚公司董事学院推选为马来西亚最杰出的企业家，并获院士衔奖状。马来西亚公司董事学院副院长伊斯迈·诺斯博士评价郭鹤年说：“如果美国人崇拜李·艾可卡，日本人景仰松下

幸之助，那么马来西亚人也应该为郭鹤年而感到骄傲”。郭鹤年被推选为世界福州十邑同乡会名誉主席。

郭鹤年兄弟郭鹤举、宗亲郭鹤韬、郭鹤尧等人均事业有成。郭鹤举为郭鹤年的长兄，曾为郭氏集团董事会主席，还任马来西亚驻比利时、德国、卢森堡等国家的大使，又是驻欧洲经济共同体主席团的首席代表，被马来西亚国政府荣封“丹士里”爵位。宗亲郭鹤韬任马来西亚郭氏集团有限公司香港嘉里集团有限公司、香港香格里拉（亚洲）有限公司、香港香格里拉国际饭店管理集团董事长，香港深湾游艇俱乐部、香港嘉里证券有限公司董事长和香港嘉里贸易有限公司副董事长，同时被推选为新加坡福州会馆名誉主席。宗亲郭鹤尧为柔佛新山中华公分宽柔中学董事长，经营马来西亚南益公司。

第二节　归侨侨眷

1990 年，全区有归侨 552 人，侨眷 23454 人，共 24006 人。此后，归侨和侨眷人数逐年减少。1997 年，全区有归侨 497 人、侨眷 16418 人，共 16915 人，比 1990 年减少 7091 人。2005 年，全区有归侨 367 人，侨眷 4292 人，共 4659 人。侨眷以盖山镇最多，有 1200 人，其次是城门镇、仓前街道和临江街道。归侨最多的是仓前街道有 76 人，其次是盖山镇有 71 人，最少的是上渡街道和螺洲镇各 1 人。归侨中有许多有一定影响的人物，其中有华南女子大学的教授余宝笙，开发“新福州”黄乃裳的儿子黄育焯和“烟山鹊桥”主持人刘含怀等。

2005 年仓山区归侨侨眷分布情况表

表 17-1-2　　　　单位：人

街镇	归侨	侨眷	合计
仓山镇	6	126	132
城门镇	3	740	743
盖山镇	71	1200	1271
建新镇	42	163	205
螺洲镇	1	127	128
仓前街道	76	368	444
临江街道	47	343	390
上渡街道	1	122	122
下渡街道	46	340	386
对湖街道	48	331	379
三叉街街道	14	267	281
东升街道	4	121	125
金山街道	8	44	52
小计	367	4292	4659

第三节　华人华侨事务

一、落实侨房政策

1990 年，仓山区共退还侨户产权 89 户，面积 33919 平方米。退还使用权 11 户，面积 1775 平方米，腾退使用权 15 户，面积 1149 平方米，租户 21 户。其中先后落实辛亥革命烈士陈漠后裔美籍华人陈孚华在对湖路 18 号的侨房产权、美籍华人黄沪生在公园路 2 号出租屋参加房改及归还华侨陈珊私房等。

1991 ～ 1999 年，由于旧城改造，涉及侨房拆迁，区侨办密切配合有关拆迁公司，公开有关政策规定，采取先落实重点人物后落实一般侨房业主；先落实 1966 年的改造户，后落实 1958 年的改造户；先内查后落实的办法，当年退还 5 户侨房产权，2 户侨房使用权。1992 年落实退还 5 户侨房产权，面积达 476.23 平方米。1994年对复园里6号、公园西路11号等错改房开展调查，经查实后退还其使用权。1995年在落实美国华侨黄沪生的房屋产权和使用权时需安置2户住户，而市落实办只能提供一套2间半住房。区侨办想方设法寻找单间套房源，采取换房的办法，使2户租户都得到妥善安置，及时将房屋的使用权退还给业主。1997年为下藤路上官沟美籍华人李亨义退还房屋产权550平方米。1998年，螺洲镇侨房“状元府”（即清末状元王仁堪的房子），由于种种原因，未能执行侨房租赁政策。仓山区法院判决强制执行，由承租户交给侨户租金1.4万元。至1999年底，共受理侨房落实案175件，经调查核实属于应落实的有126户，已退还产权124户，建筑面积36819平方米，其中退还使用权的41户，建筑面积3700平方米。同时腾出70套新村房安置60户租住侨房的住户。2000年，仓山区菖蒲棚屋区改造，对确无住房的侨房租户由拆迁办负责安置。是年，菖蒲地区有侨房16户，其中落实政策退还产权的7户，两权分离的侨房6户；下渡瑞云里有侨房面积800多平方米，落实政策退还产权后，仍有 7户租户无房可搬，均由拆迁办安置。全年退还侨房面积达200多平方米。

2001年，基本完成侨房退返工作，重点转为清理侨户中的租户多头占房问题，以维护侨益。至2005年，帮助观井路19号侨房业主收回1间由交警关锁的房屋；公园西路11号侨房租住的7户租户均另有住房，侨办支持业主提起收房诉讼，得到法院支持，优先审理判决收回房屋使用权，维护归侨侨眷的利益。

二、归侨、侨眷权益

1990年，仓山区根据《关于妥善处理侨眷、归国华侨的就业和精简问题的请示》精神，成立仓山区侨属工作委员会和仓山区归国华侨联合会。组织归侨、侨眷参加政治、经济活动。1991年，在归侨、侨眷中开展评优活动。当年，檀仁梅、刘含怀等11户被评为“文明侨户”，韩碧珩等44人为侨务工作积极分子。1994年9月、1995年10月，仓山区侨办先后组织归侨、侨眷代表对侨务法规的执法部门和房屋拆迁单位执法情况进行检查，并组织学习福建省《鼓励归侨侨眷兴办企业的若干规定》，鼓励归侨侨眷为家乡经济建设服务。1996年区侨办组织“新福州”开发者黄乃裳儿子黄育卓等40多位归侨、侨眷参加《华声报》举办的“华侨与辛亥革命”知识竞赛，黄育卓对知识竞赛中有“新福州开发者黄乃裳“的内容，觉得祖国对他先人肯定感到光荣。至2005年，全区20名归侨知识分子大多数参加民主党派或参加中共组织，其中5人批准加入中共组织，有3人提拔为领导干部。侨眷余宝笙参加中国农工民主党，当选为华南女子职业大学校长，印尼归侨廖世荣安排为区政协副主席。全区90%以上归侨知识分子都安排有适当的工作。

三、安置救济

1990年，经过侨务部门确认，全区有贫难侨11户，均根据具体情况给予不同的帮助，其中缅甸归侨高爱添病逝，区侨办即帮助安排后事；98岁的印尼归侨林吓嫂被安排到烟台山福利院；对生活困难的归侨由区民政或区侨务部门给予补助。是年，共发放困难补助款2000元，其中常年性补助款620元。

1991年，区侨办每年对贫侨挨家挨户送补助款和年货，当年发放13户，补助款5365元。1992年洪灾，9户侨眷受灾严重，及时得到补助。缅甸归侨林冠勋中风住院，区领导还到医院慰问，发放慰问金。至1999年，共发放归侨困难补助费2.15万元。

2000年，归侨王贤霖投资设立王贤霖基金会 ，每年对贫困的归侨进行专项救助。至2005年，全区有20户归侨得到过区民政局、区侨办和王贤霖基金会的救济。

四、侨胞服务工作

1990年，侨胞服务工作主要为享受减税、招工、招生、出入境的侨胞出具证明。当年，区侨办配合招商引资对侨胞郑州飞、陈强、施联兴、洪专才、阮衍章、李奋强等人投资1270.5万美元、1050万人民币在境内办企业，分别出具证明并帮助申办享受华侨投资优惠待遇的有关手续。至1991年，共出具侨眷升学证明 110 份、侨属证明 37 份、申请出国自费留学证明 12 份、其他证明 55 份。临江三胞联谊会还组织义诊小组为 12 户的侨眷老人免费诊病。1992 年起，区侨办结合每一时期中心工作为归侨侨眷排忧解难。至 2005 年，共出具升学证明 147 份、出国自费留学证明 32 份、侨房证明 99 件、退休证明 540 份、侨眷证明 123 份、出境探亲亲属证明 561 份、拆迁证明 40 份、其他证明 342 份。为侨胞办实事 100 件，协调处理涉侨案 23 件。为贫难侨子女上大学捐资 6150 元，为 19 户的贫难侨发放慰问金 7000 元人民币。103 岁的印尼归侨林吓嫂病逝，帮其用宗教仪式办理丧事。

第四节　支持家乡建设

一、捐资办学

1990 年始，仓山区籍华人华侨陆续捐资在仓山区办学。是年美籍华人陈霖捐资 25 万美元在仓山建英华学校教学楼，被福建人民政府授予“乐育英才”金质奖章。1991 年，华人华侨回乡捐资办学增多，当年回乡捐资办学的有 5 批 9 人，共捐资 737.3 万元人民币、48.5 万元美元。兴建各级学校校舍 10 座，科学馆 1 座，其中郭宅村马来西亚籍华人郭鹤年捐资 100 万元人民币建下洋小学校舍，捐资 110 万元人民币建郭宅中心小学校舍；湖际村新加坡籍华人郑南康捐资 60.5 万元人民币建湖际小学和永南中学，其中包括永南中学的 10 万元人民币奖学金；台屿村新加坡籍华人陈德善、陈乾晃、陈林增英、陈伯堃共捐资 249 万元人民币，兴建台屿小学校舍；仓前街道美籍华人陈霖、范承顺夫妇捐资 21 万元人民币建天安小学校舍、捐 370 万元人民币建英华外国语学院校舍、捐资 31.5 万美元和 6 万元人民币建英华英语学校校舍、捐资 5 万美元和 14.2 万元人民币建霖顺科学馆、捐资 12 万美元和 6 万元人民币建盲聋哑学校校舍；郭宅村美籍华人郭时杰捐 0.6 万元人民币建福州六中校舍。

1992 年，义序村新加坡籍华人黄鸿清等 8 人回乡考察，捐资 6 万元新加坡币建义序小学附设工程；黄坤霖捐款 100 万元人民币兴建义序小学校舍。郭宅村美籍华人郭时杰为仓山科学馆捐赠价值 8 万多元人民币的电脑设备；湖际村新加坡籍华人郑南康集资 60 万元人民币建湖际小学“星正楼”；郭宅村马来西亚籍华人郑格如捐资 110 万元人民币建设郭宅中心小学。

1994 年，是仓山区华侨华人自改革开放之后为家乡办教育最多的一年，其中郭宅村马来西亚籍华人郭鹤年等捐资 81.6 万元兴建华南女子学院，捐资 1000 万元人民币兴建福建医科大学鹤龄楼；新加坡义序黄氏公会捐资 65 万人民币元兴建义序中心小学旅星楼、思乡楼等，计 1416 平方米；潘垱村潘鸿培捐资 8.75 万元人民币兴建潘垱小学；美国籍华人张驷祥（8 人）捐资 288.6 万元人民币兴建英华英语学校；华南女子大学北美校友会捐资 62 万元人民币兴建华南女子大学等。

1996 年，仓山区域扩大后，海外侨胞又掀起回乡捐资办学的热潮。当年马来西亚华人郑格如捐资 100 万元人民币兴建下洋小学教学楼；新加坡籍华人陈德善捐资 110 万元人民币，兴建台屿小学文体馆；新加坡籍华人郑南康捐资 10 万元人民币设立教育基金会。当年，侨胞共捐资 344.5 万元人民币、0.55 万美元。1997 年又有 8 名侨胞回乡捐资办学，其中，美籍华人陈范承顺捐资 376 万元人民币和 31.5 万元美元，为英华英语学院和福州市盲校建成面积 4000 平方米的校舍；台屿村新加坡籍华人陈德善夫妇捐资 200 万元人民币、陈乾晃捐资 32 万元人民币、陈林增英捐资 22 万元人民币、陈伯堃捐资 12 万元人民币、陈伯仲捐资 7 万元人民币兴建台屿小学教学楼和教师宿舍楼；湖际村新加坡籍郑南康为湖际小学校捐资 60.5 万元人民币、为城门中学捐资 10 万元人民币，梁厝村美籍华人梁九龄为梁厝小学捐资 15 万元人民币。是年，陈范承顺、陈德善、郭鹤年、胡凤珍等获福建省政府颁发的“捐助办学”金质奖章；陈乾晃、陈林增英获省“捐助办学”银质奖章。1998 年福建教育委员会和省侨务办公室联合授予郭鹤年“捐资办学”金质奖章和荣誉奖状、证书。中共仓山区委、仓山区政府领导为美籍华人陈霖颁发“为仓山区作出贡献的荣誉证书”。

1999 年，新加坡华人郑南康等筹资 26 万元人民币捐建永泰县希望小学。是年福建省政府表彰为家乡做出巨大贡献的华人华侨郭鹤年、义序黄氏公会郑南康、王长祯等，并分别颁发“捐资办学”金质奖章。

2000年～2005年，美国华人范承顺、新加坡籍华人陈德善、马来西亚籍华人郭鹤年兄弟、新加坡籍华人郑南康、加拿大籍华人林发锵共捐资595万元人民币，支持家乡发展教育事业。福建省人民政府召开捐资办学表彰大会，仓山区籍的海外侨胞郭鹤年、陈霖个人捐资达千万元以上，受到福建省政府的表彰。

二、捐资公益事业

1990年，有9名华侨华人共捐资1717.2万元人民币及16万美元支持家乡公益事业建设。其中仓前街道美籍华人陈霖捐资250.5万元人民币及16万美元，兴建华侨文化活动中心和霖顺科学馆、福建医科大学图书馆、福州儿童医院门诊大楼、福州市按摩医院；马来西亚籍华人郭鹤年捐资1180万元，兴建上海妇产医院“格如楼”、仓山医院引进人才的居住楼房及补充急需医疗设备。马来西亚籍华人郑格如捐资83.5万元人民币，为娘家下洋村修建水泥路和堤坝，捐资30万元人民币为下洲兴建凉风亭。台屿村新加坡籍华人陈德善、陈乾晃、陈林增英、陈伯堃、陈伯仲等捐资170多万元人民币，修建台屿陈氏宗祠以及村间水泥路。湖际村新加坡籍华人郑新润捐资1.7万元人民币为湖际村铺路、修水利、建老人馆等。

1994年，敖峰村马来西亚籍华人郑祖用捐资16.32万元人民币修建敖峰村水泥路和修建祠堂。湖际村新加坡籍华人张依志捐资1.65万元人民币铺设燕前水泥路。跃进村马来西亚籍华人郭中坦、郭长秋捐资10万元人民币为光桥村铺设水泥路。建新镇塘下村美籍华人刘桂良、义序玻利维亚华人黄依娇、美籍华人陈霖、美籍华侨郭时杰共捐资51万元人民币，建成村老人活动中心、村图书馆、“黄裔之娇乐园”，捐赠8万元人民币为区科技馆购置电脑设备。

至2005年，先后有北园泰国华人林赛珠捐资15万元人民币，建成北园文化宫，胪雷美国华人陈海涛、陈韬捐资71.5万元人民币建成胪雷文化宫。郭宅美国华人郭时杰捐资15.2万元人民币建成郭宅楼顶店图书馆，蒋宅美国华人高公宇捐资1万元人民币，建成蒋宅村文化宫。谢坑新加坡华人谢家兴捐资0.6万元人民币，建成谢坑文化宫，下洋新加坡华人严拱生捐资10.4万元人民币建成下洋影剧院。

1990～2005年，全区华人华侨捐资公益事业的有20多人，资金达1932.37万元人民币。其中最多的是郭宅马来西亚籍华人郭鹤年，捐资达1180万元人民币。其次是仓前的美国籍华人陈霖，捐资226.5万元人民币。

附：华侨社团组织

新加坡福州义序黄氏公会　成立于民国25年（1936年）11月，创始人为仓山区义序乡的黄嘉寿、黄仲钦、黄秋木、黄树福等人。永久名誉主席黄忆水。公会宗旨为帮助困难乡亲寻找出路，发扬同舟共济精神，敬祖睦族，克敦亲谊，助危救难。抗战期间，公会捐款济助流落新加坡濒临绝境的10余位乡亲找到生计，渡过难关。近年多次募集资金在故乡修建义序中小学红砖楼、旅星楼、旅星路、思乡路、旅星亭、旅星室等，约投资100多万元人民币。2005年，公会主席黄坤霖，原籍仓山区义序中山村新墩，为黄嘉寿的长子，副主席黄锦蒲，公会成员共35人，会所在巴耶里巴上段121号顺本餐室楼上。

新加坡福州会馆　成立于清光绪三十五年（1907年），创始人，孙子善。会馆积极参加新加坡南洋大学的筹款和建设。民国26年（1937年）抗战爆发，会馆发动福州同乡及侨团筹款数万元在福州创办难童教养院。民国27年（1938年）召集全马福州十邑侨团代表大会，开展筹赈工作，支援祖国抗战。民国30年（1941年）新加坡沦陷，会馆又组织乡亲参加义勇队、救伤队。乡亲汤新进为义勇队的少校军官，胜利后为新加坡教育局副提学司。民国37年（1948年）6月福州大洪水，灾黎遍野，会馆特设筹赈水灾委员会筹款6万多元，寒衣上万件，赈济灾乡灾民。1964年新加坡独立，1968年2月会馆献捐2000元作为国防资金。1980年会馆捐建仓山区下藤华侨幼儿园和烟台山观梅亭。1983年10月，周开丰名誉馆长率领旅新加坡乡亲30多人回仓山参加“观梅亭”的落成典礼。2005年会馆馆长林理化，名誉馆长周开丰，秘书郭桐藩（原仓山区盖山镇郭宅村人）。馆址新加坡德威路21号社福州大厦4-1。

新加坡福州凤岗同乡会　创建于民国37年（1948年），创始人王康南、蔡英豪、张在德、刘亮谋等人。

宗旨为加强联系南来新加坡经商的乡贤，会员均为建新镇在新加坡经商的乡人。会址在大坡加拿路54号同成发茶庄2楼。2005年迁至桥南路大牌1号。同乡会主席郑展志，副主席卢诗江、陈光南，

星洲咖啡店员联合会 成立于民国35年（1946年），会址在马真街21号，联合会宗旨是集中力量对会务作平衡之发展，救济失业疾病之会员及其子女助学金之福利工作。2005年会址迁至小坡赛逸亚协雷街136号C。会长陈伯堃，为仓山区建新镇人。会员黄国梁（盖山镇义序竹榄村人）为玻利维亚中华工商总会副会长。

第二章 港澳同胞

第一节 分布

1990年，仓山区籍的港澳同胞共4976人。在香港定居的有4788人。其中临江街道1850人、仓前街道1034人、下渡街道532人、上渡街道543人、三叉街街道518人、对湖街道311人。在澳门定居的188人，其中下渡街道46人、临江街道42人、仓前街12人。

1996年，区域扩大后、仓山区籍在香港、澳门定居的同胞增至9588人。随着改革开放深入，赴香港、澳门定居的人数增多。2005年在香港、澳门定居的同胞增加至12071人，其中香港同胞11711人，澳门同胞360人，共增加2483人。是年，赴香港定居的同胞，主要来自5个镇4个街道。赴香港定居人数最多的是盖山镇有3102人，其次是临江街道有1900人，再次是仓前街道有1202人。其后依次为城门镇1149人，建新镇795人，下渡街道694人，上渡街道684人，仓山镇665人，三叉街街道637人，对湖街道354人，东升街道329人，螺洲镇148人，金山街道52人。境内赴澳门定居人数最多的是盖山镇有180人，其后依次为下渡街道46人，临江街道42人。仓山镇41人，建新镇21人，仓前街道13人，城门镇11人，螺洲镇4人，金山街道2人。上渡、三叉街、东升、对湖4个街道，没有赴澳门的同胞。

第二节 参加家乡建设

1990年，仓山区建新镇雁宾村籍的香港同胞丁绍斌，捐资5万元人民币在雁宾村兴建老人院。至1993年，分别有香港同胞孙龙扬投资1300万元人民币，用于开发龙津浦片的旧城改造；连坂村港胞林发铿捐资20万元人民币铺设家乡自来水管道，捐资10万元人民币修建祠堂，捐资5万元人民币建立城门镇教育基金会；香港松辉国际集团公司董事长王新伟捐助100万元人民币建仓山中医院。

1994年，香港福州十邑同乡会名誉会长柯伯诚捐资200万元港元建柯信谋科学楼和柯信谋奖教奖学基金；螺洲镇港胞陈振捐资40万元人民币修复螺洲天后宫；港胞丁绍斌捐10万元人民币建立建新镇教育基金，并亲自担任建新镇教育基金会会长。

1995～1999年，先后又有港胞柯伯诚、郑重捐资20万元人民币救助仓山“11·27”火灾的灾民；新加坡华人郑南康等捐资26万元人民币兴建永泰县希望小学；林发铿捐资5万元人民币建连坂村水泥路。

2000～2003年，香港王长桢先后捐资106.8万元人民币建北园小学教学楼，获省政府颁发的“捐资兴学”金奖。港胞朱正捐助50万元人民币筹建闽江大学十邑图书馆，并资助福州4所大学20名优秀贫困学生求学。2005年，港胞谢涛投资15万美元在金山投资区创办福州尚飞制衣有限公司。

1990～2005年，共有11名香港同胞共捐资1897.8万元人民币、200万港元、15万美元支持家乡建设。其中捐资562.8万元兴建仓山中医院、北园小学教学楼、闽江大学十邑图书馆、雁宾村老人院，及修建连坂村水泥路、自来水管道、修复螺洲天后宫等；捐资15万元人民币建立2个镇教育基金会；捐资20万元人民币救助火灾的灾民；投资1300万元人民币、15万美元创办实业。

1990~2005 年仓山区港澳同胞捐（投）资家乡建设情况表

表 17-2-1　　单位：年、万元

姓名	时间	金额	项目	捐、投资
丁绍斌	1990	5	雁宾村老人院	捐资
孙龙扬	1992	1300	龙津片旧城改造	投资
林发铿	1993	10	修建祠堂	捐资
林发铿	1993	20	铺设家乡自来水管道	捐资
林发铿	1993	5	建立城门镇教育基金会	捐资
王新伟	1993	100	仓山中医院	捐资
丁绍斌	1994	10	建新镇教育基金	捐资
柯伯诚	1994	200	仓山科学馆和奖教奖学金	捐资
陈　振	1994	40	螺洲天后宫	捐资
柯伯诚、郑重	1995	20	救济灾民	捐资
郑南康	1997	26	希望小学	捐资
林发铿	1999	5	连坂村水泥路	捐资
王长祯	2000	55	北园小学教学楼	捐资
王长祯	2001	51.8	北园小学教学楼	捐资
朱　正	2003	50	闽江大学十邑图书馆	捐资
谢　涛	2005	15 万美元	尚飞制衣有限公司	投资

第三章　台湾同胞

第一节　台胞台属

1990 年，仓山区有去台人员 4937 人，其中，国民党上层人物 4 人，台湾各界著名人士 110 人，住区台属 3650 户、8539 人。由于历史和地理等原因，临江街道、下渡街道和城门镇等地的台湾同胞都在千人以上，还有民国期间来福州求学或被迫参加大陆内战的滞留台胞 26 户 120 人。至 1995 年，辖区内台胞、台属人数基本没有改变，而原滞留的台胞人数有所减少。随着台湾海峡两岸的形势缓和，台湾籍的商人在辖区经商办企业和两岸通婚的日益增多。1996 年，区划调整后，仓山区台胞和台属数量明显增加，其中有台湾企业家 300 多人、台籍女婿 18 人。至 2005 年，全区有台胞 6594 人，其中仓山镇 78 人、盖山镇 475 人、城门镇 1197 人、建新镇 347 人、螺洲镇 182 人、仓前街道 1266 人、临江街道 891 人、上渡街道 141 人、下渡街道 1282 人、三叉街街道 138 人、对湖街道 571 人、东升街道 26 人。全区有台属 1 万多人。在台湾较为著名的社会上层人物有台湾妇女工作委员会主席辜严倬云、台湾著名作家严停云，还有祖籍建新镇的高孔濂、城门镇的黄月英等 15 人。

第二节　经贸交流

1990 年，接待台胞 126 人次，有 52 人次与仓山区开展经贸洽谈，成功签约 10 个项目，总投资 729.6 美元。1991 年后，随着台海两岸形势缓和，仓山区与台湾经济交流迅速发展，其中，台属范秉中以个人名义投资 200 多万元，在三高路兴办集酒店、澡堂、商贸为一体的大仓山大酒店。至 1995 年，台商到仓山区洽谈投资，成功签约的有 57 个项目，总投资 3202.19 万美元。此外，台胞严子椿等人在岭后村等地区捐赠 5 万多元人民币创办公益事业；台湾十邑同乡会分别捐赠仓山福利院和仓山鹤龄医院各 1 万元人民币；台胞黄月英等捐资80多万元人民币，修建义序黄氏宗祠、捐资15万元人民币筹办义序教育文化基金会和建设闽清六都虎丘黄氏宗祠。

1996年，福州“国际招商月”期间，仓山区与台商签约13个项目．其中，落地的有保龄球、食品、文具、光学眼镜等10个项目，总投资360.6万美元，注册资本269.6万美元，协议台资328.8万美元。

1997年6月26日，由台中县房地产、渔业、农贸、商贸、金行、娱乐等行业人员组成考察团一行29人，到仓山区进行考察，组织参观仓山科技园和城门镇濂江村，同时进行投资洽谈，至1998年先后引进21家台资企业，其中台湾亚诚房地产有限公司投资2000万美元兴建城南农贸市场。福州丰大包装制品有限公司、福州大光塑胶制品有限公司、福州亚洲特殊陶瓷有限公司分别增资70万美元到几百万美元。 同时还有9名台胞捐资800多万元人民币在家乡兴办学校、老人馆、修建水泥路、增设水设施等公益事业。同年6月，中国大陆北方发生严重水灾，仓山区的台胞台属台商积极捐款捐物达2000多万元人民币，其中旺旺集团公司捐助117万元人民币以及价值1252万元人民币的“旺旺”牌食品。2000年台胞黄月英捐资15万元人民币，为连坂村接通自来水管道。

2003～2005年，福州5·18“海交会”和“9·8”厦门洽谈会期间，有大批台胞回乡探亲、投资，仓山区每年均举办专场投资洽谈会，吸引大批台胞参加投资洽谈，其中台胞谢聪明投资10万美元创办“和久节能机电有限公司”，落户在盖山镇郭宅村；台胞黄紫玉投资1.5亿美元在义序开发湿地公园项目。3年共有42个台资项目在仓山区落户，吸引台资11555万美元。1990年至2005年，全区注册的台资企业有143家。包括塑胶、食品、工艺品、电子、鞋业、家具、机械、园艺8个门类，总投资2.7642亿美元。

第三节 文化交流

1990年元旦，仓山区举办“新年团拜祝寿茶话会”，邀请136名80岁以上的台属参加。同年，仓山区台联会副会长、仓山鹤龄医院推拿科主任严明森医生赴台探亲，为台胞义诊250多人次，并在台湾举办学术讲座，听众达2000多人。台湾《中国时报》发表他的专业论文21篇，台湾有线电视台广播《方兴未艾的徒手疗法》宣传他的医术，还出版他的专著《简易徒手疗法》。1992年2月15日，鹤龄医院与台湾《罗星塔》月刊社签订协议在鹤龄医院内成立“福州市台胞诊疗保健中心”。1993年台胞严子椿先生等人捐资9万多元，筹办“岭后小学教学奖励基金会”。至2005年，主要文化活动有1995年严明森赴台进行医术交流，为台胞义诊，治疗500多人；仓山区烟山画院院长、福建师范大学美术系主任檀东铿率领8个画家赴台湾办画展；1996年仓山区台办向台湾的《福州月刊》《罗星塔》等报刊供稿5篇。1998年烟山画院画师陈义水赴台湾举办画展。2003年，仓山区台湾工作办公室主任许冬梅参团“福州市旅台同胞亲属联谊会”赴台湾访问，同台北、台中等地福州同乡会乡亲广泛联络和交流。2004年，台湾妇女联合会主席辜严倬云率团参加福州“纪念严复诞辰150周年”大会，并到仓山阳岐严复的故乡祭扫“严复墓”。同年，台湾顺天圣母朝圣团一行100多人，到仓山龙潭角朝拜陈靖姑祈雨处。

第四节 对台事务

1990年，仓山区台湾工作办公室主要是开展台胞、台属的接待，帮助解决实际困难。当年接待回榕探亲台胞367人次，受理台胞来访、来电、来信1232人次，帮助台属赴台探亲的有27人，其中奔丧的13人，定居的2人。8月，上三路台属张榕笙房屋被台风刮倒，区领导立即派人帮其安排住处，并重建家园。

1991年，根据对台政策，帮助协调退还下藤路猴弄3号台胞房屋的产权、帮助台胞找到其失散的亲人、协助台胞、台属疾病救治等共36件。是年接待来访台胞283人，其中有台湾联电电器公司董事长和桦兴电业公司总经理等人。

1992年，福州发生特大台风和洪水，给部分台胞台属带来经济困难，区领导深入各家各户慰问，帮助解决困难 30 多件，有 17 户困难户得到经济补助。全年共接待台胞 300 多人次，协助台胞台属解决房产等问题 136 件，有 19 户台胞台属喜迁新居，入住台胞新村；临江街道还为 11 名 80 岁高龄的台胞、台属义诊。

1993 ～ 1995 年，回乡探亲或治病的台胞人数增多，3 年共接待台胞 5570 人次，其中鹤龄医院台胞诊疗保健中心接待台胞就医病人最多，最高的月份平均每天接待 9 人次。其间，还协助台湾亚洲新闻社社长何震宇等 3 人处理财产分割纠纷及解决台属子女招工、老人生活等问题共 38 件，对 6 名有困难的台属进行经济补助。为台胞、台属协调解决房屋产权纠纷、落实水电、安装电话等共 23 件。为 26 名 80 岁高龄的台胞台属祝寿，还为台胞台属办理解决探亲公证、台属证明、房屋产权、婚姻纠纷、邻里争吵、安装自来水、求医问药、升学证明以及寻找亲人等问题 80 多件。台胞张先生的寻亲一事，区有关部门走访 20 多个单位和个人，终于实现他 50 多年的寻亲愿望。

1996 年，对新划入的 5 个镇和新成立的东升街道台胞、台属情况进行普查，走访 48 家台资企业，协调解决厂房、生产经营、环保、治安和各种纠纷 29 件，为 258 名台属提供赴台探亲的公证材料。慰问台属 45 户，为 3 个下岗台属安排工作。同时还组织干部到 23 家台资企业调查研究，为台胞郑恒旺捐资兴办的“福州市城山学校”办理土地配套费、土地管理费等有关税费减免手续；为台资兴办的城南农贸市场协调解决规划审批和市工商局用地协议；为“三丰鞋业”解决残疾人就业基金减免；为世扶钢铁有限公司协调解决劳动纠纷仲裁；为旺旺有限公司解决车祸纠纷；为“三一鞋厂”解决电业押金等问题共 53 件。至 1998 年，3 年共接待台胞 4116 人次。处理台胞、台属的来信 75 件、来访 200 多人次，出具有关公证材料 80 多件。

2002 年，接待台商 3 个团组 17 人。处理台胞台属台商来信来访投诉 29 件，办结 28 件，为台胞台属开具各种证明材料 42 件。2003 年，接待台胞、台属 394 人次。受理台商投诉信访 6 件。先后帮助台商辰庆包装工艺有限公司和统联文具礼品有限公司协调搬迁厂房；协调台商伽南服装公司搬迁变压器引发的纠纷；协调台商佳福纸业有限公司涉及知识产权案件和台商新代公司被诈骗等问题。同时还保护和整修涉台的阳岐村严复墓，慰问先锋村 102 岁的老台胞陈黄三妹，并为她庆贺生日。全年，共办结台胞台属投诉信访 19 件，开具台籍学生证明 1 份，变更户籍证明 23 份，出具其他证明 141 份。

2004 年，先后接待台湾海基会董事长辜振甫夫人、台湾妇女联合会常委兼秘书长辜严倬云回乡参加“纪念严复诞辰 150 周年”活动和台湾顺天圣母协会百人朝圣团。陪同到阳岐村鳌头山祭扫严复墓和朝拜龙潭角陈靖姑祈雨处。当年共接待台胞返乡探亲、祭祖、观光、考察 346 人次，办结台商、台胞、台属投诉 14 件，开具关系证明 157 件、其他证明 3 件。

2005 年，“龙王”台风袭击福州，仓山区组织人员协助台资企业做好保险理赔，并协助做好灾后的生产自救工作。其间，三叉街新村 2 岁小台发生触电身亡事故及先农村的台资“进丁工艺品有限公司”发生压储罐设备爆炸，造成工人 2 死 1 伤事故，区台办及时介入，协调市供电局、市电信局、街道及社区干部，妥善处置善后事宜。并与区涉台部门协调设立“12345 服务平台”，强化台胞、台属投诉件的办理工作，使之“投诉有门、办理有效、结果透明、督查到位”。

1990 ～ 2005 年底，全区共受理对台事务约 2 万件，平均每年 1600 多件。

第四章　机构和联谊

第一节　机构

一、侨务办公室

1990 年，区政府设侨务办公室，配有专职人员 1 人。2002 年 7 月，仓山区人民政府台湾事务办公室与仓山区人民政府侨务工作办公室合并，成立中共仓山区委台侨工作办公室，行政编制3人。2004年11月，根据中共福州市委机构编制委员会《关于县区台、侨机构设置有关问题的通知》，仓山区台、侨机构分设，成立侨务工作办公室，编制2人，其中正科级主任1人。该机构至2005年不变。

二、台湾工作办公室

1990年，区委设台湾工作办公室和台湾工作领导小组，由区委书记，区长任正副组长，区委统战部、公安局、台办等6个部门负责人为小组成员，并在各街道成立台湾工作领导小组，指定分管领导或兼职干部。1991年，全区6个街道及教育局、卫生局、交通局、文化局、劳动局、工业局、城建局、建工局、房管局、民政局、商业局、工商局、外经委等单位皆“虚设”台湾事务办公室，由分管副局长或副书记兼任主任或副主任。各配备一个兼职干部。1997年6月，根据《仓山区党政机构改革方案实施意见》，中共仓山区委台湾工作办公室对外加挂“福州市仓山区人民政府台湾事务办公室”牌子，行政编制 2人，其中主任1人。2002年7月，仓山区人民政府台湾事务办公室与仓山区人民政府侨务工作办公室合并，成立中共仓山区委台侨工作办公室，行政编制3人，其中主任1人。2004年11月，根据中共福州市委机构编制委员会《关于县区台、侨机构设置有关问题的通知》，仓山区台、侨机构分设，成立中共仓山区委台湾工作办公室，编制2人，其中正科级主任1人。该机构至2005年不变。

第二节 “三胞”联谊

1990年．三胞联谊工作由海外联谊会和6个街道三胞联谊会负责开展联谊工作。当年区海外联谊会于春节、“三八妇女节” 先后召开“三胞”恳亲会，迎春茶话会和女归侨侨眷联欢会。1991年，在仓山霖顺科技馆举行世界福州十邑乡亲恳谈会，有来自美国和中国台湾、香港地区的海内外乡亲50多人参加。当年共举办各种联谊活动25场次。1992年，接待美国、日本等12个国家和中国香港、澳门、台湾地区的乡亲朋友113批1480多人次，开展恳亲活动。

1993年，区侨办同区侨联、区海联会联合举办5场恳亲会、茶话会和联欢会。同年。区委统战部通过赴港旅游团两次组织33名海外联谊会会员先后访问美国、马来西亚和中国香港、台湾地区，会员以医会友、以艺会友，会员陈忠森“微雕”作品和陈德宏国画作品在美国和中国香港地区展出；会员严明森马来西亚及台湾、香港等地举行义诊并讲学；会员方彬率领小伙伴艺术团在香港演出均获得成功。

1994～1996年，先后接待“福州旅港十邑同乡会代表团”以及来自7个国家和地区的福州同乡社团11个。1997年10月仓山区委派统战部长、区海联会会长林恩全参加香港举办的庆祝香港回归祖国暨福州十邑旅港同乡会成立60周年庆典活动。1999年8月，由仓山区政协副主席饶福生带领5名海外联谊会会员出访新加坡、马来西亚和中国香港、澳门等地，走访仓山区海联会香港联络组、香港福州十邑同乡会等7个社团和80多位乡亲。

至2005年，仓山区海外联谊会与美国、新加坡、马来西亚、日本等8个国家和中国香港、台湾地区15个同乡社团建立关系，开展联谊活动。接待海外乡亲26批180多人次。引荐美国等10多个国家和中国香港、台湾地区经济界朋友680多人次，引进“三资”企业项目57个，协议外投资金额达3830万美元。

第十八篇　教育　科技

第十八篇 教育 科技

第一章 教育

1990年，全区有各类学校121所，其中幼儿园58所、小学17所、普通中学8所、特殊学校1所、中专中职24所、高等院校13所。在校师生人数约占全区人口总数的三分之一。是年，区委、区政府把“基本普及九年义务教育、基本扫除青壮年文盲”和办好“人民满意的教育”作为奋斗目标，全面实施素质教育，加强薄弱学校建设，并在小学和学前班中开展教育结构调整和课程改革活动，推进教育均衡发展。 1991年，根据生源变化，仓山区开始调整小学学校布局，并实行教师管理体制改革。在全区小学教师中实行聘任制，校长与教师双向选择，调动教师的积极性。1996年，区划调整后，区属中小学校数量大幅增加，全区基本形成首山、螺洲、建新三大学区。此后，在教育体制改革以及鼓励社会力量办学等政策推动下，仓山区民办幼儿园和私立中学得到较大发展，各类学校的数量增加、规模扩大。1999年，建立素质教育督导评估机制，全面推进素质教育，加大教育专项经费投入，新建、扩建一批中小学校教学楼和其他教学辅助用房，增添教学设备，改善办学条件。2002年，仓山区通过省级复查验收，实现义务教育“双高普九”的目标，被授予“福建省实验教学普及县”称号。2005年，全区有各类学校303所，其中区属210所，省市属93所，在校学生18.3万人。在区属学校中有幼儿园130所，在校学生10167人；小学68所，在校学生36555人；特殊教育学校1所，在校学生119人；中学12所，在校学生10538人。

第一节　幼儿教育

一、园（班）设置

1990年，仓山区根据《幼儿园管理条例》和《幼儿园工作规程》对区属幼儿园进行整顿，办理登记注册手续。对符合《福建省举办幼儿园（班）基本条件》的幼儿园颁发《幼儿园登记注册证书》。对条件未达标的责令限期整改，条件极差无力整改的不予注册。是年，全区有58所幼儿园通过注册。其中有公办幼儿园2所，小学附设学前班13所，部门办幼儿园22所，街道集体办幼儿园16所，民办幼儿园5所，班数133个，教职工454人。在园适龄幼儿4423人，入园率95.5%。此外，境内还有归属郊区管辖的幼儿园（班）91所。1994年1月，市教育局幼教处在仓山区开展改进并加强学前班试点工作，对各小学附设学前班进行评估，评估认为仓山区学前班办学情况总体良好，并向全市其他区推广。1995年，又对全区幼儿园（班）开展登记注册及复查工作，进一步加强对民办幼儿园管理。当年复查登记注册的民办幼儿园共60所。

1996年，区划调整后，全区幼儿园增加到135所，其中公办幼儿园2所，小学附设学前班23所，部门办幼儿园14所，镇街办幼儿园83所，民办幼儿园13所，301个班，教职工766人。全区在园适龄幼儿 10358 人，入园率达 92.5%。1998 年，区教育局配合市教育局幼教处与社会力量办学管理办公室联合对民办幼儿园（班）办园的基本条件进行评估，对条件不达标的幼儿园（班）责令其整改。通过整改，全区 13 所民办幼儿园（班）均改善办学条件，规范办学行为，走上规范化的办园轨道。1999 年，取消城区小学附设学前班。是年，全区各类幼儿园（班）有 122 所，其中公办幼儿园 2 所，农村小学附设学前班 10 所，部门办幼儿园 14 所，镇街办幼儿园 83 所，民办幼儿园 13 所，共 285 个班，教职工 730 人。

2002 年，《中华人民共和国民办教育促进法》正式出台，仓山区积极鼓励社会力量创办民办、集体幼儿园（班），全区幼儿教育事业得到快速发展。至 2005 年，全区幼儿园 130 所，其中公办幼儿园 3 所，部门办幼儿园 6 所，农村小学附设学前班 10 所，镇街办集体幼儿园 15 所（街道办幼儿园 1 所、镇办幼儿园 4 所、村办幼儿园 10 所），民办幼儿园 96 所，共 465 个班，教职工 1330 人。全区在园适龄幼儿 10167 人（其中流动人口 1550 人），适龄幼儿入园率 93%。

二、学制课程与教学

1990 年，仓山区各类幼儿园学制为 3 年，招收 3 ～ 5 周岁适龄幼儿入园，每年秋季招生，缺额可随时补招。当年，全区采用全国统编的幼儿园教材。幼儿教育采用分科教学与三大游戏相结合的教学方法，开设语言、计算、常识、音乐、美术、体育、游戏（表演）课程。小学附设学前班（相当于幼儿园大班），学制为一年，使用《福建省学前班教材》，开设语言、计算、常识、音乐、美术、体育、游戏（表演）课程。

2001 年，幼儿园教育用书使用省重新编写的《福建省幼儿园教师教育用书》。2002 年，仓山区实施《福州市幼儿园课程改革实验方案》，增加户外活动和综合课程，全区各类幼儿园使用省编写的《主题活动指导》和《领域活动指导》教材。

2005 年，全区各类幼儿园学制 3 年不变，各类幼儿园开设课程有语言、科学、艺术、健康、社会五大类。游戏有角色、结构、表演等主题活动。教学仍采用分科教学与三大游戏相结合的方法。教学科目有语言、计算、常识、音乐、美术和体育，每周各 2 节。幼儿园作息时间与内容安排为上午 8 ～ 9 点为户外活动、区域活动和早操，下午有半小时体育活动和 1 小时游戏活动。

三、卫生保健

1990 年，仓山区根据《福建省实施托儿所、幼儿园卫生保健管理办法》，制定幼儿作息制度，幼儿每天在园时间不少于 6 小时，每天户外活动不少于 2 小时，寄宿制的幼儿园不少于 3 小时。幼儿园（班）要对幼儿身体健康状况定期进行分析、评价，注意幼儿口腔卫生和视力保护。同年，仓山区教育局联合区卫生局和区妇幼保健院对全区各类幼儿园负责人、卫生专职干部、保育员以及后勤人员进行有关幼儿卫生保健工作培训，开展自检、互检、抽检等活动，并形成制度化。

1996 年，执行《幼儿园管理条例》和《幼儿园工作规程》，对幼儿健康实施疾病预防、饮食营养监测。幼儿入园前须进行全面体检，入园后每年均全面体检一次；每半年测身高、视力、体重、口腔，并指导矫治一次；幼儿园教师、保育员、后勤人员实行持健康证上岗制度，每年体检一次。各幼儿园（班）均设幼儿健康卡，严格执行预防接种证制度，开展疾病预防监测、防龋、蛲虫和季节性常见的传染病预防工作。每天进行晨检，做到一看、二摸、三查、四问，杜绝传染病入园。同时建立卫生消毒制度，对幼儿用具、玩具、被褥及周围环境进行定期消毒，并实施定期消灭老鼠、蟑螂、蚂蚁和苍蝇制度。幼儿膳食由所在幼儿园负责编制每天一餐两点心的食谱，做到周内同中有异，每天公布。食堂做到食物生熟分开，防止食物中毒，同时为幼儿提供洁净的饮用水。教师、保育员督促幼儿及时饮水，培养幼儿养成饭前便后洗手的良好习惯。2001年，全区幼儿园增设“健康领域”课程，培养幼儿在集体生活中有基本的生活自理能力和安全卫生保健常识，养成良好的卫生习惯。2002年起，仓山区配合市卫生局开展卫生保健合格园（所）评选活动。至2005年，评出区实验幼儿园、金山小金星幼儿园，福建师范大学实验幼儿园、福州华南实验幼儿园等8所为“福州市卫生保健合格幼儿园（所）”。

四、教研活动

1990年，仓山区幼儿教育教学研究活动以仓山区实验幼儿园（以下简称区实验幼儿园）为龙头，辐射全区，形成区实验幼儿园、部门办幼儿园、镇街中心幼儿园和一般幼儿园三级教研网络。是年，仓山区成立教育学会幼儿教育分会，领导全区幼儿园开展幼儿教育教学研究，定期举行全区性集体备课，研讨活动。每学年均举行一次全区性教育教学观摩研讨，开展教育活动设计、科学教玩具制作、优秀教案、优秀教育教学论文评选和促进幼儿身心发展的户外体育探讨活动。1993年，根据“先培训，后上岗”“不培训，不上岗”的原则。先后举办24期“园长岗位培训”“幼儿园骨干教师培训”“新教师见习期培训”“教师岗位培训”，参加培训共960人次。同年，仓山区幼儿教育教学研究会设立科学教育，科学管理，幼儿游戏，幼儿语言教育4个专题研究小组，以区实验幼儿园为研究基地，开展专题研究活动，并与城门镇中心幼儿园、仓山私立金康幼儿园挂钩，开展帮扶活动。2000年，仓山区幼儿教育教学研究会在区实验幼儿园科研基地举办“研究会成立十年展”，总结十年教科研工作经验，展示十年教科研成果，获得与会领导和同行的好评。2002年，区实验幼儿园率先实施《福州市课程改革实验方案》，率先使用福建省编写的《主题活动指导》和《领域活动指导》教材。2003年在全区公立幼儿园中全面推广。2005年，开始对农村幼儿园课程进行改革，以城门镇中心幼儿园为农村幼儿课程改革试点，由区实验幼儿园担负对幼儿园新教师跟班培训任务。同年，在全区农村幼儿园全面推广使用福建省编写的《主题活动指导》和《领域活动指导》教材，把“综合课程”改为“主题活动”，以儿童可持续发展为本，注意唤醒幼儿的主体意识，培养幼儿“独立、自制、专注、秩序，合作”等精神，让幼儿在与环境相互作用的活动中主动学习，健康成长。

附：主要幼儿园选介

仓山区实验幼儿园 坐落于万春巷21号，1990年，园名为“仓山区中心幼儿园”，系省级标准园。1992年3月25日更名为仓山区实验幼儿园。幼儿园占地0.4公顷，绿化面积360平方米，建筑面积4008平方米，户外活动面积1556平方米，室内活动面积1540.85平方米。2005年，开设10个班，在园幼儿344人，教职工48人。至2005年，有51篇论文和案例获全国、省、市奖励，幼儿园先后获得“福建省先进幼儿园”“福

仓山区实验幼儿园（2005）

建省先进教工之家”“福州市文明单位”“福州市‘三八’红旗手集体”“福州市先进幼儿园”等称号。

金山小金星幼儿园　2003年9月由谢燕川创办，总投资500万元。幼儿园坐落在福州金山生活新区，占地面积3600平方米，建筑面积2870平方米。内设活动室、形体室、电脑室、“蒙特梭利”室、会议室及多功能厅。全园共有大中小托4个年段。幼儿园采取“蒙特梭利”“感觉统合”“瑞吉欧”方案等教学模式，形成独特的办学特色。2003～2005年先后被评为“福州市先进幼儿园”“福州市卫生保健合格单位”“仓山区示范园”“仓山区文明学校” 和“省级青年文明号”。

金山小金星幼儿园大门（2005年）

福建省金山幼儿园　位于福州市金山生活区金环路3号，2001年创办，隶属于福建省妇女联合会。该园占地3525平方米，建筑面积3536平方米，户外活动面积2310平方米。户内设置有幼儿多功能活动室、多媒体活动室、结构室、美工室、科学实验室、图书室；户外有嬉水池、玩沙池、跑道、篮球场、种植园地、动物饲养角、大型活动器械等。该园先后参加省级早期阅读课题和全国十一五课题《在分享阅读中整合词素意识，培养幼儿的自主阅读能力》等的研究，早期阅读成为特色课程。2005年，全园共有10个配套班，在园幼儿408人，教职工40人。该园是福建省示范性幼儿园。曾获福建省直“青年文明号”称号，连续两次被福建省妇联、福建省直幼教研究会评为“先进集体”。

金山幼儿园大门（2005年）

福建师范大学幼儿园　坐落于上三路27号，该院原名福建师范大学实验幼儿园，1992年2月更名为福建师范大学幼儿园（下简称师大幼儿园）。幼儿园占地约0.73公顷，建筑面积4070平方米，绿化面积1200平方米，户外活动面积4600平方米，室内活动面积2100平方米。园内设有活动室、寝室、盥洗室、幼儿厕所（男女分开）、保健室、多媒体室、多功能室等学习和生活设施，户外有沙池、嬉水池、攀爬墙、大型娃城、球场等活动设施。幼儿园食堂是福建省食品卫生监督量化分级管理（A）级单位。2005年在园幼儿498人，共16个班，员工71人，教师28人。幼儿园曾获得福建省“先进幼儿园”“福建省一类卫生保教优质园”“福州市优质幼儿园”“福建省优质幼儿园”等称号。

福建师范大学幼儿园大门（2003年）

仓山区小伙伴艺术幼儿园　位于仓山区溢浩路14号，由仓山区教育局于2000年兴办。幼儿园占地面积5308平方米，建筑面积2566平方米，其中供幼儿学习、生活的面积798平方米，人均近2.1平方米，户外活动场地面积2500平方米，人均超6.6平方米。2005年，在园幼儿达309人，班数9个，教职工45人。幼儿园先后被评为“市先进幼儿园”“仓山区第十一届（2003～2005年度）文明学校”“仓山区示范幼儿园”。

仓山区小伙伴艺术幼儿园园景（2005年）

2005年区仓山幼儿园概况表

表18-1-1

单位：个、人

区位	名称	办学类别	地址	班级数	在园幼儿数	教职工数
仓前街道	区实验幼儿园	公办	万春巷21号	10	344	48
	体育幼儿园	部门办	公园路1号	3	67	9
	宝宝乐幼儿园	民办	进步路2号	3	26	10
	红豆幼儿园	民办	复园支路50号	3	60	7
	晨星私立幼儿园	民办	公园路33号	2	10	4
对湖街道	师大幼儿园	部门办	上山路27号	12	409	72
	海军幼儿园	部门办	对胡路34号	5	179	22
东升街道	麦顶幼儿园	民办	则徐大道420号	6	201	35
	小花朵幼儿园	民办	上山路246号	4	82	10
	春晖幼儿园	民办	上山路58号	3	60	6
	金太阳幼儿园	民办	上山路254号	3	37	7
	银河幼儿园	民办	东升解困3座	3	32	7
临江街道	临江幼儿园	街道办	朝阳路61号	10	426	42
	市二医院幼儿园	部门办	塔亭路10号	3	25	9
	兴兴幼儿园	民办	朝阳路132号	3	55	6
三叉街街道	区小伙伴幼儿园	公办	溢浩路14号	9	309	45
	娃娃培育幼儿园	部门办	三叉街湖畔新村	6	180	23
	露恩幼儿园	民办	湖畔路15号	5	92	16
	开心幼儿园	民办	三叉街高湖2区	3	30	6
	建明幼儿园	民办	西班牙新村	3	44	8
上渡街道	春芽幼儿园	民办	飞凤山庄	3	72	11
	爱婴幼儿园	民办	天民社区	3	29	7
	育苗幼儿园	民办	洋洽社区	3	29	6
	兰兰幼儿园	民办	梅花园1座	3	9	3
下渡街道	第一幼儿园	公办	下藤路121号	2	36	9
	城南幼儿园	民办	下渡街道城南	3	73	10

续表 18-1-1

区位	名称	办学类别	地址	班级数	在园幼儿数	教职工数
金山街道	金山幼儿园	部门办	金环路 3 号	10	408	40
	金山小金星幼儿园	民办	金环路 13 号	11	310	45
	慈爱幼儿园	民办	闽江村	3	80	10
	金康幼儿园	民办	金康路 150 号	6	181	29
	美雅幼儿园	民办	浦上大道刘宅村	4	90	9
	浦上幼儿园	民办	新颐村 6 号	3	62	6
	金蕾幼儿园	民办	金山碧水冬馨苑	3	49	12
	金雁幼儿园	民办	金山建中百花场	3	17	9
	紫丁香幼儿园	民办	葛屿村	3	43	6
	百花艺术幼儿园	民办	建中小区 27 座	3	36	5
	香江明珠幼儿园	民办	闽江大道 128 号	3	42	19
仓山镇	先锋幼儿园	村办	展进巷 8 号	8	339	37
	东升幼儿园	村办	三叉街埔南 4 号	3	106	16
	下湖侨星幼儿园	村办	下湖村委会对面	3	63	12
	金典幼儿园	民办	万升小区门口	8	223	19
	长颈鹿幼儿园	民办	展进巷 185 号	6	160	19
	东方幼儿园	民办	万里小区 1 号	6	165	20
	童星幼儿园	民办	程厝东路 118 号	3	86	8
	菁华幼儿园	民办	洋洽路边里 21 号	6	145	11
	太阳花幼儿园	民办	牛眠山巷 11 号	3	57	10
	先农幼儿园	村办	先农吴厝顶 38 号	3	40	5
建新镇	建新镇幼儿园	镇办	洪元村	6	251	25
	凤高幼儿园	村办	凤高村	5	138	13
	淮安小学幼儿园	附设	淮安小学	2	22	3
	冯宅小学幼儿园	附设	冯宅小学	1	19	2
	绿茵幼儿园	民办	淮安村	3	76	10
	花乡双语艺术园	民办	状元街 9 号	6	114	18
	玉兰幼儿园	民办	玉兰村 6 号	5	123	15
	台屿幼儿园	民办	台屿乡中截村	3	80	11
	绿色摇篮一园	民办	马榕小区 13 座	4	85	12
	绿色摇篮二园	民办	金亭小区 8 座	3	70	11
	马榕欣欣幼儿园	民办	马榕小区 17 座	3	76	9
	培基幼儿园	民办	霞镜 76 号	3	68	7
	灵星幼儿园	民办	港头村 47 号	4	53	6
	东方幼儿园	民办	东岭村	2	23	2
螺洲镇	螺洲镇中心幼儿园	镇办	螺洲街 34 号	3	67	8
	乾元幼儿园	村办	乾元村	2	40	3
	杜园幼儿园	村办	杜园村	2	42	3
	花园幼儿园	民办	花园村	3	80	7
	新育婴幼儿园	民办	螺洲镇排下	3	60	7
	小精灵幼儿园	民办	螺洲乾元村	3	30	5

续表 18–1–1

区位	名称	办学类别	地址	班级数	在园幼儿数	教职工数
城门镇	城门镇中心幼儿园	镇办	潘墩山洋 80 号	6	165	22
	城门镇试验园	镇办	城门城南 171 号	4	110	9
	林浦小学幼儿园	附设	濂江村泰山前	2	40	2
	别头小学幼儿园	附设	城门别头	1	8	1
	岚湖小学幼儿园	附设	樟岚村	1	18	1
	谢坑幼儿园	村办	谢坑村	3	45	7
	天演幼儿园	民办	谢坑下村 85 号	3	50	7
	奇奇幼儿园	民办	李厝 66 号	3	35	5
	童星幼儿园	民办	漳岚村	3	33	6
	爱心幼儿园	民办	安平村安头 94 号	3	50	7
	胪下童心幼儿园	民办	胪夏村	3	60	6
	开心学园幼儿园	民办	城门镇城楼 17 号	3	43	7
	密尔幼儿园	民办	城门镇城楼 22 号	4	70	5
	新苗幼儿园	民办	下洋门头厅 27 号	3	58	7
	陈绍宽基金学园	民办	胪雷中街	4	63	6
	梁厝幼儿园	村办	梁厝村	1	20	2
	爱心幼儿园	民办	濂江后街 18 号	2	39	4
	胪夏幼儿园	民办	胪夏村	3	44	6
	金摇篮幼儿园	民办	龙江林厝里 73 号	3	63	7
	欢心幼儿园	民办	城门镇浚边	3	25	5
	快乐幼儿园	民办	城门镇城楼 38 号	3	32	6
	绿荫幼儿园	民办	下洋小学	2	27	3
	小博士幼儿园	民办	濂江 8 号	3	41	8
	金太阳幼儿园	民办	黄山村	3	35	3
	红太阳幼儿园	民办	城门湖际 45 号	3	40	8
	小太阳幼儿园	民办	城门三角埕路口	3	22	3
	乐乐幼儿园	民办	前锦村 78 号	3	28	3
	小新星幼儿园	民办	胪雷村	3	28	4
	小龙人幼儿园	民办	城门胪雷村	3	38	5
	晨心幼儿园	民办	三角埕龙峰市场	3	25	4
	贝贝幼儿园	民办	胪夏村	3	56	4
	开心幼儿园	民办	黄山村中街 45 号	1	20	1
	小叮当幼儿园	民办	浚边村 185 号	3	24	5
	晶晶幼儿园	民办	龙江村	2	26	5

续表 18-1-1

区位	名称	办学类别	地址	班级数	在园幼儿数	教职工数
盖山镇	盖山镇中心幼儿园	镇办	北园村	6	214	17
	塘池小学幼儿班	附设	塘池村	2	21	2
	郭宅小学幼儿班	附设	郭宅村 12 号	3	67	4
	高湖小学幼儿班	附设	高湖柑栏 17 号	3	74	4
	义序小学幼儿班	附设	竹揽村	1	25	2
	后坂小学幼儿班	附设	后坂小学	1	27	1
	华南实验幼儿园	民办	首山路 146 号	6	160	34
	大埕幼儿园	民办	高会大埕 12 号	4	92	14
	跃进育苗幼儿园	民办	步卓村	2	35	4
	下岐幼儿园	民办	下岐村 22 号	2	25	3
	小叮当幼儿园	民办	盖山棋杆 64 号	3	62	8
	满天星幼儿园	民办	高湖村	3	55	7
	童乐幼儿园	民办	江边雁头 17 号	3	62	7
	桥南幼儿园	民办	高湖村桥南 60	3	77	8
	华侨幼儿园	民办	盖山镇 81 号	3	41	5
	仓前道幼儿园	民办	中亭仓前道 8 号	3	50	5
	档兜幼儿园	民办	竹揽档兜 12 号	3	40	5
	雅园幼儿园	民办	东边新村 45 号	3	49	6
	新星幼儿园	民办	江边上道 61 号	3	54	7
	娃娃乐幼儿园	民办	后坂村委	3	53	3
	舒乐幼儿园	民办	郭宅后街 117 号	3	68	6
	旺旺幼儿园	民办	屿宅后井	2	31	3
	齐安上湖幼儿园	民办	齐安上湖	3	31	3
	宝宝乐幼儿园	民办	浦下大埕 90 号	3	22	3
	温馨幼儿园	民办	后坂林珠 12 号	3	21	5
	光桥幼儿园	民办	盖山镇光桥 78 号	3	55	5
	如意幼儿园	民办	竹揽村 7 号	3	40	5

第二节　小学教育

一、学校设置

1990 年，境内共有各类小学 17 所，其中省属 1 所、区属 16 所。区属小学设有 235 个班，在校生 10474 人，教职员工 550 人。

1991 年，区教育局根据部分学校出现生源不足的情况，对学校布局进行调整，至 1995 年，先后把工农小学并入新建小学，程埔小学并入仓山小学，新建小学并入朝阳小学。

1996 年，福州市区划调整，原郊区管辖的 59 所小学划归仓山，境内小学增至 73 所，1352 个班，在校学生 36555 人，教职员工 1765 人。同年，受“教育产业化”影响，辖内仓山小学、麦顶小学、区教师进修学校附属小学（下简称进修学校附小）、仓山区第一中心小学（下简称仓一小）、仓山区第二中心小学（下简称仓二小）、福建师范大学附属小学（下简称师大附小）6 所小学在校内设立私立小学（校中校）。1997 年，执行省市教育行政部门关于小学不得设立校中校的指示，小学内的校中校全部停办。1999 年，由华侨捐资创办城山小学。

2000 ～ 2005 年，由于旧城改造及生源不足等原因，境内有 13 所小学校先后被撤并。其中，红霞小学与湖边小学合并更名为红霞中心小学；下藤小学并入下渡中心小学；天水小学并入吴山小学；六凤小学并入阳岐小学；马榕小学并入金山实验小学；岭后小学并入南台实验小学；鹭岭小学并入南台实验小学；洲尾小学并入螺洲中心小学；三叉街小学并入东升小学；城山小学并入城门中心小学；董湖小学与樟岚小学合并更名为岚湖小学。同时新创办仓山区实验小学、东升小学、岚湖小学、福州金山小学（市属）、金山实验小学、凤岗小学和民办博林小学（农民工子女学校）7所。

2005年，全区共有小学69所、806个班，在校生36555人，教职员工1855人。其中有4所省示范小学（麦顶小学、仓山小学、区实验小学和师大附小）；6所省农村示范小学（福州市金山小学、潘墩中心小学、义序中心小学、城门中心小学、郭宅中心小学、冯宅中心小学）；6所市农村示范校（盖山小学、盘屿小学、台屿小学、红霞中心小学、龙江小学、林浦小学）。

二、学制与课程

1990年，小学学制为六年制。课程分为学科类课程、活动类课程和地方课程三大类。1995年，学科类课程包括思想品德、语文、写字（每天20分钟）、数学、社会（四年级以上）、英语（三年级以上）、信息技术、自然与健康、音乐、美术、劳动（三年级以上）。活动类课程包括早会（每天10分钟）、班队活动、科技活动、文体及健康教育活动。周课时总量一年级27课时、二年级28课时、三至六年级为30课时。地方课程使用福州市编写的乡土教材。

1997年，推进素质教育，全区小学增加写字课，每天下午20分钟。

2001年实施教育部《基础教育课程改革纲要（试行）》和《福州市课程改革实验方案》，全区各小学从三年级起英语课程增为每周4课时，所需时间由语文课每周减少一课时，其余由地方课时和周活动课时中调剂解决。三、四年级英语课以短课时为主，五、六年级长短课时结合，长课时数不低于两课时。城区小学同时在高年级开设“信息技术”课，小学阶段一般不少于68学时，上机课时占总学时的70%。2002年开始启动新一轮课改，课程分为国家课程、地方与学校课程。国家课程包括品德与生活（一、二年级）、品德与社会（三至六年级）、语文、数字、外语（三年级以上）、科学（三年级以上）、体育（体育与健康）、音乐、美术和综合实践活动（三年级以上）。综合实践活动还包括信息技术教育、研究性学习（每周2课时，集中或分散安排）、社区服务与社会实践（每学年1周，集中或分散安排）、劳动与技术教育（每学年1周，集中或分散安排）。周课时总量：一年级26课时、二年级26课时、三至六年级为30课时。课程设置至2005年不变。

三、招生与考试

（一）招生

1990年，仓山区各小学一年级新生入学年龄为6周岁6个月。一年级新生按户口、居住地就近入学，划片招生。入学报名进行面试、口试。当年招收一年级新生2229人，全区适龄儿童入学率100%。由于学校办学水平悬殊，出现择校，缴交“择校费”（赞助费）的不正常现象。

1992年起，对市区薄弱校进行分批改造，充实教师队伍，实行优质校教师与薄弱校教师轮岗，开展帮扶活动并形成制度化，做到教师互派，信息共享，经验推广，物质支持，共同提高。

1995年，小学招收一年级新生入学年龄提早到6周岁2个月。儿童入学时进行面试、口试。1995年，全区招收一年级新生1928人，适龄儿童入学率100%。

1996年，仓山区城区小学儿童入学年龄仍规定为6周岁2个月，乡镇小学儿童入学年龄规定为6周岁6个月。学校依据户口簿对入学儿童进行登记、编班注册，取消入学考试。当年，全区招收一年级新生1730人，适龄儿童入学率100%。

1999 年，城区小学儿童入学年龄提早为 6 周岁，乡镇小学儿童入学年龄提早到 6 周岁 2 个月。当年，全区招收一年级新生 4906 人，适龄儿童入学率 100%。

2003 年，实施福州市严禁公办小学招收“择校生”规定的通知，加强薄弱校建设，扩大优质教育资源覆盖面，使得部分学校生源爆满，超负荷的现象得到遏制，一般校生源得到充实。

2005 年，仓山区按照省《关于加强义务教育阶段招收借读生工作管理的通知》精神，允许特殊人群子女借读。对驻榕企业高管，引进人才子女，拆迁户子女，边防部队子女，烈士、孤儿等就近安排入学。当年，全区招收一年级新生 5040 人，适龄儿童入学率 99.7%。

（二）考试

1990 年，小学每学期有单元考试，半期考和期终考试。毕业班学生由全市组织毕业升学考试。是年，全区小学毕业班学生 1565 人，经考试全部毕业。毕业率、升学率均为 100%。1997 年，取消单元考，只举行期中和期终考，废除百分制评分法，改为“优”“良”“及格”“不及格”（待及格）四级评分法。1998 年，废除由全市统一举行的小学毕业生毕业升学考试，改由重点校、学区自行出卷举办毕业会考。小学毕业生免试就近对口升入初中。1999 年，全区小学毕业生毕业率、升学率均为 100%。2005 年，小学毕业生免试就近对口升入初中的政策不变，全区小学毕业生达 5525 人。

四、思想品德教育

1990 年，思想品德课按省编思想品德教材对学生进行以爱国主义教育为重点，思想品德教育为基础，全面发展为目标的思想政治教育。各小学每周开设思想品德课和班队活动课，每天早会 10 分钟，每星期一早上举行升旗仪式，进行国旗下讲话，对学生进行“小学生守则”“小学生日常行为规范”和“文明礼仪”等教育。区教育局关心下一代工作委员会的老同志们积极参与学校配合主渠道开展关爱活动，帮助未成年学生健康成长。

教育关工委老同志给学生讲辛亥革命故事（2005 年）

1991 年开始，除加强思想品德课的课堂教学外，还以创建“文明学校”活动为载体，加强学生思想品德教育工作。区教育督导室对学校创建“文明学校”活动情况进行检查、督导、评估，把创建“文明学校”活动引向深入。

1994 年起，结合各时期的时政中心，通过思想品德课、班队会课，早会和国旗下讲话以及举行主题队会等形式，对学生进行以“祖国万岁”为主题的系列教育和“爱国立志成才”读书及“讲道德，塑新人”等活动。组织学生读好书、写心得、抄格言、编小报、办书展、交流学习心得等。先后开展“纪念中国抗日战争和世界反法西斯战争胜利 50 周年”系列活动和“迎九七盼回归”“迎澳门回归”等爱国主义教育活动。

2000 年，全区教育系统开展教育思想和教育观念大讨论，在螺洲创办学生社会实践基地，组织小学高年级学生走出课堂到基地参加社会实践活动。2001 年扩大中小学生教育基地建设，先后在仓山镇创办福建省公安边防总队教导大队教育基地、螺洲素质教育基地、水岸绿洲青少年教育基地等国防教育训练基地。当年，组织全区小学高年级学生到社会实践基地训练 3 天。

2002 年，开展“爱国守法、明礼诚信、团结友善、勤俭自强、敬业奉献”20 个字的公民道德规范教育活动，并落实到“计划、课时、教材、师资”4 个方面，促进小学生的健康成长。2003 年 10 月在仓山小学举行福州市校园法制教育现场会，100 多名与会者观摩“模拟法庭”活动。

2004年3月，按照《福建省义务教育课程实施计划（试行）》，调整思想品德课课程，一、二年级开设品德与生活课、综合实践活动和地方与学校课程；三至六年级开设品德与社会课、综合实践活动和地方与学校课程。根据新颁布的《中小学生守则》，制定《仓山区加强和改进未成年人思想道德建设行动计划》，成立学生公德教育督导队，开展“中小学生公德教育年”活动。并确定每年9月为“中小学弘扬和培育民族精神月”。当年，全区试行中小学生成长综合记录，建立记录袋，启动学生成长记录实施方案，建立学生素质特点的综合评价体系。

麦顶小学少年军校学生参加军训（2003年）

2005年，利用福州德育基地、法制教育基地、社区实践基地、科普教育基地、素质教育基地、国防教育基地等“六大基地”资源，引导小学生向民族英雄，仁人志士，革命先烈和劳动人民学习。当年全区有3所省级文明学校，19所市级文明学校，21所区级文明学校。

五、体育 卫生

（一）体育 （见体育章“学校体育”）。

（二）卫生 （见卫生篇“学校卫生”）。

六、科技 艺术

（一）科技

1990年，全区小学一至四年级开设自然（常识）课，每周1节，五、六年级每周2节。按省定教材进行教学。学校的科普教育和科技活动，由区教育局体卫艺股负责指导，区教师进修学校配自然教研员（科技辅导员）协助教育局体卫艺股开展活动。各校也设科技辅导员，组织科技兴趣小组活动。科普教育和科技活动采取以课堂教学为主渠道，课内与课外相结合，向少年儿童传播科学思想，科学精神和科学方法。是年开始，区教育局每年协同福州市科协和仓山区科协举行科技辅导员培训班和科技节，开展三小（小发明、小制作、小论文）竞赛和三模（航模、车模、海模）竞赛。举办科技夏令营，引领少年儿童考察环境，开展生物与环境的科学探索活动，增强环境保护意识。当年仓山区获得福州市中小学航模比赛团体第二名。之后，区在学校中建立科普教育基地，先后在朝阳小学建立标本馆和天象馆、仓山第二中心小学建立天象馆、仓山区少年宫建立全区性的科普教育基地，指导、带动各校开展科普教育和科技活动。各校也建立生物角和科技活动室。

区小学生科技夏令营活动（2004）

1993年～1994年，仓山区先后获得省教委等5个单位联合举办的少儿航空模型比赛团体第二名。全国“我爱祖国海疆”青少年航海模型竞赛，福州赛区小学组团体总分第一名。市第三十三届中小学运动会航空模型比赛团体总分第一名。

1995年，有条件的小学开始添置电脑开展学习计算机活动。当年区举办计算机比赛，促进各校计算机活动的展开。至2000年，全区各小学普遍建立计算机教室，教育局在进修学校举办计算机教师培训班。

2001年，仓山区执行省教育厅通知，在高年级开设“信息技术”课，小学阶段的信息技术课，一般不少于68学时，上机课时应不少于总学时的70%，所需课时在科技活动课中解决。2002年起，全区小学开设综合实践活动，地方与学校课程：一、二年级每周4节，三至六年级每周6节。开设科学课程：三至六年级每周3节。至2005年不变。

（二）艺术

1990年，仓山区学校艺术教育、艺术活动，课堂教学及教学研究活动由仓山区教育局体卫艺股负责指导，仓山区教师进修学校音乐教研室，美术教研室及区少年宫配合。当年，小学一至六年级开设音乐和美术课各2节。各校配齐音乐专职教师和美术专职教师，按省定教材进行教学。是年开始，区每年均举办一届少儿艺术节和文艺汇演、学校音乐周和合唱节、美术周，同时推广校园集体舞，做到班班有歌声、有集体舞、有美展。区教育局体卫艺股还组织人员下校检查、观摩、评比，推动艺术教育、艺术活动的开展。

麦顶小学艺术节（2005年）

1996年，福州市教委部署“乐器进课堂”，部分学校开展竖笛教学活动。翌年，福州市教委来区检查竖笛教学情况，仓山区小学竖笛教学受到好评。

1997～2000年，仓山区先后举办小学生迎春书法比赛、小学生迎春书画展和少儿油画棒绘画比赛。

2001年，区教育局先后组织全区各中小学，幼儿园近700名学生参加由国家教育部艺术教育委员会主办的“全国第六届中小学生绘画书法作品比赛”，参加由亚洲书画协会联盟、香港现代美术出版社等联合主办的“千禧龙杯”国际青少年书画作品大赛，参加由中国少儿书画艺术委员会和俄罗斯阿穆尔洲文化艺术委员会联合举办的“中国、俄罗斯、加拿大国际少儿书画大奖赛”，获得“组织奖”“集体一等奖”　“先进集体奖”。

2002～2005年，全区小学一至四年级开设艺术课，每周4节（音乐、美术每周各2节），五、六年级每周2节（音乐、美术课每周各1节），并加强课外艺术教育活动。

七、教研活动

1990年，全区8个学区和各小学均设有教研组，定期组织教师开展教学研究活动。是年，依托区教师进修学校成立教育学会，设语文、数学、行政管理、幼儿教育、德育、体育、自然7个研究会，会员162人。同时在区进修校附小、麦顶小学、仓山小学、仓二小5所学校设立教育科研基地，把提高素质教育质量作为教育改革研究重点，在办好特色学校上开展教科研活动。麦顶小学和仓山小学的艺术班、珠心算班，进修校附小的“微机进课堂”，仓一小的“电化教学”，朝阳小学

闽浙两省小学科学教学研讨会（2005年）

外籍教师指导的“英语口语课”都在“开拓办学新路，培养四有新人”中进行探索。全区形成区、学区、学校三级教研网络。

1991年，区进修校附小推行九年一贯制，进行“培养21世纪人优良素质”的整体性教育实验，被列为福建省、福州市教育学会和教科研究实验点。1992年，区教育学会参加全国14个省、市教科研经验交流会，省《教育之窗》专题播出仓山区教科研活动情况及经验。

1996年，开始实施九年义务教育，区教育学会以8大学区中心校为龙头，带动基层学校开展掌握新大纲，使用新教材等教研活动。同年，省教育学会授予区教育学会“先进学会”称号。1998年，区教育学会在17所学校中开辟区级教育科研基地。仓山小学、麦顶小学的体育整体改革实验获得国家教委基础教育改革实验优秀成果三等奖。2000年，完成省立项的《中小学区域性教育科研评估的理论与实验问题研究》，研究成果被收入《福建省基础教育改革论丛》和《中国基础教育改革论丛》两本书中。2001年，仓山实验小学成为教育部课程改革福建师大中心实验基地。郭宅小学、仓山小学、天安小学、义序中心小学、北园小学、麦顶小学等10所学校成为区级写字教育实验校。

2002年起，全区推进新一轮课程改革，区教育学会组织新课程实验研究立项课题申报、评审。至2005年，全区有国家级课题4项，省级课题17项，市级课题12项，区级课题15项。仓山区获得国家写字教育实验区称号；教师进修学校被评为“全国书法（写字）教育先进单位”；仓山小学被评为省书法艺术教育先进单位；义序小学、麦顶小学、郭宅小学评为省写字教育先进单位。

八、小学内部管理

1990年，仓山区小学根据教育部《小学管理规程》配备有校长、副校长、教导主任、总务主任、总辅导员等职，实行校长负责制。校长对外代表学校，对内实行统一领导，通过校务会议，对学校的重大工作进行决策。副校长、教导主任、总务主任、总辅导员各有分工职责。校长和教导主任都兼课，同时深入教学第一线，定期检查教师教案、学生作业及执行教学计划情况，推广教学经验。学校建有周历表、检查评比表、工作计划表，进行有序的管理。1996年起，各小学实行教职工全员聘任制、岗位责任制、结构工资制、考核奖惩制。

1998～2005年，实行校长持证上岗制度，校长必须经过培训取得合格证书者方可上岗。各小学普遍建立教职工（代表）大会制度，规模较大的学校建有校务委员会和家长委员会，对学校的重大工作进行决策。重点小学和中心小学建有党支部或党小组，校长依靠学校党的组织，发挥工会、共青团、少先队组织在学校工作中的作用，接受民主监督、实行校务公开、民主管理学校。

附：主要小学选介

仓山小学 位于仓山区立新路25号，曾名福建军区干部子弟学校、福州军区干部子弟学校，是福建省首批十六所重点小学之一。校园占地约2公顷，拥有200米塑胶跑道，一个塑胶足球场，一座大礼堂，一幢1200多平方米综合教学大楼。学校开辟校园网，设有无纸化办公系统、42个教室多媒体视频点播系统，实现课件、多媒体资源共享。1993～1994年间，时任中共福州市委书记的习近平和国务院副总理李岚清到该校视察观摩“珠心算”教学和学生

仓山小学校门（2005年）

珠心算表演，对学校的办学特色给予很高评价。2005年，在校学生2277名，38个教学班。教职工103人，其中小学中学高级教师1人，占1%、小学高级教师68人，占66%、一级教师35人，占33%。大专以上86人，占83%。学校在计算机、文艺、美术、书法、足球、排球等方面成绩突出。珠心算教学是学校办学的一大特色，被评为省珠心算教学先进单位。足球、排球被省体委列为传统项目，校足球队曾参加香港、澳门比赛。学校先后被评为“福建省文明学校”“福建省示范小学”“全国书法艺术教育实验学校”“省级达标图书馆”“福州市素质教育先进学校”。

仓山区实验小学 位于仓山区先锋路10号，校园占地2.08公顷，建筑面积7880平方米，校园绿化面积达40%，设有图书馆、自然实验室、仪器室。

仓山区实验小学校门（2005年）

2005年，在校学生1700多人，共有30个教学班。教师78人，其中小学中学高级教师1人，小学高级教师37人，一级教师39人，二级教师1人。学校先后被评为“福建省示范小学”“全国写字实验学校”“福建省花园式学校”“福建省课改实验校”“福建师大课程改革实验基地”“国家基础教育课程改革实验基地”“福州市素质教育先进校”“福州市科技示范学校”“福州市体育艺术先进学校”“福州市文明学校”“福州市绿色学校”。

麦顶小学 位于仓山区立新路1号，校园占地7452平方米，是福建省首批16所重点小学之一，具有80多年历史的老校。2000年被评为省级示范校。2005年，学校设有39个教学班，学生2123人，教职工102人，其中小学中学高级教师1人，小学高级教师76人。专任教师学历达标率100%。学校先后被评为“福建省示范小学”“福建省文明学校”“省级达标图书馆”“省素质教育先进校”“省健康教育先进单位”“福州市科技教育示范校”“福州市信息技术教育示范校”“福州市优秀文学社示范校”“全国少先队红旗大队”“福建省先进少年军校”“福建省课题实验先进校”。

麦顶小学校门（2005年）

福建师范大学附属小学 位于黄柏岭南麓，校园占地面积12191平方米，建有3幢教学楼。学校是福建省小学课程改革实验基地、福建师大教育科学与技术学院、海外学院的实验基地。先后承担科研课题项目13项。2005年，全校有30个教学班，学生1854名，教职工282人，其中特级教师1人，小中高1人，小学高级教师36人。教师学历达标率达100%，大专以上学历占87%，研究生学历1人，在读研究生3人。教师中有160多人次获全国或省市、区各项荣誉称号。学校曾被评为“福建省文明学校”“福建省示范小学”“福建省课题实验研究先进学校”“福州市花园式单位”。

师大附小学校园（2002年）

福州金山小学校门（2005 年）

金山小学　位于福州金山新区，创办于 2001 年 9 月，直属市教育局管辖。校园占地 25.1 公顷，建筑面积 1.8 万平方米，总投资 3000 多万元，按国家Ⅰ类标准配备语音室，信息技术室，自然实验室、科技馆、琴房、舞蹈厅、画室、体育室 12 间专用教室。根据素质教育发展的需要，建有生物园、地理园、百花园、种植园、儿童音乐园和生态园。学校承担研究课题 6 项，涉及目标导学、自主学习、综合实践活动课堂常态化教学、小学生生态环境道德启蒙教育、双语教学等。2005 年，学校有 37 个教学班（含 2 个国际班），学生 2200 多名，教职工 94 人。学校先后获“福州市暑期青少年工作先进集体”“福州市红旗大队”“福州市课改先进单位”“福州市素质教育先进学校”“福建省示范小学”称号。

1990 ~ 2005 年仓山区小学变化情况表

表 18–1–2

学校名称	变化情况	备注
仓山小学		不变
麦顶小学		不变
进修校附小	2000 年更名为仓山实验小学迁入新校址	
仓一小		不变
仓二小		不变
仓三小	2003 年建成新校舍更名“南台实验小学”	不变
立新小学（私立）	1996 年成立，1997 年停止招生	设在仓山小学内
麦园小学（私立）	1996 年成立，1997 年停止招生	设在麦顶小学内
仓华小学（私立）	1996 年成立，1997 年停止招生	设在进修楼附小内
藤山小学（私立）	1996 年成立，1997 年停止招生	设在仓一小内
广东小学（私立）	1996 年成立，1997 年停止招生	设在仓二小内
育培小学（私立）	1996 年成立，1997 年停止招生	设在师大附小内
程埔小学	1995 年并入仓山小学	生源不足
横江小学	2003 年并入金山实验小学	旧城改造
天安小学		不变
岭后小学	2003 年并入南台实验小学	旧城改造
下藤小学	2002 年并入仓一小	旧城改造
东升小学	2005 年创办	
三叉街小学	2005 年并入东升小学	旧城改造
师大附小（省属）		不变
农大附小（省属）	1978 年由南平迁入金山	不变
培智学校		不变
施程小学	2005 年迁入新校址	旧城改造
鹭岭小学	2004 年并入南台实验小学	旧城改造
工农小学	1991 年并入新建小学	生源不足
新建小学	1996 年并入朝阳小学	生源不足

续表 18-1-2

学校名称	变化情况	备注
华南幼教所（私立）		不变
红霞小学	1996 年划归仓山区	
	2000 年与湖边小学合并后更名为红霞中心小学	
湖边小学	1996 年划归仓山区	
	2000 年与红霞小学合并后更名为红霞中心小学	
城山小学	1999 年创办	华侨捐资
	2005 年并入城门中心小学	生源不足
敖峰小学	1996 年划归仓山区	
胪雷小学	1996 年划归仓山区	
龙江小学	1996 年划归仓山区	
浚边小学	1996 年划归仓山区	
蒋宅小学	1996 年划归仓山区	
青富小学	1996 年划归仓山区	
下洋小学	1996 年划归仓山区	
粱厝小学	1996 年划归仓山区	
湖际小学	1996 年划归仓山区	
潘墩中心小学	1996 年划归仓山区	
林浦小学	1996 年划归仓山区	
黄山小学	1996 年划归仓山区	
胪下小学	1996 年划归仓山区	
连坂小学	1996 年划归仓山区	
	2004 年并入潘墩中心小学	旧城改造
岚湖小学	2005 年创办	
董湖小学	1996 年划归仓山区	
	2005 年与樟岚小学合并后更名为岚湖小学	
樟岚小学	1996 年划归仓山区	
	2005 年与董湖小学合并后更名为岚湖小学	
谢坑小学	1996 年划归仓山区	
胪岐小学	1996 年划归仓山区	
	2001 年并入别头、樟岚小学	生源不足
（城门）后坂小学	1996 年划归仓山区	
别头小学	1996 年划归仓山区	
城门中心小学	1996 年划归仓山区	
胪歧小学	1996 年划归仓山区	
郭宅中心小学	1996 年划归仓山区	
（盖山）后坂小学	1996 年划归仓山区	
高湖小学	1996 年划归仓山区	
浦下小学	1996 年划归仓山区	
江边小学	1996 年划归仓山区	
北园小学	1996 年划归仓山区	
跃进小学	1996 年划归仓山区	
首山小学	1996 年划归仓山区	
齐安小学	1996 年划归仓山区	
塘池小学	1996 年划归仓山区	
义序中心小学	1996 年划归仓山区	
吴山小学	1996 年划归仓山区	

续表 18-1-2

学校名称	变化情况	备注
盘屿小学	1996 年划归仓山区	
阳歧小学	1996 年划归仓山区	
六凤小学	1996 年划归仓山区	
	2002 年并入阳歧小学	生源不足
乾园小学	1996 年划归仓山区	
吴凤小学	1996 年划归仓山区	
尚保小学	1996 年划归仓山区	
半田小学	1996 年划归仓山区	
天水小学	2002 年并入吴山小学	生源不足
金山实验小学	2002 年创办	
洪塘中心小学	1996 年划归仓山区	
准安小学	1996 年划归仓山区	
麦浦小学	1996 年划归仓山区	
马榕小学	1996 年划归仓山区	
	2002 年并入金山实验小学	
石边小学	1996 年划归仓山区	
	2003 年并入金山、金山实小	旧城改造
凤岗小学	2005 年创办	
卢滨小学	1996 年划归仓山区	
冯宅中心小学	1996 年划归仓山区	
刘宅小学	1996 年划归仓山区	
建华小学	1996 年划归仓山区	
透浦小学	1996 年划归仓山区	
冠洲小学	1996 年划归仓山区	
东方小学	1996 年划归仓山区	
台屿小学	1996 年划归仓山区	
螺洲中心小学	1996 年划归仓山区	
洲尾小学	2004 年并入螺洲中心小学	生源不足
杜园小学	1996 年划归仓山区	
博林小学（民办）	2005 年创办	招收农民工子女 12 班

第三节　特殊教育

1990 年，仓山区设有培智学校，招收智力残疾的适龄儿童入学，学制为 9 年。课程设置与其他小学的课程基本一致，设有语文、数学、音乐、美工、体育、劳动技术等。每节课 35 分钟，中间安排 3 ～ 5 分钟室内作业或活动，教材采用普通小学课程。当年在校智力残疾的适龄儿童 25 人。1992 年该校由中洲岛迁港墩路 13 号（原工农小学内）继续办学。学校坚持“一切为残疾儿童的生存与发展”的办学宗旨，针对学生不同特点，运用灵活多样的教育手段对其进行康复及补偿教育。学校开展课外活动，成立各种兴趣小组 10 余个，做到人人参加力所能及的活动，最大限度地使学生学会知识，掌握技能，养成良好的行为习惯。

1995 年，市教育局投资 1800 万元选址仓山区首山路 110 号，建立“福州市盲校”。新校址占地面积 2.4829 万平方米，建筑面积 1.0782 万平方米。同年 8 月，“福州市盲校”从“福州市盲聋哑学校”中分离出来，迁入新址上课，新校设有小学部和初中部。小学部学制五年，初中部学制四年。小学部的课程内容与普通小学基本一致，初中部以学习按摩为主。理论课涉及《按摩基础学》《人体解剖学》《生理学》《病理学》《中医基础理论》《中医诊断学》《经络腧穴学》《伤科按摩学》《内科按摩学》《妇科按摩学》及《儿科按摩学》等。福州市盲校先后得到南京爱德基金会、厦门南普陀慈善救济基金会，雷耀电子有限公司、大丰文教基金会等的捐赠，学校设备逐步完善，招生面扩大到福州五区八县。2002年，曾办过1届职业高中，由于缺少生源而停办。

2005年，境内有特殊学校2所，在校生119人，其中培智学校45人，福州市盲校74人。

福州盲校校园（2005年）

2004 ~ 2005学年仓山区特殊教育情况表

表18-1-6　　单位：人、平方米

校名	校址	毕业生	招生	在校生	校园面积	校舍面积	教职工
福州市盲校	首山路110号	8	5	74	224829	10782	33
仓山区培智学校	港墩路13号	8	3	45	2687	809	17

第四节 普通中学教育

一、学校设置

1990年，境内有普通中学8所，其中省属中学1所（师大附中）；市属中学5所（福州高级中学、福州第九中学、福州第十六中学、福州第十二中学、福州体育运动学校附设初中班）；民办中学1所（福州英华英语学校）；区属中学1所（上渡中学），设有10个教学班，在校生530人，教职工64人。

1996年，原郊区管辖的“福州盖山中学”“福州永南中学”“福州螺洲中学”“福州红山中学”（原名黄山中学）“福州盘屿中学”5所普通中学，随区划调整移归仓山区管辖。同年，区长办公会议决定拨款为上渡中学建新校舍，并改名为“福州第三十九中学”。9月福州盘屿中学成立（设在盘屿小学内），1998年9月，迁往福州红星农场新落成的校区。同年，福州私立榕南中学成立，至1999年停办。

2001年3月，福州市教育体制改革，市属福州第十二中学、福州第二十一中学、福州第三十九中学、福州第三十中学、福州第四十中学和福州城门中学6所中学划归仓山区管辖。是年，区属中学增至12所，共有696个教学班，在校学生28685人，教职工1495人。辖内还有省属中学2所（师大附中、农大附中），市属中学5所（福州高级中学、福州第六中学、福州第九中学、福州第十六中学、福州体育运动学校附设初中班）。

2002年12月，鼓励、扶持社会力量办学，民办教育事业得到较大发展。是年，全区有福州时代中学、福州华南实验中学、福州英才中学、福州平民中学、福州超德中学、福州金山中学、福州英华英语学校、福州三山文武学校8所民办中学。

2005年，全区有各类普通中学27所，其中区属中学12所（其中初级中学10所，完全中学2所），初中在校学生8985人，高中在校学生1553人，教职工1007人。省属中学2所，市属中学5所，民办中学8所，在校学生14752人，教职工2879人。

二、学制与课程

1990年，普通中学学制为初中三年、高中三年。实行统一的省颁课程计划和课程标准。初中开设语文、数学、外语、政治、物理、化学、生物、历史、地理、体育、音乐、美术、劳动技术共13门必修课。

2002年9月，实行基础教育课程改革，初中必修课中“政治”改为“思想品德”；“劳动技术”改为“综合实践活动”和“地方与学校课程”。综合实践活动和地方与学校课程周课程总量共6课时，每学年240课时。高中有必修和选修课程，开设语文、数学、外语、思想政治、信息技术、物理、化学、生物、历史、地理、体育与健康、艺术、综合实践活动、地方和学校选修课共14门。根据有关规定，对各中学执行教学大纲组织教学及课程计划、授课时数、教科书或练习资料、学生在校活动总量和课外作业量等实行严格控制，未经上报教育行政部门审定的均不得随意增减。至2005年学制与课程设置均不变。

三、思想品德教育

1990年，中学思想政治教育主要通过政治课、班团队活动课、早会和国旗下讲话及举行主题班队会等形式，对中学生进行“中学生守则”“中学生日常行为规范”和“文明礼仪”等教育。每星期一早上结合升旗仪式，由学校领导、关工委成员、优秀学生代表等讲述道德榜样故事、革命历史故事、国家大事要事、表扬好人好事等。

1991年，区教育督导室配合区委宣传部、团区委、区关工委，以创建“文明学校”活动为载体，对主渠道教育进行补充，把创建“文明学校”活动引向深入。

1994年，结合各时期的时政中心，对中学生进行法制教育、禁毒教育、爱国主义教育，弘扬民族精神。开展以“祖国万岁”为主题的系列教育和“爱国立志成才”读书活动。举行征文比赛，引导学生写心得、抄格言、编小报、办书展、交流学习心得，以及开展“九七盼回归”“光辉50周年”和“迎澳门回归”等系列爱国主义教育活动。

2000年，全区教育系统开展教育思想和教育观念大讨论，加强青少年的思想道德建设，各中学增配德育专干，组织中学生走出课堂到教育基地参加社会实践活动。2001年，扩大中小学生教育基地建设，先后创办仓山镇国防教育训练基地、福建省公安边防总队教导大队教育基地、螺洲素质教育基地、水岸绿洲青少年教育基地。每学年均组织中学生到社会实践基地训练。

2002年，主要抓“爱国守法、明礼诚信、团结友善、勤俭自强、敬业奉献”20个字的公民道德规范教育。各中学设综治副校长，开展“远离毒品、珍惜生命”禁毒教育，同时开展“公民道德规范”知识竞赛活动，促进青少年健康成长。同年9月，实行基础教育课程改革，初中必修课中“政治”改为“思想品德”。高中的“政治”改为“思想政治”。

2004年，制定《仓山区加强和改进未成年人思想道德建设行动计划》，成立学生品德教育督导队，开展“中小学生公德教育年”活动。同时确定每年9月为“中学弘扬和培养民族精神月”。当年开始，全区试行中学生成长综合纪录，建立纪录袋，并启动学生成长记录实施方案，逐步建立学生素质特点的综合评价体系。

2005年，开展“纪念中国抗日战争和世界反法西斯战争胜利60周年”系列活动，利用境内福州德育基地、法制教育基地、社区实践基地、科普教育基地、素质教育基地、国防教育基地“六大基地”资源，引导青少年学生向民族英雄、仁人志士、革命先烈和劳动人民学习，加强中学生的思想道德建设。

四、体育、卫生

（一）体育 （见体育章“学校体育”）。

（二）卫生 （见卫生篇“学校卫生”）。

五、科技 艺术

（一）科技

1990 年，仓山区属中学科技教育由区教育局体卫艺股和区少年宫负责指导。学校设有劳动技术课，主要通过课堂对学生进行科技知识教育。各班级组织学生成立科技兴趣小组，由执教老师配合区教师进修学校科技辅导员指导学生开展科技活动。学校还设有科普宣传栏，向学生传播科学思想、科学精神，培养学生对科学的兴趣、爱好和志向，提高科技素质。当年，在中学生中开展破除封建迷信，抵制邪教，反对宗教为争夺下一代、危害社会的各种活动。大力宣传科学思想和科学方法，号召学生抵制邪教，不参加封建迷信活动和宗教活动。

1991 ～ 1995 年，每学年，区教育局协同福州市科协与仓山区科协，举办科技辅导员培训班，培养科技师资。举办中学科技节，组织学生开展三小（小发明、小制作、小论文）竞赛和三模（航模、车模、海模）竞赛。

1996 年，区划调整以后，仓山区增加 5 所区属中学，区政府增拨教育经费，增添科学实验仪器，建立劳技室和实验室及计算机教室。此后，除课堂对学生进行科技知识教育外，每年区均举办科技夏令营，组织学生考察环境，考察大自然，开展生物与环境关系的科学探索和综合实践活动，指导学生撰写环境考察心得与环境考察报告，向有关方面建言献策，增强环境保护意识。

2000 年福州第四十中学建成仓山区中学科普教育基地。至 2005 年，区每年均举办科技节，开展“三小”和“三模”竞赛活动，推动全区中学的科技教育活动的开展。

（二）艺术

1990 年，仓山区中学开设音乐、美术课，每周各 1 节。是年起，区属各中学每年均举办一届艺术节和文艺汇演、学校音乐周、美术周和合唱节，做到班班有歌声、班班有美展。同时各校各班设美术专栏，展示中学生绘画、书法、摄影和手工作品等。1995 年，仓山区举办中小学迎春书画展。

2001 年，改革课程设置，初中增设“科学文艺”课，高中增设“艺术欣赏”课，每周各 1 节。同年，仓山区组织全区中学生参加由国家教委艺术教育委员会主办的“全国第六届中小学生绘画书法作品比赛”，获得“组织奖”。组织全区中学生参加亚洲书画协会联盟、香港现代美术出版社等联合主办的“千禧杯”国际青少年书画作品大赛，获集体一等奖。

2004 ～ 2005 年，仓山区中学（初中）开设艺术课每周 2 节（音乐、美术每周各 1 节）。

四、教研活动

1990 年，仓山区教师进修学校设中学教研室，抓常规教学和教学方法的改革实验，对区属中学的教学与教研工作进行组织和指导。是年，各中学主要开展“启发式教学，引导学生自主学习”的教学方法研究。

1996 年，中学教研室成立学科中心组。以课堂改革为主攻方向，以改变学生的学习方式为突破口，进行“主动参与型教学模式”的研究，构建切合区情实际的中学教研模式。各中学开展由仓山区教育学会提出的《区域性教育科研评估的理论与实践》研究活动，并取得初步成效。

2002年，仓山区开展基础教育新课程实验，试行由应试教育向素质教育的转变。初中以起始年级学生为实验对象，全面使用国家九年义务教育课程标准（实验稿）试验教材。各中学教研室加强教研活动，普遍建立集体备课、业务学习、课题研究。各校根据《福州市基础教育课程改革实验方案》制定各学科课程改革实验主要课题，语文学科开展国家“十五”课题《21世纪中国学生学习效率研究》；体育科开展《在参与中体验快乐》《三年学生体质跟踪研究》；英语科开展国家“十五”重点课题《初一、初二课堂英语教学模式与课程标准实施》；历史科开展《初中历史学生认知能力调查》；物理科开展理科《总复习阶段教学探讨》；化学科开展《导学——探究在化学课堂中的运用》；数学科开展《优良传统教学与多媒体事例的探究》；政治科开展《中学信息技术与思想政治课的整合》等课题研究，以推动课程改革。

2003～2005年，对各学科试行课程标准和使用教材情况，进行定期抽查或调研。通过分析、研究，提出改进教学方法的意见和建议。同时，组织青年教师参加全国、省、市举办的“片段教学”“教学比武”“教学设计”“中国教育系统优秀教案评选”“时政演讲比赛”“说课比赛”“教案比赛”等。2005年，区教师进修学校中学教研室承担省市提出的《中小学区域性教育科研评估的理论与实践》研究成果被收入《福建省基础教育改革论丛》。

五、中学内部管理

1990年，区属中学配有校长、副校长、教导主任、总务主任，学校设办公室、德育室、教务处、总务处，及教研室。各部门在校长主持下按职责分工管理学校的日常教育、教学、教研及学校行政管理工作。民办和非政府设置的中学教育管理工作由举办单位负责。

1996年，区属中学管理体制改革，实行校长负责制、教职工全员聘任制、岗位责任制、结构工资制、考核奖惩制。校长主持学校全面工作。当年学校增设德育室（德育处），建立教职工（代表）大会制度，审议学校岗位责任制方案、考核方案、奖惩条例及各项制度；评议监督学校的中层以上干部，参与民主推荐学校行政领导人选。1997年后，中学内部管理仍然是实行校长负责制，校长依靠学校党的组织，开展学校内部的教育、教学、教研及行政管理工作，发挥工会、共青团、少先队组织在学校工作中的作用，实行校务公开，民主管理学校。至2005年中学内部管理不变。

附：主要中学选介

福建师大附中 坐落在对湖路，前身为福州英华中学、华南女中、陶淑女中3所私立教会学校，办学历史长达124年。学校特级教师、获硕士学位教师人数，在全省中学中位居首位，是福建省首批重点中学之一。1994年被确定为省一级达标学校，2003年9月被省教育厅确认为首批省级示范性普通高级中学。2005年，全校有38个教学班（含两个空飞班），在校生1905人，教职工162人，其中高级职称78人、中级职称59人、初级职称12人、其他13人。陈元豪、江文哉等27名教师被评为特级教师。校友中，有12名中国科学院或工程院院士。学生参加国际中学生学

福建师大附中校门（2005年）

科竞赛获奖数在全省中学中位居第一，获得金、银、铜奖牌15枚。

福州高级中学 坐落在爱国路，为福建省首批重点中学之一，1996年通过省一级达标中学验收。学校开展课程体系、教学方法、评价方式等一系列改革，试行学分制评价，推行“互动式教学”模式，在全市率先推出“交互式网络教学”研究课，开全省学生选老师之先河。2000年与澳籍华人欧菊如女士联合创办福州超德高级中学；2002年引进英国盖普项目；2003年9月开办“中新友好实验班”，拓宽学校的办学路子，逐步形成自主发展与英语特色。2005年，在校学生1792人，教职工153人，学生参加各级各类竞赛获市以上表彰的近200人次，其中获得2001届全国数学奥赛一等奖。2005年学校被授予“福建省奥林匹克学校数学尖子摇篮”称号。

福州高级中学校门（2005年）

福州外国语学校 坐落于公园东路39号。该校有98年办学历史，曾名为福州第九中学。1993年，改名为福州外国语学校，是福州市唯一的公立外国语学校。校内每个教室都配有29寸彩电、投影仪，还建有标准计算机房、多功能教室，物理、化学、生物实验室设备，达到国家二级以上标准。同时还建有足球场，400米跑道。学校的办学目标是“外语见长、文理并重，全面发展”。中考外语班优秀率达到90%以上，是福州市“四率”优胜单位。学生参加各种学科竞赛多人次获国家、省、市奖励，其中14人获国家级大奖。学校先后被评为“花园式单位”“福建省学校体育工作先进单位”“福州市实施素质教育优质级单位”。2005年，学校有教学班55个，其中初中31个班，高中24个班，在校生总数2553人，其中，初中1553人，高中1000人；教职工203人，其中专任教师188人。

福州外国语学校校园（2005年）

福州第三十九中学 原名上渡中学。校园占地面积近2公顷，建筑面积7325平方米。学校建有教学楼和综合教学楼2座及200米环形跑道。拥有多媒体教室、语音室、计算机教室、多功能厅、阶梯教室、电子备课室和达标的理、化、生实验室和劳技、音体美等专用教室，图书馆藏书2.2万余册。2005年开设15个教学班，学生628人，教职工60人，专任教师54人，其中本科学历36人，高级教师12人，一级教师18人，二、三级教师24人。学校先后被评为“福州市文明学校”“福州市素质教育先进单位”“福州市花园式单位”“仓山区教科研先进单位”等。

福州第三十九中学校门（2005年）

福州英华英语学校 由原英华书院校友捐资重办的一所福建最早的民办完全中学。学校坐落在仓前路137号（初中部校区）、仓山区李厝山路68号

（高中部校区）。英华办学特点是，学校的收入全部投入办学运行之中。学校有一支老中青结合的优秀教师队伍，其中有特级教师、留美硕士和教育硕士。英语课从初一到高三均采用小班教学，聘有外籍教师教授口语和作文，每年暑期都与美国世纪大学联合举办英语夏令营，学校与美国世纪大学（Centenary College）结为姐妹校，为学生提供良好的出国留学机会，由学校推荐进入美国世纪大学攻读学士、硕士学位，并能享受每年4000美元的奖学金。至2005年，学校出国留学学生150多人，其中托福成绩500分以上，被美国世纪大学录取的就有23人。学校中考连续15年“四率”达标。高中已有12届毕业生，高考上线率均在90%左右。2005年，学校办有15个班，在校学生773人，专任教师76人，被福州市教育局授予“素质教育先进学校”称号。

福州英华英语学校校园（2005年）

第五节　中等专业职业教育

一、中等专业学校

1990年，境内有中等专业学校15所，其中省属12所（福建省第二轻工业学校、福建省供销学校、福建省邮电学校、福建省农业学校、福建省商业学校、福建省建筑工程学校、福建省银行学校、福建省司法学校、福建省福州卫生学校、福建省交通学校、福建对外贸易学校、福建省人民警察学校），市属3所（福州工艺美术学校、福州工业学校、福州市体育运动学校）。福建省交通学校，福建省建筑工程学校是省级重点中等专业学校。

1996年，区划调整后，境内增加福建省工贸学校、福建省工程学校、福建省工业学校、福建省理工学校、福建省经济学校、福建省商贸学校、福州商业学校、福建省劳动干部中等专业学校和福建省林业成人中等专业学校等9所。

1997～2004年，境内又创办有福建省船政学校、福建省建材学校、福建省医药学校、福建省工艺美术学校、福建省物资学校。

至2005年，全区有中等专业学校29所，在校生44929人，教职工2390人。中等专业学校毕业生国家不包分配，各学校设有毕业生就业指导办公室，帮助毕业生与用人单位、人才市场、人才招聘会牵线搭桥，推荐毕业生就业。

二、中等职业学校

1990年，境内有各类中等职业学校9所，其中区属高级职业中学1所；市属3所（第十六中“福州旅游职业学校”，第十二中学“职业高中班”，第九中“外向型高级职高班”）；省市有关部门办的技工学校5所（福建省技工学校、福建省邮电技工学校、福建省水产技工学校、福州市劳动局技工学校、福州市第一技工学校塑料分校）。

1995年，仓山区高级职业中学停办。1996年，经省教育厅批准新创办福建省岁昌职业中专学校，址设建新洪塘，总投资6000多万元，校园占地面积33061平方米，校舍建筑面积22545平方米，在校生2100多人，教职工130人。同年，福州环保职业学校划归仓山区管辖，并升格为福州市环保职业中专学校。

是年，社会上出现“普高热”，职业中学的生源减少。市教育局采取职业学校免试招生和“自主招生”方式，初中毕业生凭毕业证书可直接报名，由学校决定录取与否。毕业生在取得职业中专毕业证书后，可报考高等职业院校或普通高校，也可推荐就业，执行此政策后，职业中专生源得以稳定。

2000年，福州旅游职业中专学校教学专业发展到10个，教学班达30个，在校生近2000人，成为福州市首批国家级重点职业中专学校。同年，美国88控股集团公司加盟第十二中学职业教育事业，并把其投资建设的永泰青云山景区作为学生实习基地，增设旅游服务与管理专业。

2003年，第十二中学职业高中部定名为福州跨洋中等职业学校，设6个专业，22个教学班，在校生841人，教职工81人，成为福州市重点职专。同年，福州旅游职业中专学校与福州第十六中学分离，福州旅游中专学校和闽侯师范学校整合，校址迁往闽侯县荆溪镇港头村。

2005年，境内中职校（含技工学校）17所，其中中等职业学校有：福州海峡中等职业学校、福建经济职业技术学校、福建建筑工程职业中专学校、福州科技信息职业技术学校、福州跨洋中等职业学校、福州旅游职业中专学校、福州国际语言职业学校、福建省岁昌职业中专学校、福州国防教育职业学校、福建省保安职业中专学校、福州市环保职业中专学校、福州机械高级职业学校12所，在校学生9578人，教职工721人；技工学校有福建省供销技工学校、福建省劳动保障厅技术学校、福建省机电技术学校、福州市工艺美术学校和福州市工艺美术技术学校5所。

三、中等专业（职业）学校选介

福州环保中等职业学校(福州第二十九中学) 址设福州市仓山区建新洪塘里13号，其前身为福州洪塘中学，1990年更名为福州第二十九中学。1996年6月成立福州环保职业高级中学。

福州环保中等职业学校校门（2005年）

1998年6月经省教委批准升格为“福州环保中等职业学校”。学校占地约3.47公顷，建筑面积22103平方米。教学配套设施齐全建有综合办公楼、实验楼、学生公寓楼以及化学分析测试实验室、微生物分析测试实验室、宽带网络中心、多媒体电教室、组培室等20多个实验室。1998年5月被国家教委、国家环保局授予“GLOBE”学校（为全球156所“GLOBE”学校之一）。学校与省、市环保局和省建新花卉集团联合办学，拥有省、市环科所、监测站等近30家实习基地。2000年5月被评为市级重点职校，2003年4月被评为省级重点职校，学校曾获得“福建省环境教育先进单位”（1995年）“福建省第八届文明学校”（2003年）“福建省绿色学校”（2004年）称号。

福州跨洋中等职业学校(福州第十二中学) 福州跨洋中等职业学校和福州第十二中学是两位一体学校，坐落在仓山区朝阳路，占地0.91公顷，建筑面积22103平方米。1990年学校设有2个专业。2000年，美国88控股集团公司加盟学校职业教育事业，并将其投资建设的永泰青云山景区作为学生实习基地。2002年增设旅游服务与管理专业，职业高中部更名为“福州跨洋中等职业学校”。2003年增设综合课程实

福州跨洋中等职业学校校门（2005年）

验班。同年学校被认定为福州市重点职专。2005年新增幼教专业。同时面向社会办学开办短训班，把福州红山中学的幼教班、市聋哑学校的烹饪班、连江青芝成人中专学校的烹饪班作为该校辐射教学点。使该校成为一所以省级重点专业——烹饪专业为龙头，集饭店服务与管理、旅游服务与管理、计算机应用、幼教为一体的旅游性质的学校。2005年，学校设有6个专业（22个班），在编教职工143人。

福建省邮电学校 位于仓山区上渡路李厝山，是福建省唯一的一所通信类全日制公办国家级重点中专，隶属于福建省教育厅，是福建省教育厅半工半读试点学校之一。校园占地9公顷，建筑面积6万平方米。2005年有教职工160人，其中，中高级职称占64%，双师型教师占70%，通信行业特有工种考评员占45%。校内通信线路实训基地有光传输实验平台、宽带数据接入平台、移动通信实验平台、通信终端（手机、电话机、传真机）、电信服务礼仪、物流管理等16个，可根据企业需求，培养学生的实际操作技能。通信类专业综合实力居全国同等学校第一位。学校被评定为国家级重点中专学校。学校开发、研制的“112障碍自动受理检测系统”及“福建省邮政储蓄通存通取系统”均获得福建省邮电科技成果推广应用和科技进步一等奖，光纤通信、移动通信、通信终端3个专业被福建省教育厅确定为省级重点示范专业，还获得福建省首批“平安校园”称号。

福建省邮电学校校门（2005年）

福建省劳动干部中等专业学校 位于仓山区高盖山麓，与福建省劳动保障厅技术学校二位一体，直属于福建省劳动和社会保障厅，是国家级重点职校，也是国家职业技能鉴定定点单位。校园占地4公顷，建筑面积1.43万平方米。学校建有8个微机室，4个多媒体教室、3个语音室、7个电子电工试验室和数控加工实训工场以及模拟客房、餐厅等。2005年4月通过ISO9000《国家重点技工学校质量管理》的评审。当年在校生2500多人，教职工150多人，专兼职老师100多人，其中中高级职称占70%。学校被列为首批国家级综合职业培训基地、计算机信息技术和高新技术考试站。

福建省劳动干部中等专业学校校园（2005年）

福建省保安职业中专学校 位于仓山区螺洲，隶属福建省公安厅，由福建省警察学会和省保安协会联办的职业中专。校园占地面积30亩，建有教学大楼、学生宿舍楼、办公楼、田径场、福器械场、计算机网络教室等。学校实行准军事化管理，培养保安人才。2005年，学校面向全省招收历届初中、高中以上毕业生和同等学历的退伍军人。学制为：初中毕业生3年，高中以上学历2年。同时招收中专、职业中专毕业生，经半年保安专业培训，发给《结业证书》和《红色上岗证》，由学校直接推荐到用人单位。

福建省保安职业中专学校校门（2005年）

附：

2004～2005学年度仓山区辖区内中等专业学校情况表

表18-1-4　单位：人、平方米

校名	校址	毕业生数	招生数	在校生数	校园面积	校舍面积	教职工数	专任教师数
福建省邮电学校	上渡路李厝山		655	1383	90000	60000	115	47
福建对外贸易学校	首山路	843	572	1736	79626	36017	154	110
福建省林业成人中专学校	仓山区洋洽	216	248	2831	16629	78	45	
福建省农业学校	上三路	535			1026			
福建省商业学校	螺洲杜园	11250		1658				
福建建筑工程学校	长安路	103						
福建工贸学校	洪山桥原厝	594	888	2057	41299	36759	118	81
福建物资学校	洪山桥上店	204		139				
福建第二轻工业学校	首山路	254	417	1205	24103	19460	76	46
福建工业学校	洪山桥上店	718	1230	3794	69129	29398	120	85
福建银行学校	首山路	167	220	642				
福建建材工业学校	洪山桥中店	563	1105	2303	53865	25777	126	76
福建理工学校	洪山桥上店	884	872	2810	53160	72649	103	64
福建经济学校	施埔后路	931	1507	3791	67327	52958	177	94
福建医药学校	洪山桥	1069	4466	8160	34008	26112	130	58
福建司法学校	首山路	820	301	1222	14657	15921	90	55
福建商贸学校	首山路	360	841	1865	46777	26376	69	51
福建工业美术学校	建新洪塘	131	193	671	21214	10836	94	66
福建省劳动干部中等专业学校	首山路	419	434	1252	40000	14625	75	41
福州工业学校	利民路	678	662	2301	37036	26829	130	75
福州商业学校	首山路	602	274	904	22000	18142	54	34
福州船政学校	首山路	270						
福建省福州卫生学校	麦园路	240	474	1364	119980	13073	68	39
福州体育运动学校	公园路	50	80	286	56066	9878	41	25
福建交通学校	首山路	268		51				

2004～2005学年度仓山区中等职业学校情况表

表18-1-5　单位：人、平方米

校名	校址	毕业生数	招生数	在校生数	校园面积	校舍面积	教职工数	专任教师数
福州海峡中等职业学校	洪墉下境		25	25	4500	6930	11	4
福建经济职业技术学校	洪山桥村里	48	233	285	20000	10940	31	13
福建建筑工程职业中专学校	双湖三路	390	676	1510	69200	33084	107	102
福州科技信息职业技术学校	仓山区路郑安村	367	118	635	13080	9670	42	24
福州跨洋中等职业学校	工农路	209	280	841	2001	6406	89	39
福州旅游职业中专学校	麦园路	372	411	1274	54799	35472	129	86
福州国际语言职业学校	福建农大	195	187	461			16	15
福建省岁昌职业中专学校	建新镇洪塘	798	803	1258	33061	22545	70	48
福州国防教育职业学校	建新状元街	203	539	1016	35000	22000	100	80
福建省保安职业中专学校	螺洲吴厝	154	112	413	20000	8010	35	23
福州市环保职业中等学校	洪塘里	317	552	1545	34667	22103	70	70
福州机械高级职业学校	螺洲镇	42	95	215		13169	21	13

第六节 高等教育

1990年，境内有高等院校13所，其中普通高校1所（福建师范大学）；高职高专院校4所（福建省公安高等专科学校、福建省建筑工程专科学校、北京邮电学院福州分院和福建省华南女子职业学院）；干部院校8所（福建省政法管理干部学校、福建省经济管理干部学校、福建省金融管理干部学院、福建省供销干部学校、福建省交通干部学校、福建省团干部学校、福建省商业干部学校、福建省工商管理干部学校）。干部院校对本系统的干部进行岗位培训，同时开展大学专业学历教育。

1993年，由英华校友捐资兴办民办“福建英华职业学院”。1994年3月，由爱国华侨、音乐家蔡继琨教授出资，并向海外爱国华裔集资，同时得到政府支持，在首山路创办民办“华侨大学福建音乐学院”，挂靠华侨大学。1995年，在福建经济管理干部学院基础上，成立福建行政学院，实行两块牌子、一套班子的管理体制，由常务副省长兼任行政学院院长。学院承担福建省副处级至副厅级公务员培训、国有大中型企业经营管理者培训及高级经理人资格认证培训任务。

1996年区划调整后，境内增加“福建农林大学”。2000年4月，福建省人民警察学校和福建公安高等专科学校合并，成立“福建公安高等专科学校”。2002年，福建交通学校升格为“福建交通职业学院”。

2003～2004年，“福建对外贸易学校”升格为“福建对外经济贸易职业技术学院”“福建金融管理干部学院”更名为“福建金融管理职业技术学院”。同时先后成立“福建师范大学协和学院”“福建信息职业技术学院”“福建省岁昌职业技术学院”和民办“福州科技职业技术学院”及民办“福州外语外贸职业技术学院”5所高等院校。

至2005年，境内普通高校和高职高专院校共23所，其中普通高校（本科大学）2所，高职高专21所。

附：主要高校选介

福建师范大学 座落于仓山区上山路，是一所具有近百年办学历史的省属重点大学。福建师范大学开设文、史、哲、理、工、教、经、法、管等多种学科。具有学士、硕士、博士完整的高质量人才培养体系。学校设有20个学院、31个系、56个本科专业，拥有2个博士后科研流动站，8个博士点，48个硕士点，1个专业硕士学位点，8个省重点建设学科，4个国家基础学科人才培养和科学研究基地，1个教育部人文社会科学省级重点研究基地。同时还是国家中小学教师继续教育工程培训基地、全国重点建设职业教育师资培训基地、教育部基础教育课程改革研究中心、国家单独招收台湾学生试点学校、面向东南亚开展对外汉语教学培训基地、支持周边国家汉语教学重点学校、福建省高校师资培训中心等人才培养和研究基地。2005年在校学生共1.66万人，其中远程教育在校生逾万人。教学科研人员2295人，其中正、副教授所占比例接近50%。学校图书馆拥有藏书200多万册，名列全国高师院校第三位。先后与30多个国家和地区的高校、科研机构及联合国教科文组织建立广泛的合作关系。学校共培养各类毕业生10多万人，福建省各中学校长、特级教师和其他教学骨干中60%毕业于福建师范大学。

福建师范大学校门（2005年）

福建农林大学 座落于仓山区上下店路15号，是一所多学科大学，校园占地228.11万平方米，建筑面积71万多平方米。有3个博士后科研流动站、1个国家重点学科、1个国家理科基地、3个一级学科

福建农林大学校门（2005 年）

博士学位授予点、19 个博士点、46 个硕士点、1 个农业推广专业硕士学位点、2 个农业部重点学科、8 个省“211 工程”重点学科。有 19 个学院、50 个本科专业、29 个专科专业、43 个成人学历教育专业。学校设有 47 个研究机构，每年承担国家和省的科研课题 200 多项，曾获 400 多项国家和部省级科技成果奖。学校建立有计算机网络中心、测试中心、电教中心、生物技术实验中心和 80 多个专业实验室，并在全省不同区域设立 20 多个合作共建基地和 4 个科技综合示范区，有教学林场近 4.7 万亩。拥有藏书 115 万册，中外文期刊 5600 多种。2005 年，在校学生共 2.3 万多人，教职工 2200 多人。在 1300 多名专任教学科研人员中，教授、副教授（研究员、副研究员）有 485 人，其中有 1 名中科院院士，3 名国务院学位委员会学科评议组成员，9 名国家有突出贡献的中青年专家，4 名国家“百千万人才工程”第一、二层次人选，30 名受省表彰的优秀专家，39 名在岗博士生导师，112 名享受政府特殊津贴的专家。

福建公安高等专科学校校园（2005 年）

福建公安高等专科学校　坐落于仓山区首山路，前身是福建公安干部学校。2000 年 4 月，福建省人民警察学校和福建公安高等专科学校合并成立福建公安高等专科学校，为福建公安人才的培养基地、在职民警的培训基地和警务理论与警务科学技术的研究基地。校园占地面积 33.95 万平方米，校舍建筑总面积 15.3 万平方米，建有警体馆、射击馆、战术训练场、运动场、游泳池、交通管理训练基地等教学训练场馆。学校拥有基础实验室 6 个及数字化侦查、物证分析、痕迹检验、文件检验、法医、特种照相、警察自动化指挥等专业实验室 14 个；建立覆盖全省 9 个地市的专业实习基地 22 个；收藏纸质图书 54.2 万册。2005 年，学校开设有法学、工学、管理学类等 15 个专业，其中警察指挥与战术专业为高职高专国家级教学改革试点专业，刑事侦查专业为省级重点专业。在校学生 3202 人，教职工 436 人，其中专任教师 287 人。专任教师中，具有正高职称 18 人（教授 17 人，研究员 1 人），副高职称 77 人（副教授 74 人，其他系列 3 人），专任教师中高级职称教师占 33.1%；研究生学历占 35.5%。

福建华南女子职业学院大门（2005 年）

福建华南女子职业学院　坐落于仓山区首山路，校园占地约 2.06 公顷。开设有实用英语、外贸英语、服装设计与工程、鞋类设计与工艺、儿童教育、营养食品与管理、公共事业管理、国际经济与贸易、家政和涉外旅游管理等专业。其中实用英语专业的《听力与口语》课程被评为省级高校优秀课程，服装专业被省教委确定为省职业高校重点专业。学院被评为全国民办高校先进单位。2005 年，在校学生 2408 人，专任教师 119 人，外籍教师 18 人，兼职教师 61 人，其中副高以上职称 24 人，博士 3 人，硕士 23 人。

福州英华职业学院 坐落在仓山区城门镇浚边村。1993 年由英华校友无偿捐资兴办的民办高职高专。校园占地 5.3 公顷，建有教学楼、学生宿舍楼、图书馆、教师宿舍楼、学生活动中心以及田径场、篮球场、排球场和室外游泳池，总建筑面积 3 万余平方米。学院设置英语类、商务类、软件类和涉外家政等四大类 10 个专业。与美国新泽西州的世纪学院（Centenary Collese）结成姐妹校，为英华学子赴美留学铺设通道。1997 年评为“全国民办百所高校先进单位”。2001 年经省政府批准成为具有学历教育资格的普通高等职业学校，2004 年被评为全国“民办教育百强学校”“社会满意学校”。2005 年，在校学生近 1000 人，教师 166 人，生师比为 8.5:1。专任教师中有外教 3 人，高级职称教师占教师总数的 53%。学院图书馆有纸质图书 8.3 万册，电子图书 14 万册，订有 120 多种中外报刊。

福州英华职业学院校门（2005 年）

福建交通职业技术学院 坐落在仓山区首山路，校园占地约 38.6 公顷。设有船政学院、交通土建工程系、汽车运输与工程机械系、交通工程管理系、安全技术与环境工程系、信息技术与工程系、基础部和继续教育部等 8 个教学单位。开设涵盖当今公路、海运等领域技术与管理及新兴的经济社会建设急需的 54 个专业。2005 年，在校学生 1 万多人，专任教师 571 人，其中副高级以上职称人员 117 人，博士生导师 2 人。学院拥有 1 个国家级教学团队、2 个省级教学团队，有省优秀专家 1 人，省高校教学名师 4 人，享受国务院特殊津贴专家 1 人。学院还聘有行业企业专业人才和能工巧匠担任兼职教师或实践教学指导教师。

福建交通职业技术学院校门（2005 年）

福州科技职业技术学院 坐落在洪山桥西头建新镇，是全日制民办普通高等学校。建于 2004 年，当年秋季参加全国高校统一招生，专科层次，学制三年，面向全国招生。学院拥有一批专家教授和具有理论基础又有实践经验的高级工程师任教，其中正副教授、高级工程师、高级会计师占 40%。学院建有电脑网络中心，多媒体教室、语音室、计算机实验室，电工电子实验室等。福州软件园火星电脑技术有限公司、福日公司等 10 多家大中型企业作为学院实训基地。学院建立信息产业部电子行业第 42 个职业技能鉴定站分站，为学生获取“双证”（即毕业证、职业资格证）搭建平台。学院与加拿大普林斯顿学院（Canada Princeton Volleae）澳洲维多利亚大学分校——香港科技专上书院（Hong kong Institute Of Technoloey）建立合作关系，开展协作办学与学术交流，为学生进一步深造、发展开辟顺畅渠道。2005 年，在校生 1076 人（含学历文凭生）。

福州科技职业技术学院校门（2005 年）

福建师范大学协和学院　2003年由福建师范大学申办，2004年通过国家教育部首批确认独立学院。学院实施全日制本科教育，独立颁发国家承认学历的高等学校毕业文凭。学院在人文学科知识课程的基础上，加强技能教育模块建设，加大基本技能课和实践教学课在整个课程体系中的比重，突出对学生实践能力的培养。通过与企事业单位联手建设稳固的实践基地，推行对口培养，为学生就业提供有利条件。学院实行以弹性学制、选课制和主辅修制为核心的完全学分制，学生可自主决定修学年限，使部分学有余力的学生能够采取跨专业选修方式取得主修专业学位以外的辅修专业或第二专业学历。学院先后与国外多所高校进行办学交流，引进IELTS（雅思）课程体系等新理念。2005年，学院设有国际商学系、管理学系、信息技术系、经济与法学系、文化产业系、外语系6个系，开设电子信息科学与技术、国际经济与贸易、市场营销、金融学、人力资源管理、电子商务、工商管理类（物流管理）、音乐表演、广告学21个本科专业。当年在校学生3650人，专任教师352人，其中副高以上职称的占教师总人数的45%。

福建师范大学协和学院校园（2005年）

福州外语外贸职业技术学院　坐落在仓山区吴厝顶，校园占地约16.67公顷，校舍建筑面积12万平方米，固定资产122亿元，教学仪器设备总值953万元。学院以实施全日制普通专科教育为主，兼办成人函授高等教育、在职干部教育、在职干部培训、中外合作办学等。开设的学科门类有：应用英语、应用日语、报关与国际货运（国际物流方向）、国际商务、电子商务、金融保险、计算机应用技术、会计电算化（涉外方向）、文秘（涉外商务策划方向）、旅游管理等15个专业。学院建有多媒体教室、语音室、网络实验室、通讯实验室、商务实验室、财会电算化实验室、计算机实验室、电子阅览室、专业实训室等教学设施。学校图书馆藏书20.5万余册，设有外文阅览室、视听阅览室、期刊阅览室和“超星”数字电子图书馆分馆。2005年在校学生505人，专任教师91人，其中具有副高级以上职称的41人（其中教授11人，副教授30人），中级职称17人。

福州外语外贸职业技术学院校园（2005年）

第七节　成人教育

一、扫盲教育

1990年，仓山区业余学校按各街道举办扫盲班，主要传授生产知识、生产技能和承担扫盲任务。是年，全区青壮年文盲有162人。1991年，举行扫盲自查和脱盲考试，参加考试162人，有160人达到及格，全区非文盲率达99.6%。1994年，仓山区通过省政府“基本扫除青壮年文盲”的验收。

1996年，区划调整后，农村人口中文盲有2581人。区政府把扫盲工作重点转向农村。各镇依托文化站和文化技术学校，开办扫盲班、农民夜校，城区各街道主要抓巩固扫盲成果。至2005年全区共组织扫盲人员2977人，共扫除青壮年文盲2372人，非文盲率从1996年的99.58%提高到99.8%，基本上实现无文盲县（区）的目标。

二、成人中等教育

1990年，仓山区有1所成人中等教育学校（区属），设有会计、烹饪等专业，接收社会无业青年和工厂、机关、街道场组人员进行专业知识培训。

1996年，仓山区成人校停办。同年，随区划调整增有福建省林业成人中专学校和福建经济管理干部学院成人中专班。2005年，辖内共有成人中专学校2所。在校学生共3190人，其中福建省林业成人中专学校在校学生2831人，福建经济管理干部学院成人中专班在校学生359人。

三、成人高等教育

1990年，境内福建师范大学设有函授部，开设本科19个专业、大专9个专业，招收成人学生1190人。福建工程专科学校、福建公安专科学校、福建金融管理干部学院、福建政法管理干部学院共开设19个高等函授专业，招收成人学生1329人。区成人自学考试办公室与区高等教育办公室合署办公，负责在学的大、中专学生，社会人员及机关干部，企事业单位人员，通过自学考试，取得大专、本科文凭。当年全区参加成人自考1343人。

1993年，仓山区教师进修学校与华东师范大学联合开办大专函授班，学制三年。当年教师进修学校利用寒暑假时间开办大专函授班，为在职教师进修、培训搭建平台。1994年有170名在职教师参加小学教育课程自学考试辅导班学习。1996年区划调整后，境内各高校普遍兼办成人本、专科班。1998年，区教师进修学校大专函授班有188人通过函授全部课程，取得大专毕业文凭。是年，因仓山地区生源不足，教师进修学校大专函授班移至马尾区继续办学。1999年，区教师进修学校又与福建省教育学院、福州市教育学院联合开办进修班，利用寒暑假组织在职小学教师进修培训。市教院进修班学制为2年、省教院进修班学制为3年。至2001年有182人通过学习考试获得省、市教育学院颁发的大专毕业证书。2003年后，高校毕业生就业问题日益突显，成人自考人数开始出现下降趋势。2004年全区参加成人自考27963人，比上年同期减少20.9%。

2005年，辖内福建师范大学、福建农林大学等7所院校开设有成人高等函授专业，共招生2.05万人，其中福建农林大学3986人、福建师范大学8798人、福建工程学院1936人、福建公安高等专科学校326人、福建经济管理干部学院1864人、福建金融管理干部学院3411人、福建政法管理干部学院157人。区成人自学考试本科层次开考专业的有：汉语言文学、英语、机电一体化、法律、金融、统计、财税、会计、数学教育、思想政治教育、体育教育、计算机网络、公安管理、中医、历史教育、计算机信息管理、国际贸易、计算机及应用、经济学、小学教育、机电系统智能与控制、律师、广告学、护理、教育管理、秘书学、专业财务管理、工商企业管理、保险、商务管理、社会管理工作。专科层次开考专业的有：汉语言文学、英语、法律、金融、统计、财税、会计、教育、管理工程、公安管理、行政管理、政治管理、税收、中医、物资经济、护理、计算机信息管理、国际贸易、机电一体化、计算机及应用、社会工作与管理、档案管理、小学教育、导游、饭店管理、林业生态环境管理、日语、学前教育、房地产经营与管理、临床医学、中药学、预防医学、新闻学、卫生事业管理、商务管理、金融管理。中专层次开考专业有：医生、公安等。至2005年，全区参加成人自学考试获得省、市教育学院颁发毕业证书的共有5.4万人。

四、成人非学历教育

（一）职工继续教育

1990年，仓山区干部职工教育采取多渠道办学形式，各部门针对各自工作特点，对干部职工进行培训。当年办有16期培训班，培训720人。

1992年，培训项目从单一的业务培训转向岗位资格、技术等级、适应性、转岗、岗前思想政治教育等方面。出现民办的各类培训班，依托企业、科技园、工业园区开办的有电脑培训班、初级计算机、会计、水电工培训班等，其中宏力通信技术培训中心，当年办班58期，参训学员4678人次。

1997年，区“社会力量办学管理办公室”对境内的各类培训机构实行规范管理，对符合办学条件的进行登记注册，颁发办学许可证，对办学条件不够的督促整改，待条件具备后发给办学许可证。至2002年全区持证办学的培训班、校达22所。2002～2005年每年培训都达200多期，培训人数3万多人次。辖内“福建经济管理干部学院”“福建金融管理干部学院”“福建省农业干部学校”承担行业对口，对已取得大专或本科文凭的干部职工进行岗位培训。从1996～2005年10年间共举办培训班468期，培训干部2.57万人次。其中福建省团校开办125期培训班，培训干部总人数达1万余人。

（二）社区教育

1990年，仓山区开展创建示范社区活动，各居民委员会均成立“市民学校”，对居民进行“爱国主义”“公民守则”教育。居民委员会依托“市民学校”，利用社区教育资源开展“文明市民”“健康保健”“党史知识”“计划生育”“防灾逃生知识”等专题讲座及“讲评话故事”“闽剧演唱”“革命歌曲传唱”“宣传专刊”“ 知识竞赛”等活动。

1988年，把社区教育工作列为示范社区评选条件之一。2002年仓山区通过创建示范社区活动验收。2003年评出金洲社区、村东社区为福建省“十佳示范社区”。至2005年，全区50个社区开展各项社区活动110期，参训、受教育达1.3万人次。

（三）农村文化技术教育

1996年，仓山区在基本完成青壮年扫盲任务后，把工作重点转入镇、村文化技术培训和文化技术学校的建设。区成人教育委员会根据市教委《关于创建“福州市乡（镇）农民文化技术示范学校”的通知》精神，指导镇、村创建文技校，组织农民学文化、学技术。当年全区办有镇、村文化技术学校18所，参加学习培训的有8.99万人次。1998年，在镇、村文化技术学校中开展创建示范校。是年，城门镇、盖山镇、仓山镇、建新镇、螺洲镇都建有示范校，且都达到市教委提出的有健全的学校领导班子、有独立的校舍、有电化教学设备、有可供实习实验用的校办厂场等要求。盖山镇文技校通过“福州市示范文技校”验收。

至2005年，全区108个村文技校中有77所村级文技校通过验收，其中57所评为“五有”示范校，20所评为村级合格校。全区镇（村）文技校共举办各类技术培训4290期，参训人数达29.89万人次，其中镇文技校各类技术培训达692期、参训人数2.42万人次，村文技校培训3598期、参训人数达27.32万人次。

第八节 教师

一、教师队伍

1990年，仓山区区属中、小学专任教师共505人，其中中学教师61人，学历全部达到大学本、专科以上。被评为“中学高级”教师2人，占总数3.28%；“中学一级”教师10人，占总数16.39%；小学教师444人，其中大专以上学历35人、中专学历379人、初中学历30人，教师学历达标率93.24%。被评为“小学高级”教师200人，占总数45.04%；小学一、二级教师244人，占总数54.95%。区属中、小学教师主要来自师范类大中专毕业生和区外教师调入。

1992年7月，开始在区属中、小学教师中实施“全员聘任制”，全区有639名教师参加聘任。1993年，仓山区教师进修学校与华东师范大学联合开办大专函授班，有170名小学教师参加函授培训，教师队伍文化素质逐年提高。1995年，小学教师学历合格率（含专业合格证书）达98.83%，初中达98.57%。

1996年区划扩大后，全区区属教师增至2130人。其中，中学教师374人、小学教师1756人。1998年，为解决区内5个镇小学教师缺编问题，仓山区在接收20名福州师范类毕业生的同时，又从南平、建阳师范学校引进76名毕业生，从非师范类院校中招收30名毕业生，经培训后充实到各镇小学任教。当年，一名小学教师获“特级教师”称号。

2000年，取消师范学校毕业生国家包分配政策之后，仓山区有50名应届中师毕业生通过公开招考，经过录取，安排28名毕业生到小学任教。2001年，又有22名应届中师毕业生经考核合格与区教育局签订就业协议后，全部分配到乡镇小学任教。

2002年，区教育局对教师专业技术职务的结构比例进行核定，并把教师编制职数下达给各校。学校根据编制和开设学科等进行科学设岗，建立职数卡。是年，有1名中学教师获“特级教师”称号。

2003年起，师范类大中专毕业生和申请到仓山区任教的教师均由市教育局组织公开招考录用。2004年，仓山区出台“关于事业单位实行专业技术资格评价与专业技术职务聘任分开”的意见，对专业技术职务评聘逐步放开。当年评出中学高级教师59人、中学一级教师20人、小学一级教师132人。小学专任教师中，具有大专以上学历达61.54%，初中专任教师具有本科及以上学历达51.01%。

2005年，区教育系统全面推行聘用制改革工作，实行评聘分开、竞争上岗。区规定城区新聘中、小学高级教师至少要有1年农村任教经历。是年，全区有44所中、小学开展对口帮扶工作，轮岗互派教师72名，有2700名教职工与用人单位签订聘用合同。是年末，全区区属教职工编制2792人，实有2700人，其中中学教职工1066人，小学教职工1569人，幼儿园教职工65人。退休教职工1317人。在小学教师中，“小中高”教师6人，“小学高级”教师488人，占总数34.8%，小学一、二级教师926人，占总数的65.2%。小学教师中大专以上文化达67%，并有向本科化发展的趋势。区属中学教师中，“中学高级”教师141人，占总数15%，“中学一级”教师326人，占总数32.9%。教师学历呈本科化持续增长的态势，初中教师本科学历达47%，高中教师本科学历达78%。

二、教师待遇

1990年，仓山区中、小学教师工资津贴实行职务工资为主的结构工资制。是年中学教师人均月工资170元，小学教师人均月工资179元。

1993年，事业单位工资改革，与国家机关工资制度脱钩，教师工资改由专业技术职务岗位工资和30%津贴组成，并实行地区津贴和每两年升工资档次。是年，中学教师人均月工资增至309元，小学教师人均月工资增至304元。

1995年，区政府提供一块土地及部分配套设施，由教育局统筹集资建设，建成2幢120套单元房，安排教师居住。

1996年，提高物价补贴标准，中、小学教师物价补贴每人由22元增至52元。

1999年，为全区3000多名教师办理提高岗位津贴标准和增发离退休教师退休生活费增资工作。根据不同职称和不同档次，分别为高、中、初级职称教师及工勤人员增资。当年，为2203名在职教职工办理增资，月增资总计27.57万元，一次性追补80.46万元；为862名退休教职工增资10.72万元，一次性追补32.15万元。

2000年，中、小学教师工资津贴改按职务工资、30%津贴、岗位津贴、地区补贴、考勤奖5块组成，中学教师人均月工资增至1010元，小学教师人均月工资增至1005元。2001～2003年，又先后两次调整工资补贴标准，人均月增资237元。

2005年，提高福州地区补贴，人均月增资158元，同年9月，仓山区对农村边远小学教师实行岗位津贴和交通补贴。根据学校所处的地点、交通状况、教师待遇、办学条件等综合因素并征得有关学区意见，确定享受边远地区岗位津贴的学校有冠洲小学、青富小学、别头小学、下洋小学4所，每名教师每月基本津贴150元，另加教龄津贴，最多不超过200元，每年按10个月发放。享受边远地区交通补贴的学校有：冠洲小学、青富小学、别头小学、下洋小学、城门后坂小学、梁厝小学、湖际小学、董湖小学、樟岚小学、谢坑小学、阳歧小学、吴山小学、吴凤小学、盘屿小学、透浦小学、东方小学16所，每名教师每月补贴交通费80元，每年按10个月发放。所需的经费由区财政拨款50%、乡镇负担25%、区教育局筹措25%，经费按学年度总额集中于区教育局按学期发放，从2005年9月开始执行。是年，中学教师人均月工资1739.93元，小学教师人均月工资1599.28元。离退休教职工1309人，发放退休金总额达3027万元，平均每人年2.31万元。

三、教师进修培训

1990年，小学教师进修培训工作主要由区教师进修学校组织实施。当年，区教师进修学校制订《关于小学教师进修培训的有关规定》和《小学初级教师在职实践培训与考核的暂行规定》，率先在福州市五区八县中创办见习期教师培训班和骨干教师培训班，对青年教师实施3年跟踪培训；对骨干教师的培训则注重理论联系实践，采用教学研究、上汇报课、撰写结业论文、组织学员到外地考察等，为小学教师继续教育提供指导。1993年，开始实施"继续教育登记制度"及"小学教师7项基本功培训与考核"，翌年在全区全面铺开。1995年，在完成学历达标教育之后，支持教师参加更高学历的教育，每年均组织一批小学教师参加大专函授。是年，全区小学教师大专以上学历的比率达22%。1996年，区划调整后，大量乡镇学校并入仓山区，针对非师范类教师比较多的情况，进修校采取集中培训与任职校培训相结合的形式，对学历未达标的教师全面进行培训。至1998年，有188人通过函授全部课程，取得大专毕业文凭。同年，实行小学校长持证上岗后，区开办"第一期小学校长提高培训班"。

2005年，陆续对已取得校长岗位培训合格证书的校长、书记进行提高班培训；组织高级教师参加市教育学院举办的中高级教师岗位培训。

2004～2005学年区属中学专任教师职称情况表

表18-1-7　　单位：人

总人数	中学特级教师数	中学高级教师数	中学一级教师数	中学二级教师数	中学三级教师数	其他
661	1	44	158	425	18	15

2004～2005学年区属小学专任教师职称情况简表

表18-1-8　　单位：人

总人数	小学中学高级教师数	小学高级教师数	小学一级教师数	小学二级教师数	小学三级教师数	其他
1428	3	243	1013	146	1	23

2004～2005学年区属中小学专任教师职务考核情况表

表18-1-9　　单位：人

总人数	被考核人数	优秀人数	合格人数	不合格人数	其他（未参加考核）
2720	2703	350	2353		17

2004 ~ 2005 学年区属中小学在职职工工资情况表

表 18–1–10　　单位：人、元

教职工数	其中：专任教师数	工资发放总额	人年均工资
2703	2582	66873000	24577

2004 ~ 2005 学年区属中小学退休教职工退休金发放情况表

表 18–1–11　　单位：人、元

退休教职工数	退休金发放总额	人年均退休金全额
1309	30270000	23054

第九节　教育行政与教育督导

一、管理机构

1990 年，仓山区教育局内设办公室、人事股、中教股、初教股、幼教股、计财股、体卫艺术股、德育股、成教股、教仪站、统计站、勤工俭学管理站（含生产站）。挂靠机构有区视导室（翌年改称教育督导室）、区未成年人保护委员会办公室、区招生办、区自考办、区高招办。工作人员共 33 人，其中行政编制人员 1 名，其他均由下属学校借调。

1998 年，把股改为科，增设组织宣传科；并将计财、教仪站、勤工俭学管理站合并，设立后勤保障科；幼教、初教、中教、德育、团队、成教、体卫艺合并，设立基础教育科，取消高招办。

2002 年，基础教育科拆分为中等教育科和初等教育科（含幼教），增设德育科（含团队、体卫艺术）、后勤保障科、区社会力量办学管理办公室、区电教站、区高招办、区自考办和语言文字工作办公室，区未成年人保护委员会办公室。行政编制人员 4 名。

至 2005 年，教育局内设有办公室、人事科、组织宣传科、中等教育科、初等教育科、德育科（含团队、体卫艺）、后勤保障科、会计核算中心。挂靠机构有区教育督导室、社会力量办学管理办公室、区电教站、区高招办、区自考办和语言文字工作办公室、区未成年人保护委员会办公室。工作人员共 28 人，其中行政编制人员 4 名，其他均由下属学校借调。

二、教育督导

1990 年，仓山区教育局设“视导室”，翌年改为“教育督导室”，负责全区教育督导工作。1992 年，对全区中、小学生课业负担过重问题进行专项督导评估，发现各校普遍存在只重视语文、数学、英语教学，忽视其他学科教学。同时出现增加课时补课，增加学生课业负担的现象，督导室提出要求各校予以纠正。

1993 年，按照福建省教委基本普及九年义务教育、基本扫除青壮年文盲（以下简称“两基”）工作达标区的部署，区教育督导室按照国家“两基”要求标准，加强督导，并组织各学校结对子，开展一帮一活动。1994 年，对全区 7 个街道和辖内 18 所小学（含师大附小）、9 所中学实施义务教育工作情况进行督导。发现区属中学教育经费投入严重不足，中、小学办学缺乏个性与特色，初中学生流失现象较为严重等问题，即报请区政府研究，决定由区财政追加 1991 ～ 1993 年区教育经费 194.5 万元，帮助学校增添实验教学器材，同时发动各单位自查自评整改。是年，仓山区“两基”工作的普及程度、师资水平、办学条件、教育经费投入、扫盲工作通过市评估验收基本达标。1995 年，仓山区获“‘两基’工作达标区”称号。翌年又被国家教委公布为实现“两基”目标的县（市、区）。随后，区教育督导室每年都按“两基”

达标区的标准进行跟踪评估检查，除个别年份要追补教育经费外，其余各项目均超过省定的指标标准，“两基”工作得到进一步巩固和提高。

1998 年 5 月，区教育督导室在中、小学中开展第一轮实施素质教育督导评估，评估学校办学水平，指导中小学深化教育改革，优化学校管理，提高教育质量；推动基础教育摆脱“应试教育”影响，实施素质教育办学。之后，逐步建立全面、科学、合理评估学校办学水平的机制。各学校均建立义务教育卡，各居民委员会建立义务教育文化户口册，进行义务教育取证，并由街道进行摸查、汇总。区教育督导室配合区教育局基础教育科，与街道、居委会干部共同开展动员初中辍学学生返校复学。至 2002 年底，全区 70% 以上的中、小学校达到区级中、小学实施素质教育工作合格学校标准。

2002 年，根据“实现高水平、高质量普及九年义务教育”（简称“双高普九”）的要求。区政府成立“双高普九”工作领导小组，把“双高普九”任务分解，下达到区直各部门、各镇街和各中小学。

2004 年，区教育督导室对全区“双高普九”工作的普及程度、教育质量、师资水平、办学条件、教育经费各项指标进行评估。经评估验收，全区学前 3 年教育入园率达 90.23%。小学学龄人口入学率 99.25%，年辍学率控制在 0.1% 以下。初中学龄人口入学率 97.27%，年辍学率达 0.02% 左右。高中阶段教育毛入学率 193%。全区 15 ～ 24 岁人口非文盲率 99.8%。小学按时毕业率 95.05%，单科及格率达 96.9%，全科及格率 96.1%。中学按时毕业率 98.49%，单科及格率 91.1%，全科及格率 81%。小学专任教师具有大专以上学历 61.54%，初中专任教师具有本科及以上学历 51.01%，校长任职资格培训率 100%。生均校舍面积，小学 6.8 平方米，中学 11.69 平方米，基本消除 C、D 级危房。教学仪器实验设施小学达 2000 年省颁 I 类标准以上有 18 所，II 类标准以上有 45 所。初中达 2000 年省颁 I 类标准以上有 8 所，II 类标准以上有 8 所。校舍配套，小学门墙（指学校大门和围墙）达标 100%，厕所达标 56.7%。中学门墙达标 100%，厕所达标 91.3%。生均图书，小学 18.8 册，初中 25 册。信息技术装备，小学机生比 1：14.2，初中机生比达 1：9.5。教育经费：“三个增长”基本达到要求。是年，仓山区获“高水平高质量普及九年义务教育”称号和“福建省实验教学普及县”称号。

2005 年，全区进入第二轮中、小学实施素质教育督导评估。区教育局进一步推进课程改革，把实施素质教育与全面提高教学质量有机统一起来，一批年富力强的校长充实到新建学校。学校依法办学规范管理的自觉性有所提高，农村中、小学依法治校的能力得到加强。是年，全区有 10 所中、小学校被评为福州市实施素质教育工作先进学校，14 所中、小学校被评为福州市实施素质教育工作合格学校，1 所小学被评为福建省实施素质教育工作先进学校。

三、人事管理

1990 年，区属中学人事由区宣传部和区教育局两级管理。中学校长由区宣传部任命，副职及学校中层干部由区教育局任命；区属小学、幼儿园的人事归区教育局管理。学校领导按照“分级管理，分工负责”的原则进行管理。重点小学校长由区委宣传部任命，一般小学校长由区教育局任命，副校长及教导（总务）主任等人员由校长提名，按有关规定权限和程序任命或聘任。各类民办学校和非政府设置的学校，其人事工作由主办单位管理，学校负责人报主管教育行政部门备案。1992 年，开始实施“全员聘任制”，全区 639 名教职工参加聘任，允许教职工在区内进行流动聘任，教职工可以选择学校，学校可以选择教职工。1996 年，对区属中小学、幼儿园教职工资格进行认定。每学年从“德、能、勤、绩”4 个方面对教师进行年度考核。各中小学、幼儿园基层工会、教代会围绕“德、能、勤、绩”4 个方面对学校行政干部进行评议，为上级党委考核、选拔、任用基层学校领导提供依据。

2001 年，全区实行校长负责制、教师聘任制、校内结构工资制、工资总额包干制等“四制并举”的综合改革。全区教职工与用人单位签订聘用合同。城区学校有计划地派出优秀教师至薄弱校或远郊学校任教，互帮互学，加强薄弱校建设。至 2005 年该体制不变。

四、经费设备管理

（一）教育经费

1990 年，仓山区教育经费主要以政府投入为主，区直学校经费列入区级财政预算，由区财政局拨款给区教育局。是年，区财政下拨教育事业费 294.7 万元。1996 年区划调整后，教育经费管理实行区、镇两级管理体制。区直学校经费由区财政局拨款给区教育局，5 个镇的学校经费由镇财政拨给各学区。是年，4 所市属中学划归仓山区管辖，区财政下拨教育事业费增加至 1822.3 万元。

2000 年 7 月起，教师工资全部由国库统一发放。区教育局每学期制定收费管理通知和组织收费检查，纠正乱收费行为。2001 年市属第十二中学、第二十一中学、第二十九中学、第三十中学、第四十中学和城门中学 6 所中学划归仓山区管理，当年区财政下拨教育事业费增加至 6834.7 万元。2002 年，中、小学开始收取借读费。2004 年 1 月起，5 个镇学校的教育经费收归区管，全部列入区级财政预算。

至2005年，除区财政下拨教育经费外，各学校还收取学生学杂费6416.72万元，借读费2402.17万元（其中小学收取借读费 1747.51 万元，初中收取借读费 651.76 万元，高中收取借读费 2.89 万元），接受社会捐资 2805.1 万元。筹集的教育经费主要用于改善办学条件。

1990 ~ 2005 年仓山区教育经费拨款情况表

表 18-1-12 单位：万元

年度	拨款金额	年度	拨款金额	年度	拨款金额
1990	294.6	1996	1822.3	2002	8311
1991	306.8	1997	2504.9	2003	8340.6
1992	353.3	1998	3111	2004	9968.6
1993	373.2	1999	3734	2005	11310.7
1994	633.2	2000	4141.5		
1995	640.6	2001	6834.7		

1990 ~ 2005 年学杂费收入情况表

表 18-1-13 单位：万元

年度	金额	年度	金额	年度	金额
1990	13.5	1996	308	2002	1200.2
1991	13.9	1997	341.3	2003	1417.4
1992	20.4	1998	344.9	2004	1427.3
1993	46.6	1999	352.2	2005	1869.4
1994	73.8	2000	303.2		
1995	106	2001	698		

2002 ~ 2005 年仓山区属中、小学收取借读费情况表

表 18-1-14 单位：万元

年度	小学	初中	高中
2002 年春季	16.7075	1.97	0.209
2002 年秋季	293.8052	65.22	
2003 年春季	20.9757	4.1282	
2003 年秋季	263.68	93.422	1.24

续表 18-1-14

年度	小学	初中	高中
2004 年春季	43.1077	10.008	0.208
2004 年秋季	289.6855	244.476	1.136
2005 年春季	223.4093	15.3895	0.104
2004 年秋季	595.1461	217.1454	
合计	1747.517	651.7591	2.897

1996 ~ 2005 年仓山区农村教育经费附加收入情况表

表 18-1-15 单位：万元

年度	金额	年度	金额	年度	金额
1996	958	2000	946.4	2004	388.7
1997	958.9	2001	897.8	2005	399.4
1998	759.6	2002	608.1		
1999	709.2	2003	720.5		

2001 ~ 2005 年仓山区教育事业费支出情况表

表 18-1-16 单位：万元

年 度	支出金额	其中			
		人员经费	支出比例（%）	公用经费	支出比例（%）
2001	6834.7	6581.9	96.3	252.8	3.7
2002	8311	8013.3	96.4	297.7	3.6
2003	8340.6	8003.6	95.9	337	4.1
2004	9968.6	9010.3	90.4	958.3	9.6
2005	11310.7	10464.1	92.5	846.6	7.5

（二） 校园建设

1990 年，仓山区政府针对辖内学校生源增加及部分旧校舍存在安全隐患等情况，加大教育专项经费投入，对有条件的学校进行扩建。至 1996 年，全区共投入 785 万元，新建麦顶小学、三叉街小学、新建小学、朝阳小学、下渡中心小学、上渡中心小学 6 所城区小学的教学楼及教学辅助用房，新增校舍建筑面积 1.30 万平方米。

1997 年，为改善新划入的农村边远学校办学条件，区财政又拨出专项经费，新建、扩建一批农村学校教学楼和教学辅助用房。至 2000 年，全区共投入 2108 万元，新建第三十九中学、盘屿中学、冯宅中心小学等 10 所中、小学教学楼及其他教学辅助用房，新增校舍建筑面积 2.27 万平方米。新征校园用地 62.52 亩。乾元小学、尚保小学、淮安小学等农村小学办学条件得到改善。

2001 年，加强中小学危房改造。区财政先后投入 9421 万元新建仓山实验小学、金山实验小学、南台实验小学、麦顶小学、下渡中心小学等 10 所中、小学的教学楼及教学辅助用房，新增校舍建筑面积 5.30 万平方米。

2004 年先后拆除重建第二十九中学食堂、红山中学食堂，还对第二十一中学等 13 所中、小学的 14 幢危旧房进行房屋安全鉴定。对鉴定为 D 级的二十一中学礼堂、高湖小学旧厕所、后坂小学教学楼、城门中心小学食堂、潘墩中心小学西宿舍楼、洲尾小学旧教学楼等 6 幢危房，立即封闭停用，并进行改建。

2005 年，区财政专项安排 100 万元用于危房改造工程，其余改造经费通过各校自筹解决。当年，又对第二十一中学旧教学楼、洪塘中心小学旧教学楼、湖际小学旧教学楼、第二十九中学学生宿舍楼等四幢危旧房进行安全鉴定。根据鉴定结果，立即拆除D级危房，并着手改造C级危房。

1990～2005年仓山区中、小学校舍建设情况表

表18-1-17 单位：平方米、万元

时间	单位	项目	规模	结构	面积	资金投入	附注
1990	麦顶小学	综合楼	6层	框架	2625	140	新建
	区进修校附小	教学楼	3层	砖混	483	15	新建
1992	三叉街小学	教学楼	2层	砖混	637	15	新建
	三叉街小学	教学楼	2层	砖混	637	15	新建
1993	新建小学	综合楼	4层	混凝土	1310	75	新建
1994	区进修校附小	教学楼	4层	框架	760	56	新建
	朝阳小学	教学楼	4层	框架	1090	113	新建
	上渡中心小学	教学楼	5层	框架	901	53	新建
1995	下渡中心小学	教学楼	4层	框架	1300	96	新建
	下渡中心小学	教师宿舍	7层	框架	1436	100	新建
1996	新建小学	办公楼	4层	框架	900	70	新建
1997	三十九中	综合楼		框架	4450	410	新建
	红山中学	教工住宅		框架	1030	60	新建
	盘屿中学	综合楼		框架	5180	860	新建
		宿舍		框架	890		新建
		传达室		框架	85		新建
		扩大校园			25013		征地
	乾元小学	教学楼		框架	1450	110	新建
	尚保小学	教学楼		砖混	1059	65	新建
	后坂小学	教学楼		框架	410	25	新建
	龙江小学	教学楼		砖混	322	30	新建
	下洋小学	教学楼		框架	2154	220	新建
		综合楼		框架	984		新建
		传达室		框架	128		新建
		扩大校园			16666		征地
	淮安小学	教学楼		框架	2010	128	新建
		宿舍食堂		框架	271		新建
		传达室		框架	39		新建
1999	冯宅中心小学	教学楼		框架	2207	200	新建
2000	红霞小学	综合楼		框架	1561	250	新建
	仓山实验小学	教学楼		框架	8821	1500	新建
		新征校园			19999		征地
2001	麦顶小学	综合楼		框架	3860	310	新建
2002	金山实验小学	教学楼		框架	4275	1000	新建
	区少年宫	综合楼		框架	3492	431	新建
2003	南台实验小学	教学楼		框架	6062	1500	新建
	下渡中心小学	综合		框架	3805	450	新建

续表 18–1–17

时间	单位	项目	规模	结构	面积	资金投入	附注
2005	东升小学	教学楼、综合楼		框架	7424	1800	新建
		新征校园			18666		征地
	湖际小学	综合楼		框架	800	80	新建
	仓山小学施埕校区	教学楼综合楼		框架	4128	500	新建
		新征校园			4866		征地
	岚湖小学	教学楼、综合楼		框架	1600	350	新建
		新征校园			7999		征地
合计						11064	

（三）教学设备

1990年，区属16所小学、1所中学按照国家制定的教学仪器配备目录，自筹资金添购教学仪器。1991年，区教育局提出5年内实现省提出的“实验教学普及县活动的实施意见”，采取统一调拨的方式为中、小学增购一批教学设备。调拨的教学设备有投影仪、幻灯机、录音机等电教器材。至1995年，全区16所中、小学教学仪器配备达二类标准的有13所，三类标准的有3所。

1996年，区政府通过各镇对所属学校的教学仪器设备进行调查摸底，查清农村各学校的教学仪器的配备相对滞后，建新镇、盖山镇、城门镇、螺洲镇只有少数学校有部分教学仪器，5个镇属学校的教学仪器设备仅值26万元。

1998年，区投入140万元，由区“教仪站”统一向福建省生供办订购小学自然，中学物理、化学、生物等学科仪器充实城乡各中、小学。同时多渠道筹措资金，投入68.08万元为学校更新、添置实验桌椅、仪器橱，教学演示台等。

2000年，区投入130万元，按照“理科教学仪器配备目录”的要求，添购小学自然，中学物理、化学、生物等学科的仪器和实验室设备，同时制定仪器管理规章制度。是年，中学物理、化学、生物均设有专用仪器室和准备室，部分小学也设有专用仪器室。区电教示范学校麦顶、临江、下渡、潘墩4所小学还为每间教室定制投影柜，按年段配置语文、数学、英语投影片。区电教馆、进修校配置有可容纳30台计算机网络教室，1套多媒体电教室设备和1套卫星接收设备。全区各学校共配有卫星接收设备1150台，学习机100台。有10所学校建立多媒体电教室，28所学校开设计算机课程。是年，全区有1所中学（三十九中）教学仪器配备达一类标准，5所中学达二类标准，21所小学达一类标准，49所小学达二类标准，2所小学达三类标准。

2002年，投入资金226万元，配置2249台计算机、51间计算机网络教室、31间多媒体电教室（含简易型）、11间语音室。潘墩中心校13间教室配有电脑、彩色电视和视频展示仪。全区接受信息技术教育的学生2.19万人，普及率22.5%。

2003年，仓山区教育办公网开通，有52所学校接入因特网，其中第二十九中学、第十二中学、第四十中学、潘墩中心小学实现宽带接入，其他学校用电话拨号接入。是年，学校教学仪器设备按照2000年颁发的教学仪器配备目录标准进行配置，达一类标准的有5所中学、21所小学，达二类标准的有7所中学、44所小学。当年仓山区通过福建省“实验教学普及县”验收。

2004年，投入140.13万元为各中、小学校增添教学仪器设备。是年全区中、小学校共有计算机3207台，中学计算机与学生比为1:11，小学计算机与学生比为1:14。实现校校有计算机，完小至少有一台用于办公。全区有63间计算机网络教室，44间多媒体电教室，11间语音室，12所学校图书馆实现计算机管理。53所中小学开设信息技术课，中学普及率达100%，小学达66%。第十二中学、第四十中学接入校园网，第四十中学、第十二中学、第二十九中学、潘墩中心校建成较完善的校园网。

2005年，实施“教育信息化推进年”，全年投入261万元，为14所中、小学配置校园网、计算机网络教室、多媒体教室、语音室等设备。是年，全区有计算机3409台，中学机生比达到1:8.6，小学1:14.8，有计算机网络教室63间，多媒体教室49间，语音室13间，建成校园网6所。仓山小学、麦顶小学、胪厦小学实现计算机进教室。全区12所中学信息技术开课率达100%，61所小学信息技术课开课率达85%。是年，全区信息技术设备资产达1400万元。4所中学教仪器达一级标准，43所小学、8所中学教仪器达二级标准。全区中、小学图书馆藏书达103.89万册，中学生均24册，小学生均24.1册，麦顶小学建有电子阅览室。有14所小学获得省达标图书馆称号。

2004 ~ 2005学年度仓山区属中学图书馆藏书情况表

表18-1-18 单位：册

校名	藏书量（册）	校名	藏书量（册）
第十二中学	50966	第十六中学	54495
螺洲中学	5400	高级中学	78000
第二十九中学	12500	福三中金山校区	60000
第三十中学	12909	师大附中	124119
城门中学	32003	农大附中	
永南中学	13701	时代中学	13525
红山中学	13578	英华英语学校	14702
第三十九中学	18988	华南实验中学	11858
第四十中学	24535	英才中学	9966
盖山中学	9165	平民中学	5000
盘屿中学	13200	超德高级中学	2410
第二十一中学	23200	金山学校	2500
第六中学	41553	三山文武学校	5800

第二章 科技

1990年，仓山区开始着手制定建设科技示范区的规划。是年，区委作出《关于建设科技示范区的决定》。翌年开始引进科技人才，筹建“仓山科技园”科技基地。1992年3月经国家科委批准，仓山园列入福州市科技园区“一园三区”计划。1996年制订《中共仓山区委、仓山区人民政府关于加速科学技术进步的实施意见》，围绕发展“两高一优”农业，实施“农业优良种苗科技工程”，建立蔬菜、水果、花卉、畜牧、水产等多个良种选育基地和扩大高新企业规模，出现一批产值超千万元甚至上亿元的高新技术企业或企业集团。1997年1月仓山区通过全国科技工作先进区省级验收，4月被国家科委授予全国科技工作先进区称号。1999年仓山区委、区政府作出《关于进一步推进科教兴区战略的决定》，提出《关于贯彻中共仓山区委八届二次全体（扩大）会议〈决定〉，进一步加速科学技术进步的实施意见》。在全区公务员和专业技术人员中采取代培、专家上课、现场指导、岗位比赛、技术练兵等形式开展继续教育活动，组织专业技术人员及科技管理人员参加省专业学习培训。2000年初，区委、区政府确定仓山科技园为高新技术产业基地，制定“福州市仓山高新技术产业区”计划，实施扩园工程。同年，“福州海峡科技城”取得国家科技部正式批准。2005年，全区拥有各类技术职称的科技人员达10319人，实施各类科技计划项目123项，承担市级以上科技计划96项，获省、市科技进步奖76项。是年，高新技术产业增加值占全区工业增加值25%。

第一节　科技发展规划

1992年，仓山区开始组织制定《福州市仓山区科技兴区十年规划》，当年完成规划提纲，提请省有关专家评审，历时3年于1995年11月通过由省科委组织的软科学研究成果评审，形成《福州市仓山区科技兴区十年规划》。规划分区情特点分析、指导方针和战略目标、发展重点、科技促进经济和社会指标预测、对策和措施6个部分。这是仓山区首次制定科技发展规划。

1996年，仓山区划调整扩大后，根据区情变化，着手修订"九五"期间和21世纪头10年科技发展总体规划。计划确定仓山区科技发展指导思想、重要目标和发展重点，提出农业优良种苗科技工程、发展高科技园区，推进高新技术产业化工程、加快工业区建设步伐，建设工业群体工程、城市建设科技试点示范工程、科技振兴区、镇（街）企业工程、国民经济信息化工程、跨世纪科技人才培养工程等七大科技工程，实施"科教兴区"战略，推进"南台岛经济圈"建设，实现仓山经济建设和社会发展再上新台阶。1996年7月19日该规划经区十二届人民代表大会常务委员会第24次会议通过。

2001年，"十五"计划伊始，区委、区政府回顾总结"九五"科技计划实施成果，分析科技发展环境，确定战略调整和战略任务，提出保障措施。同年10月该规划定稿，并经区人大常委会通过施行。

2001～2005年，围绕产业升级、科技创新和社会发展等三大目标，实施区域信息化战略、建设福州海峡科技城、构建技术创新体系和实施可持续发展战略等四大重点任务，推进农业产业化进程、增创工业科技新优势和发展第三产业科技，培育新经济增长点等三大产业任务，为仓山实现远景目标纲要提供科技支撑。

第二节　科学普及

一、科普宣传

1990年，仓山区科普宣传主要配合科技兴区活动开展科学基础知识宣传。至1994年，全区共建立5个科普站，20个科普小组，同时建立健全三级（区、街道、居委会）科普网络，在观井路建立"科普一条街"，在下渡街道科普站所辖的各居委会建立科普宣传栏，在桃花山新村建立大型科普宣传画栏。1995年，举办"爱科学、用科学"和"科学在身边"为主题的科普宣传活动，共举办8场学术讲座和报告会，参加人员达800余人次。

海西科普大讲坛进社区活动

1996年，加强农村科普工作，大力扶持和发展农村科学技术协会，配合区有关部门开展科技"三下乡"活动，同时开展实用技术的培训，把科普知识送到农民家中。至1997年，共编印发放"仓山科普"3000余份。

2000年，确定每年11月开展科技宣传周活动。当年，举办科技讲座，请专家传授科技知识，开展科普一条街的活动和科普图片巡回展出，组织技术人员下企业进行咨询服务。2002年，分别在临江街道、太平洋社区各建10米标准科普画栏，在三叉街街道党员林公园建100米科普画栏。2003年，开展以"依靠科学、战胜非典"为主题的科技活动周宣传，共发放科普材料3万多份、光盘100张，挂图1000张，报纸1万份和宣传单10万张，把防非典的知识送进千家万户。

2005年，全区84个村完成科普宣传栏的建设，共印发科普资料6000余份。1990～2005年全区共出科普宣传专刊2万多期。

二、技术培训

1990年，区科委先后组织专业技术人员及科技管理人员参加省科委、省司法厅、省专利局、省科技干部局联合举行的《中华人民共和国专利法》《中华人民共和国技术合同法》学习考试，参加培训共237人次。1993年，运用区霖顺科学馆基地，开展文化技术、实用技术、少儿电脑等培训班。至1995年，共举办中长期实用技术培训班226期，培训9231人次；文化技术学校8班，培训246人次；少儿电脑培训班15期，培训613人次。

1996年，区成立专业技术人员继续教育工作领导小组，以霖顺科学馆为基地，依托仓山区科技培训中心，在全区公务员和专业技术人员中开展继续教育活动。同时，发挥区镇（街）、村（居）三级培训网络作用，采取代培、专家上课、现场指导、岗位比赛、技术练兵等形式，培训各级专业技术人员。至2000年，5年共举办中长期实用技术培训班143期，培训7236人次。企业职工受训面90%以上，农村劳动力80%以上。

2001年开始，以多种形式推进人才培训工作，同时组织全国计算机一、二级考试、培训，进修。至2005年，共组织各类实用技术培训1.35万多人次，参加大中专院校及有关单位考点实用技术考核的共8700余人。

三、青少年科技活动

1990年，由区科协会同区教育局、团委、妇联、体委等有关部门，组织全区青少年以区属小学为阵地，按个人爱好组织兴趣小组，开展航模、舰模、小发明、小论文、小制作竞赛及举办科技作品展等活动，以培养少年儿童对科学的兴趣、爱好和志向。同年，区教育局协同市、区科协举行科技辅导员培训班及科技节。同时开展“三小”（小发明、小制作、小论文）和“三模”（航模、车模、海模）竞赛；举办科技夏令营，引领少年儿童考察环境，开展生物与环境的科学探索活动。当年仓山区获得福州市中、小学航模比赛团体第二名。

科普进校园活动交流会

1991～1994年，集中抓科普教育基地建设，先后在区少年宫建立全区性的科普教育基地；在朝阳小学、仓山第二中心小学建立标本馆和天象馆，指导、带动各校开展科普教育和科技活动。各校同时建立生物角和科技活动室，组织学生开展科学探索，仓山区先后获得省教委等5个单位联合举办的少儿航空模型比赛团体第二名、全国“我爱祖国海疆”青少年航海模型竞赛，福州赛区小学组团体总分第一名、福州市第三十三届中、小学运动会航空模型比赛团体总分第一名。

1995年，部分学校开始添置电脑，组织学生开展学习计算机活动。区科委组织中、小学生青少年科技兴趣小组参加全国、省、市举办的车模、舰模、计算机、“三小”作品等竞赛，促进各校计算机建设和计算机活动的开展。至2000年，全区各小学均建立计算机教室，区教育局同时在进修学校举办计算机教师培训班。2001年，仓山区执行省教育厅在小学高年级开设“信息技术”课的要求，举办校长“信息技术”培训班3期，教师全员参加信息技术培训班，中青年教师参加“信息技术”知识考核。至2005年，全区建有航模、无线电、生物等10大科技活动阵地、140多个兴趣小组，年参加活动的约2000多人。

1990至2005年，全区中、小学生参加各级车模、舰模等竞赛，共获全国前6名6人次，省级前6名75人次，市级前6名203人次；参加“三小”作品竞赛，共获省级前3名7人次，市级前3名106人次；参加计算机竞赛，共获省级三等奖以上3 人次，市级416人次。

四、创建科技进步区活动

1990年，仓山区继续走“一厂一校所、一厂一成果”科技发展路子，推动科技进步。1991年，成立以区党政主要领导为组长的科技示范区领导小组及办公室，各街道均成立科技工作领导小组，配备科技副主任和专兼职科技助理员，制定科技发展规划，开展工作。同时向市政府提出申请创建全国科技工作先进区。是年，仓前街道被省政府授予省“科技示范乡镇（街道）先进单位”，区科委也被评为“福建省建设科技示范乡镇先进单位”。同年，临江街道申报列入福州市科技示范乡镇（街道）。1995年6月临江街道以11项全优成绩通过省、市、区联合组织的验收，进入福建省第二批科技示范乡镇（街道）行列。1996年初，仓山镇、城门镇政府、对湖街道办事处分别向区政府申请列入省、市第三批科技示范镇（街）建设计划，并以高分通过市政府组织的专家验收。仓山镇、对湖街道获准进入福建省第三批科技示范乡镇（街道）行列，仓山镇被省政府授予“第三批科技示范乡镇建设工作先进单位”。城门镇因计生工作一票否决未进入行列。1997年1月，仓山区通过福建省创建全国先进县（市）、区活动验收委员会验收，同年4月国家科委授予仓山区全国科技工作先进区称号。1999年8月，省可持续发展实验区协调领导小组专家考评组对螺洲镇的创建工作进行实地考评，授予螺洲镇“福建省可持续发展实验区”称号。2003年，国家科技部将“全国科技工作先进县（市）、区”改为“全国（省）科技进步县（市）、区”，并调整考核标准，同年7月仓山区顺利通过考核，获“2001～2002年度福建省科技进步县（市）区”称号。2005年12月又通过国家科技部、省科技厅2003～2004年度全国科技进步先进区”称号。至2005，全区有仓山镇、盖山镇、仓前街道、临江街道、对湖街道进行省、市科技示范乡镇（街道）行列，螺洲镇被授予“福建省可持续发展实验区”。全区科技示范乡镇（街道）和可持续发展实验区占街镇总数的46.15%。

第三节　科技成果和应用

1990年，仓山区共实施“星火计划”项目7项，其中五金电器实验厂的DCG01可换式带和区科委的星火管理获市级三等奖。

1991年，开始执行“八五”计划。区、街67个企业先后同90多个大专院校、科研单位建立科研技术协作关系。至1995年全区共实施星火计划44项，其中列入国家级“星火计划”项目4项、省级火炬项目9项、市级“星火计划”项目4项，共开发新产品71项，其中通过省级鉴定24项，达到国际水平5项，国内首创8项，国内先进9项。福州蓄电池总厂P型超细玻璃纤维隔板、福州中西医结合医院治疗胃肠道急性肿瘤临床研究获福州市科技三等奖。按当年新增效益计算，创产值2869.15万元，实现利税326.49万元。

1996年起，仓山区划扩至整个南台岛，星火计划从以区、街工业企业项目为主扩大至农村的农业项目。当年，以国家级高新技术产业开发区仓山科技园、盖山投资区、金山投资区和城门投资区为龙头，组织申报火炬计划项目，列入各级火炬计划共35项，其中国家级3项、省级11项、市级1项。至2000年，5年全区共组织实施星火计划52项，其中：市级2 项，区级50 项，开发出高新技术产品80个，出现一批产值超千万元至上亿元的高新技术企业或企业集团。在申报火炬、星火计划项目中，获省二等奖2项、三等奖 9 项；市一等奖 1 项、三等奖 7 项。

2001 年，开始执行“十五”计划，通过产学研合作，增强企业科技创新能力。至 2005 年，全区实施市级以上火炬计划项目 11 项，其中列入国家级 2 项，省级 1 项，市级 8 项。组织实施星火项目 20 项，其中：省级 1 项，市级 2 项，区级 17 项。此外，列入省、市级其它类别科技计划的还有省级农业科研项目 1 项，省级高新技术研究 1 项，市技术开发重点项目 4 项，市应用研究项目 7 项，成果推广 2 项，市高新技术研究计划 1 项，市农业科研项目 2 项，市科技攻关项目 4 项，市产学研联合开发项目 7 项，市新产品 1 项，国家级新产品 1 项共 31 项。区下达的各类科技项目 65 项，其中新产品 15 项，技术开发 26 项，技术研究 1 项，应用研究 15 项，成果推广 1 项，中试 4 项，新材料 1 项，软课题 2 项。在申报项目中，获省一等奖 2 项、二等奖 6 项、三等奖 12 项；市二等奖 6 项、三等奖 7 项。同时，全区知识产权工作也取得成效，共申请专利 721 件，授权 502 件，其中发明专利 74 件，实用新型专利 181 件，外观专利 247 件。

1990 ~ 2005 年仓山区列入市级以上科技计划项目表

表 18-2-1

年度	级别	类别	项目（课题）名称	承担单位
1991	市级	星火	ZML 易拆曲颈安瓦	福州市电器灯具厂
1992	市级	星火	M2SR 单相制动电磁铁	福州市电子变压器厂
	市级	星火	WS-156 天石棉汽车离合器片	福州市石棉制品厂
1995	国家	火炬	TIME 低村配电网络电表信息自动交换系统	福州市时代电脑应用研究所
	省级	火炬	10/11GH 微波接力通信天线	福州卫星通讯联合公司
	省级	火炬	高浓度 DHA 脑素	福州大洋生物工程有限公司
	省级	科研	多功能电卡电度表	福州伟英（仓山）电子研究所
	国家	星火	八通道卫星电视接收闭路电视	福州中赛卫星通讯设备有限公司
	市级	星火	FL-7、FL-14 固定电感器	仓山无线电元件厂
1996	国家	火炬	银行支付密码系统	福州市闽融科技开发公司
	省市	火炬	蓄电池用 PE 隔板	福州蓄电池总厂
	省级	火炬	GYTY53 型中心束管式轻型铠装通信光缆	福建建榕通信电缆公司
	市级	工业科研	YYF160 型氧气发生器	福州郁达新技术开发研究所
1997	市级	应用研究	建立蔬菜、水果优良品种圃及繁育技术研究	仓山区农业科学研究所
	市级	应用研究	沼气、沼液在蔬菜生产上综合利用研究	仓山区建新蔬菜科研场
	市级	星火	螺洲社会发展综合实验区精致农业（花果）技术研究	福州螺洲花果种苗有限公司
	省级	火炬	FE1350-1 型电脑控制自动制袋机组	福建省丰泉机械制造有限公司
1998	市级	火炬	活塞环专用数控梯面磨床技术	福州华昌活塞环有限公司
	市级	成果推广	伯爱斯板开发	福州伯爱斯板化工建材有限公司
	市级	星火	时花盘景（水栽）技术开发	福州建中百花场
1998	市级	专项	冷轧带肋钢筋	仓山鑫泰冷轧带肋钢筋厂
	省级	火炬	非金属自承式光缆研制福州	
	省级	火炬	FZ（350）系统（仿真）系统	
	省级	火炬	蓄冷空调系统设备的研制	
	省级	火炬	FBT-1 型多功能涂布机组	福建丰泉机械制造有限公司
	省级	科研攻关	ZFN-10R/200 型真空负荷开关－熔断器组合电器	福建东方电器公司
	国家	火炬	FBT-1 型多功能涂布机组	福建丰泉机械制造有限公司

续表 18-2-1

年度	级别	类别	项目（课题）名称	承担单位
1999	市级	应用研究	利用生物技术培育苏铁壮苗技术研究	福州市建新花卉集团公司
	省级	火炬	光纤带电缆	福建建榕通信电缆有限公司
	省级	火炬	新型的转缸压缩机研制	福州富力达制冷设备有限公司
	省级	火炬	FZ-W 智能型城市生活垃圾焚化炉	福建丰泉机械制造有限公司
	省级	科研攻关	高性能热塑性聚氨脂弹性体材料的研制	福州伟达塑胶制品厂
2000	市级	专项	市海峡科技城	仓山园建设发展总公司
	市级	成果推广	野鹰牌建筑室内用腻子	仓山区野鹰装饰材料厂
	市级	成果推广	可降解、可焚烧塑料包装材料应用研究及工业化生产	福州市耀升胶粘软包装厂
	市级	软科学研究	福州海峡科技城发展战略研究	仓山区科技局
	市级	产学研联合开发	洋兰新品种开发与示范基地	福州大道、园艺有限公司
	市级	产学研联合开发	粉末冶金金属材料及制品计算机辅助设计制造系统	核工业福州粉末冶金双金属轴瓦材厂
	国家	火炬	LFW 工业 / 城市垃圾焚烧设备	福建省丰泉机械制造有限公司
	省级	火炬	线杆铅笔卷制成套设备开发（重大）	福建丰泉机械制造有限公司机械研究所
2001	市级	应用研究	鲟鱼软骨素降钙素的制备及应用研究	福州大洋生物工程有限公司
	市级	应用研究	中华鲟繁育养殖技术研究	仓山区透埔生态农业试验场
	市级	星火	洋兰新品种引进开发及示范基地建设	福州市大道园艺有限公司
	市级	星火	花卉新品种的选育及开发	福州市建新花卉有限公司
	市级	应用研究	园林造型栽培技术研究	福州市建中百花场
	市级	应用研究	无花果新品种引进及设施栽培技术研究	仓山高优农业综合开发试验场
	市级	火炬	长途电话网话务分析和管理信息系统	福州科信通信技术有限公司
	市级	火炬	SCA-7310 汽车原厂金属闪光漆	福州旗物漆化业有限公司
	市级	应用研究	引进太空蔬菜良种及无公害生产技术研究	仓山区建新蔬菜科研场
	市级	技术开发	MNS 功能板	福州山亚电器有限公司
	市级	技术开发	LT 型汽油机	福州九腾伟业机电有限公司
	市级	产学研联合开发	新型土壤修复增效剂的开发应用研究	福州大道园艺有限公司
	市级	产学研联合开发	FBW24-1 型整体翻边铜铅 - 钢双金属轴承材料	核工业福州粉末冶金双金属轴瓦材料厂
	国家	火炬	拼装式污水水解好氧处理成套设备	福建丰泉国投环保工程有限公司
	省级	高新技术研究开发	分布式智能控制系统研制	福州华仿计算机工程有限公司
	国家	中小企业技术创新基金	盐酸萘替芬软膏	福州金山药业有限公司
	省级	中小企业技术全新基金	坎地沙坦的研究与开发	福州金山药业有限公司
	省级	星火	蔬菜无公害生产技术产业化	福州市菜科所、仓山建蔬菜科研场

续表 18-2-1

年度	级别	类别	项目（课题）名称	承担单位
2002	市级	产学研联合开发	全新数字式低压熔断器智能保护脱扣器	福州鑫威电器有限公司
	市级	产学研联合开发	鱼腥草袋泡茶	福州春伦茶业有限公司
	市级	产学研联合开发	1—10 吨城市污水处理拼装技术及装置	福建丰泉国投环保工程有限公司
	市级	产学研联合开发	企业技术中心建设	福建新代实业有限公司
	市级	产学研联合开发	野鹰牌不含甲醛建筑外墙腻子	仓山区野鹰装饰材料厂
	市级	火炬	GD/MF34HZ 光端机	福州海科通信技术开发有限公司
	市级	技术开发	MM 车型组合电线	福建源光组合电线有限公司
	市级	技术开发	洋兰高效繁育与设施栽培技术开发	福州大道园艺有限公司
	市级	成果推广	可焚烧可降解塑料包装材料改进及工业化生产中试	福州耀升胶粘包装厂
	市级	应用研究	鲁比替康（Rubitecam）的研制	福建金山制药股份有限公司
	市级	应用研究	基因工程技术制备人骨形成骨白	福州大洋生物工程有限公司
	国家	火炬	E-engine 服务调度中两件软件	福建创新计算机软件股份有限公司
	省级	火炬	室内软光缆开发	福建建榕通信电缆有限公司
	省级	技术创新基金	应用离体诱导技术培育多头型苏铁的中试	福州市建新花卉集团
	省级	农业科研	鱼类超雄（YY）和四倍体个体培育及应用研究	福州大洋生物有限公司
2003	市级	科技攻关	花卉温室节能技术的开发研究	福州大道园艺有限公司
	市级	科技攻关	高效低毒新型植物病毒防治剂的开发	福建新农大正生物工程有限公司
	市级	科技基础建设	仓山区社区科技服务网	仓山区科技情报服务中心
	市级	高新技术研发计划	半导体陶瓷电容器的研制	福州嘉福电子有限公司
	市级	技术创新基金	ZW32-12/630 户外高压真空断路器	福州山亚电器有限公司
	市级	新产品	W21-12 纵旋式真空断路器	福建东方电器有限公司
	市级	产学研联合开发	洋兰生物技术育种及产业化栽培研究	福州大道园艺有限公司
	市级	农业科研	花卉温室节能技术的开发研究	福州大道园艺有限公司
	市级	农业科研	高效低毒新型植物病毒防治剂的研究	福建新农大正生物有限公司
	市级	技术创新基金	甲氨基阿维菌素氟铃月尿乳油	福建新农大正生物有限公司
2004	市级	技术创新基金	ZW32-12/630 户外高压真空断路器	福州山亚电器有限公司
	市级	火炬	PDP 等离子电视前档玻璃	欧喜登（福建）光学有限公司
	市级	火炬	集成功率型 LED 固体照明光源	福建苍乐电子企业有限公司
	市级	火炬	医疗垃圾气化热解炉成套设备	福建丰泉国投环保工程有限公司
	市级	火炬	小功率发电机组自动多功能控制器	福州龙腾伟业机电有限公司

续表 18-2-1

年度	级别	类别	项目（课题）名称	承担单位
2004	市级	科技攻关	遥控驱动落槽式特强防盗门	福州市仓山安厦钢门厂
	市级	成果推广	离体培养多头苏铁的中试	福州建新花卉集团公司
	市级	科技攻关	高效低毒无公害防治抗性夜蛾药剂新产品的研制	福建新农大正生物有限公司
	市级	技术创新基金	高效低毒无公害防治抗性夜蛾防治剂	福建新农大正生物有限公司
	市级	技术创新基金	有机无机复混肥的大葱专用肥	福州道荣微生物有限公司
	省级	技术创新基金	城市社区电信营维系统	福建新东网科技有限公司
	市级	技术创新基金	整体翻边铜铅—钢双金属轴瓦材料	核工业粉末冶金双金属轴瓦材料厂
2005	国家	新产品	LFRY-5 医疗垃圾热解焚烧炉	福建丰泉国投环保工程有限公司

1990 ~ 2005 年仓山区获市级以上科技进步奖项目表

表 18-2-2

年度	级别	等级	项目名称	完成单位
1990	市级	三等奖	星火管理	仓山区科委
	市级	三等奖	DCG01 可换式带	福州五金电器实验厂
1995	市级	三等奖	P 型超细玻璃纤维隔板	福州蓄电池总厂
	市级	三等奖	扶正培本汤配合白细胞介素治疗胃肠道急性肿瘤临床研究	福州中西医结合医院
1996	市级	三等奖	DXN6-100/T.Q 型户内高压带电显示装置	福州市安特高压开关厂
1997	省级	三等奖	绝育手术后精神障碍的临床研究	福州神经精神病防治院
	市级	三等奖	带血管蒂空肠瓣修复胆管缺损的应用解剖	福州卫生学校、福建医科大学
	市级	三等奖	引种番木瓜新品种丰产栽培探讨	仓山区农业科研所
	市级	三等奖	鞋类样片图库管理和样片	福州第二皮鞋厂
1998	省级	三等奖	FEB50-1 型电脑控制自动制袋机组	福州丰泉机械制造有限公司
	省级	三等奖	脑脊液细胞学光镜及电镜检查临床应用研究	福州神经精神病防治院
	省级	三等奖	带血管蒂空肠瓣修复胆管缺损的应用解剖	福州卫生学校　福建医科大学
	省级	三等奖	安全橡胶地砖胶粘剂	福建师大高分子研究所
	省级	三等奖	Gyxtw 型中心束管式通信光缆	福建建榕通信电缆有限公司
	市级	三等奖	人工种植牙和口腔修复临床推广应用技术研究	福州城南医院
	市级	三等奖	SMC 材料研究及 SMC、DMC 绝缘件系列产品	福州山亚电器有限公司
1999	省级	三等奖	GYSTS 型松套层绞式单模通信光缆	福建建榕通信电缆有限公司
2000	省级	二等奖	亭江变电站多媒体综合自动化系统	福建省电力试验研究所、福州电业局
	省级	二等奖	福州东郊变电站调相机远方监控系统	福建省电力试验研究所、福州电业局
	省级	三等奖	MPAS 精神分裂症临床与康复研究	福州神经精神病防治院
	市级	二等奖		福州神经精神病防治院
	市级	三等奖	ZFW-125 型工业垃圾焚烧炉	福建省丰泉机械制造有限公司
	省级	三等奖	可降解可焚烧高填充塑料母料及薄膜	福建师范大学、福州市耀升胶粘软包厂
	市级	一等奖	跟腱及小腿创伤修复术的显微外科解剖学研究	福州卫生学校、福建医科大学
2001	省级	三等奖		
	市级	三等奖	超临界线低肺功能胸部手术的护理研究	福州肺科医院

续表 18-2-2

年度	级别	等级	项目名称	完成单位
2002	省级	二等奖	小菜蛾可持续控制研究	福建农林大学、仓山区蔬菜技术推广场、建新蔬菜科研场
	省级	二等奖	面向网络分布的 e-Eagine 服务调度中间件软件	福建创新计算机软件有限公司
	省级	三等奖	儿童孤独症的研究	福州神经精神病防治院
	市级	二等奖	福州市登革热流行特征与蚊媒种群关系的研究	福建省、福州市、仓山区防疫站
	市级	二等奖	臀上神经最下支的解剖定位及其在骨宽关节外侧路中的应用	福州卫生学校安部、福建医科大学
	市级	二等奖	中西医结合治疗四肢严重开放性骨折合并软组织败死感染	福州中西医结合医院
	市级	二等奖	离体培育多头型苏铁的研究	福州市建新花卉集团公司 福建农林大学亚热带果树研究所
	市级	三等奖	JDG21-405 系列接地及短路故障指示器	福州安特高压电器有限公司
	市级	三等奖	野鹰牌不含甲醛室内用腻子	仓山区野鹰装饰材料厂
	市级	三等奖	经皮穿刺腰椎间盘内注射木瓜凝乳蛋白酶治疗腰椎间盘突出症	福州市第二医院
2003	省级	二等奖	LFW、FFL 系列智能型垃圾焚烧炉	福建丰泉机械制造有限公司
	市级	二等奖		
	省级	二等奖	变电设备状态检修技术研究	福建省电力试验研究所、福州电业局
	省级	三等奖	异构数据库信息共享系统	福建创新计算机软件股份有限公司
	省级	三等奖	FZ350 系统（仿真）研究	福州华仿计算机工程有限公司
	省市	三等奖	植物纤维增强热塑性塑料复合材料研究开发	福建农林大学福州聚德塑料有公司
	市级	三等奖	胃食管返流加重慢性支气管炎、支气管哮喘机理探讨	福州市第二医院
	市级	三等奖	除萎平异汤治疗慢性萎缩性胃炎临床观察	福州市第二医院
2004	市级	二等奖	元通胶囊治疗血管性痴呆的疗效及机理研究	福州市第二医院
	市级	二等奖	全直肠系膜切除术治疗直肠癌的应用解剖	福州卫生学校、福建医科大学
	市级	三等奖	整体翻边铜铅—钢双金属轴瓦材料	核工业福州粉末冶金双金属轴瓦材料厂
2005	省级	一等奖	超级稻再生高产特性与栽培技术研究	福建省农业科学院、福麦研究所
	省级	一等奖	水稻草矮病毒基因组 RNA1-6 的分子生物学	福建农林大学
	省级	二等奖	福建多花水仙遗传资源与新品种选育的研究	福建农林大学
	省级	二等奖	人工林考虑生态的木材采运配套技术研究	福建农林大学
	省级	二等奖	临界点理论与外线性问题的多解	福建师范大学
	省级	三等奖	甘蔗新品种选育与高效育种技术研究	福建农林大学、农业部甘蔗 生理生态与遗传改良重点实验室
	省级	三等奖	作物线虫病害诊治技术研究与应用	福建农林大学植物保护学院
	省级	三等奖	东南沿海发达地区规模特色农业发展研究	福建师范大学
	省级	三等奖	红麻高效育种技术及优质、高产、多抗新品种选育	福建农林大学
	省级	三等奖	枇杷、龙眼气调冷藏保鲜技术的研究与应用	福建农林大学、福建省农副产品 保鲜技术开发基地
	省级	三等奖	新型高效消毒剂－复方溴氯海因的研制	福建农林大学
	省级	三等奖	杉木间伐材压缩密化实木地板的研究	福建农林大学
	省级	三等奖	拉氏栲栽培生物学特性及人工造林技术研究	福建农林大学
	省级	三等奖	海洋贝类常温保存技术及产品研究	福建农林大学
	省级	三等奖	SF950 环保节能型复膜机	福建农林大学

续表 18-2-2

年度	级别	等级	项目名称	完成单位
2005	省级	三等奖	玫瑰等 13 种食用花卉品质研究及加工技术的开发	福建农林大学
	省级	三等奖	福建电力系统与周边电网互联安全稳定经济运行研究	福建省电力试验研究院
	省级	三等奖	真空开关真空度在线监测系统研制	福建省电力试验研究院
	省级	三等奖	125MW 机组在调峰状态下重要金属部件的寿命损耗研究及寿命优化管理	福建省电力试验研究院
	省级	三等奖	福建省输变电工程电磁环境影响研究	福建省电力试验研究院
	省级	三等奖	不同类型 CAM 植物和菠萝叶片不同组织生理生化研究	福建农林大学
	省级	三等奖	观光木杉木混交林枯落物碳、养分和能量动态研究	福建师范大学、福建农林大学
	省级	三等奖	模拟酸雨对龙眼的危害机理及钙调节研究	福建农林大学
	市级	二等奖	LFRY-5 医疗垃圾热解焚烧炉	福建丰泉国投环保工程有限公司
	市级	二等奖	高效低毒植物病毒防治剂“1.35% 硫酸铜・三氮唑核苷可湿性粉剂”的研发	福建新农大正生物工程有限公司、福建农林大学植物保护学院
	市级	三等奖	闽江河口湿地的生物多样性及其保护对策	福州市环境科学研究所、福建师范大学生物工程学院
	市级	三等奖	膝内、外翻畸形对膝关节生物学应力的影响	福州市第二医院
	市级	三等奖	重建髋臼前后柱完整性对防止髋关节骨性关节炎发生的力学研究	福州市第二医院
	市级	三等奖	翼状胬肉颈部角膜缘干细胞缺乏的病理研究	福州市第二医院
	市级	三等奖	chE 活力变化与慢性精神分裂症患者认知障碍的相关性研究	福州神经精神病防治院
	市级	三等奖	新型隐球菌耐药基因研究	福建省福州市神经精神病防治院福建医科大学附属第一医院
	市级	三等奖	梯度控温生产绿色食品一无铅皮蛋	福建农林大学食品科学院

第四节　科研基地

1990 年，仓山区福州喷灌机械厂科研基地，在福州市工业改组后撤消。1992 年 3 月，经国家科委批准，仓山科技园区被列入福州市科技园区的“一区三园”，为全国 53 个国家级高新技术产业开发区之一。规划用地总面积为 350 公顷，第一期划拨 117.3 公顷。至 1994 年初步形成以微电子和电子信息技术、生物工程、环保节能、新材料等门类的新技术项目支柱产业的产研基地。

1996 年，科技工作由工业科技为主转为工农业科技并重，区重点围绕发展“两高一优”农业，实施“农业优良种苗科技工程”，先后建立仓山区北园科研场、中亭科研场、屿宅科研场、建新蔬菜科研场、螺洲社会发展综合实验区、洋兰新品种开发与示范基地、仓山高优农业综合开发试验场、建中百花场等多个农业科研基地。

1999 年 12 月，经国家科技部批准，仓山科技园区进行第二期开发建设，面积由首期的 55 公顷扩至 350 公顷。当年起，省科委每年均组织人员对入园企业进行考核，先后有 28 家被认定为高新技术企业。2005 年，园区开发投建面积达 61.4 万平方米，竣工面积 51.56 万平方米。共引进并投产见效益的企业（项目）有 168 家，其中高新技术企业有 18 家，有 17 家通过国家认证体系 ISO1900 的认证，有 3 家企业上市；有 18 个项目被列入国家、省级“火炬计划”，共获得扶持资金 257 万元；有 8 个项目共获得各级科技创新基金 454 万元；有 1 项省级重点产品，有 2 项国家专利。园区高新辐射产业链逐步形成。当年全区有科研基地 9 个。

2005 年仓山区科研基地情况表

表 18-2-3

基地名称	成立时间	科研项目
建中百花场	1990	时花盘景（水栽）技术开发 园林造型栽培技术应用研究
仓山科技园区	1992	高新技术产业科研基地
仓山区北园科研场	1996	蔬菜生产技术
仓山区中亭科研场	1996	蔬菜生产技术
仓山区屿宅科研场	1996	蔬菜生产技术
仓山区建新蔬菜科研场	1997	蔬菜无公害生产技术产业化、太空蔬菜良种及无公害生产技术应用研究
螺洲社会发展综合实验区	1997	精致农业（花果）技术应用研究
洋兰新品种开发与示范基地	2001	洋兰新品种引进开发
仓山高优农业综合开发试验场	2001	无花果新品种引进及设施栽培技术应用研究

第五节 机构与队伍

一、机构

（一）仓山区科学技术局 1990 年，仓山区设有科学技术委员会（下称区科委）为正科级机构，在编人员 4 人。1991 年，开始配专职科技副区长，各镇、街及经济主管部门均配专（兼）职科技副职和科技助理员。区科委同时成立科技情报服务中心、科技培训中心、霖顺科学馆 3 个机构，分别从事科技信息收集、整理、咨询服务、牵线搭桥、科技培训、科普宣传等工作。1994 年区委、区政府成立仓山区科技工作领导小组，下设办公室。1996 年，仓山区科学技术委员会更名为仓山区科学技术局。2005 年，区委重新核定仓山区科技情报服务中心为全民事业单位，定编 8 名。同时撤销霖顺科学馆机构，保留牌子。是年，仓山区科学技术局工作职能不变，在编人员共 2 人。

（二）区属科研机构 1990 年初，仓山区属研究机构有福州时代电脑研究所（民营）、仓山区联合技术服务中心（隶区政协）、仓山区经济服务中心（隶区科委）3 家。1995 年增设福州伟英（仓山）电子研究所、福州仓山田野精细化工研究所、福州仓山晶宇电子材料应用研究所、福州仓山昂立电脑软件研究所 4 家民营科研机构。1996 年区划调整后，福州郊区壶山医学研究所划归仓山区。同年，区成立农业科学研究所（隶区农业局）和福州郁达新技术开发研究所。1998 年，随着仓山经济工作的崛起，辖区内民营科研机构快速发展，至 1999 年 2 年新增 7 家科研机构。2000 ～ 2001 年又新增 7 家科研机构。2005 年全区共有科研机构 24 家。

2005 年仓山区科研机构情况表

表 18-2-4

机构名称	性质	成立时间	研究方向
福州时代电脑研究所	民办	1990	计算机软件
仓山区联合技术服务中心	集体	1990	开展引外扶内，帮助引进新技术，开发新产品
仓山区经济服务中心	集体	1990	为经济建设项目提供技术咨询服务
福州壶山医学研究所	民办	1994	医疗咨询、服务、科研技术及药物的研制开发
福州伟英（仓山）电子研究所	民办	1995	企业电子技术
福州仓山田野精细化工研究所	民办	1995	专业清洗剂研发、服务培训
福州仓山晶宇电子材料应用研究所	民办	1995	电子产品，高分子材料，精细化工产品，电子元件

续表 18–2–4

机构名称	性质	成立时间	研究方向
福州仓山昂立电脑软件研究所	民办	1995	家用电脑软件开发，系统网络软件及相关产品
福州郁达新技术开发研究所	民办	1996	化学能源和医疗保健机械产品
仓山区农业科学研究所	集体	1996	农业项目试验，推广
福州市建新花卉集团公司科研所	集体	1998	花卉新品种引进、种植
福州万里行信息技术研究所	民办	1998	网络集成、软件开发
福州生殖系统医学研究所	民办	1998	生殖系统功能障碍和疾病的有关药方研制
福州亚工清洗技术研究	民办	1998	民用与工业清洁剂技术服务
福州宏信科技设备有限公司	民办	1999	计算机、网络设备、计算机外设
福州通亚通信设备有限公司	民办	1999	通讯器材，办公设备，电器机械，计算机及软件批发、代购代销，计算机软件开发
福州理和牙种植研究所	民办	1999	口腔科，牙种植的临床研究，临床开发，技术开发，转让，临床培训
福州海科通信技术开发有限公司	民办	2000	通信设备开发、组装、通信技术服务、通信工程设计、通信器材安装、维护
福州道荣微生物有机复合肥土壤生物研究所	民办	2000	有机肥、有机无机复混肥
福州新华宇涂料技术研究所	民办	2000	涂料助剂、增稠剂，消泡剂，分散剂，防霉杀菌剂，成膜助剂等，功能性丙烯酸乳液系列
福州炳奇口腔科矫正修复研究所	民办	2000	口腔科矫正义齿修复、牙体治疗
福州仓山科技园智能传感技术研究所	民办	2000	传感技术，电子，机电技术研究，开发，技术转让及服务
福州通联量子生物技术研究所	民办	2000	食品添加剂
福州仓山新宇轻型建材研究所	民办	2001	轻型建材运用技术和设备

（三）驻区科研机构　1990年，全区有福建省微生物研究所等省、市属单位驻区科研机构8家。1996年，区划扩大后，增加福建省植物病毒工程研究中心等科研机构9家。截至2005年末，辖区内共有省、市属驻区科研机构17家。

2005年省、市属单位驻区科研机构情况表

表 18–2–5

隶属	机构名称	成立时间	附注
省科委	福建省微生物研究所	1955	
省水电厅	福建省电力试验研究所	1958	
福建师范大学	福建师大地理科学研究所	1964	
	福建师大激光研究所	1984	
	福建师大高分子研究所	1984	
	福建师大环境科学研究所	1984	
	福建师大微生物研究所	1989	
	福建师大生物系酶学研究所	1989	
福建农林大学	福建省植物病毒工程研究中心		1996年移归仓山区
	福建省农产品（果蔬）加工工程技术研究中心		1996年移归仓山区
	福建省菌草生物工程研究中心		1996年移归仓山区
	福建省生物质材料工程技术研究中心		1996年移归仓山区
	福建省天然生物毒素工程实验室		1996年移归仓山区
	福建省动物药物工程实验室		1996年移归仓山区
	南方森林资源与环境工程技术研究中心		1996年移归仓山区

续表 18-2-5

隶属	机构名称	成立时间	附注
福州市	福州市农业科学研究所		
	福州市海洋渔业技术中心		

二、科技队伍

1990 年，仓山区属各类专业技术人员共有 1122 人，其中高级职称 12 人、中级职称 364 人、初级职称 746 人。1996 年，成立区人才储备中心，建立科技人才引进绿色通道，引进和培养科技人员，全区科技人员数量和质量都有较大提高。至 2005 年，全区有自然科学类科技人员共 3620 人，其中高级技术职称 412 人，中级技术职称 771 人，初级技术职称 2437 人。享受国务院特殊津贴突破 100 人，入选省级以上“百千万人才”逾 80 人。

2005 年仓山区若干系列专业技术人员技术职称情况表

表 18-2-6 单位：人

专业系列	职称	人数
工程系列	高级工程师	406
	工程师	713
	助理工程师	1026
	技术员	1268
	小计	3413
卫生系列	主任医师	
	副主任医师	6
	主治医师	35
	医师（医生）	87
	主管护师	23
	护师	37
	护士	19
	小计	207

第十九篇　文化

第十九篇 文 化

第一章 群众文化

1990年，仓山区群众文化工作依托辖内大中专院校、驻区部队文艺骨干的优势，开展文艺创作和群众文化理论研究，同时组织社会文艺团体“军警民艺术团”“小伙伴艺术团”以及民间文艺队伍，广泛开展校园文化、军地文化、少儿文化等丰富多彩的群众文化活动，全区文艺创作和群众文化活动活跃。1995年，开展创建文化先进区活动，区、镇、街文化站加强阅览室、桌球室、歌舞厅、录像厅等文化娱乐设施建设，组织文化下乡小分队开展文化下乡，将新创作的文艺节目和校园文化送到农村基层。1997年，文化行政收费取消，文化工作面临困难，区政府探索从单纯的小文化向大文化格局转变，从政府管文化转向社会共建办文化转变，并加大文化经费的投入，文化工作困难局面得以扭转。2000年起，民间文艺活动被纳入社区群众文化活动的重要内容。是年，区举行社区民间传统文艺汇演，有10余支民间文艺队伍，近20个民间文艺项目参加演出。其间，境内文化市场中出现音像制品盗版、走私及利用音像场所赌博、色情活动，成为社会关注的热点、难点。仓山区坚持依法管理，加大文化稽查力度，推动社会文化经营健康发展。

至2005年，全区共有群众文艺团体14个，文化娱乐场所414家。共举办各种文艺演出近200场，自编节目80余个；选送百余个节目参加全国、省、市组织的文艺赛事，获得各类奖项80项；举办各种文艺骨干培训班88期，参加培训达1万余人；创作广播剧、小品，闽剧、评话、伬唱共120本，文学创作获全国比赛金奖2项。在文物保护和发掘、体育、广播电视事业以及图书、档案、史志编纂等方面也取得较大进展，仓山区先后获得福州市、福建省和全国文化工作先进区称号。城门、盖山、建新、仓山4个镇文化站和上渡、下渡2个街道文化站被省定为标准文化站。

第一节 文艺团体与设施

一、文艺团体

1990年，仓山区有烟山画院、万年青书画学会、烟台诗社、摄影工作者协会、文学工作者协会、音乐家协会、舞蹈家协会、戏剧曲艺工作者协会、小伙伴艺术团、仓山区室内音乐团、仓山区曲艺团、喜传奇闽剧团、新传奇闽剧团、新乐然闽剧团、榕光闽剧团、烟台山业余闽剧及仓山区军警民艺术团等17个群众文艺团体。1996年，盖山镇江边村“寒光剧团”（闽剧）随区划调整划归仓山区。1998年，成立仓山区群芳闽剧团和仓山区华光闽剧团。2001年，民盟闽剧团移归仓山，改名仓山闽剧团。2002～2004年，先后撤销寒光闽剧团、榕光闽剧团、烟台山业余闽剧团、仓山区曲艺团、喜传奇闽剧团和新传奇闽剧团、仓山区军警民艺术团。建立“烟山艺术团”，新乐然闽剧团并入仓山闽剧团。

至2005年，全区群众文艺团体有烟山画院、万年青书画学会、烟台诗社、摄影工作者协会、文学工作者协会、舞蹈家协会、音乐家协会、戏剧曲艺工作者协会、小伙伴艺术团、烟山艺术团、仓山区室内音乐团、仓山闽剧团、仓山区华光闽剧团、仓山群芳闽剧团共 14 个。

二、设施

1990 年，仓山区文化场所设施有区文化馆、图书馆、博物馆、少年宫和仓前、对湖、临江、上渡、三叉街、下渡 6 个街道文化站及仓山电影院、第一工人俱乐部、贮木场俱乐部、省军区礼堂 4 所电影院。1993 年省军区礼堂改为海军礼堂，1995 年停止对外开放。

1996 年，仓山、城门、盖山、建新和螺洲 5 个镇划归仓山区。境内增加 5 个镇文化站、3 所电影院（盖山、城门和螺洲）、2 所村级图书馆（江边、郭宅村）。

1997 年，开展创建全国、省文化先进区县活动，各镇、街文化站健全阅览室、桌球室、歌舞厅、录像厅等文化娱乐设施，城门、盖山、建新、仓山 4 个镇文化站和上渡、下渡 2 个街道文化站增辟站址约 1114 平方米，被省定为标准文化站。

2003 年，由于旧屋区改造，第一工人俱乐部、贮木场俱乐部、螺洲镇 3 个电影院先后停办，仓山电影院改制，停止对外放映电影。其间，境内调整街道区划，增加 2 个街道文化站。

2004 年，下藤旧屋区改造，将博物馆南迁 60 米，按原样重建，在建筑右侧居民楼划拨底层、一层各 150 平方米为博物馆办公场所，博物馆面积增加至 1000 平方米。翌年，文化馆馆址被定为文物保护古建筑，馆内对外开放的各种娱乐场所全部关闭，门面及两廊底层用于书画、古玩营业，原歌舞厅作为排练厅。

至 2005 年底，区直属文化场所设施有文化馆、图书馆、博物馆、区少年宫 4 个，街镇文化站 13 个，村级图书馆 2 所，盖山、城门电影院 2 所（均不放映电影）。

2005 年仓山区文化场所设施表

表 19-1-1

	地址	在编（人）	级别	主要设施	附注
仓山区文化馆	仓前路	15	部定二级馆	馆内设歌舞厅、排练厅、录像厅、桌球厅、电子游戏室	馆址定为文物保护古建筑
仓山区图书馆	万春巷	4	三级	馆内设采编室、报刊阅览室、外借处、少儿阅览室。排练厅	
仓山区博物馆	下藤路	7	三级	馆内设有议事厅、博物馆展厅、蔡襄纪念馆展厅	
仓山区少年宫	朝阳路	15		设有各类活动室、展览厅、多功能厅、多媒体电脑室、语音室、音乐大厅、舞蹈排练厅等	
仓前街道文化站	公园路	2	省一级文化站	站内设有阅览室、桌球室、歌舞厅、录像厅等	
临江街道文化站	东窑街	1	省达标文化站	站内设有阅览室、桌球室、歌舞厅、录像厅等	
上渡街道文化站	白鹭岭	1	省达标文化站	站内设有阅览室、桌球室、歌舞厅、录像厅等	
下渡街道文化站	工农路	1	省达标文化站	站内设有阅览室、桌球室、歌舞厅、录像厅等	
对湖街道文化站	马厂街	1	省达标文化站	站内设有阅览室、桌球室、歌舞厅、录像厅等	
三叉街街道文化站	三叉街新村	1	省一级文化站	站内设有阅览室、桌球室、歌舞厅、录像厅等	

续表 19-1-1

	地址	在编（人）	级别	主要设施	附 注
东升街道文化站	东升村	1	省达标文化站	站内设有阅览室、桌球室、歌舞厅、录像厅等	
金山街道文化站	金环路 5 号	1	一级	站内设有图书阅览室、综合展示室、体育健身室、棋牌室等	与社区文化服务中心融为一体
仓山镇文化站	首山路	1		站内设有阅览室、桌球室、歌舞厅、录像厅等	
城门镇文化站	三角埕	2	市一级文化站	站内设有阅览室、桌球室、歌舞厅、录像厅等	
盖山镇文化站	白湖亭	2		站内设有阅览室、桌球室、歌舞厅、录像厅等	
建新镇文化站	洪塘街	1		站内设有阅览室、桌球室、歌舞厅、录像厅等	
螺洲镇文化站	螺洲街	1		站内设有阅览室、桌球室、歌舞厅、录像厅等	
江边村图书馆	盖山镇江边村	1		设有阅览室、外借处、少儿阅览室	
郭宅村图书馆	盖山镇郭宅村	1		馆内设有阅览室、外借处	
城门镇电影院	三角埕			院内设有影像放映厅、歌舞厅等	对外租赁
盖山镇电影院	白湖亭			院内设有影像放映厅、歌舞厅等	对外租赁

第二节 文艺创作

一、文学创作

（一）文学理论

1990 年，仓山区主要通过区作家协会组织会员开展文艺理论的研究和创作，比较活跃的有区作协顾问孙绍振、作协副主席林登豪、作协会员陈巍、王光明等人。至 2005 年，共创作文艺理论、文学评论 21 篇。其中，区作协顾问孙绍振创作有《文学创作论》《论变异》《美的结构》《你会幽默吗》，区作协副主席林登豪创作有报告文学 14 篇，在《福建文学》等刊物上发表，会员陈巍创作有论文《论毛泽东的文艺思想体系》，王光明创作有文学评论集《艰难的指向》。

（二）散文 小说

1990～1991 年，区作家协会会员创作小说、报告文学、散文等作品共 172 篇。其中，陈宝铨创作有散文、小说、杂文共 44 篇，刘景童参加编纂的《福建民间文学三集成·福州市仓山区分卷》等 11 件作品获市级奖励，作家协会会员在省市报刊发表小说、散文、报告文学共 30 篇，陈巍在省市报刊杂志发表文学作品 12 篇。王树品发表散文 30 篇，陈鹭生在杂志上发表小说、散文、报告文学 15 篇，郑和、曾章团、郭唯、吴丽芳、吴雄、林彤等在报刊上发表散文、小说、报告文学 30 篇。1994 年，区作协组织福建师大南方文学总社、福建建专五彩石文学社、福建船政学校海之恋文学社、福建供销学校雨虹文学社、福建外贸学校星雨文学社、福建交通学校晨曦文学社、福建商业学校候鸟文学 7 个院校文学社联合成立大专院校文学社。至 1997 年，共创作文学作品 60 多篇，出版散文、文学评论、报告文学 6 本。其中，孙绍振创作出版有随笔集《孙绍振如是说》，林登豪创作有报告文学《漾起绿色的涟漪》《一种青春元素的飞翔》和散文《面对陌生人》《与那杯茶默坐》。至 2005 年，创作散文、小说、文学评论、报告文学等作品共 1160 篇。

其中在省级以上刊物发表的共 36 篇，在全国性刊物上发表的 9 篇，在市级报刊上发表的 125 篇。在省市报刊发表小说、散文、报告文学 30 篇，林登豪创作诗歌《与古典灵魂有约》，苏松妹创作小说《玻璃往事》等 11 件作品获市级奖励。

（三）诗歌

1990 ～ 1991 年，区作家协会孙绍振创作有诗集《山海情》，林登豪创作有《通过地平线》诗集。1994 年，烟台诗社陈鍪、林西畊等创作有古体诗词 33 首，合集出版《纪念毛泽东同志诞辰一百周年诗集》；刘松年、林家钟等 40 名诗人创作古体诗 37 首，词 3 阙，合集出版《党在我心中》诗集；黄醒觉、黄明清等 88 位诗人创作《颂伟人，迎回归》古体诗词 88 首和“迎归香港”为眼字的折枝诗 303 首，合集出版《回归颂》诗集。1997 年，林登豪创作有诗歌《李商隐三题》《老猎户》。1998 年起，仓山区烟台诗社创作活动比较活跃。烟台诗社刘松年、黄醒觉等 20 余位诗人，创作以“诗书”为眼字的折枝诗 142 首；黄明清、黄醒觉等 50 余名诗人创作以“春华”为眼字的折枝诗 320 首。是年出版有刘老苍的《诗歌、书画选集》、刘松年的《双池斋未定草》诗集、榴峰诗社的《榴峰诗集（二）》。共收录创作古体诗词 483 首、创作诗词 664 首。翌年，烟台诗社黄明清、郑宜恺等 29 名诗人，创作《喜迎澳门回归，欢庆千禧盛年》古体诗词 29 首。2000 年，榴峰诗社出版《榴峰诗集（三）》，收录创作古体诗词 617 首。以“文教”六唱为眼字的折枝诗 465 首。2001 ～ 2005 年，烟台诗社黄步銮、强振木等 40 余名诗人，创作古体诗词 39 首，以“法、德”为眼字的折枝诗 420 首，并合集出版《中流砥柱》诗集，榴峰诗社出版诗集，录入创作古体诗词 211 首，以“江夏”一唱为眼字的折枝诗 535 首，黄步銮、赵玉林等 126 名诗人为纪念妇女儿童保护神陈靖姑，创作以“龙潭”为眼字的折枝诗 870 首，古体诗词 126 首，并合集出版《龙潭诗会》专辑。

二、艺术创作

（一）音乐

1990 年，仓山区音乐创作主要由区音协组织会员开展创作活动。是年，区音协会员黄忠钊创作有民乐五重奏《节目的榕城》，颜庭寿创作有男声四重唱《军营男子汉》。

1991 ～ 1997 年，区音协会员黄忠钊、林澍、史宗毅创作有器乐合奏《望星空》《烟山迎宾曲》，男声四重唱《福州发福》《烟山鹊桥》《开拓者之歌》，女声小组唱《闽江倒影烟山美》，女声独唱《烟山的早晨》，女声表演唱《乔迁乐》，男声小组唱《美丽的南大门》，弹拨乐合奏《卖洋桃》和男声四重唱《开拓者之歌》等作品。会员林澍、史宗毅创作有独唱《仓山彩浪》、大合唱歌曲《南台岛之春》；会员宋岗、董帆创作有表演唱《小红帽》、女声独唱《榕城的我的故乡》。

1998 ～ 2005 年，区音协会员林澍、史宗毅创作有《新鲜的舞蹈世界，新鲜的你》、独唱作品《仓山彩浪》、大合唱歌曲《南台岛之春》、电视专题片《闽江第一漂》主题歌《明朝激浪更风流》、专题片《天演之路—严复故乡行》的主题歌《东方明珠更明亮》等 7 首。区音协会员创作有《因为有你—献给党的生日》词、曲各 1 首。

（二）舞蹈

1990 年，舞蹈协会会员杨伟豪创作有舞蹈《梅坞春早》，肖燕英创作有舞蹈《三凤朝阳》《踏青》，杨伟豪、方彬创作有少儿舞蹈《仓山小子》。1991 年，会员叶敏创作有《青青橄榄》《战台风》，杨伟豪创作有舞蹈《别妻诗》，徐良华创作有舞蹈《桔红时节》，杨伟豪创作有舞蹈《闽江春潮》，肖燕英创作有舞蹈《家乡美》，方彬创作有少儿舞蹈《羊年喜洋洋》。1992 年，会员叶敏创作有《北风吹》《荔枝熟了》，徐良华创作有《邻里间》、石振华创作有少儿舞蹈双人舞《为了明天》。1993 年，会员肖燕英创作有舞蹈《凤凰涅槃》，杨伟豪创作有舞蹈《泰山石敢当》，徐良华创作有舞蹈《惠女恨》，王建文、郑秀兰创作有舞蹈《追寻》，方彬创作有少儿舞蹈《晒太阳》。1994 年，会员方彬创作有少儿舞蹈《拥抱太阳》，少儿舞蹈《海峡同乐》《今夜看海》《把你的潇洒亮出来》《双蝶翠》等。1995 年，会员肖燕英创作有舞蹈《锅边妹》。1996年，会员方彬、叶敏、胡小环、王秀一创作有少儿舞蹈《九七多美好》，杨伟豪创作有歌舞《榕城我的故乡》，肖燕英创作有三人舞《归真》，王建文创作有独舞《举人泪》，方彬创作有少儿舞蹈《妈妈的小太阳》，杨伟豪创作有舞蹈《三角梅》等。1997年，会员方彬、吴季寅创作舞蹈《新鲜的舞蹈世界，新鲜的你》、少儿舞蹈《莲花童子拍胸舞》，叶敏、吴少雄创作有少儿舞蹈《童心》。1999年，区舞蹈协会会员叶敏创作有《佛跳墙》。2000年后，区舞蹈协会会员叶敏、方彬、卢荣昱、张晓华、吴季寅、陈静等又先后创作出少儿舞蹈《我和我的娃娃》《金色青年》《金色花桃》《土家儿童迎嫁歌》《看大戏》《小龙人》《小小电视迷》《妈妈教我一支歌》《金色童年》《竹板歌》《盼团圆》《申奥情》《福到千万家》《华灯火树侨乡春》《欢乐中国年》《幸福阳光》《俏娇娃娃闹元宵》《新春的祝福》《踢踏舞》《拜年歌》《恭喜发财》《乡愁》《红红的中国结》《走进金山》《喜庆》《丰收辣娃》《牧野欢歌》《金山春雨》《家和万事兴》《福到千万家》《祝酒歌》《中国娃》《越来越好》等。

1990～2005年，全区共创作舞蹈作品79部。其中，舞蹈《别妻诗》获1991年华东六省一市舞蹈创作优秀奖；省第六届音乐舞蹈节创作、演出、演员3个一等奖；《凤凰涅槃》获1994年省第七届音乐舞蹈节创作、演出一等奖；舞蹈《锅边妹》获1995年榕城百花奖创作、演出一等奖；舞蹈《祥谦就义》获1996年全国“群星奖”舞蹈大赛金奖；音乐舞蹈《童心》获1997年福建省第八届音乐舞蹈节创作银奖；独舞《田螺姑娘》获1998年全国比赛金奖；音乐舞蹈《我和我的娃》获2000年第九届福建省音乐舞蹈节创作奖、演出银奖；音乐舞蹈《走进金山》获2003年福建省首届社区文化艺术节比赛银奖。

（三）戏曲

1990年，曲艺协会会员刘景童创作有闽剧《好高弟卜下》《学高伯拍毛声》，广播剧《丈母娘看女婿》。1992～1995年创作闽剧《掷瓦记》、闽剧小戏《珠妹卖橘》、小品《擦皮鞋的老头》。1996年，会员李齐枢创作有伬唱《买车票》。1997年，会员洪可人创作有小品《我的妈妈是市长》。2003～2004年，会员马文正创作有小品《郑淑珍住院》、评话《失扇记》《泪滴洞房》。1990～2005年，共创作有广播剧3部，小品6部，闽剧、评话、伬唱120余部。其中，闽剧《知县审包公》获市戏剧调演一等奖、省戏剧展演二等奖。伬唱《买车票》、评话《失扇记》《泪滴洞房》获市第六届曲艺汇演一等奖。

（四）摄影

1990年，区摄影协会组织会员开展摄影创作，比较活跃的有徐吉本、江爱舫、林国栋等人。1991～2004年，除区摄影协会组织会员开展摄影创作活动外，区文联还结合城区建设，组织拍摄《阳光·清泉》《五四路口的一颗璀灿的明珠》专题片和《腾飞——仓山》画册的拍摄。至2005年，区摄影作品有：徐吉本的《渔歌唱晚》《共享》，江爱舫的《群鱼戏珠》《千禧盛事三部曲》，林国栋的《优秀花儿，未来希望》《组照》《一孔之见》《西湖之夜》等共1300余件，有6幅民俗摄影作品获奖，其中江爱舫创作的《沙漠绿洲》获中国优秀摄影作品奖。

（五）美术 书法

1990～1991年，主要美术书法作品有烟山画院院长陈德宏创作的《晚荷》，烟山画院副院长檀东铿创作的30集美术电视系列片《中国绘画长廊》和20集《工笔花鸟教学系列片》，朱以撒创作的《唐诗小楷》《书法初学规范》《书法创作论》等书法、论文20余万字。

1992～1997年，烟山画院出版有《现代书画撷英——烟山画院作品粹编画集》。其中收录郑建谋创作国画《苍山烟云》、林道星创作国画《源远流长》、朱以撒创作有行书《论贤杰一则》、方天祥创作有隶书《梅花清》、鄒宗松创作国画《秋山图》等作品共71件。梁丹雯创作有国画《魂系故园情》和《原野欢歌》。其间，除创作作品外，还出版画册、论著34部，撰写学术论文90多篇，其中10多篇发表于全国重点学术刊物。

1998～1999年，梁丹雯创作有国画《任重道远》《微风》，其中国画《任重道远》获《国庆五十周年全国诗书画作品大展》优秀奖。

2000～2003年，出版有《当代中国画家——丹雯画集》《陈明谋画集》《陈启涛画集》《杨挺印谱》《陈思奋书画册》等书画作品5本及梁丹雯《零起点美术教程国画篇·昆虫》，国画《鲤鱼洲之晨》《清韵》《早春二月》等。

2004～2005年，檀东铿创作有《为有源头活水来》《映日荷花别样红》《小园冬日》及个人专著《花卉集锦》《名家白描檀东铿》《檀东铿画集》；梁丹雯创作有《花样年华》《月静山花明》等作品。

1990～2005年，全区共有1055件作品在各级报刊上发表，其中780件美术与书法篆刻作品，275幅少儿美术作品获省市级以上奖励。烟山画院院长陈德宏创作的美术作品被国家军事博物馆、八大山人纪念馆、李可染旧居陈列馆、菲律宾中国艺术中心收藏；烟山画院副院长檀东铿创作的30集美术电视系列片《中国绘画长廊》被全国30家电视台转播；20集《工笔花鸟教学系列片》在中央教育电视台播放；朱以撒撰写的《朱以撒书唐诗小楷》《书法初学规范》《书法创作论》等法书论文20余万字，在《文艺研究》等学术杂志和大学学报上发表；梁丹雯的《原野欢歌》获榕城之春美术作品大赛银奖；杨挺的《晨光微明》获第五届当代中国山水画银奖、《芳池曲径惬诗怀》获第十届全国美展优秀奖。

第三节　文艺活动

一、文艺演出

1990年起，仓山区在元旦、春节、“五一”“七一”“国庆”等节庆日均举行文艺演出，还不定期举办校园文艺会演、学校音乐周、民间文艺踩街、“温暖榕城”文艺百花奖仓山分场等专题文艺演出活动。至1992年，共举行2届大中专院校校园文艺会演，2届“温暖榕城”文艺百花奖仓山分场演出，3届长安山艺术节，1次民间文艺踩街活动。每届校园文艺会演都有20所院校，20项文艺节目参加演出；在民间文艺踩街中有21支民间文艺队伍参加踩街活动；“温暖榕城”文艺百花奖仓山分场演出中，有新创作的双人舞《为了明天》，舞蹈《邻里间》《军营男子汉》，女声表演唱《乔迁乐》以及男声小组唱《美丽的南大门》等节目。

1990年仓山之春文艺晚会

1993年1月，举办首届仓山区少儿文化艺术节。共设9个单项比赛、4个专场、3个汇报场所、1个成果展览。节日期间，先后举行 “迎新春军警民联欢”、仓山区第三届校园文艺大汇演、第五届“温暖榕城”仓山专场文艺晚会、“烟山杯”卡拉OK和交谊舞比赛、《烟台诗会》等文艺演出活动，区直属15个单位及辖内20余所大中专院校近万人、百个文艺节目参加演出。

1995年第三届校园文艺汇演

1995年，首次开展群众性的广场文化活动。当年举行的“烟山之夏”广场文化活动，以一个中心会场，2个专场，6个分会场在全区同时举行。其后在太平洋城、汇达广场、林则徐广场、江心岛、师大操场举行广场文艺演出。当年共举办广场文化活动38场，参加人数5000余人。

1996年，组织文化下乡小分队开展文化下乡活动，将新创作的文艺节目和校园文化送到农村基层。有500余位文艺工作者先后到龙江村、义序村、下洋村、红江村、螺洲镇、叶下村、淮安村、吴山村为农村群众表演文艺节目、放映电影，观众有2万人次。同年春节前，在中洲岛举办庆祝中华人民共和国成立47周年专场文艺演出。

1996年文化下乡演出

1997～1999年，除在“元旦”“国庆”等重大节日举办《仓山颂祖国，迎国庆文艺晚会》《新春军警民文艺晚会》演出外，还配合迎香港、澳门回归，先后在汇达广场举办“歌颂林则徐，迎香港回归，在海军礼堂举办《迎接澳门回归暨第八届校园文艺汇报演出》等文艺专场。有14所院校、25个形式多样的文艺精品参加演出，还有来自各镇、街和区直机关干部、群众自编自演的文艺节目及伬唱、太平鼓、秧歌、踩高跷、打钱串、安南伬、舞龙灯、舞狮等10余种民间传统节目。在庆祝福州建城2200年，举办“庆祝福州建城2200年暨仓山区第七届大中专院校文艺调演”，配合仓山城区建设，举办《全面开发南台岛，建设福州新城区》为主题的群众歌咏专场，区直机关各部门和街、镇共25个单位，1300多名干部、群众参加演出。其间，还在省对外贸易学校举行“仓山区第七届大中专院校文艺调演”，在中洲岛举行《美丽的南台岛露天音乐会》。

2000年，群众文化活动以广场文化形式在仓山区开展。至2005年，先后举办“迎新千年广场文艺仓山演出专场”“走进美的小区仓山区文艺专场晚会”和“心系棚屋区，情暖拆迁户慰问演出晚会”以及第七、八届校园文艺会演，第十届长安山文化艺术节；第二、三届仓山区艺术节；首届民间文化艺术节等各种文艺演出近200场，自编节目80余个。

二、文艺赛事

1990年，仓山区选送舞蹈《梅坞春早》等10个文艺节目参加福州市“第二届温暖榕城文艺百花奖”演出，其中舞蹈《梅坞春早》获创作奖和演出二等奖，《三凤朝阳》获创作奖，《踏青》获演出三等奖，少儿舞蹈《仓山小子》获演出二等奖，民乐五重奏《节目的榕城》获优秀创作奖，男声四重唱《军营男子汉》获演出二等奖。

《别妻诗》在市第二届文艺节获文艺百花奖一等奖

1991年，选送《别妻诗》《橘红时节》等12个文艺节目参加福州市“第三届温暖榕城文艺百花奖”演出，共获得18项奖，其中舞蹈《别妻诗》获创作一等奖、演出一等奖；《橘红时节》获创作二等奖、演出一等奖；《闽江春潮》获演出三等奖；《家乡美》获演出奖；少儿舞蹈《羊年喜洋洋》获创作奖、优秀演出奖；男声四重唱《烟山鹊桥》获创作一等奖、优秀演出奖；女声独唱《烟山的早晨》获创作二等奖和演出奖；男声独唱《我的祖国歌甜花香》获演出奖；手风琴三重奏《峡山红》获演出奖；《烟山迎宾曲》获创作三等奖；小品《妈妈的吻》获优秀演出奖；《灵魂的鞭挞》获演出奖。

1992～1993年，组织选送10个文艺节目参加福州市第四届、第五届“温暖榕城文艺百花奖”比赛，选送7个文艺节目参加福建省第六届、第七届武夷音乐舞蹈节比赛。在《温暖榕城》文艺百花奖比赛中，有8个节目获得13项奖项，其中舞蹈《邻里间》和男声四重唱《福州发福》获优秀创作奖和优秀演出奖，男声小组唱《美丽的南大门》和男女声表演唱《乔迁乐》获优秀创作奖、优秀演出奖，弹拨乐合奏《卖洋桃》和小品《找窍门》获优秀演出奖，舞蹈《泰山石敢当》、《惠女恨》和器乐合奏《望星空》获优秀创作奖、优秀演出奖。在省第六届、第七届武夷音乐舞蹈节比赛中，舞蹈《别妻诗》获创作一等奖和演出一等奖，演员陈秋平获演员一等奖，王立新获得二等奖，少儿舞蹈《晒太阳》获创作三等奖，男声四重唱《烟山鹊桥》获演出三等奖。舞蹈《凤凰涅槃》获创作一等奖、演出一等奖，舞蹈《追寻》获演出二等奖，男声四重唱《开拓者之歌》获演出一等奖，女声小组唱《闽江倒影烟山美》获演出二等奖。仓山区获省政府颁发的《福建省首届百花文艺奖》第二名。其间，还组织选送舞蹈《别妻诗》参加华东六省一市社会舞蹈调演，获创作一等奖和演出一等奖，演员陈秋平获演员一等奖，王立新获得二等奖。

1994～1996年，区举办“党在我心中”和区第三届“烟山杯”卡拉OK比赛，参加比赛选手950名。比赛中，决出特别奖1个，一等奖2个，二等奖7个，三等奖8个。1996年举办卡拉OK歌咏比赛，决出一等奖2个，二等奖4个，三等奖12个。其间，还选送30个文艺节目参加全国第六届“群星奖”舞蹈大赛“福建省首届曲艺节”和“福州市第十六届曲艺汇演”“福州市温暖榕城文艺百花奖”等演出。其中双人舞《祥谦就义》在参加全国第六届“群星奖”舞蹈大赛中获金奖。曲艺作品福州评话《买车票》获“福建省首届曲艺节”金奖。舞蹈《祥谦情》、歌舞《榕城我的故乡》、三人舞《归真》、独舞《举人泪》、少儿舞蹈《妈妈的小太阳》获得创作奖和演出奖；舞蹈《三角梅》、男声四重唱《开拓者之歌》和女声小组唱《烟山倒影》获演出奖。

1994年仓山首届艺术节开幕式

1997年，举办“歌颂林则徐，迎香港回归” 仓山区大中专院校歌咏比赛专场，18所院校1300名师生参加比赛。1998年，举行第七届大中专院校文艺调演，10所院校30个节目参加调演，其中师大和省外贸学校的3个节目获一等奖，华南女子学院等5个院校节目获二等奖，省经济学校等10个院校节目获三等奖。年底，举行《全面开发南台岛，建设福州新城区》歌咏比赛，机关、街镇25个单位，1300多名干部参赛，决出特别1奖个，一等奖1个，二等奖5个，三等奖8个。是年，高湖舞龙灯队代表中国在比利时举行的第四届“欧亚杯”龙狮大奖赛中获金牌。

1999年，选送独舞《田螺姑娘》和女声小组唱《烟山倒影》参加福州市第六届“温暖榕城”文艺百花奖比赛和福建省首届民间故事舞蹈比赛，独舞《田螺姑娘》获金奖，女声小组唱《烟山倒影》获银奖。《田螺姑娘》参加福建省首届民间故事舞蹈比赛中，获得当届最高奖项银奖。2000年，举行民间文艺展演，评选出一等奖1个，二等奖4个，三等奖6个。

2003年，在仓前公园举办“迎国庆暨第三届文化艺术节民间文艺擂台赛，有50多支民间文艺队伍、参加7项比赛，评出一等奖5个、二等奖8个和三等奖13个。

2004年，青年腰鼓队和文化馆腰鼓队参加市腰鼓比赛，分获金奖和铜奖。年底，举行“我爱你，仓山”

诗歌朗诵会，各镇、街和区直机关29个单位创作诗歌散文30余篇参加比赛，区检察院和区教育局获金奖。

2005年，在榕城广场举办“走进美的小区”民俗民间文艺专场。选送舞蹈《金山春雨》和歌舞《家和万事兴》，参加福建省第二届社区文化艺术节福州分会场比赛，分别获得金奖和银奖。其间，还组织300人参加市《歌唱祖国——激情福州大家唱》比赛，获一等奖。国庆前夕，区还举行“鼓乐声声庆中华”腰鼓比赛，三叉街腰鼓队获冠军，城门镇红红腰鼓队和飞燕腰鼓队获亚军。

1990～2005年，全区共选送百余个节目参加全国、省、市组织的文艺赛事，共获得各类奖项80项，其中全国级2项、华东六省一市优秀奖1项、省级21项、市级56项。

2003年仓山区第三届文艺节民间文艺擂台赛

仓山区青年腰鼓队参加福州市腰鼓比赛

三、文化理论研究和交流

1990年，仓山区群众文化理论研讨组由省群艺馆、市社文科、省剧协、省翻译工作者协会的专家、师大师生、部队文艺干部以及区委宣传部、文化局、文联领导，文化系统干部共计30人组成。1990~1992年，共举办群众文化理论培训班2期，参培人员36人，内部出版发行群众文化理论研究交流刊物《仓山文讯》专刊。选送2人到厦大进行群众文化理论培训。

1993年，举办4场群众文化理论研讨会，对广场文化、校园文化、军地文化、老年文化、少儿文化进行理论研讨。有10篇论文在会上交流，其中《突出社区特色，营造文化氛围，推动社会进步》论文在省“群众文化理论”刊物上发表。当年，在仓山区举办“福州三城区文化信息交流会”，对文化行业有偿服务和以文补文工作进行研讨和交流。9月，参加上海举办的全国部分城区文化局长、馆长交流会，选送《从战略意义上重新认识文化经营流动》《仓山区文化馆发展道路的实践和思考》等20余篇论文在会上交流。

1994年，举办 全国30城区暨第三届22城区和第六届南北11城区群众文化理论研讨会。有30个城市区54位代表参加，发表论文50余篇，仓山区选送6篇论文，其中林宗德撰写《弘扬主旋律，生产优秀精神产品的意义和思考》在会上交流。

1995年，区选送《广场文化的兴起、发展趋势》《综合治理推动电子游艺市场管理健康发展》等论文参加福州市举办的深化优化创建活动，其中潘越撰写的《浅论福州地域特色文化的构成、方式与作用》在会上交流。同年，组织代表参加宝鸡、天津全国部分城市区文化工作研讨会，选送《发展文化区优势，建设“江南文化城”》《浅谈地域文化特色的形成与作用》等论文在会上作交流。

1996～1997年，组织代表参加上海举办的全国32城市区群众文化工作研讨会、昆明和贵州全国部分城市群众文化工作研讨会、第九届“全国家庭文化理论研讨会”、西安全国部分城市区群众文化研讨会及福州市第二届群众文化理论研讨，选送《军地文化功能之浅析》《家庭文化摭谈》《漫谈文物资源开发》《把握当前城区的乡村文化导向》等论文在会上作交流。

1998年，承办第三届市群众文化理论研讨会，参加会议的有福州市各县区文化理论干部共30人，选送的《浅谈临水文化》论文在研讨会上交流。2001年，区主办全国三十一城市区第十三届文化局长暨2001年文化（旅游）工作理论研讨会，来自全国各地80多名文化工作者与会。仓山区选送的《关于城市社区文化建设的思考》《再论文物资源的开发利用》等论文在会上交流。

2002年，仓山区参加全国历史文化名城理论研讨会，选送的论文《名闻遐尔的历史文化保护区——林浦》在国家文物局主办的《中国名城》刊物上发表。

1990～2005年，全区共举办或参加省内外研讨会19场、选送各种群众文化研究论文50余篇。

四、文艺培训

1990年，通过举办文化馆、站干部和文艺骨干培训班及派出文化干部到基层辅导等活动，推动各项文化活动的开展。是年，区文化馆举办中老年人交谊舞培训班10期，民族、民间舞蹈培训班2期。参加培训的有社会及基层文化站文艺骨干360人。同年，文化部门派出干部到仓山小学、麦顶小学、仓二小和一些工厂、企业、部队对合唱、舞蹈、器乐等文艺活动进行辅导。

1991～1993年，举办美术、音乐、交谊舞、民间舞蹈培训班42期，培训社会文艺骨干5360余人。1994年3月，举办9期文化馆、站干部和文艺骨干培训班，培训内容有美术字速成和“卡拉OK”技巧，参加培训共246人次。

1995年，举办各街镇和区属各机关合唱指挥培训11期，参加培训共294人。同年，区文化部门与区妇联联合举办首期中老年健身操培训班，有35名妇女健身操骨干参加培训。1996年，举办3期文化干部业务培训班，开设《文化工作在精神文明建设中的作用》《书法艺术鉴赏》等课程，区文化系统各馆、站、校的干部近100人次参加培训。

1998～2004年，区创办省少儿业余艺校仓山分校，招收少儿声乐、少儿舞蹈、少儿美术、少儿书法班，共招收学生455名。

2005年，区少年宫开设舞蹈、声乐、美术、书法、电脑、三模、棋类、古筝、电子琴、钢琴、小提琴、武术等12种培训项目，年培训约120班次、2700人次。同年，举办3期女子威风锣鼓培训。1998～2005年，全区共举办各种文艺培训班88期，参加培训达1万余人。

第四节　民间文艺

1990年，仓山区民间文艺队伍有大头娃娃队、旱船队、钱哨队、腰鼓队、高跷队、舞狮队21支。是年元宵前夕举行民间文艺踩街活动，有民间文艺骨干400余人参加活动。

1991～1995年，民间文化活动主要是结合元旦、春节等重大节日开展。区龙灯队、高跷队、十番伬队等民间文艺队伍每年都参加春节游园联欢。

1991年仓山区民间戏剧演出

1996年，境内增加高湖龙灯队、浦下龙舟队、林浦安南伬队、跃进太平鼓队、城门舞狮等一批民间文艺队伍，全区民间文化队伍增至30余支。当年节庆日，有民间文艺队伍500人，在城乡广场参加表演活动。这些民间文化队伍除节庆日参加民间活动外，还参加国内外邀请赛，均获较好成绩。

1997年，区文化馆开始组建“威风锣鼓队”。各街、镇也相继组建腰鼓队。当年全区腰鼓队增加到53队。

2003年，把民间文艺活动纳入社区群众文化活动的重要内容。是年，举行社区民间传统文艺汇演，有10余支民间文艺队伍，近20个民间文艺项目参加演出。同年，高湖舞龙灯队应新加坡体育总会的邀请，参加“夜光龙”国际邀请赛，被誉为“黑马”。2004年被国家体育总局命名为“国家二级舞龙队”。

2002年仓山区民间文艺演出

2005年，在金山广场举行“走进美的小区”，各镇街、老体协等有女子威风锣鼓、太平鼓、安南伬、旱船、高跷、舞龙、舞狮等14个民间文艺队伍参加表演。当年，区文化部门投入资金扶持跃进太平鼓队，帮助他们创新节目，制作服装，培养新人，并从全区腰鼓队员中选拔25人组建“女子威风锣鼓队”。

至2005年末，全区共有大头娃娃队、旱船队、钱哨队、腰鼓队、高跷队、舞狮队，龙灯队等民间文艺队近500队，文艺骨干近千人。

第五节 文化市场监管

1990年，境内共有社会经营性文化娱乐单位133家，其中舞厅17家（不包含非营业性的5家）、卡拉OK厅6家、录像厅10家、桌球厅21家、电子游乐场27家、书刊出租、零售点52家。当年，建立福州市仓山区录像节目带发行站，加强音像市场管理。出动执法人员3170人次，对书刊、录音带、挂历、贺年片等经营性文化娱乐场所进行检查，共查扣盗版书刊175册，盗版音像制品（录音带）180片，盗版挂历、贺卡等1箱。

1991年下半年，对录像播放点进行压缩整顿，取消各录像点的个人承包，实行集体经营和片源管理制度。是年，全区有录音带销售点22家，广播收视系统1家，录像播放点5家。1993年底，仓山区广播录像带发行站因亏损停业，翌年2月注销。

1994年，成立仓山区文化市场管理站。1995年，全区社会文化娱乐经营点增加到154家，其中录像发行、播放点15家，书刊销售点50家，电子游戏活动点、桌球厅40家，“三厅”（歌厅、舞厅、卡拉OK厅）39家。

1996年，全区城乡各类文化娱乐经营点增至551家。其中“三厅”（歌厅、舞厅、卡拉OK厅）73家，电子游戏活动点234家、桌球厅37家，录像发行、播放点85家，书刊销售点122家。是年开始，区组织力量查处书刊盗版、无证经营、游戏机店接纳未成年人、播放违规音像制品等违法经营行为。至1997年，共出动6000余人，检查文化娱乐经营点7000家次。联合省、市文化部门检查17次，共查获非法盗版录像带1.12万盒，VCD光盘629片，取缔无证经营7家，处罚金额11万元。

1998年，境内施埔、三叉街相继出现利用电脑计算机提供单机娱乐的网吧经营点，由于经营范围和规模比较小，尚无发现违反法规和许可证制度。1999年起，根据国家强化知识产权保护的精神，本着“总量控制、合理布局、相对集中、项目专营、系统管理”的原则，联合公安、工商、文化、市容等部门，对城乡交接处，首山学区，特别是师大周边地区进行治理整顿。采取定期和不定期抽查相结合的办法取缔各种违法经营行为。到年底，共取缔36个摊点和4个无证经营点，收缴非法盗版VCD光盘3240片，录像带2050盒，黄色VCD光盘152片。是年，由于社会上娱乐多样化，“三厅”（歌厅、舞厅、卡拉OK

厅）逐渐走向衰弱，经营点下降至28家。

2000年，复印、打字经营点和其他印刷品企业按属地管理原则划归区管理，全区新增加复印店71家、印刷品企业14家。同年，由于电子游戏机市场混乱，赌博机种和接待未成年人现象屡禁不止，仓山区按照全国《加强娱乐服务场所管理暨电子游戏经营场所专项治理工作》电视电话会议精神，修订音像制品监管工作巡查制度，配合区联合执法队、市广电局执法队，对学区和城乡交接部等地段开展拉网式检查。共取缔无证经营点4家，打击地摊游商21个，取缔不达标录像厅2家，收缴盗版VCD光盘3288片，CD唱片、录音带2210盒。同时，对234家电子游戏经营场所进行整顿，保留35家。

2001年，制定《音像市场管理便民措施》，对利用电脑计算机提供单机娱乐经营和登陆色情网站的“网吧”以及未成年人进入网吧、通宵营业等问题进行全面清理。共取缔游商、地摊23个，无证经营点2家。收缴非法盗版VCD光盘1983片，CD唱片1890片，责令1家存在不安全隐患的录像放映厅停业整顿。

2002年，对互联网服务实行规范管理，实行公安、工商、文化部门联合审批制度，开展境外卫星电视专项治理，组织有关人员深入全区各镇、街、村、居、新村院落和企事业单位进行调查摸底，登记造册，进行巡查，拆除违法安装境外大小地面卫星接收设施41个。

2003年，网吧、电子游戏经营场所按属地管理原则归区管理，全区网吧总数增至83家，电子游戏经营场所43家。当年，区成立文化行业经营者协会，对从业者开展教育培训，增强行业自律。

2004年，成立仓山区文化市场管理科和文化市场稽查队，对音像制品、歌舞厅和卡拉OK厅、营业性演出、互联网上网游戏、艺术产品交易、电影放映、出版印刷和复印经营活动进行管理和稽查。当年，根据《全国及全省“网吧”等互联网上网服务营业场所专项整治工作电视电话会议》的精神，停止新设立网吧的审批。

2005年，文化市场稽查队协调城市执法局对淫秽色情出版物和非法出版物开展依法清理，重点查处网吧接待未成年人上网、在规定时间外经营、未严格实行核对身份证件上网等。年内，省、市文化部门联合出动检查22次，区公安、工商、城市执法等职能部门联合出动检查16次，查处黑网吧、黑电子游戏室83家，取缔无证音像、书刊经营场所88家。收缴非法音像制品4.1万余片，没收非法出版物1.2万余册，没收违禁赌博机种109台。暂扣电脑设备364台，累计处罚金额32万元。是年末，全区共有文化娱乐场所414家，其中网吧83家、“三厅”（歌厅、舞厅、卡拉OK厅）9家，电子游戏活动点43家，音像发行点104家，书刊销售点122家，复印店、其他印刷品企业48家，从业人员约千余人。

第二章 广播 电视

1990年，仓山区有电视主干线4.5公里，支干线2公里。有线广播喇叭1900架，覆盖全区6个街道。有线广播主要转播市广播电台节目，同时编播“仓山新闻”“知识之窗”等自办节目。1991年，随着有线电视事业迅速发展，全区拥有电视机的家庭越来越多，有线广播基本退出城区。1995年，仓山区开辟有线电视新网络，架设主干线、支线1.8公里，发展有线电视用户2160户。

1996年，仓山、城门、盖山、建新、螺洲5个镇有线电视用户25885户划归仓山区。是年开始，盖山、城门、螺洲、仓山镇有线广播先后停播。1997年，仓山区投入108万元，对原有线电视网络进行光纤干线改造，架设光缆16.3公里，设置11个光节点，一次性建成仓山区光纤传输系统，实现每光节点2000户的目标。当年共发展有线电视2763户。

1998年开始，境内有线电视网络划归市有线电视台统一管理。

2005年，全区有线广播只剩建新镇25瓦大喇叭40多个，每天播出3次，主要转播“左海乡音”及乡镇自办节目。

第一节 有线广播

一、线路建设 1990年仓山区有线广播主要分布于上渡、临江、仓前、下渡、三叉街、对湖6个街道，有喇叭1900架。1991年对有线广播线路进行3次整修和维护，更换干线1.8公里。1992年，尝试有线广播与电视共缆传输的模式，发展有线调频广播，安装喇叭300只。随着拥有电视机的家庭越来越多，在有线电视的冲击下，有线广播入户率、音响率和喇叭数呈下降趋势，是年底，有线广播基本退出城区。1994年，仓山区试行广播电视通过卫星，接收中央广播电台第三套立体声节目信号与有线电视信号共缆传输，安装有线调频广播400户。由于有线调频广播使用中的局限性，最终难以推广。1996年，由郊区划入建新镇0.5瓦有线广播入户喇叭3200只。2005年，建新镇大面积拆迁，有线广播线路被拆得残缺不全，改用调频无线广播方式，村里装2个大喇叭和1部自动转播接收机，全镇有25瓦大喇叭40多个，成为全区唯一保留调频无线广播的镇。

二、节目制作 1990年，仓山区有线广播主要转播市广播电台节目，同时编播“仓山新闻”“知识之窗”等自办节目，年播出稿件1600篇。每天分早、中、晚3次播出。1991年，主要转播市广播电台广播节目，并继续编播 “仓山新闻”“文艺专题”“知识之窗”等自办节目。当年播出稿件1650篇，每周播出时间达10.5小时。1992年市、区传音线停播。1996年后盖山、城门、螺洲、仓山镇有线广播先后停播，建新镇改用收转市台无线节目和乡镇自办节目的方式，一天4次（早、午、晚、另加下午2：00-5：00自办广播剧院节目）。2005年，建新镇的无线调频广播，每天播出3次，主要转播“左海乡音”及乡镇自办节目。

第二节 电视

一、电视网络

1990年，全区有电视主干线4.5公里，支干线2公里。是年，新开辟三叉街有线电视工程，安装用户近千户，架设干线4公里，支干线1.5公里，全区安装用户2506户，每户初装费为140元。1991年，新开辟积兴里、通明、工农路、朝阳路网络干线3.4公里，支干线2.6公里，发展用户2701户。是年底，全区有线电视用户达5757户。1992年，加强有线电视网络维修工作，更换干线1.5公里，更换放大器48个，分支分配器268个。开辟上渡路、上山路、岭后路、施埔路等地区有线电视网络，新架设主干线2.8公里，支线5.4公里，发展用户1326户，并在原网络发展新用户2076户。是年，全区有线电视用户达9159户。1993年，采用美国500MC2型进口电缆更换主干线12.1公里。架设新干线3.8公里，支干线12公里，发展用户2200户。是年，全区主干线长25公里，用户1.14万户。

1994年2月，仓山区有线电视网络与市联网，仓山区广播电视局与市广播电视局签订《福州市与仓山区有线电视联网协议书》，实行以市为主，分级管理，利益共享的原则，采取在市有线电视台统一规划下，保持仓山区有线电视网络系统的相对独立和完整。同年，区投资18.4万元进行改造，更换改造主干线5.2公里，支线3.5公里，更换放大器48个；投入30万元购买省广播电台在仓山区组建的省无线电管委会、人武部、朝阳路省102台宿舍、林业学校、尤溪洲等地有线电视网络（每户按120元购买），并在敦睦里新村、元兴公寓、观海路新村、飞凤山庄、万春二区等地区开辟有线电视新网络，架设主干线8公里，支线6公里，全区接收与安装用户共8417户。1995年，开辟东升小区、万里小区、人民公园小区、柏联花园小区、临江大厦、白湖亭教师楼等有线电视新网络，架设主干线、支线1.8公里。在飞凤新村、万里小区发展有线电视用户 1275 户；在东升小区、万里小区新开辟网络发展有线电视用户 885 户，共计 2160 户。

1996 年，仓山、城门、盖山、建新、螺洲 5 个镇有线电视用户 25885 户划归仓山区。是年，仓山镇广电站与仓山区有线电视网络联网。同年 5 月 14 日仓山区广播电视局与市有线台签署《福州市与仓山区有线电视联网补充协议书》，明确双方各自承担的义务与责任。并在万春二区，东升小区，银华花园，先锋花园及上渡等地开辟有线电视网络，架设主干线、支干线 1.8 公里，发展有线电视用户 2281 户。1997 年，城门、盖山、建新、螺洲 4 个镇先后与市有线台联网。网络统一由市有线台管理。同年，仓山区投入 108 万元，对原网络进行光纤干线改造，改同轴电缆传输为光缆传输，使主干线的多级传输变为一级传输，有线电视网络升级成以光缆为主干线的 HFC 网。同时在专家指导下，架设光缆 16.3 公里，全区设置 11 个光节点，一次性建成仓山区光纤传输系统，比市有线电视台提早 2 年实现每光节点 2000 户的目标。与此同时，进一步强化有线电视的维护和管理。投入 38.2 万元改造区域干线 9.2 公里，改造主干线 2.6 公里，改造支干线 5.5 公里，更换线路放大器、干线放大器 93 台，以确保中央、省、市等 14 套节目完整转播，保证用户的正常收看。是年，全区在原网络的基础上继续发展有线电视用户 721 户，同时在振兴花园、三高新城、建发花园、前街、尤溪洲等地发展有线电视 2042 户，全年共发展 2763 户。

1998 年，境内有线电视网络划归市有线电视台统一管理。仓山区广播电视局终止承担超干线联网经费义务，并由市有线电视台退还多缴的超干线经费 25.28 万元。此后仓山区不再管理有线电视网络。

1990~1997 年有线电视网络建设情况表

表 19-2-1　　单位：年、户、千米

年份	用户数	主干线长度	支干线长度	光纤长度
1990	2506	4	1. 5	
1991	2701	3. 4	2. 6	
1992	3402	2. 8	5. 4	
1993	2200	3. 8	12	
1994	8417	8	6	
1995	2160	1. 8		
1996	4757	1. 8		
1997	2763			16. 3
累计	29456	30. 1	39. 5	16. 3

二、电视节目

1990 年，仓山区有线电视节目主要转播中央、省、市台节目，另设置 2 个自办节目频道，开设《仓山新闻》《党的生活》2 个专题。电视节目制作的设备较为简单，使用的是家用录像机、JVCKY-17 和 JVCKY-35 摄像机和松下 4700 编辑机。

1991 年，对有线电视网络的前端机房进行改造，增置西德进口前端设备，增加卫星天线系统，配套监视、录像机等有关电子设备，机房播出中心粗具规模。当年，编制有线电视“社会主义思想教育”专题节目和党风廉政建设录像片，每星期二、五定期播出计划生育录像片，每周安排 3 首“中华金曲卡拉 OK 大家唱”。1992 年，新建机房、播音室、制作室、演播厅、电脑室。增设播音机一台、电视制式转换器一台及其它设备。

1993 年，扩建广播电视大楼，配备机房、播音室、制作室、演播厅、电脑室等，添置 16 台监视器，8 台录像机，制转器等，节目套数由原来的 8 套增加到 10 套。两套自办节目，增加播放时间至 18 小时。1994 年 2 月，仓山区广播电视局与市广播电视局签订《福州市与仓山区有线电视联网协议书》，有线电视转播节目增加到 14 套，新增加中央三套、中央四套、云贵台、四川台等节目。当年，播出有线电视新闻《仓山新闻》35 期，300 条新闻，电视专题片 15 片，字幕宣传 178 次。1996 年，全年完成制作播放自办节目《仓山新闻》80期，《专题节目》8片，定期播出党员电教片《凝聚力从何而来》等72次。

1997年，仓山区与福州市广播电视局签署《有线电视网络并网实行统一管理协议》，从1998年1月1日起仓山区有线电视网络，由市有线台统一管理，仓山区广播电视的自主播放业务停办。区制作的《仓山新闻》节目调整在福州市有线电视三套播出，播出时间为每周三晚21：50，节目长度为10分钟。

1998～2005年，仓山区围绕“全面开发南台岛建设福州新城区” 主题，先后制作《文化旅游胜地——螺洲》《仓山区环卫基础设施日臻完善》《东风吹绿南台春》《琼花玉岛》《麦德龙仓储式超市工程建设进展顺利》《光辉耀仓山，玉岛天地新》《仓山是个好地方》《文明城区天地新》《仓山风帆》《青春在文明执法中闪光》等大型专题片160篇，在福州市有线电视三套播出。其中《上渡旧屋区前期改造工程回迁户开始选房》节目获首届全省县级广播电视新闻优秀节目三等奖，《临江派出所努力探索社会治安防范新模式》节目获得全省综治好新闻电视类节目一等奖。

第三节 机构

1990年，仓山区广播电视局，为区政府系列的局（科）级机构，行政编制3人，实有2 人。下辖区广播站和区有线电视台，配有事业编制人员 22人。

1998年6月，区机关机构调整，仓山区广播电视事业局和广电局实行一套班子，两块牌子。内增设办公室、编播室、音像管理事业科。下辖区广播站。同时撤销区有线电视站。

2004年，音像管理科更名为社会事业管理科。

2005年，仓山区广电局内设办公室、采编室、社会管理科。工作人员22人，其中行政编制2人，事业编制20人。

第三章 图书 档案 史志编纂

第一节 图书

一、区属图书馆（室）

1990年，仓山区设图书馆，有工作人员10人，藏书量5.7万册，报刊210份。馆内开设报刊阅览室、少儿阅览室、外借处服务窗口，以及采编室、书库等，建筑面积633平方米。此外，区属中小学校还有13个图书室，藏书共1.01万册，主要对内部开放。是年始，区图书馆除开放外借处服务窗口外，还注重阵地建设，每年均开展“优秀读物书评”“ 兴榕杯征文”及“小小管理员活动”。 当年，区图书馆举办“仓山地区优秀读物书评写作竞赛”，推荐《中国古典文学中的压抑情绪——兼评〈中国文学述萃〉》《人生价值的答案——浅评〈雷锋的故事〉》参加省公共图书馆读者优秀读物书评竞赛获优秀奖。翌年，举办“小小管理员活动”，有7名小学生参加。程芳撰写的《少儿读者图书宣传工作刍议》论文，入选省第三次社科讨论会。1992年，试行部分社科类书籍开架，收取图书维护费方法，提高图书购书量和图书流通量。区政府将11个社会文化经营企业挂靠管理费划归区图书馆。是年，购书量和读者流量有小幅度回升。1993年，图书馆增置电脑，试行电子计算机采编管理。

1996年，区划扩大及部分市属中学校下放，境内区直图书馆（室）增至71所。（区图书馆1所、街镇图书馆（室)6所、中小学图书馆（室)64所。

1997年，开展创建全国文化先进区活动，各镇街文化站开设图书室，藏书量约4万册。江边村郭宅村办图书馆藏书量也相应增加。其间，区图书馆还帮助江边村图书馆进行图书管理。

1998 年，区图书馆增设电脑，完成图书数据入库 7000 条，初步尝试少儿阅览室微机化管理。

1999 年，区财政对区图书馆投入持续提高，图书服务设施有较大的改善，初步实现馆内微机联网。是年，区图书馆在全国公共图书馆二次评估定级中，被评为二级图书馆。此后，由于对图书事业的经费投入下降及图书馆工作人员退休和外调等因，图书馆事业处于低迷状态。

2001 ～ 2002 年，区图书馆仍坚持文化下乡，前往盖山江边村图书馆送书，并与郭宅村图书馆签订《共建协议书》，用半年时间使郭宅村图书馆基本上实现馆舍规划合理、藏书结构合理、类目清楚，借书手续齐全，能开展报刊阅览和图书外借的村级图书馆。

2003 年，先后 7 次指导麦顶小学图书室升级为图书馆。当年，区图书馆推荐 15 篇优秀读物书评参加市第五届“兴榕杯” 征文比赛，获一等奖 1 名、二等奖 2 名、优秀奖 3 名。11 月与市图书馆联合举办“福州地区公共图书馆业务工作研讨会”。

2005 年，区图书馆增置 11 台电脑，开设电子阅览室，试行与省、市公立图书馆联网。但因区图书馆馆舍面积、藏书量未达二级图书馆标准，同年，在全国图书馆评估中，被评为三级图书馆。是年末，全区有区直各类图书馆（室）87 所，其中，区图书馆 1 所，街镇图书馆（室）15 所，区属中小学校图书馆（室）71 所，藏书量共 97.86 万册（区图书馆 7.97 万册、中小学 76.72 万册、街镇图书馆 13.17 万册）

1990 ～ 2005 年区图书馆情况表

表 19-3-1　　单位：平方米、位、万册、人次、万元

年度	馆舍面积	座席	购书量	订报刊	外借量	流通人次	藏书量	经费投入
1990	633	165	2000	210	4.35	8.24	5.7124	3.1
1991	633	113	1225	208	3.97	7.83	5.9280	3.69
1992	633	110	641	298	5.16	9.54	6.0957	4.17
1993	633	110	1059	236	4.38	8.048	6.2995	4
1994	633	190	4004	272	4.08	3.177	6.7598	4.78
1995	633	190	715	116	2.10	0.842	6.8909	5.03
1996	633	190	624	116	2.13	0.85	7.0026	1.34
1997	633	190	600	120	1.97	0.613	7.1112	12.3
1998	633	190	401	108	1.98	0.77	7.2007	15.7
1999	633	190	142	115	1.51	0.65	7.2724	15
2000	633	190	591	115	1.35	0.42	7.3942	2.24
2001	633	190	218	113	1.87	0.86	7.4755	3.07
2002	633	190		108	1.73	0.65	7.5366	2.67
2003	633	190		124	1.69	0.58	7.6009	3.33
2004	633	190		118	2.33	0.46	7.6658	3.34
2005	633	100	1572	118	5.8 万	0.269	7.9714	11.6

2005 年仓山区属单位图书馆（室）藏书一览表

表 19-3-2　　单位：万册

单位	藏书量	单位	藏书量	单位	藏书量
仓山镇图书馆（室）	3.5	三叉街街道图书室	0.35	福州螺洲中学	0.54
城门镇图书馆（室）	0.3096	下渡街道图书室	0.4	福州第三十九中	1.8988
盖山镇图书馆（室）	0.8962	对湖街道图书室	0.3387	福州第四十中学	2.4535
建新镇图书馆（室）	5	上渡街道图书室	0.08	福州永南中学	1.3701

续表 19-3-2

单位	藏书量	单位	藏书量	单位	藏书量
螺洲镇图书馆（室）	0.3	东升街道图书室	0.05	福州城门中学	3.2003
江边村图书馆	0.438	福州第六中学	4.1553	福州盖山中学	0.9165
郭宅村图书馆	0.4582	福州第十二中学	5.0966	福州盘屿中学	1.32
仓前街道图书室	0.3	福州第二十一中学	2.32	福州红山中学	1.3578
临江街道图书室	0.19	福州第二十九中学	1.25	仓山区属小学图书馆共71所	76.7234
金山街道图书室	0.6	福州第三十中学	1.2909		

二、驻区图书馆

1990年，境内有省市驻区图书馆10所。其中较大可开展图书外借的有福建师范大学图书馆。1996年，区划扩大后，省市驻区图书馆增至14所。2003年，金山新区增加福三中金山校区图书馆和福州金山学校图书馆。

至2005年，境内省市驻区图书馆共有15所，藏书量共603.26万册。其中可开展图书外借的有福建师范大学图书馆和农林大学图书馆。

2005年省市驻区单位图书馆藏书一览表

表 19-3-3　　单位：万册

校名	藏书量（册）	校名	藏书量
福建师大附中	12.4119	福建师范大学	32.8
福州高级中学	7.8	福建农林大学	22.98
福州外国语学校	7.2196	福三中金山校区	6
福州第十六中学	5.4495	福州金山学校	0.25
福州英华英语学校	1.4702	福州三山文武学校	0.58
福州时代中学	1.3525	福州平民中学	0.5
福州英才中学	0.9966	福州华南实验中学	1.1858
福州超德高级中学	0.241		

第二节 档案

一、档案收集管理

1990年，区档案馆协助区直各单位、街道鉴定整理档案，建立8个单位综合档案室，对声像、会计档案及各门类、各种载体档案实行统一管理。同时，接收区政府办公室收藏的区人委档案，经整理装订，新立文书档案537卷。当年馆藏永久、长期档案共4257卷。

1993年，重新修订区直机关档案工作定级升级考核标准和办法。对区直机关档案室重新开展考核评定，共评出一级档案室13个、二级档案室10个。同年，征集省、市驻区单位和区直单位443册资料进馆。

1996年，区档案馆对新划归仓山区的5个镇档案管理工作进行指导，同时在镇、村、居委会、乡镇企业和外资企业开展建档工作。指导事业单位和镇街规范档案管理。

1997年，区机构改革，区档案馆将区建工局、商业局、党建办、体改委等被撤销单位的档案671卷、资料65册、照片34帧接收进馆。翌年，对各单位应进馆档案进行摸底、造册，按全宗划分重新规范排列馆藏档案，重新编制案卷目录65本和全引目录23本，录入电脑目录5058条，将短期档案进行封存保管。同年，区委、区纪委等12个单位成立档案鉴定小组，对到期档案进行审查、鉴定。当年完成10个全宗

165 卷到期档案的鉴定工作，处理销毁无保存价值的档案 58 卷，保留档案 107 卷。

1999 年，区档案馆对馆藏档案进行全面检查，对褪变、字迹模糊、破损的档案资料进行复印、手抄、托裱处理，共完成 15 个全宗 954 卷 1.02 万页档案的抢救，其中复制 1214 页、手抄 74 页、托裱 8913 页。

2001 年，区档案馆重新制订接收进馆档案的范围、标准及具体要求，当年接收各镇街和区民政局移交的婚姻档案 370 卷，征集档案照片 596 帧，实物档案 86 件。对全宗 78 卷档案进行抢救，复制 157 页，托裱 518 页。区档案馆与省档案培训中心联合举办区属学校档案管理员培训班，受训 27 人。

2002 年，对整合后社区居委会档案分类进行指导管理，将撤销的居委会档案移交给街道，将合并的社区居委会档案进行归并。

2005 年，区档案馆接收 44 个单位到期档案 5328 卷、资料 3520 卷（册），录入档案数据 1.06 万条。是年，区直单位和各镇街建有档案室 54 个，经过检查评定，一级档案室 13 个、二级档案室 10 个。馆藏永久、长期档案共 5938 卷，婚姻档案 1872 卷。

2005 年仓山区档案馆馆藏文书档案情况表

表 19-3-4 单位：卷

	合计	永久	长期	起止时间
区委办公室	1195	458	737	1952 ～ 1996
区委组织部	383	129	254	1953 ～ 1996
区委宣传部	55	34	21	1953 ～ 1988
区委统战部	54	17	37	1953 ～ 1988
区委政法委	160	50	110	1982 ～ 2000
区综治委	98	39	59	1990 ～ 2000
区总工会	18	5	13	1978 ～ 1988
团区委	52	27	25	1952 ～ 1988
区妇联	48	23	25	1954 ～ 1988
区机关党工委	49	33	16	1978 ～ 1995
朝阳区革委会	382	193	189	1968 ～ 1980
区政法分团	22	13	9	1961 ～ 1966
区党建办	33	14	19	1991 ～ 1996
区纪委	85	47	38	1956 ～ 1988
区监察局	72	72		1955 ～ 1990
区人大	97	70	27	1980 ～ 1990
区保密局	65	13	52	1991 ～ 1998
区整党办	19	12	7	1985 ～ 1987
区“三讲”办	13	9	4	2000
区老干局	11	6	5	1986 ～ 1991
区党史办	19	13	6	1983 ～ 1988
水上区委	72	59	13	1951 ～ 1956
区档案局	219	35	180	1990 ～ 2005
区人民政府	558	183	375	1980 ～ 1990
区人委	365	222	143	1949 ～ 1968
区教育局	88	37	51	1984 ～ 1993
区商业局	165	87	78	1982 ～ 1996

续表 19-3-4

	合计	永久	长期	起止时间
区建工局	191	90	101	1971～1996
区财政局	15	1	14	1984～1985
区劳动局	90	30	60	1984～1989
区审计局	83	27	56	1984～1990
区统计局	106	77	29	1984～1990
区计划局	105	74	31	1987～1990
区外经局	43	20	23	1984～1990
区农业局	241	241		1999
区人防办	94	37	57	1965～1991
区体改委	21	10	11	1988～1996
区核查办	9	5	4	1984～1988
区定案办	270	11	259	1969～1976
临江街道	72	46	26	1958～1980
下渡街道	88	46	42	1959～1985
对湖街道	34	25	9	1988～1991
水上办事处	83	57	26	1964～1988
合计	5938	2697	3241	

二、档案利用

1990 年，区档案馆提供利用档案 1730 卷，接待调阅人数 614 人次。1994 年，开始对报刊有关仓山区报道信息进行剪辑，为“双拥”宣传报道工作、编修史志、学术研究和打击犯罪案件服务。共接待查阅档案人员 1511 人次，调阅档案 1597 件。1997 年，利用馆藏档案资料开展编研工作，先后编写《中共福州市仓山区代表大会历次会议简介》《福州市仓山区人民代表大会历届会议简介》《仓山区“八五”期间大事记汇编》和党史专题《“文化大革命”仓山地区综述》。1998 年，在“创优增效”活动中，接待查阅档案人数 3677 人次，调阅档案 5118 卷，区经济局查阅市政府有关文件后，争取市财政回拨乡镇企业管理费 7.9 万元；区物价局利用档案中有关收费、定价文件，查处 65 起违价案件，查处违价金额 11.80 万元，全部上缴国库。1999 年，加强档案信息利用，举办馆藏珍贵档案《仓山历史回忆》展览，进一步推动全区档案信息利用工作。2001 年仓山科技园区档案信息利用成果获省档案信息开发四等奖。至 2005 年，全区共接待查阅档案人员 1.14 万人次，调阅档案 1.38 万卷。

第三节 史志编纂

一、区志编纂

（一）旧志编纂

仓山区发现最早的地方志书是明万历年间陈润（平之）编撰的《螺江志》。民国期间，又先后完成《螺江志》增修本、《藤山志》抄本、《藤山志稿》抄本、《藤山志》。至 2005 年仓山区现存的旧志有 4 部。

螺江志 明万历年间陈润编纂，清同治白花洲渔增修，现藏有董执谊抄校本 2 个版本。福建师大图书馆藏抄本，有“几士”圆形朱文章，分元、亨、利、贞 4 卷共 2 册；福建省图书馆藏抄本 4 卷，不列名。

两书内容相同，仅编排顺序略有不同。全书约9.6万字。

藤山志稿 清光绪年间编修，作者佚名，留有抄本3册，现藏福建省图书馆。

藤山志稿 由乡人郑思铨编纂，思铨生活约在清咸丰、同治时期，生平事迹无考，所编志书毁于兵焚。福建省图书馆藏有郑丽生的手抄《藤山志稿》残本，全文仅600余字。

闽江金山志 民国26年（1937年）由候官六桥人林其蓉（一名筠，字竹均）编纂。全书约10万字，设12门13卷，分上中下3册。主要记载洪塘一带山川文物、名人轶事、风土人情。1937年由远东书局刊行，现藏福建省图书馆。

藤山志 民国时期由乡人蔡人奇在郑思铨《藤山志稿》的基础上增添辛亥革命后仓山区人民参加辛亥革命的事迹和日军入侵福州时仓山区人民奋力抗战的功绩编写而成。该书于民国37年（1948年）编撰完成，由福州粹报社刊行。全书设10卷，分区域、名胜古迹、民族竞存、文化善举、人物、烈女、艺文、礼俗、纵谈十大类，并附凡例24则，约10万字。现藏福建省图书馆和福建师大图书馆。

（二）新志编纂

《仓山区志》 1988年仓山区地方编纂委员会组织编纂。主编许聿圣，副主编陈振声、李榕华。全书设总概述、大事记及建置、街道办事处、人口、工业、对外经济贸易、商业、交通邮电、工商行政管理、劳动、财税审计金融、城区建设。政治综述、中共地方组织、党派、群众团体、人大、政府、政协、公安、检察、审判、司法行政、军事、民政、教育文化、科技、卫生、体育、宗教、人物共31章159节86万字。附有插图照片74帧，全书上限因事而异，下限断至1989年，大事记断至1990年。1994年福建教育出版社出版刊行。

二、镇村志编纂

高湖、江边乡土志 1989年由高湖村、江边村组织编纂。主编郑宜愷。全书约8万字，分人物、文物、古迹、故事、文献、文艺、革命事迹、习俗、大事记9类。1991年内部发行。

黄山村志 1993年由城门镇黄山村委会组织编纂，编辑组由郑则亨、郑行春等8人组成。1996年3月内部发行。全书约5.8万字，设12章60节，分述黄山村的地理概貌、姓氏人口、经济、文教卫生、历史人物、艺文、祠庙寺宫、古迹景观、名人第宅、建置沿革、经济俗风情、杂记、故事等。下限断至1996年。

盖山镇志 1993年由盖山镇组织编纂。主编黄公勉，副主编李永实、姚颂恩、袁书琪。1995年6月福建科学技术出版社发行。全书共25万字，设概述、大事记及建置沿革、自然地理环境、党政群团、农业、工业、交通邮电、商业服务业、金融税务、村镇建设、投资区、科教体卫、民俗文化、人物等14章45节。上限追溯事物起始，下限断至1992年，个别事物断至1994年。

城门乡土志 1993年由城门镇城门村组织编纂。主编庄可庭，由内部发行。全书14万字，设建置沿革、山川地域、农业合作化纪略、改革开放纪略、中共闽江工委三角埕支部史略、河浦桥樑、林氏宗谱、寺庙词宇、名胜古迹、旧宅新址、人物、学校、艺文、科第、农田水利、杂记、民俗等17卷，下限断至1996年。

鳌山村志 2000年 由螺洲镇鳌山村委会组织编纂。2001年内部发行。主编陈友荣，副主编陈耀祖、陈德仁。全书约10万字，设鳌山村概况、陈氏流源考、历史文献、祖训、楹联、祠匾、人物传略、历史事件、风俗、村俗、歌谣等。下限断至2000年。

台屿志 2004年由建新镇台屿管理区组织编纂。编辑组由陈应棋、陈志等15人组成。2005年由福州晚报社印刷内部发行，全书约33万字，设概述、建置沿革、经济、文化、民俗、文物古迹、民间轶闻、诗词楹联、展望未来等10章。

三、专业志编纂

仓山区建设志 1992年由仓山区建设局组织编纂。主编魏鹏飞，副主编执笔陈有琛。1994年由中国建筑工业出版社出版，全书14.5万字，设12章51节，系统记述仓山区城市规划、房屋和公共设施建设、园林绿化、环境卫生和保护及地名管理等历史和状。上限追溯到梁天监年间（502-519年）下限断至1989年。

仓山区政协志 2005年由政协仓山区委员会组织编纂。主编陈朝明，副主编郑松波。全书18.5万字，设概述、大事记及10章29节，分述1984～2004年历届区政协机构沿革、重大会议、主要活动及区政协有关工作汇编、发言文章选编等。2005年5月内部发行。

仓山区人民代表大会志 2005年由仓山区人大常委会组织编纂。主编沈惠秋。全书约26万字，设8章31节，分述历届人民代表会议、人民代表大会、人大常务委员会主要活动及镇人民代表大会主席团等。全书上限溯至1951年，下限断至2005年。

四、党史编纂

福州市仓山区组织史资料 1985年由中共仓山区委组织编纂。编纂领导小组组长刘学苏 ，副组长陈大明、陈立允，编写人李宗鉴。全书10.2万字，主要记述中共仓山区委领导、政权、统一战线、群众团体的组织机构沿革和领导人名录。全书上限1949年10月，下限断至1987年12月。1990年7月内部发行。

中共仓山地方史大事记 2004年由中共仓山区委组织编纂。2005年5月由中国文史出版社出版。主编赵坚，副主编鄢秀萍、陈振声、林建明。全书32万字，按党史分期设基本完成社会主义改造时期、全面建设社会主义时期、“文化大革命” 时期、社会主义现代化建设时期等4个部分，收录各时期发生的大事共2559条。上限起于1949年8月，下限断至2003年。

五、旧志点校

2000年10月，仓山区文管会对明国时期蔡人奇编纂的《藤山志》进行点校。点校者陈振声、陈雯。2002年由福建海潮摄影艺术出版社发行。

六、文史资料编辑

仓山文史资料第五辑 1990年编撰，收编1986年政协成立以来的历届会议、组织情况以及民革、民盟、农工党、致公党山支部的简介和仓山史话资料等17篇。

仓山文史资料第六辑 1991年10月编撰，收编有《史海纵横》《人物春秋》《藤山轶闻》《乡土古迹》《宗教史话》《教育简历》等16篇。

仓山文史资料第七辑 1993年7月编撰，开辟有《仓山区近代经济发展史》《经济史海纵横》等栏目，收编文章24篇。

仓山历史文化景观萃编 2003年12月编辑出版，以仓山名镇、名村、名人为主线，收编螺洲镇、林浦村和严复、陈宝琛、林森、陈绍宽等文史资料以及10个宗祠和一些名胜古迹著名景点。

仓山宗教文化萃编 2005年12月编辑出版，收集道教、佛教、天主教、基督教和民间信仰在仓山发展历史及其现状的资料46篇。

七、机构

仓山区地方志编纂委员会 成立于1988年5月，由区委、区政府相关部门的主要领导54人组成，区长吴春官任编委会主任，区委常委宣传部长陈梅良、副区长许聿圣、区政协主席蔡庆良、调研员王恭贵任编委会副主任。下设办公室，附设在区文联内。当年12月，区委、区政府调整充实区地方编纂机构，将区地方志编纂委员会办公室列入区政府机构系列，升格为正科级。1990年，吴春官区长工作变动，区地方志编纂委员会成员调整，由区长孙孟融接任编委会主任，区委书记林友斌、原书记刘学苏、调研员王恭贵、宣传部副部长张堃祥为顾问。当年，区地方志编纂委员会办公室配有专职办公室主任、副主任和编辑人员共4人，并在老同志中聘任4位编辑人员组成编辑室。1991年完成《仓山区志》编纂。1995年3月10日举行《仓山区志》首发式。1996年仓山区党政机关机构改革，区地方志编纂委员会办公室撤销。2005年第二轮修志开始，区委、区政府又重新成立仓山区第二届地方志编纂工作领导小组，区长范美先任组长。

第四章　文博

1990年，仓山区开始建立文物保护机构，配备专职文物管理人员，建立文物管理档案。1992年开展全国第二次文物普查后，转入定单位、定人员，建立保护责任制，加强对文物保护单位和文物登记点的管理。1996年，郊区的5个乡镇划归仓山区。全区文物保护单位增加55处、文物登记点增加23处，有5个镇、村或地区列入历史文化保护区。是年，仓山区成为福州地区文物大区。1997年，仓山区建立省内第一个县区级文物管理站，鼓励和扶植基层成立文物保护小组，着手文物保护、发掘和修复工作。此后，仓山区政府和社会群众共投入近1200万元，对18处文物保护单位进行修缮保护，进行8次文物考古发掘，出土部分南朝、明代时期有历史研究价值的文物。2000年后，在旧城改造建设高潮中，由于当时的文物保护法并未对文物登记点及文物建筑给予明确的法律地位及保护措施，全区文物建筑遭受空前损毁，文物登记点被拆除102处，损毁率达64%。至2005年，全区有文物遗存190处，其中列入省、市、区级文物保护单位84处（省级文物保护单位4处，市级文物保护单位31处，区级文物保护单位49处），文物登记点106处。

第一节　机构

1990年，仓山区开始筹建博物馆。1992年5月，区博物馆正式挂牌，为区文化局下属股级全民事业单位，定编2人，馆址设下藤路蔡忠惠公祠内。1997年，建立省内第一个县区级文物管理站，鼓励和扶植基层成立文物保护小组，着手文物保护、发掘和修复工作。2005年，区博物馆工作人员增至7人，馆存文物307件。

第二节　文物普查与考古发掘

1990年，仓山区开展全国第二次文物普查，经过拉网式全面调查核实，全区有10处区级文物保护单位和158处文物登记点。1991年，转入定单位、定人员，建立保护责任制，加强对文物保护单位和文物登记点的管理。至1995年，先后在中洲洪水淹没区、观海及小岭房地产开发区域、蔡诗东宅保护等地进行调查，核实登记造册，全区共消失文物登记点42处，其中文化大楼登记点1处、观海太平洋城建设登记点32处、太平巷改造登记点6处、万春巷改造和部队开发建设登记点2处、马厂街旧屋区改造登记点1处。

1996年6月，在城门镇谢坑村发掘2座宋元古墓，获宋徽宗年间铜钱一枚，石俑7件。1997年8月，对桃花山南朝墓进行考古发掘。采集南朝墓砖和博山炉、熜斗等明器。1998年5月，征集从闽江中打捞上来的古炮二门、铁铳一枝。同年8月与师大历史系徐恭生教授配合，考察高盖山琉球墓。2002年对下池南朝墓进行发掘，发掘有五福罐、盘口壶、四耳罐、博山炉、陶醮斗、人物纹券顶楔形砖等。2003 年 2 月 24 日，对建新劳光村农大学生公寓工地的明墓进行考古发掘。采集买地券一方。其间，由于城乡建设加速，涉及文物登记点保护调整事件时有发生，至 2003 年全区文物登记点又消失 21 处。

2004 ～ 2005 年，配合观井、程埔、首山、螺洲旧屋区改造和南江滨大道建设，区文物管理站在该地区范围内开展文物普查，查出有 39 处登记点被拆除，均及时给予造册登记，对 6 处文物登记点进行测绘作资料保护。在蔡忠惠公祠迁移重建中，发掘清、民国银毫 177 枚。对白鹭岭明代古墓、福高工地南朝古墓、齐安明嘉靖年间古墓进行考古发掘，除齐安明嘉靖年间古墓留有墓志铭外，其余 2 座均未发现文物。

第三节　文物遗存

1990 年，仓山区有文物遗存 168 处，其中列入区级文物保护单位 10 处、文物登记点 158 处。1996 年，原郊区 55 个文物保护单位和 23 处文物登记点划归仓山区。是年，全区文物遗存共有 204 处，其中列入文物保护单位 65 处，文物登记点 139 处。2005 年，全区有文物遗存 190 处，其中列入省、市、区级文物保护单位 84 处（省级文物保护单位 4 处，市级文物保护单位 31 处，区级文物保护单位 49 处），文物登记点 106 处。

一、古遗址

怀安瓷窑址　位于建新镇淮安村南 200 米，主要分布在石岊山南端，面积 8 万多平方米。有南朝和唐代两个没有迭压关系的堆积层，堆积层厚度 1 ～ 3 米。出土遗物达成 15784 件，其中出土的南朝器物 3000 余件，有短流注子、钵、盘、杯、碗等日常生活用具和多足砚等文具、鐎斗、火盆等明器以及大量的窑具，瓷器均为灰白胎施青釉。唐代堆积层，有一处斜坡式龙窑窑床遗迹，出土的器物有 2000 余件。除继承南朝遗制外，还有长流注子，瓜棱形注子、多咀塔式谷仓、五谷小罐、盒、陶俑、狮子以及明器等。瓷器为灰白胎，均施青釉，少量瓷器上饰有褐彩。1991 年 3 月列为省级文物保护单位。

怀安瓷窑址

二、墓葬

林延皓墓　位于盖山镇盘屿村东北 200 米王厝山燕窝，坐北朝南，占地 1200 平方米，平面呈风字形，土石结构，面宽 30 米，进深 40 米，封土呈弧形。前立一圆头石墓碑上刻楷体“唐拱宸控鹤都使仁寿林公墓”米内葬延皓、妻柯氏、子林通、媳陈氏、孙以及孙媳王氏。1985 年 12 月列为区级文物保护单位。

林延皓墓

林瀚墓　位于城门乡林浦九曲山脚。1993 年 8 月列为市级文物保护单位。1996 年因建高速公路，从山脚迁九曲山东南山腰。墓坐北向南，平面呈风字形，封土下有 6 个砖砌墓室，封门前竖一块圆首墓碑。碑中部刻一座亭，亭中央阴刻“尚书林泉山公寿域”。墓系林瀚生前营造。墓用花岗石结构。

林瀚墓

林烃墓　位于城门镇后坑村后坑山，坐西北朝东南，墓埕占地面积300平方米，平面呈风字形，三合土结构，内有4圹。墓前500米外有石翁仲，石兽、神道碑。1995年4月列为区级文物保护单位。

林烃墓

薛梦雷墓　位于城门镇谢坑村，占地约300平方米，坐北朝南。土内3个石砌墓室，封土为三合土夯实，封土前立有方头墓碑。墓道立有神道碑，碑上刻："赐进士通议大夫都察院右副都御史敕巡抚云南兼督川贵赠工部左侍郎福唐鸣宇薛公偕配赠夫人林氏封夫人赵氏神道"。碑座于石鼋上。2001年12月列为区级文物保护单位。

薛梦雷墓

林廷选墓　位于建新镇洪塘村妙峰山西麓，坐东向西，平面呈风字形，封土为三合土夯筑，封土前立一花岗石墓碑，上刻："沙堤。明赐进士、南京工部尚书、赠太子少保竹田林公，妣陈、王夫人。嘉靖甲午年造，清道光戊子修。"1992年12月列为区级文物保护单位。

林廷选墓

翁正春墓　位于建新镇怀安村东南石岊山西北麓，占地面积约200平方米，平面呈风字形，土石结构，三层墓埕，封土前建碑亭，亭为花岗石砌建，亭内立墓碑，碑刻："宫保翁文简公佳域，崇祯戊辰岁仲冬吉旦立。"，楷体。墓道前尚存一对石虎。1986年12月列为区级文物保护单位。

翁正春墓

陈若霖墓　位于盖山镇跃进村南北园山头岭东麓，坐向东南，占地面积约1000平方米，平面呈风字形。三合土夯筑，三层墓埕。封土内五室并列。

陈若霖墓

封土前立有墓碑，碑刻“清大司寇望坡陈公墓”，墓碑两旁围屏有文渊阁校理教习、庶吉士、鳌峰书院山长陈寿祺撰铭文。1983年8月列为市级文物保护单位。2000年重修，并恢复围墙。

齐锟墓　位于仓山镇湖边村梅湖，坐北向南，占地面积约150平方米，平面呈风字形，三合土夯筑，三层墓埕。封土前立有方头墓碑，上刻楷体：“天池。清赐进士出身醴陵尹、诰封中宪大夫、翰林院编修、日讲起居注官、加正一品衔、河南府尹、即选道北瀛公，暨长男妇诰封恭人许氏之寿域。嘉庆乙亥年仲冬谷旦立”。第一层墓埕前置一对三合土抱鼓，第二层墓埕前设横屏。1986年12月列为区级文物保护单位。

齐锟墓

赵新墓　位于建新镇下店村九龙山东北麓，坐向东南，占地面积约350平方米，平面呈风字形，三合土夯筑，双重护墙，三层墓埕。封土前的青石墓碑，上刻：“江夏，清诰授荣禄大夫二品顶戴、陕西督粮道詹事府左春坊左赞善、翰林院检讨又铭赵公、偕配梁夫人、叶夫人、男侯选郎中少铭，媳福恭人寿域。光绪已卯年菊月谷旦造”。墓碑两侧

赵新墓

各立三块石屏。狮子柱头为三合土质。墓左右挡土坡镌有文臣武将及狮、麒麟、马等动物和花卉等浮雕。1983年8月列为市级文物保护单位。

卢幼笺墓　位于建新镇桃源山，占地面积约为60平方米，坐南朝北，墓为风字形三合土封土，墓饰有文臣武将等高浮雕，卢幼笺为清荣禄大夫，其妻封为一品夫人。1995年4月列为区级文物保护单位。

蔡涣庵墓　位于仓山镇湖边村，座北朝南，占地374平方米。三层墓埕，墓埕、后围及护臂为三合土，内为石构。墓碑两侧有围屏，前有横案，案裙为青石刻盘龙，各层石围栏柱上均有石雕，墓埕出口有一对抱鼓石。墓为父子墓，妻妾子媳共葬8圹。2001年12月列为区级文物保护单位。

蔡涣庵墓

琉球墓群　位于仓山区盖山镇先农村北部迎安山南坡和磨层山北坡。为琉球使者、商人、留学生和海员等墓葬共7座。占地约2000平方米，均为三合土结构。封土前竖有方顶墓碑，碑面镌刻死者姓名、身份、籍贯、卒葬年月、坟墓大小，碑额均刻有：“琉球国”。墓园四周砌有围墙。1980年12月列为市级文物保护单位。

琉球墓群

严复墓　位于盖山镇阳岐村北鳌头山东麓，墓坐向东北，土石结构，呈风字形，三层墓埕，占地

面积600多平方米。封土为三合土质，封土前竖一青石墓碑楷书“清侯官严几道先生之寿域”。墓柱为飞龙盘柱，两侧立卷书石围屏，坟周以花岗岩石砌护坡。墓系清宣统二年（1910年）营造，严复自书墓碑及“惟适之安”横屏。墓四周砌石墙，开两门，上为花岗石歇山顶。1985年10月列为省级文物保护单位。2000年重修墓园，开辟为“严复公园”。

严复墓

林斯琛墓　位于城门镇林浦村狮头山北麓，坐南向北，单层墓埕，土石结构，墓无墓碑，在封土前石墙上用红漆楷书“林雯如之墓”。1992年12月列为区级文物保护单位。

林斯琛墓

林之夏墓　位于城门镇玉萧山巅，坐北向南，单层墓埕，四周有砖筑围墙，围墙门上楷书：“辛亥革命上将军林夏先生之墓园”。封土为三合土夯筑，呈长方形。封土前竖有林之夏墓碑。1985年12月列为区级文物保护单位。

林之夏墓

梁甘甘墓　位于城门镇梁厝村梁厝山麓，朝向东南，如意形，三层墓埕。封土及墓埕用三合土筑建，周以石墙护卫。封土前竖立一块花岗石墓碑。碑面阴刻：“‘二七’烈士梁甘甘同志之墓”。1992年12月列为区级文物保护单位。

梁甘甘墓

郑涓墓　位于城门镇湖际村湖际山麓，1995年4月列为区级文物保护单位。

朱敬则墓　位于建新镇淮安村桃源境，背依桃源山，西向偏北30度，平面呈“风”字形，二层墓埕。青石碑阴刻“唐故丞相敬则朱公之墓　光绪庚子立裔孙仲冬修”。墓道于中轴线偏南，两侧石翁仲粗犷，石兽简陋。1995年4月列为区级文物保护单位。

朱敬则墓

三、寺庙

龙瑞寺 位于城门镇梁厝村，唐天复元年（901年）始建，宋元丰年间修，清光绪年间重修。占地1303平方米，坐北朝南，由天王殿、塔院、大雄宝殿、观音阁等组成，周以封火院墙。大殿为穿斗式木构架，单檐歇山顶。大殿基座为须弥座，束腰嵌12面高浮雕，雕有胡人进象、龙宫献宝、龟寿鹤龄、双狮戏球及鸟兽、花卉等纹饰。殿堂有瓜楞形圆石柱、覆莲础石等均为唐宋旧物。千佛陶塔原座设在前院中，于1972年迁往鼓山涌泉寺前。院西侧尚有宋绍兴水井一口。2001年1月列为省级文物保护单位。

龙瑞寺

妙峰寺 位于盖山镇高盖山，唐咸通七年（866）始建，后毁。清代重建。占地2049平方米，坐面朝东。主要建筑有天王殿、大雄宝殿、观音阁等。寺内有宋嘉年间凿造的“仙人井”和宋绍兴年间凿造的石斛。1985年12月列为区级文物保护单位。

妙峰寺

林浦泰山庙及大王殿 位于城门镇林浦村，宋德祐二年（1276）端宗赵昰曾作为行宫。清代重修，建筑面积373平方米，庙坐东朝西，由门亭、将军殿、大殿、厢楼、戏台等组成。庙的左侧为总管庙，右侧为天后宫，占地1484平方米，祀泰山（南宋皇帝）及文天祥、陆秀夫、张世杰、陈宜中等名臣。庙两侧有辕门，庙前有石埕，周以石围栏，栏柱刻有元代纪年。1983年8月列为市级文物保护单位。1996年进行全面维修。

林浦泰山庙及大王殿

洪塘金山塔寺 位于建新镇洪塘村闽江中，始建不详。明万历四十三年（1615）毁坏，1934年重修。1983年8月列为市级文物保护单位。1983年、1997年两次再修，扩大两侧、后回廊、寺坐北朝南，主要建筑有妈祖殿、石塔、文昌阁、厢房。石塔为七层八角楼阁式，空心，高11.5米。左厢房“借借室”，是明代主儒、释、道三教合一创始人林兆恩借居之处。右厢房名“怡怡斋”，传为抗倭名将张经早年读书处。

洪塘金山塔寺

螺洲孔庙 位于螺洲镇吴厝村，始建于明初，成化十年（1474）重建，正德、隆庆年间重修，清道光元年（1821）陈若霖等重修。占地1048平方米，坐北朝南，由棂星门，泮池、大成门、先贤祠、名宦祠、大成殿和崇圣殿，等组成。棂星门为花岗岩石雕，四柱三开间，门额浮雕有双龙戏珠、丹凤朝阳等。圆柱上刻有飞龙盘绕、鲤鱼跃龙门等纹饰。泮池为半月形，上跨石拱桥。1992 年 11 月列为市级文物保护单位。2000 年重修。

螺洲孔庙

望北台真武庙　位于上渡龙潭角黄柏岭，明嘉靖五年（1527）金华知府陈京所建。庙祀道教正神真武帝。占地面积约 150 平方米，坐南朝北。庙内存在雕龙丹陛，石刻楹联、石刻横案、清代碑刻及神道碑磨崖石刻等。1996 年 12 月列为区级文物保护单位。

望北台真武庙

螺洲天后宫　位于螺洲镇店前村西南江边，始建于明中叶，清嘉庆二十二年（1817）、同治元年（1862）两次修缮。占地 585 平方米。坐北朝南，前后两进。由门廊、天井、大殿、后殿等组成。内祀妈祖、螺仙、临水等女神。门口有嘉庆年间陈若霖等人重修天后宫捐款碑。1992 年 11 月列为市级文物保护单位。

螺洲天后宫

文天祥庙　位于城门镇潘墩村，占地面积约为 300 平方米，坐西朝东。有照壁，门开两侧，庙内有一坪、一殿，大殿祀文天祥，左、右侧壁嵌清代重修石碑两通。1995 年 4 月列为区级文物保护单位。

文天祥庙

尚书祖庙　位于盖山镇阳岐村，原为凤鸣寺，始建于明天启七年（1627 年），民国 9 年（1920 年）严复倡资重建，改为尚书祖庙，庙由相书祖庙大

尚书祖庙

殿、毓麟宫、忠肃祠三部分组成。占地3805平方米，坐北朝南。祖庙有封火围墙，门额有严复题字，内有陈宝琛、郑孝胥、李厚基、叶大庆、王仁堪等书写的石楹联，庙祀南宋爱国志士陈文龙，大埕上立有七通清代重修碑。1992年12月列为区级文物保护单位。

相公庙 位于建新镇淮安村，建于清代。占地1021平方米，坐东朝西，由城隍庙、提统庑、天盛院3部分组成，四周设风火墙。庙旁有清康熙时期摩崖题刻。1995年4月列为区级文物保护单位。

相公庙

淮安五帝庙 位于建新镇淮安村，为明、清时期古建筑，占地面积约为400平方米，坐西朝东，外有马鞍墙。主建筑为扛梁加穿斗式木构架，内有厢楼、藻井、戏台及浮雕、木雕等构件，主体结构为清代格式，部分构件为明代遗迹。1995年4月列为区级文物保护单位。

淮安五帝庙

清凉寺 位于观海路文藻巷，原名“下北馆浙船禅院”。明永乐年间，由浙船木商公会在泛船浦所建。祀佛与海神天后（即妈祖）。清嘉庆年间重建，1949年改为清凉寺，1994年重修，占地约300平方米，坐西向东。有大殿、厢房、食斋房（双层楼房）等。寺左侧边门外有一古井，井旁立有石碑上刻：“龙泉，清嘉庆七年孟冬吉日立。”大殿左侧壁上嵌有三通下北馆石碑。1996年12月列为区级文物保护单位。

清凉寺

鹤巢寺 位于盖山镇盘屿村高盖山南麓，据传始建于唐高祖武德年间（618～626），寺梁上曾留有“大清道光丙戌年长四造僧清盛立”字样，寺由封火围墙、天王殿、大雄宝殿、两庑等组成。寺面积约为200平方米，坐北朝南。为日本空手道“刚柔流”的祖庭。1985年乡民集资重建。2001年12月列为区级文物保护单位。

鹤巢寺

义序水陆尊王庙 位于盖山义序村，占地面积300平方米，坐西朝东，正殿大梁上留有“嘉靖四十年重修”字样，庙为木结构，其门廊、梁柱、础都保留明代建筑格式。庙祀水、陆二神和水流法师（称三尊王），左侧祀临水夫人，庙有门楼、戏台、天井、大殿。该庙于清雍正十一年（1733）、乾隆庚戌年（1790）、道光七年（1827）重修。2000 年民间集资重修，将木柱改为石柱。2001 年 12 月列为区级文物保护单位。

义序水陆尊王庙

义序将军庙　位于盖山镇义序浦口村，始建于清乾隆初年，占地面积 1069 平方米，坐北朝南，庙祀南宋爱国将领张世杰，杨亮节、李庭芝。庙存有清乾隆、道光、同治年间的石碑、牌匾、楹联。道光十八年（1832 年）重修。1985 年 12 月列为区级文物保护单位。2005 年再次重修，

义序将军庙

四、衙署

怀安衙署旧址　位于建新镇淮安村，宋咸平二年（999）至明万历八年（1580）为怀安县衙署。清代改建为民居。占地 1092 平方米，坐北朝南。三进，一进为木构，穿斗式木构架，单檐悬山顶。前后庭院均用工整的条石铺地。1995 年 4 月列为区级文物保护单位。

怀安衙署旧址

五、祠堂

林浦林尚书家庙　位于城门镇林浦村，又名宫保祠。建于明正德十三年（1518），占地 669 平方米，坐东朝西。由门楼、戏台、回廊、大厅、天井组成。门楼为牌楼式，檐下用如意斗拱出跳，重檐四坡顶。额匾书“世宫保尚书林公家庙”。门楼内侧设戏台，台前为天井。主建筑为穿斗式木结构，两边设风火墙，门楼右侧嵌立一块《林尚书家庙记》，庙前有石砌水池，平面呈“乌纱帽”状。也称“纱帽池”。民国 29 年（1940）重修，1987 年再修。1992 年 11 月列为市级文物保护单位。

林浦林尚书家庙

高湖郑氏祠堂　位于盖山镇高湖村，始建于明正德年间，清道光十七年（1873）重修。占地 854 平方米，坐北朝南，由门楼、前厅、厅堂、厢房、天井等组成，主建筑穿斗式构架，双坡顶。门楼为牌楼形式，檐下如意斗拱出跳，重檐悬山顶。

原有林则徐所书的《南湖郑氏祭田记》碑一通，现立于福州于山碑廊。1992 年 11 月列为市级文物保护单位。

高湖郑氏祠堂

张经祠堂 位于建新镇洪塘村，始建于明万历二十八年（1600），清嘉庆元年（1796）重修。占地 952 平方米，坐西向东。由大厅、回廊、文昌阁、庭院等组成。大厅面阔五间，进深七柱，穿斗式减柱木构架，双坡顶，鞍式山墙。1992 年 11 月列为市级文物保护单位。

张经祠堂

蔡忠惠公祠 位于下藤路，祠始建于明初，占地 585 平方米，坐东朝西。从西而东依次有门墙、前回廊、正殿、拜亭、祭厅、议事厅、厨房等，周以马鞍式封火墙。正殿为穿斗式木构架，单檐双坡顶，石铺庭院。正门正面上嵌石额直匾，楷书“蔡忠惠公祠”，下嵌横匾“蔡氏宗祠”。前回廊左右壁上，嵌有 20 通仿刻蔡襄楷、行、草体碑帖，祭厅中座有蔡襄塑像。1992 年 12 月列为市级文物保护单位。2003 年，因建设需要，将蔡忠惠公祠南迁 60 米，并进行全面修复，恢复第三进议事厅，前回廊左右壁上，嵌有 20 通仿刻蔡襄楷、行、草体碑帖。

蔡忠惠公祠

林济斋家庙 位于城门镇林浦村，系林济斋之子林庭模于明嘉靖年间修建，占地 393 平方米，坐向西南。由门楼、天井、披榭等组成。门面为牌楼式木构架，檐下斗拱层叠出跳，两侧为马头墙。主建筑为抬梁穿斗式木构架，双坡顶。1992 年 12 月列为区级文物保护单位。

林济斋家庙

螺洲陈氏宗祠 位于螺洲镇店前村，原为家庙。清康熙十六年（1677）改建宗祠。雍正五年（1727）

螺洲陈氏宗祠

重建，嘉庆二十四年（1819）陈若霖捐资重建。占地1000多平方米，祠坐东朝西，由门楼、披榭、天井、祭厅及奎光阁等组成。门楼为牌楼式，悬山顶，穿斗式木构架，祭厅为穿斗式减柱木构架，外涂黑漆。地上用正方形的块石铺就，两边设封火墙。1983年8月列为市级文物保护单位。

林见泉祠堂 位于城门镇林浦村，又称林庭榆家庙，明万历六年（1578）仲夏由林庭榆之子林熔建造，1990年重修。庙为木结构，坐东朝西，占地285平方米，由门楼、天井、披榭、大厅等组成。门楼为牌楼式木结构，单檐歇山顶，额匾楷书“见泉林公家庙”。主建筑为穿斗式减柱造构架，双坡顶，两边及后部鞍式山墙设封火墙，庭院、廊位均为石铺，厅柱、堵板均为黑漆。1995年4月列为区级文物保护单位。

林见泉祠堂

耕藏祠 位于盖山镇吴山村，占地面积约50平方米，坐西朝东，清乾隆庚寅年（1770）重修，其中顶梁、托拱、云板、石柱础等均为明代式样，祠为林延皓归隐时建。1996年12月列为区级文物保护单位。1997年由民间集资重修。

耕藏祠

台屿陈氏宗祠 位于建新镇台屿村，建于宋天文历史学家陈嘉言的“书隐草堂”原址。现存建筑主要为清代样式。祠堂前后五进，占地2100平方米。第四进为神主厅，第五进为台山阁，上有名人厅。祠内藏有明成通年间“圣旨碑”。1995年4月列为区级文物保护单位。2002年重建。

台屿陈氏宗祠

义序黄氏宗祠 座落于盖山镇义序村，占地约600平方米，建筑坐东朝西，始建于清康熙元年（1662），建筑为清代格式。门内有插屏门，其后有大戏台，上有藻井，祭厅前有天井，内保存有明成化二十三年的圣旨碑，为明宪宗诰封黄骞父母碑，另有清嘉庆年间2块“文魁”匾额，清道光、光绪年间4块“武魁”匾额，门前有清咸丰年间2对旗杆石，建筑周以封火围墙。1996年12月列为区级文物保护单位。

义序黄氏宗祠

天水赵氏宗祠 位于盖山镇天水村，始建于清乾隆十三年（1748），民国十九年（1930）重建，占地面积894平方米，坐北朝南，为三进木结构建筑，周以封火墙，门内有插屏门，戏台（上有藻井）、天井、大厅、后天井、祭厅、大厅为杠梁结构，材料为铁抄木，祭厅前有青石盘龙丹墀，神主龛设宋太祖及父母兄弟塑像，两侧有宋代18位皇帝画像，祠存有清同治年间3面直匾，为“奉旨入祀乡贤祠”钦命诰封琉球正使”和“钦命翰林院检讨”，还有郑孝胥手书的楹联一对。2001年12月列为区级文物保护单位。

天水赵氏宗祠

石步王氏宗祠 位于城门镇龙江村始建于明万历年间，民国16年（1927）、1991年，重建，占地2075平方米，坐向西北，祠共三进，外有马鞍式封火墙，祠前有戏台，中为祭厅，后为“槐应堂”，堂前刻有盘龙丹墀，祠有陈宝琛书写的楹联。祠祀开闽王王审知，主要建筑为清代格式。2001年12月列为区级文物保护单位。

石步王氏宗祠

永盛梁氏宗祠 位于城门镇梁厝村，始建于宋隆兴元年（1163），元至治二年（1322）、民国十一年（1922）重修，1987年再次重修。建筑坐北朝南，占地693平方米。由祠埕、门厅、戏台、天井、醮楼、祭厅组成。屋架结构为穿斗式木结构，戏台屋面为单檐四坡顶。门墙有一对瓷盅镶嵌的双象，墙顶有女儿墙，祠两侧为封火山墙。2001年12月列为区级文物保护单位。

永盛梁氏宗祠

六、书院

濂江书院 位于城门镇林浦村，始建年代不详。相传朱熹曾在此讲学，并题有“文明气象”，占地764平方米。现存主体结构坐南朝北，为清代建筑。双层木结构，上层楼前及两侧设楼廊，单檐歇山顶。角檐翘脊，上饰灰型卷草，下施角鱼。右侧有朱子祠，楼前有小庭院，石砌地面。四周墙垣护卫。2001年6月列为市级文物保护单位。

濂江书院

七、故居

陈若霖故居　位于螺洲镇店前村西南江边。始建于清嘉庆十八（1814），四大院落并列，总面积达1200平方米 ，朝向南偏西。各院落均为木结构，由门廊、天井、大厅、披榭、厢房、后天井等组成，外围以封火山墙。1988年12月列为市级文物保护单位。

陈若霖故居

螺洲陈氏五楼　位于螺洲镇店前村，为陈宝琛故居（由赐书楼、沧趣楼、还读楼、北望楼、晞楼组成）。清光绪间，陈宝琛遭贬回乡25年间相继建成，占地4413平方米，大部分建筑坐北朝南。赐书楼为双层木构，单檐歇山顶，曾珍藏御赐图书。沧趣楼为双层土木结构，单檐歇山顶，系陈宝琛藏金石书画之所。楼前有鱼池、假山、凉亭、回廊。还读楼为双层木构，单檐悬山顶，为陈宝琛藏书之处。北望楼，分前后二楼，中隔一天井，均双层木构。晞楼坐西朝东，双层木构，单檐歇山顶，与还读楼之间有阳台。1983年8月列为市级文物保护单位。2005年开始对陈氏五楼沧趣楼、还读楼、北望楼、晞楼及园林进行修复。

螺洲陈氏五楼

林瀚故居　位于城门镇林浦濂江村，建筑面积约600平方米，坐东朝西，为三进木结构，现存主建筑为清代格式，双坡顶。部分廊石等为明代格式，第三进已焚毁。2002年6月列为区级文物保护单位。

林瀚故居

翁正春故居　位于建新镇洪塘街，明代建筑，前后三进，现存明代建筑面积127平方米，坐北朝南，穿斗式木构架，单檐悬山顶，前有庭院，另两进建筑为清代样式，四周以砖砌墙垣。1988年12月列为市级文物保护单位。

翁正春故居

严复故居　位于盖山镇阳岐上岐村阶梯巷，旧名大夫第，现存清初建筑，占地745平方米，坐南朝北，二进。由前后厅堂、左右厢房、前后天井、左右披榭、门廊等组成。两进均为穿斗式木构架，双坡顶，周以封火高墙。严复幼年曾居住于此。1983年8月列为市级文物保护单位。

严复故居

陈绍宽故居　在城门镇胪雷村，民国十年（1921）陈父伊犁主持兴建。1960年重修。陈绍宽退出国民党海军后，一直居于此。主建筑占地754平方米，坐北朝南，周边设封火墙。内设门房、披榭、前后天井、大厅、游廊、厢房、后院。厅堂穿斗式木构架，双坡顶。正座西侧有占地4143平方米的花园，园中有假山、大鱼池等。1985年12月列为区级文物保护单位。

陈绍宽故居

林斯琛故居 位于城门镇林浦濂江村，建筑面积约600平方米，坐东朝西，为三进木结构。主建筑为清代格式，双坡顶，部分廊石等为明代格式，第三进已焚毁。2001年12月列为区级文物保护单位。

林斯琛故居

八、会馆

安澜会馆 位于仓前路250号，又名浙江会馆、上北馆。始建于清乾隆四十三年（1778年）。坐南朝北，占地馆1800平方米。造型综合闽省木构、浙省砖雕的建筑风格。正殿重檐歇山顶，正脊饰彩色灰塑飞龙，角檐翘脊，上有灰塑卷草，下施木质角鱼。木结构。正殿前为戏台，两侧为双层廊房。正殿前左右原有浮雕龙凤柱及砖雕等（现移至于山玉皇阁内）。会馆右侧为孙文靖（孙尔准）公祠，右侧立《孙文靖碑记》，该馆原为浙人在闽经商及官员、名人聚集之处，现保存完好。1992年11月列为市级文物保护单位。

安澜会馆

广东会馆 位于六一南路太平巷21号，始建于清同治六年（1867），清光绪二年（1876年）重建。20世纪30年代末又重修。占地约1245平方米，坐南朝北。由前厅、天井、后厅（聚议厅）和廊房等组成。馆后有一棵百年历史的木棉树（福州木棉树之冠）。1912年4月20日，孙中山在此馆聚议厅演说，并题一横匾“戮力同心”（“文化大革命”时被毁）。1992年11月列为市级文物保护单位。

广东会馆

九、古桥

连坂桥 位于城门镇连坂村，石梁式，单孔，南北走向。长15米，宽14.1米。两岸各用块石叠砌为单面阶梯桥台，两桥台之间架 2 条巨大石梁。石梁上阴刻“当境连满与妻林十六娘为所生父母造桥一所，愿家园平安，同沾利禄，上元辛亥八月三日造”。1992 年 12 月列为区级文物保护单位。

连坂桥

前桥　位于城门镇胪雷村，始建于宋庆历四年（1044），石梁桥。南北走向，单孔。桥面由两条长 5.9 米、宽 2.8 米，厚 0.34 米的石梁跨溪而建。石梁上刻有“甘泉院僧义修造桥一所，宋庆历四年中元癸次四月十五日题”。保存完好，1986 年 12 月列为区级文物保护单位。

前桥

上董桥　位于城门镇上董桥，始建于北宋治平三年（1066），石构平梁桥。长 13.6 米，面宽 2.05 米，

上董桥

南北走向，单孔。桥墩高 3.45 米。桥面石梁上有“治平三年”纪年铭文。保存较好。1992 年 12 月列为区级文物保护单位。

林桥　位于城门镇狮山村头，始建于宋咸平四年（1101），桥为石构单孔，东西走向，左右两端迭石为桥台，上架石梁，桥栏刻“林桥”二字，栏柱顶刻石狮，部分于“文化大革命”中损坏。1995 年 4 月列为区级文物保护单位。

林桥

七星桥　位于盖山镇郭宅村，建于宋代，石梁桥，东西走向，长 33.5 米。面宽 3.6 米，二墩、三孔，不等跨，已淤塞一孔。墩呈长方形。桥面每孔用 4 根石梁铺成，其中一根石梁上有“天圣十年（1032）题刻”。桥面上设四角亭，木构，单檐歇山顶，为后人增建。1992 年 11 月列为市级文物保护单位。

七星桥

午桥　位于盖山镇阳岐村，始建于宋元祐四年（1089）。石构平梁，桥长 34 米，面宽 3.52 米，南北走向。四墩、五孔，不等跨。墩船形，上部叠涩出挑五层，石梁铺架其上。望柱上有铭文“黄卅八娘”等题刻，其他大部分均漫漫不清。桥栏板上有“古迹午桥”等题刻，桥身有些倾斜，南

北两端已淤塞 2 孔。1983 年 8 月列为市级文物保护单位。

午桥

濂浦断桥 位于城门镇林浦村， 俗称三门桥。始建于南宋绍兴三年（1133）。石梁桥，南北走向。2 墩，长方形，3 孔，不等跨，已圮 1 孔。桥残长 2.2 米，面宽 2.8 米。桥面石梁上刻："绍兴三年戊申作，都管斡林康、林元钧泊诸劝首等"，楷书，字径 0.15 米。1983 年 8 月列为市级文物保护单位。

濂浦断桥

盘屿桥 位于盖山镇红星农场大头村，宋政和七年（1117）修造。石梁风雨桥，单孔，南北走向。两岸金刚墙上迭涩出跳，上架 3 根大石梁，石梁上刻有："时政和七年岁次丁酉仲夏日□□张遂造"。石梁两侧铺设若干块木板，构成石木相结合桥面。后改为风雨桥，桥面上覆盖木构四角亭为单檐歇山顶，木板桥面及四角亭系民国期间乡人增建。1992 年 12 月列为区级文物保护单位。

盘屿桥

江南桥 位于中洲至仓前路之间江面上，又称"仓前桥"。宋代为浮桥，元初建木桥，清乾隆十六年（1751）改建石桥，南北走向，长约 108 米，八墩九孔，等跨，船形墩。民国 19 年（1930）桥面改为钢筋混凝土。1971 年再次改建，将江南桥与万寿桥连为一体。1992 年 11 月列为市级文物保护单位。1996 年、2004 年两次重修，旧墩已不保留。

江南桥

十、古塔

林浦石塔 位于城门镇林浦绍岐村，始建年间不详，南宋绍熙四年（1193）重修。塔石构，仿楼阁式，七层八角，实心，高 7 米。塔壁均浮雕佛龛、佛像，圆珠塔刹。下有须弥座。塔身上有铭文："绍熙四年仲□重修"题刻，保存较好。1985 年 12 月列为区级文物保护单位。

林浦石塔

石步双塔　位于城门镇石步村，一座为石步水塔，石构，楼阁式，八角七层，实心，塔通高2.7米。塔檐出挑，塔刹为宝葫芦状。下有须弥座，八角三层，边长70米。另一座为石步塔仔，石构，楼阁式，七层六角，实心，通高4.8米。塔檐出挑，凿造瓦垅，瓦当，塔刹呈葫芦状，塔身有佛龛。1995年4月列为区级文物保护单位。

石步双塔

十一、古炮台

林浦炮台　位于城门镇绍岐村，　建于清道光年间，1884年中法马江战征时重修。坐南朝北，临控闽江。三合土结构。露天，由6个炮台墩组成，每墩高2.3米，底长3米，宽1.2米，一墩已倒塌。1985年12月列为区级文物保护单位。

林浦炮台

十二、古井

通明古井　位于下藤路，为“十境祠”七星井之一，井台背面刻楷体“兴义上境”4字，正面刻楷书“古迹大井”4字。台面原为石磨形，民国初因修路改为现状。井口为长方形，保存完好。1988年8月列为区级文物保护单位。

通明古井

十三、石刻

城门山摩崖石刻造像　位于城门镇城门山巅飞来石，一块风动石下础石上凿造佛龛，龛内有地藏王、泗州文佛、侍者等4尊佛像，两边镌刻“绍兴壬午（1162）梁全造”等大字。在此块石头的台基上还刻有“元丰五年（1082）夏月初十日石”。1983年8月列为市级文物保护单位。

城门山摩崖石刻造像

瑞迹寺白佛 位于城门镇林浦村狮头山，始凿于唐大中六年(852)，又名雷劈观音，为岩石上浮雕，石门额上阴刻“雷劈观音古迹，天启丙宣年季春”。1983年8月列为市级文物保护单位。

瑞迹寺白佛

狮头山摩崖石刻 位于城门镇林浦村狮头山山顶，共有15段摩崖题刻，其中宋刻3段，明刻2段，疑刻10段，已佚失3段。宋刻中一段，位于石路边，文曰：“宣和壬寅年（1122）十月造。”明刻一段，记载明正德十三年（1518），林瀚率诸子扫祖茔归，憩息于此并题刻。1985年12月列为区级文物保护单位。1996年因建高速公路，迁往狮头山腰。

狮头山摩崖石刻

瑞迹岭岩画石刻 位于城门镇林浦九曲山瑞迹寺后岩壁上，岩壁前有一水洼，水由岩缝中渗出，岩画下为水波纹及溅起之水花，上有人像图形，人上为云形图案，笔画粗犷、简练，原郊区文管会上报联合国教科文组织岩画委员会执委陈兆复，曾复函疑为唐前祀雨图。1995年4月列为区级文物保护单位。

瑞迹岭岩画石刻

十四、近现代重要史迹及代表性建筑

石厝教堂 位于乐群路8号，又称约翰堂。始建于清咸丰十年，由英国圣公会传教士胡约翰创办。该堂坐北朝南，占地600平方米。整座为青石砌成，哥特式建筑，屋顶有一钟阁（“文化大革命”中被毁）。该堂有国际教堂之称。1992年11月列为市级文物保护单位。

泛船浦天主教堂　位于临江街道菖蒲墩，占地8400平方米。坐南朝北有砖石、砖木结构楼房5座，建筑面积2323平方米，主堂高33米，建有钟楼、地下室。清同治七年（1868年），意大利籍李宏治建立天主堂。1884～1933年，在天主堂北侧菖浦墩购地30亩，建洋楼4座，内设育幼、育婴两院、诊所、隔离病房以及纺织、刺绣、洗染等工场。1933年拆旧堂重新扩建成现今教堂，总面积12537平方米。1985年经维修，正式复堂为泛船浦天主教堂，1998年10月列为省级文物保护单位，现保存完好。

基督教天安堂　位于仓前路仓安里，始建于1856年。1896年拆旧堂改建成今教堂。该堂坐南朝北，高15米，建筑为“T”字形，红砖二层石砖木结构。内设有讲课台、受课大厅，西、南、北三面楼上的走廊式授课室。大堂后设厢房、仓库。讲台底座设有洗礼地底室。1988年8月列为区级文物保护单位。1998年重建恢复钟楼。

石厝教堂

泛船浦天主教堂

基督教天安堂

思万楼　位于公园路福州外国语学校内。民国14年（1925年），由三一学校校友为纪念第一任校长万拔文发起兴建，楼为哥特式城堡形塔式建筑。红砖结构，三层，坐南朝北，正对学校大门。占地约25平方米，高约18米。楼顶层大钟是英国都柏林威尔逊公园基督堂所赠。钟上刻有圣经诗章：“要对万国万民宣告主是王”。1988年8月列为区级文物保护单位。

思万楼

玉屏山庄　位于盖山镇阳下岐村，原为叶大庄别业。环玉屏山而建，占地1万多平方米。原有20多座房屋及鱼池假山等。现存最完整的是山南一座（后售让游氏家），占地1120平方米，坐北朝南。由门廊、披榭、天井、大厅、厢房、后庭等周封火高墙组成，正座为穿斗式减柱木结构，双坡顶，两边设封火墙。庭院、廊位均砌花岗石板，厅前廊柱、窗扇，均为楠木。门墙用青砖清水砌，上设女墙，形似城垛，后庭花园有假山、花木。1983年8月列为市级文物保护单位。

玉屏山庄

林森公馆 位于埔头七星巷2号，坐北朝南，占地380平方米。建筑呈“T”字形，中西式3层白砖楼房。中间大厅、左右厢房，厢房后各有一口水井，一个曲弯式楼梯。1992年11月列为市级文物保护单位。

林森公馆

桥南社（独立厅）位于梅坞路9号，又称桥南社，光绪三十二年(1906年)，中国同盟会福建支会在此成立。光绪三十三年，桥南公益社迁此，对外称丙午俱乐部，实为中国同盟会福建支会总机关，并创办《建言报》，鼓吹革命。1912年4月12日孙中山来闽在此发表演说，留影并亲书“独立厅”三字。建筑坐东朝西，占地约250平方米，建筑为二层抹灰洋楼一座。1992年11月列为市级文物保护单位。

桥南社

鲁贻图书馆 位于麦园路。民国33年（1944年 ）为纪念黄展云而创设。民国34年7月正式落成开馆。建筑坐东朝西，占地36.92平方米。为西式双层砖木结构，外有白砖围墙高约1.8米。内设阅览室、客厅、办公室、卧室、地下室。1988年8月列为区级文物保护单位。1991年、2008年两次重修。

鲁贻图书馆

施埔将军庙 位于岭后施埔（抗日肃劣会旧址），民国22年（1933年）中共福州市委把清光绪年间建造的施埔将军庙作为“反帝大同盟”据点，进行抗日救国活动。1935年，中共福州中心市委书记陶铸组织抗日肃劣会，这里是进行秘密活动的据点。庙为土木结构，占地约250平方米，由戏台、大殿、后院3部分组成。1988年12月列为市级文物保护单位。

施埔将军庙

2005 年文物登记点情况表

表 19-4-1

名称	位置	年代
国立福建音专	立新路 2 号	近代
清代民居	观井路 67 号	清
天安寺弥勒殿	天安里	清
石碑（天安寺）	天安里	清
神道碑	柏岭里 24 号	清
广东馆石碑	太平巷 21 号	清
孙文靖公祠碑记	仓前路 250 号	清
私立协和大学	观井路 99 号	近代
华南女子文理学院旧址	上山路 8 号	清
私立鹤龄英华书院	乐群路 10 号	清
真学书院与广学书院	施埔路 8 号	清
盲童学校	施埔路 15 号	清
明道堂	塔亭路 24 号	清
安日间教会	施埔路 3 号	清
卫理公会总部	乐群路 7 号	近代
福民堂	上渡路 277 号	民国
上渡天主教堂	竹缆里 71 号	民国
基督教聚会处教堂	乐群路	民国
小岭堂	中藤路 190 号	清
基督教聚会处	公园西路 1-10 号	民国
邮务司	爱国路 5 号	清
陶淑女校	岭后路 19 号	近代
汇丰银行	汇丰弄 7-8 号	近代
英国领事馆遗址	乐群路 2 号	清
荷兰领事馆遗址	梅坞顶	清
闽海关税务司公馆	立新路 6 号	清
塔亭医院三层砖楼	上藤路 40 号	清
可园	康山里 7 号	民国
以园	康山里 12 号	民国
大东电报局	麦园路 3 号	近代
种福寺	三叉街	清
合成堂	汇丰弄 7-6 号	清
何君怀神道碑	柏岭里 24 号	清
下北馆碑刻	观海路文藻巷	清
烟台山公园		
三县洲		
福华茶厂	朝阳路	清
西式民居	公园路 43 号	近代
传教士住宅	公园路 8 号	近代
西式民居	公园路 6 号	近代
英传教士住宅	公园路 4 号	近代

续表 19-4-1

名称	位置	年代
台湾银行储汇局	上藤路 69 号	近代
西式民居	公园路 15 号	近代
西式民居	公园路 2 号	近代
亦庐	马厂街 23 号	近代
硕庐	马石街 8 号	近代
拓庐	马石街 4 号	近代
西式民居	康山里 1 号	近代
梦园	康山里 13 号	近代
圣公会总部（英）	施埔路 34 号	近代
怀安古文化遗址	建新天山马岭	商周
螺女庙	螺洲镇洲尾	唐
灵山寺	螺洲杜园	后梁
甘泉寺	城门胪雷	清
连坂甘泉寺	城门连坂	清
螺仙胜迹碑	螺洲吴厝	明
龙瑞宋井	城门梁厝	宋
林浦古井	城门濂江村	宋
青富石塔	城门青富	清
尚书祖殿碑刻	盖山阳岐	清
陈宝琛神道碑	螺洲陈氏五楼	清
林湖山墓	城门狮头山	明
仙人井	盖山妙峰寺	宋
湖际水井	城门湖际村	宋
林浦木牌坊	城门狮山村	明
凤高水井	建新凤高村	宋
壁头石塔	城门壁头村	明
宝胜寺	城门谢坑村	明清
云林寺	城门湖际村	清
包公庙	盖山高湖村	清
元帅宫	城门上董村	清
峡北摩崖题刻	城门浚边村	清
状元府	螺洲店前村	清
淮安瓷窑址	建新淮安石岊山南端	南朝、唐
洪塘惚窑址	建新科坞古垓山	宋
藤山烟墩遗址	烟台山	元
天安寺遗址	仓前天安里	清
孟长雅墓	城门浚边村	清
高湖龙桥	盖山高湖村	明
新亭尚书庙	上渡洋洽路	清
闾山大法院	临江下池	清
定光寺	盖山竹缆村	清
锦江书院	盖山江边村	清

续表 19-4-1

名称	位置	年代
浦山寺	盖山吴山村	清
洋中厝	盖山后坂村	清
观澜书院	螺洲洲尾村	明清
螺洲林氏宗祠	螺洲洲尾村	清
螺洲吴氏宗祠	螺洲吴厝村	清
吴丞相祠	城门狮山村	清
蟠溪林公家庙	城门濂江村	清
胪雷闾山大法院	城门胪雷村	清
龙江寺	建新科坞村	清
建新元帅府（忠烈祠）	建新上雁村	清
白泉庵	仓山镇先农村	清
走马山三圣王庙	东升村	清
西坛将军庙	建新劳光村	
世大夫林公祠	城门濂江村	清
曲水观澜题刻	螺洲洲尾村	明
美华书局旧址	仓前天安里	清
郑祖荫故居	仓前龙潭角	清
林之夏故居	城门镇城门村	民国
福州电报局遗址	临江信平路	近代
共和山堂旧址	下渡下藤路	清
春记茶行	临江共和路	清
螺洲中共地下联络处	螺洲店前村	民国
郭梦良故居	盖山郭宅村	民国

第四节　文物保护

1990 年，安澜会馆一翘角断裂，区政府拨款 1 万余元进行紧急抢修。同年 10 月，开始对蔡襄祠堂进行保护，由区政府投入 21 万元，将蔡襄祠堂内住户全部迁出。1992 年又投入 340 万元对蔡襄祠堂按原貌进行全面改造保护。11 月，对湖地区旧城改造，涉及金云铭故居，区文管会提出保护意见。

1992 年，6 个区级文物保护单位升级为市级文物保护单位。是年 11 月举行《中华人民共和国文物保护》颁布 10 周年宣传活动，在梅坞开展文物保护法规咨询活动。

1993 年 5 月，省房地产开发公司对仓前（东起崇圣庵、西至南区水厂、南自爱国路、北至仓前路）进行改造，按区文管会提出的文物保护意见，陶铸故居、弥勒殿碑和清邮政司等文物在改造建设中得到原地保护。当年对观海房地产开发区域进行文物普查，对长兴寺、种福寺文物状况及小岭房地产开发涉及中国等离子专家蔡诗东宅保护问题进行调研，提出保护意见。

1995 年 1 月，聚龙房地产在梅坞、上藤、塔亭一带开发，区文管会对独立厅、汇丰银行和顺懿祖庙等提出保护意见。同年，投入 7 万元对安澜会馆进行修缮。

1996 年，高速公路建设中涉及林瀚墓、狮山摩崖题刻文物保护，区政府投入 9.5 万元进行搬迁安置。同年，由旅台乡亲及社会共集资 100 多万元，对洪塘金山寺和城门林浦泰山宫进行修复。5 月，城门镇潘墩村成立文物保护小组。7 月，经市文管会批准，对已无法保护的美国领事馆中方职员宿舍楼和原寻珍女子初级中学校舍进行拆除，拆除前进行测绘。

1997年，经区政府批准，公布5个区级文物保护单位。是年，由原“三一中学”校友会集资20余万元，对原俄国领事馆进行修复。区政府同时投入30万元对蔡襄纪念馆进行第三次修复，设置碑廊、前、中回廊、制作蔡襄塑像和楹联匾额、蔡襄生平业绩国画。

1998年，泛船浦天主堂升级为省级文物保护单位。6月，组织省、市有关专家对仓山区文物资源的开发利用进行调研，同时与福建师范大学历史系教授徐恭生到高盖山考察，对琉球墓园外2台琉球墓进行保护。同月福州遭遇百年一遇特大洪水，刚扩建好的金山寺、螺洲天后宫、螺洲陈氏宗祠、安澜会馆受损严重。区财政投入6.5万元，修复安澜会馆的门廊、酒楼、大殿东侧后飞檐及部分构件；螺洲店前村陈氏宗祠理事会集资200余万元，修复照壁、门廊、仪门、回廊、祭厅、两厢，恢复旧貌。9月，由民间投入150多万元将仓前天安堂落架重建。2000年，先后由政府投入7万元对陈若霖墓和严复墓进行修缮。由民间集资近1万元由博物馆专家对檀越境闽王庙的壁画采取维护措施。同年，开始对螺洲孔庙进行修复，工程总投入60余万元，修复螺洲孔庙的门墙、前埕、棂星门、泮池、拱桥、大成门、名宦祠、乡贤祠、丹墀、大成殿、崇圣祠。9月，发现村民在阳岐午桥保护范围内违章建筑，即给予强行拆除。

2001年，龙瑞寺升级为省级文物保护单位，濂江书院升级为市级文物保护单位，10月，投入5万多元完成修复义序水陆尊王庙工程。2002年区政府批准公布第三批区级文物保护单位8个。同时对螺洲孔庙后面的违章建筑进行处罚，责令拆除违章建筑。

2003年5月，对程埔、首山、岭后旧屋区改造地区进行文物普查并提出文物保护意见。同时对第三批区级文物保护单位设置标志碑。9月，在林浦举办新修改颁布的《中华人民共和国文物保护法》培训，参加培训的有各文物保护小组、镇街文化站代表20余人。同年10月，福包公司捐资10万元资助蔡襄纪念馆和区博物馆建设。

2004年，在观井、程埔、首山、螺洲旧屋区改造地区和南江滨大道建设范围内开展文物普查，提出文物保护意见。同时对陶园等4座被拆除的近代建筑进行抢救性测绘；投入5万元修复濂江书院。

2005年，由省、市、区财政投入200余万元修复仓山区历史上最大的文物工程——陈氏五楼，投入10余万元修建严复公园，投入10万余元修复陈绍宽故居。10月“龙王”台风侵袭，安澜会馆损坏严重，灾后启动安澜会馆修复设计工作。当年盖山派出所截获盗窃盘屿村石马等石雕文物，省文物专家现场鉴定为三级文物，事后嫌疑人被逮捕，赃物移交林浦文物小组保管。

第五节 历史文化保护区

一、烟台山（藤山）历史文化保护区 范围东至港头，西至龙潭角，北至中洲岛，南至走马山，中心区在烟台山。域内文物保护单位和文物登记点多达100余处。保护区内有大量教堂、教会学校、医院、领事馆、洋行。领事馆分布在对湖、仓前山、乐群路一带；教会学校分布在麦园路、公园路、对湖路一带；教会医院分布在上藤路、中藤路、对湖路一带；教堂分布在中、下藤路、乐群路一带；洋行、商店、仓库主要在江南桥以东沿江新街、河边街及观井、观海、上藤、麦园一带；西式民居多在麦园、公园、对湖、马厂、乐群、进步路、爱国路、岭后路一带。在仓前路、观井路、上藤路、下藤路还有许多中国传统建筑。仓山区因之被称为“万国建筑博览会”。

二、林浦省级历史文化名村 范围东至城门镇绍岐村，西至潘墩村、南至连坂村、北至闽江南岸，中心区在濂江村、福濂村和狮山村。域内古遗址和古建筑以宋、明两代为主，文物保护单位和文物登记点近30处。林尚书家庙、林见泉祠堂、林瀚故居、濂江书院等建筑均保持部分明代建筑风格。泰山宫为清代建筑，前有月台，左右有辕门，为宋帝行宫。潘墩潘氏宗祠、毓麟宫、英烈殿等建筑为清代建筑群。潘墩有省内仅有的文天祥庙。林寿熙宅为清、民国建筑相结合的典型，既有传统古建筑，又有近代建筑样式。林浦区域内还有宋塔、宋井、唐宋桥梁、摩崖题刻、石刻造像、岩画等文物，种类繁多。

三、阳岐省级历史文化名村　范围东至下岐村、西至阳岐山、北至福湾公路，南至乌龙江的阳岐江西岸，中心区在上、下岐村。域内有严复文物系列、玉屏山庄、尚书祖庙等省、市、区级文物保护单位6处。

四、螺洲省级历史文化名镇　范围东至洲尾村、西至天福村、南至乌龙江螺江北岸，北至福厦公路，中心区在店前村和吴厝村。域内有萧梁古寺灵山寺、明代螺洲孔庙以及店前清代陈氏家族文物系列等文物保护单位和文物登记点21处。

五、淮安历史文化保护区　范围南至鬼洞山东麓，西、北至闽江的洪塘江南岸，东至乌龙江西岸，中心区在淮安村。域内有省级文物保护单位淮安窑址、淮安衙署、翁正春墓等区级文物保护单位和文物登记点10余处，其中朱敬则墓、五帝庙、王恺士墓、杜锡珪墓、胡也频墓都有浓厚的历史内涵和文化积淀。

第五章 体育

1990年，仓山区继续贯彻“发展体育运动，增强人民体质”的方针，举办街道体育运动会，推动群众体育的开展。同时发动群众就地开展太极拳、气功操等小型、分散的健身运动。1995年《全民健身计划纲要》颁布后，群众自发性的健身活动蓬勃发展，仓前公园、烟台山公园、市体育中心等地相继出现群众自发组织的群众健身辅导站。1996年，群众体育活动增加龙舟、舞龙灯、舞狮等传统项目，腰鼓活动开始兴起。1997年，仓山区启动乡镇文化建设“七个一”工程，每个镇均建有1个体育健身场所。当年，街舞形式健身操、健身迪斯科、腰鼓等活动逐渐兴起。2000年，市、区政府加大体育经费投入，先后扩建区老年活动中心，在市体育场和上渡建材市场新建2座门球场，在金山新区兴建福州文体中心及健身路径。至2005年末，全区有篮球场81个（其中室内6个），游泳池11个，田径场20个，羽毛球场32个，乒乓球馆28个，门球场3个和晨练点60个，健身路径24条。1990-2005年，共举行3届区运动会、16次中小学生运动、6次社区运动会、8次老年人运动会、6次妇女运动会。体育竞技共获国际奖 14 项、全国奖39项、省、市奖139项，向省、市输送各类项目运动员147名。

第一节　群众体育

一、社区体育

1990年，仓山区群众性日常体育活动主要以群众自发性的如太极拳、气功操等健身活动为主。区文体部门和街道结合节假日组织社区群众开展各种体育项目比赛、观摩、表演。区老体协举办科学健身讲座，开展“一带一”活动，发动会员带领周围老人参加健身活动。是年，区在市体育场举办第四届街道体育运动会，比赛项目有乒乓球、男子象棋、射击、跳棋、女子跳绳、自行车慢骑、4×60米迎面接力等，各街道按属地组织代表队参加比赛，参加运动会的有街道、居委会干部和社区职工1200人，仓前、临江、上渡获得团体总分前三名。同年，区文化部门组织临江街道等4个单位，前往上海、常州考察学习群众健身活动经验。

1991～1992年，举办第五届、第六届街道运动会，每届参加运动会的街居干部和社区职工达千人以上。1992年，各街道、居委会开始设立健身辅导站或老年活动点。规模较大的有烟台山老人活动中心。区文体部门同时组织各老年活动点骨干10余人，参加省推广文化体育活动项目培训。至1994年，共举办气功、太极拳、门球等培训班151期，培训5836人次。此后，仓前公园、烟台山公园、市体育中心相继出现群众自发组织的群众健身辅导站，在区、街、居形成网络。

1996年，三叉街党员林公园健身辅导站首先成立腰鼓队，队员20人，形式为20世纪50年代南下文工团简单腰鼓套路。1997年，健身舞蹈逐渐减少，健身操、迪斯科、腰鼓等活动逐渐增多，形成临江工人俱乐部、三叉街党员林公园、市体育中心等较大活动场所。各活动点日常参加活动的群众约300人。其间，区老体协还举办健身讲座、培训班等活动。至1999年，先后举办农村辅导员42式太极拳、木兰系列、北京健身操、迪斯科、腰鼓、门球等培训班93期，培训2700人次。举办健身讲座8场，组织2次“千人环区走” 活动。2000年，仓山区在市体育中心建立门球场，区内门球队从1999年10队发展到12队。同年，三叉街腰鼓队开始举办培训班，表演形式创新为音乐腰鼓。

2001年，举办心理健康讲座2场，印发有关健身资料2000册。2003年，举办太极功夫扇、秧歌舞、斗笠舞、筷子舞、腰鼓等培训班60期，培训2000人次。2004年，举办腰鼓、太极、秧歌“三个千百人”演练，掀起晨练高潮，参加演练比赛的有60队、1000人。是年，区老体协被评为省先进单位，下洋村吴媄英被评为省先进个人。2003年，健身操、腰鼓、秧歌、太极功夫扇等活动在全区各街居普及并迅速发展，下渡步行街、四桥下绿地健身操、腰鼓、秧歌、太极功夫扇等活动形成规模。是年开始，街道运动会改称社区运动会。翌年，腰鼓表演形式更新为鼓钹腰鼓，区腰鼓代表队参加福州地区腰鼓大赛，获金奖。至2005年，全区腰鼓队增至56队，队员超过千人。群众健身辅导员117人，其中素服辅导员6人，二级辅导员8人，三级辅导员103人。1992～2005年全区共举办6届街道（社区）体育运动会，8届老年人运会，参加各项比赛的共1.7万人，有600名老年人先后在省六届老运会和市21届运动会开幕式表演太极拳和以“三山一水”为造型的太极功夫扇、腰鼓和健身操等节目，在参加单项比赛中；共获得全国级奖项2项，省级3项，市级22项，先进个人和集体70项。

二、农村体育

1990～1995年，境内5个镇归福州市郊区管辖，农村体育比较活跃的有民间舞龙灯、舞狮、太平舞、乒乓球、羽毛球、老年健身操、篮球等。其中浦下村的龙舟、高湖村的舞龙灯、浦下舞狮、浦上村的乒乓球运动等项目开展得比较普及，曾多次获全国、省、市竞赛冠军。跃进村太平舞获省非物质文化遗产。仓山镇的东升、仓山、金星3个村各有1支20人组成的足球队。1995年，乡镇群众健身活动渐渐兴起，城门的胪雷、鳌里，建新的台屿都有健身操、扇舞、太极拳活动。

1996年，郊区5个镇划归仓山区后，区政府把发展农村体育，推动农村群众全民健身工作摆上议事日程，不断巩固农村传统体育项目，扶植民间体育队伍。是年开始，浦下龙舟队3月起即开始训练活动，并应邀对浦口等村进行龙舟培训活动。浦下龙舟、高湖舞龙灯、浦下舞狮、胪雷打狮马等项目，都在当地普及。当年全区农村民间体育队伍近20队，参与人员200余人。

1997年，仓山区启动乡镇文化建设“七个一”工程（即：1所幼儿园、1所村居文化技术学校、1家图书馆、1个老人文化活动中心、1个村民文化娱乐中心、1个体育健身场所、1个合作医疗所）。仓山镇政府在东升村创建镇文化活动中心，开辟1个占地2000平方米的农民公园、1个文化广场和1个镇体育活动中心（分设篮球场、乒乓球和羽毛球馆）。同年，东升村建成占地约2000平方米的篮球、排球、网球和羽毛球场，为村民提供体育活动场所。

2002年，全区5个镇、村增设44个健身路径，参加晨练的人数日益增多。

2005年，全区农村有88个健身场所，44个标准篮球场，78艘可参赛龙舟，62支中老年健身操队伍。

三、学校体育

1990年，仓山区小学低年级体育课以体育运动的技能、技巧贯穿于游戏之中；中学及小学中、高年级以讲授技能、技巧为主，辅以游戏，课堂教学增强活动量，促进学生身心发展。每天上午有课间操，下午有眼保健操，每天还有课外活动。是年，仓山区以《国家体育锻炼标准》作为体育课教学主要内容，开展体育达标训练，规定体育没达标的不能评为三好学生，体育测试不及格的小学毕业生不能升入重点中学。同时组织检查组到各校检查体育工作。

1991年，在抓体育课教学的同时，建立学校体育传统项目运动队，每年均举行一届全区性中小学生运动会和其他单项体育竞赛。至1996年，全区建立有麦顶小学、仓山小学、仓山第二中心小学田径项目运动队；三叉街小学、天安小学、岭后小学、朝阳小学射击项目运动队；程埔小学、仓山小学足球项目运动队；天安小学、朝阳小学游泳项目运动队。

1997年，经国家体委检查评估，麦顶小学被评为"全国学校体育'达标'先进单位"。仓山区被国家教委、国家体委授于1990～1996年推行"国家体育锻炼标准施行办法"先进单位称号。1998年9月首次实现游泳三集中训练模式，初步实现体教联办、资源共享的目标。2004～2005年，仓山区执行《福建省义务教育课程实施计划（试行）》，小学一至六年级开设体育课（体育与健康）每周3节，其中1节用于健康教育。至2005年，仓山区连续3年获得福州市中、小学生运动会游泳团体赛总分第一名。

四、老年人体育

1990年，仓山区老年人体育主要由区老体协和各基层辅导站组织老年人开展就地、小型、多样活动。区老体协还举办各种项目的培训班，发动老年人加入老体协组织，在会员中开展"一带一"活动，发动会员带领周围老人参加健身活动。

1995～1999年，在老年人中宣传"两法一纲"，先后举办农村辅导员42式太极拳、木兰系列、北京健身操、迪斯科、腰鼓、门球等培训班93期，培训2700人次。举办健身讲座8场，组织2次"千人环区走" 活动，由区五套班子部分领导领队，老年会员肩披"全民健身，利国利民"红飘带，边走边宣传，扩大影响。

2001年，区老体协举办心理健康讲座2场，印发国家保健领导小组副组长洪昭光教授《让健康伴随着您》和福建师大教授林取用、史健生的科研论文2000余册发给基层老体协。

2003年，举办太极功夫扇、秧歌舞、斗笠舞、筷子舞、腰鼓等培训班60期，培训2000余人次。

2004年，区老体协举办腰鼓、太极、秧歌"三个千百人"演练，参加演练比赛的有60多队、1000多人。同时在盖山镇举办200多人培训班，传授推广市老体协永泰秧歌培训班的经验。是年，区老体协被评为省先进单位，下洋村吴媄英被评为省先进个人。

2005年，老年人健身项目增至45项，基本做到常学常新，兴趣不减，满足各层次老人的不同需求。当年，区老体协先后举行"老年人健身艺术团"汇报演出；组织300名老年人在区春节游园上进行"歌与鼓"表演；组织文体节目参加五一广场、金山广场展示活动；组织老年人参加下渡步行街、金山闽水园音乐广场"大家唱"活动等。至2005年，全区有老年人健身辅导站199个，辅导员300多人。老年体育人口2万多人，占全区老年人口的52.46%。

1990～2005年，全区共举办老年人运动会8届，参加各项比赛的共1.1万人，在省六届和市21届老年人运动会上共获得省级团体第一名1次，市级团体第一名6次、第二名5次、第三名1次；省级个人第二名1人次、第三名1人次，市级个人第一名5人次、第二名4人次、第三名1人次。木兰剑获全国健身大赛市腰鼓大赛金牌。涌现出省老年体育工作先进集体10个、先进个人8人、先进辅导站2个、优秀辅导员2人；市老年体育工作先进集体12个、先进个人14人、先进辅导站8个、优秀辅导员14人。

第二节 体育竞赛

一、区体育运动会

1993年10月在市体育学校举行仓山区第十二届体育运动会，有44个单位、500人参加10个项目比赛，其中上渡街道代表队获得区属组团体总分第一名，区直机关代表队获第二名，教育代表队获第三名；福州市高级中学代表队获得中学组团体总分第一名，福州第十六中代表队获二名，师大附中代表队获第三名。

1998年10月在市体育学校举行仓山区第十三届体育运动会，有24个单位、3000名运动员参加10个项目比赛，其中教育代表队获区得属组团体总分得第一名，上渡街道代表队获第二名，区直机关代表队获第三名；福州第十六中代表队获得中学组团体总分第一名，福州市高级中学代表队获第二名，师大附中代表队获得第三名。

2003年，在市体育学校举行仓山区第十四届体育运动会，有33个单位、1400多名运动员参加10个项目比赛，其中教育代表队获得团体总分第一名，区直机关代表队获第二名，三叉接街道代表队获第三名；福州市高级中学代表队获得中学组团体总分第一名，福州第十六中代表队获第二名，师大附中代表队获第三名。

二、参加省市竞赛

1990年，在福州市第十七届运动会上，仓山区儿童组乒乓球队获得团体冠军；游泳队获得第四名。

1993年，在第十届省运动会射击比赛中，仓山区体育代表队获得团体第一名。其中有9人次破省同年龄组射击纪录。

1994年，在福州市第十八届运动会比赛中，仓山区体育代表队获得团体总分第三名和7个单项第一名。运动员邱仕笑在3公里竞走比赛中，以15分24秒6 创省纪录。

1998年，在三明举行的1998年青少年射击竞赛中，运动员施晓红、黄芳菲、巫先强、王莹获得2金3铜，总分155分的好成绩。同年，仓山区体育代表队在福州市第19届运动会上，获射击总分第一名、女子排球组第二名、女子围棋团体第三名。运动员施永忠在田径铅球比赛破市少年组纪录。郑谨斌以150公斤的成绩、少年组陈明勇以135公斤总成绩破市纪录。仓山游泳代表队获得1项冠军、1项亚军、4项季军。

1999年，浦下村龙舟队代表“聚龙集团”参加福州招商月国际龙舟邀请赛，获亚军。

2000年，在福州市第二十届运动会上，仓山区体育代表队获团体总分第三名，其中游泳队运动员周梦娜独得4金2银3铜。同年，仓山区体育代表队在第十一届省运会上获得团体第三名。

2001年，浦下村龙舟队代表仓山区参加福州市传统龙舟邀请赛获冠军。同年5月，具有“文狮”、“武狮”表演特色的浦下舞狮队在福州市民间文艺比赛中获金牌。

2002年，在省运会上，仓山区运动员林玲获田径4x100米接力冠军；唐伟获60发卧射和3x40米射击冠军；陈立获60发气步枪冠军；何如谷、黄辉获60发气步枪团体冠军；黄芸、施晓红获40发气步枪冠军和团体冠军；林灵获手枪速射冠军；黄辉获标准速30+30冠军；黄翠敏获得标准速20+20的团体冠军。同年，浦下村龙舟队参加闽侯县招商月第三届“茛莉杯”龙舟邀请赛获冠军。

2004年，在福州市第二十一届运动会上，仓山区体育代表队获团体总分第四名，共获金牌32枚、银牌 31 枚、铜牌 32 枚。

三、参加全国、国际竞赛

1990 年，运动员陈思坦参加第十一届亚运会获太极拳冠军。同年，高湖龙灯队代表福建省在上海举办的首届全国农民运动会上获得舞龙自选套路第三名。

1994 年，运动员阮章麟在第二届全国青少年运动会男子甲组 200 米蝶泳比赛中以 2 分 12 秒 6 创省纪录，在全国城市运动会 50 米仰泬比赛中以 29 秒 43 创省纪录。

1996 年，仓山区高湖龙灯队代表福建省，在上海举办的首届全国农民运动会上取得舞龙自选套路第三名。

1997 年 3 月，高湖龙灯队代表中国参加在比利时举行的第四届“欧亚杯”龙狮大奖赛，荣获金牌。

1998 年，运动员李丽在第十一届亚运会女子 58 公斤级以上举重比赛中，以抓举 112 公斤、挺举 140.5 公斤、142.5 公斤和总成绩 254.5 公斤超世界纪录。在全国蹦床比赛中，运动员黄珊汕获女网亚军。浦下龙舟队先后代表“三江集团”参加国际龙舟邀请赛，获亚军。

1999 年，在南非举行的世界蹦床锦标赛中，运动员黄珊汕获女子少年组女网第二名；在天津全国蹦床锦标赛中获女子团体第一名、在江苏常熟全国蹦床冠军赛中获女子团体第一名。同年，浦下村龙舟队代表福建省参加台湾国际龙舟邀请赛获冠军。

2000 年，在广东江门举行的全国蹦床锦标赛中，运动员黄珊汕获童年组女子团体第一名、女网个人第一名；在广西南宁举行的全国蹦床锦标赛中，获童年组女子团体第一名、女网个人第二名。

2001 年，在丹麦举行的第十五届世界蹦床锦标赛中，运动员黄珊汕获青年组女网个人第一名、在广东江门举行的第九届全运会获童年组女子团体第一名、女网个人第二名。在福建福州举行的全国蹦床锦标赛中，获女子团体第一名、女网个人第二名。同年，浦下村龙舟队代表福建省参加全国龙舟邀请赛获季军。

2002 年，在江苏张家港举行的全国蹦床锦标赛中，运动员黄珊汕获女子双人同步第一名；在天津举行的全国蹦床冠军赛中获女子团体第一名、女网个人第一名。高湖龙灯队在全国第四届舞龙锦标赛上获团体第二名。同年，高湖龙舟队代表福建省参加广东国际龙舟精英赛获季军。参加宁波第六届“东海业杯”龙舟邀请赛获季军。

2003 年，在法国举行的蹦床世界杯赛中，运动员黄珊汕获女网个人亚军，是首位进入世界蹦床锦标赛决赛的中国选手。8 月，在浙江绍兴和 11 月在云南昆明举行的全国蹦床锦标赛中均获女网个人第一名。同年，仓山区浦下村龙舟队代表福建省参加少数民族运动会龙舟锦标赛获亚军，高湖舞龙队在新加坡参加“夜光杯”舞龙赛，获冠军。

2004 年，在瑞典奥运热身赛中，运动员黄珊汕获女网个人第一名。在雅典世界杯蹦床系列赛中获女网个人第五名、在俄罗斯世界杯蹦床系列赛中获女网个人第四名。在山西太原全国蹦床锦标赛中获女子团体第一名、女网个人第一名。

2005 年，在浙江绍兴举行的全国蹦床锦标赛中，运动员黄珊汕获女子团体第二名、女网个人第一名。在荷兰举行的世界蹦床锦标赛获女子团体第一名。在江苏江明举行的第十届全运会蹦床锦标赛中，获女子团体第一名、女网个人第一名。仓山区浦下村龙舟队在马来西亚国际龙舟邀请赛中获 250 米、500 米两项冠军，1000 米亚军；在贵州国际龙舟邀请赛中获冠军；在重庆国际龙舟邀请赛中获冠军；在三峡全国第十二届“屈原杯”锦标赛中获亚军；在全国第五届农运会获季军。高湖舞龙队在第五届全国农运会获“竞速舞龙”金牌，被国家体育总局命名为“国家级舞龙队”。

1990~2005 年仓山区中小学生在区、市、省、全国比赛获奖情况

表 19-5-1

时间	届数	破记录情况
1990 年	区第 26 届中小学生田径运动会	女子甲组 800 米破最高纪录，男子儿童组破 200 米区纪录，男子儿童组破 400 米区纪录，女子乙组破 100 米区纪录、破 400 米区纪录，垒球儿童组破 36.52 米垒球区级纪录。
1991 年	市第 27 届中小学生运动会暨传统校考核赛	男子甲组四项全能破区级纪录、 女子甲组破 800 米区级纪录、女子组四项全能破区级纪录。
1992 年	第十届省运会	200 米栏冠军，女子儿童甲组 60 米破区纪录。
	全国射击锦标赛	女子运动步枪 60 发卧射冠军
1993 年	市第 29 届中小学生运动会暨传统校考核赛	男子儿童甲组破 100 米区纪录，女子儿童甲组破 1500 米区纪录。
1994 年	市第 30 届中小学生运动会暨传统校考核赛	射击比赛团体总学第一名
1995 年	市第 3 1 届中小学生运动会暨传统校考核赛	女子排球获女子组团体总分第三名
1996 年	市第 32 届中小学生运动会暨传统校考核赛	游泳项目上获得 4 个第三名
	华东第十六届射击锦标赛	10 米移动靶混合速 20+20 冠军
1997 年	市 36 届中小学生田径运动会	男子小学生田径 4×100 米接力破纪录
	市第 32 届中小学生运动会暨传统校考核赛	仓山区获得团体总分第四名
	华东第十六届射击锦标赛	10 米移动靶标准速 30+30 冠军
1998 年	市第 34 届中小学生运动会暨传统校考核赛	仓山区获团体总分第三名
	市 37 届中小学生田径运动会	男子小学生 400 米赛跑破纪录、男子儿童组 4×100 米接力冠军。
	第十一届省运会	女子运动步枪 3×20 冠军、男子少年组气手枪 60 发冠军、女子少年小口径运动步枪 3×20 冠军、男子少年组 77 kg级抓举、挺举冠军。
1999 年	市第 35 届中小学生运动会暨传统校考核赛	仓山区获得团体总分第三名、区少体校游泳队获得 3 金 4 银。
	市 38 届中小学生田径运动会	男子小学生 800 米赛跑破纪录
2000 年	市 39 届中小学生田径运动会	男子 10 岁以下儿童组跳远冠军
2001 年	市第 37 届中小学生运动会暨传统校考核赛	以 14 金 8 银 7 铜获团体总分第一名
	省少年儿童游泳锦标赛	女子 10 岁以下 100 米自由泳冠军、100 米蝶泳冠军、200 米个人混合泳冠军。
2002 年	市第 38 届中小学生运动会暨传统校考核赛	游泳传统校比赛获团体总分第一名
	第十二届省运会	男子少年组七项全能冠军，女子少年组 100 米赛跑冠军，女子少年 100 米栏冠军，小口径自选步枪 3×40 冠军，气步枪 60 发冠军，50 米手枪慢射 60 发冠军，25 米自选手枪速射 60 发冠军，女子气步枪 40 发冠军、女子 10 米移动靶标准速 20+20 冠军、男子少年组气步枪 60 发冠军，男子少年组 25 米手枪速射发冠军，女子小口径运动步枪慢射 60 发冠军，85 kg级抓举、挺举冠军，105 kg级抓举、挺举冠军，男子少年组 52 kg级抓举、挺举冠军，女子少年组 40 kg级抓举、挺举冠军。
	全国男子举重冠军赛	77 kg级挺举冠军

续表 19-5-1

时间	届数	破记录情况
2003 年	市第 39 届中小学生运动会暨传统校考核赛	游泳传统校比赛获团体总分第一名
2004 年	市第 40 届中小学生运动会暨传统校考核赛	乒乓球传统校比赛获女子团体第二名、男子团体第三名，射击锦标赛获得女子团体总分第一名，男子团体总分第二名，游泳比赛区少体校游泳队获得团体第三名。
	全国男子举重冠军赛	77 kg级抓举冠军
	全国女子举重分龄赛	女子少年组 48 kg抓举、挺举冠军
2005 年	市第 40 届中小学生运动会暨传统校考核赛	仓山区获得总团体总分第三名、游泳比赛获得团体第三名、排球获得团体总分第一名。
	省第十届全运会	小口径自选步枪 60 发卧射冠军

第三节　人才培养与输送

1990 年，仓山区体育人才主要由各小学通过推荐体育苗子给区少年体育学校实行集中培养。当年，区少年体育学校开设有排球、射击、举重等 8 个项目，12 个班，在校学生 270 人，教练员 23 人。

1997 年，为解决区少年体育学校训练场所不足的局限性，采取少体校集中训练和传统项目分校训练相结合的办法，先后在麦顶小学设游泳训练分校；仓山小学设女排训练分校；新建、朝阳、三叉街、施埕 4 所小学设射击分校；临江、下渡小学设乒乓球训练分校。

1998 年 9 月，游泳传统体育项目采取三集中训练模式，实行体教联办、资源共享。经过 3 年苦练，2001 ～ 2003 年仓山区连续 3 年夺得福州市中、小学生运动会游泳团体赛总分第一名。2005 年，全区有区少年体育学校 1 所，游泳、女排、射击训练分校 6 所。区少年体育学校开设有排球、射击、举重等 6 个项目 6 个班，在校学生 85 人，教练员 6 人。

1990 ～ 2005 年，全区共向省、市输送乒乓球运动员林丹、张榕宁，游泳运动员张婷，排球运动员林冬和等各类项目运动员 147 名，其中射击 22 名、体操 19 名，篮球 3 名，排球 13 名，举重 7 名，羽毛球 5 名，足球 5 名，蹦床 14 名，游泳 26 名，田径 7 名，网球 5 名，跳水 1 名，击剑 1 名，乒乓球 17 名，武术 1 名，拳击 1 名。

第四节　机构与设施

一、机构

1990 年，仓山区体育运动委员会有编制 2 人。1996 年，区体委更改为区体育局，下设办公室与区少体校。1998 年区体育局与区文化局合并，保留体育局名称，由文化局副局长分管体育日常工作。2002 年，体育局与文化局正式合并，改名称为仓山区文化体育局，下设文体科与少体校，至 2005 年不变。

二、体育设施

1990 年，境内大型体育场馆有市体育中心和福建师大体育馆，内设有露天足球场、田径场及室内运动场馆，体育设施较齐全，可供召开体育运动会。其他各院校和普通中学内部也设有中小型供学生健身锻炼的乒乓球馆、篮球场、羽毛球场、田径场等体育设施。区属体育设施有 1 个游泳池和 1 个老干部活动中心。

1996 年，各镇村有 10 个篮球场。2000 年，区投入 250 万元，扩建区老年活动中心，内设健身房、乒乓球室、台球室等运动场所，同时，在市体育场修建仓山区门球场。2001 年由市体委下拨健身路径器材 6 套，建立社区健身路径 5 条、农村健身路径 1 条。此后，每年市体委均下拨健身路径器材，增设城乡社区健身路径。2003 年，境内金山新区福州文体中心落成，仓山区群众健身活动增加一个大型体育运动场所。2005 年，全区有篮球场 81 个（其中室内 6 个），游泳池 11 个，田径场 20 个、羽毛球场 32 个，乒乓球馆 28 个，门球场 3 个，健身路径 56 条（其中社区 48 条，农村 8 条）和晨练点 60 个。

第二十篇　医药　卫生

第二十篇 医药 卫生

1990年，仓山区卫生工作继续贯彻预防为主的方针，加强医疗卫生机构和队伍建设。在鹤龄医院进行医疗改革试点，推行“全员聘任制”和“全面承包责任制”，医院经济效益明显增长。1996年，国家办医政策调整，政府财政投入向大医院倾斜，社会医疗卫生事业逐渐向市场化发展，其间，由于境内外来人口快速增长，原有的医疗机构难以满足群众就医的要求，一些具备医疗技术和资金实力的人，开始把资金投向医疗行业。境内个体诊所、民营门诊部和民营医院数量得到较快的增长。1997年全区医疗机构从1990年的82家增至222家，其中，民营医院和民营门诊部114家，占医疗机构总数的49%。仓山区医疗机构在防治霍乱、登革热及非典型肺炎等传染病过程中，医疗应急能力有明显提高。1998年，仓山区开展社区卫生服务建设的探索。采取招标的形式，成立社区卫生服务站，其中近96%为私立性质。2001年，区卫生局制定实施《仓山区社区卫生服务机构设置规划》，由区政府和社会力量共投入1744万元，用于医疗卫生设施建设，全区医疗卫生设施和医疗水平有较大的提高。至2005年基本形成区、镇、村三级医疗卫生网络，群众医疗服务需求得到改善。

第一章 医疗

第一节 医疗机构

1990年，仓山区共有医疗机构82家，其中区直属医疗机构5家，街道办红十字门诊部5家，企事业内设医疗机构5家，村办医疗机构6家，个体诊所61家，省、市驻区医疗机构4家。1996年区划调整后，全区医疗机构达到222家，其中，区直属医疗机构10家，企事业内设医疗机构15家，村办医疗机构77家，个体诊所（含民营医院和民营门诊部）114家，省、市驻区医疗机构6家。1998年，开始组建社区卫生服务站、卫生服务中心等卫生服务机构。至2005年，全区共有医疗机构370家，其中民营医疗机构188家，企事业内设医疗机构31家，村办医疗机构93家，社区卫生服务站49家，防疫保健机构2家，区直属医疗机构9家。

一、区直属医疗机构

福州市鹤龄医院 福州市鹤龄医院原称仓山区医院，位于仓山区六一南路88号。1990年、1993年，华侨郭鹤龄先后共捐资人民币920万元扩建，1993年改名为福州市鹤龄医院，加挂福州市第三医院牌子。医院设有：内科、外科、骨科、妇产科、儿科和中西医结合科，有病床165张。内科设有神经、消化、内分泌、呼吸、心血管、泌尿、老年病、血液净化、微波热疗9个专业组；外科设有肿瘤、泌尿、肝胆、胸外、普外、骨科5个专业组；妇产科设有产科、妇科、不育专科3个专业组；医技科室设CT、放射、多维心电图、检验、病理等。医院开展阑尾炎、疝气等一般手术，以及开展肝叶部分切除、乳腺癌、胃癌、肾癌、膀胱癌、卵巢癌等根治术和分子细胞学 PCR 检测和医学细胞遗传学检测等。内科曾抢救心跳呼吸骤停 26 分钟病人，获得复苏成功；中医科在小针刀、不育症治疗方面具有特色。1993 年医院被授予“爱婴医院”称号，1999 年被授予二级乙等医院称号。1990 ～ 2004 年，医院年均出院 2548 人次，年门诊量 12 万余人次，开展大、中手术 1278 台，收入 1758.6 万元。2005 年全院有医技人员 171 人，其中高级职称 15 人，中级职称 63 人，初级职称 71 人。因医院市场化政策因素的影响，8 月 1 日，经郭氏家族同意，鹤龄医院由福州市第二医院托管经营，期限为 15 年。

福州市卢镜明中医眼科医院 1990 年 4 月 15 日，仓前卫生院与个体开业卢镜明中医眼科诊所合并成立福州市卢镜明中医眼科医院，为集体所有制卫生事业单位，定编 38 人，设有床位 20 张。院长卢隆平将祖传秘方加以现代的工艺、配制成眼药和内服冲剂，其研制的麝珠明目滴眼液从 1995 年至 2004 年先后获得新药证书、国家专利，并被列入国家中药保护品种、国家基本药物、科技成果推广项目和国家医保目录。2005 年，麝珠明目滴眼液进入药品流通领域后，医院医疗业务下降，医院转入预防保健和普通门诊。是年底，医院有医技人员 26 人，其中高级职称 1 人，中级职称 4 人，初级职称 21 人。

仓山区中医院 1990 年，院址在观井路，内设中医科、中医儿科、中医外科、中医痔科、针灸科、牙科等，有医技人员 42 人。1994 年因道路扩建和房屋改造，移址于上渡路 225 号重建。1997 年 12 月上渡医院并入中医院，2002 年医院正式迁入新址。医院占地 2.35 亩，建筑面积 4008 平方米，为集体所有制卫生事业单位，定编 78 人，核定床位 60 张。该院以中医药诊疗为特色，内设科室有：中医内科、骨伤科、中医康复科、儿科、妇科、预防保健科、健康教育科、口腔保健科、检验科、放射科、心电图、B 超室、中西药房等。2005 年医院加挂上渡街道社区卫生服务中心。全院有卫生技术人员 51 人，其中高级职称 2 人，中级职称 4 人，初级职称 34 人。年门诊 4.9 万人次。

仓山区城南医院 1990 年 8 月成立，院址在福峡路，为集体所有制卫生事业单位，定编 38 人，核定床位 20 张。医院人员 80% 为原仓前卫生院职工，其余为仓山区医院和上渡卫生院职工，初建时有医技人员 21 人。成立之初医疗场所面积不足 400 平方米，设内科、外科、中医科、妇产科和口腔科。1992 ～ 1993 年，医院增置 X 光机、心电图机和激光电子痔疮治疗机等设备。1994 年，医院试行科室独立核算、自负盈亏。至 1997 年，医院先后与市二医院联合办眼科，与福建武警总院联合成立脑瘫治疗中心、脉管炎治疗中心、城南牙种植研究所等。当年，因福峡路拓宽改造，城南医院被拆迁，安置于三叉街碧玉楼北侧过渡。1998 年医院自费承租碧玉楼一、二层店面，开设内科、外科、妇科、儿科、中医科、中西医结合科、五官科、急诊室、康复科、妇幼保健科、预防保健科、健康教育室、计划生育指导室等科室。医技科室有：中西药房、化验室、放射科、B 超心电图室等。2005 年医院转型为社区卫生服务中心，改名为三叉街街道社区卫生服务中心，下设 2 个社区卫生服务站。至 2005 年底，医院有医技人员 42 人，其中高级职称 2 人，中级职称 10 人，初级职称 21 人。

上渡卫生院 1990 年，上渡卫生院内设中医科、西医科、妇产科、五官科、牙科、理疗科、外科、预防保健科，有医技人员 25 人。1997 年 2 月 21 日，上渡卫生院发生火灾，中医药房、化验室、注射室、内科诊室等部分科室被烧毁，同年 12 月并入区中医院。

仓山镇卫生院 1990 年，院址在仓山程埔村，医疗用房面积 900 平方米。1997 年卫生院迁至首山路 20 号，医疗用房面积扩至 1300 平方米。卫生院为集体所有制事业单位，定编 22 人。2004 年因首山路拓宽，卫生院被拆迁，暂时租赁万安小区居民楼底层。2005 年，卫生院内设内科、外科、儿科、中医科、妇科、预防保健科、西药房、中药房、注射室、检验科、急诊室、门诊观察室。卫生院有医技人员 14 人，其中高级职称 1 人，中级职称 3 人，初级职称 7 人。

城门镇卫生院 址设福厦路鳌峰段三角埕，为集体所有制事业单位。1990 年，定编 70 人，核定床位 20 张。设中医科、中西医结合科、全科医疗科、内科、外科、妇产科、急诊科、康复科、检验科、影像科、预防保健科、口腔保健科、健康教育指导室及辅助科室，承担全镇近 7 万人口的医疗、预防、保健、康复等任务。1996年卫生院建筑面积4391平方米，医疗用房3000多平方米。1999年，卫生院获“爱婴医院”称号。2000年被评为“综合性一级甲等医院”。2001年增设中医针灸推拿科，为卫生院特色专科，开展针灸、推拿、电针等医疗服务。2003年加挂城门镇社区卫生服务中心。同年，获得福州市社区卫生工作先进单位。2005年卫生院被授予省级“示范社区卫生服务中心”称号。当年，卫生院有卫技人员38人，其中中级职称8人，初级职称23人。

建新镇卫生院 址设霞镜村下洋路，为集体所有制事业单位，1990年，定编70人，核定床位20张。设有内科、外科、妇产科、儿科、中医科、骨伤专科、消化专科、五官科、口腔科、急诊室、护理站、康复科、妇幼保健科、预防保健科、健康教育室、计划生育指导室等临床科室，医技科室设有中西药房、化验室、放射科、B超、胃镜室、心电图、信息统计室等。1996年卫生院业务用房面积1259平方米，1998年投资80万元建设供应室等辅助用房，全院占地面积增至5195平方米，建筑面积2579平方米。1999年被授予“爱婴医院”称号。同年被评为“综合性一级甲等医院”。2000年被指定为福州市首批城镇职工医保定点医院。2003年加挂建新镇社区卫生服务中心、仓山区结核病防治所，下设2个社区卫生服务站。2005年，全院有卫技人员43人，其中高级职称3人，中级职称12人，初级职称20人。是年，卫生院被授予省级“示范社区卫生服务中心”称号。

盖山镇卫生院 址设盖山镇郭宅村，为集体所有制卫生事业单位，1990年，定编70人，核定床位20张。设有内科、外科、妇科、儿科、口腔科、肛肠科、 中医科、检验科、放射科、B超室、心电图室等科室。1996年，卫生院被定为市医保定点单位和仓山区贫困医疗救助定点机构。1997年卫生院获“爱婴医院”称号。2001年被评为一级甲等医院。2005年卫生院加挂“盖山镇社区卫生服务中心”牌子，下设有3个卫生服务站。是年，卫生院有卫技人员41人，其中高级职称1人，中级职称9人，初级职称24人。

螺洲镇卫生院 址设螺洲镇螺洲街，为集体所有制卫生事业单位，1990年，定编22人，核定床位20张。设有内科、外科、中医科、妇产科、预防保健科、急诊科、康复科、中西药房、检验室、等科室。年门诊达4万多人次。1996年，卫生院医疗用房面积962平方米。1997年卫生院防保室被评为市先进防保室，2002年获“爱婴医院”称号。2005年加挂螺洲镇社区卫生服务中心。至2005年底，卫生院有医技人员16人，其中高级职称1人、中级职称2人、初级职称8人。

二、社区医疗卫生服务机构

街道办医疗机构 1990年全区共有5个街道红十字门诊部，为街道办集体医疗机构，有从业人员16人，其中初级职称4人。1996年，鹤龄医院、中医院和城南医院等医疗机构相继成立后，街道红十会门诊部门诊量逐步下降，至1996年末，5个街道红十字门诊部全部停办。

社区卫生服务中心 1998年，仓山区开始社区卫生服务机构建设的探索，由政府或医院延伸举办，按3～10万居民或街道办事处管辖范围规划设置社区卫生服务中心。社区卫生服务中心为全民所有制卫生事业单位，独立法人机构，实行独立核算，中心对其下属的小区卫生服务站进行业务管理。1999年在城南医院和城门镇卫生院展开试点，当年试成立城南社区卫生服务中心。2003年又成立城门镇、建新镇社区卫生服务中心。2005年，成立上渡街道、三叉街街道、盖山镇和螺洲镇社区卫生服务中心，其中三叉街街道社区卫生服务中心由城南医院转型而来，上渡街道社区卫生服务中心、建新镇社区卫生服务中心、盖山镇社区卫生服务中心、城门镇社区卫生服务中心、螺洲镇社区卫生服务中心分别由仓山区中医院、建新镇卫生院、盖山镇卫生院、城门镇卫生院、螺洲镇卫生院加挂。至2005年，全区共设有6家社区卫生服务中心。

社区卫生服务站 1998年，仓山区开始组建小区卫生服务站，按0.8—1万居民设置，由社区服务中心、综合性医院、专科医院或通过招标的其它医疗机构举办。1999年成立东升、万升、临江3家社区卫生服务站，至 2001年社区卫生服务站达26家。2002年，制定实施《仓山区社区卫生服务机构设置规划》，召开3

场招商引资会，有13家投资单位（个人）中标社区卫生服务站。2003年，批准成立46家卫生服务站。2004年继续开展招标工作，当年又增设信平、太平洋和仓前山3所小区卫生服务站。至2005年，全区共建立49家社区卫生服务站，共有卫技人员225人，其中执业（助理）医师154人，执业护理人员71人。当年，仓山区被卫生部、民政部和国家中医药管理局评为全国有中医药特色社区卫生服务示范区。

村办医疗机构 1990年，全区有村卫生所、卫生室、卫生站、保健站和村保健院等村级医疗机构6家，医技人员共7人，其中乡村（助理）执业医生5人。1996年，区卫生局对村保健站和保健院按村卫生室（所）的标准进行重新规划设置，并相应更名为村卫生所。是年，全区共有村办医疗机构77家，医技人员共91人，其中乡村（助理）执业医生64人。2005年全区共有村卫生所89家、村卫生站2家、村卫生室2家，有卫生技术人员141人，其中乡村（助理）执业医生104人。

三、民营（个体）医疗机构

1990年，全区共有61家个体诊所（无民营门诊部和民营医院），从业医务人员72人，1996年，郊区管辖的五个镇划归仓山区后，民营（个体）诊所增至114家，从业人员123人。2000年，市政府出台扶持民办医院政策，至2005年，民营医疗机构增加至188家，医技人员有513人，其中执业（助理）医师261，执业护理人员252人。

2005年仓山区民营医院、门诊部情况表

表20-1-1　　单位：年、人

单位名称	成立时间	医师	护理人员
白湖亭医院	2003.9	8	9
盘屿骨科医院	1969	70	
荣益医院	2003.5	8	10
广济门诊部	2005.7	5	5
九山门诊部	2003.9	10	6
同德门诊部	2005.1	7	5
许炳扬口腔门诊部	2003.9	4	2
赵贞文口腔门诊部	2005.7	2	2

2005年仓山区个体诊所名表

表20-1-2

安安诊所	安康诊所	百草堂诊所
北园路加诊所	北园中医诊所	彼岸医学诊所
滨江诊所	伯乐骨伤科林君宏诊所	博利诊所
仓新诊所	常春诊所	超鑫诊所
朝阳诊所	陈国光内科诊所	陈见明中医诊所
陈锦生诊所	陈希龄中医诊所	程华口腔诊所
春华诊所	春晖诊所	大乐中医诊所
大众诊所	丹盛诊所	德金诊所
德康诊所	东盛中医诊所	东英诊所
发达诊所	方众中医诊所	福海诊所
福康诊所	福星诊所	福医堂诊所
公园路诊所	光辉诊所	光永诊所

续表 20-1-2

郭瑞钿诊所	海西诊所	瀚彬诊所
豪德诊所	何宜诊所	恒春诊所
恒康诊所	华胜诊所	华医诊所
黄怀锋口腔诊所	黄蕾口腔科诊所	黄麟诊所
黄庸诊所	黄止诊所	惠民诊所
惠星诊所	佳鑫诊所	健安口腔诊所
健康皮肤诊所	健鑫诊所	江滨诊所
金辉诊所	金浦诊所	金山康富诊所
金山民卫诊所	金霞诊所	金祥诊所
锦发诊所	开森诊所	康安诊所
康达诊所	康福堂诊所	康福诊所
康富诊所	康和诊所	康惠民中医诊所
康佳诊所	康健诊所	康乐福诊所
康乐诊所	康民诊所	康平诊所
康仁诊所	康顺诊所	康祥诊所
康兴诊所	康益达诊所	康友诊所
康缘诊所	李园林诊所	理和口腔诊所
立本诊所	致历宝口腔诊所	联福诊所
林砚英诊所	林勇口腔诊所	刘守江中西医结合诊所
刘寅生口腔诊所	龙瑛口腔诊所	龙苑诊所
卢镜明眼科诊所	胪厦泽辉健民诊所	迈康诊所
妙春诊所	民康健诊所	民生诊所
欧友进口腔诊所	欧月娇口腔诊所	潘国光口腔诊所
平安诊所	平健诊所	浦上健民诊所
浦上瑞华诊所	启棉诊所	亲民诊所
人人诊所	仁爱诊所	仁和诊所
仁健诊所	仁寿诊所	仁心诊所
荣城诊所	荣福诊所	瑞珍内科诊所
三桥诊所	三胜口腔诊所	施埔阳光诊所
双秀诊所	双正口腔诊所	水北诊所
宋庄诊所	昙石诊所	天城诊所
天巧口腔诊所	同春中医诊所	同健诊所
同兴中医内科诊所	万安诊所	万春内科诊所
王良璇内科诊所	为本内科诊所	文英诊所
吴积铿诊所	霞镜诊所	下渡百济诊所
先锋内科诊所	祥达诊所	祥光口腔诊所
祥森中医诊所	谢幼金诊所	鑫福诊所
鑫泓诊所	鑫康诊所	鑫民诊所
杏林园诊所	秀华诊所	徐世昌中医诊所
叶下健民诊所	医强诊所	益康诊所
益民诊所	永安康诊所	永康诊所

续表 20-1-2

预榕诊所 161	云平中医诊所	张福霖诊所
张光斌口腔诊所	赵白彤口腔诊所	郑江建口腔诊所
郑伯龄中医诊所	郑传衡诊所	忠来牙科诊所
郑上海诊所		

四、单位内设医疗机构

1990 年，全区单位内设医疗机构有 5 家，从业人员 10 人。1996 年区划扩大后增至 15 家，从业人员 30 人。至 2005 年，单位内设医疗机构有 31 家，医技人员 211 人，其中执业（助理）医师 89 人，执业护理人员 122 人。

2005 年仓山区单位内设医疗机构名表

表 20-1-3

福州市金山小学卫生站	福建对外经济贸易职业技术学院医务室
福建福日半导体器件厂医务室	福建公安高等专科学校卫生站
福建交通职业技术学院医务室	福建生态工程职业技术学校卫生站
福建省仓山监狱医院	福建省电力试验研究院医务室
福建省疾病预防控制中心第二门诊部	福建省女子劳动教养管理所卫生所
福建省邮电学校医务室	福建师范大学附属小学医务室
福建师范大学附属中学卫生室	福建政法管理干部学院医务室
福州市第二十九中学卫生站	福州市仓山区龙盛茶厂医务室
福州市仓山区娃娃培育中心医务室	福州市第二看守所医务室
福州市第二社会福利院医务室	福州市第六中学卫生站
福州市第三中学金山校区卫生站	福州市第四十中学卫生站
福州市奋兴鞋业有限公司卫生站	福州市盖山镇义序中心小学印刷厂卫生所
福州市高级中学医务室	福州市工业学校医务室
福州市精神病人疗养院	福州市强制戒毒所医务室
福州市社会福利院医务室	福州市时代中学医务室
福州市贮木场医务室	

五、省、市及部队驻区医疗机构

（一）省属职工医院

福建师范大学医院　为福建师范大学校直属副处级单位。医院占地约 3500 平方米，建筑面积 5000 平方米。设有内科、外科、妇科、儿科、中医科、口腔科、五官科、皮肤科、计划生育服务室、急诊室、手术室、激光室、预防保健科、体检中心等临床科室，以及放射科、检验科、B 超室、心电图室、胃镜室等医技科室，综合病房实际开放床位 40 张。至 2005 年底有职工 110 人，其中高级职称 9 人、中级职称 34 人。先后被评为一级甲等医院、省离休和“5.12”干部、省二级保健干部医疗定点医院和省基本医疗保险定点医院。

福建省地质医院　前身为福建省地质疗养院，创建于 1977 年，原址在螺洲镇。2000 年迁至城门镇黄山。设有急诊科、内科、普外科、胃肠科、神经科、心血管内科、肛肠科、儿科、妇产科、口腔科、肝病科、泌尿科等 20 余个科室。

福建农林大学医院 成立于2001年3月。2001年9月被定为省医保定点医院，主要承担该校师生医疗任务。2003年3月定为省公务员体检定点医院。至2005年，医院拥有两座医疗用房，建筑面积1300平方米。设有保健科、医技科、医保办公室、药房、门诊部、护理部等科室。全院职工46人，其中医务人员41人、工勤人员5人。本科以上学历占29.2%，大专学历占53.6%，高级职称4人（主任医师1人，副主任医师3人）、中级职称32人（主治医师12人、主管护师11人、主管药师6人、主管检验师3人）、初级职称5人（医师1人、医士1人、助理医师1人、护师1人、检验士1人）。

（二）市属医院

福州市第二医院 又名福建省福州中西医结合医院，为福建省三级甲等中西医结合医院，也是福建医科大学、福建中医学院教学医院，福建中医学院硕士研究生、骨伤博士生培养基地。医院设立福州市骨科研究所、市中西医结合研究所、市急救中心、市骨伤康复中心、市临床检验中心、市公费医疗第三门诊部等科研医疗机构。医院占地面积3万平方米，建筑面积5万平方米。有15个一级临床科室，52个二级专科，25个医技科室。开通“120”急救绿色通道，是福厦文明路施救中心定点医院，配有3支院外救护队。医院拥有美国超导型核磁共振（MR）、螺旋 CT、全自动生化分析仪、全功能彩超、人工肾血透机、日本岛津电视遥控X光机、C臂X光机、麻醉机、碎石机、远程心电监护仪等先进医疗设备以及设备先进的重症监护病房（SICU，CCU）。2000年6月新病房大楼启用之后，床位增加至680张，两层净化手术室可同时开展18台手术。2005年，有高级职称人员94人，其中教授13人、副教授15人，中级职称人员186人，初级职称人员411人。全院有45人担任全国和省级各学术团体委员以上职务。

福州市神经精神病防治院 又名福州市第四医院，是福建省精神卫生中心，三级甲等神经精神病专科医院，福建医科大学教学医院、福建省药物依赖治疗中心、福建省福州儿童心理研究所、福州脑脊液实验中心及福州市超声医学质量控制中心。医院占地面积6.5万平方米，建筑面积6.9万平方米，绿化率35%。2005年，在职员工358人，其中医护人员260人，副高级职称以上29人，年门诊15万人次以上，开放床位530张。医院设有急诊科、神经内外科、精神科、精神康复科、临床心理科等5个临床一级科室；精神科有儿童老年精神科、中西医结合治疗精神科、男、女精神科等7个二级科室。门诊部设有：“120”急救系统、神经内外科门诊、精神科门诊、心理咨询门诊、糖尿病、类风湿病专科门诊、司法鉴定科、普通内科、保健科、口腔科、针灸理疗科、特诊科、检验科及心理测验室等；市区设有分门诊部；住院部设有无抽搐电休克治疗室、生物回馈研究室等。医院拥有螺旋CT、彩色多普勒超声诊断仪、脑电图、脑电地形图、无抽搐电休克机、心理测验仪、全自动生化分析、高效液相色谱仪、脑脊液细胞分离器及三分类血球计数仪等医疗设备。

福州市肺科医院 又名福建省福州结核病防治院，位于仓山区福湾路湖边2号，是福建省三级甲等肺专科医院，也是福建医科大学教学医院。2001年12月，三级甲等专科医院挂牌。2005年1月，新门诊楼建成投入使用。当年，医院占地面积180亩，建筑面积6万平方米，院区绿化面积占总面积60%。医院编制床位500张，在职职工450人，有高中级职称的专业技术人员100多人。全院设有20多个临床医技科室和1个综合门诊部，配置有螺旋CT、直接数字化X光机（DR）、彩色超声波诊断仪、胸腔镜、肺功能仪、电子纤维支气管镜、结核菌快速培养仪等医疗设备。

（三）部队医疗机构

解放军第476医院（原空军医院） 1972年7月，从江西省南昌市迁至福州洪山桥郭厝里80号。1994年8月更名为中国人民解放军第476医院。1995年10月被空军评为“三级乙等”医院。2004年改隶福州总医院，是一所集医疗、教学和科研为一体的综合性医院。医院专科门类齐全，设备先进、环境优良、人才荟萃，眼科被评为“南京军区专病中心”。检验科为原南京军区空军重点医学专科，妇产中心、泌尿外科中心、骨科、肝病诊疗中心、创伤颅脑、心胸、肝胆、妇产科、老年病科、心血管、消化、肾脏、神经内科在省内享有较高的知名度。医院泌尿外科跻身国际前列，备受业界人士和患者的垂青。已发展成国内具有超高影响力泌尿外科，被评定为“医疗精品工程”标杆科室。妇产中心是医院重点科室，开展周到科学的孕期保健，广泛进行横切口剖宫产术、子宫切除术、子宫附件肿瘤根治术、输卵管复通术等业务。2005年，卫技人员328名，其中医务人员207名、护理人员104名、医技人员17名。拥有380张床位、共设临床专业22个，辅诊专业16个。

武警福建省总队医院 原名中国人民解放军华东野战军山东联合医院，创建于1947年春，上世纪五十年代迁螺洲，更名为解放军第110医院。1983年1月，又更名为中国人民武装警察部队福建省总队医院，转隶中国人民武装警察部队福建省总队。医院位于福州市螺洲镇乌龙江畔，院区占地160余亩，开放床位300张，拥有各类卫生技术人员390余名，其中高级职称41名，中级职称88名。设置10个临床科和9个医技科，共30多个专业。 1997年被武警总部评为“三级乙等”医院。2000年被列为福建省、福州市医保定点单位，是武警医学院教学医院及福建省中医学院临床教学基地。该院为福建省儿麻后遗症康复中心，率先开展SPR矫治脑。骨科是省重点科室，心胸外科为医院最早的重点专科，是福建省最早开展肺部手术的科室之一。2003年8月医院由螺洲镇迁往福州市鼓楼区北二环西路159号。

第二节 医疗队伍

1990年，仓山区直属医疗机构有卫生技术人员共238人，其中高级职称有7人，中级职称有67人，初级职称有123人。1991年，以鹤龄医院为试点，引进医疗技术力量。至1994年，鹤龄医院外聘长年驻诊专家名医38人。1996年区划调整后，仓山区直属医疗机构的卫生技术人员有314人，其中高级职称有15人，中级职称有92人，初级职称有183人。1997年，针对区属各镇卫生院卫生技术人员缺额较大的情况，招收各类医疗专业毕业生28人（其中全民合同工2人，集体合同工10人）。引进中级以上职称的特色专科技术人员14人。同时在镇卫生院集体所有制医疗骨干中选报10人转为全民所有制（当年批复5人），6名临时工转集体合同制工人。2004年，鹤龄医院选送67名临床一线医疗骨干分别到上海、北京、广州、南京、天津等地学习升造。同时省内外引进调入10多名中、高级医疗技术人员，其中博士、硕士各1人。接收大、中专医药学毕业生100余。至2005年，区直属医疗机构有卫生技术人员442人，其中高级职称26人，中级职称115人，初级职称229人。

第三节 医疗技术

一、中医

1990年，境内中医治疗技术比较著名的有仓山鹤龄医院老中医黄菊生，他根据中医“疏、清、通”和“溶石、防石”的理论，研用中药“肝胆利石合剂”和“清热利湿通淋排石法” 治疗肝胆、尿路结石，治愈率达80%以上；中医眼科卢镜明传人卢隆平研发的卢氏系列中医眼药；中医骨科名医林达年第四代传人林如阔、林如高治疗骨伤疑难病症；鹤龄医院中草药医马长福、王春惠用草药秘方配制汤、丸、丹、散、膏等均有独特疗效。同时在传统医疗技术基础上大力推广中西医结合治疗技术，选送中医执业医师到市二医院进行西医专业技术培训，区直属医疗机构在中医科的基础之上，增设中西医结合科，积极采用中西结合的治疗方法。是年，卢镜明中医眼科医院举办“眼疾中医疗法学习班”，并建立全国性科研协作诊疗网点，先后与全国150多家大中型医院眼科联合研究开发卢氏系列中医眼药“麝珠明目散”等系列眼药，获全国首届“三优”展银杯奖。1992年12月，在“国际科学与和平周”活动中，卢隆平院长获“特别贡献奖”，在首届医疗保健卫生用品科技成果推展会中，“麝珠明目散”与“风火明目散”均荣获金奖。

1993年，仓山鹤龄医院严明森医生推广应用介于手术方法和非手术疗法之间的闭合性松解术“小针刀” 疗法，治疗骨伤科慢性软组织损伤、腱鞘炎、肌肉变性等疾病疗效显著。曾应邀赴台湾、马来西亚推广应用“小针刀”疗法，为数千名颈、肩、背、手、腰、腿病患者解除疼痛。其撰写的“徒手疗法”

先后在马来西亚、中国台湾等地出版发行。

1994年，“麝珠明目散”通过卫生部新药临床前审评，年底转入二期临床验证。翌年，获得卫生部新药生产证书，并被列入国家中药保护品种和国家医保目录。

1996年，中医骨科名医林达年第四代传人林如高在境内办有中医骨科医院，继承祖传按纳、折顶、牵拉、助推等技巧治疗骨骼折裂、关节脱臼；善用震抖、拍洗、舒行、推拿等手法治疗肌筋新旧伤痛；擅长治疗老年性骨折、粉碎性骨折、复杂性骨折合并症等骨伤科疑难病症。他用中草药配成汤、丸、丹、散、膏或内服外敷，并应用中西结合疗法治疗开放性骨折，疗效显著，尤其对陈旧性骨折运用小杉板固定四肢骨折部位的方法，在骨折复位技术上有独到之处。

2000年后，中草药医王春惠传人王宪钦在三街新村开设有“王春惠草药店”，继承祖传秘方配制“湿疹膏”，结合运用针灸、火灸等技术对治疗“带状疱疹”“急慢性荨麻疹”“小儿胎毒”“神经性皮炎”“过敏性皮炎”等多发性皮肤病及各种疔、痈、疽、疖、癣、疮等疑难杂症和72种风湿伤痛有独特的疗效。

2005年，仓山区充分利用中医药“简、便、验、廉”的特点，开展针灸、推拿、火罐、刮痧等中医药治疗活动，编制中医健康教育处方，开展具有中医特色的养生保健、食疗药膳、情志调摄、运动养生等医疗保健。当年编订《社区卫生服务中医工作操作手册》，为各社区卫生服务机构配备针灸、火罐、神灯、中药煎药机、中药熏洗床等中医药康复保健设备。各社区卫生服务中心的中成药品种均达80种、中药饮片达250种以上。

二、西医

1990年，区属医院西医技术能处理常见病、多发病及心血管、神经、消化、血液等内科高难病，外科可开展颅脑、胸腔、泌尿、普外等大型手术；骨科可开展股骨置换、髓核摘除置换、髋关节置换、小儿麻痹症纠正等手术；妇产科可进行宫颈根治、子宫全切、卵巢切除等手术。

1992年，城南医院翁理和医师从华西医大学习归来，率先推广应用人工种植牙技术，当年使用卫生部口腔种植中心提供的“钛合金牙种植体”用于牙缺失的口腔修复625例，效果良好，1994年获区科技成果一等奖。1998年又获市科技进步三奖。仓山区城南医院还先后与市二医院眼科联合办眼科，与福建武警总院联合成立脑瘫治疗中心、脉管炎治疗中心。眼科、脑瘫、脉管炎治疗医疗技术进一步提高。

2005年，区属医院西医技术可开展肝叶部分切除、乳腺癌、胃癌、肾癌、膀胱癌、卵巢癌等根治术，分子细胞学PCR检测、医学细胞遗传学检测和心、胸、肝、胆、脾、肾及颅脑减压手术等。内科曾抢救心跳呼吸骤停26分钟病人，获得复苏成功，在中医小针刀、不育症治疗方面具有特色。尿十项检查仪、全自动血球计数仪、全自动生化分析仪、B超仪、十二导同步心电图机、500毫安X线机等诊疗技术已普遍使用于各基层卫生院。省市驻区医院均普遍运用螺旋CT、全自动生化分析仪、全功能彩超、人工肾血透机、远程心电监护仪、彩色多普勒超声诊断仪等医疗设备开展诊疗。

第四节　医疗设施

1990年，区属各医院均设置门诊部、住院部、手术室、检验室。主要医疗设备有超声波诊断机、超声记录仪、心电图机、双床双球管遥控电视X光机、直线断层单管X线诊断机、电光源双目显微镜、微波热治癌仪、心电多域自动分析仪、胆结石振荡器、超声波化器、电脑中风预报仪、血液流变学电脑分析仪、自动电子计时粘度计、激光治疗机、激光口腔治疗机、除颤起搏监护仪、八道脑电图机、脑血流图机、萤光显微镜、裂隙灯显微镜、强光源带网格检眼镜、带状光检眼镜、石蜡切片机、胎儿监护仪。后勤配有急救车、指挥车和微型面包车。是年，华侨郭鹤年捐资人民币920万元，将仓山区医院（鹤龄医院前身）扩建成一所综合性医院，先后购买和引进血液透析仪、各类纤维内窥镜、24小时动态心电图监护仪、全身CT扫描仪等设备。同年为城南医院添置电子痔疮机。1992年，区卫生局又下拨5万多元专项经费支持城南医院购置200毫安X光机、进口心电图等。

1994年，各医院加强医疗设施建设，改善医疗条件。其中区中医院选址仓山上渡路重建。由区政府投资410万元、王新伟捐资100万元，建成4008平方米的新门诊大楼；1996年建新镇卫生院投入资金130万元，建成2597平方米门诊楼和住院楼；1997年城门镇卫生院筹措资金124万元，扩建1000平方米的门诊用房。1998年盖山镇卫生院投入16万元，完成院部装修扩建工程。

至2005年，全区共投入1195万元，修建医院门诊大楼5座。区属各院站拥有尿十项检查仪、全自动血球计数仪、全自动生化分析仪、B超仪、十二导同步心电图机、500毫安X线机、救护车等医疗设备，可以满足日常的医疗诊断检查项目的基本需要。

第二章　卫生防疫

第一节　传染病防治

霍乱　1990年，为防止霍乱的爆发，辖内各级医院于夏秋季节均设立肠道专科门诊，配备专门医生、专用器械、对腹泻病人进行采便培养专门登记等监测工作。并对污水、海产品进行监测。全区未出现霍乱病例。1994年，仓山区出现霍乱病例24例，区卫生局制订防治霍乱病的方案，对霍乱病人进行隔离治疗，并实行24小时值班和疫情专报制度，全区24个疫情点没有继发病例。1995年和1997年，各出现2例霍乱病例。1998～1999年，在特大洪水之后，出现39名霍乱病例，区卫生局立即组织卫生防疫人员到疫区、疫点开展消杀和防治知识宣传，及时进行治疗，确保大灾之后无大疫的目标。2000～2005年全区共出现26例均治愈出院。

登革热　1990年，在全区开展白纹伊蚊及对发热病人进行血清采集等登革热监测工作。1999年9月，仓山区城门镇连坂村发生输入性登革热传染病，区、镇政府发动群众翻盆倒灌，清除垃圾杂草，铲除蚊蝇孳生地，消毒灭蚊，有效阻断该病的传播途径。同时，开展病人的隔离治疗，进行流行病学调查，在1个月时间内控制疫情的蔓延。当年共发生登革热病例1558例，均痊愈。2000年螺洲镇出现两例登革热，区卫生局立即开展疫情监测、蚊媒监测和流行病学调查，制定“零周报”制度，并组织专业人员督促、指导开展以灭蚊为中心的爱国卫生运动，举办防治登革热病培训班8场，共培训防保人员和干部250人次，当年全区发生登革热病例3例，全部得到治愈。2001～2005年，未再发现登革热病例。

肝炎　1990年，仓山区推广使用肝炎疫苗，力求将各型肝炎控制在散发状态。对发现的病患者，按照流行病学规范由区消毒队进行消毒处理，肝炎病人及时送诊。是年肝炎发病145例，发病率为12.4/万。1991～1998年肝炎发病率除1996年外，均在13.8/万之下。1999～2005年发病率在16.5/万至21.2/万之间徘徊。全区未发生肝炎病大规模爆发。

1990～2005年仓山区肝炎病发生情况表

表20-2-1　单位：例、1/10万

年份	病例	发病率	年份	病例数	发病率
1990	145	124.36	1998	439	127.86
1991	150	125.25	1999	643	186.74
1992	158	121.65	2000	717	203.89
1993	180	138.25	2001	585	166.93

续表 20-2-1

年份	病例	发病率	年份	病例数	发病率
1994	162	115.43	2002	614	163.92
1995	174	124.16	2003	603	171
1996	605	185.7	2004	722	188.94
1997	472	138.24	2005	859	212.12

艾滋病及淋病、梅毒　1990年，淋病和梅毒时有病例发生。1992年，发现首例输入性艾滋病病毒感染者。区卫生防疫部门对新发现的感染者和艾滋病病人进行个案调查，提供心理咨询，并在全区开展艾滋病宣传活动。鼓励其密切接触者进行HIV抗体检测，对既往感染者和病人进行医学随访，了解其最新的身体和心理状况，鼓励治疗。针对艾滋病病毒感染者增多趋势，区卫生防疫部门加强淋病、梅毒和艾滋病的防治，通过电话、面谈等方式，对所有自愿接受咨询的HIV感染者及艾滋病人进行健康教育。对娱乐场所高危行为进行干预，推广使用安全套，以预防性病和艾滋病。至2005年累计发现HIV和AIDS病人22例，儿童1例，孕产妇2例，其中死亡5例。淋病和梅毒发病率维持在40/10万～50/10万。

1992 ~ 2005 年仓山区艾滋病发病情况表

20-2-2　　单位：人

年份	AIDS 报告数			AIDs 死亡数			HIV 感染数			HIV 死亡数			合计报告			合计死亡		
	男	女	计	男	女	计	男	女	计	男	女	计	男	女	计	男	女	计
1992	0	0	0	0	0	0	1	0	1	0	0	0	1	0	1	0	0	0
1993	0	0	0	0	0	0	0	0	0	0	0	0	0	0	0	0	0	0
1994	0	0	0	0	0	0	0	0	0	1	0	1	0	0	0	1	0	1
1995	0	0	0	0	0	0	0	0	0	0	0	0	0	0	0	0	0	0
1996	0	0	0	0	0	0	0	0	0	0	0	0	0	0	0	0	0	0
1997	0	0	0	0	0	0	0	0	0	0	0	0	0	0	0	0	0	0
1998	0	1	1	0	1	1	2	0	2	0	0	0	2	1	3	0	1	1
1999	0	0	0	0	0	0	0	0	0	0	0	0	0	0	0	0	0	0
2000	0	0	0	0	0	0	1	0	1	1	0	1	1	0	1	1	0	1
2001	1	0	1	0	0	0	0	0	0	0	0	0	1	0	1	1	0	0
2002	0	0	0	0	0	0	0	0	0	0	0	0	0	0	0	0	0	0
2003	1	0	1	0	0	0	0	0	0	0	0	0	1	0	1	0	0	0
2004	2	0	2	1	0	1	1	1	2	1	0	1	3	1	4	2	0	2
2005	3	3	6	0	0	0	3	2	5	0	0	0	6	5	1	0	0	0

结核病　1990年，各医院均建立门诊发现的结核病人即报告区防疫站制度，由区防疫站指导卫生院的防疫人员定期随访，监督病人按治疗规程服药、痰检，完成全程规范治疗，区防疫站实行每年两次组织卫生院防保人员进行培训及交流，每年两次到病人家进行监督检查。1997年全区治疗结核病101例，治愈47人，死亡2人，51人继续治疗。1998年，治管病人121人，当年治愈77人，41人继续治疗。2001年，新登记病例148例，当年治愈79例。2003年，登记病人261例，治愈153例。2004年5月，区防疫站与建新卫生院联合成立肺结核门诊部，肺结核病人统一到肺结核门诊部就诊，对结核病人进行规范化督导用药，新生儿卡介苗接种率≥97%以上。2005年，执行“世行”贷款和英国赠款结核病控件项目工作，全区共培训人员500人次，发放公告、宣传材料2500余份，共治管活动性肺结核病350例，其中新发涂阳病例165例。

非典型肺炎　2003年春，非典型肺炎爆发后，仓山区迅速成立防治非典领导小组，下设后勤保障、流行调查、治疗、消毒小组。重点加强对来自疫区的人员和医院发热病人的监测，辖区内所有医疗单位实行发热病人日报制度，至7月底，全区累计监测发热病人6万人次，未发现非典疑似病人；对广东、香港、北京、山西等疫区的来闽返乡人员共计3216人进行医学观察，未发现非典疑似病人。至2005年，全区未再发现非典疑似病人。

第二节　寄生虫病防治

1990年，仓山区为巩固丝虫病防治成果，消灭残存的传染源，根据上级业务主管部门的布置，开展病源学监测，按原人群微丝蚴率的高、中、低分层整群监测，血检数为人口数的1%，在辖内临江、仓前、对湖、上渡4个街道，7个居委会血检4674人，查出3例微丝蚴血症者，平均阳性率为0.07%，患者均及时给予规范治疗。1991年，在外来人口中开展丝虫病监测工作，当年在福建师范大学外地学生中检出3例微丝蚴血症者，平均阳性率0.02%。1993年，在7个街道开展晚期丝虫病体检普查，发现1例单侧下肢象皮肿的晚期病人，未发现新体征患者。1995年，开始在临江街道、仓山镇、下渡街道的4个居委会中开展蚊媒监测，至1997年3年共捕捉4566只吸血致倦库蚊，并进行解剖检测，结果均未发现丝虫病感染。同年，在临江街道河边村居委会开展人群丝虫病血清学监测，采用间接免疫荧光法（IFAT法）监测249人，采到血清标本后送市防疫站，结果丝虫抗体阳性14人，阳性率5.62%。各项监测结果表明，仓山区丝虫病传播已被阻断，各项监测资料已达到卫生部规定的消灭丝虫病的标准。至2005年，均未发现丝虫病传播情况。

第三节　计划免疫

1990年，仓山区推行儿童计划免疫保健制度，纳入计划免疫的生物制品有卡介苗、百白破、小麻糖丸、麻疹及流脑、乙脑等疫苗。1991年，开始将辖区内4岁以下儿童乙肝疫苗免疫接种纳入计划免疫管理。1994年，儿童“脊灰”完成第三轮强化服苗，服苗人数1.2万余人，服苗率达99%以上。1997年，在全区开展风疹疫苗的预防接种，并逐步将风疹疫苗纳入计免范畴。并对1.5万名适龄儿童进行“脊灰”强化服苗，服苗率达97%。1999年，陆续从省、市防疫站引进腮腺炎、水痘、甲肝、风疹、麻风腮、HIB疫苗等有价疫苗。2000年，在辖区中小学生及幼儿园儿童中开展麻疹强化免疫活动，接种率达91.44%。2001年之后，持续开展各项预防接种工作，至 2005年，卡介苗、脊髓灰质炎疫苗、百白破疫苗、麻疹疫苗、乙肝疫苗、乙脑疫苗、流脑疫苗接种率均在98%以上，高于国家计划免疫单苗接种率应大于90%的标准要求。

第三章　妇幼保健

第一节　妇女保健

1990年，仓山区从建立孕妇档案入手，进行围产期保健宣传，加强对高危妊娠的管理，对辖内孕产妇死亡情况进行个案调查和补漏调查，通过查医疗保健机构病案室及相关科室，抄录15～49岁育龄妇女死亡及危重出院名单，采取调查病历走访等形式核实是否有孕产妇死亡。并在计生、公安等部门寻找育龄妇女死亡线索，及时对育龄妇女死亡进行调查，筛查出孕产妇死亡并进行个案调查。同时结合各种节日进行妇女保健知识的宣传，开展义诊、咨询活动，提高群众自我保健意识。实行每月一次以会代训的妇幼保健人员的例会制度，提高业务素质及服务质量。是年，区妇幼站正式挂牌成立，在全区开展孕妇围产期保健，当年，建卡925人，建卡率96.65%，孕妇早管理率68.48%，管理合格率60.59%，产后随访率96.58%。1991年，加强孕产妇系统管理，降低孕产妇死亡率，当年高危妊娠管理数134个，管理率为100%。1992年，开展创建“爱婴区”活动，仓前街道参与福州市妇幼卫生基础调查。同年，全区开展创建“爱婴区”活动，宣传母乳喂养。1993年鹤龄医院获得国家爱婴医院称号。1995年，《母婴保健法》颁布后，仓山区成立母婴保健技术考核领导小组及考核专家小组，对辖区内从事助产技术的医疗机构及人员进行培训和考核，以提高基层卫生院产科的急救和转诊能力，当年对托幼女职工开展妇女病普查普治。1996年，对辖区5个镇卫生院妇幼保健人员进行培训，当年共培训104人次。1997年6月中旬，组织12名医护人员深入下渡、仓前街道的8个居委会对妇女儿童保健服务需求进行调查，了解辖区群众对妇幼保健服务工作的需求，先后调查450人。1998年开始，着力为婚前男女提供健康咨询，开展婚前医学检查，减少或降低出生缺陷的发生。同时利用宣传册子、讲座、科普片等宣传形式，开展生殖健康知识的宣传。1999年城门镇、建新镇卫生院获“爱婴医院”称号。2001年，对街、镇卫生院产儿科人员和妇幼保健人员进行《母亲安全适宜技术培训》，共培训112人次。2003年，对境内爱婴医院进行抽查暗访，检查结果总体合格。同年区妇幼保健所增设妇产科门诊。2004年，对境内从事助产技术的6家医疗机构和155名医护人员进行考核发证，同时查处非法从事母婴保健专项技术服务的单位和个人，禁止利用B超进行非医学需要的胎儿性别鉴定。当年共检查31家，取缔1家，对2家存在较严重问题的进行罚款。2004～2005年，结合小区卫生服务，加强地段妇保人员与爱婴医院之间母乳喂养随访情况的交接及高危孕妇的追访工作。至2005年，全区共普查普治妇女病3.25万人次，共为 1.14万个女性提供婚前保健服务，疾病检出率11.5 %。发现滴虫性阴道炎1229例，宫颈糜烂 7242例，尖锐湿疣 48例 ，宫颈癌14例，乳腺癌9例，淋病9例，Ⅱ度以上子宫脱垂22例，均分别给予治疗，妇科病的发病率得到控制。

第二节 儿童保健

1990年，仓山区儿童保健重点做好3岁以前的儿童体格检查，是年检查发现视力低下率占参检总数的20.34%、营养不良率占13.6%、龋齿率占35.5%。同年对全区幼儿园工作人员进行健康体检，共体检179人，查出HBBSAg阳性患者18人，区教育部门及时对阳性患者进行治疗或调换工件岗位确保少儿健康成长。

1991年，在各幼儿园建立卫生保健制度，规范各类表、簿、卡，为全区托幼机构保健人员举办培训班。同时严格执行新生入园体检及工作人员持证上岗制度。同年开始每年为集居儿童进行一次蛲虫筛查及治疗。至1993年，共筛查1267人，发现患蛲虫病174例，及时对患者进行治疗，均获痊愈。是年还组织辖内4家公立幼儿园80名儿童参与福州市卫生局、妇联、电视台联合举办的“十佳健优美儿童竞赛活动”。

1994年，举办《儿童急性呼吸道感染临床管理》培训班3次，培训374人次，以提高基层医务人员对肺炎诊断和处理能力，降低肺炎病死亡率。

1995年，开展全国第三次0～7岁儿童体格发育调查，为儿童体格发育评价标准提供参考数据。抽调各院站医护人员12名，组成“儿童体格发育测查组”，对辖区5个街道76个居委会及主要托幼机构的适龄儿童进行测查，共查适龄儿童2510人。

1996年，开展婴幼儿“4·2·1”体检（1岁内体检4次，2岁内2次，3岁内1次）。全区6个街道、5个镇卫生院均配备或更新儿童磅称及量床，同时推行儿童保健内、外卡制度，规范儿童保健管理程序，加强对体弱儿的管理。是年，全区0～3岁儿童系统管理率保持在90%以上，系统管理覆盖率100%。

1997年起，每年为全区在园幼儿及工作人员进行年度体检。扩大儿童保健特色的服务项目，全面开展口腔、眼、听力保健。2004年，组织全区托幼园所保健人员参加《福州市集体园所儿童膳食管理学习班》，有4所幼儿园获“市儿童保健合格园”称号。

2005年，开展7岁以下儿童体格发育调查，完成测量、审卡、抄卡等一系列工作，建立合格卡片2940张。当年，全区共有13所托幼机构参加市级托幼机构卫生保健工作考评，均取得“福州市卫生保健合格单位”的称号。

第四章　公共卫生

第一节　公共场所卫生

1990年，对宾馆、旅社、理发店、公共浴室等公共场所进行卫生监测，至1991年，2年共监测908场次，从业人员健康检查834人，共查出“五病”（指病毒性肝炎、活动性肺结核、细菌性痢疾、伤寒和化脓性或渗出性皮肤病）患者13例，责令全部转离作业岗位。

1992年，结合“创建卫生城市”工作，对商场、录像厅、游戏厅、游艺厅、美容店等进行卫生监督管理，当年发放卫生许可证203家。

1993～1994年，重点加强制度建设。强化经营单位自身卫生管理，督促每个单位配备专职或兼职的卫生管理人员，建立岗位责任制度。同时督促旅店、桑拿、歌舞厅等场所配备专用消毒间、消毒水、消毒柜，理发美容店配备紫外线消毒柜、毛巾消毒桶等卫生消毒设施。当年10月，仓山区顺利通过第三次全国卫生城市检查评比。

1996年，行政区划调整后，公共场所增加近700家，仓山区卫生局成立公共卫生监督所，针对公共场所存在的消毒措施未落实、从业人员无健康证、管理制度不健全等问题，连续3年开展专项整治，至1998年，共检查公共场所848家，从业人员健康检查2155人次，查出“五病”患者49例，对2家问题单位给予罚款6000元。

1999年，按照“创国家卫生城市”迎检工作统一部署，区食品、公共场所卫生监督员与区公安分局、区工商局执法人员组成联合执法队，对建成区范围内食品卫生、公共场所进行执法检查，对问题的单位督促其改进。是年，仓山区受检的公共场所通过国家级卫生城市检查评比。

2000年，巩固“创卫”成果，加强店家自身管理制度建设，落实城市卫生长效管理，制定“美容美发店卫生管理制度”“小旅店卫生管理制度”“小舞厅卫生管理制度”“小浴室卫生管理制度”对公共场所实施长效管理。

2001年，对公共场所监督员进行相关法律法规的培训，全年共举办培训班5场，培训人员50人次。2003年春，针对“非典”疫情，制定并启动“防非典”应急预案，加大对宾馆、车站等各类公共场监督，督促开展卫生大扫除，落实各项消毒措施，是年仓山区无发生一例“非典”疫情。

2004年，继续对全区公共场所进行全面的监督，对已较规范的主干道沿线公共场所进一步对照标准，提高要求。对非主干道沿线公共场所开展监督，消灭监督盲区。至2005年，2年全区共发证377家，对1378个从业人员进行健康检查，共查出“五病”患者25例，责令全部转离作业岗位。

1990～2005年仓山区公共场所卫生监督、监测情况表

表20-4-1　**单位：家、人、例、%**

年份	发证数	从业人员体检	检出“五病”数	“五病”检出率
1990	183	402	7	1.74
1991	178	432	6	1.39
1992	203	457	8	1.75
1993	179	413	7	1.69
1994	207	478	9	1.89

续表 20-4-1

年份	发证数	从业人员体检	检出“五病”数	“五病”检出率
1995	215	572	6	1.05
1996	256	629	8	1.27
1997	289	680	15	2.21
1998	303	846	26	3.07
1999	380	960	13	1.35
2000	301	704	9	1.28
2001	332	601	9	1.49
2002	216	497	3	0.6
2003	373	653	11	1.68
2004	268	652	10	1.53
2005	377	726	15	2.07

第二节 食品卫生

1990年，仓山区对食品业实行申报审批制度，凡经营食品单位必需向区卫生防疫部门申报，经审查合格方可经营。区防疫站不定期组织力量对经营食品卫生单位进行检查管理。当年区防疫站抽样各类冷饮品300份送福州市防疫站检测，合格率67.8%，对不合格的冷饮品立即销毁处理。

1991年，建立六一南路食品卫生示范街，制定五户联包责任状及各种管理评比制度，形成互查机制。当年组织食品卫生检查3069家（次），处罚193次，罚款1724元，销毁变质食品1864公斤。

1992年，对全区餐饮业开展专项整治，共检查2457家，检查发现餐饮业后堂、白瓷砖铺设、“三防”设施（防尘、防蝇、防鼠）及消毒设施建设存在问题的有1021家，责令经营户限期整改到位。

1993年，服务行业、娱乐业开始配备卫生管理员，区防疫站对全区餐饮业餐具消毒情况进行检查。当年共抽检90份样品，合格率93.3%，对不合格的责令经营户限期整改到位。1995年，按照餐饮业卫生标准，加强“三防”设施及消毒设施建设，各餐饮业经营户均配置专用消毒器械和“电子灭蝇机”。

1996年，仓山区行政区域调整后，全区被监督单位增加550家，达1543家。区卫生防疫部门采取分片包干的办法，定期巡查，同时组织从业人员5487人进行体检，检出病毒性肝炎、活动性肺结核、细菌性疾病、伤寒和化脓性或渗出性皮肤病共291人，责令辞退。

1997～2000年，在全区餐饮业推广使用电子消毒柜、红外线消毒柜，并将原先后堂“三口池”（清洗、消毒、冲洗）改为“四口池”（增加一口粗加工专用池），降低交叉污染的机率，并将原有的煤灶一律改为油灶、液化气灶等低污染灶。

2001年，开展“治理餐桌污染，建设食品放心工程”。先后开展“私宰猪”和地下加工窝点专项整治活动，至2002年共出动54次，查获私宰猪67头，取缔地下加工窝点19家次，行政处罚139家次，罚款金额2.1万元，销毁伪劣产品6000公斤。

2003年，“非典”期间，仓山防疫站开展食品打假、中小餐馆和食品加工企业食品卫生安全整治等专项整治行动，共组织监督员5500余人次，检查生产单位1.8万家次，销毁不合格食品3万公斤。

2004年，成立量化等级评定专项整治工作小组，对全区餐饮业展开量化分级管理。层层签订责任状，规范各用肉单位的猪、牛、羊肉食品采购，从源头上堵住私宰肉、“瘦肉精” 肉流入市场，确保食品安全。至2005年，共出动监督人员3000人次，检查各类食品生产经营单位9850家次，取缔无证经营单位180家，罚款3.7万元。

1990 ~ 2005 年仓山区食品卫生监督、监测情况表

表 20-4-2　　单位：家、人、%、次、万元、吨

年份	发证数	从业人员体检数	检出“五病”数	“五病”检出率	行政处罚数	处罚金额	销毁伪劣产品
1990	821	2125	96	4.25	11	0.5	2.6
1991	856	2486	118	4.7	11	0.5	3.2
1992	879	2684	105	3.9	25	0.9	3.5
1993	864	2579	128	5	32	1.1	3.6
1994	873	2678	98	3.7	45	1.3	2.9
1995	893	2589	83	3.2	55	0.7	2.8
1996	1543	5487	289	5.3	45	2.1	5.6
1997	1869	5726	245	4.3	53	2.6	5.4
1998	1945	5987	278	4.6	44	1.9	6.5
1999	2078	6457	189	2.9	35	1.2	4.2
2000	2185	6583	205	3.1	68	2.5	6.8
2001	2248	6652	286	4.3	48	2.6	3.5
2002	2278	6689	294	4.4	36	2.9	2.9
2003	2368	6753	235	3.5	56	2.4	3.8
2004	2529	7624	257	3.37	38	1.7	3.1
2005	2661	7996	262	3.28	42	2.4	3.6

第三节　饮水卫生

1990 年，对全区二次供水单位进行全面摸底，查明全区有二次供水单位 383 家，二次供水设施 501 个。

1992 年，对全区二次供水单位进行全面检查，对问题经营单位，督促整改到位。同时根据创卫中暴露出的二次供水检测能力差的情况，购入医用冰箱、分析天平、普通蒸馏水器及培养箱各一台。1995 年，卫生系统党员、干部包点监查指导，先后召开动员部署会议 12 场次，出动车辆 20 架次，对全区 1000 多座水箱的二次供水工作进行监查指导，10 月，仓山区二次供水通过第三次全国卫生城市检查。

1996 年，全区二次供水设施数增加 302 个，达到 1023 个。1997 年，召集用水单位负责人及街道、乡镇二次供水负责人进行集体培训，并发放《仓山区二次供水卫生要求》材料。1998 年，对供水单位监督检查 1400 次，监测水样 1480 份，培训、体检供水人员 150 人，发放二次供水卫生许可证 207 张。

2002 年，仓山区政府重新对二次供水卫生管理职能进行划分，区卫生防疫站主要负责二次供水设施清洗消毒指导、水质检测等工作，区建设局负责二次供水硬件设施（水箱加盖、加锁、加罩等）监管。2003 年春“非典”爆发，仓山区防疫站抽查全区 310 个二次供水单位，全部合格。

2005 年，全区共有二次供水设施 1044 个。培训体检供管水人员 180 余人；水质抽检 630 份，全部合格。

第四节　学校卫生

1990 年，仓山区执行《学校卫生工作条例》，学校执行晨检制度，每天早上进行个人与环境卫生检查、评比。每年进行一次学生常规体验并对卫生专干和卫生保健教师进行一次培训。区防疫站每年对小学生进行 1 次健康监测，同时组织检查小组对全区区属中小学进行检查评估，保证学校卫生工作的正常开展。

1991 年，对城乡学生体质健康进行测试。1995 年，再次对城乡学生进行体质健康测试，测试结果与 1991 年比较，全区学生的形态，机能与身体素质呈上升态势，近视眼发病率仍较高，心肺功能提高不明显。

1995 年，配合福州市学生体质健康状况“调研组”和“监测队”，对城乡学生进行体质健康测试。

同时组织中小学生进行常规体检。1997 年，国家教委、国家体委授予仓山区 1990 ～ 1996 年推行“国家体育段炼标准施行办法”先进单位称号。1998 年，建立健全学校卫生工作制度，加强对学校医务室（卫生室）的管理，并在全区中小学开设健康教育课，建立健康教育工作档案，开展创建“健康促进学校”活动。当年，各中小学均开展健康教育工作自查、互查，区教育局组织交流观摩和拉网式检查。同时召开健康教育工作档案材料交流观摩会。

2000 年对学生主要健康情况进行测试，测试表明学生视力低下率 29.13%，营养不良率 9.7%，龋齿率 21.7%。2001 年 3 ～ 5 月，全区开展少年儿童“口腔流行病”检测工作，随后各校每年均开展口腔保健教育活动。

2003 年初，“非典型肺炎”爆发流行。各中小学均加强晨检制度，每天检测师生体温，发现异常情况，及时向教育局报告。区教育局也组织人员下校检查防范工作，并举办培训班，宣传预防知识，发放预防“非典”光盘和其他宣传品。

2004 年，开展“治理餐桌污染”活动，对办有食堂的学校，进行监督检查，开展预防“禽流感”和“登革热”工作。

2005 年，在学生中接种麻疹疫苗，龙王台风后的 100 天，各中小学每天报告防治霍乱工作情况，开展防治监测工作。当年学生主要健康情况测试表明，视力低下率 32.7%，营养不良率 0.15%，肥胖率 11.12%。营养不良有所改善，视力低下、龃齿、肥胖率均呈上升趋势。

第五节 爱国卫生运动

1990 年，仓山区开展第一次创建国家卫生城市（下称“创卫”）活动，开展以除害灭病为中心的爱国卫生运动，对整治环境、除害消杀、改善公共设施进行全面部署。1991 年，动员辖区各单位、居委会开展室内外环境大扫除及除害消杀工作，购置药品对生活小区、公厕、垃圾桶（箱）等进行消杀，是年仓山区通过福州市灭蟑达标活动验收。

1992 年，开展第二次“创卫”活动。9 月份灭鼠开始，检查结果鼠密度 0.45%，比国家标准 5% 低 10 倍达标。是年，在全国卫生城市检查中，全区 400 个点全部达标，评出 2 个卫生红旗街道、3 个卫生先进街道、58 个“庆城式”卫生居委会和 18 个文明新村，50 个卫生红旗先进单位、“卫生之家、清洁户”。

1995 年 3 月，继续开展创建国家卫生城市活动。全面落实“周末卫生日”和门前三包、门内达标、“创文明小区”等卫生制度，同时推行“垃圾袋装”和“垃圾上门收集法”。当年 10 月在全国城市卫生检查评比中，全区 45 个备检点检查全部合格。

1996 年，区委、区政府制订《仓山区创建国家卫生城市和加强城市规划、建设、管理三年规划（1996 ～ 1998 年）》，区直各部门、各镇街也相应制订三年规划。

1997 年，推行垃圾袋装，利用周末卫生日开展清理垃圾、清理乱张贴、清理杂草活动，全区各街道基本实现全日制保洁。当年 12 月，成立区创卫办，重点实施环卫运行机制改革、健康教育、除害灭病、市政设施配套、市区交通整治、内河整治、园林绿化、路街整治、环保整治、卫生达标居委会、卫生防疫系列、公共场所卫生管理、市民文明意识教育 13 项工程。全区“创卫”工作步入经常化、制度化。

1998 年，开展市容卫生、园林绿化、内河治理、环境保护、卫生防疫、污水处理、市政设施、城市交通 12 个方面的专项整治活动，是年，仓山区创卫工作通过省级验收，基本达到国家卫生城市标准。“灭鼠”工作也通过国家检查，省级调研、省级考核、省级验收以及多次市检。

1999 年 9 月，城门镇、盖山镇、螺洲镇爆发流行登革热，全区采取针对性措施，开展以灭蚊为中心的爱国卫生运动，疫情及时得到控制，无发生死亡病例。当年 10 月，召开“创卫”迎检部署大会。全区取缔无“三证”中小餐馆 131 家，暂扣非法营运三轮车 253 辆，取缔占道摊点 984 个。

2000 年，区政府先后制定下发《关于加强爱国卫生长效管理工作的通知》《关于中小餐馆长效管理工作的实施意见》《关于进一步明确市区市容环境卫生管理工作职责分工的决定》《关于进一步加强城市管理工作的意见》，开展以灭蚊为重点的除四害工作。同年 11 ～ 12 月，进行室内外蟑螂种群分布及侵害情况调查，调查结果显示，城区蟑螂有二科二属 5 种，室外以美洲大蠊为主，占 99.04%，室内以德国小蠊为主，占 57.94%，侵害率在农贸市场摊档、宾馆（招待所）的厨房和餐厅、居民户的厨房、下水道口分别为 39.6%、48.62%、28.17%、28.69%；同时发现德国小蠊栖息场所有扩散的趋势。

2001 年 2 月，将农村改厕 200 户作为区委、区政府为民办实事项目之一，农村卫生厕所普及率和无害化厕所普及率均达 90% 以上。当年 4 月开展以加强农贸市场管理，保障餐桌食品安全为重点的爱国卫生月活动，组织有关部门对全市的酒楼、饭店等进行多次各项整治，改善食品卫生状况。2002 年 12 月，省爱卫会对福州市保持“国家卫生城市”成果开展复查，仓山区的长效管理工作通过检查。

2003 年，开展以防治“非典”为重点的爱国卫生运动，组织干部职工、中小学师生、居村小区干部开展环境卫生大扫除活动，全区共清理卫生死角 1000 多处，清理污水体 3 万多立方米，投入鼠药毒饵 11 吨。同时，对公共场所、公共交通进行 2 次工业预防性消毒杀虫。当年发放各种宣传单 15 万份，“非典”基本知识读本 7000 多册，宣传图片墙板 5000 多份，以及传染病管理法律法规宣传册 3000 多份。

2004 年，组织开展以“预防高致病性禽流感”为主题的爱国卫生月活动。当年螺洲镇店前村等 8 个村通过市级卫生乡镇考核验收。

2005 年 8 月，全国爱卫会专家组对市、区创建“国家卫生城市”工作进行复查，仓山区通过检查。10 月，福州市遭受“龙王”台风的袭击，发生百年不遇的洪水，全区组织开展以防病抗灾为重点的爱国卫生运动，发动群众开展环境卫生治理，清除淤泥、垃圾，排除积水，做好管水、管饮食、管粪便等工作。组织专业消杀队对城区受灾严重地区进行消毒、消杀。在灾前有霍乱疫情的情况下，确保大灾之后无大疫。当月，仓山区通过福建省爱卫会对区灭鼠、灭蚊、灭蟑 3 项工作检查。

第五章　卫生管理

第一节　医政管理

一、医疗制度的改革

1990 年，仓山区直卫生医疗单位实行院长负责制，重大问题通过职工代表大会，实行民主管理。1993 年，仓山区在区直医疗机构中开展医疗制度改革，区卫生局与区直各院站签订工作目标责任书，确定鹤龄医院为“省卫生改革试验联系点”单位，探索公益性事业单位企业化经营管理的路子，开始从人事制度、分配制度、经营管理体制、科技兴医等方面以点带面全面深化医疗卫生改革，在分配制度上，实行工资、奖金双浮动，拉开工资档次。

1994 年，鹤龄医院推广“全员聘任制”和“全面承包责任制”，实施包括人事管理、医德医风、医护质量、工资分配、综合效益、服务态度等 10 方面的改革，医院经济效益明显增长。

1995 年，改革后鹤龄医院门诊达 11.3 万人次，业务收入 854.8 万元，比 1994 年增加 107.5 万元，中医眼科医院与全国 380 多家大中型医院建立协作关系，推广卢氏外用眼药取得一定的社会与经济效益。

1996 年，草拟《仓山区医疗机构设置规划（1996 ～ 2000 年）》，以农村卫生为重点，探索城乡一体化、医防一体化的管理模式。1998 ～ 2000 年，建新镇和城门镇卫生院通过“一级甲等”评审验收，盖山镇卫生院通过爱婴医院的复评工作。鹤龄医院、建新镇卫生院、城门镇卫生院确定为省劳动保障部门认定的医保定点单位。盖山卫生院提出院长一职，实行公开竞聘，有 7 名医护人员参与竞聘，经过资格审查、候选人员公示、面试和公示等程序，产生院长试用人选。

2001年，区卫生局在全区推行新的医疗机构药品采购制度，实行药品集中招标采购。鹤龄医院、中医院、城南卫生院等3家单位参加全省药品统一招投标。城门镇卫生院、建新镇卫生院、盖山镇卫生院、螺洲镇卫生院、仓山镇卫生院等通过跟标、竞争性谈判、询价等方式采购药品。药品降价让利群众金额达25.89万元。

2002年，在镇卫生院推行人事、分配制度改革，建新镇卫生院、城门镇卫生院等单位将个人收入同岗位的责任、技术劳动的复杂和承担风险的程度及工作量的大小等挂钩，调动员工的积极性。

2003年，区卫生局机关防疫妇幼科科长一职实行竞争上岗，经过报名、审核、笔试、面试、民主测评、组织考试等程序，选拔出新的科长。2004年，仓山区执行医疗机构推向市场的政策，以鹤龄医院为试点，开展把医疗机构推向市场的改革。2005年以经营托管的方式，把鹤龄医院交由市二医院托管，其余区、街、镇医疗机构仍按原制度不变。

二、医疗机构管理

1990年，对辖内个体开业医、厂矿企事业单位开办的社会医疗机构进行登记，严格审查、实地考核，核发开业许可证。全年共核发社会医疗机构执照99家，个体开业医46家，并对73家社会医疗机构进行年终考核评比，全年吊销个体开业执照1家，收回报停执照6家。

1991年，开展对个体医疗机构年度验收评先活动，共组织18次全面检查评比。

1993年，对社会医疗机构进行考核换证工作，经考核验收核发执业许可证43张。同年，实行医疗机构分类管理，对全区医疗机构进行6次检查验收，根据医疗机构投资来源、经营性质等有关分类界定的规定，核定鹤龄医院等10家医院为非营利性医疗机构，70家诊所医疗机构为营利性医机构，取缔非法医疗机构1家，处理4家，罚款510元。

1997年，制订“仓山区清理整顿医疗机构工作实施方案”，开展医疗机构清理整顿工作，对17家挂靠区级医疗单位的分支机构进行清理整顿，其中13家与医院脱钩，并责成这些医疗机构依法申报，取得开业资格。同时组织医政、药政、卫协会对社会医疗检查25次，检查医疗机构近250家次，对7个单位和个人罚款共计3.05万元，督促2个单位整改到位。1998年，先后5次组织社会医疗机构法人代表学习《福建省医疗机构管理办法》，参加学习人数500人次。同时，完成个体医疗诊所年审99家，协调医疗纠纷3起，配合市卫生局、市人大代表视察医药市场2次。对社会医疗机构检查650家次，取缔无证行医7家，责令整改16家，共罚款800元。

1999年，开展执法责任制试点工作，组织机关工作人员、卫生监督员学习《卫生行政执法处罚文书规范》，并参加福建省行政执法资格考试。2000年，制定《仓山区社区卫生服务工作意见》、社区服卫生服务点《管理暂行办法》《基本标准》《工作制度》《工作人员守则》等。当年组织8批人员共30多人次深入各社区卫生服务点进行指导检查，强化各项规章制度落实。

2002年，开展医疗市场专项检查，清理整顿非法医疗机构、打击非法行医、非法坐堂医及违法医疗广告，出动各类监督员 1800 多人次，检查各类医疗机构2300多家次，取缔非法行医32家，没收药品、器械32件，价值1.5万元，罚款5200元。翌年，开展打击非法行医专项行动，共组织检查医疗机构500多家次，取缔非法行医55家，没收药品、器械73件，没收药品价值5.3万元，对41家医疗机构和个人罚款3.5万元。2004年，加强医疗机构的安全生产工作，共出动60多人次进行10次检查，共检查医疗机构90多家次，发现大小安全隐患5处，下达整改通知书5份，整改率达80%。

2005年，制订《仓山区打击非法行医专项行动实施方案》，明确职责分工和5项工作重点，组织执法检查46次，出动执法人员378人次，出动执法车辆65台次，取缔无证经营医疗机构32家，没收器械11件、药品49箱，立案16件，共处罚款1.45万元。

三、医护人员管理

1990年，仓山区医护人员执业资格认定由区卫生人员技术资格评审委员会审批。当年全区有医师163人，护士203名。

1994年，区卫生局采用集中讲座，按单位组织学习的形式开展《中华人民共和国护士管理办法》及福建省《护士管理办法实施细则》普及宣传教育，同时开展护士执业注册工作。当年注册执业护士229名。1999年区卫生局组织5期《中华人民共和国医师法》学习宣传活动，完成600多名执业医师资格认定，经初审后报送市卫生局，当年有537名医师取得医师资格证书。2000年，开展执业医师资格审核认定工作，全区共注册执业医师460名，执业助理医师100名。2001年区卫生局组织区直属医疗机构的50多名护理人员参加省、市社区卫生护理培训，为社区护理工作打下了基础。当年在全区各医院实行“病人选择医生”制度，改善医护人员的服务态度、服务质量。2005年，全区组织108名医护人员参加全科医师培训，是年全区注册医师有748名，其中执业医师384名，执业助理医师364名：临床类421名、口腔类48名、公卫类35名、中医类158名、中西医结合类28名。注册护士680名。

第二节　药政管理

1990年，仓山区对境内药品经营企业不定期进行突击检查和抽查，全年共组织20次药品检查，抽查药品3万种次，发现变质劣质药187种次并及时销毁。经考核验收药店11家，并核换“药品经营许可证”，药品从业人员健康检查470人次。

1991年，试行药品经营企业管理达标评分制度。以百分制的形式对药品经营企业的药品质量管理、人员与技术资格、经营条件、规章制度等方面进行评分，评分结果作为企业年审和换证的主要依据。医药市场根据《药品管理法》共组织15次药品检查，参检人员66人次，共抽查药品5.36万种次，查出不合格药品93种次。

1992年，药政工作结合创建国家卫生城市，组织药政、药检人员对辖区单位和商店进行清查，查获并取缔无证经营药品的单位和个人20起，打击外地流窜兜售蛇酒、生晒参、八百光、长生丸等伪劣药品的游医药贩5起，罚款730元。同时，对辖区药品生产企业、经营企业和使用单位实行月自查、季抽查、年全面检查制度，强化药品质量管理，全年共抽查药品3万种次，查出不合格药品30种次，金额3000元，查处药品违法案件12起，罚没款3643.5元。

1993年，组织从药人员健康检查，加强医疗卫生单位药剂管理，杜绝假药劣药流入。至1994年，药政股共进行药品检查8次，抽查药品达2万种次，查出不合格药20种次，金额2000元。当年对辖区13家药品经营企业进行4年一度的药品经营许可证换证验收工作。

1995年，开展药品质量大检查。打击制售假劣药品的违法行为，重点对进货管道、无证经营和管理混乱的摊点进行重点整治。区卫生局组织专业人员对药品市场进行4次检查，抽查药品达3万种次，查出不合格药品30种次，金额1000元，查处药品违法案件4起，罚没款300元。

1996年，对全区区属医院、开业个体医、厂矿、企事业单位卫生所（室）、职工医院共200多家医疗单位重新审查换证。卫生系统各院站实行主管道进货，将药品让利部分归入财务管理，以抵制药品回扣不正之风。当年开展3次药政大检查，检查药品单位156家，抽查药品8000种，查封药品价值3000元。

1998年，重点检查特殊药品、血液制品、医院制剂管理情况和整顿“药品回扣”。配合“创卫”工作对7个街道及周边地区的药店、诊所进行抽检，累计检查药品近7万种次，没收销毁不合格药品价值约1000元，对10多家单位和个人处罚近5000元，取缔5家无证经营单位。

2000年，转发《关于进一步加强药品采购管理工作的通知》，规范主管道进药购药行为，落实医药“分开核算、分开管理”制度，核定各医院药品收入占医院收入的控制比例，并列入目标责任书。同时协同药检所对仓山区大部分药店、诊所进行药品检查抽检。实行药品明码标价工作，各单位按规定的加成率定价，按规定公开公布药品价格。

2001年，新的药品管理法修订后，药品管理监督工作归福州市药品监督管理局统一管理。至2005年不变。

第三节　公费医疗管理

1991年，区直公务人员和职工公费医疗由市财政下放区管理。区成立公费医疗领导小组，下设办公室，配备工作人员2名。公费医疗定点设在市公费医疗第三门诊部。当年，全区享受公费医疗2250人。1997年公费医疗定点改在区鹤龄医院，全区享受公费医疗3000人。

2001年1月1日，医疗保障制度改革，除老红军、离休干部和二等乙级以上革命伤残军人外，区直公务人员和职工统一参加城镇职工基本医疗保险，改由福州市医保中心统一管理。

2005年，全区享受公费医疗的老红军、离休干部和二等乙级以上革命伤残军人共有100人（不含五镇），全年公费医疗总支出212.87万元，年人均2.13万元。

第四节　医疗急救和救助

1990年，区政府成立以分管副区长为总指挥的疫病防控工作指挥部，统一调度各职能部门及各镇街开展疫病防控工作。区卫生局成立医疗救治组、疫情防控组和后勤保障组，落实防控工作。1993年10月26日，福州义序机场发生民航客机冲出跑道事故，全区医疗急救网络上下联动，全程参与，由鹤龄医院收治2名空难伤员。

1994年，仓山区发生霍乱疫情，全区启动肠道门诊，对腹泻病人进行采便培养；强化霍乱监测工作，对辖区污水及海产品进行采样检测；对疫区、疫点进行大范围的消杀，共消杀约12000平方米；共对247名密切接触者进行医学观察；并对全区3100余家餐饮单位进行拉网式检查，确保食品的安全，防止病从口入。

1996年，仓山区依托福州市第二医院、仓山区鹤龄医院（福州市第三医院）及福州空军医院，配备标准急救车7辆，列入福州市120急救指挥系统，与各镇街卫生院、卫生所组成医疗急救网络，承担仓山区域急救及突发灾害的应急救治任务。

1999年9月，仓山区爆发登革热，区卫生局组织医务人员对1558名登革热病人进行隔离对症治疗，控制传染源，预防疫情蔓延；并对5786名密切接触者进行医学观察，及时排除疑似病例；积极开展发热病人的血清采样及蚊子幼虫的监测工作，并根据监测结果进一步开展防控工作；医务人员深入各村居，包干到户，责任到人，开展彻底的以灭蚊为主的爱国卫生运动，铲除蚊蝇的滋生地，阻断传播途径；积极开展登革热防治宣传活动，共举办培训会10场，培训人员1200余人，并充分利用各单位的健康教育专栏、专刊来宣传防治知识，动员群众共同做好防治工作。

2003年春，全国12个省、市发生非典型肺炎，仓山区实行医院发热病人监测及日报制，强化对来自疫区人员体温的监测，全年共对3216名来自疫区人员进行居家医学观察，及时将发热人员送至市留观站进行医学观察。同时加大应急物质储备，大量储备N95口罩、消毒水、一次性手套等应急物资。

2004～2005年，进一步加强医疗急救和救助工作，区卫生局成立突发公共卫生事件应急处置办公室，并将区防疫站分割成区疾病预防中心和区卫生局卫生监督所，同时制定完善各项应急预案。

第五节　管理机构

一、卫生行政机构

1990年，仓山区卫生局为正科级行政单位。内设医药政股、卫生防疫股和办公室。工作人员11人，其中行政编制4人。2001年，药政、药检职能划归市药品监督管理部门管理。2002年，医疗保险由劳动和社会保障部门负责，城市流动饮食摊点卫生防疫的行政处罚权归城市执法局负责。调整后，卫生局的主要职能为：研究并提出全区卫生规划，统筹规划与协调卫生资源配置，制订并组织实施社区卫生服务规划，开展医疗保健、卫生防设、妇幼保健和健康教育，监督管理传染病防治和食品、职业、环境、放射、学校、化妆品卫生，推进医疗机构制度改革。至2005年，卫生局设有办公室、防疫妇幼科、医政法规监督管理科和基层院站管理科，行政编制4人。

二、防疫机构

1990年，仓山区防疫站内设办公室、食品股、公共卫生股、防疫股、检验室等5个股室，有医技人员12人。1995年增设健康教育科。1996年，区划调整区防疫站接收10名郊区防疫人员。2005年，仓山区防疫站更名为仓山区疾病预防控制中心，核定编制38人，有医技人员31人。

三、保健机构

1990年，仓山区妇幼保健站，有医技人员5人。2003年1月更名为仓山区妇幼保健所，为全民所有制副科级卫生事业单位。主要从事全区妇女儿童保健以及婚前医学检查，内设妇女保健科，儿童保健科，男、女婚检室，检验科，教师体检室，宣教室，办公室，财务室等。2005年，定编8人，实配7人，其中高级职称1人，中级职称3人，初级职称3人。

第二十一篇　宗教　民俗

第二十一篇　宗教 民俗

第一章 宗教

1990年，全区正式开放的佛教、道教、天主教、基督教活动场所共有38处，神职人员32人。1992年，区委统战部同区宗教局对历史遗留问题进行协调落实，归还教会的产权及使用权2处；新辟基督教上渡和马厂街2个宗教活动聚会点。1994年，政府有关部门陆续对各教点进行登记，全区宗教活动进入规范化管理。2005年，全区宗教活动场所增至42处，神职人员149人。

第一节　佛教

一、佛寺和信徒

1990年仓山区佛教主要寺院有洪塘金山寺、高盖山妙峰寺、螺洲灵山寺、梁厝龙瑞寺、洪塘妙峰寺、仓山清凉寺、清凉山清凉禅寺、淮安普觉寺、高沙龙江寺、连坂甘泉寺、义序定光寺、仓山种福寺、下董山禅寺、高湖静益寺、吴山埔山禅寺、盖山九龙寺、林浦瑞迹寺17所，常驻寺院的僧人共15人。除洪塘金山寺和吴山埔山禅寺没有住持外，其余寺院均有专职的教职人员1人。1993年，爱国华侨郑格如女士在下洋村兴建慈航寺，面积2公顷，主建筑为观音阁，辅以寮舍等生活区。此后，全区寺院专职教职人员逐渐增多，至1995年，专职教职人员增至44人，其中洪塘金山寺和吴山埔山禅寺也驻有1个专职教职人员，其余各寺院专职教职人员均增至3人。2000年，专职教职人员增至72人，平均每所寺院有4人。最多的是龙瑞寺、静益寺各有6人，最少的是金山寺只有1人。

2005年，全区共有寺庙18所，教职人员103人，其中龙瑞寺10人、高盖山妙峰寺9人、洪塘妙峰寺9人、静益寺9人、仓山清凉寺8人、甘泉寺7人、清凉山清凉寺7人、慈航寺6人、灵山寺6人、定光寺5人、九龙寺5人、龙江寺5人、瑞迹寺4人、埔山禅寺2人、种福寺2人、金山寺1人、普觉寺6人、下董山禅寺2人。信奉佛教的信众约有9000多人。

二、主要活动

1990年，辖内各寺院佛教活动在农历的二月、四月、七月、十月、十二月等月份均分别举办超度大法会。是年，清凉寺、龙瑞寺、甘泉寺、埔山禅寺、定光寺、种福寺、九龙寺、妙峰山妙峰寺、瑞迹寺、清凉山清凉寺等均举办超度大法会。普觉寺、灵山寺、龙江寺、金山寺等先后举办佛像的开光大典和祈福法会。各寺佛教徒传统佛教活动有佛诞、祈祷、追福等大型法会和念经、供佛、追荐等小型法事。主要有：清明和冬至，打佛七法会；农历二月十八日、六月十八日、九月十八日，举行观音菩萨圣诞法会活动；农历四月初八日，释迦牟尼佛出生圣诞，举行浴佛节活动；农历七月卅日，地藏王菩萨圣诞；农历十一月十七日，弥陀圣诞佛七超度大地男女无祀派魂等众法会等。每次法会结束都有举行放生活动。1995 年，盖山九龙寺重建，特别举办重建及佛像开光法会。其余的寺院皆于农历的六月或九月举办观音圣诞祈福法会，祈求世界和平，人民安乐，幸福长寿。

2000 年，较大的佛教活动有农历正月，灵山寺、种福寺和龙瑞寺举办祈福大法会；农历四月清凉山清凉寺、盖山九龙寺、清凉寺、义序定光寺和妙峰山妙峰寺举办放生节放生法会；农历六月金山寺和下董山禅寺举办观音圣诞祈福法会；农历七月高盖山妙峰寺举办佛像开光大典、甘泉寺、慈航寺和瑞迹寺举办祈福消灾大法会和超度大法会；农历十二月普觉寺和龙江寺分别举办的水陆超度大法会和超度大法会等。

2003 ～ 2005 年，在教徒中开展向社会赈灾和其他的公益慈善活动。高盖山妙峰寺济平法师捐献 20 万元人民币修建高盖山公园盘山公路和景点。其他各寺院的教徒也计捐款 20 万元人民币帮助社会上的“特困”学生升学。筹资 15 万元，建设贫困地区的希望小学。

第二节　道教

一、宫观及信徒

1990 年，仓山区道教的宫观有黄柏岭望北台真武庙、吴山村九门局九仙宫、上藤路塔亭临水陈太后祖庙、港头汉闽越王庙、上渡竹榄里仓山闽王庙、走马山藤山三圣王庙、乾元张真君殿、洪塘妙峰三帝行台、白鹭岭童兴堂、山道村劝善庵、塘池白泉庵、周厝巷小巷合府堂 12 所，均无专职驻庙教职人员。信众（含民间信仰）多分布在辖内各地。信奉最多的是临水陈夫人、望北台真武庙、藤山三圣王和汉闽越王，信众皆在 1000 人以上。1995 年，望北台真武庙开始配有驻庙教职人员 1 人，2000 年，塔亭临水陈太后祖庙、仓山闽王庙、藤山三圣王庙、汉闽越王庙等也都陆续配有驻庙教职人员。全区道教（含民间正一道士）教职人员增至 19 人。

2005 年，乾元张真君庙、洪塘妙峰三帝行台、童兴堂、劝善庵、小巷合堂府 5 宫观也都配有 1 人专职的教职人员。全区道教宫观 12 所不变，专职的教职人员共 16 人。

二、主要活动

1990 年 2 月（农历正月），汉闽越王庙、藤山三圣王庙、盖山九门局九仙宫、童兴堂白泉庵、望北台真武庙、塔亭临水陈太后祖庙等先后举办“祈福大法会”“礼斗大法会”“游神”等活动。8 月（农历七月）望北台真武庙、塔亭临水陈太后祖庙等举办“超度大法会”；农历九月和十二月，洪塘妙峰三帝行台、劝善庵、乾元张真君庙、汉闽越王庙举办“超度大法会”；仓山闽王庙举行规模盛大的重建及开光大典。此外，还有按照常规例行道场科仪，如拜斗、安宅镇土、过关、送太岁、解厄禳星、超度亡人等道场。信众如云，观者如堵。

1995 年，道教较大的活动有：望北台真武庙的“真武大帝圣诞祈福法会”、塔亭临水陈太后祖庙的“管委会成立祈福大法会”、仓山闽王庙的“闽王诞祈福法会”、藤山三圣王庙的“三圣王圣诞祈福法会”、乾元张真君殿的“修复、改名及祈福法会”、汉闽越王庙的“重建并开光祈福法会”、洪塘妙峰三帝行台的“张帝圣诞祈福法会”、盖山九门局九仙宫的“九仙圣诞祈福法会”、劝善庵的“五帝圣诞祈福法会”，以及小巷合堂府和白泉庵等举办的“圣诞祈福法会”等。

1996 年 12 月，道教徒林桂官、郑炜、林振玉等人联合发起成立仓山道教学习组，组织道教徒学习有关宗教政策。

1997 年，在道教徒中，广泛开展赈灾和其他的公益活动。1997 年、1999 年，仓山汉闽越王庙先后举办“庆祝香港回归祈祥大法会”和“庆祝澳门回归祈祥大法会”。

2005年，道教活动主要以“祈福”为信徒们活动的主题。其中有汉闽越王庙、塔亭临水陈太后祖庙和洪塘妙峰三帝行台举办的“正月礼斗祈福法会”、小巷合堂府和劝善庵举办的“正月祈福法会”、望北台真武庙举办的“正月祈福消灾法会”。除正月的祈福法会外，各庙宇宫观多举办圣诞法会，其中有望北台真武庙的“真武大帝圣诞祈福法会”、塔亭临水陈太后祖庙的“顺天圣母圣诞祈福大法会”、仓山闽王庙的“闽王诞祈福法会”、藤山三圣王庙的“三圣王诞祈福法会”、洪塘妙峰三帝行台的“张帝圣诞祈福法会”、盖山九门局九仙宫的“九仙圣诞祈福法会”、劝善庵的“五帝圣诞祈福法会”等。同时还举办仓山闽王庙的“闽王祭祀大典”、藤山三圣王庙的“重建及开光大典”、童兴堂的“重建及开光法会”、白泉庵的“重塑金身开光法会”、乾元张真君庙的“修复及改名祈福法会”等。

第三节 天主教

一、教堂及教友

1990年，仓山区有泛船浦、上渡、湾边等3所天主教堂，共有神职人员6人，教友约1740人。其中泛船浦天主堂神甫1人、修女1人；湾边堂神甫1人、修女1人；上渡堂神甫1人、修女1人。泛船浦堂是天主教福州教区的主教座堂，发展比较快，至2001年，增加神甫1人，其教友也增加至1.3万人。是年全区共有天主教神职人员 7人，教友1.42万人（湾边堂200人，上渡堂1000人）。2005年，境内天主教堂数量不变，泛船浦堂增加神职人员1人。全区有天主教神职人员8人，其中，泛船浦天主堂神甫3人、修女1人；湾边堂神甫1人、修女1人；上渡堂神甫1人、修女1人。教友约2.18万人，其中泛船浦总堂约2万人，上渡堂约1500人，湾边堂约290人。

二、主要活动

1990年，仓山区天主教主要宗教活动有圣洗圣事、坚振圣事、和好圣事、圣体圣事、婚配圣事、圣秩圣事、病人傅油圣事等。各教堂每周末均要举行“弥撒”活动。当年总堂举办天主教爱国会全省重点市县爱国会工作人员培训班，组织神职人员和教会人员学习邓小平南巡讲话精神和全国教会工作精神。1991年，上渡天主堂举行复堂大礼弥撒，发动全区教友为宁夏贫困地区捐赠衣物1000多件。1992年，泛船浦总堂举行“天主教福州教区郑长诚主教祝圣典礼”，和“庆祝圣母升天暨为江淮流域水灾灾民祈求免灾赐福重建家园”大礼弥撒活动。1995～1998年泛船浦教堂举办庆祝圣母升天祈祷世界和平大礼弥撒、喜迎香港回归祖国感恩大礼弥撒、全省天主教神职人员避静等举办中国天主教主教团主席宗怀德主教逝世周年追思弥撒和庆祝国庆50周年感恩祭，祈求国泰民安，国运昌隆。1999年，为特大水灾地区灾民筹措救灾款物总价值30万元人民币。2000年12月，泛船浦总堂“圣歌团”在总堂演出《平安夜》，有3000多名教友恭望弥撒，朝拜圣婴。2001年，总堂举办“祈求中国申奥成功”大礼弥撒和为期1周的“玫瑰圣母主保瞻礼”和“揭批邪教组织大会”。2002年，总堂举办福州教区神父避静宗教活动和纪念天主教音乐主保则济利亚圣女座谈会等。2004～2005年，总堂开会传达中共十六届四中全会精神、举办中秋国庆座谈会，同时还举办修女培训班，并多次组织“献爱心”开展义诊活动。

第四节 基督教

一、教堂及教徒

1990年，仓山地区基督教堂有仓前天安堂、中洲基督教堂（原为中洲基督教徒聚会处）、义序基督教堂（原称“宣道堂”）、浦下基督教堂（原名“天道堂”）、施埔基督教堂（原名“真学堂”）、胪下基督教堂（原称“福音堂”）等6所，神职人员11人（牧师5人、传道6人），信徒约4000人。

1992年，上渡基督教堂（原名“福民堂”）和马厂街基督堂（前身为基督教聚会所，后称“基督徒会堂”）2所教堂恢复开放。全区教堂增至8所，神职人员14人。1995年，新成立城门教堂、胪下堂、义序教堂各增加传道1人。

2005年，仓山区共有基督教堂9所，神职人员共有22人，其中中洲堂长老2人；马厂街堂长老1人；天安堂牧师1人、传道2人；上渡堂牧师1人、传道1人；城门堂牧师1人、传道2人；义序堂牧师2人、传道1人；胪下堂传道1人；施埔堂牧师2人、传道2人；浦下堂牧师1人、传道2人。信徒约10300人，其中城门基督教堂信徒最多，约2400人。

二、主要活动

1990年，基督教堂每周末均举行“礼拜”活动，教徒多到教堂集体“做礼拜”。每年圣诞节、受难节、复活节、升天节、诸圣日（万圣节）等基督教节日，各教堂均组织教徒开展“做礼拜”等纪念活动。是年，辖内乐群路福建神学院举办神职人员培训班，培训提高基督教神职人员。

1994年，成立仓山基督教仁爱服务中心，参与敬老院、幼儿园、医疗门诊、林果场等社会慈善事业，同时举办捐款助学、赈灾济贫的活动，2次共为洪灾捐款50万元人民币。

1995年，义序堂新堂落成，教徒们在新堂举行隆重的典礼和感恩礼拜。1997年举行“欢庆义序堂教会建立一百周年”活动。2004年，天安堂举行“按立牧师、设立长老典礼”。2005年，天安堂的圣歌团与省神学院唱诗班、罗源城关堂圣歌团联合举办“世界之光”音乐烛光崇拜。1990～2005年，天安堂分别接待过世界循道卫理宗华人教会、香港循道卫理联合会、马来西亚教会信徒、新加坡华文基督教会理事会、加拿大牧师团、罗源教会各教牧区长、新加坡牧师团、美国牧师团以及新加坡、马来西亚教会等的多次访问。

第五节　宗教事务

1990年，区委统战部和区宗教局对历史遗留的望北台道真武庙、马厂街基督教聚会所产权和“神学院房屋租金”“区公安局使用教会房屋拆迁的补偿费”等问题进行协调落实。上渡街道和对湖街道先后从望北台和马厂街迁出上渡漆筷厂、对湖红星服装厂，把产权、使用权退返教会。1991年，中共仓山区委成立仓山区宗教领导小组，负责领导协调区内的宗教工作，决定成立清凉寺管理小组配备清凉寺住持。同时由宗教局牵头，配合公安局、街道和宗教爱国团体，先后取缔市二院办公楼四层、太平巷市场后宅、三叉街湖畔新村3个非法宗教聚会点。配合区教育局，制止开办暑期宗教少年“道理班”。节日期间，慰问和看望宗教界高龄的天主教薛平西主教和生病的市天主教爱国会秘书长陈爱今和部分教职人员。1993年，区宗教局批复同意成立福州天主教仓山区居益房产配套服务公司，为其申请办理“减免天主教自养企业税收”。同时开展宗教活动场所登记管理工作。1994年，经登记的宗教单位有：佛教清凉寺等4家；天主教泛船浦天主教堂等3家；基督教天安基督教堂等6家。

1996年、1997年，归还教会的产权及使用权2处；恢复基督教上渡和马厂街2个宗教活动聚会点；解决神学院房屋租金和区公安局使用教会房屋拆迁的补偿费以及区城建部门依法拆除占用清凉寺大门建骑楼等问题。提高宗教人士的政治待遇，高盖山妙峰寺住持释济平被安排为仓山区第五届政协常委。真武庙的林桂官被安排为仓山区政协委员。2002年，上渡棚屋区改造，指挥部特别在沿街划出一块地无偿提供上渡天主教堂使用。同年仓山区政府出台《镇街村居宗教工作责任制》。12月，选举宗教界人士洪惠中、岳清华、叶祖德3人选为区十四届人大代表，陈安俤、杨国忠、石升娇、施雪琴、释世起、释济平、释照清、释朗英、吴建清9人选为区第六届政协委员。2004年，市、区政府多次协调为泛船浦天主教堂移址问题，同时帮助协调解决与福建师大房产纠纷问题。2005年，区第六届政协常委会表彰天安基督教堂主任牧师陈安俤、盖山九门局九仙宫主任吴建清为优秀政协委员。区委、区统战部、区民宗局领导到泛船浦天主堂、上渡天主堂、湾边天主堂慰问天主教特困户，同时检查马厂街基督教堂的安置点和解决建新镇普觉寺山体滑坡的安全问题。

2005年福州仓山区宗教活动场所登记情况表

表21-1-1　　单位：人

教别	宗教活动场所	登记时间	教职人数
佛教	清凉寺	1994年	8
	普觉寺	1994年	6
	高盖山妙峰寺	1994年	9
	灵山寺	1994年	6
	燕山龙瑞寺	1995年	10
	龙江寺	1995年	5
	金山寺	1995年	1
	甘泉寺	1995年	7
	吴山埔山寺	1995年	2
	义序定光寺	1995年	5
	仓山种福寺	1997年	2
	盖山九龙寺	2005年	5
	妙峰山妙峰寺	2005年	9
	慈航寺	2005年	6
	瑞迹寺	2005年	4
	清凉山清凉寺	2005年	7
	山禅寺	2005年	2
	静益寺	2005年	9
道教	望北台真武庙	1995年	1
	塔亭陈太后祖庙	1997年	
	仓山闽王庙	1997年	
	藤山三圣王庙	1997年	2
	乾元张真君庙	2005年	1
	汉闽越王庙	2005年	1`
	洪塘三帝行台	2005年	1
	九门局九仙宫	2005年	2
	童兴堂	2005年	1
	劝善庵	2005年	1
	小巷合堂府	2005年	1
	白泉庵	2005年	1
天主教	泛船浦天主教堂	1994年	4
	上渡天主教堂	1994年	2
	湾边天主教堂	1994年	2

续表 21-1-1

教别	宗教活动场所	登记时间	教职人数
基督教	天安基督教堂	1994 年	3
	上渡基督教堂	1994 年	2
	中洲基督教堂	1994 年	2
	城门基督教堂	1994 年	3
	义序基督教堂	1994 年	3
	浦下基督教堂	1994 年	3
	施埔基督教堂	2000 年	4
	马厂街基督教堂	2000 年	1
	胪下基督教堂	2000 年	1
合计	42 个宗教场所		149 人

第二章　民间信仰

旧时，境内先民由于对自然界的认知低下，对自然界的威力感到无奈，逐将天地山海风雨等自然现象奉为神灵加以崇拜。在长期的封建社会强权统治下，人们还将希望寄托于生前为民做好事的圣贤、清官、廉吏、侠客、义士，希望他们能和生前一样护佑百姓，除暴安良。在乡间建宫庙，将他们作为神来祭拜。唐宋时期境内民间信奉的临水夫人、妈祖娘娘就是于唐宋期间从人奉为神，其后自宋至清的真武、张真君、拿公、水部尚书、三刘王、三一教主等，相继成为民间信奉的神灵。这些民间信仰虽然没有经典传世，没有严谨的戒律，但因其贴近生活，而深得民众所喜爱，它比佛教信仰和道教信仰更具有民间的特色。中华人民共和国成立后，特别是“文化大革命”期间，民间信仰活动仪式被禁止，但境内历代民间建立的宫、殿、庙等信仰场所多仍留存，各乡间迎神活动，禁而不止。改革开放后，境内民间信仰仪式又开始恢复，仓山真武庙是较早恢复活动的场所，台湾的信众曾寻至这里朝圣。浦上村十字亭、美墩村真武庙、清富真武殿中也祀有玄天上帝。民间祭祀临水陈太后、“妈祖诞”和各乡间迎神活动十分活跃。2003 年，举办陈靖姑旅游节。至 2005 年，由民间信仰派生出来的年节活动、礼仪活动以及村落之间游神基本形成的相辅相成的互助网络。是年，境内留存的民间信仰的宫、殿、庙等共 117 处。

第一节　自然神崇拜

仓山古代先民为疏解心中的困扰、家庭和社会的纠纷、以及自然环境的折磨，在一时无法以人的体能、智慧所能解决的情况下，将具有超自然力的天地山海风雨等自然现象人格化升格为神加以崇拜，诉求神明的指引，以期获得援助、救济和保佑。随着人类社会发展和科学进步，人们对自然神崇拜逐渐淡化，但民间仍留有他的遗迹。仓山民间比较有影响的自然神崇拜有：

风雨崇拜　境内民间从原始农耕时代就对天降雨水有直接的崇拜。在古代雨神被称做“雨师”，是专司天上下雨或不下雨的神灵。实际上雨神没有独立成神，大多数只把它看做是天的一种职司。每逢天旱，人们便向天求雨。民间把龙当成掌管雨水的水神，向它祈求风调雨顺、五谷丰登。仓山先民在遇到旱灾时，时常采取祀雨方式，向掌管风雨的神灵祀求降雨，汉唐时期凿于城门狮山的岩画，岩画中下刻波涛，中为伸臂祀求状人形，上为云朵、雨滴，证明古人民间祀雨的存在。境内民间对风雨崇拜的神灵有妈祖、临水陈太后、龙王等。民国时期，民间仍有举行祀雨活动。中华人民共和国成立后废止。

树神崇拜　仓山民间有对榕树的崇拜。乡间流传有“千年古树会成精”的说法，于是尊树为神，在浓密的榕树叶枝椏间设神龛敬奉。敬奉的神主有“狐仙”等，有的榕树崇拜对象并无具体的形象，往往是只设神龛香位，祈求树神的保佑。而今，这种信仰在民间已很淡薄，但2005年境内下渡龙津河边、三叉街种福寺边的榕树间仍设有神龛香位。在盖山镇高湖村还有座树神宫，祀奉树神君神圣。

水神的崇拜 古代境内民间信仰水神。认为水神是天的一种职司，江、海、河都由专职的水神主宰。境内民间比较有影响的水神有海上保护神天后妈祖。据说，宋莆田湄洲岛林默心存慈善，又通晓天文气象，熟悉水性，常常解救海上遇险舟船，一次在海上救险中，不幸遇难，林默去世後，经常在海上显灵救人，于是人们便立庙祭祀她。宋徽宗宣和五年（1123年），北宋赴高丽使团在海上遇难，也是被林默所救，朝廷诏令赐予“顺济”为庙额，从此成为官定的海上保护神，妈祖信仰便在境内广为流行。此后，人们在海上遇到风暴或海匪的时候，总是祈求妈祖保佑。民国期间，境内螺洲镇和中洲岛曾建有天后宫，仓前安澜会馆主祀有天后妈祖，民间各宫庙大多也设有其香位。此外，境内民间还信奉临水陈太后的儿子和驾前部曲晏公为水上保护神。传说，临水夫人得道后，被妖怪害死的儿子，被封为“舍人”。仓山新街道头建有规模甚大的舍人庙，明清时期，从福州出发的策封琉球使，行前一日，必沐浴后至舍人庙祭拜舍人，以保出海平安。今庙废。上世纪九十年代，城区旧城改造时，中洲岛天后宫和仓前安澜会馆被拆除。2005年，境内还剩有螺洲天后宫。每年农历三月二十三为妈祖诞生日，螺洲天后宫仍有举办祭祀活动。

土地神的崇拜 古时境内历代先民均供奉土地，官方设社稷坛，由官方祭祀，民间有土地庙，由百姓祭拜；而百姓家中设土地香位，即本宅“地主”；官方社稷坛和民间土地庙祭祀的是专司农耕的神祇，百姓家中的“土地”则是护佑家庭平安的神祇；而墓穴的土地，则是专司阴宅的神祇。宋代以后，土地神信仰开始在境内盛行，民间几乎每个村社都有土地庙，俗称土地爷、土地公。各乡供奉的土地神（本境保护神）多由有功于当地的人物来充当。如唐代闽镇将陈岩、陈显在黄巢入闽时率众抵抗有功，卒后，封仁济侯王，被城门镇胪岐村和胪厦村供奉为本境大王。南宋民族英雄文天祥顽强抗元宁死不降，慷慨就义，仓山潘墩村民众在潘墩建文天祥庙，奉为当地护境平安的神圣，受乡人供奉祭祀。南宋抗元将领张世杰、李庭芝、杨亮节三将军，拥立赵昰在福州登基，不屈就义，传说三位将军的神像在洪水中漂至义序，当地人捞起神像并建庙纪念，成为当地保境神灵。盖山镇半田村也建有国公府同祀张、李、杨三将军。明兵部尚书大学士史可法镇守扬州，与清兵激战十日，城破自刎身亡。建新东岭村先祖，经商至扬州，为史可法事迹所感动，遂在东岭村建将军庙（即现东岭村景福庵）祭祀史将军。随着农耕时代的消沉，民间对土地的祭祀，逐渐淡薄。中华人民共和国成立后，特别在“文化大革命”期间，土地祭祀基本停止。改革开放后，又逐步恢复。2005年，境内义序半田村将军庙、潘墩文天祥庙、城门镇胪岐村厦宝庙和胪厦村侯王宫、建新东岭村景福庵供奉土地神的香火依然不缀。民间特别在农村，节庆日家中仍有祭土地，清明扫墓也多有祭土地。

第二节 俗神崇拜

古时境内民间不仅重视祭祀自己的列祖列宗，还要为百姓做事的地方官员或个人立祠祭祀，让他们死后灵魂有个归宿，能和生前一样护佑百姓，除暴安良。在乡间建宫庙，将他们作为神来祭拜，主要有：

东岳泰山即东岳天齐仁圣大帝 为五岳大帝之首。汉明帝时，封其为泰山元帅，职掌人间贵贱、科禄长短、十八层地狱六案薄籍、七十五司生死之期。清至民国时期，仓山地区民间信奉泰山极盛，特别是乡镇，几乎村村都有泰山庙。每年正月十七夜，举行“泰山出宫” 巡游全乡，村民各家均焚香接宴，活动连续进行数晚。中华人民共和国成立后，特别是“文化大革命”期间，民间迎神活动被禁止。改革开放后境内民间迎神活动又开始恢复。2005年，境内城区下渡及吴厝顶、吴厝、洲尾、店前、下洋、叶宅、凤高、仕宅、郭宅、尚保、谢坑、连坂、潘边、石边等都有泰山宫。每年都举行迎泰山活动。

武圣关帝即关羽 三国时蜀国著名将领，以骁勇善战，忠勇仁义著称，死后民间奉为“关圣帝君”，崇为“武圣”。境内信众多为乡民和民间经商者。仓山祭祀武圣关帝的宫庙有淮安武帝庙、下洋岐阳书院。民间经商者多设神龛、摆香案供奉关圣。传说，正月初五是财神的生日，在财神生日到来的前一天晚上，各家置办酒席，为财神贺辰。初五接财神，许多商店、住宅都供奉他的木版印刷神像，神像面似锅底，手执钢鞭，身骑黑虎，极其威武。每年正月初五，各商店开市，一大早就敲锣打鼓放爆竹，迎接财神。信奉关帝圣君的商家，在正月初五要为关公供上牲醴，鸣放爆竹，烧金纸膜拜，求关圣帝君保佑一年财运亨通。“文化大革命”后。大型祭祀活动停止。2005 年，仓山仅有少数村民在淮安武帝庙、下洋岐阳书院祭祀武圣。

法主许真君　法主许真君即许逊，东晋著名道士，据说师从吴猛，曾自言遇上圣传授“太上灵霄明净法”，道法高妙，弟子甚众。元代，被奉为“明净”教主。仓山下池和城门镇胪雷建有法主庙，仓山各临水宫、毓麟宫、娘奶庙以及螺洲镇天福村闾山大法院、下店闾山大法院都祀有法主许真君。“文化大革命”中，各庙停止活动。改革开放后，重新恢复活动。

螺仙洲主　民间相传，古时螺洲有一年青人名谢端为人忠厚老实，从小失怙，孤苦伶仃，他终日忙于耕作，生活十分清苦。一日，谢端在江边拾到一颗大田螺，便把它养在家中的水缸里，从此，他发现天天都有人为他煮饭洗衣，于是他便决定要弄个水落石出。他装着下田，却偷偷地伏在家中察看，终于发觉从水缸里出来一位美丽的姑娘，为他洗衣做饭，谢端冲进去，从水缸里捞出螺壳，向姑娘问清源由，原来那姑娘是天上的白花素女，怜其孤苦，下凡来照顾他，如今原形已经被看破，就再也不能留在这里，顷刻间风雨大作，螺女倏然不见。不过，将螺壳留下来，每天自会变出米来，足够他每天食用，节余部分可换作钱两以敷日用，从此，谢端衣食无忧，并且家境逐渐富裕起来，娶了乡里一女子为妻，日子过得十分美满，逢乡邻困难，他也时常接济。为报答螺仙恩情，谢端与乡亲为螺仙立神位，加以祭祀。乡人有难事也烧香祈求，竟也常常灵验，于是，螺洲各村便纷纷建庙崇祀。从此螺洲人称螺仙为“洲主”、“螺妈祖”。晋代的《搜神记》也记载着这个古老的传说。而在螺洲更是世代相传、家喻户晓，老少皆知。2005 年螺洲洲尾村还留有螺仙庙，吴厝村有一块“螺仙胜迹”碑，店前村妈祖庙后殿正中有一座“螺仙洲主”神像，受人供奉。

闽越王无诸　古时仓山民众在港头万安境建有大王庙供奉闽越王无诸，庙内祀闽王无诸。“文化大革命”中，庙废为火柴厂、粮食仓库。“文化大革命”后另择址迁菖蒲墩。庙内还祀李、马二侯爷、高、邓、柳三夫人（人称港头奶）。传说中，福州地区传统小吃“鼎边糊”，就是纪念李、马二位侯爷。2000 年菖蒲墩拆迁，大王庙迁至江边重建。至 2005 年，香火依然旺盛。

三圣王　三圣王即白马王、康懿王和巡山王。传说，闽越王郢第三子寅与鳝精搏斗，力尽与鳝俱亡封白马王；康席与契丹作战阵亡，封康懿英烈王；仓山浦头下人阮郎，忠厚老实，白日做买卖，晚上登山问道，死后城隍封其为巡山王。唐末，民众在境内走马山建三圣王庙，供奉三圣王，香火十分兴旺。明代致仕的叶相高曾经常到此观看迎神庙会。民国 17 年（1928）福州大旱，省长萨镇冰曾到此庙祀雨，并为庙题匾一方。此外，境内施埔仙湖新境三圣王爷庙、凤岗兴洲境三圣、王庙也祀三圣王。1990 ～ 2005 年境内各尚书庙均有举行祭祀活动。

麻府三相公　麻府三相公又称“尪公”。相传，他为人敦厚诚实，谙熟诗书，能弹善唱，富有才子之名，后习五行之术，常驻足于山水之间，乐享山野之趣，被唐太宗李世民诰封为神。仓山建新镇淮安村建有“相公庙”，庙匾称“提统抚”，庙内正殿即祀麻府三相公。此庙至 1986 年淮安村全村迁移后才没香火。

泗洲文佛　即僧伽，西域僧人，唐初来中国，唐中宗尊为国师，曾为京师祀雨 . 传说其为观音化身，能治人痼疾，保佑行旅在外的人平安，因此民间常将泗洲文佛供放在路口。境内城门、螺洲、岭后和江边村民间有信奉。螺洲杜园箫梁名寺灵山寺的路口，就有一尊泗洲文佛，城门镇城门山上飞来峰旁也有泗洲文佛造像，岭后长兴寺、长埕佛亭、江边村泗洲坛均供奉泗洲文佛，城门连坂村也有其小庙。至 2005 年底，各庙香火仍不断。

三刘尊王　螺江之浒有刘姓兄弟三人，长讳行全，次讳德全，三讳待全，三兄弟于唐乾宁间督民兵扫平逆党叛乱，未获上功而卒。民众在螺洲吴厝村为之立庙，建有显应三刘尊王祠血食滋土，凡有所祝，罔不应验。传说，宋高宗绍兴年间，乡人吴志忠等以舟师应募御寇，奉其香火，行至镇江，寇大至，大帅令舟师夹击，贼势猖獗，几不能支，志忠默祷于神，忽有三刘大旗现舟中，士卒益多，寇惶怖而北，志忠遂获大胜。《螺洲志》中还记载着乡人运粮遇寇获救、蝗虫为孽而神令蝗不入境内以保五谷丰登等显应故事。但在乡间流传最广的是“镇倭塔”的故事。相传明朝时，倭寇经常骚扰我省沿海一带乡村，烧杀掠夺，伤天害理，无所不为，广大民众自发奋起反抗。某日一批倭寇从闽江口登陆后长驱直入，由东部的洲尾村逼进螺洲，一路杀人放火，无恶不作。乡人闻讯大惊。在倭寇逼近时，突然阴云密布，半空中飘扬一面“三刘”旗，并涌现出无数兵马，阵势浩大，倭寇见状大惊，纷纷夺路而逃。慌乱中相互践踏，死伤过半，因此，吴厝和店前村，民众始得无恙。“文化大革命”期间，此庙停止活动。1996 年吴厝村重修三刘尊王祠，此后，每年均有祭祀活动。

张真君 张真君即张慈观，永泰月洲村人。师从闾山，平时行善积德、修桥治病，死后被奉为神灵。仓山螺洲镇乾元村真君殿、莫珠真君殿均祀张真君。“文化大革命”期间停止开放，改革开放后上述寺庙恢复活动。

临水陈太后即陈靖姑 唐天佑元年 (904) 正月十五日生于藤山下渡（今仓山区下藤路），师从闾山派。据《晋安逸志》载：永福（永泰）有白蛇素为人害，隐形闽王宫中，幻为王后以惑王，靖姑应邀率弟子书符夜围王宫，斩蛇为 3 段。闽王封靖姑为“临水夫人”。后唐天成二年 (927) 福州大旱，福州民众求靖姑祈雨，时靖姑有孕在身，但她仍往龙潭（今龙潭角江中）为民祈雨，天降大雨时靖姑覆舟身亡。闽王闻报特加封为“昭惠崇福临水夫人”。清道光年间 (1821 ～ 1850)，相传道光帝皇后难产，道光帝祈求临水夫人相助，果然灵验，道光帝连呼临水夫人真是朕的重生父母不已，道光帝亦敕封临水夫人为顺天圣母，民间尊称陈靖姑为陈太后。民间传说她得道后除妖灭怪，为民除害，被民间奉为妇女儿童的保护神和水上保护神。民间崇拜者甚众，尤其是民间儿童为保平安，常常拜她为契娘，直至十六岁。故民间称其为“房里娘”。1990 ～ 2005 年，每年正月十五为其诞辰，民间有过娘奶诞、迎娘奶、请花、请奶过关等民俗活动。境内较为代表性的祭祀临水陈太后的宫庙有塔亭顺懿祖庙、龙潭壑祀雨处、下池陈靖姑出生地、后山临水宫、潘墩毓麟宫等。林浦、洲尾、首山、淮安、黄山、江边、上董、湖际等地也都建有临水宫。上渡闽王祠、六凤洲白马王庙都刻有临水夫人壁画。

马王张元帅 据《藤山志》记载，六朝以闽为牧马地，设有牧马官，称牧马王。五代时，民间在葱山尾建有马王张元帅庙，供奉牧马王张普。明万历移至冯巷下。上世纪九十年代旧城改造时被拆除。

竈君 仓山民间大多数都供奉灶公灶婆，过新年之前，千家万户都要为准备各种特殊的蔬菜和豆类菜肴来祭奉灶神，以便让它在每年上访天庭的时候多对自己的行为说些好话。唯有吴山村林氏宗祠一侧建有耕藏祠，内祀九天司命竈君。缘起林氏先祖林延皓笃信竈君，行军打仗，均将竈君神位设在军帐中，每次战前均问卜于神前。因此，晚年在吴山定居后，就在宗祠一侧建耕藏祠以祠竈君。改革开放后，吴山林氏村民重修宗祠，同时恢复耕藏祠。至 2005 年底，祭祀活动均未停止。

五通瘟神 宋代，境内流行对五通神的信仰，据《闽都别记》记载，福州的五通神原为水猴、水鸟、蛤蚌、鲈鱼和水蛙五怪。为避免官方打击改为五帝。据说，五通神即是闽江大桥下的五怪。境内望北台龙泉庵内供奉有五通神。“文化大革命”期间 ，该庵停止开放，改革开放后恢复活动。1990 ～ 2005 年，望北台龙泉庵仍有信众供奉五通神。

民族英雄三将军 民族英雄三将军即南宋抗元将领张世杰、李庭芝、杨亮节。他们在临安陷落之前带益王赵昰、广王赵昺，至福州，拥立赵昰在福州登基，称端宗，后又立帝昺于冈州。最后，张世杰战死于崖山，杨亮节流亡于金门，李庭芝战败被俘，不屈就义。传说，三位将军神像在洪水中漂至义序，当地人捞起为他们建庙纪念，成为当地保境神灵。盖山镇半田村也建有国公府同祀张、李、杨三将军。2005 年，盖山镇义序村和半田村将军庙仍有香火。

水部尚书陈文龙　南宋民族英雄。传说，景炎元年陈文龙驻守兴化，城破被俘至死不降，自解往京都起即绝食，至杭州谒岳庙时写血书于衣袍后气绝身亡，当夜风雨交加，血书由钱塘江漂至福州阳岐江，村民拾起血书，于江边建庙纪念陈文龙。明朝封他为福州城隍、镇海王，又加封“水部尚书”。清末民国初，严复首倡重修尚书庙。因此，阳岐尚书庙是福州第一座尚书庙。民国时期，尚书庙分炉至新亭、万寿、竹林等地，下渡中墩村也建有水部尚书庙。1990～2005年境内各尚书庙均有举行祭祀活动。

晏公　又名戍仔，江西临江府清江镇人，或云临江县人。传说，元末戍仔因病归舟时，奄然而逝。回家开棺视之，则空无一人，乡人认为他登仙而去。后来，人们常在江河湖海上见他显灵。明代玉封为“神霄玉府晏公都督大元帅”。后因保佑海运，被封为显应平浪侯。仓山菖浦墩一带曾有一小庙供奉晏公，人称他是临水陈太后驾前护将，专司内水平安，为水上民众所崇拜。“文化大革命”中，晏公庙停止活动。改革开放后，菖蒲墩老人馆重新设立晏公神位。2000年菖蒲墩拆迁，晏公庙迁至江边重建。2005年江边晏公庙尚存。

广福尊王　名牟宗熙，元末明初，为官爱民如子，在荒年开仓济民，死后，下洋村民在广福山建石厝祠，后扩建为广福尊王宫。螺洲镇杜园下店村侯王宫也供奉牟尊王。文化大革命期间停止开放，改革开放后，下洋村广福尊王宫和螺洲镇杜园村侯王宫经过重修恢复活动，村民祭祀不断。

拿公　邵武拿口人，姓卜。传说，他曾在夜间见两鬼放蜂蛇于井中，一进黑气漫天，他知道有异，就坐在井边通宵达旦，等有人来打水，就告诉他们此水不可饮，人们不信，他就取水自饮，不久，便面色发黑，须发尽落而亡，乡就建庙来纪念他。此后，又有传说，明洪武初，汤和率军征闽，久攻不下，派使者招安，使者被杀，汤和发誓“入闽不留一人”，当夜拿公显灵至汤和营，说他可带军入城，但必须答应“入闽不杀一人”，汤和允诺，果然拿公带军进城。拿公改一字救了福州全城，福州民众便在南台立庙纪念他。1999年，仓山三高路拓宽前，拿公庙还在，而且香火不少。

三一教主林龙江　即林兆恩，创立“三一教”，倡儒、释、道三教合一，宣扬中国传统的纲常礼教，劝人勤业行善，反对邪恶，要求教徒以身作则，身体力行。还提出简单易行的在家修行法，主张僧尼、道士均可婚嫁，都应从事生产劳动，不可信教废业。广为群众所信仰传至闽、浙、苏三省，后经清朝打压，逐渐式微。清末民初，林兆恩在建新镇金山塔寺借寓，并在建新镇高沙村建龙江寺。1975年寺内在供奉释伽牟尼、三清天尊和朱子，同时祀林龙江。1997年，洪水冲倒龙江寺围墙，寺庙重修后规模缩小。至2005年，龙江寺中仍有祀三一教主。2005年，仓山供奉拿公的有胪岐大王宫拏公殿、湖际临水宫拏公殿。

驹驴哥和千里驹　传说，螺洲奎光阁塑神像时，村童陈衣德常来观看，且总爱玩弄木工工具。工匠苦之，又屡劝屡犯，乃欲以魇法惩戒他，于是骗取衣德生辰八字写于黄表纸上，裹以稻草，置于神像腹中。翌日，果然不见陈衣德跑来，匠人窃喜，以为得逞。不料，天方过午，陈衣德又蹒跚而来，刁顽如故。匠人奇之，问他上午为何没来？衣德答道：“早上我肚子痛了一阵，睡了一会儿，就好了。”匠人越发惊异，却不敢深究。于是名匠在奎光阁神殿一侧塑一尊神像“驹驴哥”，乡民称之为陈衣德。时历二百余载，乡里的老人，依然叫“驹驴哥”为陈衣德。奎光阁一进走廊右边曾塑有一匹马，叫千里驹，曾开过光，很是灵验。相传于清雍正癸犯年，村人陈芳楷等人从奎光阁烧香叩拜文昌帝君之后，赴京城会试，神派千里驹护送随行，陈芳楷登科及第，尚未发榜，马就日行千里，连夜赶回奎光阁嘶鸣报喜，而喜报数日后才送到。从此，店前村的学子赴京城会试，如有登科及第，村里人夜间都会听到千里驹嘶鸣报喜。陈芳楷感激千里驹恩情，就将此马改名驹驴。芳楷去世后，乡人于奎光阁左边走廊上又塑一尊驹驴哥塑像。所以，奎光阁内放一个石马槽，每逢初一、十五，仍有人放供品于马槽中，供奉千里驹和驹驴哥。文革期间，奎光阁转为他用，从此停止祭祀活动。

五灵公　五灵公又称五帝，是境内民间重要的崇拜神灵。分别是显灵公张元伯、应灵公钟仕贵、宣灵公刘元达、扬灵公史文业、振灵公赵公明。传说五人皆为举人，在赶考途中，夜间遇见有瘟神在井中投毒，次日他们守在井边劝阻人们不要饮用，人们不信，万般无奈，他们只得以身试毒，俱中毒身亡。

人们感其恩德，奉为神灵，分别为癀部、疾部、瘟部、疫部和痨部尚书，为民间保平安的地方神。五灵公信仰在仓山信众广，基本上村村皆有民众供奉他们，比较有名的宫观有吴厝顶白泉庵，仓山清富天仙府、白龙庵、崇圣庵、明真庵、龙津庵，东岭村景福庵，吴屿村水云庵，北园天仙府，妙峰三帝行台等。每年农历九月二十八为五灵公诞辰，1990～2005年五灵公诞辰日，各宫观皆有信众供奉香火。

傩神 古时境内民众信仰驱逐疫鬼的傩神，仓山下渡龙津庵曾供奉傩神，直至民国此庙被改为国民学校后废除。改革开放后，民间重新重建龙津庵，但庙内的傩神已不复存在。

斗战胜佛 即佛教三十五佛之一。传说，孙悟空西天取经后，封为斗战胜佛，是去私心、除烦恼之佛。仓山供奉斗战胜佛的寺庙有齐安村、劳光村齐天府、坊兜齐天府、霞镜齐天大圣庙、江边村齐天宫、后坂圣王亭也祀齐天大圣。庙内祀齐天大圣和丹霞大仙，其乃传说中临水夫人收服的猴妖，后为临水的部将。而今，民间少有人能分的清，孰是孰非。2005年，境内齐安村齐天府、江边村齐天宫、后坂圣王亭等寺庙仍有香火。

五显帝 即显聪、显明、显正、显直和显德五帝，传说能降妖救难、赐药治病、退贼救火。仓山供奉五显帝的寺庙有跃进超功寺、葫芦阵五显庙。“文化大革命”期间停止开放，改革开放后恢复活动，2005年两寺庙香火不断。

文昌帝君 是古代学问、文章、科举士子的保护神。仓山供奉文昌帝君的有城门镇胪岐村的文昌宫、林浦濂江书院、黄山文昌宫、湾边文昌宫、横龙文昌宫、洋下岐阳书院。至2005年，各庙均有村民祭祀。

奎星 又称文魁星，二十八宿之一，主文运之神。形象为青面獠牙，立于鳌头之上，一足向后翘起，一手捧斗，一手执笔。古有“魁星点斗”之说。螺洲镇店前村奎光阁曾供奉奎星。文化大革命中，奎光阁移作它用，不复有祭祀活动。

第三章 民俗

旧时，境内民间习俗多带有封建迷信的色彩。随着社会进步、科技发展、人们生活质量的提高和人际间关系的改变，民间习俗在传承发展中有很大的改变。如今，部分封建迷信的习俗淡化消失，传统佳节已经从原始祭拜、禁忌神秘的气氛中解放出来，转为娱乐礼仪型，成为真正的佳节良辰。节日变得欢快喜庆，丰富多彩，出现许多体育、娱乐的活动内容，并很快成为一种时尚流行开来，形成社会生活发展的轨迹。这些风俗一直延续发展，经久不衰。

第一节 岁时习俗

一、春节

农历正月初一，是传统春节。标志着新的一年的发端，万象更新的开始。初一子时零点，民间家家燃放鞭炮迎财神。旧时，人们初一起来，早餐多食“太平面”，即线面加两枚鸭蛋，象征长寿、平安。出门逢熟人便道“拜年、拜年”，或说“发财、发财”，回答必说“齐发、齐发”。传统习惯初一不出远门，初二才开始外出拜年走亲访友，长辈向未成年晚辈发“压岁钱”，寓意让晚辈“压崇”避邪，晚辈也向长辈敬献“压岁钱”，寓意压住岁数，期盼长寿。境内沿江水上“疍民”妇女（打鱼行船之人，旧称“科蹄仔”），正月初一结伴到岸上居民家中贺年，唱吉祥的“贺年诗”（旧称“讨斋歌”），受贺人家，则回赠年糕、糍粑等食物或钱答谢。

正月初四开假后，民间仍进行迎财神、迎灶君、接神、乡间饮春酒，迎年，十五过元宵，迎娘奶，直至正月廿九“拗九节”。 随着市场经济的发展和社会进步，民众对春节习俗淡化，上世纪八十年代疍民上岸定居后，疍民结伴到岸上居民家中贺年习俗及向长辈献“压岁钱”习俗已消失。如今春节期间，走亲访友互贺新春、长辈向未成年晚辈发“压岁钱”、饮春酒等习俗依然存在，争燃鞭炮仍为仓山民众所喜爱。有的民众为祈求平安，初一还到寺庙上香。

二、元宵节

农历正月十五为元宵节，旧称“上元灯节”，是新年后，农历第一个团圆节。在封建社会，元宵夜是“金吾不禁夜”，有吃元宵、观花灯、耍社火、猜灯谜等习俗，有民间灯会，也有官府的灯会，妇人与少女也可公开上街赏灯。节日期间，有搭台演闽剧，舞龙灯、打狮马，射虎猜灯谜，放焰火。有钱人在家门外排“鳌山”，摆设各种花灯，布景，甚至还有“机关幕”，热闹非凡。仓山乡间，元宵节前，姑娘出嫁后，娘家要送灯（寓意送丁），女儿未生儿育女，送“观音送子灯”，直至生子，其后送“桔灯”，如生子后送“状元骑马灯”。送灯用两根连根带叶的甘蔗，两头挂灯，由“亲家舅”装扮一新送灯，因此，有童谣“亲家舅扛门杠，爱吃亲母花生糖”一说。元宵节也是个系列节日，如在台屿村，正月十一上彩点灯。正月十一夜，小孩提着各种花灯在乡间巡游，口喊“唱彩呵”，回家后提灯遍照每一个房间除邪。正月十三迎年，迎玄天上帝，各家摆宴迎神，十一上彩的灯插在宴桌旁边。旧时台屿村正月十五，还有“吹喜”看新人，乡间迎年的把会，以金鼓吹迎至新人家，新人穿着嫁衣，由婆婆或大小姑陪伴坐在厅堂上，“吹喜”人唱贺吉祥话，新人家备灶糖灶饼、红枣、花生、桂圆干、瓜子等请“吹喜”人，以寓早生贵子。而今，境内民间元宵活动依然红火，跃进村民在正月十五闹元宵。敲起太平鼓，巡街走巷，祈盼风调雨顺，合境平安。街巷虽不见私人排“鳌山”，但各单位门前都张灯结彩，节日气氛热烈，有“闽江倒影仓前路，流光曳彩三叉街”而出名。1995 年中央电视台与福州市政府联合在仓山江心岛举办元宵晚会，是仓山元宵活动的最高潮。

三、拗九节

农历正月廿九日为拗九节，为民俗之一。传说古时，目连的母亲悍恶，死后堕入地狱成为饿鬼，目连送去的饭菜，均被看守的狱鬼吃掉，后来，目连想了一个办法，将粥煮好，放入红糖、枣、孛荠、芝麻等，颜色怪异，狱鬼问这是何物，目连回答说是“黝垢粥”（福州音同拗九粥）狱鬼才同意送进去。此后，拗九传为为孝顺节。这天家家户户以糯米、红糖、红枣、花生、孛荠、芝麻等熬拗九粥，当天，出嫁的女儿应送拗九粥给父母和长辈。民间流传人生有劫数，逢九难过，因此，人逢九、十九等“明九”，或十八、二十七等“暗九”，应在正月廿九日，拗住、压住。因此拗九日，家中成员年龄逢“明九”或“暗九”者，当天均食“太平面”以拗九辟邪。如今该习俗尚存。改革开放后，流传年龄逢“明九”或“暗九”者，应系红腰带或穿红裤叉以辟邪。

四、寒食节

每年冬至后一百零五天（清明节前一、二日），为寒食节。节日当天为禁烟日，只吃冷食。次日，才能动烟火。在封建社会此节成为官府行为，当天最早的烟火必须从宫中传出，先至各重臣家，然后传至民间，成为全国最大的祭日。随着清王朝的覆灭，寒食节基本消失。

五、清明节

每年“清明”节气为清明节，各家各户都应去祖坟祭扫，首先对坟墓除草、培土，然后点香烛、供祭品、烧冥钱，最后压钱纸，以示对先人哀悼与怀念。祭品中必有“清明粿”（以“菠菠菜”捣汁，调拌在糯米粞中，以萝卜丝或豆沙为馅，做成的米粿，又称作“菠菠粿”）以供奉先人。离开坟山时，折采山上松枝，带回家中插于门前，谓之“压青”。仓山与福州人一样，在清明前一周或清明后一个月，都可扫墓。旧时，祭扫有以长兄领头先祭扫的旧俗。中华人民共和国成立后，随着推行殡葬改革，禁行土葬。如今，清明节除祭扫还保存的祖坟外，多数人带鲜花、花篮到陵园、公墓、寺庙等存放先人骨灰的地方祭扫。

六、立夏

立夏是二十四节气之一。旧时，是春播农忙刚过，乡间有立夏做煎饼、鼎边糊习惯。煎饼以新收的小麦与大米一起磨成浆煎成饼。煎饼分甜、咸两种，甜的较简单，在浆内加入红糖；咸的在浆中加韭菜、虾米、葱、蚬子肉。旧时，人们传说吃煎饼，男人长筋骨，女人越吃越“俏”。仓山台屿村现在仍有此习俗。

七、端午节

农历五月初五，为端午节，又称“五月节”“五日节”。节日源于纪念战国时期爱国诗人屈原。节日当天中午供祖宗，供品有粽子、雄黄酒、荷叶包和米粉肉，各家门口插菖蒲、艾草。旧时，各家还点雄黄烟，喷在家具上，意在辟邪、驱虫；儿童佩香包（以彩线扎成菱形粽子状，内盛樟脑丸），用菖蒲熬汤洗浴，以除湿祛痒。端午节最重要的活动是划龙舟，境内各乡各村均有组织划龙舟的会首，他们向乡里乡亲、企业家劝募，并商定龙舟比赛日期、由谁来坐龙首。各村选定坐龙舟首的办法五花八门，有的以谁捐款多，谁来坐；有的以谁家添男丁，谁来坐；实在富户多、添丁多的，又各不服气的，只好用抽签的办法选定。农历四月底，仓山江河上即传来锣鼓声，那是各乡的划龙舟训练，五月初一起，逐渐掀起高潮，至初五最盛。各乡龙舟聚在一起竞赛。比赛当天，各乡在大祠堂里办酒席，称之为“吃龙船饭”，比赛当天参加比赛的选手，穿统一服装，点心由捐款中开销。比赛中，以敲锣为信号，鼓点为节奏，坐龙首者高坐在龙舟首部，专门点放鞭炮。随锣声响起，鼓点急促响亮，大家行动一致，一时波涛汹涌，浪花四溅。比赛后，大家齐聚祠堂会餐，餐后，各户各打一碗饭回家，寓意年年有余、家家平安。2005年，仓山区此项民俗活动已演变为群众体育竞技活动。划龙舟最盛的村有浦下村、林浦村、店前村，不仅有男队，也有女队。他们曾代表福建省参加国内外龙舟比赛，获得可喜的成绩。

八、七月七夕

农历七月初七，称“七月七夕”，传说，当夜是牛郎织女鹊桥相会之时，所以又称为“结缘节”。旧时，家家炒（煮）蚕豆，与邻里相互分食。据说，吃了不会与人吵架结怨。如今分食蚕豆结缘的习俗已淡化。

九、做半段

做半段是在农历七月十五前后举行。七月十五是道教 “中元节”。 传说，农历七月十五为阴间鬼魂放假之日，鬼魂回家享受子孙孝敬，中元地官清虚大帝于七月十五中元时普渡孤魂野鬼，让野鬼游魂得到人间烟火。境内做半段的时间往往选在秋收之后，举行时间各村不尽相同，从七月十五至农历十月底，都可以做这节日，所以，“做半段”成为乡间继春酒之后，又一次亲朋聚会的大节日，各家以能请到越多的亲朋好友，越荣耀。旧时，洪塘的金山寺普渡放河灯，以及阳岐乡的“做普渡”最为出名。文化大革命期间“做半段”活动被禁止。改革开放又开始恢复。如今城区“做半段”已淡化，各乡村“做半段”仍十分兴盛。

十、中秋节

农历八月十五为“中秋节”。这是民间传统的大节日，是继元宵节之后，又一个“团圆节”。中秋节这一天，全家团聚赏月、吃月饼，月饼小的以广东月饼花样最多，大的以福州礼饼为美，在外地的人大多都赶回家过节，不能回家的家中就寄月饼过去，虽然在外都可以买到月饼，但家里寄来的月饼，就是乡恋。旧时，中秋节的一个重要活动是“摆塔”。节前，台江铺前顶一带开始卖“土人仔”，中秋节当晚，各家在大厅的“横头桌”和八仙桌上摆人偶，绝大多数是彩塑的泥人，里面有寿星、状元、八仙、神话和戏剧人物，但其中必定有一对憨态可掬的瓷“孩儿弟”及一对绿茸茸的秧盆。在闪烁的腊烛、氤氲的香火陪衬下，格外富有节日气氛。节日之后，各家就把人偶包扎装篮，放在楼阁之上，待明年中秋再用。中秋节夜晚乡间还有烧“瓦爿塔”的习俗，以瓦片垒叠成塔，里面放柴火、鞭炮，晚上点燃瓦塔，一时火光冲天，鞭炮齐鸣，煞是好看。“文化大革命”后，“摆塔”和“瓦爿塔”的习俗已消失。如今，中秋节全家团聚赏月、吃月饼习俗尚存。

十一、重阳节

农历九月初九为重阳节，古时以九为阳，故九月九为重阳。乡间重阳节食九重粿、绿豆粿、尾梨糕，九重粿用米浆分层蒸熟，共九层。据说小孩食“九重粿”能节节长高。绿豆粿以绿豆渗米浆蒸熟，上面插一枝小旗，旗杆顶端包着锡纸。所谓尾梨糕，就是用地瓜粉浆渗切碎孛荠，加滚开水，凝结成糕。三种食物其实都是消暑佳品。古时，人们常常在重阳节，登高放“纸鹞”（风筝）；重阳节是人们秋游的好时光，也是外乡人登高望远，以抒发思乡之情。1988 年，国家将重阳节定为敬老节。如今重阳节一般单位有组织老人登山、社区开展慰问老人等活动。

十二、冬节

二十四节气的冬至，称为冬节。各家多在冬至节日前夕搓糍，即大米与糯米按比例磨成浆，压成半干，搓成圆形丸子，煮熟拌上炒豆粉而成。旧时，冬节须供祖宗，供桌上摆一竹箩，里面有搓好的糍若干、红桔数粒、红筷一对、纸花一对，桌上摆一对泥塑“火儿姆”（体态肥胖的金童玉女），寓意团圆吉祥、人丁兴旺。如今，冬节搓糍习俗尚存。

十三、祭灶

农历十二月廿四为祭灶。各家各户在厨房供奉灶君、灶妈，民间传说他们是玉皇大帝派驻各家的神祇，其作用是保各家平安和监督各家行善。在腊月二十四灶君要上天汇报，于是各家各户要设宴饯行，供品主要有：灶糖灶饼、孛荠、甘蔗、豆腐、菠菜。旧时，祭灶前，女婿送年糕、猪蹄予岳父母，岳家则以甜豆、花生、灶糖灶饼、花面壳（纸制面具）给外甥。如今，民间供奉灶君、灶妈仪式已淡化，但灶糖灶饼仍为民众所喜爱。

十四、除夕

农历十二月三十日为除夕。除夕是传统非常重要的节日，境内民间把除夕叫作“三十暝晡”或“做晦”（做岁）。民间习俗，除夕前要做很多事，年兜“筅堂”（做大扫除）、送年（女婿往娘家送年货）、炊糖粿、做粽；除夕前二三天，各家、商家设祭品祭百神，商店尤其重视，称此举为“布年”。百姓还在此时祭“下界爷”，据说下界爷即乞丐、麻疯病死后在下界，人们怕其作祟，称之“爷”，除一般祭品外加馒头、粽。在农历十二月廿九夜做“小岁”，这些都是为除夕做准备。除夕夜，各家团聚，出外的都要赶回家。除夕晚，家家户户供地主（家神）、供祖宗，吃团圆饭。饭后全家洗澡、更衣，贴新春联，给家中小孩发“压岁钱”。

在中华人民共和国成立前，除夕是一年中债主讨债的最后日子，穷人们为躲避债主讨债，或到澡堂泡个通宵（说是洗去一身晦气，实际上去澡堂大家赤裎相见，让人不好意思相逼），或是到台江尚书庙看戏。只要躲过除夕，新年伊始，债主不好张口催讨。中华人民共和国成立后，此种习俗已不复存在。如今，贴新春联、全家吃团圆饭、给小孩发“压岁钱”的习俗尚存。

第二节 婚丧喜庆

一、婚姻嫁娶

封建社会时期，婚姻嫁娶奉行“父母之命、媒妁之言”“命格相符、门当户对”。婚姻的渠道是亲友介绍或媒人撮合。婚姻双方的年轻人，基本上是没有自主权。婚姻的程序和方式，首先是提亲，无论是亲友介绍或媒人撮合，必须双方互换“八字”，谓之“起帖”，即提交双方的出生年、月、时辰；然后双方开展“三查六问”的调查，即向亲戚查、朋友查、乡邻查，问家产、问家世、问品性、问母氏、问能力、问文化，然后将双方“八字”，交阴阳先生测算合婚和卜吉，看双方“八字”是否相符相配，经过阴阳先生测过的“八字”，放置神前或祖宗香案前，如三日内无家人生病，或失手打破家中器物，则认为吉兆可行。最后由双方商议礼金数目后进行定聘。定聘必下“大帖”，送“礼书”，男家送女家收存称“乾书”，女家送男家收存的称“坤书”。男家送礼金分两次，一为“上半礼”，定婚时付双方商定的礼金一半以上，同时送喜糖、礼饼、草鱼或红鲢鱼、猪蹄、公鸡、线面、鸭蛋等“十色”，乡间人称“扛”，也有金镯、戒指、项链等首饰。双方各宴请亲朋，参加者不必送礼。二为“下半礼”，在临结婚前一个月送，男家付清约定的所有礼金，并送布帛、绸缎、纱罗等。男方将礼物列成礼单，夹在礼书中，送至女家。女家将誊好的“坤书”，和回给女家的礼物送给女家（此称“答色”），其中男家送来一对鸡，女家留一只公鸡，回一只未生蛋的母鸡，并用红绳子系在鸡脚上。无论是“上半礼”还是“下半礼”，礼金数目都必须带“三”字，以讨吉利。在迎娶之前，请阴阳先生择定吉期，男家请媒人送“日子单”至女家征求意见，女家也进行卜吉，看吉日良辰是否合女子八字，然后确定吉期，通知男方。男家送“日子单”要送礼饼，女家将礼饼分赠亲戚，以便准备“添箱”。

旧时，吉期前二三个月，有“开书”“观书”习俗，开书是送新娘叔伯，请其开婚书；妯书是送新娘舅家，请其观婚书。结婚前七至十天，男女两家向亲朋好友发出请帖，请帖由长辈出帖，父亲在由父亲出帖，父亲不在由伯父出帖，帖上写明男女双方名字，何时结婚，何时登席，席设何处，是否免礼。一般师父、媒人、介绍人免礼。帖上言辞均用敬语。送帖应由出帖方亲送面交，一般不转交，以免失礼。女方亲属为出嫁的女子赠送嫁妆，又称“添妆”。女子出嫁必备一皮箱，亲属赠送布料、首饰礼物及陪嫁的嫁妆、钱两放在箱中，称“压皮箱”或“压箱底”。吉期前一天，女家送妆奁至夫家，称作“迎飲”。迎娶前几天，男家择吉日，布置新人房（洞房），将女方送来妆奁安排妥当，请一位福寿双全、子孙满堂的老妇，挂帐、铺床、缝被子。乡间还有在床上放置“五谷”，以讨吉利习俗。嫁娶当天，新娘晨起梳洗，身穿红嫁衣，足穿红绣花鞋，“伴房妈”（旧时，女家必聘伴房妈，从出门、拜堂、入洞房、登席直至闹房结束，始终陪伴新娘，以唱彩、讨补见面礼、应付酒桌上和闹房时的取乐）为新娘拆头发重新梳发髻（称作试妆），出门前，新娘吃太平面，临出门，母亲为女儿头上插朵四季花，父亲为好上“枷头牢”（红盖头），准备上轿出门。男家接亲前在厅堂排香案，案上排猪头、鹅、全头鱼三大礼仪，先由父母叩拜祷祝天地，接着新郎三叩拜，然后新郎同媒人、管家、接亲人等，带京鼓、高照、火把、宫灯、花轿一路吹吹打打前往女家。女家见花轿至，鸣炮后接待接亲人等吃太平面，然后新郎新娘拜祖宗，择时新娘上轿。娘家派人送去夫家，称作“送亲”，夫家派人至半途迎接，相遇后，互相作揖，女方将新娘交与夫家，称作“交亲”。新娘上轿前，伴房妈持火把绕轿遍照，据说可以避邪。然后新娘上轿（有的乡是由父或兄背上轿），接亲队伍点燃高照、宫灯、火把，吹鼓励手奏鼓乐，轿夫抬着花轿到男家，途中火把不能吹灭，男家在门外鸣炮迎接，新娘进门，男家直系亲属要廻避，称之“避冲”。新郎新娘拜过祖宗，由伴房妈带新娘进入洞房。按旧俗，接亲不能过中午十二时。有的地方，彩舆进门，歇于厅堂中，新娘久久不下轿，表明新娘有耐性。然后，夫家请好命人邀一小孩，手持铜镜，到轿前，好命人掀轿帘，小孩以镜照轿，请新娘下轿。新娘到男家后在伴房妈陪同下进入洞房，按男左女右，新郎新娘坐在床沿，称之“坐床”，此时，新娘不得坐在新郎的衣襟上，以免日后妻子气势压过丈夫。此时，新郎为新娘揭缡升冠，伴房妈为新娘梳妆，称“托妆”。伴房妈请亲朋看新娘，旧称“看本色”。房内设一筵，新郎新娘交肩坐，行合卺之礼，谓之吃“房莲”。然后登厅拜堂，拜堂时先拜天地、后拜祖宗父母，然后夫妻对拜，此时伴房妈揭去“枷头牢”，并唱贺诗，众人每句以“好啊！”响应。见厅时，由伴房妈引导，按辈份高低、内外亲属依次分别介绍，新娘逐一行礼，受礼人以钱两及金银首饰赠送，称为“见面礼”。旧时，男方祖母的见面礼相当重，俗称“大妈扛”。见厅后，将龙凤烛请于洞房，途中不能让烛火熄灭。有的地方，拜堂后由新郎手持红筷一双、厘戥一杆向新娘面部绕三圈，揭去盖头，称“揭盖”。

婚礼结束后举行婚宴，亲朋好友带贺仪，俗称“人情”，至数薄桌（亦称“人情桌”）报名献礼，收礼登册后，东家会退回少量数额的礼金，以讨彩头。入席者按辈份入座，旧俗，厅堂左边位是“妈头亲”（即祖母娘家人），厅堂右边位是“娘头亲”（母亲娘家人），年幼者坐廊下。宴席中约酒过三巡，鸣炮出“大菜”（指出“太平燕”），伴房妈随家长带领新郎新娘逐桌补见礼（见厅时不在的亲属，补见面礼，辈份低于新郎新娘的不必送礼），伴房妈边唱贺诗边介绍。席间，伴房妈乘清闲时，会端茶盘，敬宾客，讨花彩。婚宴近尾声将会出一道菜“全只瓜”（全头黄瓜鱼），此道菜宾客是不能动筷，寓意好头好尾，年年有余。最后一道菜是“甜汤”，此汤一出表明宴席结束。婚宴中，盘碗不能重叠摆放，以避“重婚”“再婚”之嫌。婚宴罢，家长带新郎新娘会在厅前或门口送宾客，称为“谢酒”。宴席之后，宾客乘兴闹房，闹房有雅俗之分，此时，伴房妈发挥极其重要的作用，既要防止宾客闹房过激行为，新娘下不了台，又要防止宾客过早退场，产生冷场，所以伴房妈须应付得恰到好处。结婚次日，新郎要伴新娘回娘家，古称“归宁”，俗称“请回门”。早晨，亲家舅上门请新娘回家，男家应送“红包”给亲家舅。当天，娘家也办宴席会亲，同样进行拜堂、见厅礼仪，按旧例，酒席由男家出，“人情”由娘家收，“见面礼”归新人新郎倌。新郎新娘不必等宴席结束，“大菜”一出，鞭炮响起，新郎新娘各桌敬酒后，就可起身回夫家。

仓山台屿村还有“撮吃”习俗，即宴席间宾客对新郎逗乐、取笑，新郎应小心应对，一旦失误，将被处罚。回门之夜，新郎备几桌简单酒宴请亲朋好友，其中最重要的是新娘下厨试厨，称“试鼎”。其实，只不过做一道最简单的“豆腐汤”，以豆腐、海蛎作汤，淋上勾芡即成。此举既有表明今后侍奉公婆，也有早生男儿之意。封建社会时期，境内婚姻形式还有：1. 入赘，即男子入赘女家，改婿为子，生子随女家姓；2. 冲喜，即未婚夫病危，以迎娶新娘来“冲喜”，而一旦娶进门就要守寡终生，造成受害女子终生不幸；3. 冥婚，即成年未婚男女病死时，家中人为其寻找贫家未婚女男，以行“跨棺”之礼，让他（她）与死者成亲，生者如再婚，只能作为二婚，而奉死者为前夫或前妻，还有为已逝未婚人寻找已逝异性未婚人结为“阴亲”；4. 童养媳圆房，即为儿子与从小抱养或购买的“媳妇仔”完婚，男女双方年龄往往相差较大，通常是女大于男，待男子十五岁，便简单宴请亲友，和童养媳“圆房”；5. 姑换嫂，即乡村贫困家庭，难以承担彩礼的重负，采取姑换嫂的形式，解决家中男儿传宗接代问题等。

民国期间，由于教会在仓山举办大量新型学校，女校和男女生同校的现象逐渐被人们接受，男女间的交际更为直接，二十世纪二十年代就开始提倡自由恋爱，男女间从认识、恋爱、成婚，习俗发生新的变化。男女双方的生辰八字是否相符，家庭财产多寡不是唯一标准。双方有否文化，有否才能，性格是否相合，信仰是否一样，逐渐被重视起来。在此期间，伴房妈在城市不再被推崇，结婚仪式上，能请到名人作为证婚人，成为时髦。城区里，年青女子不戴红盖头，而穿白色的婚纱、高跟鞋，新郎不穿长衫马褂，而穿西装领带革履；不坐花轿，而坐马车或小轿车；婚宴不设在家中，而上大酒馆办宴席；旧式家具，变为铁床、全身镜柜。

中华人民共和国成立后，实施《中华人民共和国婚姻法》，婚姻习俗又有新的的变化。冲喜、冥婚、童养媳等陋习被禁止革除。自由恋爱成为社会风气，择偶标准推崇出身好、思想进步、有文化、有抱负。家产、钱财不再成为择偶的主要标准。男女青年恋爱期间，循规蹈矩，婚前性行为被认为作风不正派的表现。收彩被认为是封建意识，20世纪50年代，往往一支钢笔、一本笔记本就成为年青人定情的礼物。1960年困难时期直至改革开放前，由于社会经济较落后，物质较匮乏，旧习俗有所抬头，但收受礼金也不过三百三，礼物也不过“三转一听”（自行车、手表、缝纫机、收音机）。婚礼也提倡革命化，婚前拍一张结婚照，结婚当天举行极小范围的喜宴，宴请至亲亲属，邻居、单位只分发喜糖。由于大多是自由恋爱，离婚常为人们所不齿，因此，在此期间离婚率是较低的。改革开放之后，社会经济发展很快，一部分人先富起来，使人们的思想观念产生很大变化，旧的习俗有所回潮，同时受西方外来的影响，西方的价值观也在婚姻中有所表现。择偶方式由于不再提阶级斗争，所以家庭出身、家庭成份不再是择偶的重要标准。家庭富裕、相貌出众、社会地位、“门当户对”再次成为择偶的首选。由于网络时代的兴起，年轻人社会活动的范围反而缩小，自由恋爱的成功率并不高，而亲友介绍成为婚恋阶段的主要形式。受西方的个人价值的体现的影响，年轻人婚前性行为越来越不受排斥。礼金再次成为婚前男女双方商定的重要议题，礼金数额从改革开放初期的数千元，到后来数万、数十万元不等。礼物从以前的金银首饰，到后来的房子、车子。婚车从早先一、二辆红色轿车到后来成队的宝马、奔驰等豪车。酒宴从早先数桌到后来数十桌。婚照动辄数千上万元。婚宴上再次出现伴房妈，而且还请名主持人主持，结婚场面日趋张扬豪华，婚后蜜月旅游也十分平常。

二、丧葬

仓山地区丧葬习俗，与福州地区基本相同。在封建社会里，仓山丧葬程序繁琐复杂，除佛教徒奉行火葬外，安葬形式以土葬为主。丧葬旧的传统是讲究重殓厚葬，并且夹杂着许多迷信的习俗，丧葬之前有搬寿板，有钱家庭的老人亲自或由子孙主持，选好板材，准备辞世后用或老人病危，由子孙准备棺材，为老人冲邪，称“搬寿板”。购置棺材上贴红纸，上书“福寿康宁”，寿板到家，要放鞭炮，老人食太平面。选阴宅（墓圹）也是一件大事，选墓地讲究地势、地形、朝向、地质，前有活水、后有靠背，左右有护臂为佳。但选墓地，禁忌很多，前不对险峰、不对山缺、不对河流、不对通衢，后有山脉等等。购阴宅必须立地契，地契刻在青片石上（称“买地券”），字体一行正一行反，即所谓阴阳文，仓山发掘明代墓中普遍有此“买地券”。

丧葬礼俗，未成年人死亡称“夭折”，一般不大操大办。女人四十上寿，男人五十上寿，上寿者死亡，认为已够寿数，聊可安慰。九十岁以上，俗称“带闰百岁”，因此与百岁死亡统称“欢喜丧”，门口不挂白，亲属佩红带，不啼哭，此乃特殊的哀荣俗例。死者正常死亡，称“好死”，男的称“寿终正寝”，女的称“寿终内寝”。在外生病，医治无效，须赶送回家，忌死在外。死在外的，旧称“半路死”，只能在旷野外收殓。死在外面与非正常死亡均属于“十恶”“没好死”。

人死咽气后，亲属哭号一阵，随后放鞭炮，然后把床上蚊帐拆下来，据说便于死者灵魂升天。接着进行“张殓”（俗称“张穿”），为死者擦身、穿衣，称“小殓”。穿寿衣，从下往上，从内向外，下穿五条裤，上穿七件衣。接着为死者整容装扮，戴帽、穿鞋，将姜置死者手中，套上手袋，此为“大殓”。然后，由长子抱头，众亲属将遗体移至厅堂右侧“试床”上，死者头朝内，足朝外，身披红缎被单（俗称“水被”），面罩白纸或白布。在灵前点干香、蜡烛，至出殡前不可断香火。死者用过的床、被褥、帐、席放到露天处“泼露”。 如死者生前未备棺木，此时，就应购买或制作棺材。制作棺材一般在一天内完成，所以自早至晚，整日赶制，制作时大部分用斧头砍制，其声音传至四邻，沉闷、空旷，让人不寒而栗。

当死者咽气后，家属要向亲友报死讯，称报丧。报丧有两种形式：一是由家属（或堂亲）前往亲戚家报讯，报完应即离开，不能逗留；二是贴讣告，布置灵堂，大门口张贴某府某人丧事标志，死者上九秩，贴红底黑字或金字，否则贴白底黑字，有未亡人上方贴红，讣告内容中必有“不孝男某等侍奉在侧，亲视含殓，即日遵礼成服”字样，落款顺序，按长子率长媳、长孙等，然后次、三子等及长、次女等排列。

长辈辞世，儿孙应成服，即披麻戴孝。古时，父亡母在称“孤子”，母亡父在称“哀子”，父母均已辞世，称“孤哀子”，封建社会服孝三年，三年内不得剃须发、着彩服，后来民间俗例七七内不能理发。家中裁剪白衫、麻衣称“开剪”。孝男穿麻衣、麻帽、草绳束腰，著麻鞋或草鞋。孝孙穿黄衣、戴黄帽，俗称“黄狗子”。侄孙着黄衣，但不戴帽。曾孙穿绿衣、绿帽，曾侄孙穿绿衣不戴帽。玄孙穿蓝衣、蓝帽。儿媳、女儿、女婿、内侄均穿白衫，女儿未出嫁扎蓝带，已出嫁扎白带。妻亡，夫为妻执“长杖”，称“齐眉杖”。夫亡妻为夫全身缟素。死者的长辈不能为死者戴孝。古时，孝男守孝三年（实足两年），孝孙一年，曾孙五个月。孝媳戴孝与孝男同，孝女一年。妻为夫戴孝三年（实足两年）除服。

讣告发出后，亲友陆续前来吊唁，称“开吊”。亲友到灵堂“见志”，孝男孝女应跪在旁边，随亲友行礼嗑头致礼。亲友来吊唁，送钱两，称送“奠仪”，并送烛、炮、纸箔、花圈、挽联、挽幛等奠品。丧家应对奠仪、奠品一一登记在册。凡师傅者、亲家门头应退回奠仪，亲戚送的蜡烛，不能烧尽，应留一大部分，包好等“回水”后，交还亲戚，作为“衣食”（讨吉利）。凡接到报丧，亲友应尽量自己前来吊唁，实在有事不能来，应派代表前来，并送上奠品，否则，就视作轻慢死者，从此两家“断路”，不再来往。前来吊唁、送奠仪奠品，应在封棺前，后来，俗定应在出丧前。民间认为，封棺后或出丧后，送奠品，将对丧家和前来者不利。

旧时，母亡或妻丧，娘家人势必前来问罪，所以必须有人在村头、路口守望，若奶头亲、娘头亲前来吊唁，要立即通知孝男，到村头、路口跪地迎接，并嚎啕大哭，接到灵堂，应对娘家人好生款待，对他们提出的质问，应耐心解释，提出的有关丧事规格，皆唯唯喏喏。否则，娘家人将除摔吵闹，百般刁难，俗称“打人命”。

死者停于厅堂，尚未收殓入棺，丧家请道士做道场，超度亡灵，俗称“搬药梯”。“搬药梯”是设奠、诵经，厅堂中搭数层桌，张挂绣各种神像、图案的桌裙、经幡，中央设供桌，上摆各种供品。道士首先念诵超度经、咒，死者亲属跪拜致哀，然后摇铃引导孝男、孝媳、孝孙、孝孙媳、孝孙女，孝女、女婿、外甥等，围绕道场转圈，三正三反，周而复始，耗时冗长。“搬药梯”后，进行“封棺”。先在棺底铺褥，然后由孝男抱头，其他亲属抱身，将遗体放置棺中，四周垫草木灰布包，揭去死者遮面“夹纸”，放于棺中，盖上棺材盖板，用七寸铁钉，钉牢四角。此时，鞭炮轰鸣，号哭震天。封棺时，与死者属相相冲者要回避，其他人不能站立在背光处，以免身影被棺材盖压住。最后，众亲属站立阶下，道士沾供在供桌上的清水，洒向所有亲属，意为众人拔除灾难，俗称“溅秽”。然后进行“上马祭”，凡道士主持在大门口设祭，焚烧纸人、纸马、纸鹤，道士敲击大钹，众亲属跪地叩拜、号哭。祭毕，举行酒宴招待，送封棺的亲朋好友，称作吃“上马酒”。后来，常将“上马酒”放在出殡后举行。“上马酒”有一道菜，为菜头煮羊肉，俗称“羊肉袋”，意思是要后人牢记“跪哺之恩”。

古时，封棺后，将棺材移至后厅，待七七四十九天断七后，出殡下葬。停灵后厅时，应设灵前桌。桌上摆死者生前画像，配一坐椅，下放一双死者穿过的鞋。每天三餐供饭，早晚供汤。桌上点一盏油灯，俗称“灵前火”，并点干香或盘香，出殡前，灯与香都不能灭。三餐供饭，饭上插一双箸，古时，乡间有妻、女、媳“唱汤唱饭”啼哭的习俗。灵前桌上还设两枚铜钱，供饭时，香烧一半，用铜钱问卜，问吃好了没？如一“市”一卜，即表明吃好了，可收拾饭菜，否则，要再供一会儿，重新问卜。直至出殡下葬，灵前桌才能撤去。

古时，每隔七天要为棺材上漆一遍，并祭奠一次，此为“七七做，八八烧”。一、三、五、七为孝男七，二、四、六为孝女七。头七“开魂路”，称“报亡”，二七为“内亲七”。三七称“拜杆”，四七称“开吊”，五七称“做成服”，六七孝女“烧六旬”（由已嫁女烧纸鸭母），七七称“断七”。其中七七最为隆重，在门口烧纸厝、纸箱（内装纸衣、纸箔）。实际上，做七有拔除，孝男三七，拔除一天，为六天；

孝女六七，拔除一天。据说，均为讨“衣食”。不上寿者（男未至50岁，女未至40岁）均减一天。而且，少年夭折、无子嗣、家庭困难的，也就草草收殓，入土安葬，免去如此繁琐的仪式。

出殡，俗称“出丧”，旧时，出殡队伍规模大的，前面有开路神纸人先导，后面有高照、彩旗、火饭甑、神主亭、金鼓吹、锣鼓板、十番伬等。彩旗为姻亲所送，因此彩旗越多，表示姻亲越多。棺木由一根长木杠吊起，旧称“龙杠”，讲究的龙杠下有柩轿，简易的只在灵柩上罩绣有图案的围幕。龙杠前后加一横杠、两纵杠，由八人抬。乡间还有请家中人丁兴旺的男子抬棺材，并回馈以重金。送葬由孝男执“孝儿杖”在前，孝孙、孝女随后，女眷以白布盖头，大家族的则将女眷集中一起，四周围以白布围幕。出殡常有路祭。出门前，在门口设祭由孝男、孝孙主祭，称“开路祭”，途中亲戚设祭，称“拦路祭”，以表示对逝者敬重、悼念。出殡忌途中棺材落地，因此，路祭时，须事先备好长条凳，以停放棺材。若抬棺材是雇人抬，常被人敲竹杠，坟地多在山上，上山途中，抬棺人借口抬不动，要在半途放下来，丧家只得加送花彩。灵柩上山后，按阴阳先生择定时辰，准时下葬，棺材放入圹中，用白灰拌土回填，孝男以衣襟盛土，倾入圹中，然后封土垒成覆鼎，同时鸣放鞭炮。送葬人按内外亲戚一一叩拜，然后离开坟地。丧家依序分发衣食，以讨吉利。

安葬毕回家称“回舆”，俗称“回龙”。此时，孝男、孙等脱下麻衣，更换成暗色衣服，乡间女眷有的须上穿黑衣，下穿红裙，头戴素花，男女均将腰间白带、蓝带换成红带。下山后，到附近汲水带回，称“回水”。回舆队伍，以孝男手捧先人遗像或神主牌领头，上方遮以雨伞，至门外，鸣放鞭炮，地上燃一丛稻草，所有送葬人均从燃草之上迈过，以除晦气。埋葬后第三日，丧家依然穿白衣白带，到坟地祭奠，整理坟墓，修理墓埕，称作“复山”。然后，摆上供品，点香、燃烛、化纸箔。“复山”结束，脱去白衣白带回家。

先人逝世一周年，进行祭奠，称“做忌”或做“忌节”。过“忌节”，菜肴比较简单，备有光饼、豆腐、切面、笋、酒、饭即可。祭奠父母一方，盛一碗饭，竖插一双筷，父母双亡，则供两碗饭。供时点香烛、烧纸箔。一般忌节在正日做，特殊情况可提前做，但不可推后做。做忌节由长男主持，其他兄弟姐妹备香烛、纸箔参加。

民国时期，丧葬程序并无多大改变。中华人民共和国成立后，提倡破除迷信、提倡丧事简办，节俭办丧事。丧葬程序、仪式逐渐简化。做七很少做到七七，“搬药梯”也明显少见。文革期间，做七、搬药梯、请道士、和尚念经全都废止。20世纪70年代，进行殡葬改革，禁止土葬，推行火葬，从根本上改变殡葬方法。火葬日，送葬人改为带黑纱，佩白花。亲朋好友主要通过送花圈、挽联、开追悼会等寄托哀思，部分头七即做断七。改革开放后，繁文缛礼虽有恢复趋势，但多已简化。

三、喜庆

添丁 生儿育女为人生一大事，因此，孩子出生三日，办酒宴请亲友，为“汤饼之喜”，俗称“办三旦”；孩子满月，为“弥月之喜”，办酒称“满月酒”；长男长女四个月，为“坐舆之喜”，外公外婆送轿车；孩子满周岁，办酒称“做晬”，家中点香烛，谢天地祖宗。旧时还有一种民俗活动，称“口晬”，即备文房四宝、金银、印章等，让小孩抓拿，以预示孩儿的前程。中华人民共和国成立后，添丁喜庆形式逐步简化，文化大革命期间，办三旦、满月酒基本停止，改革开放后，在乡镇逐步恢复。

寿庆 旧时，男人五十，女人四十五上寿，方可做寿庆。寿庆多为子女主办，发帖请亲友，亲友送线面、寿包、鸭蛋以及寿屏、寿幛。主人家摆寿堂、贴寿翁、挂寿幛。寿者先点香烛拜神主祖宗，然后接受晚辈跪拜，平辈者作揖祝寿。寿筵中“寿面”“太平燕”为不可或缺的菜肴。封建社会还有为逝者做寿庆，称作“寿忌”或“阴寿”。中华人民共和国成立后，寿庆摆寿堂、贴寿翁、挂寿幛。寿者先点香烛拜神主祖宗等形式逐步简化，民间寿庆日，有给寿星送生日蛋糕、全家人一起吃“太平面”或办寿筵宴请亲友等习俗。文化大革命期间，办寿宴基本停止，改革开放后又逐步恢复。

建房和乔迁　旧时，建房（起厝）和修墓，同样是人生大事。建房先请风水先生，择址；动工要择吉日，开工要办“开工酒”，祭地主；装石门框和大厅廊沿石时，门坎石和中内廊沿石下应放置钱币；最为隆重的是“立扇上梁”，请道士念经，驱逐邪气，梁上挂红布，请木匠师傅喝彩，并从梁上抛包、�府，立扇上梁后，办“立扇酒”，宴席上主要木匠师傅坐主席。完工后，办“完工酒”。搬新家，称“乔迁之喜”，搬家先将备好的竹杆上绑一把新扫帚，搬往新家，然后家神主也一起搬去。乔迁办酒称“安灶脚”，亲朋好友前来祝贺，送贺仪、贺匾或新家具。“文化大革命”时，上述活动基本停止，改革开放后逐步恢复。

第二节　宗族习俗

一、宗祠

在封建社会时期，民间祭祀限定于家中正厅向东壁上，供奉三代祖先。而士大夫阶层及有功名者经朝庭、官府准许，方可立祠、进行祭典。宗族中以辈份最高者奉为族长，事实上，在宗族中往往是以有一定社会地位、家产富裕的乡绅为族长。族长主持每年的祭祀活动，处理族产（往往各祠堂拥有一定的公田、公共房产用于祭祀，扶持中落的族人）事务，处理宗族纠纷，修撰族谱。在宗祠中，人们宣扬祖先的功绩，宣传保持家族兴旺的祖训，维系家族的团结，教育族中下一代的为人、处世之道，在家族中形成凝聚力。境内比较出名的祠堂有出“三代五尚书，七科八进士”的林浦林尚书家庙；出帝师、刑部尚书的螺江陈氏宗祠；出工部侍郎、三总兵、文武双全的吴厝吴氏宗祠；纪念宋端明殿大学士蔡襄的藤山蔡襄祠堂；闽国控鹤都指挥使林延皓家族的吴山林氏宗祠等。

民国期间，由于商业意识不断加强，人员流动频繁，城市中的宗族意识逐渐淡薄。但宗祠活动仍然没有消减，在下藤路就集中有蔡氏、王氏、郑氏、周氏四个祠堂。

中华人民共和国成立后，宗族习俗被作为封建意识加以抵制，宗族活动明显削弱。文化大革命开始后，城乡宗祠全部失去其功能，祠堂神主牌被烧毁，连祠堂建筑也转为他用。但大多数家庭仍在家中偷偷地祭。改革开放后，由海外宗亲倡议、出资，境内乡镇宗祠逐步修复，复建大批宗祠。春秋两祭就顺理成章地恢复起来。春祭一般在正月或三月（清明前后），秋祭多在农历九月。祭始祖墓，各房派代表参加，也有举族共祭扫，如台屿陈氏祭扫祖墓，合族参加，祭扫者满山遍野，分饼时每人两块，要挑数担才够。始祖墓祭后，各房择日祭扫各房祖先。也有集中在祠堂祭拜，谓之“祭祖”。如螺洲店前陈氏，正月春祭时，来自海内外的宗亲回乡祭拜，其中不乏有金发碧眼的陈氏后裔。至2005年底，全区有各种宗祠近百座。

仓山祠堂宗祠一览表

表 21-3-1

名　称	地　点	姓　氏	备　注
蔡忠惠公祠	下渡街道仓山步行街		祀宋端明殿大学士蔡襄
张经祠堂	建新镇洪塘街		祀明抗倭名将张经
陈东忠烈祠	建新镇台屿村		祀北宋爱国志士陈东
檀越境闽王祠	上渡街道上渡		祀开闽王王审知
宋丞相陈公祠	城门镇狮山村		祀南宋枢密院左使陈宜中
雁滨忠烈祠	建新镇建中村		祀戚家军阵亡将士
西坛忠烈祠	建新镇洪塘街		祀张巡
螺江陈氏宗祠	螺洲镇店前村	陈氏	陈若霖、陈宝琛、陈岱孙家族宗祠
螺江吴公祠堂	螺洲镇吴厝村	吴氏	吴复、吴石家族宗祠
螺江林氏宗祠	螺洲镇洲尾村	林氏	林峦、林雨时家族宗祠
古灵陈氏宗祠	螺洲镇鳌山村	陈氏	古灵陈

续表 21-3-1

名称	地点	姓氏	备注
杜园陈氏宗祠	螺洲镇杜园村	陈氏	杜园陈氏宗祠
花园杨氏宗祠	螺洲镇杜园村	杨氏	
城门林氏宗祠	城门镇城门村	林氏	林知夏、林知渊家族宗祠
城门茂植林公支宗祠	城门镇前锦村	林氏	林传光家族宗祠
方氏宗祠	城门镇前锦村	方氏	
林氏宗祠	城门镇敖里村	林氏	
林氏宗祠	城门镇敖峰村	林氏	
黄山郑氏宗祠	城门镇黄山村	郑氏	郑清濂家族宗祠
凤山郑氏宗祠	城门镇黄山村	郑氏	
桂阳郑氏宗祠	城门镇黄山村	郑氏	
胪传郑氏宗祠	城门镇胪厦村	郑氏	
洋下郑氏宗祠	城门镇洋下村	郑氏	
东塔郑氏宗祠	城门镇东塔村	郑氏	
城山郑氏宗祠	城门镇城山村	郑氏	
凤池张氏宗祠	城门镇浚边村	张氏	张睦后裔
淮阳江氏宗祠	城门镇浚边村	江氏	
胪峰陈氏祠堂	城门镇胪雷村	陈氏	陈绍宽、陈景润家族宗祠
仙步林氏宗祠（旧祠）	城门镇石步村	林氏	
仙步林氏宗祠	城门镇石步村	林氏	
石步王氏宗祠	城门镇石步村	王氏	
桐江严氏宗祠	城门镇下洋村	严氏	
江夏黄氏宗祠	城门镇下洋村	黄氏	
谢坑陈氏宗祠	城门镇谢坑村	陈氏	
卢氏家庙	城门镇谢坑村	卢氏	
永盛梁氏宗祠	城门镇梁厝村	梁氏	梁章矩、梁甘甘、梁守槃家族宗祠
得辉梁公家庙	城门镇梁厝村	梁氏	梁得辉家族宗祠
林氏士大夫祠	城门镇濂江村	林氏	林瀚家族祖祠
世宫保尚书林公家庙	城门镇狮山村	林氏	林瀚、林斯琛家族宗祠
林济斋家庙	城门镇濂江村	林氏	
林见泉家庙	城门镇濂江村	林氏	
林蟠溪祠堂	城门镇濂江村	林氏	
连坂黄氏宗祠	城门镇连坂村	黄氏	
龙津潘氏宗祠	城门镇潘墩村	潘氏	
潘墩潘氏宗祠	城门镇潘墩村	潘氏	
安头王氏宗祠	城门镇安平村	王氏	
北山郑氏宗祠	城门镇湖际村	郑氏	
文山谢氏宗祠	城门镇湖际村	谢氏	
清凉林氏宗祠	城门镇清富村	林氏	
程氏宗祠	城门镇清富村	程氏	
桐江严氏宗祠	城门镇清富村	严氏	
永盛梁氏宗祠	城门镇洋坑村	梁氏	
永盛李氏宗祠	城门镇安平村	李氏	
凤池张氏宗祠	城门镇厚峰村	张氏	

续表 21-3-1

名 称	地 点	姓 氏	备 注
璧江吴氏宗祠	城门镇璧头村	吴氏	
古灵陈氏宗祠	城门镇樟岚村	陈氏	
岐阳严氏宗祠	盖山镇上岐村	严氏	严复、严叔夏家族宗祠
上岐陈氏宗祠	盖山镇上岐村	陈氏	
控鹤林氏宗祠	盖山镇吴山村	林氏	林延皓家族宗祠
江南赵氏祠堂	盖山镇天水村	赵氏	宋魏王赵匡美后裔，赵在田、赵新家族宗祠
义序黄氏宗祠	盖山镇浦口村	黄氏	黄辅极家族宗祠
义序黄麟子家庙	盖山镇浦口村	黄氏	黄麟子家家族宗祠
陆氏宗祠	盖山镇跃进村	陆氏	陆蕴、陆藻家族宗祠
高湖郑氏宗祠	盖山镇高湖村	郑氏	郑善夫家族宗祠
南湖郑氏支祠	盖山镇江边村	郑氏	
叶厦郑氏支祠	盖山镇叶厦村	郑氏	
叶厦杨氏宗祠	盖山镇叶厦村	杨氏	
叶厦许氏宗祠	盖山镇叶厦村	许氏	
玉湖郭氏祠堂	盖山镇郭宅村	郭氏	郭鹤年家族宗祠
李氏宗祠	盖山镇白湖村	李氏	
秀水林氏宗祠	盖山镇屿宅村	林氏	
六桥林氏支祠	盖山镇浦下村	林氏	
北园王氏宗祠	盖山镇北园村	王氏	
齐安齐氏宗祠	盖山镇齐安村	齐氏	齐鲲家族宗祠
合浦刘氏宗祠	盖山镇浦下村	刘氏	
仕宅林氏宗祠	盖山镇仕宅村	林氏	
泰秀宅林氏支祠	盖山镇仕宅村	林氏	
凤阳刘氏宗祠	盖山镇后坂村	刘氏	
道南杨氏宗祠	盖山镇后坂村	杨氏	
壶山林氏宗祠	盖山镇后坂村	林氏	
龙峰郑氏宗祠	盖山镇后坂村	郑氏	
霞湖张氏宗祠	仓山镇霞湖村	张氏	张睦后裔
石井林氏宗祠	仓山镇郑安村	林氏	
九牧林氏宗祠	仓山镇郑安村	林氏	
淮阳江氏宗祠	仓山镇万里村	江氏	
刘宅刘氏宗祠	建新镇刘宅村	刘氏	刘藻、刘冠雄、刘元栋家族宗祠
台屿陈氏宗祠	建新镇台屿村	陈氏	陈嘉言、陈京、陈德善家族宗祠
云埕林氏祖祠	建新镇瓦埕村	林氏	
东岭王氏宗祠	建新镇东岭村	王氏	
高氏宗祠	建新镇高宅村	高氏	
游氏宗祠	建新镇冯宅村	游氏	
陈氏宗祠	建新镇玉兰村	陈氏	
林氏支祠	建新镇浦上村	林氏	
陇西李氏宗祠	建新镇葛屿村	李氏	
嬴洲刘氏支祠	建新镇岩洲村	刘氏	
藤山蔡氏宗祠	下渡街道仓山步行街	蔡氏	蔡襄后裔，蔡人奇家族宗祠
岭后赵氏宗祠	对湖街道岭后	赵氏	

二、祭祖

旧时，境内城乡宗祠祭祖活动有春秋两祭和初一、十五祭祀。春祭时间一般在正月，秋祭多在农历九月。初一、十五祭祀一般由宗祠理事主持进行。春祭活动规模最大，参加人数最多，迁居外地的宗亲常在正月回乡参加祭祀活动。春祭不是简单的祭祀，往往宗祠理事会，借此机会向宗亲汇报上年宗族慈善、扶贫、助学等事务，报告当年宗族活动安排。春祭一般都办有宗亲团聚的宴席。中华人民共和国成立后，宗族习俗被作为封建意识加以抵制，宗族活动明显削弱。文化大革命开始后，宗族集中祭祖活动基本停止。改革开放后又逐步恢复。2005 年，螺洲店前陈氏宗祠、台屿陈氏宗祠、藤山蔡氏宗祠、林浦林氏宗祠等均有大型的祭祖活动。

三、祭墓

旧时，境内宗族祭墓习俗，是整个宗族祭扫迁本地始祖的坟墓。时间一般在清明期间，有的宗族则是在秋祭时祭扫。祭扫祖坟由族长主持，各房、各支派代表参加，有的则通知所有宗亲参加，祭扫后还在墓埕聚餐，俗称“扛饭甑”，因此，人们称同宗族的人为“一饭甑吃饭”的人。文化大革命期间，此举停止，改革开放后，各村开始恢复活动，但大多改为“分饼”（即每人一份光饼）。祭墓在大家族中较常见，至 2005 年，台屿陈氏家族仍然举行祭墓活动，祭墓当天，墓山上人头攒动，蔚为壮观。

四、进主

宗祠中不仅有逝者的神主牌位，还有健在者的神主牌位，俗称“活主”。为一个宗族的成员在宗祠中有其地位，各宗祠不定期举行进主活动，一般十数年甚至数十年才举行一次。活动前，由宗祠理事会向本地、外地宗亲发出通知，绝大多数宗亲恐与宗族失去联系都会响应。20 世纪 90 年代，义序黄氏宗祠重修后，举行盛大的进主活动，让各户神主重新进入宗祠。一次性进主数百位，活动持续两天才结束。

五、修谱

旧时，仓山城乡各宗祠大多修有族谱，许多家族在民国期间仍有修撰族谱。解放后修撰族谱活动基本停止，“文化大革命”期间，许多宗族的族谱毁于一旦，据了解，仅螺江陈氏、对湖金氏、瓦埕林氏、濂浦林氏等还保留完整或部分旧谱。改革开放后，各宗祠纷纷恢复修谱、续谱活动。如瓦埕林氏将旧谱进行“影印”，许多较大家族则进行修撰族谱，但在旧谱、历史资料大量缺失的情况下，重新修谱谈何容易，因此，真正完成修撰的族谱不过十之一二。至 2005 年，仓山区完成修撰族谱的有梁厝梁氏、藤山蔡氏、控鹤林氏、郭宅汾阳郭氏、浚边张氏、鳌峰陈氏、义序虎丘黄氏等。

第三节　禁忌

一、语言禁忌

仓山人注重语言禁忌，认为“詈语”是不能登大雅之堂，如“喳”“祭”“涨板”“抓姜母”都是骂人的话，小孩不小心说出来，马上就会被大人喝止。小孩在过年时，也不能说不吉利的话，否则就有可能让家人用草纸擦嘴巴。人们不喜欢“死”“亡”“没”等字眼，即使是死了人，也常常说是“百岁”“过世”。与水上船民说事，忌讳讲“照层搬”。以上禁忌如今已淡化。

二、节日禁忌

旧时，仓山人在节庆日都忌讳说不吉利的话，做不吉利的事，在岁时之首的春节，人们希望有个好的开头，正月初头民间不兴讨债，认为讨债对双方都不利。正月初一，不打扫不倒垃圾，为的是不让财气外流。春节遇丧事不发丧，以免整年晦气。丧家春节不上门拜年，不赴喜宴。端午节不挑水，据说当天毒气正旺。供下界爷，只能在地上供，不摆在桌面上供。供奉临水娘娘忌用鸭蛋。以上禁忌习俗今已淡化。

三、婚丧禁忌

旧时，男女婚姻嫁娶双方年龄有“男大三竖旗杆，女大三井水串（提）会干”之说，忌女大男三岁以上；还相信年龄生肖相冲相克，忌男女年龄相差六岁，以免“六冲”。婚宴上“全只瓜”这盘菜肴不能动筷，以免破“好头好尾”的兆头。婚宴上碗盘不能重叠以免重婚，同样上马酒碗盘也不能重叠，以免灾难再次降临。死在外面的人，忌抬回屋。死人落棺时，生肖相冲的要避晦，观看的人忌站在背光处，以免身影被棺材板压住。上门吊唁者，忌穿红衣等花俏衣服。送葬忌迟到，据说此对送葬者不利。拾骨起葬，如头骨中牙齿俱在，须敲掉，否则据说会吃后人。以上禁忌习俗今多以已淡化。

四、其他禁忌

旧时，境内民间在住行方面也有很多禁忌，有房子出租，不让房客在租房里生孩子，以免风水被抢走；孩子未满月，忌让属虎的或生肖相冲的人探望；探望初生儿，忌带雨伞；忌在午后、夜晚探望病人。住房也有很多禁忌，房子忌建在暗河上；房形状忌建成前大后小畚斗形，认为此类房子不储财；建房子倒水忌向外倒，以免财气外流；购房子忌买无水井的房子；开房门忌三扇门开在一条线上；房子忌正面朝高峰、悬崖、尖塔、通衢、急流等。在日常生活习俗有，上桌吃饭忌敲碗，筷子忌一长一短，忌边食边说话。穿衣忌里穿深色外穿白，形同孝男。行走忌拖拖拉拉，或踮着脚走，认为此为短命相。坐在椅子上，忌抖动腿脚，认为此为乞丐相。上述禁忌习俗今多以已淡化。

第四节　民俗活动

一、陈靖姑信俗活动

仓山区下渡是临水陈太后陈靖姑的出生地，正月十五为其诞辰。旧时，境内民间在其诞辰日，有举办娘奶诞、迎娘奶、请花、请奶过关等民俗活动。其中最为代表性的是台屿村摆“鸡角（公鸡）墩”，每年正月十六，台屿村民将临水夫人神像请至祠堂，排上香案、供品，两侧走廊上立木架，上列各户村民精心制成的公鸡标本，公鸡毛嘴里插着白花或红花，身上披红带彩，甚至安装上彩灯，村民或为家中孩儿祈福，或为新婚儿女求子，场面十分盛大。中华人民共和国成立后，提倡破除迷信，陈靖姑信俗活动逐步淡化，文化大革命期间，陈靖姑信俗活动基本停止。改革开放后又开始恢复，到20世纪90年代末，民间宣传陈靖姑文化的呼声日益高涨，仓山区政府打造陈靖姑文化品牌，引导民间开展群众性的陈靖姑文化研究，组织以神缘为契机的闽台陈靖姑文化交流。2005年正月十五娘奶诞，境内祀临水陈太后的宫庙均有过娘奶诞、迎娘奶、请花、请奶过关等民俗活动，下渡临水陈太后出生地举行有盛大的迎娘奶活动，台湾信众派有代表参加。

二、尚书信仰民俗活动

仓山区阳岐尚书庙是福州尚书庙的祖庙，十二月二十一为尚书诞。旧时，阳岐尚书庙一年有两次大型的民间祭拜活动。一次是正月十一举行迎尚书、谢戏。传说，城里“回春”药店老板原是浙江人，清代遇战乱，回乡避乱，将药店托付同乡人代管，而药店生意却日渐兴隆。突然，有人从浙江来，说是原药店主家中人，原东家已在家中弃世，就由他来接收，而受托人却不承认，于是，闹到同乡会，由于同是浙江人，那一边都不好判，后来告官，也定不下，最后，到阳岐尚书庙咒嘴、问卦。不久，受托人便得大病，经人劝说，花一笔钱赔予来人。自此，“回春”药店年年正月，必来阳岐尚书庙谢戏。另一次是每年农历五月，水上行船、捕鱼之船家，都集中至阳岐，船民身着赭衣（用荔枝树木浸泡出的红色液体染制），到尚书庙祭拜，同时轮流宴客、演戏。来祭拜的各种船只，从阳岐化船道排到吴山，远远望去，桅杆如林，岸上更是热闹，小商小贩沿街排列，水上人将一年积下的海产、水产，与村民更换所需物品，庙会成大集市。中华人民共和国成立后，提倡破除迷信，尚书民间信仰活动逐步淡化，“文化大革命”期间停止活动。改革开放后开始恢复，但活动的规模远远达不到旧时的程度。2005年，阳岐尚书祖庙，举行尚书诞活动，除基本信众外，陈文龙故乡只派上百人代表前来参加。

三、迎泰山

南宋德祐二年二月、十月，最后帝王端宗、帝昺，曾两次在林浦驻跸，离开时，将大量粮食、物品留在林浦，在兵荒马乱时代，林浦民众得此泽惠，遂将当时的帝王驻跸的行宫改作泰山宫，保护下来。在泰山宫大殿正中供奉赵构，左右供奉大、二世子端宗赵昰、帝昺，总管殿中供奉陆秀夫、文天祥、张世杰等宋末臣子。每年正月十七夜，林浦泰山宫均举行“泰山出宫”巡游活动。赵构在前，赵昰或帝昺以及陈宜中、文天祥、陆秀夫、张世杰等神像随后，腰鼓队、踩街队簇拥下巡游乡里主要街道，当晚驻于士大夫祠，次日晚，开始巡游全乡，村民各家均焚香接宴，活动连续进行数晚，然后才回銮归位。“文化大革命”期间，迎泰山活动停止，改革开放后得到恢复，各乡迎泰山活动多在春节迎年举行，规模最大当属林浦，自1990年至2005年，从未间断。

四、迎神

旧时，正月迎神是境内各乡间最盛之事。正月十三迎玄天上帝，正月十七迎娘奶，正月廿迎真君，各乡迎神时间略有不同，所迎神灵也各神尽出，有太保、总管、七爷八爷、财神、大王、世子等等，不一而足。迎神时前有黄旗鸣锣开道，乡境高照随后，伴随肃静、廻避牌板，以及十八般武器，神灵端坐銮架，队伍中有香亭、镜亭等龛轿，“高哥”“矮八”“孩儿弟”随队游行，军乐队、十番伬、腰鼓队锣鼓喧天，鞭炮声震耳欲聋，迎神队伍所过之处人山人海，家家户户设香案、摆供品接宴。迎神队伍巡游全乡，大的乡迎神数天才能巡完。仓山区历史上最负盛名的是下渡迎神，传说，旧时下渡时升里刘泰云，进京赶考途中，在客栈遇一女子黄翠兰，她母亲旅途中病笃，无钱收埋，刘泰云慷慨解囊，赐银帮她渡过难关。后来，刘泰云名落孙山，回乡不题。而黄翠兰选为采女，进宫成为西宫娘娘，命人四处寻找恩人，最后找到刘泰云，接到京城，皇帝赐披风回乡。当他回到福州，走到南门外，适逢下渡本乡迎神巡游到南门外，当时规定，乡间无官至尚书者，不得迎神进城，下渡乡迎神队伍只得调头回乡，其他各乡见到纷纷取笑，刘泰云听到十分不忿，就将皇帝赐的披风披在神像上，守门兵卒不敢阻挡，因此，才有“下渡尾迎神好看在后”之说。城门乡迎神与别乡不同，时间定于正月十九，主神为大王。迎大王队伍以大刀灯为前导，大刀是纸糊竹骨，内点腊烛，刀上书写“器以利矣，斩妖灭怪；风调雨顺，国泰民安”。灯后有两人身穿白长衫，青布背夹，肩挑竹枝彩旗长柄镜、竹椅子、鼓仔各一副。同时，还迎“喜伞”，古时习俗乡中新婚后添男丁之年，男家参加迎喜伞，喜伞高一米，六角形，顶盖及围边均以绸布缝制，中有木柄可撑，伞中点烛。如今迎神只提刀灯，不再有扮白衫人和迎喜伞了。“文化大革命”期间，民间迎神活动被禁止。乡民迎神怕乡政府制止，大多改在深夜巡游。时值春节难免春雨纷纷，村民在迎神前半天，就挑沙铺路。因此，人们一旦看到铺路，就知道今晚要迎神。改革开放后，境内民间迎神活动又开始恢复。迎神的主神为大王，以大乡为主，组织迎神队伍巡游各自然村。2005 年，境内迎神活动规模较大的有下洋、谢坑、林浦、潘墩、台屿、高湖等乡。

五、贴楹联

仓山区民间有贴楹联的习俗，主要有大厅所有柱子上均贴楹联、迎新春贴春联，嫁娶贴喜联，祝寿贴寿联等。家族聚居大堂统一贴祠堂联称贴“门头联”。现存民间贴楹联最富特色的有两处，一是城门镇梁厝村，梁厝迎春时，家家户户贴春联，同时在大厅所有柱子上均贴楹联，连披榭、厨房、所有窗户都贴楹联，甚至村里张贴防火、欢迎来宾的标语都是写对句，这个习俗至今长盛不衰。另一处是高湖一带，贴春联红纸上方留白，传说是明代倭寇侵扰乡间，烧杀抢掠，当年适逢春节，每家各户都举丧，从此，贴春联皆留白。这种习俗莆田也有，而高湖郑姓是从莆田迁来，疑是与此家族习俗有关。1990 ～至 2005 年，城镇居民仍有贴春联的习俗，以梁厝村最盛。

人物

人　物

一、人物传

王冷斋（1892 ~ 1960）

王冷斋，福州仓山区人。清光绪十八年（1892）出生，民国5年（1916）毕业于保定军校。曾参加辛亥革命和护国、护法运动，先后担任北洋政府陆军部谘议、亚东通信社总编辑、远东通信社社长、京津晚报社社长、北平市政府参事兼宣传室主任等职。

民国26年（1937）1月，王冷斋任河北省第三行政区行政督察专员兼宛平县县长，时逢侵占丰台的日军以营舍不够居住为由，要求在宛平县管辖的丰台至芦沟桥地带圈地6000亩建营房和飞机场。遭到王与当时北平市市长秦德纯的严辞拒绝。当年7月7日夜，日军借口演习部队失踪日兵一名，要进入宛平城内搜查，企图诈取城池。王冷斋识破其伎俩予以拒绝，日军即向宛平城内开火。王冷斋置身危城，临危不惧，率宛平保安队协同守城驻军，抵抗日军进犯。数十日激战多次，城内专署等处房屋被击塌，县政府衙门房顶陷落，他将书桌搬到院中办公。同时写下《卢沟桥纪事五十首》古诗，真实地记录宛平前线强敌压境的紧张局面及29军大刀队打击侵略者的形象。他作为北平方面的谈判代表，在谈判的过程中，坚持守土有责，寸土不让，表现出高度的民族气节和爱国精神。

八年抗战期间，王冷斋辗转香港及西南大后方，以历史见证人的身份和亲历的第一手资料，编写《芦沟桥事变始末》一书，记述与日方交涉的经过，将卢沟桥事变真相昭然于天下。抗战胜利后，王冷斋应远东国际军事法庭之邀，前往东京为审判日本战犯出庭作证，控诉日军罪行，申张正义，受到当地华侨的热烈欢迎。民国35年（1946年）回国在北平定居。中华人民共和国成立后，王冷斋参加中国国民党革命委员会。历任中央文史研究馆馆员、北京市文史研究馆副馆长、第二、三届全国政协委员等职。著有《芦沟桥事变始末记》《芦沟桥抗战纪事诗五十首》等。1960年病逝。

郑格如（1894 ~ 1995）

郑格如，女，清光绪二十年（1894）生于今仓山区城门镇下洋村，毕业于福建华南女子学院。民国11年（1922年）旅居马来西亚。民国37年，其夫郭钦鉴去世，是时，郑格如召集子侄在马来西亚组建“郭氏兄弟有限公司”，由其子郭鹤年任董事长，此举成为继承和发展祖业的转折点。

郑格如身居海外心系故园，热心家乡的慈善事业，在城门镇下洋村设有“郑格如慈善基金会”，曾多次返乡捐资兴建仓山区鹤龄医院、盖山镇郭宅中心小学“钦鉴教学楼”、郭宅“颐寿轩”老人活动中心及城门镇下州防洪堤加固工程等，造福桑梓。格如信奉佛教，曾捐资闽侯雪峰崇圣寺、福州怡山西禅寺、瑞峰林阳寺等。

1995年7月8日郑格如仙逝，享年102岁。

陈可忠（1898 ~ 1992）

陈可忠，今仓山区城门镇胪雷村人。清光绪二十四年（1898）生，民国9年（1920）清华大学毕业后公费赴美国留学。民国13年获美国耶鲁大学硕士学位，民国15年获芝加哥大学化学博士学位。

民国21年8月，可忠向教育部建议在南京召开全国化学讨论会，讨论化学译名、国防化学、化学课程标准三大问题，会议中发起组织中国化学会，并参与章程的草拟工作。化学会的成立标志着中国化学实业的发展翻开新的一页。同年6月14日，国立编译馆成立，可忠为负责人，至民国37年，共执掌国立编译馆达12年之久。该馆审定公布的许多科学译名一直沿用至今，对科学术语译名的统一起到重要的领导和推动作用。当年5日，陈可忠任中山大学代理校长，8月任校长。民国38年6月，辞去中山大学校长一职，转赴台湾。

1957年起，任台湾清华大学教务长。1962年5月梅贻崎校长逝世，陈可忠代理校长至1965年。在任校长期间，恢复大学部的核子工程、数学、物理和化学4个系。1969年退休。1992年2月17日病逝于美国宾夕伐里亚州，享年93岁。

王观滔（1901 ~ 1985）

王观滔，又名孝扬，清光绪二十七年（1901）生于今仓山区盖山镇北园村的中医世家。其曾祖王家丰承祖传医术，擅长骨伤治疗，并以中草药为主兼治外科诸病，传其子王善飞，又传其子王品银。王观滔系王品银之子。

民国4年(1915)，王观滔随父学习中医外科，继承祖传医术，擅长对漏管、骨蛀等外科疑难病症的治疗，对防治痹症、麻风也有其独到之处。

民国13年，王观滔在北园村开设王观滔中医外科诊所，并带其长子王森銮、长媳陈梦英共同行医，为村民治病，其医术精湛和医德高尚深受群众爱戴，诊治范围达10余县之广。1949～1954年，历受福州市、仓山区卫生防疫工作先进标兵奖状、奖章十余次。

1956年6月，王观滔关停诊所，与郑宗洛、黄申如等人共同筹建福州市第二中医联合医院，院址设在义序镇（今盖山镇义序村），院内设有中、西、内、外、妇、牙及病房等诊疗科室，下辖11个分院，共有医护人员100多人，同时先后贡献白降丹（治疗漏管）、麻风痹症丸等单验方并进行科学技术革新，分别受到市卫生局嘉奖和区科技革新标兵奖。

1962年11月，王观滔被福建省中医研究所特聘为研究员，1982年当选为福州市中医学会中医外科理事。为传承传统医学文化，先后带徒10多人。王观滔晚年虽患有高血压等疾病，每天仍坚持工作，经常加班诊病。1985年4月23日王观滔病逝。辞世后，盖山卫生院在院墙上铭刻“王观滔中医外科”以彰其对中医事业的贡献。

余宝笙（1904 ~ 1996）

余宝笙，女，清光绪三十年（1904）出生于福建省莆田，民国11年（1922）6月就读于福州华南女子文理学院。民国13年（1924）赴美国望城大学学习，后年转入美国哥伦比亚大学研究院攻读硕士研究生。民国17（1928）获美国哥伦比亚大学化学硕士学位。同年回国，任福州华南女子文理学院化学系教授。民国24年（1935）再度赴美国约翰霍普金斯大学研究院攻读博士研究生，并于民国26年（1937）6月获约翰霍普金斯大学生物化学博士学位。她怀念祖国，惦念福州华南女子文理学院工作，婉言谢绝美国约翰霍普金斯大学麦卡伦导师要她留下当助手的邀请，毅然回福州华南女子文理学院工作。

1951年9月，华南女子文理学院并入福州大学。宝笙任研究部主任兼化学系主任。1953年9月，福州大学改为福建师范学院，宝笙任副教务长兼化学系主任。她教学严谨，知识渊博，诲人不倦，深得广大师生爱戴。1955年和1956年两次赴京参加全国政协会议。

1957年，宝笙在政治上受到委屈，“文化大革命”中又受到不公正的对待。但她坚信党和人民总有一天会理解自己，仍保持乐观的精神，坚持自学。1979年宝笙错案得到彻底平反。1981年被国家批准为首批生化研究生导师。

1984年，80高龄的余宝笙教授又创办全国第一所私立华南女子职业学院，被校友总会任命为院长。余宝笙被选为第六届、第七届、第八届全国人大代表. 1989年被评为“全国教育系统劳动模范”，1990年被评为“全国优秀归侨、侨眷知识分子”；1992年经国务院批准，享受政府特殊津贴，同时获得英国剑桥国际传记中心授予的世界妇女名人奖状，并载入《世界妇女名人录》。同年，余宝笙因病住院。卧病期间，仍深深怀念华南女子职业学院的事业，盼望重返工作岗位。1996年9月23日晚病逝，享年92岁。

刘仰文（1905 ~ 1991）

刘仰文，福州市仓山区人，清光绪三十一年（1905）出生。民国13年（1924）毕业于福州英华中学。民国21年，考进南京金陵大学园艺系养蜂专业学习。大学毕业后，回榕在仓山区“双江台”创办双江中级补习学校，并从金陵大学购回意大利蜂种，在郊区设胜利养蜂场，从事养蜂业研究。

1956年7月10日，双江中级补习学校由福州市教育局接办，校名改为公立福州第十七中学，校址迁台江区后洲，刘仰文任副校长。他高兴地对全体师生说：“我今天才真正办起人民的教育了”，他亲自制订各种规章制度，亲自担任教学。他呕心沥血，严爱交融，千方百计要办好一所高质量的学校。1957年，他毅然把自己创办多年的养蜂场无偿地交给学校做为学生勤工俭学基地。1958年1月，福州市商业职工业余中学移入福州第十七中学，成为十七中附设业余中学，刘仰文兼任业余中学校长。他采用灵活多样的办学形式，允许学员“单科独进”或“双科三科并进”，这种做法深受学员欢迎。

1964年10月，刘仰文任福州第十七中学校长。在他的努力下，学校得到大发展，1966年发展有22个初中班、6个高中班，在校学生达1400多人，学校成为完全中学。第十七中学在福州台江区声誉日高，毕业生升学率逐步提高。而附设的业余中学，至1966年5月共培养初中毕业学员800多人、高中毕业学员500多人，连同单科或3科结业的学员计有4000多人。

刘仰文除对教育科学有很深的造诣外，还继续致力养蜂科学的研究。1959年，他研究摸索出“集体巢箱，壮大群势，多王繁殖，单王采蜜”的一整套高产措施，并把科研成果无私地奉献给全国养蜂界。之后，又在国内率先摸索出一套生产王浆的技术措施，做到繁殖、产浆、采蜜、取蜡四丰收，为养蜂生产和科研开辟一条新途径。是年起连续4次被评为福建省、福州市教育系统劳动模范、先进工作者，连续4届被选为福州市人大代表。在福州市第六届政协全委会上，他被选为市政协常委，还担任福州市教育工会副主席。

1962年，他的论文《意蜂王浆高产综合技术措施》引起国内外养蜂工作者的极大关注，被列为国家对外保密的技术资料。当年夏天，他2次应邀进京作学术报告，论文在全国推广并作为王浆高产训练班的教材。同时进行中蜂改良饲养和产浆技术试验，总结出“培养强蜂、复式移出，培养补助群”生产王浆3大技术要点。这一贡献大大促进全国养蜂事业的发展，被誉为“中国王浆生产的先行者”。他在60多年的养蜂科研工作中，先后发表论文40多篇，1983年，专著《蜂王浆》一书由农业出版社出版。他担任中国农业科学院养蜂研究所的特约研究员，福州市科协常委、副主席，中国养蜂学会第一届理事和福州市养蜂学会理事长。在福建养蜂界，他被誉为“八闽蜂业元老”。

1991年12月10日，刘仰文因心脏衰竭逝于福州。享年86岁。

宋省予（1909 ~ 1966）

宋省予，福建上杭县城关人，原名连庆，字廉卿，号红杏主人。7 岁随父习画，11 岁入县立中学读书。民国 14 年至民国 26 年（1925 ~ 1937），先后在广东梅县美专、蕉岭创兆、潮州镇海等 6 所学校任美术教员。自创“省予画社”、“美术人才养成所”，为粤东地区培养一大批美术人才。抗日战争爆发后，省予回到上杭潜心作画，曾举办个人画展，捐资抗日救亡运动。1957 年，赴梅县创办美术学习班。1958 年，与罗晓帆共创上杭艺术专科学校，并亲自任教。次年，受聘为福建师范学院艺术系图画教师。曾为中国美术家协会会员、首届福建省政协委员、中国美术家协会福建分会会员。代表作有《百寿图》、《岩谷春光》、《四季花鸟》、《水仙花》和《百花齐放》等，曾参加全国、华东、省、地和香港等地的画展，享有很高声誉。出版有《宋省予花鸟技法讲座》、《宋省予画集》。

丁汉波（1912 ~ 2003）

丁汉波，民国元年（1912）11 月 3 日生于福建古田县。民国 20 年毕业于福州英华中学，后进入燕京大学生物系本科学习，民国 28 年在该校研究院学习，获理科硕士学位。民国 29 至民国 36 年任福建协和大学讲师、副教授。民国 36 年赴美留学，民国 38 年获美国俄亥俄洲立大学理科哲学博士学位，继任博士后研究员，并被选为美国科学协会荣誉会员。1951 年回国任福建师范学院教授，继而在福建师范大学从事动物学及发育生物学教学和科学研究工作，历任生物系主任、副校长兼生物系主任、中国动物学会常务理事、中国两栖爬行动物协会理事长、中国发育生物学会理事、中国野生动物保护协会副理事长、福建野生动物保护协会副会长、福建省科学协会荣誉委员等职。著有《脊椎动物学》，主编《发育生物学》为高校教材。1960 年被评为全国文教先进工作者，1978 年获福建省先进教育工作者奖状。丁汉波的主要学术成就还有：研究两栖动物性腺季节性变异、两栖类杂交及其染色体等，在国内属领先地位；进行鸭类杂交、番鸭与麻鸭的人工受精技术研究，推广后经济效益甚大，获国家科技进步二等奖。

丁汉波于 2003 年 3 月 7 日逝世，享年 91 岁。

郑孙谋（1913 ~ 2001）

郑孙谋，字仲权，民国 2 年（1913）生，今福州盖山镇江边村人，四世业医。孙谋少承庭训，矢志学医。11 岁受业于清秀才翁幼西先生，勤学《四书》《五经》《周易》旁及文史，为攻读中医经典奠定根基。14 岁涉猎杏林，经其堂叔父少瑜指导，熟读《内经》《难经》《伤寒论》《金匮要略》等经典医著。17 岁从其堂伯少荣侍诊，得其真传。孙谋秉性谦和，勤学好问，博览群书，他深知为医之道不可拘泥于一师所传，必须善取他人之长补己之短。因此，转益多师，开拓视野。名医郑宗洛的“辨证施治首重气化，用药主轻灵，药味简而不失法度”的学术思想对他的影响最大。24 岁悬壶乡里，曾治活瘴症、走马牙疳等危重病人，上门求诊者日众。

1951 年，孙谋在仓山下藤路开设诊所。1954 年参加创建仓山区第一联合诊所。1956 年 4 月调任福州市第一联合医院任院长，同年 7 月，调入福州市人民医院，历任主任医师、副院长、名誉院长。1957 年受省卫生厅委托全脱产办“西学中”班 2 年，自己编写“西学中”内科教材，为福建省培养第一批“西学中”人材百多名。60 年代注重肝炎、肝硬化的中医的研究和治疗，70 年代注重肾病综合征的治疗，90 年代注重肿瘤的中医治疗与预防。在省级以上刊物发表论文 30 余篇，并参加编写《脉经校释》，他的《血丝虫乳糜尿中药治验》一文译成俄文对外交流。

郑孙谋擅长内科，妇幼科亦有较深造诣。善治疑难杂症，对于临床处方用药首重气化，擅长验方，处方用药小巧、轻灵。对病态窦房结综合症、肾病、脾胃病颇有心得，对心动悸、脉结代、肝胆疾患、阳痿、不孕症、便血、石淋、瘴症等疑难病的治疗均有独到之处，疗效甚佳。由于他医术高明、医德高尚，1963 年被评为省级名老中医，1991 年被评为国家级专家，并享受政府特殊津贴。先后任福州市中医研究所所长、福建中医学院教授、福建省中医药学会副会长、中华全国中医学会理事、福州市中医学会名誉会长、福建中医学会常务理事、福建医学会常务理事、中国中西医结合研究会福建分会顾问、福建省卫生厅学术委员会委员、中国红十字会福州分会副会长、福州市科协常委、福州市卫生局医学顾问等职。曾被选为福建省第五届、第六届人大代表、福州市第七届人大代表，并多次被评为省市劳动模范，被授予优秀共产党员和全国卫生先进工作者等光荣称号。

2001 年孙谋因病逝世，享年 88 岁。

张汇三（1914 ~ 1993）

张汇三，江苏省沐阳县人。民国 2 年（1914）出生，民国 30 年 2 月参加革命工作，同年加入中国共产党，任苏北淮海专署财经科稽核员。后历任沐阳县后兴庄税务所所长、苏北淮海专区第一税务局巡视员分支书、沐阳县耿桥区、城东区区长。抗日战争时期，新四军到达苏北，张汇三参加当地农救会，积极帮助新四军开展征粮和宣传工作。解放战争期间，参加淮海战役、渡江战役，获银质、铜质奖章各一枚。1949 年 3 月任十兵团卫生部民运股股长。1950 年 1 月任江苏省支前委员会副协理员兼总支书记。

1950 年 3 月调任福州市民政局干部科科长，1951 年 12 月任中共福州市水上区委书记兼区长，积极在水上地区开展民主建政、反恶霸、土改、镇反等运动，为巩固新生人民政权做出贡献。1954 年调离水上区。后历任中共大根区委书记兼支前大队政委、中共福州市委党校副校长、市劳动局局长、福建省科委办公室主任、省商业厅饮服处处长、监察特派员、鼓楼区革委会办事组副组长、鼓楼区革委会顾问等职。1980 年离休，1993 年 11 月逝世，享年 79 岁。

陈霖（1915 ~ 1997）

陈霖，民国 3 年（1915）1 月出生于今福州市仓山区仓前天安寺。青少年时期在仓山天安小学、英华中学、燕京大学、西南联合大学学习。民国 34 年赴重庆报考自费留学，被录取进入美国纽约大学商科研究院，获经济及国际贸易硕士学位。毕业后进入由留美学生组建的“森美工业公司”做管理工作，后被派“纽约森美进口公司”，专门负责经营食品进口。

1972 年他联络 6 个股东买下“纽约金门食品公司”，又购置大仓库作为森美进口公司的“大本营”，从食品进口延伸到零售业，他贯彻“直线发展”的企业观念，用更高的盈利扩大经营，使食品进口兼批发汇成一个系统，生意日益兴隆，年年事业有创新。从开办纽约华埠第一家金门超市，到 20 世纪 90 年代初，已发展有“金国”“金山”“金麟”“金城”“金都”等多家超市，“金门集团”成为美国东北岸线几家最大的中国超市，享誉全美。陈霖和夫人范承顺先后得到美国总统卡特夫妇和布什夫妇的接见。1988 年 12 月获美国政府颁发的“全美少数族裔企业杰出奖”。1991 年获美国“拿破仑杰出成就奖”。

陈霖先生心系桑梓，关心家乡的建设，多次回福州先后捐款 130 万美元，兴办英华英语学校，兴建福州儿童医院“承顺门诊大楼”、福州盲聋哑学校“明楼”、福州霖顺科学馆、仓山区天安小学“陈霖教学楼”、福州“华侨文化活动中心”“盲人按摩院”宿舍楼和筹办英华外国语学院等。1990 年获福建省人民政府颁发的“乐育英才”金质奖章。

陈霖曾任纽约中华总商会名誉会长，1997 年 2 月 15 日病逝于纽约，享年 82 岁。

陈雪非（1917 ~ 1997）

陈雪非，又名陈竫，女，福州市人。民国 6 年（1917）9 月出生。民国 14 年 8 月入私立开智小学学习，民国 20 年 9 月至民国 24 年 8 月先后在福州第一中学、福州女子中学、福州师范幼师科学习。

民国 24 年 10 月至民国 30 年 4 月，在私立南郡小学、开智小学、建瓯铁井小学及连江丹阳中心小学任教员。民国 30 年至民国 38 年失业。

1949 年福州解放，陈雪非参加福州市失业教师教训班学习，结业后，被聘为小学教师。1950 年 3 月至 1951 年 9 月在下藤小学、天安小学任教。1951 年 9 月至 1958 年 8 月调入仓山区第二中心小学（后改名为程埔小学）任教。1956 年被评为福州市先进教育工作者。1958 年 10 月参加福建省幼儿教育积极分子代表大会，受福建省妇女联合会表彰。

1958 年 12 月陈雪非调入仓山区第一幼儿园任副园长。她在幼儿教育工作中努力钻研业务，亲自编写木偶剧本，塑造典型而有教育意义的木偶形象，对幼儿进行健康向上的教育。还编写《幼儿识字课本》，生动形象地反映幼儿童真、童趣的儿歌，教幼儿传唱。她身兼副园长职务，还负责全区和市幼儿教研活动。为提高幼儿教学质量，她组织有经验的幼儿教师编写幼儿教学大纲和教材，供全市幼儿园教学使用。并定期组织全市幼儿教师开展教学观摩活动，受到各地参观者的好评。

陈雪非善于总结、推广幼儿教育经验，撰写《幼儿教育与小学衔接问题》、《如何表演木偶戏》、《培养幼儿良好的学习习惯》等多篇学术论文，在《福建教育》杂志上发表。她积极推广普通话教学，亲自多次上示范课，得到省内外听课者的好评。她还代表福建省幼儿教师参加全国普通话观摩获得好评。

陈雪非曾获得“炼钢积极分子”“福州市模范工作者”“仓山区三好教师”“福州市红色巧姐妹”“福建省文教先进工作者”“全国先进儿童工作者”“学习毛泽东思想积极分子”“福州市五好妇女”“福州市“五好先进工作者”“全国劳动模范”等荣誉称号。1960 年出席“全国文教系统群英会”。

“文化大革命”中，陈雪非受到冲击，被打成“资产阶级反动学术权威”，受到错误批判。“文化大革命”后恢复名誉。1974 年 11 月退休。1992 年经福建省总工会、福州市总工会核实，批准陈雪非享受全国劳模待遇（享受退休金 100% 待遇）。

1997 年 12 月，陈雪非因病于福州逝世，享年 80 岁。

刘含怀（1919 ~ 2008）

刘含怀，原名刘忠涵，福建闽清人。民国 8 年（1919）3 月 11 日生，笔名柳林、柳寒晖，自幼爱好文学，民国 24 年就读福州三一中学时就开始写文学作品。民国 25 年 3 月，他的散文《春的笑靥》发表在福州《南方日报・铁马》。同年春，郁达夫来福州，刘含怀在参加《小民报》副刊《新村》撰稿人座谈会上，很高兴地见到郁达夫，倾听他谈论新写实主义（现实主义）等创作问题，深受启迪。民国 26 年春，刘含怀单独往访郁达夫，请他在纪念册上题词。郁达夫题写了“光明正大”，使刘含怀受到鼓舞和激励。

抗战爆发后，刘含怀满怀爱国热情，参加“福州文化界抗敌后援会”、“福州文化界救亡协会”的活动，以笔当枪，投入抗日救亡活动。他的散文作品以通俗易懂的形式，宣传抗战救国道理，深沉地表达人民仇恨日本侵略者的感情。他的评论《战时文学是怎样的》被郁达夫主编的《救亡文艺》采用。民国 28 年秋，刘含怀考上战时内迁邵武的协和大学西洋文学哲学系，后转学到内迁长汀的厦门大学经济系。民国 30 年 4 月 21 日福州沦陷。刘含怀赴马来亚谋生，同年 9 月初抵新加坡，见到已在《星洲日报》任副刊编辑的郁达夫，受到热情接持，鼓励他给该报副刊写稿，他的作品开始在新加坡发表。太平洋战争爆发，新加坡陷落，刘含怀曾被捕坐牢，历尽艰辛得以脱险。民国 34 年 8 月抗战胜利后，在新加坡任教。民国 36 年 5 月他回到祖国，继续在厦门大学学习，后在中国人民银行福建省分行工作。1972 年 8 月，因患病提前退休。退休后，他不顾身体有病，积极投入社会工作，辛勤笔耕，常在省市报发表作品，与徐君潘、林冷秋、黑尼等老文化人合编《1930～1949福州散文选》等。1984年，刘含怀选择为大龄男女排忧解难、牵线搭桥，充当"月老"的甜蜜事业。1985年初，省总工会主办的《月老报》创刊，他应邀担任顾问。1986年起，他主持仓山区妇联主办的"烟山鹊桥"婚恋服务处，同年6月，他从历年发表在《福建青年》《福州晚报》的文章中，精选46篇结集为《月老的报告》。著名作家苏叔阳以《但愿人间多"月老"》为该书题写序言。巴金、冰心、臧克家、沈从文、华君武等著名文艺家为他题词或作画，加以赞赏。1987年以后，刘含怀走上讲坛，应邀到福建师范大学、农业大学等院校和机关、部队，作20多场"月老报告"，指导青年树立正确的人生观、价值观，正确对待婚姻恋爱家庭伦理道德。他的报告感动了许多人。在此后十几年，他不倦地接待数千人次来自省市内外的待婚男女、鳏寡孤独，回复千封以上求助、求教者的信件。他家中的电话成为"婚恋热线"。1996年11月，他的《我的生命没有空白——刘含怀婚恋情缘集》出版。1989年，时任全国人大副委员长的陈慕华来"烟山鹊桥"视察，握着他的手说："你办了好事，人们感谢你！"时任中共福州市委书记的习近平也亲临婚介所，与他亲切晤谈，称赞他为文明建设作出了贡献。来自亚、非、美洲好几个国家、地区的旅游团，也到"烟山鹊桥"参观，称赞它有中国特色。

刘含怀曾先后获"全国老有所为精英奖""全国老有所为贡献奖""全国老有所为先进集体创新奖"。作为带头人，他曾三次应邀晋京，受到党和国家领导人接见并为之颁奖。1995年，他又被评为"福州市首届文明市民标兵"，他家还被评为省"五好家庭"。他的传略入编《中国现代文学词典》第三卷、《福建省文艺家辞典·作家卷》；他的事迹载入全国老龄委编印的《银发丹心弄潮人》，被赞为中国式的爱神丘比特，"烟山鹊桥"被誉为能"抚平婚恋者心灵的心理诊所"。2008年5月，刘含怀因病在福州逝世，享年89岁。

李新华（1920～2004）

李新华，原名许仿庚，民国19年（1920）生，山东省淄博市人。民国27年2月参加革命工作，同年加入中国共产党，历任村党支部书记，临淄东五区宣传科长、区委书记；六区区委书记；沾化三区乡区委书记；滨县二区冯店区（工）委书记、渤海四乡区23团任政治处组织干事、十纵29军89团组织股副股长、83师249团组织股长。

1949年随军南下，调任福州市仓山区公所区长、中共仓山区工委书记。在仓山区工作期间，积极开展民主建政、抗美援朝、镇压反革命、"三反""五反"和对私营工商业、手工业进行社会主义改造，努力整顿市场秩序，恢复发展经济，为巩固人民政权做出贡献。1953年4月调福州市工作，后历任市工厂企业党委副书记、中共福州市委纪律检查委员会及市监察委员会副书记、中共福州市委工交部副部长、交通基建部长、福州市土产站革委会主任、市生产指挥处秘书组长、市直机关党委副书记等职。1978年6月，参加市检察院筹建，任市检察院副检察长期间，认真落实党的政策，平反冤假错案，打击经济领域犯罪活动，从重从快打击严重犯罪分子，维护社会治安等做大量工作。1983年3月离休。2004年5月去世，享年84岁。

释照香（1922～2005）

释照香，女，俗名齐淑香，民国11年（1922）出生于今福州台江区。照香出身贫苦，身体不好，经常生病四处求医。后经人指点：闽侯雪峰寺月空法师有秘方可治病，便于1958年拜月空为师。病愈后笃信佛教。1963年她安排好3个女儿后，出家灵山寺为尼。她为人忠厚，吃苦好学，深得师父厚爱，不久就能单独主持一方佛事活动。由于出生贫苦，对农活样样在行，解决了寺院自食其力问题。

"文化大革命"中，她被师父指派到闽侯五虎山五灵岩寺修持。中共十一届三中全会后，恢复宗教信仰自由，为了尽快修复寺庙面貌，释照香不辞辛苦，筹集资金，买材料修寺庙。在她努力下很快就修复五灵岩寺和螺洲杜园灵山寺。后来，她被盖山镇首山村民请去高盖山妙峰寺做当家师。当时百废待兴，找不到合适住持人选。当她听说江西茅山有一位和尚叫济平法师功夫高强，住在深山老林里，以护林为生，她三顾茅山，礼请济平师，来到高盖山妙峰寺常住。没过多久，济平法师又把他师父海灯法师从四川请来，当时轰动了整个福州城，参观者、信众络绎不绝，给高盖山妙峰寺带来知名度和旺盛的香火。之后，她把寺庙交给济平法师后就回到灵山寺。接着，长乐县黄石镇、闽侯县祥谦镇、仓山区城门镇等多座寺庙的信众都要请她去管理。她接手后均安排师兄弟或徒弟去常住。她坚持爱国爱教方针，遵纪守法，不为名、不贪利，自力更生坚艰苦奋斗，使所管辖的寺庙旧貌换新颜，得到信众敬仰，她曾作为特邀代表出席区政协第四届会议。

2005 年，释照香在福州灵山寺病逝，享年 83 岁。

陈彪（1923 年～ 1992）

陈彪，民国 12 年（1923 年）11 月 23 日出生于今螺洲镇。民国 25 年毕业于（成都）金陵大学。中国科学院紫金山天文台研究员、名誉台长。早期在辐射和天体物质的交互作用、致密物质、天体物理中的流体力学、宇宙学和哲学等方面的探索研究中取得一些高水平成果。50 年代，在探索“在天文环境中有实际意义的可解释的天文现象的观测和信息处理”方面，在太阳物理领域的仪器设计制作、太阳观测站的大气环境、太阳活动周期、太阳对流层结构等探索方面，取得多项重要成果。数十年来在组织推进中国太阳物理观测研究、筹划其布局和发展、负责组织协调多次太阳活动周期的全国观测研究活动等方面做了大量有显著成效的工作。1980 年当选为中国科学院院士（学部委员）。1992 年 11 月 10 日上午六时失踪。

严淑秋（1923 ～ 1976）

严淑秋，女，中国共产党党员，民国 12 年（1923）5 月 28 日出生于今福州市城门镇下洋村一个贫苦农民家庭。民国 21 年入村私立小学读书，民国 29 年毕业后在家自学并参加农业劳动，曾学习织布。民国 37 年至 1950 年在湖际私立小学任教。解放初期，严淑秋积极参加乡政工作。1950 年，任村文化义务教员，从事小学教育及农民业余教育工作，曾任湖际乡文教委员、湖际乡长、湖际小学和胪上小学校长等职。1955 年 11 月加入中国共产党，任中共城门区教工支部书记、城门区委委员，闽侯县妇联执委、闽侯县人民代表。

1960 年 8 月，严淑秋调入闽侯县实验小学（今仓山区城门中心小学）任校长、支部书记。她积极推广普通话教学工作，主持汉语拼音教学试验，取得显著成绩，得到中央教育部师范司的肯定，师范司司长亲自到校视察，予以高度评价。期间她身体力行深入群众开展扫盲工作，积极参加大炼钢铁运动，多次获得“闽侯县扫盲工作积极分子”“闽侯县先进教育工作者”“大炼钢积极分子”等称号。同年，她主持五年一贯制教学试验工作，取得成绩，被选为“全国三八红旗手”并出席省文教群英会。

“文化大革命”期间，严淑秋主持的闽侯县实验小学被指为福建省教育厅的“黑试验田”，受到错误批判。1973 年得到平反，恢复名誉，调任福州市仓山区火炬小学（天安小学）任革领组副组长、校长。1976 年 8 月 31 日病逝于福州，享年 53 岁。

张堃祥（1926 ～ 1999）

张堃祥，广东海南人，中国共产党党员。民国 15 年（1926）10 月出生于一个工人家庭。民国 24 年入福州市私立独青小学念书。民国 29 年至民国 35 年先后在福州大中华糖果厂、永安县马王山饼店、永安建设厅食堂、梅列邮电局等当工人。

民国35年，张堃祥受聘广东小学任教员。当年6月参加中共城工部地下党组织的活动，学习进步书籍，宣传革命思想，了解敌情动态，为游击队筹款筹物等。民国36年参加由地下党领导的“布案”活动。

1956年，张堃祥调任仓山区人民政府文教科副科长。“文化大革命”中受到迫害，被诬为“三反分子、走资派、反军黑后台”等莫须有的罪名。1971年下放到仓山区化工社工作。1972年调任朝阳区（今仓山区）文化工作站站长。同年调任仓山区委宣传部副部长，兼任文教科科长、教育局局长。1979年中共仓山区委对他在“文化大革命”中不实之词予以平反，恢复名誉。

1984年至1987年，张堃祥任仓山区“五四三”办公室主任期间，带领群众开展精神文明建设，使仓山区在1985年度全市精神文明建设检查评比中名列第二。中共仓山区委，区政府给张堃祥同志升级奖励，并被评为优秀党员。

1987年张堃祥离休后，仍参加社会活动，担任仓山区关心下一代协会第一届、第二届、第三届副主席（副主任）。他热心社会公益工作，关心下一代，经常深入社区、学校与青少年谈心交朋友，引领青少年健康成长，1991年被评为仓山区优秀党员，福建省关心下一代协会积极分子，1998年再次被评为福建省关心下一代工作积极分子。

1999年5月25日，张堃祥病逝于福州，享年73岁。

黄依娇（1927 ~ 1993）

黄依娇，女，民国16年（1927）出生于今盖山镇义序村，家贫，民国29年黄依娇13岁，被父母卖到南平乡下当童养媳，她乘机逃脱。其父不问青红皂白，把她锁在房里，待到半夜按旧俗欲将她沉水淹死。母亲可怜她，乘夜深人静偷偷把她放走，让她逃到外婆家。一个人偷偷逃到福州城里，靠打小工勉强活着。1944年，与国民党军官结为夫妻，后到台湾。1956年，因其夫勾搭年轻女佣，至女佣怀孕，家庭破裂。俩人离婚后，黄依娇去巴西。与大她21岁的王姓华人成婚，一起照料丈夫前妻的几个孩子，并大力协助丈夫打理生意。

1958年，黄依娇夫妇迁居玻利维亚，靠100美元起家，先在首都拉巴斯开了一家专营中国货的商店，卖大陆的绣织品，很受顾客欢迎。玻利维亚总统夫人也常来光顾，她和总统夫人结成好友。很快引起当地居民和官界的注意。1960年，他们又开一间中国餐馆，黄依娇亲自主厨，中国的饭菜在玻利维亚大受欢迎。有两年，丈夫到美国做生意，黄依娇一个人在家经营，照料5个孩子，从早忙到晚。后来还和别人合作办袜厂，成为玻利维亚闻名遐迩的女企业家。正当生意兴隆的时候，丈夫却突然中风，生活不能自理，黄依娇只好放弃袜厂，同时雇人照料丈夫和孩子，自己跑生意。1974年，其夫过世，几个孩子都已长大成人，成家立业，他们都非常感谢黄依娇的培育之恩。

1977年，在总统夫人的竭力鼓励和推荐下，黄依娇接到总统聘书，被任命为驻台北总领事。黄依娇在拉巴斯做生意的好友葛斯多先生的太太去世，葛多斯遵从太太的临终嘱咐，向黄依娇求爱。黄依娇被感动接受他的倾慕。1978年他俩在台北结婚。台湾许多报纸发消息和照片，报道这一新闻。

1979年，黄依娇卸职从商后，仍通过各种渠道为中玻建交牵线搭桥。1981年，她第一次回到离别32年的中国大陆探亲；返回拉巴斯时，带上反映中国大陆几十年翻天覆地变化的录像带和有关文献资料，向玻利维亚政府和人民介绍新中国的成就。1984年，黄依娇在玻利维亚报纸上，宣传中国经济建设、改革开放和航空、石油、外交与一国两制，为中玻建交作舆论准备。台湾驻玻“大使”上门质问她：“共产党给你什么好处，你到处为共产党宣传，你还不是和我们一样被赶出大陆，你母亲还不是照样在大陆受苦挨饿？你要考虑自己的后果”。黄依娇理直气壮回答：“让华侨和玻利维亚人民来认识、比较、鉴定吧。中玻建交乃大势所趋，任何人都无法阻挡。我们海外赤子都希望祖国早日富强起来，希望家乡在改革开放中腾飞，希望两岸同胞早日团聚，至于我个人，没有什么好怕！”。为促成中玻建交，黄依娇在玻利维亚外交部和新华社驻秘鲁分社之间联络、搭桥，多次促成秘鲁分社王记者访问拉巴斯。在黄依娇的努力下，1985 年 5 月，中国建交谈判代表秘密访问玻利维亚受阻，黄依娇立即找到国会议长、玻国移民局，几经奔波，终于使中国使者进入玻国首都进行为期 4 周的考察、访问，双方达成协议，并于同年 9 月正式建立外交关系。

1987 年 8 月，黄依娇被任命为玻利维亚驻广州领事馆总领事，任内不仅为中玻友谊和交流做出积极贡献，而且对国内改革开放也提出不少中肯的建议。她爱祖国，爱家乡，热心公益，事迹突出，感人肺腑，在海内外享有崇高威望，厦门电视台曾据此拍成电视剧《传奇夫人》，世人皆称其为华侨楷模，女中豪杰。1993 年 4 月 23 日黄依娇在玻利维亚去世，享年 66 岁。

陈德善（1927 ~ 2004）

陈德善，男，民国 16 年（1927）生于今建新镇台屿村。幼年丧父，12 岁因生活所迫离乡背井，远涉重洋，赴新加坡谋生。先在咖啡店当学徒，后投身餐饮业和房地产业，搏击商海、艰苦创业几十年，终于成为著名的旅星实业家。1990 年后，陈德善以其拳拳赤子之心、殷殷爱乡之情，为家乡公益事业呕心沥血、慷慨解囊，13 年共捐资 600 余万元，为家乡的教育、文化、体育、卫生、交通、社会福利、文物保护等作出重要贡献。

陈德善先后任台屿兴学董事会名誉董事长、教育基金会荣誉主席、陈德善文教基金会会长、陈德善老人基金会会长、建新镇人大特邀代表等社会职务。为表彰陈德善对家乡公益事业的突出贡献，1997 年福建省人民政府授予他“乐育英才”荣誉证书与金质奖章，程序、袁启彤等省领导为之题词嘉勉。台屿乡亲由衷称赞他：“德被人间钦望重，善施梓里仰名高”。

陈德善于 2004 年 2 月 17 日在新加坡病逝，享年 77 岁。

陈坚石（1927 ~ 2008）

陈坚石，江苏省大丰市人。民国 35 年（1946）7 月加入中国共产党，8 月参加中国人民解放军，历任战士、班长、排长、营指导员。1953 年 12 月转业地方工作，历任福州市民政局股长、副局长、福州市人民政府办公厅主任、鼓楼区人民政府区长、中共台江区委副书记、台江区人民政府区长。1959 年在“反右倾”中受错误处分，1962 年被甄别平反，恢复原职务。1965 年 10 月，任福州市房管局局长。1966 年 11 月，因发表批评陈伯达的意见，被打成“现行反革命”，遭批斗、游街，撤销党内外一切职务，被捕入狱，1968 年 2 月释放。粉碎“四人帮”后获彻底平反昭雪。

1973 年 8 月他复出工作，先后任朝阳区（今仓山区）革委会副主任、区委常委、中共朝阳区委副书记。1975 年 3 月，任朝阳区委书记、区革委会主任、武装部第一政委。

1976 年 10 月，“四人帮”粉碎后，他联系仓山区实际，开展落实干部政策。1978 年 3 月，他带领区委“农业学大寨”工作队到仓山公社的联建、湖边、先农 3 个大队开展“一批二打三整顿”（批判与江青反革命集团篡党夺权有牵连的人和事；打击贪污盗窃，打击投机倒把；整顿领导班子，整顿经济账目，整顿社会治安）工作。4 月，陈坚石被选为区革委会主任，同月，当选区委书记。在主持仓山区落实政策工作期间，对“清队”“整党”“一打三反”“清查 5·16”运动中立案的 784 人进行全面复查，改变结论的 102 人，修改结论的 50 人，纠正冤假错案的 82 人。受林彪、江青反革命集团迫害的 184 人也因而得到昭雪。接着又对“文化大革命”中受审查的案件，全部逐个进行复查。全区共立案复查 507 人，复查后被推倒原错误结论的 169 人，修改结论的 87 人，维持“文化大革命”前结论的 165 人，长期挂案新做结论的 6 人。在不同范围内召开 25 场落实政策大会，为 281 人平反昭雪，推倒不实之词，恢复名誉，当场烧毁材料 9526 份，退还本人材料 366 份和笔记 29 本。对“文化大革命”中非正常死亡的 16 人，按政策规定给予改写结论，处理好善后工作。全区补发冤、假、错案工资 44571.34 元。1979 年 8 月，他主持召开“实践是检验真理的唯一标准”讨论会，从思想上重新确定党的实事求是路线，把全党工作重点转移到社会主义现代化建设上来。

1983 年 8 月，陈坚石任市政府秘书长，1985 年 1 月任福州市对外友协副会长、党组书记。1988 年 12 月离休。2008 年 1 月病逝，享年 81 岁。

林家茂（1927 ~ 1989）

林家茂，福建省闽侯县人，中共党员。民国 16 年（1927）1 月出生于一个佃中农家庭，1934 年进入禄家小学读书。1940 年至 1949 年先后就读于福建学院附中、私立勤工学校、光复中学和林森师范学校。

1949 年，林家茂从林森师范毕业后，受聘于福州市台江区联三小学任教员，1951 年参加福州市失业教师教训班学习并任班干部，1951 年至 1956 年，先后担任福州市大根第二中心小学副教导，新港小学校长。1957 ～ 1962 年先后任仓山区象山小学、上渡小学、区第二中心小学校长。期间，他以校为家，努力钻研业务，以身作则，带领老师出色完成教学和学校管理工作，获评“共青团仓山区优秀团干部”“仓山区先进工作者”“福州市文教先进工作者”“福州市模范工作者”，出席福建省文教群英会。1963 年，调任中共仓山区文教卫生总支副书记。

“文化大革命”中，林家茂受到不公正的批判。1969 年至 1972 年下放，先后调任燎原小学教员、朝阳公社和朝阳区（今仓山区）扩建指挥部工作人员。

1973 年，林家茂恢复名誉，调朝阳区革委会建工组任副组长。1981 年至 1988 年任文教科副科长、教育局副局长、调研员等职。1988 年退休。1989 年 1 月，病逝于福州，享年 62 岁。

陈承景（1931 ~ 2004）

陈承景，福州市人，民国 20 年（1931）出生，中共党员。民国 38 年 6 月参加革命工作，经历剿匪、反霸、土改等实践。1954 年中共福建省委党校理论班毕业。1959 ～ 1978 年，历任福建师大附中、福州第一中学、第二中学领导兼政治课教师。中共十一届三中全会后，任中共福建师大附中总支书记，兼任福建省中学生思想政治课教学研究会理事长、福建省中学教育研究会常务理事、中国教育国际交流协会福建省分会理事，发表有关“学校德育和为人师表”等方面专文多篇。陈承景主持福建师大附中工作期间，福建师大附中获“全国文教系统先进集体”、“全国德育先进学校”称号。1988 陈承景获评“福建省劳动模范”、“福建省中学特级教师”称号。退休后，陈承景任福州私立阳光国际学校校长，继续为教育事业奉献余热。

2004 年，陈承景于福州病逝，享年 73 岁。

陈景润（1933 ~ 1996）

陈景润，男，民国 22 年（1933）5 月 22 日生于今城门镇胪雷村。1950 年 9 月至 1953 年 8 月就读于厦门大学数学系。1953 年 9 月分配到北京四中任教。1955 年 2 月由当时厦门大学的校长王亚南先生举荐，回母校厦门大学数学系任助教。1957 年 10 月，由于华罗庚教授的赏识，陈景润被调到中国科学院数学研究所任研究实习员，1962 年任助理研究员 ，1977 年破格晋升为研究员，1988 年定为一级研究员。1981 年 3 月当选为中国科学院学部委员（院士）。曾任国家科委数学学科组成员。1992 年任《数学学报》主编。先后受聘担任贵州民族学院、河南大学、厦门大学、青岛大学、华中工学院、福建师范大学等校的兼职教授和《数学季刊》主编。当选为第四、五、六届全国人民代表大会代表以及福州市政协委员。

陈景润调到中科院数学所以后，发表学术论文 50 余篇，著书 4 本，在近代解析数论的许多重要问题，如华林问题、球内整点和圆内整点问题、算术级数中的最小素数问题、小区间中殆素数分布问题、三素数定理中的常数估计、哥德巴赫猜想、孪生素数问题等的研究中，获得多项重要成果。特别是在哥德巴赫的研究中，陈景润得到（1，2）的辉煌结果，在 1966 年宣布后，立即在国际数学界引起轰动，被公认为是对哥德巴赫猜想研究的重大贡献，是筛法理论的光辉顶点。他的结果被国际数学界称为“陈氏定理”，写进美、英、法、苏、日等国的许多数论书中。陈景润在哥德巴赫猜想的研究领域至今保持着世界纪录和领先地位。

陈景润于 70 代末和 80 年代初曾先后出访欧美。1978 年后，又培养多名博士研究生。他曾先后获得全国科学大会奖、国家自然科学一等奖、何梁何利基金奖、华罗庚数学奖等重大奖励。他的学术成就为国内外所公认。1974 年国际数学家大会介绍 庞比尼获菲尔兹奖的工作时，特别提到“陈氏定理”，作为与之密切关联的工作之一。陈景润于 1978 年和 1982 年两次收到国际数学家大会作 45 分钟报告的邀请，这是很高的殊荣。

1996 年 3 月 19 日 13 时 10 分陈景润病逝，享年 63 岁。

杨玛罗（1936 ~ 2005）

杨玛罗，福建龙海县人，中共党员，民国 25 年（1936）生于印度尼西亚，12 岁归国就读于福州英华中学。1959 毕业于福建省师范学院物理系，毕业后分配到福建师大附中任教。任教期间编写的教材在《福建教学通讯》上连载。又在全省率先用电教手段上物理公开观摩课，发表论文《改进中学物理的实验教学》等。杨玛罗担任福建师大附中校长兼书记，确立学校“以德立校，以人为本，以质为先，全面发展，民主办学”理念，培养一批杰出人才，参加国际中学生学科奥林匹克竞赛，获 4 枚金牌、4 枚银牌、1 枚铜牌。1994 年创办福州私立时代中学。杨玛罗曾获得“全国教育系统劳动模范”“全国优秀校长”“福建省优秀专家”“福建省劳动模范”“福建省优秀共产党员”“福建省中学特级教师”等称号。杨玛罗还兼任福建省特级教师协会副会长、福建省中学计算机教育理事会理事长、福建省物理学会副理事长、福建省政协第五届、第六届、第七届常委。享受国务院专家特殊津贴。杨玛罗退休后还继续担任福建师大二附中校长兼书记职务。

2005 年，病逝于福州，享年 69 岁。

蔡诗东（1938 ~ 1996）

蔡诗东，民国 27 年（1938）5 月，出生于今仓山区下渡。自幼随家迁居台湾，后留学美国。旅美期间，他惦记着“根在中国、家在福州”，创办《华府春秋》杂志，宣传祖国统一。在获达特第斯大学超流物理硕士和普林斯顿大学博士学位后，于 1972 年毅然回到祖国。20 多年里，他致力于中国等离子体物理研究事业，让等离子体在中国扎根。先后被聘为美国加州大学、马里兰大学、德克萨斯大学和普林斯顿大学的客座教授与客座研究员。曾任国家及亚非等离子体培训研究机构的主席与主任等职务。1992 年获国家级突出贡献中青年专家。1995 年当选为中国科学院院士。连续多届当选为全国政协委员。1996 年蔡诗东因劳累过度于 6 月 20 日病逝，享年 58 岁。

黄振顺（1949 ~ 2000）

黄振顺，1949 年生于今福州市盖山义序中山村。1968 年参军，两次被评为“五好战士”。1971 年 5 月退伍，6 月参加公安工作，先后在下渡、三叉街、盖山派出所担任责任区民警。黄振顺参加公安工作后，努力钻研业务，忘我工作。不徇私情，秉公办事，不计较个人得失，曾因加班疲劳摔裂腿骨，1985 年被市局评为“优秀责任区民警”，两次受到公安分局嘉奖。

1999年，振顺在后坂片区首创“衔接式”外口管理模式。在他的科学管理下，后坂村外口管理漏报治安案件大幅度下降，一年多没有发生一起刑事案件，得到区公安系统肯定和推广。

2000年6月20日早晨7时许，黄振顺在仓山区友谊路早市买菜时，发现有个小偷盯上一个卖桃子的妇女，正下手行窃。他马上冲上喝止，并扭住小偷手腕。小偷见逃脱不了，就蹲身从腿上拔出匕首向黄振顺猛刺一刀，黄振顺忍痛仍不松手，掏出工作证大喝：“我是派出所的，住手！”，但小偷不肯就范，疯狂地向黄振顺连刺11刀。黄振顺用尽最后一点力气将凶手抱住，倒在一家米店门口，仍紧紧地抓住凶手的腿。在群众的帮助下，他终于将小偷抓获。但因伤势严重，经抢救无效而牺牲。

黄振顺牺牲后，公安部发来唁电；中共福州市委、省市总工会、仓山区委、市公安局先后作出《关于开展向黄振顺同志学习的决定》；省市总工会分别追授其为“省、市五一劳动奖章”，福州市公安局追认其为“全国公安系统二级英雄模范”。

2001年9月19日，中华人民共和国民政部授予黄振顺“革命烈士”称号。

附：境内五个镇已在《福州市郊区志》入传的历史人物名录

表22-1-1

姓名	籍贯	生卒年	主要事迹
邵楚苌	城门镇邵岐村	762～846	贞元十五年（799）进士，官至校书郎
师　备	城门镇谢坑村	835～908	30岁投芙蓉寺落发。闽王王审知曾拜师备为师
刘　奕	建新镇刘宅村	999～1051	为官清廉，死时“殓无新衣，囊无余资”，润州百姓集钱为其收殓
刘　彝	建新镇刘宅村	1029～1091	长于治水，受命为都水监丞，因治水有功升都官员外郎，改知处州
郑　湜	城门镇城山村	不详	庆元初年（1195），升为起居郎，代皇帝草拟诏书
严　烜	盖山镇上岐村	1373～1450	减免租税，发放粮食，赈济灾民，政声显著其为官30余载，“屋不添一椽，田不增一亩，廉洁出身，风范后世”
郑　塾	盖山镇高湖村	1385～1436	永乐十三年进士，授礼部主客司主事，亲老友，善其启蒙老师刘九畴逝世时，家徒四壁，郑塾主动经纪后事，并负责奉养其家属，供衣食“久而不废”
吴　复	螺洲镇吴厝村	1389～1470	任吴县知县，妥善处置“百僧同狱”案，免了一场“刀火”之灾，大获民声
林元美	城门镇林浦村	1401～1469	天顺元年知抚州（今江西临州县）。力行教化，乡境大治，郡人称赞为“金井水、玉壶冰”
林　玭	建新镇瓦埕村	1434～1506	任浙江按察司签事时，剿灭匪犯，保一方安宁大获众望
林　瀚	城门镇林浦村	1434～1524	南京吏部尚书，力疏陈事十二策，被誉为“留都四君子”。子庭　木昂、庭机官至工部尚书，孙林爊、林烃官为工部尚书，世称“三代五尚书”，为闽中望族
郑　观	盖山镇高湖村	1437～1516	为官清廉，拒不受礼，更不愿高官厚禄，当官过了六百石（相当于知县的俸薪），就自行免退，乃至挂冠授印而去，为世人所钦
林　瑭	建新镇瓦埕村	1446～1496	奉敕审理冤狱，平反无辜，民众敬服，上下交相称赞
郑时佐	盖山镇高湖村	1448～1537	广东南雄府同知，任内严禁夷商以宝物奇香贿赂当官者，于是海政肃清，百姓颂扬
林文缵	建新镇瓦埕村	1466～1560	湖广布政司参议，提太岳焚祷收入，全归官库，以备赈济，饥荒无恐。于是荆南大治
林庭木昂	城门镇林浦村	1472～1541	不肯攀附刘瑾党人，弃御史官阶而知苏州，两次上疏请求免税充赈终得恩准，百姓大悦
郑善夫	盖山镇高湖村	1485～1523	弘治十八年（1505）进士。6年后授广西司主事。其时宦官当权，便请告归
林　堂	建新镇瓦埕乡	1491～1570	嘉靖十一年，知随州，正逢干旱，为百姓徒步祈雨。后知太仓州（今属江苏省），清狱、积谷、新学宫，建桂花亭，太仓为之一新
张　经	建新镇洪塘	1492～1555	兵部右侍郎，总督两广军务，因连年战功卓著，升右都御史，再升兵部尚书

续表 22-1-1

姓名	籍贯	生卒年	主要事迹
陈　淮	螺洲镇店前村	1502 ～ 1594	嘉靖十七年进士，授武林司刑，执法严厉，不肯敷衍，不肯徇私，得罪一些权贵，不肯俯就，便辞官归里
林　璧	建新镇瓦埕村	1503 ～ 1568	嘉靖八年进士，授浙江松阳县令，追查蠹政之弊，不为金钱所动
林庭机	城门镇林浦村人	1511 ～ 1587	嘉靖十四年进士。皇帝御文华殿，以诗论试选，入读中秘书，后升为南京工部尚书，肃清舞弊之风，每年增收 2 万余两
陈　奎	建新镇台屿村	生卒不详	明嘉靖三十二年进士，在任真定知府时白莲教徒起义，任广东参政时山民起义，陈奎不以武力镇压，用招抚政策，亲自谕以大义，山民皆感泣谢罪，广东遂平
林　燫	城门镇林浦村	1524 ～ 1580	嘉靖二十六年进士，三十二年充景恭王讲读官，后转国子监祭酒，加太常寺卿。其祖林瀚，父庭机皆祭酒，世称“国师三祭酒”
林　烃	城门镇林浦村	1540 ～ 1616	嘉靖四十一年进士，在任南京太仆少卿期间，振刷马政，并请求废除矿税，释放无辜官员，未被采纳，愤而辞官，但朝廷下旨升他为南京工部尚书
翁正春	建新镇洪塘村	1553 ～ 1626	明万历二十年擢进士第一（状元）。拜礼部左侍郎，代理部事。他极言肯谏，特加太子太保
曹学佺	建新镇洪塘村	1573 ～ 1646	崇祯十七年崇祯帝自缢煤山，学佺闻讯也投池自杀，为家人所救。清顺治三年清兵入福州，第二日曹学佺自缢于西峰里家中
林文熊	城门镇城门村	1576 ～ 1649	任苏州府推官管理刑事期间，有吴县秀才倪某，被恶霸翁启阳陷害判死刑。文熊调查，知是冤案，即行释放，并捕翁启阳抵罪。翁以万金贿赂，文熊不受，判启阳死刑，自此大获民心。
林崇孚	建新镇瓦埕村	1596 ～ 1679	辞官归里后热心教读子弟，赈恤贫孤。曾捐资修建洪山桥、西禅寺、妙峰寺、金山寺等名胜古迹和云程书院等，被称为“大善士”
林云铭	城门镇林浦村	1628 ～ 1697	江南徽州府推官，治事精敏，听断如神，附近府县的疑难大案，也多请他剖理
林枝春	城门镇林浦村	1699 ～ 1762	乾隆时以进士第二人及第（榜眼），授翰林院编修
陈霞蔚	螺洲镇店前村	1753 ～ 1810	乾隆四十九年进士，嘉庆三年特授内阁侍读学士，升太常少卿，乾隆七年（1802）升都察院左副使都御史。九年擢兵部右侍郎，兼署吏部右侍郎
陈若霖	螺洲镇店前村	1759 ～ 1832	陈若霖精于律学，善于办案。前后 8 年，当 4 个省的按察使，所到之处，“积牍为之一清”，道光四年入为工部尚书
齐　鲲	盖山镇齐安村	？ ～ 1814	嘉庆十三年奉命充册封琉球正使，严禁带本国特产贸易获利，琉球国王厚送金银也婉言谢绝。调为河南府知府，革除摊派车马的弊政，并勒碑宣示
陈景亮	螺洲镇店前村	1810 ～ 1884	咸丰二年武昌被围，景亮挺身而出，领 2000 官兵毅然奉命，驰援罗遵殿。任山东运使时，值河决盐务大坏。他借钱给盐商，修理场灶滩地，恢复盐业，至咸丰八年，纳税银 270 余万。咸丰十年，升云南藩司
梁鸣谦	城门镇梁厝村	1826 ～ 1877	同治五年沈葆桢推荐梁鸣谦为福建抚署文案。当时船政局的机器皆来自国外，其零件名称、性能、操作等皆由鸣谦翻译成中文，教授员工
陈承裘	螺洲镇店前村	1827 ～ 1895	立志于服务桑梓，即使“举债累万金”，仍然疏财相助。承裘乞假在家 40 年，因办团练捐饷银，功加四品衔侯选郎中。其 6 子皆登科甲，称“父子四进士，兄弟六科甲”
陈建侯	螺洲镇店前村	1937-1987	光绪七年（1881）特旨班序补委办宜昌川盐局，严禁贪污，把增收的厘税几十万缗，周济贫民。光绪十三年，河南郑工决口，建侯备陈堵筑之宜，振抚之策，又亲自察勘情势
陈懋侯	螺洲镇店前村	1837 ～ 1892	光绪十七年补授江南道监察御史，屡有建言讽谏，请禁“非刑虐民”，即日“旨充准施”
郑雨春	城门镇黄山村	1830 ～ 1881	知江西袁州宜春县，居官 17 个月，决旧案 100 多起，又捐奉修县署，兴保甲、抑豪强、恤寒酸，于是境内大治，循声弥著
叶大庄	盖山下歧村	1844 ～ 1898	任邳州知州时常有水灾，大庄“冬抚贫户，春办工赈”，受灾的六社十三营，逃者归，馁者得食。但他积劳成疾，不久逝世

续表 22-1-1

姓名	籍贯	生卒年	主要事迹
陈宝琛	螺洲镇店前村	1848 ～ 1935	陈宝琛与张之洞、张佩纶、宝廷等人，世称“清流党”“枢廷四谏官”，曾在“庚辰午门案”中，促太后修改“上谕”而传为佳话。宣统元年（1909年），调任总理礼学馆，为皇帝授读，赐禁城骑马，恩宠极隆
王眉寿	福州	1848 ～ 1921	在福州光禄坊玉尺山房，创办“女子师范传习所“被称为“范之师”，政府颁赐“闽峤女宗”横匾以为褒奖
黄瞻鳌	盖山镇义序尚保村	1851 ～ 1924	在福州办有“齐懋元”“大兴”“长丰”酒库、“福源绸布行”“永安堂纸店”等，还在上海办“黄丰记庄”，在顺昌洋口设“永成华分庄”，其资产达200多万银元，称福州一富
郑清濂	城门镇黄山村	1853—?	为马尾船政工程处监造“境清”“寰泰”“开济”“广甲”“广乙”“平远”等9艘舰船，又开辟船坞，功绩卓然，赐工科进士出身。授海军正参谋官，领任海军部军政司长。民国期间被委为福州船政局局长，又晋授海军造船总督，加少将衔
尤贤模	建新镇洪塘村	1853 ～ 1940	福州著名的工商业户，在福州南街、南台、上杭街及上海、香港等地办有苏广百货、钱庄、汇兑庄等共10多家，总资产达200多万元。贤模好善乐施，他曾首倡捐资修复福州孔庙
严 复	盖山镇上歧村	1854 ～ 1921	严复激奋翻译《天演论》；编写《论世变之亟》《原强》《救亡决论》《辟韩》；创办《国闻报》和北京通艺学堂；同时还给光绪皇帝上“万言书”
陈兆锵	螺洲镇店前村	1862 ～ 1952	兆锵任“福州海军学校”校长，兼闽海关督办。他在马尾船政局11年，任内制造飞机15架，并试制成功中国第一架水上飞机甲型一号及教练机，培养飞潜学生56人，重建“昭忠祠”，并增设发电厂，服务百姓。
黄鸣球	盖山镇义序	1864 ～ 1916	福州船政后学堂第六届驾驶班毕业，与刘冠雄等奉派赴英国留学，学成回北洋舰队任二副。光绪二十一年，黄鸣球带“飞云”号鱼雷艇于刘公岛参加“威海卫中日海战”，败绩罢遣，到京师大学堂任数学教习，民国2年为“肇和”舰少将舰长
林钟贵	盖山镇福州红星农场	1868 ～ 1934	其家世代为医，精于内科，医术超人，通过仓山同善社，给贫苦病家发放“施诊条”，可以随时凭证免费就诊。还把自己的“蔬食鼒庐”让给外地病人住。福建省督军兼省长李厚基曾为其颁发三等“嘉禾”奖章
严伯玉	盖山镇上岐村	1874 ～ 1942	宣统元年以“精通洋务”受到清廷重用。被擢为二品福建财政正监理官。民国13年代理财政部次长以关余、盐余为抵押，发行春节国库券800万元，以解决财政困难
林之夏	城门镇城门村	1878 ～ 1947	光绪三十年参加芜湖兴中会和同盟会，曾催促林述庆起义。光复江宁后，出任军政部部长，授陆军上将衔；福建军政府成立时，任参谋部及军务部部长。辞职回乡后在城门创办龙光两等小学
郑宗洛	盖山镇高湖村	1878 ～ 1959	得义序黄紫庭医生真传，于仓山下藤街开业行医，被誉为“神医”1959年写成《我的气化观》，得省卫生厅颁发的“发扬祖国医学遗产”奖章
林衡可	城门镇林浦村	1885 ～ 1950	参加“同盟会福建支部”，以“反清复国”为己任。以其家“叠石山房”为据点，制造炮弹，贮存武器，参加于山光复之战。福州光复后激流勇退，变卖一部分田地，捐助创办光复中学，免费招收辛亥革命烈士子弟入学。同时积极为烈士子女恤幼救孤
曾以鼎	建新乡洪塘	1887 ～ 1958	民国6年被派“海圻”舰见习，期满赴英国留学，任“永健”舰长、鱼雷游击舰队司令及第二舰队司令。民国26年抗日战争爆发，他指挥江阴阻塞战，江阴失陷，奉命收编沉船官兵，组织布雷队，坚持抗战。上海解放后，被任命为中国人民海军研究委员会主任
陈更新	建新镇台屿村	1887 ～ 1911年	14岁入侯官高等小学，与陈与燊、陈可均等 10人，以“灭清复汉”为宗旨，称“十汉团”，后又组织“励志社”，为正式的革命团体。宣统三年获知广州欲举事，得病未愈便赶赴征程，奋勇当先。因弹绝力尽而被捕慷慨就义
林如高	盖山乡盘屿村	1888 ～ 1986	15岁时，相继跟随祖父、父亲学医，凡是骨折、脱臼、慢行骨髓炎、增骨、内伤等多发性的骨伤疾病，治疗多生奇效，被人称为骨科“神医” 其生平事迹被列入《中国科学家辞典》现代第三册

续表 22–1–1

姓名	籍贯	生卒年	主要事迹
郑　烈	城门镇黄山村	1888 ～ 1958	光绪三十一年东渡日本入东京弘文学院学习，并参加同盟会，宣统三年（1911）参加广州起义。福州光复，郑烈被推任福建政府司法部长（后改为司法司长）、福建法政专门学校校长。民国 10 年后，历任西南护法政府大理院及平政院庭长，统摄院务兼粤军总司令参议、广西高等审判厅厅长、全国最高法院检察署检察长等职
严天铎	盖山乡上岐村	1889 ～ 1977	民国 12 年（1923），天铎改编《珍珠塔》为闽剧本，该剧上演后，场场爆满。他成为闽剧知名剧作家。天铎有《救国救民》《孤儿血》《马占山》《夜光杯》《民族之耻》和《玻璃恨》等闽剧本。是福州闽剧界最有成就的作者之一
陈绍宽	城门镇胪雷村	1889 ～ 1969	曾任中校舰长、上校舰长、舰队少将司令。民国 16 年 10 月归附国民革命军，并率舰与北洋军阀孙传芳大战，大获全胜，得国民政府一等勋章和“中流砥柱”大勋旗。民国 21 年，升海军部上将部长、国防委员会委员、国民党中央执行委员。中华人民共和国成立后，陈绍宽出任全国国防委员会委员、华东军政委员会委员、福建省政府副主席、副省长，民革中央副主席等职
林知渊	城门镇城门村	1890 ～ 1969	光绪三十三年参加同盟会。宣统三年率学生 30 多人参加武昌起义。民国 2 年辍学南下广西参加反袁斗争。民国 6 年赴广州任滇军第四师参谋长兼工兵营营长，参加护法战争。第四师扩编后任靖国军第六军前敌参谋长，举兵入闽讨伐李厚基
陈体诚	螺洲镇店前村	1893 ～ 1942	在福建省建设厅长期间，致力整理“路改”，撤销公路沿线各县路段委员会，统一由各县政府办理建路事宜，并设立全省汽车管理处，集中行车管理权。民国 27 年在省内建成“福（州）古（田）瓯（建瓯）”等公路 2000 多公里。民国 28 年，任中缅运输局副局长，承担国际运输任务　他亲自赴仰光、腊戍等地，督导抢运物资，参加抗战
吴　石	螺洲镇吴厝村	1894 ～ 1950	民国 36 年 4 月，吴石在共产党员何康的引荐下，开始为共产党工作，提供许多有重要价值的情报，为淮海战役、渡江战役及南京、上海、杭州等重要城市的解放，作出贡献。民国 38 年 5 月，吴石任福州绥靖公署中将副主任，力主不在福州设防，避免在福州决战，使福州未经大的战斗，即得到解放
陈长捷	螺洲镇店前村	1895 ～ 1968	民国 26 年抗战爆发，　9 月，日军板垣师团直迫平型关。陈长捷率军与日军激战，打击日军嚣张气焰。以战功晋升第六集团军总司令。民国 30 年，为晋绥边区副总司令，后又转任伊克昭盟守务军总司令，致力剿缉烟、匪两患
林庚白	螺洲镇洲尾村	1896 ～ 1941	宣统元年在北京大学参加京津同盟会。辛亥革命后，被推为众议院议员和非常国会秘书，并同陈模一起创立“黄花碧血”社，民国 6 年南下广州，帮助孙中山召开国会非常会议，领导护法。孙中山辞去大元帅职后，庚白也相逐引退，蛰居上海研究欧美文学和中国古诗，创办《长风杂志》
严叔夏	盖山乡上岐村	1897 ～ 1962	民国 36 年参加中国民主同盟。曾专程面访福建省主席李良荣，提出不要抓人、杀人和对学生运动要取宽容态度等意见。中华人民共和国成立后，任 “协大”校务委员会主任、“福州大学”校务委员会副主任，并在中文系讲授《历代诗文选》。1952 年 1 月调任福州副市长
郭梦良	盖山镇郭宅村	1898 ～ 1925	民国 4 年考入北京大学法科哲学部，同刘庆平、郑振铎等筹备成立福州同乡会，负责出版《闽潮》。并同庐隐等 10 多人组织 S. R 的社会改良派秘密团体，译有《世界复古》等书。民国 14 年，赴上海任国立政治大学总务长
黄　英		1899 ～ 1934	民国 12 年，与郭梦良结婚。民国 14 年，梦良逝世，黄英由上海扶棺回福州居孀，在福州师范学校教书。民国 21 年，上海“一•二八”抗战，她以此为内容，写了大量作品，并自选编《庐隐短篇小说集》。
陈任民	建新镇台屿	1901 ～ 1941	民国 11 ～ 15 年间在榕发动学生罢课、成立“民社”、创办《冲决》周刊、组织“福建工学社”、出版《民导报》等，曾赴连江同林寿昌谈判“国共”合作事宜，在闽侯、连江、长乐开展革命宣传工作

续表 22-1-1

姓名	籍贯	生卒年	主要事迹
潘作桢	城门镇潘墩村	1908 ～ 1933	在乡团结贫困农民，清算土劣潘一鹤侵吞的宗教公款600多元创办“潘墩小学”，同时利用学校作掩护，进行革命活动。民国19年参加中国共产党，在凤岗里冯宅村筹办小学校作为掩护革命活动的据点，不幸被捕从容就义
张元筹	城门镇浚边村	1909 ～ 1989	民国期间曾同林白、刘光耀等人夺取“济兴”轮枪支，开辟罗源新区，“小北工委”游击队发展到800人，威振福州北峰一带。还率小北岭游击队，赴戈口消灭国民党护仓部队，破仓分粮。1949年与解放军会师，参加解放连江的战斗
林传光	城门村前宅	1910 ～ 1980	美国康乃尔大学博士学位，回国任农林部顾问，北京大学农学院任植保系主任。民国38年参加中国民主同盟。先后任民盟中央文教委员、三届全国人大代表、河北省政府委员、全国植物保护协会理事、中国科学院微生物研究员、一级教授等
林　白	城门镇湖际村	1911 ～ 1974	民国27年参加中国共产党，先后在高湖村开展“二五”减租、创建东岭游击队、袭击连江北茭水警中队、组织戈口破仓分粮、3次截劫铁岭军火车辆、突袭夹峰山国民党电台、配合国民党“虎啸”部队洋里起义，活捉福建绥靖公署少将参谋官以及配合解放军解放福州等活动。福州解放后，参加永泰、闽侯、闽清三县的剿匪工作，消灭国民党残部2000多人
黄骏霖	盖山镇义序尚保村	1911 ～ 1989	民国32年在上海主持祖业“黄丰记申庄”，民国35年回福州办“久安绸布行”。中华人民共和国成立后，历任福州市工商联筹委会常务委员、中国民主建国会福州分会秘书长、“民建”福州分会主委、福州市副市长、“民建”中央委员、顾问，省政协常委、副秘书长，省“民建”副主委，省工商联常委、市人大副主任、市政协副主席等职
陈矩孙	螺洲镇店前村	1913 ～ 1987	民国23年冬参加中国共产党，历任中国燕京大学支部书记、中共北平西郊区委书记、北平学联党团书记和中共北平市委秘书等职。民国25年，参加第三国际工作，致力建设党内统一战线，曾动员省政府主席刘建绪反对内战，一致抗日。抗战胜利后，组织“丁亥俱乐部”和“广裕楼菜馆聚餐会”，争取刘建绪反蒋政变，策动浙江省主席陈仪倒戈反蒋，同时还参与福建民盟组织和民革组织的筹备工作和策反工作
林　立	螺洲镇洲尾村	1914 ～ 1948	民国28年参加中国共产党。以福州后坂村蕴平农业初级中学为党的交通据点，还在城内和城郊建立几十个“交通点”，打通福州到闽东北的交通线，同时在城门、高湖一带组织农民进行减租减息斗争。发动教师“增加工资、发还欠薪”示威游行。民国36年在霞浦、宁德、三都澳、福安等地建立党组织，发展党员，还筹粮供给游击队，策动廉溪乡乡长带武装起义，发动福安学生开展“反饥饿、反内战”斗争。因“城工部”事件被错杀，追认为烈士
林济庵	螺洲镇洲尾村	1917 ～ 1967	民国22年福州市中医师考试名列全市榜首。在城门谢坑村、马尾悬壶行医，坚持“塑望义诊，贫不计资”，医名鹊起。他治病讲求创新，曾用自己配制的验方治好心力衰竭、肝硬化、肠梗阻、肠粘连、少阴症产妇、肠伤寒并发脑中毒等病，名满福州。先后被评为福建省 “名老中医”、省卫生先进工作者。编撰医学论文52篇
陈屏繁	螺洲镇店前村	1919 ～ 1949	民国35年奉中共南门区委派遣到螺洲乡公所促乡、保长保护螺洲地区的“二·五”减租运动，并迅速推广到高湖、城门、鳌峰、三角埕、浚边等乡村。还把自己的家作为地下联络站，他典当衣物，供给林白等领导人的食宿。曾同林白等人化装夺取“济兴”号轮船上的枪支，赴连江建立连罗游击总队和贫农团，镇压反动保长韩宗光和反动自卫团团长曾献谷等人，同时开仓分粮2万多担。民国38年4月因“城工部”事件被错杀
郑荫敏	盖山镇高湖村	1921 ～ 1984	民国30年参加中国共产党，以自己的家作为革命的据点，变卖1亩多的水田充当接待经费，还向郑标记锯木厂借黄金1.5两交给组织购买武器，曾同林白、张元筹一起化装夺取”济兴轮“的枪支；突袭北茭水警队，缴获机枪、短枪、步枪34支

续表 22-1-1

姓名	籍贯	生卒年	主要事迹
陈学仕	螺洲镇店前村	1925 ～ 1951	民国 33 年参加中国共产党，民国 36 年，截取美国救济总署寄存在英华中学的部分服装送给游击队。先后在高湖、义序、城门、石步、胪下、浚边、胪雷等村开展“二五减租”斗争、后坂小学等校教师“反饥饿”罢教、螺洲小学教师为争取“圣仁洲”作校产的斗争等
肖锦华	盖山镇浦下村	1925 ～ 1986	1952 年参加中国共产党。先后任盖山区公所副区长、福州市政府郊区行政办事处副主任、中共福州郊区工作委员会副书记，并兼任中共盖山乡党委书记。“文化大革命”中受到批判，后调任北峰中共宦溪向阳林场任支部书记，期间他筹资 20 多万元，兴建水电站和造纸厂，改变林场面貌
陈　篪	螺洲镇店前村	1927 ～ 1978	1958 年，在冶金部钢铁研究院从事高温合金研究工作期间，揭开镍高温强度和范性的秘密，写成《镍三铝的蠕变及持久性能》，为强化镍基高温合金提供理论基础。带领试验小组进行 40 多项断裂力学的专题研究，写出 80 多篇学术论文。1975 年，陈篪患甲状腺癌病，仍带病主持完成 9 项研究课题。1977 年 3 月，接到要在加拿大召开国际会议的通知，仍忍着病痛，每天坚持 10 多个小时的工作，连续 3 个月，找到解析法分析裂纹扩散的规律，亲自执笔写两篇论文，并整理出版《金属断裂研究文集》一书，为人类的科学做出最后的贡献，被称为“钢铁科学家”
吴中孚	建新镇高螺头村	1927 ～ 1994	1962 年获莫斯科大学昆虫学副博士学位。1964 年，发表《关于使用六六六治螟工作中几个问题的商榷》等多篇文章，为福建省的病虫害防治节省上千万元的经费，又使农田增产几千万斤的稻谷。“文化大革命”被下放到建宁县期间，他总结“连作稻谷品种搭配六对口”的经验。70 年代初期，他到三明陆续发表《三明地区褐稻飞虱发生规律与数量变动原因的分析》等论文。1981 年获农业部农业科学技术改进一等奖。同年 5 月任福建农学院副院长，1983 年 12 月升任院长，获 1986 年农牧渔业部科技进步二等奖

说明：籍贯均为现地名

二、人物表

1990 ~ 2005 年仓山区劳动模范名表

表 22-2-1

姓名	性别	出生年月	所在单位	荣誉称号	命名表彰时间及授予单位
黄开惠	男	1933.9	福州市第二阀门厂	部劳动模范	1990 年 农业部
				省劳动模范	1997 年 省政府
				市劳动模范	1999 年 市政府
陈依贞	女	1944.7	仓山区环卫所	部劳动模范	1990 年 建设部
				市劳动模范	1991 年 市政府
陈成庆	男	1940.12	市工商局仓山分局	市劳动模范	1991 年 市政府
李利厚	男	1946.2	建新镇翁排村	市劳动模范	1991 年 市政府
陈美英	女	1948.6	仓山区仓山菜馆	市劳动模范	1991 年 市政府、 1993 年 市政府
陈坚辉	男	1959.5	仓山无线电元件厂	市劳动模范	1993 年 市政府 1995 年 市政府
刘福全	男	1953.1	市交警支队仓山大队	省劳动模范	1994 年 省政府
蔡依娇	女	1948.1	仓山区环卫所	省劳动模范 市劳动模范省劳动模范	1994 年 省政府 1995 年 市政府 1997 年 省政府
陈华棣	男	1947.4	东升印刷厂	市劳动模范	1995 年 市政府
陈公木	男	1954.7	仓山区房管局	市劳动模范	1995 年 市政府

续表 22-2-1

姓名	性别	出生年月	所在单位	荣誉称号	命名表彰时间及授予单位
周灼官	男	1940.7	福州市电力器件厂	市劳动模范	1995 年 市政府 1997 年 市政府
李智坚	男	1953.2	仓山烟山房地产	市劳动模范	1997 年 市政府
陈学基	男	1952.9	建新十字亭副食品基地综合场	市劳动模范	1997 年 市政府
刘友财	男	1944.6	临江派出所	市劳动模范	1998 年 市政府
丁长钦	男	1974.8	嘉福电子有限公司	市劳动模范	1999 年 市政府
吴圣宝	男	1945.11	螺洲镇吴厝村	市劳动模范	1999 年 市政府
陈建升	男	1937.1	聚丰纸业有限公司	市劳动模范 省劳动模范	1999 年 市政府 2003 年 省政府
黄国华	女	1954.8	仓山区环卫所	市劳动模范 省劳动模范	1999 年 市政府 2000 年 省政府
朱发辉	男	1957.4	仓山区房地产开发公司	市劳动模范	2001 年 市政府
潘美英	女	1961.9	仓山区环卫所	市劳动模范	2001 年 市政府
王惠文	男	1957.1	盖山北园蔬莱试验场	市劳动模范	2001 年 市政府
刘登祥	男	1962.5	区市容局	市劳动模范	2001 年 市政府
林汉水	男	1948.11	福宁电子有限公司	市劳动模范	2001 年 市政府
施榕斌	男	1968.11	建新花卉集团公司	市劳动模范	2001 年 市政府
吴爱恩	女	1949.8	鹤龄医院	市劳动模范 省劳动模范	2001 年 市政府 2003 年 省政府
包汉庭	男	1965.5	奥特帕斯工业有限公司	市劳动模范	2003 年 市政府
陈　英	女	1967.7	太平洋城社区居委会	市劳动模范	2003 年 市政府
许祥勉	男	1953.6	叶下塑革有限公司	市劳动模范	2003 年 市政府
林　旭	男	1960.6	金山房地产开发公司	市劳动模范	2003 年 市政府
曾永兴	男	1952.9	金梅贸易有限公司	市劳动模范	2003 年 市政府
林景华	男	1956.4	城门镇城门村	市劳动模范	2003 年 市政府
张真苗	男	1969.11	源光电装有公司	市劳动模范	2005 年 市政府
黄　方	女	1975.1	托福建材股份有限公司	市劳动模范	2005 年 市政府
扬沂光	男	1954.11	盖山镇政府	市劳动模范	2005 年 市政府
林秀娟	女	1964.4	洋洽社区居委会	市劳动模范	2005 年 市政府
陈银官	男	1952.12	仓山区环卫所	市劳动模范	2005 年 市政府
许发长	男	1971.10	仓山镇先锋村合作社	市劳动模范	2005 年 市政府
黄鸿平	男	1955.6	盖山镇下洋村	市劳动模范	2005 年 市政府
王　真	男	1947.3	区执法局	市劳动模范	2005 年 市政府

1990 ~ 2005 年仓山区获地厅级以上先进人物名表

表 22-2-2

姓　名	性别	出生年月	工作单位	主要职务	荣 誉 称 号	何时何单位命名表彰
卓忠谋	男	1938.6	区劳动局	局长	省劳动安监先进工作者	1990 年 省劳动厅
王瑞英	女	1937.6	区计生委	主任	全国计生先进工作者	1990 年 国家计生委
					省计生先进工作者	1990 年 省计生委
林秀淦	男	1932.3	区司法局	局长	省司法系统先进个人	1990 年 省司法厅
徐礼明	男	1948.1	区司法局	干部	省司法系统先进个人	1990 年 省司法厅
赵冰珍	女	1939.5	区司法局	干部	省司法系统先进个人	1990 年 省司法厅

姓 名	性别	出生年月	工作单位	主要职务	荣 誉 称 号	何时何单位命名表彰
赵钦文	男	1940.12	区司法局	公证处主任	省司法系统先进个人	1990年 省司法厅
郑云星	男	1954.1	区司法局	干部	省司法系统先进个人	1990年 省司法厅
周 缇	男	1958.3	区司法局	干部	省司法系统先进个人	1990年 省司法厅
刘德珍	女	1936.5	仓一小	书记	庄重文优秀校长奖	1990年 省教委、省国际文化经济交流中心
陈成庆	男	1940.12	区工商局	副局长	省工商系统先进工作者	1990年 省工商局
					全国卫生城市积极分子	1991年 市委、市政府
					市菜蓝子工作先进个人	1991年 市委、市政府
					市打击走私先进个人	1991年 市委、市政府
江祥发	男	1940.2	区工商局	科员	省打击走私先进个人	1991年 省工商局省打击办
翁爱玉	女	1957.2	建新镇	干部	市优秀共产党员	1991年 市委
					市精神文明建设积极分子	1991年 市委、市政府
施常明	女	1938.6	区教师进修学校	校长	省优秀教育工作者	1991年 省教委、省人事厅
宋国铨	男	1937.7	麦顶小学	校长	省施行《国家体育锻炼标准》先进工作者	1991年 省体委
陈文武	男	1948.11	麦顶小学	教师	省施行《国家体育锻炼标准》先进工作者	1991年 省体委
林 圻	男	1944.8	仓二小	教师	省施行《国家体育锻炼标准》先进工作者	1991年 省体委
陈智英	女	1941.5	麦顶小学	副校长	省"教书育人"先进工作者	1991年 省教委省 教育工会、省中小学幼儿教师奖励基金会
吴玉玲	女	1937.11	区中心幼儿园	教师	省"教书育人"先进工作者	1991年 省教委省教育工会、省中小学幼儿教师奖励基金会
李世艾	男	1938.4	区教育局	高招办副主任	省招生工作先进个人	1992年 省教委
陈亚君	女	1956.11	区进修校附小	副教导主任	省优秀教师和教育工作者	1992年 省教委
章旭敏	女	1970.7	麦顶小学	总辅导员	省优秀教师和教育工作者	1992年 省教委
肖燕英	女	1965.1	区少年宫	教师	省优秀教师和教育工作者	1992年 省教委
陈秀珍	女	1944.1	盖山镇	计生办主任	省计生先进工作者	1992年 省计生委
						1999年 省计生委
林孔营	男	1943.8	区宗教局	局长	市精神文明先进个人	1992年 市委、市政府
					全国宗教工作先进个人	1993年 国务院宗教局
王华钦	女	1949.9	区妇联	主席	省三八红旗手	1992年 省妇联
刘 鸿	女	1956.2	下渡街道	妇联主席	省妇女先进工作者 省三八红旗手	1993年 省妇联
					省维权先进个人	1996年 省妇联
张珠英	女	1935.6	三叉街街道	村西妇代会主任	省三八红旗手	1993年 省妇联
何圣彬	女	1940.5	下渡街道	岭下妇代会主任	省三八红旗手	1993年 省妇联
赵修玲	女	1951.7	对湖街道	生园妇代会主任	省三八红旗手	1993年 省妇联
郑淑珍	女	1945.11	临江街道	妇联主席	省三八红旗手	1993年 省妇联
张少英	女	1955.10	对湖街道	妇联主席	省三八红旗手	1993年 省妇联
蔡依娇	女	1948.1	区环卫所	工人	省五一奖章	1993年 省总工会

续表 22-2-2

姓 名	性别	出生年月	工作单位	主要职务	荣 誉 称 号	何时何单位命名表彰
黄永华	女	1965.6	对湖派出所	副所长	省优秀人民警察	1993 年 省公安厅
陈长荣	男	1939.8	区交通局	副局长	市精神文明建设积极分子	1993 年 市政府
刘庆龄	男	1935.1	潘墩中心小学	校长	市优秀教师和教育工作者	1993 年 市委、市政府
原承忠	男	1954.12	洪塘中心小学	校长	市优秀教师和教育工作者	1993 年 市委、市政府
许聿标	男	1943.5	郭宅中心小学	校长	市优秀教师和教育工作者	1993 年 市委 市政府
王寿清	男	1951.8	城门中心小学	校长	市优秀教师和教育工作者	1993 年 市委 市政府
郑秉明	女	1943.11	新建小学	校长	市优秀教师和教育工作者	1993 年 市委 市政府
黄国壁	女	1940.5	区教育工会	副主席	市优秀教师和教育工作者	1993 年 市委 市政府
谢鼓平	男	1941.2	区教育局	副局长	省幼儿教育工作先进个人	1993 年 省教委
陈永敏	女	1941.4	区实验幼儿园	园长	省幼儿教育工作先进个人	1993 年 省教委
林振锜	男	1934.1	区成人办	校长	市优秀教师	1993 年 市委、市政府
陈伯昌	男	1942.11	仓山小学	校长	市优秀教师	1993 年 市委、市政府
黄艳芳	女	1971.9	仓一小	教师	市优秀教师	1993 年 市委、市政府
林宝兴	男	1952.2	区少年宫	宫长	市优秀教师	1993 年 市委、市政府
林兆星	男	1971.1	潘墩中心小学	总辅导员	市优秀教师	1993 年 市委、市政府
翁锦芳	女	1971.11	城门中心小学	总辅导员	市优秀教师	1993 年 市委、市政府
金可沂	男	1937.3	洪塘中心小学	副校长	市优秀教师	1993 年 市委、市政府
王寿清	男	1951.8	城门中心小学	校长	市优秀教师	1993 年 市委、市政府
邱同庆	男	1950.1	上渡派出所	科员	省优秀人民警察	1994 年 省公安厅
石孔容	男	1938.3	区监察局	局长	省优秀纪检监察干部	1994 年 省纪委监察厅
林芳	女	1969.7	区法院	审判员	省法院系统先进工作者	1994 年 省高级法院
陈梅良	男	1952.10	区委宣传部	部长	省优秀共产党员	1995 年 省委
唐世民	男	?	区老干局	局长	省优秀共产党员	1995 年 省委
池友淡	男	1945.8	区广电局	局长	省广电系统先进个人	1995 年 省广电厅
					省精神文明建设先进工作者、	1995 年 省委、省政府
					市优秀共产党员	1995 年 市委
					市普法宣传先进个人	1996 年 市委、市政府
王治平	男	1948.2	区工商局	局长	市优秀共产党员	1995 年 市委
					市公仆杯先进个人	1995 年 市委、市政府
刘昌敏	男	1957.1	区工商局	太平巷工商所所长	省五一劳动奖章	1995 年 省总工会
					省工商系统市场监督管理工作优秀个人	2001 年 省工商局
程天贵	男	1957.8	区工商局	程埔工商所所长	省五一劳动奖章	1995 年 省总工会
陈梅良	男	1952.10	区委宣传部	部长	全国优秀党务工作者	1996 年 中组部
蒋利人	男	1939.9	麦顶小学	校长	省未成年人保护工作先进个人	1996 年 省未成年人保护委员会、省教委
张于飞	女	1949.9	仓山小学	教师	省未成年人保护工作先进个人	1996 年 省未成年人保护委员会、省教委
刘福金	男	1953.1	市交警支队仓山大队	副主任科员	全国优秀人民警察	1996 年 公安部
张秀钦	女	1961.7	街道	莒蒲社区主任	市计划生育先进个人	1996 年 市委、市政府
竺延珍	女	1948.5	仓山镇	妇联主席	省优秀妇女干部	1996 年 省妇联
郑发庭	男	1951.1	区发改局	局长	市计划生育先进个人	1996-1998 年 市委、市政府

续表 22-2-2

姓 名	性别	出生年月	工作单位	主要职务	荣 誉 称 号	何时何单位命名表彰
林培建	男	1954.4	下渡街道	司法所所长	省二五普法宣传先进个人	1996 年 司法厅
					市法制宣传先进个人	2001 年 市委、市政府
李松友	男	1940.8	施程小学	校长	省推行国家体育锻炼标准先进工作者	1997 年 省体委、省教委
林立峰	男	1976.3	麦顶小学	教师	省推行国家体育锻炼标准先进工作者	1997 年 省体委、省教委、省少先队工委
陈孙义	男	1973.1	麦顶小学	总辅导员	省十佳少先队辅导员	1997 年 省委宣教部、省教委、省少先队工委
陈淑如	女	1955.6	区法院	审判员	省法院系统优秀审判员	1997 年 省法院
陈淑阳	女	1960.3	区检察院	政治处主任	省检察系统先进个人	1997 年 省检察院
					省检察系统先进工作者	1997 年 省人事厅、省检察院
余凤玉	女	1954.11	区政府	副区长	省三八红旗手	检察院省妇联
郑敬庆	男	1947.2	区监察局	局长	省监察工作先进工作者	1997 年 人事厅、省建设工程项目领导小组
陈卫民	男	1952.4	区物价局	局长	省物价系统先进工作者	1997 年 1999 年省人事厅、省物价局
郑信锋	男	1965.3	金宇电器设备有限公司	总经理	省五一劳动奖章	1998 年 省总工会
林家燊	男	1932.1	区工商局	科员	省保护消费者利益先进工作者	1998 年 省工商局、标准计量局、商品检验局、消费者委员会
蔡 玲	女	1960.4	区工商局	科员	省工商先进工作者	1998 年 省工商局、人事厅
张 杰	男	1961.11	下渡街道	人武部长	市抗洪抢险先进个人	1998 年 市委、市政府
梁璋琦	男	1964.1	永南中学	副校长	省优秀教师	1998 年 省教委、省人事厅
游振飞	男	1956.8	冯宅小学	校长	省优秀教师	1998 年 省教委、省人事厅
江 燊	女	1971.9	区实验幼儿园	副书记	省优秀教育工作者	1998 年 省教委、省人事厅
余 涌	女	1951.2	三十九中学	书记	省优秀教育工作者	1998 年 省教委、省人事厅
许聿标	男	1943.5	郭宅中心小学	校长	省优秀教育工作者	1998 年 省教委、省人事厅
陈秀贞	女	1949.12	区教育工会	常务主席	省优秀教育工作者	1998 年 省教委、省人事厅
李 征	女	1970.1	朝阳小学	副校长	省小学优秀青年教师	1998 年 省教委
谢钟清	男	1969.5	盘屿中学	校长	市先进教育工作者	1998 年 市政府
林启忠	男	1957.12	朝阳小学	教师	市先进教育工作者	1998 年 市政府
林珠妹	女	1966.10	区实验幼儿园	副园长	市先进教育工作者	1998 年 市政府
林 忠	男	1963.4	潘墩中心小学	副校长	市先进教育工作者	1998 年 市政府
郑祥东	男	1958.11	郭宅中心小学	副校长	市先进教育工作者	1998 年 市政府
王淑珍	女	1963.11	区检察院	纪检组长	省五一劳动奖章	1998 年 省总工会
					第三届中国十大检察官提名奖	1998 年 最高检察院
刘友财	男	1944.6	临江派出所	民警	省五一劳动奖章	1998 年 省总工会
陈道新	男	1955.11	区发改局	局长	省抗洪救灾先进工作者	1998 年 省政府
陈 苏	女	1955.11	区纪委	常委	省办案三等功	1998 年 省纪委监察厅
陈学健	男	1955.4	仓山公安刑侦大队	中队长	个人二等功	1998 年 省公安厅
丁长钦	男	1974.8	嘉福电子有限公司	工人	优秀外来务工青年	1998 年 团中央

续表 22-2-2

姓 名	性别	出生年月	工作单位	主要职务	荣 誉 称 号	何时何单位命名表彰
林宗辉	男	1964.12	区物价检查所	所长	省财税物价大检查先进个人	1998 年 省政府财税物价大检查办公室
齐孝建	男	1939.1	仓山鸿远机械厂	技术员	省五一劳动奖章	1999 年 省总工会
连来荣	男	1962.11	三十九中	副校长	省中学实验工作、两基巩固提高工作先进个人	1999 年 省教委
曾 禾	女	1974.5	临江小学	副校长	省优秀辅导员	1999 年 省委宣传部、团省委、省教育厅、少先队省工委
郭 华	女	1964.10	区计生服务站	站长	计划生育先进个人	1999 年 市政府
萨本寿	男	1961.2	区检察院	政工科长	省人民满意检察干警	1999 年 省检察院
					省严打整治工作先进工作者	2003 年 省委、省政府
					省社会治安综合治理先进工作者	2005 年 省综治委、人事厅
					省人民满意检察干警省社会综治先进工作者	2005 年 省检察院
陈美兰	女	1964.12	东升街道	财政所副所长	省税源普查先进个人	1999 年 省政府税源普查领导小组
					第五次人口普查先进个人 第五次全国基本单位普查先进个人	2002 年 国务院第五次人口普查领导小组 2003 年 省第五次全国基本单位普查领导小组
					省严打整治工作先进工作者	2003 年 省委、省政府
					省经济普查工作先进工作者	2005 年 省政府第一次全国经济普查领导小组
					省社会治安综合治理先进工作者	2005 年 省综治委、人事厅
林汉水	男	1948.11	嘉福电子公司	董事长	省优秀职工之友	2000 年 省总工会
					省共青团良师益友	2002 年 团省委
					全国进城务工青年良师益友	2005 年 团中央
倪秀美	女	1966.6	区工商局	科长	省新长征突击手	2000 年 团省委
					普法宣传先进个人	2001 年 省工商局
					省工商系统法制宣传教育先进个人	2005 年 省工商局
唐炎金	男	1955.4	区工商局	工人	省工商系统优秀驾驶员	2000 年 省工商局
柯丽娟	女	1949.2	对湖街道	行政办主任	市科技示范乡镇（街）建设先进个人	2000 年 市政府
李 娜	女	1960.6	区计生局	副局长	计划生育先进个人	2000 年 市委、市政府
					婚育新风进万家先进个人	2001 年 中宣部、国家计生委
					计划生育先进工作者	2005 年 中国计划生育协会
曾东升	男	1941	鹤龄医院	院长	市精神文明建设先进个人	2000 年 市委、市政府
黄国华	女	1954.8	区环卫处	科员	省先进工作者	2000 年 省政府
李国志	男	1962.10	区工商局	指导员	省工商系统“三五普法先进个人”	2000 年 省工商局

续表 22-2-2

姓　名	性别	出生年月	工作单位	主要职务	荣 誉 称 号	何时何单位命名表彰
林　辉	男	1962	区工商局	科长	全省工商系统“三五普法先进个人	2000 年 省工商局
林自强	男	1971.5	仓山分局刑侦大队	副中队长	个人二等功	2000 年 省公安厅
刘兴宝	男	1965.4	区法院	执行局副局长	省法院系统优秀执行员	2000 年 省法院
王原林	男	1956.11	劳动局	仲裁主任	省劳动信访先进工作	2000 年 省劳动厅
陈柳妹	女	1969.7	嘉福电子有限公司	管理部主任	全国优秀职工	2000 年 全国总工会
					第二届省十佳优秀外来务工青年	2000 年 团省委
					第三届省十佳优秀外来务工青年	2000 年 团中央
郑建彬	男	1960.5	市面粉公司	工人	见义勇为先进分子	2000 年 省委宣传部、省公安厅
						2001 年 中宣部、公安部
肖旭杨	女	1974.1	区法院	书记员	档案工作目标管理活动突出贡献者	2000 年 省档案局
					省新长征突击手	2003 年 团省委
吴圣锋	男	1969.4	区农业局	副局长	省农经工作先进工作者	2001 年 省农业厅
许一兵	男	1968.5	区工商局	检查大队大队长	省工商局年度“整规”先进工作者	2001 年 省工商局
					省新长征突击手	2002 年 团省委
郑雪锋	男	1976.11	麦顶小学	教师	省优秀少先队辅导员	2001 年 省委宣传部、团省委、省教育厅、
董良凯	男	1947.8	区教师进修学校	副校长	省“九五”普教单位干训工作先进个人	2001 年 省教育厅
邱　明	女	1953.10	区教育局	局长	省“两基”巩固提高工作先进个人	2001 年 省教育厅
王秀珍	女	1952.3	区纪委	常委	省纪检监察工作先进工作者	2001 年 省纪委、监察厅、人事厅
徐英冬	女		嘉福电子有限公司	工人	第三届省十佳优秀外来务工青年	2001 年 团中央
					省十佳操作法	2002 年 省总工会
林明文	男	1956.10	区工商局	副局长	省工商行政管理系先进工作者	2001-04 年 省工商局、省人事厅
					省工商行政管理系统整规工作先进工作者	2003 年 省工商局
					创建精神文明先进工作者	
许祥勉	男	1953.6	叶下塑革有限公司	总经理	市外贸工作先进个人	2001 年 市政府
					省乡镇企业质量管理先进工作者	2001 年 省乡镇企业局
					第四届全国乡镇企业家	2001 年 农业部
					省向外型经济先进工作者	2004 年 乡镇企业局
林锦忠	男	1957.4	城门电管所	所长	省五一劳动奖章	2002 省 总工会
林榕新	男	1967.7	区计生局	副局长	市计划生育先进工作者	2002 年 市委、市政府
林　冰	男	1946.10	区教育局	督导室督学	省中学实验工作、两基巩固提高工作先进个人	2002 年 市政府

续表 22-2-2

姓　名	性别	出生年月	工作单位	主要职务	荣 誉 称 号	何时何单位命名表彰
林扬云	男	1962.10	区工商局	盖山工商所副所长	省工商系统整规工作先进个人	2002 年 省工商局
江　淮	女	1968.3	区法院	书记员	省法院宣传工作先进工作者	2002 年 省法院
江　洪	女	1970.9	区计生协	秘书长	市计划生育先进工作者	2002 年 市委、市政府
张泽民	男	1974.11	区计生局	干部	市计划生育先进个人	2002 年 市委、市政府
					市计划生育先进工作者	2003-05 年 市委、市政府
王榕敏	男	1969.8	三叉街派出所	警长	个人二等功	2003 年 省公安厅
黄剑钦	女	1955.2	盖山镇	妇联主席	省妇联系统先进工作者	2003 年 省妇联
王　勇	女	1968.7	区计生局	副局长	计划生育先进个人	2003 年 国家计生委
林国荣	男	1971.7	区工商局	副局长	省工商行政管理系统宣传政务信息工作先进工作者	2003 年 省工商局
胡　端	男	1964.5	区工商局	副局长	省工商行政管理系统整规工作先进工作者	2003 年 省工商局
王群勇	男	1963.2	临江派出所	警长	全国优秀人民警察	2003 年 公安部
王　平	男	1962.1	区法院	副院长	省先进工作者	2003 年 省高级法院
陈　敏	女	1957.9	下渡街道	办事处主任	市第十届精神文明建设先进工作者	2003 年 市委、市政府
陈明华	女	1957.2	对湖街道	行政办	市防非典工作先进个人	2003 年 市委 市政府
江　怡	女	1968.1	区纪委	常委	省优秀党务工作者	2003 年 省委
龚谦云	男	1972.10	区法院司法警察大队	政委	二等功	2003 年 3 月 省高级法院
					市“严打”整治斗争先进工作者	2003 年 4 月 市委、市政府
					省“严打”整治先进工作者	2003 年 6 月 省委、省政府
					省新长征突击手	2003 年 9 月 共青团省委
					省见义勇为先进分子	2003 年 9 月 省委宣传部，省综治委、公安厅、见义勇为基金会
林施兆	男	1972.1	区检察院	反贪局局长	省维护妇女儿童权益先进个人	2004 年 省人大
杨雨亮	男	1954.12	区劳动局	局长	省劳保系统先进工作者	2004 年 省人事厅、省劳保局
陈卫东	男	1968.4	区公安分局	刑侦大队中队长	省优秀人民警察	2004 年 省公安厅
陈善林	男	1968.7	区卫生防疫站	干部	省五一劳动奖章	2004 年 省政府
陈银官	男	1952.12	区环卫处	科长	省优秀所长	2004 年 省建设厅
					全国环卫先进工作者	2005 年 建设部
杨　锦	女	1976.8	下渡街道	党工委委员	省新长征突击手	2005 年 团省委
林培建	男	1954.4	下渡街道	司法所所长	省普法宣传教育先进个人	2005 年 省委宣传部
郑　亮	男	1975.3	区工商局	消委会秘书长	省维护消费者权益先进工作者	2005 年 省人事厅 省消委会
张锦榕	女	1969.6	仓山公安分局	副主任	省优秀女警官	2005 年 省政法委、省妇联、省公安厅
杨　锦	女	1976.8	区执法局	科员	省新长征突击手	2005 年 团省委
郑君麟	男	1963.6	区检察院	副科长	省新长征突击手	2005 年 团省委
吴　华	女	1962.2	区检察院	科长	省检察系统先进个人	2005 年 省检察院
傅桢桢	女	1977.11	区检察院	检察员	省检察系统先进个人	2005 年 省检察院
黄　瑾	女	1973.1	区计生服务站	干部	省计划生育先进工作者	2005 年 省政府

续表 22-2-2

姓　名	性别	出生年月	工作单位	主要职务	荣 誉 称 号	何时何单位命名表彰
吴苏南	女	1955.2	区妇联	主席	农村妇女富余劳力转移工作先进工作者	2005 年 省妇联
陈赛钦	女	1963.2	下渡街道	干部	全国经济普查先进个人	2005 年 国务院第一次经济普查领导小组
潘幸国	男	1973.10	区司法局	副局长	省新长征突击手	2005 年 团省委

1990 ~ 2005 年仓山区属单位获得高级职称人员名表

表 22-2-3

姓名	性别	出生年月	职称	所在单位	获职称年月
何祥通	男	1939.10	高级畜牧师	区农林水局	1989.1
陈炳生	男	1939.8	高级农艺师	区农林水局	1989.12
陈树铮	男	1938.8	高级农艺师	区农林水局	1992.1
张萌标	男	1938.1	高级农艺师	区农林水局	1992.4
赵振恺	男	1936.1	高级工程师	区农林水局	1994.1
金能淦	男	1943.2	高级农艺师	区农林水局	1994.2
陈应泉	男	1940.11	中学高级	区盖山中学	1998.02.16
陈明宇	男	1937.11	高级农艺师	区蔬菜技术站	1998.03.06
陈玉英	女	1950.04	副主任医师	鹤龄医院	1998.04.27
余庆云	男	1938.11	副主任医师	仓山区防疫站	1998.04.27
张明堂	男	1939.07	副主任医师	仓山区妇幼站	1998.04.27
林品章	男	1946.08	副主任医师	建新卫生院	1998.04.27
庄　重	男	1941.06	副主任医师	盖山卫生院	1998.04.27
陈金炎	男	1943.12	中学高级	福州红山中学	1998.11.20
吴少青	男	1962.11	中学高级	福州永南中学	1998.11.20
梁璋琦	男	1964.01	中学高级	福州永南中学	1998.11.20
谢健翔	男	1956.03	中学高级	区教师进修校	1998.11.20
柯丽珍	女	1946.06	中学高级	福州螺洲中学	1998.11.20
陈天杰	男	1942.09	中学高级	福州红山中学	1998.11.20
陈体荣	男	1939.04	中学高级	福州螺洲中学	1998.11.20
曾东升	男	1937.10	副主任医师	仓山区卫生局	1999.10.12
方祖荣	男	1958.8	中学高级	福州盖山中学	1999.12.04
林启成	男	1940.11	中学高级	仓山成教中心	1999.12.04
叶群钟	男	1947.12	中学高级	福州红山中学	1999.12.04
曾兆林	男	1946.7	中学高级	福州红山中学	1999.12.04
郑嫩惠	男	1945.08	中学高级	福州三十九中	1999.12.04
严拱龙	男	1947.02	中学高级	福州永南中学	1999.12.04
郑谋振	男	1950.10	中学高级	福州螺洲中学	1999.12.04
林鸿栋	男	1947.12	高级农艺师	建新农技站	1999.02.10
叶在尧	男	1945.4	高级园艺师	金山街道上雁村	1999
林溪石	男	1954.10	高级园艺师	金山街道上雁村	1999
林振钦	男	1949.8	高级园艺师	金山街道上雁村	1999
林　海	男	1958.2	高级园艺师	金山街道上雁村	1999

续表 22-2-3

姓名	性别	出生年月	职称	所在单位	获职称年月
陈明星	男	1955.11	高级园艺师	金山街道上雁村	1999
翁振苍	男	1946.2	高级园艺师	金山街道上雁村	1999
叶仕武	男	1955.8	高级园艺师	金山街道上雁村	1999
叶仕诚	男	1938.9	高级园艺师	金山街道上雁村	1999
曾翠帼	女	1944.6	中学高级	仓山教师进修校	1999.07.08
李洁娜	女	1954.05	高级农艺师	盖山镇农技站	2000.01.20
郑其姜	女	1954.07	高级农艺师	盖山镇蔬菜站	2000.01.20
韩金平	男	1955.09	中学高级	福州红山中学	2000.12.25
郑修文	男	1963.06	中学高级	福州盖山中学	2000.12.25
齐国安	男	1960.11	中学高级	福州永南中学	2000.12.25
林庆亭	男	1948.07	中学高级	福州盘屿中学	2000.12.25
林　轰	女	1954.01	中学高级	仓山教师进修校	2000.12.25
江经生	男	1941.10	主任医师	鹤龄医院	2000.12.26
黄菊生	男	1939.11	主任医师	鹤龄医院	2000.12.26
林　琼	女	1952.09	副主任护师	鹤龄医院	2000.12.29
罗红华	女	1958.11	副主任医师	城南卫生院	2000.12.29
吴　鼎	男	1944.12	高级农艺师	城门镇农技站	2000.12.31
马碧英	女	1946.07	高级农艺师	城门镇农技站	2000.12.31
林仕容	女	1954.06	高级农艺师	城门镇农技站	2000.12.31
赵功开	男	1962.12	高级农艺师	区经作管理站	2000.12.31
何其英	男	1941.07	副主任医师	城门卫生院	2000.02.25
沈钟生	男	1935.11	中学高级	福州三十九中	2000.02.29
林向荣	男	1948.09	副主任医师	区卫生防疫站	2000.05.25
林亮明	男	1958.11	副主任医师	鹤龄医院	2000.05.25
叶文君	女	1945.06	副主任医师	鹤龄医院	2000.05.25
林森煊	男	1943.08	主任医师	市第二医院二部	2001.06.05
李光春	男	1945.09	主任医师	市第二医院二部	2001.06.05
董良凯	男	1947.08	中学高级	仓山教师进修校	2001.07.23
刘子维	女	1952.05	中学高级	仓山小学	2001.07.23
林远星	女	1951.12	中学高级	福州盖山中学	2001.12.21
林　奇	女	1964.03	中学高级	福州三十九中	2001.12.21
陈　铭	男	1962.10	中学高级	福州第二十一中	2001.12.01
李　琴	女	1954.11	中学高级	福州二十九中	2001.12.01
林庆宝	男	1955.05	中学高级	福州永南中学	2001.12.01
李　端	女	1957.6	中学高级	福州十二中	2001.12.01
林　萍	女	1962.12	中学高级	福州二十一中	2001.12.01
杨凤先	女	1953.09	中学高级	福州二十九中	2001.12.01
张继德	男	1956.02	中学高级	福州三十中	2001.12.01
连来荣	男	1862.11	中学高级	福州三十九中	2001.12.01
吴　健	男	1961.03	中学高级	福州四十中	2001.12.01
龚继云	男	1958.04	中学高级	福州城门中学	2001.12.01
林耀开	男	1947.06	中学高级	福州永南中学	2001.12.01
倪绪文	男	1951.6	中学高级	仓山教师进修校	2001.12.01

续表 22-2-3

姓名	性别	出生年月	职称	所在单位	获职称年月
王立清	男	1947.11	中学高级	仓山教师进修校	2001.12.01
郑世荣	男	1950.10	中学高级	福州三十中	2001.12.01
郑能进	男	1964.10	中学高级	福州四十中	2001.12.21
郭　瑛	女	1964.09	高级农艺师	区经作管理站	2001.12.31
林知清	男	1955.09	中学高级	福州十二中	2002.03.22
高振华	男	1957.02	中学高级	福州二十一中	2002.03.22
范春雄	男	1964.07	副主任医师	鹤龄医院	2002.04.28
林冠儿	男	1965.06	中学高级	福州二十九中	2003.03.12
郑天明	男	1947.07	中学高级	福州盘屿中学	2003.03.12
黄　勇	男	1967.11	中学高级	福州二十一中	2003.03.12
陈建华	男	1963.03	中学高级	福州三十九中	2003.03.12
王惠祥	男	1956.04	中学高级	福州螺洲中学	2003.03.12
古美榕	女	1966.09	中学高级	福州十二中	2003.03.12
林宇兵	女	1966.11	中学高级	福州三十中	2003.03.12
林　岚	女	1961.01	中学高级	福州四十中	2003.03.12
李圣端	男	1946.10	中学高级	福州盘屿中学	2003.03.12
肖利铭	男	1947.01	中学高级	福州盖山中学	2003.03.12
李先进	男	1956.12	中学高级	仓山高级职业中学	2003.03.12
陈兆榕	女	1964.12	中学高级	福州十二中	2003.03.12
黄秀翔	女	1967.07	中学高级	福州四十中	2003.03.12
曾飒爽	女	1967.06	中学高级	福州十二中	2003.03.12
叶培杰	男	1943.12	中学高级	北园小学	2003.06.13
陈亚君	女	1956.11	中学高级	仓山实验小学	2003.06.13
游振飞	男	1956.06	中学高级	冯宅中心小学	2003.06.13
周丽慧	女	1959.11	中学高级	麦顶小学	2003.06.13
张　军	女	1964.01	副主任医师	鹤龄医院	2003.06.15
吴漳平	男	1963.02	副主任医师	鹤龄医院	2003.06.15
张友谊	男	1962.09	副主任医师	鹤龄医院	2003.06.15
张瑛瑗	女	1965.12	副主任医师	仓山中医院	2003.06.15
吴少云	女	1964.07	副主任医师	仓山中医院	2003.06.15
洪义宁	男	1956.04	中学高级	福州十二中	2003.06.16
方彦凯	男	1947.12	高级兽医师	仓山区畜牧兽医站	2004.04.19
龙晓华	男	1957.12	中学高级	福州城门中学	2004.04.02
黄新龙	男	1964.02	中学高级	福州二十一中	2004.04.02
刘建成	男	1966.05	中学高级	福州二十九中	2004.04.02
冯以源	男	1963.11	中学高级	福州永南中学	2004.04.02
林观海	男	19960.12	中学高级	福州城门中学	2004.04.02
卞兴志	男	1961.09	中学高级	福州十二中	2004.04.02
郑惠新	女	1955.08	中学高级	福州四十中	2004.04.02
宁细荣	女	1954.04	中学高级	福州四十中	2004.04.02
唐开铭	男	1954.12	中学高级	福州四十中	2004.04.02
林立贵	男	1962.10	中学高级	福州城门中学	2004.04.02
董　琦	男	1947.06	中学高级	福州二十九中	2004.04.02

续表 22-2-3

姓名	性别	出生年月	职称	所在单位	获职称年月
董正健	男	1955.06	中学高级	福州四十中	2004.04.02
黄碧英	女	199954.11	中学高级	福州四十中	2004.04.02
汪小青	女	1968.03	中学高级	福州四十中	2004.04.02
陈庆标	男	19953.05	中学高级	福州红山中学	2004.04.02
卢杨林	男	1963.08	中学高级	福州盘屿中学	2004.04.02
林美英	女	1966.02	中学高级	福州十二中	2004.04.02
林　光	女	1962.04	中学高级	福州十二中	2004.04.02
张　晖	男	1968.09	中学高级	福州二十一中	2004.04.02
朱延海	男	1952.10	中学高级	福州城门中学	2004.04.02
严孙镜	男	1947.08	中学高级	福州城门中学	2004.04.02
林辉民	男	1953.08	中学高级	福州城门中学	2004.04.02
施耕农	男	1958.01	中学高级	福州十二中	2004.04.02
姚玉梅	女	1949.01	中学高级	福州十二中	2004.04.02
王　权	男	1968.10	中学高级	福州二十一中	2004.04.02
陈忠祺	男	1960.12	中学高级	福州二十九中	2004.04.02
陈伟生	男	1967.05	中学高级	福州二十一中	2004.04.02
梁珪平	男	1948.05	中学高级	福州红山中学	2004.04.02
郑庆霄	男	1949.02	中学高级	福州四十中	2004.04.02
李长宙	男	1956.10	中学高级	仓山教师进修学校	2004.04.02
江孝平	男	1963.08	中学高级	福州盖山中学	2004.04.02
戴　伟	男	1968.11	副主任医师	鹤龄医院	2004.04.02
王惠淦	男	1949.12	副主任医师	盖山镇卫生院	2004.04.02
方彦凯	男	1947.12	高级兽医师	区农林水局	2004.06.16
金建珍	女	1955.10	中学高级	福州二十一中学	2004.06.16
林公玉	女	1956.08	中学高级	福州跨洋职业中专	2004.06.16
李玉香	女	1956.05	中学高级	建华小学	2004.09.24
王寿清	男	1951.08	中学高级	城门中心小学	2004.09.24
黄力攻	男	1948.06	中学高级	仓山教师进修学校	2004.09.24
张小玲	女	1966.01	高级工程师	仓山区环境保护监测站	2004.12.29
肖建明	男	1967.12	高级工程师	仓山区广播站	2004.12.29
林玲香	女	1965.01	中学高级	福州二十九中	2005.01.21
卢文静	女	1965.07	中学高级	福州三十中	2005.01.21
邱守仪	女	1965.01	中学高级	福州四十中	2005.01.21
陈金枝	男	1947.07	中学高级	福州城门中学	2005.01.21
王茂开	男	1957.12	中学高级	福州螺洲中学	2005.01.21
黄德强	男	1964.05	中学高级	福州盖山中学	2005.01.21
林赛玉	女	1963.07	中学高级	福州二十一中	2005.01.22
江嵘菁	男	1967.12	中学高级	福州城门中学	2005.01.22
李晓跃	女	1958.06	中学高级	福州城门中学	2005.01.22
江秀英	女	1963.06	中学高级	福州红山中学	2005.01.22
曾　菁	女	1955.11	中学高级	福州三十九中	2005.01.22
陈月仙	女	1950.09	中学高级	福州十二中	2005.01.22
董秀玉	女	1965.06	中学高级	仓山教师进修学校	2005.01.22

续表 22-2-3

姓名	性别	出生年月	职称	所在单位	获职称年月
陈凤新	女	1968.12	中学高级	仓山教师进修学校	2005.01.22
陈镜秋	男	1948.06	中学高级	福州永南中学	2005.01.22
梁圭波	男	1949.0	中学高级	福州城门中学	2005.01.22
林　文	女	1966.11	中学高级	福州城门中学	2005.01.22
郑秀芳	女	1963.03	中学高级	福州三十中	2005.01.22
陈仕民	男	1956.11	中学高级	福州三十中	2005.01.22
林明光	男	1954.03	高级农艺师	仓山蔬菜站	2005.05.09
陈小舟	女	1968.04	副主任技师	福州市鹤龄医院	2005.05.15
董伟高	男	1964.07	中学高级	福州三十九中	2005.05.23
王　康	女	1962.03	中学高级	福州四十中	2005.05.23
陈钦云	男	1948.11	中学高级	福州永南中学	2005.05.23

仓山区籍或曾在仓山区学习的院士名表

表 22-2-4

姓名	性别	出生年月	所在单位	职称	何时当选	出生在仓山或曾在仓山就读
严　恺	男	1912.8	华东水利学院	中科院院士	1955 年	仓山区盖山镇人
				中国工程院院士	1995 年	
侯德榜	男	1890	国家化学工业部	中科院院士	1955 年	就读英华书院
王世中	男	1913	台湾科委生物组组长	台湾中央研究院院士	1959 年	就读英华中学 30 届
刘广京	男	1921	美国加州大学	台湾中央研究院院士	1976 年	就读英华中学 38 届
唐仲璋	男	1905	厦门大学	中科院院士	1980 年	仓山区对湖街道人
沈　元	男	1916	北京航天航空大学	中科院院士	1980 年	就读英华中学
高由禧	男	1920	中山大学	中科院院士	1980 年	就读英华中学
郭可信	男	1923.8	中国科学院金属研究所	中科院院士	1980 年	仓山区盖山镇人
王　仁	男	1921.1	北京大学	中科院院士	1980 年	就读英华中学
陈　彪	男	1923	中科院紫金山天文台	中科院院士	1980 年	仓山区螺洲镇人
曾融生	男	1924	中国地震局	中科院院士	1980 年	就读英华中学
陈景润	男	1933.5	中科院数学研究所	中科院院士	1980 年	仓山区城门镇人
梁守槃	男	1916	航天工业总公司	中科院院士	1980 年	仓山区城门镇人
王铁崖	男	1913	北京大学	世界艺术与科学院院士	1987 年	就读英华中学
赵景鎏	男	1918.11	福建省建委	英国皇家联盟科学院荣誉院士	1990 年	就读三一中学
阙端麟	男	1928	浙江大学	中科院院士	1991 年	就读英华中学
唐崇惕	女	1929.11	厦门大学	中科院院士	1991 年	仓山区对湖街道人
陈可冀	男	1931.9	中国中医研究院首席研究员	中科院院士	1991 年	就读三山中学（现十二中）
梁敬魁	男	1935	中国科学院物理研究所	中科院院士	1993 年	仓山区城门镇人
郭孔辉	男	1931.4	吉林大学	中国工程院院士	1994 年	就读英华中学
蔡诗东	男	1938.5	中科院物理研究所	中科院院士	1995 年	仓山区下渡街道人
张　钹	男	1935	清华大学	中科院院士	1995 年	就读英华中学

续表 22-2-4

姓名	性别	出生年月	所在单位	职称	何时当选	出生在仓山或曾在仓山就读
王东波	男	1927.11	长春地质学院	俄罗斯自然科学院外籍院士	1995年	就读三一中学
卢耀如	男	1931	中国矿业大学	中国工程院院士	1997年	就读英华中学
黎念之	男	1932	美国某大学	中科院外籍院士	1998年	就读英华中学
陈一坚	男	1930.6	中国航空工业公司	中国工程院院士	1999年	仓山区螺洲镇人
萨支唐	男	1932.	佛罗尼达大学	中科院外籍院士	2000年	就读英华中学
蔡亦钢	男	1954	美国贝尔实验室	美国机械工程师协会院士	2000年	仓山区下渡街道人

1990～2005年仓山区革命烈士名表

表 22-2-5

姓名	性别	出生年月	牺牲时间地点及原因	所在单位及职务	何时何单位命名
黄振顺	男	1949.8	2000年6月20日在仓山区友谊路与歹徒搏斗中壮烈牺牲	盖山派出所民警	2001年9月民政部授予“革命烈士”称号。

编后记

第二轮《仓山区志》（1990～2005年）的编修工作始于2005年。当年10月，区政府成立仓山区第二届地方志编纂领导小组，区长范美先担任领导小组组长，依托区政府办公室拟定第二轮《仓山区志》篇目，并印发《仓山区第二届区志编纂工作意见》。同时，召开全区承编单位动员大会，正式启动第二轮《仓山区志》的编修。由于当时区地方志编纂委员会办公室的领导和编纂人员未到位，区志编纂进展缓慢。

2008年初，区委、区政府调整充实区地方志编纂委员会办公室的工作机构，配备区方志办领导，确定区志主编人选，陆续聘请6名老同志组成区志总编室。其间，区政府分管地方志工作张涵副区长多次主持召开全区地方志编纂工作会议，对区方志编纂工作进行再动员，对承编单位提出树立全局观念，坚持依法修志、科学修志要求，全面发动从上到下层层建立编纂责任制和实行区志编纂管理通报制度，使区志编纂工作纳入政府工作的重要任务之一。至2009年6月，有80%以上承编单位完成部门志初稿。是年9月，区交通局完成第二轮《仓山区志·交通篇》试写稿，区方志办邀请省、市方志委和市交通局领导、专家进行评议。此后，对已完成的区志初稿采用分批送评办法，至2011年，分五批提请省、市方志委领导、专家给予评议指导，为区志质量提供有力的保障。

2012年6月，区志在评议修改的基础上转入总纂，2013年3月完成总纂。为防止重大史实的错漏，确保志书质量，区方志办将总纂稿印发给各承编单位审核，经补充修改于2014年3月形成第二轮《仓山区志》送审评议稿。同年12月召开省市县三级地方志机构的领导、专家和志书承编单位的领导及撰稿人参加的志稿评审会。会后，区志总编室对评议中提出的意见进行梳理，并组织承编单位认真进行修改。最后由区志主编进行统稿。2015年10月完成《仓山区志（1990～2005年）》送审稿。2016年6月，《仓山区志（1990～2005年）》送审稿通过区评审小组初审，同年8月报市方志委审查验收。2017年1月—8月，《仓山区志（1990～2005年）》再经6次核稿校对，于2017年9

月经仓山区人民政府批准送出版社出版。

《仓山区志（1990～2005年）》编纂出版是仓山区历任区委、区政府领导、承编单位领导和全体修志人员共同努力的结果。在编纂过程中得到省方志委林浩处长、欧长生副处长、市方志委张硕主任、王小珍副主任、原市方志委黄启权主任及省、市方志委李连秀、吴善聘、黄凯端、郭琳等领导、专家的具体指导。值此志书出版之际，谨向关心、支持第二轮《仓山区志》编纂工作的领导、专家及参加志书编纂的各单位领导、修志工作者、资料提供者致以诚挚的谢忱。

这届《仓山区志》收录的时限虽短，但由于16年中仓山区的区域、体制和单位人事变动频繁，历史档案资料散失严重，给志书系统记述带来困难，加上编者水平有限，志书错漏之处在所难免，恳请方志界同仁和广大读者批评指正。

仓山区志总编室

2017年9月